2024

法律法规全书系列

中华人民共和国
自然资源
法律法规全书

（含土地、矿产、海洋资源）

中国法制出版社
CHINA LEGAL PUBLISHING HOUSE

出版说明

随着中国特色社会主义法律体系的建成，中国的立法进入了“修法时代”。在这一时期，为了使法律体系进一步保持内部的科学、和谐、统一，会频繁出现对法律各层级文件的适时清理。目前，清理工作已经全面展开且取得了阶段性的成果，但这一清理过程在未来几年仍将持续。这对于读者如何了解最新法律修改信息、如何准确适用法律带来了使用上的不便。基于这一考虑，我们精心编辑出版了本书，一方面重在向读者展示我国立法的成果与现状，另一方面旨在帮助读者在法律文件修改频率较高的时代准确适用法律。

本书独具以下四重价值：

1. **文本权威，内容全面**。本书涵盖自然资源领域相关的常用法律、行政法规、国务院文件、部门规章、规范性文件、司法解释，及最高人民法院公布的典型案例、示范文本，独家梳理和收录人大代表建议、政协委员提案的重要答复；书中收录文件均为经过清理修改的现行有效文本，方便读者及时掌握最新法律文件。

2. **查找方便，附录实用**。全书法律文件按照紧密程度排列，方便读者对某一类问题的集中查找；重点法律附加条旨，指引读者快速找到目标条文；附录相关典型案例、文书范本，其中案例具有指引“同案同判”的作用。同时，本书采用可平摊使用的独特开本，避免因书籍太厚难以摊开使用的弊端。

3. **免费增补，动态更新**。为保持本书与新法的同步更新，避免读者因部分法律的修改而反复购买同类图书，我们为读者专门设置了以下服务：(1) 扫码添加书后“法规编辑部”公众号→点击菜单栏→进入资料下载栏→选择法律法规全书资料项→点击网址或扫码下载，即可获取本书每次改版修订内容的电子版文件；(2) 通过“法规编辑部”公众号，及时了解最新立法信息，并可线上留言，编辑团队会就图书相关疑问动态解答。

4. **目录赠送，配套使用**。赠送本书目录的电子版，与纸书配套，立体化、电子化使用，便于检索、快速定位；同时实现将本书装进电脑，随时随地查。

修订说明

《中华人民共和国自然资源法律法规全书》自出版以来，深受广大读者的欢迎和好评。本书在上一版的基础之上，根据国家法律、行政法规、部门规章、司法解释等相关文件的制定和修改情况，进行了相应的增删和修订。修订情况如下：

更新了相应的法律文件共计15件：《落实国务院大督查土地利用计划指标奖励实施办法（2023年修订）》《最高人民法院关于适用〈中华人民共和国民法典〉合同编通则若干问题的解释》《农村土地承包合同管理办法》《深化集体林权制度改革方案》《土地征收成片开发标准》《自然资源部关于进一步完善矿产资源勘查开采登记管理的通知》《自然资源部关于深化矿产资源管理改革若干事项的意见》《中共中央办公厅、国务院办公厅关于进一步加强矿山安全生产工作的意见》《矿业权出让收益征收办法》《矿业权出让交易规则》《自然资源部关于探索推进海域立体分层设权工作的通知》《涉密基础测绘成果提供使用管理办法》《建立相对独立的平面坐标系统管理办法》《公开地图内容表示规范》《最高人民法院关于审理破坏森林资源刑事案件适用法律若干问题的解释》。

总目录

目 录*

一、土地管理

(一) 综合

中华人民共和国宪法（节录） …………………… (1)
(2018年3月11日)

中华人民共和国民法典（节录） ……………… (1)
(2020年5月28日)

最高人民法院关于适用《中华人民共和国民法典》物权编的解释（一） …………………… (16)
(2020年12月29日)

最高人民法院关于适用《中华人民共和国民法典》有关担保制度的解释 ………………… (17)
(2020年12月31日)

中华人民共和国城市房地产管理法 …………… (26)
(2019年8月26日)

中华人民共和国水土保持法 ………………… (31)
(2010年12月25日)

中华人民共和国土地管理法 ………………… (35)
(2019年8月26日)

中华人民共和国土地管理法实施条例 ………… (43)
(2021年7月2日)

中华人民共和国黑土地保护法 ……………… (48)
(2022年6月24日)

国务院关于加强土地调控有关问题的通知 …… (51)
(2006年8月31日)

自然资源部行政许可事项办理程序规范 ……… (53)
(2021年11月26日)

自然资源行政应诉规定 ……………………… (55)
(2019年7月19日)

自然资源行政复议规定 ……………………… (57)
(2019年7月19日)

自然资源部关于发布林草类案件复议受理机关的公告 ………………………………………… (61)
(2018年11月23日)

自然资源听证规定 …………………………… (61)
(2020年3月20日)

自然资源统计工作管理办法 ………………… (64)
(2020年7月9日)

自然资源标准化管理办法 …………………… (65)
(2020年6月24日)

(二) 土地利用与开发整理

1. 规划利用

中华人民共和国城乡规划法 ………………… (68)
(2019年4月23日)

省级土地利用总体规划审查办法 …………… (74)
(1998年12月19日)

省级土地利用总体规划会审办法 …………… (75)
(1998年9月29日)

国务院关于授权和委托用地审批权的决定 ……… (76)
(2020年3月1日)

节约集约利用土地规定 ……………………… (77)
(2019年7月24日)

自然资源部关于以“多规合一”为基础推进规划用地“多审合一、多证合一”改革的通知 ……………………………………………… (79)
(2019年9月17日)

国土资源部、国家发展和改革委员会关于发布实施《限制用地项目目录（2012年本）》和《禁止用地项目目录（2012年本）》的通知 … (81)
(2012年5月23日)

* 编者按：本目录中的时间为法律文件的公布时间或最后一次修正、修订公布时间。

自然资源部关于进一步加强国土空间规划编制和实施管理的通知 …………………………………（87）
（2022年10月18日）
自然生态空间用途管制办法（试行） ……………（88）
（2017年3月24日）
自然资源部关于规范临时用地管理的通知 ………（91）
（2021年11月4日）
落实国务院大督查土地利用计划指标奖励实施办法（2023年修订） ……………………………（92）
（2022年12月28日）

2. 土地储备
财政部、国土资源部、中国人民银行、银监会关于规范土地储备和资金管理等相关问题的通知 …（93）
（2016年2月2日）
国土资源部、财政部、中国人民银行、中国银行业监督管理委员会关于加强土地储备与融资管理的通知 ……………………………………（95）
（2012年11月5日）
土地储备资金财务管理办法 ………………………（97）
（2018年1月17日）
土地储备项目预算管理办法（试行） ……………（99）
（2019年5月20日）
地方政府土地储备专项债券管理办法（试行） …（101）
（2017年5月16日）

3. 土地调查
土地调查条例 ……………………………………（104）
（2018年3月19日）
土地调查条例实施办法 …………………………（106）
（2019年7月24日）
实际耕地与新增建设用地面积确定办法 ………（109）
（2007年9月5日）
国土资源部关于落实开发区四至范围的函 ……（109）
（2005年8月24日）

4. 土地复垦
土地复垦条例 ……………………………………（110）
（2011年3月5日）
土地复垦条例实施办法 …………………………（113）
（2019年7月24日）

5. 闲置土地处置
闲置土地处置办法 ………………………………（118）
（2012年6月1日）
国土资源部关于加大闲置土地处置力度的通知……（121）
（2007年9月8日）
自然资源部办公厅关于政府原因闲置土地协议有偿收回相关政策的函 …………………………（121）
（2018年12月18日）
·典型案例·
山东省威海市人民检察院督促收回国有闲置土地行政公益诉讼案 ……………………………（122）
·示范文本·
闲置土地处置法律文书示范文本（试行） …（123）
（2013年3月21日）

（三）土地权属
1. 土地确权
确定土地所有权和使用权的若干规定 …………（125）
（2010年12月3日）
国土资源部办公厅关于处理农村集体土地权属问题的复函 ……………………………………（127）
（2002年6月21日）
国土资源部办公厅关于对农民集体土地确权有关问题的复函 …………………………………（127）
（2005年1月17日）
国土资源部办公厅关于确定土地所有权和使用权有关问题的复函 ……………………………（128）
（2010年12月3日）
国土资源部关于土地确权有关问题的复函 ……（128）
（1999年6月4日）
自然资源部办公厅关于印发《宅基地和集体建设用地使用权确权登记工作问答》的函 ……（130）
（2020年7月22日）
土地权属争议调查处理办法 ……………………（140）
（2010年11月30日）
国土资源部、中央农村工作领导小组办公室、财政部、农业部关于农村集体土地确权登记发证的若干意见 ……………………………………（142）
（2011年11月2日）
最高人民法院行政审判庭关于对农民长期使用但未取得合法权属证明的土地应如何确定权属问题的答复 ………………………………（144）
（1998年8月17日）

2. 土地登记
不动产登记暂行条例 ……………………………（144）
（2019年3月24日）

不动产登记暂行条例实施细则 …………………… (147)
(2019 年 7 月 24 日)
不动产登记操作规范(试行) …………………… (157)
(2021 年 6 月 7 日)
不动产登记资料查询暂行办法 …………………… (208)
(2019 年 7 月 24 日)
土地承包经营权和土地经营权登记操作规范(试行) …………………………………………… (210)
(2022 年 11 月 8 日)
自然资源部关于全面推进不动产登记便民利民工作的通知 …………………………………… (216)
(2018 年 7 月 31 日)
自然资源统一确权登记暂行办法 ……………… (218)
(2019 年 7 月 11 日)
自然资源部办公厅、国家市场监督管理总局办公厅关于推动信息共享促进不动产登记和市场主体登记便利化的通知 …………………… (224)
(2019 年 10 月 12 日)
自然资源部办公厅关于完善信息平台网络运维环境推进不动产登记信息共享集成有关工作的通知 …………………………………………… (225)
(2019 年 6 月 17 日)
司法部、自然资源部关于印发《关于推进公证与不动产登记领域信息查询共享机制建设的意见》的通知 …………………………………… (226)
(2018 年 12 月 18 日)
自然资源部办公厅、国家林业和草原局办公室关于进一步规范林权类不动产登记做好林权登记与林业管理衔接的通知 …………………… (228)
(2020 年 6 月 3 日)
农村集体土地所有权确权登记发证成果检查验收办法 …………………………………………… (229)
(2012 年 11 月 18 日)
农村土地承包经营权确权登记颁证档案管理办法 … (237)
(2014 年 11 月 20 日)

(四)土地使用权取得和收回

1. 土地使用权出让

中华人民共和国民法典(节录) …………………… (238)
(2020 年 5 月 28 日)
最高人民法院关于适用《中华人民共和国民法典》合同编通则若干问题的解释 ……………… (247)
(2023 年 12 月 4 日)
最高人民法院关于审理涉及国有土地使用权合同纠纷案件适用法律问题的解释 …………… (256)
(2020 年 12 月 29 日)
中华人民共和国招标投标法 ……………………… (258)
(2017 年 12 月 27 日)
中华人民共和国招标投标法实施条例 ………… (263)
(2019 年 3 月 2 日)
中华人民共和国城镇国有土地使用权出让和转让暂行条例 ………………………………………… (270)
(2020 年 11 月 29 日)
最高人民法院关于土地管理部门出让国有土地使用权之前的拍卖行为以及与之相关的拍卖公告等行为性质的答复 ……………………… (271)
(2009 年 12 月 23 日)
国家土地管理局《关于对〈中华人民共和国城镇国有土地使用权出让和转让暂行条例〉第十七条有关内容请求解释》的复函 ……… (271)
(1993 年 1 月 20 日)
国土资源部办公厅关于出让土地改变用途有关问题的复函 ……………………………………… (271)
(2010 年 2 月 2 日)
国土资源部办公厅关于股权转让涉及土地使用权变更有关问题的批复 ……………………… (271)
(2004 年 5 月 31 日)
国家土地管理局对《中华人民共和国城镇国有土地使用权出让和转让暂行条例》第 47 条解释的请示的批复 ………………………………… (273)
(1996 年 10 月 4 日)
城市国有土地使用权出让转让规划管理办法 … (273)
(2011 年 1 月 26 日)
国有建设用地使用权出让地价评估技术规范 … (274)
(2018 年 3 月 9 日)
招标拍卖挂牌出让国有建设用地使用权规定 … (277)
(2007 年 9 月 28 日)
国土资源部关于坚持和完善土地招标拍卖挂牌出让制度的意见 ………………………………… (280)
(2011 年 5 月 11 日)
国土资源部、监察部关于落实工业用地招标拍卖挂牌出让制度有关问题的通知 …………… (281)
(2007 年 4 月 4 日)
国土资源部、监察部关于进一步落实工业用地出让制度的通知 ………………………………… (283)
(2009 年 8 月 10 日)

国土资源部关于发布实施《全国工业用地出让最低价标准》的通知 …………………………（285）
（2006 年 12 月 23 日）
国土资源部关于调整工业用地出让最低价标准实施政策的通知 ……………………………（286）
（2009 年 5 月 11 日）
协议出让国有土地使用权规定 ……………………（287）
（2003 年 6 月 11 日）
国务院关于将部分土地出让金用于农业土地开发有关问题的通知 …………………………（288）
（2004 年 3 月 22 日）
用于农业土地开发的土地出让金使用管理办法……（288）
（2004 年 6 月 24 日）
用于农业土地开发的土地出让金收入管理办法……（290）
（2004 年 7 月 12 日）
国务院办公厅关于规范国有土地使用权出让收支管理的通知 ………………………………（291）
（2006 年 12 月 17 日）
国有土地使用权出让收支管理办法 ……………（293）
（2006 年 12 月 31 日）
财政部、国土资源部关于进一步强化土地出让收支管理的通知 ……………………………（297）
（2015 年 9 月 17 日）
中共中央办公厅、国务院办公厅关于调整完善土地出让收入使用范围优先支持乡村振兴的意见 ………………………………………………（298）
（2020 年 9 月 23 日）
· 典型案例 ·
湖南省株洲市国有土地使用权出让金行政公益诉讼案 …………………………………（300）
· 示范文本 ·
国有建设用地使用权出让合同（示范文本）……（301）

2. 土地使用权转让

最高人民法院关于国有土地开荒后用于农耕的土地使用权转让合同纠纷案件如何适用法律问题的批复 ………………………………………（307）
（2020 年 12 月 29 日）
最高人民法院行政审判庭关于非法取得土地使用权再转让行为的法律适用问题的答复 ……（307）
（1998 年 5 月 15 日）
国土资源部印发《关于完善建设用地使用权转让、出租、抵押二级市场的试点方案》的通知 …（307）
（2017 年 1 月 22 日）

3. 土地使用权划拨

划拨国有建设用地使用权地价评估指导意见（试行）……………………………………………（310）
（2019 年 5 月 31 日）
划拨用地目录 ……………………………………（311）
（2001 年 10 月 22 日）
最高人民法院关于破产企业国有划拨土地使用权应否列入破产财产等问题的批复 …………（314）
（2020 年 12 月 29 日）

4. 土地使用权租赁、抵押

规范国有土地租赁若干意见 ………………………（314）
（1999 年 7 月 27 日）
最高人民法院关于能否将国有土地使用权折价抵偿给抵押权人问题的批复 ……………………（315）
（1998 年 9 月 3 日）
最高人民法院关于《国土资源部办公厅关于征求为公司债券持有人办理国有土地使用权抵押登记意见函》的答复 ……………………………（315）
（2010 年 6 月 23 日）

5. 土地使用权收回

关于认定收回土地使用权行政决定法律性质的意见 ………………………………………………（316）
（1997 年 10 月 30 日）
国家土地管理局政策法规司关于对收回国有土地使用权批准权限问题的答复 ………………（317）
（1991 年 9 月 3 日）
最高人民法院民二庭关于“股东以土地使用权的部分年限对应价值作价出资，期满后收回土地是否构成抽逃出资”的答复 ………………（317）
（2009 年 7 月 29 日）
国土资源部办公厅关于妥善处理少数住宅建设用地使用权到期问题的复函 …………………（317）
（2016 年 12 月 8 日）
· 指导案例 ·
1. 宣懿成等诉浙江省衢州市国土资源局收回国有土地使用权案 …………………………（318）
2. 魏永高、陈守志诉来安县人民政府收回土地使用权批复案 ……………………………（318）

（五）建设用地管理

1. 用地预审

建设用地预审管理办法 …………………… （319）
（2016 年 11 月 29 日）
国务院办公厅关于完善建设用地使用权转让、出租、抵押二级市场的指导意见 …………… （320）
（2019 年 7 月 6 日）

2. 用地管理

城乡建设用地增减挂钩试点管理办法 ………… （323）
（2008 年 6 月 27 日）
城乡建设用地增减挂钩节余指标跨省域调剂管理办法 …………………………………… （325）
（2018 年 3 月 10 日）
财政部关于城乡建设用地增减挂钩试点有关财税政策问题的通知 ………………………… （326）
（2014 年 1 月 26 日）
国土资源部关于严格建设用地管理促进批而未用土地利用的通知 ………………………… （328）
（2009 年 8 月 11 日）
国土资源部关于严格落实房地产用地调控政策促进土地市场健康发展有关问题的通知 …… （329）
（2010 年 12 月 19 日）
国土资源部办公厅关于建立土地利用动态巡查制度加强建设用地供后开发利用全程监管的通知 … （330）
（2013 年 6 月 6 日）
建设用地容积率管理办法 ……………………… （332）
（2012 年 2 月 17 日）
自然资源部办公厅关于印发《产业用地政策实施工作指引（2019 年版）》的通知 ………… （333）
（2019 年 4 月 24 日）

3. 用地审查报批

各类用地报批会审办法 ………………………… （343）
（1998 年 9 月 29 日）
国务院关于国土资源部《报国务院批准的土地开发用地审查办法》的批复 ………………… （344）
（2001 年 12 月 25 日）
国务院关于国土资源部《报国务院批准的建设用地审查办法》的批复 …………………… （345）
（1999 年 10 月 22 日）
建设用地审查报批管理办法 …………………… （347）
（2016 年 11 月 29 日）
建设项目使用林地审核审批管理办法 ………… （349）
（2016 年 9 月 22 日）

（六）农村土地管理

1. 农村土地承包

中华人民共和国农村土地承包法 ……………… （352）
（2018 年 12 月 29 日）
中共中央办公厅、国务院办公厅关于完善农村土地所有权承包权经营权分置办法的意见 … （356）
（2016 年 10 月 30 日）
中共中央办公厅、国务院办公厅关于引导农村土地经营权有序流转发展农业适度规模经营的意见 …………………………………… （359）
（2014 年 11 月 20 日）
国务院办公厅关于引导农村产权流转交易市场健康发展的意见 …………………………… （362）
（2014 年 12 月 30 日）
国务院关于开展农村承包土地的经营权和农民住房财产权抵押贷款试点的指导意见 ……… （364）
（2015 年 8 月 10 日）
农民住房财产权抵押贷款试点暂行办法 ……… （366）
（2016 年 3 月 15 日）
农村承包土地的经营权抵押贷款试点暂行办法 ………………………………………… （367）
（2016 年 3 月 15 日）
利用集体建设用地建设租赁住房试点方案 …… （369）
（2017 年 8 月 21 日）
农村土地经营权流转管理办法 ………………… （370）
（2021 年 1 月 26 日）
农村土地承包合同管理办法 …………………… （373）
（2023 年 2 月 17 日）
农村土地承包经营权登记试点工作规程（试行） … （376）
（2012 年 6 月 27 日）
中华人民共和国农村土地承包经营纠纷调解仲裁法 ………………………………………… （377）
（2009 年 6 月 27 日）
农村土地承包经营纠纷仲裁规则 ……………… （381）
（2009 年 12 月 29 日）
农村土地承包经营纠纷调解仲裁工作规范 …… （386）
（2013 年 1 月 15 日）
最高人民法院关于审理涉及农村土地承包经营纠纷调解仲裁案件适用法律若干问题的解释 …… （390）
（2020 年 12 月 29 日）

最高人民法院关于审理涉及农村集体土地行政案件若干问题的规定 ……………………… (391)
(2011年8月7日)
最高人民法院关于审理涉及农村土地承包纠纷案件适用法律问题的解释 ……………………… (392)
(2020年12月29日)
· 示范文本 ·
农村土地（耕地）承包合同（家庭承包方式）（示范文本） ……………………… (394)
农村土地经营权出租合同（示范文本） …… (398)
农村土地经营权入股合同（示范文本） …… (402)

2. 农用地
(1) 综合
农业部、中央农办、国土资源部、国家工商总局关于加强对工商资本租赁农地监管和风险防范的意见 ……………………… (407)
(2015年4月14日)
村庄规划用地分类指南 ……………………… (409)
(2014年7月11日)
自然资源部办公厅关于进一步做好村庄规划工作的意见 ……………………… (414)
(2020年12月15日)
自然资源部办公厅关于加强村庄规划促进乡村振兴的通知 ……………………… (415)
(2019年5月29日)
住房和城乡建设部、农业农村部、国家乡村振兴局关于加快农房和村庄建设现代化的指导意见 … (417)
(2021年6月8日)
自然资源部、农业农村部关于设施农业用地管理有关问题的通知 ……………………… (419)
(2019年12月17日)
(2) 耕地保护
中共中央、国务院关于加强耕地保护和改进占补平衡的意见 ……………………… (419)
(2017年1月9日)
省级政府耕地保护责任目标考核办法 ………… (422)
(2018年1月3日)
冻结非农业建设项目占用耕地规定 ………… (424)
(1997年5月20日)
跨省域补充耕地国家统筹管理办法 ………… (425)
(2018年3月10日)
国土资源部关于严格核定土地整治和高标准农田建设项目新增耕地的通知 ……………………… (427)
(2018年3月3日)
耕地质量调查监测与评价办法 ……………………… (428)
(2016年6月21日)
国务院办公厅关于坚决制止耕地“非农化”行为的通知 ……………………… (430)
(2020年9月10日)
国务院办公厅关于防止耕地“非粮化”稳定粮食生产的意见 ……………………… (431)
(2020年11月4日)
自然资源部办公厅关于进一步加强黑土耕地保护的通知 ……………………… (432)
(2022年7月28日)
· 典型案例 ·
孙某诉西安市国土资源局土地行政处罚案 … (433)
(3) 基本农田保护
基本农田保护条例 ……………………… (434)
(2011年1月8日)
自然资源部、农业农村部关于加强和改进永久基本农田保护工作的通知 ……………………… (436)
(2019年1月3日)
· 典型案例 ·
四川省某县自然资源和规划局申请强制执行刘某退还土地、拆除建筑物、恢复土地原状及罚款行政非诉执行监督案 ……………… (440)
(4) 其他农用地
中华人民共和国森林法 ……………………… (441)
(2019年12月28日)
退耕还林条例 ……………………… (447)
(2016年2月6日)
国务院办公厅关于重点林区“十四五”期间年森林采伐限额的复函 ……………………… (452)
(2021年2月1日)
深化集体林权制度改革方案 ……………………… (453)
(2023年9月25日)
中华人民共和国草原法 ……………………… (456)
(2021年4月29日)
国务院办公厅关于加强草原保护修复的若干意见 ……………………… (461)
(2021年3月12日)

最高人民法院关于审理森林资源民事纠纷案件适用法律若干问题的解释 ……………………（464）
（2022年6月13日）
·典型案例·
1. 被告单位福州市源顺石材有限公司、被告人黄恒游非法占用农用地案 ……………（466）
2. 秦家学滥伐林木刑事附带民事公益诉讼案 ………………………………………（466）
（5）宅基地
自然资源部关于加快宅基地和集体建设用地使用权确权登记工作的通知 ………………（467）
（2020年5月14日）
中央农村工作领导小组办公室、农业农村部关于进一步加强农村宅基地管理的通知 ………（468）
（2019年9月11日）
·典型案例·
1. 王淑荣与何福云、王喜胜等农村土地承包经营权纠纷案 ……………………………（470）
2. 邹克友诉张守忠合同纠纷案 ……………………（471）
3. 河南省甲县违法占地非诉执行监督系列案——监督行政非诉执行依法受理，共同守住耕地保护红线 ……………………………（472）
4. 浙江省徐某违法占地非诉执行监督案——监督“裁执分离”模式下法院和行政机关依法执行，保护基本农田不被侵占…………（473）
（七）土地征收
国有土地上房屋征收与补偿条例 ………………（474）
（2011年1月21日）
大中型水利水电工程建设征地补偿和移民安置条例 ……………………………………………（477）
（2017年4月14日）
国土资源部办公厅关于严格管理防止违法违规征地的紧急通知 ……………………………（482）
（2013年5月13日）
国务院法制办公室、国土资源部关于对《中华人民共和国土地管理法实施条例》第二条第（五）项的解释意见 ……………………………（483）
（2005年3月4日）
征地管理费暂行办法 ……………………………（483）
（1992年11月24日）
财政部、国家发展改革委关于征地补偿安置费性质的批复 ……………………………………（484）
（2004年3月21日）
大中型水利工程征地补偿和移民安置资金管理稽察暂行办法 ……………………………………（484）
（2014年8月1日）
土地征收成片开发标准 …………………………（486）
（2023年10月31日）
·典型案例·
1. 王宗利诉天津市和平区房地产管理局案 …（487）
2. 最高人民法院发布8起人民法院征收拆迁典型案例（第二批） ……………………（487）
（八）土地税收与财政
中华人民共和国城镇土地使用税暂行条例 ……（492）
（2019年3月2日）
关于通过招拍挂方式取得土地缴纳城镇土地使用税问题的公告 ……………………………（493）
（2014年12月31日）
财政部、国家税务总局关于房改房用地未办理土地使用权过户期间城镇土地使用税政策的通知 ……………………………………………（493）
（2013年8月2日）
中华人民共和国土地增值税暂行条例 …………（493）
（2011年1月8日）
财政部、国家税务总局关于营改增后契税、房产税、土地增值税、个人所得税计税依据问题的通知 ………………………………………（494）
（2016年4月25日）
中华人民共和国耕地占用税法 …………………（494）
（2018年12月29日）
中华人民共和国耕地占用税法实施办法 ………（496）
（2019年8月29日）
中华人民共和国契税法 …………………………（498）
（2020年8月11日）
国家税务总局关于免征土地出让金出让国有土地使用权征收契税的批复 ……………………（499）
（2005年5月11日）
水土保持补偿费征收使用管理办法 ……………（499）
（2014年1月29日）

最高人民法院研究室关于村民因土地补偿费、安置补助费问题与村民委员会发生纠纷人民法院应否受理问题的答复 ……………………（501）
（2001 年 12 月 31 日）
财政部关于加强从土地出让收益中计提农田水利建设资金和教育资金征收管理的通知 ……（501）
（2014 年 1 月 16 日）
国土资源部办公厅关于协议出让土地改变用途补交出让金问题的复函 ………………………（502）
（2004 年 6 月 18 日）
财政部、自然资源部、税务总局、人民银行关于将国有土地使用权出让收入、矿产资源专项收入、海域使用金、无居民海岛使用金四项政府非税收入划转税务部门征收有关问题的通知 ………………………………………（502）
（2021 年 5 月 21 日）
· 典型案例 ·
广西壮族自治区南宁市良庆区人民检察院督促履行耕地占用税税收协助职责行政公益诉讼案 ……………………………………………（503）

二、矿产资源管理

（一）综合

中华人民共和国矿产资源法 ……………………（505）
（2009 年 8 月 27 日）
中华人民共和国资源税法 ………………………（508）
（2019 年 8 月 26 日）
国务院法制办公室对《关于对〈矿产资源法〉实施中的有关问题的请示》的复函 …………（512）
（2003 年 8 月 28 日）
中华人民共和国矿产资源法实施细则 …………（512）
（1994 年 3 月 26 日）
矿产资源规划编制实施办法 ……………………（517）
（2019 年 7 月 24 日）
矿产资源监督管理暂行办法 ……………………（521）
（1987 年 4 月 29 日）
中华人民共和国对外合作开采陆上石油资源条例 ……………………………………………（522）
（2013 年 7 月 18 日）
矿产资源补偿费征收管理规定 …………………（525）
（1997 年 7 月 3 日）
国务院关于印发矿产资源权益金制度改革方案的通知 ………………………………………（528）
（2017 年 4 月 13 日）
中华人民共和国煤炭法 …………………………（529）
（2016 年 11 月 7 日）
乡镇煤矿管理条例 ………………………………（532）
（2013 年 7 月 18 日）
矿产资源勘查区块登记管理办法 ………………（534）
（2014 年 7 月 29 日）
矿产资源开采登记管理办法 ……………………（537）
（2014 年 7 月 29 日）
自然资源部办公厅关于开展矿产资源节约与综合利用先进适用技术推广应用评估工作的通知 ……………………………………………（540）
（2018 年 9 月 6 日）
国务院办公厅关于加强煤炭行业管理有关问题的意见 ……………………………………………（541）
（2006 年 7 月 6 日）
· 指导案例 ·
刘某桂非法采矿刑事附带民事公益诉讼案 …（542）

（二）矿产资源开发管理

自然资源统一确权登记办法（试行） …………（543）
（2016 年 12 月 20 日）
矿产资源开发利用水平调查评估制度工作方案……（545）
（2016 年 12 月 28 日）
矿产资源开发利用水平调查评估试点工作办法……（547）
（2017 年 8 月 10 日）
矿产资源统计管理办法 …………………………（551）
（2020 年 4 月 29 日）
自然资源部关于进一步完善矿产资源勘查开采登记管理的通知 …………………………………（552）
（2023 年 5 月 6 日）
自然资源部关于深化矿产资源管理改革若干事项的意见 ……………………………………………（555）
（2023 年 7 月 26 日）

国土资源部关于推进矿产资源全面节约和高效利用的意见 ………………………………（557）
（2016 年 12 月 13 日）
非法采矿、破坏性采矿造成矿产资源破坏价值鉴定程序的规定 ………………………………（559）
（2005 年 8 月 31 日）
保护性开采的特定矿种勘查开采管理暂行办法……（560）
（2009 年 11 月 24 日）
金属与非金属矿产资源地质勘探安全生产监督管理暂行规定 ………………………………（561）
（2015 年 5 月 26 日）
中共中央办公厅、国务院办公厅关于进一步加强矿山安全生产工作的意见 ……………………（563）
（2023 年 9 月 6 日）
环境保护部、国土资源部关于做好矿产资源规划环境影响评价工作的通知 ……………………（565）
（2015 年 12 月 7 日）

（三）矿权出让转让

探矿权采矿权转让管理办法 ……………………（567）
（2014 年 7 月 29 日）
矿业权登记信息管理办法 ………………………（568）
（2020 年 6 月 16 日）
矿业权出让收益征收办法 ………………………（570）
（2023 年 3 月 24 日）
探矿权采矿权招标拍卖挂牌管理办法（试行） …（574）
（2003 年 6 月 11 日）
矿业权出让交易规则 ……………………………（577）
（2023 年 1 月 3 日）
·典型案例·
1. 王仕龙与刘俊波采矿权转让合同纠纷案 …（580）
2. 江西省地质工程（集团）公司青海分公司、江西省地质工程（集团）公司诉青海江源煤炭开发有限公司合同纠纷案 ……（581）
3. 于红岩与锡林郭勒盟隆兴矿业有限责任公司执行监督案 ………………………………（581）

（四）探矿权采矿权使用费和价款管理

探矿权采矿权使用费减免办法 …………………（583）
（2010 年 12 月 3 日）
国土资源部办公厅关于国家紧缺矿产资源探矿权采矿权使用费减免办法的通知 ……………（584）
（2000 年 9 月 21 日）
探矿权采矿权使用费和价款管理办法 …………（584）
（1999 年 6 月 7 日）

（五）矿产资源储量

自然资源部办公厅关于矿产资源储量评审备案管理若干事项的通知 ………………………………（585）
（2020 年 5 月 19 日）
国土资源部关于印发《矿产资源储量规模划分标准》的通知 ………………………………（586）
（2000 年 4 月 24 日）

（六）地质环境管理

地质灾害防治条例 ………………………………（593）
（2003 年 11 月 24 日）
地质环境监测管理办法 …………………………（598）
（2019 年 7 月 24 日）
地质灾害防治单位资质管理办法 ………………（600）
（2022 年 11 月 8 日）
矿山地质环境保护规定 …………………………（604）
（2019 年 7 月 24 日）
古生物化石保护条例 ……………………………（606）
（2019 年 3 月 2 日）

三、海洋管理

中华人民共和国深海海底区域资源勘探开发法……（611）
（2016 年 2 月 26 日）
中华人民共和国海洋环境保护法 ………………（613）
（2023 年 10 月 24 日）
中华人民共和国海域使用管理法 ………………（625）
（2001 年 10 月 27 日）
中华人民共和国海岛保护法 ……………………（628）
（2009 年 12 月 26 日）
海洋生态保护修复资金管理办法 ………………（632）
（2020 年 10 月 30 日）
海岛及海域保护资金管理办法 …………………（634）
（2018 年 12 月 24 日）

中华人民共和国对外合作开采海洋石油资源条例……（635）
（2013年7月18日）
海洋行政处罚实施办法……（637）
（2002年12月25日）
海域使用管理违法违纪行为处分规定……（640）
（2008年2月26日）
自然资源部关于取消“海域使用论证单位资质认定”后加强事中事后监管的公告……（642）
（2019年4月1日）
国家海洋局关于印发实施《报国务院批准的项目用海审批办法》的通知……（642）
（2003年5月8日）
海域使用权管理规定……（644）
（2006年10月13日）
自然资源部关于规范海域使用论证材料编制的通知……（647）
（2021年1月8日）
自然资源部关于探索推进海域立体分层设权工作的通知……（650）
（2023年11月13日）
最高人民法院关于审理海洋自然资源与生态环境损害赔偿纠纷案件若干问题的规定……（651）
（2017年12月29日）
最高人民法院、最高人民检察院关于办理海洋自然资源与生态环境公益诉讼案件若干问题的规定……（653）
（2022年5月10日）
·典型案例·
北海市乃志海洋科技有限公司诉北海市海洋与渔业局海洋行政处罚案……（653）

四、测　绘

中华人民共和国测绘法……（655）
（2017年4月27日）
基础测绘条例……（660）
（2009年5月12日）
中华人民共和国测绘成果管理条例……（662）
（2006年5月27日）
外国的组织或者个人来华测绘管理暂行办法……（665）
（2019年7月16日）
涉密基础测绘成果提供使用管理办法……（666）
（2023年3月3日）
建立相对独立的平面坐标系统管理办法……（668）
（2023年6月11日）
公开地图内容表示规范……（670）
（2023年2月6日）
地图审核管理规定……（673）
（2019年7月16日）
自然资源部关于促进智能网联汽车发展维护测绘地理信息安全的通知……（675）
（2022年8月25日）

五、监察与违法案件处理

中华人民共和国行政处罚法……（677）
（2021年1月22日）
国务院办公厅关于建立国家土地督察制度有关问题的通知……（683）
（2006年7月13日）
自然资源违法行为立案查处工作规程（试行）……（685）
（2022年9月23日）
自然资源执法监督规定……（702）
（2020年3月20日）
自然资源部挂牌督办和公开通报违法违规案件办法……（704）
（2020年6月22日）
国土资源执法监察错案责任追究制度……（706）
（2000年12月29日）

重大土地问题实地核查办法 ……………………（706）
（2009 年 6 月 12 日）
自然资源行政处罚办法 ……………………………（708）
（2020 年 3 月 20 日）
自然资源部立案查处自然资源违法行为工作规范（试行） ………………………………………（711）
（2020 年 12 月 29 日）
违反土地管理规定行为处分办法 ………………（716）
（2008 年 5 月 9 日）
监察部、人力资源和社会保障部、国土资源部关于适用《违反土地管理规定行为处分办法》第三条有关问题的通知 …………………（718）
（2009 年 6 月 1 日）
查处土地违法行为立案标准 ……………………（718）
（2005 年 8 月 31 日）
农用地土壤污染责任人认定暂行办法 …………（719）
（2021 年 1 月 28 日）
自然保护地生态环境监管工作暂行办法 ………（722）
（2020 年 12 月 20 日）
中华人民共和国刑法（节录） …………………（724）
（2020 年 12 月 26 日）
全国人民代表大会常务委员会关于《中华人民共和国刑法》第二百二十八条、第三百四十二条、第四百一十条的解释 ……………………（725）
（2009 年 8 月 27 日）
最高人民检察院关于人民检察院直接受理立案侦查案件立案标准的规定（试行）（节录） …（725）
（1999 年 9 月 16 日）
最高人民检察院、公安部关于公安机关管辖的刑事案件立案追诉标准的规定（一）（节录）……（725）
（2008 年 6 月 25 日）
最高人民检察院、公安部关于公安机关管辖的刑事案件立案追诉标准的规定（二）（节录）……（726）
（2022 年 4 月 6 日）
最高人民法院关于审理破坏土地资源刑事案件具体应用法律若干问题的解释 ………………（726）
（2000 年 6 月 19 日）
最高人民法院关于审理破坏森林资源刑事案件适用法律若干问题的解释 ……………………（727）
（2023 年 8 月 13 日）
最高人民法院关于审理矿业权纠纷案件适用法律若干问题的解释 …………………………（730）
（2020 年 12 月 29 日）
最高人民法院、最高人民检察院关于办理非法采矿、破坏性采矿刑事案件适用法律若干问题的解释 …………………………………………（731）
（2016 年 11 月 28 日）
最高人民法院关于充分发挥环境资源审判职能作用 依法惩处盗采矿产资源犯罪的意见 ……（733）
（2022 年 7 月 1 日）
·典型案例·
1. 张凤竹诉濮阳市国土资源局行政不作为案 ……………………………………………（735）
2. 郭德胜诉河南省卫辉市国土资源局行政处罚案 ……………………………………………（735）

六、人大代表建议、政协委员提案答复

（一）人大代表建议答复
对十三届全国人大四次会议第 8580 号建议的答复 …………………………………………（737）
——关于整合不动产登记与房屋交易管理职能的建议
（2021 年 6 月 29 日）
对十三届全国人大四次会议第 2910 号建议的答复 …………………………………………（737）
——关于完善生态保护红线立法工作和管理制度的建议
（2021 年 7 月 6 日）
对十三届全国人大四次会议第 8840 号建议的答复 …………………………………………（738）
——关于提升地理信息公共服务的建议
（2021 年 7 月 11 日）
对十三届全国人大四次会议第 2784 号建议的答复 …………………………………………（739）
——关于加快国土空间规划编制进程的建议
（2021 年 6 月 18 日）

对十三届全国人大五次会议第3370号建议的答复 ……………………………………………（740）
——关于进一步提高矿产资源集约节约综合利用管理工作的建议
（2022年7月5日）
对十三届全国人大五次会议第8432号建议的答复 ……………………………………………（742）
——关于推进全域国土综合整治更好服务乡村振兴和新型城镇化发展的建议
（2022年6月27日）
对十三届全国人大五次会议第3959号建议的答复 ……………………………………………（744）
——关于完善高标准农田建设中林地向耕地转换相关政策措施的建议
（2022年7月8日）
对十四届全国人大一次会议第0212号建议的答复 ……………………………………………（744）
——关于充分利用已成陆海域资源的建议
（2023年7月10日）
对十四届全国人大一次会议第0187号建议的答复 ……………………………………………（745）
——关于把"三块地"变成强村富民的"聚宝盆"的建议
（2023年7月7日）
对十四届全国人大一次会议第0938号建议的答复 ……………………………………………（746）
——关于调整采矿用地办理临时用地的政策的建议
（2023年7月7日）
对十四届全国人大一次会议第0792号建议的答复 ……………………………………………（747）
——关于增设乡村振兴建设用地，促进乡村振兴项目落地的建议
（2023年7月6日）

（二）政协委员提案答复

关于政协十三届全国委员会第四次会议第2490号（农业水利类433号）提案答复的函 ……（748）
——关于解决农业农村现代化过程中用地问题的提案
（2021年7月6日）
关于政协十三届全国委员会第四次会议第1900号（农业水利类309号）提案答复的函 ……（750）
——关于整治耕地利用乱象提升耕地保护水平助力乡村全面振兴的提案
（2021年8月19日）
关于政协十三届全国委员会第四次会议第1822号（农业水利类298号）提案答复的函 ……（751）
——关于建立建设用地与开垦耕地异地占补平衡机制的提案
（2021年8月9日）
关于政协第十三届全国委员会第五次会议第03126号（农业水利类260号）提案答复的函 ……………………………………………（752）
——关于完善休闲农业美丽乡村持续健康发展配套政策的提案
（2022年8月8日）
关于政协第十三届全国委员会第五次会议第04075号（资源环境类321号）提案答复的函 ……………………………………………（753）
——关于进一步提高矿产资源集约节约综合利用管理工作的提案
（2022年8月22日）
关于政协第十四届全国委员会第一次会议第02338号（资源环境类160号）提案答复的函 …（754）
——关于推进绿色矿山建设和绿色矿业发展的提案
（2023年7月31日）
关于政协第十四届全国委员会第一次会议第00161号（教育事业类012号）提案答复的函 …（756）
——关于厚植海洋文化自信，加强青少年海洋意识教育的提案
（2023年7月27日）
关于政协第十四届全国委员会第一次会议第01770号（资源环境类111号）提案答复的函 …（757）
——关于鼓励社会资本参与矿产资源勘查开发的提案
（2023年8月24日）

一、土地管理

(一)综合

中华人民共和国宪法(节录)

·1982年12月4日第五届全国人民代表大会第五次会议通过

·1982年12月4日全国人民代表大会公告公布施行

·根据1988年4月12日第七届全国人民代表大会第一次会议通过的《中华人民共和国宪法修正案》、1993年3月29日第八届全国人民代表大会第一次会议通过的《中华人民共和国宪法修正案》、1999年3月15日第九届全国人民代表大会第二次会议通过的《中华人民共和国宪法修正案》、2004年3月14日第十届全国人民代表大会第二次会议通过的《中华人民共和国宪法修正案》和2018年3月11日第十三届全国人民代表大会第一次会议通过的《中华人民共和国宪法修正案》修正

……

第九条　【自然资源】[*]矿藏、水流、森林、山岭、草原、荒地、滩涂等自然资源,都属于国家所有,即全民所有;由法律规定属于集体所有的森林和山岭、草原、荒地、滩涂除外。

国家保障自然资源的合理利用,保护珍贵的动物和植物。禁止任何组织或者个人用任何手段侵占或者破坏自然资源。

第十条　【土地制度】城市的土地属于国家所有。

农村和城市郊区的土地,除由法律规定属于国家所有的以外,属于集体所有;宅基地和自留地、自留山,也属于集体所有。

国家为了公共利益的需要,可以依照法律规定对土地实行征收或者征用并给予补偿。

任何组织或者个人不得侵占、买卖或者以其他形式非法转让土地。土地的使用权可以依照法律的规定转让。

一切使用土地的组织和个人必须合理地利用土地。

……

中华人民共和国民法典(节录)

·2020年5月28日第十三届全国人民代表大会第三次会议通过

·2020年5月28日中华人民共和国主席令第45号公布

·自2021年1月1日起施行

……

第二编　物　权

第一分编　通　则

第一章　一般规定

第二百零五条　【物权编的调整范围】本编调整因物的归属和利用产生的民事关系。

第二百零六条　【我国基本经济制度与社会主义市场经济原则】国家坚持和完善公有制为主体、多种所有制经济共同发展,按劳分配为主体、多种分配方式并存,社会主义市场经济体制等社会主义基本经济制度。

国家巩固和发展公有制经济,鼓励、支持和引导非公有制经济的发展。

国家实行社会主义市场经济,保障一切市场主体的平等法律地位和发展权利。

第二百零七条　【平等保护原则】国家、集体、私人的物权和其他权利人的物权受法律平等保护,任何组织或者个人不得侵犯。

第二百零八条　【物权公示原则】不动产物权的设立、变更、转让和消灭,应当依照法律规定登记。动产物权的设立和转让,应当依照法律规定交付。

第二章　物权的设立、变更、转让和消灭

第一节　不动产登记

第二百零九条　【不动产物权的登记生效原则及其例外】不动产物权的设立、变更、转让和消灭,经依法登记,发生效力;未经登记,不发生效力,但是法律另有规定

[*] 条文主旨为编者所加,下同。

的除外。

依法属于国家所有的自然资源，所有权可以不登记。

第二百一十条 【不动产登记机构和不动产统一登记】不动产登记，由不动产所在地的登记机构办理。

国家对不动产实行统一登记制度。统一登记的范围、登记机构和登记办法，由法律、行政法规规定。

第二百一十一条 【申请不动产登记应提供的必要材料】当事人申请登记，应当根据不同登记事项提供权属证明和不动产界址、面积等必要材料。

第二百一十二条 【不动产登记机构应当履行的职责】登记机构应当履行下列职责：

（一）查验申请人提供的权属证明和其他必要材料；

（二）就有关登记事项询问申请人；

（三）如实、及时登记有关事项；

（四）法律、行政法规规定的其他职责。

申请登记的不动产的有关情况需要进一步证明的，登记机构可以要求申请人补充材料，必要时可以实地查看。

第二百一十三条 【不动产登记机构的禁止行为】登记机构不得有下列行为：

（一）要求对不动产进行评估；

（二）以年检等名义进行重复登记；

（三）超出登记职责范围的其他行为。

第二百一十四条 【不动产物权变动的生效时间】不动产物权的设立、变更、转让和消灭，依照法律规定应当登记的，自记载于不动产登记簿时发生效力。

第二百一十五条 【合同效力和物权效力区分】当事人之间订立有关设立、变更、转让和消灭不动产物权的合同，除法律另有规定或者当事人另有约定外，自合同成立时生效；未办理物权登记的，不影响合同效力。

第二百一十六条 【不动产登记簿效力及管理机构】不动产登记簿是物权归属和内容的根据。

不动产登记簿由登记机构管理。

第二百一十七条 【不动产登记簿与不动产权属证书的关系】不动产权属证书是权利人享有该不动产物权的证明。不动产权属证书记载的事项，应当与不动产登记簿一致；记载不一致的，除有证据证明不动产登记簿确有错误外，以不动产登记簿为准。

第二百一十八条 【不动产登记资料的查询、复制】权利人、利害关系人可以申请查询、复制不动产登记资料，登记机构应当提供。

第二百一十九条 【利害关系人的非法利用不动产登记资料禁止义务】利害关系人不得公开、非法使用权利人的不动产登记资料。

第二百二十条 【更正登记和异议登记】权利人、利害关系人认为不动产登记簿记载的事项错误的，可以申请更正登记。不动产登记簿记载的权利人书面同意更正或者有证据证明登记确有错误的，登记机构应当予以更正。

不动产登记簿记载的权利人不同意更正的，利害关系人可以申请异议登记。登记机构予以异议登记，申请人自异议登记之日起十五日内不提起诉讼的，异议登记失效。异议登记不当，造成权利人损害的，权利人可以向申请人请求损害赔偿。

第二百二十一条 【预告登记】当事人签订买卖房屋的协议或者签订其他不动产物权的协议，为保障将来实现物权，按照约定可以向登记机构申请预告登记。预告登记后，未经预告登记的权利人同意，处分该不动产的，不发生物权效力。

预告登记后，债权消灭或者自能够进行不动产登记之日起九十日内未申请登记的，预告登记失效。

第二百二十二条 【不动产登记错误损害赔偿责任】当事人提供虚假材料申请登记，造成他人损害的，应当承担赔偿责任。

因登记错误，造成他人损害的，登记机构应当承担赔偿责任。登记机构赔偿后，可以向造成登记错误的人追偿。

第二百二十三条 【不动产登记收费标准的确定】不动产登记费按件收取，不得按照不动产的面积、体积或者价款的比例收取。

第二节 动产交付

第二百二十四条 【动产物权变动生效时间】动产物权的设立和转让，自交付时发生效力，但是法律另有规定的除外。

第二百二十五条 【船舶、航空器和机动车物权变动采取登记对抗主义】船舶、航空器和机动车等的物权的设立、变更、转让和消灭，未经登记，不得对抗善意第三人。

第二百二十六条 【简易交付】动产物权设立和转让前，权利人已经占有该动产的，物权自民事法律行为生效时发生效力。

第二百二十七条 【指示交付】动产物权设立和转让前，第三人占有该动产的，负有交付义务的人可以通过转让请求第三人返还原物的权利代替交付。

第二百二十八条 【占有改定】动产物权转让时，当事人又约定由出让人继续占有该动产的,物权自该约定生效时发生效力。

第三节　其他规定

第二百二十九条　【法律文书、征收决定导致物权变动效力发生时间】因人民法院、仲裁机构的法律文书或者人民政府的征收决定等,导致物权设立、变更、转让或者消灭的,自法律文书或者征收决定等生效时发生效力。

第二百三十条　【因继承取得物权的生效时间】因继承取得物权的,自继承开始时发生效力。

第二百三十一条　【因事实行为设立或者消灭物权的生效时间】因合法建造、拆除房屋等事实行为设立或者消灭物权的,自事实行为成就时发生效力。

第二百三十二条　【非依民事法律行为享有的不动产物权变动】处分依照本节规定享有的不动产物权,依照法律规定需要办理登记的,未经登记,不发生物权效力。

第三章　物权的保护

第二百三十三条　【物权保护争讼程序】物权受到侵害的,权利人可以通过和解、调解、仲裁、诉讼等途径解决。

第二百三十四条　【物权确认请求权】因物权的归属、内容发生争议的,利害关系人可以请求确认权利。

第二百三十五条　【返还原物请求权】无权占有不动产或者动产的,权利人可以请求返还原物。

第二百三十六条　【排除妨害、消除危险请求权】妨害物权或者可能妨害物权的,权利人可以请求排除妨害或者消除危险。

第二百三十七条　【修理、重作、更换或者恢复原状请求权】造成不动产或者动产毁损的,权利人可以依法请求修理、重作、更换或者恢复原状。

第二百三十八条　【物权损害赔偿请求权】侵害物权,造成权利人损害的,权利人可以依法请求损害赔偿,也可以依法请求承担其他民事责任。

第二百三十九条　【物权保护方式的单用和并用】本章规定的物权保护方式,可以单独适用,也可以根据权利被侵害的情形合并适用。

第二分编　所有权

第四章　一般规定

第二百四十条　【所有权的定义】所有权人对自己的不动产或者动产,依法享有占有、使用、收益和处分的权利。

第二百四十一条　【所有权人设立他物权】所有权人有权在自己的不动产或者动产上设立用益物权和担保物权。用益物权人、担保物权人行使权利,不得损害所有权人的权益。

第二百四十二条　【国家专有】法律规定专属于国家所有的不动产和动产,任何组织或者个人不能取得所有权。

第二百四十三条　【征收】为了公共利益的需要,依照法律规定的权限和程序可以征收集体所有的土地和组织、个人的房屋以及其他不动产。

征收集体所有的土地,应当依法及时足额支付土地补偿费、安置补助费以及农村村民住宅、其他地上附着物和青苗等的补偿费用,并安排被征地农民的社会保障费用,保障被征地农民的生活,维护被征地农民的合法权益。

征收组织、个人的房屋以及其他不动产,应当依法给予征收补偿,维护被征收人的合法权益;征收个人住宅的,还应当保障被征收人的居住条件。

任何组织或者个人不得贪污、挪用、私分、截留、拖欠征收补偿费等费用。

第二百四十四条　【保护耕地与禁止违法征地】国家对耕地实行特殊保护,严格限制农用地转为建设用地,控制建设用地总量。不得违反法律规定的权限和程序征收集体所有的土地。

第二百四十五条　【征用】因抢险救灾、疫情防控等紧急需要,依照法律规定的权限和程序可以征用组织、个人的不动产或者动产。被征用的不动产或者动产使用后,应当返还被征用人。组织、个人的不动产或者动产被征用或者征用后毁损、灭失的,应当给予补偿。

第五章　国家所有权和集体所有权、私人所有权

第二百四十六条　【国家所有权】法律规定属于国家所有的财产,属于国家所有即全民所有。

国有财产由国务院代表国家行使所有权。法律另有规定的,依照其规定。

第二百四十七条　【矿藏、水流和海域的国家所有权】矿藏、水流、海域属于国家所有。

第二百四十八条　【无居民海岛的国家所有权】无居民海岛属于国家所有,国务院代表国家行使无居民海岛所有权。

第二百四十九条　【国家所有土地的范围】城市的土地,属于国家所有。法律规定属于国家所有的农村和城市郊区的土地,属于国家所有。

第二百五十条　【国家所有的自然资源】森林、山

岭、草原、荒地、滩涂等自然资源，属于国家所有，但是法律规定属于集体所有的除外。

第二百五十一条　【国家所有的野生动植物资源】法律规定属于国家所有的野生动植物资源，属于国家所有。

第二百五十二条　【无线电频谱资源的国家所有权】无线电频谱资源属于国家所有。

第二百五十三条　【国家所有的文物的范围】法律规定属于国家所有的文物，属于国家所有。

第二百五十四条　【国防资产、基础设施的国家所有权】国防资产属于国家所有。

铁路、公路、电力设施、电信设施和油气管道等基础设施，依照法律规定为国家所有的，属于国家所有。

第二百五十五条　【国家机关的物权】国家机关对其直接支配的不动产和动产，享有占有、使用以及依照法律和国务院的有关规定处分的权利。

第二百五十六条　【国家举办的事业单位的物权】国家举办的事业单位对其直接支配的不动产和动产，享有占有、使用以及依照法律和国务院的有关规定收益、处分的权利。

第二百五十七条　【国有企业出资人制度】国家出资的企业，由国务院、地方人民政府依照法律、行政法规规定分别代表国家履行出资人职责，享有出资人权益。

第二百五十八条　【国有财产的保护】国家所有的财产受法律保护，禁止任何组织或者个人侵占、哄抢、私分、截留、破坏。

第二百五十九条　【国有财产管理法律责任】履行国有财产管理、监督职责的机构及其工作人员，应当依法加强对国有财产的管理、监督，促进国有财产保值增值，防止国有财产损失；滥用职权，玩忽职守，造成国有财产损失的，应当依法承担法律责任。

违反国有财产管理规定，在企业改制、合并分立、关联交易等过程中，低价转让、合谋私分、擅自担保或者以其他方式造成国有财产损失的，应当依法承担法律责任。

第二百六十条　【集体财产范围】集体所有的不动产和动产包括：

（一）法律规定属于集体所有的土地和森林、山岭、草原、荒地、滩涂；

（二）集体所有的建筑物、生产设施、农田水利设施；

（三）集体所有的教育、科学、文化、卫生、体育等设施；

（四）集体所有的其他不动产和动产。

第二百六十一条　【农民集体所有财产归属及重大事项集体决定】农民集体所有的不动产和动产，属于本集体成员集体所有。

下列事项应当依照法定程序经本集体成员决定：

（一）土地承包方案以及将土地发包给本集体以外的组织或者个人承包；

（二）个别土地承包经营权人之间承包地的调整；

（三）土地补偿费等费用的使用、分配办法；

（四）集体出资的企业的所有权变动等事项；

（五）法律规定的其他事项。

第二百六十二条　【行使集体所有权的主体】对于集体所有的土地和森林、山岭、草原、荒地、滩涂等，依照下列规定行使所有权：

（一）属于村农民集体所有的，由村集体经济组织或者村民委员会依法代表集体行使所有权；

（二）分别属于村内两个以上农民集体所有的，由村内各该集体经济组织或者村民小组依法代表集体行使所有权；

（三）属于乡镇农民集体所有的，由乡镇集体经济组织代表集体行使所有权。

第二百六十三条　【城镇集体财产权利】城镇集体所有的不动产和动产，依照法律、行政法规的规定由本集体享有占有、使用、收益和处分的权利。

第二百六十四条　【集体财产状况的公布】农村集体经济组织或者村民委员会、村民小组应当依照法律、行政法规以及章程、村规民约向本集体成员公布集体财产的状况。集体成员有权查阅、复制相关资料。

第二百六十五条　【集体财产的保护】集体所有的财产受法律保护，禁止任何组织或者个人侵占、哄抢、私分、破坏。

农村集体经济组织、村民委员会或者其负责人作出的决定侵害集体成员合法权益的，受侵害的集体成员可以请求人民法院予以撤销。

第二百六十六条　【私人所有权】私人对其合法的收入、房屋、生活用品、生产工具、原材料等不动产和动产享有所有权。

第二百六十七条　【私有财产的保护】私人的合法财产受法律保护，禁止任何组织或者个人侵占、哄抢、破坏。

第二百六十八条　【企业出资人的权利】国家、集体和私人依法可以出资设立有限责任公司、股份有限公司或者其他企业。国家、集体和私人所有的不动产或者动产投到企业的,由出资人按照约定或者出资比例享有资产收益、重大决策以及选择经营管理者等权利并履行义务。

第二百六十九条 【法人财产权】营利法人对其不动产和动产依照法律、行政法规以及章程享有占有、使用、收益和处分的权利。

营利法人以外的法人,对其不动产和动产的权利,适用有关法律、行政法规以及章程的规定。

第二百七十条 【社会团体法人、捐助法人合法财产的保护】社会团体法人、捐助法人依法所有的不动产和动产,受法律保护。

第六章 业主的建筑物区分所有权

第二百七十一条 【建筑物区分所有权】业主对建筑物内的住宅、经营性用房等专有部分享有所有权,对专有部分以外的共有部分享有共有和共同管理的权利。

第二百七十二条 【业主对专有部分的专有权】业主对其建筑物专有部分享有占有、使用、收益和处分的权利。业主行使权利不得危及建筑物的安全,不得损害其他业主的合法权益。

第二百七十三条 【业主对共有部分的共有权及义务】业主对建筑物专有部分以外的共有部分,享有权利,承担义务;不得以放弃权利为由不履行义务。

业主转让建筑物内的住宅、经营性用房,其对共有部分享有的共有和共同管理的权利一并转让。

第二百七十四条 【建筑区划内的道路、绿地等场所和设施属于业主共有财产】建筑区划内的道路,属于业主共有,但是属于城镇公共道路的除外。建筑区划内的绿地,属于业主共有,但是属于城镇公共绿地或者明示属于个人的除外。建筑区划内的其他公共场所、公用设施和物业服务用房,属于业主共有。

第二百七十五条 【车位、车库的归属规则】建筑区划内,规划用于停放汽车的车位、车库的归属,由当事人通过出售、附赠或者出租等方式约定。

占用业主共有的道路或者其他场地用于停放汽车的车位,属于业主共有。

第二百七十六条 【车位、车库优先满足业主需求】建筑区划内,规划用于停放汽车的车位、车库应当首先满足业主的需要。

第二百七十七条 【设立业主大会和选举业主委员会】业主可以设立业主大会,选举业主委员会。业主大会、业主委员会成立的具体条件和程序,依照法律、法规的规定。

地方人民政府有关部门、居民委员会应当对设立业主大会和选举业主委员会给予指导和协助。

第二百七十八条 【由业主共同决定的事项以及表决规则】下列事项由业主共同决定:

(一)制定和修改业主大会议事规则;

(二)制定和修改管理规约;

(三)选举业主委员会或者更换业主委员会成员;

(四)选聘和解聘物业服务企业或者其他管理人;

(五)使用建筑物及其附属设施的维修资金;

(六)筹集建筑物及其附属设施的维修资金;

(七)改建、重建建筑物及其附属设施;

(八)改变共有部分的用途或者利用共有部分从事经营活动;

(九)有关共有和共同管理权利的其他重大事项。

业主共同决定事项,应当由专有部分面积占比三分之二以上的业主且人数占比三分之二以上的业主参与表决。决定前款第六项至第八项规定的事项,应当经参与表决专有部分面积四分之三以上的业主且参与表决人数四分之三以上的业主同意。决定前款其他事项,应当经参与表决专有部分面积过半数的业主且参与表决人数过半数的业主同意。

第二百七十九条 【业主将住宅转变为经营性用房应当遵循的规则】业主不得违反法律、法规以及管理规约,将住宅改变为经营性用房。业主将住宅改变为经营性用房的,除遵守法律、法规以及管理规约外,应当经有利害关系的业主一致同意。

第二百八十条 【业主大会、业主委员会决定的效力】业主大会或者业主委员会的决定,对业主具有法律约束力。

业主大会或者业主委员会作出的决定侵害业主合法权益的,受侵害的业主可以请求人民法院予以撤销。

第二百八十一条 【建筑物及其附属设施维修资金的归属和处分】建筑物及其附属设施的维修资金,属于业主共有。经业主共同决定,可以用于电梯、屋顶、外墙、无障碍设施等共有部分的维修、更新和改造。建筑物及其附属设施的维修资金的筹集、使用情况应当定期公布。

紧急情况下需要维修建筑物及其附属设施的,业主大会或者业主委员会可以依法申请使用建筑物及其附属设施的维修资金。

第二百八十二条 【业主共有部分产生收入的归属】建设单位、物业服务企业或者其他管理人等利用业主的共有部分产生的收入,在扣除合理成本之后,属于业主共有。

第二百八十三条　【建筑物及其附属设施的费用分摊和收益分配确定规则】建筑物及其附属设施的费用分摊、收益分配等事项，有约定的，按照约定；没有约定或者约定不明确的，按照业主专有部分面积所占比例确定。

第二百八十四条　【建筑物及其附属设施的管理】业主可以自行管理建筑物及其附属设施，也可以委托物业服务企业或者其他管理人管理。

对建设单位聘请的物业服务企业或者其他管理人，业主有权依法更换。

第二百八十五条　【物业服务企业或其他接受业主委托的管理人的管理义务】物业服务企业或者其他管理人根据业主的委托，依照本法第三编有关物业服务合同的规定管理建筑区划内的建筑物及其附属设施，接受业主的监督，并及时答复业主对物业服务情况提出的询问。

物业服务企业或者其他管理人应当执行政府依法实施的应急处置措施和其他管理措施，积极配合开展相关工作。

第二百八十六条　【业主守法义务和业主大会与业主委员会职责】业主应当遵守法律、法规以及管理规约，相关行为应当符合节约资源、保护生态环境的要求。对于物业服务企业或者其他管理人执行政府依法实施的应急处置措施和其他管理措施，业主应当依法予以配合。

业主大会或者业主委员会，对任意弃置垃圾、排放污染物或者噪声、违反规定饲养动物、违章搭建、侵占通道、拒付物业费等损害他人合法权益的行为，有权依照法律、法规以及管理规约，请求行为人停止侵害、排除妨碍、消除危险、恢复原状、赔偿损失。

业主或者其他行为人拒不履行相关义务的，有关当事人可以向有关行政主管部门报告或者投诉，有关行政主管部门应当依法处理。

第二百八十七条　【业主请求权】业主对建设单位、物业服务企业或者其他管理人以及其他业主侵害自己合法权益的行为，有权请求其承担民事责任。

第七章　相邻关系

第二百八十八条　【处理相邻关系的原则】不动产的相邻权利人应当按照有利生产、方便生活、团结互助、公平合理的原则，正确处理相邻关系。

第二百八十九条　【处理相邻关系的依据】法律、法规对处理相邻关系有规定的，依照其规定；法律、法规没有规定的，可以按照当地习惯。

第二百九十条　【相邻用水、排水、流水关系】不动产权利人应当为相邻权利人用水、排水提供必要的便利。

对自然流水的利用，应当在不动产的相邻权利人之间合理分配。对自然流水的排放，应当尊重自然流向。

第二百九十一条　【相邻关系中的通行权】不动产权利人对相邻权利人因通行等必须利用其土地的，应当提供必要的便利。

第二百九十二条　【相邻土地的利用】不动产权利人因建造、修缮建筑物以及铺设电线、电缆、水管、暖气和燃气管线等必须利用相邻土地、建筑物的，该土地、建筑物的权利人应当提供必要的便利。

第二百九十三条　【相邻建筑物通风、采光、日照】建造建筑物，不得违反国家有关工程建设标准，不得妨碍相邻建筑物的通风、采光和日照。

第二百九十四条　【相邻不动产之间不得排放、施放污染物】不动产权利人不得违反国家规定弃置固体废物，排放大气污染物、水污染物、土壤污染物、噪声、光辐射、电磁辐射等有害物质。

第二百九十五条　【维护相邻不动产安全】不动产权利人挖掘土地、建造建筑物、铺设管线以及安装设备等，不得危及相邻不动产的安全。

第二百九十六条　【相邻权的限度】不动产权利人因用水、排水、通行、铺设管线等利用相邻不动产的，应当尽量避免对相邻的不动产权利人造成损害。

第八章　共　有

第二百九十七条　【共有及其形式】不动产或者动产可以由两个以上组织、个人共有。共有包括按份共有和共同共有。

第二百九十八条　【按份共有】按份共有人对共有的不动产或者动产按照其份额享有所有权。

第二百九十九条　【共同共有】共同共有人对共有的不动产或者动产共同享有所有权。

第三百条　【共有物的管理】共有人按照约定管理共有的不动产或者动产；没有约定或者约定不明确的，各共有人都有管理的权利和义务。

第三百零一条　【共有人对共有财产重大事项的表决权规则】处分共有的不动产或者动产以及对共有的不动产或者动产作重大修缮、变更性质或者用途的，应当经占份额三分之二以上的按份共有人或者全体共同共有人同意，但是共有人之间另有约定的除外。

第三百零二条　【共有物管理费用的分担规则】共有人对共有物的管理费用以及其他负担，有约定的，按照其约定；没有约定或者约定不明确的，按份共有人按照其份额负担,共同共有人共同负担。

第三百零三条　【共有物的分割规则】共有人约定不得分割共有的不动产或者动产,以维持共有关系的,应当按照约定,但是共有人有重大理由需要分割的,可以请求分割;没有约定或者约定不明确的,按份共有人可以随时请求分割,共同共有人在共有的基础丧失或者有重大理由需要分割时可以请求分割。因分割造成其他共有人损害的,应当给予赔偿。

第三百零四条　【共有物分割的方式】共有人可以协商确定分割方式。达不成协议,共有的不动产或者动产可以分割且不会因分割减损价值的,应当对实物予以分割;难以分割或者因分割会减损价值的,应当对折价或者拍卖、变卖取得的价款予以分割。

共有人分割所得的不动产或者动产有瑕疵的,其他共有人应当分担损失。

第三百零五条　【按份共有人的优先购买权】按份共有人可以转让其享有的共有的不动产或者动产份额。其他共有人在同等条件下享有优先购买的权利。

第三百零六条　【按份共有人行使优先购买权的规则】按份共有人转让其享有的共有的不动产或者动产份额的,应当将转让条件及时通知其他共有人。其他共有人应当在合理期限内行使优先购买权。

两个以上其他共有人主张行使优先购买权的,协商确定各自的购买比例;协商不成的,按照转让时各自的共有份额比例行使优先购买权。

第三百零七条　【因共有产生的债权债务承担规则】因共有的不动产或者动产产生的债权债务,在对外关系上,共有人享有连带债权、承担连带债务,但是法律另有规定或者第三人知道共有人不具有连带债权债务关系的除外;在共有人内部关系上,除共有人另有约定外,按份共有人按照份额享有债权、承担债务,共同共有人共同享有债权、承担债务。偿还债务超过自己应当承担份额的按份共有人,有权向其他共有人追偿。

第三百零八条　【共有关系不明时对共有关系性质的推定】共有人对共有的不动产或者动产没有约定为按份共有或者共同共有,或者约定不明确的,除共有人具有家庭关系等外,视为按份共有。

第三百零九条　【按份共有人份额不明时份额的确定】按份共有人对共有的不动产或者动产享有的份额,没有约定或者约定不明确的,按照出资额确定;不能确定出资额的,视为等额享有。

第三百一十条　【准共有】两个以上组织、个人共同享有用益物权、担保物权的,参照适用本章的有关规定。

第九章　所有权取得的特别规定

第三百一十一条　【善意取得】无处分权人将不动产或者动产转让给受让人的,所有权人有权追回;除法律另有规定外,符合下列情形的,受让人取得该不动产或者动产的所有权:

(一)受让人受让该不动产或者动产时是善意;

(二)以合理的价格转让;

(三)转让的不动产或者动产依照法律规定应当登记的已经登记,不需要登记的已经交付给受让人。

受让人依据前款规定取得不动产或者动产的所有权的,原所有权人有权向无处分权人请求损害赔偿。

当事人善意取得其他物权的,参照适用前两款规定。

第三百一十二条　【遗失物的善意取得】所有权人或者其他权利人有权追回遗失物。该遗失物通过转让被他人占有的,权利人有权向无处分权人请求损害赔偿,或者自知道或者应当知道受让人之日起二年内向受让人请求返还原物;但是,受让人通过拍卖或者向具有经营资格的经营者购得该遗失物的,权利人请求返还原物时应当支付受让人所付的费用。权利人向受让人支付所付费用后,有权向无处分权人追偿。

第三百一十三条　【善意取得的动产上原有的权利负担消灭及其例外】善意受让人取得动产后,该动产上的原有权利消灭。但是,善意受让人在受让时知道或者应当知道该权利的除外。

第三百一十四条　【拾得遗失物的返还】拾得遗失物,应当返还权利人。拾得人应当及时通知权利人领取,或者送交公安等有关部门。

第三百一十五条　【有关部门收到遗失物的处理】有关部门收到遗失物,知道权利人的,应当及时通知其领取;不知道的,应当及时发布招领公告。

第三百一十六条　【遗失物的妥善保管义务】拾得人在遗失物送交有关部门前,有关部门在遗失物被领取前,应当妥善保管遗失物。因故意或者重大过失致使遗失物毁损、灭失的,应当承担民事责任。

第三百一十七条　【权利人领取遗失物时的费用支付义务】权利人领取遗失物时,应当向拾得人或者有关部门支付保管遗失物等支出的必要费用。

权利人悬赏寻找遗失物的,领取遗失物时应当按照承诺履行义务。

拾得人侵占遗失物的,无权请求保管遗失物等支出的费用,也无权请求权利人按照承诺履行义务。

第三百一十八条　【无人认领的遗失物的处理规则】遗失物自发布招领公告之日起一年内无人认领的，归国家所有。

第三百一十九条　【拾得漂流物、埋藏物或者隐藏物】拾得漂流物、发现埋藏物或者隐藏物的，参照适用拾得遗失物的有关规定。法律另有规定的，依照其规定。

第三百二十条　【从物随主物转让规则】主物转让的，从物随主物转让，但是当事人另有约定的除外。

第三百二十一条　【孳息的归属】天然孳息，由所有权人取得；既有所有权人又有用益物权人的，由用益物权人取得。当事人另有约定的，按照其约定。

法定孳息，当事人有约定的，按照约定取得；没有约定或者约定不明确的，按照交易习惯取得。

第三百二十二条　【添附】因加工、附合、混合而产生的物的归属，有约定的，按照约定；没有约定或者约定不明确的，依照法律规定；法律没有规定的，按照充分发挥物的效用以及保护无过错当事人的原则确定。因一方当事人的过错或者确定物的归属造成另一方当事人损害的，应当给予赔偿或者补偿。

第三分编　用益物权

第十章　一般规定

第三百二十三条　【用益物权的定义】用益物权人对他人所有的不动产或者动产，依法享有占有、使用和收益的权利。

第三百二十四条　【国家和集体所有的自然资源的使用规则】国家所有或者国家所有由集体使用以及法律规定属于集体所有的自然资源，组织、个人依法可以占有、使用和收益。

第三百二十五条　【自然资源有偿使用制度】国家实行自然资源有偿使用制度，但是法律另有规定的除外。

第三百二十六条　【用益物权的行使规范】用益物权人行使权利，应当遵守法律有关保护和合理开发利用资源、保护生态环境的规定。所有权人不得干涉用益物权人行使权利。

第三百二十七条　【被征收、征用时用益物权人的补偿请求权】因不动产或者动产被征收、征用致使用益物权消灭或者影响用益物权行使的，用益物权人有权依据本法第二百四十三条、第二百四十五条的规定获得相应补偿。

第三百二十八条　【海域使用权】依法取得的海域使用权受法律保护。

第三百二十九条　【特许物权依法保护】依法取得的探矿权、采矿权、取水权和使用水域、滩涂从事养殖、捕捞的权利受法律保护。

第十一章　土地承包经营权

第三百三十条　【农村土地承包经营】农村集体经济组织实行家庭承包经营为基础、统分结合的双层经营体制。

农民集体所有和国家所有由农民集体使用的耕地、林地、草地以及其他用于农业的土地，依法实行土地承包经营制度。

第三百三十一条　【土地承包经营权内容】土地承包经营权人依法对其承包经营的耕地、林地、草地等享有占有、使用和收益的权利，有权从事种植业、林业、畜牧业等农业生产。

第三百三十二条　【土地的承包期限】耕地的承包期为三十年。草地的承包期为三十年至五十年。林地的承包期为三十年至七十年。

前款规定的承包期限届满，由土地承包经营权人依照农村土地承包的法律规定继续承包。

第三百三十三条　【土地承包经营权的设立与登记】土地承包经营权自土地承包经营权合同生效时设立。

登记机构应当向土地承包经营权人发放土地承包经营权证、林权证等证书，并登记造册，确认土地承包经营权。

第三百三十四条　【土地承包经营权的互换、转让】土地承包经营权人依照法律规定，有权将土地承包经营权互换、转让。未经依法批准，不得将承包地用于非农建设。

第三百三十五条　【土地承包经营权流转的登记对抗主义】土地承包经营权互换、转让的，当事人可以向登记机构申请登记；未经登记，不得对抗善意第三人。

第三百三十六条　【承包地的调整】承包期内发包人不得调整承包地。

因自然灾害严重毁损承包地等特殊情形，需要适当调整承包的耕地和草地的，应当依照农村土地承包的法律规定办理。

第三百三十七条　【承包地的收回】承包期内发包人不得收回承包地。法律另有规定的，依照其规定。

第三百三十八条　【征收承包地的补偿规则】承包地被征收的，土地承包经营权人有权依据本法第二百四十三条的规定获得相应补偿。

第三百三十九条　【土地经营权的流转】土地承包

经营权人可以自主决定依法采取出租、入股或者其他方式向他人流转土地经营权。

第三百四十条　【土地经营权人的基本权利】土地经营权人有权在合同约定的期限内占有农村土地,自主开展农业生产经营并取得收益。

第三百四十一条　【土地经营权的设立与登记】流转期限为五年以上的土地经营权,自流转合同生效时设立。当事人可以向登记机构申请土地经营权登记;未经登记,不得对抗善意第三人。

第三百四十二条　【以其他方式承包取得的土地经营权流转】通过招标、拍卖、公开协商等方式承包农村土地,经依法登记取得权属证书的,可以依法采取出租、入股、抵押或者其他方式流转土地经营权。

第三百四十三条　【国有农用地承包经营的法律适用】国家所有的农用地实行承包经营的,参照适用本编的有关规定。

第十二章　建设用地使用权

第三百四十四条　【建设用地使用权的概念】建设用地使用权人依法对国家所有的土地享有占有、使用和收益的权利,有权利用该土地建造建筑物、构筑物及其附属设施。

第三百四十五条　【建设用地使用权的分层设立】建设用地使用权可以在土地的地表、地上或者地下分别设立。

第三百四十六条　【建设用地使用权的设立原则】设立建设用地使用权,应当符合节约资源、保护生态环境的要求,遵守法律、行政法规关于土地用途的规定,不得损害已经设立的用益物权。

第三百四十七条　【建设用地使用权的出让方式】设立建设用地使用权,可以采取出让或者划拨等方式。

工业、商业、旅游、娱乐和商品住宅等经营性用地以及同一土地有两个以上意向用地者的,应当采取招标、拍卖等公开竞价的方式出让。

严格限制以划拨方式设立建设用地使用权。

第三百四十八条　【建设用地使用权出让合同】通过招标、拍卖、协议等出让方式设立建设用地使用权的,当事人应当采用书面形式订立建设用地使用权出让合同。

建设用地使用权出让合同一般包括下列条款:

(一)当事人的名称和住所;

(二)土地界址、面积等;

(三)建筑物、构筑物及其附属设施占用的空间;

(四)土地用途、规划条件;

(五)建设用地使用权期限;

(六)出让金等费用及其支付方式;

(七)解决争议的方法。

第三百四十九条　【建设用地使用权的登记】设立建设用地使用权的,应当向登记机构申请建设用地使用权登记。建设用地使用权自登记时设立。登记机构应当向建设用地使用权人发放权属证书。

第三百五十条　【土地用途限定规则】建设用地使用权人应当合理利用土地,不得改变土地用途;需要改变土地用途的,应当依法经有关行政主管部门批准。

第三百五十一条　【建设用地使用权人支付出让金等费用的义务】建设用地使用权人应当依照法律规定以及合同约定支付出让金等费用。

第三百五十二条　【建设用地使用权人建造的建筑物、构筑物及其附属设施的归属】建设用地使用权人建造的建筑物、构筑物及其附属设施的所有权属于建设用地使用权人,但是有相反证据证明的除外。

第三百五十三条　【建设用地使用权的流转方式】建设用地使用权人有权将建设用地使用权转让、互换、出资、赠与或者抵押,但是法律另有规定的除外。

第三百五十四条　【建设用地使用权流转的合同形式和期限】建设用地使用权转让、互换、出资、赠与或者抵押的,当事人应当采用书面形式订立相应的合同。使用期限由当事人约定,但是不得超过建设用地使用权的剩余期限。

第三百五十五条　【建设用地使用权流转登记】建设用地使用权转让、互换、出资或者赠与的,应当向登记机构申请变更登记。

第三百五十六条　【建设用地使用权流转之房随地走】建设用地使用权转让、互换、出资或者赠与的,附着于该土地上的建筑物、构筑物及其附属设施一并处分。

第三百五十七条　【建设用地使用权流转之地随房走】建筑物、构筑物及其附属设施转让、互换、出资或者赠与的,该建筑物、构筑物及其附属设施占用范围内的建设用地使用权一并处分。

第三百五十八条　【建设用地使用权的提前收回及其补偿】建设用地使用权期限届满前,因公共利益需要提前收回该土地的,应当依据本法第二百四十三条的规定对该土地上的房屋以及其他不动产给予补偿,并退还相应的出让金。

**第三百五十九条　【建设用地使用权期限届满的处

理规则】住宅建设用地使用权期限届满的,自动续期。续期费用的缴纳或者减免,依照法律、行政法规的规定办理。

非住宅建设用地使用权期限届满后的续期,依照法律规定办理。该土地上的房屋以及其他不动产的归属,有约定的,按照约定;没有约定或者约定不明确的,依照法律、行政法规的规定办理。

第三百六十条 【建设用地使用权注销登记】建设用地使用权消灭的,出让人应当及时办理注销登记。登记机构应当收回权属证书。

第三百六十一条 【集体土地作为建设用地的法律适用】集体所有的土地作为建设用地的,应当依照土地管理的法律规定办理。

第十三章 宅基地使用权

第三百六十二条 【宅基地使用权内容】宅基地使用权人依法对集体所有的土地享有占有和使用的权利,有权依法利用该土地建造住宅及其附属设施。

第三百六十三条 【宅基地使用权的法律适用】宅基地使用权的取得、行使和转让,适用土地管理的法律和国家有关规定。

第三百六十四条 【宅基地灭失后的重新分配】宅基地因自然灾害等原因灭失的,宅基地使用权消灭。对失去宅基地的村民,应当依法重新分配宅基地。

第三百六十五条 【宅基地使用权的变更登记与注销登记】已经登记的宅基地使用权转让或者消灭的,应当及时办理变更登记或者注销登记。

第十四章 居住权

第三百六十六条 【居住权的定义】居住权人有权按照合同约定,对他人的住宅享有占有、使用的用益物权,以满足生活居住的需要。

第三百六十七条 【居住权合同】设立居住权,当事人应当采用书面形式订立居住权合同。

居住权合同一般包括下列条款:

(一)当事人的姓名或者名称和住所;

(二)住宅的位置;

(三)居住的条件和要求;

(四)居住权期限;

(五)解决争议的方法。

第三百六十八条 【居住权的设立】居住权无偿设立,但是当事人另有约定的除外。设立居住权的,应当向登记机构申请居住权登记。居住权自登记时设立。

第三百六十九条 【居住权的限制性规定及例外】居住权不得转让、继承。设立居住权的住宅不得出租,但是当事人另有约定的除外。

第三百七十条 【居住权的消灭】居住权期限届满或者居住权人死亡的,居住权消灭。居住权消灭的,应当及时办理注销登记。

第三百七十一条 【以遗嘱设立居住权的法律适用】以遗嘱方式设立居住权的,参照适用本章的有关规定。

第十五章 地役权

第三百七十二条 【地役权的定义】地役权人有权按照合同约定,利用他人的不动产,以提高自己的不动产的效益。

前款所称他人的不动产为供役地,自己的不动产为需役地。

第三百七十三条 【地役权合同】设立地役权,当事人应当采用书面形式订立地役权合同。

地役权合同一般包括下列条款:

(一)当事人的姓名或者名称和住所;

(二)供役地和需役地的位置;

(三)利用目的和方法;

(四)地役权期限;

(五)费用及其支付方式;

(六)解决争议的方法。

第三百七十四条 【地役权的设立与登记】地役权自地役权合同生效时设立。当事人要求登记的,可以向登记机构申请地役权登记;未经登记,不得对抗善意第三人。

第三百七十五条 【供役地权利人的义务】供役地权利人应当按照合同约定,允许地役权人利用其不动产,不得妨害地役权人行使权利。

第三百七十六条 【地役权人的义务】地役权人应当按照合同约定的利用目的和方法利用供役地,尽量减少对供役地权利人物权的限制。

第三百七十七条 【地役权的期限】地役权期限由当事人约定;但是,不得超过土地承包经营权、建设用地使用权等用益物权的剩余期限。

第三百七十八条 【在享有或者负担地役权的土地上设立用益物权的规则】土地所有权人享有地役权或者负担地役权的,设立土地承包经营权、宅基地使用权等用益物权时,该用益物权人继续享有或者负担已经设立的地役权。

第三百七十九条　【土地所有权人在已设立用益物权的土地上设立地役权的规则】土地上已经设立土地承包经营权、建设用地使用权、宅基地使用权等用益物权的,未经用益物权人同意,土地所有权人不得设立地役权。

第三百八十条　【地役权的转让规则】地役权不得单独转让。土地承包经营权、建设用地使用权等转让的,地役权一并转让,但是合同另有约定的除外。

第三百八十一条　【地役权不得单独抵押】地役权不得单独抵押。土地经营权、建设用地使用权等抵押的,在实现抵押权时,地役权一并转让。

第三百八十二条　【需役地部分转让效果】需役地以及需役地上的土地承包经营权、建设用地使用权等部分转让时,转让部分涉及地役权的,受让人同时享有地役权。

第三百八十三条　【供役地部分转让效果】供役地以及供役地上的土地承包经营权、建设用地使用权等部分转让时,转让部分涉及地役权的,地役权对受让人具有法律约束力。

第三百八十四条　【供役地权利人解除权】地役权人有下列情形之一的,供役地权利人有权解除地役权合同,地役权消灭:

(一)违反法律规定或者合同约定,滥用地役权;

(二)有偿利用供役地,约定的付款期限届满后在合理期限内经两次催告未支付费用。

第三百八十五条　【地役权变动后的登记】已经登记的地役权变更、转让或者消灭的,应当及时办理变更登记或者注销登记。

第四分编　担保物权

第十六章　一般规定

第三百八十六条　【担保物权的定义】担保物权人在债务人不履行到期债务或者发生当事人约定的实现担保物权的情形,依法享有就担保财产优先受偿的权利,但是法律另有规定的除外。

第三百八十七条　【担保物权适用范围及反担保】债权人在借贷、买卖等民事活动中,为保障实现其债权,需要担保的,可以依照本法和其他法律的规定设立担保物权。

第三人为债务人向债权人提供担保的,可以要求债务人提供反担保。反担保适用本法和其他法律的规定。

第三百八十八条　【担保合同及其与主合同的关系】设立担保物权,应当依照本法和其他法律的规定订立担保合同。担保合同包括抵押合同、质押合同和其他具有担保功能的合同。担保合同是主债权债务合同的从合同。主债权债务合同无效的,担保合同无效,但是法律另有规定的除外。

担保合同被确认无效后,债务人、担保人、债权人有过错的,应当根据其过错各自承担相应的民事责任。

第三百八十九条　【担保范围】担保物权的担保范围包括主债权及其利息、违约金、损害赔偿金、保管担保财产和实现担保物权的费用。当事人另有约定的,按照其约定。

第三百九十条　【担保物权的物上代位性】担保期间,担保财产毁损、灭失或者被征收等,担保物权人可以就获得的保险金、赔偿金或者补偿金等优先受偿。被担保债权的履行期限未届满的,也可以提存该保险金、赔偿金或者补偿金等。

第三百九十一条　【债务转让对担保物权的效力】第三人提供担保,未经其书面同意,债权人允许债务人转移全部或者部分债务的,担保人不再承担相应的担保责任。

第三百九十二条　【人保和物保并存时的处理规则】被担保的债权既有物的担保又有人的担保的,债务人不履行到期债务或者发生当事人约定的实现担保物权的情形,债权人应当按照约定实现债权;没有约定或者约定不明确,债务人自己提供物的担保的,债权人应当先就该物的担保实现债权;第三人提供物的担保的,债权人可以就物的担保实现债权,也可以请求保证人承担保证责任。提供担保的第三人承担担保责任后,有权向债务人追偿。

第三百九十三条　【担保物权消灭的情形】有下列情形之一的,担保物权消灭:

(一)主债权消灭;

(二)担保物权实现;

(三)债权人放弃担保物权;

(四)法律规定担保物权消灭的其他情形。

第十七章　抵押权

第一节　一般抵押权

第三百九十四条　【抵押权的定义】为担保债务的履行,债务人或者第三人不转移财产的占有,将该财产抵押给债权人的,债务人不履行到期债务或者发生当事人约定的实现抵押权的情形,债权人有权就该财产优先受偿。

前款规定的债务人或者第三人为抵押人，债权人为抵押权人，提供担保的财产为抵押财产。

第三百九十五条　【可抵押财产的范围】债务人或者第三人有权处分的下列财产可以抵押：

（一）建筑物和其他土地附着物；

（二）建设用地使用权；

（三）海域使用权；

（四）生产设备、原材料、半成品、产品；

（五）正在建造的建筑物、船舶、航空器；

（六）交通运输工具；

（七）法律、行政法规未禁止抵押的其他财产。

抵押人可以将前款所列财产一并抵押。

第三百九十六条　【浮动抵押】企业、个体工商户、农业生产经营者可以将现有的以及将有的生产设备、原材料、半成品、产品抵押，债务人不履行到期债务或者发生当事人约定的实现抵押权的情形，债权人有权就抵押财产确定时的动产优先受偿。

第三百九十七条　【建筑物和相应的建设用地使用权一并抵押规则】以建筑物抵押的，该建筑物占用范围内的建设用地使用权一并抵押。以建设用地使用权抵押的，该土地上的建筑物一并抵押。

抵押人未依据前款规定一并抵押的，未抵押的财产视为一并抵押。

第三百九十八条　【乡镇、村企业的建设用地使用权与房屋一并抵押规则】乡镇、村企业的建设用地使用权不得单独抵押。以乡镇、村企业的厂房等建筑物抵押的，其占用范围内的建设用地使用权一并抵押。

第三百九十九条　【禁止抵押的财产范围】下列财产不得抵押：

（一）土地所有权；

（二）宅基地、自留地、自留山等集体所有土地的使用权，但是法律规定可以抵押的除外；

（三）学校、幼儿园、医疗机构等为公益目的成立的非营利法人的教育设施、医疗卫生设施和其他公益设施；

（四）所有权、使用权不明或者有争议的财产；

（五）依法被查封、扣押、监管的财产；

（六）法律、行政法规规定不得抵押的其他财产。

第四百条　【抵押合同】设立抵押权，当事人应当采用书面形式订立抵押合同。

抵押合同一般包括下列条款：

（一）被担保债权的种类和数额；

（二）债务人履行债务的期限；

（三）抵押财产的名称、数量等情况；

（四）担保的范围。

第四百零一条　【流押条款的效力】抵押权人在债务履行期限届满前，与抵押人约定债务人不履行到期债务时抵押财产归债权人所有的，只能依法就抵押财产优先受偿。

第四百零二条　【不动产抵押登记】以本法第三百九十五条第一款第一项至第三项规定的财产或者第五项规定的正在建造的建筑物抵押的，应当办理抵押登记。抵押权自登记时设立。

第四百零三条　【动产抵押的效力】以动产抵押的，抵押权自抵押合同生效时设立；未经登记，不得对抗善意第三人。

第四百零四条　【动产抵押权对抗效力的限制】以动产抵押的，不得对抗正常经营活动中已经支付合理价款并取得抵押财产的买受人。

第四百零五条　【抵押权和租赁权的关系】抵押权设立前，抵押财产已经出租并转移占有的，原租赁关系不受该抵押权的影响。

第四百零六条　【抵押期间抵押财产转让应当遵循的规则】抵押期间，抵押人可以转让抵押财产。当事人另有约定的，按照其约定。抵押财产转让的，抵押权不受影响。

抵押人转让抵押财产的，应当及时通知抵押权人。抵押权人能够证明抵押财产转让可能损害抵押权的，可以请求抵押人将转让所得的价款向抵押权人提前清偿债务或者提存。转让的价款超过债权数额的部分归抵押人所有，不足部分由债务人清偿。

第四百零七条　【抵押权的从属性】抵押权不得与债权分离而单独转让或者作为其他债权的担保。债权转让的，担保该债权的抵押权一并转让，但是法律另有规定或者当事人另有约定的除外。

第四百零八条　【抵押财产价值减少时抵押权人的保护措施】抵押人的行为足以使抵押财产价值减少的，抵押权人有权请求抵押人停止其行为；抵押财产价值减少的，抵押权人有权请求恢复抵押财产的价值，或者提供与减少的价值相应的担保。抵押人不恢复抵押财产的价值，也不提供担保的，抵押权人有权请求债务人提前清偿债务。

第四百零九条　【抵押权人放弃抵押权或抵押权顺位的法律后果】抵押权人可以放弃抵押权或者抵押权的顺位。抵押权人与抵押人可以协议变更抵押权顺位以及被担保的债权数额等内容。但是,抵押权的变更未经其他抵押权人书面同意的,不得对其他抵押权人产生不利影响。

债务人以自己的财产设定抵押,抵押权人放弃该抵押权、抵押权顺位或者变更抵押权的,其他担保人在抵押权人丧失优先受偿权益的范围内免除担保责任,但是其他担保人承诺仍然提供担保的除外。

第四百一十条　【抵押权实现的方式和程序】债务人不履行到期债务或者发生当事人约定的实现抵押权的情形,抵押权人可以与抵押人协议以抵押财产折价或者以拍卖、变卖该抵押财产所得的价款优先受偿。协议损害其他债权人利益的,其他债权人可以请求人民法院撤销该协议。

抵押权人与抵押人未就抵押权实现方式达成协议的,抵押权人可以请求人民法院拍卖、变卖抵押财产。

抵押财产折价或者变卖的,应当参照市场价格。

第四百一十一条　【浮动抵押财产的确定】依据本法第三百九十六条规定设定抵押的,抵押财产自下列情形之一发生时确定:

(一)债务履行期限届满,债权未实现;

(二)抵押人被宣告破产或者解散;

(三)当事人约定的实现抵押权的情形;

(四)严重影响债权实现的其他情形。

第四百一十二条　【抵押财产孳息归属】债务人不履行到期债务或者发生当事人约定的实现抵押权的情形,致使抵押财产被人民法院依法扣押的,自扣押之日起,抵押权人有权收取该抵押财产的天然孳息或者法定孳息,但是抵押权人未通知应当清偿法定孳息义务人的除外。

前款规定的孳息应当先充抵收取孳息的费用。

第四百一十三条　【抵押财产变价款的归属原则】抵押财产折价或者拍卖、变卖后,其价款超过债权数额的部分归抵押人所有,不足部分由债务人清偿。

第四百一十四条　【同一财产上多个抵押权的效力顺序】同一财产向两个以上债权人抵押的,拍卖、变卖抵押财产所得的价款依照下列规定清偿:

(一)抵押权已经登记的,按照登记的时间先后确定清偿顺序;

(二)抵押权已经登记的先于未登记的受偿;

(三)抵押权未登记的,按照债权比例清偿。

其他可以登记的担保物权,清偿顺序参照适用前款规定。

第四百一十五条　【既有抵押权又有质权的财产的清偿顺序】同一财产既设立抵押权又设立质权的,拍卖、变卖该财产所得的价款按照登记、交付的时间先后确定清偿顺序。

第四百一十六条　【买卖价款抵押权】动产抵押担保的主债权是抵押物的价款,标的物交付后十日内办理抵押登记的,该抵押权人优先于抵押物买受人的其他担保物权人受偿,但是留置权人除外。

第四百一十七条　【抵押权对新增建筑物的效力】建设用地使用权抵押后,该土地上新增的建筑物不属于抵押财产。该建设用地使用权实现抵押权时,应当将该土地上新增的建筑物与建设用地使用权一并处分。但是,新增建筑物所得的价款,抵押权人无权优先受偿。

第四百一十八条　【集体所有土地使用权抵押权的实现效果】以集体所有土地的使用权依法抵押的,实现抵押权后,未经法定程序,不得改变土地所有权的性质和土地用途。

第四百一十九条　【抵押权的存续期间】抵押权人应当在主债权诉讼时效期间行使抵押权;未行使的,人民法院不予保护。

第二节　最高额抵押权

第四百二十条　【最高额抵押规则】为担保债务的履行,债务人或者第三人对一定期间内将要连续发生的债权提供担保财产的,债务人不履行到期债务或者发生当事人约定的实现抵押权的情形,抵押权人有权在最高债权额限度内就该担保财产优先受偿。

最高额抵押权设立前已经存在的债权,经当事人同意,可以转入最高额抵押担保的债权范围。

第四百二十一条　【最高额抵押权担保的部分债权转让效力】最高额抵押担保的债权确定前,部分债权转让的,最高额抵押权不得转让,但是当事人另有约定的除外。

第四百二十二条　【最高额抵押合同条款变更】最高额抵押担保的债权确定前,抵押权人与抵押人可以通过协议变更债权确定的期间、债权范围以及最高债权额。但是,变更的内容不得对其他抵押权人产生不利影响。

第四百二十三条　【最高额抵押所担保债权的确定事由】有下列情形之一的,抵押权人的债权确定:

(一)约定的债权确定期间届满;

(二)没有约定债权确定期间或者约定不明确,抵押权人或者抵押人自最高额抵押权设立之日起满二年后请求确定债权;

（三）新的债权不可能发生；

（四）抵押权人知道或者应当知道抵押财产被查封、扣押；

（五）债务人、抵押人被宣告破产或者解散；

（六）法律规定债权确定的其他情形。

第四百二十四条 【最高额抵押的法律适用】最高额抵押权除适用本节规定外，适用本章第一节的有关规定。

第十八章 质 权

第一节 动产质权

第四百二十五条 【动产质权概念】为担保债务的履行，债务人或者第三人将其动产出质给债权人占有的，债务人不履行到期债务或者发生当事人约定的实现质权的情形，债权人有权就该动产优先受偿。

前款规定的债务人或者第三人为出质人，债权人为质权人，交付的动产为质押财产。

第四百二十六条 【禁止出质的动产范围】法律、行政法规禁止转让的动产不得出质。

第四百二十七条 【质押合同形式及内容】设立质权，当事人应当采用书面形式订立质押合同。

质押合同一般包括下列条款：

（一）被担保债权的种类和数额；

（二）债务人履行债务的期限；

（三）质押财产的名称、数量等情况；

（四）担保的范围；

（五）质押财产交付的时间、方式。

第四百二十八条 【流质条款的效力】质权人在债务履行期限届满前，与出质人约定债务人不履行到期债务时质押财产归债权人所有的，只能依法就质押财产优先受偿。

第四百二十九条 【质权的设立】质权自出质人交付质押财产时设立。

第四百三十条 【质权人的孳息收取权】质权人有权收取质押财产的孳息，但是合同另有约定的除外。

前款规定的孳息应当先充抵收取孳息的费用。

第四百三十一条 【质权人对质押财产处分的限制及其法律责任】质权人在质权存续期间，未经出质人同意，擅自使用、处分质押财产，造成出质人损害的，应当承担赔偿责任。

第四百三十二条 【质物保管义务】质权人负有妥善保管质押财产的义务；因保管不善致使质押财产毁损、灭失的，应当承担赔偿责任。

质权人的行为可能使质押财产毁损、灭失的，出质人可以请求质权人将质押财产提存，或者请求提前清偿债务并返还质押财产。

第四百三十三条 【质押财产保全】因不可归责于质权人的事由可能使质押财产毁损或者价值明显减少，足以危害质权人权利的，质权人有权请求出质人提供相应的担保；出质人不提供的，质权人可以拍卖、变卖质押财产，并与出质人协议将拍卖、变卖所得的价款提前清偿债务或者提存。

第四百三十四条 【转质】质权人在质权存续期间，未经出质人同意转质，造成质押财产毁损、灭失的，应当承担赔偿责任。

第四百三十五条 【放弃质权】质权人可以放弃质权。债务人以自己的财产出质，质权人放弃该质权的，其他担保人在质权人丧失优先受偿权益的范围内免除担保责任，但是其他担保人承诺仍然提供担保的除外。

第四百三十六条 【质物返还与质权实现】债务人履行债务或者出质人提前清偿所担保的债权的，质权人应当返还质押财产。

债务人不履行到期债务或者发生当事人约定的实现质权的情形，质权人可以与出质人协议以质押财产折价，也可以就拍卖、变卖质押财产所得的价款优先受偿。

质押财产折价或者变卖的，应当参照市场价格。

第四百三十七条 【出质人请求质权人及时行使质权】出质人可以请求质权人在债务履行期限届满后及时行使质权；质权人不行使的，出质人可以请求人民法院拍卖、变卖质押财产。

出质人请求质权人及时行使质权，因质权人怠于行使权利造成出质人损害的，由质权人承担赔偿责任。

第四百三十八条 【质押财产变价款归属原则】质押财产折价或者拍卖、变卖后，其价款超过债权数额的部分归出质人所有，不足部分由债务人清偿。

第四百三十九条 【最高额质权】出质人与质权人可以协议设立最高额质权。

最高额质权除适用本节有关规定外，参照适用本编第十七章第二节的有关规定。

第二节 权利质权

第四百四十条 【可出质的权利的范围】债务人或者第三人有权处分的下列权利可以出质：

（一）汇票、本票、支票；

（二）债券、存款单；

（三）仓单、提单；

（四）可以转让的基金份额、股权；

（五）可以转让的注册商标专用权、专利权、著作权等知识产权中的财产权；

（六）现有的以及将有的应收账款；

（七）法律、行政法规规定可以出质的其他财产权利。

第四百四十一条　【有价证券质权】以汇票、本票、支票、债券、存款单、仓单、提单出质的，质权自权利凭证交付质权人时设立；没有权利凭证的，质权自办理出质登记时设立。法律另有规定的，依照其规定。

第四百四十二条　【有价证券质权人行使权利的特别规定】汇票、本票、支票、债券、存款单、仓单、提单的兑现日期或者提货日期先于主债权到期的，质权人可以兑现或者提货，并与出质人协议将兑现的价款或者提取的货物提前清偿债务或者提存。

第四百四十三条　【基金份额质权、股权质权】以基金份额、股权出质的，质权自办理出质登记时设立。

基金份额、股权出质后，不得转让，但是出质人与质权人协商同意的除外。出质人转让基金份额、股权所得的价款，应当向质权人提前清偿债务或者提存。

第四百四十四条　【知识产权质权】以注册商标专用权、专利权、著作权等知识产权中的财产权出质的，质权自办理出质登记时设立。

知识产权中的财产权出质后，出质人不得转让或者许可他人使用，但是出质人与质权人协商同意的除外。出质人转让或者许可他人使用出质的知识产权中的财产权所得的价款，应当向质权人提前清偿债务或者提存。

第四百四十五条　【应收账款质权】以应收账款出质的，质权自办理出质登记时设立。

应收账款出质后，不得转让，但是出质人与质权人协商同意的除外。出质人转让应收账款所得的价款，应当向质权人提前清偿债务或者提存。

第四百四十六条　【权利质权的法律适用】权利质权除适用本节规定外，适用本章第一节的有关规定。

第十九章　留置权

第四百四十七条　【留置权的定义】债务人不履行到期债务，债权人可以留置已经合法占有的债务人的动产，并有权就该动产优先受偿。

前款规定的债权人为留置权人，占有的动产为留置财产。

第四百四十八条　【留置财产与债权的关系】债权人留置的动产，应当与债权属于同一法律关系，但是企业之间留置的除外。

第四百四十九条　【留置权适用范围的限制性规定】法律规定或者当事人约定不得留置的动产，不得留置。

第四百五十条　【可分留置物】留置财产为可分物的，留置财产的价值应当相当于债务的金额。

第四百五十一条　【留置权人保管义务】留置权人负有妥善保管留置财产的义务；因保管不善致使留置财产毁损、灭失的，应当承担赔偿责任。

第四百五十二条　【留置财产的孳息收取】留置权人有权收取留置财产的孳息。

前款规定的孳息应当先充抵收取孳息的费用。

第四百五十三条　【留置权的实现】留置权人与债务人应当约定留置财产后的债务履行期限；没有约定或者约定不明确的，留置权人应当给债务人六十日以上履行债务的期限，但是鲜活易腐等不易保管的动产除外。债务人逾期未履行的，留置权人可以与债务人协议以留置财产折价，也可以就拍卖、变卖留置财产所得的价款优先受偿。

留置财产折价或者变卖的，应当参照市场价格。

第四百五十四条　【债务人请求留置权人行使留置权】债务人可以请求留置权人在债务履行期限届满后行使留置权；留置权人不行使的，债务人可以请求人民法院拍卖、变卖留置财产。

第四百五十五条　【留置权实现方式】留置财产折价或者拍卖、变卖后，其价款超过债权数额的部分归债务人所有，不足部分由债务人清偿。

第四百五十六条　【留置权优先于其他担保物权效力】同一动产上已经设立抵押权或者质权，该动产又被留置的，留置权人优先受偿。

第四百五十七条　【留置权消灭】留置权人对留置财产丧失占有或者留置权人接受债务人另行提供担保的，留置权消灭。

第五分编　占　有

第二十章　占　有

第四百五十八条　【有权占有法律适用】基于合同关系等产生的占有，有关不动产或者动产的使用、收益、违约责任等，按照合同约定；合同没有约定或者约定不明确的，依照有关法律规定。

第四百五十九条　【恶意占有人的损害赔偿责任】

占有人因使用占有的不动产或者动产，致使该不动产或者动产受到损害的，恶意占有人应当承担赔偿责任。

第四百六十条　【权利人的返还请求权和占有人的费用求偿权】不动产或者动产被占有人占有的，权利人可以请求返还原物及其孳息；但是，应当支付善意占有人因维护该不动产或者动产支出的必要费用。

第四百六十一条　【占有物毁损或者灭失时占有人的责任】占有的不动产或者动产毁损、灭失，该不动产或者动产的权利人请求赔偿的，占有人应当将因毁损、灭失取得的保险金、赔偿金或者补偿金等返还给权利人；权利人的损害未得到足够弥补的，恶意占有人还应当赔偿损失。

第四百六十二条　【占有保护的方法】占有的不动产或者动产被侵占的，占有人有权请求返还原物；对妨害占有的行为，占有人有权请求排除妨害或者消除危险；因侵占或者妨害造成损害的，占有人有权依法请求损害赔偿。

占有人返还原物的请求权，自侵占发生之日起一年内未行使的，该请求权消灭。

……

最高人民法院关于适用《中华人民共和国民法典》物权编的解释（一）

· 2020年12月25日最高人民法院审判委员会第1825次会议通过
· 2020年12月29日最高人民法院公告公布
· 自2021年1月1日起施行
· 法释〔2020〕24号

为正确审理物权纠纷案件，根据《中华人民共和国民法典》等相关法律规定，结合审判实践，制定本解释。

第一条　因不动产物权的归属，以及作为不动产物权登记基础的买卖、赠与、抵押等产生争议，当事人提起民事诉讼的，应当依法受理。当事人已经在行政诉讼中申请一并解决上述民事争议，且人民法院一并审理的除外。

第二条　当事人有证据证明不动产登记簿的记载与真实权利状态不符、其为该不动产物权的真实权利人，请求确认其享有物权的，应予支持。

第三条　异议登记因民法典第二百二十条第二款规定的事由失效后，当事人提起民事诉讼，请求确认物权归属的，应当依法受理。异议登记失效不影响人民法院对案件的实体审理。

第四条　未经预告登记的权利人同意，转让不动产所有权等物权，或者设立建设用地使用权、居住权、地役权、抵押权等其他物权的，应当依照民法典第二百二十一条第一款的规定，认定其不发生物权效力。

第五条　预告登记的买卖不动产物权的协议被认定无效、被撤销，或者预告登记的权利人放弃债权的，应当认定为民法典第二百二十一条第二款所称的"债权消灭"。

第六条　转让人转让船舶、航空器和机动车等所有权，受让人已经支付合理价款并取得占有，虽未经登记，但转让人的债权人主张其为民法典第二百二十五条所称的"善意第三人"的，不予支持，法律另有规定的除外。

第七条　人民法院、仲裁机构在分割共有不动产或者动产等案件中作出并依法生效的改变原有物权关系的判决书、裁决书、调解书，以及人民法院在执行程序中作出的拍卖成交裁定书、变卖成交裁定书、以物抵债裁定书，应当认定为民法典第二百二十九条所称导致物权设立、变更、转让或者消灭的人民法院、仲裁机构的法律文书。

第八条　依据民法典第二百二十九条至第二百三十一条规定享有物权，但尚未完成动产交付或者不动产登记的权利人，依据民法典第二百三十五条至第二百三十八条的规定，请求保护其物权的，应予支持。

第九条　共有份额的权利主体因继承、遗赠等原因发生变化时，其他按份共有人主张优先购买的，不予支持，但按份共有人之间另有约定的除外。

第十条　民法典第三百零五条所称的"同等条件"，应当综合共有份额的转让价格、价款履行方式及期限等因素确定。

第十一条　优先购买权的行使期间，按份共有人之间有约定的，按照约定处理；没有约定或者约定不明的，按照下列情形确定：

（一）转让人向其他按份共有人发出的包含同等条件内容的通知中载明行使期间的，以该期间为准；

（二）通知中未载明行使期间，或者载明的期间短于通知送达之日起十五日的，为十五日；

（三）转让人未通知的，为其他按份共有人知道或者应当知道最终确定的同等条件之日起十五日；

（四）转让人未通知，且无法确定其他按份共有人知道或者应当知道最终确定的同等条件的，为共有份额权属转移之日起六个月。

第十二条　按份共有人向共有人之外的人转让其份

额，其他按份共有人根据法律、司法解释规定，请求按照同等条件优先购买该共有份额的，应予支持。其他按份共有人的请求具有下列情形之一的，不予支持：

（一）未在本解释第十一条规定的期间内主张优先购买，或者虽主张优先购买，但提出减少转让价款、增加转让人负担等实质性变更要求；

（二）以其优先购买权受到侵害为由，仅请求撤销共有份额转让合同或者认定该合同无效。

第十三条 按份共有人之间转让共有份额，其他按份共有人主张依据民法典第三百零五条规定优先购买的，不予支持，但按份共有人之间另有约定的除外。

第十四条 受让人受让不动产或者动产时，不知道转让人无处分权，且无重大过失的，应当认定受让人为善意。

真实权利人主张受让人不构成善意的，应当承担举证证明责任。

第十五条 具有下列情形之一的，应当认定不动产受让人知道转让人无处分权：

（一）登记簿上存在有效的异议登记；

（二）预告登记有效期内，未经预告登记的权利人同意；

（三）登记簿上已经记载司法机关或者行政机关依法裁定、决定查封或者以其他形式限制不动产权利的有关事项；

（四）受让人知道登记簿上记载的权利主体错误；

（五）受让人知道他人已经依法享有不动产物权。

真实权利人有证据证明不动产受让人应当知道转让人无处分权的，应当认定受让人具有重大过失。

第十六条 受让人受让动产时，交易的对象、场所或者时机等不符合交易习惯的，应当认定受让人具有重大过失。

第十七条 民法典第三百一十一条第一款第一项所称的“受让人受让该不动产或者动产时”，是指依法完成不动产物权转移登记或者动产交付之时。

当事人以民法典第二百二十六条规定的方式交付动产的，转让动产民事法律行为生效时为动产交付之时；当事人以民法典第二百二十七条规定的方式交付动产的，转让人与受让人之间有关转让返还原物请求权的协议生效时为动产交付之时。

法律对不动产、动产物权的设立另有规定的，应当按照法律规定的时间认定权利人是否为善意。

第十八条 民法典第三百一十一条第一款第二项所称“合理的价格”，应当根据转让标的物的性质、数量以及付款方式等具体情况，参考转让时交易地市场价格以及交易习惯等因素综合认定。

第十九条 转让人将民法典第二百二十五条规定的船舶、航空器和机动车等交付给受让人的，应当认定符合民法典第三百一十一条第一款第三项规定的善意取得的条件。

第二十条 具有下列情形之一，受让人主张依据民法典第三百一十一条规定取得所有权的，不予支持：

（一）转让合同被认定无效；

（二）转让合同被撤销。

第二十一条 本解释自2021年1月1日起施行。

最高人民法院关于适用《中华人民共和国民法典》有关担保制度的解释

·2020年12月25日最高人民法院审判委员会第1824次会议通过

·2020年12月31日最高人民法院公告公布

·自2021年1月1日起施行

·法释〔2020〕28号

为正确适用《中华人民共和国民法典》有关担保制度的规定，结合民事审判实践，制定本解释。

一、关于一般规定

第一条 因抵押、质押、留置、保证等担保发生的纠纷，适用本解释。所有权保留买卖、融资租赁、保理等涉及担保功能发生的纠纷，适用本解释的有关规定。

第二条 当事人在担保合同中约定担保合同的效力独立于主合同，或者约定担保人对主合同无效的法律后果承担担保责任，该有关担保独立性的约定无效。主合同有效的，有关担保独立性的约定无效不影响担保合同的效力；主合同无效的，人民法院应当认定担保合同无效，但是法律另有规定的除外。

因金融机构开立的独立保函发生的纠纷，适用《最高人民法院关于审理独立保函纠纷案件若干问题的规定》。

第三条 当事人对担保责任的承担约定专门的违约责任，或者约定的担保责任范围超出债务人应当承担的责任范围，担保人主张仅在债务人应当承担的责任范围内承担责任的，人民法院应予支持。

担保人承担的责任超出债务人应当承担的责任范围，担保人向债务人追偿，债务人主张仅在其应当承担的责任范围内承担责任的，人民法院应予支持；担保人请求债权人返还超出部分的，人民法院依法予以支持。

第四条 有下列情形之一，当事人将担保物权登记在他人名下，债务人不履行到期债务或者发生当事人约定的实现担保物权的情形，债权人或者其受托人主张就该财产优先受偿的，人民法院依法予以支持：

（一）为债券持有人提供的担保物权登记在债券受托管理人名下；

（二）为委托贷款人提供的担保物权登记在受托人名下；

（三）担保人知道债权人与他人之间存在委托关系的其他情形。

第五条 机关法人提供担保的，人民法院应当认定担保合同无效，但是经国务院批准为使用外国政府或者国际经济组织贷款进行转贷的除外。

居民委员会、村民委员会提供担保的，人民法院应当认定担保合同无效，但是依法代行村集体经济组织职能的村民委员会，依照村民委员会组织法规定的讨论决定程序对外提供担保的除外。

第六条 以公益为目的的非营利性学校、幼儿园、医疗机构、养老机构等提供担保的，人民法院应当认定担保合同无效，但是有下列情形之一的除外：

（一）在购入或者以融资租赁方式承租教育设施、医疗卫生设施、养老服务设施和其他公益设施时，出卖人、出租人为担保价款或者租金实现而在该公益设施上保留所有权；

（二）以教育设施、医疗卫生设施、养老服务设施和其他公益设施以外的不动产、动产或者财产权利设立担保物权。

登记为营利法人的学校、幼儿园、医疗机构、养老机构等提供担保，当事人以其不具有担保资格为由主张担保合同无效的，人民法院不予支持。

第七条 公司的法定代表人违反公司法关于公司对外担保决议程序的规定，超越权限代表公司与相对人订立担保合同，人民法院应当依照民法典第六十一条和第五百零四条等规定处理：

（一）相对人善意的，担保合同对公司发生效力；相对人请求公司承担担保责任的，人民法院应予支持。

（二）相对人非善意的，担保合同对公司不发生效力；相对人请求公司承担赔偿责任的，参照适用本解释第十七条的有关规定。

法定代表人超越权限提供担保造成公司损失，公司请求法定代表人承担赔偿责任的，人民法院应予支持。

第一款所称善意，是指相对人在订立担保合同时不知道且不应当知道法定代表人超越权限。相对人有证据证明已对公司决议进行了合理审查，人民法院应当认定其构成善意，但是公司有证据证明相对人知道或者应当知道决议系伪造、变造的除外。

第八条 有下列情形之一，公司以其未依照公司法关于公司对外担保的规定作出决议为由主张不承担担保责任的，人民法院不予支持：

（一）金融机构开立保函或者担保公司提供担保；

（二）公司为其全资子公司开展经营活动提供担保；

（三）担保合同系由单独或者共同持有公司三分之二以上对担保事项有表决权的股东签字同意。

上市公司对外提供担保，不适用前款第二项、第三项的规定。

第九条 相对人根据上市公司公开披露的关于担保事项已经董事会或者股东大会决议通过的信息，与上市公司订立担保合同，相对人主张担保合同对上市公司发生效力，并由上市公司承担担保责任的，人民法院应予支持。

相对人未根据上市公司公开披露的关于担保事项已经董事会或者股东大会决议通过的信息，与上市公司订立担保合同，上市公司主张担保合同对其不发生效力，且不承担担保责任或者赔偿责任的，人民法院应予支持。

相对人与上市公司已公开披露的控股子公司订立的担保合同，或者相对人与股票在国务院批准的其他全国性证券交易场所交易的公司订立的担保合同，适用前两款规定。

第十条 一人有限责任公司为其股东提供担保，公司以违反公司法关于公司对外担保决议程序的规定为由主张不承担担保责任的，人民法院不予支持。公司因承担担保责任导致无法清偿其他债务，提供担保时的股东不能证明公司财产独立于自己的财产，其他债权人请求该股东承担连带责任的，人民法院应予支持。

第十一条 公司的分支机构未经公司股东（大）会或者董事会决议以自己的名义对外提供担保，相对人请求公司或者其分支机构承担担保责任的，人民法院不予支持，但是相对人不知道且不应当知道分支机构对外提供担保未经公司决议程序的除外。

金融机构的分支机构在其营业执照记载的经营范围内开立保函，或者经有权从事担保业务的上级机构授权开立保函，金融机构或者其分支机构以违反公司法关于公司对外担保决议程序的规定为由主张不承担担保责任的，人民法院不予支持。金融机构的分支机构未经金融机构授权提供保函之外的担保，金融机构或者其分支机构主张不承担担保责任的，人民法院应予支持，但是相对人不知道且不应当知道分支机构对外提供担保未经金融机构授权的除外。

担保公司的分支机构未经担保公司授权对外提供担保，担保公司或者其分支机构主张不承担担保责任的，人民法院应予支持，但是相对人不知道且不应当知道分支机构对外提供担保未经担保公司授权的除外。

公司的分支机构对外提供担保，相对人非善意，请求公司承担赔偿责任的，参照本解释第十七条的有关规定处理。

第十二条 法定代表人依照民法典第五百五十二条的规定以公司名义加入债务的，人民法院在认定该行为的效力时，可以参照本解释关于公司为他人提供担保的有关规则处理。

第十三条 同一债务有两个以上第三人提供担保，担保人之间约定相互追偿及分担份额，承担了担保责任的担保人请求其他担保人按照约定分担份额的，人民法院应予支持；担保人之间约定承担连带共同担保，或者约定相互追偿但是未约定分担份额的，各担保人按照比例分担向债务人不能追偿的部分。

同一债务有两个以上第三人提供担保，担保人之间未对相互追偿作出约定且未约定承担连带共同担保，但是各担保人在同一份合同书上签字、盖章或者按指印，承担了担保责任的担保人请求其他担保人按照比例分担向债务人不能追偿部分的，人民法院应予支持。

除前两款规定的情形外，承担了担保责任的担保人请求其他担保人分担向债务人不能追偿部分的，人民法院不予支持。

第十四条 同一债务有两个以上第三人提供担保，担保人受让债权的，人民法院应当认定该行为系承担担保责任。受让债权的担保人作为债权人请求其他担保人承担担保责任的，人民法院不予支持；该担保人请求其他担保人分担相应份额的，依照本解释第十三条的规定处理。

第十五条 最高额担保中的最高债权额，是指包括主债权及其利息、违约金、损害赔偿金、保管担保财产的费用、实现债权或者实现担保物权的费用等在内的全部债权，但是当事人另有约定的除外。

登记的最高债权额与当事人约定的最高债权额不一致的，人民法院应当依据登记的最高债权额确定债权人优先受偿的范围。

第十六条 主合同当事人协议以新贷偿还旧贷，债权人请求旧贷的担保人承担担保责任的，人民法院不予支持；债权人请求新贷的担保人承担担保责任的，按照下列情形处理：

（一）新贷与旧贷的担保人相同的，人民法院应予支持；

（二）新贷与旧贷的担保人不同，或者旧贷无担保新贷有担保的，人民法院不予支持，但是债权人有证据证明新贷的担保人提供担保时对以新贷偿还旧贷的事实知道或者应当知道的除外。

主合同当事人协议以新贷偿还旧贷，旧贷的物的担保人在登记尚未注销的情形下同意继续为新贷提供担保，在订立新的贷款合同前又以该担保财产为其他债权人设立担保物权，其他债权人主张其担保物权顺位优先于新贷债权人的，人民法院不予支持。

第十七条 主合同有效而第三人提供的担保合同无效，人民法院应当区分不同情形确定担保人的赔偿责任：

（一）债权人与担保人均有过错的，担保人承担的赔偿责任不应超过债务人不能清偿部分的二分之一；

（二）担保人有过错而债权人无过错的，担保人对债务人不能清偿的部分承担赔偿责任；

（三）债权人有过错而担保人无过错的，担保人不承担赔偿责任。

主合同无效导致第三人提供的担保合同无效，担保人无过错的，不承担赔偿责任；担保人有过错的，其承担的赔偿责任不应超过债务人不能清偿部分的三分之一。

第十八条 承担了担保责任或者赔偿责任的担保人，在其承担责任的范围内向债务人追偿的，人民法院应予支持。

同一债权既有债务人自己提供的物的担保，又有第三人提供的担保，承担了担保责任或者赔偿责任的第三人，主张行使债权人对债务人享有的担保物权的，人民法院应予支持。

第十九条 担保合同无效，承担了赔偿责任的担保人按照反担保合同的约定，在其承担赔偿责任的范围内请求反担保人承担担保责任的，人民法院应予支持。

反担保合同无效的，依照本解释第十七条的有关规定处理。当事人仅以担保合同无效为由主张反担保合同无效的，人民法院不予支持。

第二十条 人民法院在审理第三人提供的物的担保纠纷案件时，可以适用民法典第六百九十五条第一款、第六百九十六条第一款、第六百九十七条第二款、第六百九十九条、第七百条、第七百零一条、第七百零二条等关于保证合同的规定。

第二十一条　主合同或者担保合同约定了仲裁条款的，人民法院对约定仲裁条款的合同当事人之间的纠纷无管辖权。

债权人一并起诉债务人和担保人的，应当根据主合同确定管辖法院。

债权人依法可以单独起诉担保人且仅起诉担保人的，应当根据担保合同确定管辖法院。

第二十二条　人民法院受理债务人破产案件后，债权人请求担保人承担担保责任，担保人主张担保债务自人民法院受理破产申请之日起停止计息的，人民法院对担保人的主张应予支持。

第二十三条　人民法院受理债务人破产案件，债权人在破产程序中申报债权后又向人民法院提起诉讼，请求担保人承担担保责任的，人民法院依法予以支持。

担保人清偿债权人的全部债权后，可以代替债权人在破产程序中受偿；在债权人的债权未获全部清偿前，担保人不得代替债权人在破产程序中受偿，但是有权就债权人通过破产分配和实现担保债权等方式获得清偿总额中超出债权的部分，在其承担担保责任的范围内请求债权人返还。

债权人在债务人破产程序中未获全部清偿，请求担保人继续承担担保责任的，人民法院应予支持；担保人承担担保责任后，向和解协议或者重整计划执行完毕后的债务人追偿的，人民法院不予支持。

第二十四条　债权人知道或者应当知道债务人破产，既未申报债权也未通知担保人，致使担保人不能预先行使追偿权的，担保人就该债权在破产程序中可能受偿的范围内免除担保责任，但是担保人因自身过错未行使追偿权的除外。

二、关于保证合同

第二十五条　当事人在保证合同中约定了保证人在债务人不能履行债务或者无力偿还债务时才承担保证责任等类似内容，具有债务人应当先承担责任的意思表示的，人民法院应当将其认定为一般保证。

当事人在保证合同中约定了保证人在债务人不履行债务或者未偿还债务时即承担保证责任、无条件承担保证责任等类似内容，不具有债务人应当先承担责任的意思表示的，人民法院应当将其认定为连带责任保证。

第二十六条　一般保证中，债权人以债务人为被告提起诉讼的，人民法院应予受理。债权人未就主合同纠纷提起诉讼或者申请仲裁，仅起诉一般保证人的，人民法院应当驳回起诉。

一般保证中，债权人一并起诉债务人和保证人的，人民法院可以受理，但是在作出判决时，除有民法典第六百八十七条第二款但书规定的情形外，应当在判决书主文中明确，保证人仅对债务人财产依法强制执行后仍不能履行的部分承担保证责任。

债权人未对债务人的财产申请保全，或者保全的债务人的财产足以清偿债务，债权人申请对一般保证人的财产进行保全的，人民法院不予准许。

第二十七条　一般保证的债权人取得对债务人赋予强制执行效力的公证债权文书后，在保证期间内向人民法院申请强制执行，保证人以债权人未在保证期间内对债务人提起诉讼或者申请仲裁为由主张不承担保证责任的，人民法院不予支持。

第二十八条　一般保证中，债权人依据生效法律文书对债务人的财产依法申请强制执行，保证债务诉讼时效的起算时间按照下列规则确定：

（一）人民法院作出终结本次执行程序裁定，或者依照民事诉讼法第二百五十七条第三项、第五项的规定作出终结执行裁定的，自裁定送达债权人之日起开始计算；

（二）人民法院自收到申请执行书之日起一年内未作出前项裁定的，自人民法院收到申请执行书满一年之日起开始计算，但是保证人有证据证明债务人仍有财产可供执行的除外。

一般保证的债权人在保证期间届满前对债务人提起诉讼或者申请仲裁，债权人举证证明存在民法典第六百八十七条第二款但书规定情形的，保证债务的诉讼时效自债权人知道或者应当知道该情形之日起开始计算。

第二十九条　同一债务有两个以上保证人，债权人以其已经在保证期间内依法向部分保证人行使权利为由，主张已经在保证期间内向其他保证人行使权利的，人民法院不予支持。

同一债务有两个以上保证人，保证人之间相互有追偿权，债权人未在保证期间内依法向部分保证人行使权利，导致其他保证人在承担保证责任后丧失追偿权，其他保证人主张在其不能追偿的范围内免除保证责任的，人民法院应予支持。

第三十条　最高额保证合同对保证期间的计算方式、起算时间等有约定的，按照其约定。

最高额保证合同对保证期间的计算方式、起算时间等没有约定或者约定不明，被担保债权的履行期限均已届满的,保证期间自债权确定之日起开始计算;被担保债权的履行期限尚未届满的,保证期间自最后到期债权的履行期限届满之日起开始计算。

前款所称债权确定之日,依照民法典第四百二十三条的规定认定。

第三十一条 一般保证的债权人在保证期间内对债务人提起诉讼或者申请仲裁后,又撤回起诉或者仲裁申请,债权人在保证期间届满前未再行提起诉讼或者申请仲裁,保证人主张不再承担保证责任的,人民法院应予支持。

连带责任保证的债权人在保证期间内对保证人提起诉讼或者申请仲裁后,又撤回起诉或者仲裁申请,起诉状副本或者仲裁申请书副本已经送达保证人的,人民法院应当认定债权人已经在保证期间内向保证人行使了权利。

第三十二条 保证合同约定保证人承担保证责任直至主债务本息还清时为止等类似内容的,视为约定不明,保证期间为主债务履行期限届满之日起六个月。

第三十三条 保证合同无效,债权人未在约定或者法定的保证期间内依法行使权利,保证人主张不承担赔偿责任的,人民法院应予支持。

第三十四条 人民法院在审理保证合同纠纷案件时,应当将保证期间是否届满、债权人是否在保证期间内依法行使权利等事实作为案件基本事实予以查明。

债权人在保证期间内未依法行使权利的,保证责任消灭。保证责任消灭后,债权人书面通知保证人要求承担保证责任,保证人在通知书上签字、盖章或者按指印,债权人请求保证人继续承担保证责任的,人民法院不予支持,但是债权人有证据证明成立了新的保证合同的除外。

第三十五条 保证人知道或者应当知道主债权诉讼时效期间届满仍然提供保证或者承担保证责任,又以诉讼时效期间届满为由拒绝承担保证责任或者请求返还财产的,人民法院不予支持;保证人承担保证责任后向债务人追偿的,人民法院不予支持,但是债务人放弃诉讼时效抗辩的除外。

第三十六条 第三人向债权人提供差额补足、流动性支持等类似承诺文件作为增信措施,具有提供担保的意思表示,债权人请求第三人承担保证责任的,人民法院应当依照保证的有关规定处理。

第三人向债权人提供的承诺文件,具有加入债务或者与债务人共同承担债务等意思表示的,人民法院应当认定为民法典第五百五十二条规定的债务加入。

前两款中第三人提供的承诺文件难以确定是保证还是债务加入的,人民法院应当将其认定为保证。

第三人向债权人提供的承诺文件不符合前三款规定的情形,债权人请求第三人承担保证责任或者连带责任的,人民法院不予支持,但是不影响其依据承诺文件请求第三人履行约定的义务或者承担相应的民事责任。

三、关于担保物权

(一)担保合同与担保物权的效力

第三十七条 当事人以所有权、使用权不明或者有争议的财产抵押,经审查构成无权处分的,人民法院应当依照民法典第三百一十一条的规定处理。

当事人以依法被查封或者扣押的财产抵押,抵押权人请求行使抵押权,经审查查封或者扣押措施已经解除的,人民法院应予支持。抵押人以抵押权设立时财产被查封或者扣押为由主张抵押合同无效的,人民法院不予支持。

以依法被监管的财产抵押的,适用前款规定。

第三十八条 主债权未受全部清偿,担保物权人主张就担保财产的全部行使担保物权的,人民法院应予支持,但是留置权人行使留置权的,应当依照民法典第四百五十条的规定处理。

担保财产被分割或者部分转让,担保物权人主张就分割或者转让后的担保财产行使担保物权的,人民法院应予支持,但是法律或者司法解释另有规定的除外。

第三十九条 主债权被分割或者部分转让,各债权人主张就其享有的债权份额行使担保物权的,人民法院应予支持,但是法律另有规定或者当事人另有约定的除外。

主债务被分割或者部分转移,债务人自己提供物的担保,债权人请求以该担保财产担保全部债务履行的,人民法院应予支持;第三人提供物的担保,主张对未经其书面同意转移的债务不再承担担保责任的,人民法院应予支持。

第四十条 从物产生于抵押权依法设立前,抵押权人主张抵押权的效力及于从物的,人民法院应予支持,但是当事人另有约定的除外。

从物产生于抵押权依法设立后,抵押权人主张抵押权的效力及于从物的,人民法院不予支持,但是在抵押权实现时可以一并处分。

第四十一条 抵押权依法设立后,抵押财产被添附,添附物归第三人所有,抵押权人主张抵押权效力及于补偿金的，人民法院应予支持。

抵押权依法设立后，抵押财产被添附，抵押人对添附物享有所有权，抵押权人主张抵押权的效力及于添附物的，人民法院应予支持，但是添附导致抵押财产价值增加的，抵押权的效力不及于增加的价值部分。

抵押权依法设立后，抵押人与第三人因添附成为添附物的共有人，抵押权人主张抵押权的效力及于抵押人对共有物享有的份额的，人民法院应予支持。

本条所称添附，包括附合、混合与加工。

第四十二条　抵押权依法设立后，抵押财产毁损、灭失或者被征收等，抵押权人请求按照原抵押权的顺位就保险金、赔偿金或者补偿金等优先受偿的，人民法院应予支持。

给付义务人已经向抵押人给付了保险金、赔偿金或者补偿金，抵押权人请求给付义务人向其给付保险金、赔偿金或者补偿金的，人民法院不予支持，但是给付义务人接到抵押权人要求向其给付的通知后仍然向抵押人给付的除外。

抵押权人请求给付义务人向其给付保险金、赔偿金或者补偿金的，人民法院可以通知抵押人作为第三人参加诉讼。

第四十三条　当事人约定禁止或者限制转让抵押财产但是未将约定登记，抵押人违反约定转让抵押财产，抵押权人请求确认转让合同无效的，人民法院不予支持；抵押财产已经交付或者登记，抵押权人请求确认转让不发生物权效力的，人民法院不予支持，但是抵押权人有证据证明受让人知道的除外；抵押权人请求抵押人承担违约责任的，人民法院依法予以支持。

当事人约定禁止或者限制转让抵押财产且已经将约定登记，抵押人违反约定转让抵押财产，抵押权人请求确认转让合同无效的，人民法院不予支持；抵押财产已经交付或者登记，抵押权人主张转让不发生物权效力的，人民法院应予支持，但是因受让人代替债务人清偿债务导致抵押权消灭的除外。

第四十四条　主债权诉讼时效期间届满后，抵押权人主张行使抵押权的，人民法院不予支持；抵押人以主债权诉讼时效期间届满为由，主张不承担担保责任的，人民法院应予支持。主债权诉讼时效期间届满前，债权人仅对债务人提起诉讼，经人民法院判决或者调解后未在民事诉讼法规定的申请执行时效期间内对债务人申请强制执行，其向抵押人主张行使抵押权的，人民法院不予支持。

主债权诉讼时效期间届满后，财产被留置的债务人或者对留置财产享有所有权的第三人请求债权人返还留置财产的，人民法院不予支持；债务人或者第三人请求拍卖、变卖留置财产并以所得价款清偿债务的，人民法院应予支持。

主债权诉讼时效期间届满的法律后果，以登记作为公示方式的权利质权，参照适用第一款的规定；动产质权、以交付权利凭证作为公示方式的权利质权，参照适用第二款的规定。

第四十五条　当事人约定当债务人不履行到期债务或者发生当事人约定的实现担保物权的情形，担保物权人有权将担保财产自行拍卖、变卖并就所得的价款优先受偿的，该约定有效。因担保人的原因导致担保物权人无法自行对担保财产进行拍卖、变卖，担保物权人请求担保人承担因此增加的费用的，人民法院应予支持。

当事人依照民事诉讼法有关“实现担保物权案件”的规定，申请拍卖、变卖担保财产，被申请人以担保合同约定仲裁条款为由主张驳回申请的，人民法院经审查后，应当按照以下情形分别处理：

（一）当事人对担保物权无实质性争议且实现担保物权条件已经成就的，应当裁定准许拍卖、变卖担保财产；

（二）当事人对实现担保物权有部分实质性争议的，可以就无争议的部分裁定准许拍卖、变卖担保财产，并告知可以就有争议的部分申请仲裁；

（三）当事人对实现担保物权有实质性争议的，裁定驳回申请，并告知可以向仲裁机构申请仲裁。

债权人以诉讼方式行使担保物权的，应当以债务人和担保人作为共同被告。

（二）不动产抵押

第四十六条　不动产抵押合同生效后未办理抵押登记手续，债权人请求抵押人办理抵押登记手续的，人民法院应予支持。

抵押财产因不可归责于抵押人自身的原因灭失或者被征收等导致不能办理抵押登记，债权人请求抵押人在约定的担保范围内承担责任的，人民法院不予支持；但是抵押人已经获得保险金、赔偿金或者补偿金等，债权人请求抵押人在其所获金额范围内承担赔偿责任的，人民法院依法予以支持。

因抵押人转让抵押财产或者其他可归责于抵押人自身的原因导致不能办理抵押登记，债权人请求抵押人在约定的担保范围内承担责任的，人民法院依法予以支持，但是不得超过抵押权能够设立时抵押人应当承担的责任范围。

第四十七条 不动产登记簿就抵押财产、被担保的债权范围等所作的记载与抵押合同约定不一致的，人民法院应当根据登记簿的记载确定抵押财产、被担保的债权范围等事项。

第四十八条 当事人申请办理抵押登记手续时，因登记机构的过错致使其不能办理抵押登记，当事人请求登记机构承担赔偿责任的，人民法院依法予以支持。

第四十九条 以违法的建筑物抵押的，抵押合同无效，但是一审法庭辩论终结前已经办理合法手续的除外。抵押合同无效的法律后果，依照本解释第十七条的有关规定处理。

当事人以建设用地使用权依法设立抵押，抵押人以土地上存在违法的建筑物为由主张抵押合同无效的，人民法院不予支持。

第五十条 抵押人以划拨建设用地上的建筑物抵押，当事人以该建设用地使用权不能抵押或者未办理批准手续为由主张抵押合同无效或者不生效的，人民法院不予支持。抵押权依法实现时，拍卖、变卖建筑物所得的价款，应当优先用于补缴建设用地使用权出让金。

当事人以划拨方式取得的建设用地使用权抵押，抵押人以未办理批准手续为由主张抵押合同无效或者不生效的，人民法院不予支持。已经依法办理抵押登记，抵押权人主张行使抵押权的，人民法院应予支持。抵押权依法实现时所得的价款，参照前款有关规定处理。

第五十一条 当事人仅以建设用地使用权抵押，债权人主张抵押权的效力及于土地上已有的建筑物以及正在建造的建筑物已完成部分的，人民法院应予支持。债权人主张抵押权的效力及于正在建造的建筑物的续建部分以及新增建筑物的，人民法院不予支持。

当事人以正在建造的建筑物抵押，抵押权的效力范围限于已办理抵押登记的部分。当事人按照担保合同的约定，主张抵押权的效力及于续建部分、新增建筑物以及规划中尚未建造的建筑物的，人民法院不予支持。

抵押人将建设用地使用权、土地上的建筑物或者正在建造的建筑物分别抵押给不同债权人的，人民法院应当根据抵押登记的时间先后确定清偿顺序。

第五十二条 当事人办理抵押预告登记后，预告登记权利人请求就抵押财产优先受偿，经审查存在尚未办理建筑物所有权首次登记、预告登记的财产与办理建筑物所有权首次登记时的财产不一致、抵押预告登记已经失效等情形，导致不具备办理抵押登记条件的，人民法院不予支持；经审查已经办理建筑物所有权首次登记，且不存在预告登记失效等情形的，人民法院应予支持，并应当认定抵押权自预告登记之日起设立。

当事人办理了抵押预告登记，抵押人破产，经审查抵押财产属于破产财产，预告登记权利人主张就抵押财产优先受偿的，人民法院应当在受理破产申请时抵押财产的价值范围内予以支持，但是在人民法院受理破产申请前一年内，债务人对没有财产担保的债务设立抵押预告登记的除外。

（三）动产与权利担保

第五十三条 当事人在动产和权利担保合同中对担保财产进行概括描述，该描述能够合理识别担保财产的，人民法院应当认定担保成立。

第五十四条 动产抵押合同订立后未办理抵押登记，动产抵押权的效力按照下列情形分别处理：

（一）抵押人转让抵押财产，受让人占有抵押财产后，抵押权人向受让人请求行使抵押权的，人民法院不予支持，但是抵押权人能够举证证明受让人知道或者应当知道已经订立抵押合同的除外；

（二）抵押人将抵押财产出租给他人并移转占有，抵押权人行使抵押权的，租赁关系不受影响，但是抵押权人能够举证证明承租人知道或者应当知道已经订立抵押合同的除外；

（三）抵押人的其他债权人向人民法院申请保全或者执行抵押财产，人民法院已经作出财产保全裁定或者采取执行措施，抵押权人主张对抵押财产优先受偿的，人民法院不予支持；

（四）抵押人破产，抵押权人主张对抵押财产优先受偿的，人民法院不予支持。

第五十五条 债权人、出质人与监管人订立三方协议，出质人以通过一定数量、品种等概括描述能够确定范围的货物为债务的履行提供担保，当事人有证据证明监管人系受债权人的委托监管并实际控制该货物的，人民法院应当认定质权于监管人实际控制货物之日起设立。监管人违反约定向出质人或者其他人放货、因保管不善导致货物毁损灭失，债权人请求监管人承担违约责任的，人民法院依法予以支持。

在前款规定情形下，当事人有证据证明监管人系受出质人委托监管该货物，或者虽然受债权人委托但是未实际履行监管职责，导致货物仍由出质人实际控制的，人民法院应当认定质权未设立。债权人可以基于质押合同的约定请求出质人承担违约责任，但是不得超过质权有效设立时出质人应当承担的责任范围。监管人未履行监管职责，债权人请求监管人承担责任的，人民法院依法予以支持。

第五十六条 买受人在出卖人正常经营活动中通过支付合理对价取得已被设立担保物权的动产，担保物权人请求就该动产优先受偿的，人民法院不予支持，但是有下列情形之一的除外：

（一）购买商品的数量明显超过一般买受人；

（二）购买出卖人的生产设备；

（三）订立买卖合同的目的在于担保出卖人或者第三人履行债务；

（四）买受人与出卖人存在直接或者间接的控制关系；

（五）买受人应当查询抵押登记而未查询的其他情形。

前款所称出卖人正常经营活动，是指出卖人的经营活动属于其营业执照明确记载的经营范围，且出卖人持续销售同类商品。前款所称担保物权人，是指已经办理登记的抵押权人、所有权保留买卖的出卖人、融资租赁合同的出租人。

第五十七条 担保人在设立动产浮动抵押并办理抵押登记后又购入或者以融资租赁方式承租新的动产，下列权利人为担保价款债权或者租金的实现而订立担保合同，并在该动产交付后十日内办理登记，主张其权利优先于在先设立的浮动抵押权的，人民法院应予支持：

（一）在该动产上设立抵押权或者保留所有权的出卖人；

（二）为价款支付提供融资而在该动产上设立抵押权的债权人；

（三）以融资租赁方式出租该动产的出租人。

买受人取得动产但未付清价款或者承租人以融资租赁方式占有租赁物但是未付清全部租金，又以标的物为他人设立担保物权，前款所列权利人为担保价款债权或者租金的实现而订立担保合同，并在该动产交付后十日内办理登记，主张其权利优先于买受人为他人设立的担保物权的，人民法院应予支持。

同一动产上存在多个价款优先权的，人民法院应当按照登记的时间先后确定清偿顺序。

第五十八条 以汇票出质，当事人以背书记载"质押"字样并在汇票上签章，汇票已经交付质权人的，人民法院应当认定质权自汇票交付质权人时设立。

第五十九条 存货人或者仓单持有人在仓单上以背书记载"质押"字样，并经保管人签章，仓单已经交付质权人的，人民法院应当认定质权自仓单交付质权人时设立。没有权利凭证的仓单，依法可以办理出质登记的，仓单质权自办理出质登记时设立。

出质人既以仓单出质，又以仓储物设立担保，按照公示的先后确定清偿顺序；难以确定先后的，按照债权比例清偿。

保管人为同一货物签发多份仓单，出质人在多份仓单上设立多个质权，按照公示的先后确定清偿顺序；难以确定先后的，按照债权比例受偿。

存在第二款、第三款规定的情形，债权人举证证明其损失系由出质人与保管人的共同行为所致，请求出质人与保管人承担连带赔偿责任的，人民法院应予支持。

第六十条 在跟单信用证交易中，开证行与开证申请人之间约定以提单作为担保的，人民法院应当依照民法典关于质权的有关规定处理。

在跟单信用证交易中，开证行依据其与开证申请人之间的约定或者跟单信用证的惯例持有提单，开证申请人未按照约定付款赎单，开证行主张对提单项下货物优先受偿的，人民法院应予支持；开证行主张对提单项下货物享有所有权的，人民法院不予支持。

在跟单信用证交易中，开证行依据其与开证申请人之间的约定或者跟单信用证的惯例，通过转让提单或者提单项下货物取得价款，开证申请人请求返还超出债权部分的，人民法院应予支持。

前三款规定不影响合法持有提单的开证行以提单持有人身份主张运输合同项下的权利。

第六十一条 以现有的应收账款出质，应收账款债务人向质权人确认应收账款的真实性后，又以应收账款不存在或者已经消灭为由主张不承担责任的，人民法院不予支持。

以现有的应收账款出质，应收账款债务人未确认应收账款的真实性，质权人以应收账款债务人为被告，请求就应收账款优先受偿，能够举证证明办理出质登记时应收账款真实存在的，人民法院应予支持；质权人不能举证证明办理出质登记时应收账款真实存在，仅以已经办理出质登记为由，请求就应收账款优先受偿的，人民法院不予支持。

以现有的应收账款出质，应收账款债务人已经向应收账款债权人履行了债务，质权人请求应收账款债务人履行债务的，人民法院不予支持，但是应收账款债务人接到质权人要求向其履行的通知后，仍然向应收账款债权人履行的除外。

以基础设施和公用事业项目收益权、提供服务或者劳务产生的债权以及其他将有的应收账款出质,当事人为应收账款设立特定账户,发生法定或者约定的质权实现事由时,质权人请求就该特定账户内的款项优先受偿的,人民法院应予支持;特定账户内的款项不足以清偿债务或者未设立特定账户,质权人请求折价或者拍卖、变卖项目收益权等将有的应收账款,并以所得的价款优先受偿的,人民法院依法予以支持。

第六十二条 债务人不履行到期债务,债权人因同一法律关系留置合法占有的第三人的动产,并主张就该留置财产优先受偿的,人民法院应予支持。第三人以该留置财产并非债务人的财产为由请求返还的,人民法院不予支持。

企业之间留置的动产与债权并非同一法律关系,债务人以该债权不属于企业持续经营中发生的债权为由请求债权人返还留置财产的,人民法院应予支持。

企业之间留置的动产与债权并非同一法律关系,债权人留置第三人的财产,第三人请求债权人返还留置财产的,人民法院应予支持。

四、关于非典型担保

第六十三条 债权人与担保人订立担保合同,约定以法律、行政法规尚未规定可以担保的财产权利设立担保,当事人主张合同无效的,人民法院不予支持。当事人未在法定的登记机构依法进行登记,主张该担保具有物权效力的,人民法院不予支持。

第六十四条 在所有权保留买卖中,出卖人依法有权取回标的物,但是与买受人协商不成,当事人请求参照民事诉讼法"实现担保物权案件"的有关规定,拍卖、变卖标的物的,人民法院应予准许。

出卖人请求取回标的物,符合民法典第六百四十二条规定的,人民法院应予支持;买受人以抗辩或者反诉的方式主张拍卖、变卖标的物,并在扣除买受人未支付的价款以及必要费用后返还剩余款项的,人民法院应当一并处理。

第六十五条 在融资租赁合同中,承租人未按照约定支付租金,经催告后在合理期限内仍不支付,出租人请求承租人支付全部剩余租金,并以拍卖、变卖租赁物所得的价款受偿的,人民法院应予支持;当事人请求参照民事诉讼法"实现担保物权案件"的有关规定,以拍卖、变卖租赁物所得价款支付租金的,人民法院应予准许。

出租人请求解除融资租赁合同并收回租赁物,承租人以抗辩或者反诉的方式主张返还租赁物价值超过欠付租金以及其他费用的,人民法院应当一并处理。当事人对租赁物的价值有争议的,应当按照下列规则确定租赁物的价值:

(一)融资租赁合同有约定的,按照其约定;

(二)融资租赁合同未约定或者约定不明的,根据约定的租赁物折旧以及合同到期后租赁物的残值来确定;

(三)根据前两项规定的方法仍然难以确定,或者当事人认为根据前两项规定的方法确定的价值严重偏离租赁物实际价值的,根据当事人的申请委托有资质的机构评估。

第六十六条 同一应收账款同时存在保理、应收账款质押和债权转让,当事人主张参照民法典第七百六十八条的规定确定优先顺序的,人民法院应予支持。

在有追索权的保理中,保理人以应收账款债权人或者应收账款债务人为被告提起诉讼,人民法院应予受理;保理人一并起诉应收账款债权人和应收账款债务人的,人民法院可以受理。

应收账款债权人向保理人返还保理融资款本息或者回购应收账款债权后,请求应收账款债务人向其履行应收账款债务的,人民法院应予支持。

第六十七条 在所有权保留买卖、融资租赁等合同中,出卖人、出租人的所有权未经登记不得对抗的"善意第三人"的范围及其效力,参照本解释第五十四条的规定处理。

第六十八条 债务人或者第三人与债权人约定将财产形式上转移至债权人名下,债务人不履行到期债务,债权人有权对财产折价或者以拍卖、变卖该财产所得价款偿还债务的,人民法院应当认定该约定有效。当事人已经完成财产权利变动的公示,债务人不履行到期债务,债权人请求参照民法典关于担保物权的有关规定就该财产优先受偿的,人民法院应予支持。

债务人或者第三人与债权人约定将财产形式上转移至债权人名下,债务人不履行到期债务,财产归债权人所有的,人民法院应当认定该约定无效,但是不影响当事人有关提供担保的意思表示的效力。当事人已经完成财产权利变动的公示,债务人不履行到期债务,债权人请求对该财产享有所有权的,人民法院不予支持;债权人请求参照民法典关于担保物权的规定对财产折价或者以拍卖、变卖该财产所得的价款优先受偿的,人民法院应予支持;债务人履行债务后请求返还财产,或者请求对财产折价或者以拍卖、变卖所得的价款清偿债务的,人民法院应予支持。

债务人与债权人约定将财产转移至债权人名下,在一定期间后再由债务人或者其指定的第三人以交易本金加上溢价款回购,债务人到期不履行回购义务,财产归债权人所有的,人民法院应当参照第二款规定处理。回购对象自始不存在的,人民法院应当依照民法典第一百四十六条第二款的规定,按照其实际构成的法律关系处理。

第六十九条　股东以将其股权转移至债权人名下的方式为债务履行提供担保,公司或者公司的债权人以股东未履行或者未全面履行出资义务、抽逃出资等为由,请求作为名义股东的债权人与股东承担连带责任的,人民法院不予支持。

第七十条　债务人或者第三人为担保债务的履行,设立专门的保证金账户并由债权人实际控制,或者将其资金存入债权人设立的保证金账户,债权人主张就账户内的款项优先受偿的,人民法院应予支持。当事人以保证金账户内的款项浮动为由,主张实际控制该账户的债权人对账户内的款项不享有优先受偿权的,人民法院不予支持。

在银行账户下设立的保证金分户,参照前款规定处理。

当事人约定的保证金并非为担保债务的履行设立,或者不符合前两款规定的情形,债权人主张就保证金优先受偿的,人民法院不予支持,但是不影响当事人依照法律的规定或者按照当事人的约定主张权利。

五、附　则

第七十一条　本解释自2021年1月1日起施行。

中华人民共和国城市房地产管理法

· 1994年7月5日第八届全国人民代表大会常务委员会第八次会议通过
· 根据2007年8月30日第十届全国人民代表大会常务委员会第二十九次会议《关于修改〈中华人民共和国城市房地产管理法〉的决定》第一次修正
· 根据2009年8月27日第十一届全国人民代表大会常务委员会第十次会议《关于修改部分法律的决定》第二次修正
· 根据2019年8月26日第十三届全国人民代表大会常务委员会第十二次会议《关于修改〈中华人民共和国土地管理法〉、〈中华人民共和国城市房地产管理法〉的决定》第三次修正

第一章　总　则

第一条　【立法宗旨】为了加强对城市房地产的管理,维护房地产市场秩序,保障房地产权利人的合法权益,促进房地产业的健康发展,制定本法。

第二条　【适用范围】在中华人民共和国城市规划区国有土地(以下简称国有土地)范围内取得房地产开发用地的土地使用权,从事房地产开发、房地产交易,实施房地产管理,应当遵守本法。

本法所称房屋,是指土地上的房屋等建筑物及构筑物。

本法所称房地产开发,是指在依据本法取得国有土地使用权的土地上进行基础设施、房屋建设的行为。

本法所称房地产交易,包括房地产转让、房地产抵押和房屋租赁。

第三条　【国有土地有偿、有限期使用制度】国家依法实行国有土地有偿、有限期使用制度。但是,国家在本法规定的范围内划拨国有土地使用权的除外。

第四条　【国家扶持居民住宅建设】国家根据社会、经济发展水平,扶持发展居民住宅建设,逐步改善居民的居住条件。

第五条　【房地产权利人的义务和权益】房地产权利人应当遵守法律和行政法规,依法纳税。房地产权利人的合法权益受法律保护,任何单位和个人不得侵犯。

第六条　【房屋征收】为了公共利益的需要,国家可以征收国有土地上单位和个人的房屋,并依法给予拆迁补偿,维护被征收人的合法权益;征收个人住宅的,还应当保障被征收人的居住条件。具体办法由国务院规定。

第七条　【房地产管理机构设置】国务院建设行政主管部门、土地管理部门依照国务院规定的职权划分,各司其职,密切配合,管理全国房地产工作。

县级以上地方人民政府房产管理、土地管理部门的机构设置及其职权由省、自治区、直辖市人民政府确定。

第二章　房地产开发用地

第一节　土地使用权出让

第八条　【土地使用权出让的定义】土地使用权出让,是指国家将国有土地使用权(以下简称土地使用权)在一定年限内出让给土地使用者,由土地使用者向国家支付土地使用权出让金的行为。

第九条　【集体所有土地征收与出让】城市规划区内的集体所有的土地,经依法征收转为国有土地后,该幅国有土地的使用权方可有偿出让,但法律另有规定的除外。

第十条　【土地使用权出让宏观管理】土地使用权出让,必须符合土地利用总体规划、城市规划和年度建设用地计划。

第十一条 【年度出让土地使用权总量控制】县级以上地方人民政府出让土地使用权用于房地产开发的，须根据省级以上人民政府下达的控制指标拟订年度出让土地使用权总面积方案，按照国务院规定，报国务院或者省级人民政府批准。

第十二条 【土地使用权出让主体】土地使用权出让，由市、县人民政府有计划、有步骤地进行。出让的每幅地块、用途、年限和其他条件，由市、县人民政府土地管理部门会同城市规划、建设、房产管理部门共同拟定方案，按照国务院规定，报经有批准权的人民政府批准后，由市、县人民政府土地管理部门实施。

直辖市的县人民政府及其有关部门行使前款规定的权限，由直辖市人民政府规定。

第十三条 【土地使用权出让方式】土地使用权出让，可以采取拍卖、招标或者双方协议的方式。

商业、旅游、娱乐和豪华住宅用地，有条件的，必须采取拍卖、招标方式；没有条件，不能采取拍卖、招标方式的，可以采取双方协议的方式。

采取双方协议方式出让土地使用权的出让金不得低于按国家规定所确定的最低价。

第十四条 【土地使用权出让最高年限】土地使用权出让最高年限由国务院规定。

第十五条 【土地使用权出让合同】土地使用权出让，应当签订书面出让合同。

土地使用权出让合同由市、县人民政府土地管理部门与土地使用者签订。

第十六条 【支付出让金】土地使用者必须按照出让合同约定，支付土地使用权出让金；未按照出让合同约定支付土地使用权出让金的，土地管理部门有权解除合同，并可以请求违约赔偿。

第十七条 【提供出让土地】土地使用者按照出让合同约定支付土地使用权出让金的，市、县人民政府土地管理部门必须按照出让合同约定，提供出让的土地；未按照出让合同约定提供出让的土地的，土地使用者有权解除合同，由土地管理部门返还土地使用权出让金，土地使用者并可以请求违约赔偿。

第十八条 【土地用途的变更】土地使用者需要改变土地使用权出让合同约定的土地用途的，必须取得出让方和市、县人民政府城市规划行政主管部门的同意，签订土地使用权出让合同变更协议或者重新签订土地使用权出让合同，相应调整土地使用权出让金。

第十九条 【土地使用权出让金的管理】土地使用权出让金应当全部上缴财政，列入预算，用于城市基础设施建设和土地开发。土地使用权出让金上缴和使用的具体办法由国务院规定。

第二十条 【出让土地使用权的提前收回】国家对土地使用者依法取得的土地使用权，在出让合同约定的使用年限届满前不收回；在特殊情况下，根据社会公共利益的需要，可以依照法律程序提前收回，并根据土地使用者使用土地的实际年限和开发土地的实际情况给予相应的补偿。

第二十一条 【土地使用权终止】土地使用权因土地灭失而终止。

第二十二条 【土地使用权出让年限届满】土地使用权出让合同约定的使用年限届满，土地使用者需要继续使用土地的，应当至迟于届满前一年申请续期，除根据社会公共利益需要收回该幅土地的，应当予以批准。经批准准予续期的，应当重新签订土地使用权出让合同，依照规定支付土地使用权出让金。

土地使用权出让合同约定的使用年限届满，土地使用者未申请续期或者虽申请续期但依照前款规定未获批准的，土地使用权由国家无偿收回。

第二节 土地使用权划拨

第二十三条 【土地使用权划拨的定义】土地使用权划拨，是指县级以上人民政府依法批准，在土地使用者缴纳补偿、安置等费用后将该幅土地交付其使用，或者将土地使用权无偿交付给土地使用者使用的行为。

依照本法规定以划拨方式取得土地使用权的，除法律、行政法规另有规定外，没有使用期限的限制。

第二十四条 【土地使用权划拨范围】下列建设用地的土地使用权，确属必需的，可以由县级以上人民政府依法批准划拨：

（一）国家机关用地和军事用地；

（二）城市基础设施用地和公益事业用地；

（三）国家重点扶持的能源、交通、水利等项目用地；

（四）法律、行政法规规定的其他用地。

第三章 房地产开发

第二十五条 【房地产开发基本原则】房地产开发必须严格执行城市规划，按照经济效益、社会效益、环境效益相统一的原则，实行全面规划、合理布局、综合开发、配套建设。

第二十六条 【开发土地期限】以出让方式取得土地使用权进行房地产开发的，必须按照土地使用权出让合同约定的土地用途、动工开发期限开发土地。超过出让合同约定的动工开发日期满一年未动工开发的，可以征收相当于土地使用权出让金百分之二十以下的土地闲置费；满二年未动工开发的，可以无偿收回土地使用权；但是，因不可抗力或者政府、政府有关部门的行为或者动工开发必需的前期工作造成动工开发迟延的除外。

第二十七条 【房地产开发项目设计、施工和竣工】房地产开发项目的设计、施工，必须符合国家的有关标准和规范。

房地产开发项目竣工，经验收合格后，方可交付使用。

第二十八条 【土地使用权作价】依法取得的土地使用权，可以依照本法和有关法律、行政法规的规定，作价入股，合资、合作开发经营房地产。

第二十九条 【开发居民住宅的鼓励和扶持】国家采取税收等方面的优惠措施鼓励和扶持房地产开发企业开发建设居民住宅。

第三十条 【房地产开发企业的设立】房地产开发企业是以营利为目的，从事房地产开发和经营的企业。设立房地产开发企业，应当具备下列条件：

（一）有自己的名称和组织机构；

（二）有固定的经营场所；

（三）有符合国务院规定的注册资本；

（四）有足够的专业技术人员；

（五）法律、行政法规规定的其他条件。

设立房地产开发企业，应当向工商行政管理部门申请设立登记。工商行政管理部门对符合本法规定条件的，应当予以登记，发给营业执照；对不符合本法规定条件的，不予登记。

设立有限责任公司、股份有限公司，从事房地产开发经营的，还应当执行公司法的有关规定。

房地产开发企业在领取营业执照后的一个月内，应当到登记机关所在地的县级以上地方人民政府规定的部门备案。

第三十一条 【房地产开发企业注册资本与投资总额的比例】房地产开发企业的注册资本与投资总额的比例应当符合国家有关规定。

房地产开发企业分期开发房地产的，分期投资额应当与项目规模相适应，并按照土地使用权出让合同的约定，按期投入资金，用于项目建设。

第四章 房地产交易

第一节 一般规定

第三十二条 【房地产权利主体一致原则】房地产转让、抵押时，房屋的所有权和该房屋占用范围内的土地使用权同时转让、抵押。

第三十三条 【房地产价格管理】基准地价、标定地价和各类房屋的重置价格应当定期确定并公布。具体办法由国务院规定。

第三十四条 【房地产价格评估】国家实行房地产价格评估制度。

房地产价格评估，应当遵循公正、公平、公开的原则，按照国家规定的技术标准和评估程序，以基准地价、标定地价和各类房屋的重置价格为基础，参照当地的市场价格进行评估。

第三十五条 【房地产成交价格申报】国家实行房地产成交价格申报制度。

房地产权利人转让房地产，应当向县级以上地方人民政府规定的部门如实申报成交价，不得瞒报或者作不实的申报。

第三十六条 【房地产权属登记】房地产转让、抵押，当事人应当依照本法第五章的规定办理权属登记。

第二节 房地产转让

第三十七条 【房地产转让的定义】房地产转让，是指房地产权利人通过买卖、赠与或者其他合法方式将其房地产转移给他人的行为。

第三十八条 【房地产不得转让的情形】下列房地产，不得转让：

（一）以出让方式取得土地使用权的，不符合本法第三十九条规定的条件的；

（二）司法机关和行政机关依法裁定、决定查封或者以其他形式限制房地产权利的；

（三）依法收回土地使用权的；

（四）共有房地产，未经其他共有人书面同意的；

（五）权属有争议的；

（六）未依法登记领取权属证书的；

（七）法律、行政法规规定禁止转让的其他情形。

第三十九条 【以出让方式取得土地使用权的房地产转让】以出让方式取得土地使用权的，转让房地产时，应当符合下列条件：

（一）按照出让合同约定已经支付全部土地使用权出让金，并取得土地使用权证书；

（二）按照出让合同约定进行投资开发，属于房屋建设工程的，完成开发投资总额的百分之二十五以上，属于成片开发土地的，形成工业用地或者其他建设用地条件。

转让房地产时房屋已经建成的，还应当持有房屋所有权证书。

第四十条 【以划拨方式取得土地使用权的房地产转让】以划拨方式取得土地使用权的，转让房地产时，应当按照国务院规定，报有批准权的人民政府审批。有批准权的人民政府准予转让的，应当由受让方办理土地使用权出让手续，并依照国家有关规定缴纳土地使用权出让金。

以划拨方式取得土地使用权的，转让房地产报批时，有批准权的人民政府按照国务院规定决定可以不办理土地使用权出让手续的，转让方应当按照国务院规定将转让房地产所获收益中的土地收益上缴国家或者作其他处理。

第四十一条 【房地产转让合同】房地产转让，应当签订书面转让合同，合同中应当载明土地使用权取得的方式。

第四十二条 【房地产转让合同与土地使用权出让合同的关系】房地产转让时，土地使用权出让合同载明的权利、义务随之转移。

第四十三条 【房地产转让后土地使用权的使用年限】以出让方式取得土地使用权的，转让房地产后，其土地使用权的使用年限为原土地使用权出让合同约定的使用年限减去原土地使用者已经使用年限后的剩余年限。

第四十四条 【房地产转让后土地用途变更】以出让方式取得土地使用权的，转让房地产后，受让人改变原土地使用权出让合同约定的土地用途的，必须取得原出让方和市、县人民政府城市规划行政主管部门的同意，签订土地使用权出让合同变更协议或者重新签订土地使用权出让合同，相应调整土地使用权出让金。

第四十五条 【商品房预售的条件】商品房预售，应当符合下列条件：

（一）已交付全部土地使用权出让金，取得土地使用权证书；

（二）持有建设工程规划许可证；

（三）按提供预售的商品房计算，投入开发建设的资金达到工程建设总投资的百分之二十五以上，并已经确定施工进度和竣工交付日期；

（四）向县级以上人民政府房产管理部门办理预售登记，取得商品房预售许可证明。

商品房预售人应当按照国家有关规定将预售合同报县级以上人民政府房产管理部门和土地管理部门登记备案。

商品房预售所得款项，必须用于有关的工程建设。

第四十六条 【商品房预售后的再行转让】商品房预售的，商品房预购人将购买的未竣工的预售商品房再行转让的问题，由国务院规定。

第三节 房地产抵押

第四十七条 【房地产抵押的定义】房地产抵押，是指抵押人以其合法的房地产以不转移占有的方式向抵押权人提供债务履行担保的行为。债务人不履行债务时，抵押权人有权依法以抵押的房地产拍卖所得的价款优先受偿。

第四十八条 【房地产抵押物的范围】依法取得的房屋所有权连同该房屋占用范围内的土地使用权，可以设定抵押权。

以出让方式取得的土地使用权，可以设定抵押权。

第四十九条 【抵押办理凭证】房地产抵押，应当凭土地使用权证书、房屋所有权证书办理。

第五十条 【房地产抵押合同】房地产抵押，抵押人和抵押权人应当签订书面抵押合同。

第五十一条 【以划拨土地使用权设定的房地产抵押权的实现】设定房地产抵押权的土地使用权是以划拨方式取得的，依法拍卖该房地产后，应当从拍卖所得的价款中缴纳相当于应缴纳的土地使用权出让金的款额后，抵押权人方可优先受偿。

第五十二条 【房地产抵押后土地上的新增房屋问题】房地产抵押合同签订后，土地上新增的房屋不属于抵押财产。需要拍卖该抵押的房地产时，可以依法将土地上新增的房屋与抵押财产一同拍卖，但对拍卖新增房屋所得，抵押权人无权优先受偿。

第四节 房屋租赁

第五十三条 【房屋租赁的定义】房屋租赁，是指房屋所有权人作为出租人将其房屋出租给承租人使用，由承租人向出租人支付租金的行为。

第五十四条 【房屋租赁合同的签订】房屋租赁，出租人和承租人应当签订书面租赁合同，约定租赁期限、租赁用途、租赁价格、修缮责任等条款，以及双方的其他权利和义务，并向房产管理部门登记备案。

第五十五条 【住宅用房和非住宅用房的租赁】住宅用房的租赁，应当执行国家和房屋所在城市人民政府规定的租赁政策。租用房屋从事生产、经营活动的，由租赁双方协商议定租金和其他租赁条款。

第五十六条 【以划拨方式取得的国有土地上的房屋出租的特别规定】以营利为目的，房屋所有权人将以划拨方式取得使用权的国有土地上建成的房屋出租的，应当将租金中所含土地收益上缴国家。具体办法由国务院规定。

第五节 中介服务机构

第五十七条 【房地产中介服务机构】房地产中介服务机构包括房地产咨询机构、房地产价格评估机构、房地产经纪机构等。

第五十八条 【房地产中介服务机构的设立】房地产中介服务机构应当具备下列条件：

（一）有自己的名称和组织机构；

（二）有固定的服务场所；

（三）有必要的财产和经费；

（四）有足够数量的专业人员；

（五）法律、行政法规规定的其他条件。

设立房地产中介服务机构，应当向工商行政管理部门申请设立登记，领取营业执照后，方可开业。

第五十九条 【房地产估价人员资格认证】国家实行房地产价格评估人员资格认证制度。

第五章 房地产权属登记管理

第六十条 【房地产登记发证制度】国家实行土地使用权和房屋所有权登记发证制度。

第六十一条 【房地产权属登记】以出让或者划拨方式取得土地使用权，应当向县级以上地方人民政府土地管理部门申请登记，经县级以上地方人民政府土地管理部门核实，由同级人民政府颁发土地使用权证书。

在依法取得的房地产开发用地上建成房屋的，应当凭土地使用权证书向县级以上地方人民政府房产管理部门申请登记，由县级以上地方人民政府房产管理部门核实并颁发房屋所有权证书。

房地产转让或者变更时，应当向县级以上地方人民政府房产管理部门申请房产变更登记，并凭变更后的房屋所有权证书向同级人民政府土地管理部门申请土地使用权变更登记，经同级人民政府土地管理部门核实，由同级人民政府更换或者更改土地使用权证书。

法律另有规定的，依照有关法律的规定办理。

第六十二条 【房地产抵押登记】房地产抵押时，应当向县级以上地方人民政府规定的部门办理抵押登记。

因处分抵押房地产而取得土地使用权和房屋所有权的，应当依照本章规定办理过户登记。

第六十三条 【房地产权属证书】经省、自治区、直辖市人民政府确定，县级以上地方人民政府由一个部门统一负责房产管理和土地管理工作的，可以制作、颁发统一的房地产权证书，依照本法第六十一条的规定，将房屋的所有权和该房屋占用范围内的土地使用权的确认和变更，分别载入房地产权证书。

第六章 法律责任

第六十四条 【擅自出让或擅自批准出让土地使用权用于房地产开发的法律责任】违反本法第十一条、第十二条的规定，擅自批准出让或者擅自出让土地使用权用于房地产开发的，由上级机关或者所在单位给予有关责任人员行政处分。

第六十五条 【擅自从事房地产开发的法律责任】违反本法第三十条的规定，未取得营业执照擅自从事房地产开发业务的，由县级以上人民政府工商行政管理部门责令停止房地产开发业务活动，没收违法所得，可以并处罚款。

第六十六条 【非法转让土地使用权的法律责任】违反本法第三十九条第一款的规定转让土地使用权的，由县级以上人民政府土地管理部门没收违法所得，可以并处罚款。

第六十七条 【非法转让划拨土地使用权的房地产的法律责任】违反本法第四十条第一款的规定转让房地产的，由县级以上人民政府土地管理部门责令缴纳土地使用权出让金，没收违法所得，可以并处罚款。

第六十八条 【非法预售商品房的法律责任】违反本法第四十五条第一款的规定预售商品房的，由县级以上人民政府房产管理部门责令停止预售活动，没收违法所得，可以并处罚款。

第六十九条 【擅自从事房地产中介服务业务的法律责任】违反本法第五十八条的规定，未取得营业执照擅自从事房地产中介服务业务的，由县级以上人民政府工商行政管理部门责令停止房地产中介服务业务活动，没收违法所得，可以并处罚款。

第七十条 【向房地产开发企业非法收费的法律责任】没有法律、法规的依据，向房地产开发企业收费的，上级机关应当责令退回所收取的钱款；情节严重的，由上级机关或者所在单位给予直接责任人员行政处分。

第七十一条 【管理部门工作人员玩忽职守、滥用职权、索贿、受贿的法律责任】房产管理部门、土地管理部门工作人员玩忽职守、滥用职权，构成犯罪的，依法追究刑事责任；不构成犯罪的，给予行政处分。

房产管理部门、土地管理部门工作人员利用职务上的便利，索取他人财物，或者非法收受他人财物为他人谋取利益，构成犯罪的，依法追究刑事责任；不构成犯罪的，给予行政处分。

第七章　附　则

第七十二条　【参照本法适用的情形】在城市规划区外的国有土地范围内取得房地产开发用地的土地使用权，从事房地产开发、交易活动以及实施房地产管理，参照本法执行。

第七十三条　【施行时间】本法自 1995 年 1 月 1 日起施行。

中华人民共和国水土保持法

- 1991 年 6 月 29 日第七届全国人民代表大会常务委员会第二十次会议通过
- 根据 2009 年 8 月 27 日第十一届全国人民代表大会常务委员会第十次会议《关于修改部分法律的决定》修正
- 2010 年 12 月 25 日第十一届全国人民代表大会常务委员会第十八次会议修订通过
- 2010 年 12 月 25 日中华人民共和国主席令第 39 号公布
- 自 2011 年 3 月 1 日起施行

第一章　总　则

第一条　为了预防和治理水土流失，保护和合理利用水土资源，减轻水、旱、风沙灾害，改善生态环境，保障经济社会可持续发展，制定本法。

第二条　在中华人民共和国境内从事水土保持活动，应当遵守本法。

本法所称水土保持，是指对自然因素和人为活动造成水土流失所采取的预防和治理措施。

第三条　水土保持工作实行预防为主、保护优先、全面规划、综合治理、因地制宜、突出重点、科学管理、注重效益的方针。

第四条　县级以上人民政府应当加强对水土保持工作的统一领导，将水土保持工作纳入本级国民经济和社会发展规划，对水土保持规划确定的任务，安排专项资金，并组织实施。

国家在水土流失重点预防区和重点治理区，实行地方各级人民政府水土保持目标责任制和考核奖惩制度。

第五条　国务院水行政主管部门主管全国的水土保持工作。

国务院水行政主管部门在国家确定的重要江河、湖泊设立的流域管理机构（以下简称流域管理机构），在所管辖范围内依法承担水土保持监督管理职责。

县级以上地方人民政府水行政主管部门主管本行政区域的水土保持工作。

县级以上人民政府林业、农业、国土资源等有关部门按照各自职责，做好有关的水土流失预防和治理工作。

第六条　各级人民政府及其有关部门应当加强水土保持宣传和教育工作，普及水土保持科学知识，增强公众的水土保持意识。

第七条　国家鼓励和支持水土保持科学技术研究，提高水土保持科学技术水平，推广先进的水土保持技术，培养水土保持科学技术人才。

第八条　任何单位和个人都有保护水土资源、预防和治理水土流失的义务，并有权对破坏水土资源、造成水土流失的行为进行举报。

第九条　国家鼓励和支持社会力量参与水土保持工作。

对水土保持工作中成绩显著的单位和个人，由县级以上人民政府给予表彰和奖励。

第二章　规　划

第十条　水土保持规划应当在水土流失调查结果及水土流失重点预防区和重点治理区划定的基础上，遵循统筹协调、分类指导的原则编制。

第十一条　国务院水行政主管部门应当定期组织全国水土流失调查并公告调查结果。

省、自治区、直辖市人民政府水行政主管部门负责本行政区域的水土流失调查并公告调查结果，公告前应当将调查结果报国务院水行政主管部门备案。

第十二条　县级以上人民政府应当依据水土流失调查结果划定并公告水土流失重点预防区和重点治理区。

对水土流失潜在危险较大的区域，应当划定为水土流失重点预防区；对水土流失严重的区域，应当划定为水土流失重点治理区。

第十三条　水土保持规划的内容应当包括水土流失状况、水土流失类型区划分、水土流失防治目标、任务和措施等。

水土保持规划包括对流域或者区域预防和治理水土流失、保护和合理利用水土资源作出的整体部署，以及根据整体部署对水土保持专项工作或者特定区域预防和治理水土流失作出的专项部署。

水土保持规划应当与土地利用总体规划、水资源规划、城乡规划和环境保护规划等相协调。

编制水土保持规划，应当征求专家和公众的意见。

第十四条　县级以上人民政府水行政主管部门会同

同级人民政府有关部门编制水土保持规划，报本级人民政府或者其授权的部门批准后，由水行政主管部门组织实施。

水土保持规划一经批准，应当严格执行；经批准的规划根据实际情况需要修改的，应当按照规划编制程序报原批准机关批准。

第十五条　有关基础设施建设、矿产资源开发、城镇建设、公共服务设施建设等方面的规划，在实施过程中可能造成水土流失的，规划的组织编制机关应当在规划中提出水土流失预防和治理的对策和措施，并在规划报请审批前征求本级人民政府水行政主管部门的意见。

第三章　预　防

第十六条　地方各级人民政府应当按照水土保持规划，采取封育保护、自然修复等措施，组织单位和个人植树种草，扩大林草覆盖面积，涵养水源，预防和减轻水土流失。

第十七条　地方各级人民政府应当加强对取土、挖砂、采石等活动的管理，预防和减轻水土流失。

禁止在崩塌、滑坡危险区和泥石流易发区从事取土、挖砂、采石等可能造成水土流失的活动。崩塌、滑坡危险区和泥石流易发区的范围，由县级以上地方人民政府划定并公告。崩塌、滑坡危险区和泥石流易发区的划定，应当与地质灾害防治规划确定的地质灾害易发区、重点防治区相衔接。

第十八条　水土流失严重、生态脆弱的地区，应当限制或者禁止可能造成水土流失的生产建设活动，严格保护植物、沙壳、结皮、地衣等。

在侵蚀沟的沟坡和沟岸、河流的两岸以及湖泊和水库的周边，土地所有权人、使用权人或者有关管理单位应当营造植物保护带。禁止开垦、开发植物保护带。

第十九条　水土保持设施的所有权人或者使用权人应当加强对水土保持设施的管理与维护，落实管护责任，保障其功能正常发挥。

第二十条　禁止在二十五度以上陡坡地开垦种植农作物。在二十五度以上陡坡地种植经济林的，应当科学选择树种，合理确定规模，采取水土保持措施，防止造成水土流失。

省、自治区、直辖市根据本行政区域的实际情况，可以规定小于二十五度的禁止开垦坡度。禁止开垦的陡坡地的范围由当地县级人民政府划定并公告。

第二十一条　禁止毁林、毁草开垦和采集发菜。禁止在水土流失重点预防区和重点治理区铲草皮、挖树兜或者滥挖虫草、甘草、麻黄等。

第二十二条　林木采伐应当采用合理方式，严格控制皆伐；对水源涵养林、水土保持林、防风固沙林等防护林只能进行抚育和更新性质的采伐；对采伐区和集材道应当采取防止水土流失的措施，并在采伐后及时更新造林。

在林区采伐林木的，采伐方案中应当有水土保持措施。采伐方案经林业主管部门批准后，由林业主管部门和水行政主管部门监督实施。

第二十三条　在五度以上坡地植树造林、抚育幼林、种植中药材等，应当采取水土保持措施。

在禁止开垦坡度以下、五度以上的荒坡地开垦种植农作物，应当采取水土保持措施。具体办法由省、自治区、直辖市根据本行政区域的实际情况规定。

第二十四条　生产建设项目选址、选线应当避让水土流失重点预防区和重点治理区；无法避让的，应当提高防治标准，优化施工工艺，减少地表扰动和植被损坏范围，有效控制可能造成的水土流失。

第二十五条　在山区、丘陵区、风沙区以及水土保持规划确定的容易发生水土流失的其他区域开办可能造成水土流失的生产建设项目，生产建设单位应当编制水土保持方案，报县级以上人民政府水行政主管部门审批，并按照经批准的水土保持方案，采取水土流失预防和治理措施。没有能力编制水土保持方案的，应当委托具备相应技术条件的机构编制。

水土保持方案应当包括水土流失预防和治理的范围、目标、措施和投资等内容。

水土保持方案经批准后，生产建设项目的地点、规模发生重大变化的，应当补充或者修改水土保持方案并报原审批机关批准。水土保持方案实施过程中，水土保持措施需要作出重大变更的，应当经原审批机关批准。

生产建设项目水土保持方案的编制和审批办法，由国务院水行政主管部门制定。

第二十六条　依法应当编制水土保持方案的生产建设项目，生产建设单位未编制水土保持方案或者水土保持方案未经水行政主管部门批准的，生产建设项目不得开工建设。

第二十七条　依法应当编制水土保持方案的生产建设项目中的水土保持设施，应当与主体工程同时设计、同时施工、同时投产使用；生产建设项目竣工验收，应当验收水土保持设施；水土保持设施未经验收或者验收不合格的，生产建设项目不得投产使用。

第二十八条 依法应当编制水土保持方案的生产建设项目,其生产建设活动中排弃的砂、石、土、矸石、尾矿、废渣等应当综合利用;不能综合利用,确需废弃的,应当堆放在水土保持方案确定的专门存放地,并采取措施保证不产生新的危害。

第二十九条 县级以上人民政府水行政主管部门、流域管理机构,应当对生产建设项目水土保持方案的实施情况进行跟踪检查,发现问题及时处理。

第四章 治 理

第三十条 国家加强水土流失重点预防区和重点治理区的坡耕地改梯田、淤地坝等水土保持重点工程建设,加大生态修复力度。

县级以上人民政府水行政主管部门应当加强对水土保持重点工程的建设管理,建立和完善运行管护制度。

第三十一条 国家加强江河源头区、饮用水水源保护区和水源涵养区水土流失的预防和治理工作,多渠道筹集资金,将水土保持生态效益补偿纳入国家建立的生态效益补偿制度。

第三十二条 开办生产建设项目或者从事其他生产建设活动造成水土流失的,应当进行治理。

在山区、丘陵区、风沙区以及水土保持规划确定的容易发生水土流失的其他区域开办生产建设项目或者从事其他生产建设活动,损坏水土保持设施、地貌植被,不能恢复原有水土保持功能的,应当缴纳水土保持补偿费,专项用于水土流失预防和治理。专项水土流失预防和治理由水行政主管部门负责组织实施。水土保持补偿费的收取使用管理办法由国务院财政部门、国务院价格主管部门会同国务院水行政主管部门制定。

生产建设项目在建设过程中和生产过程中发生的水土保持费用,按照国家统一的财务会计制度处理。

第三十三条 国家鼓励单位和个人按照水土保持规划参与水土流失治理,并在资金、技术、税收等方面予以扶持。

第三十四条 国家鼓励和支持承包治理荒山、荒沟、荒丘、荒滩,防治水土流失,保护和改善生态环境,促进土地资源的合理开发和可持续利用,并依法保护土地承包合同当事人的合法权益。

承包治理荒山、荒沟、荒丘、荒滩和承包水土流失严重地区农村土地的,在依法签订的土地承包合同中应当包括预防和治理水土流失责任的内容。

第三十五条 在水力侵蚀地区,地方各级人民政府及其有关部门应当组织单位和个人,以天然沟壑及其两侧山坡地形成的小流域为单元,因地制宜地采取工程措施、植物措施和保护性耕作等措施,进行坡耕地和沟道水土流失综合治理。

在风力侵蚀地区,地方各级人民政府及其有关部门应当组织单位和个人,因地制宜地采取轮封轮牧、植树种草、设置人工沙障和网格林带等措施,建立防风固沙防护体系。

在重力侵蚀地区,地方各级人民政府及其有关部门应当组织单位和个人,采取监测、径流排导、削坡减载、支挡固坡、修建拦挡工程等措施,建立监测、预报、预警体系。

第三十六条 在饮用水水源保护区,地方各级人民政府及其有关部门应当组织单位和个人,采取预防保护、自然修复和综合治理措施,配套建设植物过滤带,积极推广沼气,开展清洁小流域建设,严格控制化肥和农药的使用,减少水土流失引起的面源污染,保护饮用水水源。

第三十七条 已在禁止开垦的陡坡地上开垦种植农作物的,应当按照国家有关规定退耕,植树种草;耕地短缺、退耕确有困难的,应当修建梯田或者采取其他水土保持措施。

在禁止开垦坡度以下的坡耕地上开垦种植农作物的,应当根据不同情况,采取修建梯田、坡面水系整治、蓄水保土耕作或者退耕等措施。

第三十八条 对生产建设活动所占用土地的地表土应当进行分层剥离、保存和利用,做到土石方挖填平衡,减少地表扰动范围;对废弃的砂、石、土、矸石、尾矿、废渣等存放地,应当采取拦挡、坡面防护、防洪排导等措施。生产建设活动结束后,应当及时在取土场、开挖面和存放地的裸露土地上植树种草、恢复植被,对闭库的尾矿库进行复垦。

在干旱缺水地区从事生产建设活动,应当采取防止风力侵蚀措施,设置降水蓄渗设施,充分利用降水资源。

第三十九条 国家鼓励和支持在山区、丘陵区、风沙区以及容易发生水土流失的其他区域,采取下列有利于水土保持的措施:

(一)免耕、等高耕作、轮耕轮作、草田轮作、间作套种等;

(二)封禁抚育、轮封轮牧、舍饲圈养;

(三)发展沼气、节柴灶,利用太阳能、风能和水能,以煤、电、气代替薪柴等;

(四)从生态脆弱地区向外移民;

(五)其他有利于水土保持的措施。

第五章 监测和监督

第四十条 县级以上人民政府水行政主管部门应当加强水土保持监测工作，发挥水土保持监测工作在政府决策、经济社会发展和社会公众服务中的作用。县级以上人民政府应当保障水土保持监测工作经费。

国务院水行政主管部门应当完善全国水土保持监测网络，对全国水土流失进行动态监测。

第四十一条 对可能造成严重水土流失的大中型生产建设项目，生产建设单位应当自行或者委托具备水土保持监测资质的机构，对生产建设活动造成的水土流失进行监测，并将监测情况定期上报当地水行政主管部门。

从事水土保持监测活动应当遵守国家有关技术标准、规范和规程，保证监测质量。

第四十二条 国务院水行政主管部门和省、自治区、直辖市人民政府水行政主管部门应当根据水土保持监测情况，定期对下列事项进行公告：

（一）水土流失类型、面积、强度、分布状况和变化趋势；

（二）水土流失造成的危害；

（三）水土流失预防和治理情况。

第四十三条 县级以上人民政府水行政主管部门负责对水土保持情况进行监督检查。流域管理机构在其管辖范围内可以行使国务院水行政主管部门的监督检查职权。

第四十四条 水政监督检查人员依法履行监督检查职责时，有权采取下列措施：

（一）要求被检查单位或者个人提供有关文件、证照、资料；

（二）要求被检查单位或者个人就预防和治理水土流失的有关情况作出说明；

（三）进入现场进行调查、取证。

被检查单位或者个人拒不停止违法行为，造成严重水土流失的，报经水行政主管部门批准，可以查封、扣押实施违法行为的工具及施工机械、设备等。

第四十五条 水政监督检查人员依法履行监督检查职责时，应当出示执法证件。被检查单位或者个人对水土保持监督检查工作应当给予配合，如实报告情况，提供有关文件、证照、资料；不得拒绝或者阻碍水政监督检查人员依法执行公务。

第四十六条 不同行政区域之间发生水土流失纠纷应当协商解决；协商不成的，由共同的上一级人民政府裁决。

第六章 法律责任

第四十七条 水行政主管部门或者其他依照本法规定行使监督管理权的部门，不依法作出行政许可决定或者办理批准文件的，发现违法行为或者接到对违法行为的举报不予查处的，或者有其他未依照本法规定履行职责的行为的，对直接负责的主管人员和其他直接责任人员依法给予处分。

第四十八条 违反本法规定，在崩塌、滑坡危险区或者泥石流易发区从事取土、挖砂、采石等可能造成水土流失的活动的，由县级以上地方人民政府水行政主管部门责令停止违法行为，没收违法所得，对个人处一千元以上一万元以下的罚款，对单位处二万元以上二十万元以下的罚款。

第四十九条 违反本法规定，在禁止开垦坡度以上陡坡地开垦种植农作物，或者在禁止开垦、开发的植物保护带内开垦、开发的，由县级以上地方人民政府水行政主管部门责令停止违法行为，采取退耕、恢复植被等补救措施；按照开垦或者开发面积，可以对个人处每平方米二元以下的罚款、对单位处每平方米十元以下的罚款。

第五十条 违反本法规定，毁林、毁草开垦的，依照《中华人民共和国森林法》、《中华人民共和国草原法》的有关规定处罚。

第五十一条 违反本法规定，采集发菜，或者在水土流失重点预防区和重点治理区铲草皮、挖树兜、滥挖虫草、甘草、麻黄等的，由县级以上地方人民政府水行政主管部门责令停止违法行为，采取补救措施，没收违法所得，并处违法所得一倍以上五倍以下的罚款；没有违法所得的，可以处五万元以下的罚款。

在草原地区有前款规定违法行为的，依照《中华人民共和国草原法》的有关规定处罚。

第五十二条 在林区采伐林木不依法采取防止水土流失措施的，由县级以上地方人民政府林业主管部门、水行政主管部门责令限期改正，采取补救措施；造成水土流失的，由水行政主管部门按照造成水土流失的面积处每平方米二元以上十元以下的罚款。

第五十三条 违反本法规定，有下列行为之一的，由县级以上人民政府水行政主管部门责令停止违法行为，限期补办手续；逾期不补办手续的，处五万元以上五十万元以下的罚款；对生产建设单位直接负责的主管人员和其他直接责任人员依法给予处分：

（一）依法应当编制水土保持方案的生产建设项目，未编制水土保持方案或者编制的水土保持方案未经批准而开工建设的；

（二）生产建设项目的地点、规模发生重大变化，未补充、修改水土保持方案或者补充、修改的水土保持方案未经原审批机关批准的；

（三）水土保持方案实施过程中，未经原审批机关批准，对水土保持措施作出重大变更的。

第五十四条　违反本法规定，水土保持设施未经验收或者验收不合格将生产建设项目投产使用的，由县级以上人民政府水行政主管部门责令停止生产或者使用，直至验收合格，并处五万元以上五十万元以下的罚款。

第五十五条　违反本法规定，在水土保持方案确定的专门存放地以外的区域倾倒砂、石、土、矸石、尾矿、废渣等的，由县级以上地方人民政府水行政主管部门责令停止违法行为，限期清理，按照倾倒数量处每立方米十元以上二十元以下的罚款；逾期仍不清理的，县级以上地方人民政府水行政主管部门可以指定有清理能力的单位代为清理，所需费用由违法行为人承担。

第五十六条　违反本法规定，开办生产建设项目或者从事其他生产建设活动造成水土流失，不进行治理的，由县级以上人民政府水行政主管部门责令限期治理；逾期仍不治理的，县级以上人民政府水行政主管部门可以指定有治理能力的单位代为治理，所需费用由违法行为人承担。

第五十七条　违反本法规定，拒不缴纳水土保持补偿费的，由县级以上人民政府水行政主管部门责令限期缴纳；逾期不缴纳的，自滞纳之日起按日加收滞纳部分万分之五的滞纳金，可以处应缴水土保持补偿费三倍以下的罚款。

第五十八条　违反本法规定，造成水土流失危害的，依法承担民事责任；构成违反治安管理行为的，由公安机关依法给予治安管理处罚；构成犯罪的，依法追究刑事责任。

第七章　附　则

第五十九条　县级以上地方人民政府根据当地实际情况确定的负责水土保持工作的机构，行使本法规定的水行政主管部门水土保持工作的职责。

第六十条　本法自2011年3月1日起施行。

中华人民共和国土地管理法

- 1986年6月25日第六届全国人民代表大会常务委员会第十六次会议通过
- 根据1988年12月29日第七届全国人民代表大会常务委员会第五次会议《关于修改〈中华人民共和国土地管理法〉的决定》第一次修正
- 1998年8月29日第九届全国人民代表大会常务委员会第四次会议修订
- 根据2004年8月28日第十届全国人民代表大会常务委员会第十一次会议《关于修改〈中华人民共和国土地管理法〉的决定》第二次修正
- 根据2019年8月26日第十三届全国人民代表大会常务委员会第十二次会议《关于修改〈中华人民共和国土地管理法〉、〈中华人民共和国城市房地产管理法〉的决定》第三次修正

第一章　总　则

第一条　为了加强土地管理，维护土地的社会主义公有制，保护、开发土地资源，合理利用土地，切实保护耕地，促进社会经济的可持续发展，根据宪法，制定本法。

第二条　中华人民共和国实行土地的社会主义公有制，即全民所有制和劳动群众集体所有制。

全民所有，即国家所有土地的所有权由国务院代表国家行使。

任何单位和个人不得侵占、买卖或者以其他形式非法转让土地。土地使用权可以依法转让。

国家为了公共利益的需要，可以依法对土地实行征收或者征用并给予补偿。

国家依法实行国有土地有偿使用制度。但是，国家在法律规定的范围内划拨国有土地使用权的除外。

第三条　十分珍惜、合理利用土地和切实保护耕地是我国的基本国策。各级人民政府应当采取措施，全面规划，严格管理，保护、开发土地资源，制止非法占用土地的行为。

第四条　国家实行土地用途管制制度。

国家编制土地利用总体规划，规定土地用途，将土地分为农用地、建设用地和未利用地。严格限制农用地转为建设用地，控制建设用地总量，对耕地实行特殊保护。

前款所称农用地是指直接用于农业生产的土地，包括耕地、林地、草地、农田水利用地、养殖水面等；建设用地是指建造建筑物、构筑物的土地，包括城乡住宅和公共设施用地、工矿用地、交通水利设施用地、旅游用地、军事设施用地等；未利用地是指农用地和建设用地以外的土地。

使用土地的单位和个人必须严格按照土地利用总体规划确定的用途使用土地。

第五条　国务院自然资源主管部门统一负责全国土地的管理和监督工作。

县级以上地方人民政府自然资源主管部门的设置及其职责，由省、自治区、直辖市人民政府根据国务院有关规定确定。

第六条　国务院授权的机构对省、自治区、直辖市人民政府以及国务院确定的城市人民政府土地利用和土地管理情况进行督察。

第七条　任何单位和个人都有遵守土地管理法律、法规的义务，并有权对违反土地管理法律、法规的行为提出检举和控告。

第八条　在保护和开发土地资源、合理利用土地以及进行有关的科学研究等方面成绩显著的单位和个人，由人民政府给予奖励。

第二章　土地的所有权和使用权

第九条　城市市区的土地属于国家所有。

农村和城市郊区的土地，除由法律规定属于国家所有的以外，属于农民集体所有；宅基地和自留地、自留山，属于农民集体所有。

第十条　国有土地和农民集体所有的土地，可以依法确定给单位或者个人使用。使用土地的单位和个人，有保护、管理和合理利用土地的义务。

第十一条　农民集体所有的土地依法属于村农民集体所有的，由村集体经济组织或者村民委员会经营、管理；已经分别属于村内两个以上农村集体经济组织的农民集体所有的，由村内各该农村集体经济组织或者村民小组经营、管理；已经属于乡（镇）农民集体所有的，由乡（镇）农村集体经济组织经营、管理。

第十二条　土地的所有权和使用权的登记，依照有关不动产登记的法律、行政法规执行。

依法登记的土地的所有权和使用权受法律保护，任何单位和个人不得侵犯。

第十三条　农民集体所有和国家所有依法由农民集体使用的耕地、林地、草地，以及其他依法用于农业的土地，采取农村集体经济组织内部的家庭承包方式承包，不宜采取家庭承包方式的荒山、荒沟、荒丘、荒滩等，可以采取招标、拍卖、公开协商等方式承包，从事种植业、林业、畜牧业、渔业生产。家庭承包的耕地的承包期为三十年，草地的承包期为三十年至五十年，林地的承包期为三十年至七十年；耕地承包期届满后再延长三十年，草地、林地承包期届满后依法相应延长。

国家所有依法用于农业的土地可以由单位或者个人承包经营，从事种植业、林业、畜牧业、渔业生产。

发包方和承包方应当依法订立承包合同，约定双方的权利和义务。承包经营土地的单位和个人，有保护和按照承包合同约定的用途合理利用土地的义务。

第十四条　土地所有权和使用权争议，由当事人协商解决；协商不成的，由人民政府处理。

单位之间的争议，由县级以上人民政府处理；个人之间、个人与单位之间的争议，由乡级人民政府或者县级以上人民政府处理。

当事人对有关人民政府的处理决定不服的，可以自接到处理决定通知之日起三十日内，向人民法院起诉。

在土地所有权和使用权争议解决前，任何一方不得改变土地利用现状。

第三章　土地利用总体规划

第十五条　各级人民政府应当依据国民经济和社会发展规划、国土整治和资源环境保护的要求、土地供给能力以及各项建设对土地的需求，组织编制土地利用总体规划。

土地利用总体规划的规划期限由国务院规定。

第十六条　下级土地利用总体规划应当依据上一级土地利用总体规划编制。

地方各级人民政府编制的土地利用总体规划中的建设用地总量不得超过上一级土地利用总体规划确定的控制指标，耕地保有量不得低于上一级土地利用总体规划确定的控制指标。

省、自治区、直辖市人民政府编制的土地利用总体规划，应当确保本行政区域内耕地总量不减少。

第十七条　土地利用总体规划按照下列原则编制：

（一）落实国土空间开发保护要求，严格土地用途管制；

（二）严格保护永久基本农田，严格控制非农业建设占用农用地；

（三）提高土地节约集约利用水平；

（四）统筹安排城乡生产、生活、生态用地，满足乡村产业和基础设施用地合理需求，促进城乡融合发展；

（五）保护和改善生态环境，保障土地的可持续利用；

（六）占用耕地与开发复垦耕地数量平衡、质量相当。

第十八条　国家建立国土空间规划体系。编制国土空间规划应当坚持生态优先，绿色、可持续发展，科学有序统筹安排生态、农业、城镇等功能空间,优化国土空间结构和布局,提升国土空间开发、保护的质量和效率。

经依法批准的国土空间规划是各类开发、保护、建设活动的基本依据。已经编制国土空间规划的,不再编制土地利用总体规划和城乡规划。

第十九条 县级土地利用总体规划应当划分土地利用区,明确土地用途。

乡(镇)土地利用总体规划应当划分土地利用区,根据土地使用条件,确定每一块土地的用途,并予以公告。

第二十条 土地利用总体规划实行分级审批。

省、自治区、直辖市的土地利用总体规划,报国务院批准。

省、自治区人民政府所在地的市、人口在一百万以上的城市以及国务院指定的城市的土地利用总体规划,经省、自治区人民政府审查同意后,报国务院批准。

本条第二款、第三款规定以外的土地利用总体规划,逐级上报省、自治区、直辖市人民政府批准;其中,乡(镇)土地利用总体规划可以由省级人民政府授权的设区的市、自治州人民政府批准。

土地利用总体规划一经批准,必须严格执行。

第二十一条 城市建设用地规模应当符合国家规定的标准,充分利用现有建设用地,不占或者尽量少占农用地。

城市总体规划、村庄和集镇规划,应当与土地利用总体规划相衔接,城市总体规划、村庄和集镇规划中建设用地规模不得超过土地利用总体规划确定的城市和村庄、集镇建设用地规模。

在城市规划区内、村庄和集镇规划区内,城市和村庄、集镇建设用地应当符合城市规划、村庄和集镇规划。

第二十二条 江河、湖泊综合治理和开发利用规划,应当与土地利用总体规划相衔接。在江河、湖泊、水库的管理和保护范围以及蓄洪滞洪区内,土地利用应当符合江河、湖泊综合治理和开发利用规划,符合河道、湖泊行洪、蓄洪和输水的要求。

第二十三条 各级人民政府应当加强土地利用计划管理,实行建设用地总量控制。

土地利用年度计划,根据国民经济和社会发展计划、国家产业政策、土地利用总体规划以及建设用地和土地利用的实际状况编制。土地利用年度计划应当对本法第六十三条规定的集体经营性建设用地作出合理安排。土地利用年度计划的编制审批程序与土地利用总体规划的编制审批程序相同,一经审批下达,必须严格执行。

第二十四条 省、自治区、直辖市人民政府应当将土地利用年度计划的执行情况列为国民经济和社会发展计划执行情况的内容,向同级人民代表大会报告。

第二十五条 经批准的土地利用总体规划的修改,须经原批准机关批准;未经批准,不得改变土地利用总体规划确定的土地用途。

经国务院批准的大型能源、交通、水利等基础设施建设用地,需要改变土地利用总体规划的,根据国务院的批准文件修改土地利用总体规划。

经省、自治区、直辖市人民政府批准的能源、交通、水利等基础设施建设用地,需要改变土地利用总体规划的,属于省级人民政府土地利用总体规划批准权限内的,根据省级人民政府的批准文件修改土地利用总体规划。

第二十六条 国家建立土地调查制度。

县级以上人民政府自然资源主管部门会同同级有关部门进行土地调查。土地所有者或者使用者应当配合调查,并提供有关资料。

第二十七条 县级以上人民政府自然资源主管部门会同同级有关部门根据土地调查成果、规划土地用途和国家制定的统一标准,评定土地等级。

第二十八条 国家建立土地统计制度。

县级以上人民政府统计机构和自然资源主管部门依法进行土地统计调查,定期发布土地统计资料。土地所有者或者使用者应当提供有关资料,不得拒报、迟报,不得提供不真实、不完整的资料。

统计机构和自然资源主管部门共同发布的土地面积统计资料是各级人民政府编制土地利用总体规划的依据。

第二十九条 国家建立全国土地管理信息系统,对土地利用状况进行动态监测。

第四章 耕地保护

第三十条 国家保护耕地,严格控制耕地转为非耕地。

国家实行占用耕地补偿制度。非农业建设经批准占用耕地的,按照"占多少,垦多少"的原则,由占用耕地的单位负责开垦与所占用耕地的数量和质量相当的耕地;没有条件开垦或者开垦的耕地不符合要求的,应当按照省、自治区、直辖市的规定缴纳耕地开垦费,专款用于开垦新的耕地。

省、自治区、直辖市人民政府应当制定开垦耕地计划,监督占用耕地的单位按照计划开垦耕地或者按照计划组织开垦耕地,并进行验收。

第三十一条　县级以上地方人民政府可以要求占用耕地的单位将所占用耕地耕作层的土壤用于新开垦耕地、劣质地或者其他耕地的土壤改良。

第三十二条　省、自治区、直辖市人民政府应当严格执行土地利用总体规划和土地利用年度计划，采取措施，确保本行政区域内耕地总量不减少、质量不降低。耕地总量减少的，由国务院责令在规定期限内组织开垦与所减少耕地的数量与质量相当的耕地；耕地质量降低的，由国务院责令在规定期限内组织整治。新开垦和整治的耕地由国务院自然资源主管部门会同农业农村主管部门验收。

个别省、直辖市确因土地后备资源匮乏，新增建设用地后，新开垦耕地的数量不足以补偿所占用耕地的数量的，必须报经国务院批准减免本行政区域内开垦耕地的数量，易地开垦数量和质量相当的耕地。

第三十三条　国家实行永久基本农田保护制度。下列耕地应当根据土地利用总体规划划为永久基本农田，实行严格保护：

（一）经国务院农业农村主管部门或者县级以上地方人民政府批准确定的粮、棉、油、糖等重要农产品生产基地内的耕地；

（二）有良好的水利与水土保持设施的耕地，正在实施改造计划以及可以改造的中、低产田和已建成的高标准农田；

（三）蔬菜生产基地；

（四）农业科研、教学试验田；

（五）国务院规定应当划为永久基本农田的其他耕地。

各省、自治区、直辖市划定的永久基本农田一般应当占本行政区域内耕地的百分之八十以上，具体比例由国务院根据各省、自治区、直辖市耕地实际情况规定。

第三十四条　永久基本农田划定以乡（镇）为单位进行，由县级人民政府自然资源主管部门会同同级农业农村主管部门组织实施。永久基本农田应当落实到地块，纳入国家永久基本农田数据库严格管理。

乡（镇）人民政府应当将永久基本农田的位置、范围向社会公告，并设立保护标志。

第三十五条　永久基本农田经依法划定后，任何单位和个人不得擅自占用或者改变其用途。国家能源、交通、水利、军事设施等重点建设项目选址确实难以避让永久基本农田，涉及农用地转用或者土地征收的，必须经国务院批准。

禁止通过擅自调整县级土地利用总体规划、乡（镇）土地利用总体规划等方式规避永久基本农田农用地转用或者土地征收的审批。

第三十六条　各级人民政府应当采取措施，引导因地制宜轮作休耕，改良土壤，提高地力，维护排灌工程设施，防止土地荒漠化、盐渍化、水土流失和土壤污染。

第三十七条　非农业建设必须节约使用土地，可以利用荒地的，不得占用耕地；可以利用劣地的，不得占用好地。

禁止占用耕地建窑、建坟或者擅自在耕地上建房、挖砂、采石、采矿、取土等。

禁止占用永久基本农田发展林果业和挖塘养鱼。

第三十八条　禁止任何单位和个人闲置、荒芜耕地。已经办理审批手续的非农业建设占用耕地，一年内不用而又可以耕种并收获的，应当由原耕种该幅耕地的集体或者个人恢复耕种，也可以由用地单位组织耕种；一年以上未动工建设的，应当按照省、自治区、直辖市的规定缴纳闲置费；连续二年未使用的，经原批准机关批准，由县级以上人民政府无偿收回用地单位的土地使用权；该幅土地原为农民集体所有的，应当交由原农村集体经济组织恢复耕种。

在城市规划区范围内，以出让方式取得土地使用权进行房地产开发的闲置土地，依照《中华人民共和国城市房地产管理法》的有关规定办理。

第三十九条　国家鼓励单位和个人按照土地利用总体规划，在保护和改善生态环境、防止水土流失和土地荒漠化的前提下，开发未利用的土地；适宜开发为农用地的，应当优先开发成农用地。

国家依法保护开发者的合法权益。

第四十条　开垦未利用的土地，必须经过科学论证和评估，在土地利用总体规划划定的可开垦的区域内，经依法批准后进行。禁止毁坏森林、草原开垦耕地，禁止围湖造田和侵占江河滩地。

根据土地利用总体规划，对破坏生态环境开垦、围垦的土地，有计划有步骤地退耕还林、还牧、还湖。

第四十一条　开发未确定使用权的国有荒山、荒地、荒滩从事种植业、林业、畜牧业、渔业生产的，经县级以上人民政府依法批准，可以确定给开发单位或者个人长期使用。

第四十二条　国家鼓励土地整理。县、乡（镇）人民政府应当组织农村集体经济组织，按照土地利用总体规划，对田、水、路、林、村综合整治，提高耕地质量，增加有效耕地面积，改善农业生产条件和生态环境。

地方各级人民政府应当采取措施，改造中、低产田，整治闲散地和废弃地。

第四十三条 因挖损、塌陷、压占等造成土地破坏，用地单位和个人应当按照国家有关规定负责复垦；没有条件复垦或者复垦不符合要求的，应当缴纳土地复垦费，专项用于土地复垦。复垦的土地应当优先用于农业。

第五章 建设用地

第四十四条 建设占用土地，涉及农用地转为建设用地的，应当办理农用地转用审批手续。

永久基本农田转为建设用地的，由国务院批准。

在土地利用总体规划确定的城市和村庄、集镇建设用地规模范围内，为实施该规划而将永久基本农田以外的农用地转为建设用地的，按土地利用年度计划分批次按照国务院规定由原批准土地利用总体规划的机关或者其授权的机关批准。在已批准的农用地转用范围内，具体建设项目用地可以由市、县人民政府批准。

在土地利用总体规划确定的城市和村庄、集镇建设用地规模范围外，将永久基本农田以外的农用地转为建设用地的，由国务院或者国务院授权的省、自治区、直辖市人民政府批准。

第四十五条 为了公共利益的需要，有下列情形之一，确需征收农民集体所有的土地的，可以依法实施征收：

（一）军事和外交需要用地的；

（二）由政府组织实施的能源、交通、水利、通信、邮政等基础设施建设需要用地的；

（三）由政府组织实施的科技、教育、文化、卫生、体育、生态环境和资源保护、防灾减灾、文物保护、社区综合服务、社会福利、市政公用、优抚安置、英烈保护等公共事业需要用地的；

（四）由政府组织实施的扶贫搬迁、保障性安居工程建设需要用地的；

（五）在土地利用总体规划确定的城镇建设用地范围内，经省级以上人民政府批准由县级以上地方人民政府组织实施的成片开发建设需要用地的；

（六）法律规定为公共利益需要可以征收农民集体所有的土地的其他情形。

前款规定的建设活动，应当符合国民经济和社会发展规划、土地利用总体规划、城乡规划和专项规划；第（四）项、第（五）项规定的建设活动，还应当纳入国民经济和社会发展年度计划；第（五）项规定的成片开发并应当符合国务院自然资源主管部门规定的标准。

第四十六条 征收下列土地的，由国务院批准：

（一）永久基本农田；

（二）永久基本农田以外的耕地超过三十五公顷的；

（三）其他土地超过七十公顷的。

征收前款规定以外的土地的，由省、自治区、直辖市人民政府批准。

征收农用地的，应当依照本法第四十四条的规定先行办理农用地转用审批。其中，经国务院批准农用地转用的，同时办理征地审批手续，不再另行办理征地审批；经省、自治区、直辖市人民政府在征地批准权限内批准农用地转用的，同时办理征地审批手续，不再另行办理征地审批，超过征地批准权限的，应当依照本条第一款的规定另行办理征地审批。

第四十七条 国家征收土地的，依照法定程序批准后，由县级以上地方人民政府予以公告并组织实施。

县级以上地方人民政府拟申请征收土地的，应当开展拟征收土地现状调查和社会稳定风险评估，并将征收范围、土地现状、征收目的、补偿标准、安置方式和社会保障等在拟征收土地所在的乡（镇）和村、村民小组范围内公告至少三十日，听取被征地的农村集体经济组织及其成员、村民委员会和其他利害关系人的意见。

多数被征地的农村集体经济组织成员认为征地补偿安置方案不符合法律、法规规定的，县级以上地方人民政府应当组织召开听证会，并根据法律、法规的规定和听证会情况修改方案。

拟征收土地的所有权人、使用权人应当在公告规定期限内，持不动产权属证明材料办理补偿登记。县级以上地方人民政府应当组织有关部门测算并落实有关费用，保证足额到位，与拟征收土地的所有权人、使用权人就补偿、安置等签订协议；个别确实难以达成协议的，应当在申请征收土地时如实说明。

相关前期工作完成后，县级以上地方人民政府方可申请征收土地。

第四十八条 征收土地应当给予公平、合理的补偿，保障被征地农民原有生活水平不降低、长远生计有保障。

征收土地应当依法及时足额支付土地补偿费、安置补助费以及农村村民住宅、其他地上附着物和青苗等的补偿费用，并安排被征地农民的社会保障费用。

征收农用地的土地补偿费、安置补助费标准由省、自治区、直辖市通过制定公布区片综合地价确定。制定区片综合地价应当综合考虑土地原用途、土地资源条件、土地产值、土地区位、土地供求关系、人口以及经济社会发展水平等因素，并至少每三年调整或者重新公布一次。

征收农用地以外的其他土地、地上附着物和青苗等的补偿标准，由省、自治区、直辖市制定。对其中的农村村民住宅，应当按照先补偿后搬迁、居住条件有改善的原则，尊重农村村民意愿，采取重新安排宅基地建房、提供安置房或者货币补偿等方式给予公平、合理的补偿，并对因征收造成的搬迁、临时安置等费用予以补偿，保障农村村民居住的权利和合法的住房财产权益。

县级以上地方人民政府应当将被征地农民纳入相应的养老等社会保障体系。被征地农民的社会保障费用主要用于符合条件的被征地农民的养老保险等社会保险缴费补贴。被征地农民社会保障费用的筹集、管理和使用办法，由省、自治区、直辖市制定。

第四十九条　被征地的农村集体经济组织应当将征收土地的补偿费用的收支状况向本集体经济组织的成员公布，接受监督。

禁止侵占、挪用被征收土地单位的征地补偿费用和其他有关费用。

第五十条　地方各级人民政府应当支持被征地的农村集体经济组织和农民从事开发经营，兴办企业。

第五十一条　大中型水利、水电工程建设征收土地的补偿费标准和移民安置办法，由国务院另行规定。

第五十二条　建设项目可行性研究论证时，自然资源主管部门可以根据土地利用总体规划、土地利用年度计划和建设用地标准，对建设用地有关事项进行审查，并提出意见。

第五十三条　经批准的建设项目需要使用国有建设用地的，建设单位应当持法律、行政法规规定的有关文件，向有批准权的县级以上人民政府自然资源主管部门提出建设用地申请，经自然资源主管部门审查，报本级人民政府批准。

第五十四条　建设单位使用国有土地，应当以出让等有偿使用方式取得；但是，下列建设用地，经县级以上人民政府依法批准，可以以划拨方式取得：

（一）国家机关用地和军事用地；

（二）城市基础设施用地和公益事业用地；

（三）国家重点扶持的能源、交通、水利等基础设施用地；

（四）法律、行政法规规定的其他用地。

第五十五条　以出让等有偿使用方式取得国有土地使用权的建设单位，按照国务院规定的标准和办法，缴纳土地使用权出让金等土地有偿使用费和其他费用后，方可使用土地。

自本法施行之日起，新增建设用地的土地有偿使用费，百分之三十上缴中央财政，百分之七十留给有关地方人民政府。具体使用管理办法由国务院财政部门会同有关部门制定，并报国务院批准。

第五十六条　建设单位使用国有土地的，应当按照土地使用权出让等有偿使用合同的约定或者土地使用权划拨批准文件的规定使用土地；确需改变该幅土地建设用途的，应当经有关人民政府自然资源主管部门同意，报原批准用地的人民政府批准。其中，在城市规划区内改变土地用途的，在报批前，应当先经有关城市规划行政主管部门同意。

第五十七条　建设项目施工和地质勘查需要临时使用国有土地或者农民集体所有的土地的，由县级以上人民政府自然资源主管部门批准。其中，在城市规划区内的临时用地，在报批前，应当先经有关城市规划行政主管部门同意。土地使用者应当根据土地权属，与有关自然资源主管部门或者农村集体经济组织、村民委员会签订临时使用土地合同，并按照合同的约定支付临时使用土地补偿费。

临时使用土地的使用者应当按照临时使用土地合同约定的用途使用土地，并不得修建永久性建筑物。

临时使用土地期限一般不超过二年。

第五十八条　有下列情形之一的，由有关人民政府自然资源主管部门报经原批准用地的人民政府或者有批准权的人民政府批准，可以收回国有土地使用权：

（一）为实施城市规划进行旧城区改建以及其他公共利益需要，确需使用土地的；

（二）土地出让等有偿使用合同约定的使用期限届满，土地使用者未申请续期或者申请续期未获批准的；

（三）因单位撤销、迁移等原因，停止使用原划拨的国有土地的；

（四）公路、铁路、机场、矿场等经核准报废的。

依照前款第（一）项的规定收回国有土地使用权的，对土地使用权人应当给予适当补偿。

第五十九条　乡镇企业、乡（镇）村公共设施、公益事业、农村村民住宅等乡（镇）村建设，应当按照村庄和集镇规划，合理布局，综合开发，配套建设；建设用地，应当符合乡（镇）土地利用总体规划和土地利用年度计划，并依照本法第四十四条、第六十条、第六十一条、第六十二条的规定办理审批手续。

第六十条 农村集体经济组织使用乡(镇)土地利用总体规划确定的建设用地兴办企业或者与其他单位、个人以土地使用权入股、联营等形式共同举办企业的,应当持有关批准文件,向县级以上地方人民政府自然资源主管部门提出申请,按照省、自治区、直辖市规定的批准权限,由县级以上地方人民政府批准;其中,涉及占用农用地的,依照本法第四十四条的规定办理审批手续。

按照前款规定兴办企业的建设用地,必须严格控制。省、自治区、直辖市可以按照乡镇企业的不同行业和经营规模,分别规定用地标准。

第六十一条 乡(镇)村公共设施、公益事业建设,需要使用土地的,经乡(镇)人民政府审核,向县级以上地方人民政府自然资源主管部门提出申请,按照省、自治区、直辖市规定的批准权限,由县级以上地方人民政府批准;其中,涉及占用农用地的,依照本法第四十四条的规定办理审批手续。

第六十二条 农村村民一户只能拥有一处宅基地,其宅基地的面积不得超过省、自治区、直辖市规定的标准。

人均土地少、不能保障一户拥有一处宅基地的地区,县级人民政府在充分尊重农村村民意愿的基础上,可以采取措施,按照省、自治区、直辖市规定的标准保障农村村民实现户有所居。

农村村民建住宅,应当符合乡(镇)土地利用总体规划、村庄规划,不得占用永久基本农田,并尽量使用原有的宅基地和村内空闲地。编制乡(镇)土地利用总体规划、村庄规划应当统筹并合理安排宅基地用地,改善农村村民居住环境和条件。

农村村民住宅用地,由乡(镇)人民政府审核批准;其中,涉及占用农用地的,依照本法第四十四条的规定办理审批手续。

农村村民出卖、出租、赠与住宅后,再申请宅基地的,不予批准。

国家允许进城落户的农村村民依法自愿有偿退出宅基地,鼓励农村集体经济组织及其成员盘活利用闲置宅基地和闲置住宅。

国务院农业农村主管部门负责全国农村宅基地改革和管理有关工作。

第六十三条 土地利用总体规划、城乡规划确定为工业、商业等经营性用途,并经依法登记的集体经营性建设用地,土地所有权人可以通过出让、出租等方式交由单位或者个人使用,并应当签订书面合同,载明土地界址、面积、动工期限、使用期限、土地用途、规划条件和双方其他权利义务。

前款规定的集体经营性建设用地出让、出租等,应当经本集体经济组织成员的村民会议三分之二以上成员或者三分之二以上村民代表的同意。

通过出让等方式取得的集体经营性建设用地使用权可以转让、互换、出资、赠与或者抵押,但法律、行政法规另有规定或者土地所有权人、土地使用权人签订的书面合同另有约定的除外。

集体经营性建设用地的出租,集体建设用地使用权的出让及其最高年限、转让、互换、出资、赠与、抵押等,参照同类用途的国有建设用地执行。具体办法由国务院制定。

第六十四条 集体建设用地的使用者应当严格按照土地利用总体规划、城乡规划确定的用途使用土地。

第六十五条 在土地利用总体规划制定前已建的不符合土地利用总体规划确定的用途的建筑物、构筑物,不得重建、扩建。

第六十六条 有下列情形之一的,农村集体经济组织报经原批准用地的人民政府批准,可以收回土地使用权:

(一)为乡(镇)村公共设施和公益事业建设,需要使用土地的;

(二)不按照批准的用途使用土地的;

(三)因撤销、迁移等原因而停止使用土地的。

依照前款第(一)项规定收回农民集体所有的土地的,对土地使用权人应当给予适当补偿。

收回集体经营性建设用地使用权,依照双方签订的书面合同办理,法律、行政法规另有规定的除外。

第六章 监督检查

第六十七条 县级以上人民政府自然资源主管部门对违反土地管理法律、法规的行为进行监督检查。

县级以上人民政府农业农村主管部门对违反农村宅基地管理法律、法规的行为进行监督检查的,适用本法关于自然资源主管部门监督检查的规定。

土地管理监督检查人员应当熟悉土地管理法律、法规,忠于职守、秉公执法。

第六十八条 县级以上人民政府自然资源主管部门履行监督检查职责时,有权采取下列措施:

(一)要求被检查的单位或者个人提供有关土地权利的文件和资料,进行查阅或者予以复制;

(二)要求被检查的单位或者个人就有关土地权利

的问题作出说明；

（三）进入被检查单位或者个人非法占用的土地现场进行勘测；

（四）责令非法占用土地的单位或者个人停止违反土地管理法律、法规的行为。

第六十九条 土地管理监督检查人员履行职责，需要进入现场进行勘测、要求有关单位或者个人提供文件、资料和作出说明的，应当出示土地管理监督检查证件。

第七十条 有关单位和个人对县级以上人民政府自然资源主管部门就土地违法行为进行的监督检查应当支持与配合，并提供工作方便，不得拒绝与阻碍土地管理监督检查人员依法执行职务。

第七十一条 县级以上人民政府自然资源主管部门在监督检查工作中发现国家工作人员的违法行为，依法应当给予处分的，应当依法予以处理；自己无权处理的，应当依法移送监察机关或者有关机关处理。

第七十二条 县级以上人民政府自然资源主管部门在监督检查工作中发现土地违法行为构成犯罪的，应当将案件移送有关机关，依法追究刑事责任；尚不构成犯罪的，应当依法给予行政处罚。

第七十三条 依照本法规定应当给予行政处罚，而有关自然资源主管部门不给予行政处罚的，上级人民政府自然资源主管部门有权责令有关自然资源主管部门作出行政处罚决定或者直接给予行政处罚，并给予有关自然资源主管部门的负责人处分。

第七章 法律责任

第七十四条 买卖或者以其他形式非法转让土地的，由县级以上人民政府自然资源主管部门没收违法所得；对违反土地利用总体规划擅自将农用地改为建设用地的，限期拆除在非法转让的土地上新建的建筑物和其他设施，恢复土地原状，对符合土地利用总体规划的，没收在非法转让的土地上新建的建筑物和其他设施；可以并处罚款；对直接负责的主管人员和其他直接责任人员，依法给予处分；构成犯罪的，依法追究刑事责任。

第七十五条 违反本法规定，占用耕地建窑、建坟或者擅自在耕地上建房、挖砂、采石、采矿、取土等，破坏种植条件的，或者因开发土地造成土地荒漠化、盐渍化的，由县级以上人民政府自然资源主管部门、农业农村主管部门等按照职责责令限期改正或者治理，可以并处罚款；构成犯罪的，依法追究刑事责任。

第七十六条 违反本法规定，拒不履行土地复垦义务的，由县级以上人民政府自然资源主管部门责令限期改正；逾期不改正的，责令缴纳复垦费，专项用于土地复垦，可以处以罚款。

第七十七条 未经批准或者采取欺骗手段骗取批准，非法占用土地的，由县级以上人民政府自然资源主管部门责令退还非法占用的土地，对违反土地利用总体规划擅自将农用地改为建设用地的，限期拆除在非法占用的土地上新建的建筑物和其他设施，恢复土地原状，对符合土地利用总体规划的，没收在非法占用的土地上新建的建筑物和其他设施，可以并处罚款；对非法占用土地单位的直接负责的主管人员和其他直接责任人员，依法给予处分；构成犯罪的，依法追究刑事责任。

超过批准的数量占用土地，多占的土地以非法占用土地论处。

第七十八条 农村村民未经批准或者采取欺骗手段骗取批准，非法占用土地建住宅的，由县级以上人民政府农业农村主管部门责令退还非法占用的土地，限期拆除在非法占用的土地上新建的房屋。

超过省、自治区、直辖市规定的标准，多占的土地以非法占用土地论处。

第七十九条 无权批准征收、使用土地的单位或者个人非法批准占用土地的，超越批准权限非法批准占用土地的，不按照土地利用总体规划确定的用途批准用地的，或者违反法律规定的程序批准占用、征收土地的，其批准文件无效，对非法批准征收、使用土地的直接负责的主管人员和其他直接责任人员，依法给予处分；构成犯罪的，依法追究刑事责任。非法批准、使用的土地应当收回，有关当事人拒不归还的，以非法占用土地论处。

非法批准征收、使用土地，对当事人造成损失的，依法应当承担赔偿责任。

第八十条 侵占、挪用被征收土地单位的征地补偿费用和其他有关费用，构成犯罪的，依法追究刑事责任；尚不构成犯罪的，依法给予处分。

第八十一条 依法收回国有土地使用权当事人拒不交出土地的，临时使用土地期满拒不归还的，或者不按照批准的用途使用国有土地的，由县级以上人民政府自然资源主管部门责令交还土地，处以罚款。

第八十二条 擅自将农民集体所有的土地通过出让、转让使用权或者出租等方式用于非农业建设，或者违反本法规定，将集体经营性建设用地通过出让、出租等方式交由单位或者个人使用的，由县级以上人民政府自然资源主管部门责令限期改正，没收违法所得，并处罚款。

第八十三条 依照本法规定，责令限期拆除在非法占用的土地上新建的建筑物和其他设施的，建设单位或者个人必须立即停止施工，自行拆除；对继续施工的，作出处罚决定的机关有权制止。建设单位或者个人对责令限期拆除的行政处罚决定不服的，可以在接到责令限期拆除决定之日起十五日内，向人民法院起诉；期满不起诉又不自行拆除的，由作出处罚决定的机关依法申请人民法院强制执行，费用由违法者承担。

第八十四条 自然资源主管部门、农业农村主管部门的工作人员玩忽职守、滥用职权、徇私舞弊，构成犯罪的，依法追究刑事责任；尚不构成犯罪的，依法给予处分。

第八章 附 则

第八十五条 外商投资企业使用土地的，适用本法；法律另有规定的，从其规定。

第八十六条 在根据本法第十八条的规定编制国土空间规划前，经依法批准的土地利用总体规划和城乡规划继续执行。

第八十七条 本法自1999年1月1日起施行。

中华人民共和国土地管理法实施条例

· 1998年12月27日中华人民共和国国务院令第256号发布
· 根据2011年1月8日《国务院关于废止和修改部分行政法规的决定》第一次修订
· 根据2014年7月29日《国务院关于修改部分行政法规的决定》第二次修订
· 2021年7月2日中华人民共和国国务院令第743号第三次修订

第一章 总 则

第一条 根据《中华人民共和国土地管理法》（以下简称《土地管理法》），制定本条例。

第二章 国土空间规划

第二条 国家建立国土空间规划体系。

土地开发、保护、建设活动应当坚持规划先行。经依法批准的国土空间规划是各类开发、保护、建设活动的基本依据。

已经编制国土空间规划的，不再编制土地利用总体规划和城乡规划。在编制国土空间规划前，经依法批准的土地利用总体规划和城乡规划继续执行。

第三条 国土空间规划应当细化落实国家发展规划提出的国土空间开发保护要求，统筹布局农业、生态、城镇等功能空间，划定落实永久基本农田、生态保护红线和城镇开发边界。

国土空间规划应当包括国土空间开发保护格局和规划用地布局、结构、用途管制要求等内容，明确耕地保有量、建设用地规模、禁止开垦的范围等要求，统筹基础设施和公共设施用地布局，综合利用地上地下空间，合理确定并严格控制新增建设用地规模，提高土地节约集约利用水平，保障土地的可持续利用。

第四条 土地调查应当包括下列内容：

（一）土地权属以及变化情况；

（二）土地利用现状以及变化情况；

（三）土地条件。

全国土地调查成果，报国务院批准后向社会公布。地方土地调查成果，经本级人民政府审核，报上一级人民政府批准后向社会公布。全国土地调查成果公布后，县级以上地方人民政府方可自上而下逐级依次公布本行政区域的土地调查成果。

土地调查成果是编制国土空间规划以及自然资源管理、保护和利用的重要依据。

土地调查技术规程由国务院自然资源主管部门会同有关部门制定。

第五条 国务院自然资源主管部门会同有关部门制定土地等级评定标准。

县级以上人民政府自然资源主管部门应当会同有关部门根据土地等级评定标准，对土地等级进行评定。地方土地等级评定结果经本级人民政府审核，报上一级人民政府自然资源主管部门批准后向社会公布。

根据国民经济和社会发展状况，土地等级每五年重新评定一次。

第六条 县级以上人民政府自然资源主管部门应当加强信息化建设，建立统一的国土空间基础信息平台，实行土地管理全流程信息化管理，对土地利用状况进行动态监测，与发展改革、住房和城乡建设等有关部门建立土地管理信息共享机制，依法公开土地管理信息。

第七条 县级以上人民政府自然资源主管部门应当加强地籍管理，建立健全地籍数据库。

第三章 耕地保护

第八条 国家实行占用耕地补偿制度。在国土空间规划确定的城市和村庄、集镇建设用地范围内经依法批准占用耕地，以及在国土空间规划确定的城市和村庄、集镇建设用地范围外的能源、交通、水利、矿山、军事设施等建设项目经依法批准占用耕地的，分别由县级人民政府、农村集体经济组织和建设单位负责开垦与所占用耕地的数量和质量相当的耕地；没有条件开垦或者开垦的耕地不符合要求的，应当按照省、自治区、直辖市的规定缴纳耕地开垦费，专款用于开垦新的耕地。

省、自治区、直辖市人民政府应当组织自然资源主管部门、农业农村主管部门对开垦的耕地进行验收，确保开垦的耕地落实到地块。划入永久基本农田的还应当纳入国家永久基本农田数据库严格管理。占用耕地补充情况应当按照国家有关规定向社会公布。

个别省、直辖市需要易地开垦耕地的，依照《土地管理法》第三十二条的规定执行。

第九条 禁止任何单位和个人在国土空间规划确定的禁止开垦的范围内从事土地开发活动。

按照国土空间规划，开发未确定土地使用权的国有荒山、荒地、荒滩从事种植业、林业、畜牧业、渔业生产的，应当向土地所在地的县级以上地方人民政府自然资源主管部门提出申请，按照省、自治区、直辖市规定的权限，由县级以上地方人民政府批准。

第十条 县级人民政府应当按照国土空间规划关于统筹布局农业、生态、城镇等功能空间的要求，制定土地整理方案，促进耕地保护和土地节约集约利用。

县、乡（镇）人民政府应当组织农村集体经济组织，实施土地整理方案，对闲散地和废弃地有计划地整治、改造。土地整理新增耕地，可以用作建设所占用耕地的补充。

鼓励社会主体依法参与土地整理。

第十一条 县级以上地方人民政府应当采取措施，预防和治理耕地土壤流失、污染，有计划地改造中低产田，建设高标准农田，提高耕地质量，保护黑土地等优质耕地，并依法对建设所占用耕地耕作层的土壤利用作出合理安排。

非农业建设依法占用永久基本农田的，建设单位应当按照省、自治区、直辖市的规定，将所占用耕地耕作层的土壤用于新开垦耕地、劣质地或者其他耕地的土壤改良。

县级以上地方人民政府应当加强对农业结构调整的引导和管理，防止破坏耕地耕作层；设施农业用地不再使用的，应当及时组织恢复种植条件。

第十二条 国家对耕地实行特殊保护，严守耕地保护红线，严格控制耕地转为林地、草地、园地等其他农用地，并建立耕地保护补偿制度，具体办法和耕地保护补偿实施步骤由国务院自然资源主管部门会同有关部门规定。

非农业建设必须节约使用土地，可以利用荒地的，不得占用耕地；可以利用劣地的，不得占用好地。禁止占用耕地建窑、建坟或者擅自在耕地上建房、挖砂、采石、采矿、取土等。禁止占用永久基本农田发展林果业和挖塘养鱼。

耕地应当优先用于粮食和棉、油、糖、蔬菜等农产品生产。按照国家有关规定需要将耕地转为林地、草地、园地等其他农用地的，应当优先使用难以长期稳定利用的耕地。

第十三条 省、自治区、直辖市人民政府对本行政区域耕地保护负总责，其主要负责人是本行政区域耕地保护的第一责任人。

省、自治区、直辖市人民政府应当将国务院确定的耕地保有量和永久基本农田保护任务分解下达，落实到具体地块。

国务院对省、自治区、直辖市人民政府耕地保护责任目标落实情况进行考核。

第四章 建设用地

第一节 一般规定

第十四条 建设项目需要使用土地的，应当符合国土空间规划、土地利用年度计划和用途管制以及节约资源、保护生态环境的要求，并严格执行建设用地标准，优先使用存量建设用地，提高建设用地使用效率。

从事土地开发利用活动，应当采取有效措施，防止、减少土壤污染，并确保建设用地符合土壤环境质量要求。

第十五条 各级人民政府应当依据国民经济和社会发展规划及年度计划、国土空间规划、国家产业政策以及城乡建设、土地利用的实际状况等，加强土地利用计划管理，实行建设用地总量控制，推动城乡存量建设用地开发利用，引导城镇低效用地再开发，落实建设用地标准控制制度，开展节约集约用地评价，推广应用节地技术和节地模式。

第十六条 县级以上地方人民政府自然资源主管部门应当将本级人民政府确定的年度建设用地供应总量、结构、时序、地块、用途等在政府网站上向社会公布，供社会公众查阅。

第十七条 建设单位使用国有土地，应当以有偿使用方式取得；但是，法律、行政法规规定可以以划拨方式取得的除外。

国有土地有偿使用的方式包括：

（一）国有土地使用权出让；

（二）国有土地租赁；

（三）国有土地使用权作价出资或者入股。

第十八条 国有土地使用权出让、国有土地租赁等应当依照国家有关规定通过公开的交易平台进行交易，并纳入统一的公共资源交易平台体系。除依法可以采取协议方式外，应当采取招标、拍卖、挂牌等竞争性方式确定土地使用者。

第十九条　《土地管理法》第五十五条规定的新增建设用地的土地有偿使用费，是指国家在新增建设用地中应取得的平均土地纯收益。

第二十条　建设项目施工、地质勘查需要临时使用土地的，应当尽量不占或者少占耕地。

临时用地由县级以上人民政府自然资源主管部门批准，期限一般不超过二年；建设周期较长的能源、交通、水利等基础设施建设使用的临时用地，期限不超过四年；法律、行政法规另有规定的除外。

土地使用者应当自临时用地期满之日起一年内完成土地复垦，使其达到可供利用状态，其中占用耕地的应当恢复种植条件。

第二十一条　抢险救灾、疫情防控等急需使用土地的，可以先行使用土地。其中，属于临时用地的，用后应当恢复原状并交还原土地使用者使用，不再办理用地审批手续；属于永久性建设用地的，建设单位应当在不晚于应急处置工作结束六个月内申请补办建设用地审批手续。

第二十二条　具有重要生态功能的未利用地应当依法划入生态保护红线，实施严格保护。

建设项目占用国土空间规划确定的未利用地的，按照省、自治区、直辖市的规定办理。

第二节　农用地转用

第二十三条　在国土空间规划确定的城市和村庄、集镇建设用地范围内，为实施该规划而将农用地转为建设用地的，由市、县人民政府组织自然资源等部门拟订农用地转用方案，分批次报有批准权的人民政府批准。

农用地转用方案应当重点对建设项目安排、是否符合国土空间规划和土地利用年度计划以及补充耕地情况作出说明。

农用地转用方案经批准后，由市、县人民政府组织实施。

第二十四条　建设项目确需占用国土空间规划确定的城市和村庄、集镇建设用地范围外的农用地，涉及占用永久基本农田的，由国务院批准；不涉及占用永久基本农田的，由国务院或者国务院授权的省、自治区、直辖市人民政府批准。具体按照下列规定办理：

（一）建设项目批准、核准前或者备案前后，由自然资源主管部门对建设项目用地事项进行审查，提出建设项目用地预审意见。建设项目需要申请核发选址意见书的，应当合并办理建设项目用地预审与选址意见书，核发建设项目用地预审与选址意见书。

（二）建设单位持建设项目的批准、核准或者备案文件，向市、县人民政府提出建设用地申请。市、县人民政府组织自然资源等部门拟订农用地转用方案，报有批准权的人民政府批准；依法应当由国务院批准的，由省、自治区、直辖市人民政府审核后上报。农用地转用方案应当重点对是否符合国土空间规划和土地利用年度计划以及补充耕地情况作出说明，涉及占用永久基本农田的，还应当对占用永久基本农田的必要性、合理性和补划可行性作出说明。

（三）农用地转用方案经批准后，由市、县人民政府组织实施。

第二十五条　建设项目需要使用土地的，建设单位原则上应当一次申请，办理建设用地审批手续，确需分期建设的项目，可以根据可行性研究报告确定的方案，分期申请建设用地，分期办理建设用地审批手续。建设过程中用地范围确需调整的，应当依法办理建设用地审批手续。

农用地转用涉及征收土地的，还应当依法办理征收土地手续。

第三节　土地征收

第二十六条　需要征收土地，县级以上地方人民政府认为符合《土地管理法》第四十五条规定的，应当发布征收土地预公告，并开展拟征收土地现状调查和社会稳定风险评估。

征收土地预公告应当包括征收范围、征收目的、开展土地现状调查的安排等内容。征收土地预公告应当采用有利于社会公众知晓的方式，在拟征收土地所在的乡（镇）和村、村民小组范围内发布，预公告时间不少于十个工作日。自征收土地预公告发布之日起，任何单位和个人不得在拟征收范围内抢栽抢建；违反规定抢栽抢建的，对抢栽抢建部分不予补偿。

土地现状调查应当查明土地的位置、权属、地类、面积，以及农村村民住宅、其他地上附着物和青苗等的权属、种类、数量等情况。

社会稳定风险评估应当对征收土地的社会稳定风险状况进行综合研判，确定风险点，提出风险防范措施和处置预案。社会稳定风险评估应当有被征地的农村集体经济组织及其成员、村民委员会和其他利害关系人参加，评估结果是申请征收土地的重要依据。

第二十七条 县级以上地方人民政府应当依据社会稳定风险评估结果，结合土地现状调查情况，组织自然资源、财政、农业农村、人力资源和社会保障等有关部门拟定征地补偿安置方案。

征地补偿安置方案应当包括征收范围、土地现状、征收目的、补偿方式和标准、安置对象、安置方式、社会保障等内容。

第二十八条 征地补偿安置方案拟定后，县级以上地方人民政府应当在拟征收土地所在的乡（镇）和村、村民小组范围内公告，公告时间不少于三十日。

征地补偿安置公告应当同时载明办理补偿登记的方式和期限、异议反馈渠道等内容。

多数被征地的农村集体经济组织成员认为拟定的征地补偿安置方案不符合法律、法规规定的，县级以上地方人民政府应当组织听证。

第二十九条 县级以上地方人民政府根据法律、法规规定和听证会等情况确定征地补偿安置方案后，应当组织有关部门与拟征收土地的所有权人、使用权人签订征地补偿安置协议。征地补偿安置协议示范文本由省、自治区、直辖市人民政府制定。

对个别确实难以达成征地补偿安置协议的，县级以上地方人民政府应当在申请征收土地时如实说明。

第三十条 县级以上地方人民政府完成本条例规定的征地前期工作后，方可提出征收土地申请，依照《土地管理法》第四十六条的规定报有批准权的人民政府批准。

有批准权的人民政府应当对征收土地的必要性、合理性、是否符合《土地管理法》第四十五条规定的为了公共利益确需征收土地的情形以及是否符合法定程序进行审查。

第三十一条 征收土地申请经依法批准后，县级以上地方人民政府应当自收到批准文件之日起十五个工作日内在拟征收土地所在的乡（镇）和村、村民小组范围内发布征收土地公告，公布征收范围、征收时间等具体工作安排，对个别未达成征地补偿安置协议的应当作出征地补偿安置决定，并依法组织实施。

第三十二条 省、自治区、直辖市应当制定公布区片综合地价，确定征收农用地的土地补偿费、安置补助费标准，并制定土地补偿费、安置补助费分配办法。

地上附着物和青苗等的补偿费用，归其所有权人所有。

社会保障费用主要用于符合条件的被征地农民的养老保险等社会保险缴费补贴，按照省、自治区、直辖市的规定单独列支。

申请征收土地的县级以上地方人民政府应当及时落实土地补偿费、安置补助费、农村村民住宅以及其他地上附着物和青苗等的补偿费用、社会保障费用等，并保证足额到位，专款专用。有关费用未足额到位的，不得批准征收土地。

第四节 宅基地管理

第三十三条 农村居民点布局和建设用地规模应当遵循节约集约、因地制宜的原则合理规划。县级以上地方人民政府应当按照国家规定安排建设用地指标，合理保障本行政区域农村村民宅基地需求。

乡（镇）、县、市国土空间规划和村庄规划应当统筹考虑农村村民生产、生活需求，突出节约集约用地导向，科学划定宅基地范围。

第三十四条 农村村民申请宅基地的，应当以户为单位向农村集体经济组织提出申请；没有设立农村集体经济组织的，应当向所在的村民小组或者村民委员会提出申请。宅基地申请依法经农村村民集体讨论通过并在本集体范围内公示后，报乡（镇）人民政府审核批准。

涉及占用农用地的，应当依法办理农用地转用审批手续。

第三十五条 国家允许进城落户的农村村民依法自愿有偿退出宅基地。乡（镇）人民政府和农村集体经济组织、村民委员会等应当将退出的宅基地优先用于保障该农村集体经济组织成员的宅基地需求。

第三十六条 依法取得的宅基地和宅基地上的农村村民住宅及其附属设施受法律保护。

禁止违背农村村民意愿强制流转宅基地，禁止违法收回农村村民依法取得的宅基地，禁止以退出宅基地作为农村村民进城落户的条件，禁止强迫农村村民搬迁退出宅基地。

第五节 集体经营性建设用地管理

第三十七条 国土空间规划应当统筹并合理安排集体经营性建设用地布局和用途，依法控制集体经营性建设用地规模，促进集体经营性建设用地的节约集约利用。

鼓励乡村重点产业和项目使用集体经营性建设用地。

第三十八条 国土空间规划确定为工业、商业等经营性用途，且已依法办理土地所有权登记的集体经营性建设用地，土地所有权人可以通过出让、出租等方式交由单位或者个人在一定年限内有偿使用。

第三十九条 土地所有权人拟出让、出租集体经营性建设用地的，市、县人民政府自然资源主管部门应当依据国土空间规划提出拟出让、出租的集体经营性建设用地的规划条件，明确土地界址、面积、用途和开发建设强度等。

市、县人民政府自然资源主管部门应当会同有关部门提出产业准入和生态环境保护要求。

第四十条 土地所有权人应当依据规划条件、产业准入和生态环境保护要求等，编制集体经营性建设用地出让、出租等方案，并依照《土地管理法》第六十三条的规定，由本集体经济组织形成书面意见，在出让、出租前不少于十个工作日报市、县人民政府。市、县人民政府认为该方案不符合规划条件或者产业准入和生态环境保护要求等的，应当在收到方案后五个工作日内提出修改意见。土地所有权人应当按照市、县人民政府的意见进行修改。

集体经营性建设用地出让、出租等方案应当载明宗地的土地界址、面积、用途、规划条件、产业准入和生态环境保护要求、使用期限、交易方式、入市价格、集体收益分配安排等内容。

第四十一条 土地所有权人应当依据集体经营性建设用地出让、出租等方案，以招标、拍卖、挂牌或者协议等方式确定土地使用者，双方应当签订书面合同，载明土地界址、面积、用途、规划条件、使用期限、交易价款支付、交地时间和开工竣工期限、产业准入和生态环境保护要求，约定提前收回的条件、补偿方式、土地使用权届满续期和地上建筑物、构筑物等附着物处理方式，以及违约责任和解决争议的方法等，并报市、县人民政府自然资源主管部门备案。未依法将规划条件、产业准入和生态环境保护要求纳入合同的，合同无效；造成损失的，依法承担民事责任。合同示范文本由国务院自然资源主管部门制定。

第四十二条 集体经营性建设用地使用者应当按照约定及时支付集体经营性建设用地价款，并依法缴纳相关税费，对集体经营性建设用地使用权以及依法利用集体经营性建设用地建造的建筑物、构筑物及其附属设施的所有权，依法申请办理不动产登记。

第四十三条 通过出让等方式取得的集体经营性建设用地使用权依法转让、互换、出资、赠与或者抵押的，双方应当签订书面合同，并书面通知土地所有权人。

集体经营性建设用地的出租，集体建设用地使用权的出让及其最高年限、转让、互换、出资、赠与、抵押等，参照同类用途的国有建设用地执行，法律、行政法规另有规定的除外。

第五章 监督检查

第四十四条 国家自然资源督察机构根据授权对省、自治区、直辖市人民政府以及国务院确定的城市人民政府下列土地利用和土地管理情况进行督察：

（一）耕地保护情况；

（二）土地节约集约利用情况；

（三）国土空间规划编制和实施情况；

（四）国家有关土地管理重大决策落实情况；

（五）土地管理法律、行政法规执行情况；

（六）其他土地利用和土地管理情况。

第四十五条 国家自然资源督察机构进行督察时，有权向有关单位和个人了解督察事项有关情况，有关单位和个人应当支持、协助督察机构工作，如实反映情况，并提供有关材料。

第四十六条 被督察的地方人民政府违反土地管理法律、行政法规，或者落实国家有关土地管理重大决策不力的，国家自然资源督察机构可以向被督察的地方人民政府下达督察意见书，地方人民政府应当认真组织整改，并及时报告整改情况；国家自然资源督察机构可以约谈被督察的地方人民政府有关负责人，并可以依法向监察机关、任免机关等有关机关提出追究相关责任人责任的建议。

第四十七条 土地管理监督检查人员应当经过培训，经考核合格，取得行政执法证件后，方可从事土地管理监督检查工作。

第四十八条 自然资源主管部门、农业农村主管部门按照职责分工进行监督检查时，可以采取下列措施：

（一）询问违法案件涉及的单位或者个人；

（二）进入被检查单位或者个人涉嫌土地违法的现场进行拍照、摄像；

（三）责令当事人停止正在进行的土地违法行为；

（四）对涉嫌土地违法的单位或者个人，在调查期间暂停办理与该违法案件相关的土地审批、登记等手续；

（五）对可能被转移、销毁、隐匿或者篡改的文件、资料予以封存，责令涉嫌土地违法的单位或者个人在调查期间不得变卖、转移与案件有关的财物；

（六）《土地管理法》第六十八条规定的其他监督检查措施。

第四十九条 依照《土地管理法》第七十三条的规定给予处分的，应当按照管理权限由责令作出行政处罚决定或者直接给予行政处罚的上级人民政府自然资源主管部门或者其他任免机关、单位作出。

第五十条　县级以上人民政府自然资源主管部门应当会同有关部门建立信用监管、动态巡查等机制，加强对建设用地供应交易和供后开发利用的监管，对建设用地市场重大失信行为依法实施惩戒，并依法公开相关信息。

第六章　法律责任

第五十一条　违反《土地管理法》第三十七条的规定，非法占用永久基本农田发展林果业或者挖塘养鱼的，由县级以上人民政府自然资源主管部门责令限期改正；逾期不改正的，按占用面积处耕地开垦费2倍以上5倍以下的罚款；破坏种植条件的，依照《土地管理法》第七十五条的规定处罚。

第五十二条　违反《土地管理法》第五十七条的规定，在临时使用的土地上修建永久性建筑物的，由县级以上人民政府自然资源主管部门责令限期拆除，按占用面积处土地复垦费5倍以上10倍以下的罚款；逾期不拆除的，由作出行政决定的机关依法申请人民法院强制执行。

第五十三条　违反《土地管理法》第六十五条的规定，对建筑物、构筑物进行重建、扩建的，由县级以上人民政府自然资源主管部门责令限期拆除；逾期不拆除的，由作出行政决定的机关依法申请人民法院强制执行。

第五十四条　依照《土地管理法》第七十四条的规定处以罚款的，罚款额为违法所得的10%以上50%以下。

第五十五条　依照《土地管理法》第七十五条的规定处以罚款的，罚款额为耕地开垦费的5倍以上10倍以下；破坏黑土地等优质耕地的，从重处罚。

第五十六条　依照《土地管理法》第七十六条的规定处以罚款的，罚款额为土地复垦费的2倍以上5倍以下。

违反本条例规定，临时用地期满之日起一年内未完成复垦或者未恢复种植条件的，由县级以上人民政府自然资源主管部门责令限期改正，依照《土地管理法》第七十六条的规定处罚，并由县级以上人民政府自然资源主管部门会同农业农村主管部门代为完成复垦或者恢复种植条件。

第五十七条　依照《土地管理法》第七十七条的规定处以罚款的，罚款额为非法占用土地每平方米100元以上1000元以下。

违反本条例规定，在国土空间规划确定的禁止开垦的范围内从事土地开发活动的，由县级以上人民政府自然资源主管部门责令限期改正，并依照《土地管理法》第七十七条的规定处罚。

第五十八条　依照《土地管理法》第七十四条、第七十七条的规定，县级以上人民政府自然资源主管部门没收在非法转让或者非法占用的土地上新建的建筑物和其他设施的，应当于九十日内交由本级人民政府或者其指定的部门依法管理和处置。

第五十九条　依照《土地管理法》第八十一条的规定处以罚款的，罚款额为非法占用土地每平方米100元以上500元以下。

第六十条　依照《土地管理法》第八十二条的规定处以罚款的，罚款额为违法所得的10%以上30%以下。

第六十一条　阻碍自然资源主管部门、农业农村主管部门的工作人员依法执行职务，构成违反治安管理行为的，依法给予治安管理处罚。

第六十二条　违反土地管理法律、法规规定，阻挠国家建设征收土地的，由县级以上地方人民政府责令交出土地；拒不交出土地的，依法申请人民法院强制执行。

第六十三条　违反本条例规定，侵犯农村村民依法取得的宅基地权益的，责令限期改正，对有关责任单位通报批评、给予警告；造成损失的，依法承担赔偿责任；对直接负责的主管人员和其他直接责任人员，依法给予处分。

第六十四条　贪污、侵占、挪用、私分、截留、拖欠征地补偿安置费用和其他有关费用的，责令改正，追回有关款项，限期退还违法所得，对有关责任单位通报批评、给予警告；造成损失的，依法承担赔偿责任；对直接负责的主管人员和其他直接责任人员，依法给予处分。

第六十五条　各级人民政府及自然资源主管部门、农业农村主管部门工作人员玩忽职守、滥用职权、徇私舞弊的，依法给予处分。

第六十六条　违反本条例规定，构成犯罪的，依法追究刑事责任。

第七章　附　则

第六十七条　本条例自2021年9月1日起施行。

中华人民共和国黑土地保护法

· 2022年6月24日第十三届全国人民代表大会常务委员会第三十五次会议通过
· 2022年6月24日中华人民共和国主席令第115号公布
· 自2022年8月1日起施行

第一条　为了保护黑土地资源，稳步恢复提升黑土地基础地力，促进资源可持续利用，维护生态平衡，保障国家粮食安全，制定本法。

第二条　从事黑土地保护、利用和相关治理、修复等活动，适用本法。本法没有规定的，适用土地管理等有关法律的规定。

本法所称黑土地，是指黑龙江省、吉林省、辽宁省、内蒙古自治区（以下简称四省区）的相关区域范围内具有黑色或者暗黑色腐殖质表土层，性状好、肥力高的耕地。

第三条 国家实行科学、有效的黑土地保护政策，保障黑土地保护财政投入，综合采取工程、农艺、农机、生物等措施，保护黑土地的优良生产能力，确保黑土地总量不减少、功能不退化、质量有提升、产能可持续。

第四条 黑土地保护应当坚持统筹规划、因地制宜、用养结合、近期目标与远期目标结合、突出重点、综合施策的原则，建立健全政府主导、农业生产经营者实施、社会参与的保护机制。

国务院农业农村主管部门会同自然资源、水行政等有关部门，综合考虑黑土地开垦历史和利用现状，以及黑土层厚度、土壤性状、土壤类型等，按照最有利于全面保护、综合治理和系统修复的原则，科学合理确定黑土地保护范围并适时调整，有计划、分步骤、分类别地推进黑土地保护工作。历史上属黑土地的，除确无法修复的外，原则上都应列入黑土地保护范围进行修恢复。

第五条 黑土地应当用于粮食和油料作物、糖料作物、蔬菜等农产品生产。

黑土层深厚、土壤性状良好的黑土地应当按照规定的标准划入永久基本农田，重点用于粮食生产，实行严格保护，确保数量和质量长期稳定。

第六条 国务院和四省区人民政府加强对黑土地保护工作的领导、组织、协调、监督管理，统筹制定黑土地保护政策。四省区人民政府对本行政区域内的黑土地数量、质量、生态环境负责。

县级以上地方人民政府应当建立农业农村、自然资源、水行政、发展改革、财政、生态环境等有关部门组成的黑土地保护协调机制，加强协调指导，明确工作责任，推动黑土地保护工作落实。

乡镇人民政府应当协助组织实施黑土地保护工作，向农业生产经营者推广适宜其所经营耕地的保护、治理、修复和利用措施，督促农业生产经营者履行黑土地保护义务。

第七条 各级人民政府应当加强黑土地保护宣传教育，提高全社会的黑土地保护意识。

对在黑土地保护工作中做出突出贡献的单位和个人，按照国家有关规定给予表彰和奖励。

第八条 国务院标准化主管部门和农业农村、自然资源、水行政等主管部门按照职责分工，制定和完善黑土地质量和其他保护标准。

第九条 国家建立健全黑土地调查和监测制度。

县级以上人民政府自然资源主管部门会同有关部门开展土地调查时，同步开展黑土地类型、分布、数量、质量、保护和利用状况等情况的调查，建立黑土地档案。

国务院农业农村、水行政等主管部门会同四省区人民政府建立健全黑土地质量监测网络，加强对黑土地土壤性状、黑土层厚度、水蚀、风蚀等情况的常态化监测，建立黑土地质量动态变化数据库，并做好信息共享工作。

第十条 县级以上人民政府应当将黑土地保护工作纳入国民经济和社会发展规划。

国土空间规划应当充分考虑保护黑土地及其周边生态环境，合理布局各类用途土地，以利于黑土地水蚀、风蚀等的预防和治理。

县级以上人民政府农业农村主管部门会同有关部门以调查和监测为基础、体现整体集中连片治理，编制黑土地保护规划，明确保护范围、目标任务、技术模式、保障措施等，遏制黑土地退化趋势，提升黑土地质量，改善黑土地生态环境。县级黑土地保护规划应当与国土空间规划相衔接，落实到黑土地具体地块，并向社会公布。

第十一条 国家采取措施加强黑土地保护的科技支撑能力建设，将黑土地保护、治理、修复和利用的科技创新作为重点支持领域；鼓励高等学校、科研机构和农业技术推广机构等协同开展科技攻关。县级以上人民政府应当鼓励和支持水土保持、防风固沙、土壤改良、地力培肥、生态保护等科学研究和科研成果推广应用。

有关耕地质量监测保护和农业技术推广机构应当对农业生产经营者保护黑土地进行技术培训、提供指导服务。

国家鼓励企业、高等学校、职业学校、科研机构、科学技术社会团体、农民专业合作社、农业社会化服务组织、农业科技人员等开展黑土地保护相关技术服务。

国家支持开展黑土地保护国际合作与交流。

第十二条 县级以上人民政府应当采取以下措施加强黑土地农田基础设施建设：

（一）加强农田水利工程建设，完善水田、旱地灌排体系；

（二）加强田块整治，修复沟毁耕地，合理划分适宜耕作田块；

（三）加强坡耕地、侵蚀沟水土保持工程建设；

（四）合理规划修建机耕路、生产路；

（五）建设农田防护林网；

（六）其他黑土地保护措施。

第十三条　县级以上人民政府应当推广科学的耕作制度，采取以下措施提高黑土地质量：

（一）因地制宜实行轮作等用地养地相结合的种植制度，按照国家有关规定推广适度休耕；

（二）因地制宜推广免（少）耕、深松等保护性耕作技术，推广适宜的农业机械；

（三）因地制宜推广秸秆覆盖、粉碎深（翻）埋、过腹转化等还田方式；

（四）组织实施测土配方施肥，科学减少化肥施用量，鼓励增施有机肥料，推广土壤生物改良等技术；

（五）推广生物技术或者生物制剂防治病虫害等绿色防控技术，科学减少化学农药、除草剂使用量，合理使用农用薄膜等农业生产资料；

（六）其他黑土地质量提升措施。

第十四条　国家鼓励采取综合性措施，预防和治理水土流失，防止黑土地土壤侵蚀、土地沙化和盐渍化，改善和修复农田生态环境。

县级以上人民政府应当开展侵蚀沟治理，实施沟头沟坡沟底加固防护，因地制宜组织在侵蚀沟的沟坡和沟岸、黑土地周边河流两岸、湖泊和水库周边等区域营造植物保护带或者采取其他措施，防止侵蚀沟变宽变深变长。

县级以上人民政府应当按照因害设防、合理管护、科学布局的原则，制定农田防护林建设计划，组织沿农田道路、沟渠等种植农田防护林，防止违背自然规律造林绿化。农田防护林只能进行抚育、更新性质的采伐，确保防护林功能不减退。

县级以上人民政府应当组织开展防沙治沙，加强黑土地周边的沙漠和沙化土地治理，防止黑土地沙化。

第十五条　县级以上人民政府应当加强黑土地生态保护和黑土地周边林地、草原、湿地的保护修复，推动荒山荒坡治理，提升自然生态系统涵养水源、保持水土、防风固沙、维护生物多样性等生态功能，维持有利于黑土地保护的自然生态环境。

第十六条　县级人民政府应当依据黑土地调查和监测数据，并结合土壤类型和质量等级、气候特点、环境状况等实际情况，对本行政区域内的黑土地进行科学分区，制定并组织实施黑土地质量提升计划，因地制宜合理采取保护、治理、修复和利用的精细化措施。

第十七条　国有农场应当对其经营管理范围内的黑土地加强保护，充分发挥示范作用，并依法接受监督检查。

农村集体经济组织、村民委员会和村民小组应当依法发包农村土地，监督承包方依照承包合同约定的用途合理利用和保护黑土地，制止承包方损害黑土地等行为。

农村集体经济组织、农业企业、农民专业合作社、农户等应当十分珍惜和合理利用黑土地，加强农田基础设施建设，因地制宜应用保护性耕作等技术，积极采取提升黑土地质量和改善农田生态环境的养护措施，依法保护黑土地。

第十八条　农业投入品生产者、经营者和使用者应当依法对农药、肥料、农用薄膜等农业投入品的包装物、废弃物进行回收以及资源化利用或者无害化处理，不得随意丢弃，防止黑土地污染。

县级人民政府应当采取措施，支持农药、肥料、农用薄膜等农业投入品包装物、废弃物的回收以及资源化利用或者无害化处理。

第十九条　从事畜禽养殖的单位和个人，应当科学开展畜禽粪污无害化处理和资源化利用，以畜禽粪污就地就近还田利用为重点，促进黑土地绿色种养循环农业发展。

县级以上人民政府应当支持开展畜禽粪污无害化处理和资源化利用。

第二十条　任何组织和个人不得破坏黑土地资源和生态环境。禁止盗挖、滥挖和非法买卖黑土。国务院自然资源主管部门会同农业农村、水行政、公安、交通运输、市场监督管理等部门应当建立健全保护黑土地资源监督管理制度，提高对盗挖、滥挖、非法买卖黑土和其他破坏黑土地资源、生态环境行为的综合治理能力。

第二十一条　建设项目不得占用黑土地；确需占用的，应当依法严格审批，并补充数量和质量相当的耕地。

建设项目占用黑土地的，应当按照规定的标准对耕作层的土壤进行剥离。剥离的黑土应当就近用于新开垦耕地和劣质耕地改良、被污染耕地的治理、高标准农田建设、土地复垦等。建设项目主体应当制定剥离黑土的再利用方案，报自然资源主管部门备案。具体办法由四省区人民政府分别制定。

第二十二条　国家建立健全黑土地保护财政投入保障制度。县级以上人民政府应当将黑土地保护资金纳入本级预算。

国家加大对黑土地保护措施奖补资金的倾斜力度，建立长期稳定的奖励补助机制。

县级以上地方人民政府应当将黑土地保护作为土地使用权出让收入用于农业农村投入的重点领域，并加大投入力度。

国家组织开展高标准农田、农田水利、水土保持、防沙治沙、农田防护林、土地复垦等建设活动，在项目资金安排上积极支持黑土地保护需要。县级人民政府可以按照国家有关规定统筹使用涉农资金用于黑土地保护，提高财政资金使用效益。

第二十三条 国家实行用养结合、保护效果导向的激励政策，对采取黑土地保护和治理修复措施的农业生产经营者按照国家有关规定给予奖励补助。

第二十四条 国家鼓励粮食主销区通过资金支持、与四省区建立稳定粮食购销关系等经济合作方式参与黑土地保护，建立健全黑土地跨区域投入保护机制。

第二十五条 国家按照政策支持、社会参与、市场化运作的原则，鼓励社会资本投入黑土地保护活动，并保护投资者的合法权益。

国家鼓励保险机构开展黑土地保护相关保险业务。

国家支持农民专业合作社、企业等以多种方式与农户建立利益联结机制和社会化服务机制，发展适度规模经营，推动农产品品质提升、品牌打造和标准化生产，提高黑土地产出效益。

第二十六条 国务院对四省区人民政府黑土地保护责任落实情况进行考核，将黑土地保护情况纳入耕地保护责任目标。

第二十七条 县级以上人民政府自然资源、农业农村、水行政等有关部门按照职责，依法对黑土地保护和质量建设情况联合开展监督检查。

第二十八条 县级以上人民政府应当向本级人民代表大会或者其常务委员会报告黑土地保护情况，依法接受监督。

第二十九条 违反本法规定，国务院农业农村、自然资源等有关部门、县级以上地方人民政府及其有关部门有下列行为之一的，对直接负责的主管人员和其他直接责任人员给予警告、记过或者记大过处分；情节较重的，给予降级或者撤职处分；情节严重的，给予开除处分：

（一）截留、挪用或者未按照规定使用黑土地保护资金；

（二）对破坏黑土地的行为，发现或者接到举报未及时查处；

（三）其他不依法履行黑土地保护职责导致黑土地资源和生态环境遭受破坏的行为。

第三十条 非法占用或者损毁黑土地农田基础设施的，由县级以上地方人民政府农业农村、水行政等部门责令停止违法行为，限期恢复原状，处恢复费用一倍以上三倍以下罚款。

第三十一条 违法将黑土地用于非农建设的，依照土地管理等有关法律法规的规定从重处罚。

违反法律法规规定，造成黑土地面积减少、质量下降、功能退化或者生态环境损害的，应当依法治理修复、赔偿损失。

农业生产经营者未尽到黑土地保护义务，经批评教育仍不改正的，可以不予发放耕地保护相关补贴。

第三十二条 违反本法第二十条规定，盗挖、滥挖黑土的，依照土地管理等有关法律法规的规定从重处罚。

非法出售黑土的，由县级以上地方人民政府市场监督管理、农业农村、自然资源等部门按照职责分工没收非法出售的黑土和违法所得，并处每立方米五百元以上五千元以下罚款；明知是非法出售的黑土而购买的，没收非法购买的黑土，并处货值金额一倍以上三倍以下罚款。

第三十三条 违反本法第二十一条规定，建设项目占用黑土地未对耕作层的土壤实施剥离的，由县级以上地方人民政府自然资源主管部门处每平方米一百元以上二百元以下罚款；未按照规定的标准对耕作层的土壤实施剥离的，处每平方米五十元以上一百元以下罚款。

第三十四条 拒绝、阻碍对黑土地保护情况依法进行监督检查的，由县级以上地方人民政府有关部门责令改正；拒不改正的，处二千元以上二万元以下罚款。

第三十五条 造成黑土地污染、水土流失的，分别依照污染防治、水土保持等有关法律法规的规定从重处罚。

第三十六条 违反本法规定，构成犯罪的，依法追究刑事责任。

第三十七条 林地、草原、湿地、河湖等范围内黑土的保护，适用《中华人民共和国森林法》、《中华人民共和国草原法》、《中华人民共和国湿地保护法》、《中华人民共和国水法》等有关法律；有关法律对盗挖、滥挖、非法买卖黑土未作规定的，参照本法第三十二条的规定处罚。

第三十八条 本法自2022年8月1日起施行。

国务院关于加强土地调控有关问题的通知

·2006年8月31日
·国发〔2006〕31号

党中央、国务院高度重视土地管理和调控。2004年印发的《国务院关于深化改革严格土地管理的决定》（国发〔2004〕28号），在严格土地执法、加强规划管理、保障农民权益、促进集约用地、健全责任制度等方面，作出了全面系统的规定。各地区、各部门采取措施，积极落实，取得了初步成效。但是,当前土地管理特别是土地调控中出现了一些新动向、新问题,建设用地总量增长过快,低成本工业用地过度扩张,违法违规用地、滥占耕地现象屡禁不止,严把土地"闸门"任务仍然十分艰巨。为进一步贯彻落实科学发展观,保证经济社会可持续发展,必须采取更严格的管理措施,切实加强土地调控。现就有关问题通知如下:

一、进一步明确土地管理和耕地保护的责任

地方各级人民政府主要负责人应对本行政区域内耕地保有量和基本农田保护面积、土地利用总体规划和年度计划执行情况负总责。将新增建设用地控制指标(包括占用农用地和未利用地)纳入土地利用年度计划,以实际耕地保有量和新增建设用地面积,作为土地利用年度计划考核、土地管理和耕地保护责任目标考核的依据;实际用地超过计划的,扣减下一年度相应的计划指标。国土资源部要加强对各地实际建设用地和土地征收情况的核查。

按照权责一致的原则,调整城市建设用地审批方式。在土地利用总体规划确定的城市建设用地范围内,依法由国务院分批次审批的农用地转用和土地征收,调整为每年由省级人民政府汇总后一次申报,经国土资源部审核,报国务院批准后由省级人民政府具体组织实施,实施方案报国土资源部备案。

严格实行问责制。对本行政区域内发生土地违法违规案件造成严重后果的,对土地违法违规行为不制止、不组织查处的,对土地违法违规问题隐瞒不报、压案不查的,应当追究有关地方人民政府负责人的领导责任。监察部、国土资源部要抓紧完善土地违法违规领导责任追究办法。

二、切实保障被征地农民的长远生计

征地补偿安置必须以确保被征地农民原有生活水平不降低、长远生计有保障为原则。各地要认真落实国办发〔2006〕29号文件的规定,做好被征地农民就业培训和社会保障工作。被征地农民的社会保障费用,按有关规定纳入征地补偿安置费用,不足部分由当地政府从国有土地有偿使用收入中解决。社会保障费用不落实的不得批准征地。

三、规范土地出让收支管理

国有土地使用权出让总价款全额纳入地方预算,缴入地方国库,实行"收支两条线"管理。土地出让总价款必须首先按规定足额安排支付土地补偿费、安置补助费、地上附着物和青苗补偿费、拆迁补偿费以及补助被征地农民社会保障所需资金的不足,其余资金应逐步提高用于农业土地开发和农村基础设施建设的比重,以及用于廉租住房建设和完善国有土地使用功能的配套设施建设。

四、调整建设用地有关税费政策

提高新增建设用地土地有偿使用费缴纳标准。新增建设用地土地有偿使用费缴纳范围,以当地实际新增建设用地面积为准。新增建设用地土地有偿使用费专项用于基本农田建设和保护、土地整理、耕地开发。对违规减免和欠缴的新增建设用地土地有偿使用费,要进行清理,限期追缴。其中,国发〔2004〕28号文件下发后减免和欠缴的,要在今年年底前全额清缴;逾期未缴的,暂不办理用地审批。财政部会同国土资源部要抓紧制订新增建设用地土地有偿使用费缴纳标准和适时调整的具体办法,并进一步改进和完善新增建设用地土地有偿使用费的分配使用管理。

提高城镇土地使用税和耕地占用税征收标准,财政部、税务总局会同国土资源部、法制办要抓紧制订具体办法。财税部门要加强税收征管,严格控制减免税。

五、建立工业用地出让最低价标准统一公布制度

国家根据土地等级、区域土地利用政策等,统一制订并公布各地工业用地出让最低价标准。工业用地出让最低价标准不得低于土地取得成本、土地前期开发成本和按规定收取的相关费用之和。工业用地必须采用招标拍卖挂牌方式出让,其出让价格不得低于公布的最低价标准。低于最低价标准出让土地,或以各种形式给予补贴或返还的,属非法低价出让国有土地使用权的行为,要依法追究有关人员的法律责任。

六、禁止擅自将农用地转为建设用地

农用地转为建设用地,必须符合土地利用总体规划、城市总体规划、村庄和集镇规划,纳入年度土地利用计划,并依法办理农用地转用审批手续。禁止通过"以租代征"等方式使用农民集体所有农用地进行非农业建设,擅自扩大建设用地规模。农民集体所有建设用地使用权流转,必须符合规划并严格限定在依法取得的建设用地范围内。未依法办理农用地转用审批,国家机关工作人员批准通过"以租代征"等方式占地建设的,属非法批地行为;单位和个人擅自通过"以租代征"等方式占地建设的,属非法占地行为,要依法追究有关人员的法律责任。

七、强化对土地管理行为的监督检查

国家土地督察机构要认真履行国务院赋予的职责,加强对地方人民政府土地管理行为的监督检查。对监督检查中发现的违法违规问题,要及时提出纠正或整改意见。对纠正整改不力的,依照有关规定责令限期纠正整改。纠正整改期间,暂停该地区农用地转用和土地征收。

国土资源管理部门及其工作人员要严格执行国家土地管理的法律法规和方针政策,依法行政,对土地利用情况的真实性和合法性负责。凡玩忽职守、滥用职权、徇私舞弊、不执行和不遵守土地管理法律法规的,依照有关法律法规追究有关领导和人员的责任。

八、严肃惩处土地违法违规行为

国家机关工作人员非法批准征收、占用土地,或者非法低价出让国有土地使用权,触犯刑律的,依法追究刑事责任。对不执行国家土地调控政策、超计划批地用地、未按期缴纳新增建设用地土地有偿使用费及其他规定税费、未按期足额支付征地补偿安置费而征占土地,以及通过调整土地利用总体规划擅自改变基本农田位置,以规避建设占用基本农田应依法上报国务院审批的,要追究有关人员的行政责任。

完善土地违法案件的查处协调机制,加大对土地违法违规行为的查处力度。监察部要会同国土资源部等有关部门,在近期集中开展一次以查处非法批地、未批先用、批少用多、非法低价出让国有土地使用权等行为为重点的专项行动。对重大土地违法违规案件要公开处理,涉嫌犯罪的,要移送司法机关依法追究刑事责任。

各地区、各部门要以邓小平理论和“三个代表”重要思想为指导,全面落实科学发展观,充分认识实行最严格土地管理制度的重要性,认真贯彻、坚决执行中央关于加强土地调控的各项措施。各地区要结合执行本通知,对国发〔2004〕28号文件实施以来的土地管理和利用情况进行全面自查,对清查出的土地违法违规行为必须严肃处理。发展改革委、监察部、财政部、劳动保障部、国土资源部、建设部、农业部、人民银行、税务总局、统计局、法制办等部门要各司其职、密切配合,尽快制定本通知实施的配套文件,共同做好加强土地调控的各项工作。国土资源部要会同监察部等有关部门做好对本通知贯彻执行情况的监督检查。各地区、各部门要在2006年年底前将贯彻执行本通知的情况向国务院报告。

自然资源部行政许可事项办理程序规范

· 2021年11月26日

· 自然资办函〔2021〕2193号

为提升自然资源部行政许可事项办理标准化、规范化、便利化水平,为公民、法人和其他组织提供高效便捷的政务服务,根据《中华人民共和国行政许可法》《国务院关于在线政府服务的若干规定》等法律法规,结合自然资源部行政许可工作实际,制定本规范。

一、适用范围和工作原则

(一)本规范适用于部行政许可事项,其他部政务服务事项应参照执行。

(二)部行政许可事项办理遵循依法、高效、便民、公开的原则,通过部一体化政务服务平台,实行网上申报、在线审查、一网通办、全程监督、限时办结和结果公开。

(三)行政许可事项申请材料中含有涉密信息的,采取线下方式办理。

二、职责分工

(一)部机关有关司局应严格遵照法律法规行使行政许可职权,分工协作、密切配合,切实做好部行政许可事项办理工作。

(二)主办司局应按照标准化要求依法编制服务指南,将受理需要提交的全部材料目录和材料要求编入服务指南并及时在政务大厅、部门户网站和政务服务平台公示。因法律法规修订、政策调整或工作需要,服务指南发生变化的,主办司局应及时修订。

服务指南应包括事项名称、适用范围、审查类型、审批依据、受理机构、决定机构、数量限制、申请条件、申请材料及要求、办理基本流程、办结时限、收费依据及标准、结果送达、申请人权利和义务、咨询途径、监督投诉渠道、办公地址和时间、申请材料示范文本、常见错误示例、常见问题解答等内容,做到说明详尽、要求明晰、表述准确。

(三)做好行政许可事项办理工作的咨询应答,政务大厅工作人员负责接待现场咨询,接听咨询电话。政务大厅工作人员能够直接答复的,即时告知申请人;政务大厅工作人员不能直接答复的,业务司局应当予以答复。

三、受理

(一)部行政许可事项应通过政务大厅受理,主办司局不得通过其他渠道受理。

(二)明确由政务大厅对行政许可申请进行受理前审查的,由政务大厅负责对申请材料(包括补正材料)是否齐全、是否符合法定形式进行受理前审查。

明确转由主办司局对行政许可申请进行受理前审查的,由主办司局负责对申请材料(包括补正材料)是否齐全、是否符合法定形式进行受理前审查。

(三)对申请人提出的行政许可申请,应当根据下列情况分别作出处理:

1. 申请事项依法不需要取得行政许可的,应当即时告知申请人不受理；

2. 申请事项依法不属于自然资源部职权范围的，应当即时作出不予受理的决定，出具《不予受理决定书》，并告知申请人向有关行政机关申请；

3. 申请事项属于自然资源部职权范围，但国家政策明确规定暂停受理的，应当即时作出不予受理的决定，出具《不予受理决定书》；

4. 申请材料存在可以当场更正的错误的，应当允许申请人当场更正；

5. 申请材料不齐全或不符合法定形式的，应当当场或者在5个工作日内出具《补正告知书》，一次告知申请人需要补正的全部内容，逾期不告知的，自收到申请材料之日起即为受理；

6. 补正材料不齐全或不符合法定形式的，出具《不予受理决定书》；

7. 申请人未在规定期限内补正材料且无正当理由的，视为放弃行政许可申请；

8. 申请事项属于自然资源部职权范围，申请材料齐全、符合法定形式，或者申请人按照要求提交全部补正材料的，应当受理并出具《受理通知书》。

（四）明确由政务大厅对行政许可申请进行受理前审查的，政务大厅受理后应将网上申请材料（包括补正材料）即转主办司局。

明确由主办司局对行政许可申请进行受理前审查的，政务大厅收到网上申请材料（包括补正材料）后即转主办司局。

（五）《不予受理决定书》中应当说明理由，并告知申请人享有依法申请行政复议或者提起行政诉讼的权利。

四、审查与决定

（一）主办司局应组织对申请材料的实质内容进行审查。

（二）主办司局需要组织相关司局会审、专家评审的，要做到专人负责，加强与会审司局、评审专家的沟通协调，督促尽快反馈审查意见。会审司局要密切配合，按照职责在规定时限内提出审查意见。

（三）主办司局要不断完善审查制度，优化审查程序，减少不必要的审查环节，确保在法定期限内按照规定程序作出行政许可决定。

除法律法规另有规定外，主办司局应当自受理行政许可申请之日起20个工作日内作出行政许可决定。20个工作日内不能作出决定的，经部领导批准，可以延长10个工作日。主办司局应通过政务大厅将延期办理的理由告知申请人。

依法需要听证、招标、拍卖、检验、检测、检疫、鉴定和专家评审的，所需时间不计算在规定的期限内。主办司局应通过政务大厅将所需时间书面告知申请人。

（四）主办司局应当在法定期限内出具加盖自然资源部公章或自然资源部（行政许可事项）专用章的行政许可决定。

申请人的申请符合法定条件、标准，经审查准予行政许可的，由主办司局出具准予行政许可决定书或者制作批准文件。

申请人的申请不符合法定条件、标准，经审查不予行政许可的，由主办司局出具不予行政许可的书面决定。不予行政许可的书面决定中应当说明理由，并告知申请人享有依法申请行政复议或者提起行政诉讼的权利。

（五）需要申请人执行的文书中应详细、准确、完整写明相关内容。申请人需要就文书中内容进行咨询了解的，政务大厅和主办司局应做好说明、解释工作。

五、撤回申请

申请人书面提出撤回行政许可申请的，根据下列情况分别作出处理：

（一）申请材料尚在政务大厅的，由政务大厅办理撤回。

（二）申请材料已转主办司局的，经主办司局同意后由政务大厅办理撤回。

政务服务平台需保存撤回事项的所有办理信息。

六、结果送达与查询

（一）准予行政许可的书面决定或不予行政许可的书面决定转政务大厅送达申请人后，政务大厅在政务服务平台中将该行政许可事项办结。作出的准予行政许可决定由信息中心负责在部门户网站或政务服务平台及时公开。

（二）政务大厅应按照部有关规定对现场结果领取人的身份证明及委托书进行审核。

（三）事项办理状态应做到及时公开可查询。申请人可通过政务服务平台查询办理情况。办理情况分为补正、受理（不予受理）、审查、准予行政许可（不予行政许可）等。

七、归档

申请人申报的材料、行政许可事项办理过程中形成的电子和纸质文件，应当按照部机关档案管理规定归档。

主办司局或有关单位负责纸质材料归档，信息中心负责电子材料归档。

八、监督与评价

(一)因服务指南内容不详实、修订不及时造成申请人差评、投诉的,由主办司局承担责任并整改。

因政务大厅工作人员服务态度、服务质量造成申请人差评、投诉的,由政务大厅承担责任并整改。

因行政许可行为产生行政复议、行政诉讼的,由主办司局负责。

(二)参与行政许可事项办理的工作人员,在处理涉密申请材料时必须遵守相关保密规定,不得泄露办理的过程性信息和内部工作信息。

(三)政务大厅通过电子监察系统对行政许可事项办理过程实施全流程跟踪和督办提醒。

(四)公民、法人或者其他组织就行政许可工作向自然资源部提出的意见和建议,由政务大厅转相关部门处理。

(五)办公厅负责对本规范执行情况进行监督,指导处理行政许可服务的投诉举报。

九、实施保障

本规范自2022年3月1日起施行。此前发布的有关部行政许可事项办理程序的规定,凡与本规范不一致的,按照本规范执行。

本规范由自然资源部办公厅负责解释。

附件:自然资源部行政许可事项决定书(通知书、告知书)参考文本(略)

自然资源行政应诉规定

· 2019年7月19日自然资源部令第4号公布
· 自2019年9月1日起施行

第一条 为规范自然资源行政应诉工作,保护公民、法人和其他组织的合法权益,推进自然资源法治建设,根据《中华人民共和国行政诉讼法》和国务院有关规定,结合自然资源管理工作实际,制定本规定。

第二条 自然资源主管部门依法参加行政诉讼活动,适用本规定。

第三条 上级自然资源主管部门应当加强对下级自然资源主管部门行政应诉工作的指导和监督。

第四条 自然资源主管部门的法治工作机构负责组织、协调和指导本部门的行政应诉工作。

自然资源主管部门作出被诉行政行为的工作机构为应诉承办机构,负责承办相应的行政应诉工作。

第五条 自然资源主管部门应当积极支持人民法院依法受理和审理行政诉讼案件,依法履行出庭应诉职责,尊重并执行人民法院生效裁判,自觉接受司法监督。

第六条 自然资源主管部门应当根据行政应诉工作需要,配备、充实工作人员,保障工作经费、装备和其他必要的工作条件,保证行政应诉人员、机构和能力与工作任务相适应。

第七条 自然资源主管部门应当建立行政应诉学习培训制度,开展集中培训、旁听庭审和案例研讨等活动,提高工作人员的行政应诉能力。

第八条 自然资源主管部门应当定期统计和分析行政应诉情况,总结行政应诉中发现的普遍性问题和重点案件,并在本部门内部或者向下级自然资源主管部门通报,督促其改进管理、完善制度。

第九条 自然资源主管部门的法治工作机构负责统一登记人民法院行政案件应诉通知书、裁判文书等。其他工作机构应当于收到的当日转交法治工作机构进行登记。

第十条 自然资源主管部门可以根据应诉工作的需要,聘请律师或者安排公职律师办理自然资源行政诉讼案件。

第十一条 自然资源主管部门应当积极配合检察机关开展公益诉讼工作。

第十二条 自然资源主管部门可以委托所属事业单位承担有关行政应诉的事务性工作。

第十三条 共同应诉案件中,自然资源主管部门可以通过人民法院远程在线应诉平台出庭应诉,也可以委托下一级自然资源主管部门出庭应诉。

第十四条 自然资源主管部门应当依照下列规定确定应诉承办机构,并将应诉通知书及相关材料转交应诉承办机构办理:

(一)被诉的行政行为未经复议的,作出该行政行为的业务工作机构为应诉承办机构;

(二)被诉的行政行为经复议维持的,作出该行政行为的业务工作机构和法治工作机构为应诉承办机构。业务工作机构负责对原行政行为的合法性进行举证和答辩,法治工作机构负责对复议决定的合法性进行举证和答辩;

(三)被诉的行政行为经复议改变的,办理行政复议事项的法治工作机构为应诉承办机构,业务工作机构协助办理。

经自然资源主管部门负责人同意,应诉承办机构可以通知与被诉行政行为有关的其他工作机构参与应诉工作。

确定应诉承办机构有争议的，由法治工作机构提出处理意见，报请自然资源主管部门负责人确定。

第十五条 因行政复议机关维持原行政行为被共同提起诉讼的，自然资源主管部门的应诉承办机构应当与立案的人民法院联系，并及时与行政复议机关的应诉承办机构沟通。

第十六条 应诉承办机构应当按照人民法院应诉通知书的要求，及时收集整理作出被诉行政行为的证据、依据以及其他有关材料，拟订答辩状，确定应诉承办人员，并制作法定代表人身份证明和授权委托书。

应诉承办机构根据需要，可以提请法治工作机构组织有关机构、单位、法律顾问等对复杂案件进行会商。

第十七条 应诉承办机构应当将答辩状及证据、依据等相关材料提交自然资源主管部门负责人审查批准。

答辩状、法定代表人身份证明、授权委托书应当加盖自然资源主管部门的印章，授权委托书还应当加盖法定代表人签名章或者由法定代表人签字。

第十八条 应诉承办机构应当自自然资源主管部门收到人民法院应诉通知书之日起15日内，按照人民法院的要求将答辩状、证据、依据等相关材料提交立案的人民法院。因不可抗力等正当事由导致证据不能按时提供的，应当向人民法院提出申请，经准许后可以延期提供。

证据、依据等相关材料涉及国家秘密、商业秘密或者个人隐私的，应诉承办机构应当作出明确标注和说明，安排工作人员当面提交给人民法院，由人民法院指定的人员签收。

第十九条 应诉承办机构认为需要向人民法院申请阅卷的，可以向人民法院提出申请，并按照规定查阅、复制卷宗材料。

第二十条 应诉承办机构收到应诉通知书后，认为能够采取解释说明、补充完善相关行政程序、积极履行法定职责等措施化解行政争议的，应当及时提出具体措施的建议，必要时应当经本部门负责人同意，与人民法院、原告沟通协商，但不得采取欺骗、胁迫等手段迫使原告撤诉。

应诉承办机构为化解行政争议所采取的措施，不得损害国家利益、社会公共利益和他人合法权益，不得违反法律法规的规定。

第二十一条 人民法院建议调解的行政争议，应诉承办机构应当提出协调解决方案，经自然资源主管部门负责人批准后，配合人民法院与当事人进行沟通协调。

第二十二条 符合下列情形之一的，自然资源主管部门负责人应当出庭应诉：

（一）涉及重大公共利益、社会高度关注或者可能引发群体性事件，负责人出庭更有利于化解争议的案件；

（二）上级自然资源主管部门建议或者同级人民政府要求负责人出庭应诉的案件；

（三）人民法院书面建议负责人出庭应诉的案件；

（四）其他对自然资源管理可能产生重大影响的案件。

符合前款规定的，应诉承办机构应当及时提出负责人出庭应诉的具体建议。自然资源主管部门负责人确实无法出庭的，应当指定其他工作人员出庭应诉，并按照人民法院的要求，在开庭审理前向人民法院作出书面说明。

第二十三条 符合下列情形之一的，应诉承办机构负责人应当出庭应诉：

（一）自然资源主管部门负责人要求应诉承办机构负责人出庭的案件；

（二）自然资源主管部门提起上诉或者申请再审的案件；

（三）其他对本机构业务执法标准可能产生重大影响的案件。

第二十四条 出庭应诉人员应当按时到庭。未经法庭许可，不得中途退庭。确因特殊情况不能按时出庭的，应当提前告知人民法院并说明事由，经法院许可申请延期。

第二十五条 出庭应诉人员应当根据人民法院的要求参加庭审活动，遵守司法程序和法庭纪律，尊重审判人员和其他诉讼参加人。

第二十六条 庭审结束后需要补充答辩意见和相关材料的，应诉承办机构应当在人民法院要求的期限内提供。

第二十七条 应诉承办机构应当对人民法院裁判文书进行认真研究，认为依法应当提起上诉、申请再审的，经自然资源主管部门负责人批准后，应当在法定期限内向有管辖权的人民法院提交上诉状或者再审申请书，并将上诉状或者再审申请书抄送法治工作机构。

行政复议决定维持原行政行为的，作出原行政行为的自然资源主管部门或者行政复议机关认为应当提起上诉、申请再审的，双方应当进行协商。

第二十八条 自然资源主管部门决定不提起上诉、申请再审的，应诉承办机构应当于人民法院裁判文书生效之日起10日内，将裁判结果及分析情况向本部门负责人报告，同时抄送法治工作机构。因同一原因导致多个案件收到相同裁判结果的,可以合并报告。

自然资源部作出原行政行为的业务工作机构和行政复议机构共同应诉的,由作出原行政行为的业务工作机构负责报告;因行政复议程序导致败诉的,由行政复议机构负责报告。

第二十九条 二审案件、再审案件由原承办一审案件、二审案件的应诉承办机构负责承办行政应诉工作。

第三十条 人民法院的裁判文书需要履行的,应诉承办机构应当按照法律规定的期限履行。重大、疑难、复杂案件应当自判决、裁定和调解书生效之日起10日内提出履行的意见,报经本部门负责人批准后组织实施,并在判决、裁定和调解书生效之日起30日内,向负责人报告履行情况,同时抄送法治工作机构。

依法提出再审申请的,应诉承办机构应当就履行的意见与相关人民法院进行沟通。

第三十一条 人民法院依法判决自然资源主管部门承担赔偿责任的,应诉承办机构应当会同相关机构依照法律法规和国家有关规定制定赔偿方案,经本部门负责人批准后,办理支付赔偿费用手续。

第三十二条 需要缴纳诉讼费用的,由应诉承办机构会同相关机构办理。

第三十三条 自然资源主管部门收到人民法院提出的司法建议后,应诉承办机构应当组织研究落实,提出具体措施、意见和建议,对存在的违法或者不当的行政行为进行整改,并将有关情况及时向人民法院反馈。涉及多个应诉承办机构的,由法治工作机构牵头,组织应诉承办机构研究落实。

第三十四条 自然资源主管部门收到人民法院对本部门制发的规范性文件的处理建议的,应当组织研究,并于60日内向人民法院反馈处理意见。发现该规范性文件与法律法规规章的规定相抵触的,应当及时废止该规范性文件,并向社会公开。

第三十五条 县级以上自然资源主管部门应当将行政应诉工作情况纳入本部门考核内容,考核结果作为评价领导班子、评先表彰、干部使用的重要依据。

应诉承办机构负责人和地方自然资源主管部门负责人进行年度述职时,应当报告履行出庭应诉职责情况。

第三十六条 自然资源主管部门工作人员违反本规定,有下列情形之一,情节严重的,对直接负责的责任人员依法予以处分:

(一)收到人民法院的法律文书后未及时处理或者转交的;

(二)不按照本规定提交证据、依据及其他相关材料,履行答辩、举证等法定义务的;

(三)无正当理由不出庭应诉,也不委托相应的工作人员出庭的;

(四)出庭应诉人员无正当理由未按时出庭或者未经法院许可中途退庭的;

(五)拒绝履行或者无正当理由拖延履行人民法院发生法律效力的判决、裁定和调解书,被人民法院强制执行的;

(六)无法定事由未全面履行人民法院发生法律效力的判决、裁定和调解书的;

(七)不依法及时处理司法机关司法建议,不整改本部门、本单位存在的违法行政问题的;

(八)应当提起上诉、申请再审的案件,拖延或者怠于履行提起上诉、申请再审职责,导致国家蒙受重大损失的;

(九)败诉后新作出的行政行为因相同原因导致再次败诉的,以及推卸责任导致败诉的;

(十)其他违反本规定的行为。

第三十七条 应诉承办机构应当在行政诉讼活动全部结束后,将案件材料进行收集整理装订,依照档案管理的有关规定归档、移交。

第三十八条 自然资源主管部门参加行政赔偿诉讼活动,自然资源部办理国务院裁决案件的答复事项,参照本规定执行。

第三十九条 本规定自2019年9月1日起施行。原国土资源部2017年5月8日发布的《国土资源行政应诉规定》(国土资源部令第71号)同时废止。

自然资源行政复议规定

·2019年7月19日自然资源部令第3号公布
·自2019年9月1日起施行

第一条 为规范自然资源行政复议工作,及时高效化解自然资源行政争议,保护公民、法人和其他组织的合法权益,推进自然资源法治建设,根据《中华人民共和国行政复议法》和《中华人民共和国行政复议法实施条例》,制定本规定。

第二条 县级以上自然资源主管部门依法办理行政复议案件,履行行政复议决定,指导和监督行政复议工作,适用本规定。

第三条 自然资源部对全国自然资源行政复议工作

进行指导和监督。

上级自然资源主管部门对下级自然资源主管部门的行政复议工作进行指导和监督。

第四条　本规定所称行政复议机关，是指依据法律法规规定履行行政复议职责的自然资源主管部门。

本规定所称行政复议机构，是指自然资源主管部门的法治工作机构。

行政复议机关可以委托所属事业单位承担有关行政复议的事务性工作。

第五条　行政复议机关可以根据工作需要设立行政复议委员会，审议重大、复杂、疑难的行政复议案件，研究行政复议工作中的重大问题。

第六条　行政复议工作人员应当具备与履行职责相适应的政治素质、法治素养和业务能力，忠于宪法和法律，清正廉洁，恪尽职守。

初次从事行政复议的人员，应当通过国家统一法律职业资格考试取得法律职业资格。

第七条　行政复议机关应当依照有关规定配备专职行政复议人员，并定期组织培训，保障其每年参加专业培训的时间不少于三十六个学时。

行政复议机关应当保障行政复议工作经费、装备和其他必要的工作条件。

第八条　行政复议机关应当定期对行政复议工作情况、行政复议决定履行情况以及典型案例等进行统计、分析、通报，并将有关情况向上一级自然资源主管部门报告。

行政复议机关应当建立行政复议信息管理系统，提高案件办理、卷宗管理、统计分析、便民服务的信息化水平。

第九条　县级以上自然资源主管部门应当将行政复议工作情况纳入本部门考核内容，考核结果作为评价领导班子、评先表彰、干部使用的重要依据。

第十条　行政复议机构统一受理行政复议申请。

行政复议机关的其他机构收到行政复议申请的，应当自收到之日起1个工作日内将申请材料转送行政复议机构。

行政复议机构应当对收到的行政复议申请进行登记。

第十一条　行政复议机构收到申请人提出的批评、意见、建议、控告、检举、投诉等信访请求的，应当将相关材料转交信访纪检等工作机构处理，告知申请人并做好记录。

第十二条　行政复议机构认为行政复议申请材料不齐全、表述不清楚或者不符合法定形式的，应当自收到该行政复议申请书之日起5个工作日内，一次性书面通知申请人补正。

补正通知书应当载明下列事项：

（一）需要更改、补充的具体内容；

（二）需要补正的材料、证据；

（三）合理的补正期限；

（四）无正当理由逾期未补正的法律后果。

无正当理由逾期未提交补正材料的，视为申请人放弃行政复议申请。补正申请材料所用时间不计入复议审理期限。

第十三条　有下列情形之一的，行政复议机关不予受理：

（一）未按照本规定第十二条规定的补正通知要求提供补正材料的；

（二）对下级自然资源主管部门作出的行政复议决定或者行政复议告知不服，申请行政复议的；

（三）其他不符合法定受理条件的。

对同一申请人以基本相同的事实和理由重复提出同一行政复议申请的，行政复议机关不再重复受理。

第十四条　对政府信息公开答复不服申请行政复议，有下列情形之一，被申请人已经履行法定告知义务或者说明理由的，行政复议机关可以驳回行政复议申请：

（一）要求提供已经主动公开的政府信息，或者要求公开申请人已经知晓的政府信息，自然资源主管部门依法作出处理、答复的；

（二）要求自然资源主管部门制作、搜集政府信息和对已有政府信息进行汇总、分析、加工等，自然资源主管部门依法作出处理、答复的；

（三）申请人以政府信息公开申请的形式进行信访、投诉、举报等活动，自然资源主管部门告知申请人不作为政府信息公开申请处理的；

（四）申请人的政府信息公开申请符合《中华人民共和国政府信息公开条例》第三十六条第三、五、六、七项规定，自然资源主管部门依法作出处理、答复的；

（五）法律法规规定的其他情形。

符合前款规定情形的，行政复议机关可以不要求被申请人提供书面答复及证据、依据。

第十五条　对投诉、举报、检举和反映问题等事项的处理不服申请行政复议的，属于下列情形之一，自然资源主管部门已经将处理情况予以告知，且告知行为未对申请人的实体权利义务产生不利影响的，行政复议机关可以不予受理或者受理审查后驳回行政复议申请：

（一）信访处理意见、复查意见、复核意见，或者未履行信访法定职责的行为；

（二）履行内部层级监督职责作出的处理、答复，或者未履行该职责的行为；

（三）对明显不具有事务、地域或者级别管辖权的投诉举报事项作出的处理、答复，或者未作处理、答复的行为；

（四）未设定申请人权利义务的重复处理行为、说明性告知行为及过程性行为。

第十六条 行政复议机构应当自受理行政复议申请之日起7个工作日内，向被申请人发出答复通知书，并将行政复议申请书副本或者申请笔录复印件一并发送被申请人。

第十七条 行政复议机构认为申请人以外的公民、法人或者其他组织与被复议的行政行为有利害关系的，可以通知其作为第三人参加行政复议。

申请人以外的公民、法人或者其他组织也可以向行政复议机构提出申请，并提交有利害关系的证明材料，经审查同意后作为第三人参加行政复议。

第十八条 自然资源部为被申请人的，由行政行为的承办机构提出书面答复，报分管部领导审定。

地方自然资源主管部门为被申请人的，由行政行为的承办机构提出书面答复，报本部门负责人签发，并加盖本部门印章。

难以确定行政复议答复承办机构的，由本部门行政复议机构确定。承办机构有异议的，由行政复议机构报本部门负责人确定。

行政行为的承办机构应当指定1至2名代理人参加行政复议。

第十九条 被申请人应当提交行政复议答复书及作出原行政行为的证据、依据和其他有关材料，并对其提交的证据材料分类编号，对证据材料的来源、证明对象和内容作简要说明。涉及国家秘密的，应当作出明确标识。

被申请人未按期提交行政复议答复书及证据材料的，视为原行政行为没有证据、依据，行政复议机关应当作出撤销该行政行为的行政复议决定。

第二十条 被申请人应当自收到答复通知书之日起10日内，提交行政复议答复书。

行政复议答复书应当载明下列事项：

（一）被申请人的名称、地址、法定代表人的姓名、职务；

（二）委托代理人的姓名、单位、职务、联系方式；

（三）作出行政行为的事实和有关证据；

（四）作出行政行为所依据的法律、法规、规章和规范性文件的具体条款和内容；

（五）对申请人复议请求的意见和理由；

（六）作出答复的日期。

第二十一条 行政复议机关应当为申请人、第三人及其代理人查阅行政复议案卷材料提供必要的便利条件。

申请人、第三人申请查阅行政复议案卷材料的，应当出示身份证件；代理人申请查阅行政复议案卷材料的，应当出示身份证件及授权委托书。申请人、第三人及其代理人查阅行政复议案卷材料时，行政复议机构工作人员应当在场。

第二十二条 对受理的行政复议案件，行政复议机构可以根据案件审理的需要，征求本行政复议机关相关机构的意见。

相关机构应当按照本机构职责范围，按期对行政复议案件提出明确意见，并说明理由。

第二十三条 行政复议案件以书面审理为主。必要时，行政复议机构可以采取实地调查、审查会、听证会、专家论证等方式审理行政复议案件。

重大、复杂、疑难的行政复议案件，行政复议机构应当提请行政复议委员会审议。

第二十四条 申请人对自然资源主管部门作出的同一行政行为或者内容基本相同的行政行为，提出多个行政复议申请的，行政复议机构可以合并审理。

已经作出过行政复议决定，其他申请人以基本相同的事实和理由，对同一行政行为再次提出行政复议申请的，行政复议机构可以简化审理程序。

第二十五条 行政复议期间有下列情形之一的，行政复议中止：

（一）双方当事人书面提出协商解决申请，行政复议机构认为有利于实质性解决纠纷，维护申请人合法权益的；

（二）申请人不以保护自身合法权益为目的，反复提起行政复议申请，扰乱复议机关行政管理秩序的；

（三）法律法规规定需要中止审理的其他情形。

属于前款第一项规定情形的，双方当事人应当明确协商解决的期限。期限届满未能协商解决的，案件恢复审理。

属于前款第二项规定情形，情节严重的，行政复议机关应当及时向有关国家机关通报。

行政复议机构中止行政复议案件审理的,应当书面通知当事人,并告知中止原因;行政复议中止的原因消除后,应当及时恢复行政复议案件的审理。

第二十六条 行政复议机关作出行政复议决定,应当制作行政复议决定书。

行政复议决定书应当符合法律法规的规定,并加盖行政复议机关的印章或者行政复议专用章。

行政复议决定书应当载明申请人不服行政复议决定的法律救济途径和期限。

第二十七条 被复议行政行为的处理结果正确,且不损害申请人的实体权利,但在事实认定、引用依据、证据提交方面有轻微错误的,行政复议机关可以作出驳回复议申请或者维持原行政行为的决定,但应当在行政复议决定书中对被申请人予以指正。

被申请人应当在收到行政复议决定书之日起60日内,向行政复议机关作出书面说明,并报告改正情况。

第二十八条 行政行为被行政复议机关撤销、变更、确认违法的,或者行政复议机关责令履行法定职责的,行政行为的承办机构应当适时制作行政复议决定分析报告,向本机关负责人报告,并抄送法治工作机构。

第二十九条 行政复议机关在行政复议过程中,发现被申请人相关行政行为的合法性存在问题,或者需要做好善后工作的,应当制发行政复议意见书,向被申请人指出存在的问题,提出整改要求。

被申请人应当责成行政行为的承办机构在收到行政复议意见书之日起60日内完成整改工作,并将整改情况书面报告行政复议机关。

被申请人拒不整改或者整改不符合要求,情节严重的,行政复议机关应当报请有关国家机关依法处理。

行政复议期间,行政复议机构发现法律、法规、规章实施中带有普遍性的问题,可以制作行政复议建议书,向有关机关提出完善制度和改进行政执法的建议。相关机关应当及时向行政复议机构反馈落实情况。

第三十条 有下列情形之一,在整改期限内拒不整改或整改不符合要求的,上级自然资源主管部门可以约谈下级自然资源主管部门负责人,通报有关地方人民政府:

(一)不依法履行行政复议职责,故意将行政复议案件上交的;

(二)反复发生群体性行政复议案件的;

(三)同类行政复议案件反复发生,未采取措施解决的;

(四)逾期不履行行政复议决定、不反馈行政复议意见书和建议书的;

(五)提交虚假证据材料的;

(六)其他事项需要约谈的。

第三十一条 行政复议机关应当将行政复议申请受理情况等信息在本机关门户网站、官方微信等媒体上向社会公开。

推行行政复议决定书网上公开,加强社会对行政复议决定履行情况的监督。

第三十二条 被申请人应当在法定期限内履行生效的行政复议决定,并在履行行政复议决定后30日内将履行情况及相关法律文书送达情况书面报告行政复议机关。

第三十三条 行政复议决定履行期满,被申请人不履行行政复议决定的,申请人可以向行政复议机关提出责令履行申请。

第三十四条 行政复议机关收到责令履行申请书,应当向被申请人进行调查或者核实,依照下列规定办理:

(一)被申请人已经履行行政复议决定,并将履行情况相关法律文书送达申请人的,应当联系申请人予以确认,并做好记录;

(二)被申请人已经履行行政复议决定,但尚未将履行情况相关法律文书送达申请人的,应当督促被申请人将相关法律文书送达申请人;

(三)被申请人逾期未履行行政复议决定的,应当责令被申请人在规定的期限内履行。被申请人拒不履行的,行政复议机关可以将有关材料移送纪检监察机关。

属于本条第一款第二项规定情形的,被申请人应当将相关法律文书送达情况及时报告行政复议机关。

属于本条第一款第三项规定情形的,被申请人应当在收到书面通知之日起30日内履行完毕,并书面报告行政复议机关。被申请人认为没有条件履行的,应当说明理由并提供相关证据、依据。

第三十五条 有下列情形之一,行政复议机关可以决定被申请人中止履行行政复议决定:

(一)有新的事实和证据,足以影响行政复议决定履行的;

(二)行政复议决定履行需要以其他案件的审理结果为依据,而其他案件尚未审结的;

(三)被申请人与申请人达成中止履行协议,双方提出中止履行申请的;

(四)因不可抗力等其他原因需要中止履行的。

本条前款第三项规定的中止履行协议不得损害国家利益、社会公共利益和他人的合法权益。

第三十六条 决定中止履行行政复议决定的,行政复议机关应当向当事人发出行政复议决定中止履行通知书。

行政复议决定中止履行通知书应当载明中止履行的理由和法律依据。中止履行期间,不计算在履行期限内。

中止履行的情形消除后,行政复议机关应当向当事人发出行政复议决定恢复履行通知书。

第三十七条 经审查,被申请人不履行行政复议决定的理由不成立的,行政复议机关应当作出责令履行行政复议决定通知书,并送达被申请人。

第三十八条 被责令重新作出行政行为的,被申请人不得以同一事实和理由作出与原行政行为相同或者基本相同的行为,因违反法定程序被责令重新作出行政行为的除外。

第三十九条 行政复议机关工作人员违反本规定,有下列情形之一,情节严重的,对直接负责的责任人员依法给予处分:

(一)未登记行政复议申请,导致记录不全或者遗漏的;

(二)未按时将行政复议申请转交行政复议机构的;

(三)未保障行政复议当事人、代理人阅卷权的;

(四)未妥善保管案卷材料,或者未按要求将行政复议案卷归档,导致案卷不全或者遗失的;

(五)未对收到的责令履行申请书进行调查核实的;

(六)未履行行政复议职责,导致矛盾上交或者激化的。

第四十条 被申请人及其工作人员违反本规定,有下列情形之一,情节严重的,对直接负责的责任人员依法给予处分:

(一)不提出行政复议答复或者无正当理由逾期答复的;

(二)不提交作出原行政行为的证据、依据和其他有关材料的;

(三)不配合行政复议机关开展行政复议案件审理工作的;

(四)不配合行政复议机关调查核实行政复议决定履行情况的;

(五)不履行或者无正当理由拖延履行行政复议决定的;

(六)不与行政复议机关在共同应诉工作中沟通、配合,导致不良后果的;

(七)对收到的行政复议意见书无正当理由,不予书面答复或者逾期作出答复的。

第四十一条 行政复议案件审结后,案件承办机构应当及时将案件材料立卷归档。

第四十二条 申请人对国家林业和草原局行政行为不服的,应当向国家林业和草原局提起行政复议。

申请人对地方林业和草原主管部门的行政行为不服,选择向其上一级主管部门申请行政复议的,应当向上一级林业和草原主管部门提起行政复议。

自然资源主管部门对不属于本机关受理的行政复议申请,能够明确属于同级林业和草原主管部门职责范围的,应当将该申请转送同级林业和草原主管部门,并告知申请人。

第四十三条 本规定自 2019 年 9 月 1 日起施行。原国土资源部 2017 年 11 月 21 日发布的《国土资源行政复议规定》(国土资源部令第 76 号)同时废止。

自然资源部关于发布林草类案件复议受理机关的公告

·2018 年 11 月 23 日

为便利申请人提出行政复议申请,根据《行政复议法》第十二条的规定以及《关于国务院部委管理的国家局的具体行政行为行政复议机关问题的复函》(国法函〔2001〕245 号),按照职责分工,现公告如下:

申请人对国家林业和草原局具体行政行为不服的,应当向国家林业和草原局提起行政复议。

申请人对省级林业和草原主管部门的具体行政行为不服,选择向其上一级主管部门申请行政复议的,应当向国家林业和草原局提起行政复议。

我部收到上述林草类案件的复议申请,将按照职责转国家林业和草原局依法办理。

特此公告。

自然资源听证规定

·2003 年 12 月 30 日国土资源部令第 22 号公布

·根据 2020 年 3 月 20 日《自然资源部关于第二批废止和修改的部门规章的决定》修订

第一章 总 则

第一条 为了规范自然资源管理活动,促进依法行政,提高自然资源管理的科学性和民主性,保护公民、法人和其他组织的合法权益，根据有关法律、法规，制定本规定。

第二条 县级以上人民政府自然资源行政主管部门（以下简称主管部门）依职权或者依当事人的申请组织听证的，适用本规定。

第三条 听证由拟作出行政处罚、行政许可决定，制定规章和规范性文件、实施需报政府批准的事项的主管部门组织。

依照本规定具体办理听证事务的法制工作机构为听证机构；但实施需报政府批准的事项可以由其经办机构作为听证机构。

本规定所称需报政府批准的事项，是指依法由本级人民政府批准后生效但主要由主管部门具体负责实施的事项，包括拟定或者修改基准地价、组织编制或者修改国土空间规划和矿产资源规划、拟定或者修改区片综合地价、拟定拟征地项目的补偿标准和安置方案、拟定非农业建设占用永久基本农田方案等。

第四条 主管部门组织听证，应当遵循公开、公平、公正和便民的原则，充分听取公民、法人和其他组织的意见，保证其陈述意见、质证和申辩的权利。

依职权组织的听证，除涉及国家秘密外，以听证会形式公开举行，并接受社会监督；依当事人的申请组织的听证，除涉及国家秘密、商业秘密或者个人隐私外，听证公开举行。

第五条 法律、法规和规章规定应当听证的事项，当事人放弃听证权利或者因情况紧急须即时决定的，主管部门不组织听证。

第二章　听证的一般规定

第六条 听证参加人包括拟听证事项经办机构的指派人员、听证会代表、当事人及其代理人、证人、鉴定人、翻译等。

第七条 听证一般由一名听证员组织；必要时，可以由三或五名听证员组织。听证员由主管部门指定。

听证设听证主持人，在听证员中产生；但须是听证机构或者经办机构的有关负责人。

记录员由听证主持人指定，具体承担听证准备和听证记录工作。

拟听证事项的具体经办人员，不得作为听证员和记录员；但可以由经办机构办理听证事务的除外。

第八条 在听证开始前，记录员应当查明听证参加人的身份和到场情况，宣布听证纪律和听证会场有关注意事项。

第九条 听证会按下列程序进行：

（一）听证主持人宣布听证开始，介绍听证员、记录员，宣布听证事项和事由，告知听证参加人的权利和义务；

（二）拟听证事项的经办机构提出理由、依据和有关材料及意见；

（三）当事人进行质证、申辩，提出维护其合法权益的事实、理由和依据（听证会代表对拟听证事项的必要性、可行性以及具体内容发表意见和质询）；

（四）最后陈述；

（五）听证主持人宣布听证结束。

第十条 记录员应当将听证的全部活动记入笔录。听证笔录应当载明

下列事项，并由听证员和记录员签名：

（一）听证事项名称；

（二）听证员和记录员的姓名、职务；

（三）听证参加人的基本情况；

（四）听证的时间、地点；

（五）听证公开情况；

（六）拟听证事项的理由、依据和有关材料；

（七）当事人或者听证会代表的观点、理由和依据；

（八）延期、中止或者终止的说明；

（九）听证主持人对听证活动中有关事项的处理情况；

（十）听证主持人认为的其他事项。

听证笔录经听证参加人确认无误或者补正后当场签字或者盖章；无正当理由又拒绝签字或者盖章的，记明情况附卷。

第十一条 公开举行的听证会，公民、法人或者其他组织可以申请参加旁听。

第三章　依职权听证的范围和程序

第十二条 有下列情形之一的，主管部门应当组织听证：

（一）拟定或者修改基准地价；

（二）编制或者修改国土空间规划和矿产资源规划；

（三）拟定或者修改区片综合地价。

有下列情形之一的，直接涉及公民、法人或者其他组织的重大利益的，主管部门根据需要组织听证：

（一）制定规章和规范性文件；

（二）主管部门规定的其他情形。

第十三条 主管部门对本规定第十二条规定的事项举行听证的，应当在举行听证会30日前，向社会公告听

证会的时间、地点、内容和申请参加听证会须知。

第十四条 符合主管部门规定条件的公民、法人和其他组织，均可申请参加听证会，也可推选代表参加听证会。

主管部门根据拟听证事项与公民、法人和其他组织的申请情况，指定听证会代表；指定的听证会代表应当具有广泛性、代表性。

公民、法人和其他组织推选的代表，符合主管部门条件的，应当优先被指定为听证会代表。

第十五条 听证机构应当在举行听证会的10个工作日前将听证会材料送达听证会代表。

第十六条 听证会代表应当亲自参加听证，并有权对拟听证事项的必要性、可行性以及具体内容发表意见和质询，查阅听证纪要。

听证会代表应当忠于事实，实事求是地反映所代表的公民、法人和其他组织的意见，遵守听证纪律，保守国家秘密。

第十七条 听证机构应当在举行听证会后7个工作日内，根据听证笔录制作包括下列内容的听证纪要：

（一）听证会的基本情况；

（二）听证事项的说明；

（三）听证会代表的意见陈述；

（四）听证事项的意见分歧；

（五）对听证会意见的处理建议。

第十八条 主管部门应当参照听证纪要依法制定规章和规范性文件；在报批拟定或者修改的基准地价、编制或者修改的国土空间规划和矿产资源规划、拟定或者修改的区片综合地价时，应当附具听证纪要。

第四章 依申请听证的范围和程序

第十九条 有下列情形之一的，主管部门在报批之前，应当书面告知

当事人有要求举行听证的权利：

（一）拟定拟征地项目的补偿标准和安置方案的；

（二）拟定非农业建设占用永久基本农田方案的。

有下列情形之一的，主管部门在作出决定之前，应当书面告知当事人有要求举行听证的权利：

（一）较大数额罚款、责令停止违法勘查或者违法开采行为、吊销勘查许可证或者采矿许可证等行政处罚的；

（二）国有土地使用权、探矿权、采矿权的许可直接涉及申请人与他人之间重大利益关系的；

（三）法律、法规或者规章规定的其他情形。

第二十条 当事人对本规定第十九条规定的事项要求听证的，主管部门应当组织听证。

第二十一条 当事人应当在告知后5个工作日内向听证机构提出书面申请，逾期未提出的，视为放弃听证；但行政处罚听证的时限为3个工作日。放弃听证的，应当书面记载。

第二十二条 当事人可以委托一至二名代理人参加听证，收集、提供相关材料和证据，进行质证和申辩。

第二十三条 听证的书面申请包括以下内容：

（一）当事人的姓名、地址（法人或者其他组织的名称、地址、法定代表人）；

（二）申请听证的具体事项；

（三）申请听证的依据、理由。

申请听证的，应当同时提供相关材料。

第二十四条 听证机构收到听证的书面申请后，应当对申请材料进行审查；申请材料不齐备的，应当一次告知当事人补正。

有下列情形之一的，不予受理：

（一）提出申请的不是听证事项的当事人或者其代理人的；

（二）在告知后超过5个工作日提出听证的；

（三）其他不符合申请听证条件的。

不予受理的，主管部门应当书面告知当事人不予听证。

第二十五条 听证机构审核后，对符合听证条件的，应当制作《听证通知书》，并在听证的7个工作日前通知当事人和拟听证事项的经办机构。

《听证通知书》应当载明下列事项：

（一）听证的事由与依据；

（二）听证的时间、地点；

（三）听证员和记录员的姓名、职务；

（四）当事人、拟听证事项的经办机构的权利和义务；

（五）注意事项。

第二十六条 当事人在接到《听证通知书》后，应当准时到场；无正当理由不到场的，或者未经听证主持人允许中途退场的，视为放弃听证。放弃听证的，记入听证笔录。

第二十七条 拟听证事项的经办机构在接到《听证通知书》后，应当指派人员参加听证，不得放弃听证。

第二十八条 当事人认为听证员、记录员与拟听证事项有利害关系可能影响公正的，有权申请回避，并说明理由。

听证主持人的回避由主管部门决定。听证员、记录

员的回避，由听证主持人决定。

第二十九条 有下列情形之一的，可以延期举行听证：

（一）因不可抗力的事由致使听证无法按期举行的；

（二）当事人申请延期，有正当理由的；

（三）可以延期的其他情形。

延期听证的，主管部门应当书面通知听证参加人。

第三十条 有下列情形之一的，中止听证：

（一）听证主持人认为听证过程中提出新的事实、理由和依据或者提出的事实有待调查核实的；

（二）申请听证的公民死亡、法人或者其他组织终止，尚未确定权利、义务承受人的；

（三）应当中止听证的其他情形。

中止听证的，主管部门应当书面通知听证参加人。

第三十一条 延期、中止听证的情形消失后，由主管部门决定恢复听证，并书面通知听证参加人。

第三十二条 有下列情形之一的，终止听证：

（一）有权申请听证的公民死亡，没有继承人，或者继承人放弃听证权利的；

（二）有权申请听证的法人或者其他组织终止，承受其权利的法人或者组织放弃听证权利的；

（三）当事人在听证过程中声明退出的；

（四）当事人在告知后明确放弃听证权利或者被视为放弃听证权利的；

（五）需要终止听证的其他情形。

第三十三条 主管部门应当根据听证笔录，作出行政许可决定，依法作出行政处罚决定；在报批拟定的拟征地项目的补偿标准和安置方案、非农业建设占用永久基本农田方案时，应当附具听证笔录。

第五章 法律责任

第三十四条 法律、法规和规章规定应当听证的事项，当事人要求听证而未组织的，对直接负责的主管人员和其他直接责任人员依法给予处分。

第三十五条 主管部门的拟听证事项经办机构指派人员、听证员、记录员在听证时玩忽职守、滥用职权、徇私舞弊的，依法给予处分；构成犯罪的，依法追究刑事责任。

第六章 附 则

第三十六条 组织听证不得向当事人收取或者变相收取任何费用。

组织听证所需经费列入主管部门预算。听证机构组织听证必需的场地、设备、工作条件，主管部门应当给予保障。

第三十七条 主管部门办理行政复议，受委托起草法律、法规或者政府规章草案时，组织听证的具体程序参照本规定执行。

第三十八条 本规定自2004年5月1日起施行。

自然资源统计工作管理办法

· 2020年7月9日

· 自然资发〔2020〕111号

第一条 为规范自然资源统计管理工作，建立健全统计数据质量控制体系，提高自然资源统计数据的真实性，依据《中华人民共和国统计法》《中华人民共和国统计法实施条例》等法律法规，制定本办法。

第二条 县级以上自然资源主管部门（含沿海地区海洋主管部门）以及从事自然资源相关活动的企业、事业单位，开展自然资源统计工作，适用本办法。

第三条 自然资源部组织领导全国自然资源统计工作，地方自然资源主管部门负责本行政区域内自然资源统计工作，接受上级自然资源主管部门的业务指导。建立健全统计联络员制度。

国家林业和草原局开展林业草原有关统计调查。经国家统计局审批或者备案的统计调查项目，应当向自然资源部报备，并提供相关统计数据。

开展自然资源统计工作所需人员、经费和工作条件应给予保障。

第四条 自然资源统计的主要任务是对土地、矿产、森林、草原、湿地、水、海域海岛等自然资源，以及海洋经济、地质勘查、地质灾害、测绘地理信息、自然资源督察、行政管理等开展统计调查和统计分析，提供统计数据，实施统计监督。

第五条 自然资源部统计归口管理机构组织开展全国自然资源综合统计工作，主要职责是：组织制定自然资源统计规章制度，监督检查全国自然资源统计工作；建立健全自然资源统计指标体系，制定综合统计调查制度，审查专业统计调查制度，承担统计调查制度报批工作，对统计调查制度执行情况开展评估；组织实施综合统计任务，开展数据质量评估；建立健全统计数据共享机制，发布综合统计数据；开展综合统计分析，组织综合统计业务培训，推进统计信息化建设。

第六条 自然资源部内设业务机构组织开展全国自然资源专业统计工作，主要职责是：起草专业统计调查制度，组织实施专业统计任务，搜集、汇总生成、审核专业统计数据，依据规定发布数据；按照统计调查制度规定向归口管理机构汇交统计数据；开展专业统计分析，组织专业统计业务培训。

第七条 地方自然资源主管部门组织开展本行政区域内自然资源统计工作，主要职责是：完成上级自然资源主管部门和同级人民政府统计机构部署的统计调查任务，审核本级统计数据；开展统计分析，发布统计数据，开展统计业务培训。

第八条 自然资源统计技术支撑机构配合统计归口管理机构做好综合统计数据汇总、校核、分析，编制统计报告，开展统计技术培训，承担统计信息系统建设和运行维护等。

第九条 自然资源部制定全国性自然资源统计调查制度。地方自然资源主管部门可以根据需要制定补充性统计调查制度，但不得与上级统计调查制度重复矛盾。统计调查制度一经批准，应当严格执行，未经审查机构同意，任何单位及个人不得擅自修改调整。

第十条 自然资源统计数据获取方式主要有：

（一）资源调查。通过对全国国土调查等基础调查成果，和土地、矿产、森林、草原、湿地、水、海域海岛资源等专项调查成果，以及对特定资源和区域的遥感监测成果，进行加工整理后直接形成统计数据。

（二）行政记录。通过对自然资源业务管理系统中留存的行政记录，进行加工整理后直接形成统计数据。

（三）联网直报。填报人直接向自然资源部报送原始数据，部汇总整理后形成统计数据。

（四）逐级上报。地方自然资源主管部门对下级单位报送的数据进行汇总审核后，向上级主管部门报送。

优先通过对资源调查和行政记录成果加工整理获取统计数据，完善统计数据联网直报，减少数据逐级上报。

第十一条 建立健全自然资源统计数据质量控制体系。

加强源头控制。填报人对其填报、录入的原始数据的真实性、准确性负责。

严格审核。各单位对其负责加工整理、汇总生成的数据进行严格审核，对数据质量负责；发现数据异常的，应当返回填报人核实修改。审核结果和修改情况记录留痕。

完善统计流程。建立健全数据审核、签署、交接、归档等管理制度，建立违规干预统计工作记录制度和统计信用制度。

加强技术校核。充分利用各种技术手段对数据进行校核，开展逻辑检验、数据抽查、实地核查，综合评估、控制和提升数据质量。

第十二条 按照统计调查制度等规定，定期公布统计数据。综合统计数据由统计归口管理机构公布，专业统计数据依据有关规定经统计归口管理机构审核会签后可以由业务机构公布。公布机构对统计数据真实性负责。

在政策制定、规划编制、监督考核时，需要使用数据的，以公布的统计数据为准。

第十三条 加强自然资源统计信息化建设，实现统计数据全流程信息化生产和管理。建立健全统一的自然资源统计数据平台，推进统计数据平台与业务信息系统的互联互通、数据交互共享。完善统计网络直报系统。

第十四条 严格遵守国家保密和政府信息公开法律法规，对于自然资源统计中涉及到的国家秘密、属于单个统计调查对象的商业秘密、个人信息和重要数据，应当予以保密。

第十五条 县级以上自然资源主管部门主要负责人对防范惩治统计造假、弄虚作假负主要领导责任，分管负责人负直接领导责任。

县级以上自然资源主管部门对本级和下级自然资源统计进行监督检查。发现统计违纪违法行为的，应当及时移送同级人民政府统计机构。配合同级人民政府统计机构查处统计造假、弄虚作假等重大统计违纪违法行为。

第十六条 本办法自2020年8月1日起施行。原国土资源部公布的《国土资源统计工作管理办法》、原国家海洋局公布的《国家海洋局综合统计暂行规定》、原国家测绘地理信息局公布的《测绘统计管理办法》同时废止。

自然资源标准化管理办法

· 2020年6月24日
· 自然资发〔2020〕100号

第一条 为提升自然资源治理效能，促进科学技术进步，加强自然资源标准化工作，依据《中华人民共和国标准化法》《全国专业标准化技术委员会管理办法》及相关规定，制定本办法。

第二条 依据自然资源部职责，加强自然资源调查、监测、评价评估、确权登记、保护、资产管理和合理开发利用，国土空间规划、用途管制、生态修复，海洋和地质防灾减灾等业务，以及土地、地质矿产、海洋、测绘地理信息等领域的标准化工作。

第三条　第二条所述范畴内需要规范统一的下列技术要求应当制定标准。术语、分类、代码、符号、量与单位及制图方法等；规划、调查、监测、评价评估等相关通用技术要求；实验、检验、检测和质量通用技术要求；自然资源工作需要制定的其他技术要求。

第四条　自然资源标准分为国家标准、行业标准、地方标准、团体标准、企业标准。

对通用的保障人身健康和生命财产安全、国家安全、生态环境安全以及满足经济社会管理基本需要的技术要求，应当制定强制性国家标准。

对满足基础通用、与强制性国家标准配套、对有关行业起引领作用等需要的技术要求，制定推荐性国家标准。对没有国家标准、需要在自然资源某个行业范围内统一的技术要求，制定推荐性行业标准。

如因地方自然条件、资源禀赋特点，确需明确特殊技术要求的，省级自然资源行业主管部门可组织制定自然资源地方标准。鼓励在自然资源相关战略性新兴产业、技术更新迅速、市场成熟度较高的领域利用自主创新技术制定团体标准、企业标准。地方标准、团体标准和企业标准的技术要求应与相关国家标准和行业标准协调配套。

自然资源地方标准、团体标准、企业标准按《地方标准管理办法》《团体标准管理规定》及相关地方性规定制定，可参照执行本办法中的标准制定程序。

第五条　自然资源标准化工作应贯彻落实国家深化标准化工作改革精神，整合精简强制性标准、优化完善推荐性标准、培育发展团体标准、放开搞活企业标准、提高标准化工作的国际化水平。

第六条　自然资源标准化工作的任务是制定标准、组织实施标准以及对标准的制定、实施进行监督，加强标准宣传、贯彻等工作。

第七条　自然资源标准化工作应当支撑自然资源管理和依法行政，促进科技进步、技术融合与成果转化，推动行业产业高质量发展。

第八条　部设立自然资源标准化工作管理委员会，统筹管理自然资源标准化工作。管理委员会主任由分管部领导担任，成员由部相关业务司局和标准化业务依托单位组成。主要职责是：审议部标准化工作规划、计划及标准体系；协调标准化工作重大争议问题；监督标准化技术委员会及其依托单位的履职情况；指导自然资源地方标准化和团体标准化工作。

管理委员会日常工作由部科技主管司局承担，主要包括：贯彻落实国家标准化政策、法规精神；起草部标准化管理制度；组织建立标准体系、开展标准化基础研究；编制、实施标准化规划、计划；承担标准报批、发布等具体工作。

管理委员会成员单位应指导并派员参加相关标委会、分技委标准化活动，主要职责是：提出相关国家标准和行业标准制修订需求；组织指导并参与相关国家标准和行业标准研究、编制和审查；组织开展相关业务领域内国家标准和行业标准的宣传、贯彻、培训以及标准实施情况的监督检查、评估、研究分析等工作。

第九条　按照专业领域设立自然资源与国土空间规划、海洋、地理信息、珠宝玉石等有关全国标准化技术委员会（以下简称标委会）。标委会在管理委员会指导下，建立完善管理制度；开展标准化基础研究；提出本领域标准制修订建议；组织开展标准的起草、征求意见、技术审查等工作；开展标准化业务培训、标准宣传、贯彻和标准实施情况的评估、研究分析；标准复审；开展相关标准国际化研究；管理其下设的专业标准化分技术委员会业务工作；承担管理委员会交办的其他工作任务。

第十条　标委会按专业领域划分并设立若干专业标准化分技术委员会（以下简称分技委），分别承担本专业领域内的标准化工作。分技委接受标委会管理，主要负责向标委会提出本领域标准制修订建议；承担标准基础研究及起草工作；承担有关标准征求意见、技术审查、复审工作；承担标准宣传贯彻、标准实施情况的评估、研究分析；开展相关标准化国际研究；配合标委会开展其他工作任务。在新技术新产业新业态、跨领域技术融合等方面有标准化需求的，可联合成立标准化工作组。

第十一条　标委会、分技委秘书处依托在部有关事业单位，负责承担标委会、分技委的日常工作。依托单位将秘书处工作纳入本单位工作计划，为秘书处提供必要的工作条件，设立专职岗位、固定专职人员。

第十二条　标准化基础研究、标准的制修订、宣传、贯彻培训、评估及实施情况的评估、研究分析、标准复审等工作以及标委会、分技委日常运行经费等由相关预算单位根据实际情况按照部门预算和专项管理的有关规定积极申报并优先支持。鼓励标准起草单位积极争取国家科技计划经费、标准补助经费等。标委会、分技委依托单位要切实做好秘书处运行经费与人员保障，秘书处工作经费单独核算并专款专用。

第十三条　自然资源标准化工作纳入自然资源事业发展规划。根据自然资源事业发展和技术进步需要，部组织每五年编制标准化工作规划，每年编制标准制修订年度计划,发布实施并维护自然资源标准体系。

第十四条 依据标准化工作规划和标准体系,自然资源部每年公开向社会征集标准(含国家标准、行业标准)制修订计划建议。管理委员会可指定标委会、分技委或有关单位提出计划建议。鼓励社会各界积极提出自然资源计划建议。

第十五条 标准制修订计划建议经标委会或分技委初审后,由标委会报送部科技主管司局。部科技主管司局组织对有关材料进行审查,形成年度标准制修订计划报管理委员会审议。

第十六条 标准制修订计划经管理委员会审定通过后,属于国家标准计划的,报国务院标准化行政主管部门;属于行业标准计划的,由部下达。

第十七条 对保障安全、经济社会发展以及部重大改革举措急需的标准计划建议,应当优先立项、纳入年度增补计划并及时完成。鼓励在部重大工程项目、科研专项中开展标准化研究,相关技术要求应与现行自然资源国家标准或行业标准协调一致。

第十八条 列入标准制修订计划的标准计划项目一般应在两年内完成。特殊情况无法按时完成的,起草单位可申请延期一年;延期一年仍未完成的,视为自动撤销。对不能按时完成任务的标准计划项目负责人,两年内不再受理其项目申报。

第十九条 经批准的自然资源标准制修订计划项目一般不作调整。特殊情况需调整的,由起草单位对项目提出书面调整申请,经标委会审查后,报立项部门批准。

第二十条 自然资源标准的制定、修订应当遵循以下程序:

(一)起草阶段。标准牵头起草单位组织成立由各利益相关方权威技术专家组成的标准起草组。标准起草组在充分调研的基础上,按照标准编写有关规定起草标准,形成标准征求意见稿和编制说明,报分技委或标委会。

(二)征求意见阶段。分技委或标委会组织专家对标准征求意见稿及有关材料进行审查。通过审查的征求意见稿由标委会组织向各利益相关主体广泛征求意见。如需征求国务院有关部门意见,由部科技主管司局组织。属强制性标准的须通过部门户网站向社会公开征求意见。标准起草组对反馈意见进行研究处理,填写标准征求意见汇总处理表,形成标准送审稿,报送分技委或标委会。

(三)审查阶段。分技委或标委会将标准送审稿报经部科技主管司局(科技主管司局视情况征求管理委员会意见)同意后,组织会议审查或函审,形成《标准审查会议纪要》或《标准函审意见》。视标准内容,可跨分技委或标委会邀请委员参加审查。通过审查的送审稿,由标准起草组按照审查意见的要求,对标准送审稿进行修改,完成标准报批稿和编制说明等报批材料。

(四)报批阶段。标委会在收到起草单位或分技委的报批材料后对标准修改情况、意见处理情况等进行审核,审核通过报送部科技主管司局。

科技主管司局在收到报批材料后履行部内审批,包括部内征求意见、部外网公示报部审批等。起草单位应审慎处理上述环节中收集到的相关意见,若需修改报批稿,应提出充分的科学依据,对修改内容作详细说明,并征求标委会意见。

经部审批通过后,属国家标准的,报国务院标准化行政主管部门审批、发布;属行业标准的,由部发布公告,原则上不得对经部审定发布的标准进行技术内容调整,如确需重大修改应进行重新审查。

行业标准发布后按要求报国务院标准化行政主管部门备案;鼓励地方标准在向国务院标准化行政主管部门备案后,向部科技主管司局通报;鼓励相关社会团体向部科技主管司局报送团体标准的有关信息。

第二十一条 自然资源标准由发布机构负责解释。部科技主管司局负责指导行业标准的出版发行工作,标委会承办日常工作。标准发布实施后应当免费向社会公开。

第二十二条 负责标准审查的标委会或分技委应当严格履行标准审查程序,对审查结论负责。

对因未认真履行审查程序,造成标准内容出现以下情形之一的,对标委会或分技委秘书处予以警告,计入年度考核结论。(一)标准内容违反法律法规、损害公平市场竞争、侵犯知识产权的情况;(二)标准内容妨碍技术创新和进步;(三)标准内容存在设定行政许可、行政处罚、行政强制等事项。

第二十三条 标准发布后,管理委员会成员单位应于实施日期开始半年内组织指导有关机构开展标准宣传、贯彻、培训工作,该工作应列入各级自然资源行政主管部门和技术机构的工作计划。

第二十四条 自然资源强制性标准必须执行。各级自然资源行政主管部门和有关单位应积极贯彻实施标准。标准实施中出现的技术问题,省级自然资源行政主管部门、有关单位应当及时向部科技主管司局或标委会反馈。按下列情况分别处理:

(一)因个别技术内容影响标准使用需要进行修改,采用修改单方式修改。修改内容一般不超过两项。

（二）需作较多修改的，列入修订计划。

（三）已无存在必要的，予以废止。

第二十五条 管理委员会组织对标准实施情况的监督检查和评估分析。监督检查和评估分析应在标准发布实施两年内完成，并编制工作报告。部科技主管司局负责统一协调、汇集信息、定期发布。检查报告及评估报告作为标准复审的重要依据。

任何单位及个人均有权向自然资源部投诉、举报违反自然资源强制性标准的行为。

第二十六条 标准实施后，部科技主管司局组织或委托标委会适时进行复审，以确认现行标准继续有效或者予以修订、废止。复审周期一般不超过5年。

第二十七条 自然资源部积极推动标准化对外合作与交流，结合国情采用国际标准，推进中国标准与国外标准之间的转化运用。鼓励企业、社会团体和教育、科研机构等参与标准化国际活动，牵头或参与制定国际标准。

第二十八条 提出国际标准新工作项目或新技术工作领域提案的单位，应将相关申请材料提交至国内技术对口单位；国内技术对口单位组织对提案申请进行技术审核和必要的论证后报部，经批准后报国务院标准化主管部门。

第二十九条 参加国际标准化机构的国际会议，需符合部外事管理规定。组团单位负责制定参会工作预案（包括中国代表团参团人员名单、参会议程、申报提案等材料），经部科技主管司局审核后，报送国务院标准化主管部门；在会议结束后30日内，将标准化工作总结书面报部科技主管司局。

第三十条 本办法由自然资源部负责解释。

第三十一条 本办法自发布之日起开始施行。原国土资源部印发的《国土资源标准化管理办法》（国土资发〔2009〕136号），原国家海洋局印发的《海洋标准化管理办法》（国海规范〔2016〕4号）《海洋标准化管理办法实施细则》（国海规范〔2017〕10号）《关于加强地方海洋标准化工作的若干意见》（国海发〔2008〕10号）《关于进一步加强海洋标准化工作的若干意见》（国海发〔2009〕15号），原国家测绘局《测绘标准化管理办法》（国测国字〔2008〕6号）《关于加强测绘地理信息标准化工作的意见》（国测办发〔2018〕35号）《测绘项目中标准制修订管理工作程序（试行）》的通知（测国土函〔2006〕142号）《关于加强基础测绘和重大测绘工程标准化管理工作的通知》（国测科发〔2010〕4号）自行废止。

（二）土地利用与开发整理

1. 规划利用

中华人民共和国城乡规划法

- 2007年10月28日第十届全国人民代表大会常务委员会第三十次会议通过
- 根据2015年4月24日第十二届全国人民代表大会常务委员会第十四次会议《关于修改〈中华人民共和国港口法〉等七部法律的决定》第一次修正
- 根据2019年4月23日第十三届全国人民代表大会常务委员会第十次会议《关于修改〈中华人民共和国建筑法〉等八部法律的决定》第二次修正

第一章 总 则

第一条 【立法宗旨】为了加强城乡规划管理，协调城乡空间布局，改善人居环境，促进城乡经济社会全面协调可持续发展，制定本法。

第二条 【城乡规划的制定和实施】制定和实施城乡规划，在规划区内进行建设活动，必须遵守本法。

本法所称城乡规划，包括城镇体系规划、城市规划、镇规划、乡规划和村庄规划。城市规划、镇规划分为总体规划和详细规划。详细规划分为控制性详细规划和修建性详细规划。

本法所称规划区，是指城市、镇和村庄的建成区以及因城乡建设和发展需要，必须实行规划控制的区域。规划区的具体范围由有关人民政府在组织编制的城市总体规划、镇总体规划、乡规划和村庄规划中，根据城乡经济社会发展水平和统筹城乡发展的需要划定。

第三条 【城乡建设活动与制定城乡规划关系】城市和镇应当依照本法制定城市规划和镇规划。城市、镇规划区内的建设活动应当符合规划要求。

县级以上地方人民政府根据本地农村经济社会发展水平，按照因地制宜、切实可行的原则，确定应当制定乡规划、村庄规划的区域。在确定区域内的乡、村庄，应当依照本法制定规划，规划区内的乡、村庄建设应当符合规划要求。

县级以上地方人民政府鼓励、指导前款规定以外的区域的乡、村庄制定和实施乡规划、村庄规划。

第四条 【城乡规划制定、实施原则】制定和实施城乡规划，应当遵循城乡统筹、合理布局、节约土地、集约发展和先规划后建设的原则，改善生态环境，促进资源、能源节约和综合利用，保护耕地等自然资源和历史文化遗产，保持地方特色、民族特色和传统风貌，防止污染和其他公害,并符合区域人口发展、国防建设、防灾减灾和公共卫生、公共安全的需要。

在规划区内进行建设活动,应当遵守土地管理、自然资源和环境保护等法律、法规的规定。

县级以上地方人民政府应当根据当地经济社会发展的实际,在城市总体规划、镇总体规划中合理确定城市、镇的发展规模、步骤和建设标准。

第五条 【城乡规划与国民经济和社会发展规划、土地利用总体规划衔接】城市总体规划、镇总体规划以及乡规划和村庄规划的编制,应当依据国民经济和社会发展规划,并与土地利用总体规划相衔接。

第六条 【城乡规划经费保障】各级人民政府应当将城乡规划的编制和管理经费纳入本级财政预算。

第七条 【城乡规划修改】经依法批准的城乡规划,是城乡建设和规划管理的依据,未经法定程序不得修改。

第八条 【城乡规划公开公布】城乡规划组织编制机关应当及时公布经依法批准的城乡规划。但是,法律、行政法规规定不得公开的内容除外。

第九条 【单位和个人的权利义务】任何单位和个人都应当遵守经依法批准并公布的城乡规划,服从规划管理,并有权就涉及其利害关系的建设活动是否符合规划的要求向城乡规划主管部门查询。

任何单位和个人都有权向城乡规划主管部门或者其他有关部门举报或者控告违反城乡规划的行为。城乡规划主管部门或者其他有关部门对举报或者控告,应当及时受理并组织核查、处理。

第十条 【采用先进科学技术】国家鼓励采用先进的科学技术,增强城乡规划的科学性,提高城乡规划实施及监督管理的效能。

第十一条 【城乡规划管理体制】国务院城乡规划主管部门负责全国的城乡规划管理工作。

县级以上地方人民政府城乡规划主管部门负责本行政区域内的城乡规划管理工作。

第二章 城乡规划的制定

第十二条 【全国城镇体系规划制定】国务院城乡规划主管部门会同国务院有关部门组织编制全国城镇体系规划,用于指导省域城镇体系规划、城市总体规划的编制。

全国城镇体系规划由国务院城乡规划主管部门报国务院审批。

第十三条 【省域城镇体系规划制定】省、自治区人民政府组织编制省域城镇体系规划,报国务院审批。

省域城镇体系规划的内容应当包括:城镇空间布局和规模控制,重大基础设施的布局,为保护生态环境、资源等需要严格控制的区域。

第十四条 【城市总体规划编制】城市人民政府组织编制城市总体规划。

直辖市的城市总体规划由直辖市人民政府报国务院审批。省、自治区人民政府所在地的城市以及国务院确定的城市的总体规划,由省、自治区人民政府审查同意后,报国务院审批。其他城市的总体规划,由城市人民政府报省、自治区人民政府审批。

第十五条 【镇总体规划编制】县人民政府组织编制县人民政府所在地镇的总体规划,报上一级人民政府审批。其他镇的总体规划由镇人民政府组织编制,报上一级人民政府审批。

第十六条 【各级人大常委会参与规划制定】省、自治区人民政府组织编制的省域城镇体系规划,城市、县人民政府组织编制的总体规划,在报上一级人民政府审批前,应当先经本级人民代表大会常务委员会审议,常务委员会组成人员的审议意见交由本级人民政府研究处理。

镇人民政府组织编制的镇总体规划,在报上一级人民政府审批前,应当先经镇人民代表大会审议,代表的审议意见交由本级人民政府研究处理。

规划的组织编制机关报送审批省域城镇体系规划、城市总体规划或者镇总体规划,应当将本级人民代表大会常务委员会组成人员或者镇人民代表大会代表的审议意见和根据审议意见修改规划的情况一并报送。

第十七条 【城市、镇总体规划内容和期限】城市总体规划、镇总体规划的内容应当包括:城市、镇的发展布局,功能分区,用地布局,综合交通体系,禁止、限制和适宜建设的地域范围,各类专项规划等。

规划区范围、规划区内建设用地规模、基础设施和公共服务设施用地、水源地和水系、基本农田和绿化用地、环境保护、自然与历史文化遗产保护以及防灾减灾等内容,应当作为城市总体规划、镇总体规划的强制性内容。

城市总体规划、镇总体规划的规划期限一般为二十年。城市总体规划还应当对城市更长远的发展作出预测性安排。

第十八条 【乡规划和村庄规划的内容】乡规划、村庄规划应当从农村实际出发,尊重村民意愿,体现地方和农村特色。

乡规划、村庄规划的内容应当包括:规划区范围,住宅、道路、供水、排水、供电、垃圾收集、畜禽养殖场所等农村生产、生活服务设施、公益事业等各项建设的用地布局、建设要求,以及对耕地等自然资源和历史文化遗产保护、防灾减灾等的具体安排。乡规划还应当包括本行政区域内的村庄发展布局。

第十九条 【城市控制性详细规划】城市人民政府城乡规划主管部门根据城市总体规划的要求,组织编制城市的控制性详细规划,经本级人民政府批准后,报本级人民代表大会常务委员会和上一级人民政府备案。

第二十条 【镇控制性详细规划】镇人民政府根据镇总体规划的要求,组织编制镇的控制性详细规划,报上一级人民政府审批。县人民政府所在地镇的控制性详细规划,由县人民政府城乡规划主管部门根据镇总体规划的要求组织编制,经县人民政府批准后,报本级人民代表大会常务委员会和上一级人民政府备案。

第二十一条 【修建性详细规划】城市、县人民政府城乡规划主管部门和镇人民政府可以组织编制重要地块的修建性详细规划。修建性详细规划应当符合控制性详细规划。

第二十二条 【乡、村庄规划编制】乡、镇人民政府组织编制乡规划、村庄规划,报上一级人民政府审批。村庄规划在报送审批前,应当经村民会议或者村民代表会议讨论同意。

第二十三条 【首都总体规划和详细规划】首都的总体规划、详细规划应当统筹考虑中央国家机关用地布局和空间安排的需要。

第二十四条 【城乡规划编制单位】城乡规划组织编制机关应当委托具有相应资质等级的单位承担城乡规划的具体编制工作。

从事城乡规划编制工作应当具备下列条件,并经国务院城乡规划主管部门或者省、自治区、直辖市人民政府城乡规划主管部门依法审查合格,取得相应等级的资质证书后,方可在资质等级许可的范围内从事城乡规划编制工作:

(一)有法人资格;

(二)有规定数量的经相关行业协会注册的规划师;

(三)有规定数量的相关专业技术人员;

(四)有相应的技术装备;

(五)有健全的技术、质量、财务管理制度。

编制城乡规划必须遵守国家有关标准。

第二十五条 【城乡规划基础资料】编制城乡规划,应当具备国家规定的勘察、测绘、气象、地震、水文、环境等基础资料。

县级以上地方人民政府有关主管部门应当根据编制城乡规划的需要,及时提供有关基础资料。

第二十六条 【公众参与城乡规划编制】城乡规划报送审批前,组织编制机关应当依法将城乡规划草案予以公告,并采取论证会、听证会或者其他方式征求专家和公众的意见。公告的时间不得少于三十日。

组织编制机关应当充分考虑专家和公众的意见,并在报送审批的材料中附具意见采纳情况及理由。

第二十七条 【专家和有关部门参与城镇规划审批】省域城镇体系规划、城市总体规划、镇总体规划批准前,审批机关应当组织专家和有关部门进行审查。

第三章 城乡规划的实施

第二十八条 【政府实施城乡规划】地方各级人民政府应当根据当地经济社会发展水平,量力而行,尊重群众意愿,有计划、分步骤地组织实施城乡规划。

第二十九条 【城市、镇和乡、村庄建设和发展实施城乡规划】城市的建设和发展,应当优先安排基础设施以及公共服务设施的建设,妥善处理新区开发与旧区改建的关系,统筹兼顾进城务工人员生活和周边农村经济社会发展、村民生产与生活的需要。

镇的建设和发展,应当结合农村经济社会发展和产业结构调整,优先安排供水、排水、供电、供气、道路、通信、广播电视等基础设施和学校、卫生院、文化站、幼儿园、福利院等公共服务设施的建设,为周边农村提供服务。

乡、村庄的建设和发展,应当因地制宜、节约用地,发挥村民自治组织的作用,引导村民合理进行建设,改善农村生产、生活条件。

第三十条 【城市新区开发和建设实施城乡规划】城市新区的开发和建设,应当合理确定建设规模和时序,充分利用现有市政基础设施和公共服务设施,严格保护自然资源和生态环境,体现地方特色。

在城市总体规划、镇总体规划确定的建设用地范围以外,不得设立各类开发区和城市新区。

第三十一条 【旧城区改造实施城乡规划】旧城区的改建,应当保护历史文化遗产和传统风貌,合理确定拆迁和建设规模,有计划地对危房集中、基础设施落后等地段进行改建。

历史文化名城、名镇、名村的保护以及受保护建筑物的维护和使用,应当遵守有关法律、行政法规和国务院的规定。

第三十二条 【城乡建设和发展实施城乡规划】城

乡建设和发展，应当依法保护和合理利用风景名胜资源，统筹安排风景名胜区及周边乡、镇、村庄的建设。

风景名胜区的规划、建设和管理，应当遵守有关法律、行政法规和国务院的规定。

第三十三条 【城市地下空间的开发和利用遵循的原则】城市地下空间的开发和利用，应当与经济和技术发展水平相适应，遵循统筹安排、综合开发、合理利用的原则，充分考虑防灾减灾、人民防空和通信等需要，并符合城市规划，履行规划审批手续。

第三十四条 【城市、县、镇人民政府制定近期建设规划】城市、县、镇人民政府应当根据城市总体规划、镇总体规划、土地利用总体规划和年度计划以及国民经济和社会发展规划，制定近期建设规划，报总体规划审批机关备案。

近期建设规划应当以重要基础设施、公共服务设施和中低收入居民住房建设以及生态环境保护为重点内容，明确近期建设的时序、发展方向和空间布局。近期建设规划的规划期限为五年。

第三十五条 【禁止擅自改变城乡规划确定的重要用地用途】城乡规划确定的铁路、公路、港口、机场、道路、绿地、输配电设施及输电线路走廊、通信设施、广播电视设施、管道设施、河道、水库、水源地、自然保护区、防汛通道、消防通道、核电站、垃圾填埋场及焚烧厂、污水处理厂和公共服务设施的用地以及其他需要依法保护的用地，禁止擅自改变用途。

第三十六条 【申请核发选址意见书】按照国家规定需要有关部门批准或者核准的建设项目，以划拨方式提供国有土地使用权的，建设单位在报送有关部门批准或者核准前，应当向城乡规划主管部门申请核发选址意见书。

前款规定以外的建设项目不需要申请选址意见书。

第三十七条 【划拨建设用地程序】在城市、镇规划区内以划拨方式提供国有土地使用权的建设项目，经有关部门批准、核准、备案后，建设单位应当向城市、县人民政府城乡规划主管部门提出建设用地规划许可申请，由城市、县人民政府城乡规划主管部门依据控制性详细规划核定建设用地的位置、面积、允许建设的范围，核发建设用地规划许可证。

建设单位在取得建设用地规划许可证后，方可向县级以上地方人民政府土地主管部门申请用地，经县级以上人民政府审批后，由土地主管部门划拨土地。

第三十八条 【国有土地使用权出让合同】在城市、镇规划区内以出让方式提供国有土地使用权的，在国有土地使用权出让前，城市、县人民政府城乡规划主管部门应当依据控制性详细规划，提出出让地块的位置、使用性质、开发强度等规划条件，作为国有土地使用权出让合同的组成部分。未确定规划条件的地块，不得出让国有土地使用权。

以出让方式取得国有土地使用权的建设项目，建设单位在取得建设项目的批准、核准、备案文件和签订国有土地使用权出让合同后，向城市、县人民政府城乡规划主管部门领取建设用地规划许可证。

城市、县人民政府城乡规划主管部门不得在建设用地规划许可证中，擅自改变作为国有土地使用权出让合同组成部分的规划条件。

第三十九条 【规划条件未纳入出让合同的法律后果】规划条件未纳入国有土地使用权出让合同的，该国有土地使用权出让合同无效；对未取得建设用地规划许可证的建设单位批准用地的，由县级以上人民政府撤销有关批准文件；占用土地的，应当及时退回；给当事人造成损失的，应当依法给予赔偿。

第四十条 【建设单位和个人领取建设工程规划许可证】在城市、镇规划区内进行建筑物、构筑物、道路、管线和其他工程建设的，建设单位或者个人应当向城市、县人民政府城乡规划主管部门或者省、自治区、直辖市人民政府确定的镇人民政府申请办理建设工程规划许可证。

申请办理建设工程规划许可证，应当提交使用土地的有关证明文件、建设工程设计方案等材料。需要建设单位编制修建性详细规划的建设项目，还应当提交修建性详细规划。对符合控制性详细规划和规划条件的，由城市、县人民政府城乡规划主管部门或者省、自治区、直辖市人民政府确定的镇人民政府核发建设工程规划许可证。

城市、县人民政府城乡规划主管部门或者省、自治区、直辖市人民政府确定的镇人民政府应当依法将经审定的修建性详细规划、建设工程设计方案的总平面图予以公布。

第四十一条 【乡村建设规划许可证】在乡、村庄规划区内进行乡镇企业、乡村公共设施和公益事业建设的，建设单位或者个人应当向乡、镇人民政府提出申请，由乡、镇人民政府报城市、县人民政府城乡规划主管部门核发乡村建设规划许可证。

在乡、村庄规划区内使用原有宅基地进行农村村民住宅建设的规划管理办法，由省、自治区、直辖市制定。

在乡、村庄规划区内进行乡镇企业、乡村公共设施和公益事业建设以及农村村民住宅建设，不得占用农用地；确需占用农用地的，应当依照《中华人民共和国土地管理法》有关规定办理农用地转用审批手续后，由城市、县人民政府城乡规划主管部门核发乡村建设规划许可证。

建设单位或者个人在取得乡村建设规划许可证后，方可办理用地审批手续。

第四十二条　【不得超出范围作出规划许可】城乡规划主管部门不得在城乡规划确定的建设用地范围以外作出规划许可。

第四十三条　【建设单位按照规划条件建设】建设单位应当按照规划条件进行建设；确需变更的，必须向城市、县人民政府城乡规划主管部门提出申请。变更内容不符合控制性详细规划的，城乡规划主管部门不得批准。城市、县人民政府城乡规划主管部门应当及时将依法变更后的规划条件通报同级土地主管部门并公示。

建设单位应当及时将依法变更后的规划条件报有关人民政府土地主管部门备案。

第四十四条　【临时建设】在城市、镇规划区内进行临时建设的，应当经城市、县人民政府城乡规划主管部门批准。临时建设影响近期建设规划或者控制性详细规划的实施以及交通、市容、安全等的，不得批准。

临时建设应当在批准的使用期限内自行拆除。

临时建设和临时用地规划管理的具体办法，由省、自治区、直辖市人民政府制定。

第四十五条　【城乡规划主管部门核实符合规划条件情况】县级以上地方人民政府城乡规划主管部门按照国务院规定对建设工程是否符合规划条件予以核实。未经核实或者经核实不符合规划条件的，建设单位不得组织竣工验收。

建设单位应当在竣工验收后六个月内向城乡规划主管部门报送有关竣工验收资料。

第四章　城乡规划的修改

第四十六条　【规划实施情况评估】省域城镇体系规划、城市总体规划、镇总体规划的组织编制机关，应当组织有关部门和专家定期对规划实施情况进行评估，并采取论证会、听证会或者其他方式征求公众意见。组织编制机关应当向本级人民代表大会常务委员会、镇人民代表大会和原审批机关提出评估报告并附具征求意见的情况。

第四十七条　【规划修改条件和程序】有下列情形之一的，组织编制机关方可按照规定的权限和程序修改省域城镇体系规划、城市总体规划、镇总体规划：

（一）上级人民政府制定的城乡规划发生变更，提出修改规划要求的；

（二）行政区划调整确需修改规划的；

（三）因国务院批准重大建设工程确需修改规划的；

（四）经评估确需修改规划的；

（五）城乡规划的审批机关认为应当修改规划的其他情形。

修改省域城镇体系规划、城市总体规划、镇总体规划前，组织编制机关应当对原规划的实施情况进行总结，并向原审批机关报告；修改涉及城市总体规划、镇总体规划强制性内容的，应当先向原审批机关提出专题报告，经同意后，方可编制修改方案。

修改后的省域城镇体系规划、城市总体规划、镇总体规划，应当依照本法第十三条、第十四条、第十五条和第十六条规定的审批程序报批。

第四十八条　【修改程序性规划以及乡规划、村庄规划】修改控制性详细规划的，组织编制机关应当对修改的必要性进行论证，征求规划地段内利害关系人的意见，并向原审批机关提出专题报告，经原审批机关同意后，方可编制修改方案。修改后的控制性详细规划，应当依照本法第十九条、第二十条规定的审批程序报批。控制性详细规划修改涉及城市总体规划、镇总体规划的强制性内容的，应当先修改总体规划。

修改乡规划、村庄规划的，应当依照本法第二十二条规定的审批程序报批。

第四十九条　【修改近期建设规划报送备案】城市、县、镇人民政府修改近期建设规划的，应当将修改后的近期建设规划报总体规划审批机关备案。

第五十条　【修改规划或总平面图造成损失补偿】在选址意见书、建设用地规划许可证、建设工程规划许可证或者乡村建设规划许可证发放后，因依法修改城乡规划给被许可人合法权益造成损失的，应当依法给予补偿。

经依法审定的修建性详细规划、建设工程设计方案的总平面图不得随意修改；确需修改的，城乡规划主管部门应当采取听证会等形式，听取利害关系人的意见；因修改给利害关系人合法权益造成损失的，应当依法给予补偿。

第五章　监督检查

第五十一条　【政府及城乡规划主管部门加强监督检查】县级以上人民政府及其城乡规划主管部门应当加强对城乡规划编制、审批、实施、修改的监督检查。

第五十二条　【政府向人大报告城乡规划实施情况】地方各级人民政府应当向本级人民代表大会常务委

员会或者乡、镇人民代表大会报告城乡规划的实施情况，并接受监督。

第五十三条 【城乡规划主管部门检查职权和行为规范】县级以上人民政府城乡规划主管部门对城乡规划的实施情况进行监督检查，有权采取以下措施：

（一）要求有关单位和人员提供与监督事项有关的文件、资料，并进行复制；

（二）要求有关单位和人员就监督事项涉及的问题作出解释和说明，并根据需要进入现场进行勘测；

（三）责令有关单位和人员停止违反有关城乡规划的法律、法规的行为。

城乡规划主管部门的工作人员履行前款规定的监督检查职责，应当出示执法证件。被监督检查的单位和人员应当予以配合，不得妨碍和阻挠依法进行的监督检查活动。

第五十四条 【公开监督检查情况和处理结果】监督检查情况和处理结果应当依法公开，供公众查阅和监督。

第五十五条 【城乡规划主管部门提出处分建议】城乡规划主管部门在查处违反本法规定的行为时，发现国家机关工作人员依法应当给予行政处分的，应当向其任免机关或者监察机关提出处分建议。

第五十六条 【上级城乡规划主管部门的建议处罚权】依照本法规定应当给予行政处罚，而有关城乡规划主管部门不给予行政处罚的，上级人民政府城乡规划主管部门有权责令其作出行政处罚决定或者建议有关人民政府责令其给予行政处罚。

第五十七条 【上级城乡规划主管部门责令撤销许可、赔偿损失权】城乡规划主管部门违反本法规定作出行政许可的，上级人民政府城乡规划主管部门有权责令其撤销或者直接撤销该行政许可。因撤销行政许可给当事人合法权益造成损失的，应当依法给予赔偿。

第六章 法律责任

第五十八条 【编制、审批、修改城乡规划玩忽职守的法律责任】对依法应当编制城乡规划而未组织编制，或者未按法定程序编制、审批、修改城乡规划的，由上级人民政府责令改正，通报批评；对有关人民政府负责人和其他直接责任人员依法给予处分。

第五十九条 【委托不合格单位编制城乡规划的法律责任】城乡规划组织编制机关委托不具有相应资质等级的单位编制城乡规划的，由上级人民政府责令改正，通报批评；对有关人民政府负责人和其他直接责任人员依法给予处分。

第六十条 【城乡规划主管部门违法行为的法律责任】镇人民政府或者县级以上人民政府城乡规划主管部门有下列行为之一的，由本级人民政府、上级人民政府城乡规划主管部门或者监察机关依据职权责令改正，通报批评；对直接负责的主管人员和其他直接责任人员依法给予处分：

（一）未依法组织编制城市的控制性详细规划、县人民政府所在地镇的控制性详细规划的；

（二）超越职权或者对不符合法定条件的申请人核发选址意见书、建设用地规划许可证、建设工程规划许可证、乡村建设规划许可证的；

（三）对符合法定条件的申请人未在法定期限内核发选址意见书、建设用地规划许可证、建设工程规划许可证、乡村建设规划许可证的；

（四）未依法对经审定的修建性详细规划、建设工程设计方案的总平面图予以公布的；

（五）同意修改修建性详细规划、建设工程设计方案的总平面图前未采取听证会等形式听取利害关系人的意见的；

（六）发现未依法取得规划许可或者违反规划许可的规定在规划区内进行建设的行为，而不予查处或者接到举报后不依法处理的。

第六十一条 【县级以上人民政府有关部门的法律责任】县级以上人民政府有关部门有下列行为之一的，由本级人民政府或者上级人民政府有关部门责令改正，通报批评；对直接负责的主管人员和其他直接责任人员依法给予处分：

（一）对未依法取得选址意见书的建设项目核发建设项目批准文件的；

（二）未依法在国有土地使用权出让合同中确定规划条件或者改变国有土地使用权出让合同中依法确定的规划条件的；

（三）对未依法取得建设用地规划许可证的建设单位划拨国有土地使用权的。

第六十二条 【城乡规划编制单位违法的法律责任】城乡规划编制单位有下列行为之一的，由所在地城市、县人民政府城乡规划主管部门责令限期改正，处合同约定的规划编制费一倍以上二倍以下的罚款；情节严重的，责令停业整顿，由原发证机关降低资质等级或者吊销资质证书；造成损失的，依法承担赔偿责任：

（一）超越资质等级许可的范围承揽城乡规划编制

工作的；

（二）违反国家有关标准编制城乡规划的。

未依法取得资质证书承揽城乡规划编制工作的，由县级以上地方人民政府城乡规划主管部门责令停止违法行为，依照前款规定处以罚款；造成损失的，依法承担赔偿责任。

以欺骗手段取得资质证书承揽城乡规划编制工作的，由原发证机关吊销资质证书，依照本条第一款规定处以罚款；造成损失的，依法承担赔偿责任。

第六十三条 【城乡规划编制单位不符合资质的处理】城乡规划编制单位取得资质证书后，不再符合相应的资质条件的，由原发证机关责令限期改正；逾期不改正的，降低资质等级或者吊销资质证书。

第六十四条 【违规建设的法律责任】未取得建设工程规划许可证或者未按照建设工程规划许可证的规定进行建设的，由县级以上地方人民政府城乡规划主管部门责令停止建设；尚可采取改正措施消除对规划实施的影响的，限期改正，处建设工程造价百分之五以上百分之十以下的罚款；无法采取改正措施消除影响的，限期拆除，不能拆除的，没收实物或者违法收入，可以并处建设工程造价百分之十以下的罚款。

第六十五条 【违规进行乡村建设的法律责任】在乡、村庄规划区内未依法取得乡村建设规划许可证或者未按照乡村建设规划许可证的规定进行建设的，由乡、镇人民政府责令停止建设、限期改正；逾期不改正的，可以拆除。

第六十六条 【违规进行临时建设的法律责任】建设单位或者个人有下列行为之一的，由所在地城市、县人民政府城乡规划主管部门责令限期拆除，可以并处临时建设工程造价一倍以下的罚款：

（一）未经批准进行临时建设的；

（二）未按照批准内容进行临时建设的；

（三）临时建筑物、构筑物超过批准期限不拆除的。

第六十七条 【建设单位竣工未报送验收材料的法律责任】建设单位未在建设工程竣工验收后六个月内向城乡规划主管部门报送有关竣工验收资料的，由所在地城市、县人民政府城乡规划主管部门责令限期补报；逾期不补报的，处一万元以上五万元以下的罚款。

第六十八条 【查封施工现场、强制拆除措施】城乡规划主管部门作出责令停止建设或者限期拆除的决定后，当事人不停止建设或者逾期不拆除的，建设工程所在地县级以上地方人民政府可以责成有关部门采取查封施工现场、强制拆除等措施。

第六十九条 【刑事责任】违反本法规定，构成犯罪的，依法追究刑事责任。

第七章 附 则

第七十条 【实施日期】本法自2008年1月1日起施行。《中华人民共和国城市规划法》同时废止。

省级土地利用总体规划审查办法

· 1998年12月19日
· 国土资发〔1998〕257号

为了规范省、自治区、直辖市的土地利用总体规划（以下简称规划）审查报批工作，提高工作质量和效率，制订本办法。

一、审查组织

国土资源部负责具体组织规划审查工作，商国务院有关部门研究提出审查意见后，报国务院审批。有关部门包括：国家发展计划委员会、国家经济贸易委员会（国家煤炭工业局、国家冶金工业局、国家石油和化学工业局、国家建筑材料工业局、国家有色金属工业局）、国防科学技术工业委员会、民政部、建设部、铁道部、交通部、水利部、农业部、国家计划生育委员会、国家环境保护总局、中国民用航空总局、国家统计局、国家林业局，总参谋部、总后勤部等。

二、审查主要依据

（一）党和国家有关土地利用与管理的各项方针、政策。

（二）《中华人民共和国土地管理法》等现行法律、法规和标准。

（三）国家国民经济和社会发展规划、国土整治规划及其他相关规划。

（四）全国土地利用总体规划纲要。

（五）土地利用现状调查及其他相关调查资料。

三、审查重点

（一）编制原则。规划的编制是否符合《中华人民共和国土地管理法》规定的编制原则：严格保护基本农田，控制非农业建设占用农用地；提高土地利用率；统筹安排各类、各区域用地；保护和改善生态环境，保障土地的可持续利用；占用耕地与开发复垦耕地相平衡。

（二）目标和方针。规划是否与国家经济及社会发展目标和方针、政策相符,是否体现了耕地总量动态平衡、基本农田保护和21世纪人口高峰期对耕地的需求,是否体现了改善生态环境、保护林地草地的要求,是否体现了土地的集约利用和优化配置,是否落实了上级下达的土地利用主要规划指标。

(三)土地利用结构与布局调整。土地利用结构调整依据是否充分,分区和布局是否合理,交通、能源、水利等国民经济基础设施建设及其他重点建设项目用地是否有保障,土地开发、复垦、整理安排是否合理、可行。

(四)实施措施。实施措施是否体现了土地用途管制的要求,是否切实、可行。

(五)协调情况。农用地与各类建设用地安排是否相协调,城市总体规划、村庄和集镇规划中建设用地规模是否控制在土地利用总体规划确定的城市和村庄、集镇建设用地规范范围内,非农业建设占用耕地指标分解是否与各类非农业建设用地总规模衔接到位。

(六)规划是否符合原国家土地管理局发布的《土地利用总体规划编制审批规定》(《国家土地管理局令》第七号)的要求。

四、审查报批程序

(一)前期工作

省、自治区、直辖市土地行政管理部门在组织编制规划时,应深入调查,充分论证,广泛征求社会各界的意见,认真组织评审,做好部门协调工作。国土资源部要加强对省级土地利用总体规划编制工作的指导。

(二)申报

规划经省级人民政府审查同意后,由省级人民政府上报国务院。上报材料包括规划文本及说明、专题报告和省级人民政府审查意见各40份,规划图件两份。

国务院收到报件后,将规划文本及说明、专题报告和省级人民政府审查意见批转国土资源部组织审查。

(三)审查

国土资源部收到国务院交办的报件后,分送国务院有关部门及有关单位征求意见,在综合各方面意见的基础上,对规划进行全面、公正、客观的评价,并提出同意批准、原则批准、不予批准的意见。

在规划审查过程中,国土资源部综合有关部门意见,认为有必要对该规划进行进一步修改完善的,可建议国务院将该规划退回报文省、自治区、直辖市人民政府,请其按要求修改完善后,另行上报。

国土资源部完成组织规划审查的时间为一个月。有关部门和单位自收到审查规划征求意见之日起15日内,应将意见书面反馈国土资源部,逾期按无意见处理;有关部门对规划有较大意见分歧时,国土资源部应组织有关各方进行协调。

(四)批复

国土资源部将综合审查意见和附件及有关部门不同意见一并报国务院审批。

凡属原则批准,但需进一步修改、补充和完善的规划,省、自治区、直辖市人民政府在公布规划前应认真组织修改,并将修改后的规划报国土资源部备案。

规划审查批复的周期一般不超过两个月。

五、其　他

省、自治区人民政府所在地的市、人口在100万以上的城市以及国务院指定的城市土地利用总体规划的审查工作参照本办法执行。

省级土地利用总体规划会审办法

·1998年9月29日

·国土资发〔1998〕145号

根据《土地管理法》和《国土资源部工作规则》的有关规定,为加强省级土地利用总体规划(以下简称规划)的审批管理,提高审批工作的质量和效率,制定本办法。

一、会审组织

会审工作由部领导主持,规划司负责具体组织工作,会审单位包括办公厅、政策法规司、规划司、耕地保护司、地籍管理司、土地利用管理司、矿产开发管理司、地质环境司、执法监察局。

二、审查依据

(一)党和国家有关土地利用与管理的各项方针、政策;

(二)《土地管理法》等现行法律、法规和标准;

(三)国家国民经济和社会发展"九五"计划和2010年远景目标纲要;

(四)全国土地利用总体规划纲要;地质环境保护"九五"计划和2010年远景规划目标及矿山勘察和开发有关规定;

(五)土地利用现状调查、变更调查及其他调查资料;

(六)省(区、市)自然、社会和经济条件。

三、审查重点

(一)规划指导思想。规划是否体现了切实保护耕地、严格控制各类建设用地、促进土地资源可持续利用和提高土地利用社会、经济、生态综合效益的要求。

（二）规划目标和方针。规划是否体现了耕地总量动态平衡、土地集约利用和优化配置的要求，是否落实了上级下达的土地利用主要规划指标，是否符合国家和省（区、市）国民经济和社会发展规划的要求。

（三）土地利用结构与布局调整。土地利用结构调整依据是否充分，分区和布局是否科学合理，重点项目用地是否有保障，土地开发、复垦、整理安排是否合理、可行。

（四）规划协调情况。城市总体规划、村庄和集镇规划是否与土地利用总体规划相衔接，建设用地规模是否控制在土地利用总体规划确定的城镇和村庄、集镇建设用地规模范围内，非农业建设占用耕地指标分解和各类非农业建设用地总规模是否衔接到位。

（五）规划的实施。实施措施是否体现了用途管制的要求，是否切实可行。

（六）规划文本、说明和专题的内容是否符合要求，规划图内容是否全面及编绘方法是否正确。

（七）规划采用的土地利用现状调查及其他基础数据是否翔实、可靠。

四、审查程序与时限

（一）受理与送审

规划司在收到办公厅转交的国务院批转的规划报件后，分送部内各会审单位审查，同时送国务院有关部门和部高咨中心、土地勘测规划院及有关单位征求意见。

（二）审查

会审单位应根据审查要求和本部门职责，分别审查有关内容，提出审查意见。国务院有关部门和部内各司局、高咨中心、土地勘测规划院等单位的意见提交规划司进行综合。审查和征求意见的时限为两周。

（三）会审

规划司应于第三周内负责规划会审会议的各项准备工作，会审会议由部领导主持。会审会议前应综合各方面意见，并提出规划司倾向意见。会审会议应对规划进行全面、公正、客观的评价，并提出同意批准、原则批准、不批准的意见。

送审规划相对集中时，可以几个规划合并召开一次会审会议。

（四）报批

规划司应于会审会议后一周内，根据会审意见完成规划综合审查意见和批复代拟稿的起草，经部领导审签后，报国务院。

五、其他规定

（一）报国务院审批的城市土地利用总体规划的会审参照本办法执行。

（二）本办法自发布之日起施行。

国务院关于授权和委托用地审批权的决定

·2020年3月1日

·国发〔2020〕4号

为贯彻落实党的十九届四中全会和中央经济工作会议精神，根据《中华人民共和国土地管理法》相关规定，在严格保护耕地、节约集约用地的前提下，进一步深化“放管服”改革，改革土地管理制度，赋予省级人民政府更大用地自主权，现决定如下：

一、将国务院可以授权的永久基本农田以外的农用地转为建设用地审批事项授权各省、自治区、直辖市人民政府批准。自本决定发布之日起，按照《中华人民共和国土地管理法》第四十四条第三款规定，对国务院批准土地利用总体规划的城市在建设用地规模范围内，按土地利用年度计划分批次将永久基本农田以外的农用地转为建设用地的，国务院授权各省、自治区、直辖市人民政府批准；按照《中华人民共和国土地管理法》第四十四条第四款规定，对在土地利用总体规划确定的城市和村庄、集镇建设用地规模范围外，将永久基本农田以外的农用地转为建设用地的，国务院授权各省、自治区、直辖市人民政府批准。

二、试点将永久基本农田转为建设用地和国务院批准土地征收审批事项委托部分省、自治区、直辖市人民政府批准。自本决定发布之日起，对《中华人民共和国土地管理法》第四十四条第二款规定的永久基本农田转为建设用地审批事项，以及第四十六条第一款规定的永久基本农田、永久基本农田以外的耕地超过三十五公顷的、其他土地超过七十公顷的土地征收审批事项，国务院委托部分试点省、自治区、直辖市人民政府批准。首批试点省份为北京、天津、上海、江苏、浙江、安徽、广东、重庆，试点期限1年，具体实施方案由试点省份人民政府制订并报自然资源部备案。国务院将建立健全省级人民政府用地审批工作评价机制，根据各省、自治区、直辖市的土地管理水平综合评估结果，对试点省份进行动态调整，对连续排名靠后或考核不合格的试点省份，国务院将收回委托。

三、有关要求。各省、自治区、直辖市人民政府要按照法律、行政法规和有关政策规定，严格审查把关，特别要严格审查涉及占用永久基本农田、生态保护红线、自然保护区的用地，切实保护耕地，节约集约用地，盘活存量土地，维护被征地农民合法权益，确保相关用地审批权“放得下、接得住、管得好”。各省、自治区、直辖市人民政府不得将承接的用地审批权进一步授权或委托。

自然资源部要加强对各省、自治区、直辖市人民政府用地审批工作的指导和服务，明确审批要求和标准，切实提高审批质量和效率；要采取“双随机、一公开”等方式，加强对用地审批情况的监督检查，发现违规问题及时督促纠正，重大问题及时向国务院报告。

节约集约利用土地规定

·2014年5月22日国土资源部令第61号公布

·根据2019年7月24日自然资源部令第5号修正

第一章 总 则

第一条 为贯彻十分珍惜、合理利用土地和切实保护耕地的基本国策，落实最严格的耕地保护制度和最严格的节约集约用地制度，提升土地资源对经济社会发展的承载能力，促进生态文明建设，根据《中华人民共和国土地管理法》和《国务院关于促进节约集约用地的通知》，制定本规定。

第二条 本规定所称节约集约利用土地，是指通过规模引导、布局优化、标准控制、市场配置、盘活利用等手段，达到节约土地、减量用地、提升用地强度、促进低效废弃地再利用、优化土地利用结构和布局、提高土地利用效率的各项行为与活动。

第三条 土地管理和利用应当遵循下列原则：

（一）坚持节约优先的原则，各项建设少占地、不占或者少占耕地，珍惜和合理利用每一寸土地；

（二）坚持合理使用的原则，严控总量、盘活存量、优化结构、提高效率；

（三）坚持市场配置的原则，妥善处理好政府与市场的关系，充分发挥市场在土地资源配置中的决定性作用；

（四）坚持改革创新的原则，探索土地管理新机制，创新节约集约用地新模式。

第四条 县级以上地方自然资源主管部门应当加强与发展改革、财政、环境保护等部门的沟通协调，将土地节约集约利用的目标和政策措施纳入地方经济社会发展总体框架、相关规划和考核评价体系。

第五条 自然资源主管部门应当建立节约集约用地制度，开展节约集约用地活动，组织制定节地标准体系和相关标准规范，探索节约集约用地新机制，鼓励采用节约集约用地新技术和新模式，促进土地利用效率的提高。

第六条 在节约集约用地方面成效显著的市、县人民政府，由自然资源部按照有关规定给予表彰和奖励。

第二章 规模引导

第七条 国家通过土地利用总体规划，确定建设用地的规模、布局、结构和时序安排，对建设用地实行总量控制。

土地利用总体规划确定的约束性指标和分区管制规定不得突破。

下级土地利用总体规划不得突破上级土地利用总体规划确定的约束性指标。

第八条 土地利用总体规划对各区域、各行业发展用地规模和布局具有统筹作用。

产业发展、城乡建设、基础设施布局、生态环境建设等相关规划，应当与土地利用总体规划相衔接，所确定的建设用地规模和布局必须符合土地利用总体规划的安排。

相关规划超出土地利用总体规划确定的建设用地规模的，应当及时调整或者修改，核减用地规模，调整用地布局。

第九条 自然资源主管部门应当通过规划、计划、用地标准、市场引导等手段，有效控制特大城市新增建设用地规模，适度增加集约用地程度高、发展潜力大的地区和中小城市、县城建设用地供给，合理保障民生用地需求。

第三章 布局优化

第十条 城乡土地利用应当体现布局优化的原则。引导工业向开发区集中、人口向城镇集中、住宅向社区集中，推动农村人口向中心村、中心镇集聚，产业向功能区集中，耕地向适度规模经营集中。

禁止在土地利用总体规划和城乡规划确定的城镇建设用地范围之外设立各类城市新区、开发区和工业园区。

鼓励线性基础设施并线规划和建设，促进集约布局和节约用地。

第十一条 自然资源主管部门应当在土地利用总体规划中划定城市开发边界和禁止建设的边界，实行建设用地空间管制。

城市建设用地应当因地制宜采取组团式、串联式、卫星城式布局，避免占用优质耕地特别是永久基本农田。

第十二条 市、县自然资源主管部门应当促进现有城镇用地内部结构调整优化,控制生产用地,保障生活用地,提高生态用地的比例,加大城镇建设使用存量用地的比例,促进城镇用地效率的提高。

第十三条 鼓励建设项目用地优化设计、分层布局,鼓励充分利用地上、地下空间。

建设用地使用权在地上、地下分层设立的,其取得方式和使用年期参照在地表设立的建设用地使用权的相关规定。

出让分层设立的建设用地使用权,应当根据当地基准地价和不动产实际交易情况,评估确定分层出让的建设用地最低价标准。

第十四条 县级以上自然资源主管部门统筹制定土地综合开发用地政策,鼓励大型基础设施等建设项目综合开发利用土地,促进功能适度混合、整体设计、合理布局。

不同用途高度关联、需要整体规划建设、确实难以分割供应的综合用途建设项目,市、县自然资源主管部门可以确定主用途并按照一宗土地实行整体出让供应,综合确定出让底价;需要通过招标拍卖挂牌的方式出让的,整宗土地应当采用招标拍卖挂牌的方式出让。

第四章 标准控制

第十五条 国家实行建设项目用地标准控制制度。

自然资源部会同有关部门制定工程建设项目用地控制指标、工业项目建设用地控制指标、房地产开发用地宗地规模和容积率等建设项目用地控制标准。

地方自然资源主管部门可以根据本地实际,制定和实施更加节约集约的地方性建设项目用地控制标准。

第十六条 建设项目应当严格按照建设项目用地控制标准进行测算、设计和施工。

市、县自然资源主管部门应当加强对用地者和勘察设计单位落实建设项目用地控制标准的督促和指导。

第十七条 建设项目用地审查、供应和使用,应当符合建设项目用地控制标准和供地政策。

对违反建设项目用地控制标准和供地政策使用土地的,县级以上自然资源主管部门应当责令纠正,并依法予以处理。

第十八条 国家和地方尚未出台建设项目用地控制标准的建设项目,或者因安全生产、特殊工艺、地形地貌等原因,确实需要超标准建设的项目,县级以上自然资源主管部门应当组织开展建设项目用地评价,并将其作为建设用地供应的依据。

第十九条 自然资源部会同有关部门根据国家经济社会发展状况、宏观产业政策和土壤污染风险防控需求等,制定《禁止用地项目目录》和《限制用地项目目录》,促进土地节约集约利用。

自然资源主管部门为限制用地的建设项目办理建设用地供应手续必须符合规定的条件;不得为禁止用地的建设项目办理建设用地供应手续。

第五章 市场配置

第二十条 各类有偿使用的土地供应应当充分贯彻市场配置的原则,通过运用土地租金和价格杠杆,促进土地节约集约利用。

第二十一条 国家扩大国有土地有偿使用范围,减少非公益性用地划拨。

除军事、保障性住房和涉及国家安全和公共秩序的特殊用地可以以划拨方式供应外,国家机关办公和交通、能源、水利等基础设施(产业)、城市基础设施以及各类社会事业用地中的经营性用地,实行有偿使用。

国家根据需要,可以一定年期的国有土地使用权作价后授权给经国务院批准设立的国家控股公司、作为国家授权投资机构的国有独资公司和集团公司经营管理。

第二十二条 经营性用地应当以招标拍卖挂牌的方式确定土地使用者和土地价格。

各类有偿使用的土地供应不得低于国家规定的用地最低价标准。

禁止以土地换项目、先征后返、补贴、奖励等形式变相减免土地出让价款。

第二十三条 市、县自然资源主管部门可以采取先出租后出让、在法定最高年期内实行缩短出让年期等方式出让土地。

采取先出租后出让方式供应工业用地的,应当符合自然资源部规定的行业目录。

第二十四条 鼓励土地使用者在符合规划的前提下,通过厂房加层、厂区改造、内部用地整理等途径提高土地利用率。

在符合规划、不改变用途的前提下,现有工业用地提高土地利用率和增加容积率的,不再增收土地价款。

第二十五条 符合节约集约用地要求、属于国家鼓励产业的用地,可以实行差别化的地价政策和建设用地管理政策。

分期建设的大中型工业项目,可以预留规划范围,根据建设进度,实行分期供地。

具体办法由自然资源部另行规定。

第二十六条 市、县自然资源主管部门供应工业用地，应当将投资强度、容积率、建筑系数、绿地率、非生产设施占地比例等控制性指标以及自然资源开发利用水平和生态保护要求纳入出让合同。

第二十七条 市、县自然资源主管部门在有偿供应各类建设用地时，应当在建设用地使用权出让、出租合同中明确节约集约用地的规定。

在供应住宅用地时，应当将最低容积率限制、单位土地面积的住房建设套数和住宅建设套型等规划条件写入建设用地使用权出让合同。

第六章 盘活利用

第二十八条 县级以上自然资源主管部门在分解下达新增建设用地计划时，应当与批而未供和闲置土地处置数量相挂钩，对批而未供、闲置土地数量较多和处置不力的地区，减少其新增建设用地计划安排。

自然资源部和省级自然资源主管部门负责城镇低效用地再开发的政策制定。对于纳入低效用地再开发范围的项目，可以制定专项用地政策。

第二十九条 县级以上地方自然资源主管部门应当会同有关部门，依据相关规划，开展全域国土综合整治，对农用地、农村建设用地、工矿用地、灾害损毁土地等进行整理复垦，优化土地空间布局，提高土地利用效率和效益，促进土地节约集约利用。

第三十条 农用地整治应当促进耕地集中连片，增加有效耕地面积，提升耕地质量，改善生产条件和生态环境，优化用地结构和布局。

宜农未利用地开发，应当根据环境和资源承载能力，坚持有利于保护和改善生态环境的原则，因地制宜适度开展。

第三十一条 县级以上地方自然资源主管部门可以依据国家有关规定，统筹开展农村建设用地整治、历史遗留工矿废弃地和自然灾害毁损土地的整治，提高建设用地利用效率和效益，改善人民群众生产生活条件和生态环境。

第三十二条 县级以上地方自然资源主管部门在本级人民政府的领导下，会同有关部门建立城镇低效用地再开发、废弃地再利用的激励机制，对布局散乱、利用粗放、用途不合理、闲置浪费等低效用地进行再开发，对因采矿损毁、交通改线、居民点搬迁、产业调整形成的废弃地实行复垦再利用，促进土地优化利用。

鼓励社会资金参与城镇低效用地、废弃地再开发和利用。鼓励土地使用者自行开发或者合作开发。

第七章 监督考评

第三十三条 县级以上自然资源主管部门应当加强土地市场动态监测与监管，对建设用地批准和供应后的开发情况实行全程监管，定期在门户网站上公布土地供应、合同履行、欠缴土地价款等情况，接受社会监督。

第三十四条 省级自然资源主管部门应当对本行政区域内的节约集约用地情况进行监督，在用地审批、土地供应和土地使用等环节加强用地准入条件、功能分区、用地规模、用地标准、投入产出强度等方面的检查，依据法律法规对浪费土地的行为和责任主体予以处理并公开通报。

第三十五条 县级以上自然资源主管部门应当组织开展本行政区域内的建设用地利用情况普查，全面掌握建设用地开发利用和投入产出情况、集约利用程度、潜力规模与空间分布等情况，并将其作为土地管理和节约集约用地评价的基础。

第三十六条 县级以上自然资源主管部门应当根据建设用地利用情况普查，组织开展区域、城市和开发区节约集约用地评价，并将评价结果向社会公开。

第八章 法律责任

第三十七条 县级以上自然资源主管部门及其工作人员违反本规定，有下列情形之一的，对有关责任人员依法给予处分；构成犯罪的，依法追究刑事责任：

（一）违反本规定第十七条规定，为不符合建设项目用地标准和供地政策的建设项目供地的；

（二）违反本规定第十九条规定，为禁止或者不符合限制用地条件的建设项目办理建设用地供应手续的；

（三）违反本规定第二十二条规定，低于国家规定的工业用地最低价标准供应工业用地的；

（四）其他徇私舞弊、滥用职权和玩忽职守的行为。

第九章 附 则

第三十八条 本规定自2014年9月1日起实施。

自然资源部关于以“多规合一”为基础推进规划用地“多审合一、多证合一”改革的通知

· 2019年9月17日

· 自然资规〔2019〕2号

各省、自治区、直辖市及计划单列市自然资源主管部门、新疆生产建设兵团自然资源主管部门，中央军委后勤保障部军事设施建设局，国家林业和草原局，中国地质调查

局及部其他直属单位，各派出机构，部机关各司局：

为落实党中央、国务院推进政府职能转变、深化"放管服"改革和优化营商环境的要求，现就以"多规合一"为基础推进规划用地"多审合一、多证合一"改革的有关事项通知如下：

一、合并规划选址和用地预审

将建设项目选址意见书、建设项目用地预审意见合并，自然资源主管部门统一核发建设项目用地预审与选址意见书（见附件1），不再单独核发建设项目选址意见书、建设项目用地预审意见。

涉及新增建设用地，用地预审权限在自然资源部的，建设单位向地方自然资源主管部门提出用地预审与选址申请，由地方自然资源主管部门受理；经省级自然资源主管部门报自然资源部通过用地预审后，地方自然资源主管部门向建设单位核发建设项目用地预审与选址意见书。用地预审权限在省级以下自然资源主管部门的，由省级自然资源主管部门确定建设项目用地预审与选址意见书办理的层级和权限。

使用已经依法批准的建设用地进行建设的项目，不再办理用地预审；需要办理规划选址的，由地方自然资源主管部门对规划选址情况进行审查，核发建设项目用地预审与选址意见书。

建设项目用地预审与选址意见书有效期为三年，自批准之日起计算。

二、合并建设用地规划许可和用地批准

将建设用地规划许可证、建设用地批准书合并，自然资源主管部门统一核发新的建设用地规划许可证（见附件2），不再单独核发建设用地批准书。

以划拨方式取得国有土地使用权的，建设单位向所在地的市、县自然资源主管部门提出建设用地规划许可申请，经有建设用地批准权的人民政府批准后，市、县自然资源主管部门向建设单位同步核发建设用地规划许可证、国有土地划拨决定书。

以出让方式取得国有土地使用权的，市、县自然资源主管部门依据规划条件编制土地出让方案，经依法批准后组织土地供应，将规划条件纳入国有建设用地使用权出让合同。建设单位在签订国有建设用地使用权出让合同后，市、县自然资源主管部门向建设单位核发建设用地规划许可证。

三、推进多测整合、多验合一

以统一规范标准、强化成果共享为重点，将建设用地审批、城乡规划许可、规划核实、竣工验收和不动产登记等多项测绘业务整合，归口成果管理，推进"多测合并、联合测绘、成果共享"。不得重复审核和要求建设单位或者个人多次提交对同一标的物的测绘成果；确有需要的，可以进行核实更新和补充测绘。在建设项目竣工验收阶段，将自然资源主管部门负责的规划核实、土地核验、不动产测绘等合并为一个验收事项。

四、简化报件审批材料

各地要依据"多审合一、多证合一"改革要求，核发新版证书。对现有建设用地审批和城乡规划许可的办事指南、申请表单和申报材料清单进行清理，进一步简化和规范申报材料。除法定的批准文件和证书以外，地方自行设立的各类通知书、审查意见等一律取消。加快信息化建设，可以通过政府内部信息共享获得的有关文件、证书等材料，不得要求行政相对人提交；对行政相对人前期已提供且无变化的材料，不得要求重复提交。支持各地探索以互联网、手机APP等方式，为行政相对人提供在线办理、进度查询和文书下载打印等服务。

本通知自发布之日起执行，有效期5年。各地可结合实际，制订实施细则。

附件：

1. 附件1-1 建设项目用地预审与选址意见书封面
2. 附件1-2 建设项目用地预审与选址意见书内页
3. 附件2-1 建设用地规划许可证封面
4. 附件2-2 建设用地规划许可证内页
5. 附件3 编号规则

附件1

附件 2

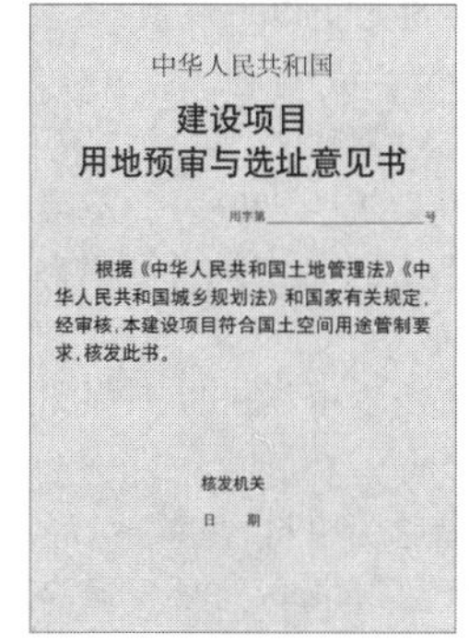
中华人民共和国

建设项目
用地预审与选址意见书

用字第________号

根据《中华人民共和国土地管理法》《中华人民共和国城乡规划法》和国家有关规定，经审核，本建设项目符合国土空间用途管制要求，核发此书。

核发机关

日　期

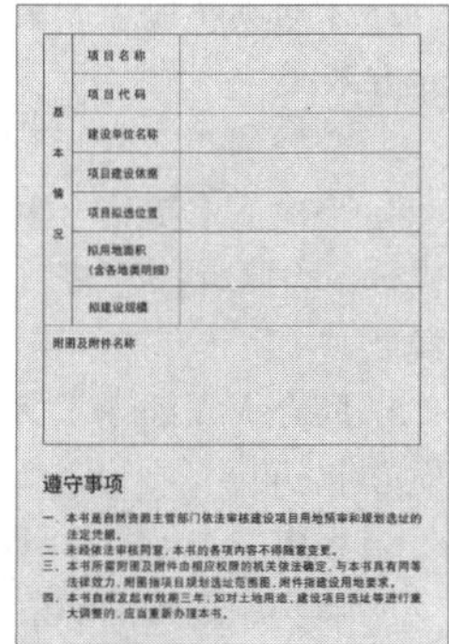
基本情况	项目名称	
	项目代码	
	建设单位名称	
	项目建设依据	
	项目拟选位置	
	拟用地面积（含各地类明细）	
	拟建设规模	
附图及附件名称		

遵守事项

一、本书是自然资源主管部门依法审核建设项目用地预审和规划选址的法定凭据。
二、未经依法审核同意，本书的各项内容不得随意变更。
三、本书所需附图及附件由相应权限的机关依法确定，与本书具有同等法律效力。附图指项目规划选址范围图，附件指建设用地要求。
四、本书自核发起有效期三年，如对土地用途、建设项目选址等进行重大调整的，应当重新办理本书。

附件 3

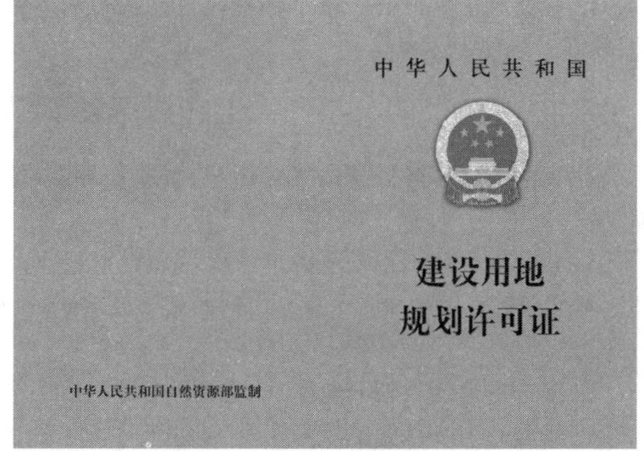
中华人民共和国

建设用地
规划许可证

中华人民共和国自然资源部监制

附件 4

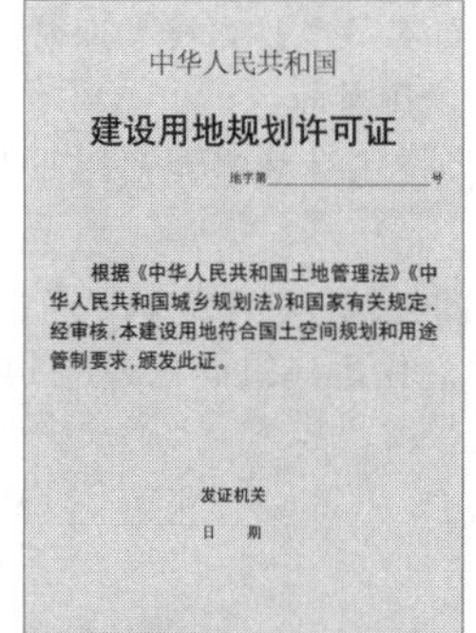
中华人民共和国

建设用地规划许可证

地字第________号

根据《中华人民共和国土地管理法》《中华人民共和国城乡规划法》和国家有关规定，经审核，本建设用地符合国土空间规划和用途管制要求，颁发此证。

发证机关

日　期

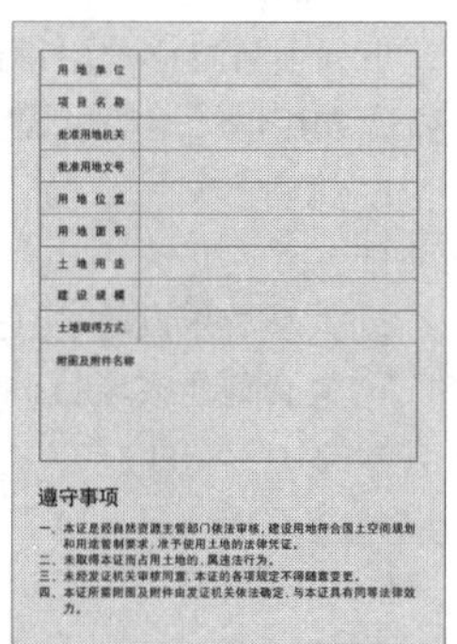
用地单位	
项目名称	
批准用地机关	
批准用地文号	
用地位置	
用地面积	
土地用途	
建设规模	
土地取得方式	
附图及附件名称	

遵守事项

一、本证是经自然资源主管部门依法审核，建设用地符合国土空间规划和用途管制要求，准予使用土地的法律凭证。
二、未取得本证而占用土地的，属违法行为。
三、未经发证机关审核同意，本证的各项规定不得随意变更。
四、本证所需附图及附件由发证机关依法确定，与本证具有同等法律效力。

附件 5

附件 3 编号规则

证书实行全国统一编号。编号数字共15位，前6位数号码按照《中华人民共和国行政区划代码》(详见民政部网站 www.mca.gov.cn)执行，7-10位数号码代表证书发放年份，11-15位数号码代表证书发放序号。

国土资源部、国家发展和改革委员会关于发布实施《限制用地项目目录(2012年本)》和《禁止用地项目目录(2012年本)》的通知

·2012年5月23日
·国土资发〔2012〕98号

各省、自治区、直辖市国土资源主管部门和发展改革部门、新疆生产建设兵团国土资源局和发展改革委：

为贯彻落实《国务院关于促进节约集约用地的通知》(国发〔2008〕3号)精神，依据《产业结构调整指导目录(2011年本)》(国家发展改革委令第9号)和国家有关产业政策、土地供应政策，国土资源部、国家发展改革委制定了《限制用地项目目录(2012年本)》和《禁止用地项目目录(2012年本)》(以下分别简称《限制目录》和《禁止目录》)。现印发给你们，请认真贯彻执行。

一、本通知的规定适用于新建、扩建和改建的建设项目。

二、凡列入《限制目录》的建设项目，必须符合目录规定条件，国土资源管理部门和投资管理部门方可办理相关手续。

三、凡列入《禁止目录》的建设项目或者采用所列工艺技术、装备、规模的建设项目，国土资源管理部门和投资管理部门不得办理相关手续。

四、凡采用《产业结构调整指导目录(2011年本)》明令淘汰的落后工艺技术、装备或者生产明令淘汰产品的建设项目，国土资源管理部门和投资管理部门一律不得办理相关手续。

五、《限制目录》和《禁止目录》执行中，国务院发布的产业政策和土地资源管理政策对限制和禁止用地项目另有规定的，按国务院规定办理。

六、国土资源部、国家发展改革委将根据宏观调控需要，依据国家产业政策、土地供应政策，适时修订《限制目录》和《禁止目录》。各地可以根据本地区实际情况，在

符合本《限制目录》和《禁止目录》的前提下，制定本地的限制和禁止用地项目目录。

七、《限制目录》和《禁止目录》执行中的问题，由国土资源部和国家发展改革委研究处理。

八、违反本通知规定办理相关手续的，依法追究有关部门和有关责任人的责任。

九、本通知自发布之日起施行。《关于发布实施〈限制用地项目目录(2006年本)〉和〈禁止用地项目目录(2006年本)〉的通知》(国土资发〔2006〕296号)和《关于印发〈限制用地项目目录(2006年本增补本)〉和〈禁止用地项目目录(2006年本增补本)〉的通知》(国土资发〔2009〕154号)同时废止。

附件：1. 限制用地项目目录(2012年本)
2. 禁止用地项目目录(2012年本)

限制用地项目目录(2012年本)

一、党政机关新建办公楼项目

1. 中央直属机关、国务院各部门、省(区、市)及计划单列市党政机关新建办公楼项目：须经国务院批准

2. 中央和国家机关所属机关事业单位新建办公楼项目：须经国家发展改革委批准(使用中央预算内投资7000万元以上的，须经国务院批准)

3. 省直厅(局)级单位和地、县级党政机关新建办公楼项目：须经省级人民政府批准

4. 地、县级党政机关直属单位和乡镇党政机关新建办公楼项目：须经地级人民政府(行署)批准

二、城市主干道路项目

用地红线宽度(包括绿化带)不得超过下列标准：小城市和建制镇40米，中等城市55米，大城市70米。200万人口以上特大城市主干道路确需超过70米的，城市总体规划中应有专项说明

三、城市游憩集会广场项目

用地面积不得超过下列标准：小城市和建制镇1公顷，中等城市2公顷，大城市3公顷，200万人口以上特大城市5公顷

四、住宅项目

1. 宗地出让面积不得超过下列标准：小城市和建制镇7公顷，中等城市14公顷，大城市20公顷

2. 容积率不得低于以下标准：1.0(含1.0)

五、农林业项目

1. 普通刨花板、高中密度纤维板生产装置不得低于以下规模：单线5万立方米/年

2. 木质刨花板生产装置不得低于以下规模：单线3万立方米/年

3. 松香生产不得低于以下规模：1000吨/年

4. 一次性木制品与木制包装的生产和使用：不得以优质林木为原料；木竹加工项目：木竹加工综合利用率不得偏低

5. 胶合板和细木工板生产线不得低于以下规模：1万立方米/年

6. 根雕制造：不得以珍稀植物为原料

7. 珍贵濒危野生动植物加工：不得以野外资源为原料

六、黄金项目

1. 独立氰化不得低于以下标准：日处理金精矿100吨，原料自供能力50%

2. 独立黄金选矿厂不得低于以下标准：日处理矿石200吨，配套采矿系统

3. 火法冶炼不得低于以下规模：日处理金精矿100吨

4. 独立堆浸场不得低于以下规模：东北、华北、西北地区年处理矿石10万吨；华东、中南、西南年处理矿石20万吨

5. 采选不得低于以下规模：日处理岩金矿石100吨

6. 砂金开采不得低于以下规模：年处理砂金矿砂30万立方米

七、其他项目

下列项目禁止占用耕地，亦不得通过先行办理城市分批次农用地转用等形式变相占用耕地：

1. 机动车交易市场、家具城、建材城等大型商业设施项目

2. 大型游乐设施、主题公园(影视城)、仿古城项目

3. 大套型住宅项目(指单套住房建筑面积超过144平方米的住宅项目)

4. 赛车场项目

5. 公墓项目

6. 机动车训练场项目

禁止用地项目目录(2012年本)

一、农林业

1. 兽用粉剂、散剂、预混剂生产线项目(持有新兽药证书的品种和自动化密闭式高效率混合生产工艺除外)

2. 转瓶培养生产方式的兽用细胞苗生产线项目(持有新兽药证书的品种和采用新技术的除外)

3. 松脂初加工项目

4. 缺水地区、国家生态脆弱区纸浆原料林基地建设项目

5. 粮食转化乙醇、食用植物油料转化生物燃料项目

二、煤炭

1. 在国家发布新的煤炭产业政策前,单井井型不得低于以下规模:山西、内蒙古、陕西120万吨/年;重庆、四川、贵州、云南15万吨/年;福建、江西、湖北、湖南、广西9万吨/年;其他地区30万吨/年

2. 新建煤与瓦斯矿井不得低于以下规模:高瓦斯矿井30万吨/年,煤与瓦斯突出矿井45万吨/年(2015年前)

3. 采用非机械化开采工艺的煤矿项目

4. 设计的煤炭资源回收率达不到国家规定要求的煤矿项目

三、电力

1. 小电网外,单机容量30万千瓦及以下的常规燃煤火电机组

2. 小电网外,发电煤耗高于300克标准煤/千瓦时的湿冷发电机组,发电煤耗高于305克标准煤/千瓦时的空冷发电机组

3. 直接向江河排放冷却水的火电机组

4. 无下泄生态流量的引水式水力发电

四、石化化工

1. 新建1000万吨/年以下常减压、150万吨/年以下催化裂化、100万吨/年以下连续重整(含芳烃抽提)、150万吨/年以下加氢裂化生产装置

2. 新建80万吨/年以下石脑油裂解制乙烯、13万吨/年以下丙烯腈、100万吨/年以下精对苯二甲酸、20万吨/年以下乙二醇、20万吨/年以下苯乙烯(干气制乙苯工艺除外)、10万吨/年以下己内酰胺、乙烯法醋酸、30万吨/年以下羰基合成法醋酸、天然气制甲醇、100万吨/年以下煤制甲醇生产装置(综合利用除外),丙酮氰醇法丙烯酸、粮食法丙酮/丁醇、氯醇法环氧丙烷和皂化法环氧氯丙烷生产装置,300吨/年以下皂素(含水解物,综合利用除外)生产装置

3. 新建7万吨/年以下聚丙烯(连续法及间歇法)、20万吨/年以下聚乙烯、乙炔法聚氯乙烯、起始规模小于30万吨/年的乙烯氧氯化法聚氯乙烯、10万吨/年以下聚苯乙烯、20万吨/年以下丙烯腈/丁二烯/苯乙烯共聚物(ABS,本体连续法除外)、3万吨/年以下普通合成胶乳-羧基丁苯胶(含丁苯胶乳)生产装置,新建、改扩建溶剂型氯丁橡胶类、丁苯热塑性橡胶类、聚氨酯类和聚丙烯酸酯类等通用型胶粘剂生产装置

4. 新建纯碱、烧碱、30万吨/年以下硫磺制酸、20万吨/年以下硫铁矿制酸、常压法及综合法硝酸、电石(以大型先进工艺设备进行等量替换的除外)、单线产能5万吨/年以下氢氧化钾生产装置

5. 新建三聚磷酸钠、六偏磷酸钠、三氯化磷、五硫化二磷、饲料磷酸氢钙、氯酸钠、少钙焙烧工艺重铬酸钠、电解二氧化锰、普通级碳酸钙、无水硫酸钠(盐业联产及副产除外)、碳酸钡、硫酸钡、氢氧化钡、氯化钡、硝酸钡、碳酸锶、白炭黑(气相法除外)、氯化胆碱、平炉法高锰酸钾、大锅蒸发法硫化钠生产装置

6. 新建黄磷,起始规模小于3万吨/年、单线产能小于1万吨/年氰化钠(折100%),单线产能5千吨/年以下碳酸锂、氢氧化锂,单线产能2万吨/年以下无水氟化铝或中低分子比冰晶石生产装置

7. 新建以石油(高硫石油焦除外)、天然气为原料的氮肥,采用固定层间歇气化技术合成氨,磷铵生产装置,铜洗法氨合成原料气净化工艺项目

8. 新建高毒、高残留以及对环境影响大的农药原药(包括氧乐果、水胺硫磷、甲基异柳磷、甲拌磷、特丁磷、杀扑磷、溴甲烷、灭多威、涕灭威、克百威、敌鼠钠、敌鼠酮、杀鼠灵、杀鼠醚、溴敌隆、溴鼠灵、肉毒素、杀虫双、灭线磷、硫丹、磷化铝、三氯杀螨醇,有机氯类、有机锡类杀虫剂,福美类杀菌剂,复硝酚钠(钾)等)生产装置

9. 新建草甘膦、毒死蜱(水相法工艺除外)、三唑磷、百草枯、百菌清、阿维菌素、吡虫啉、乙草胺(甲叉法工艺除外)生产装置

10. 新建硫酸法钛白粉、铅铬黄、1万吨/年以下氧化铁系颜料、溶剂型涂料(不包括鼓励类的涂料品种和生产工艺)、含异氰脲酸三缩水甘油酯(TGIC)的粉末涂料生产装置

11. 新建染料、染料中间体、有机颜料、印染助剂生产装置(不包括鼓励类的染料产品和生产工艺)

12. 新建氟化氢(HF)(电子级及湿法磷酸配套除外),新建初始规模小于20万吨/年、单套规模小于10万吨/年的甲基氯硅烷单体生产装置,10万吨/年以下(有机硅配套除外)和10万吨/年及以上、没有副产四氯化碳配套处置设施的甲烷氯化物生产装置,新建、改扩建含氢氯氟烃(HCFCs)(作为原料用的除外),全氟辛基磺酰化

合物(PFOS)和全氟辛酸(PFOA),六氟化硫(SF_6)(高纯级除外)生产装置

13. 新建斜交轮胎和力车胎(手推车胎)、锦纶帘线、3万吨/年以下钢丝帘线、常规法再生胶(动态连续脱硫工艺除外)、橡胶塑解剂五氯硫酚、橡胶促进剂二硫化四甲基秋兰姆(TMTD)生产装置

五、信息产业

1. 激光视盘机生产线(VCD系列整机产品)

2. 模拟CRT黑白及彩色电视机项目

六、钢铁

1. 未同步配套建设干熄焦、装煤、推焦除尘装置的炼焦项目

2. 180平方米以下烧结机(铁合金烧结机除外)

3. 有效容积400立方米以上1200立方米以下炼铁高炉;1200立方米及以上但未同步配套煤粉喷吹装置、除尘装置、余压发电装置,能源消耗大于430公斤标煤/吨、新水耗量大于2.4立方米/吨等达不到标准的炼铁高炉

4. 公称容量30吨以上100吨以下炼钢转炉;公称容量100吨及以上但未同步配套煤气回收、除尘装置,新水耗量大于3立方米/吨等达不到标准的炼钢转炉

5. 公称容量30吨以上100吨(合金钢50吨)以下电炉;公称容量100吨(合金钢50吨)及以上但未同步配套烟尘回收装置,能源消耗大于98公斤标煤/吨、新水耗量大于3.2立方米/吨等达不到标准的电炉

6. 1450毫米以下热轧带钢(不含特殊钢)项目

7. 30万吨/年及以下热镀锌板卷项目

8. 20万吨/年及以下彩色涂层板卷项目

9. 含铬质耐火材料生产项目

10. 普通功率和高功率石墨电极压型设备、焙烧设备和生产线

11. 直径600毫米以下或2万吨/年以下的超高功率石墨电极生产线

12. 8万吨/年以下预焙阳极(炭块)、2万吨/年以下普通阴极炭块、4万吨/年以下炭电极生产线

13. 单机120万吨/年以下的球团设备(铁合金球团除外)

14. 顶装焦炉炭化室高度<6.0米、捣固焦炉炭化室高度<5.5米,100万吨/年以下焦化项目,热回收焦炉的项目,单炉7.5万吨/年以下、每组30万吨/年以下、总年产60万吨以下的半焦(兰炭)项目

15. 3000千伏安及以上,未采用热装热兑工艺的中低碳锰铁、电炉金属锰和中低微碳铬铁精炼电炉

16. 300立方米以下锰铁高炉;300立方米及以上,但焦比高于1320千克/吨的锰铁高炉;规模小于10万吨/年的高炉锰铁企业

17. 1.25万千伏安以下的硅钙合金和硅钙钡铝合金矿热电炉;1.25万千伏安及以上,但硅钙合金电耗高于11000千瓦时/吨的矿热电炉

18. 1.65万千伏安以下硅铝合金矿热电炉;1.65万千伏安及以上,但硅铝合金电耗高于9000千瓦时/吨的矿热电炉

19. 2×2.5万千伏安以下普通铁合金矿热电炉(中西部具有独立运行的小水电及矿产资源优势的国家确定的重点贫困地区,矿热电炉容量<2×1.25万千伏安);2×2.5万千伏安及以上,但变压器未选用有载电动多级调压的三相或三个单相节能型设备,未实现工艺操作机械化和控制自动化,硅铁电耗高于8500千瓦时/吨,工业硅电耗高于12000千瓦时/吨,电炉锰铁电耗高于2600千瓦时/吨,硅锰合金电耗高于4200千瓦时/吨,高碳铬铁电耗高于3200千瓦时/吨,硅铬合金电耗高于4800千瓦时/吨的普通铁合金矿热电炉

20. 采用间断浸出、间断送液的电解金属锰浸出工艺的项目;10000吨/年以下电解金属锰单条生产线(一台变压器),电解金属锰生产总规模为30000吨/年以下的项目

21. 采用反射炉焙烧钼精矿工艺或虽未采用反射炉焙烧钼精矿工艺但未配备SO_2回收装置的钼铁生产线

22. 采用反射炉还原、煅烧红矾钠、铬酐生产工艺的金属铬生产线

七、有色金属

1. 新建、扩建钨、锡、锑开采、冶炼项目

2. 新建、扩建钼金属资源量小于20万吨、开采规模小于100万吨/年的钼矿项目

3. 稀土开采、选矿、冶炼、分离项目(在确保产能总量不增加的前提下,有利于布局优化和兼并重组的项目除外)

4. 氧化锑、铅锡焊料生产项目

5. 单系列10万吨/年规模以下粗铜冶炼项目

6. 电解铝项目(淘汰落后生产能力置换项目及优化产业布局项目除外)

7. 铅冶炼项目(单系列5万吨/年规模及以上,不新增产能的技改和环保改造项目除外)

8. 单系列10万吨/年规模以下锌冶炼项目(直接浸出除外)

9. 镁冶炼项目（综合利用项目除外）

10. 10万吨/年以下的独立铝用炭素项目

11. 新建单系列生产能力5万吨/年及以下、改扩建单系列生产能力2万吨/年及以下、以及资源利用、能源消耗、环境保护等指标达不到行业准入条件要求的再生铅项目

八、黄金

1. 在林区、基本农田、河道中开采砂金项目

九、建材

1. 2000吨/日以下熟料新型干法水泥生产线，60万吨/年以下水泥粉磨站

2. 普通浮法玻璃生产线

3. 150万平方米/年及以下的建筑陶瓷生产线

4. 60万件/年以下的隧道窑卫生陶瓷生产线

5. 3000万平方米/年以下的纸面石膏板生产线

6. 无碱、中碱玻璃球生产线、铂金坩埚球法拉丝玻璃纤维生产线

7. 粘土空心砖生产线（陕西、青海、甘肃、新疆、西藏、宁夏除外）和粘土实心砖生产线

8. 15万平方米/年以下的石膏（空心）砌块生产线、单班2.5万立方米/年以下的混凝土小型空心砌块以及单班15万平方米/年以下的混凝土铺地砖固定式生产线、5万立方米/年以下的人造轻集料（陶粒）生产线

9. 10万立方米/年以下的加气混凝土生产线

10. 3000万标砖/年以下的煤矸石、页岩烧结实心砖生产线

11. 10000吨/年以下岩（矿）棉制品生产线和8000吨/年以下玻璃棉制品生产线

12. 100万米/年及以下预应力高强混凝土离心桩生产线

13. 预应力钢筒混凝土管（简称PCCP管）生产线：PCCP-L型：年设计生产能力≤50千米，PCCP-E型：年设计生产能力≤30千米

十、医药

1. 新建、扩建古龙酸和维生素C原粉（包括药用、食品用和饲料用、化妆品用）生产装置，新建药品、食品、饲料、化妆品等用途的维生素B1、维生素B2、维生素B12（综合利用除外）、维生素E原料生产装置

2. 新建青霉素工业盐、6-氨基青霉烷酸（6-APA）、化学法生产7-氨基头孢烷酸（7-ACA）、7-氨基-3-去乙酰氧基头孢烷酸（7-ADCA）、青霉素V、氨苄青霉素、羟氨苄青霉素、头孢菌素c发酵、土霉素、四环素、氯霉素、安乃近、扑热息痛、林可霉素、庆大霉素、双氢链霉素、丁胺卡那霉素、麦迪霉素、柱晶白霉素、环丙氟哌酸、氟哌酸、氟嗪酸、利福平、咖啡因、柯柯豆碱生产装置

3. 新建紫杉醇（配套红豆杉种植除外）、植物提取法黄连素（配套黄连种植除外）生产装置

4. 新建、改扩建药用丁基橡胶塞、二步法生产输液用塑料瓶生产装置

5. 新开办无新药证书的药品生产企业

6. 新建及改扩建原料含有尚未规模化种植或养殖的濒危动植物药材的产品生产装置

7. 新建、改扩建充汞式玻璃体温计、血压计生产装置、银汞齐齿科材料、新建2亿支/年以下一次性注射器、输血器、输液器生产装置

十一、机械

1. 2臂及以下凿岩台车制造项目

2. 装岩机（立爪装岩机除外）制造项目

3. 3立方米及以下小矿车制造项目

4. 直径2.5米及以下绞车制造项目

5. 直径3.5米及以下矿井提升机制造项目

6. 40平方米及以下筛分机制造项目

7. 直径700毫米及以下旋流器制造项目

8. 800千瓦及以下采煤机制造项目

9. 斗容3.5立方米及以下矿用挖掘机制造项目

10. 矿用搅拌、浓缩、过滤设备（加压式除外）制造项目

11. 低速汽车（三轮汽车、低速货车）（自2015年起执行与轻型卡车同等的节能与排放标准）

12. 单缸柴油机制造项目

13. 配套单缸柴油机的皮带传动小四轮拖拉机，配套单缸柴油机的手扶拖拉机，滑动齿轮换挡、排放达不到要求的50马力以下轮式拖拉机

14. 30万千瓦及以下常规燃煤火力发电设备制造项目（综合利用、热电联产机组除外）

15. 电线、电缆制造项目（用于新能源、信息产业、航天航空、轨道交通、海洋工程等领域的特种电线电缆除外）

16. 非数控金属切削机床制造项目

17. 6300千牛及以下普通机械压力机制造项目

18. 非数控剪板机、折弯机、弯管机制造项目

19. 普通高速钢钻头、铣刀、锯片、丝锥、板牙项目

20. 棕刚玉、绿碳化硅、黑碳化硅等烧结块及磨料制造项目

21. 直径450毫米以下的各种结合剂砂轮（钢轨打

磨砂轮除外)

22. 直径400毫米及以下人造金刚石切割锯片制造项目

23. P0级、直径60毫米以下普通微小型轴承制造项目

24. 220千伏及以下电力变压器(非晶合金、卷铁芯等节能配电变压器除外)

25. 220千伏及以下高、中、低压开关柜制造项目(使用环保型中压气体的绝缘开关柜除外)

26. 酸性碳钢焊条制造项目

27. 民用普通电度表制造项目

28. 8.8级以下普通低档标准紧固件制造项目

29. 驱动电动机功率560千瓦及以下、额定排气压力1.25兆帕及以下,一般用固定的往复活塞空气压缩机制造项目

30. 普通运输集装干箱项目

31. 56英寸及以下单级中开泵制造项目

32. 通用类10兆帕及以下中低压碳钢阀门制造项目

33. 5吨/小时及以下短炉龄冲天炉

34. 有色合金六氯乙烷精炼、镁合金SF_6保护

35. 冲天炉熔化采用冶金焦

36. 采用无再生的水玻璃砂造型制芯工艺的项目

37. 盐浴氮碳、硫氮碳共渗炉及盐

38. 电子管高频感应加热设备

39. 亚硝盐缓蚀、防腐剂

40. 铸/锻造用燃油加热炉

41. 锻造用燃煤加热炉

42. 手动燃气锻造炉

43. 蒸汽锤

44. 弧焊变压器

45. 含铅和含镉钎料

46. 新建全断面掘进机整机组装项目

47. 新建万吨级以上自由锻造液压机项目

48. 新建普通铸锻件项目

49. 动圈式和抽头式手工焊条弧焊机

50. Y系列(IP44)三相异步电动机(机座号80~355)及其派生系列,Y2系列(IP54)三相异步电动机(机座号63~355)

51. 背负式手动压缩式喷雾器

52. 背负式机动喷雾喷粉机

53. 手动插秧机

54. 青铜制品的茶叶加工机械

55. 双盘摩擦压力机

56. 含铅粉末冶金件

57. 出口船舶分段建造项目

58. 新建风电装备整机制造厂项目

59. 排放标准国三及以下的机动车用发动机

60. 4档及以下机械式车用自动变速箱(AT)

十二、轻工

1. 聚氯乙烯普通人造革生产线

2. 年加工生皮能力20万标张牛皮以下的生产线,年加工蓝湿皮能力10万标张牛皮以下的生产线

3. 超薄型(厚度低于0.015毫米)塑料袋和超薄型(厚度低于0.025毫米)塑料购物袋生产

4. 新建以含氢氯氟烃(HCFCs)为发泡剂的聚氨酯泡沫塑料生产线、连续挤出聚苯乙烯泡沫塑料(XPS)生产线

5. 聚氯乙烯(PVC)食品保鲜包装膜

6. 普通照明白炽灯、高压汞灯

7. 最高转速低于4000针/分的平缝机(不含厚料平缝机)和最高转速低于5000针/分的包缝机

8. 电子计价秤(准确度低于最大称量的1/3000,称量≤15千克)、电子皮带秤(准确度低于最大称量的5/1000)、电子吊秤(准确度低于最大称量的1/1000,称量≤50吨)、弹簧度盘秤(准确度低于最大称量的1/400,称量≤8千克)

9. 电子汽车衡(准确度低于最大称量的1/3000,称量≤300吨)、电子静态轨道衡(准确度低于最大称量的1/3000,称量≤150吨)、电子动态轨道衡(准确度低于最大称量的1/500,称量≤150吨)

10. 玻璃保温瓶胆生产线

11. 3万吨/年及以下的玻璃瓶罐生产线

12. 以人工操作方式制备玻璃配合料及秤量

13. 未达到日用玻璃行业清洁生产评价指标体系规定指标的玻璃窑炉

14. 生产能力小于18000瓶/时的啤酒灌装生产线

15. 羰基合成法及齐格勒法生产的脂肪醇产品

16. 热法生产三聚磷酸钠生产线

17. 单层喷枪洗衣粉生产工艺及装备、1.6吨/小时以下规模磺化装置

18. 糊式锌锰电池、镉镍电池

19. 牙膏生产线

20. 100万吨/年以下北方海盐项目;新建南方海盐盐场项目;60万吨/年以下矿(井)盐项目

21. 单色金属板胶印机

22. 新建单条化学木浆30万吨/年以下、化学机械木浆10万吨/年以下、化学竹浆10万吨/年以下的生产线；新闻纸、铜版纸生产线

23. 元素氯漂白制浆工艺

24. 原糖加工项目及日处理甘蔗5000吨（云南地区3000吨）、日处理甜菜3000吨以下的新建项目

25. 白酒生产线

26. 酒精生产线

27. 5万吨/年及以下且采用等电离交工艺的味精生产线

28. 糖精等化学合成甜味剂生产线

29. 浓缩苹果汁生产线

30. 大豆压榨及浸出项目（黑龙江、吉林、内蒙古大豆主产区除外）；东、中部地区单线日处理油菜籽、棉籽200吨及以下，花生100吨及以下的油料加工项目；西部地区单线日处理油菜籽、棉籽、花生等油料100吨及以下的加工项目

31. 年加工玉米30万吨以下、绝干收率在98%以下玉米淀粉湿法生产线

32. 年屠宰生猪15万头及以下、肉牛1万头及以下、肉羊15万只及以下、活禽1000万只及以下的屠宰建设项目（少数民族地区除外）

33. 3000吨/年及以下的西式肉制品加工项目

34. 2000吨/年及以下的酵母加工项目

35. 冷冻海水鱼糜生产线

十三、纺织

1. 单线产能小于10万吨/年的常规聚酯（PET）连续聚合生产装置

2. 采用常规聚酯的对苯二甲酸二甲酯（DMT）法生产工艺的项目

3. 半连续纺粘胶长丝生产线

4. 间歇式氨纶聚合生产装置

5. 常规化纤长丝用锭轴长1200毫米及以下的半自动卷绕设备

6. 粘胶板框式过滤机

7. 单线产能≤1000吨/年、幅宽≤2米的常规丙纶纺粘法非织造布生产线

8. 25公斤/小时以下梳棉机

9. 200钳次/分钟以下的棉精梳机

10. 5万转/分钟以下自排杂气流纺设备

11. FA502、FA503细纱机

12. 入纬率小于600米/分钟的剑杆织机，入纬率小于700米/分钟的喷气织机，入纬率小于900米/分钟的喷水织机

13. 采用聚乙烯醇浆料（PVA）上浆工艺及产品（涤棉产品，纯棉的高支高密产品除外）

14. 吨原毛洗毛用水超过20吨的洗毛工艺与设备

15. 双宫丝和柞蚕丝的立式缫丝工艺与设备

16. 采用绞纱染色工艺项目

17. 亚氯酸钠漂白设备

十四、烟草

1. 卷烟加工项目

十五、消防

1. 火灾自动报警设备项目

2. 灭火器项目

3. 碳酸氢钠干粉（BC）和环保型水系灭火剂

4. 防火门项目

5. 消防水带项目

6. 消防栓（室内、外）项目

7. 普通消防车（罐类、专项类）项目

十六、民爆产品

1. 非人机隔离的非连续化、自动化雷管装配生产线

2. 非连续化、自动化炸药生产线

3. 高污染的起爆药生产线

4. 高能耗、高污染、低性能工业粉状炸药生产线

十七、其他

1. 别墅类房地产开发项目

2. 高尔夫球场项目

3. 赛马场项目

4. 党政机关（含国有企事业单位）新建、改扩建培训中心（基地）和各类具有住宿、会议、餐饮等接待功能的设施或场所建设项目

5. 未依法取得探矿权的矿产资源勘查项目

6. 未依法取得采矿权的矿产资源开采项目

自然资源部关于进一步加强国土空间规划编制和实施管理的通知

·2022年10月18日

·自然资发〔2022〕186号

各省、自治区、直辖市及计划单列市自然资源主管部门，新疆生产建设兵团自然资源局，各省会城市自然资源主管部门：

将主体功能区规划、土地利用规划、城乡规划等空间规划融合为统一的国土空间规划，实现“多规合一”，是党中央、国务院作出的重大决策部署。为深入学习贯彻习近平总书记重要指示批示精神，落实好《全国国土空间规划纲要（2021－2035年）》要求，巩固和深化“多规合一”改革成果，加快地方各级国土空间规划编制报批，强化国土空间规划实施的监督管理，切实维护国土空间规划的权威性和严肃性，现将有关事项通知如下：

一、加快国土空间总体规划编制报批

（一）加快完成各级国土空间总体规划编制。依据《省级国土空间规划编制指南（试行）》《市级国土空间总体规划编制指南（试行）》等相关技术规定，在“三区三线”划定成果基础上，进一步落实国家战略，优化区域和城乡功能布局、用地结构和要素配置，及时形成有效支撑高质量发展和新发展格局的规划成果。要在国土空间规划“一张图”上统筹各类空间开发保护需求，确保空间布局不冲突，功能结构更合理；确保用地规模不突破，资源利用更有效。要将耕地保有量、永久基本农田保护面积、生态保护红线面积、新增建设用地规模等管控指标分解到下级规划。其中，新增建设用地规模应按照城镇建设用地、村庄建设用地、交通水利能源矿产及其他建设用地分解确定。

（二）加快规划成果报批。报国务院审批的省级、市级总体规划成果，请于11月20日前完成专家论证，并征求我部意见；于12月10日前经同级人大常委会审议后，由省级人民政府呈报国务院。本省份省级、市级总体规划可同时上报。上报成果应包括规划文本、图集、说明、专家评审和人大审议意见、国土空间规划“一张图”系统建设成果报告及矢量数据库等。其他市级、县级总体规划应于2023年6月底之前由各省（区、市）完成审批，并由省级自然资源主管部门向我部汇交规划矢量数据库，纳入全国国土空间规划“一张图”系统。

二、严格规划实施监督管理

（一）坚决落实“多规合一”改革要求。各级自然资源主管部门要坚决贯彻党中央、国务院关于“多规合一”改革的战略部署，按照“三定”规定严格履职尽责，研究制定深化改革具体措施。改革不走“回头路”，不在国土空间规划体系之外另设其他空间规划。不得擅自设置、分割或下放规划管理权限。

（二）依法严肃规划许可管理。国有土地使用权出让设置规划条件、核发建设用地规划许可证、建设工程规划许可证、低效用地再开发、落实土地征收成片开发方案、实施城市更新等应严格依据控制性详细规划；实施全域土地综合整治、核发乡村建设规划许可证应严格依据村庄规划或乡镇国土空间规划。编制或修改控制性详细规划应依据市县国土空间总体规划。市县国土空间总体规划批复后，市县自然资源主管部门应结合实际及时推进控制性详细规划的修编报批。不得以专项规划、片区策划、实施方案、城市设计等名义替代详细规划设置规划条件、核发规划许可。要防止为单一地块财务平衡擅自修改规划或变更规划条件。

（三）加强规划与用地政策的融合。国土空间规划管理要更加注重资源资产关系，将国土调查、地籍调查、不动产登记等作为规划编制和实施的工作基础，规划方案要与土地利用、产权置换、强度调节、价格机制等用地政策有机融合，有效推动存量资源资产的盘活利用。

（四）实施规划全生命周期管理。依托国土空间规划“一张图”实施监督系统和监测网络，实现各级规划编制、审批、修改、实施全过程在线管理。建立定期体检、五年评估的常态化规划实施监督机制，将国土空间规划体检评估结果作为编制、审批、修改规划和审计、执法、督察的重要参考。

（五）严格规划实施监督检查。经批准的国土空间规划是各类开发、保护、建设活动的基本依据，不符合国土空间规划的工程建设项目，不得办理用地用海审批和土地供应等手续，不予确权登记。严肃查处违法违规编制、修改和审批国土空间规划、发放规划许可、违反法定规划设置规划条件和“未批先建”等问题。国家自然资源督察机构将按照职责，适时对地方政府国土空间规划实施情况开展督察。

各级自然资源主管部门要按照本通知精神，细化工作举措，保障工作实效，并及时向属地党委、政府报告。部将适时组织优秀规划成果评选，对地方好的经验和做法予以鼓励和推广。

自然生态空间用途管制办法（试行）

· 2017年3月24日

· 国土资发〔2017〕33号

第一章　总　则

第一条　为加强自然生态空间保护，推进自然资源管理体制改革，促进生态文明建设，按照《生态文明体制改革总体方案》要求，制定本办法。

第二条　本办法所称自然生态空间（以下简称生态

空间),是指具有自然属性、以提供生态产品或生态服务为主导功能的国土空间,涵盖需要保护和合理利用的森林、草原、湿地、河流、湖泊、滩涂、岸线、海洋、荒地、荒漠、戈壁、冰川、高山冻原、无居民海岛等。

本办法所称生态保护红线,是指在生态空间范围内具有特殊重要生态功能、必须强制性严格保护的区域,是保障和维护国家生态安全的底线和生命线,通常包括具有重要水源涵养、生物多样性维护、水土保持、防风固沙、海岸生态稳定等功能的生态功能重要区域,以及水土流失、土地沙化、石漠化、盐渍化等生态环境敏感脆弱区域。

第三条　凡涉及生态空间的城乡建设、工农业生产、资源开发利用和整治修复活动,都必须遵守本办法。鉴于海洋国土空间的特殊性,海洋生态空间用途管制相关规定另行制定。

第四条　生态空间用途管制,坚持生态优先、区域统筹、分级分类、协同共治的原则,并与生态保护红线制度和自然资源管理体制改革要求相衔接。

第五条　国家对生态空间依法实行区域准入和用途转用许可制度,严格控制各类开发利用活动对生态空间的占用和扰动,确保依法保护的生态空间面积不减少,生态功能不降低,生态服务保障能力逐渐提高。

第六条　国土资源、发展改革、环境保护、城乡规划主管部门会同水利、农业、林业、海洋等部门,依据有关法律法规,在各自职责范围内对生态空间进行管理,落实用途管制的要求。

第七条　市县级及以上地方人民政府在系统开展资源环境承载能力和国土空间开发适宜性评价的基础上,确定城镇、农业、生态空间,划定生态保护红线、永久基本农田、城镇开发边界,科学合理编制空间规划,作为生态空间用途管制的依据。

第二章　生态空间布局与用途确定

第八条　各级空间规划要综合考虑主体功能定位、空间开发需求、资源环境承载能力和粮食安全,明确本辖区内生态空间保护目标与布局。

国家级、省级空间规划,应明确全国和省域内生态空间保护目标、总体格局和重点区域。市县级空间规划进一步明确生态空间用途分区和管制要求。

第九条　国家在土地、森林、草原、湿地、水域、岸线、海洋和生态环境等调查标准基础上,制定调查评价标准,以全国土地调查成果、自然资源专项调查和地理国情普查成果为基础,按照统一调查时点和标准,确定生态空间用途、权属和分布。

第十条　按照保护需要和开发利用要求,将生态保护红线落实到地块,明确用途,并通过自然资源统一确权登记予以明确,设定统一规范的标识标牌。

第十一条　市县级人民政府应通过组织编制中心城区和乡镇级土地利用总体规划等其他涉及空间开发、利用、保护、整治的规划,落实空间规划要求,对生态空间用途与管制措施进行细化。

第三章　用途管控

第十二条　生态保护红线原则上按禁止开发区域的要求进行管理。严禁不符合主体功能定位的各类开发活动,严禁任意改变用途,严格禁止任何单位和个人擅自占用和改变用地性质,鼓励按照规划开展维护、修复和提升生态功能的活动。因国家重大战略资源勘查需要,在不影响主体功能定位的前提下,经依法批准后予以安排。

生态保护红线外的生态空间,原则上按限制开发区域的要求进行管理。按照生态空间用途分区,依法制定区域准入条件,明确允许、限制、禁止的产业和项目类型清单,根据空间规划确定的开发强度,提出城乡建设、工农业生产、矿产开发、旅游康体等活动的规模、强度、布局和环境保护等方面的要求,由同级人民政府予以公示。

第十三条　从严控制生态空间转为城镇空间和农业空间,禁止生态保护红线内空间违法转为城镇空间和农业空间。加强对农业空间转为生态空间的监督管理,未经国务院批准,禁止将永久基本农田转为城镇空间。鼓励城镇空间和符合国家生态退耕条件的农业空间转为生态空间。

生态空间与城镇空间、农业空间的相互转化利用,应按照资源环境承载能力和国土空间开发适宜性评价,根据功能变化状况,依法由有批准权的人民政府进行修改调整。

第十四条　禁止新增建设占用生态保护红线,确因国家重大基础设施、重大民生保障项目建设等无法避让的,由省级人民政府组织论证,提出调整方案,经环境保护部、国家发展改革委会同有关部门提出审核意见后,报经国务院批准。生态保护红线内的原有居住用地和其他建设用地,不得随意扩建和改建。

严格控制新增建设占用生态保护红线外的生态空间。符合区域准入条件的建设项目,涉及占用生态空间中的林地、草原等,按有关法律法规规定办理;涉及占用生态空间中其他未作明确规定的用地,应当加强论证和管理。

鼓励各地根据生态保护需要和规划,结合土地综合整治、工矿废弃地复垦利用、矿山环境恢复治理等各类工程实施,因地制宜促进生态空间内建设用地逐步有序退出。

第十五条　禁止农业开发占用生态保护红线内的生态空间,生态保护红线内已有的农业用地,建立逐步退出机制,恢复生态用途。

严格限制农业开发占用生态保护红线外的生态空间,符合条件的农业开发项目,须依法由市县级及以上地方人民政府统筹安排。生态保护红线外的耕地,除符合国家生态退耕条件,并纳入国家生态退耕总体安排,或因国家重大生态工程建设需要外,不得随意转用。

第十六条　有序引导生态空间用途之间的相互转变,鼓励向有利于生态功能提升的方向转变,严格禁止不符合生态保护要求或有损生态功能的相互转换。

科学规划、统筹安排荒地、荒漠、戈壁、冰川、高山冻原等生态脆弱地区的生态建设,因各类生态建设规划和工程需要调整用途的,依照有关法律法规办理转用审批手续。

第十七条　在不改变利用方式的前提下,依据资源环境承载能力,对依法保护的生态空间实行承载力控制,防止过度垦殖、放牧、采伐、取水、渔猎、旅游等对生态功能造成损害,确保自然生态系统的稳定。

第四章　维护修复

第十八条　按照尊重规律、因地制宜的原则,明确采取休禁措施的区域规模、布局、时序安排,促进区域生态系统自我恢复和生态空间休养生息。

第十九条　实施生态修复重大工程,分区分类开展受损生态空间的修复。

集体土地所有者、土地使用单位和个人应认真履行有关法定义务,及时恢复因不合理建设开发、矿产开采、农业开垦等破坏的生态空间。

第二十条　树立山水林田湖是一个生命共同体的理念,组织制定和实施生态空间改造提升计划,提升生态斑块的生态功能和服务价值,建立和完善生态廊道,提高生态空间的完整性和连通性。制定激励政策,鼓励集体土地所有者、土地使用单位和个人,按照土地用途,改造提升生态空间的生态功能和生态服务价值。

第五章　实施保障

第二十一条　国家建立自然资源统一确权登记制度,推动建立归属清晰、权责明确、监管有效的自然资源资产产权制度,促进生态空间有效保护。

第二十二条　市县级及以上地方人民政府有关行政主管部门按照各自职责,对生态空间进行管理,同时加强部门协同,实现生态空间的统筹管理和保护。

第二十三条　国家鼓励地方采取协议管护等方式,对生态保护红线进行有效保护。确有需要的,可采取土地征收方式予以保护。

采取协议管护方式的,由有关部门或相应管护机构与生态空间的相关土地权利人签订协议,明确双方权利义务,约定管护和违约责任。鼓励建立土地使用信用制度,对于没有履行管护协议的行为,记入当事人用地信用档案,强化用地监管和检查。

第二十四条　市县级及以上地方人民政府应当建立健全生态保护补偿长效机制和多渠道增加生态建设投入机制,采取资金补助、技术扶持等措施,加强对生态空间保护的补偿。

国家鼓励地区间建立横向生态保护补偿机制,引导生态受益地区与保护地区之间、流域下游与上游之间,通过资金补助、产业转移、移民安置、人才培训、共建园区等方式实施补偿,共同分担生态保护任务。

第二十五条　市县级及以上地方人民政府应当采取措施,确保本行政区域依法保护的生态空间面积不减少、功能不降低、生态服务保障能力逐渐提高。生态空间保护目标完成情况纳入领导干部自然资源资产离任审计,对自然生态损害责任实行终身追究。

市县级人民政府、乡(镇)人民政府、农村集体经济组织或者村民委员会之间,应逐级签订生态保护红线保护责任书,责任书履行情况纳入生态文明建设目标评价考核体系。

第二十六条　结合各地现有工作基础、区域差异和发展阶段,并与国家生态文明试验区、生态保护红线划定、空间规划改革试点、自然资源统一确权登记试点等工作相衔接,在试点地区省、市、县不同层级开展生态空间用途管制试点,总结经验,完善制度。

第六章　监测评估

第二十七条　国土资源部、国家发展改革委、环境保护部、住房城乡建设部会同有关部门,在现有工作基础上,整合建设国家生态空间动态监管信息平台,充分利用陆海观测卫星和各类地面监测站点开展全天候监测,及时掌握生态空间变化情况,建立信息共享机制,并定期向社会公布。建立常态化资源环境承载能力监测预警机制,对超过或接近承载能力的地区,实行预警和限制性措施。

第二十八条　地方人民政府应定期开展专项督查和绩效评估,监督生态空间保护目标、措施落实和相关法律法规、政策的贯彻执行。

市县级人民政府应当建立生态空间保护监督检查制度，定期组织有关行政主管部门对生态空间保护情况进行联合检查，对本行政区域内发生的破坏生态空间的行为，及时责令相关责任主体纠正、整改。

第二十九条　地方各级人民政府应健全生态保护的公众参与和信息公开机制，充分发挥社会舆论和公众的监督作用。加强宣传、教育和科普，提高公众生态意识，形成崇尚生态文明的社会氛围。

第七章　附　则

第三十条　本办法先行在试点地区（见附件）实施；自印发之日起施行。

自然资源部关于规范临时用地管理的通知

· 2021 年 11 月 4 日
· 自然资规〔2021〕2 号

各省、自治区、直辖市及计划单列市自然资源主管部门，新疆生产建设兵团自然资源局，中国地质调查局及部其他直属单位，各派出机构，部机关各司局：

临时用地管理制度是《土地管理法》规定的重要制度之一。近年来，各地结合实际加强临时用地管理，取得一定成效，但也存在临时用地范围界定不规范、超期使用、使用后复垦不到位及违规批准临时用地等问题，甚至触碰了耕地保护红线。为规范和严格临时用地管理，切实加强耕地保护，促进节约集约用地，现就有关事项通知如下：

一、界定临时用地使用范围

临时用地是指建设项目施工、地质勘查等临时使用，不修建永久性建（构）筑物，使用后可恢复的土地（通过复垦可恢复原地类或者达到可供利用状态）。临时用地具有临时性和可恢复性等特点，与建设项目施工、地质勘查等无关的用地，使用后无法恢复到原地类或者复垦达不到可供利用状态的用地，不得使用临时用地。临时用地的范围包括：

（一）建设项目施工过程中建设的直接服务于施工人员的临时办公和生活用房，包括临时办公用房、生活用房、工棚等使用的土地；直接服务于工程施工的项目自用辅助工程，包括农用地表土剥离堆放场、材料堆场、制梁场、拌合站、钢筋加工厂、施工便道、运输便道、地上线路架设、地下管线敷设作业，以及能源、交通、水利等基础设施项目的取土场、弃土（渣）场等使用的土地。

（二）矿产资源勘查、工程地质勘查、水文地质勘查等，在勘查期间临时生活用房、临时工棚、勘查作业及其辅助工程、施工便道、运输便道等使用的土地，包括油气资源勘查中钻井井场、配套管线、电力设施、进场道路等钻井及配套设施使用的土地。

（三）符合法律、法规规定的其他需要临时使用的土地。

二、临时用地选址要求和使用期限

建设项目施工、地质勘查使用临时用地时应坚持“用多少、批多少、占多少、恢复多少”，尽量不占或者少占耕地。使用后土地复垦难度较大的临时用地，要严格控制占用耕地。铁路、公路等单独选址建设项目，应科学组织施工，节约集约使用临时用地。制梁场、拌合站等难以恢复原种植条件的不得以临时用地方式占用耕地和永久基本农田，可以建设用地方式或者临时占用未利用地方式使用土地。临时用地确需占用永久基本农田的，必须能够恢复原种植条件，并符合《自然资源部 农业农村部关于加强和改进永久基本农田保护工作的通知》（自然资规〔2019〕1 号）中申请条件、土壤剥离、复垦验收等有关规定。

临时用地使用期限一般不超过两年。建设周期较长的能源、交通、水利等基础设施建设项目施工使用的临时用地，期限不超过四年。城镇开发边界内临时建设用地规划许可、临时建设工程规划许可的期限应当与临时用地期限相衔接。临时用地使用期限，从批准之日起算。

三、规范临时用地审批

县（市）自然资源主管部门负责临时用地审批，其中涉及占用耕地和永久基本农田的，由市级或者市级以上自然资源主管部门负责审批。不得下放临时用地审批权或者委托相关部门行使审批权。城镇开发边界内使用临时用地的，可以一并申请临时建设用地规划许可和临时用地审批，具备条件的还可以同时申请临时建设工程规划许可，一并出具相关批准文件。油气资源探采合一开发涉及的钻井及配套设施建设用地，可先以临时用地方式批准使用，勘探结束转入生产使用的，办理建设用地审批手续；不转入生产的，油气企业应当完成土地复垦，按期归还。

申请临时用地应当提供临时用地申请书、临时使用土地合同、项目建设依据文件、土地复垦方案报告表、土地权属材料、勘测定界材料、土地利用现状照片及其他必要的材料。临时用地申请人根据土地权属，与县（市）自然资源主管部门或者农村集体经济组织、村民委员会签订临时使用土地合同，明确临时用地的地点、四至范围、面积和现状地类，以及临时使用土地的用途、使用期限、土地复垦标准、补偿费用和支付方式、违约责任等。临时用地申请人应当编制临时用地土地复垦方案报告表，由有关自然资源主管部门负责审核。其中，所申请使用的临时用地位于项目建设用地报批时已批准土地复垦方案范围内的，不再重复编制土地复垦方案报告表。

四、落实临时用地恢复责任

临时用地使用人应当按照批准的用途使用土地，不得转让、出租、抵押临时用地。临时用地使用人应当自临时用地期满之日起一年内完成土地复垦，因气候、灾害等不可抗力因素影响复垦的，经批准可以适当延长复垦期限。

严格落实临时用地恢复责任，临时用地期满后应当拆除临时建（构）筑物，使用耕地的应当复垦为耕地，确保耕地面积不减少、质量不降低；使用耕地以外的其他农用地的应当恢复为农用地；使用未利用地的，对于符合条件的鼓励复垦为耕地。

县（市）自然资源主管部门依法监督临时用地使用人履行复垦义务情况，对逾期不恢复种植条件、违反土地复垦规定的行为，责令限期改正，并依照法律法规的规定进行处罚。按年度统计，县（市）范围内的临时用地，超期一年以上未完成土地复垦规模达到应复垦规模20%以上的，省级自然资源主管部门应当要求所在县（市）暂停审批新的临时用地，根据县（市）整改情况恢复审批。

五、严格临时用地监管

部建立临时用地信息系统。自2022年3月1日起，县（市）自然资源主管部门应当在临时用地批准后20个工作日内，将临时用地的批准文件、合同以及四至范围、土地利用现状照片影像资料信息等传至临时用地信息系统完成系统配号，并向社会公开临时用地批准信息。县（市）自然资源主管部门负责督促临时用地使用人按照土地复垦方案报告表开展土地复垦工作，在信息系统中及时更新土地复垦等信息。

建立定期抽查和定期通报制度，部和省级自然资源主管部门负责定期抽查占用耕地和永久基本农田临时用地的使用和复垦情况，对不符合用地要求和未完成复垦任务的，予以公开通报。国家自然资源督察机构要加强临时用地政策执行情况的监督检查，督促地方政府和部门落实审批和监管责任，整改纠正临时用地违法违规突出问题。

加强"一张图"管理，各级自然资源主管部门在年度国土变更调查、卫片执法检查中要结合临时用地信息系统中的批准文件、合同、影像资料、土地复垦方案报告表等，认真审核临时用地的批准、复垦情况。各级自然资源主管部门要严肃查处违法违规审批、使用临时用地，未按照批准内容进行临时建设，以及临时用地超出复垦期限未完成复垦等行为，处理结果向社会公开通报，并依规依纪依法移送问题线索，追究责任人的责任。

本文件自下发之日起执行，有效期五年。

落实国务院大督查土地利用计划指标奖励实施办法（2023年修订）

·2022年12月28日
·自然资办发〔2022〕54号

根据《国务院办公厅关于新形势下进一步加强督查激励的通知》（国办发〔2021〕49号）精神，对落实有关重大政策措施真抓实干、取得明显成效的地方实行土地利用计划指标奖励，特制订本办法。

一、奖励原则

坚持正向激励的原则，充分激发和调动各地从实际出发干事创业的积极性、主动性和创造性，促进形成担当作为、竞相发展的良好局面。

坚持公平、公开、公正的原则，确保优中选优，充分发挥督查激励和示范引导作用。

坚持定量评价与定性分析相结合的原则，科学开展评估，客观、全面、准确反映地方工作实际。

坚持一切从实际出发的原则，充分考虑东、中、西部地区发展差异，适度向中西部倾斜。

二、奖励条件

（一）落实国家重大政策措施成效显著。每年国务院大督查和日常督查确定的，落实重大政策措施真抓实干、取得明显成效的地区。优先考虑受到国务院大督查表扬的地区。

（二）耕地保护工作突出。根据年度国土变更调查结果和日常监管掌握的数据，落实国土空间规划和"三区三线"划定成果，耕地保护责任落实好，耕地用途管制实施严格，完成省（区、市）下达的耕地和永久基本农田保护任务，落实耕地占补平衡和"进出平衡"，且未被自然资源部或省级自然资源主管部门通报耕地保护问题突出或补充耕地不实的地区。

（三）土地要素保障有力。落实国务院稳经济一揽子政策措施，在守住法律底线和资源安全红线的前提下，依托国土空间规划"一张图"统筹推进重大项目落地，严格执行国土空间规划，落实年度土地利用计划，用地审批质量好、效率高的地区。

（四）土地节约集约利用水平高。根据固定资产投资和GDP分析测算及土地市场动态监测监管系统数据，单位土地投入产出高、经济效益好，同时严格落实增量计划安排与消化存量用地挂钩机制，完成批而未供和闲置土地处置任务，且批后供地率高、土地闲置率低、批而未供增长率低的地区。

（五）土地利用秩序良好。未被自然资源部、国家自然资源督察机构或省级人民政府约谈或启动问责，未发生被自然资源部或省级自然资源主管部门直接立案（含部省联合立案）、挂牌督办案件。除国家和省级立项的交通、能源、水利等重大基础设施项目外，市（地、州、盟）一个年度内违法占用耕地面积低于500亩、县（市、区、旗）一个年度内违法占用耕地面积低于100亩。

三、奖励地区评审程序

（一）确定奖励省份范围。自然资源部在每年年初，对各省（区、市）耕地保护、要素保障、节约集约、用地秩序等方面进行评估，依据评估结果，将前10名的省（区、市）纳入奖励范围。

（二）确定奖励市县名单。纳入奖励范围的省（区、市）自然资源主管部门按奖励条件评选1个市（地、州、盟）或2个县（市、区、旗）作为奖励地区，经负面舆情排查并报省级人民政府审核同意后，将推荐名单和推荐理由报自然资源部。自然资源部对奖励名单进行审核并公示，发现不符合奖励条件的，直接剔除。奖励名单通过审核和公示后报国务院办公厅。

四、奖励措施

自然资源部依据奖励名单，按照每个市（地、州、盟）奖励用地计划指标2000亩，或每个县（市、区、旗）奖励1000亩的标准，在全国土地利用计划中单列下达各省（区、市）。各省（区、市）自然资源主管部门要将奖励的用地计划指标单独下达到受奖励的市（地、州、盟）或县（市、区、旗）。

五、做好宣传解读和跟踪落实

加强奖励政策及奖励成效的宣传解读。省级自然资源主管部门要定期跟踪了解被奖励地区土地计划安排使用情况，督促地方用好奖励土地计划。被奖励地区要及时总结工作成效和好经验、好做法，奖励效果及时报自然资源部。

2. 土地储备

财政部、国土资源部、中国人民银行、银监会关于规范土地储备和资金管理等相关问题的通知

·2016年2月2日

·财综〔2016〕4号

各省、自治区、直辖市、计划单列市财政厅（局）、国土资源主管部门，新疆生产建设兵团财务局、国土资源局，中国人民银行上海总部，各分行、营业管理部，省会（首府）城市中心支行、副省级城市中心支行，各省、自治区、直辖市银监局：

根据《预算法》以及《中共中央 国务院关于分类推进事业单位改革的指导意见》、《国务院关于加强地方政府性债务管理的意见》（国发〔2014〕43号）等有关规定，为规范土地储备和资金管理行为，促进土地储备健康发展，现就有关问题通知如下：

一、清理压缩现有土地储备机构

各地区应当结合事业单位分类改革，对现有土地储备机构进行全面清理。为提高土地储备工作效率，精简机构和人员，每个县级以上（含县级）法定行政区划原则上只能设置一个土地储备机构，统一隶属于所在行政区划国土资源主管部门管理。对于重复设置的土地储备机构，应当在压缩归并的基础上，按规定重新纳入土地储备名录管理。鉴于土地储备机构承担的依法取得土地、进行前期开发、储存以备供应土地等工作主要是为政府部门行使职能提供支持保障，不能或不宜由市场配置资源，因此，按照事业单位分类改革的原则，各地区应当将土地储备机构统一划为公益一类事业单位。各地区应当将现有土地储备机构中从事政府融资、土建、基础设施建设、土地二级开发业务部分，从现有土地储备机构中剥离出去或转为企业，上述业务对应的人员、资产和债务等也相应剥离或划转。上述工作由地方各级国土资源主管部门商同级财政部门、人民银行分支机构、银监部门等机构提出具体意见，经同级人民政府批准后实施，并于2016年12月31日前完成。

二、进一步规范土地储备行为

按照《国土资源部 财政部 人民银行关于印发〈土地储备管理办法〉的通知》（国土资发〔2007〕277号）和《国土资源部 财政部 人民银行 银监会关于加强土地储备与融资管理的通知》（国土资发〔2012〕162号）的规定，各地区应当进一步规范土地储备行为。土地储备工作只能由

纳入名录管理的土地储备机构承担，各类城投公司等其他机构一律不得再从事新增土地储备工作。土地储备机构不得在土地储备职能之外，承担与土地储备职能无关的事务，包括城市基础设施建设、城镇保障性安居工程建设等事务，已经承担的上述事务应当按照本通知第一条规定限期剥离和划转。

三、合理确定土地储备总体规模

各地土地储备总体规模，应当根据当地经济发展水平、当地财力状况、年度土地供应量、年度地方政府债务限额、地方政府还款能力等因素确定。现有土地储备规模偏大的，要加快已储备土地的前期开发和供应进度，相应减少或停止新增以后年度土地储备规模，避免由于土地储备规模偏大而形成土地资源利用不充分和地方政府债务压力。

四、妥善处置存量土地储备债务

对清理甄别后认定为地方政府债务的截至 2014 年 12 月 31 日的存量土地储备贷款，应纳入政府性基金预算管理，偿债资金通过政府性基金预算统筹安排，并逐步发行地方政府债券予以置换。

五、调整土地储备筹资方式

土地储备机构新增土地储备项目所需资金，应当严格按照规定纳入政府性基金预算，从国有土地收益基金、土地出让收入和其他财政资金中统筹安排，不足部分在国家核定的债务限额内通过省级政府代发地方政府债券筹集资金解决。自 2016 年 1 月 1 日起，各地不得再向银行业金融机构举借土地储备贷款。地方政府应在核定的债务限额内，根据本地区土地储备相关政府性基金收入、地方政府性债务风险等因素，合理安排年度用于土地储备的债券发行规模和期限。

六、规范土地储备资金使用管理

根据《预算法》等法律法规规定，从 2016 年 1 月 1 日起，土地储备资金从以下渠道筹集：一是财政部门从已供应储备土地产生的土地出让收入中安排给土地储备机构的征地和拆迁补偿费用、土地开发费用等储备土地过程中发生的相关费用。二是财政部门从国有土地收益基金中安排用于土地储备的资金。三是发行地方政府债券筹集的土地储备资金。四是经财政部门批准可用于土地储备的其他资金。五是上述资金产生的利息收入。土地储备资金主要用于征收、收购、优先购买、收回土地以及储备土地供应前的前期开发等土地储备开支，不得用于土地储备机构日常经费开支。土地储备机构所需的日常经费，应当与土地储备资金实行分账核算，不得相互混用。

土地储备资金的使用范围包括：

（一）征收、收购、优先购买或收回土地需要支付的土地价款或征地和拆迁补偿费用。包括土地补偿费和安置补助费、地上附着物和青苗补偿费、拆迁补偿费，以及依法需要支付的与征收、收购、优先购买或收回土地有关的其他费用。

（二）征收、收购、优先购买或收回土地后进行必要的前期土地开发费用。储备土地的前期开发，仅限于与储备宗地相关的道路、供水、供电、供气、排水、通讯、照明、绿化、土地平整等基础设施建设。各地不得借土地储备前期开发，搭车进行与储备宗地无关的上述相关基础设施建设。

（三）按照本通知规定需要偿还的土地储备存量贷款本金和利息支出。

（四）经同级财政部门批准的与土地储备有关的其他支出。包括土地储备工作中发生的地籍调查、土地登记、地价评估以及管护中围栏、围墙等建设等支出。

七、推动土地收储政府采购工作

地方国土资源主管部门应当积极探索政府购买土地征收、收购、收回涉及的拆迁安置补偿服务。土地储备机构应当积极探索通过政府采购实施储备土地的前期开发，包括与储备宗地相关的道路、供水、供电、供气、排水、通讯、照明、绿化、土地平整等基础设施建设。地方财政部门、国土资源主管部门应当会同辖区内土地储备机构制定项目管理办法，并向社会公布项目实施内容、承接主体或供应商条件、绩效评价标准、最终结果、取得成效等相关信息，严禁层层转包。项目承接主体或供应商应当严格履行合同义务，按合同约定数额获取报酬，不得与土地使用权出让收入挂钩，也不得以项目所涉及的土地名义融资或者变相融资。对于违反规定的行为，将按照《预算法》、《政府采购法》、《政府采购法实施条例》、《政府购买服务管理办法（暂行）》等规定进行处理。

八、加强土地储备项目收支预决算管理

土地储备机构应当于每年第三季度根据当地经济发展水平、上年度地方财力状况、近三年土地供应量、上年度地方政府债务限额、地方政府还款能力等因素，按照宗地编制下一年度土地储备资金收支项目预算，经主管部门审核后，报同级财政部门审定。其中：属于政府采购范围的应当按照规定编制政府采购预算，属于政府购买服务项目的应当同时编制政府购买服务预算，并严格按照有关规定执行。地方财政部门应当认真审核土地储备资金收支预算，统筹安排政府性基金预算、地方政府债券收入和存量贷款资金。土地储备支出首先从国有土地收益基金、土地出让收入、存量贷款资金中安排，不足部分再通过省级政府发行的地方政府债券筹集资金解决。财政部门应当及时批复土地储备机构土地储备项目收支预算。

土地储备机构应当严格按照同级财政部门批复的预算执行，并根据土地收购储备的工作进度，提出用款申请，经主管部门审核后，报同级财政部门审批。其中：属于财政性资金的土地储备支出，按照财政国库管理制度的有关规定执行。土地储备机构需要调整土地储备资金收支项目预算的，应当按照规定编制预算调整方案，经主管部门审核后，按照规定程序报同级财政部门批准后执行。

每年年度终了，土地储备机构要按照同级财政部门规定，向同级财政部门报送土地储备资金收支项目决算，并详细提供宗地支出情况。土地储备资金收支项目决算由同级财政部门负责审核或者由具有良好信誉、执业质量高的会计师事务所等相关中介机构进行审核。

土地储备机构应当按照国家关于资产管理的有关规定，做好土地储备资产的登记、核算、评估等各项工作。

九、落实好相关部门责任

规范土地储备和资金管理行为，是进一步完善土地储备制度，促进土地储备健康发展的重要举措。各级财政、国土资源部门和人民银行分支机构、银监部门等要高度重视，密切合作，周密部署，强化督导，确保上述各项工作顺利实施。

财政部、国土资源部、人民银行、银监会将按照职责分工，会同有关部门抓紧修订《土地储备管理办法》、《土地储备资金财务管理暂行办法》、《土地储备资金会计核算办法（试行）》、《土地储备统计报表》等相关制度。

省级财政、国土资源主管部门和人民银行分支机构、银监部门应当加强对市县土地储备和资金管理工作的指导，督促市县相关部门认真贯彻落实本通知规定，并于2017年3月31日前，将本地区贯彻落实情况以书面形式报告财政部、国土资源部、人民银行和银监会。

此前土地储备和资金管理的相关规定与本通知规定不一致的，以本通知规定为准。

国土资源部、财政部、中国人民银行、中国银行业监督管理委员会关于加强土地储备与融资管理的通知

·2012年11月5日

·国土资发〔2012〕162号

各省、自治区、直辖市及副省级城市国土资源主管部门、财政厅（局），新疆生产建设兵团国土资源局、财务局，中国人民银行上海总部、各分行、营业管理部、省会（首府）城市中心支行、副省级城市中心支行，各银监局：

为加强土地储备机构、业务和资金管理，规范土地储备融资行为，切实防范金融风险，保障土地储备工作规范和健康运行，现将有关问题通知如下：

一、加强土地储备机构管理

国土资源主管部门统一归口管理土地储备工作，按照《土地储备管理办法》（国土资发〔2007〕277号）的规定，建立土地储备机构名录（以下简称“名录”）。市、县国土资源主管部门应将符合规定的机构信息逐级上报至省级国土资源主管部门，经省级国土资源主管部门审核后报国土资源部，列入名录并定期更新。国土资源部将名录或更新结果抄送财政部、中国人民银行和银监会，地方各级国土资源主管部门将经审核后的名录抄送同级财政部门、人民银行分支机构和银行业监督管理部门。

国土资源部利用土地市场动态监测与监管系统，监测监管土地储备机构业务开展情况。列入名录的土地储备机构，应将纳入储备土地、已供储备土地、储备资金收支、各类融资等相关信息，通过国土资源主干网录入上传，尚未开通国土资源主干网的市、县，通过互联网录入上传，作为土地管理、财政预算、金融贷款监督检查的主要依据。同级国土资源主管部门应监督核准上传信息。国土资源部及省级国土资源主管部门定期向同级财政及人民银行分支机构、银行业监督管理部门抄送相关信息。

二、合理确定储备土地规模结构

土地储备机构要加强对当地经济社会发展及土地市场形势分析，根据用地需求预测及市场调控的方向提出合理建议，严格控制土地储备总规模和融资规模。

土地储备机构应于每年第三季度，编制下一年度土地储备计划。年度土地储备计划是制定年度土地储备资金收支预算、确定年度土地储备融资规模的主要依据。年度土地储备计划中，新增储备土地规模（含本年度收储

已在本年度供应的储备土地），原则上应控制在市、县本级前三年平均年供应的储备土地量之内。优先收购储备空闲、低效利用及其他现有建设用地，积极开展工业用地储备。储备土地应优先用于保障性安居工程及其他公益性事业。同级国土资源、财政部门和人民银行分支机构负责审核调整年度土地储备计划，报同级人民政府批准，并报上级国土资源主管部门备案。

三、加强储备土地前期开发管理

土地储备机构应组织开展对储备土地的前期开发，为政府供应"净地"提供有效保障。进行道路、供水、供电、供气、排水、通讯、照明、绿化、土地平整等基础设施建设的，应通过公开招标方式选择工程设计、施工和监理等单位，不得通过下设机构进行工程建设。有下设或挂靠从事工程建设机构的，必须与土地储备机构彻底脱钩。前期开发工程施工期间，土地储备机构要予以监督管理，工程完成后，土地储备机构要组织开展验收，验收工作参照相关工程验收有关规定执行。对储备土地的管护和临时使用，土地储备机构可设立内部机构进行管理，也可通过公开招标方式选择管理单位。

四、加强土地收储及管护工作

列入名录的土地储备机构，同级国土资源主管部门可依据土地储备计划，按照相关规定将依法收回的国有土地、收购的土地、行使优先购买权取得的土地、已办理农用地转用、征收批准手续并完成征地的土地以及政府依法取得的其他土地等交由其储备。

纳入政府储备的土地必须是产权清晰的土地。相关土地纳入储备前，土地储备机构应对土地取得方式及程序的合规性、经济补偿（政府无偿收回的除外）、土地权利（包括他项权利）等情况进行认真核查，对取得方式及程序不合规、补偿不到位、土地权属不清晰、未办理土地登记手续、应注销而未注销原土地登记手续、已设立土地他项权利未依法解除的，不得纳入储备。

土地储备机构应对纳入储备的土地采取自行管护、委托管护、临时利用等方式进行管护。建立巡查制度，对侵害储备土地权利的行为要做到早发现、早制止、早处理。

储备土地的临时利用，应报同级人民政府国土资源主管部门、财政部门同意。其中，在城市规划区内储备土地的临时使用，需搭建建筑物、构筑物的，在报批前，应当先经城市规划行政主管部门同意；设立抵押权的储备土地临时使用，应征得抵押权人的书面同意。土地储备机构应与土地使用者签订临时使用土地合同，明确土地用途、期限、经济补偿、不得修建永久性建筑物、到期地面建筑物处理及提前终止使用经济关系的处理等事宜。临时使用储备土地的期限不得超过二年，且不得转包。临时使用储备土地取得的收入，按照非税收入收缴管理办法规定，全部缴入同级国库，纳入公共预算，实行"收支两条线"管理。

五、规范土地储备融资行为

土地储备机构确需融资的，应纳入地方政府性债务统一管理，执行地方政府性债务管理的统一政策。同级财政部门应会同国土资源主管部门、人民银行分支机构，根据年度土地储备计划，核定土地储备融资规模，经同级人民政府审核后，按财政管理级次逐级上报至省级财政部门。省级财政部门依据地方政府性债务管理法律法规和政策规定核准后，向土地储备机构核发年度融资规模控制卡，明确年度可融资规模并同时反映已发生的融资额度。土地储备机构向银行业金融机构申请融资时，除相关文件外，还应出示融资规模控制卡。银行业金融机构批准融资前，应对融资规模控制卡中的已有融资额度进行认真核对，拟批准的融资额度与本年度已发生的融资额度（包括本年度贷款已在本年度归还部分）累计不得超过年度可融资规模，对本年融资额度已达到年度可融资规模的土地储备机构，不得批准新的项目融资。

列入名录的土地储备机构可以向银行业金融机构贷款。在国家产业政策指导下，银行业金融机构应按照相关法律法规及监管要求，遵循市场化原则，在风险可控的前提下，向列入名录的土地储备机构发放并管理土地储备贷款。银行业金融机构应按照有关部门关于土地储备贷款的相关规定，根据贷款人的信用状况、土地储备项目周期、资金回笼计划等因素合理确定贷款期限，贷款期限最长不超过五年。名录内土地储备机构所属的储备土地，具有合法的土地使用证，方可用于储备抵押贷款。贷款用途可不对应抵押土地相关补偿、前期开发等业务，但贷款使用必须符合规定的土地储备资金使用范围，不得用于城市建设以及其他与土地储备业务无关的项目。本《通知》下发前名录以外的机构（含融资平台公司）名下的储备土地，应严格按照《通知》的要求逐步规范管理。

土地储备融资资金应按照专款专用、封闭管理的原则严格监管。纳入储备的土地不得用于为土地储备机构以外的机构融资担保。土地储备机构将贷款挪作他用的，有关主管部门应依法依规予以严肃处理；银行业金融机构应及时采取贷款处置和资产保全措施，暂停对该土地储备机构发放新的贷款，并按照法律法规的规定和借款合同的约定追究该土地储备机构的违约责任。

六、严格土地储备资金管理

土地储备机构应于每年第三季度根据年度土地储备计划，编制下一年度土地储备资金收支预算，经国土资源主管部门审核后，报同级财政部门审定。其中，属于政府采购范围的，应当按规定编制政府采购预算，严格执行政府采购有关规定。资金收支预算涉及土地储备贷款的事项，应征求所在地人民银行相关分支行、银监局的意见。

加强国有土地收益基金的管理。国有土地收益基金要按规定比例及时计提，并按规定用于土地储备。土地储备机构必须按规定用途使用土地储备资金，不得挪用。土地储备工作中发生的地籍调查、土地登记、地价评估以及管护中围栏、围墙等建设的支出，经同级财政部门批准，列入土地储备资金使用范围。土地储备资金预算执行中，需财政部门核拨资金的，土地储备机构应提出用款申请，经国土资源主管部门审核后，报同级财政部门审批。土地储备资金的支付要按照财政国库管理制度有关规定执行。土地储备机构应于每年年终，按规定编制土地储备资金收支决算，由同级财政部门审核并上报同级人民政府批准。

本通知自印发之日起实施。各地区相关部门和单位要严格执行本通知各项规定。对于违反本通知规定的单位和个人，将依照相关法律法规规定进行处理。

土地储备资金财务管理办法

· 2018年1月17日

· 财综〔2018〕8号

第一章 总 则

第一条 为规范土地储备行为，加强土地储备资金财务管理，根据《预算法》、《国务院办公厅关于规范国有土地使用权出让收支管理的通知》(国办发〔2006〕100号)、《国务院关于加强地方政府性债务管理的意见》(国发〔2014〕43号)等有关规定，制定本办法。

第二条 本办法适用于土地储备资金财务收支活动。

第三条 本办法所称土地储备资金是指纳入国土资源部名录管理的土地储备机构按照国家有关规定征收、收购、优先购买、收回土地以及对其进行前期开发等所需的资金。

第四条 土地储备资金实行专款专用、分账核算，并实行预决算管理。

第二章 土地储备资金来源

第五条 土地储备资金来源于下列渠道：

(一)财政部门从已供应储备土地产生的土地出让收入中安排给土地储备机构的征地和拆迁补偿费用、土地开发费用等储备土地过程中发生的相关费用；

(二)财政部门从国有土地收益基金中安排用于土地储备的资金；

(三)发行地方政府债券筹集的土地储备资金；

(四)经财政部门批准可用于土地储备的其他财政资金。

第六条 财政部门根据土地储备的需要以及预算安排，及时下达用于土地储备的各项资金。

第七条 土地储备专项债券的发行主体为省级人民政府。土地储备专项债券资金由财政部门纳入政府性基金预算管理，并由土地储备机构专项用于土地储备，具体资金拨付、使用、预决算管理严格执行财政部、国土资源部关于地方政府土地储备专项债券管理的规定。

第三章 土地储备资金使用范围

第八条 土地储备资金使用范围具体包括：

(一)征收、收购、优先购买或收回土地需要支付的土地价款或征地和拆迁补偿费用。包括土地补偿费和安置补助费、地上附着物和青苗补偿费、拆迁补偿费，以及依法需要支付的与征收、收购、优先购买或收回土地有关的其他费用。

(二)征收、收购、优先购买或收回土地后进行必要的前期土地开发费用。储备土地的前期开发，仅限于与储备宗地相关的道路、供水、供电、供气、排水、通讯、照明、绿化、土地平整等基础设施建设支出。

(三)按照财政部关于规范土地储备和资金管理的规定需要偿还的土地储备存量贷款本金和利息支出。

(四)经同级财政部门批准的与土地储备有关的其他费用。包括土地储备工作中发生的地籍调查、土地登记、地价评估以及管护中围栏、围墙等建设等支出。

第九条 土地储备机构用于征地和拆迁补偿费用以及土地开发费用支出，应当严格按照国家规范国有土地使用权出让收支管理的有关规定执行。

第四章 土地储备相关资金管理

第十条 土地储备机构所需的日常经费，应当与土地储备资金实行分账核算，不得相互混用。

第十一条 土地储备机构在持有储备土地期间，临时利用土地取得的零星收入（不含供应储备土地取得的全部土地出让收入，以下简称土地储备零星收入），包括下列范围：

（一）出租储备土地取得的收入；

（二）临时利用储备土地取得的收入；

（三）储备土地的地上建筑物及附着物残值变卖收入；

（四）其他收入。

第十二条 土地储备零星收入全部缴入同级国库，纳入一般公共预算，实行"收支两条线"管理。

第十三条 土地储备零星收入缴入同级国库时，填列政府收支分类科目103类"非税收入"07款"国有资源（资产）有偿使用收入"99项"其他国有资源（资产）有偿使用收入"科目。土地储备零星收入实行国库集中收缴，缴入同级国库的具体方式，按照省、自治区、直辖市、计划单列市财政部门规定执行。

第五章 土地储备资金收支预决算及绩效管理

第十四条 土地储备机构应当于每年第三季度参照本年度土地储备计划，按宗地或项目编制下一年度土地储备资金收支项目预算草案，经主管部门审核后，报同级财政部门审定。其中：属于政府采购和政府购买服务范围的，应当按照规定分别编制政府采购和政府购买服务预算。

第十五条 同级财政部门应当及时批复土地储备机构土地储备资金收支项目预算。

第十六条 土地储备机构应当严格按照同级财政部门批复的预算执行，并根据土地收购储备的工作进度，提出用款申请，经主管部门审核后，报同级财政部门审批，资金支付按照国库集中支付制度的有关规定执行。

第十七条 土地储备资金收支项目预算确需调剂的，应当按照国家有关预算调剂的规定执行。

第十八条 每年年度终了，土地储备机构应当按照同级财政部门规定，向主管部门报送土地储备资金收支项目决算草案，并详细提供宗地或项目支出情况，经主管部门审核后，报同级财政部门审核。

土地储备资金收支项目决算草案的审核，也可委托具有良好信誉、执业质量高的会计师事务所等相关中介机构实施。

第十九条 土地储备机构从财政部门拨付的土地出让收入中安排用于征地和拆迁补偿、土地开发等的支出，按照支出性质，分别填列政府收支分类科目支出功能分类212类"城乡社区支出"08款"国有土地使用权出让收入及对应专项债务收入安排的支出"01项"征地和拆迁补偿支出"和02项"土地开发支出"等相关科目。同时，分别填列支出经济分类科目310类"资本性支出"09款"土地补偿"、10款"安置补助"、11款"地上附着物和青苗补偿"、12款"拆迁补偿"，以及310类"资本性支出"05款"基础设施建设"支出科目。

第二十条 土地储备机构从国有土地收益基金收入中安排用于土地储备的支出，按照支出性质，分别填列政府收支分类科目支出功能分类212类"城乡社区支出"10款"国有土地收益基金及对应专项债务收入安排的支出"01项"征地和拆迁补偿支出"和02项"土地开发支出"科目。同时，分别填列支出经济分类310类"资本性支出"09款"土地补偿"、10款"安置补助"、11款"地上附着物和青苗补偿"、12款"拆迁补偿"，以及310类"资本性支出"05款"基础设施建设"支出科目。

第二十一条 土地储备机构日常经费预决算管理，按照《预算法》和同级财政部门的规定执行。

第二十二条 土地储备资金会计核算办法，按照财政部规定执行。具体办法由财政部另行制定。

第二十三条 土地储备机构所在地财政部门会同国土资源主管部门应当组织实施对土地储备资金的绩效评价工作，按要求编制绩效目标，做好绩效目标执行监控，建立完善的绩效评价制度，并将绩效评价结果作为财政部门安排年度土地储备资金收支项目预算的依据。

第六章 监督检查

第二十四条 各级财政、国土资源管理部门应当加强对土地储备资金使用情况、土地储备零星收入缴入国库情况以及土地储备机构执行会计核算制度、政府采购制度等的监督检查，确保土地储备资金专款专用，督促土地储备机构及时足额缴纳土地储备零星收入，努力提高土地储备资金管理效率。

第二十五条 土地储备机构应当严格执行本办法规定，自觉接受财政部门、国土资源管理部门和审计机关的监督检查。

第二十六条 任何单位和个人违反本办法规定的，按照《财政违法行为处罚处分条例》等国家有关规定追究法律责任，涉嫌犯罪的，依法移送司法机关处理。

各级财政部门、国土资源管理部门在土地储备资金审批、分配工作中，存在违反本办法及其他滥用职权、玩忽职守、徇私舞弊等违法违纪行为的，按照《预算法》、《公务员法》、《行政监察法》、《财政违法行为处罚处分条例》等国家有关规定追究相应责任;涉嫌犯罪的,依法移送司法机关处理。

第七章　附　则

第二十七条　各省、自治区、直辖市及计划单列市财政部门应当会同国土资源管理部门根据本办法,结合本地区实际情况,制定具体实施办法,并报财政部、国土资源部备案。

第二十八条　本办法由财政部会同国土资源部负责解释。

第二十九条　本办法自2018年2月1日起施行。2007年6月12日财政部、国土资源部发布的《土地储备资金财务管理暂行办法》(财综〔2007〕17号)同时废止。

土地储备项目预算管理办法(试行)

·2019年5月20日
·财预〔2019〕89号

第一章　总　则

第一条　为规范土地储备项目预算管理,根据《中华人民共和国预算法》、《中华人民共和国土地管理法》和《国务院关于加强地方政府性债务管理的意见》(国发〔2014〕43号)、《国务院办公厅关于规范国有土地使用权出让收支管理的通知》(国办发〔2006〕100号)等法律和制度规定,制定本办法。

第二条　本办法所称土地储备是指县级(含)以上自然资源主管部门为调控土地市场、促进土地资源合理利用,依法取得土地,组织前期开发、储存以备供应的行为。

所称土地储备项目是指有关主管部门根据国民经济与社会发展规划、国土空间规划等,将拟收储或入库土地按照宗地、区域、工作时序、资金平衡等条件适当划分并纳入土地储备三年滚动计划和年度土地储备计划后形成的管理基本单元。土地储备项目可以包含一宗地或多宗地;包含多宗地的,应当符合地域相近、整体推进的要求。

第三条　本办法适用于地方各级财政部门、自然资源主管部门、土地储备机构开展土地储备项目预算管理。

棚户区改造项目可以根据主管部门有关规定,参照本办法执行。

第四条　土地储备项目从拟收储到供应涉及的收入、支出必须全部纳入财政预算。

土地储备项目预算按规定纳入地方政府性基金预算管理,年度预算执行中遵循以收定支、先收后支的原则。

第五条　土地储备项目应当实现总体收支平衡和年度收支平衡。

(一)总体收支平衡,是指项目全生命周期内,项目预期土地出让收入能够覆盖债务本息等成本。

(二)年度收支平衡,是指项目年度资金来源覆盖年度支出。

第六条　土地储备机构是土地储备项目预算的编制主体,通过土地储备机构专用报表编制土地储备项目预算。

土地储备机构专用报表是指由土地储备机构编制,专门反映土地储备资产评估价值、政府为其举借的债务、财政预算拨款、土地储备成本支出等信息的辅助报表。

第七条　财政部门会同自然资源主管部门组织和监督土地储备项目收支平衡、风险管控和资产评估。

财政部门负责将土地储备项目收支纳入政府性基金预算管理,组织做好相关预算编制、调整、执行、决算以及政府债务举借和还本付息等工作;负责管理已纳入预算和拟纳入预算的土地储备项目库,并按要求向自然资源部门提供相关信息。

自然资源主管部门负责审核和汇总土地储备机构上报的项目收支平衡方案和年度收支预决算草案,编制本地区土地储备项目收支平衡方案和年度收支预决算草案;组织和监督土地储备项目设立、实施,负责管理土地储备项目库;按要求向财政部门反馈预算执行情况。

土地储备机构负责提出项目设立建议,具体实施项目并落实项目全生命周期预算管理,按项目编制土地储备项目收支平衡方案和年度收支预决算草案。

第二章　项目库管理

第八条　土地储备项目实行项目库管理,反映项目名称、地块区位、储备期限等基本信息,以及预期土地出让收入、项目成本、收益和融资平衡方案、政府净收益等信息,按项目统一配号、统一监管。

土地储备项目库应当与土地储备三年滚动计划、年度计划同步编制或更新,与土地储备信息系统、地方政府债务管理信息系统互联互通。

第九条　土地储备项目设立前,市、县自然资源主管部门应当组织土地储备机构开展前期研究,合理评估项目预期土地出让收入、土地储备成本,作为编制项目收支平衡方案的依据。

(一)预期土地出让收入。土地储备机构应当会同同级财政部门委托第三方评估机构根据土地区位、用途等规划条件以及基准地价,评估土地资产价值,合理测算预期土地出让收入。

（二）土地储备成本。土地储备机构应当根据当地征地和拆迁补偿标准、土地前期开发涉及的工程建设标准等合理测算土地储备成本。

第十条 土地储备机构应当根据项目收支评估结果，编制总体收支平衡方案和分年度收支平衡方案，反映项目全生命周期预期土地出让收入、土地储备成本、土地储备资金来源等平衡及各年度情况，相应填制总体收支平衡表（见附1）和分年度收支平衡表（见附2），确保项目全生命周期收支平衡。

第十一条 土地储备机构根据土地储备项目收支平衡情况，分类提出资金安排建议。其中，专项债券发行规模不得超过项目预期土地出让收入的70%。

（一）对预期土地出让收入大于或等于土地储备成本，能够"收大于支"或"盈亏平衡"的项目，可按规定发行专项债券融资，债券发行规模不得超过土地储备成本；

（二）对预期土地出让收入小于土地储备成本、"收不抵支"项目，应当统筹安排财政资金、专项债券予以保障。其中，债券发行规模不得超过预期土地出让收入；

（三）对没有预期土地出让收入的项目，确需实施的，应当安排财政资金保障。

第十二条 市、县自然资源主管部门会同财政部门组织审核论证土地储备机构提出的项目收支平衡方案以及资金安排建议，通过审核论证的土地储备项目纳入项目库管理。

项目库区分自然资源主管部门负责管理的项目库、财政部门负责管理的项目库。自然资源主管部门负责管理的项目库包括全部土地储备项目，财政部门负责管理的项目库包括已纳入预算项目和拟纳入预算的备选项目。未纳入项目库的项目不得安排预算资金。

第三章 预算编制和批复

第十三条 土地储备项目按照全生命周期管理的要求，分别编入地方政府中期财政规划和年度收支预算。

第十四条 财政部门根据负责管理的土地储备项目库中已纳入预算项目和拟纳入预算项目情况，结合项目收支平衡方案，将分年度收支编入地方政府中期财政规划，全面反映规划期内土地储备项目收支安排。中期财政规划约束和指引地方政府年度预算，并根据上一年度预算执行情况滚动调整。

第十五条 土地储备机构应当根据市、县政府及自然资源主管部门有关安排，综合考虑当期国民经济和社会发展规划、国土空间规划、重大项目资金需求等因素，重点评估成本收入分析后项目效益情况，每年第四季度从自然资源主管部门管理的土地储备项目库中选择年度拟申请安排预算的项目。土地储备机构应当将拟申请安排预算的项目纳入年度土地储备计划，根据项目分年度收支平衡方案编制土地储备项目年度收支预算草案，反映年度收储成本、前期开发成本等支出，提出财政预算安排、专项债券等需求，报自然资源主管部门审核。

自然资源主管部门审核汇总本地区所有土地储备项目年度收支预算草案，形成本地区年度土地储备收支预算草案，随本部门预算草案一并报同级财政部门。

财政部门应当依据有关法律法规审核土地储备年度收支预算草案，将年度预算安排用于还本付息的资金编入地方政府预算草案，将举借土地储备专项债券收入以及对应安排的土地储备支出编入预算或预算调整方案。

第十六条 财政预算经法定程序批准后，财政部门应当在法定时限内批复自然资源主管部门的部门预算，一并批复土地储备项目年度收支预算。

批复土地储备项目预算时，财政部门和自然资源主管部门应当明确区分专项债券资金和其他预算资金。

第四章 预算执行与调整

第十七条 财政部门应当根据土地储备项目年度收支预算，以及项目实施进度和相关部门用款申请，及时拨付财政预算资金或发行专项债券，有效保障土地储备项目的资金需求。

自然资源主管部门和土地储备机构应当按照预算和规定用途使用财政资金，不得挪用或擅自改变用途。依法供应土地后，自然资源主管部门和财政部门应当督促土地使用者将应缴的土地出让收入及时足额缴入国库。

允许有条件的地方在土地储备专项债券发行完成前，对预算已安排专项债券资金的土地储备项目通过先行调度库款的做法，加快项目建设进度，债券发行后及时归垫。

第十八条 土地储备机构应当依据当地征地补偿标准、工程建设等标准，合理控制土地储备项目收储成本和前期开发成本。

因市场波动导致项目预期成本支出超出年度收支预算保障能力的，土地储备机构应当报经同级自然资源主管部门同意后，按程序向同级财政部门申请调剂预算；成本变动导致项目收支难以平衡的，应当相应调整项目收支平衡方案。

第十九条 土地储备项目实施和预算执行过程中，

确实无法执行需要调整地块的,由土地储备机构提出申请并重新提出项目收支平衡方案后,按照经国务院同意印发的《财政部关于支持做好地方政府专项债券发行使用管理工作的通知》(财预〔2018〕161号)规定实施。

第二十条　土地储备项目实施后,土地储备机构应当每年对土地储备项目资产开展自评估。对资产价值重大变化导致项目总体收支预算不平衡的,应当按程序调整该项目收支平衡方案,重新报同级自然资源主管部门和财政部门审核。

财政部门应当委托第三方评估机构对土地储备机构年度自评估结果进行再评估,再评估结果作为调整相应中期财政规划和核定专项债务限额、土地储备专项债券额度的依据。

第五章　决算和审计

第二十一条　土地储备机构应当按照预算管理制度规定对每个土地储备项目编制年度收支决算草案,并按程序报批。

本办法第六条所述土地储备机构专用报表(见附3、4),应当作为附表纳入本条第一款所述决算草案。

第二十二条　项目实施过程中,土地储备机构可根据项目管理需要,委托有资质的中介机构对项目实施进行跟踪审计;项目实施有关单位应配合做好项目决算有关工作。项目实施完毕后,财政部门应当委托有资质的中介机构,对土地储备项目总体收支情况等进行审计。

第六章　其他事项

第二十三条　土地储备项目实施应当设定绩效目标,作为实施绩效运行监控、开展绩效评价的基础。项目实施完毕、预算执行结束后,财政部门和自然资源主管部门应当对土地储备项目开展绩效评价,评价结果作为以后年度预算安排的重要参考依据。

第二十四条　市、县自然资源主管部门和土地储备机构应当建立对土地储备项目风险的动态监测机制,配合做好绩效评价,对发现的问题及时进行整改。财政部门依据国家法律法规和管理制度,对土地储备项目预算管理实施监督,及时发现和纠正预算执行中出现的问题。

第二十五条　自然资源主管部门受市、县人民政府委托代持土地储备资产,并交由土地储备机构具体管理。土地储备机构应当于每年四季度对所有土地储备项目对应的土地资产(包括正在实施的土地和已入库储备的土地)、负债进行统计,编制年末土地储备项目专用资产负债平衡表(见附5)。

第二十六条　建立土地储备机构专用报表制度。财政部门应当指导土地储备机构做好专用报表填列工作:

(一)在土地储备机构专用报表的“资产”方填列土地储备资产评估价值;

(二)在土地储备机构专用报表的“负债”方填列同级财政部门拨付的土地储备专项债券资金。

第二十七条　财政部门应当通过“21215 土地储备专项债券收入安排的支出”科目,将土地储备专项债券资金拨付土地储备机构,并在拨款凭证上列示科目名称。

第二十八条　土地储备机构所需的日常经费,应当与土地储备项目预算及资金实行分账核算,不得相互混用。

土地储备资金财务管理和会计核算,按《土地储备资金财务管理办法》《土地储备资金会计核算办法(试行)》执行。

第七章　附　则

第二十九条　省、自治区、直辖市可以根据本办法制定实施细则。

第三十条　开展土地储备项目预算管理试点地区的政府债务风险评估和预警办法另行研究确定。

第三十一条　本办法由财政部、自然资源部负责解释。

第三十二条　本办法自印发之日起施行。

附:1. XX土地储备项目XX年总体收支平衡表(略)

2. XX土地储备项目XX年分年度收支平衡表(略)

3. XX土地储备项目XX年度预算表(土地储备机构编制)(略)

4. XX市、县土地储备项目XX年度预算表(财政部门汇总编制)(略)

5. 土地储备项目专用资产负债平衡表(略)

地方政府土地储备专项债券管理办法(试行)

·2017年5月16日

·财预〔2017〕62号

第一章　总　则

第一条　为完善地方政府专项债券管理,规范土地储备融资行为,建立土地储备专项债券与项目资产、收益对应的制度,促进土地储备事业持续健康发展,根据《中华人民共和国预算法》和《国务院关于加强地方政府性债务管理的意见》(国发〔2014〕43号)等有关规定,制订本办法。

第二条　本办法所称土地储备,是指地方政府为调控土地市场、促进土地资源合理利用,依法取得土地,进行前期开发、储存以备供应土地的行为。

土地储备由纳入国土资源部名录管理的土地储备机构负责实施。

第三条　本办法所称地方政府土地储备专项债券(以下简称土地储备专项债券)是地方政府专项债券的一个品种,是指地方政府为土地储备发行,以项目对应并纳入政府性基金预算管理的国有土地使用权出让收入或国有土地收益基金收入(以下统称土地出让收入)偿还的地方政府专项债券。

第四条　地方政府为土地储备举借、使用、偿还债务适用本办法。

第五条　地方政府为土地储备举借债务采取发行土地储备专项债券方式。省、自治区、直辖市政府(以下简称省级政府)为土地储备专项债券的发行主体。设区的市、自治州,县、自治县、不设区的市、市辖区级政府(以下简称市县级政府)确需发行土地储备专项债券的,由省级政府统一发行并转贷给市县级政府。经省级政府批准,计划单列市政府可以自办发行土地储备专项债券。

第六条　发行土地储备专项债券的土地储备项目应当有稳定的预期偿债资金来源,对应的政府性基金收入应当能够保障偿还债券本金和利息,实现项目收益和融资自求平衡。

第七条　土地储备专项债券纳入地方政府专项债务限额管理。土地储备专项债券收入、支出、还本、付息、发行费用等纳入政府性基金预算管理。

第八条　土地储备专项债券资金由财政部门纳入政府性基金预算管理,并由纳入国土资源部名录管理的土地储备机构专项用于土地储备,任何单位和个人不得截留、挤占和挪用,不得用于经常性支出。

第二章　额度管理

第九条　财政部在国务院批准的年度地方政府专项债务限额内,根据土地储备融资需求、土地出让收入状况等因素,确定年度全国土地储备专项债券总额度。

第十条　各省、自治区、直辖市年度土地储备专项债券额度应当在国务院批准的分地区专项债务限额内安排,由财政部下达各省级财政部门,抄送国土资源部。

第十一条　省、自治区、直辖市年度土地储备专项债券额度不足或者不需使用的部分,由省级财政部门会同国土资源部门于每年8月底前向财政部提出申请。财政部可以在国务院批准的该地区专项债务限额内统筹调剂额度并予批复,抄送国土资源部。

第三章　预算编制

第十二条　县级以上地方各级土地储备机构应当根据土地市场情况和下一年度土地储备计划,编制下一年度土地储备项目收支计划,提出下一年度土地储备资金需求,报本级国土资源部门审核、财政部门复核。市县级财政部门将复核后的下一年度土地储备资金需求,经本级政府批准后于每年9月底前报省级财政部门,抄送省级国土资源部门。

第十三条　省级财政部门会同本级国土资源部门汇总审核本地区下一年度土地储备专项债券需求,随同增加举借专项债务和安排公益性资本支出项目的建议,经省级政府批准后于每年10月底前报送财政部。

第十四条　省级财政部门在财政部下达的本地区土地储备专项债券额度内,根据市县近三年土地出让收入情况、市县申报的土地储备项目融资需求、专项债务风险、项目期限、项目收益和融资平衡情况等因素,提出本地区年度土地储备专项债券额度分配方案,报省级政府批准后将分配市县的额度下达各市县级财政部门,并抄送省级国土资源部门。

第十五条　市县级财政部门应当在省级财政部门下达的土地储备专项债券额度内,会同本级国土资源部门提出具体项目安排建议,连同年度土地储备专项债券发行建议报省级财政部门备案,抄送省级国土资源部门。

第十六条　增加举借的土地储备专项债券收入应当列入政府性基金预算调整方案。包括:

(一)省级政府在财政部下达的年度土地储备专项债券额度内发行专项债券收入;

(二)市县级政府收到的上级政府转贷土地储备专项债券收入。

第十七条　增加举借土地储备专项债券安排的支出应当列入预算调整方案,包括本级支出和转贷下级支出。土地储备专项债券支出应当明确到具体项目,在地方政府债务管理系统中统计,纳入财政支出预算项目库管理。

地方各级国土资源部门应当建立土地储备项目库,项目信息应当包括项目名称、地块区位、储备期限、项目投资计划、收益和融资平衡方案、预期土地出让收入等情况,并做好与地方政府债务管理系统的衔接。

第十八条　土地储备专项债券还本支出应当根据当年到期土地储备专项债券规模、土地出让收入等因素合理预计、妥善安排,列入年度政府性基金预算草案。

第十九条　土地储备专项债券利息和发行费用应当根据土地储备专项债券规模、利率、费率等情况合理预计,列入政府性基金预算支出统筹安排。

第二十条 土地储备专项债券收入、支出、还本付息、发行费用应当按照《地方政府专项债务预算管理办法》(财预〔2016〕155号)规定列入相关预算科目。

第四章 预算执行和决算

第二十一条 省级财政部门应当根据本级人大常委会批准的预算调整方案,结合市县级财政部门会同本级国土资源部门提出的年度土地储备专项债券发行建议,审核确定年度土地储备专项债券发行方案,明确债券发行时间、批次、规模、期限等事项。

市县级财政部门应当会同本级国土资源部门、土地储备机构做好土地储备专项债券发行准备工作。

第二十二条 地方各级国土资源部门、土地储备机构应当配合做好本地区土地储备专项债券发行准备工作,及时准确提供相关材料,配合做好信息披露、信用评级、土地资产评估等工作。

第二十三条 土地储备专项债券应当遵循公开、公平、公正原则采取市场化方式发行,在银行间债券市场、证券交易所市场等交易场所发行和流通。

第二十四条 土地储备专项债券应当统一命名格式,冠以"××年××省、自治区、直辖市(本级或××市、县)土地储备专项债券(×期)——×年××省、自治区、直辖市政府专项债券(×期)"名称,具体由省级财政部门商省级国土资源部门确定。

第二十五条 土地储备专项债券的发行和使用应当严格对应到项目。根据土地储备项目区位特点、实施期限等因素,土地储备专项债券可以对应单一项目发行,也可以对应同一地区多个项目集合发行,具体由市县级财政部门会同本级国土资源部门、土地储备机构提出建议,报省级财政部门确定。

第二十六条 土地储备专项债券期限应当与土地储备项目期限相适应,原则上不超过5年,具体由市县级财政部门会同本级国土资源部门、土地储备机构根据项目周期、债务管理要求等因素提出建议,报省级财政部门确定。

土地储备专项债券发行时,可以约定根据土地出让收入情况提前偿还债券本金的条款。鼓励地方政府通过结构化创新合理设计债券期限结构。

第二十七条 省级财政部门应当按照合同约定,及时偿还土地储备专项债券到期本金、利息以及支付发行费用。市县级财政部门应当及时向省级财政部门缴纳本地区或本级应当承担的还本付息、发行费用等资金。

第二十八条 土地储备项目取得的土地出让收入,应当按照该项目对应的土地储备专项债券余额统筹安排资金,专门用于偿还到期债券本金,不得通过其他项目对应的土地出让收入偿还到期债券本金。

因储备土地未能按计划出让、土地出让收入暂时难以实现,不能偿还到期债券本金时,可在专项债务限额内发行土地储备专项债券周转偿还,项目收入实现后予以归还。

第二十九条 年度终了,县级以上地方各级财政部门应当会同本级国土资源部门、土地储备机构编制土地储备专项债券收支决算,在政府性基金预算决算报告中全面、准确反映土地储备专项债券收入、安排的支出、还本付息和发行费用等情况。

第五章 监督管理

第三十条 地方各级财政部门应当会同本级国土资源部门建立和完善相关制度,加强对本地区土地储备专项债券发行、使用、偿还的管理和监督。

第三十一条 地方各级国土资源部门应当加强对土地储备项目的管理和监督,保障储备土地按期上市供应,确保项目收益和融资平衡。

第三十二条 地方各级政府不得以土地储备名义为非土地储备机构举借政府债务,不得通过地方政府债券以外的任何方式举借土地储备债务,不得以储备土地为任何单位和个人的债务以任何方式提供担保。

第三十三条 地方各级土地储备机构应当严格储备土地管理,切实理清土地产权,按照有关规定完成土地登记,及时评估储备土地资产价值。县级以上地方各级国土资源部门应当履行国有资产运营维护责任。

第三十四条 地方各级土地储备机构应当加强储备土地的动态监管和日常统计,及时在土地储备监测监管系统中填报相关信息,获得相应电子监管号,反映土地储备专项债券运行情况。

第三十五条 地方各级土地储备机构应当及时在土地储备监测监管系统填报相关信息,反映土地储备专项债券使用情况。

第三十六条 财政部驻各地财政监察专员办事处对土地储备专项债券额度、发行、使用、偿还等进行监督,发现违反法律法规和财政管理、土地储备资金管理等政策规定的行为,及时报告财政部,抄送国土资源部。

第三十七条 违反本办法规定情节严重的,财政部可以暂停其地方政府专项债券发行资格。违反法律、行政法规的,依法追究有关人员责任;涉嫌犯罪的,移送司法机关依法处理。

第六章　职责分工

第三十八条　财政部负责牵头制定和完善土地储备专项债券管理制度，下达分地区土地储备专项债券额度，对地方土地储备专项债券管理实施监督。

国土资源部配合财政部加强土地储备专项债券管理，指导和监督地方国土资源部门做好土地储备专项债券管理相关工作。

第三十九条　省级财政部门负责本地区土地储备专项债券额度管理和预算管理、组织做好债券发行、还本付息等工作，并按照专项债务风险防控要求审核项目资金需求。

省级国土资源部门负责审核本地区土地储备规模和资金需求（含成本测算等），组织做好土地储备项目库与地方政府债务管理系统的衔接，配合做好本地区土地储备专项债券发行准备工作。

第四十条　市县级财政部门负责按照政府债务管理要求并根据本级国土资源部门建议以及专项债务风险、土地出让收入等因素，复核本地区土地储备资金需求，做好土地储备专项债券额度管理、预算管理、发行准备、资金监管等工作。

市县级国土资源部门负责按照土地储备管理要求并根据土地储备规模、成本等因素，审核本地区土地储备资金需求，做好土地储备项目库与政府债务管理系统的衔接，配合做好土地储备专项债券发行各项准备工作，监督本地区土地储备机构规范使用土地储备专项债券资金，合理控制土地出让节奏并做好与对应的专项债券还本付息的衔接，加强对项目实施情况的监控。

第四十一条　土地储备机构负责测算提出土地储备资金需求，配合提供土地储备专项债券发行相关材料，规范使用土地储备专项债券资金，提高资金使用效益。

第七章　附　则

第四十二条　省、自治区、直辖市财政部门可以根据本办法规定，结合本地区实际制定实施细则。

第四十三条　本办法由财政部会同国土资源部负责解释。

第四十四条　本办法自印发之日起实施。

3. 土地调查

土地调查条例

- 2008年2月7日中华人民共和国国务院令第518号公布
- 根据2016年2月6日《国务院关于修改部分行政法规的决定》第一次修订
- 根据2018年3月19日《国务院关于修改和废止部分行政法规的决定》第二次修订

第一章　总　则

第一条　为了科学、有效地组织实施土地调查，保障土地调查数据的真实性、准确性和及时性，根据《中华人民共和国土地管理法》和《中华人民共和国统计法》，制定本条例。

第二条　土地调查的目的，是全面查清土地资源和利用状况，掌握真实准确的土地基础数据，为科学规划、合理利用、有效保护土地资源，实施最严格的耕地保护制度，加强和改善宏观调控提供依据，促进经济社会全面协调可持续发展。

第三条　土地调查工作按照全国统一领导、部门分工协作、地方分级负责、各方共同参与的原则组织实施。

第四条　土地调查所需经费，由中央和地方各级人民政府共同负担，列入相应年度的财政预算，按时拨付，确保足额到位。

土地调查经费应当统一管理、专款专用、从严控制支出。

第五条　报刊、广播、电视和互联网等新闻媒体，应当及时开展土地调查工作的宣传报道。

第二章　土地调查的内容和方法

第六条　国家根据国民经济和社会发展需要，每10年进行一次全国土地调查；根据土地管理工作的需要，每年进行土地变更调查。

第七条　土地调查包括下列内容：

（一）土地利用现状及变化情况，包括地类、位置、面积、分布等状况；

（二）土地权属及变化情况，包括土地的所有权和使用权状况；

（三）土地条件，包括土地的自然条件、社会经济条件等状况。

进行土地利用现状及变化情况调查时，应当重点调查基本农田现状及变化情况，包括基本农田的数量、分布和保护状况。

第八条　土地调查采用全面调查的方法，综合运用实地调查统计、遥感监测等手段。

第九条 土地调查采用《土地利用现状分类》国家标准、统一的技术规程和按照国家统一标准制作的调查基础图件。

土地调查技术规程，由国务院国土资源主管部门会同国务院有关部门制定。

第三章 土地调查的组织实施

第十条 县级以上人民政府国土资源主管部门会同同级有关部门进行土地调查。

乡（镇）人民政府、街道办事处和村（居）民委员会应当广泛动员和组织社会力量积极参与土地调查工作。

第十一条 县级以上人民政府有关部门应当积极参与和密切配合土地调查工作，依法提供土地调查需要的相关资料。

社会团体以及与土地调查有关的单位和个人应当依照本条例的规定，配合土地调查工作。

第十二条 全国土地调查总体方案由国务院国土资源主管部门会同国务院有关部门拟订，报国务院批准。县级以上地方人民政府国土资源主管部门会同同级有关部门按照国家统一要求，根据本行政区域的土地利用特点，编制地方土地调查实施方案，报上一级人民政府国土资源主管部门备案。

第十三条 在土地调查中，需要面向社会选择专业调查队伍承担的土地调查任务，应当通过招标投标方式组织实施。

承担土地调查任务的单位应当具备以下条件：

（一）具有法人资格；

（二）有与土地调查相关的工作业绩；

（三）有完备的技术和质量管理制度；

（四）有经过培训且考核合格的专业技术人员。

国务院国土资源主管部门应当会同国务院有关部门加强对承担土地调查任务单位的监管和服务。

第十四条 土地调查人员应当坚持实事求是，恪守职业道德，具有执行调查任务所需要的专业知识。

土地调查人员应当接受业务培训，经考核合格领取全国统一的土地调查员工作证。

第十五条 土地调查人员应当严格执行全国土地调查总体方案和地方土地调查实施方案、《土地利用现状分类》国家标准和统一的技术规程，不得伪造、篡改调查资料，不得强令、授意调查对象提供虚假的调查资料。

土地调查人员应当对其登记、审核、录入的调查资料与现场调查资料的一致性负责。

第十六条 土地调查人员依法独立行使调查、报告、监督和检查职权，有权根据工作需要进行现场调查，并按照技术规程进行现场作业。

土地调查人员有权就与调查有关的问题询问有关单位和个人，要求有关单位和个人如实提供相关资料。

土地调查人员进行现场调查、现场作业以及询问有关单位和个人时，应当出示土地调查员工作证。

第十七条 接受调查的有关单位和个人应当如实回答询问，履行现场指界义务，按照要求提供相关资料，不得转移、隐匿、篡改、毁弃原始记录和土地登记簿等相关资料。

第十八条 各地方、各部门、各单位的负责人不得擅自修改土地调查资料、数据，不得强令或者授意土地调查人员篡改调查资料、数据或者编造虚假数据，不得对拒绝、抵制篡改调查资料、数据或者编造虚假数据的土地调查人员打击报复。

第四章 调查成果处理和质量控制

第十九条 土地调查形成下列调查成果：

（一）数据成果；

（二）图件成果；

（三）文字成果；

（四）数据库成果。

第二十条 土地调查成果实行逐级汇交、汇总统计制度。

土地调查数据的处理和上报应当按照全国土地调查总体方案和有关标准进行。

第二十一条 县级以上地方人民政府对本行政区域的土地调查成果质量负总责，主要负责人是第一责任人。

县级以上人民政府国土资源主管部门会同同级有关部门对调查的各个环节实行质量控制，建立土地调查成果质量控制岗位责任制，切实保证调查的数据、图件和被调查土地实际状况三者一致，并对其加工、整理、汇总的调查成果的准确性负责。

第二十二条 国务院国土资源主管部门会同国务院有关部门统一组织土地调查成果质量的抽查工作。抽查结果作为评价土地调查成果质量的重要依据。

第二十三条 土地调查成果实行分阶段、分级检查验收制度。前一阶段土地调查成果经检查验收合格后，方可开展下一阶段的调查工作。

土地调查成果检查验收办法，由国务院国土资源主管部门会同国务院有关部门制定。

第五章 调查成果公布和应用

第二十四条 国家建立土地调查成果公布制度。

土地调查成果应当向社会公布,并接受公开查询,但依法应当保密的除外。

第二十五条 全国土地调查成果,报国务院批准后公布。

地方土地调查成果,经本级人民政府审核,报上一级人民政府批准后公布。

全国土地调查成果公布后,县级以上地方人民政府方可逐级依次公布本行政区域的土地调查成果。

第二十六条 县级以上人民政府国土资源主管部门会同同级有关部门做好土地调查成果的保存、管理、开发、应用和为社会公众提供服务等工作。

国家通过土地调查,建立互联共享的土地调查数据库,并做好维护、更新工作。

第二十七条 土地调查成果是编制国民经济和社会发展规划以及从事国土资源规划、管理、保护和利用的重要依据。

第二十八条 土地调查成果应当严格管理和规范使用,不作为依照其他法律、行政法规对调查对象实施行政处罚的依据,不作为划分部门职责分工和管理范围的依据。

第六章 表彰和处罚

第二十九条 对在土地调查工作中做出突出贡献的单位和个人,应当按照国家有关规定给予表彰或者奖励。

第三十条 地方、部门、单位的负责人有下列行为之一的,依法给予处分;构成犯罪的,依法追究刑事责任:

(一)擅自修改调查资料、数据的;

(二)强令、授意土地调查人员篡改调查资料、数据或者编造虚假数据的;

(三)对拒绝、抵制篡改调查资料、数据或者编造虚假数据的土地调查人员打击报复的。

第三十一条 土地调查人员不执行全国土地调查总体方案和地方土地调查实施方案、《土地利用现状分类》国家标准和统一的技术规程,或者伪造、篡改调查资料,或者强令、授意接受调查的有关单位和个人提供虚假调查资料的,依法给予处分,并由县级以上人民政府国土资源主管部门、统计机构予以通报批评。

第三十二条 接受调查的单位和个人有下列行为之一的,由县级以上人民政府国土资源主管部门责令限期改正,可以处5万元以下的罚款;构成违反治安管理行为的,由公安机关依法给予治安管理处罚;构成犯罪的,依法追究刑事责任:

(一)拒绝或者阻挠土地调查人员依法进行调查的;

(二)提供虚假调查资料的;

(三)拒绝提供调查资料的;

(四)转移、隐匿、篡改、毁弃原始记录、土地登记簿等相关资料的。

第三十三条 县级以上地方人民政府有下列行为之一的,由上级人民政府予以通报批评;情节严重的,对直接负责的主管人员和其他直接责任人员依法给予处分:

(一)未按期完成土地调查工作,被责令限期完成,逾期仍未完成的;

(二)提供的土地调查数据失真,被责令限期改正,逾期仍未改正的。

第七章 附 则

第三十四条 军用土地调查,由国务院国土资源主管部门会同军队有关部门按照国家统一规定和要求制定具体办法。

中央单位使用土地的调查数据汇总内容的确定和成果的应用管理,由国务院国土资源主管部门会同国务院管理机关事务工作的机构负责。

第三十五条 县级以上人民政府可以按照全国土地调查总体方案和地方土地调查实施方案成立土地调查领导小组,组织和领导土地调查工作。必要时,可以设立土地调查领导小组办公室负责土地调查日常工作。

第三十六条 本条例自公布之日起施行。

土地调查条例实施办法

- 2009年6月17日国土资源部第45号令公布
- 根据2016年1月5日国土资源部第1次部务会议《国土资源部关于修改和废止部分部门规章的决定》第一次修正
- 根据2019年7月16日自然资源部第2次部务会议《自然资源部关于第一批废止和修改的部门规章的决定》第二次修正
- 2019年7月24日自然资源部令第5号公布

第一章 总 则

第一条 为保证土地调查的有效实施,根据《土地调查条例》(以下简称条例),制定本办法。

第二条 土地调查是指对土地的地类、位置、面积、分布等自然属性和土地权属等社会属性及其变化情况,以及永久基本农田状况进行的调查、监测、统计、分析的活动。

第三条 土地调查包括全国土地调查、土地变更调查和土地专项调查。

全国土地调查,是指国家根据国民经济和社会发展需要,对全国城乡各类土地进行的全面调查。

土地变更调查,是指在全国土地调查的基础上,根据城乡土地利用现状及权属变化情况,随时进行城镇和村庄地籍变更调查和土地利用变更调查,并定期进行汇总统计。

土地专项调查,是指根据自然资源管理需要,在特定范围、特定时间内对特定对象进行的专门调查,包括耕地后备资源调查、土地利用动态遥感监测和勘测定界等。

第四条 全国土地调查,由国务院全国土地调查领导小组统一组织,县级以上人民政府土地调查领导小组遵照要求实施。

土地变更调查,由自然资源部会同有关部门组织,县级以上自然资源主管部门会同有关部门实施。

土地专项调查,由县级以上自然资源主管部门组织实施。

第五条 县级以上地方自然资源主管部门应当配合同级财政部门,根据条例规定落实地方人民政府土地调查所需经费。必要时,可以与同级财政部门共同制定土地调查经费从新增建设用地土地有偿使用费、国有土地使用权有偿出让收入等土地收益中列支的管理办法。

第六条 在土地调查工作中作出突出贡献的单位和个人,由有关自然资源主管部门按照国家规定给予表彰或者奖励。

第二章 土地调查机构及人员

第七条 国务院全国土地调查领导小组办公室设在自然资源部,县级以上地方人民政府土地调查领导小组办公室设在同级自然资源主管部门。

县级以上自然资源主管部门应当明确专门机构和人员,具体负责土地变更调查和土地专项调查等工作。

第八条 土地调查人员包括县级以上自然资源政主管部门和相关部门的工作人员,有关事业单位的人员以及承担土地调查任务单位的人员。

第九条 土地调查人员应当经过省级以上自然资源主管部门组织的业务培训,通过全国统一的土地调查人员考核,领取土地调查员工作证。

已取得自然资源部、人力资源和社会保障部联合颁发的土地登记代理人资格证书的人员,可以直接申请取得土地调查员工作证。

土地调查员工作证由自然资源部统一制发,按照规定统一编号管理。

第十条 承担国家级土地调查任务的单位,应当具备以下条件:

(一)近三年内有累计合同额1000万元以上,经县级以上自然资源主管部门验收合格的土地调查项目;

(二)有专门的质量检验机构和专职质量检验人员,有完善有效的土地调查成果质量保证制度;

(三)近三年内无土地调查成果质量不良记录,并未被列入失信名单;

(四)取得土地调查员工作证的技术人员不少于20名;

(五)自然资源部规章、规范性文件规定的其他条件。

第三章 土地调查的组织实施

第十一条 开展全国土地调查,由自然资源部会同有关部门在开始前一年度拟订全国土地调查总体方案,报国务院批准后实施。

全国土地调查总体方案应当包括调查的主要任务、时间安排、经费落实、数据要求、成果公布等内容。

第十二条 县级以上地方自然资源主管部门应当会同同级有关部门,根据全国土地调查总体方案和上级土地调查实施方案的要求,拟定本行政区域的土地调查实施方案,报上一级人民政府自然资源主管部门备案。

第十三条 土地变更调查由自然资源部统一部署,以县级行政区为单位组织实施。

县级以上自然资源主管部门应当按照国家统一要求,组织实施土地变更调查,保持调查成果的现势性和准确性。

第十四条 土地变更调查中的城镇和村庄地籍变更调查,应当根据土地权属等变化情况,以宗地为单位,随时调查,及时变更地籍图件和数据库。

第十五条 土地变更调查中的土地利用变更调查,应当以全国土地调查和上一年度土地变更调查结果为基础,全面查清本年度本行政区域内土地利用状况变化情况,更新土地利用现状图件和土地利用数据库,逐级汇总上报各类土地利用变化数据。

土地利用变更调查的统一时点为每年12月31日。

第十六条 土地变更调查,包括下列内容:

(一)行政和权属界线变化状况;

(二)土地所有权和使用权变化情况;

(三)地类变化情况;

(四)永久基本农田位置、数量变化情况;

(五)自然资源部规定的其他内容。

第十七条 土地专项调查由县级以上自然资源主管部门组织实施,专项调查成果报上一级自然资源主管部门备案。

全国性的土地专项调查，由自然资源部组织实施。

第十八条 土地调查应当执行国家统一的土地利用现状分类标准、技术规程和自然资源部的有关规定，保证土地调查数据的统一性和准确性。

第十九条 上级自然资源主管部门应当加强对下级自然资源主管部门土地调查工作的指导，并定期组织人员进行监督检查，及时掌握土地调查进度，研究解决土地调查中的问题。

第二十条 县级以上自然资源主管部门应当建立土地调查进度的动态通报制度。

上级自然资源主管部门应当根据全国土地调查、土地变更调查和土地专项调查确定的工作时限，定期通报各地工作的完成情况，对工作进度缓慢的地区，进行重点督导和检查。

第二十一条 从事土地调查的单位和个人，应当遵守国家有关保密的法律法规和规定。

第四章 调查成果的公布和应用

第二十二条 土地调查成果包括数据成果、图件成果、文字成果和数据库成果。

土地调查数据成果，包括各类土地分类面积数据、不同权属性质面积数据、基本农田面积数据和耕地坡度分级面积数据等。

土地调查图件成果，包括土地利用现状图、地籍图、宗地图、永久基本农田分布图、耕地坡度分级专题图等。

土地调查文字成果，包括土地调查工作报告、技术报告、成果分析报告和其他专题报告等。

土地调查数据库成果，包括土地利用数据库和地籍数据库等。

第二十三条 县级以上自然资源主管部门应当按照要求和有关标准完成数据处理、文字报告编写等成果汇总统计工作。

第二十四条 土地调查成果实行逐级汇交制度。

县级以上地方自然资源主管部门应当将土地调查形成的数据成果、图件成果、文字成果和数据库成果汇交上一级自然资源主管部门汇总。

土地调查成果汇总的内容主要包括数据汇总、图件编制、文字报告编写和成果分析等。

第二十五条 全国土地调查成果的检查验收，由各级土地调查领导小组办公室按照下列程序进行：

（一）县级组织调查单位和相关部门，对调查成果进行全面自检，形成自检报告，报市（地）级复查；

（二）市（地）级复查合格后，向省级提出预检申请；

（三）省级对调查成果进行全面检查，验收合格后上报；

（四）全国土地调查领导小组办公室对成果进行核查，根据需要对重点区域、重点地类进行抽查，形成确认意见。

第二十六条 全国土地调查成果的公布，依照条例第二十五条规定进行。

土地变更调查成果，由各级自然资源主管部门报本级人民政府批准后，按照国家、省、市、县的顺序依次公布。

土地专项调查成果，由有关自然资源主管部门公布。

第二十七条 土地调查上报的成果质量实行分级负责制。县级以上自然资源主管部门应当对本级上报的调查成果认真核查，确保调查成果的真实、准确。

上级自然资源主管部门应当定期对下级自然资源主管部门的土地调查成果质量进行监督。

第二十八条 经依法公布的土地调查成果，是编制国民经济和社会发展规划、有关专项规划以及自然资源管理的基础和依据。

建设用地报批、土地整治项目立项以及其他需要使用土地基础数据与图件资料的活动，应当以国家确认的土地调查成果为基础依据。

各级土地利用总体规划修编，应当以经国家确定的土地调查成果为依据，校核规划修编基数。

第五章 法律责任

第二十九条 接受土地调查的单位和个人违反条例第十七条的规定，无正当理由不履行现场指界义务的，由县级以上人民政府自然资源主管部门责令限期改正，逾期不改正的，依照条例第三十二条的规定进行处罚。

第三十条 承担土地调查任务的单位有下列情形之一的，县级以上自然资源主管部门应当责令限期改正，逾期不改正的，终止土地调查任务，并将该单位报送国家信用平台：

（一）在土地调查工作中弄虚作假的；

（二）无正当理由，未按期完成土地调查任务的；

（三）土地调查成果有质量问题，造成严重后果的。

第三十一条 承担土地调查任务的单位不符合条例第十三条和本办法第十条规定的相关条件，弄虚作假，骗取土地调查任务的，县级以上自然资源主管部门应当终止该单位承担的土地调查任务，并不再将该单位列入土地调查单位名录。

第三十二条 土地调查人员违反条例第三十一条规定的，由自然资源部注销土地调查员工作证，不得再次参加土地调查人员考核。

第三十三条 自然资源主管部门工作人员在土地调查工作中玩忽职守、滥用职权、徇私舞弊，构成犯罪的，依法追究刑事责任；尚不构成犯罪的，依法给予处分。

第六章 附 则

第三十四条 本办法自公布之日起施行。

实际耕地与新增建设用地面积确定办法

·2007年9月5日

·国土资发〔2007〕207号

一、为客观评价各级人民政府履行土地管理和耕地保护责任落实情况，依据《中华人民共和国土地管理法》、《国务院关于加强土地调控有关问题的通知》（国发〔2006〕31号）等有关规定，制定本办法。

二、实际耕地面积是指在各省（区、市）、市（地、州）、县（区、市）行政辖区范围内当年实际耕地总数量。

三、新增建设用地面积是指当年依法批准的新增建设用地和未经依法批准的新增建设用地面积之和。

四、实际耕地面积与新增建设用地面积的确定以土地变更调查数据为依据。

五、依法批准的新增建设用地，按批准用地文件，将用地的范围标注到土地利用现状图上（以下简称上图），并填写《土地变更调查记录表》（以下简称上表）。

依法由国务院批准的城市建设用地，以省级人民政府审核同意的农用地转用和土地征收实施方案为依据，上图上表。

由省级人民政府批准农用地转用、国务院批准征收的土地，以土地征收批准文件为依据，上图上表。

六、未经依法批准的新增建设用地，按实际占地面积进行年度土地变更调查，上图上表。

七、农业结构调整、生态退耕、耕地灾毁等造成的耕地减少和土地开发整理等增加的耕地，按实地变化情况进行年度土地变更调查，上图上表。

八、实际耕地面积作为耕地保护责任目标考核的重要依据。

九、实际新增建设用地面积作为年度计划指标执行考核的重要依据，土地利用年度计划指标包括当年下发的计划指标和经依法批准结转使用的计划指标。

十、新增建设用地有偿使用费按当年批准用地的应缴额与未经依法批准的新增建设用地面积、相应等别和标准计算的应缴额之和进行考核，并限期追缴。

十一、国土资源部将利用遥感监测、抽查巡查等办法，对各省（区、市）当年耕地面积和实际新增建设用地面积数据进行核查。

十二、在土地变更调查中弄虚作假、虚报瞒报数据的行为，要依法依规追究有关人员的行政责任，触犯刑律的，依法追究刑事责任。

国土资源部关于落实开发区四至范围的函

·2005年8月24日

·国土资函〔2005〕778号

各省、自治区、直辖市人民政府，新疆生产建设兵团：

为进一步深化土地市场治理整顿，落实国家宏观经济调控措施，防止开发区用地规模出现反弹，根据国务院“各开发区四至范围由国土资源部另行公布”的要求，在开发区通过审核并公告后，要根据公告的开发区面积和规划审核确定的开发区边界，开展落实开发区四至范围工作。现将有关事项函告如下：

一、测量开发区边界拐点坐标，填写开发区四至范围。对已公告的开发区，依据公告的开发区面积和规划审核确定的开发区边界，采用国家统一坐标系统，测量开发区边界的拐点坐标，填写开发区四至范围，并在标准分幅土地利用现状图上标示开发区边界。标示开发区边界的土地利用现状图，应加盖当地政府、国土资源管理部门及开发区管委会公章。

二、设置开发区界桩，落实开发区具体范围。按照确定的开发区四至范围和测定的边界拐点坐标，选择控制开发区边界基本走向的主要拐点设置界桩。拐点应按《城镇地籍调查规程》的规定以开发区为单位统一编号，选定界桩种类。对涉及农民集体所有土地的，设置界桩时还需要做好农民的思想工作，造成损失的，要依法予以补偿。设置开发区界桩后，将设置界桩确定的开发区内土地利用状况纳入土地变更调查范围，在年度变更调查工作中对开发区内的土地利用变化现状进行及时变更。

三、核对公布开发区边界拐点坐标和四至范围。国土资源部依据公告的开发区面积和规划审核确定的开发区边界，对上报的开发区四至范围和拐点坐标进行核对。土地利用现状图上标示的开发区边界形状及按边界拐点坐标计算的面积与规划审核确定的开发区边界形状和公告的开发区面积应当一致。经核对一致的，国土资源部分批予以公布；经核对不一致又没有充分理由的，应当纠正并重新填报。对于经设立审核核减开发区规划面积的，开发区的范围应在规划审核确定的开发区边界范围内。

四、加强对落实开发区四至范围工作的组织领导。落实开发区四至范围是开发区规划审核工作的延续，地方各级人民政府要加强对这项工作的领导。市、县国土资源管理部门组织开发区等有关单位测量、填报、设置界桩，省级国土资源管理部门会同有关部门逐个核对。国土资源部将加强实施过程中的检查和复审。对各地上报的图件资料、设置的界桩与审核确定的开发区面积或者边界不一致的，责令限期整改，整改期间，各级国土资源管理部门暂停受理该开发区的用地申请。

根据开发区公告的进展情况，本着先来先办的原则，上报一批、核对一批、公布一批。目前，国家级开发区已公告三批，还有两批待公告，省级及省级以下开发区经设立审核后将陆续分批公告。各地应在公告开发区后一个半月内，上报标示开发区边界的土地利用现状图、开发区边界拐点坐标和四至范围及表格电子文档（一式二份），经省级政府办公厅上报国土资源部。开发区四至范围表（式样）和开发区边界拐点坐标表（式样）可在国土资源部网站下载。我部土地市场治理整顿督查办公室将及时把已公告的开发区名单函告省级国土资源管理部门。

附件：1. 开发区四至范围表（式样）（略）

2. 开发区边界拐点坐标表（式样）（略）

4. 土地复垦

土地复垦条例

· 2011 年 3 月 5 日中华人民共和国国务院令第 592 号公布

· 自公布之日起施行

第一章　总　则

第一条　为了落实十分珍惜、合理利用土地和切实保护耕地的基本国策，规范土地复垦活动，加强土地复垦管理，提高土地利用的社会效益、经济效益和生态效益，根据《中华人民共和国土地管理法》，制定本条例。

第二条　本条例所称土地复垦，是指对生产建设活动和自然灾害损毁的土地，采取整治措施，使其达到可供利用状态的活动。

第三条　生产建设活动损毁的土地，按照“谁损毁，谁复垦”的原则，由生产建设单位或者个人（以下称土地复垦义务人）负责复垦。但是，由于历史原因无法确定土地复垦义务人的生产建设活动损毁的土地（以下称历史遗留损毁土地），由县级以上人民政府负责组织复垦。

自然灾害损毁的土地，由县级以上人民政府负责组织复垦。

第四条　生产建设活动应当节约集约利用土地，不占或者少占耕地；对依法占用的土地应当采取有效措施，减少土地损毁面积，降低土地损毁程度。

土地复垦应当坚持科学规划、因地制宜、综合治理、经济可行、合理利用的原则。复垦的土地应当优先用于农业。

第五条　国务院国土资源主管部门负责全国土地复垦的监督管理工作。县级以上地方人民政府国土资源主管部门负责本行政区域土地复垦的监督管理工作。

县级以上人民政府其他有关部门依照本条例的规定和各自的职责做好土地复垦有关工作。

第六条　编制土地复垦方案、实施土地复垦工程、进行土地复垦验收等活动，应当遵守土地复垦国家标准；没有国家标准的，应当遵守土地复垦行业标准。

制定土地复垦国家标准和行业标准，应当根据土地损毁的类型、程度、自然地理条件和复垦的可行性等因素，分类确定不同类型损毁土地的复垦方式、目标和要求等。

第七条　县级以上地方人民政府国土资源主管部门应当建立土地复垦监测制度，及时掌握本行政区域土地资源损毁和土地复垦效果等情况。

国务院国土资源主管部门和省、自治区、直辖市人民政府国土资源主管部门应当建立健全土地复垦信息管理系统，收集、汇总和发布土地复垦数据信息。

第八条　县级以上人民政府国土资源主管部门应当依据职责加强对土地复垦情况的监督检查。被检查的单位或者个人应当如实反映情况，提供必要的资料。

任何单位和个人不得扰乱、阻挠土地复垦工作，破坏土地复垦工程、设施和设备。

第九条　国家鼓励和支持土地复垦科学研究和技术创新，推广先进的土地复垦技术。

对在土地复垦工作中作出突出贡献的单位和个人，由县级以上人民政府给予表彰。

第二章　生产建设活动损毁土地的复垦

第十条　下列损毁土地由土地复垦义务人负责复垦：

（一）露天采矿、烧制砖瓦、挖沙取土等地表挖掘所损毁的土地；

（二）地下采矿等造成地表塌陷的土地；

（三）堆放采矿剥离物、废石、矿渣、粉煤灰等固体废弃物压占的土地；

（四）能源、交通、水利等基础设施建设和其他生产建设活动临时占用所损毁的土地。

第十一条 土地复垦义务人应当按照土地复垦标准和国务院国土资源主管部门的规定编制土地复垦方案。

第十二条 土地复垦方案应当包括下列内容：

（一）项目概况和项目区土地利用状况；

（二）损毁土地的分析预测和土地复垦的可行性评价；

（三）土地复垦的目标任务；

（四）土地复垦应当达到的质量要求和采取的措施；

（五）土地复垦工程和投资估（概）算；

（六）土地复垦费用的安排；

（七）土地复垦工作计划与进度安排；

（八）国务院国土资源主管部门规定的其他内容。

第十三条 土地复垦义务人应当在办理建设用地申请或者采矿权申请手续时，随有关报批材料报送土地复垦方案。

土地复垦义务人未编制土地复垦方案或者土地复垦方案不符合要求的，有批准权的人民政府不得批准建设用地，有批准权的国土资源主管部门不得颁发采矿许可证。

本条例施行前已经办理建设用地手续或者领取采矿许可证，本条例施行后继续从事生产建设活动造成土地损毁的，土地复垦义务人应当按照国务院国土资源主管部门的规定补充编制土地复垦方案。

第十四条 土地复垦义务人应当按照土地复垦方案开展土地复垦工作。矿山企业还应当对土地损毁情况进行动态监测和评价。

生产建设周期长、需要分阶段实施复垦的，土地复垦义务人应当对土地复垦工作与生产建设活动统一规划、统筹实施，根据生产建设进度确定各阶段土地复垦的目标任务、工程规划设计、费用安排、工程实施进度和完成期限等。

第十五条 土地复垦义务人应当将土地复垦费用列入生产成本或者建设项目总投资。

第十六条 土地复垦义务人应当建立土地复垦质量控制制度，遵守土地复垦标准和环境保护标准，保护土壤质量与生态环境，避免污染土壤和地下水。

土地复垦义务人应当首先对拟损毁的耕地、林地、牧草地进行表土剥离，剥离的表土用于被损毁土地的复垦。

禁止将重金属污染物或者其他有毒有害物质用作回填或者充填材料。受重金属污染物或者其他有毒有害物质污染的土地复垦后，达不到国家有关标准的，不得用于种植食用农作物。

第十七条 土地复垦义务人应当于每年12月31日前向县级以上地方人民政府国土资源主管部门报告当年的土地损毁情况、土地复垦费用使用情况以及土地复垦工程实施情况。

县级以上地方人民政府国土资源主管部门应当加强对土地复垦义务人使用土地复垦费用和实施土地复垦工程的监督。

第十八条 土地复垦义务人不复垦，或者复垦验收中经整改仍不合格的，应当缴纳土地复垦费，由有关国土资源主管部门代为组织复垦。

确定土地复垦费的数额，应当综合考虑损毁前的土地类型、实际损毁面积、损毁程度、复垦标准、复垦用途和完成复垦任务所需的工程量等因素。土地复垦费的具体征收使用管理办法，由国务院财政、价格主管部门商国务院有关部门制定。

土地复垦义务人缴纳的土地复垦费专项用于土地复垦。任何单位和个人不得截留、挤占、挪用。

第十九条 土地复垦义务人对在生产建设活动中损毁的由其他单位或者个人使用的国有土地或者农民集体所有的土地，除负责复垦外，还应当向遭受损失的单位或者个人支付损失补偿费。

损失补偿费由土地复垦义务人与遭受损失的单位或者个人按照造成的实际损失协商确定；协商不成的，可以向土地所在地人民政府国土资源主管部门申请调解或者依法向人民法院提起民事诉讼。

第二十条 土地复垦义务人不依法履行土地复垦义务的，在申请新的建设用地时，有批准权的人民政府不得批准；在申请新的采矿许可证或者申请采矿许可证延续、变更、注销时，有批准权的国土资源主管部门不得批准。

第三章 历史遗留损毁土地和自然灾害损毁土地的复垦

第二十一条 县级以上人民政府国土资源主管部门应当对历史遗留损毁土地和自然灾害损毁土地进行调查评价。

第二十二条 县级以上人民政府国土资源主管部门应当在调查评价的基础上，根据土地利用总体规划编制土地复垦专项规划，确定复垦的重点区域以及复垦的目标任务和要求，报本级人民政府批准后组织实施。

第二十三条 对历史遗留损毁土地和自然灾害损毁

土地，县级以上人民政府应当投入资金进行复垦，或者按照“谁投资，谁受益”的原则，吸引社会投资进行复垦。土地权利人明确的，可以采取扶持、优惠措施，鼓励土地权利人自行复垦。

第二十四条 国家对历史遗留损毁土地和自然灾害损毁土地的复垦按项目实施管理。

县级以上人民政府国土资源主管部门应当根据土地复垦专项规划和年度土地复垦资金安排情况确定年度复垦项目。

第二十五条 政府投资进行复垦的，负责组织实施土地复垦项目的国土资源主管部门应当组织编制土地复垦项目设计书，明确复垦项目的位置、面积、目标任务、工程规划设计、实施进度及完成期限等。

土地权利人自行复垦或者社会投资进行复垦的，土地权利人或者投资单位、个人应当组织编制土地复垦项目设计书，并报负责组织实施土地复垦项目的国土资源主管部门审查同意后实施。

第二十六条 政府投资进行复垦的，有关国土资源主管部门应当依照招标投标法律法规的规定，通过公开招标的方式确定土地复垦项目的施工单位。

土地权利人自行复垦或者社会投资进行复垦的，土地复垦项目的施工单位由土地权利人或者投资单位、个人依法自行确定。

第二十七条 土地复垦项目的施工单位应当按照土地复垦项目设计书进行复垦。

负责组织实施土地复垦项目的国土资源主管部门应当健全项目管理制度，加强项目实施中的指导、管理和监督。

第四章 土地复垦验收

第二十八条 土地复垦义务人按照土地复垦方案的要求完成土地复垦任务后，应当按照国务院国土资源主管部门的规定向所在地县级以上地方人民政府国土资源主管部门申请验收，接到申请的国土资源主管部门应当会同同级农业、林业、环境保护等有关部门进行验收。

进行土地复垦验收，应当邀请有关专家进行现场踏勘，查验复垦后的土地是否符合土地复垦标准以及土地复垦方案的要求，核实复垦后的土地类型、面积和质量等情况，并将初步验收结果公告，听取相关权利人的意见。相关权利人对土地复垦完成情况提出异议的，国土资源主管部门应当会同有关部门进一步核查，并将核查情况向相关权利人反馈；情况属实的，应当向土地复垦义务人提出整改意见。

第二十九条 负责组织验收的国土资源主管部门应当会同有关部门在接到土地复垦验收申请之日起60个工作日内完成验收，经验收合格的，向土地复垦义务人出具验收合格确认书；经验收不合格的，向土地复垦义务人出具书面整改意见，列明需要整改的事项，由土地复垦义务人整改完成后重新申请验收。

第三十条 政府投资的土地复垦项目竣工后，负责组织实施土地复垦项目的国土资源主管部门应当依照本条例第二十八条第二款的规定进行初步验收。初步验收完成后，负责组织实施土地复垦项目的国土资源主管部门应当按照国务院国土资源主管部门的规定向上级人民政府国土资源主管部门申请最终验收。上级人民政府国土资源主管部门应当会同有关部门及时组织验收。

土地权利人自行复垦或者社会投资进行复垦的土地复垦项目竣工后，由负责组织实施土地复垦项目的国土资源主管部门会同有关部门进行验收。

第三十一条 复垦为农用地的，负责组织验收的国土资源主管部门应当会同有关部门在验收合格后的5年内对土地复垦效果进行跟踪评价，并提出改善土地质量的建议和措施。

第五章 土地复垦激励措施

第三十二条 土地复垦义务人在规定的期限内将生产建设活动损毁的耕地、林地、牧草地等农用地复垦恢复原状的，依照国家有关税收法律法规的规定退还已经缴纳的耕地占用税。

第三十三条 社会投资复垦的历史遗留损毁土地或者自然灾害损毁土地，属于无使用权人的国有土地的，经县级以上人民政府依法批准，可以确定给投资单位或者个人长期从事种植业、林业、畜牧业或者渔业生产。

社会投资复垦的历史遗留损毁土地或者自然灾害损毁土地，属于农民集体所有土地或者有使用权人的国有土地的，有关国土资源主管部门应当组织投资单位或者个人与土地权利人签订土地复垦协议，明确复垦的目标任务以及复垦后的土地使用和收益分配。

第三十四条 历史遗留损毁和自然灾害损毁的国有土地的使用权人，以及历史遗留损毁和自然灾害损毁的农民集体所有土地的所有权人、使用权人，自行将损毁土地复垦为耕地的，由县级以上地方人民政府给予补贴。

第三十五条 县级以上地方人民政府将历史遗留损毁和自然灾害损毁的建设用地复垦为耕地的，按照国家有关规定可以作为本省、自治区、直辖市内进行非农建设占用耕地时的补充耕地指标。

第六章　法律责任

第三十六条　负有土地复垦监督管理职责的部门及其工作人员有下列行为之一的，对直接负责的主管人员和其他直接责任人员，依法给予处分；直接负责的主管人员和其他直接责任人员构成犯罪的，依法追究刑事责任：

（一）违反本条例规定批准建设用地或者批准采矿许可证及采矿许可证的延续、变更、注销的；

（二）截留、挤占、挪用土地复垦费的；

（三）在土地复垦验收中弄虚作假的；

（四）不依法履行监督管理职责或者对发现的违反本条例的行为不依法查处的；

（五）在审查土地复垦方案、实施土地复垦项目、组织土地复垦验收以及实施监督检查过程中，索取、收受他人财物或者谋取其他利益的；

（六）其他徇私舞弊、滥用职权、玩忽职守行为。

第三十七条　本条例施行前已经办理建设用地手续或者领取采矿许可证，本条例施行后继续从事生产建设活动造成土地损毁的土地复垦义务人未按照规定补充编制土地复垦方案的，由县级以上地方人民政府国土资源主管部门责令限期改正；逾期不改正的，处 10 万元以上 20 万元以下的罚款。

第三十八条　土地复垦义务人未按照规定将土地复垦费用列入生产成本或者建设项目总投资的，由县级以上地方人民政府国土资源主管部门责令限期改正；逾期不改正的，处 10 万元以上 50 万元以下的罚款。

第三十九条　土地复垦义务人未按照规定对拟损毁的耕地、林地、牧草地进行表土剥离，由县级以上地方人民政府国土资源主管部门责令限期改正；逾期不改正的，按照应当进行表土剥离的土地面积处每公顷 1 万元的罚款。

第四十条　土地复垦义务人将重金属污染物或者其他有毒有害物质用作回填或者充填材料的，由县级以上地方人民政府环境保护主管部门责令停止违法行为，限期采取治理措施，消除污染，处 10 万元以上 50 万元以下的罚款；逾期不采取治理措施的，环境保护主管部门可以指定有治理能力的单位代为治理，所需费用由违法者承担。

第四十一条　土地复垦义务人未按照规定报告土地损毁情况、土地复垦费用使用情况或者土地复垦工程实施情况的，由县级以上地方人民政府国土资源主管部门责令限期改正；逾期不改正的，处 2 万元以上 5 万元以下的罚款。

第四十二条　土地复垦义务人依照本条例规定应当缴纳土地复垦费而不缴纳的，由县级以上地方人民政府国土资源主管部门责令限期缴纳；逾期不缴纳的，处应缴纳土地复垦费 1 倍以上 2 倍以下的罚款，土地复垦义务人为矿山企业的，由颁发采矿许可证的机关吊销采矿许可证。

第四十三条　土地复垦义务人拒绝、阻碍国土资源主管部门监督检查，或者在接受监督检查时弄虚作假的，由国土资源主管部门责令改正，处 2 万元以上 5 万元以下的罚款；有关责任人员构成违反治安管理行为的，由公安机关依法予以治安管理处罚；有关责任人员构成犯罪的，依法追究刑事责任。

破坏土地复垦工程、设施和设备，构成违反治安管理行为的，由公安机关依法予以治安管理处罚；构成犯罪的，依法追究刑事责任。

第七章　附　则

第四十四条　本条例自公布之日起施行。1988 年 11 月 8 日国务院发布的《土地复垦规定》同时废止。

土地复垦条例实施办法

·2012 年 12 月 27 日国土资源部第 56 号令公布
·2019 年 7 月 24 日自然资源部令第 5 号修正

第一章　总　则

第一条　为保证土地复垦的有效实施，根据《土地复垦条例》（以下简称条例），制定本办法。

第二条　土地复垦应当综合考虑复垦后土地利用的社会效益、经济效益和生态效益。

生产建设活动造成耕地损毁的，能够复垦为耕地的，应当优先复垦为耕地。

第三条　县级以上自然资源主管部门应当明确专门机构并配备专职人员负责土地复垦监督管理工作。

县级以上自然资源主管部门应当加强与发展改革、财政、铁路、交通、水利、环保、农业、林业等部门的协同配合和行业指导监督。

上级自然资源主管部门应当加强对下级自然资源主管部门土地复垦工作的监督和指导。

第四条　除条例第六条规定外，开展土地复垦调查评价、编制土地复垦规划设计、确定土地复垦工程建设和造价、实施土地复垦工程质量控制、进行土地复垦评价等活动，也应当遵守有关国家标准和土地管理行业标准。

省级自然资源主管部门可以结合本地实际情况，补充制定本行政区域内土地复垦工程建设和造价等标准。

第五条 县级以上自然资源主管部门应当建立土地复垦信息管理系统，利用国土资源综合监管平台，对土地复垦情况进行动态监测，及时收集、汇总、分析和发布本行政区域内土地损毁、土地复垦等数据信息。

第二章 生产建设活动损毁土地的复垦

第六条 属于条例第十条规定的生产建设项目，土地复垦义务人应当在办理建设用地申请或者采矿权申请手续时，依据自然资源部《土地复垦方案编制规程》的要求，组织编制土地复垦方案，随有关报批材料报送有关自然资源主管部门审查。

具体承担相应建设用地审查和采矿权审批的自然资源主管部门负责对土地复垦义务人报送的土地复垦方案进行审查。

第七条 条例施行前已经办理建设用地手续或者领取采矿许可证，条例施行后继续从事生产建设活动造成土地损毁的，土地复垦义务人应当在本办法实施之日起一年内完成土地复垦方案的补充编制工作，报有关自然资源主管部门审查。

第八条 土地复垦方案分为土地复垦方案报告书和土地复垦方案报告表。

依法由省级以上人民政府审批建设用地的建设项目，以及由省级以上自然资源主管部门审批登记的采矿项目，应当编制土地复垦方案报告书。其他项目可以编制土地复垦方案报告表。

第九条 生产建设周期长、需要分阶段实施土地复垦的生产建设项目，土地复垦方案应当包含阶段土地复垦计划和年度实施计划。

跨县（市、区）域的生产建设项目，应当在土地复垦方案中附具以县（市、区）为单位的土地复垦实施方案。

阶段土地复垦计划和以县（市、区）为单位的土地复垦实施方案应当明确土地复垦的目标、任务、位置、主要措施、投资概算、工程规划设计等。

第十条 有关自然资源主管部门受理土地复垦方案审查申请后，应当组织专家进行论证。

根据论证所需专业知识结构，从土地复垦专家库中选取专家。专家与土地复垦方案申请人或者申请项目有利害关系的，应当主动要求回避。土地复垦方案申请人也可以向有关自然资源主管部门申请专家回避。

土地复垦方案申请人或者相关利害关系人可以按照《政府信息公开条例》的规定，向有关自然资源主管部门申请查询专家意见。有关自然资源主管部门应当依法提供查询结果。

第十一条 土地复垦方案经专家论证通过后，由有关自然资源主管部门进行最终审查。符合下列条件的，方可通过审查：

（一）土地利用现状明确；

（二）损毁土地的分析预测科学；

（三）土地复垦目标、任务和利用方向合理，措施可行；

（四）土地复垦费用测算合理，预存与使用计划清晰并符合本办法规定要求；

（五）土地复垦计划安排科学、保障措施可行；

（六）土地复垦方案已经征求意见并采纳合理建议。

第十二条 土地复垦方案通过审查的，有关自然资源主管部门应当向土地复垦义务人出具土地复垦方案审查意见书。土地复垦方案审查意见书应当包含本办法第十一条规定的有关内容。

土地复垦方案未通过审查的，有关自然资源主管部门应当书面告知土地复垦义务人补正。逾期不补正的，不予办理建设用地或者采矿审批相关手续。

第十三条 土地复垦义务人因生产建设项目的用地位置、规模等发生变化，或者采矿项目发生扩大变更矿区范围等重大内容变化的，应当在三个月内对原土地复垦方案进行修改，报原审查的自然资源主管部门审查。

第十四条 土地复垦义务人不按照本办法第七条、第十三条规定补充编制或者修改土地复垦方案的，依照条例第二十条规定处理。

第十五条 土地复垦义务人在实施土地复垦工程前，应当依据审查通过的土地复垦方案进行土地复垦规划设计，将土地复垦方案和土地复垦规划设计一并报所在地县级自然资源主管部门备案。

第十六条 土地复垦义务人应当按照条例第十五条规定的要求，与损毁土地所在地县级自然资源主管部门在双方约定的银行建立土地复垦费用专门账户，按照土地复垦方案确定的资金数额，在土地复垦费用专门账户中足额预存土地复垦费用。

预存的土地复垦费用遵循"土地复垦义务人所有，自然资源主管部门监管，专户储存专款使用"的原则。

第十七条 土地复垦义务人应当与损毁土地所在地县级自然资源主管部门、银行共同签订土地复垦费用使用监管协议，按照本办法规定的原则明确土地复垦费用预存和使用的时间、数额、程序、条件和违约责任等。

土地复垦费用使用监管协议对当事人具有法律效力。

第十八条 土地复垦义务人应当在项目动工前一个月内预存土地复垦费用。

土地复垦义务人按照本办法第七条规定补充编制土地复垦方案的，应当在土地复垦方案通过审查后一个月内预存土地复垦费用。

土地复垦义务人按照本办法第十三条规定修改土地复垦方案后，已经预存的土地复垦费用不足的，应当在土地复垦方案通过审查后一个月内补齐差额费用。

第十九条 土地复垦费用预存实行一次性预存和分期预存两种方式。

生产建设周期在三年以下的项目，应当一次性全额预存土地复垦费用。

生产建设周期在三年以上的项目，可以分期预存土地复垦费用，但第一次预存的数额不得少于土地复垦费用总金额的百分之二十。余额按照土地复垦方案确定的土地复垦费用预存计划预存，在生产建设活动结束前一年预存完毕。

第二十条 采矿生产项目的土地复垦费用预存，统一纳入矿山地质环境治理恢复基金进行管理。

条例实施前，采矿生产项目按照有关规定向自然资源主管部门缴存的矿山地质环境治理恢复保证金中已经包含了土地复垦费用的，土地复垦义务人可以向所在地自然资源主管部门提出申请，经审核属实的，可以不再预存相应数额的土地复垦费用。

第二十一条 土地复垦义务人应当按照土地复垦方案确定的工作计划和土地复垦费用使用计划，向损毁土地所在地县级自然资源主管部门申请出具土地复垦费用支取通知书。县级自然资源主管部门应当在七日内出具土地复垦费用支取通知书。

土地复垦义务人凭土地复垦费用支取通知书，从土地复垦费用专门账户中支取土地复垦费用，专项用于土地复垦。

第二十二条 土地复垦义务人应当按照条例第十七条规定于每年12月31日前向所在地县级自然资源主管部门报告当年土地复垦义务履行情况，包括下列内容：

（一）年度土地损毁情况，包括土地损毁方式、地类、位置、权属、面积、程度等；

（二）年度土地复垦费用预存、使用和管理等情况；

（三）年度土地复垦实施情况，包括复垦地类、位置、面积、权属、主要复垦措施、工程量等；

（四）自然资源主管部门规定的其他年度报告内容。

县级自然资源主管部门应当加强对土地复垦义务人报告事项履行情况的监督核实，并可以根据情况将土地复垦义务履行情况年度报告在门户网站上公开。

第二十三条 县级自然资源主管部门应当加强对土地复垦义务人使用土地复垦费用的监督管理，发现有不按照规定使用土地复垦费用的，可以按照土地复垦费用使用监管协议的约定依法追究土地复垦义务人的违约责任。

第二十四条 土地复垦义务人在生产建设活动中应当遵循“保护、预防和控制为主，生产建设与复垦相结合”的原则，采取下列预防控制措施：

（一）对可能被损毁的耕地、林地、草地等，应当进行表土剥离，分层存放，分层回填，优先用于复垦土地的土壤改良。表土剥离厚度应当依据相关技术标准，根据实际情况确定。表土剥离应当在生产工艺和施工建设前进行或者同步进行；

（二）露天采矿、烧制砖瓦、挖沙取土、采石，修建铁路、公路、水利工程等，应当合理确定取土的位置、范围、深度和堆放的位置、高度等；

（三）地下采矿或者疏干抽排地下水等施工，对易造成地面塌陷或者地面沉降等特殊地段应当采取充填、设置保护支柱等工程技术方法以及限制、禁止开采地下水等措施；

（四）禁止不按照规定排放废气、废水、废渣、粉灰、废油等。

第二十五条 土地复垦义务人应当对生产建设活动损毁土地的规模、程度和复垦过程中土地复垦工程质量、土地复垦效果等实施全程控制，并对验收合格后的复垦土地采取管护措施，保证土地复垦效果。

第二十六条 土地复垦义务人依法转让采矿权或者土地使用权的，土地复垦义务同时转移。但原土地复垦义务人应当完成的土地复垦义务未履行完成的除外。

原土地复垦义务人已经预存的土地复垦费用以及未履行完成的土地复垦义务，由原土地复垦义务人与新的土地复垦义务人在转让合同中约定。

新的土地复垦义务人应当重新与损毁土地所在地自然资源主管部门、银行签订土地复垦费用使用监管协议。

第三章 历史遗留损毁土地和自然灾害损毁土地的复垦

第二十七条 历史遗留损毁土地和自然灾害损毁土地调查评价，应当包括下列内容：

（一）损毁土地现状调查，包括地类、位置、面积、权属、损毁类型、损毁特征、损毁原因、损毁时间、污染情况、自然条件、社会经济条件等；

（二）损毁土地复垦适宜性评价，包括损毁程度、复垦潜力、利用方向及生态环境影响等；

（三）土地复垦效益分析，包括社会、经济、生态等效益。

第二十八条　符合下列条件的土地，所在地的县级自然资源主管部门应当认定为历史遗留损毁土地：

（一）土地复垦义务人灭失的生产建设活动损毁的土地；

（二）《土地复垦规定》实施以前生产建设活动损毁的土地。

第二十九条　县级自然资源主管部门应当将历史遗留损毁土地认定结果予以公告，公告期间不少于三十日。土地复垦义务人对认定结果有异议的，可以向县级自然资源主管部门申请复核。

县级自然资源主管部门应当自收到复核申请之日起三十日内做出答复。土地复垦义务人不服的，可以向上一级自然资源主管部门申请裁定。

上一级自然资源主管部门发现县级自然资源主管部门做出的认定结果不符合规定的，可以责令县级自然资源主管部门重新认定。

第三十条　土地复垦专项规划应当包括下列内容：

（一）土地复垦潜力分析；

（二）土地复垦的原则、目标、任务和计划安排；

（三）土地复垦重点区域和复垦土地利用方向；

（四）土地复垦项目的划定，复垦土地的利用布局和工程布局；

（五）土地复垦资金的测算，资金筹措方式和资金安排；

（六）预期经济、社会和生态等效益；

（七）土地复垦的实施保障措施。

土地复垦专项规划可以根据实际情况纳入土地整治规划。

土地复垦专项规划的修改应当按照条例第二十二条的规定报本级人民政府批准。

第三十一条　县级以上地方自然资源主管部门应当依据土地复垦专项规划制定土地复垦年度计划，分年度、有步骤地组织开展土地复垦工作。

第三十二条　条例第二十三条规定的历史遗留损毁土地和自然灾害损毁土地的复垦资金来源包括下列资金：

（一）土地复垦费；

（二）耕地开垦费；

（三）新增建设用地土地有偿使用费；

（四）用于农业开发的土地出让收入；

（五）可以用于土地复垦的耕地占用税地方留成部分；

（六）其他可以用于土地复垦的资金。

第四章　土地复垦验收

第三十三条　土地复垦义务人完成土地复垦任务后，应当组织自查，向项目所在地县级自然资源主管部门提出验收书面申请，并提供下列材料：

（一）验收调查报告及相关图件；

（二）规划设计执行报告；

（三）质量评估报告；

（四）检测等其他报告。

第三十四条　生产建设周期五年以上的项目，土地复垦义务人可以分阶段提出验收申请，负责组织验收的自然资源主管部门实行分级验收

阶段验收由项目所在地县级自然资源主管部门负责组织，总体验收由审查通过土地复垦方案的自然资源主管部门负责组织或者委托有关自然资源主管部门组织。

第三十五条　负责组织验收的自然资源主管部门应当会同同级农业、林业、环境保护等有关部门，组织邀请有关专家和农村集体经济组织代表，依据土地复垦方案、阶段土地复垦计划，对下列内容进行验收：

（一）土地复垦计划目标与任务完成情况；

（二）规划设计执行情况；

（三）复垦工程质量和耕地质量等级；

（四）土地权属管理、档案资料管理情况；

（五）工程管护措施。

第三十六条　土地复垦阶段验收和总体验收形成初步验收结果后，负责组织验收的自然资源主管部门应当在项目所在地公告，听取相关权利人的意见。公告时间不少于三十日。

相关土地权利人对验收结果有异议的，可以在公告期内向负责组织验收的自然资源主管部门书面提出。

自然资源主管部门应当在接到书面异议之日起十五日内，会同同级农业、林业、环境保护等有关部门核查，形成核查结论反馈相关土地权利人。异议情况属实的，还应当向土地复垦义务人提出整改意见，限期整改。

第三十七条　土地复垦工程经阶段验收或者总体验收合格的，负责验收的自然资源主管部门应当依照条例第二十九条规定出具阶段或者总体验收合格确认书。验收合格确认书应当载明下列事项：

（一）土地复垦工程概况；

（二）损毁土地情况；

（三）土地复垦完成情况；

（四）土地复垦中存在的问题和整改建议、处理意见；

（五）验收结论。

第三十八条 土地复垦义务人在申请新的建设用地、申请新的采矿许可证或者申请采矿许可证延续、变更、注销时，应当一并提供按照本办法规定到期完工土地复垦项目的验收合格确认书或者土地复垦费缴费凭据。未提供相关材料的，按照条例第二十条规定，有关自然资源主管部门不得通过审查和办理相关手续。

第三十九条 政府投资的土地复垦项目竣工后，由负责组织实施土地复垦项目的自然资源主管部门进行初步验收，验收程序和要求除依照本办法规定外，按照资金来源渠道及相应的项目管理办法执行。

初步验收完成后，依照条例第三十条规定进行最终验收，并依照本办法第三十七条规定出具验收合格确认书。

自然资源主管部门代复垦的项目竣工后，依照本条规定进行验收。

第四十条 土地权利人自行复垦或者社会投资进行复垦的土地复垦项目竣工后，由项目所在地县级自然资源主管部门进行验收，验收程序和要求依照本办法规定执行。

第五章 土地复垦激励措施

第四十一条 土地复垦义务人将生产建设活动损毁的耕地、林地、牧草地等农用地复垦恢复为原用途的，可以依照条例第三十二条规定，凭验收合格确认书向所在地县级自然资源主管部门提出出具退还耕地占用税意见的申请。

经审核属实的，县级自然资源主管部门应当在十五日内向土地复垦义务人出具意见。土地复垦义务人凭自然资源主管部门出具的意见向有关部门申请办理退还耕地占用税手续。

第四十二条 由社会投资将历史遗留损毁和自然灾害损毁土地复垦为耕地的，除依照条例第三十三条规定办理外，对属于将非耕地复垦为耕地的，经验收合格并报省级自然资源主管部门复核同意后，可以作为本省、自治区、直辖市的补充耕地指标，市、县政府可以出资购买指标。

第四十三条 由县级以上地方人民政府投资将历史遗留损毁和自然灾害损毁的建设用地复垦为耕地的，经验收合格并报省级自然资源主管部门复核同意后，依照条例第三十五条规定可以作为本省、自治区、直辖市的补充耕地指标。但使用新增建设用地有偿使用费复垦的耕地除外。

属于农民集体所有的土地，复垦后应当交给农民集体使用。

第六章 土地复垦监督管理

第四十四条 县级以上自然资源主管部门应当采取年度检查、专项核查、例行稽查、在线监管等形式，对本行政区域内的土地复垦活动进行监督检查，并可以采取下列措施：

（一）要求被检查当事人如实反映情况和提供相关的文件、资料和电子数据；

（二）要求被检查当事人就土地复垦有关问题做出说明；

（三）进入土地复垦现场进行勘查；

（四）责令被检查当事人停止违反条例的行为。

第四十五条 县级以上自然资源主管部门应当在门户网站上及时向社会公开本行政区域内的土地复垦管理规定、技术标准、土地复垦规划、土地复垦项目安排计划以及土地复垦方案审查结果、土地复垦工程验收结果等重大事项。

第四十六条 县级以上地方自然资源主管部门应当通过国土资源主干网等按年度将本行政区域内的土地损毁情况、土地复垦工作开展情况等逐级上报。

上级自然资源主管部门对下级自然资源主管部门落实土地复垦法律法规情况、土地复垦义务履行情况、土地复垦效果等进行绩效评价。

第四十七条 县级以上自然资源主管部门应当对土地复垦档案实行专门管理，将土地复垦方案、土地复垦资金使用监管协议、土地复垦验收有关材料和土地复垦项目计划书、土地复垦实施情况报告等资料和电子数据进行档案存储与管理。

第四十八条 复垦后的土地权属和用途发生变更的，应当依法办理土地登记相关手续。

第七章 法律责任

第四十九条 条例第三十六条第六项规定的其他徇私舞弊、滥用职权、玩忽职守行为，包括下列行为：

（一）违反本办法第二十一条规定，对不符合规定条件的土地复垦义务人出具土地复垦费用支取通知书，或者对符合规定条件的土地复垦义务人无正当理由未在规定期限内出具土地复垦费用支取通知书的；

（二）违反本办法第四十一条规定，对不符合规定条件的申请人出具退还耕地占用税的意见，或者对符合规定条件的申请人无正当理由未在规定期限内出具退还耕地占用税的意见的；

（三）其他违反条例和本办法规定的行为。

第五十条　土地复垦义务人未按照本办法第十五条规定将土地复垦方案、土地复垦规划设计报所在地县级自然资源主管部门备案的，由县级以上地方自然资源主管部门责令限期改正；逾期不改正的，依照条例第四十一条规定处罚。

第五十一条　土地复垦义务人未按照本办法第十六条、第十七条、第十八条、第十九条规定预存土地复垦费用的，由县级以上自然资源主管部门责令限期改正；逾期不改正的，依照条例第三十八条规定处罚。

第五十二条　土地复垦义务人未按照本办法第二十五条规定开展土地复垦质量控制和采取管护措施的，由县级以上地方自然资源主管部门责令限期改正；逾期不改正的，依照条例第四十一条规定处罚。

第五十三条　铀矿等放射性采矿项目的土地复垦具体办法，由自然资源部另行制定。

第五十四条　本办法自2013年3月1日起施行。

5. 闲置土地处置

闲置土地处置办法

·2012年6月1日国土资源部令第53号公布
·自2012年7月1日起施行

第一章　总　则

第一条　为有效处置和充分利用闲置土地，规范土地市场行为，促进节约集约用地，根据《中华人民共和国土地管理法》、《中华人民共和国城市房地产管理法》及有关法律、行政法规，制定本办法。

第二条　本办法所称闲置土地，是指国有建设用地使用权人超过国有建设用地使用权有偿使用合同或者划拨决定书约定、规定的动工开发日期满一年未动工开发的国有建设用地。

已动工开发但开发建设用地面积占应动工开发建设用地总面积不足三分之一或者已投资额占总投资额不足百分之二十五，中止开发建设满一年的国有建设用地，也可以认定为闲置土地。

第三条　闲置土地处置应当符合土地利用总体规划和城乡规划，遵循依法依规、促进利用、保障权益、信息公开的原则。

第四条　市、县国土资源主管部门负责本行政区域内闲置土地的调查认定和处置工作的组织实施。

上级国土资源主管部门对下级国土资源主管部门调查认定和处置闲置土地工作进行监督管理。

第二章　调查和认定

第五条　市、县国土资源主管部门发现有涉嫌构成本办法第二条规定的闲置土地的，应当在三十日内开展调查核实，向国有建设用地使用权人发出《闲置土地调查通知书》。

国有建设用地使用权人应当在接到《闲置土地调查通知书》之日起三十日内，按照要求提供土地开发利用情况、闲置原因以及相关说明等材料。

第六条　《闲置土地调查通知书》应当包括下列内容：

（一）国有建设用地使用权人的姓名或者名称、地址；

（二）涉嫌闲置土地的基本情况；

（三）涉嫌闲置土地的事实和依据；

（四）调查的主要内容及提交材料的期限；

（五）国有建设用地使用权人的权利和义务；

（六）其他需要调查的事项。

第七条　市、县国土资源主管部门履行闲置土地调查职责，可以采取下列措施：

（一）询问当事人及其他证人；

（二）现场勘测、拍照、摄像；

（三）查阅、复制与被调查人有关的土地资料；

（四）要求被调查人就有关土地权利及使用问题作出说明。

第八条　有下列情形之一，属于政府、政府有关部门的行为造成动工开发延迟的，国有建设用地使用权人应当向市、县国土资源主管部门提供土地闲置原因说明材料，经审核属实的，依照本办法第十二条和第十三条规定处置：

（一）因未按照国有建设用地使用权有偿使用合同或者划拨决定书约定、规定的期限、条件将土地交付给国有建设用地使用权人，致使项目不具备动工开发条件的；

（二）因土地利用总体规划、城乡规划依法修改，造成国有建设用地使用权人不能按照国有建设用地使用权有偿使用合同或者划拨决定书约定、规定的用途、规划和建设条件开发的；

（三）因国家出台相关政策，需要对约定、规定的规划和建设条件进行修改的；

（四）因处置土地上相关群众信访事项等无法动工开发的；

（五）因军事管制、文物保护等无法动工开发的；

（六）政府、政府有关部门的其他行为。

因自然灾害等不可抗力导致土地闲置的，依照前款规定办理。

第九条 经调查核实，符合本办法第二条规定条件，构成闲置土地的，市、县国土资源主管部门应当向国有建设用地使用权人下达《闲置土地认定书》。

第十条 《闲置土地认定书》应当载明下列事项：

（一）国有建设用地使用权人的姓名或者名称、地址；

（二）闲置土地的基本情况；

（三）认定土地闲置的事实、依据；

（四）闲置原因及认定结论；

（五）其他需要说明的事项。

第十一条 《闲置土地认定书》下达后，市、县国土资源主管部门应当通过门户网站等形式向社会公开闲置土地的位置、国有建设用地使用权人名称、闲置时间等信息；属于政府或者政府有关部门的行为导致土地闲置的，应当同时公开闲置原因，并书面告知有关政府或者政府部门。

上级国土资源主管部门应当及时汇总下级国土资源主管部门上报的闲置土地信息，并在门户网站上公开。

闲置土地在没有处置完毕前，相关信息应当长期公开。闲置土地处置完毕后，应当及时撤销相关信息。

第三章 处置和利用

第十二条 因本办法第八条规定情形造成土地闲置的，市、县国土资源主管部门应当与国有建设用地使用权人协商，选择下列方式处置：

（一）延长动工开发期限。签订补充协议，重新约定动工开发、竣工期限和违约责任。从补充协议约定的动工开发日期起，延长动工开发期限最长不得超过一年；

（二）调整土地用途、规划条件。按照新用途或者新规划条件重新办理相关用地手续，并按照新用途或者新规划条件核算、收缴或者退还土地价款。改变用途后的土地利用必须符合土地利用总体规划和城乡规划；

（三）由政府安排临时使用。待原项目具备开发建设条件，国有建设用地使用权人重新开发建设。从安排临时使用之日起，临时使用期限最长不得超过两年；

（四）协议有偿收回国有建设用地使用权；

（五）置换土地。对已缴清土地价款、落实项目资金，且因规划依法修改造成闲置的，可以为国有建设用地使用权人置换其他价值相当、用途相同的国有建设用地进行开发建设。涉及出让土地的，应当重新签订土地出让合同，并在合同中注明为置换土地；

（六）市、县国土资源主管部门还可以根据实际情况规定其他处置方式。

除前款第四项规定外，动工开发时间按照新约定、规定的时间重新起算。

符合本办法第二条第二款规定情形的闲置土地，依照本条规定的方式处置。

第十三条 市、县国土资源主管部门与国有建设用地使用权人协商一致后，应当拟订闲置土地处置方案，报本级人民政府批准后实施。

闲置土地设有抵押权的，市、县国土资源主管部门在拟订闲置土地处置方案时，应当书面通知相关抵押权人。

第十四条 除本办法第八条规定情形外，闲置土地按照下列方式处理：

（一）未动工开发满一年的，由市、县国土资源主管部门报经本级人民政府批准后，向国有建设用地使用权人下达《征缴土地闲置费决定书》，按照土地出让或者划拨价款的百分之二十征缴土地闲置费。土地闲置费不得列入生产成本；

（二）未动工开发满两年的，由市、县国土资源主管部门按照《中华人民共和国土地管理法》第三十七条和《中华人民共和国城市房地产管理法》第二十六条的规定，报经有批准权的人民政府批准后，向国有建设用地使用权人下达《收回国有建设用地使用权决定书》，无偿收回国有建设用地使用权。闲置土地设有抵押权的，同时抄送相关土地抵押权人。

第十五条 市、县国土资源主管部门在依照本办法第十四条规定作出征缴土地闲置费、收回国有建设用地使用权决定前，应当书面告知国有建设用地使用权人有申请听证的权利。国有建设用地使用权人要求举行听证的，市、县国土资源主管部门应当依照《国土资源听证规定》依法组织听证。

第十六条 《征缴土地闲置费决定书》和《收回国有建设用地使用权决定书》应当包括下列内容：

（一）国有建设用地使用权人的姓名或者名称、地址；

（二）违反法律、法规或者规章的事实和证据；

（三）决定的种类和依据；

（四）决定的履行方式和期限；

（五）申请行政复议或者提起行政诉讼的途径和期限；

（六）作出决定的行政机关名称和作出决定的日期；

（七）其他需要说明的事项。

第十七条 国有建设用地使用权人应当自《征缴土地闲置费决定书》送达之日起三十日内，按照规定缴纳土地闲置费；自《收回国有建设用地使用权决定书》送达之日起三十日内，到市、县国土资源主管部门办理国有建设用地使用权注销登记，交回土地权利证书。

国有建设用地使用权人对《征缴土地闲置费决定书》和《收回国有建设用地使用权决定书》不服的，可以依法申请行政复议或者提起行政诉讼。

第十八条 国有建设用地使用权人逾期不申请行政复议、不提起行政诉讼，也不履行相关义务的，市、县国土资源主管部门可以采取下列措施：

（一）逾期不办理国有建设用地使用权注销登记，不交回土地权利证书的，直接公告注销国有建设用地使用权登记和土地权利证书；

（二）申请人民法院强制执行。

第十九条 对依法收回的闲置土地，市、县国土资源主管部门可以采取下列方式利用：

（一）依据国家土地供应政策，确定新的国有建设用地使用权人开发利用；

（二）纳入政府土地储备；

（三）对耕作条件未被破坏且近期无法安排建设项目的，由市、县国土资源主管部门委托有关农村集体经济组织、单位或者个人组织恢复耕种。

第二十条 闲置土地依法处置后土地权属和土地用途发生变化的，应当依据实地现状在当年土地变更调查中进行变更，并依照有关规定办理土地变更登记。

第四章 预防和监管

第二十一条 市、县国土资源主管部门供应土地应当符合下列要求，防止因政府、政府有关部门的行为造成土地闲置：

（一）土地权利清晰；

（二）安置补偿落实到位；

（三）没有法律经济纠纷；

（四）地块位置、使用性质、容积率等规划条件明确；

（五）具备动工开发所必需的其他基本条件。

第二十二条 国有建设用地使用权有偿使用合同或者划拨决定书应当就项目动工开发、竣工时间和违约责任等作出明确约定、规定。约定、规定动工开发时间应当综合考虑办理动工开发所需相关手续的时限规定和实际情况，为动工开发预留合理时间。

因特殊情况，未约定、规定动工开发日期，或者约定、规定不明确的，以实际交付土地之日起一年为动工开发日期。实际交付土地日期以交地确认书确定的时间为准。

第二十三条 国有建设用地使用权人应当在项目开发建设期间，及时向市、县国土资源主管部门报告项目动工开发、开发进度、竣工等情况。

国有建设用地使用权人应当在施工现场设立建设项目公示牌，公布建设用地使用权人、建设单位、项目动工开发、竣工时间和土地开发利用标准等。

第二十四条 国有建设用地使用权人违反法律法规规定和合同约定、划拨决定书规定恶意囤地、炒地的，依照本办法规定处理完毕前，市、县国土资源主管部门不得受理该国有建设用地使用权人新的用地申请，不得办理被认定为闲置土地的转让、出租、抵押和变更登记。

第二十五条 市、县国土资源主管部门应当将本行政区域内的闲置土地信息按宗录入土地市场动态监测与监管系统备案。闲置土地按照规定处置完毕后，市、县国土资源主管部门应当及时更新该宗土地相关信息。

闲置土地未按照规定备案的，不得采取本办法第十二条规定的方式处置。

第二十六条 市、县国土资源主管部门应当将国有建设用地使用权人闲置土地的信息抄送金融监管等部门。

第二十七条 省级以上国土资源主管部门可以根据情况，对闲置土地情况严重的地区，在土地利用总体规划、土地利用年度计划、建设用地审批、土地供应等方面采取限制新增加建设用地、促进闲置土地开发利用的措施。

第五章 法律责任

第二十八条 市、县国土资源主管部门未按照国有建设用地使用权有偿使用合同或者划拨决定书约定、规定的期限、条件将土地交付给国有建设用地使用权人，致使项目不具备动工开发条件的，应当依法承担违约责任。

第二十九条 县级以上国土资源主管部门及其工作人员违反本办法规定，有下列情形之一的，依法给予处分；构成犯罪的，依法追究刑事责任：

（一）违反本办法第二十一条的规定供应土地的；

（二）违反本办法第二十四条的规定受理用地申请

和办理土地登记的；

（三）违反本办法第二十五条的规定处置闲置土地的；

（四）不依法履行闲置土地监督检查职责，在闲置土地调查、认定和处置工作中徇私舞弊、滥用职权、玩忽职守的。

第六章　附　则

第三十条　本办法中下列用语的含义：

动工开发：依法取得施工许可证后，需挖深基坑的项目，基坑开挖完毕；使用桩基的项目，打入所有基础桩；其他项目，地基施工完成三分之一。

已投资额、总投资额：均不含国有建设用地使用权出让价款、划拨价款和向国家缴纳的相关税费。

第三十一条　集体所有建设用地闲置的调查、认定和处置，参照本办法有关规定执行。

第三十二条　本办法自2012年7月1日起施行。

国土资源部关于加大闲置土地处置力度的通知

·2007年9月8日

·国土资电发〔2007〕36号

各省、自治区、直辖市国土资源厅（国土环境资源厅、国土资源局、国土资源和房屋管理局、房屋土地资源管理局）：

近年来，各地积极贯彻落实国家加强土地调控的一系列政策措施，取得了明显成效。但是，在一些地方、部分行业特别是房地产开发领域土地闲置问题突出，处置不力，直接影响了土地调控的效果。为严格执行闲置土地处置有关规定，加大处置力度，现就有关问题通知如下：

一、各地要严格按照《土地管理法》、《城市房地产管理法》、《闲置土地处置办法》（国土资源部令第5号）和《国务院办公厅转发建设部等部门关于调整住房供应结构稳定住房价格意见的通知》（国办发〔2006〕37号）有关闲置土地处置的规定，加快处置利用闲置土地。土地闲置费原则上按出让或划拨土地价款的百分之二十征收；依法可以无偿收回的，坚决无偿收回。对于违法审批而造成土地闲置的，要在2007年年底前完成清退。能够恢复耕种的要恢复耕种，不能恢复耕种的纳入政府土地储备，优先安排开发利用。

二、实行建设用地使用权“净地”出让，出让前，应处理好土地的产权、补偿安置等经济法律关系，完成必要的通水、通电、通路、土地平整等前期开发，防止土地闲置浪费。

三、合理确定建设用地使用权出让的宗地规模，缩短开发周期。未按建设用地使用权出让合同约定缴清全部土地价款的，不得发放土地使用证书，也不得按土地价款缴纳比例分期发放土地使用证书。

四、各省、自治区、直辖市国土资源管理部门要结合实际，切实加强本地区闲置土地处置工作的监督、检查和指导，严格落实闲置土地处置的有关规定，注意推广借鉴广东省东莞市处置盘活闲置土地经验，加大闲置土地处置力度，坚决维护土地市场的健康稳定发展。要立即采取有效措施，组织力量，集中开展闲置土地专项清理处置，并于2008年6月底前，将闲置土地清理处置情况报部。

自然资源部办公厅关于政府原因闲置土地协议有偿收回相关政策的函

·2018年12月18日

·自然资办函〔2018〕1903号

海南省自然资源和规划厅：

《海南省国土资源厅关于请求给予闲置土地有偿收回政策支持的请示》（琼国土资〔2018〕142号）收悉。现就因政府原因闲置土地协议有偿收回相关政策函复如下。

《城市房地产管理法》规定，土地使用权人必须按照土地使用权出让合同约定的土地用途、动工开发期限开发土地，超过出让合同约定的动工开发日期满二年未动工开发的可以无偿收回土地使用权，但是因不可抗力或者政府、政府有关部门的行为或者动工开发必需的前期工作造成动工开发迟延的除外。《闲置土地处置办法》（国土资源部令第53号）第十二条规定，属于政府、政府有关部门的行为以及因不可抗力造成动工开发延迟，可以协议有偿收回国有建设用地使用权。

在土地供应和闲置土地处置工作中，要严格落实履约责任，营造诚实守信的营商环境。一是要严格执行“净地”供应的有关规定。供地前要处理好土地的产权、补偿安置等经济法律关系，完成必要的通水、通电、通路、土地平整等前期开发。二是对于“净地”供应政策出台前已供应的“毛地”，应当按照合同或划拨决定书约定、规定的条款，由具体责任方实施拆迁安置和前期开发，确保履约到位。三是处置因政府原因造成的闲置土地，要区分具体情况：对于因政府未按约定履行拆迁安置、前期开发、及时交地等义务而导致土地闲置的，政府应积极主动解决问题，与土地使用权人签订补充协议，重新约定“净地”交付期限，为项目动工创造必要条件；在约定的期限内仍未能达到“净地”标准，要明确造成闲置的政府及有关部门责任并依法处理后，方可采取协议有偿收回的方式处置。对于因政府修改规划或规划建设条件、军事管制、文物保护以及不可抗力等原因，造成土地确实无法按原规划建设条件动工建设的，在土地使用权人同意协商的情况下，可以采取协议有偿收回的方式处置。

需要协议收回闲置土地使用权的，应当遵循协商一致和合理补偿的原则。市、县自然资源主管部门应当按照《闲置土地处置办法》的规定，在调查认定的基础上，及时告知土地使用权人有偿收回相关事宜，与当事人就收回范围、补偿标准、收回方式等进行协商。有偿收回的补偿金额应不低于土地使用权人取得土地的成本，综合考虑其合理的直接损失，参考市场价格，由双方共同协商确定。经协商达成一致的，市、县自然资源主管部门拟定闲置土地处置方案，报本级人民政府批准后，正式签订有偿收回协议并执行。

· *典型案例*

山东省威海市人民检察院督促收回国有闲置土地行政公益诉讼案①

【关键词】

行政公益诉讼诉前程序　国有土地使用权出让　闲置土地　提供法律支持

【要旨】

针对国有建设用地闲置问题，检察机关督促相关行政机关依法收回，并针对收回土地需报经政府批准导致周期较长问题，持续跟进监督，督促行政机关依法全面履职。

【基本案情】

2013 年 7 月，某公司以出让的方式获得威海经济技术开发区两宗计 378 亩国有土地使用权，威海市国土资源局与该公司签订《国有建设用地使用权出让合同》，约定涉案两宗土地用途为工业用地，出让价款为 8876.157 万元，宗地项目固定资产总投资不低于 135976 万元，某公司应在 2014 年 1 月 19 日前动工，2015 年 7 月 19 日前竣工。2013 年 7 月 19 日、7 月 20 日威海市国土资源局与该公司签订《交地确认书》，威海市国土资源局将涉案 378 亩两宗土地交付给该公司。截至 2018 年 5 月，涉案公司未按出让合同约定进行开发建设，造成国有土地闲置，威海市国土资源局（2018 年 12 月机构改革后更名为威海市自然资源和规划局）亦未依法予以收回。

【调查和督促履职】

2018 年 5 月，威海市经济技术开发区人民检察院（以下简称经开区院）在办案中发现辖区 378 亩国有土地闲置达两年以上。因案情重大且涉及市属行政机关，经开区院立即向威海市人民检察院（以下简称威海市院）报告。威海市院于 2018 年 5 月 17 日立案，并成立以检察长为办案组长、市区两级院参加的办案组。通过现场勘验拍照、调取相关书证、询问涉案企业相关负责人、向经开区管委和经开区建设局调查了解情况后，查明：涉案土地未如期开发建设系某公司自身原因导致，不属于政府、政府有关部门的行为造成土地动工开发延迟。该公司自取得涉案宗地以来，仅投资 1033.09 万元对土地进行开挖平整、车间桩基施工等基础建设，投资额不足 25%。涉案两宗闲置土地除场地被平整、四周设有围挡外没有任何建筑物、构筑物及附属设施。

2018 年 9 月 29 日，威海市院向威海市国土资源局发出检察建议，督促其依法履行法定职责，及时采取有效措施无偿收回国有闲置土地使用权。同年 11 月 29 日，威海市国土资源局回复称已开展闲置土地调查，正在做无偿收回的后续工作。2018 年 12 月机构改革后，威海市国土资源局更名为威海市自然资源和规划局。收到回复后，检察机关积极与市区两级自然资源和规划部门对接，了解无偿收回土地中存在的问题和困难，积极协调威海市政府、经开区管委，督促和支持自然资源和规划部门加快推动涉案土地的无偿收回。威海市自然资源和规划局于 2019 年 1 月 29 日就涉案土地闲置事项召开听证会，同年 4 月 1 日向威海市政府上报《关于无偿收回某公司两宗闲置土地使用权的请示》；同年 4 月 24 日，在收到威海市政府作出的《关于无偿收回某公司两宗闲置土地使用权的批复》后，该局作出了《收回国有建设用地使用权决定书》。某公司不服，分别提起行政复议和行政诉讼。在复议、诉讼期间，检察

① 案例来源：2022 年 11 月 7 日最高人民检察院发布 12 件国有财产保护、国有土地使用权出让领域行政公益诉讼典型案例。

机关多次与市区两级自然资源和规划部门召开座谈会，就庭审答辩、证据材料收集等提供法律支持。2020年9月30日，山东省人民政府作出维持威海市政府批准作出的《收回国有建设用地使用权决定书》的复议决定。法院一审、二审均支持了政府收回涉案闲置土地的决定。2021年4月28日判决生效后，威海市自然资源和规划局立即将涉案378亩土地纳入威海市政府土地储备。

【典型意义】

检察机关在办理监督行政机关收回国有闲置土地类案件中，应考虑行政机关收回土地需报经政府批准、整改周期较长的特点，对法定回复期内未整改到位的，应当继续跟进调查，而不能一概认定为"到期未整改"。对经调查发现主管行政机关正在积极履职的，应根据案件实际情况，了解行政机关履职的难点痛点，持续跟进监督，与行政机关加强沟通协调，督促和支持行政机关依法全面履行职责。针对该案闲置土地面积大、时间长、收回难度大的"硬骨头"案件，检察机关要充分发挥一体化办案、领导包案的优势，合力攻坚，确保检察建议落实落地做成刚性。

· 示范文本

闲置土地处置法律文书示范文本（试行）

· 2013年3月21日

· 国土资厅发〔2013〕16号

1. 闲置土地调查通知书

机关代字[年份]文号

________________：

____________局与你方签订的国有建设用地使用权出让合同，合同电子监管号为________________（向你方核发的国有建设用地划拨决定书，划拨决定书电子监管号为________________），宗地四至为________，面积为________平方米，约定（规定）的动工日期为________年____月____日（交地确认书确定的交地日期为________年____月____日）。

根据《闲置土地处置办法》（国土资源部第53号令）第二条的规定，上述宗地存在________________________情况，涉嫌构成闲置土地。我局依法对上述宗地进行调查，请你方接受调查，自本通知书送达之日起30日内，向我局提供以下材料：

（一）土地权利证明文件；

（二）宗地是否闲置的原因说明及辅证材料；

（三）其他________________；

你单位应对上述材料的真实性负责。本调查将作为闲置土地认定的重要依据。逾期不提供上述材料，我局将根据其他调查材料进行闲置土地认定。

特此通知。

我局联系人：　　　　　　联系电话：

局（印章）

年　　月　　日

注：若无电子监管号，应填写合同号

2. 闲置土地认定书

机关代字[年份]文号

________________：

____________局与你方签订的国有建设用地使用权出让合同，合同电子监管号为________________（向你方核发的国有建设用地划拨决定书，划拨决定书电子监管号为________________），宗地四至为________，面积为________平方米，约定（规定）的动工日期为________年____月____日（交地确认书确定的交地日期为________年____月____日）。

上述宗地存在________________的情况，我局已向你方送达了《闲置土地调查通知书》（文号________________）。根据调查结果和《闲置土地处置办法》（国土资源部第53号令）的规定，认定上述宗地为闲置土地，闲置原因为：________________________，应按照《闲置土地处置办法》的有关规定进行处置。

特此告知。

我局联系人：　　　　　　联系电话：

局（印章）

年　　月　　日

注：若无电子监管号，应填写合同号

3. 闲置土地情况告知书

机关代字[年份]文号

________：

我局于______年____月____日向______________下发了《闲置土地认定书》(文号：______________)，认定其中所涉宗地为闲置土地，宗地四至为________，闲置原因为：______________________。

我局将适时公示闲置情况及原因，并按照《闲置土地处置办法》(国土资源部令第53号)的规定进行处置。

特此告知。

我局联系人：　　　　　　联系电话：

局(印章)

年　　月　　日

4. 闲置土地处置听证权利告知书

机关代字[年份]文号

________：

我局向你方下发了《闲置土地认定书》(文号：______________)。根据《闲置土地处置办法》(国土资源部令第53号)规定，我局将采取以下处置措施：

□(一)按出让价款(划拨价)20%收缴土地闲置费；

□(二)无偿收回国有建设用地使用权。

如有异议，你方接到本告知书5个工作日内可向我局申请听证，我局将依照《国土资源听证规定》依法组织听证。逾期未提出的，视为放弃听证。

我局联系人：　　　　　　联系电话：

局(印章)

年　　月　　日

5. 征缴土地闲置费决定书

机关代[年份]文号

________：

__________局与你方签订的国有建设用地使用权出让合同，合同电子监管号为______________(向你方核发的国有建设用地划拨决定书，划拨决定书电子监管号为______________)，宗地四至为________，面积为______平方米，出让价款(划拨价款)为________万元。

我局认定上述宗地为闲置土地，已向你方送达了《闲置土地认定书》，文号为______________。根据《闲置土地处置办法》(国土资源部第53号令)第十四条的规定，经报请______________人民政府批准(批准文号：______________)，对上述闲置土地征缴土地闲置费。请你方自本决定书送达之日起30日内，按以下方式足额缴纳土地闲置费________万元：______________。

对本决定不服的，可依据《行政复议法》的规定申请行政复议，或依照《行政诉讼法》的规定提起行政诉讼。

我局联系人：　　　　　　联系电话：

局(印章)

年　　月　　日

注：若无电子监管号，应填写合同号

6. 收回国有建设用地使用权决定书

机关代字[年份]文号

________：

__________局与你方签订的国有建设用地使用权出让合同，合同电子监管号为______________(向你方核发的国有建设用地划拨决定书，划拨决定书电子监管号为______________)，宗地四至为________，面积为________平方米，土地用途为______________，出让价款(划拨价款)为________万元。

我局认定上述宗地为闲置土地，已向你方送达了《闲置土地认定书》，文号为______________。根据《闲置土地处置办法》(国土资源部第53号令)第十四条的规定，经报请______________人民政府批准(批准文号：______________)，我局依法无偿收回上述闲置土地使用权。请你方自本决定书送达之日起30日内，到我局办理国有建设用地使用权注销登记，交回土地权利证书。逾期不履行相关义务的，我局将直接公告注销国有建设用地使用权登记和土地权利证书。

对本决定不服的，可依据《行政复议法》的规定申请行政复议，或依照《行政诉讼法》的规定提起行政诉讼。

我局联系人：　　　　　　联系电话：

局(印章)

年　　月　　日

注：若无电子监管号，应填写合同号

7. 建设项目动工开发申报书

________________局：

你局与我方签订的国有建设用地使用权出让合同，合同电子监管号为________________（你局向我方核发的国有建设用地划拨决定书，划拨决定书电子监管号为________________），宗地四至为________，面积为________平方米，约定动工日期为________年____月____日，土地权利证号________________。

我方拟在上述宗地建设________________项目，目前已取得________________部分（全部）的建筑施工许可证（编号为：________________），并于________年____月____日已达到《闲置土地处置办法》规定的动工标准。请予检查复核。

特此申报。

单位（印章）/个人：

年　　月　　日

注：若无电子监管号，应填写合同号

8. 建设项目竣工申报书

________________局：

你局与我方签订的国有建设用地使用权出让合同，合同电子监管号为________________（你局向我方核发的国有建设用地划拨决定书，划拨决定书电子监管号为________________），宗地四至为________，面积为________平方米，约定竣工日期为________年____月____日，土地权利证号________________。

我方在上述宗地建设了________________项目，已于________年____月____日竣工，满足出让合同（划拨决定书）规定的规划建设条件。请予检查复核。

特此申报。

单位（印章）/个人：

年　　月　　日

注：若无电子监管号，应填写合同号

9. 国有建设用地交地确认书
机关代字［年份］文号

根据国有建设用地使用权出让合同/划拨决定书（合同号/划拨决定书电子监管号：________________），____________（受让方）取得了宗地编号为________________的国有建设用地使用权。

________________（交地方）于________年____月____日已将该宗地实际交付给________________（受让方），________________（受让方）同意接收。

本确认书一式____份，________________（受让方）执____份，________________（交地方）执____份。

特此确认。

交地方：　　　　（印章）

受让方：　　　　（印章）

签订日期：　　　年　　月　　日

注：若无电子监管号，应填写合同号

10. 送达回证

________________局：

你局《____________》（机关代字［年份］文号）已于________年____月____日送达我单位，特此签收。

受送达人：________________（单位名称/个人姓名印章）

经办人（签字）：____________经办人职务：________________

签收日期：　　　年　　月　　日

注：1.《送达回证》为统一格式，各类"通知书"、"认定书"、"告知书"、"决定书"等均使用本格式作为书面送达证明。

2. 若受送达人拒绝签收，则以公告送达形式作为送达依据。

（三）土地权属

1. 土地确权

确定土地所有权和使用权的若干规定

· 1995年3月11日〔1995〕国土〔籍〕字第26号

· 根据2010年12月3日《国土资源部关于修改部分规范性文件的决定》修订

第一章　总　则

第一条　为了确定土地所有权和使用权，依法进行土地登记，根据有关的法律、法规和政策，制订本规定。

第二条 土地所有权和使用权由县级以上人民政府确定,土地管理部门具体承办。

土地权属争议,由土地管理部门提出处理意见,报人民政府下达处理决定或报人民政府批准后由土地管理部门下达处理决定。

第二章 国家土地所有权

第三条 城市市区范围内的土地属于国家所有。

第四条 依据1950年《中华人民共和国土地改革法》及有关规定,凡当时没有将土地所有权分配给农民的土地属于国家所有;实施1962年《农村人民公社工作条例修正草案》(以下简称《六十条》)未划入农民集体范围内的土地属于国家所有。

第五条 国家建设征收的土地,属于国家所有。

第六条 开发利用国有土地,开发利用者依法享有土地使用权,土地所有权仍属国家。

第七条 国有铁路线路、车站、货场用地以及依法留用的其他铁路用地属于国家所有。土改时已分配给农民所有的原铁路用地和新建铁路两侧未经征收的农民集体所有土地属于农民集体所有。

第八条 县级以上(含县级)公路线路用地属于国家所有。公路两侧保护用地和公路其他用地凡未经征收的农民集体所有的土地仍属于农民集体所有。

第九条 国有电力、通讯设施用地属于国家所有。但国有电力通讯杆塔占用农民集体所有的土地,未办理征收手续的,土地仍属于农民集体所有,对电力通讯经营单位可确定为他项权利。

第十条 军队接收的敌伪地产及解放后经人民政府批准征收、划拨的军事用地属于国家所有。

第十一条 河道堤防内的土地和堤防外的护堤地,无堤防河道历史最高洪水位或者设计洪水位以下的土地,除土改时已将所有权分配给农民,国家未征收,且迄今仍归农民集体使用的外,属于国家所有。

第十二条 县级以上(含县级)水利部门直接管理的水库、渠道等水利工程用地属于国家所有。水利工程管理和保护范围内未经征收的农民集体土地仍属于农民集体所有。

第十三条 国家建设对农民集体全部进行移民安置并调剂土地后,迁移农民集体原有土地转为国家所有。但移民后原集体仍继续使用的集体所有土地,国家未进行征收的,其所有权不变。

第十四条 因国家建设征收土地,农民集体建制被撤销或其人口全部转为非农业人口,其未经征收的土地,归国家所有。继续使用原有土地的原农民集体及其成员享有国有土地使用权。

第十五条 全民所有制单位和城镇集体所有制单位兼并农民集体企业的,办理有关手续后,被兼并的原农民集体企业使用的集体所有土地转为国家所有。乡(镇)企业依照国家建设征收土地的审批程序和补偿标准使用的非本乡(镇)村农民集体所有的土地,转为国家所有。

第十六条 1962年9月《六十条》公布以前,全民所有制单位,城市集体所有制单位和集体所有制的华侨农场使用的原农民集体所有的土地(含合作化之前的个人土地),迄今没有退给农民集体的,属于国家所有。

《六十条》公布时起至1982年5月《国家建设征用土地条例》公布时止,全民所有制单位、城市集体所有制单位使用的原农民集体所有的土地,有下列情形之一的,属于国家所有:

1. 签订过土地转移等有关协议的;
2. 经县级以上人民政府批准使用的;
3. 进行过一定补偿或安置劳动力的;
4. 接受农民集体馈赠的;
5. 已购买原集体所有的建筑物的;
6. 农民集体所有制企事业单位转为全民所有制或者城市集体所有制单位的。

1982年5月《国家建设征用土地条例》公布时起至1987年《土地管理法》开始施行时止,全民所有制单位、城市集体所有制单位违反规定使用的农民集体土地,依照有关规定进行了清查处理后仍由全民所有制单位、城市集体所有制单位使用的,确定为国家所有。

凡属上述情况以外未办理征地手续使用的农民集体土地,由县级以上地方人民政府根据具体情况,按当时规定补办征地手续,或退还农民集体。1987年《土地管理法》施行后违法占用的农民集体土地,必须依法处理后,再确定土地所有权。

第十七条 1986年3月中共中央、国务院《关于加强土地管理、制止乱占耕地的通知》发布之前,全民所有制单位、城市集体所有制单位租用农民集体所有的土地,按照有关规定处理后,能够恢复耕种的,退还农民集体耕种,所有权仍属于农民集体;已建成永久性建筑物的,由用地单位按租用时的规定,补办手续,土地归国家所有。凡已经按照有关规定处理了的,可按处理决定确定所有权和使用权。

第十八条 土地所有权有争议,不能依法证明争议土地属于农民集体所有的,属于国家所有。

第三章 集体土地所有权

第十九条 土地改革时分给农民并颁发了土地所有证的土地,属于农民集体所有;实施《六十条》时确定为集体所有的土地,属农民集体所有。依照第二章规定属于国家所有的除外。

第二十条① 村农民集体所有的土地,按目前该村农民集体实际使用的本集体土地所有权界线确定所有权。

根据《六十条》确定的农民集体土地所有权,由于下列原因发生变更的,按变更后的现状确定集体土地所有权。

(一)由于村、队、社、场合并或分割等管理体制的变化引起土地所有权变更的;

(二)由于土地开发、国家征地、集体兴办企事业或者自然灾害等原因进行过土地调整的;

(三)由于农田基本建设和行政区划变动等原因重新划定土地所有权界线的。行政区划变动未涉及土地权属变更的,原土地权属不变。

第二十一条② 农民集体连续使用其他农民集体所有的土地已满20年的,应视为现使用者所有;连续使用不满20年,或者虽满20年但在20年期满之前所有者曾向现使用者或有关部门提出归还的,由县级以上人民政府根据具体情况确定土地所有权。

第二十二条 乡(镇)或村在集体所有的土地上修建并管理的道路、水利设施用地,分别属于乡(镇)或村农民集体所有。

第二十三条 乡(镇)或村办企事业单位使用的集体土地,《六十条》公布以前使用的,分别属于该乡(镇)或村农民集体所有;《六十条》公布时起至1982年国务院《村镇建房用地管理条例》发布时止使用的,有下列情况之一的,分别属于该乡(镇)或村农民集体所有:

1. 签订过用地协议的(不含租借);

2. 经县、乡(公社)、村(大队)批准或同意,并进行了适当的土地调整或者经过一定补偿的;

3. 通过购买房屋取得的;

4. 原集体企事业单位体制经批准变更的。

1982年国务院《村镇建房用地管理条例》发布时起至1987年《土地管理法》开始施行时止,乡(镇)、村办企事业单位违反规定使用的集体土地按照有关规定清查处理后,乡(镇)、村集体单位继续使用的,可确定为该乡(镇)或村集体所有。

乡(镇)、村办企事业单位采用上述以外的方式占用的集体土地,或虽采用上述方式,但目前土地利用不合理的,如荒废、闲置等,应将其全部或部分土地退还原村或乡农民集体,或按有关规定进行处理。1987年《土地管理法》施行后违法占用的土地,须依法处理后再确定所有权。

第二十四条 乡(镇)企业使用本乡(镇)、村集体所有的土地,依照有关规定进行补偿和安置的,土地所有权转为乡(镇)农民集体所有。经依法批准的乡(镇)、村公共设施、公益事业使用的农民集体土地,分别属于乡(镇)、村农民集体所有。

第二十五条 农民集体经依法批准以土地使用权作为联营条件与其他单位或个人举办联营企业的,或者农民集体经依法批准以集体所有的土地的使用权作价入股,举办外商投资企业和内联乡镇企业的,集体土地所有权不变。

第四章 国有土地使用权

第二十六条 土地使用权确定给直接使用土地的具有法人资格的单位或个人。但法律、法规、政策和本规定另有规定的除外。

第二十七条 土地使用者经国家依法划拨、出让或解放初期接收、沿用,或通过依法转让、继承、接受地上建筑物等方式使用国有土地的,可确定其国有土地使用权。

第二十八条 土地公有制之前,通过购买房屋或土地及租赁土地方式使用私有的土地,土地转为国有后迄今仍继续使用的,可确定现使用者国有土地使用权。

第二十九条 因原房屋拆除、改建或自然坍塌等原

---

① **《国土资源部办公厅关于处理农村集体土地权属问题的复函》**(2002年6月21日 国土资厅函〔2002〕181号),处理土地权属纠纷,应当适用《确定土地所有权和使用权的若干规定》的有关条文。原人民公社由三级核算向二级核算过渡中调整土地,属于《确定土地所有权和使用权的若干规定》第二十条规定的"由于村、队、社合并或分割等管理体制的变化,引起的土地所有权变更"的调整范围。

《确定土地所有权和使用权的若干规定》第二条和《土地管理法》第十六条的内容是一致的。即:土地权属纠纷由人民政府处理,土地行政主管部门作为政府的职能部门,提出具体处理意见,报人民政府下达处理决定,或经人民政府批准,土地行政主管部门下达处理决定。

② **《国土资源部办公厅关于对农民集体土地确权有关问题的复函》**(2005年1月17日 国土资厅函〔2005〕58号),第二十一条中的"农民集体"是指乡(镇)农民集体、村农民集体和村内两个以上农业集体经济组织的农民集体,包括由原基本核算单位的生产队延续下来的农民集体经济组织。

第二十一条中的"使用"是指土地使用人直接占用土地,并加以利用的行为,但不包括租用、借用和承包他人土地等形式。

因,已经变更了实际土地使用者的,经依法审核批准,可将土地使用权确定给实际土地使用者;空地及房屋坍塌或拆除后两年以上仍未恢复使用的土地,由当地县级以上人民政府收回土地使用权。

第三十条　原宗教团体、寺观教堂宗教活动用地,被其他单位占用,原使用单位因恢复宗教活动需要退还使用的,应按有关规定予以退还。确属无法退还或土地使用权有争议的,经协商、处理后确定土地使用权。

第三十一条　军事设施用地(含靶场、试验场、训练场)依照解放初土地接收文件和人民政府批准征收或划拨土地的文件确定土地使用权。土地使用权有争议的,按照国务院、中央军委有关文件规定处理后,再确定土地使用权。

国家确定的保留或地方代管的军事设施用地的土地使用权确定给军队,现由其他单位使用的,可依照有关规定确定为他项权利。

经国家批准撤销的军事设施,其土地使用权依照有关规定由当地县级以上人民政府收回并重新确定使用权。

第三十二条　依法接收、征收、划拨的铁路线路用地及其他铁路设施用地,现仍由铁路单位使用的,其使用权确定给铁路单位。铁路线路路基两侧依法取得使用权的保护用地,使用权确定给铁路单位。

第三十三条　国家水利、公路设施用地依照征收、划拨文件和有关法律、法规划定用地界线。

第三十四条　驻机关、企事业单位内的行政管理和服务性单位,经政府批准使用的土地,可以由土地管理部门商被驻单位规定土地的用途和其他限制条件后分别确定实际土地使用者的土地使用权。但租用房屋的除外。

第三十五条①　原由铁路、公路、水利、电力、军队及其他单位和个人使用的土地,1982年5月《国家建设征用土地条例》公布之前,已经转由其他单位或个人使用的,除按照国家法律和政策应当退还的外,其国有土地使用权可确定给实际土地使用者,但严重影响上述部门的设施安全和正常使用的,暂不确定土地使用权,按照有关规定处理后,再确定土地使用权。1982年5月以后非法转让的,经依法处理后再确定使用权。

第三十六条　农民集体使用的国有土地,其使用权按县级以上人民政府主管部门审批、划拨文件确定;没有审批、划拨文件的,依照当时规定补办手续后,按使用现状确定;过去未明确划定使用界线的,由县级以上人民政府参照土地实际使用情况确定。

第三十七条　未按规定用途使用的国有土地,由县级以上人民政府收回重新安排使用,或者按有关规定处理后确定使用权。

第三十八条　1987年1月《土地管理法》施行之前重复划拨或重复征收的土地,可按目前实际使用情况或者根据最后一次划拨或征收文件确定使用权。

第三十九条　以土地使用权为条件与其他单位或个人合建房屋的,根据批准文件、合建协议或者投资数额确定土地使用权,但1982年《国家建设征用土地条例》公布后合建的,应依法办理土地转让手续后再确定土地使用权。

第四十条　以出让方式取得的土地使用权或以划拨方式取得的土地使用权补办出让手续后作为资产入股的,土地使用权确定给股份制企业。

国家以土地使用权作价入股的,土地使用权确定给股份制企业。

国家将土地使用权租赁给股份制企业的,土地使用权确定给股份制企业。企业以出让方式取得的土地使用权或以划拨方式取得的土地使用权补办出让手续后,出租给股份制企业的,土地使用权不变。

第四十一条　企业以出让方式取得的土地使用权,企业破产后,经依法处置,确定给新的受让人;企业通过划拨方式取得的土地使用权,企业破产时,其土地使用权由县级以上人民政府收回后,根据有关规定进行处置。

第四十二条　法人之间合并,依法属于应当以有偿方式取得土地使用权的,原土地使用权应当办理有关手

---

①　**《国土资源部办公厅关于确定土地所有权和使用权有关问题的复函》**(2010年12月3日　国土资发〔2010〕190号),本条中的"其他单位",适用于铁路、公路、水利、电力、军队等部门以外的单位和个人,"上述部门"是指铁路、公路、水利、电力、军队及其他单位。

《国土资源部关于土地确权有关问题的复函》(1999年6月4日　国土资函〔1999〕217号),原国家土地管理局《确定土地所有权和使用权的若干规定》第三十五条规定:"原由铁路、公路、水利、电力、军队及其他单位和个人使用的土地,1982年5月《国家建设征用土地条例》公布之前,已经转由其他单位或个人使用的,除按照国家法律和政策应当退还的外,其国有土地使用权可确定给实际土地使用者"。上述规定,主要是指原土地使用者所使用的土地已经由现土地使用者使用,除按照国家法律和政策应当退还的外,只要不是强占性质,原则上按使用现状确定土地使用权。但租赁、借用的除外。对严重影响上述部门的设施安全和正常使用的,暂不确定土地使用权,按照有关规定处理后,再确定土地使用权。1982年5月以后非法转让的,经依法处理后再确定使用权。

续，有偿取得土地使用权；依法可以以划拨形式取得土地使用权的，可以办理划拨土地权属变更登记，取得土地使用权。

第五章 集体土地建设用地使用权

第四十三条 乡（镇）村办企业事业单位和个人依法使用农民集体土地进行非农业建设的，可依法确定使用者集体土地建设用地使用权。对多占少用、占而不用的，其闲置部分不予确定使用权，并退还农民集体，另行安排使用。

第四十四条 依照本规定第二十五条规定的农民集体土地，集体土地建设用地使用权确定给联营或股份企业。

第四十五条 1982年2月国务院发布《村镇建房用地管理条例》之前农村居民建房占用的宅基地，超过当地政府规定的面积，在《村镇建房用地管理条例》施行后未经拆迁、改建、翻建的，可以暂按现有实际使用面积确定集体土地建设用地使用权。

第四十六条 1982年2月《村镇建房用地管理条例》发布时起至1987年1月《土地管理法》开始施行时止，农村居民建房占用的宅基地，其面积超过当地政府规定标准的，超过部分按1986年3月中共中央、国务院《关于加强土地管理、制止乱占耕地的通知》及地方人民政府的有关规定处理后，按处理后实际使用面积确定集体土地建设用地使用权。

第四十七条 符合当地政府分户建房规定而尚未分户的农村居民，其现有的宅基地没有超过分户建房用地合计面积标准的，可按现有宅基地面积确定集体土地建设用地使用权。

第四十八条 非农业户口居民（含华侨）原在农村的宅基地，房屋产权没有变化的，可依法确定其集体土地建设用地使用权。房屋拆除后没有批准重建的，土地使用权由集体收回。

第四十九条 接受转让、购买房屋取得的宅基地，与原有宅基地合计面积超过当地政府规定标准，按照有关规定处理后允许继续使用的，可暂确定其集体土地建设用地使用权。继承房屋取得的宅基地，可确定集体土地建设用地使用权。

第五十条 农村专业户宅基地以外的非农业建设用地与宅基地分别确定集体土地建设用地使用权。

第五十一条 按照本规定第四十五条至第四十九条的规定确定农村居民宅基地集体土地建设用地使用权时，其面积超过当地政府规定标准的，可在土地登记卡和土地证书内注明超过标准面积的数量。以后分户建房或现有房屋拆迁、改建、翻建或政府依法实施规划重新建设时，按当地政府规定的面积标准重新确定使用权，其超过部分退还集体。

第五十二条 空闲或房屋坍塌、拆除两年以上未恢复使用的宅基地，不确定土地使用权。已经确定使用权的，由集体报经县级人民政府批准，注销其土地登记，土地由集体收回。

第六章 附 则

第五十三条 一宗地由两个以上单位或个人共同使用的，可确定为共有土地使用权。共有土地使用权面积可以在共有使用人之间分摊。

第五十四条 地面与空中、地面与地下立体交叉使用土地的（楼房除外），土地使用权确定给地面使用者，空中和地下可确定为他项权利。

平面交叉使用土地的，可以确定为共有土地使用权；也可以将土地使用权确定给主要用途或优先使用单位，次要和服从使用单位可确定为他项权利。

上述两款中的交叉用地，如属合法批准征收、划拨的，可按批准文件确定使用权，其他用地单位确定为他项权利。

第五十五条 依法划定的铁路、公路、河道、水利工程、军事设施、危险品生产和储存地、风景区等区域的管理和保护范围内的土地，其土地的所有权和使用权依照土地管理有关法规确定。但对上述范围内的土地的用途，可以根据有关的规定增加适当的限制条件。

第五十六条 土地所有权或使用权证明文件上的四至界线与实地一致，但实地面积与批准面积不一致的，按实地四至界线计算土地面积，确定土地的所有权或使用权。

第五十七条 他项权利依照法律或当事人约定设定。他项权利可以与土地所有权或使用权同时确定，也可在土地所有权或使用权确定之后增设。

第五十八条 各级人民政府或人民法院已依法处理的土地权属争议，按处理决定确定土地所有权或使用权。

第五十九条 本规定由国家土地管理局负责解释。

第六十条 本规定自1995年5月1日起施行。1989年7月5日国家土地管理局印发的《关于确定土地权属问题的若干意见》同时停止执行。

自然资源部办公厅关于印发《宅基地和集体建设用地使用权确权登记工作问答》的函

· 2020 年 7 月 22 日
· 自然资办函〔2020〕1344 号

各省、自治区、直辖市及计划单列市自然资源主管部门：

为进一步做好宅基地和集体建设用地使用权确权登记工作，部组织编制了《宅基地和集体建设用地使用权确权登记工作问答》，现予印发。

附件：宅基地和集体建设用地使用权确权登记工作问答

宅基地和集体建设用地使用权确权登记工作问答

第一部分　工作组织

1. 党中央、国务院对宅基地和集体建设用地使用权确权登记工作提出过哪些明确要求？

党中央、国务院高度重视宅基地和集体建设用地使用权确权登记工作。党的十七届三中全会明确提出，“搞好农村土地确权、登记、颁证工作”。2010 年以来，中央 1 号文件多次对宅基地、集体建设用地使用权确权登记工作作出部署和要求。2010 年提出，“加快农村集体土地所有权、宅基地使用权、集体建设用地使用权等确权登记颁证工作”；2012 年要求，“2012 年基本完成覆盖农村集体各类土地的所有权确权登记颁证，推进包括农户宅基地在内的农村集体建设用地使用权确权登记颁证工作”；2013 年要求，“加快包括农村宅基地在内的农村集体土地所有权和建设用地使用权地籍调查，尽快完成确权登记颁证工作。农村土地确权登记颁证工作经费纳入地方财政预算，中央财政予以补助”；2014 年提出，“加快包括农村宅基地在内的农村地籍调查和农村集体建设用地使用权确权登记颁证工作”；2016 年要求，“加快推进房地一体的农村集体建设用地和宅基地使用权确权登记颁证，所需工作经费纳入地方财政预算”；2017 年强调，“全面加快‘房地一体’的农村宅基地和集体建设用地确权登记颁证工作”；2018 年提出，“扎实推进房地一体的农村集体建设用地和宅基地使用权确权登记颁证，加快推进宅基地‘三权分置’改革”；2019 年要求，“加快推进宅基地使用权确权登记颁证工作，力争 2020 年基本完成”；2020 年强调，“扎实推进宅基地和集体建设用地使用权确权登记颁证”。

另外，2019 年《中共中央 国务院关于建立健全城乡融合发展体制机制和政策体系的意见》（中发〔2019〕12 号）要求，“加快完成房地一体的宅基地使用权确权登记颁证”；2020 年《中共中央 国务院关于构建更加完善的要素市场化配置体制机制的意见》（中发〔2020〕9 号）要求，“在国土空间规划编制、农村房地一体不动产登记基本完成的前提下，建立健全城乡建设用地供应三年滚动计划”。

2. 当前宅基地和集体建设用地使用权确权登记工作重点是什么？

《自然资源部关于加快宅基地和集体建设用地使用权确权登记工作的通知》（自然资发〔2020〕84 号）明确要求，以未确权登记的宅基地和集体建设用地为工作重点，按照不动产统一登记要求，加快地籍调查，对符合登记条件的办理房地一体不动产登记。对于未开展地籍调查的，要尽快开展房地一体地籍调查，完成房地一体不动产登记；已完成宅基地、集体建设用地地籍调查但没有完成农房调查的，要尽快补充调查农房信息，完成房地一体的不动产登记。

3. 在宅基地和集体建设用地使用权确权登记工作中为什么要坚持“不变不换”原则？

《不动产登记暂行条例》第三十三条规定，“本条例施行前依法颁发的各类不动产权属证书和制作的不动产登记簿继续有效”。《不动产登记暂行条例实施细则》第一百零五条规定，“本实施细则施行前，依法核发的各类不动产权属证书继续有效。不动产权利未发生变更、转移的，不动产登记机构不得强制要求不动产权利人更换不动产权属证书”。坚持“不变不换”是不动产登记法律制度的要求，是对原有登记成果的尊重和延续，也是保持工作稳定性和连续性的需要。因此，已分别颁发宅基地、集体建设用地使用权证书和房屋所有权证书的，遵循“不变不换”原则，原证书仍合法有效。

4. 在宅基地和集体建设用地使用权确权登记工作中如何落实“房地一体”登记要求？

《国土资源部 财政部 住房和城乡建设部 农业部 国家林业局关于进一步加快推进宅基地和集体建设用地使用权确权登记发证工作的通知》（国土资发〔2014〕101 号）要求，各地要以登记发证为主线，因地制宜，采用符合实际的调查方法，将农房等集体建设用地上的建（构）筑物纳入工作范围，实现统一调查、统一确权登记。《不动产登记操作规范（试行）》（国土资规〔2016〕6 号）规定，房屋等建（构）筑物所有权应当与其所附着的土地一并登记，保持权利主体一致。具体来说，围绕宅基地和集体建设用地确权登记工作重点，对于未开展地籍调查的，要尽快开展房地一体地籍调查,完成房地一体不动产登记;已完成宅基地、集体建设用地地籍调查但没有完成农房调查的,要尽快补充调查农房信息,完成房地一体的不动产登记。

对于宅基地已登记、农房没有登记,权利人有换发不动产权证意愿的,可向登记机构申请办理房地一体不动产登记。已登记宅基地、集体建设用地(房屋等建筑物、构筑物未登记)发生变更、转移的,要按照房地一体要求办理不动产变更、转移登记,核发统一的不动产权证。

5. 办理宅基地和集体建设用地登记需要缴纳哪些费用?

《财政部 国家发展改革委关于不动产登记收费有关政策问题的通知》(财税〔2016〕79 号)规定,单独申请宅基地使用权登记、申请宅基地使用权及地上房屋所有权登记,只收取不动产权属证书工本费,每本 10 元。申请集体建设用地使用权及建(构)筑物所有权登记的,应当按照相关规定缴纳不动产登记费 80 元(包含第一本证书工本费)。

6. 如何充分发挥集体经济组织、村民委员会或者村民小组等集体土地所有权代表行使主体在宅基地和集体建设用地确权登记中的作用?

《民法典》第二百六十二条规定,对于集体所有的土地和森林、山岭、草原、荒地、滩涂等,依照下列规定行使所有权:(一)属于村农民集体所有的,由村集体经济组织或者村民委员会依法代表集体行使所有权;(二)分别属于村内两个以上农民集体所有的,由村内各该集体经济组织或者村民小组依法代表集体行使所有权;(三)属于乡镇农民集体所有的,由乡镇集体经济组织代表集体行使所有权。《村民委员会组织法》规定,村民委员会依照法律规定,管理本村属于村农民集体所有的土地和其他财产;宅基地的使用方案应当经村民会议讨论决定。因此,在遵守法律法规、政策的前提下,坚持农民的事情农民办,充分发挥集体经济组织或者村民委员会、村民小组等集体土地所有权代表行使主体和基层群众自治组织的作用,积极引导农民参与农村不动产确权登记工作,并通过村民自治、基层调解等方式,参与解决权属指界、登记申请资料收集、权属纠纷,以及农民集体经济组织成员资格、分户条件、宅基地取得时间认定和缺少权属来源材料等疑难问题。

7. 基本完成宅基地和集体建设用地确权登记任务的标准是什么?

2020 年底前,完成全国农村地籍调查,农村宅基地和集体建设用地登记率达到 80%以上,即宅基地、集体建设用地已登记宗地数(原来发土地证的宗地数和不动产统一登记后发不动产权证的宗地数之和,其中原土地证换发不动产权证的宗地不得重复计算)占应登记宗地数的 80%以上。2021 年底前,完成宅基地和集体建设用地及房屋登记资料清理整合,农村地籍调查和不动产登记数据成果逐级汇交至国家不动产登记信息管理基础平台。

第二部分　地籍调查

8. 地籍调查与不动产权籍调查是什么关系?

地籍调查是指通过权属调查和地籍测绘,查清不动产及自然资源的权属、位置、界址、面积、用途等权属状况和自然状况。地籍调查包括不动产地籍调查和自然资源地籍调查,不动产地籍调查即不动产权籍调查。

9. 是否需要对所有宅基地和集体建设用地开展地籍调查?

本次宅基地和集体建设用地确权登记工作应以未确权登记的宅基地和集体建设用地为地籍调查工作的重点,全面查清宅基地和集体建设用地底数,对已调查登记、已调查未登记、应登记未登记、不能登记等情况要清晰掌握。已完成宗地登记的,原则上不列入本次地籍调查范围,但应根据原地籍调查成果将宗地界线转绘至地籍图上。对于有房地一体不动产登记需求的,原宗地地籍调查成果经核实完善后应当继续沿用,开展房屋补充调查,形成房地一体的地籍调查成果。

10. 对原已完成宅基地或集体建设用地地籍调查但尚未登记的,应如何开展地籍调查?

已完成宅基地和集体建设用地地籍调查但尚未登记,其地上房屋等建(构)筑物尚未开展地籍调查的,已有宗地地籍调查成果应当经核实完善后继续沿用,补充调查地上房屋等建(构)筑物信息,形成房地一体的地籍调查成果。

已完成宅基地和集体建设用地地籍调查工作但尚未登记,其地上房屋等建(构)筑物已经登记的,应对宅基地和集体建设用地地籍调查成果进行核实完善后,将其地上已登记的房屋等建(构)筑物信息落宗,形成房地一体的不动产地籍调查成果。

11. 如何制作农村地籍调查工作底图?

可选用大比例尺(1:500~1:2000)的地形图、已有地籍图、第三次全国国土调查、农村土地承包经营权登记等工作中获取的分辨率优于 0.2 米的正射影像、倾斜摄影测量成果等作为基础图件,叠加地籍区、地籍子区界线和集体土地所有权宗地界线，并标注乡镇、村、村民小组及重要地物的名称，根据需要勾绘或标注相关内容即可形成工作底图。

12. 如何划分集体土地范围内的地籍区和地籍子区？

在县级行政辖区内，以乡（镇）、街道界线为基础，结合明显线性地物划分地籍区。在地籍区内，以行政村、居委会或街坊界线为基础，结合明显线性地物划分地籍子区。

地籍区和地籍子区一旦划定，原则上不随行政界线的调整而调整，其数量和界线宜保持稳定。确需调整的，应当按照一定程序和规范进行调整。

13. 如何有针对性地划分宅基地和集体建设用地不动产单元、编制不动产单元代码？

不动产单元是地籍调查的基本单位。在宅基地和集体建设用地地籍调查工作中，不动产单元是指宅基地或集体建设用地及地上房屋（建/构筑物）共同组成的权属界线固定封闭且具有独立使用价值的空间。

不动产单元代码是指按一定规则赋予不动产单元的唯一和可识别的标识码，也可称为不动产单元号。不动产单元代码应按照《不动产单元设定与代码编制规则》（GB/T 37346-2019）相关要求编制。

本次工作中，应在工作底图上，根据收集的已有调查、登记成果，结合地形或影像，在地籍区、地籍子区和集体土地所有权宗地界线内，初步识别并预划不动产单元，预编不动产单元代码，权属调查工作结束后，正式划定不动产单元，确定不动产单元代码。已登记的不动产，应建立新旧不动产单元代码和原地号、房屋编号的对应表。

例如，某宅基地使用权宗地位于某县级行政辖区（行政区划代码为340123）内第3地籍区，第6地籍子区，宗地顺序号为13；该宅基地上建设了一幢房屋，则该不动产单元编码示例如下：

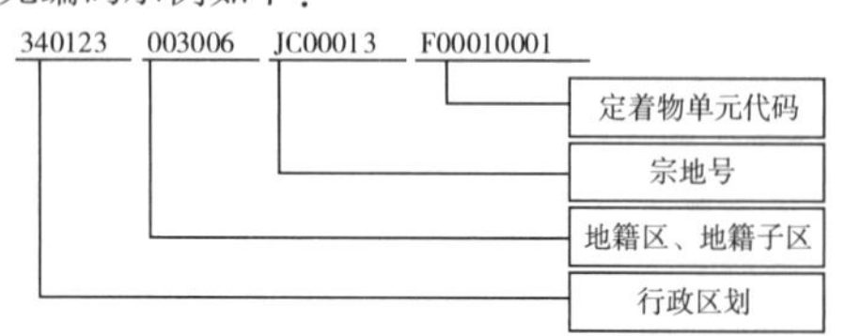

14. 宅基地和集体建设用地权属调查可采取哪些灵活的方式？

在权属调查工作中，可灵活采取集中收集材料、集中指界、利用“国土调查云”软件现场采集录入信息等方式。对权利人因外出等原因无法参与实地指界的，可采取委托代理指界、“先承诺，后补签”、网络视频确认等方式开展指界工作。

15. 是否必须开展实地指界？可采取哪些便利方式？

不一定。对界址清楚、已经登记过的宅基地和集体建设用地使用权的宗地，办理房地一体登记的，经核实界址未发生变化的，应沿用原宗地地籍调查成果，无需开展实地指界工作。对宅基地和集体建设用地审批时有精确界址点坐标的，无需开展实地指界工作。办理首次登记时，土地权属来源材料中界址不明确、实地界址有变化或者无法提供土地权属来源材料的，应当开展实地指界。

16. 是否一定要绘制宗地草图？

不一定。宗地草图是描述宗地位置、界址点、界址线和相邻宗地关系的现场记录。原则上应当在现场指界、丈量界址边长并绘制宗地草图。在本次工作中，为提高工作效率，采用全野外实测界址点的，在确保相邻关系准确、界址清晰无争议的前提下，可在现场指定界址点并签字后，不丈量界址边长、不绘制宗地草图，直接对指定的界址点和房角点开展地籍测绘，并据此编制宗地图。

17. 权属调查和地籍测绘是什么关系？

地籍调查包括权属调查和地籍测绘，其中权属调查是地籍调查工作的核心和基础，原则上应实地开展权属状况调查、指界等权属调查工作。权属调查的成果是开展地籍测绘的依据，地籍测绘应当根据权属调查确定的界址进行。

18. 地籍测绘主要有哪些技术方法？如何选取合适技术方法？

地籍测绘的技术方法主要包括：解析法、图解法和勘丈法等。各地应坚持需求导向，统筹考虑现实基础条件、工作需求和经济技术可行性，以满足农村宅基地和集体建设用地确权登记需求为目标，因地制宜选择符合当地实际的地籍测绘方法和技术路线，不能盲目追求高精度、不切实际一律要求界址点、房屋等全部采用解析法实测。同一地区可分别选用不同的方法。要充分利用规划、审批、核验等测量资料，避免重复测绘。

19. 开展地籍测绘是否一定要做控制测量？

不一定。地籍测绘中应根据实际需要开展控制测量。在本次工作中，采用解析法测量的，根据需要开展控制测量。采用图解法和勘丈法的地区，无需开展控制测量。

20. 怎样采用图解法开展地籍测绘？

利用时相较新、分辨率优于0.2米的正射影像图，或大比例尺(不小于1:2000)地籍图、地形图以及倾斜摄影测量成果等图件,根据权属调查结果,在图上采集界址点和房角点,形成宗地和房屋的空间图形,用于上图入库。因为目前图解法获取的界址点坐标和面积误差较大,无法满足宅基地和集体建设用地登记要求,因此,原则上应利用实地丈量的界址边长和房屋边长计算宗地和房屋面积。

21. 怎样采用勘丈法开展地籍测绘?

在实地指定界址点,利用测距仪、钢尺等实地丈量界址边长和房屋边长,根据需要丈量界址点与邻近地物的距离,采用几何要素法利用丈量结果计算宗地和房屋面积。

22. 应如何计算宗地和房屋面积?

采用解析法测绘的,应采用坐标法计算面积,即利用解析界址点和房角点坐标,按照相关面积计算公式计算宗地和房屋面积。采用勘丈法的,应采用几何要素法计算面积,即利用实地丈量的宗地界址边长和房屋边长,按照宗地范围和房屋占地范围的几何图形,通过长*宽等几何方法计算宗地和房屋面积。采用图解法的,原则上应采用几何要素法利用丈量结果计算面积。

23. 房产分户图是否要分层绘制?

不一定。农村不动产以宗地和独立成幢的房屋作为不动产单元的,应以幢为单位绘制房产分户图,不需要分层绘制。建筑面积可按层分别计算后求和,也可采取简便易行的方式,如以一层建筑面积乘以层数计算。

24. "国土调查云"软件是什么?是免费使用吗?

"国土调查云"是服务国土调查和自然资源管理工作的应用软件。2018年10月,自然资源部办公厅印发了《关于推广应用"国土调查云"软件的通知》(自然资办发〔2018〕35号),在全国各级自然资源管理部门和乡镇国土所推广应用"国土调查云"。该软件免费使用,由中国国土勘测规划院提供技术支持。为配合宅基地和集体建设用地确权登记工作,"国土调查云"软件增加了农村宅基地和集体建设用地地籍调查功能,软件包括手机APP、WEB端和桌面端三个应用,主要面向非专业技术人员开展工作。

25. "国土调查云"用户注册,软件怎么下载安装?

根据《关于推广应用"国土调查云"软件的通知》(自然资办发〔2018〕35号),由中国国土勘测规划院负责"国土调查云"省级管理员用户注册工作,并提供相应技术支持。各省级自然资源主管部门组织录入APP和WEB端用户注册信息表,由管理员在WEB端批量注册授权,注册用户凭手机号码验证码即可登录使用。"国土调查云"手机APP可在华为应用市场搜索"智能管理"下载安装,输入用户手机号和验证码登录使用;"国土调查云"WEB浏览器地址:https://landcloud.org.cn/zjd,用户名和密码与手机APP一致。

26. "国土调查云"软件用于宅基地和集体建设用地地籍调查的优势是什么?

对部分农村地籍调查基础薄弱、登记资料管理不规范和信息化程度低、暂不具备解析法和图解法条件的区域,使用"国土调查云"辅助开展宅基地和集体建设用地调查工作,无需使用GPS/RTK或全站仪等专业测量设备,普通工作人员经简单培训即可操作。通过权属调查、使用钢尺丈量,结合"国土调查云软件"快速定位、绘制宗地草图,数据可实时上传至WEB端生成地籍图。同时,可使用"国土调查云"软件通过拍照、信息录入和定位功能,将已登记发证但没有矢量化地籍资料的宅基地和集体建设用地登记资料录入,生成地籍图,有助于快速摸清底数、清晰掌握情况,加快工作进度。

27. 如何利用"国土调查云"软件开展地籍调查?

市、县自然资源主管部门可会同村委会组织人员,利用安装了"国土调查云"软件的手机开展工作,操作流程是:①外业调查:使用手机APP开展外业调查,录入权利人信息等相关信息,采集院落中心点(示意范围),录入勘丈和登记信息,拍摄宗地实地照片。②内业处理:使用WEB端进行外业成果整理、信息补充录入、标准数据成果导出、快速汇总实时汇交等工作。③矢量化处理:使用桌面端软件,依据附图扫描件和影像底图,进行图形矢量化和相邻关系处理等工作。具体操作方法参见"国土调查云"软件说明和操作演示视频。

28. 农村地籍调查成果和登记成果应如何建库汇交?

按照《地籍数据库标准(试行)》,将地籍调查成果纳入不动产登记信息管理基础平台上的地籍数据库统一管理,并以县(市、区)为单位,于2021年底前逐级汇交至国家级不动产登记信息管理基础平台。不动产登记成果应按《不动产登记数据库标准》及时录入不动产登记数据库,日常登记结果应实时上传至国家级不动产登记信息管理基础平台。存量数据整合后,不动产登记成果应以县(市、区)为单位,完成一个汇交一个,于2021年底前,逐级汇交至国家级不动产登记信息管理基础平台。

29. 地籍数据库和不动产登记数据库是什么关系?

不动产登记数据库包含已登记不动产的自然信息、权属信息、登记过程和登记结果等信息。地籍数据库包括不动产（已登记和未登记的）调查信息和登记结果信息。两个数据库应通过不动产单元号紧密关联、实时更新，地籍数据库为登记数据库提供调查结果信息，登记结果信息应同步更新至地籍数据库。

第三部分　确权登记

30. 近年来国家层面出台过哪些关于宅基地和集体建设用地确权登记工作文件？

为落实中央有关宅基地、集体建设用地使用权确权登记工作要求，我部先后下发了若干文件，进一步作出部署，明确工作要求和确权登记政策等。主要包括：

（1）2011 年 5 月，原国土资源部、财政部、原农业部印发《关于加快推进农村集体土地确权登记发证工作的通知》（国土资发〔2011〕60 号）；

（2）2011 年 11 月，原国土资源部、中央农村工作领导小组办公室、财政部、原农业部印发《关于农村集体土地确权登记发证的若干意见》（国土资发〔2011〕178 号）；

（3）2013 年 9 月，原国土资源部印发《关于进一步加快农村地籍调查推进集体土地确权登记发证工作的通知》（国土资发〔2013〕97 号）；

（4）2014 年 8 月，原国土资源部、财政部、住房和城乡建设部、原农业部、原国家林业局印发《关于进一步加快推进宅基地和集体建设用地使用权确权登记发证工作的通知》（国土资发〔2014〕101 号）；

（5）2016 年 12 月，原国土资源部印发《关于进一步加快宅基地和集体建设用地确权登记发证有关问题的通知》（国土资发〔2016〕191 号）；

（6）2018 年 7 月，自然资源部印发《关于全面推进不动产登记便民利民工作的通知》（自然资发〔2018〕60 号）；

（7）2020 年 5 月，自然资源部印发《关于加快宅基地和集体建设用地使用权确权登记工作的通知》（自然资发〔2020〕84 号）；

（8）2020 年 5 月，自然资源部印发《关于做好易地扶贫搬迁安置住房不动产登记工作的通知》（自然资办发〔2020〕25 号）。

31. 如何把握地方出台相关政策与国家层面政策的关系？

为有效推进宅基地、集体建设用地确权登记工作，大部分省（区、市）在国家有关法规政策基础上，结合本地实际制定了具体的宅基地、集体建设用地确权登记确权登记政策文件。这些政策文件是对国家法规政策的具体化和必要的补充完善，和国家层面政策一样，都是本地开展宅基地、集体建设用地使用权确权登记工作的重要依据。

32. 没有权属来源材料的宅基地如何确权登记？

根据《国土资源部关于进一步加快宅基地和集体建设用地确权登记发证有关问题的通知》（国土资发〔2016〕191 号）和《农业农村部 自然资源部关于规范宅基地审批管理的通知》（农经发〔2019〕6 号）有关规定，对于没有权属来源材料的宅基地，应当查明土地历史使用情况和现状，由所在农民集体经济组织或村民委员会对宅基地使用权人、面积、四至范围等进行确认后，公告 30 天无异议或异议不成立的，由所在农民集体经济组织或村委会出具证明，并经乡（镇）人民政府审核批准，属于合法使用的，予以确权登记。

33. “一户多宅”能不能登记？

《国土资源部关于进一步加快宅基地和集体建设用地确权登记发证有关问题的通知》（国土资发〔2016〕191 号）规定，宅基地使用权应按照“一户一宅”要求，原则上确权登记到“户”。符合当地分户建房条件未分户，但未经批准另行建房分开居住的，其新建房屋占用的宅基地符合相关规划，经本农民集体经济组织或村民委员会同意并公告无异议或异议不成立的，可按规定补办有关用地手续后，依法予以确权登记；未分开居住的，其实际使用的宅基地没有超过分户后建房用地合计面积标准的，依法按照实际使用面积予以确权登记。

对于因继承房屋占用宅基地，形成“一户多宅”的，可按规定确权登记，并在不动产登记簿和证书附记栏进行注记。

34. 宅基地确权登记中的“户”如何认定？

地方对“户”的认定有规定的，按地方规定办理。地方未作规定的，可按以下原则认定：“户”原则上应以公安部门户籍登记信息为基础，同时应当符合当地申请宅基地建房的条件。根据户籍登记信息无法认定的，可参考当地农村集体土地家庭承包中承包集体土地的农户情况，结合村民自治方式予以认定。

35. 宅基地超面积如何登记？

农民集体经济组织成员经批准建房占用宅基地的，按照批准面积予以确权登记。未履行批准手续建房占用宅基地的，地方有规定的，按地方规定办理。地方未作规定的，按照《国土资源部关于进一步加快宅基地和集体建设用地确权登记发证有关问题的通知》（国土资发〔2016〕191 号）规定的分阶段处理原则办理：

1982 年《村镇建房用地管理条例》实施前，农民集体经济组织成员建房占用的宅基地，范围在《村镇建房用地管理条例》实施后至今未扩大的，无论是否超过其后当地规定面积标准，均按实际使用面积予以确权登记。

1982年《村镇建房用地管理条例》实施起至1987年《土地管理法》实施时止，农民集体经济组织成员建房占用的宅基地，超过当地规定面积标准的，超过面积按国家和地方有关规定处理的结果予以确权登记。

1987年《土地管理法》实施后，农民集体经济组织成员建房占用的宅基地，超过批准面积建设的，不予确权登记。符合规划经依法处理予以保留的，在补办相关用地手续后，只登记批准部分，超出部分在登记簿和证书中注记。

历史上接受转让、赠与房屋占用的宅基地超过当地规定面积标准的，按照转让、赠与行为发生时对宅基地超面积标准的政策规定，予以确权登记。

36. 非本农民集体经济组织成员取得宅基地能不能登记？

根据《国土资源部 中央农村工作领导小组办公室 财政部 农业部关于农村集体土地确权登记发证的若干意见》（国土资发〔2011〕178号）、《国土资源部关于进一步加快宅基地和集体建设用地确权登记发证有关问题的通知》（国土资发〔2016〕191号）规定，非本农民集体经济组织成员取得宅基地，应区分不同情形予以处理：

（1）非本农民集体经济组织成员，因易地扶贫搬迁、地质灾害防治、新农村建设、移民安置等按照政府统一规划和批准使用宅基地的，在退出原宅基地并注销登记后，依法确定新建房屋占用的宅基地使用权，并办理不动产登记。

（2）非本农民集体经济组织成员（含城镇居民），因继承房屋占用宅基地的，可按规定确权登记，在不动产登记簿及证书附记栏注记“该权利人为本农民集体经济组织原成员住宅的合法继承人”。

（3）1999年《国务院办公厅关于加强土地转让管理严禁炒卖土地的通知》（国办发〔1999〕39号）印发前，回原籍村庄、集镇落户的职工、退伍军人、离（退）休干部以及回乡定居的华侨、港澳台同胞等，原在农村合法取得的宅基地，或因合法取得房屋而占用宅基地的，经公告无异议或异议不成立的，由该农民集体经济组织出具证明，可依法确权登记，在不动产登记簿及证书附记栏注记“该权利人为非本农民集体经济组织成员”。“国办发〔1999〕39号”文件印发后，城市居民违法占用宅基地建造房屋、购买农房的，不予登记。

37. 如何保护农村妇女的宅基地权益？

《国土资源部关于进一步加快宅基地和集体建设用地确权登记发证有关问题的通知》（国土资发〔2016〕191号）规定，农村妇女作为家庭成员，其宅基地权益应记载到不动产登记簿及权属证书上。农村妇女因婚嫁离开原农民集体经济组织，取得新家庭宅基地使用权的，应依法予以确权登记，同时注销其原宅基地使用权。

38. 农民进城落户后其宅基地能不能确权登记？

《中共中央 国务院关于实施乡村振兴战略的意见》（中发〔2018〕1号）明确要求，依法维护进城落户农民的宅基地使用权、土地承包经营权、集体收益分配权，引导进城落户农民依法自愿有偿退出上述权益，不得以退出承包地和宅基地作为农民进城落户条件。《国土资源部关于进一步加快宅基地和集体建设用地确权登记发证有关问题的通知》（国土资发〔2016〕191号）规定，农民进城落户后，其原合法取得的宅基地使用权应予以确权登记。

39. 农民集体经济组织成员之间互换房屋如何确权登记？

经宅基地所有权人同意，农民集体经济组织成员之间互换房屋，导致宅基地使用权及房屋所有权发生转移的，可以依法予以确权登记。《不动产登记暂行条例实施细则》第四十二条规定，农民集体经济组织内部互换房屋，申请宅基地使用权及房屋所有权转移登记的，应当提交不动产权属证书或者其他权属来源材料、集体经济组织内部互换房屋的协议等材料办理登记。

40. 农民集体经济组织成员之间转让、赠与宅基地上房屋如何确权登记？

经宅基地所有权人同意，在本集体内部向符合宅基地申请条件的农户转让、赠与宅基地上房屋，导致宅基地使用权及房屋所有权发生转移的，可以依法予以确权登记。转让、赠与宅基地，申请宅基地使用权及房屋所有权转移登记的，参照《不动产登记暂行条例实施细则》第四十二条规定，提交不动产权属证书或者其他权属来源材料、集体内部转让、赠与协议等材料办理登记。

《国土资源部关于进一步加快宅基地和集体建设用地确权登记发证有关问题的通知》（国土资发〔2016〕191号）规定，历史上接受转让、赠与房屋占用的宅基地超过当地规定面积标准的，按照转让、赠与行为发生时对宅基地超面积标准的政策规定，予以确权登记。

41. 合法宅基地上房屋没有符合规划或者建设相关材料能不能登记？

《自然资源部关于加快宅基地和集体建设用地使用

权确权登记工作的通知》(自然资发〔2020〕84 号)规定,对合法宅基地上房屋没有符合规划或建设相关材料的,地方已出台相关规定,按其规定办理。未出台相关规定,位于原城市、镇规划区内的,出具规划意见后办理登记。位于原城市、镇规划区外且在《城乡规划法》实施前建设的,在办理登记时可不提交符合规划或建设的相关材料;位于原城市、镇规划区外且在《城乡规划法》实施后建设的,由集体经济组织或者村民委员会公告 15 天无异议或者异议不成立,经乡(镇)人民政府审核后,按照审核结果办理登记。

42. 换发房地一体不动产权证书时,房屋测量面积与原房屋所有权证面积不一致,如何处理?

换发房地一体不动产权证书时,房屋测量面积与原房屋所有权证记载面积不一致的,应当以精度高的测量方法测得的面积为准。运用同种测量方法测量,属于精度误差范围内的,以原房屋所有权证记载面积为准。对于房屋翻建后造成面积不一致的,当事人应当提供翻建房屋的规划许可等材料,申请变更登记。

43. 换发房地一体不动产权证书时,宅基地测量面积与原登记面积不一致的,如何处理?

换发房地一体不动产权证书时,宅基地测量面积与原登记面积不一致的,应当区分不同情形进行处理:(1)对于宅基地界址未发生变化,属于测量方法造成面积不一致的,以精度高的测量方法测得面积登记。(2)因非法超占宅基地导致测量面积大于原登记面积的,应以原登记面积为准,超占面积按照本问答第 35 条办理。

44. 农村简易房、临时性建(构)筑物能不能登记?

农村简易房、圈舍、农具房、厕所等临时性建(构)筑物,没有符合规划或者建设的相关材料,一般不予登记。

45. 宅基地批准使用后一直未办理登记,若原批准使用人死亡的,能不能申请登记?

宅基地是以"户"分配和使用的,只要"户"中还有其他成员,批准使用人的死亡就不影响该"户"的宅基地使用权,可由现在的户主申请登记。如果"户"中已没有其他成员,按照《继承法》规定,宅基地上房屋可由继承人继承,因继承房屋占用宅基地的,可按规定申请登记,并在不动产登记簿及证书附记栏中注记。

46. 同一宗宅基地上多个房屋属于不同权利人,申请办理房地一体不动产登记的,如何处理?

同一宗宅基地上多个房屋属于不同权利人,申请办理房地一体不动产登记的,应当区分不同情形进行处理:(1)属于新型农村社区或多(高)层多户农民公寓的,按照《不动产登记暂行条例实施细则》第四十三条,参照国有建设用地使用权及建筑物区分所有权的规定,办理宅基地等集体土地上的建筑物区分所有权登记。(2)属于因继承、分家析产等原因,造成房地权利主体不一致,若遗嘱或者分家析产协议对宅基地作了明确分割,分割的宅基地经县(市)自然资源主管部门认定符合不动产单元划定标准,可以分别办理登记;若遗嘱或者分家析产协议对宅基地未作明确分割的,按照宅基地使用权共同共有办理登记。(3)属于存在民事纠纷的,待纠纷解决后予以确权登记。

47. 根据国家法规政策,哪些宅基地、集体建设用地不予登记?

《不动产登记暂行条例》第二十二条规定,登记申请有下列情形的,不动产登记机构应当不予登记:(一)违反法律、行政法规的;(二)存在尚未解决的权属争议的;(三)申请登记的不动产权利超过规定期限的;(四)法律、行政法规规定不予登记的其他情形。《自然资源部关于加快宅基地和集体建设用地使用权确权登记工作的通知》(自然资发〔2020〕84 号)规定,对乱占耕地建房、违反生态保护红线管控要求建房、城镇居民非法购买宅基地、小产权房等,不得办理登记,不得通过登记将违法用地合法化。凡有上述情况的宅基地、集体建设用地,不予登记。

48. 纳入文物保护范围的古村落或农村建(构)筑物,如何确权登记?

对纳入文物保护范围的古村落或农村建(构)筑物,应本着管理不改变产权归属原则,依法予以确权登记。同时,应在不动产登记簿和证书附记栏注记,"该不动产属于受国家保护的不可移动文物"。

49. 利害关系人对宅基地和集体建设用地确权登记结果有异议的,如何处理?

利害关系人对宅基地和集体建设用地确权登记结果有异议的,可以按照《不动产登记暂行条例实施细则》第七十九条、八十条、八十二条的规定,申请更正登记、异议登记。对不动产登记结果有异议的,可以依法申请行政复议或提起诉讼。

50. 没有权属来源材料的集体建设用地如何确权登记?

《国土资源部关于进一步加快宅基地和集体建设用地确权登记发证有关问题的通知》(国土资发〔2016〕191 号)规定,对于没有权属来源材料的集体建设用地,应当查明土地历史使用情况和现状,认定属于合法使用,经所在农民集体经济组织或村民委员会同意，并公告30天无异议或者异议不成立的，经乡（镇）人民政府审核，报县级人民政府批准，予以确权登记。

51. 原乡镇企业或村办企业破产、关停、改制等，其原使用的集体建设用地如何确权登记？

原乡镇企业或村办企业因破产、关停等不再使用集体土地的，应当按照《土地管理法》第六十六条规定，由农村集体经济组织报经原批准用地的人民政府批准后收回集体建设用地使用权。若原乡镇企业或村集体企业因破产、兼并、改制等导致集体建设用地使用权发生转移，现用地单位继续占用且未改变批准用途的，可以提交集体建设用地使用权转移的材料办理转移登记。若现用地单位继续占用该地块且经批准改变土地用途的，申请人还应当提交有批准权的人民政府或主管部门的批准文件等材料。

第四部分　成果入库和整合汇交

52. 农村地区宅基地和集体建设用地使用权确权登记数据与城镇地区土地、房屋等其他不动产登记数据是什么关系？

农村地区宅基地和集体建设用地使用权确权登记数据与城镇地区土地、房屋等其他不动产登记数据都是不动产登记数据的重要组成部分，应纳入不动产登记数据库统一管理，不能另建一个数据库。

与城镇地区相比，农村地区不动产登记数据基础比较薄弱，需加快推进数据完善，提升数据质量。

53. 应该如何完善宅基地和集体建设用地使用权确权登记数据？

宅基地和集体建设用地使用权确权登记数据与其他类型不动产数据一样，数据的完备、准确、规范是保障登记安全、提高业务办理效率、保护权利人合法权益的基础，也是开展信息共享服务的保障。

完善宅基地和集体建设用地使用权确权登记数据主要通过两个途径：一是完善存量数据。对存量登记资料进行清理和标准化整合，补充完善缺失的重要数据项。二是规范增量数据。在日常登记业务中，完整、规范、准确的填写登记簿，为今后开展登记业务和信息共享服务提供可靠的登记数据，避免形成新的历史遗留问题。

54. 有纸质登记资料但未数字化建库的，如何利用“国土调查云”软件辅助开展数据整合工作？

对原有纸质登记资料尚未数字化的，可利用“国土调查云”辅助开展工作，具体流程如下：（1）利用APP软件功能快速搜索导航定位到实地现场，结合全球卫星定位和软件影像底图确定宅基地位置。（2）在影像底图标记院落中心点，依据纸质登记资料结合影像底图，勾绘宗地位置、输入纸质登记资料的宗地和房屋的界址线边长与面积。（3）软件将自动生成宗地编号和带影像截图的调查草图，录入证书上的权利人等属性信息，拍摄权利人、宗地、房屋及证书的宗地图照片。（4）调查采集的相关信息将实时汇总到系统WEB端，系统提供数据汇总统计和下载功能，用于各级开展后续调查登记相关工作。

55. 农村不动产日常登记业务办理采用什么信息系统？

应采用当地统一的不动产登记系统，不能再建一套专用于农村地区不动产的登记系统，避免“两张皮”。

56. 如何运用信息化手段规范登记簿填写工作？

将业务规则、数据字典和编码等规范内嵌在不动产登记系统中，尽可能减少需要手工填写的数据项，通过逻辑校验规则最大限度地消除人为操作失误造成的数据不规范，并对空项进行提示，以便对具体问题有针对性地加以解决。

57. 日常登记业务中，如何解决宅基地和集体建设用地确权登记基础资料薄弱的问题，确保登记簿数据完备、准确、规范？

在日常登记中，遇到宅基地和集体建设用地确权登记基础资料薄弱问题，应在登记业务中加以消化处理，不应搁置起来，给未来的登记业务和数据服务留下隐患。登记基础资料薄弱问题应分类进行处理：一是针对规范化程度低的问题，可以通过不动产登记系统进行逻辑校验并加以规范化处理。二是针对电子数据缺失的问题，可以通过对纸质资料进行电子化处理，纳入不动产登记数据库的方式予以解决。三是针对数据项缺失的问题，可以充分利用已有登记档案资料等信息，尽可能将信息补录完整，做到“应填尽填”，确实找不到资料的文本数据项，填写斜杠“/”。数据项不能为空，是为了对每个数据项进行严格校验。因此，对于缺失信息的数据项，不能“一空了之”。

58. 日常登记成果信息为什么需要实时上传至省级和国家级信息平台？应采取何种方式上传？

《不动产登记暂行条例》第二十三条规定，“各级不动产登记机构登记的信息应当纳入统一的不动产登记信息管理基础平台，确保国家、省、市、县四级登记信息的实时共享”。因此，各级不动产登记机构日常业务的登记结果应通过全国不动产登记信息平台统一接入系统，在登簿的同时实时在线上传至省级和国家级信息平台。

59. 宅基地和集体建设用地使用权日常登记成果信息何时接入国家级信息平台？

办理农村宅基地和集体建设用地使用权日常登记时，应在登簿的同时实时上传登记成果信息，不应批量上传。目前，全国不动产登记信息管理基础平台已实现国家、省、市、县四级联通，地方各级不动产登记机构可通过已经部署的不动产登记信息管理基础平台统一接入系统，实现登记数据的自动上传。

60. 宅基地和集体建设用地在进行房地一体首次登记时，应该如何上传报文？

办理房地一体首次登记前已经上传了“建设用地使用权、宅基地使用权首次登记（如：接入业务编码1000301）”业务报文的，在办理房地一体首次登记时只需要上传“房地产权（独幢、层、套、间、房屋）首次登记（如：接入业务编码1000402）”业务报文。办理房地一体登记前，尚未上传土地登记数据的，应在办理房地一体首次登记时同时上传“房地产权（独幢、层、套、间、房屋）首次登记（如：接入业务编码1000402）”业务报文和相关联的“建设用地使用权、宅基地使用权首次登记（如：接入业务编码1000301）”业务报文。

61. 宅基地和集体建设用地使用权日常登记成果信息接入国家信息平台时，遇到部分字段填不上的情况该如何处理？遇到接入报文上传失败该如何处理？

要保证登记簿中的每一个数据项的填写都经过严格把关，没有空项。确实无法填写的，对于文本型字段，可使用斜杠“/”代替，并在备注栏内注明原因；对于日期型和数值型字段，可以为空，但要在备注栏内进行说明。

各地不动产登记机构须对报文上传情况设置提醒，对上传失败的报文及时分析原因，将内容完善后重新上传，并详细记录上传登簿日志。

62. 为什么要对已有的宅基地和集体建设用地使用权存量登记资料开展集中清理整合和成果入库工作？

不动产登记“四统一”是一个有机的整体，也是开展不动产登记工作的基本要求。已有的宅基地和集体建设用地使用权存量登记资料，是分散登记时期形成的资料，与统一登记的技术标准还存在一定的距离，只有开展集中清理整合和成果入库，才能保证日常登记业务的规范高效和安全，并提供便捷的信息服务。如果不对这些存量登记资料开展集中清理整合，而是全部在日常登记业务中逐步消化处理，必将影响日常登记业务的工作效率，也会对信息共享服务带来障碍。

63. 是否会根据农村地区确权登记数据特点制定相关标准规范，进一步明确登记数据整合汇交要求？

《不动产登记数据库标准（试行）》《不动产登记数据整合建库技术规范（试行）》《不动产登记存量数据成果汇交规范（试用）》等已有标准规范，已经可以涵盖农村地区不动产登记数据的整合入库和汇交。因此，不再专门制定针对农村地区不动产登记数据的标准规范，后续会根据工作需要适时提出相关要求。

64. 宅基地和集体建设用地使用权存量登记资料基础薄弱，在开展资料清理整合和入库中会遇到各种各样的问题，如何把握总体原则？

宅基地和集体建设用地使用权存量登记资料基础薄弱，各地在推进资料清理整合和入库中遇到的问题，既有共性的，也存在本地特有的，需要针对具体问题分门别类加以处理。需要把握的总体原则是，不对已有登记数据进行修改。对数据的任何实质内容的修改，都应通过法定程序进行更正。具体承担资料清理整合和入库工作一般都是技术支撑单位的作业人员，只能负责技术性工作，遇到数据不一致、错误等问题时，应当汇总上报，不能擅自处理。

65. 已有宅基地、集体建设用地登记资料清理整合和入库工作量很大，应重点做好哪些工作？注意哪些事项？

对已有宅基地、集体建设用地登记资料进行全面梳理，厘清存在的问题，查找已有的档案资料，开展数据补录补测和纸质资料数字化等工作，形成规范化的数据集并入库。对于不动产单元号、权利人名称、权利类型等关键数据项，必须补齐，其他数据项，原则上应补齐。由于存在的问题一般是长期积累下来的，短期内全部解决确实存在一定的困难，加之统一登记前后工作要求不同，技术标准也存在一定的差异，为了“原汁原味”体现已有资料成果，在整合入库时，根据原始材料如实记录登簿人、登簿时间等信息，同时可将已有的证书、登记资料等扫描生成电子文件，挂接在不动产登记数据库上，便于今后开展登记工作时比对查看。

66. 数据整理完善工作中，如何补编不动产单元代码？对于缺少图形数据的应该如何分情况处理？

应遵循《不动产单元编码规范》，划分不动产单元，编制28位具有唯一性不动产单元代码。

对于缺少图形数据的情况，通过以下途径获取空间数据，并与属性信息关联挂接：（1）如果有纸质图件资料，对纸质资料进行数字化处理，生成带坐标的空间数据；

(2)如果没有纸质图件资料,条件具备的,可开展野外实测;条件不具备的,可结合实地勘丈,在高分辨率正射影像图上进行勾绘;确实没有条件开展野外实测和影像图勾绘的,可采集"院落中心点"作为宗地位置。

67. 以"院落中心点"作为宗地位置时,如何处理数据入库?

以"院落中心点"作为宗地位置时,宗地标注上图为点,入库应按以下处理:

一是登记结果信息标注上图的点状图形存放在"点状定着物"图层(图层名:DZDZW),其图层"点状定着物类型"字段赋值为"农村宅基地标注上图"或"集体建设用地标注上图"等,并同时导出图形属性数据生成点状定着物属性表(表名:DZDZW)。

二是权利数据存放在"建设用地使用权、宅基地使用权表"(表名:JSYDSYQ)中。

三是权利人数据存放在"权利人表"(表名:QLR)中。

68. 土地登记档案中土地使用起止时间只有开始时间为建国前,但《不动产登记数据库标准(试行)》要求这个字段为必填,如何规范填写?

按照日常登记中登记簿填写的做法,确实由于客观原因无法填写的字段,可以为空,但要在备注栏里注明原因,在数据成果汇交时附上情况说明。

69. 存量登记资料整合过程中,发现原有档案资料存在明显错误的是否可以纠正?

存量登记资料数据整合是一项技术工作,数据录入严格按照法定登记资料,遵循"保持数据原貌"的原则,不应修改已有的登记资料。存在明显错误的,必须通过法定程序才能更正。

70. 宅基地使用权证、房屋所有权证记载的权利人不一致如何整合入库?批准文件与证书记载的权利人不一致如何整合入库?

两者不一致的,应按照本问答第46问,通过法定程序更正。暂时确实无法更正的,在数据整合入库中按照原记载的信息入库,并备注说明。

71. 登记档案中没有权利人身份信息,或身份证号码缺失的,如何处理?

先根据登记档案中的户信息,与公安部门的户籍信息做相应的人员身份信息匹配,仍不能解决的可采用实地核实、入户调查的方法,对缺失数据进行补测、补录,并备注数据获取方式和时间。

72. 闲置的集体建设用地用途如何认定?登记档案中用途填写"耕地"或"非耕地"等无法归类的宅基地或集体建设用地如何进行整合?

闲置的集体建设用地,按照权属来源材料中的用途进行认定。数据整合工作不能改变或重新认定用途。

登记档案中用途填写"耕地"或"非耕地"等无法归类的宅基地或集体建设用地,也应通过法定程序进行更正,暂时无法更正的,按照原资料填写入库。

73. 批准面积、证号等重点信息不完善的历史档案如何整合?

采用外业核实、入户调查的方法,对相关数据进行补录补测后入库,并备注数据获取方式和时间。

74. 集体建设用地土地使用期限届满且未续期,或有原始登记档案但现状为空地或房屋坍塌的,是否需要进行存量登记数据整合?

需要整合。

75. 现行存量数据质检软件版本是否适用于宅基地和集体建设用地确权登记数据?

现行存量数据质检软件版本适用于宅基地和集体建设用地确权登记数据。需要说明的是,数据质检软件是对数据质量的全面"体检",对数据的不完善进行提示,以便于对本地数据质量状况进行全面、准确的了解,并辅助完善数据成果。

76. 数据汇交和数据实时上传有什么不同?

数据汇交通过离线方式进行。按照《不动产登记存量数据成果汇交规范(试用)》规定的数据内容和格式等要求,从本地不动产登记数据库中导出至相应存储介质,离线汇交到部和省。

数据实时上传通过在线方式进行。各地不动产登记机构在日常登记业务中,通过不动产登记统一接入系统,在每一笔登记业务登簿的同时实时上传省级和国家级信息平台。

77. 如何把握农村不动产登记成果汇交的时间要求?

总体要求是2021年底前完成全国所有县(市、区)整合汇交工作。由于各地基础条件不同,工作进度不一,省级应把数据汇交时间要求落实到各县(市、区),先完成的县(市、区)先汇交,统筹进度,确保2021年底前完成汇交任务,避免到最后"扎堆"汇交。

土地权属争议调查处理办法

·2003年1月3日国土资源部令第17号公布
·2010年11月30日国土资源部令第49号修正

第一条 为依法、公正、及时地做好土地权属争议的调查处理工作,保护当事人的合法权益,维护土地的社会主义公有制,根据《中华人民共和国土地管理法》,制定本办法。

第二条 本办法所称土地权属争议,是指土地所有权或者使用权归属争议。

第三条 调查处理土地权属争议,应当以法律、法规和土地管理规章为依据。从实际出发,尊重历史,面对现实。

第四条 县级以上国土资源行政主管部门负责土地权属争议案件(以下简称争议案件)的调查和调解工作;对需要依法作出处理决定的,拟定处理意见,报同级人民政府作出处理决定。

县级以上国土资源行政主管部门可以指定专门机构或者人员负责办理争议案件有关事宜。

第五条 个人之间、个人与单位之间、单位与单位之间发生的争议案件,由争议土地所在地的县级国土资源行政主管部门调查处理。

前款规定的个人之间、个人与单位之间发生的争议案件,可以根据当事人的申请,由乡级人民政府受理和处理。

第六条 设区的市、自治州国土资源行政主管部门调查处理下列争议案件:

(一)跨县级行政区域的;

(二)同级人民政府、上级国土资源行政主管部门交办或者有关部门转送的。

第七条 省、自治区、直辖市国土资源行政主管部门调查处理下列争议案件:

(一)跨设区的市、自治州行政区域的;

(二)争议一方为中央国家机关或者其直属单位,且涉及土地面积较大的;

(三)争议一方为军队,且涉及土地面积较大的;

(四)在本行政区域内有较大影响的;

(五)同级人民政府、国土资源部交办或者有关部门转送的。

第八条 国土资源部调查处理下列争议案件:

(一)国务院交办的;

(二)在全国范围内有重大影响的。

第九条 当事人发生土地权属争议,经协商不能解决的,可以依法向县级以上人民政府或者乡级人民政府提出处理申请,也可以依照本办法第五、六、七、八条的规定,向有关的国土资源行政主管部门提出调查处理申请。

第十条 申请调查处理土地权属争议的,应当符合下列条件:

(一)申请人与争议的土地有直接利害关系;

(二)有明确的请求处理对象、具体的处理请求和事实根据。

第十一条 当事人申请调查处理土地权属争议,应当提交书面申请书和有关证据材料,并按照被申请人数提交副本。

申请书应当载明以下事项:

(一)申请人和被申请人的姓名或者名称、地址、邮政编码、法定代表人姓名和职务;

(二)请求的事项、事实和理由;

(三)证人的姓名、工作单位、住址、邮政编码。

第十二条 当事人可以委托代理人代为申请土地权属争议的调查处理。委托代理人申请的,应当提交授权委托书。授权委托书应当写明委托事项和权限。

第十三条 对申请人提出的土地权属争议调查处理的申请,国土资源行政主管部门应当依照本办法第十条的规定进行审查,并在收到申请书之日起7个工作日内提出是否受理的意见。

认为应当受理的,在决定受理之日起5个工作日内将申请书副本发送被申请人。被申请人应当在接到申请书副本之日起30日内提交答辩书和有关证据材料。逾期不提交答辩书的,不影响案件的处理。

认为不应当受理的,应当及时拟定不予受理建议书,报同级人民政府作出不予受理决定。

当事人对不予受理决定不服的,可以依法申请行政复议或者提起行政诉讼。

同级人民政府、上级国土资源行政主管部门交办或者有关部门转办的争议案件,按照本条有关规定审查处理。

第十四条 下列案件不作为争议案件受理:

(一)土地侵权案件;

(二)行政区域边界争议案件;

(三)土地违法案件;

(四)农村土地承包经营权争议案件;

(五)其他不作为土地权属争议的案件。

第十五条 国土资源行政主管部门决定受理后,应当及时指定承办人，对当事人争议的事实情况进行调查。

第十六条 承办人与争议案件有利害关系的，应当申请回避；当事人认为承办人与争议案件有利害关系的，有权请求该承办人回避。承办人是否回避，由受理案件的国土资源行政主管部门决定。

第十七条 承办人在调查处理土地权属争议过程中，可以向有关单位或者个人调查取证。被调查的单位或者个人应当协助，并如实提供有关证明材料。

第十八条 在调查处理土地权属争议过程中，国土资源行政主管部门认为有必要对争议的土地进行实地调查的，应当通知当事人及有关人员到现场。必要时，可以邀请有关部门派人协助调查。

第十九条 土地权属争议双方当事人对各自提出的事实和理由负有举证责任，应当及时向负责调查处理的国土资源行政主管部门提供有关证据材料。

第二十条 国土资源行政主管部门在调查处理争议案件时，应当审查双方当事人提供的下列证据材料：

（一）人民政府颁发的确定土地权属的凭证；

（二）人民政府或者主管部门批准征收、划拨、出让土地或者以其他方式批准使用土地的文件；

（三）争议双方当事人依法达成的书面协议；

（四）人民政府或者司法机关处理争议的文件或者附图；

（五）其他有关证明文件。

第二十一条 对当事人提供的证据材料，国土资源行政主管部门应当查证属实，方可作为认定事实的根据。

第二十二条 在土地所有权和使用权争议解决之前，任何一方不得改变土地利用的现状。

第二十三条 国土资源行政主管部门对受理的争议案件，应当在查清事实、分清权属关系的基础上先行调解，促使当事人以协商方式达成协议。调解应当坚持自愿、合法的原则。

第二十四条 调解达成协议的，应当制作调解书。调解书应当载明以下内容：

（一）当事人的姓名或者名称、法定代表人姓名、职务；

（二）争议的主要事实；

（三）协议内容及其他有关事项。

第二十五条 调解书经双方当事人签名或者盖章，由承办人署名并加盖国土资源行政主管部门的印章后生效。

生效的调解书具有法律效力，是土地登记的依据。

第二十六条 国土资源行政主管部门应当在调解书生效之日起15日内，依照民事诉讼法的有关规定，将调解书送达当事人，并同时抄报上一级国土资源行政主管部门。

第二十七条 调解未达成协议的，国土资源行政主管部门应当及时提出调查处理意见，报同级人民政府作出处理决定。

第二十八条 国土资源行政主管部门应当自受理土地权属争议之日起6个月内提出调查处理意见。因情况复杂，在规定时间内不能提出调查处理意见的，经该国土资源行政主管部门的主要负责人批准，可以适当延长。

第二十九条 调查处理意见应当包括以下内容：

（一）当事人的姓名或者名称、地址、法定代表人的姓名、职务；

（二）争议的事实、理由和要求；

（三）认定的事实和适用的法律、法规等依据；

（四）拟定的处理结论。

第三十条 国土资源行政主管部门提出调查处理意见后，应当在5个工作日内报送同级人民政府，由人民政府下达处理决定。

国土资源行政主管部门的调查处理意见在报同级人民政府的同时，抄报上一级国土资源行政主管部门。

第三十一条 当事人对人民政府作出的处理决定不服的，可以依法申请行政复议或者提起行政诉讼。

在规定的时间内，当事人既不申请行政复议，也不提起行政诉讼，处理决定即发生法律效力。

生效的处理决定是土地登记的依据。

第三十二条 在土地权属争议调查处理过程中，国土资源行政主管部门的工作人员玩忽职守、滥用职权、徇私舞弊，构成犯罪的，依法追究刑事责任；不构成犯罪的，由其所在单位或者其上级机关依法给予行政处分。

第三十三条 乡级人民政府处理土地权属争议，参照本办法执行。

第三十四条 调查处理争议案件的文书格式，由国土资源部统一制定。

第三十五条 调查处理争议案件的费用，依照国家有关规定执行。

第三十六条 本办法自2003年3月1日起施行。1995年12月18日原国家土地管理局发布的《土地权属争议处理暂行办法》同时废止。

国土资源部、中央农村工作领导小组办公室、财政部、农业部关于农村集体土地确权登记发证的若干意见

·2011年11月2日

·国土资发〔2011〕178号

各省、自治区、直辖市及副省级城市国土资源主管部门、农办(农工部、农委、农工委、农牧办)、财政厅(局)、农业(农牧、农村经济)厅(局、委、办),新疆生产建设兵团国土资源局、财务局、农业局,解放军土地管理局:

为切实落实《中共中央 国务院关于加大统筹城乡发展力度进一步夯实农业农村发展基础的若干意见》(中发〔2010〕1号),国土资源部、财政部、农业部联合下发了《关于加快推进农村集体土地确权登记发证工作的通知》(国土资发〔2011〕60号),进一步规范和加快推进农村集体土地确权登记发证工作,现提出以下意见:

一、明确农村集体土地确权登记发证的范围

农村集体土地确权登记发证是对农村集体土地所有权和集体土地使用权等土地权利的确权登记发证。农村集体土地使用权包括宅基地使用权、集体建设用地使用权等。农村集体土地所有权确权登记发证要覆盖到全部农村范围内的集体土地,包括属于农民集体所有的建设用地、农用地和未利用地,不得遗漏。

二、依法依规开展农村集体土地确权登记发证工作

按照《中华人民共和国物权法》、《中华人民共和国土地管理法》、《土地登记办法》、《土地权属争议调查处理办法》、《确定土地所有权和使用权的若干规定》等有关法律政策文件以及地方性法规、规章的规定,本着尊重历史、注重现实、有利生产生活、促进社会和谐稳定的原则,在全国土地调查成果以及年度土地利用变更调查成果基础上,依法有序开展确权登记发证工作。

农村集体土地确权登记依据的文件资料包括:人民政府或者有关行政主管部门的批准文件、处理决定;县级以上人民政府国土资源行政主管部门的调解书;人民法院生效的判决、裁定或者调解书;当事人之间依法达成的协议;履行指界程序形成的地籍调查表、土地权属界线协议书等地籍调查成果;法律、法规等规定的其他文件等。

三、加快农村地籍调查工作

各地应以“权属合法、界址清楚、面积准确”为原则,依据《土地利用现状分类》(GB/T 21010-2007)、《集体土地所有权调查技术规定》、《城镇地籍调查规程》等相关技术规定和标准,充分利用全国土地调查等已有成果,以大比例尺地籍调查成果为基础,查清农村每一宗土地的权属、界址、面积和用途(地类)等,按照统一的宗地编码模式,形成完善的地籍调查成果,为农村集体土地确权登记发证提供依据。同时,要注意做好变更地籍调查及变更登记,保持地籍成果的现势性。

凡有条件的地区,农村集体土地所有权宗地地籍调查应采用解析法实测界址点坐标并计算宗地面积;条件不具备的地区,可以全国土地调查成果为基础,核实并确定权属界线,对界址走向进行详细描述,采用图上量算或数据库计算的方法计算宗地面积。农村集体土地所有权宗地图和地籍图比例尺不小于1∶10000。牧区等特殊地区在报经省级国土资源主管部门同意后,地籍图比例尺可以放宽至1∶50000。

宅基地使用权、集体建设用地使用权宗地地籍调查,应采用解析法实测界址点坐标和计算宗地面积,宗地图和地籍图比例尺不小于1∶2000。使用勘丈法等其他方法已发证的宅基地、集体建设用地,在变更登记时,应采用解析法重新测量并计算宗地面积。

四、把农村集体土地所有权确认到每个具有所有权的农民集体

确定农村集体土地所有权主体遵循“主体平等”和“村民自治”的原则,按照乡(镇)、村和村民小组农民集体三类所有权主体,将农村集体土地所有权确认到每个具有所有权的农民集体。凡是村民小组(原生产队)土地权属界线存在的,土地应确认给村民小组农民集体所有,发证到村民小组农民集体;对于村民小组(原生产队)土地权属界线不存在、并得到绝大多数村民认可的,应本着尊重历史、承认现实的原则,对这部分土地承认现状,明确由村农民集体所有;属于乡(镇)农民集体所有的,土地所有权应依法确认给乡(镇)农民集体。

属于村民小组集体所有的土地应当由其集体经济组织或村民小组依法申请登记并持有土地权利证书。对于村民小组组织机构不健全的,可以由村民委员会代为申请登记、保管土地权利证书。

涉及依法“合村并组”的,“合村并组”后土地所有权主体保持不变的,所有权仍然确权给原农民集体;“合村并组”后土地所有权主体发生变化、并得到绝大多数村民认可的,履行集体土地所有权变更的法定程序后,按照变化后的主体确定集体土地所有权,并在土地登记簿和土地证书上备注各原农民集体的土地面积。

涉及依法开展城乡建设用地增减挂钩试点和农村土地整治的,原则上应维持原有土地权属不变;依法调整土

地的，按照调整协议确定集体土地权利归属，并依法及时办理土地变更登记手续。

对于“撤村建居”后，未征收的原集体土地，只调查统计，不登记发证。调查统计时在新建单位名称后载明原农民集体名称。

在土地登记簿的“权利人”和土地证书的“土地所有权人”一栏，集体土地所有权主体按“xx组（村、乡）农民集体”填写。

五、依法明确农村集体土地所有权主体代表

属于村农民集体所有的，由村集体经济组织或者村民委员会受本农民集体成员的委托行使所有权；分别属于村内两个以上农民集体所有的，由村内各该集体经济组织或者村民小组代表集体行使所有权；属于乡镇农民集体所有的，由乡镇集体经济组织代表集体行使所有权；没有乡（镇）农民集体经济组织的，乡（镇）集体土地所有权由乡（镇）政府代管。在办理土地确权登记手续时，由农民集体所有权主体代表申请办理。

集体经济组织的具体要求和形式，可以由各省（区、市）根据本地有关规定和实际情况依法确定。

六、严格规范确认宅基地使用权主体

宅基地使用权应该按照当地省级人民政府规定的面积标准，依法确认给本农民集体成员。非本农民集体的农民，因地质灾害防治、新农村建设、移民安置等集中迁建，在符合当地规划的前提下，经本农民集体大多数成员同意并经有权机关批准异地建房的，可按规定确权登记发证。已拥有一处宅基地的本农民集体成员、非本农民集体成员的农村或城镇居民，因继承房屋占用农村宅基地的，可按规定登记发证，在《集体土地使用证》记事栏应注记“该权利人为本农民集体原成员住宅的合法继承人”。非农业户口居民（含华侨）原在农村合法取得的宅基地及房屋，房屋产权没有变化的，经该农民集体出具证明并公告无异议的，可依法办理土地登记，在《集体土地使用证》记事栏应注记“该权利人为非本农民集体成员”。

对于没有权属来源证明的宅基地，应当查明土地历史使用情况和现状，由村委会出具证明并公告30天无异议，经乡（镇）人民政府审核，报县级人民政府审定，属于合法使用的，确定宅基地使用权。

七、按照不同的历史阶段对超面积的宅基地进行确权登记发证

1982年《村镇建房用地管理条例》实施前，农村村民建房占用的宅基地，在《村镇建房用地管理条例》实施后至今未扩大用地面积的，可以按现有实际使用面积进行确权登记；1982年《村镇建房用地管理条例》实施起至1987年《土地管理法》实施时止，农村村民建房占用的宅基地，超过当地规定的面积标准的，超过部分按当时国家和地方有关规定处理后，可以按实际使用面积进行确权登记；1987年《土地管理法》实施后，农村村民建房占用的宅基地，超过当地规定的面积标准的，按照实际批准面积进行确权登记。其面积超过各地规定标准的，可在土地登记簿和土地权利证书记事栏内注明超过标准的面积，待以后分户建房或现有房屋拆迁、改建、翻建、政府依法实施规划重新建设时，按有关规定作出处理，并按照各地规定的面积标准重新进行确权登记。

八、认真做好集体建设用地的确权登记发证工作

村委会办公室、医疗教育卫生等公益事业和公共设施用地、乡镇企业用地及其他经依法批准用于非住宅建设的集体土地，应当依法进行确权登记发证，确认集体建设用地使用权。将集体土地使用权依法确认到每个权利主体。凡依法使用集体建设用地的单位或个人应申请确权登记。

对于没有权属来源证明的集体建设用地，应查明土地历史使用情况和现状，认定合法使用的，由村委会出具证明并公告30天无异议的，经乡（镇）人民政府审核，报县级人民政府审批，确权登记发证。

九、妥善处理农村违法宅基地和集体建设用地问题

违法宅基地和集体建设用地必须依法依规处理后方可登记。对于违法宅基地和集体建设用地，应当查明土地历史使用情况和现状，对符合土地利用总体规划与村镇规划以及有关用地政策的，依法补办用地批准手续后，进行登记发证。

十、严格规范农村集体土地确权登记发证行为

结合全国土地登记规范化检查工作，全面加强土地登记规范化建设。严格禁止搞虚假土地登记，严格禁止对违法用地未经依法处理就登记发证。对于借户籍管理制度改革或者擅自通过“村改居”等方式非经法定征收程序将农民集体所有土地转为国有土地、农村集体经济组织非法出让或出租集体土地用于非农业建设、城镇居民在农村购置宅基地、农民住宅或“小产权房”等违法用地，不得登记发证。对于不依法依规进行土地确权登记发证或登记不规范造成严重后果的，严肃追究有关人员责任。

十一、加强土地权属争议调处

各地要从机构建设、队伍建设、经费保障、规范程序等各方面，切实采取有力措施，建立健全土地权属争议调处机制，妥善处理农村集体土地权属争议。

十二、规范完善已有土地登记资料

严格按照有关法律、法规和政策规定，全面核查整理和完善已有土地登记资料。凡是已经登记发证的宗地缺失资料以及不规范的，尽快补正完善；对于发现登记错误的，及时予以更正。各地要做好农村集体土地登记资料的收集整理工作，保证登记资料的全面、完整和规范。各地要进一步建立健全有关制度和标准，统一规范管理土地登记资料。

十三、推进农村集体土地登记信息化

要参照《城镇地籍数据库标准》（TD/T 1015－2007）等技术标准，积极推进农村集体土地登记数据库建设，进一步完善地籍信息系统。在此基础上，稳步推进全国土地登记信息动态监管查询系统建设，提升土地监管能力和社会化服务水平，为参与宏观调控提供支撑，有效发挥土地登记成果资料服务经济社会发展的积极作用。

各省（区、市）可根据当地实际情况，细化制定农村集体土地确权登记的具体工作程序和政策。

最高人民法院行政审判庭关于对农民长期使用但未取得合法权属证明的土地应如何确定权属问题的答复

·1998年8月17日

·〔1997〕行他字第17号

广西壮族自治区高级人民法院：

你院《关于北海市铁山港区营盘镇白龙村公所坪底村委第八（三）生产队不服合浦县人民政府土地权属处理纠纷一案适用法律问题的请示》收悉。经研究，答复如下：

根据《宪法》、《土地管理法》关于土地所有权规定的基本精神，对土地所有权有争议，但不能依法证明土地属农民集体所有的土地，应依照《土地管理法实施条例》第三条第（三）项的规定，并参照原国家土地管理局确定土地所有权使用权的有关规定确定土地所有权。

此外，考虑到该案的争议土地系农民长期使用，但未取得合法权属证明的特殊情况，建议你院向政府提出司法建议，即：如果国家使用该争议地，应参照国家征用土地的有关规定给予适当补偿。

2. 土地登记

不动产登记暂行条例

·2014年11月24日中华人民共和国国务院令第656号公布

·根据2019年3月24日《国务院关于修改部分行政法规的决定》修订

第一章　总　则

第一条　为整合不动产登记职责，规范登记行为，方便群众申请登记，保护权利人合法权益，根据《中华人民共和国物权法》等法律，制定本条例。

第二条　本条例所称不动产登记，是指不动产登记机构依法将不动产权利归属和其他法定事项记载于不动产登记簿的行为。

本条例所称不动产，是指土地、海域以及房屋、林木等定着物。

第三条　不动产首次登记、变更登记、转移登记、注销登记、更正登记、异议登记、预告登记、查封登记等，适用本条例。

第四条　国家实行不动产统一登记制度。

不动产登记遵循严格管理、稳定连续、方便群众的原则。

不动产权利人已经依法享有的不动产权利，不因登记机构和登记程序的改变而受到影响。

第五条　下列不动产权利，依照本条例的规定办理登记：

（一）集体土地所有权；

（二）房屋等建筑物、构筑物所有权；

（三）森林、林木所有权；

（四）耕地、林地、草地等土地承包经营权；

（五）建设用地使用权；

（六）宅基地使用权；

（七）海域使用权；

（八）地役权；

（九）抵押权；

（十）法律规定需要登记的其他不动产权利。

第六条　国务院国土资源主管部门负责指导、监督全国不动产登记工作。

县级以上地方人民政府应当确定一个部门为本行政区域的不动产登记机构，负责不动产登记工作，并接受上级人民政府不动产登记主管部门的指导、监督。

第七条　不动产登记由不动产所在地的县级人民政府不动产登记机构办理；直辖市、设区的市人民政府可以确定本级不动产登记机构统一办理所属各区的不动产登记。

跨县级行政区域的不动产登记，由所跨县级行政区域的不动产登记机构分别办理。不能分别办理的，由所跨县级行政区域的不动产登记机构协商办理；协商不成的，由共同的上一级人民政府不动产登记主管部门指定办理。

国务院确定的重点国有林区的森林、林木和林地，国务院批准项目用海、用岛，中央国家机关使用的国有土地等不动产登记，由国务院国土资源主管部门会同有关部门规定。

第二章　不动产登记簿

第八条　不动产以不动产单元为基本单位进行登记。不动产单元具有唯一编码。

不动产登记机构应当按照国务院国土资源主管部门的规定设立统一的不动产登记簿。

不动产登记簿应当记载以下事项：

（一）不动产的坐落、界址、空间界限、面积、用途等自然状况；

（二）不动产权利的主体、类型、内容、来源、期限、权利变化等权属状况；

（三）涉及不动产权利限制、提示的事项；

（四）其他相关事项。

第九条　不动产登记簿应当采用电子介质，暂不具备条件的，可以采用纸质介质。不动产登记机构应当明确不动产登记簿唯一、合法的介质形式。

不动产登记簿采用电子介质的，应当定期进行异地备份，并具有唯一、确定的纸质转化形式。

第十条　不动产登记机构应当依法将各类登记事项准确、完整、清晰地记载于不动产登记簿。任何人不得损毁不动产登记簿，除依法予以更正外不得修改登记事项。

第十一条　不动产登记工作人员应当具备与不动产登记工作相适应的专业知识和业务能力。

不动产登记机构应当加强对不动产登记工作人员的管理和专业技术培训。

第十二条　不动产登记机构应当指定专人负责不动产登记簿的保管，并建立健全相应的安全责任制度。

采用纸质介质不动产登记簿的，应当配备必要的防盗、防火、防渍、防有害生物等安全保护设施。

采用电子介质不动产登记簿的，应当配备专门的存储设施，并采取信息网络安全防护措施。

第十三条　不动产登记簿由不动产登记机构永久保存。不动产登记簿损毁、灭失的，不动产登记机构应当依据原有登记资料予以重建。

行政区域变更或者不动产登记机构职能调整的，应当及时将不动产登记簿移交相应的不动产登记机构。

第三章　登记程序

第十四条　因买卖、设定抵押权等申请不动产登记的，应当由当事人双方共同申请。

属于下列情形之一的，可以由当事人单方申请：

（一）尚未登记的不动产首次申请登记的；

（二）继承、接受遗赠取得不动产权利的；

（三）人民法院、仲裁委员会生效的法律文书或者人民政府生效的决定等设立、变更、转让、消灭不动产权利的；

（四）权利人姓名、名称或者自然状况发生变化，申请变更登记的；

（五）不动产灭失或者权利人放弃不动产权利，申请注销登记的；

（六）申请更正登记或者异议登记的；

（七）法律、行政法规规定可以由当事人单方申请的其他情形。

第十五条　当事人或者其代理人应当向不动产登记机构申请不动产登记。

不动产登记机构将申请登记事项记载于不动产登记簿前，申请人可以撤回登记申请。

第十六条　申请人应当提交下列材料，并对申请材料的真实性负责：

（一）登记申请书；

（二）申请人、代理人身份证明材料、授权委托书；

（三）相关的不动产权属来源证明材料、登记原因证明文件、不动产权属证书；

（四）不动产界址、空间界限、面积等材料；

（五）与他人利害关系的说明材料；

（六）法律、行政法规以及本条例实施细则规定的其他材料。

不动产登记机构应当在办公场所和门户网站公开申请登记所需材料目录和示范文本等信息。

第十七条　不动产登记机构收到不动产登记申请材料，应当分别按照下列情况办理：

（一）属于登记职责范围，申请材料齐全、符合法定形式，或者申请人按照要求提交全部补正申请材料的，应当受理并书面告知申请人；

（二）申请材料存在可以当场更正的错误的，应当告

知申请人当场更正,申请人当场更正后,应当受理并书面告知申请人;

(三)申请材料不齐全或者不符合法定形式的,应当当场书面告知申请人不予受理并一次性告知需要补正的全部内容;

(四)申请登记的不动产不属于本机构登记范围的,应当当场书面告知申请人不予受理并告知申请人向有登记权的机构申请。

不动产登记机构未当场书面告知申请人不予受理的,视为受理。

第十八条 不动产登记机构受理不动产登记申请的,应当按照下列要求进行查验:

(一)不动产界址、空间界限、面积等材料与申请登记的不动产状况是否一致;

(二)有关证明材料、文件与申请登记的内容是否一致;

(三)登记申请是否违反法律、行政法规规定。

第十九条 属于下列情形之一的,不动产登记机构可以对申请登记的不动产进行实地查看:

(一)房屋等建筑物、构筑物所有权首次登记;

(二)在建建筑物抵押权登记;

(三)因不动产灭失导致的注销登记;

(四)不动产登记机构认为需要实地查看的其他情形。

对可能存在权属争议,或者可能涉及他人利害关系的登记申请,不动产登记机构可以向申请人、利害关系人或者有关单位进行调查。

不动产登记机构进行实地查看或者调查时,申请人、被调查人应当予以配合。

第二十条 不动产登记机构应当自受理登记申请之日起30个工作日内办结不动产登记手续,法律另有规定的除外。

第二十一条 登记事项自记载于不动产登记簿时完成登记。

不动产登记机构完成登记,应当依法向申请人核发不动产权属证书或者登记证明。

第二十二条 登记申请有下列情形之一的,不动产登记机构应当不予登记,并书面告知申请人:

(一)违反法律、行政法规规定的;

(二)存在尚未解决的权属争议的;

(三)申请登记的不动产权利超过规定期限的;

(四)法律、行政法规规定不予登记的其他情形。

第四章 登记信息共享与保护

第二十三条 国务院国土资源主管部门应当会同有关部门建立统一的不动产登记信息管理基础平台。

各级不动产登记机构登记的信息应当纳入统一的不动产登记信息管理基础平台,确保国家、省、市、县四级登记信息的实时共享。

第二十四条 不动产登记有关信息与住房城乡建设、农业、林业、海洋等部门审批信息、交易信息等应当实时互通共享。

不动产登记机构能够通过实时互通共享取得的信息,不得要求不动产登记申请人重复提交。

第二十五条 国土资源、公安、民政、财政、税务、工商、金融、审计、统计等部门应当加强不动产登记有关信息互通共享。

第二十六条 不动产登记机构、不动产登记信息共享单位及其工作人员应当对不动产登记信息保密;涉及国家秘密的不动产登记信息,应当依法采取必要的安全保密措施。

第二十七条 权利人、利害关系人可以依法查询、复制不动产登记资料,不动产登记机构应当提供。

有关国家机关可以依照法律、行政法规的规定查询、复制与调查处理事项有关的不动产登记资料。

第二十八条 查询不动产登记资料的单位、个人应当向不动产登记机构说明查询目的,不得将查询获得的不动产登记资料用于其他目的;未经权利人同意,不得泄露查询获得的不动产登记资料。

第五章 法律责任

第二十九条 不动产登记机构登记错误给他人造成损害,或者当事人提供虚假材料申请登记给他人造成损害的,依照《中华人民共和国物权法》的规定承担赔偿责任。

第三十条 不动产登记机构工作人员进行虚假登记,损毁、伪造不动产登记簿,擅自修改登记事项,或者有其他滥用职权、玩忽职守行为的,依法给予处分;给他人造成损害的,依法承担赔偿责任;构成犯罪的,依法追究刑事责任。

第三十一条 伪造、变造不动产权属证书、不动产登记证明,或者买卖、使用伪造、变造的不动产权属证书、不动产登记证明的,由不动产登记机构或者公安机关依法予以收缴;有违法所得的,没收违法所得;给他人造成损害的,依法承担赔偿责任;构成违反治安管理行为的,依法给予治安管理处罚；构成犯罪的，依法追究刑事责任。

第三十二条 不动产登记机构、不动产登记信息共享单位及其工作人员，查询不动产登记资料的单位或者个人违反国家规定，泄露不动产登记资料、登记信息，或者利用不动产登记资料、登记信息进行不正当活动，给他人造成损害的，依法承担赔偿责任；对有关责任人员依法给予处分；有关责任人员构成犯罪的，依法追究刑事责任。

第六章 附 则

第三十三条 本条例施行前依法颁发的各类不动产权属证书和制作的不动产登记簿继续有效。

不动产统一登记过渡期内，农村土地承包经营权的登记按照国家有关规定执行。

第三十四条 本条例实施细则由国务院国土资源主管部门会同有关部门制定。

第三十五条 本条例自2015年3月1日起施行。本条例施行前公布的行政法规有关不动产登记的规定与本条例规定不一致的，以本条例规定为准。

不动产登记暂行条例实施细则

· 2016年1月1日国土资源部令第63号公布
· 根据2019年7月16日自然资源部第2次部务会《自然资源部关于废止和修改的第一批部门规章的决定》修正
· 2019年7月24日自然资源部令第5号公布
· 自公布之日起施行

第一章 总 则

第一条 为规范不动产登记行为，细化不动产统一登记制度，方便人民群众办理不动产登记，保护权利人合法权益，根据《不动产登记暂行条例》（以下简称《条例》），制定本实施细则。

第二条 不动产登记应当依照当事人的申请进行，但法律、行政法规以及本实施细则另有规定的除外。

房屋等建筑物、构筑物和森林、林木等定着物应当与其所依附的土地、海域一并登记，保持权利主体一致。

第三条 不动产登记机构依照《条例》第七条第二款的规定，协商办理或者接受指定办理跨县级行政区域不动产登记的，应当在登记完毕后将不动产登记簿记载的不动产权利人以及不动产坐落、界址、面积、用途、权利类型等登记结果告知不动产所跨区域的其他不动产登记机构。

第四条 国务院确定的重点国有林区的森林、林木和林地，由自然资源部受理并会同有关部门办理，依法向权利人核发不动产权属证书。

国务院批准的项目用海、用岛的登记，由自然资源部受理，依法向权利人核发不动产权属证书。

第二章 不动产登记簿

第五条 《条例》第八条规定的不动产单元，是指权属界线封闭且具有独立使用价值的空间。

没有房屋等建筑物、构筑物以及森林、林木定着物的，以土地、海域权属界线封闭的空间为不动产单元。

有房屋等建筑物、构筑物以及森林、林木定着物的，以该房屋等建筑物、构筑物以及森林、林木定着物与土地、海域权属界线封闭的空间为不动产单元。

前款所称房屋，包括独立成幢、权属界线封闭的空间，以及区分套、层、间等可以独立使用、权属界线封闭的空间。

第六条 不动产登记簿以宗地或者宗海为单位编成，一宗地或者一宗海范围内的全部不动产单元编入一个不动产登记簿。

第七条 不动产登记机构应当配备专门的不动产登记电子存储设施，采取信息网络安全防护措施，保证电子数据安全。

任何单位和个人不得擅自复制或者篡改不动产登记簿信息。

第八条 承担不动产登记审核、登簿的不动产登记工作人员应当熟悉相关法律法规，具备与其岗位相适应的不动产登记等方面的专业知识。

自然资源部会同有关部门组织开展对承担不动产登记审核、登簿的不动产登记工作人员的考核培训。

第三章 登记程序

第九条 申请不动产登记的，申请人应当填写登记申请书，并提交身份证明以及相关申请材料。

申请材料应当提供原件。因特殊情况不能提供原件的，可以提供复印件，复印件应当与原件保持一致。

第十条 处分共有不动产申请登记的，应当经占份额三分之二以上的按份共有人或者全体共同共有人共同申请，但共有人另有约定的除外。

按份共有人转让其享有的不动产份额，应当与受让人共同申请转移登记。

建筑区划内依法属于全体业主共有的不动产申请登记，依照本实施细则第三十六条的规定办理。

第十一条 无民事行为能力人、限制民事行为能力人申请不动产登记的，应当由其监护人代为申请。

监护人代为申请登记的，应当提供监护人与被监护人的身份证或者户口簿、有关监护关系等材料；因处分不动产而申请登记的，还应当提供为被监护人利益的书面保证。

父母之外的监护人处分未成年人不动产的，有关监护关系材料可以是人民法院指定监护的法律文书、经过公证的对被监护人享有监护权的材料或者其他材料。

第十二条　当事人可以委托他人代为申请不动产登记。

代理申请不动产登记的，代理人应当向不动产登记机构提供被代理人签字或者盖章的授权委托书。

自然人处分不动产，委托代理人申请登记的，应当与代理人共同到不动产登记机构现场签订授权委托书，但授权委托书经公证的除外。

境外申请人委托他人办理处分不动产登记的，其授权委托书应当按照国家有关规定办理认证或者公证。

第十三条　申请登记的事项记载于不动产登记簿前，全体申请人提出撤回登记申请的，登记机构应当将登记申请书以及相关材料退还申请人。

第十四条　因继承、受遗赠取得不动产，当事人申请登记的，应当提交死亡证明材料、遗嘱或者全部法定继承人关于不动产分配的协议以及与被继承人的亲属关系材料等，也可以提交经公证的材料或者生效的法律文书。

第十五条　不动产登记机构受理不动产登记申请后，还应当对下列内容进行查验：

（一）申请人、委托代理人身份证明材料以及授权委托书与申请主体是否一致；

（二）权属来源材料或者登记原因文件与申请登记的内容是否一致；

（三）不动产界址、空间界限、面积等权籍调查成果是否完备，权属是否清楚、界址是否清晰、面积是否准确；

（四）法律、行政法规规定的完税或者缴费凭证是否齐全。

第十六条　不动产登记机构进行实地查看，重点查看下列情况：

（一）房屋等建筑物、构筑物所有权首次登记，查看房屋坐落及其建造完成等情况；

（二）在建建筑物抵押权登记，查看抵押的在建建筑物坐落及其建造等情况；

（三）因不动产灭失导致的注销登记，查看不动产灭失等情况。

第十七条　有下列情形之一的，不动产登记机构应当在登记事项记载于登记簿前进行公告，但涉及国家秘密的除外：

（一）政府组织的集体土地所有权登记；

（二）宅基地使用权及房屋所有权，集体建设用地使用权及建筑物、构筑物所有权，土地承包经营权等不动产权利的首次登记；

（三）依职权更正登记；

（四）依职权注销登记；

（五）法律、行政法规规定的其他情形。

公告应当在不动产登记机构门户网站以及不动产所在地等指定场所进行，公告期不少于15个工作日。公告所需时间不计算在登记办理期限内。公告期满无异议或者异议不成立的，应当及时记载于不动产登记簿。

第十八条　不动产登记公告的主要内容包括：

（一）拟予登记的不动产权利人的姓名或者名称；

（二）拟予登记的不动产坐落、面积、用途、权利类型等；

（三）提出异议的期限、方式和受理机构；

（四）需要公告的其他事项。

第十九条　当事人可以持人民法院、仲裁委员会的生效法律文书或者人民政府的生效决定单方申请不动产登记。

有下列情形之一的，不动产登记机构直接办理不动产登记：

（一）人民法院持生效法律文书和协助执行通知书要求不动产登记机构办理登记的；

（二）人民检察院、公安机关依据法律规定持协助查封通知书要求办理查封登记的；

（三）人民政府依法做出征收或者收回不动产权利决定生效后，要求不动产登记机构办理注销登记的；

（四）法律、行政法规规定的其他情形。

不动产登记机构认为登记事项存在异议的，应当依法向有关机关提出审查建议。

第二十条　不动产登记机构应当根据不动产登记簿，填写并核发不动产权属证书或者不动产登记证明。

除办理抵押权登记、地役权登记和预告登记、异议登记，向申请人核发不动产登记证明外，不动产登记机构应当依法向权利人核发不动产权属证书。

不动产权属证书和不动产登记证明，应当加盖不动产登记机构登记专用章。

不动产权属证书和不动产登记证明样式，由自然资源部统一规定。

第二十一条 申请共有不动产登记的,不动产登记机构向全体共有人合并发放一本不动产权属证书;共有人申请分别持证的,可以为共有人分别发放不动产权属证书。

共有不动产权属证书应当注明共有情况,并列明全体共有人。

第二十二条 不动产权属证书或者不动产登记证明污损、破损的,当事人可以向不动产登记机构申请换发。符合换发条件的,不动产登记机构应当予以换发,并收回原不动产权属证书或者不动产登记证明。

不动产权属证书或者不动产登记证明遗失、灭失,不动产权利人申请补发的,由不动产登记机构在其门户网站上刊发不动产权利人的遗失、灭失声明15个工作日后,予以补发。

不动产登记机构补发不动产权属证书或者不动产登记证明的,应当将补发不动产权属证书或者不动产登记证明的事项记载于不动产登记簿,并在不动产权属证书或者不动产登记证明上注明“补发”字样。

第二十三条 因不动产权利灭失等情形,不动产登记机构需要收回不动产权属证书或者不动产登记证明的,应当在不动产登记簿上将收回不动产权属证书或者不动产登记证明的事项予以注明;确实无法收回的,应当在不动产登记机构门户网站或者当地公开发行的报刊上公告作废。

第四章 不动产权利登记

第一节 一般规定

第二十四条 不动产首次登记,是指不动产权利第一次登记。

未办理不动产首次登记的,不得办理不动产其他类型登记,但法律、行政法规另有规定的除外。

第二十五条 市、县人民政府可以根据情况对本行政区域内未登记的不动产,组织开展集体土地所有权、宅基地使用权、集体建设用地使用权、土地承包经营权的首次登记。

依照前款规定办理首次登记所需的权属来源、调查等登记材料,由人民政府有关部门组织获取。

第二十六条 下列情形之一的,不动产权利人可以向不动产登记机构申请变更登记:

(一)权利人的姓名、名称、身份证明类型或者身份证明号码发生变更的;

(二)不动产的坐落、界址、用途、面积等状况变更的;

(三)不动产权利期限、来源等状况发生变化的;

(四)同一权利人分割或者合并不动产的;

(五)抵押担保的范围、主债权数额、债务履行期限、抵押权顺位发生变化的;

(六)最高额抵押担保的债权范围、最高债权额、债权确定期间等发生变化的;

(七)地役权的利用目的、方法等发生变化的;

(八)共有性质发生变更的;

(九)法律、行政法规规定的其他不涉及不动产权利转移的变更情形。

第二十七条 因下列情形导致不动产权利转移的,当事人可以向不动产登记机构申请转移登记:

(一)买卖、互换、赠与不动产的;

(二)以不动产作价出资(入股)的;

(三)法人或者其他组织因合并、分立等原因致使不动产权利发生转移的;

(四)不动产分割、合并导致权利发生转移的;

(五)继承、受遗赠导致权利发生转移的;

(六)共有人增加或者减少以及共有不动产份额变化的;

(七)因人民法院、仲裁委员会的生效法律文书导致不动产权利发生转移的;

(八)因主债权转移引起不动产抵押权转移的;

(九)因需役地不动产权利转移引起地役权转移的;

(十)法律、行政法规规定的其他不动产权利转移情形。

第二十八条 有下列情形之一的,当事人可以申请办理注销登记:

(一)不动产灭失的;

(二)权利人放弃不动产权利的;

(三)不动产被依法没收、征收或者收回的;

(四)人民法院、仲裁委员会的生效法律文书导致不动产权利消灭的;

(五)法律、行政法规规定的其他情形。

不动产上已经设立抵押权、地役权或者已经办理预告登记,所有权人、使用权人因放弃权利申请注销登记的,申请人应当提供抵押权人、地役权人、预告登记权利人同意的书面材料。

第二节 集体土地所有权登记

第二十九条 集体土地所有权登记,依照下列规定提出申请:

（一）土地属于村农民集体所有的，由村集体经济组织代为申请，没有集体经济组织的，由村民委员会代为申请；

（二）土地分别属于村内两个以上农民集体所有的，由村内各集体经济组织代为申请，没有集体经济组织的，由村民小组代为申请；

（三）土地属于乡（镇）农民集体所有的，由乡（镇）集体经济组织代为申请。

第三十条 申请集体土地所有权首次登记的，应当提交下列材料：

（一）土地权属来源材料；

（二）权籍调查表、宗地图以及宗地界址点坐标；

（三）其他必要材料。

第三十一条 农民集体因互换、土地调整等原因导致集体土地所有权转移，申请集体土地所有权转移登记的，应当提交下列材料：

（一）不动产权属证书；

（二）互换、调整协议等集体土地所有权转移的材料；

（三）本集体经济组织三分之二以上成员或者三分之二以上村民代表同意的材料；

（四）其他必要材料。

第三十二条 申请集体土地所有权变更、注销登记的，应当提交下列材料：

（一）不动产权属证书；

（二）集体土地所有权变更、消灭的材料；

（三）其他必要材料。

第三节 国有建设用地使用权及房屋所有权登记

第三十三条 依法取得国有建设用地使用权，可以单独申请国有建设用地使用权登记。

依法利用国有建设用地建造房屋的，可以申请国有建设用地使用权及房屋所有权登记。

第三十四条 申请国有建设用地使用权首次登记，应当提交下列材料：

（一）土地权属来源材料；

（二）权籍调查表、宗地图以及宗地界址点坐标；

（三）土地出让价款、土地租金、相关税费等缴纳凭证；

（四）其他必要材料。

前款规定的土地权属来源材料，根据权利取得方式的不同，包括国有建设用地划拨决定书、国有建设用地使用权出让合同、国有建设用地使用权租赁合同以及国有建设用地使用权作价出资（入股）、授权经营批准文件。

申请在地上或者地下单独设立国有建设用地使用权登记的，按照本条规定办理。

第三十五条 申请国有建设用地使用权及房屋所有权首次登记的，应当提交下列材料：

（一）不动产权属证书或者土地权属来源材料；

（二）建设工程符合规划的材料；

（三）房屋已经竣工的材料；

（四）房地产调查或者测绘报告；

（五）相关税费缴纳凭证；

（六）其他必要材料。

第三十六条 办理房屋所有权首次登记时，申请人应当将建筑区划内依法属于业主共有的道路、绿地、其他公共场所、公用设施和物业服务用房及其占用范围内的建设用地使用权一并申请登记为业主共有。业主转让房屋所有权的，其对共有部分享有的权利依法一并转让。

第三十七条 申请国有建设用地使用权及房屋所有权变更登记的，应当根据不同情况，提交下列材料：

（一）不动产权属证书；

（二）发生变更的材料；

（三）有批准权的人民政府或者主管部门的批准文件；

（四）国有建设用地使用权出让合同或者补充协议；

（五）国有建设用地使用权出让价款、税费等缴纳凭证；

（六）其他必要材料。

第三十八条 申请国有建设用地使用权及房屋所有权转移登记的，应当根据不同情况，提交下列材料：

（一）不动产权属证书；

（二）买卖、互换、赠与合同；

（三）继承或者受遗赠的材料；

（四）分割、合并协议；

（五）人民法院或者仲裁委员会生效的法律文书；

（六）有批准权的人民政府或者主管部门的批准文件；

（七）相关税费缴纳凭证；

（八）其他必要材料。

不动产买卖合同依法应当备案的，申请人申请登记时须提交经备案的买卖合同。

第三十九条 具有独立利用价值的特定空间以及码头、油库等其他建筑物、构筑物所有权的登记，按照本实施细则中房屋所有权登记有关规定办理。

第四节 宅基地使用权及房屋所有权登记

第四十条 依法取得宅基地使用权，可以单独申请宅基地使用权登记。

依法利用宅基地建造住房及其附属设施的，可以申请宅基地使用权及房屋所有权登记。

第四十一条 申请宅基地使用权及房屋所有权首次登记的，应当根据不同情况，提交下列材料：

（一）申请人身份证和户口簿；

（二）不动产权属证书或者有批准权的人民政府批准用地的文件等权属来源材料；

（三）房屋符合规划或者建设的相关材料；

（四）权籍调查表、宗地图、房屋平面图以及宗地界址点坐标等有关不动产界址、面积等材料；

（五）其他必要材料。

第四十二条 因依法继承、分家析产、集体经济组织内部互换房屋等导致宅基地使用权及房屋所有权发生转移申请登记的，申请人应当根据不同情况，提交下列材料：

（一）不动产权属证书或者其他权属来源材料；

（二）依法继承的材料；

（三）分家析产的协议或者材料；

（四）集体经济组织内部互换房屋的协议；

（五）其他必要材料。

第四十三条 申请宅基地等集体土地上的建筑物区分所有权登记的，参照国有建设用地使用权及建筑物区分所有权的规定办理登记。

第五节 集体建设用地使用权及建筑物、构筑物所有权登记

第四十四条 依法取得集体建设用地使用权，可以单独申请集体建设用地使用权登记。

依法利用集体建设用地兴办企业，建设公共设施，从事公益事业等的，可以申请集体建设用地使用权及地上建筑物、构筑物所有权登记。

第四十五条 申请集体建设用地使用权及建筑物、构筑物所有权首次登记的，申请人应当根据不同情况，提交下列材料：

（一）有批准权的人民政府批准用地的文件等土地权属来源材料；

（二）建设工程符合规划的材料；

（三）权籍调查表、宗地图、房屋平面图以及宗地界址点坐标等有关不动产界址、面积等材料；

（四）建设工程已竣工的材料；

（五）其他必要材料。

集体建设用地使用权首次登记完成后，申请人申请建筑物、构筑物所有权首次登记的，应当提交享有集体建设用地使用权的不动产权属证书。

第四十六条 申请集体建设用地使用权及建筑物、构筑物所有权变更登记、转移登记、注销登记的，申请人应当根据不同情况，提交下列材料：

（一）不动产权属证书；

（二）集体建设用地使用权及建筑物、构筑物所有权变更、转移、消灭的材料；

（三）其他必要材料。

因企业兼并、破产等原因致使集体建设用地使用权及建筑物、构筑物所有权发生转移的，申请人应当持相关协议及有关部门的批准文件等相关材料，申请不动产转移登记。

第六节 土地承包经营权登记

第四十七条 承包农民集体所有的耕地、林地、草地、水域、滩涂以及荒山、荒沟、荒丘、荒滩等农用地，或者国家所有依法由农民集体使用的农用地从事种植业、林业、畜牧业、渔业等农业生产的，可以申请土地承包经营权登记；地上有森林、林木的，应当在申请土地承包经营权登记时一并申请登记。

第四十八条 依法以承包方式在土地上从事种植业或者养殖业生产活动的，可以申请土地承包经营权的首次登记。

以家庭承包方式取得的土地承包经营权的首次登记，由发包方持土地承包经营合同等材料申请。

以招标、拍卖、公开协商等方式承包农村土地的，由承包方持土地承包经营合同申请土地承包经营权首次登记。

第四十九条 已经登记的土地承包经营权有下列情形之一的，承包方应当持原不动产权属证书以及其他证实发生变更事实的材料，申请土地承包经营权变更登记：

（一）权利人的姓名或者名称等事项发生变化的；

（二）承包土地的坐落、名称、面积发生变化的；

（三）承包期限依法变更的；

（四）承包期限届满，土地承包经营权人按照国家有关规定继续承包的；

（五）退耕还林、退耕还湖、退耕还草导致土地用途改变的；

（六）森林、林木的种类等发生变化的；

（七）法律、行政法规规定的其他情形。

第五十条 已经登记的土地承包经营权发生下列情形之一的，当事人双方应当持互换协议、转让合同等材料，申请土地承包经营权的转移登记：

（一）互换；

（二）转让；

（三）因家庭关系、婚姻关系变化等原因导致土地承包经营权分割或者合并的；

（四）依法导致土地承包经营权转移的其他情形。

以家庭承包方式取得的土地承包经营权，采取转让方式流转的，还应当提供发包方同意的材料。

第五十一条 已经登记的土地承包经营权发生下列情形之一的，承包方应当持不动产权属证书、证实灭失的材料等，申请注销登记：

（一）承包经营的土地灭失的；

（二）承包经营的土地被依法转为建设用地的；

（三）承包经营权人丧失承包经营资格或者放弃承包经营权的；

（四）法律、行政法规规定的其他情形。

第五十二条 以承包经营以外的合法方式使用国有农用地的国有农场、草场，以及使用国家所有的水域、滩涂等农用地进行农业生产，申请国有农用地的使用权登记的，参照本实施细则有关规定办理。

国有农场、草场申请国有未利用地登记的，依照前款规定办理。

第五十三条 国有林地使用权登记，应当提交有批准权的人民政府或者主管部门的批准文件，地上森林、林木一并登记。

第七节 海域使用权登记

第五十四条 依法取得海域使用权，可以单独申请海域使用权登记。

依法使用海域，在海域上建造建筑物、构筑物的，应当申请海域使用权及建筑物、构筑物所有权登记。

申请无居民海岛登记的，参照海域使用权登记有关规定办理。

第五十五条 申请海域使用权首次登记的，应当提交下列材料：

（一）项目用海批准文件或者海域使用权出让合同；

（二）宗海图以及界址点坐标；

（三）海域使用金缴纳或者减免凭证；

（四）其他必要材料。

第五十六条 有下列情形之一的，申请人应当持不动产权属证书、海域使用权变更的文件等材料，申请海域使用权变更登记：

（一）海域使用权人姓名或者名称改变的；

（二）海域坐落、名称发生变化的；

（三）改变海域使用位置、面积或者期限的；

（四）海域使用权续期的；

（五）共有性质变更的；

（六）法律、行政法规规定的其他情形。

第五十七条 有下列情形之一的，申请人可以申请海域使用权转移登记：

（一）因企业合并、分立或者与他人合资、合作经营、作价入股导致海域使用权转移的；

（二）依法转让、赠与、继承、受遗赠海域使用权的；

（三）因人民法院、仲裁委员会生效法律文书导致海域使用权转移的；

（四）法律、行政法规规定的其他情形。

第五十八条 申请海域使用权转移登记的，申请人应当提交下列材料：

（一）不动产权属证书；

（二）海域使用权转让合同、继承材料、生效法律文书等材料；

（三）转让批准取得的海域使用权，应当提交原批准用海的海洋行政主管部门批准转让的文件；

（四）依法需要补交海域使用金的，应当提交海域使用金缴纳的凭证；

（五）其他必要材料。

第五十九条 申请海域使用权注销登记的，申请人应当提交下列材料：

（一）原不动产权属证书；

（二）海域使用权消灭的材料；

（三）其他必要材料。

因围填海造地等导致海域灭失的，申请人应当在围填海造地等工程竣工后，依照本实施细则规定申请国有土地使用权登记，并办理海域使用权注销登记。

第八节 地役权登记

第六十条 按照约定设定地役权，当事人可以持需役地和供役地的不动产权属证书、地役权合同以及其他必要文件，申请地役权首次登记。

第六十一条 经依法登记的地役权发生下列情形之一的，当事人应当持地役权合同、不动产登记证明和证实变更的材料等必要材料，申请地役权变更登记：

（一）地役权当事人的姓名或者名称等发生变化；

（二）共有性质变更的；

（三）需役地或者供役地自然状况发生变化；

（四）地役权内容变更的；

（五）法律、行政法规规定的其他情形。

供役地分割转让办理登记，转让部分涉及地役权的，应当由受让人与地役权人一并申请地役权变更登记。

第六十二条 已经登记的地役权因土地承包经营权、建设用地使用权转让发生转移的，当事人应当持不动产登记证明、地役权转移合同等必要材料，申请地役权转移登记。

申请需役地转移登记的，或者需役地分割转让，转让部分涉及已登记的地役权的，当事人应当一并申请地役权转移登记，但当事人另有约定的除外。当事人拒绝一并申请地役权转移登记的，应当出具书面材料。不动产登记机构办理转移登记时，应当同时办理地役权注销登记。

第六十三条 已经登记的地役权，有下列情形之一的，当事人可以持不动产登记证明、证实地役权发生消灭的材料等必要材料，申请地役权注销登记：

（一）地役权期限届满；

（二）供役地、需役地归于同一人；

（三）供役地或者需役地灭失；

（四）人民法院、仲裁委员会的生效法律文书导致地役权消灭；

（五）依法解除地役权合同；

（六）其他导致地役权消灭的事由。

第六十四条 地役权登记，不动产登记机构应当将登记事项分别记载于需役地和供役地登记簿。

供役地、需役地分属不同不动产登记机构管辖的，当事人应当向供役地所在地的不动产登记机构申请地役权登记。供役地所在地不动产登记机构完成登记后，应当将相关事项通知需役地所在地不动产登记机构，并由其记载于需役地登记簿。

地役权设立后，办理首次登记前发生变更、转移的，当事人应当提交相关材料，就已经变更或者转移的地役权，直接申请首次登记。

第九节 抵押权登记

第六十五条 对下列财产进行抵押的，可以申请办理不动产抵押登记：

（一）建设用地使用权；

（二）建筑物和其他土地附着物；

（三）海域使用权；

（四）以招标、拍卖、公开协商等方式取得的荒地等土地承包经营权；

（五）正在建造的建筑物；

（六）法律、行政法规未禁止抵押的其他不动产。

以建设用地使用权、海域使用权抵押的，该土地、海域上的建筑物、构筑物一并抵押；以建筑物、构筑物抵押的，该建筑物、构筑物占用范围内的建设用地使用权、海域使用权一并抵押。

第六十六条 自然人、法人或者其他组织为保障其债权的实现，依法以不动产设定抵押的，可以由当事人持不动产权属证书、抵押合同与主债权合同等必要材料，共同申请办理抵押登记。

抵押合同可以是单独订立的书面合同，也可以是主债权合同中的抵押条款。

第六十七条 同一不动产上设立多个抵押权的，不动产登记机构应当按照受理时间的先后顺序依次办理登记，并记载于不动产登记簿。当事人对抵押权顺位另有约定的，从其规定办理登记。

第六十八条 有下列情形之一的，当事人应当持不动产权属证书、不动产登记证明、抵押权变更等必要材料，申请抵押权变更登记：

（一）抵押人、抵押权人的姓名或者名称变更的；

（二）被担保的主债权数额变更的；

（三）债务履行期限变更的；

（四）抵押权顺位变更的；

（五）法律、行政法规规定的其他情形。

因被担保债权主债权的种类及数额、担保范围、债务履行期限、抵押权顺位发生变更申请抵押权变更登记时，如果该抵押权的变更将对其他抵押权人产生不利影响的，还应当提交其他抵押权人书面同意的材料与身份证或者户口簿等材料。

第六十九条 因主债权转让导致抵押权转让的，当事人可以持不动产权属证书、不动产登记证明、被担保主债权的转让协议、债权人已经通知债务人的材料等相关材料，申请抵押权的转移登记。

第七十条 有下列情形之一的，当事人可以持不动产登记证明、抵押权消灭的材料等必要材料，申请抵押权注销登记：

（一）主债权消灭；

（二）抵押权已经实现；

（三）抵押权人放弃抵押权；

（四）法律、行政法规规定抵押权消灭的其他情形。

第七十一条　设立最高额抵押权的,当事人应当持不动产权属证书、最高额抵押合同与一定期间内将要连续发生的债权的合同或者其他登记原因材料等必要材料,申请最高额抵押权首次登记。

当事人申请最高额抵押权首次登记时,同意将最高额抵押权设立前已经存在的债权转入最高额抵押担保的债权范围的,还应当提交已存在债权的合同以及当事人同意将该债权纳入最高额抵押权担保范围的书面材料。

第七十二条　有下列情形之一的,当事人应当持不动产登记证明、最高额抵押权发生变更的材料等必要材料,申请最高额抵押权变更登记:

(一)抵押人、抵押权人的姓名或者名称变更的;

(二)债权范围变更的;

(三)最高债权额变更的;

(四)债权确定的期间变更的;

(五)抵押权顺位变更的;

(六)法律、行政法规规定的其他情形。

因最高债权额、债权范围、债务履行期限、债权确定的期间发生变更申请最高额抵押权变更登记时,如果该变更将对其他抵押权人产生不利影响的,当事人还应当提交其他抵押权人的书面同意文件与身份证或者户口簿等。

第七十三条　当发生导致最高额抵押权担保的债权被确定的事由,从而使最高额抵押权转变为一般抵押权时,当事人应当持不动产登记证明、最高额抵押权担保的债权已确定的材料等必要材料,申请办理确定最高额抵押权的登记。

第七十四条　最高额抵押权发生转移的,应当持不动产登记证明、部分债权转移的材料、当事人约定最高额抵押权随同部分债权的转让而转移的材料等必要材料,申请办理最高额抵押权转移登记。

债权人转让部分债权,当事人约定最高额抵押权随同部分债权的转让而转移的,应当分别申请下列登记:

(一)当事人约定原抵押权人与受让人共同享有最高额抵押权的,应当申请最高额抵押权的转移登记;

(二)当事人约定受让人享有一般抵押权、原抵押权人就扣减已转移的债权数额后继续享有最高额抵押权的,应当申请一般抵押权的首次登记以及最高额抵押权的变更登记;

(三)当事人约定原抵押权人不再享有最高额抵押权的,应当一并申请最高额抵押权确定登记以及一般抵押权转移登记。

最高额抵押权担保的债权确定前,债权人转让部分债权的,除当事人另有约定外,不动产登记机构不得办理最高额抵押权转移登记。

第七十五条　以建设用地使用权以及全部或者部分在建建筑物设定抵押的,应当一并申请建设用地使用权以及在建建筑物抵押权的首次登记。

当事人申请在建建筑物抵押权首次登记时,抵押财产不包括已经办理预告登记的预购商品房和已经办理预售备案的商品房。

前款规定的在建建筑物,是指正在建造、尚未办理所有权首次登记的房屋等建筑物。

第七十六条　申请在建建筑物抵押权首次登记的,当事人应当提交下列材料:

(一)抵押合同与主债权合同;

(二)享有建设用地使用权的不动产权属证书;

(三)建设工程规划许可证;

(四)其他必要材料。

第七十七条　在建建筑物抵押权变更、转移或者消灭的,当事人应当提交下列材料,申请变更登记、转移登记、注销登记:

(一)不动产登记证明;

(二)在建建筑物抵押权发生变更、转移或者消灭的材料;

(三)其他必要材料。

在建建筑物竣工,办理建筑物所有权首次登记时,当事人应当申请将在建建筑物抵押权登记转为建筑物抵押权登记。

第七十八条　申请预购商品房抵押登记,应当提交下列材料:

(一)抵押合同与主债权合同;

(二)预购商品房预告登记材料;

(三)其他必要材料。

预购商品房办理房屋所有权登记后,当事人应当申请将预购商品房抵押预告登记转为商品房抵押权首次登记。

第五章　其他登记

第一节　更正登记

第七十九条　权利人、利害关系人认为不动产登记簿记载的事项有错误,可以申请更正登记。

权利人申请更正登记的,应当提交下列材料:

(一)不动产权属证书;

（二）证实登记确有错误的材料；

（三）其他必要材料。

利害关系人申请更正登记的，应当提交利害关系材料、证实不动产登记簿记载错误的材料以及其他必要材料。

第八十条　不动产权利人或者利害关系人申请更正登记，不动产登记机构认为不动产登记簿记载确有错误的，应当予以更正；但在错误登记之后已经办理了涉及不动产权利处分的登记、预告登记和查封登记的除外。

不动产权属证书或者不动产登记证明填制错误以及不动产登记机构在办理更正登记中，需要更正不动产权属证书或者不动产登记证明内容的，应当书面通知权利人换发，并把换发不动产权属证书或者不动产登记证明的事项记载于登记簿。

不动产登记簿记载无误的，不动产登记机构不予更正，并书面通知申请人。

第八十一条　不动产登记机构发现不动产登记簿记载的事项错误，应当通知当事人在30个工作日内办理更正登记。当事人逾期不办理的，不动产登记机构应当在公告15个工作日后，依法予以更正；但在错误登记之后已经办理了涉及不动产权利处分的登记、预告登记和查封登记的除外。

第二节　异议登记

第八十二条　利害关系人认为不动产登记簿记载的事项错误，权利人不同意更正的，利害关系人可以申请异议登记。

利害关系人申请异议登记的，应当提交下列材料：

（一）证实对登记的不动产权利有利害关系的材料；

（二）证实不动产登记簿记载的事项错误的材料；

（三）其他必要材料。

第八十三条　不动产登记机构受理异议登记申请的，应当将异议事项记载于不动产登记簿，并向申请人出具异议登记证明。

异议登记申请人应当在异议登记之日起15日内，提交人民法院受理通知书、仲裁委员会受理通知书等提起诉讼、申请仲裁的材料；逾期不提交的，异议登记失效。

异议登记失效后，申请人就同一事项以同一理由再次申请异议登记的，不动产登记机构不予受理。

第八十四条　异议登记期间，不动产登记簿上记载的权利人以及第三人因处分权利申请登记的，不动产登记机构应当书面告知申请人该权利已经存在异议登记的有关事项。申请人申请继续办理的，应当予以办理，但申请人应当提供知悉异议登记存在并自担风险的书面承诺。

第三节　预告登记

第八十五条　有下列情形之一的，当事人可以按照约定申请不动产预告登记：

（一）商品房等不动产预售的；

（二）不动产买卖、抵押的；

（三）以预购商品房设定抵押权的；

（四）法律、行政法规规定的其他情形。

预告登记生效期间，未经预告登记的权利人书面同意，处分该不动产权利申请登记的，不动产登记机构应当不予办理。

预告登记后，债权未消灭且自能够进行相应的不动产登记之日起3个月内，当事人申请不动产登记的，不动产登记机构应当按照预告登记事项办理相应的登记。

第八十六条　申请预购商品房的预告登记，应当提交下列材料：

（一）已备案的商品房预售合同；

（二）当事人关于预告登记的约定；

（三）其他必要材料。

预售人和预购人订立商品房买卖合同后，预售人未按照约定与预购人申请预告登记，预购人可以单方申请预告登记。

预购人单方申请预购商品房预告登记，预售人与预购人在商品房预售合同中对预告登记附有条件和期限的，预购人应当提交相应材料。

申请预告登记的商品房已经办理在建建筑物抵押权首次登记的，当事人应当一并申请在建建筑物抵押权注销登记，并提交不动产权属转移材料、不动产登记证明。不动产登记机构应当先办理在建建筑物抵押权注销登记，再办理预告登记。

第八十七条　申请不动产转移预告登记的，当事人应当提交下列材料：

（一）不动产转让合同；

（二）转让方的不动产权属证书；

（三）当事人关于预告登记的约定；

（四）其他必要材料。

第八十八条　抵押不动产，申请预告登记的，当事人应当提交下列材料：

（一）抵押合同与主债权合同；

（二）不动产权属证书；

（三）当事人关于预告登记的约定；

（四）其他必要材料。

第八十九条 预告登记未到期，有下列情形之一的，当事人可以持不动产登记证明、债权消灭或者权利人放弃预告登记的材料，以及法律、行政法规规定的其他必要材料申请注销预告登记：

（一）预告登记的权利人放弃预告登记的；

（二）债权消灭的；

（三）法律、行政法规规定的其他情形。

第四节 查封登记

第九十条 人民法院要求不动产登记机构办理查封登记的，应当提交下列材料：

（一）人民法院工作人员的工作证；

（二）协助执行通知书；

（三）其他必要材料。

第九十一条 两个以上人民法院查封同一不动产的，不动产登记机构应当为先送达协助执行通知书的人民法院办理查封登记，对后送达协助执行通知书的人民法院办理轮候查封登记。

轮候查封登记的顺序按照人民法院协助执行通知书送达不动产登记机构的时间先后进行排列。

第九十二条 查封期间，人民法院解除查封的，不动产登记机构应当及时根据人民法院协助执行通知书注销查封登记。

不动产查封期限届满，人民法院未续封的，查封登记失效。

第九十三条 人民检察院等其他国家有权机关依法要求不动产登记机构办理查封登记的，参照本节规定办理。

第六章 不动产登记资料的查询、保护和利用

第九十四条 不动产登记资料包括：

（一）不动产登记簿等不动产登记结果；

（二）不动产登记原始资料，包括不动产登记申请书、申请人身份材料、不动产权属来源、登记原因、不动产权籍调查成果等材料以及不动产登记机构审核材料。

不动产登记资料由不动产登记机构管理。不动产登记机构应当建立不动产登记资料管理制度以及信息安全保密制度，建设符合不动产登记资料安全保护标准的不动产登记资料存放场所。

不动产登记资料中属于归档范围的，按照相关法律、行政法规的规定进行归档管理，具体办法由自然资源部会同国家档案主管部门另行制定。

第九十五条 不动产登记机构应当加强不动产登记信息化建设，按照统一的不动产登记信息管理基础平台建设要求和技术标准，做好数据整合、系统建设和信息服务等工作，加强不动产登记信息产品开发和技术创新，提高不动产登记的社会综合效益。

各级不动产登记机构应当采取措施保障不动产登记信息安全。任何单位和个人不得泄露不动产登记信息。

第九十六条 不动产登记机构、不动产交易机构建立不动产登记信息与交易信息互联共享机制，确保不动产登记与交易有序衔接。

不动产交易机构应当将不动产交易信息及时提供给不动产登记机构。不动产登记机构完成登记后，应当将登记信息及时提供给不动产交易机构。

第九十七条 国家实行不动产登记资料依法查询制度。

权利人、利害关系人按照《条例》第二十七条规定依法查询、复制不动产登记资料的，应当到具体办理不动产登记的不动产登记机构申请。

权利人可以查询、复制其不动产登记资料。

因不动产交易、继承、诉讼等涉及的利害关系人可以查询、复制不动产自然状况、权利人及其不动产查封、抵押、预告登记、异议登记等状况。

人民法院、人民检察院、国家安全机关、监察机关等可以依法查询、复制与调查和处理事项有关的不动产登记资料。

其他有关国家机关执行公务依法查询、复制不动产登记资料的，依照本条规定办理。

涉及国家秘密的不动产登记资料的查询，按照保守国家秘密法的有关规定执行。

第九十八条 权利人、利害关系人申请查询、复制不动产登记资料应当提交下列材料：

（一）查询申请书；

（二）查询目的的说明；

（三）申请人的身份材料；

（四）利害关系人查询的，提交证实存在利害关系的材料。

权利人、利害关系人委托他人代为查询的，还应当提交代理人的身份证明材料、授权委托书。权利人查询其不动产登记资料无需提供查询目的的说明。

有关国家机关查询的，应当提供本单位出具的协助查询材料、工作人员的工作证。

第九十九条 有下列情形之一的，不动产登记机构

不予查询,并书面告知理由:

(一)申请查询的不动产不属于不动产登记机构管辖范围的;

(二)查询人提交的申请材料不符合规定的;

(三)申请查询的主体或者查询事项不符合规定的;

(四)申请查询的目的不合法的;

(五)法律、行政法规规定的其他情形。

第一百条 对符合本实施细则规定的查询申请,不动产登记机构应当当场提供查询;因情况特殊,不能当场提供查询的,应当在5个工作日内提供查询。

第一百零一条 查询人查询不动产登记资料,应当在不动产登记机构设定的场所进行。

不动产登记原始资料不得带离设定的场所。

查询人在查询时应当保持不动产登记资料的完好,严禁遗失、拆散、调换、抽取、污损登记资料,也不得损坏查询设备。

第一百零二条 查询人可以查阅、抄录不动产登记资料。查询人要求复制不动产登记资料的,不动产登记机构应当提供复制。

查询人要求出具查询结果证明的,不动产登记机构应当出具查询结果证明。查询结果证明应注明查询目的及日期,并加盖不动产登记机构查询专用章。

第七章 法律责任

第一百零三条 不动产登记机构工作人员违反本实施细则规定,有下列行为之一,依法给予处分;构成犯罪的,依法追究刑事责任:

(一)对符合登记条件的登记申请不予登记,对不符合登记条件的登记申请予以登记;

(二)擅自复制、篡改、毁损、伪造不动产登记簿;

(三)泄露不动产登记资料、登记信息;

(四)无正当理由拒绝申请人查询、复制登记资料;

(五)强制要求权利人更换新的权属证书。

第一百零四条 当事人违反本实施细则规定,有下列行为之一,构成违反治安管理行为的,依法给予治安管理处罚;给他人造成损失的,依法承担赔偿责任;构成犯罪的,依法追究刑事责任:

(一)采用提供虚假材料等欺骗手段申请登记;

(二)采用欺骗手段申请查询、复制登记资料;

(三)违反国家规定,泄露不动产登记资料、登记信息;

(四)查询人遗失、拆散、调换、抽取、污损登记资料的;

(五)擅自将不动产登记资料带离查询场所、损坏查询设备的。

第八章 附 则

第一百零五条 本实施细则施行前,依法核发的各类不动产权属证书继续有效。不动产权利未发生变更、转移的,不动产登记机构不得强制要求不动产权利人更换不动产权属证书。

不动产登记过渡期内,农业部会同自然资源部等部门负责指导农村土地承包经营权的统一登记工作,按照农业部有关规定办理耕地的土地承包经营权登记。不动产登记过渡期后,由自然资源部负责指导农村土地承包经营权登记工作。

第一百零六条 不动产信托依法需要登记的,由自然资源部会同有关部门另行规定。

第一百零七条 军队不动产登记,其申请材料经军队不动产主管部门审核后,按照本实施细则规定办理。

第一百零八条 自然资源部委托北京市规划和自然资源委员会直接办理在京中央国家机关的不动产登记。

在京中央国家机关申请不动产登记时,应当提交《不动产登记暂行条例》及本实施细则规定的材料和有关机关事务管理局出具的不动产登记审核意见。不动产权属资料不齐全的,还应当提交由有关机关事务管理局确认盖章的不动产权属来源说明函。不动产权籍调查由有关机关事务管理局会同北京市规划和自然资源委员会组织进行的,还应当提交申请登记不动产单元的不动产权籍调查资料。

北京市规划和自然资源委员会办理在京中央国家机关不动产登记时,应当使用自然资源部制发的"自然资源部不动产登记专用章"。

第一百零九条 本实施细则自公布之日起施行。

不动产登记操作规范(试行)

·2021年6月7日

·自然资函〔2021〕242号

总 则

1 一般规定

1.1 总体要求

1.1.1 为规范不动产登记行为,保护不动产权利人合法权益,根据《不动产登记暂行条例》(简称《条例》)《不动产登记暂行条例实施细则》(简称《实施细则》),制定本规范。

1.1.2　不动产登记机构应严格贯彻落实《民法典》《条例》以及《实施细则》的规定，依法确定申请人申请登记所需材料的种类和范围，并将所需材料目录在不动产登记机构办公场所和门户网站公布。不动产登记机构不得随意扩大登记申请材料的种类和范围，法律、行政法规以及《实施细则》没有规定的材料，不得作为登记申请材料。

1.1.3　申请人的申请材料应当依法提供原件，不动产登记机构可以依据实时互通共享取得的信息，对申请材料进行核对。能够通过部门间实时共享取得相关材料原件的，不得要求申请人重复提交。

1.1.4　不动产登记机构应严格按照法律、行政法规要求，规范不动产登记申请、受理、审核、登簿、发证等环节，严禁随意拆分登记职责，确保不动产登记流程和登记职责的完整性。

没有法律、行政法规以及《实施细则》依据而设置的前置条件，不动产登记机构不得将其纳入不动产登记的业务流程。

1.1.5　土地承包经营权登记、国有农用地的使用权登记和森林、林木所有权登记，按照《条例》《实施细则》的有关规定办理。

1.2　登记原则

1.2.1　依申请登记原则

不动产登记应当依照当事人的申请进行，但下列情形除外：

1　不动产登记机构依据人民法院、人民检察院等国家有权机关依法作出的嘱托文件直接办理登记的；

2　不动产登记机构依据法律、行政法规或者《实施细则》的规定依职权直接登记的。

1.2.2　一体登记原则

房屋等建筑物、构筑物所有权和森林、林木等定着物所有权登记应当与其所附着的土地、海域一并登记，保持权利主体一致。

土地使用权、海域使用权首次登记、转移登记、抵押登记、查封登记的，该土地、海域范围内符合登记条件的房屋等建筑物、构筑物所有权和森林、林木等定着物所有权应当一并登记。

房屋等建筑物、构筑物所有权和森林、林木等定着物所有权首次登记、转移登记、抵押登记、查封登记的，该房屋等建筑物、构筑物和森林、林木等定着物占用范围内的土地使用权、海域使用权应当一并登记。

1.2.3　连续登记原则

未办理不动产首次登记的，不得办理不动产其他类型登记，但下列情形除外：

1　预购商品房预告登记、预购商品房抵押预告登记的；

2　在建建筑物抵押权登记的；

3　预查封登记的；

4　法律、行政法规规定的其他情形。

1.2.4　属地登记原则

1　不动产登记由不动产所在地的县级人民政府不动产登记机构办理，直辖市、设区的市人民政府可以确定本级不动产登记机构统一办理所属各区的不动产登记。

跨行政区域的不动产登记，由所跨行政区域的不动产登记机构分别办理。

不动产单元跨行政区域且无法分别办理的，由所跨行政区域的不动产登记机构协商办理；协商不成的，由先受理登记申请的不动产登记机构向共同的上一级人民政府不动产登记主管部门提出指定办理申请。

不动产登记机构经协商确定或者依指定办理跨行政区域不动产登记的，应当在登记完毕后将不动产登记簿记载的不动产权利人以及不动产坐落、界址、总面积、跨区域面积、用途、权利类型等登记结果书面告知不动产所跨区域的其他不动产登记机构；

2　国务院确定的重点国有林区的森林、林木和林地的登记，由自然资源部受理并会同有关部门办理，依法向权利人核发不动产权属证书。

3　国务院批准的项目用海、用岛的登记，由自然资源部受理，依法向权利人核发不动产权属证书。

4　在京中央国家机关使用的国有土地等不动产登记，依照自然资源部《在京中央和国家机关不动产登记办法》等规定办理。

1.3　不动产单元

1.3.1　不动产单元

不动产登记应当以不动产单元为基本单位进行登记。不动产单元是指权属界线封闭且具有独立使用价值的空间。独立使用价值的空间应当足以实现相应的用途，并可以独立利用。

1　没有房屋等建筑物、构筑物以及森林、林木定着物的，以土地、海域权属界线封闭的空间为不动产单元。

2　有房屋等建筑物以及森林、林木定着物的，以该房屋等建筑物以及森林、林木定着物与土地、海域权属界线封闭的空间为不动产单元。

3　有地下车库、商铺等具有独立使用价值的特定空间或者码头、油库、隧道、桥梁等构筑物的,以该特定空间或者构筑物与土地、海域权属界线封闭的空间为不动产单元。

1.3.2　不动产单元编码

不动产单元应当按照《不动产单元设定与代码编制规则》(试行)的规定进行设定与编码。不动产登记机构(自然资源主管部门)负责本辖区范围内的不动产单元代码编制、变更与管理工作,确保不动产单元编码的唯一性。

1.4　不动产权籍调查

1.4.1　不动产登记申请前,需要进行不动产权籍调查的,应当依据不动产权籍调查相关技术规定开展不动产权籍调查。不动产权籍调查包括不动产权属调查和不动产测量。

1　申请人申请不动产首次登记前,应当以宗地、宗海为基础,以不动产单元为基本单位,开展不动产权籍调查。其中,政府组织开展的集体土地所有权、宅基地使用权、集体建设用地使用权、土地承包经营权的首次登记所需的不动产权籍调查成果,由人民政府有关部门组织获取。

2　申请人申请不动产变更、转移等登记,不动产界址未发生变化的,可以沿用原不动产权籍调查成果;不动产界址发生变化,或界址无变化但未进行过权籍调查或无法提供不动产权籍调查成果的,应当补充或重新开展不动产权籍调查。

3　前期行业管理中已经产生或部分产生,并经行业主管部门或其授权机构确认的,符合不动产登记要求的不动产权籍调查成果,可继续沿用。

1.4.2　不动产登记机构(自然资源主管部门)应当加强不动产权籍调查成果确认工作,结合日常登记实时更新权籍调查数据库,确保不动产权籍调查数据的现势、有效和安全。

1.5　不动产登记簿

1.5.1　不动产登记簿介质

不动产登记簿应当采取电子介质,并具有唯一、确定的纸质转化形式。暂不具备条件的,可以采用纸质介质。

不动产登记机构应当配备专门的不动产登记电子存储设施,采取信息网络安全防护措施,保证电子数据安全,并定期进行异地备份。

1.5.2　建立不动产登记簿

不动产登记簿由不动产登记机构建立。不动产登记簿应当以宗地、宗海为单位编制,一宗地或者一宗海范围内的全部不动产编入一个不动产登记簿。宗地或宗海权属界线发生变化的,应当重新建簿,并实现与原不动产登记簿关联。

1　一个不动产单元有两个以上不动产权利或事项的,在不动产登记簿中分别按照一个权利类型或事项设置一个登记簿页;

2　一个登记簿页按登簿时间的先后依次记载该权利或事项的相关内容。

1.5.3　更正不动产登记簿

不动产登记机构应当依法对不动产登记簿进行记载、保存和重建,不得随意更改。有证据证实不动产登记簿记载的事项确实存在错误的,应当依法进行更正登记。

1.5.4　管理和保存不动产登记簿

不动产登记簿由不动产登记机构负责管理,并永久保存。

1.6　不动产权证书和不动产登记证明

1.6.1　不动产权证书和不动产登记证明的格式

不动产权证书和不动产登记证明由自然资源部统一制定样式、统一监制、统一编号规则。不动产权证书和不动产登记证明的印制、发行、管理和质量监督工作由省级自然资源主管部门负责。

不动产权证书和不动产登记证明应当一证一号,更换证书和证明应当更换号码。

有条件的地区,不动产登记机构可以采用印制二维码等防伪手段。

1.6.2　不动产权证书的版式

不动产权证书分单一版和集成版两个版式。不动产登记原则上按一个不动产单元核发一本不动产权证书,采用单一版版本。农村集体经济组织拥有多个建设用地使用权或一户拥有多个土地承包经营权的,可以将其集中记载在一本集成版的不动产权证书,一本证书可以记载一个权利人在同一登记辖区内享有的多个不动产单元上的不动产权利。

1.6.3　不动产权证书和不动产登记证明的换发、补发、注销

不动产权证书和不动产登记证明换发、补发、注销的,原证号废止。换发、补发的新不动产权证书或不动产登记证明应当更换号码,并在不动产权证书或者不动产登记证明上注明“换发”“补发”字样。

不动产权证书或者不动产登记证明破损、污损、填制错误的,当事人可以向不动产登记机构申请换发。符合换发条件的,不动产登记机构应当收回并注销原不动产

权证书或者不动产登记证明,并将有关事项记载于不动产登记簿后,向申请人换发新的不动产权证书或者不动产登记证明,并注明“换发”字样。

不动产权证书或者不动产登记证明遗失、灭失,不动产权利人申请补发的,由不动产登记机构在其门户网站上刊发不动产权利人的遗失、灭失声明,15个工作日后,打印一份遗失、灭失声明页面存档,并将有关事项记载于不动产登记簿,向申请人补发新的不动产权证书或者不动产登记证明,并注明“补发”字样。

不动产被查封、抵押或存在异议登记、预告登记的,不影响不动产权证书和不动产登记证明的换发或补发。

1.6.4　不动产权证书和不动产登记证明的生效

不动产权证书和不动产登记证明应当按照不动产登记簿缮写,在加盖不动产登记机构不动产登记专用章后生效。

1.6.5　不动产权证书和不动产登记证明的管理

不动产登记机构应当加强对不动产权证书和不动产登记证明的管理,建立不动产权证书和不动产登记证明管理台账,采取有效措施防止空白、作废的不动产权证书和不动产登记证明外流、遗失。

1.7　登记的一般程序

1.7.1　依申请登记程序

依申请的不动产登记应当按下列程序进行:

(一)申请;

(二)受理;

(三)审核;

(四)登簿。

不动产登记机构完成登记后,应当依据法律、行政法规规定向申请人发放不动产权证书或者不动产登记证明。

1.7.2　依嘱托登记程序

依据人民法院、人民检察院等国家有权机关出具的相关嘱托文件办理不动产登记的,按下列程序进行:

(一)嘱托;

(二)接受嘱托;

(三)审核;

(四)登簿。

1.7.3　依职权登记程序

不动产登记机构依职权办理不动产登记事项的,按下列程序进行:

(一)启动;

(二)审核;

(三)登簿。

1.8　登记申请材料的一般要求

1.8.1　申请材料应当齐全,符合要求,申请人应当对申请材料的真实性负责,并做出书面承诺。

1.8.2　申请材料格式

1.8.2.1　申请材料应当提供原件。因特殊情况不能提供原件的,可以提交该材料的出具机构或职权继受机构确认与原件一致的复印件。

不动产登记机构留存复印件的,应经不动产登记机构工作人员比对后,由不动产登记机构工作人员签字并加盖原件相符章。

1.8.2.2　申请材料形式应当为纸质介质,申请书纸张和尺寸宜符合下列规定:

1　采用韧性大、耐久性强、可长期保存的纸质介质;

2　幅面尺寸为国际标准297mm×210mm(A4纸)。

1.8.2.3　填写申请材料应使用黑色钢笔或签字笔,不得使用圆珠笔、铅笔。因申请人填写错误确需涂改的,需由申请人在涂改处签字(或盖章)确认。

1.8.2.4　申请材料所使用文字应符合下列规定:

1　申请材料应使用汉字文本。少数民族自治区域内,可选用本民族或本自治区域内通用文字;

2　少数民族文字文本的申请材料在非少数民族聚居或者多民族共同居住地区使用,应同时附汉字文本;

3　外文文本的申请材料应当翻译成汉字译本,当事人应签字确认,并对汉字译本的真实性负责。

1.8.2.5　申请材料中的申请人(代理人)姓名或名称应符合下列规定:

1　申请人(代理人)应使用身份证明材料上的汉字姓名或名称。

2　当使用汉字译名时,应在申请材料中附记其身份证明记载的姓名或名称。

1.8.2.6　申请材料中涉及数量、日期、编号的,宜使用阿拉伯数字。涉及数量有计量单位的,应当填写与计量单位口径一致的数值。

1.8.2.7　当申请材料超过一页时,应按1、2、3……顺序排序,并宜在每页标注页码。

1.8.2.8　申请材料传递过程中,可将其合于左上角封牢。补充申请材料应按同种方式另行排序封卷,不得拆开此前已封卷的资料直接添加。

1.8.3　不动产登记申请书

1.8.3.1　申请人申请不动产登记,应当如实、准确填写不动产登记机构制定的不动产登记申请书。申请人为自然人的,申请人应当在不动产登记申请书上签字;申请人为法人或非法人组织的,申请人应当在不动产登记申请书上盖章。自然人委托他人申请不动产登记的,代理人应在不动产登记申请书上签字;法人或非法人组织委托他人申请不动产登记的,代理人应在不动产登记申请书上签字,并加盖法人或非法人组织的公章。

1.8.3.2 共有的不动产,申请人应当在不动产登记申请书中注明共有性质。按份共有不动产的,应明确相应具体份额,共有份额宜采取分数或百分数表示。

1.8.3.3 申请不动产登记的,申请人或者其代理人应当向不动产登记机构提供有效的联系方式。申请人或者其代理人的联系方式发生变动的,应当书面告知不动产登记机构。

1.8.4 身份证明材料

1.8.4.1 申请人申请不动产登记,提交下列相应的身份证明材料:

1 境内自然人:提交居民身份证或军官证、士官证;身份证遗失的,应提交临时身份证。未成年人可以提交居民身份证或户口簿;

2 香港、澳门特别行政区自然人:提交香港、澳门特别行政区居民身份证、护照,或者来往内地通行证;

3 台湾地区自然人:提交台湾居民来往大陆通行证;

4 华侨:提交中华人民共和国护照和国外长期居留身份证件;

5 外籍自然人:中国政府主管机关签发的居留证件,或者其所在国护照;

6 境内法人或非法人组织:营业执照,或者组织机构代码证,或者其他身份登记证明;

7 香港特别行政区、澳门特别行政区、台湾地区的法人或非法人组织:提交其在境内设立分支机构或代表机构的批准文件和注册证明;

8 境外法人或非法人组织:提交其在境内设立分支机构或代表机构的批准文件和注册证明。

1.8.4.2 已经登记的不动产,因其权利人的名称、身份证明类型或者身份证明号码等内容发生变更的,申请人申请办理该不动产的登记事项时,应当提供能够证实其身份变更的材料。

1.8.5 法律文书

申请人提交的人民法院裁判文书、仲裁委员会裁决书应当为已生效的法律文书。提交一审人民法院裁判文书的,应当同时提交人民法院出具的裁判文书已经生效的证明文件等相关材料,即时生效的裁定书、经双方当事人签字的调解书除外。

香港特别行政区、澳门特别行政区、台湾地区形成的司法文书,应经境内不动产所在地中级人民法院裁定予以承认或执行。香港特别行政区形成的具有债权款项支付的民商事案件除外。

外国司法文书应经境内不动产所在地中级人民法院按国际司法协助的方式裁定予以承认或执行。

需要协助执行的生效法律文书应当由该法律文书作出机关的工作人员送达,送达时应当提供工作证件和执行公务的证明文件。人民法院直接送达法律文书有困难的,可以委托其他法院代为送达。

香港特别行政区、澳门特别行政区、台湾地区的公证文书以及与我国有外交关系的国家出具的公证文书按照司法部等国家有关规定进行认证与转递。

1.8.6 继承、受遗赠的不动产登记

因继承、受遗赠取得不动产申请登记的,申请人提交经公证的材料或者生效的法律文书的,按《条例》《实施细则》的相关规定办理登记。申请人不提交经公证的材料或者生效的法律文书,可以按照下列程序办理:

1.8.6.1 申请人提交的申请材料包括:

1 所有继承人或受遗赠人的身份证、户口簿或其他身份证明;

2 被继承人或遗赠人的死亡证明,包括医疗机构出具的死亡证明;公安机关出具的死亡证明或者注明了死亡日期的注销户口证明;人民法院宣告死亡的判决书;其他能够证明被继承人或受遗赠人死亡的材料等;

3 所有继承人或受遗赠人与被继承人或遗赠人之间的亲属关系证明,包括户口簿、婚姻证明、收养证明、出生医学证明,公安机关以及村委会、居委会、被继承人或继承人单位出具的证明材料,其他能够证明相关亲属关系的材料等;

4 放弃继承的,应当在不动产登记机构办公场所,在不动产登记机构人员的见证下,签署放弃继承权的声明;

5 继承人已死亡的,代位继承人或转继承人可参照上述材料提供;

6 被继承人或遗赠人享有不动产权利的材料;

7 被继承人或遗赠人生前有遗嘱或者遗赠扶养协议的,提交其全部遗嘱或者遗赠扶养协议;

8 被继承人或遗赠人生前与配偶有夫妻财产约定的,提交书面约定协议。

受理登记前应由全部法定继承人或受遗赠人共同到不动产所在地的不动产登记机构进行继承材料查验。不动产登记机构应重点查验当事人的身份是否属实、当事人与被继承人或遗赠人的亲属关系是否属实、被继承人或遗赠人有无其他继承人、被继承人或遗赠人和已经死亡的继承人或受遗赠人的死亡事实是否属实、被继承人或遗赠人生前有无遗嘱或者遗赠扶养协议、申请继承的遗产是否属于被继承人或遗赠人个人所有等,并要求申请人签署继承(受遗赠)不动产登记具结书。不动产登记机构可以就继承人或受遗赠人是否齐全、是否愿意接受或放弃继承、就不动产继承协议或遗嘱内容及真实性是否有异议、所提交的资料是否真实等内容进行询问,并做好记录,由全部相关人员签字确认。

经查验或询问,符合本规范 3.5.1 规定的受理条件的,不动产登记机构应当予以受理。

受理后,不动产登记机构应按照本规范第 4 章的审核规则进行审核。认为需要进一步核实情况的,可以发函给出具证明材料的单位、被继承人或遗赠人原所在单位或居住地的村委会、居委会核实相关情况。

对拟登记的不动产登记事项在不动产登记机构门户网站进行公示,公示期不少于 15 个工作日。公示期满无异议的,将申请登记事项记载于不动产登记簿。

1.9 代理

1.9.1 受托人代为申请

申请人委托代理人申请不动产登记的,代理人应当向不动产登记机构提交申请人身份证明、授权委托书及代理人的身份证明。授权委托书中应当载明代理人的姓名或者名称、代理事项、权限和期间,并由委托人签名或者盖章。

1 自然人处分不动产的,可以提交经公证的授权委托书;授权委托书未经公证的,申请人应当在申请登记时,与代理人共同到不动产登记机构现场签订授权委托书;

2 境外申请人处分不动产的,其授权委托书应当经公证或者认证;

3 代理人为两人或者两人以上,代为处分不动产的,全部代理人应当共同代为申请,但另有授权的除外。

1.9.2 监护人代为申请

无民事行为能力人、限制民事行为能力人申请不动产登记的,应当由其监护人代为申请。监护人应当向不动产登记机构提交申请人身份证明、监护关系证明及监护人的身份证明,以及被监护人为无民事行为能力人、限制民事行为能力人的证明材料。处分被监护人不动产申请登记的,还应当出具为被监护人利益而处分不动产的书面保证。

监护关系证明材料可以是户口簿、监护关系公证书、出生医学证明,或者民政部门、居民委员会、村民委员会或人民法院指定监护人的证明材料,或者遗嘱指定监护、协议确定监护、意定监护的材料。父母之外的监护人处分未成年人不动产的,有关监护关系材料可以是人民法院指定监护的法律文书、监护人对被监护人享有监护权的公证材料或者其他材料。

1.10 其他

1.10.1 一并申请

符合以下情形之一的,申请人可以一并申请。申请人一并申请的,不动产登记机构应当一并受理,就不同的登记事项依次分别记载于不动产登记簿的相应簿页。

1 预购商品房预告登记与预购商品房抵押预告登记;

2 预购商品房预告登记转房屋所有权登记与预购商品房抵押预告登记转抵押权登记;

3 建筑物所有权首次登记与在建建筑物抵押权登记转建筑物抵押权登记;

4 不动产变更登记导致抵押权变更的,不动产变更登记与抵押权变更登记;

5 不动产变更、转移登记致使地役权变更、转移的,不动产变更登记、转移登记与地役权变更、转移登记;

6 不动产坐落位置等自然状况发生变化的,可以与前述情形发生后申请办理的登记一并办理;

7 本规范规定以及不动产登记机构认为可以合并办理的其他情形。

已办理首次登记的不动产,申请人因继承、受遗赠,或者人民法院、仲裁委员会的生效法律文书取得该不动产但尚未办理转移登记,又因继承、受遗赠,或者人民法院、仲裁委员会的生效法律文书导致不动产权利转移的,不动产登记机构办理后续登记时,应当将之前转移登记的事实在不动产登记簿的附记栏中记载。

1.10.2 撤回申请

申请登记事项在记载于不动产登记簿之前,全体登记申请人可共同申请撤回登记申请;部分登记申请人申请撤回登记申请的,不动产登记机构不予受理。

1.10.2.1 申请人申请撤回登记申请,应当向不动产登记机构提交下列材料:

1 不动产登记申请书;

2　申请人身份证明;

3　原登记申请受理凭证。

不动产登记机构应当在收到撤回申请时查阅不动产登记簿,当事人申请撤回的登记事项已经在不动产登记簿记载的,不予撤回;未在不动产登记簿上记载的,应当准予撤回,原登记申请材料在作出准予撤回的3个工作日内通知当事人取回申请材料。

1.10.3　申请材料退回

1　不动产登记机构准予撤回登记申请的,申请人应及时取回原登记申请材料,取回材料的清单应当由申请人签字确认。撤回登记申请的材料、取回材料的清单应一并归档保留。

2　不动产登记机构决定不予登记的,不动产登记机构应当制作不予登记告知书、退回登记申请材料清单,由申请人签字确认后,将登记申请材料退还申请人。不动产登记机构应当留存申请材料复印件、退回登记申请材料清单、相关告知书的签收文件。

申请人应当自接到不予登记书面告知之日起30个工作日内取回申请材料。取回申请材料自申请人收到上述书面告知之日起,最长不得超过6个月。在取回申请材料期限内,不动产登记机构应当妥善保管该申请材料;逾期不取回的,不动产登记机构不负保管义务。

1.10.4　不动产登记机构内部管理机制

不动产登记机构应当建立与不动产登记风险相适宜的内部管理机制。

1.10.4.1　不动产登记机构应当依据登记程序和管理需要合理设置登记岗位。

1　不动产登记的审核、登簿应当由与其岗位相适应的不动产登记工作人员负责。

2　不动产登记机构宜建立不动产登记风险管理制度,设置登记质量管理岗位负责登记质量检查、监督和登记风险评估、控制工作。

不动产登记机构可以建立不动产登记会审制度,会审管辖范围内的不动产登记重大疑难事项。

不动产登记机构宜根据相关业务规则,通过信息化手段对相互冲突的业务进行限制或者提醒,以降低登记风险。

不动产登记机构宜通过以下方式对登记业务中发现的已失效的查封登记和异议登记进行有效管理:采用电子登记簿的,查封登记或者异议登记失效后,宜在信息系统中及时解除相应的控制或者提醒,注明相应的法律依据;采用纸质登记簿的,查封登记或者异议登记失效后,宜在不动产登记簿附记中注明相应的法律依据。

2　**申请**

2.1.1　申请是指申请人根据不同的申请登记事项,向不动产登记机构提交登记申请材料办理不动产登记的行为。

2.1.2　单方申请

属于下列情形之一的,可以由当事人单方申请:

1　尚未登记的不动产申请首次登记的;

2　继承、受遗赠取得不动产权利的;

3　人民法院、仲裁委员会生效的法律文书或者人民政府生效的决定等设立、变更、转让、消灭不动产权利的;

4　下列不涉及不动产权利归属的变更登记:

(1)不动产权利人姓名、名称、身份证明类型或者身份证明号码发生变更的;

(2)不动产坐落、界址、用途、面积等状况发生变化的;

(3)同一权利人分割或者合并不动产的;

(4)土地、海域使用权期限变更的。

5　不动产灭失、不动产权利消灭或者权利人放弃不动产权利,权利人申请注销登记的;

6　异议登记;

7　更正登记;

8　预售人未按约定与预购人申请预购商品房预告登记,预购人申请预告登记的;

9　法律、行政法规规定的其他情形。

2.1.3　共同申请

共有不动产的登记,应当由全体共有人共同申请。

按份共有人转让、抵押其享有的不动产份额,应当与受让人或者抵押权人共同申请。受让人是共有人以外的人的,还应当提交其他共有人同意的书面材料。

属于下列情形之一的,可以由部分共有人申请:

1　处分按份共有的不动产,可以由占份额三分之二以上的按份共有人共同申请,但不动产登记簿记载共有人另有约定的除外;

2　共有的不动产因共有人姓名、名称发生变化申请变更登记的,可以由姓名、名称发生变化的权利人申请;

3　不动产的坐落、界址、用途、面积等自然状况发生变化的,可以由共有人中的一人或多人申请。

2.1.4　业主共有的不动产

建筑区划内依法属于业主共有的道路、绿地、其他公共场所、公用设施和物业服务用房及其占用范围内的建设用地使用权,在办理国有建设用地使用权及房屋所有权首次登记时由登记申请人一并申请登记为业主共有。

2.1.5 到场申请

申请不动产登记,申请人本人或者其代理人应当到不动产登记机构办公场所提交申请材料并接受不动产登记机构工作人员的询问。

具备技术条件的不动产登记机构,应当留存当事人到场申请的照片;具备条件的,也可以按照当事人申请留存当事人指纹或设定密码。

3 **受理**

受理是指不动产登记机构依法查验申请主体、申请材料,询问登记事项、录入相关信息、出具受理结果等工作的过程。

3.1 查验登记范围

不动产登记机构应查验申请登记的不动产是否属于本不动产登记机构的管辖范围;不动产权利是否属于《条例》《实施细则》规定的不动产权利;申请登记的类型是否属于《条例》《实施细则》规定的登记类型。

3.2 查验申请主体

3.2.1 不动产登记机构应当查验申请事项应当由双方共同申请还是可以单方申请,应当由全体共有人申请还是可以由部分共有人申请。

3.2.2 查验身份证明

申请人与其提交的身份证明指向的主体是否一致:

1 通过身份证识别器查验身份证是否真实;

2 护照、港澳通行证、台湾居民来往大陆通行证等其他身份证明类型是否符合要求;

3 非自然人申请材料上的名称、印章是否与身份证明材料上的名称、印章一致。

3.2.3 查验申请材料形式

3.2.3.1 不动产登记机构应当查验申请人的身份证明材料规格是否符合本规范第1.7节的要求;

3.2.3.2 自然人处分不动产,委托代理人代为申请登记,其授权委托书未经公证的,不动产登记机构工作人员应当按下列要求进行见证:

1 授权委托书的内容是否明确,本登记事项是否在其委托范围内;

2 按本规范3.2.2的要求核验当事人双方的身份证明;

3 由委托人在授权委托书上签字;

4 不动产登记机构工作人员在授权委托书上签字见证。

具备技术条件的不动产登记机构应当留存见证过程的照片。

3.3 查验书面申请材料

3.3.1 查验申请材料是否齐全

不动产登记机构应当查验当事人提交的申请材料是否齐全,相互之间是否一致;不齐全或不一致的,应当要求申请人进一步提交材料。

3.3.2 查验申请材料是否符合法定形式

不动产登记机构应当查验申请人的其他申请材料规格是否符合本规范第1.8节的要求;有关材料是否由有权部门出具,是否在规定的有效期限内,签字和盖章是否符合规定。

不动产登记机构应当查验不动产权证书或者不动产登记证明是否真实、有效。对提交伪造、变造、无效的不动产权证书或不动产登记证明的,不动产登记机构应当依法予以收缴。属于伪造、变造的,不动产登记机构还应及时通知公安部门。

3.3.3 申请材料确认

申请人应当采取下列方式对不动产登记申请书、询问记录及有关申请材料进行确认:

1 自然人签名或摁留指纹。无民事行为能力人或者限制民事行为能力人由监护人签名或摁留指纹;没有听写能力的,摁留指纹确认。

2 法人或者非法人组织加盖法人或者非法人组织的印章。

3.4 询问

3.4.1 询问内容

不动产登记机构工作人员应根据不同的申请登记事项询问申请人以下内容,并制作询问记录,以进一步了解有关情况:

1 申请登记的事项是否是申请人的真实意思表示;

2 申请登记的不动产是否存在共有人;

3 存在异议登记的,申请人是否知悉存在异议登记的情况;

4 不动产登记机构需要了解的其他与登记有关的内容。

3.4.2 询问记录

询问记录应当由询问人、被询问人签名确认。

1 因处分不动产申请登记且存在异议登记的,受让方应当签署已知悉存在异议登记并自行承担风险的书面承诺;

2 不动产登记机构应当核对询问记录与申请人提交的申请登记材料、申请登记事项之间是否一致。

3.5　受理结果

3.5.1　受理条件

经查验或询问,符合下列条件的,不动产登记机构应当予以受理:

1　申请登记事项在本不动产登记机构的登记职责范围内;

2　申请材料形式符合要求;

3　申请人与依法应当提交的申请材料记载的主体一致;

4　申请登记的不动产权利与登记原因文件记载的不动产权利一致;

5　申请内容与询问记录不冲突;

6　法律、行政法规等规定的其他条件。

不动产登记机构对不符合受理条件的,应当当场书面告知不予受理的理由,并将申请材料退回申请人。

3.5.2　受理凭证

不动产登记机构予以受理的,应当即时制作受理凭证,并交予申请人作为领取不动产权证书或不动产登记证明的凭据。受理凭证上记载的日期为登记申请受理日。

不符合受理条件的,不动产登记机构应当当场向申请人出具不予受理告知书。告知书一式二份,一份交申请人,一份由不动产登记机构留存。

3.5.3　材料补正

申请人提交的申请材料不齐全或者不符合法定形式的,不动产登记机构应当当场书面告知申请人不予受理并一次性告知需要补正的全部内容。告知书一式二份,经申请人签字确认后一份交当事人,一份由不动产登记机构留存。

4　审核

4.1　适用

审核是指不动产登记机构受理申请人的申请后,根据申请登记事项,按照有关法律、行政法规对申请事项及申请材料做进一步审查,并决定是否予以登记的过程。

不动产登记机构应进一步审核上述受理环节是否按照本规范的要求对相关事项进行了查验、询问等。对于在登记审核中发现需要进一步补充材料的,不动产登记机构应当要求申请人补全材料,补全材料所需时间不计算在登记办理期限内。

4.2　书面材料审核

4.2.1　进一步审核申请材料,必要时应当要求申请人进一步提交佐证材料或向有关部门核查有关情况。

1　申请人提交的人民法院、仲裁委员会的法律文书,具备条件的,不动产登记机构可以通过相关技术手段查验法律文书编号、人民法院以及仲裁委员会的名称等是否一致,查询结果需打印、签字及存档;不一致或无法核查的,可进一步向出具法律文书的人民法院或者仲裁委员会进行核实或要求申请人提交其他具有法定证明力的文件。

2　对已实现信息共享的其他申请材料,不动产登记机构可根据共享信息对申请材料进行核验;尚未实现信息共享的,应当审核其内容和形式是否符合要求。必要时,可进一步向相关机关或机构进行核实,或要求申请人提交其他具有法定证明力的文件。

4.2.2　法律、行政法规规定的完税或者缴费凭证是否齐全。对已实现信息共享的,不动产登记机构应当通过相关方式对完税或者缴费凭证进行核验。必要时,可进一步向税务机关或者出具缴费凭证的相关机关进行核实,或者要求申请人提交其他具有法定证明力的文件。

4.2.3　不动产登记机构应当查验不动产界址、空间界限、面积等不动产权籍调查成果是否完备,权属是否清楚、界址是否清晰、面积是否准确。

4.2.4　不动产存在异议登记或者设有抵押权、地役权或被查封的,因权利人姓名或名称、身份证明类型及号码、不动产坐落发生变化而申请的变更登记,可以办理。因通过协议改变不动产的面积、用途、权利期限等内容申请变更登记,对抵押权人、地役权人产生不利影响的,应当出具抵押权人、地役权人同意变更的书面材料。

4.3　查阅不动产登记簿

除尚未登记的不动产首次申请登记的,不动产登记机构应当通过查阅不动产登记簿的记载信息,审核申请登记事项与不动产登记簿记载的内容是否一致。

1　申请人与不动产登记簿记载的权利人是否一致;

2　申请人提交的登记原因文件与登记事项是否一致;

3　申请人申请登记的不动产与不动产登记簿的记载是否一致;

4　申请登记事项与不动产登记簿记载的内容是否一致;

5　不动产是否存在抵押、异议登记、预告登记、预查封、查封等情形。

不动产登记簿采用电子介质的,查阅不动产登记簿时以已经形成的电子登记簿为依据。

4.4　查阅登记原始资料

经查阅不动产登记簿,不动产登记机构认为仍然需要查阅原始资料确认申请登记事项的，应当查阅不动产登记原始资料，并决定是否予以继续办理。

4.5 实地查看

4.5.1 适用情形和查看内容

属于下列情形之一的，不动产登记机构可以对申请登记的不动产进行实地查看：

1 房屋等建筑物、构筑物所有权首次登记，查看房屋坐落及其建造完成等情况；

2 在建建筑物抵押权登记，查看抵押的在建建筑物坐落及其建造等情况；

3 因不动产灭失申请的注销登记，查看不动产灭失等情况；

4 不动产登记机构认为需要实地查看的其他情形。

4.5.2 查看要求

实地查看应由不动产登记机构工作人员参加，查看人员应对查看对象拍照，填写实地查看记录。现场照片及查看记录应归档。

4.6 调查

对可能存在权属争议，或者可能涉及他人利害关系的登记申请，不动产登记机构可以向申请人、利害关系人或者有关单位进行调查。不动产登记机构进行调查时，申请人、被调查人应当予以配合。

4.7 公告

4.7.1 不动产首次登记公告

除涉及国家秘密外，政府组织的集体土地所有权登记，以及宅基地使用权及房屋所有权，集体建设用地使用权及建筑物、构筑物所有权，土地承包经营权等不动产权利的首次登记，不动产登记机构应当在记载于不动产登记簿前进行公告。公告主要内容包括：申请人的姓名或者名称；不动产坐落、面积、用途、权利类型等；提出异议的期限、方式和受理机构；需要公告的其他事项。

不动产首次登记公告由不动产登记机构在其门户网站以及不动产所在地等指定场所进行，公告期不少于 15 个工作日。

公告期满无异议的，不动产登记机构应当将登记事项及时记载于不动产登记簿。公告期间，当事人对公告有异议的，应当在提出异议的期限内以书面方式到不动产登记机构的办公场所提出异议，并提供相关材料，不动产登记机构应当按下列程序处理：

（一）根据现有材料异议不成立的，不动产登记机构应当将登记事项及时记载于不动产登记簿。

（二）异议人有明确的权利主张，提供了相应的证据材料，不动产登记机构应当不予登记，并告知当事人通过诉讼、仲裁等解决权属争议。

4.7.2 依职权登记公告

不动产登记机构依职权办理登记的，不动产登记机构应当在记载于不动产登记簿前在其门户网站以及不动产所在地等指定场所进行公告，公告期不少于 15 个工作日。公告期满无异议或者异议不成立的，不动产登记机构应当将登记事项及时记载于不动产登记簿。

4.7.3 不动产权证书或者不动产登记证明作废公告

因不动产权利灭失等情形，无法收回不动产权证书或者不动产登记证明的，在登记完成后，不动产登记机构应当在其门户网站或者当地公开发行的报刊上公告作废。

4.8 审核结果

4.8.1 审核后，审核人员应当做出予以登记或不予登记的明确意见。

4.8.2 经审核，符合登记条件的，不动产登记机构应当予以登记。有下列情形之一的，不动产登记机构不予登记并书面通知申请人：

1 申请人未按照不动产登记机构要求进一步补充材料的；

2 申请人、委托代理人身份证明材料以及授权委托书与申请人不一致的；

3 申请登记的不动产不符合不动产单元设定条件的；

4 申请登记的事项与权属来源材料或者登记原因文件不一致的；

5 申请登记的事项与不动产登记簿的记载相冲突的；

6 不动产存在权属争议的，但申请异议登记除外；

7 未依法缴纳土地出让价款、土地租金、海域使用金或者相关税费的；

8 申请登记的不动产权利超过规定期限的；

9 不动产被依法查封期间，权利人处分该不动产申请登记的；

10 未经预告登记权利人书面同意，当事人处分该不动产申请登记的；

11 法律、行政法规规定的其他情形。

5 登簿

5.1.1 经审核符合登记条件的，应当将申请登记事项记载于不动产登记簿。

1　记载于不动产登记簿的时点应当按下列方式确定:使用电子登记簿的,以登簿人员将登记事项在不动产登记簿上记载完成之时为准;使用纸质登记簿的,应当以登簿人员将登记事项在不动产登记簿上记载完毕并签名(章)之时为准;

2　不动产登记簿已建册的,登簿完成后应当归册。

5.1.2　不动产登记机构合并受理的,应将合并受理的登记事项依次分别记载于不动产登记簿的相应簿页。

6　核发不动产权证书或者不动产登记证明

6.1.1　登记事项记载于不动产登记簿后,不动产登记机构应当根据不动产登记簿,如实、准确填写并核发不动产权证书或者不动产登记证明,属本规范第6.1.2条规定情形的除外。

1　集体土地所有权,房屋等建筑物、构筑物所有权,森林、林木所有权,土地承包经营权,建设用地使用权,宅基地使用权,海域使用权等不动产权利登记,核发不动产权证书;

2　抵押权登记、地役权登记和预告登记、异议登记,核发不动产登记证明。

已经发放的不动产权证书或者不动产登记证明记载事项与不动产登记簿不一致的,除有证据证实不动产登记簿确有错误外,以不动产登记簿为准。

6.1.2　属以下情形的,登记事项只记载于不动产登记簿,不核发不动产权证书或者不动产登记证明:

1　建筑区划内依法属于业主共有的道路、绿地、其他公共场所、公用设施和物业服务用房等及其占用范围内的建设用地使用权;

2　查封登记、预查封登记。

6.1.3　共有的不动产,不动产登记机构向全体共有人合并发放一本不动产权证书;共有人申请分别持证的,可以为共有人分别发放不动产权证书。共有不动产权证书应当注明共有情况,并列明全体共有人。

6.1.4　发放不动产权证书或不动产登记证明时,不动产登记机构应当核对申请人(代理人)的身份证明,收回受理凭证。

6.1.5　发放不动产权证书或不动产登记证明后,不动产登记机构应当按规范将登记资料归档。

分　则

7　集体土地所有权登记

7.1　首次登记

7.1.1　适用

尚未登记的集体土地所有权,权利人可以申请集体土地所有权首次登记。

7.1.2　申请主体

集体土地所有权首次登记,依照下列规定提出申请:

1　土地属于村农民集体所有的,由村集体经济组织代为申请,没有集体经济组织的,由村民委员会代为申请;

2　土地分别属于村内两个以上农民集体所有的,由村内各集体经济组织代为申请,没有集体经济组织的,由村民小组代为申请;

3　土地属于乡(镇)农民集体所有的,由乡(镇)集体经济组织代为申请。

7.1.3　申请材料

申请集体土地所有权首次登记,提交的材料包括:

1　不动产登记申请书;

2　申请人身份证明;

3　土地权属来源材料;

4　不动产权籍调查表、宗地图以及宗地界址点坐标;

5　法律、行政法规以及《实施细则》规定的其他材料。

7.1.4　审查要点

不动产登记机构在审核过程中应注意以下要点:

1　申请集体土地所有权首次登记的土地权属来源材料是否齐全、规范;

2　不动产登记申请书、权属来源材料等记载的主体是否一致;

3　不动产权籍调查成果资料是否齐全、规范,权籍调查表记载的权利人、权利类型及其性质等是否准确,宗地图、界址坐标、面积等是否符合要求;

4　权属来源材料与申请登记的内容是否一致;

5　公告是否无异议;

6　本规范第4章要求的其他审查事项。

不存在本规范第4.8.2条不予登记情形的,不动产登记机构在记载不动产登记簿后,向申请人核发不动产权属证书。

7.2　变更登记

7.2.1　适用

已经登记的集体土地所有权,因下列情形发生变更的,当事人可以申请变更登记:

1　农民集体名称发生变化的;

2　土地坐落、界址、面积等状况发生变化的;

3　法律、行政法规规定的其他情形。

7.2.2　申请主体

按本规范第7.1.2条的规定，由相关集体经济组织、村民委员会或村民小组代为申请。

7.2.3　申请材料

申请集体土地所有权变更登记，提交的材料包括：

1　不动产登记申请书；

2　申请人身份证明；

3　不动产权属证书；

4　集体土地所有权变更的材料；

5　法律、行政法规以及《实施细则》规定的其他材料。

7.2.4　审查要点

不动产登记机构在审核过程中应注意以下要点：

1　申请材料上的权利主体是否与不动产登记簿记载的农民集体一致；

2　集体土地所有权变更的材料是否齐全、有效；

3　申请变更事项与变更登记材料记载的变更事实是否一致；

4　土地面积、界址范围变更的，不动产权籍调查表、宗地图、宗地界址点坐标等是否齐全、规范，申请材料与不动产权籍调查成果是否一致；

5　申请登记事项是否与不动产登记簿的记载冲突；

6　本规范第4章要求的其他审查事项。

不存在本规范第4.8.2条不予登记情形的，将登记事项记载于不动产登记簿。

7.3　转移登记

7.3.1　适用

已经登记的集体土地所有权，因下列情形导致权属发生转移的，当事人可以申请转移登记：

1　农民集体之间互换土地的；

2　土地调整的；

3　法律、行政法规规定的其他情形。

7.3.2　申请主体

按本规范第7.1.2条的规定，由转让方和受让方所在的集体经济组织、村民委员会或村民小组代为申请。

7.3.3　申请材料

申请集体土地所有权转移登记，提交的材料包括：

1　不动产登记申请书；

2　申请人身份证明；

3　不动产权属证书；

4　集体土地所有权转移的材料，除应提交本集体经济组织三分之二以上成员或者三分之二以上村民代表同意的材料外，还应提交：

(1)农民集体互换土地的，提交互换土地的协议；

(2)集体土地调整的，提交土地调整文件；

(3)依法需要批准的，提交有关批准文件；

5　法律、行政法规以及《实施细则》规定的其他材料。

7.3.4　审查要点

不动产登记机构在审核过程中应注意以下要点：

1　转让方是否与不动产登记簿记载的农民集体一致；受让方是否为农民集体；

2　申请事项是否属于因农民集体互换、土地调整等原因导致权属转移；

3　集体土地所有权转移的登记原因文件是否齐全、有效；

4　申请登记事项是否与不动产登记簿的记载冲突；

5　有异议登记的，受让方是否已签署知悉存在异议登记并自担风险的书面承诺；

6　本规范第4章要求的其他审查事项。

不存在本规范第4.8.2条不予登记情形的，将登记事项记载于不动产登记簿，并向权利人核发不动产权属证书。

7.4　注销登记

7.4.1　适用

已经登记的集体土地所有权，有下列情形之一的，当事人可以申请办理注销登记：

1　集体土地灭失的；

2　集体土地被依法征收的；

3　法律、行政法规规定的其他情形。

7.4.2　申请主体

按本规范第7.1.2条的规定，由相关集体经济组织、村民委员会或村民小组代为申请。

7.4.3　申请材料

申请集体土地所有权注销登记，提交的材料包括：

1　不动产登记申请书；

2　申请人身份证明；

3　不动产权属证书；

4　集体土地所有权消灭的材料，包括：

(1)集体土地灭失的，提交证实土地灭失的材料；

(2)依法征收集体土地的，提交有批准权的人民政府征收决定书；

5　法律、行政法规以及《实施细则》规定的其他材料。

7.4.4　审查要点

不动产登记机构在审核过程中应注意以下要点：

1　申请材料上的权利主体是否与不动产登记簿记载的农民集体相一致;

2　集体土地所有权消灭的材料是否齐全、有效;

3　土地灭失的,是否已按规定进行实地查看;

4　申请登记事项是否与不动产登记簿的记载冲突;

5　本规范第4章要求的其他审查事项。

不存在本规范第4.8.2条不予登记情形的,将登记事项以及不动产权属证明或者不动产登记证明收回、作废等内容记载于不动产登记簿。

8　国有建设用地使用权登记

8.1　首次登记

8.1.1　适用

依法取得国有建设用地使用权,可以单独申请国有建设用地使用权首次登记。

8.1.2　申请主体

国有建设用地使用权首次登记的申请主体应当为土地权属来源材料上记载的国有建设用地使用权人。

8.1.3　申请材料

申请国有建设用地使用权首次登记,提交的材料包括:

1　不动产登记申请书;

2　申请人身份证明;

3　土地权属来源材料,包括:

(1)以出让方式取得的,应当提交出让合同和缴清土地出让价款凭证等相关材料;

(2)以划拨方式取得的,应当提交县级以上人民政府的批准用地文件和国有建设用地使用权划拨决定书等相关材料;

(3)以租赁方式取得的,应当提交土地租赁合同和土地租金缴纳凭证等相关材料;

(4)以作价出资或者入股方式取得的,应当提交作价出资或者入股批准文件和其他相关材料;

(5)以授权经营方式取得的,应当提交土地资产授权经营批准文件和其他相关材料。

4　不动产权籍调查表、宗地图、宗地界址点坐标等不动产权籍调查成果;

5　依法应当纳税的,应提交完税凭证;

6　法律、行政法规以及《实施细则》规定的其他材料。

8.1.4　审查要点

不动产登记机构在审核过程中应注意以下要点:

1　不动产登记申请书、权属来源材料等记载的主体是否一致;

2　不动产权籍调查成果资料是否齐全、规范,权籍调查表记载的权利人、权利类型及其性质等是否准确,宗地图、界址坐标、面积等是否符合要求;

3　以出让方式取得的,是否已签订出让合同,是否已提交缴清土地出让价款凭证;以划拨、作价入股、出租、授权经营等方式取得的,是否已经有权部门批准或者授权;

4　权属来源材料与申请登记的内容是否一致;

5　国有建设用地使用权被预查封,权利人与被执行人一致的,不影响办理国有建设用地使用权首次登记;

6　依法应当缴纳土地价款的,是否已缴清土地价款;依法应当纳税的,是否已完税;

7　本规范第4章要求的其他审查事项。

不存在本规范第4.8.2条不予登记情形的,记载不动产登记簿后向申请人核发不动产权属证书。

8.2　变更登记

8.2.1　适用

已经登记的国有建设用地使用权,因下列情形发生变更的,当事人可以申请变更登记:

1　权利人姓名或者名称、身份证明类型或者身份证明号码发生变化的;

2　土地坐落、界址、用途、面积等状况发生变化的;

3　国有建设用地使用权的权利期限发生变化的;

4　同一权利人分割或者合并国有建设用地的;

5　共有性质变更的;

6　法律、行政法规规定的其他情形。

8.2.2　申请主体

国有建设用地使用权变更登记的申请主体应当为不动产登记簿记载的权利人。共有的国有建设用地使用权,因共有人的姓名、名称发生变化的,可以由发生变化的权利人申请;因土地面积、用途等自然状况发生变化的,可以由共有人一人或多人申请。

8.2.3　申请材料

申请国有建设用地使用权变更登记,提交的材料包括:

1　不动产登记申请书;

2　申请人身份证明;

3　不动产权属证书;

4　国有建设用地使用权变更材料,包括:

(1)权利人姓名或者名称、身份证明类型或者身份证明号码发生变化的,提交能够证实其身份变更的材料;

(2)土地面积、界址范围变更的,除应提交变更后的不动产权籍调查表、宗地图、宗地界址点坐标等不动产权籍调查成果外,还应提交:①以出让方式取得的,提交出让补充合同;②因自然灾害导致部分土地灭失的,提交证实土地灭失的材料;

(3)土地用途变更的,提交自然资源主管部门出具的批准文件和土地出让合同补充协议。依法需要补交土地出让价款的,还应当提交缴清土地出让价款的凭证;

(4)国有建设用地使用权的权利期限发生变化的,提交自然资源主管部门出具的批准文件、出让合同补充协议。依法需要补交土地出让价款的,还应当提交缴清土地出让价款的凭证;

(5)同一权利人分割或者合并国有建设用地的,提交自然资源主管部门同意分割或合并的批准文件以及变更后的不动产权籍调查表、宗地图以及宗地界址点坐标等不动产权籍调查成果;

(6)共有人共有性质变更的,提交共有性质变更合同书或生效法律文书。夫妻共有财产共有性质变更的,还应提交婚姻关系证明;

5　依法应当纳税的,应提交完税凭证;

6　法律、行政法规以及《实施细则》规定的其他材料。

8.2.4　审查要点

不动产登记机构在审核过程中应注意以下要点:

1　申请变更登记的国有建设用地使用权是否已经登记;

2　申请人是否为不动产登记簿记载的权利人;

3　国有建设用地使用权变更的材料是否齐全、有效;

4　申请变更事项与变更材料记载的变更事实是否一致。土地面积、界址范围变更的,不动产权籍调查表、宗地图、宗地界址点坐标等是否齐全、规范,申请材料与不动产权籍调查成果是否一致;

5　申请登记事项与不动产登记簿的记载是否冲突;

6　依法应当缴纳土地价款、纳税的,是否已缴清土地价款、已完税;

7　本规范第4章要求的其他审查事项。

不存在本规范第4.8.2条不予登记情形的,将登记事项记载于不动产登记簿。

8.3　转移登记

8.3.1　适用

已经登记的国有建设用地使用权,因下列情形导致权属发生转移的,当事人可以申请转移登记:

1　转让、互换或赠与的;

2　继承或受遗赠的;

3　作价出资(入股)的;

4　法人或非法人组织合并、分立导致权属发生转移的;

5　共有人增加或者减少导致共有份额变化的;

6　分割、合并导致权属发生转移的;

7　因人民法院、仲裁委员会的生效法律文书等导致权属发生变化的;

8　法律、行政法规规定的其他情形。

8.3.2　申请主体

国有建设用地使用权转移登记应当由双方共同申请,转让方应当为不动产登记簿记载的权利人。属本规范第8.3.1条第2、7项情形的,可以由单方申请。

8.3.3　申请材料

国有建设用地使用权转移登记,提交的材料包括:

1　不动产登记申请书;

2　申请人身份证明;

3　不动产权属证书;

4　国有建设用地使用权转移的材料,包括:

(1)买卖的,提交买卖合同;互换的,提交互换合同;赠与的,提交赠与合同;

(2)因继承、受遗赠取得的,按照本规范1.8.6条的规定提交材料;

(3)作价出资(入股)的,提交作价出资(入股)协议;

(4)法人或非法人组织合并、分立导致权属发生转移的,提交法人或非法人组织合并、分立的材料以及不动产权属转移的材料;

(5)共有人增加或者减少的,提交共有人增加或者减少的协议;共有份额变化的,提交份额转移协议;

(6)分割、合并导致权属发生转移的,提交分割或合并协议书,或者记载有关分割或合并内容的生效法律文书。实体分割或合并的,还应提交自然资源主管部门同意实体分割或合并的批准文件以及分割或合并后的不动产权籍调查表、宗地图、宗地界址点坐标等不动产权籍调查成果;

(7)因人民法院、仲裁委员会的生效法律文书等导致权属发生变化的,提交人民法院、仲裁委员会的生效法律文书等材料。

5　申请划拨取得国有建设用地使用权转移登记的,应当提交有批准权的人民政府的批准文件;

6　依法需要补交土地出让价款、缴纳税费的,应当提交缴清土地出让价款凭证、税费缴纳凭证;

7　法律、行政法规以及《实施细则》规定的其他材料。

8.3.4　审查要点

不动产登记机构在审核过程中应注意以下要点:

1　国有建设用地使用权转移的登记原因文件是否齐全;

2　申请转移的国有建设用地使用权与登记原因文件记载的是否一致;

3　国有建设用地使用权被查封的,不予办理转移登记;

4　有异议登记的,受让方是否已签署知悉存在异议登记并自担风险的书面承诺;

5　申请登记事项与不动产登记簿的记载是否冲突;

6　申请登记事项是否与土地出让合同相关条款冲突;

7　依法应当缴纳土地价款、纳税的,是否已缴清土地价款、已完税;

8　本规范第4章要求的其他审查事项。

不存在本规范第4.8.2条不予登记情形的,将登记事项记载于不动产登记簿,并向权利人核发不动产权属证书。

8.4　注销登记

8.4.1　适用

已经登记的国有建设用地使用权,有下列情形之一的,当事人可以申请办理注销登记:

1　土地灭失的;

2　权利人放弃国有建设用地使用权的;

3　依法没收、收回国有建设用地使用权的;

4　因人民法院、仲裁委员会的生效法律文书致使国有建设用地使用权消灭的;

5　法律、行政法规规定的其他情形。

8.4.2　申请主体

国有建设用地使用权注销登记的申请主体应当是不动产登记簿记载的权利人。

8.4.3　申请材料

申请国有建设用地使用权注销登记,提交的材料包括:

1　不动产登记申请书;

2　申请人身份证明;

3　不动产权属证书;

4　国有建设用地使用权消灭的材料,包括:

(1)国有建设用地灭失的,提交其灭失的材料;

(2)权利人放弃国有建设用地使用权的,提交权利人放弃国有建设用地使用权的书面文件。被放弃的国有建设用地上设有抵押权、地役权或已经办理预告登记、查封登记的,需提交抵押权人、地役权人、预告登记权利人或查封机关同意注销的书面文件;

(3)依法没收、收回国有建设用地使用权的,提交人民政府的生效决定书;

(4)因人民法院或者仲裁委员会生效法律文书导致权利消灭的,提交人民法院或者仲裁委员会生效法律文书。

5　法律、行政法规以及《实施细则》规定的其他材料。

8.4.4　审查要点

不动产登记机构在审核过程中应注意以下要点:

1　申请注销的国有建设用地使用权是否已经登记;

2　国有建设用地使用权注销的材料是否齐全、有效;

3　国有建设用地已设立抵押权、地役权或者已经办理预告登记、查封登记的,使用权人放弃权利申请注销登记的,是否已经提供抵押权人、地役权人、预告登记权利人、查封机关书面同意;

4　土地灭失的,是否已按规定进行实地查看;

5　申请登记事项与不动产登记簿的记载是否冲突;

6　本规范第4章要求的其他审查事项。

不存在本规范第4.8.2条不予登记情形的,将登记事项以及不动产权证书或者不动产登记证明收回、作废等内容记载于不动产登记簿。

9　国有建设用地使用权及房屋所有权登记

9.1　首次登记

9.1.1　适用

依法利用国有建设用地建造房屋的,可以申请国有建设用地使用权及房屋所有权首次登记。

9.1.2　申请主体

国有建设用地使用权及房屋所有权首次登记的申请主体应当为不动产登记簿或土地权属来源材料记载的国有建设用地使用权人。

9.1.3　申请材料

申请国有建设用地使用权及房屋所有权首次登记,提交的材料包括:

1　不动产登记申请书;

2 申请人身份证明；

3 不动产权属证书或者土地权属来源材料；

4 建设工程符合规划的材料；

5 房屋已经竣工的材料；

6 房地产调查或者测绘报告；

7 建筑物区分所有的，确认建筑区划内属于业主共有的道路、绿地、其他公共场所、公用设施和物业服务用房等材料；

8 相关税费缴纳凭证；

9 法律、行政法规以及《实施细则》规定的其他材料。

9.1.4 审查要点

不动产登记机构在审核过程中应注意以下要点：

1 国有建设用地使用权是否已登记。已登记的，建设工程符合规划、房屋竣工验收等材料记载的主体是否与不动产登记簿记载的权利主体一致；未登记的，建设工程符合规划、房屋竣工验收等材料记载的主体是否与土地权属来源材料记载的主体一致；

2 不动产权籍调查成果资料是否齐全、规范，权籍调查表记载的权利人、权利类型及其性质等是否准确，宗地图和房屋平面图、界址坐标、面积等是否符合要求；

3 建筑物区分所有的，申请材料是否已明确建筑区划内属于业主共有的道路、绿地、其他公共场所、公用设施和物业服务用房等的权利归属；

4 存在查封或者预查封登记的：

(1)国有建设用地使用权被查封或者预查封的，申请人与查封被执行人一致的，不影响办理国有建设用使用权及房屋所有权首次登记；

(2)商品房被预查封的，不影响办理国有建设用使用权及房屋所有权首次登记以及预购商品房预告登记转国有建设用使用权及房屋所有权转移登记。

5 是否已按规定进行实地查看；

6 本规范第4章要求的其他审查事项。

不存在本规范第4.8.2条不予登记情形的，记载不动产登记簿后向权利人核发不动产权属证书。

9.2 变更登记

9.2.1 适用

已经登记的国有建设用地使用权及房屋所有权，因下列情形发生变更的，当事人可以申请变更登记：

1 权利人姓名或者名称、身份证明类型或者身份证明号码发生变化的；

2 不动产坐落、界址、用途、面积等状况发生变化的；

3 国有建设用地使用权的权利期限发生变化的；

4 同一权利人名下的不动产分割或者合并的；

5 法律、行政法规规定的其他情形。

9.2.2 申请主体

国有建设用地使用权及房屋所有权变更登记的申请主体应当为不动产登记簿记载的权利人。因共有人的姓名、名称发生变化的，可以由发生变更的权利人申请；面积、用途等自然状况发生变化的，可以由共有人一人或多人申请。

9.2.3 申请材料

申请房屋所有权变更登记，提交的材料包括：

1 不动产登记申请书；

2 申请人身份证明；

3 不动产权属证书；

4 国有建设用地使用权及房屋所有权变更的材料，包括：

(1)权利人姓名或者名称、身份证明类型或者身份证明号码发生变化的，提交能够证实其身份变更的材料；

(2)房屋面积、界址范围发生变化的，除应提交变更后的不动产权籍调查表、宗地图、宗地界址点坐标等不动产权籍调查成果外，还需提交：①属部分土地收回引起房屋面积、界址变更的，提交人民政府收回决定书；②改建、扩建引起房屋面积、界址变更的，提交规划验收文件和房屋竣工验收文件；③因自然灾害导致部分房屋灭失的，提交部分房屋灭失的材料；④其他面积、界址变更情形的，提交有权机关出具的批准文件。依法需要补交土地出让价款的，还应当提交土地出让合同补充协议和土地价款缴纳凭证；

(3)用途发生变化的，提交城市规划部门出具的批准文件、与自然资源主管部门签订的土地出让合同补充协议。依法需要补交土地出让价款的，还应当提交土地价款以及相关税费缴纳凭证；

(4)国有建设用地使用权的权利期限发生变化的，提交自然资源主管部门出具的批准文件和出让合同补充协议。依法需要补交土地出让价款的，还应当提交土地价款缴纳凭证；

(5)同一权利人分割或者合并不动产的，应当按有关规定提交相关部门同意分割或合并的批准文件；

(6)共有性质变更的，提交共有性质变更协议书或生效法律文书。

5 法律、行政法规以及《实施细则》规定的其他材料。

9.2.4　审查要点

不动产登记机构在审核过程中应注意以下要点：

1　国有建设用地使用权及房屋所有权的变更材料是否齐全、有效；

2　申请变更事项与变更材料记载的变更内容是否一致；

3　不动产权籍调查成果资料是否齐全、规范，权籍调查表记载的权利人、权利类型及其性质等是否准确，宗地图和房屋平面图、界址坐标、面积等是否符合要求；

4　存在预告登记的，不影响不动产登记簿记载的权利人申请补发换发不动产权属证书以及其他不涉及权属的变更登记；

5　申请登记事项与不动产登记簿的记载是否冲突；

6　依法应当补交土地价款的，是否已提交补交土地价款凭证；

7　本规范第4章要求的其他审查事项。

不存在本规范第4.8.2条不予登记情形的，将登记事项记载于不动产登记簿。

9.3　转移登记

9.3.1　适用

已经登记的国有建设用地使用权及房屋所有权，因下列情形导致权属发生转移的，当事人可以申请转移登记。国有建设用地使用权转移的，其范围内的房屋所有权一并转移；房屋所有权转移，其范围内的国有建设用地使用权一并转移。

1　买卖、互换、赠与的；

2　继承或受遗赠的；

3　作价出资(入股)的；

4　法人或非法人组织合并、分立等导致权属发生转移的；

5　共有人增加或者减少以及共有份额变化的；

6　分割、合并导致权属发生转移的；

7　因人民法院、仲裁委员会的生效法律文书等导致国有建设用地使用权及房屋所有权发生转移的；

8　法律、行政法规规定的其他情形。

9.3.2　申请主体

国有建设用地使用权及房屋所有权转移登记应当由当事人双方共同申请。属本规范第9.3.1条第2、7项情形的，可以由单方申请。

9.3.3　申请材料

国有建设用地使用权及房屋所有权转移登记，提交的材料包括：

1　不动产登记申请书；

2　申请人身份证明；

3　不动产权属证书；

4　国有建设用地使用权及房屋所有权转移的材料，包括：

(1)买卖的，提交买卖合同；互换的，提交互换协议；赠与的，提交赠与合同；

(2)因继承、受遗赠取得的，按照本规范1.8.6的规定提交材料；

(3)作价出资(入股)的，提交作价出资(入股)协议；

(4)法人或非法人组织合并、分立导致权属发生转移的，提交法人或非法人组织合并、分立的材料以及不动产权属转移的材料；

(5)共有人增加或者减少的，提交共有人增加或者减少的协议；共有份额变化的，提交份额转移协议；

(6)不动产分割、合并导致权属发生转移的，提交分割或合并协议书，或者记载有关分割或合并内容的生效法律文书。实体分割或合并的，还应提交有权部门同意实体分割或合并的批准文件以及分割或合并后的不动产权籍调查表、宗地图、宗地界址点坐标等不动产权籍调查成果；

(7)因人民法院、仲裁委员会的生效法律文书等导致权属发生变化的，提交人民法院、仲裁委员会的生效法律文书等材料；

5　已经办理预告登记的，提交不动产登记证明；

6　划拨国有建设用地使用权及房屋所有权转移的，还应当提交有批准权的人民政府的批准文件；

7　依法需要补交土地出让价款、缴纳税费的，应当提交土地出让价款缴纳凭证、税费缴纳凭证；

8　法律、行政法规以及《实施细则》规定的其他材料。

9.3.4　审查要点

不动产登记机构在审核过程中应注意以下要点：

1　国有建设用地使用权与房屋所有权转移的登记原因文件是否齐全、有效；

2　申请转移的国有建设用地使用权与房屋所有权与登记原因文件记载是否一致；

3　国有建设用地使用权与房屋所有权被查封的，不予办理转移登记；

4　涉及买卖房屋等不动产，已经办理预告登记的，受让人与预告登记权利人是否一致。

5　设有抵押权的，是否记载“是否存在禁止或者限制抵押不动产转让的约定"；

6 有异议登记的，受让方是否已签署知悉存在异议登记并自担风险的书面承诺；

7 依法应当缴纳土地价款、纳税的，是否已提交土地价款和税费缴纳凭证；

8 申请登记事项与不动产登记簿的记载是否冲突；

9 本规范第4章要求的其他审查事项。

不存在本规范第4.8.2条不予登记情形的，将登记事项记载于不动产登记簿，并向权利人核发不动产权属证书。

9.4 注销登记

9.4.1 适用

已经登记的国有建设用地使用权及房屋所有权，有下列情形之一的，当事人可以申请办理注销登记：

1 不动产灭失的；

2 权利人放弃权利的；

3 因依法被没收、征收、收回导致不动产权利消灭的；

4 因人民法院、仲裁委员会的生效法律文书致使国有建设用地使用权及房屋所有权消灭的；

5 法律、行政法规规定的其他情形。

9.4.2 申请主体

申请国有建设用地使用权及房屋所有权注销登记的主体应当是不动产登记簿记载的权利人或者其他依法享有不动产权利的权利人。

9.4.3 申请材料

申请国有建设用地使用权及房屋所有权注销登记，提交的材料包括：

1 不动产登记申请书；

2 申请人身份证明；

3 不动产权属证书；

4 国有建设用地使用权及房屋所有权消灭的材料，包括：

（1）不动产灭失的，提交其灭失的材料；

（2）权利人放弃国有建设用地使用权及房屋所有权的，提交权利人放弃权利的书面文件。设有抵押权、地役权或已经办理预告登记、查封登记的，需提交抵押权人、地役权人、预告登记权利人、查封机关同意注销的书面材料；

（3）依法没收、征收、收回不动产的，提交人民政府生效决定书；

（4）因人民法院或者仲裁委员会生效法律文书导致国有建设用地使用权及房屋所有权消灭的，提交人民法院或者仲裁委员会生效法律文书。

5 法律、行政法规以及《实施细则》规定的其他材料。

9.4.4 审查要点

不动产登记机构在审核过程中应注意以下要点：

1 国有建设用地使用权及房屋所有权的注销材料是否齐全、有效；

2 不动产灭失的，是否已按规定进行实地查看；

3 国有建设用地及房屋已设立抵押权、地役权或者已经办理预告登记、查封登记的，权利人放弃权利申请注销登记的，是否已经提供抵押权人、地役权人、预告登记权利人、查封机关书面同意；

4 申请登记事项与不动产登记簿的记载是否冲突；

5 本规范第4章要求的其他审查事项。

不存在本规范第4.8.2条不予登记情形的，将登记事项以及不动产权属证明或者不动产登记证明收回、作废等内容记载于不动产登记簿。

10 宅基地使用权及房屋所有权登记

10.1 首次登记

10.1.1 适用

依法取得宅基地使用权，可以单独申请宅基地使用权登记。

依法利用宅基地建造住房及其附属设施的，可以申请宅基地使用权及房屋所有权登记。

10.1.2 申请主体

申请宅基地使用权登记的主体为用地批准文件记载的宅基地使用权人。

申请宅基地使用权及房屋所有权登记的主体为用地批准文件记载的宅基地使用权人。

10.1.3 申请材料

申请宅基地使用权首次登记，提交的材料包括：

1 不动产登记申请书；

2 申请人身份证明；

3 有批准权的人民政府批准用地的文件等权属来源材料；

4 不动产权籍调查表、宗地图、宗地界址点坐标等有关不动产界址、面积等材料；

5 法律、行政法规以及《实施细则》规定的其他材料。

申请宅基地使用权及房屋所有权首次登记，提交的材料包括：

1　不动产登记申请书；

2　申请人身份证明；

3　不动产权属证书或者土地权属来源材料；

4　房屋符合规划或建设的相关材料；

5　不动产权籍调查表、宗地图、房屋平面图以及宗地界址点坐标等有关不动产界址、面积等材料；

6　法律、行政法规以及《实施细则》规定的其他材料。

10.1.4　审查要点

不动产登记机构在审核过程中应注意以下要点：

申请宅基地使用权首次登记的：

1　是否有合法权属来源材料；

2　不动产登记申请书、权属来源材料等记载的主体是否一致；

3　不动产权籍调查成果资料是否齐全、规范，权籍调查表记载的权利人、权利类型及其性质等是否准确，宗地图、界址坐标、面积等是否符合要求；

4　是否已在不动产登记机构门户网站以及宅基地所在地进行公告；

5　本规范第4章要求的其他审查事项。

申请宅基地使用权及房屋所有权首次登记的：

1　宅基地使用权是否已登记。已登记的，审核不动产登记簿记载的权利主体与房屋符合规划或者建设的相关材料等记载的权利主体是否一致；未登记的，房屋符合规划或者建设的相关材料等记载的主体是否与土地权属来源材料记载的主体一致；

2　房屋等建筑物、构筑物是否符合规划或建设的相关要求；

3　不动产权籍调查成果资料是否齐全、规范，权籍调查表记载的权利人、权利类型及其性质等是否准确，宗地图和房屋平面图、界址坐标、面积等是否符合要求；

4　是否已按规定进行实地查看；

5　是否已按规定进行公告；

6　本规范第4章要求的其他审查事项。

不存在本规范第4.8.2条不予登记情形的，记载不动产登记簿后向权利人核发不动产权属证书。

10.2　变更登记

10.2.1　适用

已经登记的宅基地使用权及房屋所有权，有下列情形之一的，当事人可以申请变更登记：

1　权利人姓名或者名称、身份证明类型或者身份证明号码发生变化的；

2　不动产坐落、界址、用途、面积等状况发生变化的；

3　法律、行政法规规定的其他情形。

10.2.2　申请主体

宅基地使用权及房屋所有权变更登记的申请主体应当为不动产登记簿记载的权利人。

10.2.3　申请材料

申请宅基地使用权及房屋所有权变更登记，提交的材料包括：

1　不动产登记申请书；

2　申请人身份证明；

3　不动产权属证书；

4　宅基地使用权及房屋所有权变更的材料，包括：

(1)权利人姓名或者名称、身份证明类型或者身份证明号码发生变化的，提交能够证实其身份变更的材料；

(2)宅基地或房屋面积、界址范围变更的，提交有批准权的人民政府或其主管部门的批准文件以及变更后的不动产权籍调查表、宗地图、宗地界址点坐标等有关不动产界址、面积等材料。

5　法律、行政法规以及《实施细则》规定的其他材料。

10.2.4　审查要点

不动产登记机构在审核过程中应注意以下要点：

1　宅基地使用权及房屋所有权的变更材料是否齐全；

2　申请变更事项与变更登记文件记载的变更事实是否一致；

3　申请登记事项与不动产登记簿的记载是否冲突；

4　本规范第4章要求的其他审查事项。

不存在本规范第4.8.2条不予登记情形的，将登记事项记载于不动产登记簿。

10.3　转移登记

10.3.1　适用

已经登记的宅基地使用权及房屋所有权，有下列情形之一的，当事人可以申请转移登记：

1　依法继承；

2　分家析产；

3　集体经济组织内部互换房屋；

4　因人民法院、仲裁委员会的生效法律文书等导致权属发生变化的；

5　法律、行政法规规定的其他情形。

10.3.2　申请主体

宅基地使用权及房屋所有权转移登记应当由双方共

同申请。因继承房屋以及人民法院、仲裁委员会生效法律文书等取得宅基地使用权及房屋所有权的，可由权利人单方申请。

10.3.3　申请材料

申请宅基地使用权及房屋所有权转移登记，提交的材料包括：

1　不动产登记申请书；

2　申请人身份证明；

3　不动产权属证书；

4　宅基地使用权及房屋所有权转移的材料，包括：

(1)依法继承的，按照本规范1.8.6的规定提交材料；

(2)分家析产的协议或者材料；

(3)集体经济组织内部互换房屋的，提交互换协议书。同时，还应提交互换双方为本集体经济组织成员的材料；

(4)因人民法院或者仲裁委员会生效法律文书导致权属发生转移的，提交人民法院或者仲裁委员会生效法律文书；

5　法律、行政法规以及《实施细则》规定的其他材料。

10.3.4　审查要点

不动产登记机构在审核过程中应注意以下要点：

1　受让方为本集体经济组织的成员且符合宅基地申请条件，但因继承房屋以及人民法院、仲裁委员会的生效法律文书等导致宅基地使用权及房屋所有权发生转移的除外；

2　宅基地使用权及房屋所有权转移材料是否齐全、有效；

3　申请转移的宅基地使用权及房屋所有权与登记原因文件记载是否一致；

4　有异议登记的，受让方是否已签署知悉存在异议登记并自担风险的书面承诺；

5　申请登记事项与不动产登记簿的记载是否冲突；

6　本规范第4章要求的其他审查事项。

不存在本规范第4.8.2条不予登记情形的，将登记事项记载于不动产登记簿，并向权利人核发不动产权属证书。

10.3.5　已拥有一处宅基地的本集体经济组织成员、非集体经济组织成员的农村或城镇居民，因继承取得宅基地使用权及房屋所有权的，在不动产权属证书附记栏记载该权利人为本农民集体原成员住宅的合法继承人。

10.4　注销登记

10.4.1　适用

已经登记的宅基地使用权及房屋所有权，有下列情形之一的，当事人可以申请办理注销登记：

1　不动产灭失的；

2　权利人放弃宅基地使用权及房屋所有权的；

3　依法没收、征收、收回宅基地使用权及房屋所有权的；

4　因人民法院、仲裁委员会的生效法律文书导致宅基地使用权及房屋所有权消灭的；

5　法律、行政法规规定的其他情形。

10.4.2　申请主体

宅基地使用权及房屋所有权注销登记的申请主体应当为不动产登记簿记载的权利人。

10.4.3　申请材料

申请宅基地使用权及房屋所有权注销登记，提交的材料包括：

1　不动产登记申请书；

2　申请人身份证明；

3　不动产权属证书；

4　宅基地使用权及房屋所有权消灭的材料，包括：

(1)宅基地、房屋灭失的，提交其灭失的材料；

(2)权利人放弃宅基地使用权及房屋所有权的，提交权利人放弃权利的书面文件。被放弃的宅基地、房屋设有地役权的，需提交地役权人同意注销的书面材料；

(3)依法没收、征收、收回宅基地使用权或者房屋所有权的，提交人民政府做出的生效决定书；

(4)因人民法院或者仲裁委员会生效法律文书导致权利消灭的，提交人民法院或者仲裁委员会生效法律文书。

5　法律、行政法规以及《实施细则》规定的其他材料。

10.4.4　审查要点

不动产登记机构在审核过程中应注意以下要点：

1　宅基地使用权及房屋所有权的注销材料是否齐全、有效；

2　宅基地、房屋灭失的，是否已按规定进行实地查看；

3　放弃的宅基地使用权及房屋所有权是否设有地役权；设有地役权的，应经地役权人同意；

4　本规范第4章要求的其他审查事项。

不存在本规范第4.8.2条不予登记情形的，将登记

事项以及不动产权属证明或者不动产登记证明收回、作废等内容记载于不动产登记簿。

11　集体建设用地使用权及建筑物、构筑物所有权登记

11.1　首次登记

11.1.1　适用

依法取得集体建设用地使用权,可以单独申请集体建设用地使用权登记。

依法使用集体建设用地兴办企业,建设公共设施,从事公益事业等的,应当申请集体建设用地使用权及建筑物、构筑物所有权登记。

11.1.2　申请主体

申请集体建设用地使用权登记的主体为用地批准文件记载的集体建设用地使用权人。

申请集体建设用地使用权及建筑物、构筑物所有权登记的主体为用地批准文件记载的集体建设用地使用权人。

11.1.3　申请材料

申请集体建设用地使用权首次登记,提交的材料包括:

1　不动产登记申请书;

2　申请人身份证明;

3　有批准权的人民政府批准用地的文件等权属来源材料;

4　不动产权籍调查表、宗地图以及宗地界址点坐标等有关不动产界址、面积等材料;

5　法律、行政法规以及《实施细则》规定的其他材料。

申请集体建设用地使用权及建筑物、构筑物所有权首次登记,提交的材料包括:

1　不动产登记申请书;

2　申请人身份证明;

3　不动产权属证书;

4　建设工程符合规划的材料;

5　不动产权籍调查表、宗地图、房屋平面图以及宗地界址点坐标等有关不动产界址、面积等材料;

6　建设工程已竣工的材料;

7　法律、行政法规以及《实施细则》规定的其他材料。

11.1.4　审查要点

不动产登记机构在审核过程中应注意以下要点:

申请集体建设用地使用权首次登记的:

1　是否已依法取得集体建设用地使用权;

2　不动产登记申请书、权属来源材料等记载的主体是否一致;

3　不动产权籍调查成果资料是否齐全、规范,权籍调查表记载的权利人、权利类型及其性质等是否准确,宗地图、界址坐标、面积等是否符合要求;

4　是否已按规定进行公告;

5　本规范第4章要求的其他审查事项。

申请集体建设用地使用权及建筑物、构筑物所有权首次登记的:

1　集体建设用地使用权是否已登记。已登记的,不动产登记簿记载的权利主体与建设工程符合规划的材料、建设工程竣工材料等记载的权利主体是否一致;未登记的,建设工程符合规划的材料、建设工程竣工材料等记载的主体是否与土地权属来源材料记载的主体一致;

2　房屋等建筑物、构筑物是否提交了符合规划、已竣工的材料;

3　不动产权籍调查成果资料是否齐全、规范,权籍调查表记载的权利人、权利类型及其性质等是否准确,宗地图和房屋平面图、界址坐标、面积等是否符合要求;

4　集体建设用地使用权被查封,申请人与被执行人一致的,不影响集体建设用地使用权及建筑物、构筑物所有权首次登记;

5　是否已按规定进行实地查看;

6　是否已按规定进行公告;

7　本规范第4章要求的其他审查事项。

不存在本规范第4.8.2条不予登记情形的,记载不动产登记簿后向申请人核发不动产权属证书。

11.2　变更登记

11.2.1　适用

已经登记的集体建设用地使用权及建筑物、构筑物所有权,有下列情形之一的,当事人可以申请变更登记:

1　权利人姓名或者名称、身份证明类型或者身份证明号码发生变化的;

2　不动产坐落、界址、用途、面积等状况发生变化的;

3　同一权利人名下的集体建设用地或者建筑物、构筑物分割或者合并的;

4　法律、行政法规规定的其他情形。

11.2.2　申请主体

集体建设用地使用权及建筑物、构筑物所有权变更登记的申请主体应当为不动产登记簿记载的权利人。因共有人的姓名、名称发生变化的，可以由姓名、名称发生变化的权利人申请；因土地或建筑物、构筑物自然状况变化的，可以由共有人一人或多人申请；夫妻共有财产变更的，应当由夫妻双方凭婚姻关系证明共同申请。

11.2.3　申请材料

申请集体建设用地使用权及建筑物、构筑物所有权变更登记，提交的材料包括：

1　不动产登记申请书；

2　申请人身份证明；

3　不动产权属证书；

4　集体建设用地使用权及建筑物、构筑物所有权变更的材料，包括：

（1）权利人姓名或者名称、身份证明类型或者身份证明号码发生变化的，提交能够证实其身份变更的材料；

（2）土地或建筑物、构筑物面积、界址范围变更的，提交有批准权的人民政府或其主管部门的批准文件以及变更后的不动产权籍调查表、宗地图、房屋平面图以及宗地界址点坐标等有关不动产界址、面积等材料；

（3）土地或建筑物、构筑物用途变更的，提交有批准权的人民政府或者主管部门的批准文件；

（4）同一权利人分割或者合并建筑物、构筑物的，提交有批准权限部门同意分割或者合并的批准文件以及分割或者合并后的不动产权籍调查表、宗地图、房屋平面图以及宗地界址点坐标等有关不动产界址、面积等材料；

5　法律、行政法规以及《实施细则》规定的其他材料。

11.2.4　审查要点

不动产登记机构在审核过程中应注意以下要点：

1　集体建设用地使用权及建筑物、构筑物所有权的变更材料是否齐全、有效；

2　申请变更事项与变更材料记载的变更事实是否一致；

3　申请登记事项与不动产登记簿的记载是否冲突；

4　本规范第4章要求的其他审查事项。

不存在本规范第4.8.2条不予登记情形的，将登记事项记载于不动产登记簿。

11.3　转移登记

11.3.1　适用

已经登记的集体建设用地使用权及建筑物、构筑物所有权，因下列情形之一导致权属发生转移的，当事人可以申请转移登记：

1　作价出资（入股）的；

2　因企业合并、分立、破产、兼并等情形，导致建筑物、构筑物所有权发生转移的；

3　因人民法院、仲裁委员会的生效法律文书等导致权属转移的；

4　法律、行政法规规定的其他情形。

11.3.2　申请主体

集体建设用地使用权及建筑物、构筑物所有权转移登记应当由双方共同申请。因人民法院、仲裁委员会的生效法律文书等导致权属转移的，可由单方申请。

11.3.3　申请材料

集体建设用地使用权及建筑物、构筑物所有权转移登记，提交的材料包括：

1　不动产登记申请书；

2　申请人身份证明；

3　不动产权属证书；

4　集体建设用地使用权及建筑物、构筑物所有权转移的材料，包括：

（1）作价出资（入股）的，提交作价出资（入股）协议；

（2）因企业合并、分立、兼并、破产等情形导致权属发生转移的，提交企业合并、分立、兼并、破产的材料、集体建设用地使用权及建筑物、构筑物所有权权属转移材料、有权部门的批准文件。

（3）因人民法院、仲裁委员会的生效法律文书导致权属转移的，提交人民法院、仲裁委员会的生效法律文书。

5　依法需要缴纳税费的，应当提交税费缴纳凭证；

6　本集体经济组织三分之二以上成员或者三分之二以上村民代表同意的材料；

7　法律、行政法规以及《实施细则》规定的其他材料。

11.3.4　审查要点

不动产登记机构在审核过程中应注意以下要点：

1　集体建设用地使用权及建筑物、构筑物所有权转移的登记原因文件是否齐全、有效；

2　申请转移的集体建设用地使用权及建筑物、构筑物所有权与登记原因文件记载是否一致；

3　集体建设用地使用权及建筑物、构筑物所有权被查封的，不予办理转移登记；

4　有异议登记的，受让方是否已签署知悉存在异议登记并自担风险的书面承诺；

5　申请登记事项与不动产登记簿的记载是否冲突；

6　本规范第4章要求的其他审查事项。

不存在本规范第4.8.2条不予登记情形的，将登记

事项记载于不动产登记簿,并向权利人核发不动产权属证书。

11.4　注销登记

11.4.1　适用

已经登记的集体建设用地使用权及建筑物、构筑物所有权,有下列情形之一的,当事人可以申请办理注销登记:

1　不动产灭失的;

2　权利人放弃集体建设用地使用权及建筑物、构筑物所有权的;

3　依法没收、征收、收回集体建设用地使用权及建筑物、构筑物所有权的;

4　因人民法院、仲裁委员会的生效法律文书等致使集体建设用地使用权及建筑物、构筑物所有权消灭的;

5　法律、行政法规规定的其他情形。

11.4.2　申请主体

集体建设用地使用权及建筑物、构筑物所有权注销登记的申请主体应当是不动产登记簿记载的权利人。

11.4.3　申请材料

申请集体建设用地使用权及建筑物、构筑物所有权注销登记,提交的材料包括:

1　不动产登记申请书;

2　申请人身份证明;

3　不动产权属证书;

4　集体建设用地使用权及建筑物、构筑物所有权消灭的材料,包括:

(1)土地或建筑物、构筑物灭失的,提交灭失的材料;

(2)权利人放弃集体建设用地使用权及建筑物、构筑物所有权的,提交权利人放弃权利的书面文件。设有抵押权、地役权或被查封的,需提交抵押权人、地役权人或查封机关同意注销的书面材料;

(3)依法没收、征收、收回集体建设用地使用权及建筑物、构筑物所有权的,提交人民政府的生效决定书;

(4)因人民法院或者仲裁委员会生效法律文书等导致集体建设用地使用权及建筑物、构筑物所有权消灭的,提交人民法院或者仲裁委员会生效法律文书等材料。

5　法律、行政法规以及《实施细则》规定的其他材料。

11.4.4　审查要点

不动产登记机构在审核过程中应注意以下要点:

1　集体建设用地使用权及建筑物、构筑物所有权的注销材料是否齐全、有效;

2　土地或建筑物、构筑物灭失的,是否已按规定进行实地查看;

3　集体建设用地及建筑物、构筑物已设立抵押权、地役权或者已经办理查封登记的,权利人放弃权利申请注销登记的,是否已经提供抵押权人、地役权人、查封机关书面同意的材料;

4　申请登记事项与不动产登记簿的记载是否冲突;

5　本规范第4章要求的其他审查事项。

不存在本规范第4.8.2条不予登记情形的,将登记事项以及不动产权属证明或者不动产登记证明收回、作废等内容记载于不动产登记簿。

12　海域使用权及建筑物、构筑物所有权登记

12.1　首次登记

12.1.1　适用

依法取得海域使用权,可以单独申请海域使用权登记。

依法使用海域,在海域上建造建筑物、构筑物的,应当申请海域使用权及建筑物、构筑物所有权登记。

12.1.2　申请主体

海域使用权及建筑物、构筑物所有权首次登记的申请主体应当为海域权属来源材料记载的海域使用权人。

12.1.3　申请材料

申请海域使用权首次登记,提交的材料包括:

1　不动产登记申请书;

2　申请人身份证明;

3　项目用海批准文件或者海域使用权出让合同;

4　宗海图(宗海位置图、界址图)以及界址点坐标;

5　海域使用金缴纳或者减免凭证;

6　法律、行政法规以及《实施细则》规定的其他材料。

申请海域使用权及建筑物、构筑物所有权首次登记,提交的材料包括:

1　不动产登记申请书;

2　申请人身份证明;

3　不动产权属证书或不动产权属来源材料;

4　宗海图(宗海位置图、界址图)以及界址点坐标;

5　建筑物、构筑物符合规划的材料;

6　建筑物、构筑物已经竣工的材料;

7　海域使用金缴纳或者减免凭证;

8　法律、行政法规以及《实施细则》规定的其他材料。

12.1.4　审查要点

不动产登记机构在审核过程中应注意以下要点：

申请海域使用权首次登记的：

1　是否已依法取得海域使用权；

2　不动产登记申请书、权属来源材料等记载的主体是否一致；

3　申请材料中已有相应的调查成果，则审核调查成果资料是否齐全、规范，申请登记的项目名称、用海面积、类型、方式、期限等与批准文件或出让合同是否一致，宗海图（宗海位置图、界址图）以及界址坐标、面积等是否符合要求；

4　海域使用金是否按规定缴纳；

5　本规范第4章要求的其他审查事项。

申请海域使用权及建筑物、构筑物所有权登记的：

1　海域使用权是否已登记。已登记的，不动产登记簿记载的权利主体与建筑物、构筑物符合规划材料和建筑物、构筑物竣工材料等记载的权利主体是否一致；未登记的，建筑物、构筑物符合规划和建筑物、构筑物竣工材料等记载的主体是否与不动产权属来源材料记载的主体一致；

2　不动产权籍调查成果资料是否齐全、规范，权利人、权利类型及其性质等是否准确，宗海图（宗海位置图、界址图）及界址坐标、面积等是否符合要求；

3　是否已按规定进行实地查看；

4　本规范第4章要求的其他审查事项。

不存在本规范第4.8.2条不予登记情形的，记载不动产登记簿后向申请人核发不动产权属证书。

12.2　变更登记

12.2.1　适用

已经登记的海域使用权以及建筑物、构筑物所有权，因下列情形之一发生变更的，当事人可以申请变更登记：

1　权利人姓名或者名称、身份证明类型或者身份证明号码发生变化的；

2　海域坐落、名称发生变化的；

3　改变海域使用位置、面积或者期限的；

4　海域使用权续期的；

5　共有性质变更的；

6　法律、行政法规规定的其他情形。

12.2.2　申请主体

海域使用权以及建筑物、构筑物所有权变更登记的申请主体应当为不动产登记簿记载的权利人。因共有人的姓名、名称发生变化的，可以由发生变化的权利人申请；海域使用面积、用途等自然状况发生变化的，可以由共有人一人或多人申请。

12.2.3　申请材料

申请海域使用权以及建筑物、构筑物所有权变更登记，提交的材料包括：

1　不动产登记申请书；

2　申请人身份证明；

3　不动产权属证书；

4　海域使用权以及建筑物、构筑物所有权变更的材料，包括：

（1）权利人姓名或者名称、身份证明类型或者身份证明号码发生变化的，提交能够证实其身份变更的材料；

（2）海域或建筑物、构筑物面积、界址范围发生变化的，提交有批准权的人民政府或者主管部门的批准文件、海域使用权出让合同补充协议以及变更后的宗海图（宗海位置图、界址图）以及界址点坐标等成果。依法需要补交海域使用金的，还应当提交相关的缴纳凭证；

（3）海域或建筑物、构筑物用途发生变化的，提交有批准权的人民政府或其主管部门的批准文件、海域使用权出让合同补充协议。依法需要补交海域使用金的，还应当提交相关的缴纳凭证；

（4）海域使用期限发生变化或续期的，提交有批准权的人民政府或其主管部门的批准文件或者海域使用权出让合同补充协议。依法需要补交海域使用金的，还应当提交相关的缴纳凭证；

（5）共有性质变更的，应提交共有性质变更协议书或生效法律文书.

5　法律、行政法规以及《实施细则》规定的其他材料。

12.2.4　审查要点

不动产登记机构在审核过程中应注意以下要点：

1　申请变更登记的海域使用权以及建筑物、构筑物所有权是否已经登记；

2　海域使用权以及建筑物、构筑物所有权的变更材料是否齐全、有效；

3　申请变更事项与变更登记文件记载的变更事实是否一致；

4　依法应当缴纳海域使用金的，是否已按规定缴纳相应价款；

5　申请登记事项与不动产登记簿的记载是否冲突；

6　本规范第4章要求的其他审查事项。

不存在本规范第4.8.2条不予登记情形的，将登记

事项记载于不动产登记簿。

12.3　转移登记

12.3.1　适用

已经登记的海域使用权以及建筑物、构筑物所有权,因下列情形之一导致权属发生转移的,当事人可以申请转移登记:

1　企业合并、分立或者与他人合资、合作经营、作价入股的;

2　依法转让、赠与的;

3　继承、受遗赠取得的;

4　人民法院、仲裁委员会生效法律文书导致权属转移的;

5　法律、行政法规规定的其他情形。

12.3.2　申请主体

海域使用权以及建筑物、构筑物所有权转移登记应当由双方共同申请。属本规范第12.3.1条第3、4项情形的,可由单方申请。

12.3.3　申请材料

海域使用权以及建筑物、构筑物所有权转移登记,提交的材料包括:

1　不动产登记申请书;

2　申请人身份证明;

3　不动产权属证书;

4　海域使用权以及建筑物、构筑物所有权转移的材料,包括:

(1)法人或非法人组织合并、分立或者与他人合资、合作经营,导致权属发生转移的,提交法人或非法人组织合并、分立的材料以及不动产权属转移的材料;

(2)作价出资(入股)的,提交作价出资(入股)协议;

(3)买卖的,提交买卖合同;赠与的,提交赠与合同;

(4)因继承、受遗赠取得的,按照本规范1.8.6的规定提交材料;

(5)因人民法院、仲裁委员会的生效法律文书等导致权属发生变化的,提交人民法院、仲裁委员会的生效法律文书等材料。

(6)转让批准取得的海域使用权,提交原批准用海的海洋行政主管部门批准转让的文件。

5　依法需要补交海域使用金、缴纳税费的,应当提交缴纳海域使用金缴款凭证、税费缴纳凭证;

6　法律、行政法规以及《实施细则》规定的其他材料。

12.3.4　审查要点

不动产登记机构在审核过程中应注意以下要点:

1　海域使用权以及建筑物、构筑物所有权转移的登记原因文件是否齐全、有效;

2　申请转移的海域使用权以及建筑物、构筑物所有权与登记原因文件记载是否一致;

3　海域使用权以及建筑物、构筑物所有权被查封的,不予办理转移登记;

4　有异议登记的,受让方是否已签署知悉存在异议登记并自担风险的书面承诺;

5　申请登记事项与不动产登记簿的记载是否冲突;

6　依法应当缴纳海域使用金、纳税的,是否已缴纳海域使用金和有关税费;

7　本规范第4章要求的其他审查事项。

不存在本规范第4.8.2条不予登记情形的,将登记事项记载于不动产登记簿,并向权利人核发不动产权属证书。

12.4　注销登记

12.4.1　适用

已经登记的海域使用权以及建筑物、构筑物所有权,有下列情形之一的,当事人可以申请办理注销登记:

1　不动产灭失的;

2　权利人放弃海域使用权以及建筑物、构筑物所有权的;

3　因人民法院、仲裁委员会的生效法律文书等导致海域使用权以及建筑物、构筑物所有权消灭的;

4　法律、行政法规规定的其他情形。

12.4.2　申请主体

海域使用权以及建筑物、构筑物所有权注销登记的申请主体应当为不动产登记簿记载的权利人。

12.4.3　申请材料

申请海域使用权以及建筑物、构筑物所有权注销登记,提交的材料包括:

1　不动产登记申请书;

2　申请人身份证明;

3　不动产权属证书;

4　海域使用权以及建筑物、构筑物所有权消灭的材料,包括:

(1)不动产灭失的,提交证实灭失的材料;

(2)权利人放弃海域使用权以及建筑物、构筑物所有权的,提交权利人放弃权利的书面文件。设立抵押权、地役权或者已经办理预告登记、查封登记的,需提交抵押权人、地役权人、预告登记权利人、查封机关同意注销的书面材料;

(3)因人民法院或者仲裁委员会生效法律文书等导致海域使用权以及建筑物、构筑物所有权消灭的，提交人民法院或者仲裁委员会生效法律文书等材料；

5 法律、行政法规以及《实施细则》规定的其他材料。

12.4.4 审查要点

不动产登记机构在审核过程中应注意以下要点：

1 申请注销的海域使用权以及建筑物、构筑物所有权是否已经登记；

2 海域使用权以及建筑物、构筑物所有权的注销材料是否齐全、有效；

3 不动产灭失的，是否已实地查看；

4 海域使用权以及建筑物、构筑物所有权已设立抵押权、地役权或者已经办理预告登记、查封登记的，权利人放弃权利申请注销登记的，是否提供抵押权人、地役权人、预告登记权利人、查封机关书面同意；

5 申请登记事项与不动产登记簿的记载是否冲突；

6 本规范第4章要求的其他审查事项。

不存在本规范第4.8.2条不予登记情形的，将登记事项以及不动产权证书或者不动产登记证明收回、作废等内容记载于不动产登记簿。

申请无居民海岛登记的，参照海域使用权及建筑物、构筑物所有权登记的有关规定办理。

13 地役权登记

13.1 首次登记

13.1.1 适用

按照约定设定地役权利用他人不动产，有下列情形之一的，当事人可以申请地役权首次登记。地役权设立后，办理首次登记前发生变更、转移的，当事人应当就已经变更或转移的地役权，申请首次登记。

1 因用水、排水、通行利用他人不动产的；

2 因铺设电线、电缆、水管、输油管线、暖气和燃气管线等利用他人不动产的；

3 因架设铁塔、基站、广告牌等利用他人不动产的；

4 因采光、通风、保持视野等限制他人不动产利用的；

5 其他为提高自己不动产效益，按照约定利用他人不动产的情形。

13.1.2 申请主体

地役权首次登记应当由地役权合同中载明的需役地权利人和供役地权利人共同申请。

13.1.3 申请材料

申请地役权首次登记，提交的材料包括：

1 不动产登记申请书；

2 申请人身份证明；

3 需役地和供役地的不动产权属证书；

4 地役权合同；

5 地役权设立后，办理首次登记前发生变更、转移的，还应提交相关材料；

6 法律、行政法规以及《实施细则》规定的其他材料。

13.1.4 审查要点

不动产登记机构在审核过程中应注意以下要点：

1 供役地、需役地是否已经登记；

2 不动产登记申请书、不动产权属证书、地役权合同等材料记载的主体是否一致；

3 是否为利用他人不动产而设定地役权；

4 当事人约定的利用方法是否属于其他物权的内容；

5 地役权内容是否违反法律、行政法规的强制性规定；

6 供役地被抵押的，是否已经抵押权人书面同意；

7 本规范第4章要求的其他审查事项。

不存在本规范第4.8.2条不予登记情形的，记载不动产登记簿后向权利人核发不动产登记证明。地役权首次登记，不动产登记机构应当将登记事项分别记载于需役地和供役地不动产登记簿。

13.2 变更登记

13.2.1 适用

已经登记的地役权，因下列变更情形之一的，当事人应当申请变更登记：

1 需役地或者供役地权利人姓名或者名称、身份证明类型或者身份证明号码发生变化的；

2 共有性质变更的；

3 需役地或者供役地自然状况发生变化；

4 地役权内容变更的；

5 法律、行政法规规定的其他情形。

13.2.2 申请主体

地役权变更登记的申请主体应当为需役地权利人和供役地权利人。因共有人的姓名、名称发生变化的，可以由姓名、名称发生变化的权利人申请；因不动产自然状况变化申请变更登记的，可以由共有人一人或多人申请。

13.2.3 申请材料

申请地役权变更登记，提交的材料包括：

1 不动产登记申请书；

2　申请人身份证明;

3　不动产登记证明;

4　地役权变更的材料,包括:

(1)权利人姓名或者名称、身份证明类型或者身份证明号码发生变化的,提交能够证实其身份变更的材料;

(2)需役地或者供役地的面积发生变化的,提交有批准权的人民政府或其主管部门的批准文件以及变更后的权籍调查表、宗地图和宗地界址坐标等不动产权籍调查成果;

(3)共有性质变更的,提交共有性质变更协议;

(4)地役权内容发生变化的,提交地役权内容变更的协议。

5　法律、行政法规以及《实施细则》规定的其他材料。

13.2.4　审查要点

不动产登记机构在审核过程中应注意以下要点:

1　申请变更登记的地役权是否已经登记;

2　地役权的变更材料是否齐全、有效;

3　申请变更事项与变更登记文件记载的变更事实是否一致;

4　本规范第4章要求的其他审查事项。

不存在本规范第4.8.2条不予登记情形的,将登记事项记载于不动产登记簿。地役权变更登记,不动产登记机构应当将登记事项分别记载于需役地和供役地的不动产登记簿。

13.3　转移登记

13.3.1　适用

已经登记的地役权不得单独转让、抵押。因土地承包经营权、建设用地使用权等转让发生转移的,当事人应当一并申请地役权转移登记。申请需役地转移登记,需役地权利人拒绝一并申请地役权转移登记的,还应当提供相关的书面材料。

13.3.2　申请主体

地役权转移登记应当由双方共同申请。

13.3.3　申请材料

地役权转移登记与不动产转移登记合并办理,提交的材料包括:

1　不动产登记申请书;

2　申请人身份证明;

3　不动产登记证明;

4　地役权转移合同;

5　法律、行政法规以及《实施细则》规定的其他材料。

13.3.4　审查要点

不动产登记机构在审核过程中应注意以下要点:

1　申请转移登记的地役权是否已经登记;

2　地役权转移的登记原因文件是否齐全、有效;

3　地役权是否为单独转让;

4　按本规范第4章的要求的其他审查事项。

不存在本规范第4.8.2条不予登记情形的,将登记事项记载于不动产登记簿,并向权利人核发不动产登记证明。单独申请地役权转移登记的,不予办理。地役权转移登记,不动产登记机构应当将登记事项分别记载于需役地和供役地不动产登记簿。

13.4　注销登记

13.4.1　适用

已经登记的地役权,有下列情形之一的,当事人可以申请地役权注销登记:

1　地役权期限届满的;

2　供役地、需役地归于同一人的;

3　供役地或者需役地灭失的;

4　人民法院、仲裁委员会的生效法律文书等导致地役权消灭的;

5　依法解除地役权合同的;

6　其他导致地役权消灭的事由。

13.4.2　申请主体

当事人依法解除地役权合同的,应当由供役地、需役地双方共同申请,其他情形可由当事人单方申请。

13.4.3　申请材料

申请地役权注销登记,提交的材料包括:

1　不动产登记申请书;

2　申请人身份证明;

3　不动产登记证明;

4　地役权消灭的材料,包括:

(1)地役权期限届满的,提交地役权期限届满的材料;

(2)供役地、需役地归于同一人的,提交供役地、需役地归于同一人的材料;

(3)供役地或者需役地灭失的,提交供役地或者需役地灭失的材料;

(4)人民法院、仲裁委员会效法律文书等导致地役权消灭的,提交人民法院、仲裁委员会的生效法律文书等材料;

(5)依法解除地役权合同的,提交当事人解除地役权合同的协议。

5　法律、行政法规以及《实施细则》规定的其他材料。

13.4.4　审查要点

不动产登记机构在审核过程中应注意以下要点：

1　注销的地役权是否已经登记；

2　地役权消灭的材料是否齐全、有效；

3　供役地或者需役地灭失的，是否已按规定进行实地查看；

4　本规范第4章要求的其他审查事项。

不存在本规范第4.8.2条不予登记情形的，将登记事项以及不动产登记证明收回、作废等内容记载于不动产登记簿。地役权注销登记，不动产登记机构应当将登记事项分别记载于需役地和供役地不动产登记簿。

14　抵押权登记

14.1　首次登记

14.1.1　适用

在借贷、买卖等民事活动中，自然人、法人或非法人组织为保障其债权实现，依法设立不动产抵押权的，可以由抵押人和抵押权人共同申请办理不动产抵押登记。以建设用地使用权、海域使用权抵押的，该土地、海域上的建筑物、构筑物一并抵押；以建筑物、构筑物抵押的，该建筑物、构筑物占用范围内的建设用地使用权、海域使用权一并抵押。

1　为担保债务的履行，债务人或者第三人不转移不动产的占有，将该不动产抵押给债权人的，当事人可以申请一般抵押权首次登记；

2　为担保债务的履行，债务人或者第三人对一定期间内将要连续发生的债权提供担保不动产的，当事人可以申请最高额抵押权首次登记；

3　以正在建造的建筑物设定抵押的，当事人可以申请建设用地使用权及在建建筑物抵押权首次登记。

14.1.2　抵押财产范围

以下列财产进行抵押的，可以申请办理不动产抵押登记：

1　建设用地使用权；

2　建筑物和其他土地附着物；

3　海域使用权；

4　土地经营权；

5　正在建造的建筑物；

6　法律、行政法规未禁止抵押的其他不动产。

14.1.3　不得办理抵押登记的财产范围

对于法律禁止抵押的下列财产，不动产登记机构不得办理不动产抵押登记：

1　土地所有权、海域所有权；

2　宅基地、自留地、自留山等集体所有的土地使用权，但是法律规定可以抵押的除外；

3　学校、幼儿园、医疗机构、养老机构等为公益目的成立的非营利法人的教育设施、医疗卫生设施、养老设施和其他社会公益设施；

4　所有权、使用权不明或者有争议的不动产；

5　依法被查封的不动产；

6　法律、行政法规规定不得抵押的其他不动产。

14.1.4　申请主体

抵押权首次登记应当由抵押人和抵押权人共同申请。

14.1.5　申请材料

申请抵押权首次登记，提交的材料包括：

1　不动产登记申请书；

2　申请人身份证明；

3　不动产权属证书。

4　主债权合同。最高额抵押的，应当提交一定期间内将要连续发生债权的合同或者其他登记原因文件等必要材料；

5　抵押合同。主债权合同中包含抵押条款的，可以不提交单独的抵押合同书。最高额抵押的，应当提交最高额抵押合同。

6　下列情形还应当提交以下材料：

（1）同意将最高额抵押权设立前已经存在的债权转入最高额抵押担保的债权范围的，应当提交已存在债权的合同以及当事人同意将该债权纳入最高额抵押权担保范围的书面材料；

（2）在建建筑物抵押的，应当提交建设工程规划许可证；

7　法律、行政法规以及《实施细则》规定的其他材料。

14.1.6　审查要点

不动产登记机构在审核过程中应注意以下要点：

1　抵押财产是否已经办理不动产登记；

2　抵押财产是否属于法律、行政法规禁止抵押的不动产；

3　抵押合同上记载的抵押人、抵押权人、被担保主债权的数额或种类、担保范围、债务履行期限、抵押不动产是否明确；最高额抵押权登记的，最高债权额限度、债权确定的期间是否明确；

4　申请人与不动产权证书或不动产登记证明、主债权合同、抵押合同、最高额抵押合同等记载的主体是否一致；

5　在建建筑物抵押的，抵押财产不包括已经办理预告登记的预购商品房和已办理预售合同登记备案的商品房；

6　在建建筑物抵押，应当实地查看的，是否已实地查看；

7　有查封登记的，不予办理抵押登记，但在商品房抵押预告登记后办理的预查封登记，不影响商品房抵押预告登记转抵押权首次登记；

8　办理抵押预告登记转抵押权首次登记，抵押权人与抵押预告登记权利人是否一致；

9　同一不动产上设有多个抵押权的，应当按照受理时间的先后顺序依次办理登记；

10　登记申请是否违反法律、行政法规的规定；

11　本规范第4章要求的其他审查事项。

不存在本规范第4.8.2条不予登记情形的，记载不动产登记簿后向抵押权人核发不动产登记证明。

14.2　变更登记

14.2.1　适用

已经登记的抵押权，因下列情形发生变更的，当事人可以申请抵押权变更登记：

1　权利人姓名或者名称、身份证明类型或者身份证明号码发生变化的；

2　担保范围发生变化的；

3　抵押权顺位发生变更的；

4　被担保的主债权种类或者数额发生变化的；

5　债务履行期限发生变化的；

6　最高债权额发生变化的；

7　最高额抵押权债权确定的期间发生变化的；

8　法律、行政法规规定的其他情形。

14.2.2　申请主体

申请抵押权变更登记，应当由抵押人和抵押权人共同申请。因抵押人或抵押权人姓名、名称发生变化的，可由发生变化的当事人单方申请；不动产坐落、名称发生变化的，可由抵押人单方申请。

14.2.3　申请材料

申请抵押权变更登记，提交的材料包括：

1　不动产登记申请书；

2　申请人身份证明；

3　不动产权证书和不动产登记证明；

4　抵押权变更的材料，包括：

(1)抵押权人或者抵押人姓名、名称变更的，提交能够证实其身份变更的材料；

(2)担保范围、抵押权顺位、被担保债权种类或者数额、债务履行期限、最高债权额、债权确定期间等发生变更的，提交抵押人与抵押权人约定相关变更内容的协议；

5　因抵押权顺位、被担保债权数额、最高债权额、担保范围、债务履行期限发生变更等，对其他抵押权人产生不利影响的，还应当提交其他抵押权人的书面同意文件和身份证明文件；

6　法律、行政法规以及《实施细则》规定的其他材料。

14.2.4　审查要点

不动产登记机构在审核过程中应注意以下要点：

1　申请变更登记的抵押权是否已经登记；

2　抵押权变更的材料是否齐全、有效；

3　申请变更的事项与变更登记文件记载的变更事实是否一致；

4　抵押权变更影响其他抵押权人利益的，是否已经其他抵押权人书面同意；

5　本规范第4章要求的其他审查事项。

不存在本规范第4.8.2条不予登记情形的，将登记事项记载于不动产登记簿。

14.3　转移登记

14.3.1　适用

因主债权转让导致抵押权转让的，当事人可以申请抵押权转移登记。

最高额抵押权担保的债权确定前，债权人转让部分债权的，除当事人另有约定外，不得办理最高额抵押权转移登记。债权人转让部分债权，当事人约定最高额抵押权随同部分债权的转让而转移的，应当分别申请下列登记：

1　当事人约定原抵押权人与受让人共同享有最高额抵押权的，应当申请最高额抵押权转移登记和最高额抵押权变更登记；

2　当事人约定受让人享有一般抵押权、原抵押权人就扣减已转移的债权数额后继续享有最高额抵押权的，应当一并申请一般抵押权转移登记和最高额抵押权变更登记；

3　当事人约定原抵押权人不再享有最高额抵押权的，应当一并申请最高额抵押权确定登记和一般抵押权转移登记。

14.3.2　申请主体

抵押权转移登记应当由不动产登记簿记载的抵押权人和债权受让人共同申请。

14.3.3　申请材料

申请抵押权转移登记，提交的材料包括：

1　不动产登记申请书；

2　申请人身份证明；

3　不动产权证书和不动产登记证明；

4　抵押权转移的材料，包括：

(1)申请一般抵押权转移登记的，还应当提交被担保主债权的转让协议；

(2)申请最高额抵押权转移登记的，还应当提交部分债权转移的材料、当事人约定最高额抵押权随同部分债权的转让而转移的材料；

(3)债权人已经通知债务人的材料。

5　法律、行政法规以及《实施细则》规定的其他材料。

14.3.4　审查要点

不动产登记机构在审核过程中应注意以下要点：

1　申请转移登记的抵押权是否已经登记；

2　申请转移登记的材料是否齐全、有效；

3　申请转移的抵押权与抵押权转移登记申请材料的记载是否一致；

4　本规范第4章要求的其他审查事项。

不存在本规范第4.8.2条不予登记情形的，将登记事项记载于不动产登记簿，并向权利人核发不动产登记证明。

14.4　注销登记

14.4.1　适用

已经登记的抵押权，发生下列情形之一的，当事人可以申请抵押权注销登记：

1　主债权消灭的；

2　抵押权已经实现的；

3　抵押权人放弃抵押权的；

4　因人民法院、仲裁委员会的生效法律文书致使抵押权消灭的；

5　法律、行政法规规定抵押权消灭的其他情形。

14.4.2　申请主体

不动产登记簿记载的抵押权人与抵押人可以共同申请抵押权的注销登记。

债权消灭或抵押权人放弃抵押权的，抵押权人可以单方申请抵押权的注销登记。

人民法院、仲裁委员会生效法律文书确认抵押权消灭的，抵押人等当事人可以单方申请抵押权的注销登记。

14.4.3　申请材料

申请抵押权注销登记，提交的材料包括：

1　不动产登记申请书；

2　申请人身份证明；

3　抵押权消灭的材料；

4　抵押权人与抵押人共同申请注销登记的，提交不动产权证书和不动产登记证明；抵押权人单方申请注销登记的，提交不动产登记证明；抵押人等当事人单方申请注销登记的，提交证实抵押权已消灭的人民法院、仲裁委员会作出的生效法律文书；

5　法律、行政法规以及《实施细则》规定的其他材料。

14.4.4　审查要点

不动产登记机构在审核过程中应注意以下要点：

1　申请注销的抵押权是否已经登记；

2　申请抵押权注销登记的材料是否齐全、有效；

3　申请注销的抵押权与抵押权注销登记申请材料的记载是否一致；

4　本规范第4章要求的其他审查事项。

不存在本规范第4.8.2条不予登记情形的，将登记事项以及不动产登记证明收回、作废等内容记载于不动产登记簿。

15　预告登记

15.1　预告登记的设立

15.1.1　适用

有下列情形之一的，当事人可以按照约定申请不动产预告登记：

1　商品房等不动产预售的；

2　不动产买卖、抵押的；

3　以预购商品房设定抵押权的；

4　法律、行政法规规定的其他情形。

15.1.2　申请主体

预告登记的申请主体应当为买卖房屋或者其他不动产物权的协议的双方当事人。预购商品房的预售人和预购人订立商品房买卖合同后，预售人未按照约定与预购人申请预告登记时，预购人可以单方申请预告登记。

15.1.3　申请材料

申请预告登记，申请人提交的材料包括：

1　不动产登记申请书；

2　申请人身份证明；

3　当事人关于预告登记的约定；

4　属于下列情形的，还应当提交下列材料：

(1)预购商品房的，提交已备案的商品房预售合同。依法应当备案的商品房预售合同，经县级以上人民政府房产管理部门或土地管理部门备案，作为登记的申请材料。

(2)以预购商品房等不动产设定抵押权的，提交不动产登记证明以及不动产抵押合同、主债权合同；

(3)不动产转移的，提交不动产权属证书、不动产转让合同；

(4)不动产抵押的，提交不动产权属证书、不动产抵押合同和主债权合同。

5　预售人与预购人在商品房预售合同中对预告登记附有条件和期限的，预购人应当提交相应材料。

6　法律、行政法规以及《实施细则》规定的其他材料。

买卖房屋或者其他不动产物权的协议中包括预告登记的约定或对预告登记附有条件和期限的约定，可以不单独提交相应材料。

15.1.4　审查要点

不动产登记机构在审核过程中应注意以下要点：

1　申请预购商品房预告登记的，其预售合同是否已经备案；申请预购商品房抵押预告登记的，是否已经办理预购商品房预告登记；申请其他预告登记的，不动产物权是否已经登记；

2　申请人与申请材料记载的主体是否一致；

3　申请登记的内容与登记原因文件或者权属来源材料是否一致；

4　不动产买卖、抵押的，预告登记内容是否与不动产登记簿记载的有关内容冲突；

5　不动产被查封的，不予办理；

6　本规范第4章要求的其他审查事项。

不存在本规范第4.8.2条不予登记情形的，记载不动产登记簿后向申请人核发不动产登记证明。

15.2　预告登记的变更

15.2.1　适用

因当事人的姓名、名称、身份证明类型或者身份证明号码等发生变更的，当事人可申请预告登记的变更。

15.2.2　申请主体

预告登记变更可以由不动产登记簿记载的当事人单方申请。

15.2.3　申请材料

申请预告登记的变更，申请人提交的材料包括：

1　不动产登记申请书；

2　申请人身份证明；

3　预告登记内容发生变更的材料；

4　法律、行政法规以及《实施细则》规定的其他材料。

15.2.4　审查要点

不动产登记机构在审核过程中应注意以下要点：

1　申请变更登记的材料是否齐全、有效；

2　申请人与申请材料记载的主体是否一致；

3　变更登记的事项与申请变更登记的材料记载的内容是否一致；

4　申请登记事项与不动产登记簿的记载是否冲突；

5　本规范第4章要求的其他审查事项。

不存在本规范第4.8.2条不予登记情形的，将登记事项记载于不动产登记簿。

15.3　预告登记的转移

15.3.1　适用

有下列情形之一的，当事人可申请预告登记的转移：

1　因继承、受遗赠导致不动产预告登记转移的；

2　因人民法院、仲裁委员会生效法律文书导致不动产预告登记转移的；

3　因主债权转移导致预购商品房抵押预告登记转移的；

4　因主债权转移导致不动产抵押预告登记转移的；

5　法律、行政法规规定的其他情形。

15.3.2　申请主体

预告登记转移的申请人由不动产登记簿记载的预告登记权利人和该预告登记转移的受让人共同申请。因继承、受遗赠、人民法院、仲裁委员会生效法律文书导致不动产预告登记转移的可以单方申请。

15.3.3　申请材料

申请预告登记的转移，申请人提交的材料包括：

1　不动产登记申请书；

2　申请人身份证明；

3　按照不同情形，提交下列材料：

(1)继承、受遗赠的，按照本规范1.8.6的规定提交材料；

(2)人民法院、仲裁委员会生效法律文书

(3)主债权转让的合同和已经通知债务人的材料；

4　法律、行政法规以及《实施细则》规定的其他材料。

15.3.4　审查要点

不动产登记机构在审核过程中应注意以下要点：

1　预告登记转移的登记原因文件是否齐全、有效；

2　申请转移的预告登记与登记申请材料的记载是否一致；

3　申请登记事项与不动产登记簿记载的事项是否冲突；

4　本规范第4章要求的其他审查事项。

不存在本规范第4.8.2条不予登记情形的，将登记事项记载于不动产登记簿，并向权利人核发不动产登记证明。

15.4　预告登记的注销

15.4.1　适用

有下列情形之一的，当事人可申请注销预告登记：

1　买卖不动产物权的协议被认定无效、被撤销、被解除等导致债权消灭的；

2　预告登记的权利人放弃预告登记的；

3　法律、行政法规规定的其他情形。

15.4.2　申请主体

申请人为不动产登记簿记载的预告登记权利人或生效法律文书记载的当事人。预告当事人协议注销预告登记的，申请人应当为买卖房屋或者其他不动产物权的协议的双方当事人。

15.4.3　申请材料

申请注销预告登记，申请人提交的材料包括：

1　不动产登记申请书；

2　申请人身份证明；

3　不动产登记证明；

4　债权消灭或者权利人放弃预告登记的材料；

5　法律、行政法规以及《实施细则》规定的其他材料。

15.4.4　审查要点

不动产登记机构在审核过程中应注意以下要点：

1　预告登记的注销材料是否齐全、有效；

2　不动产作为预告登记权利人的财产被预查封的，不予办理；

3　本规范第4章要求的其他审查事项。

不存在本规范第4.8.2条不予登记情形的，将登记事项以及不动产登记证明收回、作废等内容记载于不动产登记簿。

16　更正登记

16.1　依申请更正登记

16.1.1　适用

权利人、利害关系人认为不动产登记簿记载的事项有错误，或者人民法院、仲裁委员会生效法律文书等确定的不动产权利归属、内容与不动产登记簿记载的权利状况不一致的，当事人可以申请更正登记。

16.1.2　申请主体

依申请更正登记的申请人应当是不动产的权利人或利害关系人。利害关系人应当与申请更正的不动产登记簿记载的事项存在利害关系。

16.1.3　申请材料

申请更正登记提交的材料包括：

1　不动产登记申请书；

2　申请人身份证明；

3　证实不动产登记簿记载事项错误的材料，但不动产登记机构书面通知相关权利人申请更正登记的除外；

4　申请人为不动产权利人的，提交不动产权属证书；申请人为利害关系人的，证实与不动产登记簿记载的不动产权利存在利害关系的材料；

5　法律、行政法规以及《实施细则》规定的其他材料。

16.1.4　审查要点

不动产登记机构在审核过程中应注意以下要点：

1　申请人是否是不动产的权利人或利害关系人；利害关系人申请更正的，利害关系材料是否能够证实申请人与被更正的不动产有利害关系；

2　申请更正的登记事项是否已在不动产登记簿记载；错误登记之后是否已经办理了该不动产转移登记，或者办理了抵押权或地役权首次登记、预告登记和查封登记且未注销的；

3　权利人同意更正的，在权利人出具的书面材料中，是否已明确同意更正的意思表示，并且申请人是否提交了证明不动产登记簿确有错误的证明材料；更正事项由人民法院、仲裁委员会法律文书等确认的，法律文书等材料是否已明确不动产权利归属，是否已经发生法律效力；

4　本规范第4章要求的其他审查事项。

不存在本规范第4.8.2条不予登记情形的，将更正事项记载不动产登记簿，涉及不动产权证书或者不动产登记证明记载内容的，向权利人换发不动产权证书或者不动产登记证明。

16.2　依职权更正登记

16.2.1　适用

不动产登记机构发现不动产登记簿记载的事项有错误，不动产登记机构应书面通知当事人在30个工作日内申请办理更正登记,当事人逾期不办理的,不动产登记机构应当在公告15个工作日后,依法予以更正;但在错误登记之后已经办理了涉及不动产权利处分的登记、预告登记和查封登记的除外。

16.2.2　登记材料

不动产登记机构依职权更正登记应当具备下列材料:

1　证实不动产登记簿记载事项错误的材料;

2　通知权利人在规定期限内办理更正登记的材料和送达凭证;

3　法律、行政法规以及《实施细则》规定的其他材料。

16.2.3　审查要点

不动产登记机构启动更正登记程序后,还应该按照以下要点进行审核:

1　不动产登记机构是否已书面通知相关权利人在规定期限内申请办理更正登记,而当事人无正当理由逾期不申请办理;

2　查阅不动产登记资料,审查登记材料或者有效的法律文件是否能证实不动产登记簿记载错误;

3　在错误登记之后是否已经办理了涉及不动产权利处分的登记、预告登记和查封登记;

4　书面通知的送达对象、期限及时间是否符合规定;

5　更正登记事项是否已按规定进行公告;

6　本规范第4章要求的其他审查事项。

17　异议登记

17.1　异议登记

17.1.1　适用

利害关系人认为不动产登记簿记载的事项有错误,权利人不同意更正的,利害关系人可以申请异议登记。

17.1.2　申请主体

异议登记申请人应当是利害关系人。

17.1.3　申请材料

申请异议登记需提交下列材料:

1　不动产登记申请书;

2　申请人身份证明;

3　证实对登记的不动产权利有利害关系的材料;

4　证实不动产登记簿记载的事项错误的材料;

5　法律、行政法规以及《实施细则》规定的其他材料。

17.1.4　审查要点

不动产登记机构在审核过程中应注意以下要点:

1　利害关系材料是否能够证实申请人与被异议的不动产权利有利害关系;

2　异议登记事项的内容是否已经记载于不动产登记簿;

3　同一申请人是否就同一异议事项提出过异议登记申请;

4　不动产被查封、抵押或设有地役权的,不影响该不动产的异议登记;

5　本规范第4章要求的其他审查事项。

不存在本规范第4.8.2条不予登记情形的,不动产登记机构应即时办理。在记载不动产登记簿后,向申请人核发不动产登记证明。

17.2　注销异议登记

17.2.1　适用

1　异议登记期间,异议登记申请人可以申请注销异议登记;

2　异议登记申请人自异议登记之日起15日内,未提交人民法院受理通知书、仲裁委员会受理通知书等提起诉讼、申请仲裁的,异议登记失效。

17.2.2　申请主体

注销异议登记申请人是异议登记申请人。

17.2.3　申请材料

申请注销异议登记提交的材料包括:

1　不动产登记申请书;

2　申请人身份证明;

3　异议登记申请人申请注销登记的,提交不动产登记证明;或者异议登记申请人的起诉被人民法院裁定不予受理或者予以驳回诉讼请求的材料;

4　法律、行政法规以及《实施细则》规定的其他材料。

17.2.4　审查要点

不动产登记机构在审核过程中应注意以下要点:

1　申请注销异议登记的材料是否齐全、有效;

2　本规范第4章要求的其他审查事项。

不存在本规范第4.8.2条不予登记情形的,不动产登记机构应即时办理,将登记事项内容记载于不动产登记簿。

18　查封登记

18.1　查封登记

18.1.1　适用

不动产登记机构依据国家有权机关的嘱托文件依法办理查封登记的,适用查封登记。

18.2　嘱托查封主体

嘱托查封的主体应当为人民法院、人民检察院或公安机关等国家有权机关。

18.2.1　嘱托材料

办理查封登记需提交下列材料：

1　人民法院、人民检察院或公安机关等国家有权机关送达人的工作证和执行公务的证明文件。委托其他法院送达的，应当提交委托送达函；

2　人民法院查封的，应提交查封或者预查封的协助执行通知书；人民检察院查封的，应提交查封函；公安等国家有权机关查封的，应提交协助查封的有关文件。

18.2.2　审查要点

不动产登记机构接收嘱托文件后，应当要求送达人签名，并审查以下内容：

1　查看嘱托机关送达人的工作证和执行公务的证明文件，并与嘱托查封单位进行核实。委托送达的，委托送达函是否已加盖委托机关公章，是否注明委托事项、受委托机关等；

2　嘱托文件是否齐全、是否符合规定；

3　嘱托文件所述查封事项是否清晰，是否已注明被查封的不动产的坐落名称、权利人及有效的不动产权属证书号。被查封不动产的内容与不动产登记簿的记载是否一致；

4　本规范第4章要求的其他审查事项。

不动产登记机构不对查封机关送达的嘱托文件进行实体审查。不动产登记机构认为登记事项存在异议的，不动产登记机构应当办理查封登记，并向嘱托机关提出审查建议。不动产登记机构审查后符合登记条件的，应即时将查封登记事项记载于不动产登记簿。

18.2.3　因两个或以上嘱托事项查封同一不动产的，不动产登记机构应当为先送达查封通知书的嘱托机关办理查封登记，对后送达的嘱托机关办理轮候查封登记。轮候查封登记的顺序按照嘱托机关嘱托文书依法送达不动产登记机构的时间先后进行排列。

不动产在预查封期间登记在被执行人名下的，预查封登记自动转为查封登记，预查封转为正式查封后，查封期限从预查封之日起计算。

18.3　注销查封登记

18.3.1　适用

1　查封期间，查封机关解除查封的，不动产登记机构应当根据其嘱托文件办理注销查封登记。

2　不动产查封、预查封期限届满，查封机关未嘱托解除查封、解除预查封或续封的，查封登记失效。

18.3.2　登记材料

办理注销查封登记需提交下列材料：

1　人民法院、人民检察院或公安机关等国家有权机关送达人的工作证和执行公务的证明文件。委托其他法院送达的，应提交委托送达函；

2　人民法院解除查封的，提交解除查封或解除预查封的协助执行通知书；公安机关等人民政府有权机关解除查封的，提交协助解除查封通知书；人民检察院解除查封的，提交解除查封函。

3　法律、行政法规以及《实施细则》规定的其他材料。

18.3.3　审查要点

不动产登记机构接收嘱托文件时，应当要求送达人签名，并审查以下内容：

1　查看嘱托机关送达人的工作证和执行公务的证明文件。委托其他法院送达的，委托送达函是否已加盖委托机关公章，是否注明委托事项、受委托机关等；

2　嘱托文件是否齐全、是否符合规定；

3　嘱托文件所述解除查封事项是否清晰，包括是否注明了解封不动产的名称、权利人及有效的不动产权属证书号。解除查封不动产的内容与不动产登记簿的记载是否一致；

4　本规范第4章要求的其他审查事项。

不动产登记机构审查后符合登记条件的，应将解除查封登记事项记载于不动产登记簿。

19　登记资料管理

19.1　一般规定

19.1.1　登记资料的范围

不动产登记资料包括：

1　不动产登记簿等不动产登记结果；

2　不动产登记原始资料，包括不动产登记申请书、申请人身份证明、不动产权属来源材料、登记原因文件、不动产权籍调查表等申请材料；不动产登记机构查验、询问、实地查看或调查、公告等形成的审核材料；其他有关机关出具的复函、意见以及不动产登记过程中产生的其他依法应当保存的材料等。

不动产登记资料应当由不动产登记机构管理。不动产登记资料中属于归档范围的，应当按照法律、行政法规的规定进行归档管理。

19.1.2　登记资料管理

不动产登记资料由不动产登记机构管理。不动产登

记机构应按照以下要求确保不动产登记信息的绝对安全:

1　不动产登记簿等不动产登记结果及权籍图应当永久保存;不动产权籍图包括宗地图、宗海图(宗海位置图、界址图)和房屋平面图等;

2　不动产登记原始资料应当按照规定整理后归档保存和管理;

3　不动产登记资料应当逐步电子化,不动产登记电子登记资料应当通过统一的不动产登记信息管理基础平台进行管理、开发和利用;

4　任何单位和个人不得随意损毁登记资料、不得泄露登记信息;

5　不动产登记机构应当建立符合防火、防盗、防渍、防有害生物等安全保护要求的专门场所,存放不动产登记簿和权籍图等;

6　除法律、行政法规另有规定或者因紧急情况为避免不动产登记簿毁损、灭失外,任何单位或个人不得将不动产登记簿携出不动产登记机构。

19.2　纸质资料管理

19.2.1　保管

不动产登记机构应妥善保管登记资料,防止登记资料污损、遗失,确保登记资料齐全、完整。

19.2.2　移交

登记事项登簿后,不动产登记人员应整理登记资料,填写统一制式的移交清单,将不动产登记原始资料和具有保存价值的其他材料收集、整理,并及时、完整地移交至资料管理部门。

19.2.3　接收

资料管理部门应比对移交清单对移交材料进行检查验收,对符合要求的,资料管理部门应予接收。

19.2.4　立卷

资料立卷宜采用1件1卷的原则,即每办理1件登记所形成的材料立1个卷。资料的立卷应包括:卷内材料的排列与编号、卷内目录和备考表的编制、卷皮和资料盒或资料袋的编写工作,并应符合下列规定:

1　卷内材料应按下列顺序排列:

(1)目录;

(2)结论性审核材料;

(3)过程性审核材料;

(4)当事人提供的登记申请材料;

(5)图纸;

(6)其他;

(7)备考表。

2　卷内材料应每1页材料编写1个页号。单面书写的材料应在右上角编写页号;双面书写的材料,应在正面右上角、背面左上角编写页号。图表、照片可编在与此相应位置的空白处或其背面;卷内目录、备考表可不编页号。编写页号应使用阿拉伯数字,起始号码从“1”开始。

3　卷内目录编制应符合下列规定:

(1)顺序号应按卷内材料的排列顺序,每份材料应编1个顺序号,不得重复、遗漏;

(2)材料题名应为材料自身的标题,不得随意更改和省略。如材料没有标题,应根据材料内容拟写一个标题;

(3)页次应填写该材料所在的起始页,最后页应填起止页号;

(4)备注应填写需注明的内容。

4　备考表的编制应符合下列规定:

(1)立卷人应为负责归档材料立卷装订的人员;

(2)检查人应为负责检查归档材料立卷装订质量的人员;

(3)日期应为归档材料立卷装订完毕的日期。

5　卷皮与资料盒或资料袋项目的填写可采用计算机打印或手工填写。手工填写时应使用黑色墨水或墨汁填写,字体工整,不得涂改。

19.2.5　编号

资料编号可采用归档流水号统一制定编号规则。

19.2.6　装订

资料装订应符合下列规定:

1　材料上的金属物应全部剔除干净,操作时不得损坏材料,不得对材料进行剪裁;

2　破损的或幅面过小的材料应采用A4白衬纸托裱,1页白衬纸应托裱1张材料,不得托裱2张及以上材料;字迹扩散的应复制并与原件一起存档,原件在前,复制件在后;

3　幅面大于A4的材料,应按A4大小折叠整齐,并预留出装订边际;

4　卷内目录题名与卷内材料题名、卷皮姓名或名称与卷内材料姓名或名称应保持一致。姓名或名称不得用同音字或随意简化字代替;

5　卷内材料应向左下角对齐,装订孔中心线距材料左边际应为12.5mm;

6　应在材料左侧采用线绳装订;

7　材料折叠后过厚的,应在装订线位置加入垫片保持其平整;

8 卷内材料与卷皮装订在一起的，应整齐美观，不得压字、掉页，不得妨碍翻阅。

19.2.7 入库

纸质资料整理装订完毕，宜消毒除尘后入库。

19.2.8 上架

纸质资料入库后，宜及时上架，以备查验和利用。

19.2.9 保管

不动产登记资料保管，应符合下列规定：

1 资料库房应安装温湿度记录仪、配备空调及去湿、增湿设备，并应定期进行检修、保养；库房的温度应控制在14℃～24℃，相对湿度应控制在45%～60%；

2 资料库房应配备消防器材，并应按要求定期进行检查和更换；应安全使用电器设备，并应定期检查电器线路；库房内严禁明火装置和使用电炉及存放易燃易爆物品；库房内应安装防火及防盗自动报警装置，并应定期检查；

3 资料库房人工照明光源宜选用白炽灯，照度不宜超过100Lx；当采用荧光灯时，应对紫外线进行过滤；不宜采用自然光源，当有外窗时应采取遮阳措施，资料在任何情况下均应避免阳光直射；

4 资料密集架应与地面保持80mm以上距离，其排列应便于通风降湿；

5 应检查虫霉、鼠害。当发现虫霉、鼠害时，应及时投放药剂，灭菌杀虫；

6 应配备吸尘器，加装密封门。有条件的可设置空气过滤装置。

19.3 电子资料管理

19.3.1 一般规定

电子资料的范围应包括电子资料目录、电子登记簿和纸质资料的数字化加工处理成果。

1 电子资料应以1次登记为1件，按件建立电子资料目录；

2 电子登记簿应按宗地（宗海）为单位建立并应与电子资料目录形成关联；

3 不动产登记纸质资料宜进行数字化处理。

19.3.2 纸质资料数字化处理

数字化处理基本流程应包括案卷整理、资料扫描、图像处理、图像存储、数据挂接、数据关联、数据验收、数据备份与异地保存。

数字化扫描处理应符合下列规定：

1 扫描应根据资料幅面的大小选择相应规格的扫描设备，大幅面资料可采用大幅面扫描仪，也可采用小幅面扫描后的图像拼接方式处理；

2 对页面为黑白二色且字迹清晰、不带插图的资料，可采用黑白二值模式进行扫描；对页面为黑白二色，但字迹清晰度差或带有插图的资料，以及页面为多色文字的资料，可采用灰度模式扫描；对页面中有红头、印章或插有黑白照片、彩色照片、彩色插图的资料，可采用彩色模式进行扫描；

3 当采用黑白二值、灰度、彩色等模式对资料进行扫描时，其分辨率宜选择大于或等于100dpi；在文字偏小、密集、清晰度较差等特殊情况下，可适当提高分辨率；

4 对粘贴折页，可采用大幅面扫描仪扫描，或先分部扫描后拼接；对部分字体很小、字迹密集的情况，可适当提高扫描分辨率，选择灰度扫描或彩色扫描，采用局部深化技术解决；对字迹与表格颜色深度不同的，采用局部淡化技术解决；对页面中有黑白或彩色照片的材料，可采用JPEG、TIF等格式储存，应确保照片清晰度。

数字化图像处理应符合下列规定：

1 对出现偏斜的图像应进行纠偏处理；对方向不正确的图像应进行旋转还原；

2 对图像页面中出现的影响图像质量的杂质，应进行去污处理。处理过程中应遵循在不影响可懂度的前提下展现资料原貌的原则；

3 对大幅面资料进行分区扫描形成的多幅图像，应进行拼接处理，合并为一个完整的图像；

4 彩色模式扫描的图像应进行裁边处理，去除多余的白边。

数字化图像存储应符合下列规定：

1 采用黑白二值模式扫描的图像材料，宜采用TIF格式存储；采用灰度模式和彩色模式扫描的材料，宜采用JPEG格式存储。存储时的压缩率的选择，应以保证扫描的图像清晰可读为前提。提供网络查询的扫描图像，也可存储为CEB、PDF或其他格式；

2 图像材料的命名应确保其唯一性，并应与电子资料目录形成对应。

数字化成果汇总应当符合下列规定：

资料数字化转换过程中形成的电子资料目录与数字化图像，应通过网络及时加载到数据服务器端汇总、验收，并应实现目录数据对相关联的数字图像的自动搜索，数字图像的排列顺序与纸质资料相符。

19.3.3 电子资料数据验收

电子资料数据验收应符合下列规定：

1 对录入的目录数据和不动产登记簿数据应进行抽查，抽查率不得低于10%，错误率不得高于3%；

2　对纸质材料扫描后形成的图像材料应进行清晰度、污渍、黑边、偏斜等图像质量问题的控制;

3　对图像和目录数据挂接应进行抽查,抽查率不得低于10%,错误率不得高于3%。

19.3.4　电子资料备份和异地保存

电子资料备份和异地保存应符合下列规定:

1　电子资料目录、电子登记簿以及纸质资料的数字化加工处理成果均应进行备份;

2　可选择在线增量备份、定时完全备份以及异地容灾备份的备份方式;

3　应至少每天1次做好增量数据和材料备份;

4　应至少每周1次定时做好完全备份,并应根据自身条件,应至少每年1次离线存放。存放地点应符合防火、防盗、防高温、防尘、防光、防潮、防有害气体和防有害生物的要求,还应采用专用的防磁柜存放;

5　应建立异地容灾体系,应对可能的灾害事故。异地容灾的数据存放地点与源数据存放地点距离不得小于20km,在地震灾害频发地区,间隔距离不宜小于800km;

6　备份数据应定期进行检验。备份数据检验的主要内容宜包括备份数据正常打开、数据信息完整、材料数量准确等;

7　数据与灾备机房的设计应符合现行国家标准《电子信息系统机房设计规范》GB50174的规定。

20　登记资料查询

20.1　查询主体

下列情形可以依法查询不动产登记资料:

1　权利人可以查询、复制其全部的不动产登记资料;

2　因不动产交易、继承、诉讼等涉及的利害关系人可以查询、复制不动产自然状况、权利人及其不动产查封、抵押、预告登记、异议登记等状况;

3　人民法院、人民检察院、国家安全机关、监察机关以及其他因执行公务需要的国家机关可以依法查询、复制与调查和处理事项有关的不动产登记资料;

4　法律、行政法规规定的其他情形。

查询不动产登记资料的单位和个人应当向不动产登记机构说明查询目的,不得将查询获得的不动产登记资料用于其他目的;未经权利人同意,不得泄露查询获得的不动产登记信息。

20.2　申请材料

申请人申请查询不动产登记资料,应当填写不动产登记机构制定的不动产登记资料查询申请书,并应当向不动产登记机构提出申请。查询不动产登记资料提交的材料包括:

1　查询申请书;

2　申请人身份证明材料。委托查询的,应当提交授权委托书和代理人的身份证明材料,境外委托人的授权委托书还需经公证或者认证;

3　利害关系人查询的,提交存在利害关系的材料;

4　人民法院、人民检察院、国家安全机关、监察机关以及其他因执行公务需要的国家机关查询的,应当提供本单位出具的协助查询材料和工作人员的工作证和执行公务的证明文件;

5　法律、行政法规规定的其他材料。

不动产登记簿上记载的权利人通过设置在具体办理不动产登记的不动产登记机构的终端自动系统查询登记结果的,可以不提交上述材料。

20.3　查询条件

符合下列条件的,不动产登记机构应当予以查询或复制不动产登记资料:

1　查询主体到不动产登记机构来查询的;

2　查询的不动产属于本不动产登记机构的管辖范围;

3　查询申请材料齐全,且符合形式要求;

4　查询主体及其内容符合本规范第20.1条的规定;

5　查询目的明确且不违反法律、行政法规规定;

6　法律、行政法规规定的其他条件。

20.4　出具查询结果

查询人要求出具查询结果证明的,不动产登记机构应当审查申请人的查询目的是否明确,审查是否符合本规范第20.3条规定的查询条件。经审查符合查询条件的,按下列程序办理:

1　申请人签字确认申请材料,并承诺查询结果的使用目的和使用范围;

2　向申请人出具查询结果,并在查询结果或者登记资料复印材料上加盖登记资料查询专用章。

20.5　办理时限

符合查询条件的,不动产登记机构应当当场向申请人提供查询结果。因情况特殊,不能当场提供的,应当在5个工作日内向申请人提供查询结果。

附录A

A.1 不动产登记申请书

不动产登记申请书

收件	编号		收件人	
	日期			

单位：□平方米 □公顷(□亩)、万元

申请登记事由	□土地所有权 □国有建设用地使用权 □宅基地使用权 □集体建设用地使用权 □土地承包经营权 □林地使用权 □海域使用权 □无居民海岛使用权 □房屋所有权 □构筑物所有权 □森林、林木所有权 □森林、林木使用权 □抵押权 □地役权 □其他__________			
	□首次登记 □转移登记 □变更登记 □注销登记 □更正登记 □异议登记 □预告登记 □查封登记 □其他__________			
申请人情况	登 记 申 请 人			
	权利人姓名(名称)			
	身份证件种类		证件号	
	通讯地址		邮 编	
	法定代表人或负责人		联系电话	
	代理人姓名		联系电话	
	代理机构名称			
申请人情况	登 记 申 请 人			
	义务人姓名(名称)			
	身份证件种类		证件号	
	通讯地址		邮 编	
	法定代表人或负责人		联系电话	
	代理人姓名		联系电话	
	代理机构名称			
不动产情况	坐 落			
	不动产单元号		不动产类型	
	面 积		用 途	
	原不动产权属证书号		用海类型	
	构筑物类型		林 种	

续　表

<table>
<tr><td rowspan="2">抵押情况</td><td>被担保债权数额
(最高债权数额)</td><td></td><td>债务履行期限
(债权确定期间)</td><td></td></tr>
<tr><td>在建建筑物抵押范围</td><td></td><td></td><td></td></tr>
<tr><td rowspan="2">地役权情况</td><td>需役地坐落</td><td colspan="3"></td></tr>
<tr><td>需役地不动产单元号</td><td colspan="3"></td></tr>
<tr><td rowspan="7">登记原因及证明</td><td>登记原因</td><td colspan="3"></td></tr>
<tr><td rowspan="6">登记原因
证明文件</td><td colspan="3">1.</td></tr>
<tr><td colspan="3">2.</td></tr>
<tr><td colspan="3">3.</td></tr>
<tr><td colspan="3">4.</td></tr>
<tr><td colspan="3">5.</td></tr>
<tr><td colspan="3">6.</td></tr>
<tr><td colspan="2">申请证书版式</td><td>□单一版　□集成版</td><td>申请分别持证</td><td>□是　□否</td></tr>
<tr><td>备注</td><td colspan="4"></td></tr>
<tr><td colspan="5">本申请人对填写的上述内容及提交的申请材料的真实性负责。如有不实,申请人愿承担法律责任。

申请人(签章):　　　　　　　　申请人(签章):
代理人(签章):　　　　　　　　代理人(签章):
年　月　日　　　　　　　　年　月　日</td></tr>
</table>

不动产登记申请书使用和填写说明

一、使用说明

不动产登记申请书主要内容包括登记收件情况、申请登记事由、申请人情况、不动产情况、抵押情况、地役权情况、登记原因及其证明情况、申请的证书版式及持证情况、不动产登记情况。

不动产登记申请书为示范表格，各地可参照使用，也可以根据实际情况，从便民利民和方便管理出发，进行适当调整。

二、填写说明

【收件编号、时间】填写登记收件的编号和时间。

【收件人】填写登记收件人的姓名。

【登记申请事由】用勾选的方式，选择申请登记的权利或事项及登记的类型。

【权利人、义务人姓名(名称)】填写权利人和义务人身份证件上的姓名或名称。

【身份证件种类、证件号】填写申请人身份证件的种类及编号。境内自然人一般为《居民身份证》，无《居民身份证》的，可以为《户口簿》《军官证》《士官证》；法人或非法人组织一般为《营业执照》《组织机构代码证》《事业单位法人证书》《社会团体法人登记证书》。港澳同胞的为《居民身份证》《港澳居民来往内地通行证》或《港澳同胞回乡证》；台湾同胞的为《台湾居民来往大陆通行证》或其他有效证件。外籍人的身份证件为《护照》和中国政府主管机关签发的居留证件。

【通讯地址、邮编】填写规范的通讯地址、邮政编码。

【法定代表人或负责人】申请人为法人单位的，填写法定代表人姓名；为非法人单位的，填写负责人姓名。

【代理人姓名】填写代权利人申请登记的代理人姓名。

【代理机构名称】代理人为专业登记代理机构的，填写其所属的代理机构名称，否则不填。

【联系电话】填写登记申请人或者登记代理人的联系电话。

【坐落】填写宗地、宗海所在地的地理位置名称。涉及地上房屋的，填写有关部门依法确定的房屋坐落，一般包括街道名称、门牌号、幢号、楼层号、房号等。

【不动产单元号】填写不动产单元的编号。

【不动产类型】填写土地、海域、无居民海岛、房屋、建筑物、构筑物或者森林、林木等。

【面积】填写不动产单元的面积。涉及宗地、宗海及房屋、构筑物的，分别填写宗地、宗海及房屋、构筑物的面积。

【用途】填写不动产单元的用途。涉及宗地、宗海及房屋、构筑物的，分别填写宗地、宗海及房屋、构筑物的用途。

【原不动产权属证书号】填写原来的不动产权证书或者登记证明的编号。

【用海类型】填写《海域使用分类体系》用海类型的二级分类。

【构筑物类型】填写构筑物的类型，包括隧道、桥梁、水塔等地上构筑物类型，透水构筑物、非透水构筑物、跨海桥梁、海底隧道等海上构筑物类型。

【林种】填写森林种类，包括防护林、用材林、经济林、薪炭林、特种用途林等。

【被担保债权数额(最高债权数额)】填写被担保的主债权金额。

【债务履行期限(债权确定期间)】填写主债权合同中约定的债务人履行债务的期限。

【在建建筑物抵押范围】填写抵押合同约定的在建建筑物抵押范围。

【需役地坐落、不动产单元号】填写需役地所在的坐落及其不动产单元号。

【登记原因】填写不动产权利首次登记、转移登记、变更登记、注销登记、更正登记等的具体原因。

【登记原因证明文件】填写申请登记提交的登记原因证明文件。

【申请证书版式】用勾选的方式选择单一版或者集成版。

【申请分别持证】用勾选的方式选择是或者否。

【备注】可以填写登记申请人在申请中认为需要说明的其他事项。

A.2　**通知书、告知书**

A.2.1　不动产登记受理凭证

不动产登记受理凭证

编号:

__________:

______年____月____日,收到你(单位)________(不动产坐落及登记类型)________以下申请登记材料,经核查,现予受理。

本申请登记事项办理时限为:自受理之日起至______年____月____日止。请凭本凭证、身份证明领取办理结果。

已提交的申请材料	份　数	材料形式
		□原件　□复印件
		□原件　□复印件
		□原件　□复印件
		□原件　□复印件
		□原件　□复印件
		□原件　□复印件
		□原件　□复印件

登记机构:(印　章)

年　　月　　日

以下内容在领取登记结果时填写

登记结果:

领 取 人:

领取日期:

A.2.2　不动产登记不予受理告知书

不动产登记不予受理告知书

编号:

__________:

______年____月____日,你(单位)申请的________(不动产坐落及登记类型)________,提交材料清单如下:

1. ________________
2. ________________
3. ________________
4. ________________
5. ________________

6. ______________________________
7. ______________________________
8. ______________________________
9. ______________________________

经核查,上述申请因□申请登记材料不齐全;□申请登记材料不符合法定形式;□申请登记的不动产不属于本机构登记管辖范围;□不符合法律法规规定的其他情形,按照《不动产登记暂行条例》第十七条的规定,决定不予受理。具体情况如下:______________________________

______________________________。

若对不予受理的决定不服,可自收到本告知书之日起60日内向行政复议机关申请行政复议,或者在收到本告知书之日起6个月内向人民法院提起行政诉讼。

登记机构:(印　章)
年　　月　　日

收件人签字:__________
申请人签字:__________

A.2.3　不动产登记补充材料通知书

不动产登记补充材料通知书

编号:

__________:

______年____月____日,收到你(单位)______________(不动产坐落及登记类型)____申请,受理编号为__________。经核查,因所提交的申请材料尚不足以证明申请登记相关事项,按照《不动产登记暂行条例》第十七条的规定,请补充以下申请材料:

需补充的申请材料	份　数	材料形式
		□原件　□复印件
		□原件　□复印件
		□原件　□复印件
		□原件　□复印件
		□原件　□复印件
		□原件　□复印件
		□原件　□复印件

请按照上述要求补正材料并送达不动产登记机构,补正材料时间不计入登记办理时限。

登记机构:(印　章)
年　　月　　日

收件人签字:__________
申请人签字:__________

A.2.4　不动产登记补充材料接收凭证

不动产登记补充材料接收凭证

编号：

______：

______年____月____日，收到你(单位)受理编号为______________的补正材料，具体如下：

已补正的文件资料	份　数	材料形式
		□原件　□复印件
		□原件　□复印件
		□原件　□复印件
		□原件　□复印件
		□原件　□复印件
		□原件　□复印件
		□原件　□复印件
		□原件　□复印件
		□原件　□复印件

登记机构：(印　章)
年　　月　　日

收件人签字：____________
申请人签字：____________
注：登记办理时限自补充申请材料之日起重新计算。

A.2.5　不予登记告知书

不予登记告知书

编号：

______：

______年____月____日，收到你(单位)____________________(不动产坐落及登记类型)____________申请，受理编号为：______________。经审查，因　□违反法律、行政法规规定　□存在尚未解决的权属争议　□申请登记的不动产权利超过规定期限　□法律、行政法规规定不予登记的其他情形，根据《不动产登记暂行条例》第二十二条的规定，决定不予登记。具体情况如下：____。

若对本决定内容不服，可自收到本告知书之日起60日内向行政复议机关申请行政复议，或者在收到本告知书之日起6个月内向人民法院提起行政诉讼。

登记机构：(印　章)
年　　月　　日

收件人签字:__________

申请人签字:　　年　　月　　日

注:申请材料已留复印件存档。

A.2.6　不动产登记申请材料退回通知书

不动产登记申请材料退回通知书

编号:

__________:

由于__________,根据《不动产登记暂行条例实施细则》第十三条的规定,本登记机构将你(单位)__________(不动产坐落及登记类型)__________的申请材料退回。

退回的申请材料	份　数	材料形式
		□原件　□复印件
		□原件　□复印件
		□原件　□复印件
		□原件　□复印件
		□原件　□复印件
		□原件　□复印件
		□原件　□复印件
		□原件　□复印件
		□原件　□复印件

登记人员签字:__________

申请人签字:__________

签收日期:__________

注:申请材料已留复印件存档。

A.2.7　不动产更正登记通知书

不动产更正登记通知书

编号:

__________:

因不动产登记簿记载事项错误,请你自接到本通知之日起的30个工作日内持本人身份证明材料和不动产权属证书等申请办理更正登记。逾期未申请办理的,我机构将根据《不动产登记暂行条例实施细则》第八十一条的规定,对不动产登记簿记载的错误事项进行更正登记。

更正内容如下:__________(应当说明原错误的具体内容和更正后的内容)__________。

登记机构:(印　章)

年　　月　　日

A.3　公告文书

A.3.1　不动产首次登记公告

不动产首次登记公告

编号:

经初步审定,我机构拟对下列不动产权利予以首次登记,根据《不动产登记暂行条例实施细则》第十七条的规定,现予公告。如有异议,请自本公告之日起十五个工作日内(______年____月____日之前)将异议书面材料送达我机构。逾期无人提出异议或者异议不成立的,我机构将予以登记。

异议书面材料送达地址:______________________________

联系方式:______________________________

序号	权利人	不动产权利类型	不动产坐落	不动产单元号	不动产面积	用途	备注
1							
2							
3							

公告单位:

年　　月　　日

A.3.2　不动产更正登记公告

不动产更正登记公告

编号:

根据《不动产登记暂行条例实施细则》第八十一条的规定,拟对下列不动产登记簿的部分内容予以更正,现予公告。如有异议,请自本公告之日起十五个工作日内(______年____月____日之前)将异议书面材料送达我机构。逾期无人提出异议或者异议不成立的,我机构将予以更正登记。

异议书面材料送达地址:______________________________

联系方式:______________________________

序号	不动产坐落	更正内容	备注
1			
2			
3			

公告单位:

年　　月　　日

A.3.3　不动产权证书/登记证明作废公告

不动产权证书/登记证明作废公告

编号：

因我机构无法收回下列不动产权证书或不动产登记证明，根据《不动产登记暂行条例实施细则》第二十三条的规定，现公告作废。

序号	不动产权证书或不动产登记证明号	权利人	不动产权利类型	不动产单元号	不动产坐落	备注
1						
2						
3						

公告单位：

年　　月　　日

A.3.4　不动产权证书/登记证明遗失(灭失)声明

不动产权证书/登记证明遗失(灭失)声明

________________因保管不善，将________________号不动产权证书或不动产登记证明遗失(灭失)，根据《不动产登记暂行条例实施细则》第二十二条的规定申请补发，现声明该不动产权证书或不动产登记证明作废。

特此声明。

声明人：

年　　月　　日

A.4　**不动产实地查看记录表**

不动产实地查看记录表

<table>
<tr><td>不动产权利类型</td><td></td><td>申请人申请登记事项</td><td></td><td>业务编号</td><td></td></tr>
<tr><td>不动产坐落(名称)</td><td colspan="5"></td></tr>
<tr><td>查看内容</td><td colspan="5">□ 查看拟登记的房屋等建筑物、构筑物坐落及其建造完成等情况
□ 查看拟抵押的在建建筑物坐落及其建造等情况
□ 查看不动产灭失等情况
□ 因____，
查看____。</td></tr>
</table>

续表

查看结果及其说明	
查看人员签字	年　月　日
备注	1. 现场照片应当能清晰显示被查看不动产的坐落(如永久性的标志物),应能体现查看结果; 2. 现场查看证据材料可粘贴附页; 3. 查看人员需两人,用黑色钢笔或签字笔签字。

A.5　询问记录

询问记录

受理编号:________________　　询问人:________________

1. 申请登记事项是否为申请人的真实意思表示?

回答:(请填写是或否)

2. 申请登记的不动产是共有,还是单独所有?

回答:(请填写共有或单独所有)

3. 申请登记的不动产是按份共有,还是共同共有?

回答:(共有情况下,请填写是按份共有或共同共有)

4. 申请登记的不动产共有份额情况?

回答:(按份共有情况下,请填写具体份额。共同共有人不填写本栏)

5. 申请异议登记时,权利人是否不同意办理更正登记?

回答:(申请异议登记时填写,申请其他登记不填写本栏)

6. 申请异议登记时,是否已知悉异议不当应承担的责任?

回答:(申请异议登记时填写,申请其他登记不填写本栏)

7. 申请本次转移登记时,其他按份共有人是否同意。

回答:(受让人为其他按份共有人以外的第三人时填写)

8. 其他需要询问的有关事项：

经被询问人确认，以上询问事项均回答真实、无误。

被询问人签名(签章)：
年　　月　　日

A.6　不动产登记资料查询文书

A.6.1　不动产登记资料查询申请书

不动产登记资料查询申请书

编号：

<table>
<tr><td rowspan="5">查询申请人</td><td rowspan="2">姓名
(名称)</td><td rowspan="2"></td><td>证件类型及号码</td><td rowspan="2"></td></tr>
<tr><td>联系电话</td></tr>
<tr><td rowspan="2">代理人</td><td rowspan="2"></td><td>证件类别及号码</td><td rowspan="2"></td></tr>
<tr><td>联系电话</td></tr>
<tr><td>类别</td><td colspan="3">□不动产权利人
□人民法院、人民检察院、国家安全机关、公安机关、监察机关等国家机关
□利害关系人</td></tr>
<tr><td colspan="2">提交的申请材料</td><td colspan="3">□查询人身份证明　□工作证或执行公务的证明文件(仅适用国家机关)
□授权委托书及代理人身份证明(委托查询的需提交)
□存在利害关系的证明材料(查询人为利害关系人的需提交)
□协助查询文件(仅适用国家机关)
□其他______________________________</td></tr>
<tr><td colspan="2">查询目的或用途</td><td colspan="3"></td></tr>
<tr><td colspan="2">需查询的不动产及查询内容</td><td colspan="3">不动产坐落：
不动产权证书或不动产登记证明号：
□不动产自然状况　□不动产权利人　□不动产权利内容
□不动产查封登记　□不动产抵押登记　□不动产预告登记　□不动产异议登记
□其他______________________________</td></tr>
<tr><td colspan="2">查询结果要求</td><td colspan="3">□查阅　□抄录　□复制　□出具查询结果证明</td></tr>
<tr><td colspan="5">承诺：本表填写内容以及提交的申请材料真实、合法、有效，并严格按照有关要求查阅、利用不动产登记资料，严格按照查询目的使用查询结果。如有虚假或违反，由本人(单位)承担相关法律责任。

查询申请人：
______年____月____日</td></tr>
</table>

A. 6. 2　不动产登记资料查询受理凭证

不动产登记资料查询受理凭证

编号:

____________:

______年____月____日,收到你(单位)提交的不动产登记查询申请材料。经核查,申请登记材料齐全且符合法定形式,现予以受理。

已提交的文件资料	件　数	材料介质
		□原件　□复印件
		□原件　□复印件
		□原件　□复印件
		□原件　□复印件
		□原件　□复印件
		□原件　□复印件
		□原件　□复印件
		□原件　□复印件
		□原件　□复印件

办理时限为:自受理之日起5个工作日。请你(单位)凭本受理通知书、身份证明领取查询结果。

登记机构:(印　章)
年　　月　　日

收件人签字:____________
查询人签字:____________

A. 6. 3　不动产登记资料查询不予受理告知书

不动产登记资料查询不予受理告知书

编号:

____________:

______年____月____日,收到你(单位)提交的不动产登记查询材料,申请查询________________,查询目的为________________。提交的清单如下:

1. ____
2. ____
3. ____
4. ____
5. ____

经核查,上述□不动产不属于本机构管辖范围;□申请材料不符合规定;□申请查询的主体或查询事项不符合规定;□申请查询的目的不合法;□违反法律、行政法规有关规定,决定不予受理。具体情况如下:____________________

____

____

若对本决定内容不服,可自接到本告知书之日起60日内向行政复议机关申请行政复议,或者在收到本告知书之日起6个月内向人民法院提起行政诉讼。

登记机构:(印　章)
年　　月　　日

收件人签字:__________
查询人签字:__________

A.6.4　不动产登记资料查询结果证明

不动产登记资料查询结果证明

编号:

__________:

_____年____月____日,你(单位)提出不动产登记资料查询申请,受理编号为______________。

经查询,结果如下:____。

登记机构:(印　章)
年　　月　　日

领取人:__________
领取日期:__________

A.7　**授权委托书**

授权委托书

委托人:____________________　　法定代表人:____________________
身份证明类型:____________________　　证件号码:____________________
联系地址:____________________　　邮政编码:____________________
电话:____________________
受托人:____________________　　法定代表人:____________________
身份证明类型:____________________　　证件号码:____________________
联系地址:____________________　　邮政编码:____________________
电话:____________________
委托期限:_____年____月____日至_____年____月____日。

现委托人委托________为合法代理人,代表委托人办理坐落于______________之不动产的以下事项:

1. ____
2. ____
3. ____
4. ____

5. ______________________________

受托人在其权限范围内依法所作的一切行为,接受问询的行为及签署的一切文件,委托人均予以承认。

委托人签名(或盖章):　　　　　　受托人签名(或盖章):

年　月　日　　　　　　年　月　日

A.8 承诺书

承诺书

监护人:__________　　　法定代表人:__________

身份证明类型:__________　　　证件号码:__________

联系地址:__________　　　邮政编码:__________

电话:__________

被监护人:__________　　　法定代表人:__________

身份证明类型:__________　　　证件号码:__________

联系地址:__________　　　邮政编码:__________

电话:__________

监护人现承诺,对被监护人不动产权(不动产坐落:__________)所进行的处分(处分的类型:__________)是为被监护人的利益且自愿承担由此产生的一切法律责任。

签名(盖章):

年　月　日

A.9 继承(受遗赠)不动产登记具结书

继承(受遗赠)不动产登记具结书

申请人:__________身份证明号码__________

被继承人(遗赠人):__________身份证明号码__________

申请人__________因继承(受遗赠)被继承人(遗赠人)的不动产权,于______年____月____日向________(不动产登记机构)________申请办理不动产登记,并提供了__________等申请材料,并保证以下事项的真实性:

一、被继承人(遗赠人)__________于______年____月____日__________死亡。

二、被继承人(遗赠人)的不动产坐落于__________。

三、被继承人(遗赠人)的不动产权由__________继承(受遗赠)。

四、除第三项列举的继承人(受遗赠人)外,其他继承人放弃继承权或者无其他继承人(受遗赠人)。

以上情况如有不实,本人愿承担一切法律责任,特此具结。

具结人签名(盖章):

年　月　日

不动产登记资料查询暂行办法

· 2018年3月2日国土资源部令第80号公布
· 2019年7月24日自然资源部令第5号修正

第一章 总 则

第一条 为了规范不动产登记资料查询活动，加强不动产登记资料管理、保护和利用，维护不动产交易安全，保护不动产权利人的合法权益，根据《中华人民共和国物权法》《不动产登记暂行条例》等法律法规，制定本办法。

第二条 本办法所称不动产登记资料，包括：

（一）不动产登记簿等不动产登记结果；

（二）不动产登记原始资料，包括不动产登记申请书、申请人身份材料、不动产权属来源、登记原因、不动产权籍调查成果等材料以及不动产登记机构审核材料。

不动产登记资料由不动产登记机构负责保存和管理。

第三条 县级以上人民政府不动产登记机构负责不动产登记资料查询管理工作。

第四条 不动产权利人、利害关系人可以依照本办法的规定，查询、复制不动产登记资料。

不动产权利人、利害关系人可以委托律师或者其他代理人查询、复制不动产登记资料。

第五条 不动产登记资料查询，遵循依法、便民、高效的原则。

第六条 不动产登记机构应当加强不动产登记信息化建设，以不动产登记信息管理基础平台为基础，通过运用互联网技术、设置自助查询终端、在相关场所设置登记信息查询端口等方式，为查询人提供便利。

第二章 一般规定

第七条 查询不动产登记资料，应当在不动产所在地的市、县人民政府不动产登记机构进行，但法律法规另有规定的除外。

查询人到非不动产所在地的不动产登记机构申请查询的，该机构应当告知其到相应的机构查询。

不动产登记机构应当提供必要的查询场地，并安排专门人员负责不动产登记资料的查询、复制和出具查询结果证明等工作。

申请查询不动产登记原始资料，应当优先调取数字化成果，确有需求和必要，可以调取纸质不动产登记原始资料。

第八条 不动产权利人、利害关系人申请查询不动产登记资料，应当提交查询申请书以及不动产权利人、利害关系人的身份证明材料。

查询申请书应当包括下列内容：

（一）查询主体；

（二）查询目的；

（三）查询内容；

（四）查询结果要求；

（五）提交的申请材料清单。

第九条 不动产权利人、利害关系人委托代理人代为申请查询不动产登记资料的，被委托人应当提交双方身份证明原件和授权委托书。

授权委托书中应当注明双方姓名或者名称、公民身份号码或者统一社会信用代码、委托事项、委托时限、法律义务、委托日期等内容，双方签字或者盖章。

代理人受委托查询、复制不动产登记资料的，其查询、复制范围由授权委托书确定。

第十条 符合查询条件，查询人需要出具不动产登记资料查询结果证明或者复制不动产登记资料的，不动产登记机构应当当场提供。因特殊原因不能当场提供的，应当在5个工作日内向查询人提供。

查询结果证明应当注明出具的时间，并加盖不动产登记机构查询专用章。

第十一条 有下列情形之一的，不动产登记机构不予查询，并出具不予查询告知书：

（一）查询人提交的申请材料不符合本办法规定的；

（二）申请查询的主体或者查询事项不符合本办法规定的；

（三）申请查询的目的不符合法律法规规定的；

（四）法律、行政法规规定的其他情形。

查询人对不动产登记机构出具的不予查询告知书不服的，可以依法申请行政复议或者提起行政诉讼。

第十二条 申请查询的不动产登记资料涉及国家秘密的，不动产登记机构应当按照保守国家秘密法等有关规定执行。

第十三条 不动产登记机构应当建立查询记录簿，做好查询记录工作，记录查询人、查询目的或者用途、查询时间以及复制不动产登记资料的种类、出具的查询结果证明情况等。

第三章 权利人查询

第十四条 不动产登记簿上记载的权利人可以查询本不动产登记结果和本不动产登记原始资料。

第十五条 不动产权利人可以申请以下列索引信息

查询不动产登记资料，但法律法规另有规定的除外：

（一）权利人的姓名或者名称、公民身份号码或者统一社会信用代码等特定主体身份信息；

（二）不动产具体坐落位置信息；

（三）不动产权属证书号；

（四）不动产单元号。

第十六条 不动产登记机构可以设置自助查询终端，为不动产权利人提供不动产登记结果查询服务。

自助查询终端应当具备验证相关身份证明以及出具查询结果证明的功能。

第十七条 继承人、受遗赠人因继承和受遗赠取得不动产权利的，适用本章关于不动产权利人查询的规定。

前款规定的继承人、受遗赠人查询不动产登记资料的，除提交本办法第八条规定的材料外，还应当提交被继承人或者遗赠人死亡证明、遗嘱或者遗赠抚养协议等可以证明继承或者遗赠行为发生的材料。

第十八条 清算组、破产管理人、财产代管人、监护人等依法有权管理和处分不动产权利的主体，参照本章规定查询相关不动产权利人的不动产登记资料。

依照本条规定查询不动产登记资料的，除提交本办法第八条规定的材料，还应当提交依法有权处分该不动产的材料。

第四章 利害关系人查询

第十九条 符合下列条件的利害关系人可以申请查询有利害关系的不动产登记结果：

（一）因买卖、互换、赠与、租赁、抵押不动产构成利害关系的；

（二）因不动产存在民事纠纷且已经提起诉讼、仲裁而构成利害关系的；

（三）法律法规规定的其他情形。

第二十条 不动产的利害关系人申请查询不动产登记结果的，除提交本办法第八条规定的材料外，还应当提交下列利害关系证明材料：

（一）因买卖、互换、赠与、租赁、抵押不动产构成利害关系的，提交买卖合同、互换合同、赠与合同、租赁合同、抵押合同；

（二）因不动产存在相关民事纠纷且已经提起诉讼或者仲裁而构成利害关系的，提交受理案件通知书、仲裁受理通知书。

第二十一条 有买卖、租赁、抵押不动产意向，或者拟就不动产提起诉讼或者仲裁等，但不能提供本办法第二十条规定的利害关系证明材料的，可以提交本办法第八条规定材料，查询相关不动产登记簿记载的下列信息：

（一）不动产的自然状况；

（二）不动产是否存在共有情形；

（三）不动产是否存在抵押权登记、预告登记或者异议登记情形；

（四）不动产是否存在查封登记或者其他限制处分的情形。

第二十二条 受本办法第二十一条规定的当事人委托的律师，还可以申请查询相关不动产登记簿记载的下列信息：

（一）申请验证所提供的被查询不动产权利主体名称与登记簿的记载是否一致；

（二）不动产的共有形式；

（三）要求办理查封登记或者限制处分机关的名称。

第二十三条 律师受当事人委托申请查询不动产登记资料的，除提交本办法第八条、第九条规定的材料外，还应当提交律师证和律师事务所出具的证明材料。

律师持人民法院的调查令申请查询不动产登记资料的，除提交本办法第八条规定的材料外，还应当提交律师证、律师事务所出具的证明材料以及人民法院的调查令。

第二十四条 不动产的利害关系人可以申请以下列索引信息查询不动产登记资料：

（一）不动产具体坐落位置；

（二）不动产权属证书号；

（三）不动产单元号。

每份申请书只能申请查询一个不动产登记单元。

第二十五条 不动产利害关系人及其委托代理人，按照本办法申请查询的，应当承诺不将查询获得的不动产登记资料、登记信息用于其他目的，不泄露查询获得的不动产登记资料、登记信息，并承担由此产生的法律后果。

第五章 登记资料保护

第二十六条 查询人查询、复制不动产登记资料的，不得将不动产登记资料带离指定场所，不得拆散、调换、抽取、撕毁、污损不动产登记资料，也不得损坏查询设备。

查询人有前款行为的，不动产登记机构有权禁止该查询人继续查询不动产登记资料，并可以拒绝为其出具查询结果证明。

第二十七条 已有电子介质，且符合下列情形之一的纸质不动产登记原始资料可以销毁：

（一）抵押权登记、地役权登记已经注销且自注销之日起满五年的；

（二）查封登记、预告登记、异议登记已经注销且自注销之日起满五年的。

第二十八条 符合本办法第二十七条规定销毁条件的不动产登记资料应当在不动产登记机构指定的场所销毁。

不动产登记机构应当建立纸质不动产登记资料销毁清册，详细记录被销毁的纸质不动产登记资料的名称、数量、时间、地点，负责销毁以及监督销毁的人员应当在清册上签名。

第六章 罚 则

第二十九条 不动产登记机构及其工作人员违反本办法规定，有下列行为之一，对有关责任人员依法给予处分；涉嫌构成犯罪的，移送有关机关依法追究刑事责任：

（一）对符合查询、复制不动产登记资料条件的申请不予查询、复制，对不符合查询、复制不动产登记资料条件的申请予以查询、复制的；

（二）擅自查询、复制不动产登记资料或者出具查询结果证明的；

（三）泄露不动产登记资料、登记信息的；

（四）利用不动产登记资料进行不正当活动的；

（五）未履行对不动产登记资料的安全保护义务，导致不动产登记资料、登记信息毁损、灭失或者被他人篡改，造成严重后果的。

第三十条 查询人违反本办法规定，有下列行为之一，构成违反治安管理行为的，移送公安机关依法给予治安管理处罚；涉嫌构成犯罪的，移送有关机关依法追究刑事责任：

（一）采用提供虚假材料等欺骗手段申请查询、复制不动产登记资料的；

（二）泄露不动产登记资料、登记信息的；

（三）遗失、拆散、调换、抽取、污损、撕毁不动产登记资料的；

（四）擅自将不动产登记资料带离查询场所、损坏查询设备的；

（五）因扰乱查询、复制秩序导致不动产登记机构受损失的；

（六）滥用查询结果证明的。

第七章 附 则

第三十一条 有关国家机关查询复制不动产登记资料以及国家机关之间共享不动产登记信息的具体办法另行规定。

第三十二条 《不动产登记暂行条例》实施前已经形成的土地、房屋、森林、林木、海域等登记资料，属于不动产登记资料。不动产登记机构应当依照本办法的规定提供查询。

第三十三条 公民、法人或者其他组织依据《中华人民共和国政府信息公开条例》，以申请政府信息公开的方式申请查询不动产登记资料的，有关自然资源主管部门应当告知其按照本办法的规定申请不动产登记资料查询。

第三十四条 本办法自公布之日起施行。2002 年 12 月 4 日国土资源部公布的《土地登记资料公开查询办法》（国土资源部令第 14 号）同时废止。

土地承包经营权和土地经营权登记操作规范（试行）

· 2022 年 11 月 8 日

· 自然资发〔2022〕198 号

一、土地承包经营权登记

（一）首次登记

1. 适用

依法以家庭承包方式承包农民集体所有或者国家所有依法由农民集体使用的耕地、水域、滩涂等农村土地从事种植业、畜牧业、渔业等农业生产的，可申请土地承包经营权首次登记。

2. 申请主体

以家庭承包方式取得的土地承包经营权首次登记，应由发包方申请。

3. 申请材料

申请土地承包经营权首次登记的材料包括：

（1）不动产登记申请书；

（2）申请人身份证明；

（3）土地承包经营权合同（土地承包合同）；

（4）地籍调查表、宗地图、宗地界址点坐标等地籍调查成果。

4. 审查要点

不动产登记机构在审核过程中应注意以下要点：

（1）土地承包经营权合同（土地承包合同）等土地权属来源材料是否齐全、有效；

（2）申请人、承包方与土地权属来源材料记载的主体是否一致；

（3）地籍调查成果资料是否齐全、规范，地籍调查表记载的权利人、权利类型及其性质等是否准确，宗地图、

界址坐标、面积是否符合要求;

(4)《不动产登记操作规范(试行)》等要求的其他审查事项。

不存在《不动产登记操作规范(试行)》等规定不予登记情形的,将登记事项记载于不动产登记簿后,向承包方核发封皮标注"土地承包经营权"字样的不动产权证书。

(二)变更登记

1. 适用

已经登记的土地承包经营权,因下列情形之一发生变更的,当事人可申请土地承包经营权变更登记:

(1)承包方代表姓名或者身份证号码、家庭成员情况发生变化的;

(2)承包土地的地块名称、坐落、界址、面积等发生变化的;

(3)承包期限届满,承包方按照国家有关规定继续承包的;

(4)同一权利人分割或者合并承包土地的;

(5)法律、行政法规规定的其他情形。

2. 申请主体

土地承包经营权变更登记应由不动产登记簿上记载的权利人申请。

3. 申请材料

申请土地承包经营权变更登记的材料包括:

(1)不动产登记申请书,申请人身份证明,不动产权属证书;

(2)承包方代表姓名或者身份证号码、家庭成员情况发生变化的,提交能够证实发生变化的材料;承包方代表姓名或者身份证号码发生变化的,还应当提交变更后的土地承包经营权合同(土地承包合同);

(3)承包土地的地块名称、坐落、界址、面积等发生变化的,提交变更后的土地承包经营权合同(土地承包合同);涉及界址范围、面积变化的,还应当提交变更后的地籍调查表、宗地图、宗地界址点坐标等地籍调查成果;

(4)承包期限届满后延包的,提交延包后的土地承包经营权合同(土地承包合同);

(5)同一权利人分割或者合并承包土地的,提交变更后的土地承包经营权合同(土地承包合同),以及变更后的地籍调查表、宗地图、宗地界址点坐标等地籍调查成果。

4. 审查要点

不动产登记机构在审核过程中应注意以下要点:

(1)申请变更登记的土地承包经营权是否已经登记;

(2)申请土地承包经营权的变更材料是否齐全、有效;

(3)申请变更事项是否与变更材料记载的变更事实一致;

(4)申请登记事项与不动产登记簿的记载是否冲突;

(5)《不动产登记操作规范(试行)》等要求的其他审查事项。

不存在《不动产登记操作规范(试行)》等规定不予登记情形的,将登记事项记载于不动产登记簿后,向承包方核发封皮标注"土地承包经营权"字样的不动产权证书。对于延包中因土地承包合同期限变化直接顺延的,由发包方统一组织承包方申请变更登记,登记机构依据延包合同在登记簿上做相应变更,在原农村土地承包经营权证书上标注记载,加盖不动产登记专用章。家庭成员情况发生变化的,登记机构在不动产登记簿和不动产权属证书"承包方家庭成员情况"的"备注"栏中说明。

(三)转移登记

1. 适用

已经登记的土地承包经营权,因下列情形之一导致权利发生转移的,当事人可申请土地承包经营权转移登记:

(1)集体经济组织内部互换、转让;

(2)因人民法院、仲裁机构的生效法律文书导致权利发生转移的;

(3)因家庭关系、婚姻关系等变化导致土地承包经营权发生转移的;

(4)法律、行政法规规定的其他情形。

2. 申请主体

土地承包经营权转移登记应由双方当事人共同申请。符合《不动产登记暂行条例》《不动产登记操作规范(试行)》等规定情形的,可单方申请。

3. 申请材料

土地承包经营权转移登记的材料包括:

(1)不动产登记申请书,申请人身份证明,不动产权属证书;

(2)互换的,提交互换协议,以及变更后的土地承包经营权合同(土地承包合同);

(3)转让的,提交转让协议,以及受让方同发包方新签订的土地承包经营权合同(土地承包合同);

(4)因人民法院、仲裁机构的生效法律文书导致权利发生转移的,提交人民法院、仲裁机构的生效法律文书;

(5)因家庭关系、婚姻关系等变化导致土地承包经营权发生转移的,提交能够证实家庭关系、婚姻关系等发生变化的材料以及变更后的土地承包经营权合同(土地承包合同);涉及分割或者合并的,还应当提交变更后的地籍调查表、宗地图、宗地界址点坐标等地籍调查成果。

4. 审查要点

不动产登记机构在审核过程中应注意以下要点:

(1)申请转移登记的土地承包经营权是否已经登记;

(2)申请转移登记的材料是否齐全、有效;

(3)申请转移的土地承包经营权与登记原因文件的记载是否一致;

(4)申请登记事项与登记簿的记载是否冲突;

(5)《不动产登记操作规范(试行)》等要求的其他审查事项。

不存在《不动产登记操作规范(试行)》等规定不予登记情形的,将登记事项记载于不动产登记簿后,向承包方核发封皮标注"土地承包经营权"字样的不动产权证书。

(四)注销登记

1. 适用

已经登记的土地承包经营权,有下列情形之一的,当事人可申请土地承包经营权注销登记:

(1)承包经营的土地灭失的;

(2)承包经营的土地被依法征收或者转为建设用地的;

(3)发包方依法收回或者承包方依法、自愿交回的;

(4)承包方放弃土地承包经营权的;

(5)农村承包经营户(承包方)消亡的;

(6)因人民法院、仲裁机构的生效法律文书导致权利消灭的;

(7)法律、行政法规规定的其他情形。

2. 申请主体

土地承包经营权注销登记应由不动产登记簿记载的权利人申请。承包经营的土地灭失、农村承包经营户(承包方)消亡的,可由发包方申请。承包经营的土地被依法征收、人民法院或者仲裁机构的生效法律文书导致权利消灭的,可依嘱托或由发包方申请。

3. 申请材料

申请土地承包经营权注销登记的材料包括:

(1)不动产登记申请书,申请人身份证明,不动产权属证书;

(2)承包经营的土地灭失的,提交证实灭失的材料;

(3)承包经营的土地被依法征收的,提交有批准权的人民政府征收决定书;承包经营的土地被依法转为建设用地的,提交证实土地被依法转为建设用地的材料;

(4)发包方依法收回或者承包方依法、自愿交回的,提交相关材料;

(5)承包方放弃土地承包经营权的,提交承包方放弃土地承包经营权的书面材料。设有地役权、土地经营权、土地经营权上设有抵押权或者已经办理查封登记的,需提交地役权人、土地经营权人、抵押权人或者查封机关同意注销的书面材料;

(6)农村承包经营户(承包方)消亡的,提交农村承包经营户(承包方)消亡的材料;

(7)因人民法院或者仲裁机构生效法律文书等导致土地承包经营权消灭的,提交人民法院或者仲裁机构生效法律文书。

4. 审查要点

不动产登记机构在审核过程中应注意以下要点:

(1)申请注销登记的土地承包经营权是否已经登记;

(2)申请土地承包经营权的注销材料是否齐全、有效;

(3)承包方放弃土地承包经营权申请注销登记的,该土地是否存在查封或者设有地役权、土地经营权等权利,存在土地经营权的是否设有抵押权;存在查封或者设有地役权、土地经营权、抵押权等权利的,应经查封机关、地役权人、土地经营权人、抵押权人同意;

(4)申请登记事项与登记簿的记载是否冲突;

(5)《不动产登记操作规范(试行)》等要求的其他审查事项。

不存在《不动产登记操作规范(试行)》等规定不予登记情形的,将登记事项以及不动产权属证书收回、作废等内容记载于不动产登记簿。

二、土地经营权登记

(一)首次登记

1. 适用

有下列情形之一的,可申请土地经营权首次登记:

(1)已经办理土地承包经营权首次登记,承包方依法采取出租(转包)、入股或者其他方式向他人流转土地经营权且土地经营权流转期限为五年以上的;

(2)不宜采取家庭承包方式的荒山、荒沟、荒丘、荒滩等农村土地,通过招标、拍卖、公开协商等方式承包的。

2. 申请主体

土地经营权首次登记,依照下列规定提出申请:

(1)已经办理土地承包经营权首次登记的,承包方依法采取出租(转包)、入股或者其他方式向他人流转土地经营权且土地经营权流转期限为五年以上的,应由土地经营权流转双方共同申请;

(2)不宜采取家庭承包方式的荒山、荒沟、荒丘、荒滩等农村土地,通过招标、拍卖、公开协商等方式承包的,应由承包方申请。

3. 申请材料

申请土地经营权首次登记的材料包括:

(1)不动产登记申请书,申请人身份证明;

(2)权属来源材料,包括:①采取出租(转包)、入股或者其他方式向他人流转土地经营权,提交不动产权属证书和土地经营权流转合同;②不宜采取家庭承包方式的荒山、荒沟、荒丘、荒滩等农村土地,通过招标、拍卖、公开协商等方式承包的,提交土地承包合同;

(3)地籍调查表、宗地图、宗地界址点坐标等地籍调查成果。

4. 审查要点

不动产登记机构在审核过程中应注意以下要点:

(1)流转的土地经营权期限是否未超过土地承包经营权的剩余期限,流转期限是否在五年以上;

(2)流转取得土地经营权的,是否已依法取得土地承包经营权并办理登记;

(3)申请土地权属来源材料是否齐全、有效;

(4)申请人与土地承包合同或者土地经营权流转合同等权属来源材料记载的主体是否一致;

(5)地籍调查成果资料是否齐全、规范,地籍调查表记载的权利人、权利类型及其性质等是否准确;

(6)《不动产登记操作规范(试行)》等要求的其他审查事项。

不存在《不动产登记操作规范(试行)》等规定不予登记情形的,将登记事项记载于不动产登记簿后,向权利人核发不动产权证书。

(二)变更登记

1. 适用

已经登记的土地经营权有下列情形之一的,可申请土地经营权变更登记:

(1)权利人姓名或者名称、身份证明类型或者身份证明号码等事项发生变化的;

(2)土地坐落、界址、用途、面积等发生变化的;

(3)同一权利人分割或者合并土地的;

(4)土地经营权期限变更的;

(5)法律、行政法规规定的其他情形。

2. 申请主体

土地经营权变更登记应由不动产登记簿记载的权利人申请。

3. 申请材料

申请土地经营权变更登记的材料包括:

(1)不动产登记申请书,申请人身份证明,不动产权属证书;

(2)权利人姓名或者名称、身份证明类型或者身份证明号码发生变化的,提交能够证实其身份变更的材料以及变更后的土地经营权合同;

(3)土地坐落、面积、界址范围发生变化的,或者同一权利人分割或者合并土地的,提交变更后的土地经营权合同以及变更后的地籍调查表、宗地图、宗地界址点坐标等地籍调查成果;

(4)土地用途发生变化的,提交能够证实用途发生变化的材料以及变更后的土地经营权合同;

(5)土地经营权期限发生变化的,提交能够证实流转期限发生变化的协议以及变更后的土地经营权合同。

4. 审查要点

不动产登记机构在审核过程中应注意以下要点:

(1)申请变更登记的土地经营权是否已经登记;

(2)申请土地经营权的变更材料是否齐全、有效;

(3)申请变更事项是否与变更材料记载的变更事实一致;

(4)申请登记事项与不动产登记簿的记载是否冲突;

(5)《不动产登记操作规范(试行)》等要求的其他审查事项。

不存在《不动产登记操作规范(试行)》等规定不予登记情形的,将登记事项记载于不动产登记簿后,向权利人核发不动产权证书。

(三)转移登记

1. 适用

已经登记的土地经营权,因下列情形之一导致权利发生转移的,可申请土地经营权转移登记:

(1)依法采取出租(转包)、入股或者其他方式向他人流转土地经营权后,受让方再流转土地经营权的;

(2)不宜采取家庭承包方式的荒山、荒沟、荒丘、荒滩等农村土地,通过招标、拍卖、公开协商等方式承包农村土地取得土地经营权后,依法采取出租、入股或者其他方式流转土地经营权的;

(3)不宜采取家庭承包方式的荒山、荒沟、荒丘、荒滩等农村土地，通过招标、拍卖、公开协商等方式承包农村土地取得土地经营权，承包期内承包人死亡，其继承人继续承包的；

（4）因人民法院、仲裁机构的生效法律文书导致权利发生转移的；

（5）法律、行政法规规定的其他情形。

2. 申请主体

土地经营权转移登记应由双方当事人共同申请。符合《不动产登记暂行条例》《不动产登记操作规范（试行）》等规定情形的，可单方申请。

3. 申请材料

土地经营权转移登记的材料包括：

（1）不动产登记申请书，申请人身份证明，不动产权属证书；

（2）依法采取出租（转包）、入股或者其他方式向他人流转土地经营权后，受让方再流转土地经营权的，提交经承包方书面同意的材料、本集体经济组织备案的材料以及流转协议；

（3）不宜采取家庭承包方式的荒山、荒沟、荒丘、荒滩等农村土地，通过招标、拍卖、公开协商等方式承包农村土地取得土地经营权后，依法采取出租、入股或者其他方式流转土地经营权的，提交相关流转协议；

（4）因人民法院、仲裁机构的生效法律文书导致权利发生转移的，提交人民法院、仲裁机构的生效法律文书；

（5）因继承取得的，提交能够证实继承人继续依法承包的材料。

4. 审查要点

不动产登记机构在审核过程中应注意以下要点：

（1）申请转移登记的土地经营权是否已经登记；

（2）申请转移登记的材料是否齐全、有效；

（3）申请转移的土地经营权与登记原因文件的记载是否一致；

（4）申请登记事项与登记簿的记载是否冲突；

（5）流转的土地经营权期限是否超过原土地经营权的剩余期限；

（6）设有抵押权的，是否记载存在禁止或者限制抵押不动产转让的约定；

（7）通过招标、拍卖、公开协商等方式承包农村土地取得土地经营权，承包期内承包人死亡，其继承人继续承包的，审查是否在承包期内以及依法取得土地经营权；

（8）《不动产登记操作规范（试行）》等要求的其他审查事项。

不存在《不动产登记操作规范（试行）》等规定不予登记情形的，将登记事项记载于不动产登记簿后，向权利人核发不动产权证书。

（四）注销登记

1. 适用

已经登记的土地经营权，有下列情形之一的，可申请土地经营权注销登记：

（1）土地经营权期限届满的；

（2）土地被依法征收或者转为建设用地的；

（3）土地灭失的；

（4）依法解除土地经营权流转合同或者发包方依法终止土地经营权流转合同的；

（5）土地经营权人放弃土地经营权的；

（6）因人民法院、仲裁机构的生效法律文书导致权利消灭的；

（7）法律、行政法规规定的其他情形。

因流转取得的土地经营权，土地被依法征收或者转为建设用地、土地灭失、土地承包经营权消灭的，当事人应当一并申请土地承包经营权注销登记和土地经营权注销登记。

2. 申请主体

土地经营权注销登记应由不动产登记簿记载的权利人申请。土地经营权期限届满、土地灭失的，可由发包方或者土地承包经营权人申请注销。土地被依法征收、人民法院或者仲裁机构的生效法律文书导致权利消灭的，可依嘱托或由承包方申请。

3. 申请材料

申请土地经营权注销登记的材料包括：

（1）不动产登记申请书，申请人身份证明，不动产权属证书；

（2）土地被依法征收的，提交有批准权的人民政府征收决定书；土地被依法转为建设用地的，提交土地被依法转为建设用地的材料；

（3）土地灭失的，提交能够证实灭失的材料；

（4）依法解除土地经营权流转合同或者发包方依法终止土地经营权流转合同的，提交能够证实合同依法解除或者依法终止的材料；

（5）土地经营权人放弃土地经营权的，提交土地经营权人放弃土地经营权的书面材料。土地经营权上设有抵押权、地役权或者已经办理查封登记的，还需提供抵押权人、地役权人或者查封机关同意放弃的书面材料；

(6)因人民法院或者仲裁机构生效法律文书等导致土地承包经营权消灭的,提交人民法院或者仲裁机构生效法律文书。

4. 审查要点

不动产登记机构在审核过程中应注意以下要点:

(1)申请注销登记的土地经营权是否已经登记;

(2)申请土地经营权的注销材料是否齐全、有效;

(3)放弃土地经营权申请注销登记的,该土地是否存在查封或者设有地役权、抵押权等权利;存在查封或者设有地役权、抵押权等权利的,应经查封机关、地役权人、抵押权人同意;

(4)申请登记事项与登记簿的记载是否冲突;

(5)《不动产登记操作规范(试行)》等要求的其他审查事项。

不存在《不动产登记操作规范(试行)》等规定不予登记情形的,将登记事项以及不动产权属证书收回、作废等内容记载于不动产登记簿。

三、抵押权登记(土地经营权)

(一)首次登记

1. 适用

在借贷、买卖等民事活动中,自然人(含农村承包经营户)、法人或非法人组织在土地经营权上依法设立抵押权的,可以由抵押人和抵押权人共同申请办理不动产抵押权首次登记。

(1)为担保债务的履行,债务人或者第三人不转移不动产的占有,将该土地经营权抵押给债权人的,当事人可以申请一般抵押权首次登记;

(2)为担保债务的履行,债务人或者第三人对一定期间内将要连续发生的债权提供担保不动产的,当事人可以申请最高额抵押权首次登记。

2. 申请主体

抵押权首次登记应当由抵押人和抵押权人共同申请。

3. 申请材料

申请抵押权首次登记,提交的材料包括:

(1)不动产登记申请书;

(2)申请人身份证明;

(3)不动产权属证书;

(4)主债权合同。最高额抵押的,应当提交一定期间内将要连续发生债权的合同或者其他登记原因文件等必要材料;

(5)抵押合同。主债权合同中包含抵押条款的,可以不提交单独的抵押合同书。最高额抵押的,应当提交最高额抵押合同;

(6)同意将最高额抵押权设立前已经存在的债权转入最高额抵押担保的债权范围的,应当提交已存在债权的合同以及当事人同意将该债权纳入最高额抵押权担保范围的书面材料;

(7)通过流转取得的土地经营权办理抵押登记的,还需提供承包方同意的书面材料和发包方备案材料;

(8)法律、行政法规规定的其他情形。

4. 审查要点

不动产登记机构在审核过程中应注意以下要点:

(1)抵押财产是否已经办理不动产登记;

(2)抵押财产是否属于法律、行政法规禁止抵押的不动产;

(3)抵押合同上记载的抵押人、抵押权人、被担保主债权的数额或种类、担保范围、债务履行期限、抵押不动产是否明确;最高额抵押权登记的,最高债权额、债权确定的期间是否明确;

(4)申请人与不动产权属证书、主债权合同、抵押合同、最高额抵押合同等记载的主体是否一致;

(5)有查封登记的,不予办理抵押登记;

(6)同一不动产上设有多个抵押权的,应当按照受理时间的先后顺序依次办理登记,当事人另有约定的除外;

(7)通过流转取得的土地经营权办理抵押登记的,是否经承包方书面同意并向发包方备案;

(8)登记申请是否违反法律、行政法规的规定;

(9)《不动产登记操作规范(试行)》等要求的其他审查事项。

不存在《不动产登记操作规范(试行)》等规定不予登记情形的,记载不动产登记簿后向抵押权人核发不动产登记证明。

(二)变更、转移、注销登记

按照《不动产登记操作规范(试行)》《自然资源部关于做好不动产抵押权登记工作的通知》(自然资发〔2021〕54号)等规定办理。

承包方用承包地的土地经营权进行抵押的,将土地经营权登记和抵押权登记一并办理。

原有相关土地承包经营权和土地经营权登记政策规定与本规范不一致的,以本规范为准。

自然资源部关于全面推进不动产登记便民利民工作的通知

·2018年7月31日
·自然资发〔2018〕60号

各省、自治区、直辖市自然资源主管部门，新疆生产建设兵团自然资源主管部门：

近年来，各地认真实施不动产统一登记制度，工作成效明显。但一些地方发挥主观能动性不够，服务意识不强，与党中央、国务院的要求和人民群众的期盼仍有差距。为贯彻落实党中央、国务院关于深化"放管服"改革、推进审批服务便民化等重大决策部署，积极实施减证便民举措，深化"互联网+政务服务"，推进政务服务"一网、一门、一次"，让企业群众办事"只进一扇门"、"最多跑一次"，在扎实开展不动产登记窗口作风问题专项整治工作基础上，切实解决不动产登记耗时长、办理难问题，全面推进不动产登记便民利民工作。现就有关事项通知如下：

一、创新机制，全面推行不动产登记便民利民举措

（一）逐步压缩不动产登记办理时限。各地应结合本地区实际情况，加大工作程序优化和数据整合共享力度。根据不同登记类型特点，分类梳理业务办理流程，列出全流程所有环节，明确各环节涉及部门需要提供材料及质量要求，尽快实现从物理集成到信息集成，进一步简化环节和需权利人提供的材料，细化阶段性目标，确保五年内把除遗产继承以外的登记时间压缩三分之二以上、压减到5个工作日以内，为优化营商环境、方便企业群众办事创造条件。2018年底前，全国所有市县的不动产一般登记、抵押登记业务办理时间要分别压缩至15个、7个工作日内。

（二）大力推行"一窗受理、并行办理"。各地要科学配置窗口数量，积极推行不动产登记、税务、交易"一窗受理、并行办理"，全面实施一表申请、一次性受理等便民举措，实现从"多头找部门"、"多次办理"转变为"一个窗口"、"一次办成"，让企业和群众享受"一站式"便捷服务。不动产登记不得设立任何违规前置，不论是否办理了二手房交易合同备案、交易确认手续，都不能影响不动产登记的受理、办理，在受理之后将相关信息在部门之间共享。已经实施登记、交易"一窗受理"的地方，要严格实施"并行办理"，做到依法衔接，不得在内部搞变相串联办理，要不断提高办事效率。2018年底前，各省（区、市）实施"一窗受理"的市县占比要超过80%。

（三）扎实开展"减证便民"服务。各地要按照国务院关于做好证明事项清理工作的要求，全面清理烦扰企业群众的"奇葩"证明、重复证明等各类无谓证明，坚决取消没有法律法规依据的盖章、审核、备案、确认、告知等手续，不得要求企业群众提交任何没有法律法规依据的证明和材料。对确需保留的证明，要实行清单管理，对外及时公布清单，清单之外不得索要证明材料。在加大清理减并力度的同时，各地要积极探索实行承诺制，可依据申请人承诺办理相关事项，事后进行随机抽查，一旦发现申请人承诺存在虚假，给予严厉处罚并纳入信用记录。

（四）不断拓展网上办理事项。各地要大力发展"互联网+政务服务"，变"群众跑腿"为"数据跑路"，完善不动产登记信息管理基础平台（以下简称"信息平台"）功能，积极探索"外网申请、内网审核"等"互联网+不动产登记"新模式，推动实体大厅向网上大厅延伸，推进网上咨询、预约、申请、查询、反馈等服务事项"能上尽上"，打造"不打烊"的"数字不动产登记"，把实体大厅、网上平台、移动客户端、自助终端、服务热线等结合起来，做到线上线下功能互补、融合发展，实现"最多跑一次"。具备条件的地方，可进一步探索不动产登记"不见面办理"、"全自助办理"等，不断提升服务效率和质量。2018年底前，各省（区）至少要有2个地市、10个县区实行"互联网+不动产登记"。4个直辖市、所有副省级城市和省会城市要制定"互联网+不动产登记"工作方案，力争2019年6月底前全面实施。

（五）积极延伸登记服务范围。各地要全面落实国务院深化"放管服"改革要求，多措并举，推动五年内不动产登记全城通办、就近能办。将基于互联网、自助终端、移动终端的不动产登记服务全方位向乡镇街道、城乡社区、金融网点等延伸，实现就近能办、多点可办、少跑快办，减少群众跑腿次数。通过试点先行、积累经验、逐步推广，探索推进不动产登记跨县域、跨市域、跨省域的"异地可办"，最大限度满足企业群众的办事需求。要逐步向房地产开发企业、中介机构等开放网络查询、申请服务端口，开展网上查询、预申请、预办理和预告登记，有效维护群众合法权益，保障交易安全。2018年底前，各省（区、市）具备自助查询功能的登记大厅占比要超过50%。

（六）加快推进政务服务"一网通办"。各地要充分利用政府统一的数据共享交换平台（以下简称"共享平台"），促进居民身份、户籍管理、婚姻状况、企业营业执照、登记原因材料等信息在不动产登记中的共享应用。积极创造条件，提供信息共享服务，满足社会救助、子女上学等对不动产权证信息的查询需求，支撑实现企业及分支机构登记、户口迁移等办事场景对本地区的不动产权证免提交，解决群众办事遇到的“堵点”问题。凡是能够通过部门间共享获取或验证的信息，不得要求企业群众提交或自我举证。

二、夯实基础，不断提高不动产登记便民利民服务能力

（一）尽快完成现势登记数据整合汇交。各地应进一步做好登记资料移交和整理，全面完成集体土地所有权、城镇国有建设用地使用权和房屋所有权的存量现势登记数据清理、关联挂接、补录补测和整合入库等工作，并于2019年6月底前完成向部汇交。加快推进“房地一体”的宅基地使用权和集体建设用地使用权确权登记颁证工作，力争按照《国民经济和社会发展第十三个五年规划纲要》的要求于2020年底前全面完成，并以县市为单位，及时向部汇交成果。33个农村土地制度改革试点地区要在2018年底前先行完成。条件具备的地方，应同步开展林权、海域使用权等其他类型存量登记数据整合汇交工作。

（二）逐步开展历史登记数据整合汇交。各地应在完成存量现势登记数据整合基础上，通过查阅历史档案、梳理不同阶段各类不动产登记信息，完成登记簿信息录入和纸质资料扫描，补充完善相关登记信息，关联理顺上下手登记关系，开展自首次登记到现势登记以来的历史登记数据清理整合工作，建立健全“全生命周期”不动产登记数据库，并逐步汇交，力争2020年底前基本完成。

（三）全面提升日常登记和数据接入质量。各地应建立健全日常登簿和数据入库质量保障机制，进一步加强业务管理，规范登簿行为，要明确专门的“质量监督员”，由专人负责登记成果和数据导入不动产登记数据库前的质量把关工作，确保登簿内容和入库数据的全面准确、不缺不漏，特别是对于权利人、面积、用途、抵押金额等数据信息，必须按照规范要求准确填写。建立健全成果完善更新机制，对现有登记簿和数据库中登记内容缺失或填写不规范的，应尽快根据登记资料开展补充完善工作。省级自然资源主管部门要加强对市县数据接入的稳定性、完整性、一致性和实时性的监测评价工作，及时发现异常情况并反馈处理。市县级自然资源主管部门要完善数据接入工作机制，定期检查数据接入报文和登簿日志上传情况，确保入库数据实时自动上传，并在当天业务办理结束后及时上传登簿日志。

（四）健全完善各级信息平台功能。省级自然资源主管部门应进一步完善省级信息平台，通过全省数据统一归集或实时在线调用等方式，尽快形成以不动产单元和权利人信息为主线、关联相关权利信息的数据组织形式，实现全省域的各类不动产登记数据的可查询、可统计、可分析，支撑业务管理和服务模式创新。市县自然资源主管部门应不断拓展完善信息平台建设应用，积极探索开展登记业务服务效能电子监察和电子证照库建设，实现业务办理全流程监管和动态跟踪，提高便民服务支撑能力。

（五）深入推进登记信息共享应用。各地应按照《不动产登记资料查询暂行办法》有关要求，依托信息平台，通过运用互联网技术、设置自助查询终端、在相关场所设置登记信息查询端口等方式，为申请人查询不动产登记信息提供便利。依据《不动产登记暂行条例》有关规定，加强不动产登记信息与住房城乡建设、农业、林草等部门业务管理信息的实时互通共享；坚持“需求导向、一数一源”、“谁产生、谁提供、谁负责”等原则，与人民法院、人民检察院、国家安全机关、纪检监察机关，公安、民政、财政、税务、市场监管、金融、审计、统计等部门建立信息共享机制，明确共享范围、内容、方式等，为相关部门履行职责提供以权证内容为主的不动产登记信息共享服务。

三、加强领导，确保不动产登记便民利民举措落地见效

（一）强化组织领导。各地要高度重视，充分认识推进不动产登记便民利民工作的重要意义，切实加强组织领导。各级自然资源主管部门主要负责同志要亲自部署、狠抓落实，明确责任主体，将具体任务明确到岗、落实到人，并积极争取地方党委政府的支持，协调取消无谓证明和无法律法规依据的前置环节，加大对登记资料移交整合、软硬件设备等协调力度和经费保障力度。省级自然资源主管部门要对本地区推进不动产登记便民利民工作负总责，通过工作调度、示范引路、绩效考评等方式，加强对推进工作不积极、不主动，存量数据整合和平台接入等基础工作薄弱地区的督导。

（二）确保信息安全。各地应按照国家信息安全保护有关要求，建立健全不动产登记信息安全保障体系，在信息平台建设和数据共享过程中，要筑牢安全防线，确保网络和数据信息安全，保护好商业秘密和个人隐私。明确岗位职责，落实不动产登记信息平台、网络和数据库的安全责任，做好安全风险评估和等级保护等工作。加强信息安全监控，强化对设备、系统、数据的实时监测和异常预警、处置，及时查补安全漏洞。建立健全信息平台日志管理和值守制度，加强在线数据防护和离线数据管理，统筹做好信息平台的系统容灾和数据备份工作。

（三）加强宣传引导。各地应加大经验总结和推广力度，充分利用报纸、广播、电视、网络、新媒体等载体，宣传本地区不动产登记便民利民典型做法，促进相互学习借鉴。畅通群众反映问题渠道，全方位掌握企业群众的办事需求和意见建议，及时加以解决，不断提升不动产登记便民利民服务水平。

自然资源统一确权登记暂行办法

· 2019年7月11日

· 自然资发〔2019〕116号

第一章　总　则

第一条　为贯彻落实党中央、国务院关于生态文明建设决策部署，建立和实施自然资源统一确权登记制度，推进自然资源确权登记法治化，推动建立归属清晰、权责明确、保护严格、流转顺畅、监管有效的自然资源资产产权制度，实现山水林田湖草整体保护、系统修复、综合治理，根据有关法律规定，制定本办法。

第二条　国家实行自然资源统一确权登记制度。

自然资源确权登记坚持资源公有、物权法定和统一确权登记的原则。

第三条　对水流、森林、山岭、草原、荒地、滩涂、海域、无居民海岛以及探明储量的矿产资源等自然资源的所有权和所有自然生态空间统一进行确权登记，适用本办法。

第四条　通过开展自然资源统一确权登记，清晰界定全部国土空间各类自然资源资产的所有权主体，划清全民所有和集体所有之间的边界，划清全民所有、不同层级政府行使所有权的边界，划清不同集体所有者的边界，划清不同类型自然资源之间的边界。

第五条　自然资源统一确权登记以不动产登记为基础，依据《不动产登记暂行条例》的规定办理登记的不动产权利，不再重复登记。

自然资源确权登记涉及调整或限制已登记的不动产权利的，应当符合法律法规规定，依法及时记载于不动产登记簿，并书面通知权利人。

第六条　自然资源主管部门作为承担自然资源统一确权登记工作的机构（以下简称登记机构），按照分级和属地相结合的方式进行登记管辖。

国务院自然资源主管部门负责指导、监督全国自然资源统一确权登记工作，会同省级人民政府负责组织开展由中央政府直接行使所有权的国家公园、自然保护区、自然公园等各类自然保护地以及大江大河大湖和跨境河流、生态功能重要的湿地和草原、国务院确定的重点国有林区、中央政府直接行使所有权的海域、无居民海岛、石油天然气、贵重稀有矿产资源等自然资源和生态空间的统一确权登记工作。具体登记工作由国家登记机构负责办理。

各省负责组织开展本行政区域内由中央委托地方政府代理行使所有权的自然资源和生态空间的统一确权登记工作。具体登记工作由省级及省级以下登记机构负责办理。

市县应按照要求，做好本行政区域范围内自然资源统一确权登记工作。

跨行政区域的自然资源确权登记由共同的上一级登记机构直接办理或者指定登记机构办理。

第七条　自然资源统一确权登记工作经费应纳入各级政府预算，不得向当事人收取登记费等相关费用。

第二章　自然资源登记簿

第八条　自然资源登记簿的样式由国务院自然资源主管部门统一规定。

已按照《不动产登记暂行条例》办理登记的不动产权利，通过不动产单元号、权利主体实现自然资源登记簿与不动产登记簿的关联。

第九条　自然资源登记簿应当记载以下事项：

（一）自然资源的坐落、空间范围、面积、类型以及数量、质量等自然状况；

（二）自然资源所有权主体、所有权代表行使主体、所有权代理行使主体、行使方式及权利内容等权属状况；

（三）其他相关事项。

自然资源登记簿应当对地表、地上、地下空间范围内各类自然资源进行记载，并关联国土空间规划明确的用途、划定的生态保护红线等管制要求及其他特殊保护规定等信息。

第十条　全民所有自然资源所有权代表行使主体登记为国务院自然资源主管部门，所有权行使方式分为直接行使和代理行使。

中央委托相关部门、地方政府代理行使所有权的，所有权代理行使主体登记为相关部门、地方人民政府。

第十一条　自然资源登记簿附图内容包括自然资源空间范围界线、面积，所有权主体、所有权代表行使主体、所有权代理行使主体，以及已登记的不动产权利界线，不同类型自然资源的边界、面积等信息。

第十二条 自然资源登记簿由具体负责登记的各级登记机构进行管理，永久保存。

自然资源登记簿和附图应当采用电子介质，配备专门的自然资源登记电子存储设施，采取信息网络安全防护措施，保证电子数据安全，并定期进行异地备份。

第三章 自然资源登记单元

第十三条 自然资源统一确权登记以自然资源登记单元为基本单位。

自然资源登记单元应当由登记机构会同水利、林草、生态环境等部门在自然资源所有权范围的基础上，综合考虑不同自然资源种类和在生态、经济、国防等方面的重要程度以及相对完整的生态功能、集中连片等因素划定。

第十四条 国家批准的国家公园、自然保护区、自然公园等各类自然保护地应当优先作为独立登记单元划定。

登记单元划定以管理或保护审批范围界线为依据。同一区域内存在管理或保护审批范围界线交叉或重叠时，以最大的管理或保护范围界线划定登记单元。范围内存在集体所有自然资源的，应当一并划入登记单元，并在登记簿上对集体所有自然资源的主体、范围、面积等情况予以记载。

第十五条 水流可以单独划定自然资源登记单元。以水流作为独立自然资源登记单元的，依据全国国土调查成果和水资源专项调查成果，以河流、湖泊管理范围为基础，结合堤防、水域岸线划定登记单元。河流的干流、支流，可以分别划定登记单元。

湿地可以单独划定自然资源登记单元。以湿地作为独立自然资源登记单元的，依据全国国土调查成果和湿地专项调查成果，按照自然资源边界划定登记单元。在河流、湖泊、水库等水流范围内的，不再单独划分湿地登记单元。

第十六条 森林、草原、荒地登记单元原则上应当以土地所有权为基础，按照国家土地所有权权属界线封闭的空间划分登记单元，多个独立不相连的国家土地所有权权属界线封闭的空间，应分别划定登记单元。国务院确定的重点国有林区以国家批准的范围界线为依据单独划定自然资源登记单元。

在国家公园、自然保护区、自然公园等各类自然保护地登记单元内的森林、草原、荒地、水流、湿地等不再单独划定登记单元。

第十七条 海域可单独划定自然资源登记单元，范围为我国的内水和领海。以海域作为独立登记单元的，依据沿海县市行政管辖界线，自海岸线起至领海外部界线划定登记单元。无居民海岛按照“一岛一登”的原则，单独划定自然资源登记单元，进行整岛登记。

海域范围内的自然保护地、湿地、探明储量的矿产资源等，不再单独划定登记单元。

第十八条 探明储量的矿产资源，固体矿产以矿区，油气以油气田划分登记单元。若矿业权整合包含或跨越多个矿区的，以矿业权整合后的区域为一个登记单元。登记单元的边界，以现有的储量登记库及储量统计库导出的矿区范围，储量评审备案文件确定的矿产资源储量估算范围，以及国家出资探明矿产地清理结果认定的矿产地范围在空间上套合确定。登记单元内存在依法审批的探矿权、采矿权的，登记簿关联勘查、采矿许可证相关信息。

在国家公园、自然保护区、自然公园等各类自然保护地登记单元内的矿产资源不再单独划定登记单元，通过分层标注的方式在自然资源登记簿上记载探明储量矿产资源的范围、类型、储量等内容。

第十九条 自然资源登记单元具有唯一编码，编码规则由国家统一制定。

第四章 自然资源登记一般程序

第二十条 自然资源登记类型包括自然资源首次登记、变更登记、注销登记和更正登记。

首次登记是指在一定时间内对登记单元内全部国家所有的自然资源所有权进行的第一次登记。

变更登记是指因自然资源的类型、范围和权属边界等自然资源登记簿内容发生变化进行的登记。

注销登记是指因不可抗力等因素导致自然资源所有权灭失进行的登记。

更正登记是指登记机构对自然资源登记簿的错误记载事项进行更正的登记。

第二十一条 自然资源首次登记程序为通告、权籍调查、审核、公告、登簿。

第二十二条 自然资源首次登记应当由登记机构依职权启动。

登记机构会同水利、林草、生态环境等部门预划登记单元后，由自然资源所在地的县级以上地方人民政府向社会发布首次登记通告。通告的主要内容包括：

（一）自然资源登记单元的预划分；

（二）开展自然资源登记工作的时间；

（三）自然资源类型、范围；

(四)需要自然资源所有权代表行使主体、代理行使主体以及集体土地所有权人等相关主体配合的事项及其他需要通告的内容。

第二十三条 登记机构会同水利、林草、生态环境等部门,充分利用全国国土调查、自然资源专项调查等自然资源调查成果,获取自然资源登记单元内各类自然资源的坐落、空间范围、面积、类型、数量和质量等信息,划清自然资源类型边界。

第二十四条 登记机构会同水利、林草、生态环境等部门应充分利用全国国土调查、自然资源专项调查等自然资源调查成果,以及集体土地所有权确权登记发证、国有土地使用权确权登记发证等不动产登记成果,开展自然资源权籍调查,绘制自然资源权籍图和自然资源登记簿附图,划清全民所有和集体所有的边界以及不同集体所有者的边界;依据分级行使国家所有权体制改革成果,划清全民所有、不同层级政府行使所有权的边界。

自然资源登记单元的重要界址点应现场指界,必要时可设立明显界标。在国土调查、专项调查、权籍调查、土地勘测定界等工作中对重要界址点已经指界确认的,不需要重复指界。对涉及权属争议的,按有关法律法规规定处理。

第二十五条 登记机构依据自然资源权籍调查成果和相关审批文件,结合国土空间规划明确的用途、划定的生态保护红线等管制要求或政策性文件以及不动产登记结果资料等,会同相关部门对登记的内容进行审核。

第二十六条 自然资源登簿前应当由自然资源所在地市县配合具有登记管辖权的登记机构在政府门户网站及指定场所进行公告,涉及国家秘密的除外。公告期不少于15个工作日。公告期内,相关当事人对登记事项提出异议的,登记机构应当对提出的异议进行调查核实。

第二十七条 公告期满无异议或者异议不成立的,登记机构应当将登记事项记载于自然资源登记簿,可以向自然资源所有权代表行使主体或者代理行使主体颁发自然资源所有权证书。

第二十八条 登记单元内自然资源类型、面积等自然状况发生变化的,以全国国土调查和自然资源专项调查为依据,依职权开展变更登记。自然资源的登记单元边界、权属边界、权利主体和内容等自然资源登记簿主要内容发生变化的,自然资源所有权代表行使主体或者代理行使主体应当持相关资料及时嘱托登记机构办理变更登记或注销登记。

自然资源登记簿记载事项存在错误的,登记机构可以依照自然资源所有权代表行使主体或者代理行使主体的嘱托办理更正登记,也可以依职权办理更正登记。

第五章 自然资源登记信息管理与应用

第二十九条 自然资源登记资料包括:

(一)自然资源登记簿等登记结果;

(二)自然资源权籍调查成果、权属来源材料、相关公共管制要求、登记机构审核材料等登记原始资料。

自然资源登记资料由具体负责的登记机构管理。各级登记机构应当建立登记资料管理制度及信息安全保密制度,建设符合自然资源登记资料安全保护标准的登记资料存放场所。

第三十条 在国家不动产登记信息管理基础平台上,拓展开发全国统一的自然资源登记信息系统,实现自然资源确权登记信息的统一管理;各级登记机构应当建立标准统一的自然资源确权登记数据库,确保自然资源确权登记信息日常更新。

自然资源确权登记信息纳入不动产登记信息管理基础平台,实现自然资源确权登记信息与不动产登记信息有效衔接和融合。

自然资源确权登记信息应当及时汇交国家不动产登记信息管理基础平台,确保国家、省、市、县四级自然资源确权登记信息的实时共享。

第三十一条 自然资源确权登记结果应当向社会公开,但涉及国家秘密以及《不动产登记暂行条例》规定的不动产登记的相关内容除外。

第三十二条 自然资源确权登记信息与水利、林草、生态环境、财税等相关部门管理信息应当互通共享,服务自然资源资产的有效监管和保护。

第六章 附 则

第三十三条 军用土地范围内的自然资源暂不纳入确权登记。

第三十四条 本办法由自然资源部负责解释,自印发之日起施行。

附件

自然资源统一确权登记工作方案

为贯彻党中央、国务院关于生态文明建设的决策部署,落实《生态文明体制改革总体方案》《深化党和国家机构改革方案》要求,在认真总结试点工作经验的基础上,现就全面铺开、分阶段推进全国自然资源统一确权登记制定以下工作方案。

一、总体要求

(一)指导思想。以习近平新时代中国特色社会主义思想为指导,全面贯彻党的十九大和十九届二中、三中全会精神,深入贯彻落实习近平生态文明思想和习近平总书记关于自然资源管理重要论述,牢固树立尊重自然、顺应自然、保护自然理念,按照建立系统完整的生态文明制度体系的要求,在总结前期试点工作经验的基础上,全面铺开、分阶段推进自然资源统一确权登记工作,推动建立归属清晰、权责明确、保护严格、流转顺畅、监管有效的自然资源资产产权制度,支撑自然资源合理开发、有效保护和严格监管。

(二)基本原则。坚持资源公有,坚持自然资源社会主义公有制,即全民所有和集体所有。坚持物权法定,依法依规确定自然资源的物权种类和权利内容、自然资源资产产权主体和行使代表。坚持统筹兼顾,在新的自然资源管理体制和格局基础上,与相关改革做好衔接。坚持以不动产登记为基础,构建自然资源统一确权登记制度体系,实现自然资源统一确权登记与不动产登记的有机融合。坚持发展和保护相统一,加快形成有利于节约资源和保护环境的新的空间格局。

(三)工作目标。按照《自然资源统一确权登记暂行办法》(以下简称《办法》),以不动产登记为基础,充分利用国土调查成果,首先对国家公园、自然保护区、自然公园等各类自然保护地,以及江河湖泊、生态功能重要的湿地和草原、重点国有林区等具有完整生态功能的自然生态空间和全民所有单项自然资源开展统一确权登记,逐步实现对水流、森林、山岭、草原、荒地、滩涂、海域、无居民海岛以及探明储量的矿产资源等全部国土空间内的自然资源登记全覆盖。清晰界定各类自然资源资产的产权主体,逐步划清全民所有和集体所有之间的边界,划清全民所有、不同层级政府行使所有权的边界,划清不同集体所有者的边界,划清不同类型自然资源的边界,推进确权登记法治化,为建立国土空间规划体系并监督实施,统一行使全民所有自然资源资产所有者职责,统一行使所有国土空间用途管制和生态保护修复职责,提供基础支撑和产权保障。

二、主要任务

(一)开展国家公园自然保护地确权登记。

自然资源部在完善前期国家公园统一确权登记试点工作成果的基础上,对国家公园开展统一确权登记。由自然资源部会同国家公园所在的省级人民政府联合制定印发实施方案,组织技术力量依据国家公园建设、审批等资料划定登记单元界线,收集整理国土空间规划明确的用途、划定的生态保护红线等管制要求及其他特殊保护规定或者政策性文件,直接利用全国国土调查和自然资源专项调查成果确定资源类型、分布,并开展登记单元内各类自然资源的权籍调查。通过确权登记,明确国家公园内各类自然资源的数量、质量、种类、分布等自然状况,所有权主体、所有权代表行使主体、所有权代理行使主体以及权利内容等权属状况,并关联公共管制要求。自然资源部可以依据登记结果颁发自然资源所有权证书,并向社会公开。国家公园范围内的水流、森林、湿地、草原、滩涂等,不单独划分登记单元,作为国家公园登记单元内的资源类型予以调查、记载。

(二)开展自然保护区、自然公园等其他自然保护地确权登记。

自然资源部对由中央政府直接行使所有权的自然保护区、自然公园(根据《关于建立以国家公园为主体的自然保护地体系的指导意见》,自然公园包括森林公园、地质公园、海洋公园、湿地公园等)等自然保护地开展统一确权登记。由自然资源部会同自然保护区、自然公园等自然保护地所在的省级人民政府联合制定印发实施方案,组织技术力量依据自然保护区、自然公园等各类自然保护地设立、审批等资料划定登记单元界线,收集整理国土空间规划明确的用途、划定的生态保护红线等管制要求及其他特殊保护规定或者政策性文件,直接利用全国国土调查和自然资源专项调查成果确定资源类型、分布,并开展登记单元内各类自然资源的权籍调查。通过确权登记,明确自然保护区、自然公园等自然保护地范围内各类自然资源的数量、质量、种类、分布等自然状况,所有权主体、所有权代表行使主体、所有权代理行使主体以及权利内容等权属状况,并关联公共管制要求。自然资源部可以依据登记结果颁发自然资源所有权证书,并向社会公开。

省级人民政府组织省级及省级以下自然资源主管部门依据《办法》,参照自然资源部开展自然保护区、自然公园等自然保护地自然资源确权登记的工作流程和要求,对本辖区内除自然资源部直接开展确权登记之外的自然保护区、自然公园等自然保护地开展确权登记,可以颁发自然资源所有权证书,并向社会公开。

自然保护区、自然公园等自然保护地范围内的水流、森林、湿地、草原、滩涂等,不单独划分登记单元,作为自然保护区、自然公园等自然保护地登记单元内的资源类型予以调查、记载。同一区域内存在多个自然保护地时，以自然保护地的最大范围划分登记单元。

（三）开展江河湖泊等水流自然资源确权登记。

自然资源部对大江大河大湖和跨境河流进行统一确权登记。由自然资源部会同水利部、水流流经的省级人民政府制定印发实施方案，组织技术力量依据国土调查和水资源专项调查结果划定登记单元界线，收集整理国土空间规划明确的用途、划定的生态保护红线等管制要求及其他特殊保护规定或者政策性文件，并对承载水资源的土地开展权籍调查。探索建立水流自然资源三维登记模式，通过确权登记明确水流的范围、面积等自然状况，所有权主体、所有权代表行使主体、所有权代理行使主体以及权利内容等权属状况，并关联公共管制要求。自然资源部可以依据登记结果颁发自然资源所有权证书，并向社会公开。

省级人民政府组织省级及省级以下自然资源主管部门会同水行政主管部门，依据《办法》，参照自然资源部开展水流自然资源确权登记的工作流程和要求，对本辖区内除自然资源部直接开展确权登记之外的水流进行确权登记，可以颁发自然资源所有权证书，并向社会公开。

（四）开展湿地、草原自然资源确权登记。

自然资源部对由中央政府直接行使所有权的、生态功能重要的湿地、草原等进行统一确权登记。由自然资源部会同湿地、草原所在的省级人民政府联合制定印发实施方案，组织技术力量依据国土调查和湿地、草原资源专项调查结果划定登记单元界线，收集整理国土空间规划明确的用途、划定的生态保护红线等管制要求及其他特殊保护规定或者政策性文件，并开展权籍调查。通过确权登记明确湿地、草原自然资源的范围、面积等自然状况，所有权主体、所有权代表行使主体、所有权代理行使主体以及权利内容等权属状况，并关联公共管制要求。自然资源部可以依据登记结果颁发自然资源所有权证书，并向社会公开。

省级人民政府组织省级及省级以下自然资源主管部门依据《办法》，参照自然资源部开展湿地、草原自然资源确权登记的工作流程和要求，对本辖区内除自然资源部直接开展确权登记之外的湿地、草原进行确权登记，可以颁发自然资源所有权证书，并向社会公开。

（五）开展海域、无居民海岛自然资源确权登记。

自然资源部对由中央政府直接行使所有权的海域、无居民海岛进行统一确权登记。以海域作为独立自然资源登记单元的，由自然资源部会同沿海省级人民政府联合制定印发实施方案，组织技术力量充分利用国土调查和海域专项调查结果，依据海岸线和各沿海县市行政管辖界线划定登记单元界线，收集整理国土空间规划明确的用途、划定的生态保护红线等管制要求及其他特殊保护规定或者政策性文件，并开展权籍调查。探索采用三维登记模式，通过确权登记明确海域的范围、面积等自然状况，所有权主体、所有权代表行使主体、所有权代理行使主体以及权利内容等权属状况，并关联公共管制要求。

所有无居民海岛都单独划定自然资源登记单元，进行整岛登记。以无居民海岛作为独立登记单元的，由自然资源部制定印发实施方案，组织技术力量充分利用国土调查和无居民海岛专项调查结果，按照"一岛一登"的原则，划定登记单元界线，收集整理国土空间规划明确的用途、划定的生态保护红线等管制要求及其他特殊保护规定或者政策性文件，并开展权籍调查。通过确权登记明确无居民海岛的名称、位置、面积、高程（最高点高程和平均高程）、类型和空间范围等自然状况，所有权主体、所有权代表行使主体以及权利内容等权属状况，并关联公共管制要求。

省级人民政府组织省级及省级以下自然资源主管部门依据《办法》，参照自然资源部开展海域确权登记的工作流程和要求，对本辖区内除自然资源部直接开展确权登记之外的海域进行确权登记。

（六）开展探明储量的矿产资源确权登记。

自然资源部对探明储量的石油天然气、贵重稀有矿产资源进行统一确权登记。由自然资源部会同相关省级人民政府制定印发实施方案，组织技术力量依据矿产资源储量登记库，结合矿产资源利用现状调查数据库和国家出资探明矿产地清理结果等划定登记单元界线，调查反映各类矿产资源的探明储量状况，收集整理国土空间规划明确的用途、划定的生态保护红线等管制要求及其他特殊保护规定或者政策性文件。对矿产资源的确权登记，探索采用三维登记模式，通过确权登记，明确矿产资源的数量、质量、范围、种类、面积等自然状况，所有权主体、所有权代表行使主体、所有权代理行使主体以及权利内容等权属状况，并关联勘查、采矿许可证号等相关信息和公共管制要求。自然资源部可以依据登记结果颁发自然资源所有权证书，并向社会公开。

省级人民政府组织省级及省级以下自然资源主管部门依据《办法》，参照自然资源部开展矿产资源确权登记的工作流程和要求，对本辖区内除自然资源部直接开展确权登记之外的矿产资源进行确权登记，可以颁发自然资源所有权证书，并向社会公开。

（七）开展森林自然资源确权登记。

自然资源部对已登记发证的重点国有林区要做好林权权属证书与自然资源确权登记的衔接，进一步核实相关权属界线。在明确所有权代表行使主体和代理行使主体的基础上，对国务院确定的重点国有林区森林资源的代表行使主体和代理行使主体探索进行补充登记。

省级人民政府组织省级及省级以下自然资源主管部门依据《办法》，对本辖区内尚未颁发林权权属证书的森林资源，以所有权权属为界线单独划分登记单元，进行所有权确权登记，可以颁发自然资源所有权证书，并向社会公开。

（八）自然资源确权登记信息化建设。

将自然资源确权登记信息纳入不动产登记信息管理基础平台。在不动产登记信息管理基础平台上，开发、扩展自然资源登记信息系统。全国自然资源登记工作采用统一的信息系统，按照统一的标准开展工作，实现自然资源登记信息的统一管理、实时共享，并实现与不动产登记信息、国土调查、专项调查信息的实时关联。自然资源部门与生态环境、水利、林草等相关部门要加强信息共享，服务于自然资源的确权登记和有效监管。

省级及省级以下自然资源主管部门不再单独建设自然资源登记信息系统，统一使用全国自然资源登记信息系统，加强自然资源确权登记成果的信息化管理，建立本级自然资源确权登记信息数据库，做好本级负责的自然资源确权登记工作。

三、时间安排

按照从 2019 年起，利用 5 年时间基本完成全国重点区域自然资源统一确权登记，2023 年以后，通过补充完善的方式逐步实现全国全覆盖的工作目标，制定总体工作方案和年度实施方案，分阶段推进自然资源确权登记工作。

（一）2019 年。自然资源部修订出台《办法》、操作指南、数据库标准、登记单元编码和划定规则等，印发实施《自然资源统一确权登记工作方案》。根据工作安排，适时启动全国自然资源统一确权登记工作。重点对海南热带雨林、大熊猫、湖北神农架、浙江钱江源、云南普达措等国家公园体制试点区，长江干流，太湖等开展自然资源统一确权登记工作。开展由地方人民政府负责的自然保护区、自然公园等其他自然保护地自然资源确权登记的示范建设。探索开展矿产资源自然资源统一确权登记的路径方法。完成全国自然资源确权登记信息系统的开发，并部署全国使用。完善前期国家公园统一确权登记试点工作成果，纳入自然资源统一登记信息系统。对已完成确权登记的区域，适时颁发自然资源所有权证书。

省级人民政府要组织省级自然资源主管部门，制定本省自然资源统一确权登记总体工作方案，于 2019 年 9 月底前报自然资源部审核后，以省级人民政府名义予以印发。根据总体工作方案，省级自然资源主管部门分年度、分区域制定本省自然资源确权登记实施方案，启动本省自然资源确权登记工作。

（二）2020—2022 年。自然资源部根据中央政府直接行使所有权的资源清单，从自然公园、自然保护区等自然保护地，黄河、淮河、松花江、辽河、海河、珠江等大江大河大湖，生态功能重要的湿地和草原，海域、无居民海岛，以及探明储量的石油天然气、贵重稀有矿产资源等全民所有自然资源中，每年选择一批重要自然生态空间和单项自然资源开展统一确权登记。

省级及省级以下自然资源部门根据本省自然资源统一确权登记总体工作方案，制定年度工作计划，基本完成本辖区内重点区域自然资源确权登记工作。

（三）2023 年及以后。在基本完成全国重点区域的自然资源统一确权登记工作的基础上，适时启动非重点区域自然资源确权登记工作，最终实现全国自然资源确权登记全覆盖的目标。

四、保障措施

（一）加强组织领导。自然资源部和省级人民政府是组织实施自然资源确权登记工作的责任主体。要充分认识自然资源确权登记工作对支撑生态文明建设的重大意义，切实加强组织领导，建立多部门合作的协调机制，明确任务要求，保障工作经费，落实责任分工。自然资源部要加强对全国自然资源确权登记工作的指导监督，完善制度建设，会同有关部门及时协商解决工作中的重大问题，委托自然资源部不动产登记中心、中国国土勘测规划院、信息中心等单位承担由国家登记机构具体负责的自然资源统一确权登记组织实施工作。省级人民政府对本省行政区域内的自然资源确权登记工作负总责，要组织省级自然资源主管部门会同有关部门编制本省工作总体方案和年度工作计划，批准和指导监督省级及省级以下自然资源主管部门制定实施本级自然资源确权登记实施方案，创新工作机制，组织工作力量，落实工作责任，确保自然资源确权登记工作落到实处。

（二）强化统筹配合。各级自然资源主管部门要密切配合，形成合力，不折不扣完成自然资源确权登记工作任务。自然资源部要加强对各级登记机构开展自然资源确权登记工作的指导、监督，了解掌握各地工作推进情况并加强实时监管，及时叫停违法违规、损害所有者权益的登记行为，并追究有关单位和人员责任。县级以上地方人民政府和自然资源主管部门要配合、支持自然资源部做好自然资源权籍调查、界线核实、权属争议调处等相关工作。

（三）健全协调机制。各级自然资源主管部门要主动做好与生态环境、水利、林草等相关部门的沟通、协调，充分利用已有的自然资源统一确权登记基础资料，现有资料不能满足需要的，应该积极研究解决办法，必要时可开展补充性调查。加强数据质量审核评估和检查，确保基础数据真实可靠、准确客观。

（四）落实资金保障。自然资源确权登记和权籍调查，根据财政事权和支出责任划分，分别由中央财政和地方财政承担支出责任。

（五）做好宣传培训。各级自然资源主管部门要全面准确宣传自然资源统一确权登记的重要意义、工作进展与成效，加强全国自然资源统一确权登记工作经验交流，为自然资源统一确权登记工作营造良好舆论氛围。各级自然资源主管部门要加大培训力度，提升队伍素质，加强自然资源登记专业人才队伍建设。

自然资源部办公厅、国家市场监督管理总局办公厅关于推动信息共享促进不动产登记和市场主体登记便利化的通知

· 2019年10月12日
· 自然资办发〔2019〕44号

各省、自治区、直辖市自然资源主管部门、市场监督管理局（厅、委），新疆生产建设兵团自然资源主管部门、市场监督管理局：

为深化“放管服”改革，贯彻落实《国务院办公厅关于压缩不动产登记办理时间的通知》（国办发〔2019〕8号，以下简称“国办8号文件”）有关要求，切实解决企业群众办事遇到的堵点问题，现就推动部门间信息共享，促进不动产登记和市场主体登记便利化有关工作通知如下。

一、明确工作目标

推进不动产登记信息和市场主体登记信息互通共享，优化不动产登记和市场主体登记业务流程，进一步压减企业群众办事需要提交的纸质材料，提高不动产登记和市场主体登记服务效能，解决企业群众办事遇到的堵点问题。

二、健全信息共享机制

省级自然资源主管部门和市场监管部门应在已经建立的信息共享机制基础上，结合实际情况，统筹所辖市县通过政府数据共享交换平台或部门专线等方式，实现不动产登记信息、市场主体登记信息实时互通共享。自然资源主管部门可根据申请人提供的市场主体名称和统一社会信用代码，查询市场主体登记信息，对申请人出示的电子营业执照进行核验并获取市场主体登记信息和电子营业执照。其中，需要共享使用跨省域市场主体登记信息的，以及省级暂不具备信息共享条件的，可通过自然资源业务网或国家数据共享交换平台，申请共享市场主体登记信息和电子营业执照。市场监管部门可根据申请人依法依规提供的权利人姓名（名称）、证件号，以及产权证号、坐落、不动产单元号中的一个要素，组合进行查询，获取不动产登记信息中的权利人姓名（名称）、证件号、坐落、产权证号、规划用途、面积、共有情况等信息，为办理市场主体登记提供住所（经营场所）信息验证支撑。

自然资源主管部门将推动建设全国统一归集、省级集中部署的不动产登记系统，市场监管总局将启动建设全国统一系统，通过全国一体化政务服务平台或部际直联等途径共享全国不动产登记信息和市场主体登记信息，为各地自然资源主管部门和市场监管部门提供信息支撑。

三、优化不动产登记业务流程

各级自然资源主管部门要按照《不动产登记暂行条例》和国办8号文件的有关要求，优化不动产登记流程，充分利用市场监管部门共享的市场主体登记信息和电子营业执照，加强市场主体登记信息核验工作，推进纸质营业执照免提交。申请人持纸质营业执照办理不动产登记的，自然资源主管部门应通过信息共享，在线查询核验和获取市场主体登记信息，将电子营业执照文件或纸质营业执照扫描存档，无需申请人提交复印件。申请人出示电子营业执照办理不动产登记的，自然资源主管部门应核验、下载电子营业执照文件存档，无需当事人提交纸质营业执照原件或复印件。网上申请办理不动产登记的，自然资源主管部门应通过信息共享在线查验市场主体登记信息。

各级自然资源主管部门和市场监管部门应积极引导市场主体按照《市场监管总局关于印发〈电子营业执照管理办法（试行）〉的通知》（国市监注〔2018〕249号）有关要求，申领和使用电子营业执照。有条件的地方，省级市场监管部门要主动配合同级自然资源主管部门，通过

连接专线、配置必要转换设备，尽快实现本省域不动产登记环节具备市场主体电子营业执照信息验证和下载能力。暂不具备电子营业执照在线验证条件的地方，自然资源主管部门可在不动产登记办事大厅配备自助外网电脑和打印设备，引导当事人登录电子营业执照系统，在线核验和打印电子营业执照文件。

四、完善市场主体登记流程

各级市场监管部门要在严格执行当地人民政府关于住所（经营场所）登记管理政策的基础上，完善办理市场主体住所（经营场所）登记环节，充分利用自然资源主管部门共享的不动产登记信息，加强对当事人提交的住所（经营场所）信息的核验，尽量减少当事人提供相关住所（经营场所）的纸质证明。实际工作中，对于当事人提供的不动产坐落或产权证号等信息不规范的，各级自然资源主管部门和市场监管部门应尽量利用信息化手段提高查询效率，切实做到便民利企。

五、有关工作要求

（一）加强组织保障。省级自然资源主管部门和市场监管部门应充分认识推进不动产登记和市场主体登记便利化的重要意义，强化组织领导，根据各地实际情况，积极创造条件加快推进部门间信息共享。2019年底前，地级及以上城市两部门间应实现信息互通共享；2020年底前，所有市县两部门间应全部共享到位。

（二）明确使用责任。自然资源主管部门提供的不动产登记信息，市场监管部门应仅用于履行法定职责、办理市场主体登记等业务时对住所（经营场所）信息进行核验使用。市场监管部门提供的市场主体登记信息及电子营业执照，自然资源主管部门应仅用于履行法定职责、办理不动产登记等业务时对市场主体登记信息进行查询、核验和存档。要严格按规定使用共享信息，严禁超权限使用。

（三）确保信息安全。各级自然资源主管部门和市场监管部门应建立健全网络信息安全管理制度，完善安全防控技术体系，设置必要的安全防护设备，做好各项防范和应急处置工作，确保信息传输、存储和使用安全。

（四）做好宣传培训。各级自然资源主管部门和市场监管部门应加强对窗口工作人员的培训，确保准确掌握业务流程和办理方法，为企业群众提供优质服务。要加强宣传引导，让企业群众充分知晓便利化改革措施，营造良好环境，确保工作实效。

自然资源部办公厅关于完善信息平台网络运维环境推进不动产登记信息共享集成有关工作的通知

· 2019年6月17日

· 自然资办函〔2019〕1041号

各省、自治区、直辖市自然资源主管部门，新疆生产建设兵团自然资源主管部门：

为深入贯彻落实党中央、国务院关于深化“放管服”改革和《国务院办公厅关于压缩不动产登记办理时间的通知》（国办发〔2019〕8号）要求，有效解决当前部门间网络联通、信息共享、业务协同等方面存在的实际困难，现就完善不动产登记信息管理基础平台（以下简称“信息平台”）网络运维环境，推动不动产登记信息共享集成有关工作通知如下：

一、总体要求

坚持以人民为中心，以保障信息安全为前提，以不动产登记流程优化图为依据，力争在2～3年内，全国所有地级及以上城市和具备条件的县区，从三个层面，分步骤完成信息平台布局优化和安全防护工作：将与企业和群众互动紧密的申请、受理等业务环节在2020年底前迁移至互联网运行，实现借助各种终端设备随时随地可申请、可查看；将审核、登簿等业务环节及数据迁移至与互联网逻辑隔离的电子政务外网（以下简称“政务外网”），与各级政府、相关部门政务服务平台应通尽通，实现跨地区、跨部门、跨层级网络互联和信息互通共享；将不动产空间图形数据及权籍调查成果审核环节部署在与互联网物理隔离的业务内部局域网（以下简称“业务内网”），确保数据安全。在此基础上，统筹推进信息互通共享和“互联网+不动产登记”，大幅精简材料、节约成本、压缩时间、提高效率，切实增强企业和群众改革获得感。

二、主要任务

（一）在互联网上构建“一窗受理、并行办理”的不动产登记网上办事大厅，推行线上统一申请、集中受理和自助查询。各地应依托互联网上的当地政府或本部门政务服务平台，充分利用已有线上“一窗受理”平台，坚持以为企业和群众“办好一件事”为标准，研发部署不动产登记、交易监管和税收征缴全流程、全环节的在线受理系统，建设省级或市级统一的不动产登记网上办事大厅，将线下不动产登记“一窗受理、并行办理”延伸到线上，实现24小时“不打烊”。企业和群众经身份核验后，可在线提交申请、线上反馈受理结果，自动分发各相关部门并行办理有关业务，提供网上预约、网上支付、网上查询等服务。部将在互联网上建立全国不动产登记业务受理门户,与各地不动产登记在线受理系统关联,为企业和群众提供全国各地不动产登记申请入口服务。

(二)积极稳妥地将不动产登记审核、登簿、缮证业务迁移至政务外网,强化部门系统对接和信息互通。各地应积极稳妥地将当前主要部署在业务内网的审核(权籍调查成果审核除外)、登簿、缮证环节业务和不动产登记数据库(不含空间图形数据),通过等保测评后逐步迁移部署到政务外网,并做好信息平台与政府数据共享交换平台或部门业务系统的对接。在审核环节,应充分利用税务部门推送和其他部门共享的信息,实现在线比对校验。在登簿环节,同时将登记结果和登簿日志实时写入政务外网不动产登记数据库,同步自动导入业务内网不动产登记数据库,并通过自然资源业务网实时接入省级和国家信息平台。

(三)严格规范地将不动产权籍调查成果审核业务部署在业务内网,确保信息保密安全。各地应将本辖区不动产权属调查、不动产测绘、基础地理等空间图形数据及审核业务部署在业务内网。申请不动产首次登记或涉及界址界限变化的不动产变更登记时,申请人提交的不动产界址、空间界限、面积等权籍调查成果,应在受理后导入业务内网不动产登记数据库;大于 6 平方公里的权籍调查成果数据需严格保密,通过离线方式导入。权籍调查审核结果应及时离线反馈至外网系统,支撑登记审核业务需要。

(四)大力推动信息互通共享,有力支撑不动产登记提速增效。各地应积极推动当地政府履行信息共享集成的主体责任,进一步梳理各类登记业务信息需求,了解相关部门数据存储层级及其网络环境,制定详细的共享工作计划,对接政务服务部门和相关单位,因地制宜推进信息共享。条件允许的地方,应尽快完成内外网迁移工作,将业务系统联通当地政府数据共享交换平台;暂时无法完成网络迁移的地方,应尽快将业务系统与部署在自然资源业务网上的不动产登记精准查询节点联通,支撑一线登记窗口实时在线获取相关部门信息,服务在线比对校核工作。部将协调相关部门,力争对国家层面归集存储的自然人身份、法人和非法人组织统一社会信用代码、金融许可证、司法判决书、婚姻登记、涉及人员单位的地名、死亡医学证明信息提供部际"总对总"共享服务。各级要优势互补,各负其责,齐抓共推,形成合力。能够通过共享获取或核验的信息,不得要求企业群众重复提交。

(五)加快推进存量数据整合,全力支撑信息共享集成。各地要积极开展不动产权籍补充调查,加快存量数据整合与质量提升,2019 年底前,确保所有市县实现城镇国有建设用地使用权和房屋所有权存量现势登记数据清理、关联挂接、补录补测、整合入库与更新汇交工作。2020 年底前,力争基本完成城镇国有建设用地使用权和房屋所有权的存量历史登记数据整合汇交工作,夯实不动产登记信息基础。

三、组织实施

(一)加强组织领导。省级自然资源主管部门要加强统筹协调,组织指导各市县制定详细实施方案,明确时间表、路线图和责任人,积极争取地方党委政府支持,加大对完善信息平台网络运维环境所需软硬件设备的经费保障力度,做实做细做好工作,确保按期完成各项任务。

(二)严格安全防护。各地应根据国家网络安全法律规定,切实加强信息平台网络、服务器、数据、系统等方面的安全防护,在内外网运维环境通过三级等保测评后,逐步完成相关系统迁移。互联网与政务外网之间通过双向网闸、政务外网与业务内网之间通过单向网闸和离线摆渡方式实现数据互通。完善不动产登记信息安全应急预案,定期开展演练,设置信息平台强口令,定期修改密码。对权利人名称及证件号码等数据项进行加密存储和传输,界面展示时,予以去标识化处理,保护好个人敏感信息。

(三)切实便民利企。各地应积极创造条件,加快完善信息平台网络运维环境,推动信息互通共享和"互联网+不动产登记",切实解决群众办事遇到的"堵点""难点"问题,不断提升不动产登记便民利企服务水平。

司法部、自然资源部关于印发《关于推进公证与不动产登记领域信息查询共享机制建设的意见》的通知

· 2018 年 12 月 18 日
· 司发通〔2018〕132 号

各省、自治区、直辖市司法厅(局)、自然资源主管部门,新疆生产建设兵团司法局、自然资源主管部门:

为深化落实党中央、国务院"放管服"改革要求,提高公证服务和不动产登记工作效率,切实保障当事人合法权益,维护司法权威,推动社会信用体系建设,我们制定了《关于推进公证与不动产登记领域信息查询共享机制建设的意见》,现印发给你们,请认真贯彻执行。

关于推进公证与不动产登记领域信息查询共享机制建设的意见

为深化落实党中央、国务院"放管服"改革要求,提高公证服务和不动产登记工作效率,切实保障当事人合法权益,维护司法权威,推动社会信用体系建设,根据《中华人民共和国公证法》《不动产登记暂行条例》等有关规定,司法部、自然资源部就推进公证与不动产登记领域信息查询共享机制建设提出如下意见:

一、明确目标,积极推进部门信息共享

各级司法行政机关和自然资源主管部门按照依法、有序、安全、高效的原则,在现有工作基础上,联合推进公证与不动产登记领域信息查询共享机制建设,是贯彻落实中央改革任务,加快推进政务服务"一网通办"和企业群众办事"只进一扇门""最多跑一次"的重要举措,有利于进一步提升公证和不动产登记便民利民服务能力和水平。

司法部和自然资源部应积极推进部门间"总对总"信息查询共享机制建设。双方采用专线连接并设置内网前置机的方式,各自汇集各个司法行政机关和自然资源主管部门对跨地区不动产登记信息、公证信息的查询申请,分别提交至国家级不动产登记信息管理基础平台、司法部政务管理平台,采用接口方式调用,实现基于全国数据库查询结果的传输交换,以满足公证和不动产登记领域对跨地区业务办理的需要。

各地司法行政机关和自然资源主管部门应积极推进同级部门间"点对点"信息查询共享机制建设。已建立"点对点"信息查询共享机制的地区,应按照司法部、自然资源部有关技术规范要求进一步完善系统。尚未建立"点对点"信息查询共享机制的地区,应加快同级部门间网络对接和信息共享机制建设。

各地司法行政机关和自然资源主管部门应积极推进"点对总"信息查询共享机制建设。各地司法行政机关要确保实现与司法部政务管理平台的对接互通,自然资源部主管部门要确保实现与国家级不动产登记信息管理基础平台的实时互通,实现跨地区查询不动产登记信息和公证信息。

二、突出重点,着力提高规范化水平

各级司法行政机关和自然资源主管部门通过专线或其他方式建立信息查询共享通道,依法查询核实公证和不动产登记申办当事人提供的不动产登记信息、公证信息的真实性和有效性。

司法行政机关提交的查询申请应当载明公证机构名称、公证员及联系方式、具体查询事项、当事人的姓名或名称、公民身份证号码或者统一社会信用代码等特定主体身份信息及不动产坐落(不动产权证号或不动产单元号)等内容;自然资源主管部门依法查询后,反馈不动产权利人和不动产坐落、面积、共有情形、登记时间等基本情况及抵押、查封、预告、异议登记等信息。

自然资源主管部门提交的查询申请应当载明不动产登记机构名称、查询人员及联系方式、具体查询事项、公证文书编号等内容;司法行政机关依法查询后,反馈委托公证、继承公证等与不动产登记有关的公证文书编号及文书内容等信息。

三、落实责任,确保信息安全

各地公证机构和不动产登记机构要严格按照"谁承办、谁提起、谁负责"的原则,通过强化管理、规范工作流程、细化工作要求,依法依规相互做好协助查询工作。对网络查询的结果,必要时可到相应公证机构和不动产登记机构进行现场核验。网络查询结果与实际信息不一致的,以实际信息为准。

各级司法行政机关和自然资源主管部门要高度重视信息安全保密工作,严格执行公证和不动产登记资料查询制度,依法使用查询结果,不得将查询信息泄漏和用于查询请求事项之外的用途,并通过建立健全严格的规章制度和采取必要措施,隔离内外部网络,建立必要的技术隔离措施,保护敏感信息,杜绝超权限操作,确保信息安全。

四、统筹协调,深化拓展部门合作

司法部和自然资源部应有序推进部门间常态化的信息查询共享机制建设,构建和完善信息动态更新机制,推进公证机构与不动产登记机构的业务协同和服务创新,积极开展一条龙、一站式、一体化服务,为人民群众提供更加便捷、高效的服务。

省级司法行政机关和自然资源主管部门可以根据本意见,结合本地实际,制定贯彻实施意见。对执行本意见的情况和工作中遇到的问题,要及时报告司法部、自然资源部。

附件:司法部、自然资源部网络查询技术规范(试行)(略)

自然资源部办公厅、国家林业和草原局办公室关于进一步规范林权类不动产登记做好林权登记与林业管理衔接的通知

· 2020年6月3日
· 自然资办发〔2020〕31号

各省、自治区、直辖市自然资源主管部门、林业和草原主管部门，新疆生产建设兵团自然资源主管部门、林业和草原主管部门：

为落实党中央、国务院关于不动产统一登记的要求，适应林业发展改革需要，解决林权类不动产登记工作不规范、不到位等问题，坚持不变不换、物权法定、便民利民原则，全面履行林权登记职责，现就有关事项通知如下。

一、规范登记业务受理

各地不动产登记机构（以下简称“登记机构”）要将林权登记纳入不动产登记一窗受理。除法定不予受理情形外，不得以登记资料未移交、数据未整合、调查测量精度不够、地类重叠等原因拒绝受理。

（一）原有权机关依法颁发的林权证书继续有效，不变不换。权利人申请换发林权证书的，按照不动产统一登记要求办理。单独申请森林、林木登记的，不予受理。

（二）当事人要求对已登记的联户林地拆宗申请办理登记的，按照“愿联则联、愿单则单”的原则，由发包方组织相关权利人拆宗，并订立权属无争议、界址清晰、四至明确的林地承包合同后，登记机构依法办理转移登记。

（三）已登记的林地经营权，经营权流转合同依法解除或者合同期限届满未续约的，经营权权利人可以申请经营权注销登记。

（四）当事人以农民集体所有或国家所有依法由农民集体使用的林地、林木进行依法抵押的，登记机构依法办理抵押登记。

二、依法明确登记权利类型

登记机构要适应改革要求，根据《中华人民共和国土地管理法》《中华人民共和国森林法》《中华人民共和国农村土地承包法》等明确规定的权利类型，依法登记。

（五）国家所有的林地和林地上的森林、林木。

国家所有的林地和林地上的森林、林木，按照有批准权的人民政府或者主管部门的批准文件，依法确定给林业经营者使用的，权利类型登记为林地使用权/森林、林木使用权。

（六）集体所有或国家所有依法由农民集体使用的林地和林地上的林木。

1. 以家庭承包方式承包农民集体所有或国家所有依法由农民集体使用的林地从事林业生产的，依据承包合同，权利类型登记为林地承包经营权/林木所有权。

2. 在自留山等种植林木的，依据相关协议或材料，权利类型登记为林地使用权/林木所有权。

3. 未实行承包经营的集体林地以及林地上的林木，由农村集体成立的经济组织统一经营的，依据相关协议或材料，权利类型登记为林地经营权/林木所有权。

4. 采取招标、拍卖、公开协商等家庭承包以外的方式承包荒山荒地荒滩荒沟等农村土地营造林木的，除合同另有约定外，权利类型登记为林地经营权/林木所有权。

5. 农村集体经济组织统一经营的林地、家庭承包和以其他方式承包的林地，依法流转和再流转林地经营权期限5年以上（含5年）的，依据合同约定，权利类型登记为林地经营权/林木所有权或者林地经营权/林木使用权。

三、创新方式开展林权地籍调查

登记机构要按照相关标准规范，充分利用已有成果，创新方式开展地籍调查，做好林权地籍资料核验。

（七）整宗林地的变更、转移、抵押等登记，要充分利用已有林权登记附图和调查成果办理，矢量数据转换导入，纸质图件转绘录入，形成宗地图层，林草部门和权利人、利害关系人配合核实确认界址，不得要求申请人提交调查成果。

（八）原林权登记档案因图件缺失、界址不清楚无法确定位置的，应根据权属来源资料，在不低于1:10000的遥感影像图上绘制边界，登记机构会同林草部门组织申请人和利害关系人依图辨别或现场勘查明确四至界线，签字确认后办理登记。

（九）本集体经济组织及其成员林权首次登记未完成或者确需开展补充调查的，由登记机构采取“办理一宗、更新一宗”的方式，通过购买服务或组织专业调查队伍，逐宗开展地籍调查，不得增加申请人负担。

（十）林权转移、抵押、流转等涉及已登记的林权界址发生变化的，由当事人自行提供地籍调查成果。

四、积极稳妥解决难点问题

各级登记机构、林草部门要切实维护群众权益，依法依规解决权属交叉、地类重叠等难点问题。

（十一）属于林地承包或流转合同问题引发权属交叉重叠的，由当事人通过协商、承包经营纠纷仲裁、诉讼解决后，再办理登记；属于林木所有权和林地使用权存在争议的，由乡镇人民政府或者县级以上人民政府依法处理，争议解决程序完结后，再办理登记；属于登记错误或

技术衔接问题的，由登记机构告知权利人和利害关系人，依法办理更正登记。

（十二）除“一地多证”以及已合法审批的建设用地外，对于分散登记时期因管理不衔接等原因，导致林权证范围内存在耕地、草地等其他情形，权利人申请登记的，登记机构应当办理，保障林权正常流转。地类重叠问题能同时解决的，可一并解决。

（十三）原林业部门已经登簿但尚未向权利人发放林权证的，根据权利人申请，由登记机构会同林草部门对原登记信息进行核实，核实无误的，按照不动产登记簿的标准进行转换，并发放林权类不动产权证。核实发现权属交叉重叠、登记错误等情况的，会同林草部门依法解决后再登簿发证。

五、加快数据资料整合移交

各级登记机构、林草部门要密切配合，基于同一张底图、同一个平台，加快数据资料整合。数据整合不得推倒重来，要最大化利用原林权登记数据，根据位置内业落图，在不做大量外业的前提下实现数据的基本整合。各地要在2020年底前完成数据整合和资料移交，2021年底基本完成数据建库，并汇交到自然资源部。

（十四）原林权登记纸质资料和电子数据全部整合移交至登记机构。原林权登记资料存放在档案部门的，由林草部门会同登记机构协调档案部门移交至登记机构或者建立电子档案共享机制。

（十五）边整合、边移交、边入库。林草部门和登记机构要共同做好原林权登记存量数据整合移交入库。林草部门要尽快整合原林权登记数据和档案，并及时分批移交。登记机构要做好数据接收和建库，编制不动产单元代码，保留并关联原林权登记编号，及时将入库信息反馈林草部门。纸质资料数字化要真实反映原登记成果，不得随意调整。对数据内容缺失、格式不符的，要结合现有档案资料及时采集和补录。非技术精度原因造成的权利交叉、地类重叠，在数据库中备注。

（十六）在数据资料整合移交过渡期，登记机构要会同林草部门建立内部协调办理机制，按照受理一宗、调取一宗、整合一宗的方式保障林权登记的正常办理，不得要求当事人自行提取原林权登记资料。

六、加强林权登记和林业管理工作衔接

林权登记和林业管理要加强工作衔接，统筹协调解决工作推进中的重大问题，推进信息互通共享，内部能够获取的材料不得要求当事人提供，避免折腾群众反复跑路。

（十七）推进信息共享。各级登记机构和林草部门应建立信息共享机制，实现不动产登记信息管理基础平台与林权综合监管平台无缝对接，通过数据交换接口、数据抄送等方式，实现林权审批、交易和登记信息实时互通共享。推动建立信息公开查询系统，方便社会依法查询。

（十八）夯实工作基础。各级登记机构要加强学习培训和自身能力建设，积极争取党委政府在政策、人员、经费等方面的支持。搭建软硬件环境，完善登记信息系统，注意数据管理安全，加快推进互联网+登记，提升登簿质量，及时汇交数据，公示办事指南。

自然资源部负责国务院确定的国家重点林区（以下简称重点林区）不动产登记，按照《国土资源部 国家林业局关于国务院确定的重点国有林区不动产登记有关事项的通知》（国土资发〔2016〕190号）文件执行，并与自然资源确权登记做好衔接。原林业部门颁发的重点林区林权证继续有效，已明确的权属边界不得擅自调整。

本通知自2020年7月1日起执行，各省级登记机构要督促推进各县市区林权登记工作，每季度向部报送进展情况。

农村集体土地所有权确权登记发证成果检查验收办法

·2012年11月18日

·国土资厅发〔2012〕54号

1　总　则

1.1　目的

为保证全国农村集体土地所有权确权登记发证成果质量，规范统一自查、验收、检查和抽查（统称为检查验收）的程序、内容和方法，特制定本办法。

1.2　适用范围

本办法适用于本次农村集体土地所有权确权登记发证成果的自查、验收、检查和抽查，国土资发［2011］60号文件下发前形成的农村集体土地所有权确权登记发证成果，按当时的规范和标准一并检查验收。

1.3　检查验收依据

a)《土地调查条例》（中华人民共和国国务院令第518号，2008年）。

b)《土地登记办法》（中华人民共和国国土资源部令第40号，2007年）。

c)《确定土地所有权和使用权的若干规定》（［1995］国土［籍］字第26号，1995年）。

d)《国土资源部、财政部、农业部关于加快推进农村集体土地确权登记发证工作的通知》(国土资发[2011]60号)。

e)《国土资源部、中央农村工作领导小组办公室、财政部、农业部关于农村集体土地确权登记发证的若干意见》(国土资发[2011]178号)。

f)《国土资源部关于严格落实农村集体土地所有权确权登记发证全覆盖的通知》(国土资电发[2012]41号)。

g)《国土资源部关于依法加快集体土地所有权登记发证工作的通知》(国土资发[2001]359号)。

h)《土地权属争议调查处理办法》(中华人民共和国国土资源部令第17号,2003年)。

i)《土地调查条例实施办法》(中华人民共和国国土资源部令第45号,2009年)。

j)《土地利用现状分类标准》(GB/T 21010-2007)。

k)《城镇地籍数据库标准》(TD/T 1015-2007)。

l)《土地利用数据库标准》(TD/T 1016-2007)。

m)《地籍调查规程》(TD/T 1001-2012)。

2　检查验收的组织

农村集体土地所有权确权登记发证成果采取四级逐级检查验收,即县级自查、地市级验收、省级检查和国家级抽查,组织工作由同级加快推进农村集体土地确权登记发证工作领导小组办公室负责,具体检查验收范围和比例由同级加快推进农村集体土地确权登记发证工作领导小组办公室依据本办法的要求,结合本地实际情况,按村、组或面积或宗地数确定。

设区的市统一实施农村集体土地所有权确权登记发证工作的,由市级单位统一开展自查工作,省级单位组织验收。

各省(区、市)已有规定统一实施省级验收的,要与本办法做好衔接。

2.1　县级自查

a)县级自查应100%覆盖所有成果,并编制自查报告。

b)县级加快推进农村集体土地确权登记发证工作领导小组办公室应及时申请地市级验收。申请时应提交县级成果自查报告。

2.2　地市级验收

a)地市级验收以县(区、市)为单位开展,要覆盖本地市所辖全部县级单位。

b)地市级验收的外业抽查率不小于3%,内业抽查率不小于4%,并形成验收报告。验收后,被验收单位应按照验收报告的要求进行整改,编制整改报告,并提交地市级加快推进农村集体土地确权登记发证工作领导小组办公室备案。

c)地市级加快推进农村集体土地确权登记发证工作领导小组办公室应及时向省级加快推进农村集体土地确权登记发证工作领导小组办公室提交地级市验收报告。

2.3　省级检查

a)省级检查覆盖全部地市(包括省直管县级市),每个地市不少于2个县级单位,每个县级单位外业抽查率不小于2%,内业抽查率不小于3%。

b)省级检查要形成检查报告,并及时将省级检查报告报全国加快推进农村集体土地确权登记发证工作领导小组办公室备案并做好接受国家级抽查的准备。

2.4　国家级抽查

a)国家级抽查由全国加快推进农村集体土地确权登记发证工作领导小组办公室负责组织,以省(市、区)为单位开展。

b)对一个省(市、区)国家级抽查的县级单位数量不小于5%且不少于5个。

c)抽查完成后应编制国家级抽查评价意见,并反馈省级农村集体土地确权登记发证工作领导小组办公室。

2.5　检查验收后处理

d)自查、验收、检查、抽查过程中发现有不符合技术标准或政策要求成果时,应及时提出处理意见,并督促被检查验收单位进行整改。

e)验收不合格的,被验收单位整改后再申请验收。

f)检查验收工作完成后,被检查验收单位应建立检查验收工作档案。档案的内容包括验收申请、验收通知、各种检查表、检查报告或验收报告、整改报告等。

3　检查验收资料准备

检查验收资料由县级加快推进农村集体土地确权登记发证工作领导小组办公室统一组织制备。具体包括下列资料:

a)地籍调查资料。主要包括地籍调查表(集体土地权属调查表、土地权属界线协议书)宗地图、土地权属争议原由书、控制测量成果、地籍图、界址点测量成果、面积分类统计汇总成果等。

b)土地登记资料。主要包括土地登记申请书、土地登记审批表、土地登记卡、土地归户卡等。

c)信息化成果。主要包括农村集体土地所有权登记数据库、数字化档案等。

d)文件资料。主要包括工作方案、实施方案、技术设计书、工作报告、技术报告、检查验收文件、工作简报、自查报告、检查记录、整改记录、工作日志,各类通知、意见、纪要等工作组织实施和技术政策规范文件等。

4 检查验收的程序

一般按照检查验收准备、内外业检查、形成检查验收报告、检查验收总结的步骤开展检查验收工作。

4.1 检查验收准备

a)检查验收组工作准备。

1)推荐确定检查验收组长。

2)确定外业小组和内业小组的专家。

3)确定外业巡查、抽样检测的区域、内容、线路、方法和所需的仪器设备。

4)确定内业资料检查的重点和方法。

5)告知项目承担单位需要做的准备工作。

b)检查验收组开展内外业检查之前,应召开检查验收工作布置会议。会议内容包括。

1)介绍参加会议的领导、代表等情况,宣布验收组成员。

2)被检查验收单位做工作报告、技术报告、检查验收报告或整改报告。

3)检查验收组质询。

4)被检查验收单位答疑。

5)布置内外业检查工作。

4.2 内外业检查

a)外业小组按验收规定进行巡视对照、检测、审查成果资料,并做好检查记录。

b)内业小组按验收规定审查成果资料,并做好检查记录。

c)检查验收组针对内外业检查情况提出质询,被检查验收单位答疑。

4.3 形成检查验收报告

a)检查验收组召开内外业验收情况碰头会,形成验收报告。

b)检查验收报告的主要内容和要求如下。

(一)检查验收的组织形式、时间、对象。

(二)检查验收依据。

(三)提交检查验收的成果资料。

(四)检查验收数量。

(五)总体评价。

1. 工作评价。组织领导、经费落实、工作计划安排以及加快推进农村集体土地确权登记发证工作领导小组在确权和登记发证工作中的业务指导和质量监管等方面的情况。

2. 成果评价。根据检查验收情况,实事求是地对成果进行评价。

3. 整改意见。列出所发现的问题或缺陷,要求在规定的时间内进行整改。

4. 检查验收结论。确定是否通过验收或出具检查结论。

(六)检查验收组签名。

组长:

组员:

4.4 检查验收总结

形成检查验收报告后,应召开检查验收总结会,会议的主要内容包括。

1)介绍内外业检查情况。

2)宣读检查验收报告。

3)被检查验收单位负责人发言。

4)相关领导讲话。

4.5 终止验收

有下列情形之一的,应评定为不合格,验收组可决定终止验收。

a)农村集体土地所有权地籍调查未全面完成(表1中指标6地籍调查完成率小于90%)。

b)农村集体土地所有权土地权属争议底数(表1中指标5权属争议地面积和宗地数)不清。

c)农村集体土地所有权确权登记未全面完成(表1中指标7确权登记完成率小于90%)。

d)无技术设计书(技术方案、工作方案)或作业过程和方法不符合技术设计书(技术方案、工作方案)要求。

e)起算数据错误或界址点测量存在系统性错误(表3-1中指标4起算数据错误)。

f)其他不合格的情形。

5 检查验收的方法与内容

检查验收工作主要采用外业巡查、外业抽样检测、内业查看的方法开展,重点检查成果的完整性、规范性和一致性。检查验收的主要内容包括任务完成情况、权属调查成果、地籍测量成果、土地登记成果、文件资料、数据库成果等。

5.1 任务完成情况检查

通过内业统计检查任务完成情况,填写表1。主要内容有应完成地籍调查的面积/宗地数、已完成地籍调查的面积/宗地数、应确权登记的面积/宗地数、已确权登记的面积/宗地数、争议地的面积/宗地数、地籍调查完成率

(面积/宗地数)、确权登记完成率(面积/宗地数)等。

5.2 权属调查成果检查

通过内业资料和外业实地查看的方法检查权属调查成果,填写表2。检查的内容如下。

a)宗地代码编制是否正确,做到不重不漏。

b)权源文件是否齐全、有效、合法。

c)权属调查确认的权利人、权属性质、用途、年限等信息与权源材料上的信息是否一致。

d)集体土地权利主体和主体代表认定是否正确。

e)指界手续和材料是否齐备。

f)界址点位和界址线是否正确、有无遗漏,界址点的设置、界址线描述与实地是否一致,界标设置是否规范。

g)界址点和界线描述与宗地草图标绘是否一致。

h)宗地草图内容是否与实地相符、齐全、清晰易读、完整正确。

i)有关表格填写是否完整、清晰,文字描述是否简练、准确,结论是否清楚、正确,手续是否完备。

j)土地权属争议原由是否清楚,争议范围是否准确。

k)地籍图与地籍调查表、集体土地权属调查表、土地权属协议书、土地权属争议原由书的描述是否一致。

l)集体土地所有权宗地内国有土地、飞地是否扣除。

5.3 地籍测量成果检查

采用外业实地查看和内业资料查看的方法检查地籍测量成果,填写表3-1和表3-2。检查的内容如下。

a)坐标系统、地图投影、分带是否符合要求。

b)控制测量资料是否完整规范。

c)施测方法是否正确,各项误差有无超限。

d)起算数据是否正确、可靠。

e)成果精度是否符合规定。

f)地籍图上地籍、地形要素是否错漏。

g)图式使用是否正确,图面整饰是否清晰完整,各种符号、注记是否正确。

h)图廓整饰及图幅接边是否符合要求。

i)集体土地所有权宗地面积量算方法及结果、分类面积汇总是否正确。

5.4 土地登记成果检查

通过内业资料查看的方法检查土地登记成果,填写表4。检查的内容如下。

a)是否使用国家规定的土地登记表格。

b)是否依据有关法律、法规、规章、规程和规范性文件进行土地确权登记。

c)土地登记资料是否缺失、不规范或存在错误。

d)土地登记结果是否正确,是否按规定程序进行公告。

e)土地登记卡是否填写齐全并加盖人民政府印章或土地登记专用章。

f)土地登记申请书、审批表、登记卡、归户卡、土地证书是否一致,填写是否规范。

g)土地登记审批表审核意见是否填写土地登记上岗资格证号。

h)土地登记程序是否合法。

5.5 文件资料检查

通过内业资料查看的方法检查文件资料,填写表5。检查的内容如下。

a)组织机构是否健全。

b)项目经费是否足额并及时到位。

c)各种管理文件是否齐全。

d)技术设计书(技术方案、工作方案)是否经过审定。

e)技术方法、技术手段、作业程序、质量控制是否与技术文件具有一致性。

f)填写的检查记录和检查结论是否真实。

g)检查比例是否符合规范要求。

5.6 成果信息化检查表

通过内业资料查看的方法检查数据库,填写表6。检查的内容如下。

a)权属调查数据是否入库。

b)地籍测量数据是否入库。

c)登记审批数据是否入库。

d)地籍档案是否数字化。

e)是否具有数据浏览功能。

f)是否具有数据输入与输出功能。

g)是否具有数据编辑功能。

h)是否具有数据查询功能。

i)是否具有数据统计分析功能。

6 检查验收的时间要求

按照本办法,县级自查、地市级验收原则上2012年12月31日前完成,省级检查原则上2013年6月30日前完成,国家级抽查原则上2013年9月30日前完成。

7 附 表

7.1 表1 任务完成情况检查表

表 1 工作任务完成情况检查表

单位:公顷、宗

行政区名称:

行政区总面积: 其中集体土地面积:

序号	权利主体指标		村民小组农民集体	村农民集体	乡镇农民集体	合计	备注
1	应完成地籍调查	面积					
		宗地数					
2	已完成地籍调查	面积					
		宗地数					
3	应确权登记	面积					
		宗地数					
4	已确权登记	面积					
		宗地数					
5	权属争议地	面积					
		宗地数					
6	地籍调查完成率	面积					
		宗地数					
7	确权登记完成率	按面积					
		按宗地数					
结论							

检查员: 检查日期:

注:1=3,6=2÷1,7=4÷(3-5)

7.2　表2　权属调查成果检查表

表2　权属调查成果检查表

行政区名称：

序号	检查内容	评价
1	宗地代码编制是否正确，做到不重不漏	
2	权源文件是否齐全、有效、合法	
3	权属调查确认的权利人、权属性质、用途、年限等信息与权源材料上的信息是否一致	
4	集体土地权利主体和主体代表认定是否正确	
5	指界手续和材料是否齐备	
6	界址点位和界址线是否正确、有无遗漏，界址点的设置、界址线描述与实地是否一致，界标设置是否规范	
7	界址点和界线描述与宗地草图标绘是否一致	
8	宗地草图内容是否要素齐全、清晰易读、完整正确	
9	有关表格填写完整、清晰，文字描述简练、准确，结论清楚、正确，手续完备、无漏项	
10	土地权属争议原由是否清楚，争议范围是否准确	
11	地籍图与地籍调查表、集体土地权属调查表、土地权属协议书、土地权属争议原由书的描述是否一致	
12	集体土地所有权宗地内国有土地、飞地是否扣除	
结论		

检查员：　　　　　　　　　　　　检查日期：

7.3　表3　地籍测量成果检查表

表3-1　地籍测量成果检查表

行政区名称：

序号	检查内容	评价
1	坐标系统的选择、地图投影、分带是否符合要求	
2	控制测量资料是否完整规范	
3	施测方法是否正确，各项误差有无超限	
4	起算数据是否正确、可靠	
5	成果精度是否符合规定	
6	地籍图上地籍、地形要素是否错漏	
7	图式使用是否正确，图面整饰是否清晰完整，各种符号、注记是否正确	
8	图廓整饰及图幅接边是否符合要求	
9	集体土地所有权宗地面积量算方法及结果、分类面积汇总是否正确	
结论		

检查员：　　　　　　　　　　　　检查日期：

表 3-2 界址点精度检查表

行政区名称：

序号	界址点号	界址点坐标		检查坐标					
		X 值	Y 值	X 值	Y 值	△X	△Y	△L	$\triangle L^2$
1									
N									
合计									
中误差 $M=\mathrm{sqrt}(\sum[\triangle L^2]/2N)$									
结论									

检查员：　　　　　　　　　　　　　　　　检查日期：

7.4　表4　土地登记成果检查表

表4　土地登记成果检查表

行政区名称：

序号	检查内容	评价
1	是否使用国家规定的土地登记表格	
2	是否依据有关法律、法规、规章、规程和规范性文件进行土地确权登记	
3	土地登记资料是否缺失、不规范或存在错误	
4	土地登记结果审查是否正确，是否按规定程序进行公告	
5	土地登记簿填写齐全并加盖人民政府印章或土地登记专用章	
6	土地登记申请书、审批表、登记卡、归户卡、土地证书是否一致，填写是否规范	
7	土地登记审批表是否填写土地登记上岗资格证号	
8	土地登记程序是否合法	
结论		

检查员：　　　　　　　　　　　　　　　　　　检查日期：

7.5　表5　文件资料检查表

表5　文件资料检查表

行政区名称：

序号	检查内容	评价
1	组织机构是否健全	
2	项目经费是否足额并及时到位	
3	各种管理文件是否齐全	
4	工作程序和要求是否符合法律、法规、规章和政策文件规定	
5	技术设计书(技术方案、工作方案)是否经过审定	
6	技术方法、技术手段、作业程序、质量控制是否与技术文件具有一致性	
7	填写的检查记录和检查结论是否真实	
8	检查比例是否符合规范要求	
结论		

检查员：　　　　　　　　　　　　　　　　　　检查日期：

7.6 表6 成果信息化检查表

表6 成果信息化检查表

行政区名称：

序号	检查内容		评价
1	数据库内容检查	权属调查数据是否入库	
2		地籍测量数据是否入库	
3		登记审批数据是否入库	
4		地籍档案是否数字化	
5	功能检查	是否具有数据浏览功能	
6		是否具有数据输入与输出功能	
7		是否具有数据编辑功能	
8		是否具有数据查询功能	
9		是否具有数据统计分析功能	
结论			

检查员： 检查日期：

农村土地承包经营权确权登记颁证档案管理办法

·2014年11月20日

·农经发〔2014〕12号

第一条 为了规范农村土地承包经营权确权登记颁证工作，加强管理和有效利用农村土地承包经营权确权登记颁证档案，根据《档案法》、《农村土地承包法》和《物权法》等有关法律法规，制定本办法。

第二条 本办法所称农村土地承包经营权确权登记颁证档案是指在农村土地承包经营权确权登记颁证（以下简称承包地确权）工作中形成的，对国家、社会和个人有保存价值的文字、图表、声像、数据等各种形式和载体的文件材料的总称，是承包地确权的重要凭证和历史记录。

第三条 本办法所称承包地确权档案工作是指承包地确权档案的收集、整理、鉴定、保管、编研、利用等工作。

第四条 承包地确权档案工作坚持统一领导、分级实施、分类管理、集中保管的原则。承包地确权档案工作应当与承包地确权工作同步部署、同步实施、同步检查、同步验收。

第五条 县级以上农村土地承包管理部门负责对本级承包地确权档案工作的领导，将档案工作纳入本行政区域内承包地确权工作中统筹规划、组织协调、检查验收；同级档案行政管理部门负责对承包地确权文件材料的形成、积累、归档和移交工作进行业务培训和监督指导。

第六条 县级以上农村土地承包管理部门和档案行政管理部门应当建立健全承包地确权文件材料的收集、整理、归档、保管、利用等各项制度，确保承包地确权档案资料的齐全、完整、真实、有效。

第七条 县、乡（镇）和村应当将承包地确权文件材料的收集、整理、归档纳入总体工作计划。县、乡（镇）要制定相关工作方案、健全档案工作规章制度、落实专项工作经费、指定工作人员、配备必要设施设备，确保档案完整与安全。

第八条 承包地确权档案主要包括综合管理、确权登记、纠纷调处和特殊载体类，其保管期限分为永久和定期。具有重要凭证、依据和查考利用价值的，应当永久保存；具有一般利用保存价值的，应当定期保存，期限为30年或者10年。具体应当按照本办法《农村土地承包经营权确权登记颁证文件材料归档范围和档案保管期限表》（见附件）进行收集并确定保管期限。

县、乡（镇）和村在组织归档时，对同一归档材料，原则上不重复归档。因工作特殊需要的，可以建立副本。

第九条 承包地确权纸质档案应按照《文书档案案卷格式》（GB/T9705－2008）和《归档文件整理规则》

(DA/T22-2000)等有关标准要求进行整理。

第十条　确权登记类中具体涉及农户的有关确权申请、身份信息、确认权属、实地勘界、界限图表、登记和权证审核发放等文件材料,应当以农户为单位"一户一卷"进行整理组卷。

第十一条　归档的承包地确权文件材料应当字迹工整、数字准确、图样清晰、手续完备。归档文件材料的印制书写材料、纸张和装订材料等应符合档案保管的要求。

第十二条　归档的非纸质材料,应当单独整理编目,并与纸质材料建立对应关系。

录音、录像材料要保证载体的安全可靠性,电子文件和利用信息系统采集、贮存的数据以及航空航天遥感影像应当用不可擦写光盘等可靠方式保存。

照片和图片应当配有文字说明,标明时间、地点、人物和事由。

电子文件生成的软硬件环境及参数须符合《农村土地承包经营权调查规程》(NY/T2537-2014)、《农村土地承包经营权要素编码规则》(NY/T2538-2014)、《农村土地承包经营权确权登记数据库规范》(NY/T2539-2014)及相关电子档案管理的要求。

第十三条　省、市级土地承包管理部门和档案行政管理部门应组织对承包地确权档案工作的检查,重点检查承包地确权档案的完整、准确、系统情况和档案的安全保管情况。

对于承包地确权档案检查不合格的单位,应督促其及时纠正。

第十四条　县级农村土地承包管理部门应当按照国家有关规定及时向县级国家档案馆移交验收合格的承包地确权档案。经协商同意,承包地确权档案可以提前移交,并按规定办理相关手续。

第十五条　村级承包地确权档案一般由乡(镇)人民政府档案机构代为保管,必要时经县级档案行政管理部门验收后,可移交县级国家档案馆统一保管。

符合档案保管条件的村,经申请并由乡镇人民政府批准后,可自行保管本村承包地确权档案。

第十六条　各级农村土地承包管理部门和国家档案馆应当按照规定向社会开放承包地确权档案,为社会提供利用服务,但涉及国家秘密、个人隐私和法律另有规定的除外。

第十七条　县级以上农村土地承包管理部门和档案行政管理部门应当积极推进承包地确权档案的数字化和信息化建设,加强承包地确权电子文件归档和电子档案的规范化管理,通过农村档案信息资源共享平台,提供网上服务、方便社会查询。

第十八条　各级人民政府及农村土地承包管理部门、档案行政管理部门对在承包地确权档案的收集、整理、利用等各项工作中做出突出成绩的单位和个人,应给予奖励。

第十九条　在承包地确权档案工作中,对于违反有关规定,造成承包地确权档案失真、损毁或丢失的,由有关部门依法追究相关人员的法律责任;涉嫌犯罪的,移送司法机关依法追究刑事责任。

第二十条　各省、自治区、直辖市农村土地承包管理部门、档案行政管理部门可根据本办法,结合本地实际,制定承包地确权档案工作的有关规定。

第二十一条　本办法由农业部、国家档案局负责解释。

第二十二条　本办法自发布之日起施行。

附件:《农村土地承包经营权确权登记颁证文件材料归档范围和档案保管期限表》(略)

(四)土地使用权取得和收回

1. 土地使用权出让

中华人民共和国民法典(节录)

· 2020年5月28日第十三届全国人民代表大会第三次会议通过
· 2020年5月28日中华人民共和国主席令第45号公布
· 自2021年1月1日起施行

……

第三编　合　同

第一分编　通　则

第一章　一般规定

第四百六十三条　【合同编的调整范围】本编调整因合同产生的民事关系。

第四百六十四条　【合同的定义及身份关系协议的法律适用】合同是民事主体之间设立、变更、终止民事法律关系的协议。

婚姻、收养、监护等有关身份关系的协议,适用有关该身份关系的法律规定;没有规定的,可以根据其性质参照适用本编规定。

第四百六十五条　【依法成立的合同受法律保护及

合同相对性原则】依法成立的合同,受法律保护。

依法成立的合同,仅对当事人具有法律约束力,但是法律另有规定的除外。

第四百六十六条　【合同的解释规则】当事人对合同条款的理解有争议的,应当依据本法第一百四十二条第一款的规定,确定争议条款的含义。

合同文本采用两种以上文字订立并约定具有同等效力的,对各文本使用的词句推定具有相同含义。各文本使用的词句不一致的,应当根据合同的相关条款、性质、目的以及诚信原则等予以解释。

第四百六十七条　【非典型合同及特定涉外合同的法律适用】本法或者其他法律没有明文规定的合同,适用本编通则的规定,并可以参照适用本编或者其他法律最相类似合同的规定。

在中华人民共和国境内履行的中外合资经营企业合同、中外合作经营企业合同、中外合作勘探开发自然资源合同,适用中华人民共和国法律。

第四百六十八条　【非合同之债的法律适用】非因合同产生的债权债务关系,适用有关该债权债务关系的法律规定;没有规定的,适用本编通则的有关规定,但是根据其性质不能适用的除外。

第二章　合同的订立

第四百六十九条　【合同形式】当事人订立合同,可以采用书面形式、口头形式或者其他形式。

书面形式是合同书、信件、电报、电传、传真等可以有形地表现所载内容的形式。

以电子数据交换、电子邮件等方式能够有形地表现所载内容,并可以随时调取查用的数据电文,视为书面形式。

第四百七十条　【合同主要条款及示范文本】合同的内容由当事人约定,一般包括下列条款:

(一)当事人的姓名或者名称和住所;

(二)标的;

(三)数量;

(四)质量;

(五)价款或者报酬;

(六)履行期限、地点和方式;

(七)违约责任;

(八)解决争议的方法。

当事人可以参照各类合同的示范文本订立合同。

第四百七十一条　【订立合同的方式】当事人订立合同,可以采取要约、承诺方式或者其他方式。

第四百七十二条　【要约的定义及其构成】要约是希望与他人订立合同的意思表示,该意思表示应当符合下列条件:

(一)内容具体确定;

(二)表明经受要约人承诺,要约人即受该意思表示约束。

第四百七十三条　【要约邀请】要约邀请是希望他人向自己发出要约的表示。拍卖公告、招标公告、招股说明书、债券募集办法、基金招募说明书、商业广告和宣传、寄送的价目表等为要约邀请。

商业广告和宣传的内容符合要约条件的,构成要约。

第四百七十四条　【要约的生效时间】要约生效的时间适用本法第一百三十七条的规定。

第四百七十五条　【要约的撤回】要约可以撤回。要约的撤回适用本法第一百四十一条的规定。

第四百七十六条　【要约不得撤销情形】要约可以撤销,但是有下列情形之一的除外:

(一)要约人以确定承诺期限或者其他形式明示要约不可撤销;

(二)受要约人有理由认为要约是不可撤销的,并已经为履行合同做了合理准备工作。

第四百七十七条　【要约撤销条件】撤销要约的意思表示以对话方式作出的,该意思表示的内容应当在受要约人作出承诺之前为受要约人所知道;撤销要约的意思表示以非对话方式作出的,应当在受要约人作出承诺之前到达受要约人。

第四百七十八条　【要约失效】有下列情形之一的,要约失效:

(一)要约被拒绝;

(二)要约被依法撤销;

(三)承诺期限届满,受要约人未作出承诺;

(四)受要约人对要约的内容作出实质性变更。

第四百七十九条　【承诺的定义】承诺是受要约人同意要约的意思表示。

第四百八十条　【承诺的方式】承诺应当以通知的方式作出;但是,根据交易习惯或者要约表明可以通过行为作出承诺的除外。

第四百八十一条　【承诺的期限】承诺应当在要约确定的期限内到达要约人。

要约没有确定承诺期限的,承诺应当依照下列规定到达:

(一)要约以对话方式作出的,应当即时作出承诺;

（二）要约以非对话方式作出的，承诺应当在合理期限内到达。

第四百八十二条　【承诺期限的起算】要约以信件或者电报作出的，承诺期限自信件载明的日期或者电报交发之日开始计算。信件未载明日期的，自投寄该信件的邮戳日期开始计算。要约以电话、传真、电子邮件等快速通讯方式作出的，承诺期限自要约到达受要约人时开始计算。

第四百八十三条　【合同成立时间】承诺生效时合同成立，但是法律另有规定或者当事人另有约定的除外。

第四百八十四条　【承诺生效时间】以通知方式作出的承诺，生效的时间适用本法第一百三十七条的规定。

承诺不需要通知的，根据交易习惯或者要约的要求作出承诺的行为时生效。

第四百八十五条　【承诺的撤回】承诺可以撤回。承诺的撤回适用本法第一百四十一条的规定。

第四百八十六条　【逾期承诺及效果】受要约人超过承诺期限发出承诺，或者在承诺期限内发出承诺，按照通常情形不能及时到达要约人的，为新要约；但是，要约人及时通知受要约人该承诺有效的除外。

第四百八十七条　【迟到的承诺】受要约人在承诺期限内发出承诺，按照通常情形能够及时到达要约人，但是因其他原因致使承诺到达要约人时超过承诺期限的，除要约人及时通知受要约人因承诺超过期限不接受该承诺外，该承诺有效。

第四百八十八条　【承诺对要约内容的实质性变更】承诺的内容应当与要约的内容一致。受要约人对要约的内容作出实质性变更的，为新要约。有关合同标的、数量、质量、价款或者报酬、履行期限、履行地点和方式、违约责任和解决争议方法等的变更，是对要约内容的实质性变更。

第四百八十九条　【承诺对要约内容的非实质性变更】承诺对要约的内容作出非实质性变更的，除要约人及时表示反对或者要约表明承诺不得对要约的内容作出任何变更外，该承诺有效，合同的内容以承诺的内容为准。

第四百九十条　【采用书面形式订立合同的成立时间】当事人采用合同书形式订立合同的，自当事人均签名、盖章或者按指印时合同成立。在签名、盖章或者按指印之前，当事人一方已经履行主要义务，对方接受时，该合同成立。

法律、行政法规规定或者当事人约定合同应当采用书面形式订立，当事人未采用书面形式但是一方已经履行主要义务，对方接受时，该合同成立。

第四百九十一条　【签订确认书的合同及电子合同成立时间】当事人采用信件、数据电文等形式订立合同要求签订确认书的，签订确认书时合同成立。

当事人一方通过互联网等信息网络发布的商品或者服务信息符合要约条件的，对方选择该商品或者服务并提交订单成功时合同成立，但是当事人另有约定的除外。

第四百九十二条　【合同成立的地点】承诺生效的地点为合同成立的地点。

采用数据电文形式订立合同的，收件人的主营业地为合同成立的地点；没有主营业地的，其住所地为合同成立的地点。当事人另有约定的，按照其约定。

第四百九十三条　【采用合同书订立合同的成立地点】当事人采用合同书形式订立合同的，最后签名、盖章或者按指印的地点为合同成立的地点，但是当事人另有约定的除外。

第四百九十四条　【强制缔约义务】国家根据抢险救灾、疫情防控或者其他需要下达国家订货任务、指令性任务的，有关民事主体之间应当依照有关法律、行政法规规定的权利和义务订立合同。

依照法律、行政法规的规定负有发出要约义务的当事人，应当及时发出合理的要约。

依照法律、行政法规的规定负有作出承诺义务的当事人，不得拒绝对方合理的订立合同要求。

第四百九十五条　【预约合同】当事人约定在将来一定期限内订立合同的认购书、订购书、预订书等，构成预约合同。

当事人一方不履行预约合同约定的订立合同义务的，对方可以请求其承担预约合同的违约责任。

第四百九十六条　【格式条款】格式条款是当事人为了重复使用而预先拟定，并在订立合同时未与对方协商的条款。

采用格式条款订立合同的，提供格式条款的一方应当遵循公平原则确定当事人之间的权利和义务，并采取合理的方式提示对方注意免除或者减轻其责任等与对方有重大利害关系的条款，按照对方的要求，对该条款予以说明。提供格式条款的一方未履行提示或者说明义务，致使对方没有注意或者理解与其有重大利害关系的条款的，对方可以主张该条款不成为合同的内容。

第四百九十七条　【格式条款无效的情形】有下列情形之一的，该格式条款无效：

（一）具有本法第一编第六章第三节和本法第五百

零六条规定的无效情形;

(二)提供格式条款一方不合理地免除或者减轻其责任、加重对方责任、限制对方主要权利;

(三)提供格式条款一方排除对方主要权利。

第四百九十八条　【格式条款的解释方法】对格式条款的理解发生争议的,应当按照通常理解予以解释。对格式条款有两种以上解释的,应当作出不利于提供格式条款一方的解释。格式条款和非格式条款不一致的,应当采用非格式条款。

第四百九十九条　【悬赏广告】悬赏人以公开方式声明对完成特定行为的人支付报酬的,完成该行为的人可以请求其支付。

第五百条　【缔约过失责任】当事人在订立合同过程中有下列情形之一,造成对方损失的,应当承担赔偿责任:

(一)假借订立合同,恶意进行磋商;

(二)故意隐瞒与订立合同有关的重要事实或者提供虚假情况;

(三)有其他违背诚信原则的行为。

第五百零一条　【合同缔结人的保密义务】当事人在订立合同过程中知悉的商业秘密或者其他应当保密的信息,无论合同是否成立,不得泄露或者不正当地使用;泄露、不正当地使用该商业秘密或者信息,造成对方损失的,应当承担赔偿责任。

第三章　合同的效力

第五百零二条　【合同生效时间及未办理批准手续的处理规则】依法成立的合同,自成立时生效,但是法律另有规定或者当事人另有约定的除外。

依照法律、行政法规的规定,合同应当办理批准等手续的,依照其规定。未办理批准等手续影响合同生效的,不影响合同中履行报批等义务条款以及相关条款的效力。应当办理申请批准等手续的当事人未履行义务的,对方可以请求其承担违反该义务的责任。

依照法律、行政法规的规定,合同的变更、转让、解除等情形应当办理批准等手续的,适用前款规定。

第五百零三条　【被代理人以默示方式追认无权代理】无权代理人以被代理人的名义订立合同,被代理人已经开始履行合同义务或者接受相对人履行的,视为对合同的追认。

第五百零四条　【超越权限订立合同的效力】法人的法定代表人或者非法人组织的负责人超越权限订立的合同,除相对人知道或者应当知道其超越权限外,该代表行为有效,订立的合同对法人或者非法人组织发生效力。

第五百零五条　【超越经营范围订立的合同效力】当事人超越经营范围订立的合同的效力,应当依照本法第一编第六章第三节和本编的有关规定确定,不得仅以超越经营范围确认合同无效。

第五百零六条　【免责条款无效情形】合同中的下列免责条款无效:

(一)造成对方人身损害的;

(二)因故意或者重大过失造成对方财产损失的。

第五百零七条　【争议解决条款的独立性】合同不生效、无效、被撤销或者终止的,不影响合同中有关解决争议方法的条款的效力。

第五百零八条　【合同效力适用指引】本编对合同的效力没有规定的,适用本法第一编第六章的有关规定。

第四章　合同的履行

第五百零九条　【合同履行的原则】当事人应当按照约定全面履行自己的义务。

当事人应当遵循诚信原则,根据合同的性质、目的和交易习惯履行通知、协助、保密等义务。

当事人在履行合同过程中,应当避免浪费资源、污染环境和破坏生态。

第五百一十条　【约定不明时合同内容的确定】合同生效后,当事人就质量、价款或者报酬、履行地点等内容没有约定或者约定不明确的,可以协议补充;不能达成补充协议的,按照合同相关条款或者交易习惯确定。

第五百一十一条　【质量、价款、履行地点等内容的确定】当事人就有关合同内容约定不明确,依据前条规定仍不能确定的,适用下列规定:

(一)质量要求不明确的,按照强制性国家标准履行;没有强制性国家标准的,按照推荐性国家标准履行;没有推荐性国家标准的,按照行业标准履行;没有国家标准、行业标准的,按照通常标准或者符合合同目的的特定标准履行。

(二)价款或者报酬不明确的,按照订立合同时履行地的市场价格履行;依法应当执行政府定价或者政府指导价的,依照规定履行。

(三)履行地点不明确,给付货币的,在接受货币一方所在地履行;交付不动产的,在不动产所在地履行;其他标的,在履行义务一方所在地履行。

(四)履行期限不明确的,债务人可以随时履行,债权人也可以随时请求履行,但是应当给对方必要的准备时间。

（五）履行方式不明确的，按照有利于实现合同目的的方式履行。

（六）履行费用的负担不明确的，由履行义务一方负担；因债权人原因增加的履行费用，由债权人负担。

第五百一十二条　【电子合同交付时间的认定】通过互联网等信息网络订立的电子合同的标的为交付商品并采用快递物流方式交付的，收货人的签收时间为交付时间。电子合同的标的为提供服务的，生成的电子凭证或者实物凭证中载明的时间为提供服务时间；前述凭证没有载明时间或者载明时间与实际提供服务时间不一致的，以实际提供服务的时间为准。

电子合同的标的物为采用在线传输方式交付的，合同标的物进入对方当事人指定的特定系统且能够检索识别的时间为交付时间。

电子合同当事人对交付商品或者提供服务的方式、时间另有约定的，按照其约定。

第五百一十三条　【执行政府定价或指导价的合同价格确定】执行政府定价或者政府指导价的，在合同约定的交付期限内政府价格调整时，按照交付时的价格计价。逾期交付标的物的，遇价格上涨时，按照原价格执行；价格下降时，按照新价格执行。逾期提取标的物或者逾期付款的，遇价格上涨时，按照新价格执行；价格下降时，按照原价格执行。

第五百一十四条　【金钱之债给付货币的确定规则】以支付金钱为内容的债，除法律另有规定或者当事人另有约定外，债权人可以请求债务人以实际履行地的法定货币履行。

第五百一十五条　【选择之债中债务人的选择权】标的有多项而债务人只需履行其中一项的，债务人享有选择权；但是，法律另有规定、当事人另有约定或者另有交易习惯的除外。

享有选择权的当事人在约定期限内或者履行期限届满未作选择，经催告后在合理期限内仍未选择的，选择权转移至对方。

第五百一十六条　【选择权的行使】当事人行使选择权应当及时通知对方，通知到达对方时，标的确定。标的确定后不得变更，但是经对方同意的除外。

可选择的标的发生不能履行情形的，享有选择权的当事人不得选择不能履行的标的，但是该不能履行的情形是由对方造成的除外。

第五百一十七条　【按份债权与按份债务】债权人为二人以上，标的可分，按照份额各自享有债权的，为按份债权；债务人为二人以上，标的可分，按照份额各自负担债务的，为按份债务。

按份债权人或者按份债务人的份额难以确定的，视为份额相同。

第五百一十八条　【连带债权与连带债务】债权人为二人以上，部分或者全部债权人均可以请求债务人履行债务的，为连带债权；债务人为二人以上，债权人可以请求部分或者全部债务人履行全部债务的，为连带债务。

连带债权或者连带债务，由法律规定或者当事人约定。

第五百一十九条　【连带债务份额的确定及追偿】连带债务人之间的份额难以确定的，视为份额相同。

实际承担债务超过自己份额的连带债务人，有权就超出部分在其他连带债务人未履行的份额范围内向其追偿，并相应地享有债权人的权利，但是不得损害债权人的利益。其他连带债务人对债权人的抗辩，可以向该债务人主张。

被追偿的连带债务人不能履行其应分担份额的，其他连带债务人应当在相应范围内按比例分担。

第五百二十条　【连带债务人之一所生事项涉他效力】部分连带债务人履行、抵销债务或者提存标的物的，其他债务人对债权人的债务在相应范围内消灭；该债务人可以依据前条规定向其他债务人追偿。

部分连带债务人的债务被债权人免除的，在该连带债务人应当承担的份额范围内，其他债务人对债权人的债务消灭。

部分连带债务人的债务与债权人的债权同归于一人的，在扣除该债务人应当承担的份额后，债权人对其他债务人的债权继续存在。

债权人对部分连带债务人的给付受领迟延的，对其他连带债务人发生效力。

第五百二十一条　【连带债权内外部关系】连带债权人之间的份额难以确定的，视为份额相同。

实际受领债权的连带债权人，应当按比例向其他连带债权人返还。

连带债权参照适用本章连带债务的有关规定。

第五百二十二条　【向第三人履行】当事人约定由债务人向第三人履行债务，债务人未向第三人履行债务或者履行债务不符合约定的，应当向债权人承担违约责任。

法律规定或者当事人约定第三人可以直接请求债务人向其履行债务，第三人未在合理期限内明确拒绝，债务人未向第三人履行债务或者履行债务不符合约定的,第三人可以请求债务人承担违约责任;债务人对债权人的抗辩,可以向第三人主张。

第五百二十三条　【第三人履行】当事人约定由第三人向债权人履行债务,第三人不履行债务或者履行债务不符合约定的,债务人应当向债权人承担违约责任。

第五百二十四条　【第三人代为履行】债务人不履行债务,第三人对履行该债务具有合法利益的,第三人有权向债权人代为履行;但是,根据债务性质、按照当事人约定或者依照法律规定只能由债务人履行的除外。

债权人接受第三人履行后,其对债务人的债权转让给第三人,但是债务人和第三人另有约定的除外。

第五百二十五条　【同时履行抗辩权】当事人互负债务,没有先后履行顺序的,应当同时履行。一方在对方履行之前有权拒绝其履行请求。一方在对方履行债务不符合约定时,有权拒绝其相应的履行请求。

第五百二十六条　【后履行抗辩权】当事人互负债务,有先后履行顺序,应当先履行债务一方未履行的,后履行一方有权拒绝其履行请求。先履行一方履行债务不符合约定的,后履行一方有权拒绝其相应的履行请求。

第五百二十七条　【不安抗辩权】应当先履行债务的当事人,有确切证据证明对方有下列情形之一的,可以中止履行:

(一)经营状况严重恶化;

(二)转移财产、抽逃资金,以逃避债务;

(三)丧失商业信誉;

(四)有丧失或者可能丧失履行债务能力的其他情形。

当事人没有确切证据中止履行的,应当承担违约责任。

第五百二十八条　【不安抗辩权的行使】当事人依据前条规定中止履行的,应当及时通知对方。对方提供适当担保的,应当恢复履行。中止履行后,对方在合理期限内未恢复履行能力且未提供适当担保的,视为以自己的行为表明不履行主要债务,中止履行的一方可以解除合同并可以请求对方承担违约责任。

第五百二十九条　【因债权人原因致债务履行困难的处理】债权人分立、合并或者变更住所没有通知债务人,致使履行债务发生困难的,债务人可以中止履行或者将标的物提存。

第五百三十条　【债务人提前履行债务】债权人可以拒绝债务人提前履行债务,但是提前履行不损害债权人利益的除外。

债务人提前履行债务给债权人增加的费用,由债务人负担。

第五百三十一条　【债务人部分履行债务】债权人可以拒绝债务人部分履行债务,但是部分履行不损害债权人利益的除外。

债务人部分履行债务给债权人增加的费用,由债务人负担。

第五百三十二条　【当事人变化不影响合同效力】合同生效后,当事人不得因姓名、名称的变更或者法定代表人、负责人、承办人的变动而不履行合同义务。

第五百三十三条　【情势变更】合同成立后,合同的基础条件发生了当事人在订立合同时无法预见的、不属于商业风险的重大变化,继续履行合同对于当事人一方明显不公平的,受不利影响的当事人可以与对方重新协商;在合理期限内协商不成的,当事人可以请求人民法院或者仲裁机构变更或者解除合同。

人民法院或者仲裁机构应当结合案件的实际情况,根据公平原则变更或者解除合同。

第五百三十四条　【合同监督】对当事人利用合同实施危害国家利益、社会公共利益行为的,市场监督管理和其他有关行政主管部门依照法律、行政法规的规定负责监督处理。

第五章　合同的保全

第五百三十五条　【债权人代位权】因债务人怠于行使其债权或者与该债权有关的从权利,影响债权人的到期债权实现的,债权人可以向人民法院请求以自己的名义代位行使债务人对相对人的权利,但是该权利专属于债务人自身的除外。

代位权的行使范围以债权人的到期债权为限。债权人行使代位权的必要费用,由债务人负担。

相对人对债务人的抗辩,可以向债权人主张。

第五百三十六条　【保存行为】债权人的债权到期前,债务人的债权或者与该债权有关的从权利存在诉讼时效期间即将届满或者未及时申报破产债权等情形,影响债权人的债权实现的,债权人可以代位向债务人的相对人请求其向债务人履行、向破产管理人申报或者作出其他必要的行为。

第五百三十七条　【代位权行使后的法律效果】人民法院认定代位权成立的,由债务人的相对人向债权人履行义务,债权人接受履行后,债权人与债务人、债务人与相对人之间相应的权利义务终止。债务人对相对人的债权或者与该债权有关的从权利被采取保全、执行措施，或者债务人破产的，依照相关法律的规定处理。

第五百三十八条　【撤销债务人无偿行为】债务人以放弃其债权、放弃债权担保、无偿转让财产等方式无偿处分财产权益，或者恶意延长其到期债权的履行期限，影响债权人的债权实现的，债权人可以请求人民法院撤销债务人的行为。

第五百三十九条　【撤销债务人有偿行为】债务人以明显不合理的低价转让财产、以明显不合理的高价受让他人财产或者为他人的债务提供担保，影响债权人的债权实现，债务人的相对人知道或者应当知道该情形的，债权人可以请求人民法院撤销债务人的行为。

第五百四十条　【撤销权的行使范围】撤销权的行使范围以债权人的债权为限。债权人行使撤销权的必要费用，由债务人负担。

第五百四十一条　【撤销权的行使期间】撤销权自债权人知道或者应当知道撤销事由之日起一年内行使。自债务人的行为发生之日起五年内没有行使撤销权的，该撤销权消灭。

第五百四十二条　【债务人行为被撤销的法律效果】债务人影响债权人的债权实现的行为被撤销的，自始没有法律约束力。

第六章　合同的变更和转让

第五百四十三条　【协议变更合同】当事人协商一致，可以变更合同。

第五百四十四条　【合同变更不明确推定为未变更】当事人对合同变更的内容约定不明确的，推定为未变更。

第五百四十五条　【债权转让】债权人可以将债权的全部或者部分转让给第三人，但是有下列情形之一的除外：

（一）根据债权性质不得转让；

（二）按照当事人约定不得转让；

（三）依照法律规定不得转让。

当事人约定非金钱债权不得转让的，不得对抗善意第三人。当事人约定金钱债权不得转让的，不得对抗第三人。

第五百四十六条　【债权转让的通知义务】债权人转让债权，未通知债务人的，该转让对债务人不发生效力。

债权转让的通知不得撤销，但是经受让人同意的除外。

第五百四十七条　【债权转让从权利一并转让】债权人转让债权的，受让人取得与债权有关的从权利，但是该从权利专属于债权人自身的除外。

受让人取得从权利不因该从权利未办理转移登记手续或者未转移占有而受到影响。

第五百四十八条　【债权转让中债务人抗辩】债务人接到债权转让通知后，债务人对让与人的抗辩，可以向受让人主张。

第五百四十九条　【债权转让中债务人的抵销权】有下列情形之一的，债务人可以向受让人主张抵销：

（一）债务人接到债权转让通知时，债务人对让与人享有债权，且债务人的债权先于转让的债权到期或者同时到期；

（二）债务人的债权与转让的债权是基于同一合同产生。

第五百五十条　【债权转让费用的承担】因债权转让增加的履行费用，由让与人负担。

第五百五十一条　【债务转移】债务人将债务的全部或者部分转移给第三人的，应当经债权人同意。

债务人或者第三人可以催告债权人在合理期限内予以同意，债权人未作表示的，视为不同意。

第五百五十二条　【债务加入】第三人与债务人约定加入债务并通知债权人，或者第三人向债权人表示愿意加入债务，债权人未在合理期限内明确拒绝的，债权人可以请求第三人在其愿意承担的债务范围内和债务人承担连带债务。

第五百五十三条　【债务转移时新债务人抗辩】债务人转移债务的，新债务人可以主张原债务人对债权人的抗辩；原债务人对债权人享有债权的，新债务人不得向债权人主张抵销。

第五百五十四条　【从债务随主债务转移】债务人转移债务的，新债务人应当承担与主债务有关的从债务，但是该从债务专属于原债务人自身的除外。

第五百五十五条　【合同权利义务的一并转让】当事人一方经对方同意，可以将自己在合同中的权利和义务一并转让给第三人。

第五百五十六条　【一并转让的法律适用】合同的权利和义务一并转让的，适用债权转让、债务转移的有关规定。

第七章　合同的权利义务终止

第五百五十七条　【债权债务终止的法定情形】有下列情形之一的，债权债务终止：

(一)债务已经履行;

(二)债务相互抵销;

(三)债务人依法将标的物提存;

(四)债权人免除债务;

(五)债权债务同归于一人;

(六)法律规定或者当事人约定终止的其他情形。

合同解除的,该合同的权利义务关系终止。

第五百五十八条　【后合同义务】债权债务终止后,当事人应当遵循诚信等原则,根据交易习惯履行通知、协助、保密、旧物回收等义务。

第五百五十九条　【从权利消灭】债权债务终止时,债权的从权利同时消灭,但是法律另有规定或者当事人另有约定的除外。

第五百六十条　【数项债务的清偿抵充顺序】债务人对同一债权人负担的数项债务种类相同,债务人的给付不足以清偿全部债务的,除当事人另有约定外,由债务人在清偿时指定其履行的债务。

债务人未作指定的,应当优先履行已经到期的债务;数项债务均到期的,优先履行对债权人缺乏担保或者担保最少的债务;均无担保或者担保相等的,优先履行债务人负担较重的债务;负担相同的,按照债务到期的先后顺序履行;到期时间相同的,按照债务比例履行。

第五百六十一条　【费用、利息和主债务的清偿抵充顺序】债务人在履行主债务外还应当支付利息和实现债权的有关费用,其给付不足以清偿全部债务的,除当事人另有约定外,应当按照下列顺序履行:

(一)实现债权的有关费用;

(二)利息;

(三)主债务。

第五百六十二条　【合同的约定解除】当事人协商一致,可以解除合同。

当事人可以约定一方解除合同的事由。解除合同的事由发生时,解除权人可以解除合同。

第五百六十三条　【合同的法定解除】有下列情形之一的,当事人可以解除合同:

(一)因不可抗力致使不能实现合同目的;

(二)在履行期限届满前,当事人一方明确表示或者以自己的行为表明不履行主要债务;

(三)当事人一方迟延履行主要债务,经催告后在合理期限内仍未履行;

(四)当事人一方迟延履行债务或者有其他违约行为致使不能实现合同目的;

(五)法律规定的其他情形。

以持续履行的债务为内容的不定期合同,当事人可以随时解除合同,但是应当在合理期限之前通知对方。

第五百六十四条　【解除权行使期限】法律规定或者当事人约定解除权行使期限,期限届满当事人不行使的,该权利消灭。

法律没有规定或者当事人没有约定解除权行使期限,自解除权人知道或者应当知道解除事由之日起一年内不行使,或者经对方催告后在合理期限内不行使的,该权利消灭。

第五百六十五条　【合同解除权的行使规则】当事人一方依法主张解除合同的,应当通知对方。合同自通知到达对方时解除;通知载明债务人在一定期限内不履行债务则合同自动解除,债务人在该期限内未履行债务的,合同自通知载明的期限届满时解除。对方对解除合同有异议的,任何一方当事人均可以请求人民法院或者仲裁机构确认解除行为的效力。

当事人一方未通知对方,直接以提起诉讼或者申请仲裁的方式依法主张解除合同,人民法院或者仲裁机构确认该主张的,合同自起诉状副本或者仲裁申请书副本送达对方时解除。

第五百六十六条　【合同解除的法律后果】合同解除后,尚未履行的,终止履行;已经履行的,根据履行情况和合同性质,当事人可以请求恢复原状或者采取其他补救措施,并有权请求赔偿损失。

合同因违约解除的,解除权人可以请求违约方承担违约责任,但是当事人另有约定的除外。

主合同解除后,担保人对债务人应当承担的民事责任仍应当承担担保责任,但是担保合同另有约定的除外。

第五百六十七条　【结算、清理条款效力的独立性】合同的权利义务关系终止,不影响合同中结算和清理条款的效力。

第五百六十八条　【法定抵销】当事人互负债务,该债务的标的物种类、品质相同的,任何一方可以将自己的债务与对方的到期债务抵销;但是,根据债务性质、按照当事人约定或者依照法律规定不得抵销的除外。

当事人主张抵销的,应当通知对方。通知自到达对方时生效。抵销不得附条件或者附期限。

第五百六十九条　【约定抵销】当事人互负债务,标的物种类、品质不相同的,经协商一致,也可以抵销。

第五百七十条　【提存的条件】有下列情形之一,难以履行债务的,债务人可以将标的物提存:

（一）债权人无正当理由拒绝受领；

（二）债权人下落不明；

（三）债权人死亡未确定继承人、遗产管理人，或者丧失民事行为能力未确定监护人；

（四）法律规定的其他情形。

标的物不适于提存或者提存费用过高的，债务人依法可以拍卖或者变卖标的物，提存所得的价款。

第五百七十一条 【提存的成立】债务人将标的物或者将标的物依法拍卖、变卖所得价款交付提存部门时，提存成立。

提存成立的，视为债务人在其提存范围内已经交付标的物。

第五百七十二条 【提存的通知】标的物提存后，债务人应当及时通知债权人或者债权人的继承人、遗产管理人、监护人、财产代管人。

第五百七十三条 【提存期间风险、孳息和提存费用负担】标的物提存后，毁损、灭失的风险由债权人承担。提存期间，标的物的孳息归债权人所有。提存费用由债权人负担。

第五百七十四条 【提存物的领取与取回】债权人可以随时领取提存物。但是，债权人对债务人负有到期债务的，在债权人未履行债务或者提供担保之前，提存部门根据债务人的要求应当拒绝其领取提存物。

债权人领取提存物的权利，自提存之日起五年内不行使而消灭，提存物扣除提存费用后归国家所有。但是，债权人未履行对债务人的到期债务，或者债权人向提存部门书面表示放弃领取提存物权利的，债务人负担提存费用后有权取回提存物。

第五百七十五条 【债的免除】债权人免除债务人部分或者全部债务的，债权债务部分或者全部终止，但是债务人在合理期限内拒绝的除外。

第五百七十六条 【债权债务混同的处理】债权和债务同归于一人的，债权债务终止，但是损害第三人利益的除外。

第八章 违约责任

第五百七十七条 【违约责任的种类】当事人一方不履行合同义务或者履行合同义务不符合约定的，应当承担继续履行、采取补救措施或者赔偿损失等违约责任。

第五百七十八条 【预期违约责任】当事人一方明确表示或者以自己的行为表明不履行合同义务的，对方可以在履行期限届满前请求其承担违约责任。

第五百七十九条 【金钱债务的继续履行】当事人一方未支付价款、报酬、租金、利息，或者不履行其他金钱债务的，对方可以请求其支付。

第五百八十条 【非金钱债务的继续履行】当事人一方不履行非金钱债务或者履行非金钱债务不符合约定的，对方可以请求履行，但是有下列情形之一的除外：

（一）法律上或者事实上不能履行；

（二）债务的标的不适于强制履行或者履行费用过高；

（三）债权人在合理期限内未请求履行。

有前款规定的除外情形之一，致使不能实现合同目的的，人民法院或者仲裁机构可以根据当事人的请求终止合同权利义务关系，但是不影响违约责任的承担。

第五百八十一条 【替代履行】当事人一方不履行债务或者履行债务不符合约定，根据债务的性质不得强制履行的，对方可以请求其负担由第三人替代履行的费用。

第五百八十二条 【瑕疵履行违约责任】履行不符合约定的，应当按照当事人的约定承担违约责任。对违约责任没有约定或者约定不明确，依据本法第五百一十条的规定仍不能确定的，受损害方根据标的的性质以及损失的大小，可以合理选择请求对方承担修理、重作、更换、退货、减少价款或者报酬等违约责任。

第五百八十三条 【违约损害赔偿责任】当事人一方不履行合同义务或者履行合同义务不符合约定的，在履行义务或者采取补救措施后，对方还有其他损失的，应当赔偿损失。

第五百八十四条 【法定的违约赔偿损失】当事人一方不履行合同义务或者履行合同义务不符合约定，造成对方损失的，损失赔偿额应当相当于因违约所造成的损失，包括合同履行后可以获得的利益；但是，不得超过违约一方订立合同时预见到或者应当预见到的因违约可能造成的损失。

第五百八十五条 【违约金的约定】当事人可以约定一方违约时应当根据违约情况向对方支付一定数额的违约金，也可以约定因违约产生的损失赔偿额的计算方法。

约定的违约金低于造成的损失的，人民法院或者仲裁机构可以根据当事人的请求予以增加；约定的违约金过分高于造成的损失的，人民法院或者仲裁机构可以根据当事人的请求予以适当减少。

当事人就迟延履行约定违约金的，违约方支付违约金后，还应当履行债务。

第五百八十六条 【定金】当事人可以约定一方向对方给付定金作为债权的担保。定金合同自实际交付定金时成立。

定金的数额由当事人约定；但是，不得超过主合同标的额的百分之二十，超过部分不产生定金的效力。实际交付的定金数额多于或者少于约定数额的，视为变更约定的定金数额。

第五百八十七条 【定金罚则】债务人履行债务的，定金应当抵作价款或者收回。给付定金的一方不履行债务或者履行债务不符合约定，致使不能实现合同目的的，无权请求返还定金；收受定金的一方不履行债务或者履行债务不符合约定，致使不能实现合同目的的，应当双倍返还定金。

第五百八十八条 【违约金与定金竞合选择权】当事人既约定违约金，又约定定金的，一方违约时，对方可以选择适用违约金或者定金条款。

定金不足以弥补一方违约造成的损失的，对方可以请求赔偿超过定金数额的损失。

第五百八十九条 【债权人受领迟延】债务人按照约定履行债务，债权人无正当理由拒绝受领的，债务人可以请求债权人赔偿增加的费用。

在债权人受领迟延期间，债务人无须支付利息。

第五百九十条 【因不可抗力不能履行合同】当事人一方因不可抗力不能履行合同的，根据不可抗力的影响，部分或者全部免除责任，但是法律另有规定的除外。因不可抗力不能履行合同的，应当及时通知对方，以减轻可能给对方造成的损失，并应当在合理期限内提供证明。

当事人迟延履行后发生不可抗力的，不免除其违约责任。

第五百九十一条 【非违约方防止损失扩大义务】当事人一方违约后，对方应当采取适当措施防止损失的扩大；没有采取适当措施致使损失扩大的，不得就扩大的损失请求赔偿。

当事人因防止损失扩大而支出的合理费用，由违约方负担。

第五百九十二条 【双方违约和与有过错规则】当事人都违反合同的，应当各自承担相应的责任。

当事人一方违约造成对方损失，对方对损失的发生有过错的，可以减少相应的损失赔偿额。

第五百九十三条 【因第三人原因造成违约情况下的责任承担】当事人一方因第三人的原因造成违约的，应当依法向对方承担违约责任。当事人一方和第三人之间的纠纷，依照法律规定或者按照约定处理。

第五百九十四条 【国际贸易合同诉讼时效和仲裁时效】因国际货物买卖合同和技术进出口合同争议提起诉讼或者申请仲裁的时效期间为四年。

……

最高人民法院关于适用《中华人民共和国民法典》合同编通则若干问题的解释

- 2023 年 5 月 23 日最高人民法院审判委员会第 1889 次会议通过
- 2023 年 12 月 4 日最高人民法院公告公布
- 自 2023 年 12 月 5 日起施行
- 法释〔2023〕13 号

为正确审理合同纠纷案件以及非因合同产生的债权债务关系纠纷案件，依法保护当事人的合法权益，根据《中华人民共和国民法典》、《中华人民共和国民事诉讼法》等相关法律规定，结合审判实践，制定本解释。

一、一般规定

第一条 人民法院依据民法典第一百四十二条第一款、第四百六十六条第一款的规定解释合同条款时，应当以词句的通常含义为基础，结合相关条款、合同的性质和目的、习惯以及诚信原则，参考缔约背景、磋商过程、履行行为等因素确定争议条款的含义。

有证据证明当事人之间对合同条款有不同于词句的通常含义的其他共同理解，一方主张按照词句的通常含义理解合同条款的，人民法院不予支持。

对合同条款有两种以上解释，可能影响该条款效力的，人民法院应当选择有利于该条款有效的解释；属于无偿合同的，应当选择对债务人负担较轻的解释。

第二条 下列情形，不违反法律、行政法规的强制性规定且不违背公序良俗的，人民法院可以认定为民法典所称的“交易习惯”：

（一）当事人之间在交易活动中的惯常做法；

（二）在交易行为当地或者某一领域、某一行业通常采用并为交易对方订立合同时所知道或者应当知道的做法。

对于交易习惯，由提出主张的当事人一方承担举证责任。

二、合同的订立

第三条 当事人对合同是否成立存在争议，人民法院能够确定当事人姓名或者名称、标的和数量的，一般应当认定合同成立。但是，法律另有规定或者当事人另有约定的除外。

根据前款规定能够认定合同已经成立的，对合同欠缺的内容，人民法院应当依据民法典第五百一十条、第五百一十一条等规定予以确定。

当事人主张合同无效或者请求撤销、解除合同等，人民法院认为合同不成立的，应当依据《最高人民法院关于民事诉讼证据的若干规定》第五十三条的规定将合同是否成立作为焦点问题进行审理，并可以根据案件的具体情况重新指定举证期限。

第四条 采取招标方式订立合同，当事人请求确认合同自中标通知书到达中标人时成立的，人民法院应予支持。合同成立后，当事人拒绝签订书面合同的，人民法院应当依据招标文件、投标文件和中标通知书等确定合同内容。

采取现场拍卖、网络拍卖等公开竞价方式订立合同，当事人请求确认合同自拍卖师落槌、电子交易系统确认成交时成立的，人民法院应予支持。合同成立后，当事人拒绝签订成交确认书的，人民法院应当依据拍卖公告、竞买人的报价等确定合同内容。

产权交易所等机构主持拍卖、挂牌交易，其公布的拍卖公告、交易规则等文件公开确定了合同成立需要具备的条件，当事人请求确认合同自该条件具备时成立的，人民法院应予支持。

第五条 第三人实施欺诈、胁迫行为，使当事人在违背真实意思的情况下订立合同，受到损失的当事人请求第三人承担赔偿责任的，人民法院依法予以支持；当事人亦有违背诚信原则的行为的，人民法院应当根据各自的过错确定相应的责任。但是，法律、司法解释对当事人与第三人的民事责任另有规定的，依照其规定。

第六条 当事人以认购书、订购书、预订书等形式约定在将来一定期限内订立合同，或者为担保在将来一定期限内订立合同交付了定金，能够确定将来所要订立合同的主体、标的等内容的，人民法院应当认定预约合同成立。

当事人通过签订意向书或者备忘录等方式，仅表达交易的意向，未约定在将来一定期限内订立合同，或者虽然有约定但是难以确定将来所要订立合同的主体、标的等内容，一方主张预约合同成立的，人民法院不予支持。

当事人订立的认购书、订购书、预订书等已就合同标的、数量、价款或者报酬等主要内容达成合意，符合本解释第三条第一款规定的合同成立条件，未明确约定在将来一定期限内另行订立合同，或者虽然有约定但是当事人一方已实施履行行为且对方接受的，人民法院应当认定本约合同成立。

第七条 预约合同生效后，当事人一方拒绝订立本约合同或者在磋商订立本约合同时违背诚信原则导致未能订立本约合同的，人民法院应当认定该当事人不履行预约合同约定的义务。

人民法院认定当事人一方在磋商订立本约合同时是否违背诚信原则，应当综合考虑该当事人在磋商时提出的条件是否明显背离预约合同约定的内容以及是否已尽合理努力进行协商等因素。

第八条 预约合同生效后，当事人一方不履行订立本约合同的义务，对方请求其赔偿因此造成的损失的，人民法院依法予以支持。

前款规定的损失赔偿，当事人有约定的，按照约定；没有约定的，人民法院应当综合考虑预约合同在内容上的完备程度以及订立本约合同的条件的成就程度等因素酌定。

第九条 合同条款符合民法典第四百九十六条第一款规定的情形，当事人仅以合同系依据合同示范文本制作或者双方已经明确约定合同条款不属于格式条款为由主张该条款不是格式条款的，人民法院不予支持。

从事经营活动的当事人一方仅以未实际重复使用为由主张其预先拟定且未与对方协商的合同条款不是格式条款的，人民法院不予支持。但是，有证据证明该条款不是为了重复使用而预先拟定的除外。

第十条 提供格式条款的一方在合同订立时采用通常足以引起对方注意的文字、符号、字体等明显标识，提示对方注意免除或者减轻其责任、排除或者限制对方权利等与对方有重大利害关系的异常条款的，人民法院可以认定其已经履行民法典第四百九十六条第二款规定的提示义务。

提供格式条款的一方按照对方的要求，就与对方有重大利害关系的异常条款的概念、内容及其法律后果以书面或者口头形式向对方作出通常能够理解的解释说明的，人民法院可以认定其已经履行民法典第四百九十六条第二款规定的说明义务。

提供格式条款的一方对其已经尽到提示义务或者说明义务承担举证责任。对于通过互联网等信息网络订立的电子合同，提供格式条款的一方仅以采取了设置勾选、弹窗等方式为由主张其已经履行提示义务或者说明义务的,人民法院不予支持,但是其举证符合前两款规定的除外。

三、合同的效力

第十一条 当事人一方是自然人,根据该当事人的年龄、智力、知识、经验并结合交易的复杂程度,能够认定其对合同的性质、合同订立的法律后果或者交易中存在的特定风险缺乏应有的认知能力的,人民法院可以认定该情形构成民法典第一百五十一条规定的"缺乏判断能力"。

第十二条 合同依法成立后,负有报批义务的当事人不履行报批义务或者履行报批义务不符合合同的约定或者法律、行政法规的规定,对方请求其继续履行报批义务的,人民法院应予支持;对方主张解除合同并请求其承担违反报批义务的赔偿责任的,人民法院应予支持。

人民法院判决当事人一方履行报批义务后,其仍不履行,对方主张解除合同并参照违反合同的违约责任请求其承担赔偿责任的,人民法院应予支持。

合同获得批准前,当事人一方起诉请求对方履行合同约定的主要义务,经释明后拒绝变更诉讼请求的,人民法院应当判决驳回其诉讼请求,但是不影响其另行提起诉讼。

负有报批义务的当事人已经办理申请批准等手续或者已经履行生效判决确定的报批义务,批准机关决定不予批准,对方请求其承担赔偿责任的,人民法院不予支持。但是,因迟延履行报批义务等可归责于当事人的原因导致合同未获批准,对方请求赔偿因此受到的损失的,人民法院应当依据民法典第一百五十七条的规定处理。

第十三条 合同存在无效或者可撤销的情形,当事人以该合同已在有关行政管理部门办理备案、已经批准机关批准或者已依据该合同办理财产权利的变更登记、移转登记等为由主张合同有效的,人民法院不予支持。

第十四条 当事人之间就同一交易订立多份合同,人民法院应当认定其中以虚假意思表示订立的合同无效。当事人为规避法律、行政法规的强制性规定,以虚假意思表示隐藏真实意思表示的,人民法院应当依据民法典第一百五十三条第一款的规定认定被隐藏合同的效力;当事人为规避法律、行政法规关于合同应当办理批准等手续的规定,以虚假意思表示隐藏真实意思表示的,人民法院应当依据民法典第五百零二条第二款的规定认定被隐藏合同的效力。

依据前款规定认定被隐藏合同无效或者确定不发生效力的,人民法院应当以被隐藏合同为事实基础,依据民法典第一百五十七条的规定确定当事人的民事责任。但是,法律另有规定的除外。

当事人就同一交易订立的多份合同均系真实意思表示,且不存在其他影响合同效力情形的,人民法院应当在查明各合同成立先后顺序和实际履行情况的基础上,认定合同内容是否发生变更。法律、行政法规禁止变更合同内容的,人民法院应当认定合同的相应变更无效。

第十五条 人民法院认定当事人之间的权利义务关系,不应当拘泥于合同使用的名称,而应当根据合同约定的内容。当事人主张的权利义务关系与根据合同内容认定的权利义务关系不一致的,人民法院应当结合缔约背景、交易目的、交易结构、履行行为以及当事人是否存在虚构交易标的等事实认定当事人之间的实际民事法律关系。

第十六条 合同违反法律、行政法规的强制性规定,有下列情形之一,由行为人承担行政责任或者刑事责任能够实现强制性规定的立法目的的,人民法院可以依据民法典第一百五十三条第一款关于"该强制性规定不导致该民事法律行为无效的除外"的规定认定该合同不因违反强制性规定无效:

(一)强制性规定虽然旨在维护社会公共秩序,但是合同的实际履行对社会公共秩序造成的影响显著轻微,认定合同无效将导致案件处理结果有失公平公正;

(二)强制性规定旨在维护政府的税收、土地出让金等国家利益或者其他民事主体的合法利益而非合同当事人的民事权益,认定合同有效不会影响该规范目的的实现;

(三)强制性规定旨在要求当事人一方加强风险控制、内部管理等,对方无能力或者无义务审查合同是否违反强制性规定,认定合同无效将使其承担不利后果;

(四)当事人一方虽然在订立合同时违反强制性规定,但是在合同订立后其已经具备补正违反强制性规定的条件却违背诚信原则不予补正;

(五)法律、司法解释规定的其他情形。

法律、行政法规的强制性规定旨在规制合同订立后的履行行为,当事人以合同违反强制性规定为由请求认定合同无效的,人民法院不予支持。但是,合同履行必然导致违反强制性规定或者法律、司法解释另有规定的除外。

依据前两款认定合同有效,但是当事人的违法行为未经处理的,人民法院应当向有关行政管理部门提出司法建议。当事人的行为涉嫌犯罪的,应当将案件线索移送刑事侦查机关;属于刑事自诉案件的,应当告知当事人可以向有管辖权的人民法院另行提起诉讼。

第十七条 合同虽然不违反法律、行政法规的强制性规定,但是有下列情形之一,人民法院应当依据民法典第一百五十三条第二款的规定认定合同无效:

(一)合同影响政治安全、经济安全、军事安全等国家安全的;

(二)合同影响社会稳定、公平竞争秩序或者损害社会公共利益等违背社会公共秩序的;

(三)合同背离社会公德、家庭伦理或者有损人格尊严等违背善良风俗的。

人民法院在认定合同是否违背公序良俗时,应当以社会主义核心价值观为导向,综合考虑当事人的主观动机和交易目的、政府部门的监管强度、一定期限内当事人从事类似交易的频次、行为的社会后果等因素,并在裁判文书中充分说理。当事人确因生活需要进行交易,未给社会公共秩序造成重大影响,且不影响国家安全,也不违背善良风俗的,人民法院不应当认定合同无效。

第十八条 法律、行政法规的规定虽然有"应当""必须"或者"不得"等表述,但是该规定旨在限制或者赋予民事权利,行为人违反该规定将构成无权处分、无权代理、越权代表等,或者导致合同相对人、第三人因此获得撤销权、解除权等民事权利的,人民法院应当依据法律、行政法规规定的关于违反该规定的民事法律后果认定合同效力。

第十九条 以转让或者设定财产权利为目的订立的合同,当事人或者真正权利人仅以让与人在订立合同时对标的物没有所有权或者处分权为由主张合同无效的,人民法院不予支持;因未取得真正权利人事后同意或者让与人事后未取得处分权导致合同不能履行,受让人主张解除合同并请求让与人承担违反合同的赔偿责任的,人民法院依法予以支持。

前款规定的合同被认定有效,且让与人已经将财产交付或者移转登记至受让人,真正权利人请求认定财产权利未发生变动或者请求返还财产的,人民法院应予支持。但是,受让人依据民法典第三百一十一条等规定善意取得财产权利的除外。

第二十条 法律、行政法规为限制法人的法定代表人或者非法人组织的负责人的代表权,规定合同所涉事项应当由法人、非法人组织的权力机构或者决策机构决议,或者应当由法人、非法人组织的执行机构决定,法定代表人、负责人未取得授权而以法人、非法人组织的名义订立合同,未尽到合理审查义务的相对人主张该合同对法人、非法人组织发生效力并由其承担违约责任的,人民法院不予支持,但是法人、非法人组织有过错的,可以参照民法典第一百五十七条的规定判决其承担相应的赔偿责任。相对人已尽到合理审查义务,构成表见代表的,人民法院应当依据民法典第五百零四条的规定处理。

合同所涉事项未超越法律、行政法规规定的法定代表人或者负责人的代表权限,但是超越法人、非法人组织的章程或者权力机构等对代表权的限制,相对人主张该合同对法人、非法人组织发生效力并由其承担违约责任的,人民法院依法予以支持。但是,法人、非法人组织举证证明相对人知道或者应当知道该限制的除外。

法人、非法人组织承担民事责任后,向有过错的法定代表人、负责人追偿因越权代表行为造成的损失的,人民法院依法予以支持。法律、司法解释对法定代表人、负责人的民事责任另有规定的,依照其规定。

第二十一条 法人、非法人组织的工作人员就超越其职权范围的事项以法人、非法人组织的名义订立合同,相对人主张该合同对法人、非法人组织发生效力并由其承担违约责任的,人民法院不予支持。但是,法人、非法人组织有过错的,人民法院可以参照民法典第一百五十七条的规定判决其承担相应的赔偿责任。前述情形,构成表见代理的,人民法院应当依据民法典第一百七十二条的规定处理。

合同所涉事项有下列情形之一的,人民法院应当认定法人、非法人组织的工作人员在订立合同时超越其职权范围:

(一)依法应当由法人、非法人组织的权力机构或者决策机构决议的事项;

(二)依法应当由法人、非法人组织的执行机构决定的事项;

(三)依法应当由法定代表人、负责人代表法人、非法人组织实施的事项;

(四)不属于通常情形下依其职权可以处理的事项。

合同所涉事项未超越依据前款确定的职权范围,但是超越法人、非法人组织对工作人员职权范围的限制,相对人主张该合同对法人、非法人组织发生效力并由其承担违约责任的,人民法院应予支持。但是,法人、非法人组织举证证明相对人知道或者应当知道该限制的除外。

法人、非法人组织承担民事责任后,向故意或者有重大过失的工作人员追偿的,人民法院依法予以支持。

第二十二条 法定代表人、负责人或者工作人员以法人、非法人组织的名义订立合同且未超越权限,法人、非法人组织仅以合同加盖的印章不是备案印章或者系伪造的印章为由主张该合同对其不发生效力的,人民法院不予支持。

合同系以法人、非法人组织的名义订立,但是仅有法定代表人、负责人或者工作人员签名或者按指印而未加盖法人、非法人组织的印章,相对人能够证明法定代表人、负责人或者工作人员在订立合同时未超越权限的,人民法院应当认定合同对法人、非法人组织发生效力。但是,当事人约定以加盖印章作为合同成立条件的除外。

合同仅加盖法人、非法人组织的印章而无人员签名或者按指印,相对人能够证明合同系法定代表人、负责人或者工作人员在其权限范围内订立的,人民法院应当认定该合同对法人、非法人组织发生效力。

在前三款规定的情形下,法定代表人、负责人或者工作人员在订立合同时虽然超越代表或者代理权限,但是依据民法典第五百零四条的规定构成表见代表,或者依据民法典第一百七十二条的规定构成表见代理的,人民法院应当认定合同对法人、非法人组织发生效力。

第二十三条 法定代表人、负责人或者代理人与相对人恶意串通,以法人、非法人组织的名义订立合同,损害法人、非法人组织的合法权益,法人、非法人组织主张不承担民事责任的,人民法院应予支持。法人、非法人组织请求法定代表人、负责人或者代理人与相对人对因此受到的损失承担连带赔偿责任的,人民法院应予支持。

根据法人、非法人组织的举证,综合考虑当事人之间的交易习惯、合同在订立时是否显失公平、相关人员是否获取了不正当利益、合同的履行情况等因素,人民法院能够认定法定代表人、负责人或者代理人与相对人存在恶意串通的高度可能性的,可以要求前述人员就合同订立、履行的过程等相关事实作出陈述或者提供相应的证据。其无正当理由拒绝作出陈述,或者所作陈述不具合理性又不能提供相应证据的,人民法院可以认定恶意串通的事实成立。

第二十四条 合同不成立、无效、被撤销或者确定不发生效力,当事人请求返还财产,经审查财产能够返还的,人民法院应当根据案件具体情况,单独或者合并适用返还占有的标的物、更正登记簿册记载等方式;经审查财产不能返还或者没有必要返还的,人民法院应当以认定合同不成立、无效、被撤销或者确定不发生效力之日该财产的市场价值或者以其他合理方式计算的价值为基准判决折价补偿。

除前款规定的情形外,当事人还请求赔偿损失的,人民法院应当结合财产返还或者折价补偿的情况,综合考虑财产增值收益和贬值损失、交易成本的支出等事实,按照双方当事人的过错程度及原因力大小,根据诚信原则和公平原则,合理确定损失赔偿额。

合同不成立、无效、被撤销或者确定不发生效力,当事人的行为涉嫌违法且未经处理,可能导致一方或者双方通过违法行为获得不当利益的,人民法院应当向有关行政管理部门提出司法建议。当事人的行为涉嫌犯罪的,应当将案件线索移送刑事侦查机关;属于刑事自诉案件的,应当告知当事人可以向有管辖权的人民法院另行提起诉讼。

第二十五条 合同不成立、无效、被撤销或者确定不发生效力,有权请求返还价款或者报酬的当事人一方请求对方支付资金占用费的,人民法院应当在当事人请求的范围内按照中国人民银行授权全国银行间同业拆借中心公布的一年期贷款市场报价利率(LPR)计算。但是,占用资金的当事人对于合同不成立、无效、被撤销或者确定不发生效力没有过错的,应当以中国人民银行公布的同期同类存款基准利率计算。

双方互负返还义务,当事人主张同时履行的,人民法院应予支持;占有标的物的一方对标的物存在使用或者依法可以使用的情形,对方请求将其应支付的资金占用费与应收取的标的物使用费相互抵销的,人民法院应予支持,但是法律另有规定的除外。

四、合同的履行

第二十六条 当事人一方未根据法律规定或者合同约定履行开具发票、提供证明文件等非主要债务,对方请求继续履行该债务并赔偿因怠于履行该债务造成的损失的,人民法院依法予以支持;对方请求解除合同的,人民法院不予支持,但是不履行该债务致使不能实现合同目的或者当事人另有约定的除外。

第二十七条 债务人或者第三人与债权人在债务履行期限届满后达成以物抵债协议,不存在影响合同效力情形的,人民法院应当认定该协议自当事人意思表示一致时生效。

债务人或者第三人履行以物抵债协议后,人民法院应当认定相应的原债务同时消灭;债务人或者第三人未按照约定履行以物抵债协议,经催告后在合理期限内仍不履行,债权人选择请求履行原债务或者以物抵债协议的,人民法院应予支持,但是法律另有规定或者当事人另有约定的除外。

前款规定的以物抵债协议经人民法院确认或者人民法院根据当事人达成的以物抵债协议制作成调解书，债权人主张财产权利自确认书、调解书生效时发生变动或者具有对抗善意第三人效力的，人民法院不予支持。

债务人或者第三人以自己不享有所有权或者处分权的财产权利订立以物抵债协议的，依据本解释第十九条的规定处理。

第二十八条　债务人或者第三人与债权人在债务履行期限届满前达成以物抵债协议的，人民法院应当在审理债权债务关系的基础上认定该协议的效力。

当事人约定债务人到期没有清偿债务，债权人可以对抵债财产拍卖、变卖、折价以实现债权的，人民法院应当认定该约定有效。当事人约定债务人到期没有清偿债务，抵债财产归债权人所有的，人民法院应当认定该约定无效，但是不影响其他部分的效力；债权人请求对抵债财产拍卖、变卖、折价以实现债权的，人民法院应予支持。

当事人订立前款规定的以物抵债协议后，债务人或者第三人未将财产权利转移至债权人名下，债权人主张优先受偿的，人民法院不予支持；债务人或者第三人已将财产权利转移至债权人名下的，依据《最高人民法院关于适用〈中华人民共和国民法典〉有关担保制度的解释》第六十八条的规定处理。

第二十九条　民法典第五百二十二条第二款规定的第三人请求债务人向自己履行债务的，人民法院应予支持；请求行使撤销权、解除权等民事权利的，人民法院不予支持，但是法律另有规定的除外。

合同依法被撤销或者被解除，债务人请求债权人返还财产的，人民法院应予支持。

债务人按照约定向第三人履行债务，第三人拒绝受领，债权人请求债务人向自己履行债务的，人民法院应予支持，但是债务人已经采取提存等方式消灭债务的除外。第三人拒绝受领或者受领迟延，债务人请求债权人赔偿因此造成的损失的，人民法院依法予以支持。

第三十条　下列民事主体，人民法院可以认定为民法典第五百二十四条第一款规定的对履行债务具有合法利益的第三人：

（一）保证人或者提供物的担保的第三人；

（二）担保财产的受让人、用益物权人、合法占有人；

（三）担保财产上的后顺位担保权人；

（四）对债务人的财产享有合法权益且该权益将因财产被强制执行而丧失的第三人；

（五）债务人为法人或者非法人组织的，其出资人或者设立人；

（六）债务人为自然人的，其近亲属；

（七）其他对履行债务具有合法利益的第三人。

第三人在其已经代为履行的范围内取得对债务人的债权，但是不得损害债权人的利益。

担保人代为履行债务取得债权后，向其他担保人主张担保权利的，依据《最高人民法院关于适用〈中华人民共和国民法典〉有关担保制度的解释》第十三条、第十四条、第十八条第二款等规定处理。

第三十一条　当事人互负债务，一方以对方没有履行非主要债务为由拒绝履行自己的主要债务的，人民法院不予支持。但是，对方不履行非主要债务致使不能实现合同目的或者当事人另有约定的除外。

当事人一方起诉请求对方履行债务，被告依据民法典第五百二十五条的规定主张双方同时履行的抗辩且抗辩成立，被告未提起反诉的，人民法院应当判决被告在原告履行债务的同时履行自己的债务，并在判项中明确原告申请强制执行的，人民法院应当在原告履行自己的债务后对被告采取执行行为；被告提起反诉的，人民法院应当判决双方同时履行自己的债务，并在判项中明确任何一方申请强制执行的，人民法院应当在该当事人履行自己的债务后对对方采取执行行为。

当事人一方起诉请求对方履行债务，被告依据民法典第五百二十六条的规定主张原告应先履行的抗辩且抗辩成立的，人民法院应当驳回原告的诉讼请求，但是不影响原告履行债务后另行提起诉讼。

第三十二条　合同成立后，因政策调整或者市场供求关系异常变动等原因导致价格发生当事人在订立合同时无法预见的、不属于商业风险的涨跌，继续履行合同对于当事人一方明显不公平的，人民法院应当认定合同的基础条件发生了民法典第五百三十三条第一款规定的“重大变化”。但是，合同涉及市场属性活跃、长期以来价格波动较大的大宗商品以及股票、期货等风险投资型金融产品的除外。

合同的基础条件发生了民法典第五百三十三条第一款规定的重大变化，当事人请求变更合同的，人民法院不得解除合同；当事人一方请求变更合同，对方请求解除合同的，或者当事人一方请求解除合同，对方请求变更合同的，人民法院应当结合案件的实际情况，根据公平原则判决变更或者解除合同。

人民法院依据民法典第五百三十三条的规定判决变更或者解除合同的，应当综合考虑合同基础条件发生重大变化的时间、当事人重新协商的情况以及因合同变更或者解除给当事人造成的损失等因素，在判项中明确合同变更或者解除的时间。

当事人事先约定排除民法典第五百三十三条适用的，人民法院应当认定该约定无效。

五、合同的保全

第三十三条 债务人不履行其对债权人的到期债务，又不以诉讼或者仲裁方式向相对人主张其享有的债权或者与该债权有关的从权利，致使债权人的到期债权未能实现的，人民法院可以认定为民法典第五百三十五条规定的“债务人怠于行使其债权或者与该债权有关的从权利，影响债权人的到期债权实现”。

第三十四条 下列权利，人民法院可以认定为民法典第五百三十五条第一款规定的专属于债务人自身的权利：

（一）抚养费、赡养费或者扶养费请求权；

（二）人身损害赔偿请求权；

（三）劳动报酬请求权，但是超过债务人及其所扶养家属的生活必需费用的部分除外；

（四）请求支付基本养老保险金、失业保险金、最低生活保障金等保障当事人基本生活的权利；

（五）其他专属于债务人自身的权利。

第三十五条 债权人依据民法典第五百三十五条的规定对债务人的相对人提起代位权诉讼的，由被告住所地人民法院管辖，但是依法应当适用专属管辖规定的除外。

债务人或者相对人以双方之间的债权债务关系订有管辖协议为由提出异议的，人民法院不予支持。

第三十六条 债权人提起代位权诉讼后，债务人或者相对人以双方之间的债权债务关系订有仲裁协议为由对法院主管提出异议的，人民法院不予支持。但是，债务人或者相对人在首次开庭前就债务人与相对人之间的债权债务关系申请仲裁的，人民法院可以依法中止代位权诉讼。

第三十七条 债权人以债务人的相对人为被告向人民法院提起代位权诉讼，未将债务人列为第三人的，人民法院应当追加债务人为第三人。

两个以上债权人以债务人的同一相对人为被告提起代位权诉讼的，人民法院可以合并审理。债务人对相对人享有的债权不足以清偿其对两个以上债权人负担的债务的，人民法院应当按照债权人享有的债权比例确定相对人的履行份额，但是法律另有规定的除外。

第三十八条 债权人向人民法院起诉债务人后，又向同一人民法院对债务人的相对人提起代位权诉讼，属于该人民法院管辖的，可以合并审理。不属于该人民法院管辖的，应当告知其向有管辖权的人民法院另行起诉；在起诉债务人的诉讼终结前，代位权诉讼应当中止。

第三十九条 在代位权诉讼中，债务人对超过债权人代位请求数额的债权部分起诉相对人，属于同一人民法院管辖的，可以合并审理。不属于同一人民法院管辖的，应当告知其向有管辖权的人民法院另行起诉；在代位权诉讼终结前，债务人对相对人的诉讼应当中止。

第四十条 代位权诉讼中，人民法院经审理认为债权人的主张不符合代位权行使条件的，应当驳回诉讼请求，但是不影响债权人根据新的事实再次起诉。

债务人的相对人仅以债权人提起代位权诉讼时债权人与债务人之间的债权债务关系未经生效法律文书确认为由，主张债权人提起的诉讼不符合代位权行使条件的，人民法院不予支持。

第四十一条 债权人提起代位权诉讼后，债务人无正当理由减免相对人的债务或者延长相对人的履行期限，相对人以此向债权人抗辩的，人民法院不予支持。

第四十二条 对于民法典第五百三十九条规定的“明显不合理”的低价或者高价，人民法院应当按照交易当地一般经营者的判断，并参考交易时交易地的市场交易价或者物价部门指导价予以认定。

转让价格未达到交易时交易地的市场交易价或者指导价百分之七十的，一般可以认定为“明显不合理的低价”；受让价格高于交易时交易地的市场交易价或者指导价百分之三十的，一般可以认定为“明显不合理的高价”。

债务人与相对人存在亲属关系、关联关系的，不受前款规定的百分之七十、百分之三十的限制。

第四十三条 债务人以明显不合理的价格，实施互易财产、以物抵债、出租或者承租财产、知识产权许可使用等行为，影响债权人的债权实现，债务人的相对人知道或者应当知道该情形，债权人请求撤销债务人的行为的，人民法院应当依据民法典第五百三十九条的规定予以支持。

第四十四条 债权人依据民法典第五百三十八条、第五百三十九条的规定提起撤销权诉讼的，应当以债务人和债务人的相对人为共同被告，由债务人或者相对人的住所地人民法院管辖，但是依法应当适用专属管辖规定的除外。

两个以上债权人就债务人的同一行为提起撤销权诉讼的，人民法院可以合并审理。

第四十五条 在债权人撤销权诉讼中，被撤销行为的标的可分，当事人主张在受影响的债权范围内撤销债务人的行为的，人民法院应予支持；被撤销行为的标的不可分，债权人主张将债务人的行为全部撤销的，人民法院应予支持。

债权人行使撤销权所支付的合理的律师代理费、差旅费等费用，可以认定为民法典第五百四十条规定的“必要费用”。

第四十六条 债权人在撤销权诉讼中同时请求债务人的相对人向债务人承担返还财产、折价补偿、履行到期债务等法律后果的，人民法院依法予以支持。

债权人请求受理撤销权诉讼的人民法院一并审理其与债务人之间的债权债务关系，属于该人民法院管辖的，可以合并审理。不属于该人民法院管辖的，应当告知其向有管辖权的人民法院另行起诉。

债权人依据其与债务人的诉讼、撤销权诉讼产生的生效法律文书申请强制执行的，人民法院可以就债务人对相对人享有的权利采取强制执行措施以实现债权人的债权。债权人在撤销权诉讼中，申请对相对人的财产采取保全措施的，人民法院依法予以准许。

六、合同的变更和转让

第四十七条 债权转让后，债务人向受让人主张其对让与人的抗辩的，人民法院可以追加让与人为第三人。

债务转移后，新债务人主张原债务人对债权人的抗辩的，人民法院可以追加原债务人为第三人。

当事人一方将合同权利义务一并转让后，对方就合同权利义务向受让人主张抗辩或者受让人就合同权利义务向对方主张抗辩的，人民法院可以追加让与人为第三人。

第四十八条 债务人在接到债权转让通知前已经向让与人履行，受让人请求债务人履行的，人民法院不予支持；债务人接到债权转让通知后仍然向让与人履行，受让人请求债务人履行的，人民法院应予支持。

让与人未通知债务人，受让人直接起诉债务人请求履行债务，人民法院经审理确认债权转让事实的，应当认定债权转让自起诉状副本送达时对债务人发生效力。债务人主张因未通知而给其增加的费用或者造成的损失从认定的债权数额中扣除的，人民法院依法予以支持。

第四十九条 债务人接到债权转让通知后，让与人以债权转让合同不成立、无效、被撤销或者确定不发生效力为由请求债务人向其履行的，人民法院不予支持。但是，该债权转让通知被依法撤销的除外。

受让人基于债务人对债权真实存在的确认受让债权后，债务人又以该债权不存在为由拒绝向受让人履行的，人民法院不予支持。但是，受让人知道或者应当知道该债权不存在的除外。

第五十条 让与人将同一债权转让给两个以上受让人，债务人以已经向最先通知的受让人履行为由主张其不再履行债务的，人民法院应予支持。债务人明知接受履行的受让人不是最先通知的受让人，最先通知的受让人请求债务人继续履行债务或者依据债权转让协议请求让与人承担违约责任的，人民法院应予支持；最先通知的受让人请求接受履行的受让人返还其接受的财产的，人民法院不予支持，但是接受履行的受让人明知该债权在其受让前已经转让给其他受让人的除外。

前款所称最先通知的受让人，是指最先到达债务人的转让通知中载明的受让人。当事人之间对通知到达时间有争议的，人民法院应当结合通知的方式等因素综合判断，而不能仅根据债务人认可的通知时间或者通知记载的时间予以认定。当事人采用邮寄、通讯电子系统等方式发出通知的，人民法院应当以邮戳时间或者通讯电子系统记载的时间等作为认定通知到达时间的依据。

第五十一条 第三人加入债务并与债务人约定了追偿权，其履行债务后主张向债务人追偿的，人民法院应予支持；没有约定追偿权，第三人依照民法典关于不当得利等的规定，在其已经向债权人履行债务的范围内请求债务人向其履行的，人民法院应予支持，但是第三人知道或者应当知道加入债务会损害债务人利益的除外。

债务人就其对债权人享有的抗辩向加入债务的第三人主张的，人民法院应予支持。

七、合同的权利义务终止

第五十二条 当事人就解除合同协商一致时未对合同解除后的违约责任、结算和清理等问题作出处理，一方主张合同已经解除的，人民法院应予支持。但是，当事人另有约定的除外。

有下列情形之一的，除当事人一方另有意思表示外，人民法院可以认定合同解除：

（一）当事人一方主张行使法律规定或者合同约定的解除权，经审理认为不符合解除权行使条件但是对方同意解除；

（二）双方当事人均不符合解除权行使的条件但是均主张解除合同。

前两款情形下的违约责任、结算和清理等问题，人民法院应当依据民法典第五百六十六条、第五百六十七条和有关违约责任的规定处理。

第五十三条 当事人一方以通知方式解除合同，并以对方未在约定的异议期限或者其他合理期限内提出异议为由主张合同已经解除的，人民法院应当对其是否享有法律规定或者合同约定的解除权进行审查。经审查，享有解除权的，合同自通知到达对方时解除；不享有解除权的，不发生合同解除的效力。

第五十四条 当事人一方未通知对方，直接以提起诉讼的方式主张解除合同，撤诉后再次起诉主张解除合同，人民法院经审理支持该主张的，合同自再次起诉的起诉状副本送达对方时解除。但是，当事人一方撤诉后又通知对方解除合同且该通知已经到达对方的除外。

第五十五条 当事人一方依据民法典第五百六十八条的规定主张抵销，人民法院经审理认为抵销权成立的，应当认定通知到达对方时双方互负的主债务、利息、违约金或者损害赔偿金等债务在同等数额内消灭。

第五十六条 行使抵销权的一方负担的数项债务种类相同，但是享有的债权不足以抵销全部债务，当事人因抵销的顺序发生争议的，人民法院可以参照民法典第五百六十条的规定处理。

行使抵销权的一方享有的债权不足以抵销其负担的包括主债务、利息、实现债权的有关费用在内的全部债务，当事人因抵销的顺序发生争议的，人民法院可以参照民法典第五百六十一条的规定处理。

第五十七条 因侵害自然人人身权益，或者故意、重大过失侵害他人财产权益产生的损害赔偿债务，侵权人主张抵销的，人民法院不予支持。

第五十八条 当事人互负债务，一方以其诉讼时效期间已经届满的债权通知对方主张抵销，对方提出诉讼时效抗辩的，人民法院对该抗辩应予支持。一方的债权诉讼时效期间已经届满，对方主张抵销的，人民法院应予支持。

八、违约责任

第五十九条 当事人一方依据民法典第五百八十条第二款的规定请求终止合同权利义务关系的，人民法院一般应当以起诉状副本送达对方的时间作为合同权利义务关系终止的时间。根据案件的具体情况，以其他时间作为合同权利义务关系终止的时间更加符合公平原则和诚信原则的，人民法院可以以该时间作为合同权利义务关系终止的时间，但是应当在裁判文书中充分说明理由。

第六十条 人民法院依据民法典第五百八十四条的规定确定合同履行后可以获得的利益时，可以在扣除非违约方为订立、履行合同支出的费用等合理成本后，按照非违约方能够获得的生产利润、经营利润或者转售利润等计算。

非违约方依法行使合同解除权并实施了替代交易，主张按照替代交易价格与合同价格的差额确定合同履行后可以获得的利益的，人民法院依法予以支持；替代交易价格明显偏离替代交易发生时当地的市场价格，违约方主张按照市场价格与合同价格的差额确定合同履行后可以获得的利益的，人民法院应予支持。

非违约方依法行使合同解除权但是未实施替代交易，主张按照违约行为发生后合理期间内合同履行地的市场价格与合同价格的差额确定合同履行后可以获得的利益的，人民法院应予支持。

第六十一条 在以持续履行的债务为内容的定期合同中，一方不履行支付价款、租金等金钱债务，对方请求解除合同，人民法院经审理认为合同应当依法解除的，可以根据当事人的主张，参考合同主体、交易类型、市场价格变化、剩余履行期限等因素确定非违约方寻找替代交易的合理期限，并按照该期限对应的价款、租金等扣除非违约方应当支付的相应履约成本确定合同履行后可以获得的利益。

非违约方主张按照合同解除后剩余履行期限相应的价款、租金等扣除履约成本确定合同履行后可以获得的利益的，人民法院不予支持。但是，剩余履行期限少于寻找替代交易的合理期限的除外。

第六十二条 非违约方在合同履行后可以获得的利益难以根据本解释第六十条、第六十一条的规定予以确定的，人民法院可以综合考虑违约方因违约获得的利益、违约方的过错程度、其他违约情节等因素，遵循公平原则和诚信原则确定。

第六十三条 在认定民法典第五百八十四条规定的"违约一方订立合同时预见到或者应当预见到的因违约可能造成的损失"时，人民法院应当根据当事人订立合同的目的，综合考虑合同主体、合同内容、交易类型、交易习惯、磋商过程等因素，按照与违约方处于相同或者类似情况的民事主体在订立合同时预见到或者应当预见到的损失予以确定。

除合同履行后可以获得的利益外，非违约方主张还有其向第三人承担违约责任应当支出的额外费用等其他因违约所造成的损失，并请求违约方赔偿，经审理认为该损失系违约一方订立合同时预见到或者应当预见到的，人民法院应予支持。

在确定违约损失赔偿额时，违约方主张扣除非违约方未采取适当措施导致的扩大损失、非违约方也有过错造成的相应损失、非违约方因违约获得的额外利益或者减少的必要支出的，人民法院依法予以支持。

第六十四条　当事人一方通过反诉或者抗辩的方式，请求调整违约金的，人民法院依法予以支持。

违约方主张约定的违约金过分高于违约造成的损失，请求予以适当减少的，应当承担举证责任。非违约方主张约定的违约金合理的，也应当提供相应的证据。

当事人仅以合同约定不得对违约金进行调整为由主张不予调整违约金的，人民法院不予支持。

第六十五条　当事人主张约定的违约金过分高于违约造成的损失，请求予以适当减少的，人民法院应当以民法典第五百八十四条规定的损失为基础，兼顾合同主体、交易类型、合同的履行情况、当事人的过错程度、履约背景等因素，遵循公平原则和诚信原则进行衡量，并作出裁判。

约定的违约金超过造成损失的百分之三十的，人民法院一般可以认定为过分高于造成的损失。

恶意违约的当事人一方请求减少违约金的，人民法院一般不予支持。

第六十六条　当事人一方请求对方支付违约金，对方以合同不成立、无效、被撤销、确定不发生效力、不构成违约或者非违约方不存在损失等为由抗辩，未主张调整过高的违约金的，人民法院应当就若不支持该抗辩，当事人是否请求调整违约金进行释明。第一审人民法院认为抗辩成立且未予释明，第二审人民法院认为应当判决支付违约金的，可以直接释明，并根据当事人的请求，在当事人就是否应当调整违约金充分举证、质证、辩论后，依法判决适当减少违约金。

被告因客观原因在第一审程序中未到庭参加诉讼，但是在第二审程序中到庭参加诉讼并请求减少违约金的，第二审人民法院可以在当事人就是否应当调整违约金充分举证、质证、辩论后，依法判决适当减少违约金。

第六十七条　当事人交付留置金、担保金、保证金、订约金、押金或者订金等，但是没有约定定金性质，一方主张适用民法典第五百八十七条规定的定金罚则的，人民法院不予支持。当事人约定了定金性质，但是未约定定金类型或者约定不明，一方主张为违约定金的，人民法院应予支持。

当事人约定以交付定金作为订立合同的担保，一方拒绝订立合同或者在磋商订立合同时违背诚信原则导致未能订立合同，对方主张适用民法典第五百八十七条规定的定金罚则的，人民法院应予支持。

当事人约定以交付定金作为合同成立或者生效条件，应当交付定金的一方未交付定金，但是合同主要义务已经履行完毕并为对方所接受的，人民法院应当认定合同在对方接受履行时已经成立或者生效。

当事人约定定金性质为解约定金，交付定金的一方主张以丧失定金为代价解除合同的，或者收受定金的一方主张以双倍返还定金为代价解除合同的，人民法院应予支持。

第六十八条　双方当事人均具有致使不能实现合同目的的违约行为，其中一方请求适用定金罚则的，人民法院不予支持。当事人一方仅有轻微违约，对方具有致使不能实现合同目的的违约行为，轻微违约方主张适用定金罚则，对方以轻微违约方也构成违约为由抗辩的，人民法院对该抗辩不予支持。

当事人一方已经部分履行合同，对方接受并主张按照未履行部分所占比例适用定金罚则的，人民法院应予支持。对方主张按照合同整体适用定金罚则的，人民法院不予支持，但是部分未履行致使不能实现合同目的的除外。

因不可抗力致使合同不能履行，非违约方主张适用定金罚则的，人民法院不予支持。

九、附　则

第六十九条　本解释自2023年12月5日起施行。

民法典施行后的法律事实引起的民事案件，本解释施行后尚未终审的，适用本解释；本解释施行前已经终审，当事人申请再审或者按照审判监督程序决定再审的，不适用本解释。

最高人民法院关于审理涉及国有土地使用权合同纠纷案件适用法律问题的解释

· 2004年11月23日最高人民法院审判委员会第1334次会议通过
· 根据2020年12月23日最高人民法院审判委员会第1823次会议通过的《最高人民法院关于修改〈最高人民法院关于在民事审判工作中适用《中华人民共和国工会法》若干问题的解释〉等二十七件民事类司法解释的决定》修正
· 2020年12月29日最高人民法院公告公布
· 自2021年1月1日起施行
· 法释〔2020〕17号

为正确审理国有土地使用权合同纠纷案件，依法保护当事人的合法权益，根据《中华人民共和国民法典》《中华人民共和国土地管理法》《中华人民共和国城市房地产管理法》等法律规定，结合民事审判实践，制定本解释。

一、土地使用权出让合同纠纷

第一条 本解释所称的土地使用权出让合同，是指市、县人民政府自然资源主管部门作为出让方将国有土地使用权在一定年限内让与受让方，受让方支付土地使用权出让金的合同。

第二条 开发区管理委员会作为出让方与受让方订立的土地使用权出让合同，应当认定无效。

本解释实施前，开发区管理委员会作为出让方与受让方订立的土地使用权出让合同，起诉前经市、县人民政府自然资源主管部门追认的，可以认定合同有效。

第三条 经市、县人民政府批准同意以协议方式出让的土地使用权，土地使用权出让金低于订立合同时当地政府按照国家规定确定的最低价的，应当认定土地使用权出让合同约定的价格条款无效。

当事人请求按照订立合同时的市场评估价格交纳土地使用权出让金的，应予支持；受让方不同意按照市场评估价格补足，请求解除合同的，应予支持。因此造成的损失，由当事人按照过错承担责任。

第四条 土地使用权出让合同的出让方因未办理土地使用权出让批准手续而不能交付土地，受让方请求解除合同的，应予支持。

第五条 受让方经出让方和市、县人民政府城市规划行政主管部门同意，改变土地使用权出让合同约定的土地用途，当事人请求按照起诉时同种用途的土地出让金标准调整土地出让金的，应予支持。

第六条 受让方擅自改变土地使用权出让合同约定的土地用途，出让方请求解除合同的，应予支持。

二、土地使用权转让合同纠纷

第七条 本解释所称的土地使用权转让合同，是指土地使用权人作为转让方将出让土地使用权转让于受让方，受让方支付价款的合同。

第八条 土地使用权人作为转让方与受让方订立土地使用权转让合同后，当事人一方以双方之间未办理土地使用权变更登记手续为由，请求确认合同无效的，不予支持。

第九条 土地使用权人作为转让方就同一出让土地使用权订立数个转让合同，在转让合同有效的情况下，受让方均要求履行合同的，按照以下情形分别处理：

（一）已经办理土地使用权变更登记手续的受让方，请求转让方履行交付土地等合同义务的，应予支持；

（二）均未办理土地使用权变更登记手续，已先行合法占有投资开发土地的受让方请求转让方履行土地使用权变更登记等合同义务的，应予支持；

（三）均未办理土地使用权变更登记手续，又未合法占有投资开发土地，先行支付土地转让款的受让方请求转让方履行交付土地和办理土地使用权变更登记等合同义务的，应予支持；

（四）合同均未履行，依法成立在先的合同受让方请求履行合同的，应予支持。

未能取得土地使用权的受让方请求解除合同、赔偿损失的，依照民法典的有关规定处理。

第十条 土地使用权人与受让方订立合同转让划拨土地使用权，起诉前经有批准权的人民政府同意转让，并由受让方办理土地使用权出让手续的，土地使用权人与受让方订立的合同可以按照补偿性质的合同处理。

第十一条 土地使用权人与受让方订立合同转让划拨土地使用权，起诉前经有批准权的人民政府决定不办理土地使用权出让手续，并将该划拨土地使用权直接划拨给受让方使用的，土地使用权人与受让方订立的合同可以按照补偿性质的合同处理。

三、合作开发房地产合同纠纷

第十二条 本解释所称的合作开发房地产合同，是指当事人订立的以提供出让土地使用权、资金等作为共同投资，共享利润、共担风险合作开发房地产为基本内容的合同。

第十三条 合作开发房地产合同的当事人一方具备房地产开发经营资质的，应当认定合同有效。

当事人双方均不具备房地产开发经营资质的，应当认定合同无效。但起诉前当事人一方已经取得房地产开发经营资质或者已依法合作成立具有房地产开发经营资质的房地产开发企业的，应当认定合同有效。

第十四条 投资数额超出合作开发房地产合同的约定，对增加的投资数额的承担比例，当事人协商不成的，按照当事人的违约情况确定；因不可归责于当事人的事由或者当事人的违约情况无法确定的，按照约定的投资比例确定；没有约定投资比例的，按照约定的利润分配比例确定。

第十五条 房屋实际建筑面积少于合作开发房地产合同的约定，对房屋实际建筑面积的分配比例，当事人协商不成的，按照当事人的违约情况确定；因不可归责于当事人的事由或者当事人违约情况无法确定的，按照约定的利润分配比例确定。

第十六条 在下列情形下，合作开发房地产合同的

当事人请求分配房地产项目利益的,不予受理;已经受理的,驳回起诉:

(一)依法需经批准的房地产建设项目未经有批准权的人民政府主管部门批准;

(二)房地产建设项目未取得建设工程规划许可证;

(三)擅自变更建设工程规划。

因当事人隐瞒建设工程规划变更的事实所造成的损失,由当事人按照过错承担。

第十七条 房屋实际建筑面积超出规划建筑面积,经有批准权的人民政府主管部门批准后,当事人对超出部分的房屋分配比例协商不成的,按照约定的利润分配比例确定。对增加的投资数额的承担比例,当事人协商不成的,按照约定的投资比例确定;没有约定投资比例的,按照约定的利润分配比例确定。

第十八条 当事人违反规划开发建设的房屋,被有批准权的人民政府主管部门认定为违法建筑责令拆除,当事人对损失承担协商不成的,按照当事人过错确定责任;过错无法确定的,按照约定的投资比例确定责任;没有约定投资比例的,按照约定的利润分配比例确定责任。

第十九条 合作开发房地产合同约定仅以投资数额确定利润分配比例,当事人未足额交纳出资的,按照当事人的实际投资比例分配利润。

第二十条 合作开发房地产合同的当事人要求将房屋预售款充抵投资参与利润分配的,不予支持。

第二十一条 合作开发房地产合同约定提供土地使用权的当事人不承担经营风险,只收取固定利益的,应当认定为土地使用权转让合同。

第二十二条 合作开发房地产合同约定提供资金的当事人不承担经营风险,只分配固定数量房屋的,应当认定为房屋买卖合同。

第二十三条 合作开发房地产合同约定提供资金的当事人不承担经营风险,只收取固定数额货币的,应当认定为借款合同。

第二十四条 合作开发房地产合同约定提供资金的当事人不承担经营风险,只以租赁或者其他形式使用房屋的,应当认定为房屋租赁合同。

四、其它

第二十五条 本解释自 2005 年 8 月 1 日起施行;施行后受理的第一审案件适用本解释。

本解释施行前最高人民法院发布的司法解释与本解释不一致的,以本解释为准。

中华人民共和国招标投标法

· 1999 年 8 月 30 日第九届全国人民代表大会常务委员会第十一次会议通过

· 根据 2017 年 12 月 27 日第十二届全国人民代表大会常务委员会第三十一次会议《关于修改〈中华人民共和国招标投标法〉、〈中华人民共和国计量法〉的决定》修正

第一章 总 则

第一条 【立法目的】为了规范招标投标活动,保护国家利益、社会公共利益和招标投标活动当事人的合法权益,提高经济效益,保证项目质量,制定本法。

第二条 【适用范围】在中华人民共和国境内进行招标投标活动,适用本法。

第三条 【必须进行招标的工程建设项目】在中华人民共和国境内进行下列工程建设项目包括项目的勘察、设计、施工、监理以及与工程建设有关的重要设备、材料等的采购,必须进行招标:

(一)大型基础设施、公用事业等关系社会公共利益、公众安全的项目;

(二)全部或者部分使用国有资金投资或者国家融资的项目;

(三)使用国际组织或者外国政府贷款、援助资金的项目。

前款所列项目的具体范围和规模标准,由国务院发展计划部门会同国务院有关部门制订,报国务院批准。

法律或者国务院对必须进行招标的其他项目的范围有规定的,依照其规定。

第四条 【禁止规避招标】任何单位和个人不得将依法必须进行招标的项目化整为零或者以其他任何方式规避招标。

第五条 【招投标活动的原则】招标投标活动应当遵循公开、公平、公正和诚实信用的原则。

第六条 【招投标活动不受地区或部门的限制】依法必须进行招标的项目,其招标投标活动不受地区或者部门的限制。任何单位和个人不得违法限制或者排斥本地区、本系统以外的法人或者其他组织参加投标,不得以任何方式非法干涉招标投标活动。

第七条 【对招投标活动的监督】招标投标活动及其当事人应当接受依法实施的监督。

有关行政监督部门依法对招标投标活动实施监督,依法查处招标投标活动中的违法行为。

对招标投标活动的行政监督及有关部门的具体职权划分,由国务院规定。

第二章　招　标

第八条　【招标人】招标人是依照本法规定提出招标项目、进行招标的法人或者其他组织。

第九条　【招标项目应具备的主要条件】招标项目按照国家有关规定需要履行项目审批手续的,应当先履行审批手续,取得批准。

招标人应当有进行招标项目的相应资金或者资金来源已经落实,并应当在招标文件中如实载明。

第十条　【公开招标和邀请招标】招标分为公开招标和邀请招标。

公开招标,是指招标人以招标公告的方式邀请不特定的法人或者其他组织投标。

邀请招标,是指招标人以投标邀请书的方式邀请特定的法人或者其他组织投标。

第十一条　【适用邀请招标的情形】国务院发展计划部门确定的国家重点项目和省、自治区、直辖市人民政府确定的地方重点项目不适宜公开招标的,经国务院发展计划部门或者省、自治区、直辖市人民政府批准,可以进行邀请招标。

第十二条　【代理招标和自行招标】招标人有权自行选择招标代理机构,委托其办理招标事宜。任何单位和个人不得以任何方式为招标人指定招标代理机构。

招标人具有编制招标文件和组织评标能力的,可以自行办理招标事宜。任何单位和个人不得强制其委托招标代理机构办理招标事宜。

依法必须进行招标的项目,招标人自行办理招标事宜的,应当向有关行政监督部门备案。

第十三条　【招标代理机构及条件】招标代理机构是依法设立、从事招标代理业务并提供相关服务的社会中介组织。

招标代理机构应当具备下列条件:

(一)有从事招标代理业务的营业场所和相应资金;

(二)有能够编制招标文件和组织评标的相应专业力量。

第十四条　【招标代理机构不得与国家机关存在利益关系】招标代理机构与行政机关和其他国家机关不得存在隶属关系或者其他利益关系。

第十五条　【招标代理机构的代理范围】招标代理机构应当在招标人委托的范围内办理招标事宜,并遵守本法关于招标人的规定。

第十六条　【招标公告】招标人采用公开招标方式的,应当发布招标公告。依法必须进行招标的项目的招标公告,应当通过国家指定的报刊、信息网络或者其他媒介发布。

招标公告应当载明招标人的名称和地址、招标项目的性质、数量、实施地点和时间以及获取招标文件的办法等事项。

第十七条　【投标邀请书】招标人采用邀请招标方式的,应当向三个以上具备承担招标项目的能力、资信良好的特定的法人或者其他组织发出投标邀请书。

投标邀请书应当载明本法第十六条第二款规定的事项。

第十八条　【对潜在投标人的资格审查】招标人可以根据招标项目本身的要求,在招标公告或者投标邀请书中,要求潜在投标人提供有关资质证明文件和业绩情况,并对潜在投标人进行资格审查;国家对投标人的资格条件有规定的,依照其规定。

招标人不得以不合理的条件限制或者排斥潜在投标人,不得对潜在投标人实行歧视待遇。

第十九条　【招标文件】招标人应当根据招标项目的特点和需要编制招标文件。招标文件应当包括招标项目的技术要求、对投标人资格审查的标准、投标报价要求和评标标准等所有实质性要求和条件以及拟签订合同的主要条款。

国家对招标项目的技术、标准有规定的,招标人应当按照其规定在招标文件中提出相应要求。

招标项目需要划分标段、确定工期的,招标人应当合理划分标段、确定工期,并在招标文件中载明。

第二十条　【招标文件的限制】招标文件不得要求或者标明特定的生产供应者以及含有倾向或者排斥潜在投标人的其他内容。

第二十一条　【潜在投标人对项目现场的踏勘】招标人根据招标项目的具体情况,可以组织潜在投标人踏勘项目现场。

第二十二条　【招标人的保密义务】招标人不得向他人透露已获取招标文件的潜在投标人的名称、数量以及可能影响公平竞争的有关招标投标的其他情况。

招标人设有标底的,标底必须保密。

第二十三条　【招标文件的澄清或修改】招标人对已发出的招标文件进行必要的澄清或者修改的,应当在招标文件要求提交投标文件截止时间至少十五日前,以书面形式通知所有招标文件收受人。该澄清或者修改的内容为招标文件的组成部分。

第二十四条　【编制投标文件的时间】招标人应当

确定投标人编制投标文件所需要的合理时间；但是，依法必须进行招标的项目，自招标文件开始发出之日起至投标人提交投标文件截止之日止，最短不得少于二十日。

第三章　投　标

第二十五条　【投标人】投标人是响应招标、参加投标竞争的法人或者其他组织。

依法招标的科研项目允许个人参加投标的，投标的个人适用本法有关投标人的规定。

第二十六条　【投标人的资格条件】投标人应当具备承担招标项目的能力；国家有关规定对投标人资格条件或者招标文件对投标人资格条件有规定的，投标人应当具备规定的资格条件。

第二十七条　【投标文件的编制】投标人应当按照招标文件的要求编制投标文件。投标文件应当对招标文件提出的实质性要求和条件作出响应。

招标项目属于建设施工的，投标文件的内容应当包括拟派出的项目负责人与主要技术人员的简历、业绩和拟用于完成招标项目的机械设备等。

第二十八条　【投标文件的送达】投标人应当在招标文件要求提交投标文件的截止时间前，将投标文件送达投标地点。招标人收到投标文件后，应当签收保存，不得开启。投标人少于三个的，招标人应当依照本法重新招标。

在招标文件要求提交投标文件的截止时间后送达的投标文件，招标人应当拒收。

第二十九条　【投标文件的补充、修改、撤回】投标人在招标文件要求提交投标文件的截止时间前，可以补充、修改或者撤回已提交的投标文件，并书面通知招标人。补充、修改的内容为投标文件的组成部分。

第三十条　【投标文件对拟分包情况的说明】投标人根据招标文件载明的项目实际情况，拟在中标后将中标项目的部分非主体、非关键性工作进行分包的，应当在投标文件中载明。

第三十一条　【联合体投标】两个以上法人或者其他组织可以组成一个联合体，以一个投标人的身份共同投标。

联合体各方均应当具备承担招标项目的相应能力；国家有关规定或者招标文件对投标人资格条件有规定的，联合体各方均应当具备规定的相应资格条件。由同一专业的单位组成的联合体，按照资质等级较低的单位确定资质等级。

联合体各方应当签订共同投标协议，明确约定各方拟承担的工作和责任，并将共同投标协议连同投标文件一并提交招标人。联合体中标的，联合体各方应当共同与招标人签订合同，就中标项目向招标人承担连带责任。

招标人不得强制投标人组成联合体共同投标，不得限制投标人之间的竞争。

第三十二条　【串通投标的禁止】投标人不得相互串通投标报价，不得排挤其他投标人的公平竞争，损害招标人或者其他投标人的合法权益。

投标人不得与招标人串通投标，损害国家利益、社会公共利益或者他人的合法权益。

禁止投标人以向招标人或者评标委员会成员行贿的手段谋取中标。

第三十三条　【低于成本的报价竞标与骗取中标的禁止】投标人不得以低于成本的报价竞标，也不得以他人名义投标或者以其他方式弄虚作假，骗取中标。

第四章　开标、评标和中标

第三十四条　【开标的时间与地点】开标应当在招标文件确定的提交投标文件截止时间的同一时间公开进行；开标地点应当为招标文件中预先确定的地点。

第三十五条　【开标参加人】开标由招标人主持，邀请所有投标人参加。

第三十六条　【开标方式】开标时，由投标人或者其推选的代表检查投标文件的密封情况，也可以由招标人委托的公证机构检查并公证；经确认无误后，由工作人员当众拆封，宣读投标人名称、投标价格和投标文件的其他主要内容。

招标人在招标文件要求提交投标文件的截止时间前收到的所有投标文件，开标时都应当当众予以拆封、宣读。

开标过程应当记录，并存档备查。

第三十七条　【评标委员会】评标由招标人依法组建的评标委员会负责。

依法必须进行招标的项目，其评标委员会由招标人的代表和有关技术、经济等方面的专家组成，成员人数为五人以上单数，其中技术、经济等方面的专家不得少于成员总数的三分之二。

前款专家应当从事相关领域工作满八年并具有高级职称或者具有同等专业水平，由招标人从国务院有关部门或者省、自治区、直辖市人民政府有关部门提供的专家名册或者招标代理机构的专家库内的相关专业的专家名单中确定；一般招标项目可以采取随机抽取方式，特殊招标项目可以由招标人直接确定。

与投标人有利害关系的人不得进入相关项目的评标委员会；已经进入的应当更换。

评标委员会成员的名单在中标结果确定前应当保密。

第三十八条 【评标的保密】招标人应当采取必要的措施，保证评标在严格保密的情况下进行。

任何单位和个人不得非法干预、影响评标的过程和结果。

第三十九条 【投标人对投标文件的澄清或说明】评标委员会可以要求投标人对投标文件中含义不明确的内容作必要的澄清或者说明，但是澄清或者说明不得超出投标文件的范围或者改变投标文件的实质性内容。

第四十条 【评标】评标委员会应当按照招标文件确定的评标标准和方法，对投标文件进行评审和比较；设有标底的，应当参考标底。评标委员会完成评标后，应当向招标人提出书面评标报告，并推荐合格的中标候选人。

招标人根据评标委员会提出的书面评标报告和推荐的中标候选人确定中标人。招标人也可以授权评标委员会直接确定中标人。

国务院对特定招标项目的评标有特别规定的，从其规定。

第四十一条 【中标条件】中标人的投标应当符合下列条件之一：

（一）能够最大限度地满足招标文件中规定的各项综合评价标准；

（二）能够满足招标文件的实质性要求，并且经评审的投标价格最低；但是投标价格低于成本的除外。

第四十二条 【否决所有投标和重新招标】评标委员会经评审，认为所有投标都不符合招标文件要求的，可以否决所有投标。

依法必须进行招标的项目的所有投标被否决的，招标人应当依照本法重新招标。

第四十三条 【禁止与投标人进行实质性谈判】在确定中标人前，招标人不得与投标人就投标价格、投标方案等实质性内容进行谈判。

第四十四条 【评标委员会成员的义务】评标委员会成员应当客观、公正地履行职务，遵守职业道德，对所提出的评审意见承担个人责任。

评标委员会成员不得私下接触投标人，不得收受投标人的财物或者其他好处。

评标委员会成员和参与评标的有关工作人员不得透露对投标文件的评审和比较、中标候选人的推荐情况以及与评标有关的其他情况。

第四十五条 【中标通知书的发出】中标人确定后，招标人应当向中标人发出中标通知书，并同时将中标结果通知所有未中标的投标人。

中标通知书对招标人和中标人具有法律效力。中标通知书发出后，招标人改变中标结果的，或者中标人放弃中标项目的，应当依法承担法律责任。

第四十六条 【订立书面合同和提交履约保证金】招标人和中标人应当自中标通知书发出之日起三十日内，按照招标文件和中标人的投标文件订立书面合同。招标人和中标人不得再行订立背离合同实质性内容的其他协议。

招标文件要求中标人提交履约保证金的，中标人应当提交。

第四十七条 【招投标情况的报告】依法必须进行招标的项目，招标人应当自确定中标人之日起十五日内，向有关行政监督部门提交招标投标情况的书面报告。

第四十八条 【禁止转包和有条件分包】中标人应当按照合同约定履行义务，完成中标项目。中标人不得向他人转让中标项目，也不得将中标项目肢解后分别向他人转让。

中标人按照合同约定或者经招标人同意，可以将中标项目的部分非主体、非关键性工作分包给他人完成。接受分包的人应当具备相应的资格条件，并不得再次分包。

中标人应当就分包项目向招标人负责，接受分包的人就分包项目承担连带责任。

第五章 法律责任

第四十九条 【必须进行招标的项目不招标的责任】违反本法规定，必须进行招标的项目而不招标的，将必须进行招标的项目化整为零或者以其他任何方式规避招标的，责令限期改正，可以处项目合同金额千分之五以上千分之十以下的罚款；对全部或者部分使用国有资金的项目，可以暂停项目执行或者暂停资金拨付；对单位直接负责的主管人员和其他直接责任人员依法给予处分。

第五十条 【招标代理机构的责任】招标代理机构违反本法规定，泄露应当保密的与招标投标活动有关的情况和资料的，或者与招标人、投标人串通损害国家利益、社会公共利益或者他人合法权益的，处五万元以上二十五万元以下的罚款；对单位直接负责的主管人员和其他直接责任人员处单位罚款数额百分之五以上百分之十以下的罚款；有违法所得的，并处没收违法所得；情节严重的，禁止其一年至二年内代理依法必须进行招标的项目并予以公告，直至由工商行政管理机关吊销营业执照；构成犯罪的，依法追究刑事责任。给他人造成损失的，依法承担赔偿责任。

前款所列行为影响中标结果的，中标无效。

第五十一条 【限制或排斥潜在投标人的责任】招标人以不合理的条件限制或者排斥潜在投标人的，对潜在投标人实行歧视待遇的，强制要求投标人组成联合体共同投标的，或者限制投标人之间竞争的，责令改正，可以处一万元以上五万元以下的罚款。

第五十二条 【泄露招投标活动有关秘密的责任】依法必须进行招标的项目的招标人向他人透露已获取招标文件的潜在投标人的名称、数量或者可能影响公平竞争的有关招标投标的其他情况的，或者泄露标底的，给予警告，可以并处一万元以上十万元以下的罚款；对单位直接负责的主管人员和其他直接责任人员依法给予处分；构成犯罪的，依法追究刑事责任。

前款所列行为影响中标结果的，中标无效。

第五十三条 【串通投标的责任】投标人相互串通投标或者与招标人串通投标的，投标人以向招标人或者评标委员会成员行贿的手段谋取中标的，中标无效，处中标项目金额千分之五以上千分之十以下的罚款，对单位直接负责的主管人员和其他直接责任人员处单位罚款数额百分之五以上百分之十以下的罚款；有违法所得的，并处没收违法所得；情节严重的，取消其一年至二年内参加依法必须进行招标的项目的投标资格并予以公告，直至由工商行政管理机关吊销营业执照；构成犯罪的，依法追究刑事责任。给他人造成损失的，依法承担赔偿责任。

第五十四条 【骗取中标的责任】投标人以他人名义投标或者以其他方式弄虚作假，骗取中标的，中标无效，给招标人造成损失的，依法承担赔偿责任；构成犯罪的，依法追究刑事责任。

依法必须进行招标的项目的投标人有前款所列行为尚未构成犯罪的，处中标项目金额千分之五以上千分之十以下的罚款，对单位直接负责的主管人员和其他直接责任人员处单位罚款数额百分之五以上百分之十以下的罚款；有违法所得的，并处没收违法所得；情节严重的，取消其一年至三年内参加依法必须进行招标的项目的投标资格并予以公告，直至由工商行政管理机关吊销营业执照。

第五十五条 【招标人违规谈判的责任】依法必须进行招标的项目，招标人违反本法规定，与投标人就投标价格、投标方案等实质性内容进行谈判的，给予警告，对单位直接负责的主管人员和其他直接责任人员依法给予处分。

前款所列行为影响中标结果的，中标无效。

第五十六条 【评标委员会成员违法行为的责任】评标委员会成员收受投标人的财物或者其他好处的，评标委员会成员或者参加评标的有关工作人员向他人透露对投标文件的评审和比较、中标候选人的推荐以及与评标有关的其他情况的，给予警告，没收收受的财物，可以并处三千元以上五万元以下的罚款，对有所列违法行为的评标委员会成员取消担任评标委员会成员的资格，不得再参加任何依法必须进行招标的项目的评标；构成犯罪的，依法追究刑事责任。

第五十七条 【招标人在中标候选人之外确定中标人的责任】招标人在评标委员会依法推荐的中标候选人以外确定中标人的，依法必须进行招标的项目在所有投标被评标委员会否决后自行确定中标人的，中标无效，责令改正，可以处中标项目金额千分之五以上千分之十以下的罚款；对单位直接负责的主管人员和其他直接责任人员依法给予处分。

第五十八条 【中标人违法转包、分包的责任】中标人将中标项目转让给他人的，将中标项目肢解后分别转让给他人的，违反本法规定将中标项目的部分主体、关键性工作分包给他人的，或者分包人再次分包的，转让、分包无效，处转让、分包项目金额千分之五以上千分之十以下的罚款；有违法所得的，并处没收违法所得；可以责令停业整顿；情节严重的，由工商行政管理机关吊销营业执照。

第五十九条 【不按招投标文件订立合同的责任】招标人与中标人不按照招标文件和中标人的投标文件订立合同的，或者招标人、中标人订立背离合同实质性内容的协议的，责令改正；可以处中标项目金额千分之五以上千分之十以下的罚款。

第六十条 【中标人不履行合同或不按合同履行义务的责任】中标人不履行与招标人订立的合同的，履约保证金不予退还，给招标人造成的损失超过履约保证金数额的，还应当对超过部分予以赔偿；没有提交履约保证金的，应当对招标人的损失承担赔偿责任。

中标人不按照与招标人订立的合同履行义务，情节严重的，取消其二年至五年内参加依法必须进行招标的项目的投标资格并予以公告，直至由工商行政管理机关吊销营业执照。

因不可抗力不能履行合同的，不适用前两款规定。

第六十一条　【行政处罚的决定】本章规定的行政处罚，由国务院规定的有关行政监督部门决定。本法已对实施行政处罚的机关作出规定的除外。

第六十二条　【干涉招投标活动的责任】任何单位违反本法规定，限制或者排斥本地区、本系统以外的法人或者其他组织参加投标的，为招标人指定招标代理机构的，强制招标人委托招标代理机构办理招标事宜的，或者以其他方式干涉招标投标活动的，责令改正；对单位直接负责的主管人员和其他直接责任人员依法给予警告、记过、记大过的处分，情节较重的，依法给予降级、撤职、开除的处分。

个人利用职权进行前款违法行为的，依照前款规定追究责任。

第六十三条　【行政监督机关工作人员的责任】对招标投标活动依法负有行政监督职责的国家机关工作人员徇私舞弊、滥用职权或者玩忽职守，构成犯罪的，依法追究刑事责任；不构成犯罪的，依法给予行政处分。

第六十四条　【中标无效的处理】依法必须进行招标的项目违反本法规定，中标无效的，应当依照本法规定的中标条件从其余投标人中重新确定中标人或者依照本法重新进行招标。

第六章　附　则

第六十五条　【异议或投诉】投标人和其他利害关系人认为招标投标活动不符合本法有关规定的，有权向招标人提出异议或者依法向有关行政监督部门投诉。

第六十六条　【不进行招标的项目】涉及国家安全、国家秘密、抢险救灾或者属于利用扶贫资金实行以工代赈、需要使用农民工等特殊情况，不适宜进行招标的项目，按照国家有关规定可以不进行招标。

第六十七条　【适用除外】使用国际组织或者外国政府贷款、援助资金的项目进行招标，贷款方、资金提供方对招标投标的具体条件和程序有不同规定的，可以适用其规定，但违背中华人民共和国的社会公共利益的除外。

第六十八条　【施行日期】本法自 2000 年 1 月 1 日起施行。

中华人民共和国招标投标法实施条例

- 2011 年 12 月 20 日中华人民共和国国务院令第 613 号公布
- 根据 2017 年 3 月 1 日《国务院关于修改和废止部分行政法规的决定》第一次修订
- 根据 2018 年 3 月 19 日《国务院关于修改和废止部分行政法规的决定》第二次修订
- 根据 2019 年 3 月 2 日《国务院关于修改部分行政法规的决定》第三次修订

第一章　总　则

第一条　为了规范招标投标活动，根据《中华人民共和国招标投标法》（以下简称招标投标法），制定本条例。

第二条　招标投标法第三条所称工程建设项目，是指工程以及与工程建设有关的货物、服务。

前款所称工程，是指建设工程，包括建筑物和构筑物的新建、改建、扩建及其相关的装修、拆除、修缮等；所称与工程建设有关的货物，是指构成工程不可分割的组成部分，且为实现工程基本功能所必需的设备、材料等；所称与工程建设有关的服务，是指为完成工程所需的勘察、设计、监理等服务。

第三条　依法必须进行招标的工程建设项目的具体范围和规模标准，由国务院发展改革部门会同国务院有关部门制订，报国务院批准后公布施行。

第四条　国务院发展改革部门指导和协调全国招标投标工作，对国家重大建设项目的工程招标投标活动实施监督检查。国务院工业和信息化、住房城乡建设、交通运输、铁道、水利、商务等部门，按照规定的职责分工对有关招标投标活动实施监督。

县级以上地方人民政府发展改革部门指导和协调本行政区域的招标投标工作。县级以上地方人民政府有关部门按照规定的职责分工，对招标投标活动实施监督，依法查处招标投标活动中的违法行为。县级以上地方人民政府对其所属部门有关招标投标活动的监督职责分工另有规定的，从其规定。

财政部门依法对实行招标投标的政府采购工程建设项目的政府采购政策执行情况实施监督。

监察机关依法对与招标投标活动有关的监察对象实施监察。

第五条　设区的市级以上地方人民政府可以根据实际需要，建立统一规范的招标投标交易场所，为招标投标活动提供服务。招标投标交易场所不得与行政监督部门存在隶属关系，不得以营利为目的。

国家鼓励利用信息网络进行电子招标投标。

第六条　禁止国家工作人员以任何方式非法干涉招标投标活动。

第二章　招　标

第七条　按照国家有关规定需要履行项目审批、核准手续的依法必须进行招标的项目,其招标范围、招标方式、招标组织形式应当报项目审批、核准部门审批、核准。项目审批、核准部门应当及时将审批、核准确定的招标范围、招标方式、招标组织形式通报有关行政监督部门。

第八条　国有资金占控股或者主导地位的依法必须进行招标的项目,应当公开招标;但有下列情形之一的,可以邀请招标:

(一)技术复杂、有特殊要求或者受自然环境限制,只有少量潜在投标人可供选择;

(二)采用公开招标方式的费用占项目合同金额的比例过大。

有前款第二项所列情形,属于本条例第七条规定的项目,由项目审批、核准部门在审批、核准项目时作出认定;其他项目由招标人申请有关行政监督部门作出认定。

第九条　除招标投标法第六十六条规定的可以不进行招标的特殊情况外,有下列情形之一的,可以不进行招标:

(一)需要采用不可替代的专利或者专有技术;

(二)采购人依法能够自行建设、生产或者提供;

(三)已通过招标方式选定的特许经营项目投资人依法能够自行建设、生产或者提供;

(四)需要向原中标人采购工程、货物或者服务,否则将影响施工或者功能配套要求;

(五)国家规定的其他特殊情形。

招标人为适用前款规定弄虚作假的,属于招标投标法第四条规定的规避招标。

第十条　招标投标法第十二条第二款规定的招标人具有编制招标文件和组织评标能力,是指招标人具有与招标项目规模和复杂程度相适应的技术、经济等方面的专业人员。

第十一条　国务院住房城乡建设、商务、发展改革、工业和信息化等部门,按照规定的职责分工对招标代理机构依法实施监督管理。

第十二条　招标代理机构应当拥有一定数量的具备编制招标文件、组织评标等相应能力的专业人员。

第十三条　招标代理机构在招标人委托的范围内开展招标代理业务,任何单位和个人不得非法干涉。

招标代理机构代理招标业务,应当遵守招标投标法和本条例关于招标人的规定。招标代理机构不得在所代理的招标项目中投标或者代理投标,也不得为所代理的招标项目的投标人提供咨询。

第十四条　招标人应当与被委托的招标代理机构签订书面委托合同,合同约定的收费标准应当符合国家有关规定。

第十五条　公开招标的项目,应当依照招标投标法和本条例的规定发布招标公告、编制招标文件。

招标人采用资格预审办法对潜在投标人进行资格审查的,应当发布资格预审公告、编制资格预审文件。

依法必须进行招标的项目的资格预审公告和招标公告,应当在国务院发展改革部门依法指定的媒介发布。在不同媒介发布的同一招标项目的资格预审公告或者招标公告的内容应当一致。指定媒介发布依法必须进行招标的项目的境内资格预审公告、招标公告,不得收取费用。

编制依法必须进行招标的项目的资格预审文件和招标文件,应当使用国务院发展改革部门会同有关行政监督部门制定的标准文本。

第十六条　招标人应当按照资格预审公告、招标公告或者投标邀请书规定的时间、地点发售资格预审文件或者招标文件。资格预审文件或者招标文件的发售期不得少于5日。

招标人发售资格预审文件、招标文件收取的费用应当限于补偿印刷、邮寄的成本支出,不得以营利为目的。

第十七条　招标人应当合理确定提交资格预审申请文件的时间。依法必须进行招标的项目提交资格预审申请文件的时间,自资格预审文件停止发售之日起不得少于5日。

第十八条　资格预审应当按照资格预审文件载明的标准和方法进行。

国有资金占控股或者主导地位的依法必须进行招标的项目,招标人应当组建资格审查委员会审查资格预审申请文件。资格审查委员会及其成员应当遵守招标投标法和本条例有关评标委员会及其成员的规定。

第十九条　资格预审结束后,招标人应当及时向资格预审申请人发出资格预审结果通知书。未通过资格预审的申请人不具有投标资格。

通过资格预审的申请人少于3个的,应当重新招标。

第二十条　招标人采用资格后审办法对投标人进行资格审查的,应当在开标后由评标委员会按照招标文件规定的标准和方法对投标人的资格进行审查。

第二十一条　招标人可以对已发出的资格预审文件

或者招标文件进行必要的澄清或者修改。澄清或者修改的内容可能影响资格预审申请文件或者投标文件编制的，招标人应当在提交资格预审申请文件截止时间至少3日前，或者投标截止时间至少15日前，以书面形式通知所有获取资格预审文件或者招标文件的潜在投标人；不足3日或者15日的，招标人应当顺延提交资格预审申请文件或者投标文件的截止时间。

第二十二条 潜在投标人或者其他利害关系人对资格预审文件有异议的，应当在提交资格预审申请文件截止时间2日前提出；对招标文件有异议的，应当在投标截止时间10日前提出。招标人应当自收到异议之日起3日内作出答复；作出答复前，应当暂停招标投标活动。

第二十三条 招标人编制的资格预审文件、招标文件的内容违反法律、行政法规的强制性规定，违反公开、公平、公正和诚实信用原则，影响资格预审结果或者潜在投标人投标的，依法必须进行招标的项目的招标人应当在修改资格预审文件或者招标文件后重新招标。

第二十四条 招标人对招标项目划分标段的，应当遵守招标投标法的有关规定，不得利用划分标段限制或者排斥潜在投标人。依法必须进行招标的项目的招标人不得利用划分标段规避招标。

第二十五条 招标人应当在招标文件中载明投标有效期。投标有效期从提交投标文件的截止之日起算。

第二十六条 招标人在招标文件中要求投标人提交投标保证金的，投标保证金不得超过招标项目估算价的2%。投标保证金有效期应当与投标有效期一致。

依法必须进行招标的项目的境内投标单位，以现金或者支票形式提交的投标保证金应当从其基本账户转出。

招标人不得挪用投标保证金。

第二十七条 招标人可以自行决定是否编制标底。一个招标项目只能有一个标底。标底必须保密。

接受委托编制标底的中介机构不得参加受托编制标底项目的投标，也不得为该项目的投标人编制投标文件或者提供咨询。

招标人设有最高投标限价的，应当在招标文件中明确最高投标限价或者最高投标限价的计算方法。招标人不得规定最低投标限价。

第二十八条 招标人不得组织单个或者部分潜在投标人踏勘项目现场。

第二十九条 招标人可以依法对工程以及与工程建设有关的货物、服务全部或者部分实行总承包招标。以暂估价形式包括在总承包范围内的工程、货物、服务属于依法必须进行招标的项目范围且达到国家规定规模标准的，应当依法进行招标。

前款所称暂估价，是指总承包招标时不能确定价格而由招标人在招标文件中暂时估定的工程、货物、服务的金额。

第三十条 对技术复杂或者无法精确拟定技术规格的项目，招标人可以分两阶段进行招标。

第一阶段，投标人按照招标公告或者投标邀请书的要求提交不带报价的技术建议，招标人根据投标人提交的技术建议确定技术标准和要求，编制招标文件。

第二阶段，招标人向在第一阶段提交技术建议的投标人提供招标文件，投标人按照招标文件的要求提交包括最终技术方案和投标报价的投标文件。

招标人要求投标人提交投标保证金的，应当在第二阶段提出。

第三十一条 招标人终止招标的，应当及时发布公告，或者以书面形式通知被邀请的或者已经获取资格预审文件、招标文件的潜在投标人。已经发售资格预审文件、招标文件或者已经收取投标保证金的，招标人应当及时退还所收取的资格预审文件、招标文件的费用，以及所收取的投标保证金及银行同期存款利息。

第三十二条 招标人不得以不合理的条件限制、排斥潜在投标人或者投标人。

招标人有下列行为之一的，属于以不合理条件限制、排斥潜在投标人或者投标人：

（一）就同一招标项目向潜在投标人或者投标人提供有差别的项目信息；

（二）设定的资格、技术、商务条件与招标项目的具体特点和实际需要不相适应或者与合同履行无关；

（三）依法必须进行招标的项目以特定行政区域或者特定行业的业绩、奖项作为加分条件或者中标条件；

（四）对潜在投标人或者投标人采取不同的资格审查或者评标标准；

（五）限定或者指定特定的专利、商标、品牌、原产地或者供应商；

（六）依法必须进行招标的项目非法限定潜在投标人或者投标人的所有制形式或者组织形式；

（七）以其他不合理条件限制、排斥潜在投标人或者投标人。

第三章 投 标

第三十三条 投标人参加依法必须进行招标的项目的投标，不受地区或者部门的限制，任何单位和个人不得非法干涉。

第三十四条 与招标人存在利害关系可能影响招标公正性的法人、其他组织或者个人,不得参加投标。

单位负责人为同一人或者存在控股、管理关系的不同单位,不得参加同一标段投标或者未划分标段的同一招标项目投标。

违反前两款规定的,相关投标均无效。

第三十五条 投标人撤回已提交的投标文件,应当在投标截止时间前书面通知招标人。招标人已收取投标保证金的,应当自收到投标人书面撤回通知之日起 5 日内退还。

投标截止后投标人撤销投标文件的,招标人可以不退还投标保证金。

第三十六条 未通过资格预审的申请人提交的投标文件,以及逾期送达或者不按照招标文件要求密封的投标文件,招标人应当拒收。

招标人应当如实记载投标文件的送达时间和密封情况,并存档备查。

第三十七条 招标人应当在资格预审公告、招标公告或者投标邀请书中载明是否接受联合体投标。

招标人接受联合体投标并进行资格预审的,联合体应当在提交资格预审申请文件前组成。资格预审后联合体增减、更换成员的,其投标无效。

联合体各方在同一招标项目中以自己名义单独投标或者参加其他联合体投标的,相关投标均无效。

第三十八条 投标人发生合并、分立、破产等重大变化的,应当及时书面告知招标人。投标人不再具备资格预审文件、招标文件规定的资格条件或者其投标影响招标公正性的,其投标无效。

第三十九条 禁止投标人相互串通投标。

有下列情形之一的,属于投标人相互串通投标:

(一)投标人之间协商投标报价等投标文件的实质性内容;

(二)投标人之间约定中标人;

(三)投标人之间约定部分投标人放弃投标或者中标;

(四)属于同一集团、协会、商会等组织成员的投标人按照该组织要求协同投标;

(五)投标人之间为谋取中标或者排斥特定投标人而采取的其他联合行动。

第四十条 有下列情形之一的,视为投标人相互串通投标:

(一)不同投标人的投标文件由同一单位或者个人编制;

(二)不同投标人委托同一单位或者个人办理投标事宜;

(三)不同投标人的投标文件载明的项目管理成员为同一人;

(四)不同投标人的投标文件异常一致或者投标报价呈规律性差异;

(五)不同投标人的投标文件相互混装;

(六)不同投标人的投标保证金从同一单位或者个人的账户转出。

第四十一条 禁止招标人与投标人串通投标。

有下列情形之一的,属于招标人与投标人串通投标:

(一)招标人在开标前开启投标文件并将有关信息泄露给其他投标人;

(二)招标人直接或者间接向投标人泄露标底、评标委员会成员等信息;

(三)招标人明示或者暗示投标人压低或者抬高投标报价;

(四)招标人授意投标人撤换、修改投标文件;

(五)招标人明示或者暗示投标人为特定投标人中标提供方便;

(六)招标人与投标人为谋求特定投标人中标而采取的其他串通行为。

第四十二条 使用通过受让或者租借等方式获取的资格、资质证书投标的,属于招标投标法第三十三条规定的以他人名义投标。

投标人有下列情形之一的,属于招标投标法第三十三条规定的以其他方式弄虚作假的行为:

(一)使用伪造、变造的许可证件;

(二)提供虚假的财务状况或者业绩;

(三)提供虚假的项目负责人或者主要技术人员简历、劳动关系证明;

(四)提供虚假的信用状况;

(五)其他弄虚作假的行为。

第四十三条 提交资格预审申请文件的申请人应当遵守招标投标法和本条例有关投标人的规定。

第四章 开标、评标和中标

第四十四条 招标人应当按照招标文件规定的时间、地点开标。

投标人少于 3 个的,不得开标;招标人应当重新招标。

投标人对开标有异议的,应当在开标现场提出,招标人应当当场作出答复,并制作记录。

第四十五条 国家实行统一的评标专家专业分类标准和管理办法。具体标准和办法由国务院发展改革部门会同国务院有关部门制定。

省级人民政府和国务院有关部门应当组建综合评标专家库。

第四十六条 除招标投标法第三十七条第三款规定的特殊招标项目外,依法必须进行招标的项目,其评标委员会的专家成员应当从评标专家库内相关专业的专家名单中以随机抽取方式确定。任何单位和个人不得以明示、暗示等任何方式指定或者变相指定参加评标委员会的专家成员。

依法必须进行招标的项目的招标人非因招标投标法和本条例规定的事由,不得更换依法确定的评标委员会成员。更换评标委员会的专家成员应当依照前款规定进行。

评标委员会成员与投标人有利害关系的,应当主动回避。

有关行政监督部门应当按照规定的职责分工,对评标委员会成员的确定方式、评标专家的抽取和评标活动进行监督。行政监督部门的工作人员不得担任本部门负责监督项目的评标委员会成员。

第四十七条 招标投标法第三十七条第三款所称特殊招标项目,是指技术复杂、专业性强或者国家有特殊要求,采取随机抽取方式确定的专家难以保证胜任评标工作的项目。

第四十八条 招标人应当向评标委员会提供评标所必需的信息,但不得明示或者暗示其倾向或者排斥特定投标人。

招标人应当根据项目规模和技术复杂程度等因素合理确定评标时间。超过三分之一的评标委员会成员认为评标时间不够的,招标人应当适当延长。

评标过程中,评标委员会成员有回避事由、擅离职守或者因健康等原因不能继续评标的,应当及时更换。被更换的评标委员会成员作出的评审结论无效,由更换后的评标委员会成员重新进行评审。

第四十九条 评标委员会成员应当依照招标投标法和本条例的规定,按照招标文件规定的评标标准和方法,客观、公正地对投标文件提出评审意见。招标文件没有规定的评标标准和方法不得作为评标的依据。

评标委员会成员不得私下接触投标人,不得收受投标人给予的财物或者其他好处,不得向招标人征询确定中标人的意向,不得接受任何单位或者个人明示或者暗示提出的倾向或者排斥特定投标人的要求,不得有其他不客观、不公正履行职务的行为。

第五十条 招标项目设有标底的,招标人应当在开标时公布。标底只能作为评标的参考,不得以投标报价是否接近标底作为中标条件,也不得以投标报价超过标底上下浮动范围作为否决投标的条件。

第五十一条 有下列情形之一的,评标委员会应当否决其投标:

(一)投标文件未经投标单位盖章和单位负责人签字;

(二)投标联合体没有提交共同投标协议;

(三)投标人不符合国家或者招标文件规定的资格条件;

(四)同一投标人提交两个以上不同的投标文件或者投标报价,但招标文件要求提交备选投标的除外;

(五)投标报价低于成本或者高于招标文件设定的最高投标限价;

(六)投标文件没有对招标文件的实质性要求和条件作出响应;

(七)投标人有串通投标、弄虚作假、行贿等违法行为。

第五十二条 投标文件中有含义不明确的内容、明显文字或者计算错误,评标委员会认为需要投标人作出必要澄清、说明的,应当书面通知该投标人。投标人的澄清、说明应当采用书面形式,并不得超出投标文件的范围或者改变投标文件的实质性内容。

评标委员会不得暗示或者诱导投标人作出澄清、说明,不得接受投标人主动提出的澄清、说明。

第五十三条 评标完成后,评标委员会应当向招标人提交书面评标报告和中标候选人名单。中标候选人应当不超过3个,并标明排序。

评标报告应当由评标委员会全体成员签字。对评标结果有不同意见的评标委员会成员应当以书面形式说明其不同意见和理由,评标报告应当注明该不同意见。评标委员会成员拒绝在评标报告上签字又不书面说明其不同意见和理由的,视为同意评标结果。

第五十四条 依法必须进行招标的项目,招标人应当自收到评标报告之日起 3 日内公示中标候选人,公示期不得少于 3 日。

投标人或者其他利害关系人对依法必须进行招标的项目的评标结果有异议的,应当在中标候选人公示期间提出。招标人应当自收到异议之日起 3 日内作出答复;作出答复前,应当暂停招标投标活动。

第五十五条　国有资金占控股或者主导地位的依法必须进行招标的项目,招标人应当确定排名第一的中标候选人为中标人。排名第一的中标候选人放弃中标、因不可抗力不能履行合同、不按照招标文件要求提交履约保证金,或者被查实存在影响中标结果的违法行为等情形,不符合中标条件的,招标人可以按照评标委员会提出的中标候选人名单排序依次确定其他中标候选人为中标人,也可以重新招标。

第五十六条　中标候选人的经营、财务状况发生较大变化或者存在违法行为,招标人认为可能影响其履约能力的,应当在发出中标通知书前由原评标委员会按照招标文件规定的标准和方法审查确认。

第五十七条　招标人和中标人应当依照招标投标法和本条例的规定签订书面合同,合同的标的、价款、质量、履行期限等主要条款应当与招标文件和中标人的投标文件的内容一致。招标人和中标人不得再行订立背离合同实质性内容的其他协议。

招标人最迟应当在书面合同签订后 5 日内向中标人和未中标的投标人退还投标保证金及银行同期存款利息。

第五十八条　招标文件要求中标人提交履约保证金的,中标人应当按照招标文件的要求提交。履约保证金不得超过中标合同金额的 10%。

第五十九条　中标人应当按照合同约定履行义务,完成中标项目。中标人不得向他人转让中标项目,也不得将中标项目肢解后分别向他人转让。

中标人按照合同约定或者经招标人同意,可以将中标项目的部分非主体、非关键性工作分包给他人完成。接受分包的人应当具备相应的资格条件,并不得再次分包。

中标人应当就分包项目向招标人负责,接受分包的人就分包项目承担连带责任。

第五章　投诉与处理

第六十条　投标人或者其他利害关系人认为招标投标活动不符合法律、行政法规规定的,可以自知道或者应当知道之日起 10 日内向有关行政监督部门投诉。投诉应当有明确的请求和必要的证明材料。

就本条例第二十二条、第四十四条、第五十四条规定事项投诉的,应当先向招标人提出异议,异议答复期间不计算在前款规定的期限内。

第六十一条　投诉人就同一事项向两个以上有权受理的行政监督部门投诉的,由最先收到投诉的行政监督部门负责处理。

行政监督部门应当自收到投诉之日起 3 个工作日内决定是否受理投诉,并自受理投诉之日起 30 个工作日内作出书面处理决定;需要检验、检测、鉴定、专家评审的,所需时间不计算在内。

投诉人捏造事实、伪造材料或者以非法手段取得证明材料进行投诉的,行政监督部门应当予以驳回。

第六十二条　行政监督部门处理投诉,有权查阅、复制有关文件、资料,调查有关情况,相关单位和人员应当予以配合。必要时,行政监督部门可以责令暂停招标投标活动。

行政监督部门的工作人员对监督检查过程中知悉的国家秘密、商业秘密,应当依法予以保密。

第六章　法律责任

第六十三条　招标人有下列限制或者排斥潜在投标人行为之一的,由有关行政监督部门依照招标投标法第五十一条的规定处罚:

(一)依法应当公开招标的项目不按照规定在指定媒介发布资格预审公告或者招标公告;

(二)在不同媒介发布的同一招标项目的资格预审公告或者招标公告的内容不一致,影响潜在投标人申请资格预审或者投标。

依法必须进行招标的项目的招标人不按照规定发布资格预审公告或者招标公告,构成规避招标的,依照招标投标法第四十九条的规定处罚。

第六十四条　招标人有下列情形之一的,由有关行政监督部门责令改正,可以处 10 万元以下的罚款:

(一)依法应当公开招标而采用邀请招标;

(二)招标文件、资格预审文件的发售、澄清、修改的时限,或者确定的提交资格预审申请文件、投标文件的时限不符合招标投标法和本条例规定;

(三)接受未通过资格预审的单位或者个人参加投标;

(四)接受应当拒收的投标文件。

招标人有前款第一项、第三项、第四项所列行为之一的,对单位直接负责的主管人员和其他直接责任人员依法给予处分。

第六十五条　招标代理机构在所代理的招标项目中投标、代理投标或者向该项目投标人提供咨询的,接受委托编制标底的中介机构参加受托编制标底项目的投标或者为该项目的投标人编制投标文件、提供咨询的,依照招标投标法第五十条的规定追究法律责任。

第六十六条　招标人超过本条例规定的比例收取投

标保证金、履约保证金或者不按照规定退还投标保证金及银行同期存款利息的，由有关行政监督部门责令改正，可以处5万元以下的罚款；给他人造成损失的，依法承担赔偿责任。

第六十七条 投标人相互串通投标或者与招标人串通投标的，投标人向招标人或者评标委员会成员行贿谋取中标的，中标无效；构成犯罪的，依法追究刑事责任；尚不构成犯罪的，依照招标投标法第五十三条的规定处罚。投标人未中标的，对单位的罚款金额按照招标项目合同金额依照招标投标法规定的比例计算。

投标人有下列行为之一的，属于招标投标法第五十三条规定的情节严重行为，由有关行政监督部门取消其1年至2年内参加依法必须进行招标的项目的投标资格：

（一）以行贿谋取中标；

（二）3年内2次以上串通投标；

（三）串通投标行为损害招标人、其他投标人或者国家、集体、公民的合法利益，造成直接经济损失30万元以上；

（四）其他串通投标情节严重的行为。

投标人自本条第二款规定的处罚执行期限届满之日起3年内又有该款所列违法行为之一的，或者串通投标、以行贿谋取中标情节特别严重的，由工商行政管理机关吊销营业执照。

法律、行政法规对串通投标报价行为的处罚另有规定的，从其规定。

第六十八条 投标人以他人名义投标或者以其他方式弄虚作假骗取中标的，中标无效；构成犯罪的，依法追究刑事责任；尚不构成犯罪的，依照招标投标法第五十四条的规定处罚。依法必须进行招标的项目的投标人未中标的，对单位的罚款金额按照招标项目合同金额依照招标投标法规定的比例计算。

投标人有下列行为之一的，属于招标投标法第五十四条规定的情节严重行为，由有关行政监督部门取消其1年至3年内参加依法必须进行招标的项目的投标资格：

（一）伪造、变造资格、资质证书或者其他许可证件骗取中标；

（二）3年内2次以上使用他人名义投标；

（三）弄虚作假骗取中标给招标人造成直接经济损失30万元以上；

（四）其他弄虚作假骗取中标情节严重的行为。

投标人自本条第二款规定的处罚执行期限届满之日起3年内又有该款所列违法行为之一的，或者弄虚作假骗取中标情节特别严重的，由工商行政管理机关吊销营业执照。

第六十九条 出让或者出租资格、资质证书供他人投标的，依照法律、行政法规的规定给予行政处罚；构成犯罪的，依法追究刑事责任。

第七十条 依法必须进行招标的项目的招标人不按照规定组建评标委员会，或者确定、更换评标委员会成员违反招标投标法和本条例规定的，由有关行政监督部门责令改正，可以处10万元以下的罚款，对单位直接负责的主管人员和其他直接责任人员依法给予处分；违法确定或者更换的评标委员会成员作出的评审结论无效，依法重新进行评审。

国家工作人员以任何方式非法干涉选取评标委员会成员的，依照本条例第八十条的规定追究法律责任。

第七十一条 评标委员会成员有下列行为之一的，由有关行政监督部门责令改正；情节严重的，禁止其在一定期限内参加依法必须进行招标的项目的评标；情节特别严重的，取消其担任评标委员会成员的资格：

（一）应当回避而不回避；

（二）擅离职守；

（三）不按照招标文件规定的评标标准和方法评标；

（四）私下接触投标人；

（五）向招标人征询确定中标人的意向或者接受任何单位或者个人明示或者暗示提出的倾向或者排斥特定投标人的要求；

（六）对依法应当否决的投标不提出否决意见；

（七）暗示或者诱导投标人作出澄清、说明或者接受投标人主动提出的澄清、说明；

（八）其他不客观、不公正履行职务的行为。

第七十二条 评标委员会成员收受投标人的财物或者其他好处的，没收收受的财物，处3000元以上5万元以下的罚款，取消担任评标委员会成员的资格，不得再参加依法必须进行招标的项目的评标；构成犯罪的，依法追究刑事责任。

第七十三条 依法必须进行招标的项目的招标人有下列情形之一的，由有关行政监督部门责令改正，可以处中标项目金额10‰以下的罚款；给他人造成损失的，依法承担赔偿责任；对单位直接负责的主管人员和其他直接责任人员依法给予处分：

（一）无正当理由不发出中标通知书；

（二）不按照规定确定中标人；

（三）中标通知书发出后无正当理由改变中标结果；

（四）无正当理由不与中标人订立合同；

（五）在订立合同时向中标人提出附加条件。

第七十四条 中标人无正当理由不与招标人订立合同，在签订合同时向招标人提出附加条件，或者不按照招标文件要求提交履约保证金的，取消其中标资格，投标保证金不予退还。对依法必须进行招标的项目的中标人，由有关行政监督部门责令改正，可以处中标项目金额10‰以下的罚款。

第七十五条 招标人和中标人不按照招标文件和中标人的投标文件订立合同，合同的主要条款与招标文件、中标人的投标文件的内容不一致，或者招标人、中标人订立背离合同实质性内容的协议的，由有关行政监督部门责令改正，可以处中标项目金额5‰以上10‰以下的罚款。

第七十六条 中标人将中标项目转让给他人的，将中标项目肢解后分别转让给他人的，违反招标投标法和本条例规定将中标项目的部分主体、关键性工作分包给他人的，或者分包人再次分包的，转让、分包无效，处转让、分包项目金额5‰以上10‰以下的罚款；有违法所得的，并处没收违法所得；可以责令停业整顿；情节严重的，由工商行政管理机关吊销营业执照。

第七十七条 投标人或者其他利害关系人捏造事实、伪造材料或者以非法手段取得证明材料进行投诉，给他人造成损失的，依法承担赔偿责任。

招标人不按照规定对异议作出答复，继续进行招标投标活动的，由有关行政监督部门责令改正，拒不改正或者不能改正并影响中标结果的，依照本条例第八十一条的规定处理。

第七十八条 国家建立招标投标信用制度。有关行政监督部门应当依法公告对招标人、招标代理机构、投标人、评标委员会成员等当事人违法行为的行政处理决定。

第七十九条 项目审批、核准部门不依法审批、核准项目招标范围、招标方式、招标组织形式的，对单位直接负责的主管人员和其他直接责任人员依法给予处分。

有关行政监督部门不依法履行职责，对违反招标投标法和本条例规定的行为不依法查处，或者不按照规定处理投诉、不依法公告对招标投标当事人违法行为的行政处理决定的，对直接负责的主管人员和其他直接责任人员依法给予处分。

项目审批、核准部门和有关行政监督部门的工作人员徇私舞弊、滥用职权、玩忽职守，构成犯罪的，依法追究刑事责任。

第八十条 国家工作人员利用职务便利，以直接或者间接、明示或者暗示等任何方式非法干涉招标投标活动，有下列情形之一的，依法给予记过或者记大过处分；情节严重的，依法给予降级或者撤职处分；情节特别严重的，依法给予开除处分；构成犯罪的，依法追究刑事责任：

（一）要求对依法必须进行招标的项目不招标，或者要求对依法应当公开招标的项目不公开招标；

（二）要求评标委员会成员或者招标人以其指定的投标人作为中标候选人或者中标人，或者以其他方式非法干涉评标活动，影响中标结果；

（三）以其他方式非法干涉招标投标活动。

第八十一条 依法必须进行招标的项目的招标投标活动违反招标投标法和本条例的规定，对中标结果造成实质性影响，且不能采取补救措施予以纠正的，招标、投标、中标无效，应当依法重新招标或者评标。

第七章 附 则

第八十二条 招标投标协会按照依法制定的章程开展活动，加强行业自律和服务。

第八十三条 政府采购的法律、行政法规对政府采购货物、服务的招标投标另有规定的，从其规定。

第八十四条 本条例自2012年2月1日起施行。

中华人民共和国城镇国有土地使用权出让和转让暂行条例

·1990年5月19日中华人民共和国国务院令第55号发布
·根据2020年11月29日《国务院关于修改和废止部分行政法规的决定》修订

第一章 总 则

第一条 为了改革城镇国有土地使用制度，合理开发、利用、经营土地，加强土地管理，促进城市建设和经济发展，制定本条例。

第二条 国家按照所有权与使用权分离的原则，实行城镇国有土地使用权出让、转让制度，但地下资源、埋藏物和市政公用设施除外。

前款所称城镇国有土地是指市、县城、建制镇、工矿区范围内属于全民所有的土地（以下简称土地）。

第三条 中华人民共和国境内外的公司、企业、其他组织和个人，除法律另有规定者外，均可依照本条例的规定取得土地使用权，进行土地开发、利用、经营。

第四条 依照本条例的规定取得土地使用权的土地使用者，其使用权在使用年限内可以转让、出租、抵押或者用于其他经济活动。合法权益受国家法律保护。

第五条 土地使用者开发、利用、经营土地的活动，应当遵守国家法律、法规的规定,并不得损害社会公共利益。

第六条 县级以上人民政府土地管理部门依法对土地使用权的出让、转让、出租、抵押、终止进行监督检查。

第七条 土地使用权出让、转让、出租、抵押、终止及有关的地上建筑物、其他附着物的登记,由政府土地管理部门、房产管理部门依照法律和国务院的有关规定办理。

登记文件可以公开查阅。

第二章 土地使用权出让

第八条 土地使用权出让是指国家以土地所有者的身份将土地使用权在一定年限内让与土地使用者,并由土地使用者向国家支付土地使用权出让金的行为。

土地使用权出让应当签订出让合同。

第九条[①] 土地使用权的出让,由市、县人民政府负责,有计划、有步骤地进行。

第十条 土地使用权出让的地块、用途、年限和其他条件,由市、县人民政府土地管理部门会同城市规划和建设管理部门、房产管理部门共同拟定方案,按照国务院规定的批准权限报经批准后,由土地管理部门实施。

第十一条 土地使用权出让合同应当按照平等、自愿、有偿的原则,由市、县人民政府土地管理部门(以下简称出让方)与土地使用者签订。

第十二条 土地使用权出让最高年限按下列用途确定:

(一)居住用地 70 年;

(二)工业用地 50 年;

(三)教育、科技、文化、卫生、体育用地 50 年;

(四)商业、旅游、娱乐用地 40 年;

(五)综合或者其他用地 50 年。

第十三条 土地使用权出让可以采取下列方式:

(一)协议;

(二)招标;

(三)拍卖。

依照前款规定方式出让土地使用权的具体程序和步骤,由省、自治区、直辖市人民政府规定。

第十四条 土地使用者应当在签订土地使用权出让合同后 60 日内,支付全部土地使用权出让金。逾期未全部支付的,出让方有权解除合同,并可请求违约赔偿。

第十五条 出让方应当按照合同规定,提供出让的土地使用权。未按合同规定提供土地使用权的,土地使用者有权解除合同,并可请求违约赔偿。

第十六条 土地使用者在支付全部土地使用权出让金后,应当依照规定办理登记,领取土地使用证,取得土地使用权。

第十七条[②] 土地使用者应当按照土地使用权出让合同的规定和城市规划的要求,开发、利用、经营土地。

未按合同规定的期限和条件开发、利用土地的,市、县人民政府土地管理部门应当予以纠正,并根据情节可以给予警告、罚款直至无偿收回土地使用权的处罚。

第十八条[③] 土地使用者需要改变土地使用权出让合同规定的土地用途的,应当征得出让方同意并经土地管理部门和城市规划部门批准,依照本章的有关规定重新签订土地使用权出让合同,调整土地使用权出让金,并办理登记。

第三章 土地使用权转让

第十九条[④] 土地使用权转让是指土地使用者将土地使用权再转移的行为,包括出售、交换和赠与。

未按土地使用权出让合同规定的期限和条件投资开发、利用土地的,土地使用权不得转让。

---

①**《最高人民法院关于土地管理部门出让国有土地使用权之前的拍卖行为以及与之相关的拍卖公告等行为性质的答复》**(2009 年 12 月 23 日 〔2009〕行他字第 55 号),土地管理部门出让国有土地使用权之前的拍卖行为以及与之相关的拍卖公告等行为属于行政行为,当事人不服提起行政诉讼的,人民法院应当依法受理。

②**《国家土地管理局〈关于对《中华人民共和国城镇国有土地使用权出让和转让暂行条例》第十七条有关内容请求解释〉的复函》**(1993 年 1 月 20 日 〔1993〕国土函字第 15 号),抵押权附属于土地使用权。作为主权利的土地使用权,因行政机关依照《中华人民共和国城镇国有土地使用权出让和转让暂行条例》第十七条规定,作出收回土地使用权的处罚而消灭时,在该土地使用权上设定的抵押权随之消灭。

③**《国土资源部办公厅关于出让土地改变用途有关问题的复函》**(2010 年 2 月 2 日 国土资厅函〔2010〕104 号),根据《土地管理法》、《城市房地产管理法》和《协议出让国有土地使用权规范》(国土资发〔2006〕114 号)等法律政策规定,出让土地改变土地用途,经出让方和规划管理部门同意,原土地使用权人可以与市、县国土资源管理部门签订变更协议或重新签订出让合同,相应调整土地出让金。原土地使用权人应当按照变更协议或重新签订的出让合同约定,及时补缴出让金,办理土地登记。但出让合同、法律、法规、行政规定等明确必须收回土地使用权重新公开出让的,不得办理协议出让手续。

④**《国土资源部办公厅关于股权转让涉及土地使用权变更有关问题的批复》**(2004 年 5 月 31 日 国土资厅函〔2004〕224 号),太古可口可乐香港有限公司将其全资拥有的独资企业——太古饮品(东莞)有限公司全部转让给可口可乐(中国)投资有限公司,属于企业资产的整体出售,其中包含土地使用权的转移。因此,该行为属于土地使用权转让,应按土地使用权转让的规定办理变更登记。

第二十条　土地使用权转让应当签订转让合同。

第二十一条　土地使用权转让时，土地使用权出让合同和登记文件中所载明的权利、义务随之转移。

第二十二条　土地使用者通过转让方式取得的土地使用权，其使用年限为土地使用权出让合同规定的使用年限减去原土地使用者已使用年限后的剩余年限。

第二十三条　土地使用权转让时，其地上建筑物、其他附着物所有权随之转让。

第二十四条　地上建筑物、其他附着物的所有人或者共有人，享有该建筑物、附着物使用范围内的土地使用权。

土地使用者转让地上建筑物、其他附着物所有权时，其使用范围内的土地使用权随之转让，但地上建筑物、其他附着物作为动产转让的除外。

第二十五条　土地使用权和地上建筑物、其他附着物所有权转让，应当依照规定办理过户登记。

土地使用权和地上建筑物、其他附着物所有权分割转让的，应当经市、县人民政府土地管理部门和房产管理部门批准，并依照规定办理过户登记。

第二十六条　土地使用权转让价格明显低于市场价格的，市、县人民政府有优先购买权。

土地使用权转让的市场价格不合理上涨时，市、县人民政府可以采取必要的措施。

第二十七条　土地使用权转让后，需要改变土地使用权出让合同规定的土地用途的，依照本条例第十八条的规定办理。

第四章　土地使用权出租

第二十八条　土地使用权出租是指土地使用者作为出租人将土地使用权随同地上建筑物、其他附着物租赁给承租人使用，由承租人向出租人支付租金的行为。

未按土地使用权出让合同规定的期限和条件投资开发、利用土地的，土地使用权不得出租。

第二十九条　土地使用权出租，出租人与承租人应当签订租赁合同。

租赁合同不得违背国家法律、法规和土地使用权出让合同的规定。

第三十条　土地使用权出租后，出租人必须继续履行土地使用权出让合同。

第三十一条　土地使用权和地上建筑物、其他附着物出租，出租人应当依照规定办理登记。

第五章　土地使用权抵押

第三十二条　土地使用权可以抵押。

第三十三条　土地使用权抵押时，其地上建筑物、其他附着物随之抵押。

地上建筑物、其他附着物抵押时，其使用范围内的土地使用权随之抵押。

第三十四条　土地使用权抵押，抵押人与抵押权人应当签订抵押合同。

抵押合同不得违背国家法律、法规和土地使用权出让合同的规定。

第三十五条　土地使用权和地上建筑物、其他附着物抵押，应当依照规定办理抵押登记。

第三十六条　抵押人到期未能履行债务或者在抵押合同期间宣告解散、破产的，抵押权人有权依照国家法律、法规和抵押合同的规定处分抵押财产。

因处分抵押财产而取得土地使用权和地上建筑物、其他附着物所有权的，应当依照规定办理过户登记。

第三十七条　处分抵押财产所得，抵押权人有优先受偿权。

第三十八条　抵押权因债务清偿或者其他原因而消灭的，应当依照规定办理注销抵押登记。

第六章　土地使用权终止

第三十九条　土地使用权因土地使用权出让合同规定的使用年限届满、提前收回及土地灭失等原因而终止。

第四十条　土地使用权期满，土地使用权及其地上建筑物、其他附着物所有权由国家无偿取得。土地使用者应当交还土地使用证，并依照规定办理注销登记。

第四十一条　土地使用权期满，土地使用者可以申请续期。需要续期的，应当依照本条例第二章的规定重新签订合同，支付土地使用权出让金，并办理登记。

第四十二条　国家对土地使用者依法取得的土地使用权不提前收回。在特殊情况下，根据社会公共利益的需要，国家可以依照法律程序提前收回，并根据土地使用者已使用的年限和开发、利用土地的实际情况给予相应的补偿。

第七章　划拨土地使用权

第四十三条　划拨土地使用权是指土地使用者通过各种方式依法无偿取得的土地使用权。

前款土地使用者应当依照《中华人民共和国城镇土地使用税暂行条例》的规定缴纳土地使用税。

第四十四条　划拨土地使用权，除本条例第四十五条规定的情况外，不得转让、出租、抵押。

第四十五条　符合下列条件的，经市、县人民政府土地管理部门和房产管理部门批准，其划拨土地使用权和地上建筑物，其他附着物所有权可以转让、出租、抵押：

（一）土地使用者为公司、企业、其他经济组织和个人；

（二）领有国有土地使用证；

（三）具有地上建筑物、其他附着物合法的产权证明；

（四）依照本条例第二章的规定签订土地使用权出让合同，向当地市、县人民政府补交土地使用权出让金或者以转让、出租、抵押所获收益抵交土地使用权出让金。

转让、出租、抵押前款划拨土地使用权的，分别依照本条例第三章、第四章和第五章的规定办理。

第四十六条　对未经批准擅自转让、出租、抵押划拨土地使用权的单位和个人，市、县人民政府土地管理部门应当没收其非法收入，并根据情节处以罚款。

第四十七条①　无偿取得划拨土地使用权的土地使用者，因迁移、解散、撤销、破产或者其他原因而停止使用土地的，市、县人民政府应当无偿收回其划拨土地使用权，并可依照本条例的规定予以出让。

对划拨土地使用权，市、县人民政府根据城市建设发展需要和城市规划的要求，可以无偿收回，并可依照本条例的规定予以出让。

无偿收回划拨土地使用权时，对其地上建筑物、其他附着物，市、县人民政府应当根据实际情况给予适当补偿。

第八章　附　则

第四十八条　依照本条例的规定取得土地使用权的个人，其土地使用权可以继承。

第四十九条　土地使用者应当依照国家税收法规的规定纳税。

第五十条　依照本条例收取的土地使用权出让金列入财政预算，作为专项基金管理，主要用于城市建设和土地开发。具体使用管理办法，由财政部另行制定。

第五十一条　各省、自治区、直辖市人民政府应当根据本条例的规定和当地的实际情况选择部分条件比较成熟的城镇先行试点。

第五十二条　本条例由国家土地管理局负责解释；实施办法由省、自治区、直辖市人民政府制定。

第五十三条　本条例自发布之日起施行。

城市国有土地使用权出让转让规划管理办法

·1992年12月4日建设部令第22号发布

·2011年1月26日住房和城乡建设部令第9号修订

第一条　为了加强城市国有土地使用权出让、转让的规划管理，保证城市规划实施，科学、合理利用城市土地，根据《中华人民共和国城乡规划法》、《中华人民共和国土地管理法》、《中华人民共和国城镇国有土地使用权出让和转让暂行条例》和《外商投资开发经营成片土地暂行管理办法》等制定本办法。

第二条　在城市规划区内城市国有土地使用权出让、转让必须符合城市规划，有利于城市经济社会的发展，并遵守本办法。

第三条　国务院城市规划行政主管部门负责全国城市国有土地使用权出让、转让规划管理的指导工作。

省、自治区、直辖市人民政府城市规划行政主管部门负责本省、自治区、直辖市行政区域内城市国有土地使用权出让、转让规划管理的指导工作。

直辖市、市和县人民政府城市规划行政主管部门负责城市规划区内城市国有土地使用权出让、转让的规划管理工作。

第四条　城市国有土地使用权出让的投放量应当与城市土地资源、经济社会发展和市场需求相适应。土地使用权出让、转让应当与建设项目相结合。城市规划行政主管部门和有关部门要根据城市规划实施的步骤和要求，编制城市国有土地使用权出让规划和计划，包括地块数量、用地面积、地块位置、出让步骤等，保证城市国有土地使用权的出让有规划、有步骤、有计划地进行。

第五条　出让城市国有土地使用权，出让前应当制定控制性详细规划。

出让的地块，必须具有城市规划行政主管部门提出的规划设计条件及附图。

第六条　规划设计条件应当包括：地块面积，土地使用性质，容积率，建筑密度，建筑高度，停车泊位，主要出入口，绿地比例，须配置的公共设施、工程设施，建筑界线，开发期限以及其他要求。

---

①**《国家土地管理局对〈中华人民共和国城镇国有土地使用权出让和转让暂行条例〉第47条解释的请示的批复》**（1996年10月4日　国土批〔1996〕97号），《中华人民共和国城镇国有土地使用权出让和转让暂行条例》第四十七条第一款所称的“其他原因而停止使用土地的”是指除因迁移、解散、撤销、破产以外的其他原因而停止使用土地的情形，如土地使用者因公路、铁路、机场、矿场经核准报废，或因不可抗力等原因停止使用土地以及因土地使用者自愿放弃土地使用权而停止使用土地等，不应当理解为包括土地使用者因非法转让国有土地使用权而停止使用土地的情形。对土地使用者非法转让国有土地使用权的，应当依照《中华人民共和国城镇国有土地使用权出让和转让暂行条例》第46条规定处罚。

附图应当包括：地块区位和现状，地块坐标、标高，道路红线坐标、标高，出入口位置，建筑界线以及地块周围地区环境与基础设施条件。

第七条　城市国有土地使用权出让、转让合同必须附具规划设计条件及附图。

规划设计条件及附图，出让方和受让方不得擅自变更。在出让转让过程中确需变更的，必须经城市规划行政主管部门批准。

第八条　城市用地分等定级应当根据城市各地段的现状和规划要求等因素确定。土地出让金的测算应当把出让地块的规划设计条件作为重要依据之一。在城市政府的统一组织下，城市规划行政主管部门应当和有关部门进行城市用地分等定级和土地出让金的测算。

第九条　已取得土地出让合同的，受让方应当持出让合同依法向城市规划行政主管部门申请建设用地规划许可证。在取得建设用地规划许可证后，方可办理土地使用权属证明。

第十条　通过出让获得的土地使用权再转让时，受让方应当遵守原出让合同附具的规划设计条件，并由受让方向城市规划行政主管部门办理登记手续。

受让方如需改变原规划设计条件，应当先经城市规划行政主管部门批准。

第十一条　受让方在符合规划设计条件外为公众提供公共使用空间或设施的，经城市规划行政主管部门批准后，可给予适当提高容积率的补偿。

受让方经城市规划行政主管部门批准变更规划设计条件而获得的收益，应当按规定比例上交城市政府。

第十二条　城市规划行政主管部门有权对城市国有土地使用权出让、转让过程是否符合城市规划进行监督检查。

第十三条　凡持未附具城市规划行政主管部门提供的规划设计条件及附图的出让、转让合同，或擅自变更的，城市规划行政主管部门不予办理建设用地规划许可证。

凡未取得或擅自变更建设用地规划许可证而办理土地使用权属证明的，土地权属证明无效。

第十四条　各级人民政府城市规划行政主管部门，应当对本行政区域内的城市国有土地使用权出让、转让规划管理情况逐项登记，定期汇总。

第十五条　城市规划行政主管部门应当深化城市土地利用规划，加强规划管理工作。城市规划行政主管部门必须提高办事效率，对申领规划设计条件及附图、建设用地规划许可证的应当在规定的期限内完成。

第十六条　各省、自治区、直辖市城市规划行政主管部门可以根据本办法制定实施细则，报当地人民政府批准后执行。

第十七条　本办法由建设部负责解释。

第十八条　本办法自1993年1月1日起施行。

国有建设用地使用权出让地价评估技术规范

·2018年3月9日

·国土资厅发〔2018〕4号

前　言

为规范国有建设用地使用权出让地价评估行为，根据《中华人民共和国物权法》、《中华人民共和国土地管理法》、《中华人民共和国城市房地产管理法》、《中华人民共和国资产评估法》、《招标拍卖挂牌出让国有建设用地使用权规定》、《协议出让国有土地使用权规定》等相关规定和土地估价国家标准、行业标准，制定本规范。

本规范由国土资源部提出并归口。

本规范起草单位：国土资源部土地利用管理司、中国土地估价师与土地登记代理人协会。

本规范由国土资源部负责解释。

1　适用范围

在中华人民共和国境内出让国有建设用地使用权涉及的地价评估，以及因调整土地使用条件、发生土地增值等情况需补缴地价款的评估，适用本规范；国有建设用地使用权租赁、集体建设用地使用权依法入市、国有农用地使用权出让等涉及的地价评估，可参照本规范执行。

2　引用的标准

下列标准所包含的条文，通过在本规范中引用而构成本规范的条文。本规范颁布时，所示版本均为有效。使用本规范的各方应使用下列各标准的最新版本。

GB/T 18508-2014《城镇土地估价规程》

GB/T 18507-2014《城镇土地分等定级规程》

GB/T 21010-2017《土地利用现状分类》

GB/T 28406-2012《农用地估价规程》

TD/T 1052-2017《标定地价规程》

TD/T 1009-2007《城市地价动态监测技术规范》

3　依　据

（1）《中华人民共和国物权法》

（2）《中华人民共和国土地管理法》

（3）《中华人民共和国城市房地产管理法》

(4)《中华人民共和国资产评估法》

(5)《中华人民共和国城镇国有土地使用权出让和转让暂行条例》(国务院令第55号)

(6)《招标拍卖挂牌出让国有建设用地使用权规定》(国土资源部令第39号)

(7)《协议出让国有土地使用权规定》(国土资源部令第21号)

(8)《节约集约利用土地规定》(国土资源部令第61号)

(9)《国务院关于加强国有土地资产管理的通知》(国发〔2001〕15号)

(10)《国务院关于深化改革严格土地管理的决定》(国发〔2004〕28号)

4 总 则

4.1 出让地价评估定义

本规范所称的土地使用权出让地价评估,是指土地估价专业评估师按照规定的程序和方法,参照当地正常市场价格水平,评估拟出让宗地土地使用权价格或应当补缴的地价款。

4.2 出让地价评估目的

开展土地使用权出让地价评估,目的是为出让方通过集体决策确定土地出让底价,或核定应该补缴的地价款提供参考依据。

4.3 评估原则

除《城镇土地估价规程》规定的土地估价基本原则外,土地使用权出让地价评估还需考虑以下原则:

价值主导原则:土地综合质量优劣是对地价产生影响的主要因素。

审慎原则:在评估中确定相关参数和结果时,应分析并充分考虑土地市场运行状况、有关行业发展状况,以及存在的风险。

公开市场原则:评估结果在公平、公正、公开的土地市场上可实现。

4.4 评估方法

(1)收益还原法

(2)市场比较法

(3)剩余法

(4)成本逼近法

(5)公示地价系数修正法

出让地价评估,应至少采用两种评估方法,包括(1)、(2)、(3)之一,以及(4)或(5)。因土地市场不发育等原因,无法满足上述要求的,应有详细的市场调查情况说明。

4.5 评估程序

(1)土地估价机构接受国土资源主管部门(或出让方)委托,明确估价目的等基本事项;

(2)拟订估价工作方案,收集所需背景资料;

(3)实地查勘;

(4)选定估价方法进行评估;

(5)确定估价结果,并根据当地市场情况、有关法律法规和政策规定,给出底价决策建议;

(6)撰写估价报告并由两名土地估价专业评估师签署,履行土地估价报告备案程序,取得电子备案号;

(7)提交估价报告;

(8)估价资料归档。

5 评估方法的运用

5.1 收益还原法。除依照《城镇土地估价规程》的规定外,还需体现以下技术要求:

(1)确定土地收益,应通过调查市场实例进行比较后得出,符合当前市场的正常客观收益水平,并假设该收益水平在出让年期内保持稳定。对于待建、在建的土地,按规划建设条件选用可比较实例。用于测算收益水平的比较实例应不少于3个。

(2)确定各项费用时,应采用当前市场的客观费用。

(3)确定还原率时应详细说明确定的方法和依据,应充分考虑投资年期与收益风险之间的关系。

5.2 市场比较法。除依照《城镇土地估价规程》的规定外,还需体现以下技术要求:

(1)在综合分析当地土地市场近三年交易实例的基础上,优先选用正常市场环境下的交易实例。原则上不采用竞价轮次较多、溢价率较高的交易实例;不能采用楼面地价历史最高或最低水平的交易实例。近三年内所在或相似区域的交易实例不足3个的,原则上不应选用市场比较法。

(2)比较实例的修正幅度不能超过30%,即:(实例修正后的比准价格-实例价格)/实例价格≤30%。

(3)各比较实例修正后的比准价格之间相差不能超过40%。即(高比准价格-低比准价格)/低比准价格≤40%,对超过40%的,应另选实例予以替换。实例不足无法替换的,应对各实例进行可比性分析,并作为确定取值权重考虑因素之一。

5.3 剩余法。除依照《城镇土地估价规程》的规定外,还需体现以下技术要求:

(1)在假设项目开发情况时,按规划建设条件评估;

容积率、绿地率等规划建设指标是区间值的，在区间上限、下限值中按最有效利用原则择一进行评估。

（2）假设的项目开发周期一般不超过3年。

（3）对于开发完成后拟用于出售的项目，售价取出让时当地市场同类不动产正常价格水平，不能采用估算的未来售价。

（4）开发完成后用于出租或自营的项目，按照本规范收益还原法的有关技术要求评估。

（5）利润率宜采用同一市场上类似不动产开发项目的平均利润率。利润率的取值应有客观、明确的依据，能够反映当地不动产开发行业平均利润水平。

5.4　成本逼近法。除依照《城镇土地估价规程》的规定外，还需体现以下技术要求：

（1）国家或地方拟从土地出让收入或土地出让收益中计提（安排）的各类专项资金，包括农业土地开发资金、国有土地收益基金、农田水利建设资金、教育资金、保障性安居工程资金等，以及新增建设用地土地有偿使用费、新增耕地指标和城乡建设用地增减挂钩节余指标等指标流转费用，不得计入土地成本，也不得计入出让底价。

（2）土地取得成本应通过调查当地正常情况下取得土地实际发生的客观费用水平确定，需注意与当地土地征收、房屋征收和安置补偿等标准的差异。

（3）土地开发成本应通过调查所在区域开发同类土地的客观费用水平确定。对拟出让宗地超出所在区域开发同类土地客观费用水平的个例性实际支出，不能纳入成本。

（4）评估工业用地出让地价时，不得以当地工业用地出让最低价标准为基础，推算各项参数和取值后，评估出地价。

5.5　公示地价系数修正法。除依照《城镇土地估价规程》的规定外，还需体现以下技术要求：

（1）采用的基准地价，应当已向社会公布。采用已完成更新但尚未向社会公布的基准地价，需经市、县国土资源主管部门书面同意。

（2）在已经开展标定地价公示的城市，可运用标定地价系数修正法进行评估。

6　特定情况评估要点

6.1　场地未通平或通平不完全

（1）土地开发程度不足。土地开发程度未达到当地正常水平的，先评估当地正常开发程序下的熟地地价，再根据当地各项通平开发所需的客观费用水平，逐项减价修正。

（2）有地上建筑物的土地出让评估。对土地连同建筑物或构筑物整体一并出让的，出让评估按出让时的规划建设条件进行。

当出让时以及出让后不改变现状、不重新设定规划建设条件的，评估结果等于净地价加地上建筑物重置价减去折旧；当出让时重新设定规划建设条件的，评估结果等于新设定规划建设条件下的净地价减去场内拆平工作费用。

作为整体出让的土地连同地上建筑物或构筑物，权属应为国有且无争议。

6.2　特定条件的招拍挂出让方式

（1）限地价、竞配建（或竞房价、竞自持面积等）。采用"限地价、竞房价（或竞自持面积）"方式出让的，在评估时应按本规范，评估出正常市场条件下的土地价格。

采用"限地价、竞配建"方式的，土地估价报告中应评估出正常市场条件下的土地价格，给出底价建议，以及根据市场情况建议采用的地价上限，并提出建议的起始价或起拍价，一般情况下应符合：起始价≤出让底价≤地价上限。当起始价≤地价上限≤出让底价时，地价上限与出让底价之间的差额，应按配建方式和配建成本，折算最低应配建的建筑面积，并在土地估价报告中明示。

（2）限房价、竞地价。采用"限房价、竞地价"方式出让的土地，在出让评估时，应充分考虑建成房屋首次售出后是否可上市流转。对不能上市流转，或只能由政府定价回购，或上市前需补缴土地收益的限价房开发项目，在采用剩余法评估时，按限定的房价取值。

（3）出让时约定租赁住宅面积比例。约定一定比例的，采用剩余法时，以市场正常租金水平为依据测算相应比例的不动产价值。纯租赁住宅用地出让，有租赁住宅用地可比实例的，优先采用市场比较法，实例不足的，应采用收益还原法。

6.3　协议出让

（1）对应当实行有偿使用，且可以不采用招标拍卖挂牌方式出让的。应按本规范评估其在设定开发建设条件下的正常市场价格，并提出建议的出让底价。同时，还应在土地估价报告中测算并对比说明该建议出让底价是否符合当地的协议出让最低价标准。

当地未公布协议出让最低价标准的，按拟出让土地所在级别基准地价的70%测算对比；拟出让土地在基准地价覆盖范围外的，按照本规范成本法的要求，与土地取得的各项成本费用之和进行对比。

评估结果低于协议出让最低价标准的，应在土地估价报告中有明确提示。

（2）划拨土地办理协议出让。使用权人申请以协议出让方式办理出让，出让时不改变土地及建筑物、构筑物现状的，应按本规范评估在现状使用条件下的出让土地使用权正常市场价格，减去划拨土地使用权价格，作为评估结果，并提出底价建议。出让时重新设定规划建设条件的，应按本规范评估在新设定规划建设条件下的出让土地使用权正常市场价格，减去现状使用条件下的划拨土地使用权价格，作为评估结果，并提出底价建议。

当地对划拨土地使用权补办出让手续应缴土地收益有明确规定的，应与评估结果进行对比，在土地估价报告中明确提示对比结果，合理确定应缴土地收益。

6.4　已出让土地补缴地价款

（1）估价期日的确定。土地出让后经原出让方批准改变用途或容积率等土地使用条件的，在评估需补缴地价款时，估价期日应以国土资源主管部门依法受理补缴地价申请时点为准。

（2）调整容积率补缴地价。调整容积率的，需补缴地价款等于楼面地价乘以新增建筑面积，楼面地价按新容积率规划条件下估价期日的楼面地价确定。

核定新增建筑面积，可以相关部门批准变更规划条件所新增的建筑面积为准，或竣工验收时实测的新增建筑面积为准。

因调低容积率造成地价增值的，补缴地价款可按估价期日新旧容积率规划条件下总地价的差额确定。

容积率调整前后均低于1的，按容积率为1核算楼面地价。

（3）调整用途补缴地价。调整用途的，需补缴地价款等于新、旧用途楼面地价之差乘以建筑面积。新、旧用途楼面地价均为估价期日的正常市场价格。

用地结构调整的，分别核算各用途建筑面积变化带来的地价增减额，合并计算应补缴地价款。各用途的楼面地价按调整结构后确定。

工业用地调整用途的，需补缴地价款等于新用途楼面地价乘以新用途建筑面积，减去现状工业用地价格。

（4）多项条件同时调整。多项用地条件同时调整的，应分别核算各项条件调整带来的地价增减额，合并计算应补缴地价款。

用途与容积率同时调整的。需补缴地价款等于新用途楼面地价乘以新增建筑面积，加上新、旧用途楼面地价之差乘以原建筑总面积。新用途楼面地价按新容积率、新用途规划条件的正常市场楼面地价确定，旧用途楼面地价按原容积率规划条件下的正常市场楼面地价确定。

因其他土地利用条件调整需补缴地价款的，参照上述技术思路评估。

核定需补缴地价款时，不能以土地出让金、土地增值收益或土地纯收益代替。

7　估价报告内容

除需符合《城镇土地估价规程》规定的报告内容和格式外，出让地价的土地估价报告还应符合下列要求：

7.1　估价结果。涉及协议出让最低价标准、工业用地出让最低价标准等最低限价的，在土地估价报告的“估价结果”部分，应同时列出评估结果，以及相应最低限价标准。

在土地估价报告的“估价结果”部分，应有明确的底价决策建议及理由。

7.2　报告组成要件。除《城镇土地估价规程》规定的附件内容外（机构依法备案的有关证明为必备要件），应视委托方提供材料情况，在土地估价报告后附具：

（1）涉及土地取得成本的相关文件、标准，以及委托方提供的征地拆迁补偿和安置协议等资料；

（2）已形成土地出让方案的，应附方案；

（3）报告中采用的相关实例的详细资料（包括照片）；

（4）设定规划建设条件的相关文件依据。

招标拍卖挂牌出让国有建设用地使用权规定

·2007年9月28日国土资源部令第39号公布

·自2007年11月1日起施行

第一条　为规范国有建设用地使用权出让行为，优化土地资源配置，建立公开、公平、公正的土地使用制度，根据《中华人民共和国物权法》、《中华人民共和国土地管理法》、《中华人民共和国城市房地产管理法》和《中华人民共和国土地管理法实施条例》，制定本规定。

第二条　在中华人民共和国境内以招标、拍卖或者挂牌出让方式在土地的地表、地上或者地下设立国有建设用地使用权的，适用本规定。

本规定所称招标出让国有建设用地使用权，是指市、县人民政府国土资源行政主管部门（以下简称出让人）发布招标公告，邀请特定或者不特定的自然人、法人和其他组织参加国有建设用地使用权投标，根据投标结果确定国有建设用地使用权人的行为。

本规定所称拍卖出让国有建设用地使用权,是指出让人发布拍卖公告,由竞买人在指定时间、地点进行公开竞价,根据出价结果确定国有建设用地使用权人的行为。

本规定所称挂牌出让国有建设用地使用权,是指出让人发布挂牌公告,按公告规定的期限将拟出让宗地的交易条件在指定的土地交易场所挂牌公布,接受竞买人的报价申请并更新挂牌价格,根据挂牌期限截止时的出价结果或者现场竞价结果确定国有建设用地使用权人的行为。

第三条 招标、拍卖或者挂牌出让国有建设用地使用权,应当遵循公开、公平、公正和诚信的原则。

第四条 工业、商业、旅游、娱乐和商品住宅等经营性用地以及同一宗地有两个以上意向用地者的,应当以招标、拍卖或者挂牌方式出让。

前款规定的工业用地包括仓储用地,但不包括采矿用地。

第五条 国有建设用地使用权招标、拍卖或者挂牌出让活动,应当有计划地进行。

市、县人民政府国土资源行政主管部门根据经济社会发展计划、产业政策、土地利用总体规划、土地利用年度计划、城市规划和土地市场状况,编制国有建设用地使用权出让年度计划,报经同级人民政府批准后,及时向社会公开发布。

第六条 市、县人民政府国土资源行政主管部门应当按照出让年度计划,会同城市规划等有关部门共同拟订拟招标拍卖挂牌出让地块的出让方案,报经市、县人民政府批准后,由市、县人民政府国土资源行政主管部门组织实施。

前款规定的出让方案应当包括出让地块的空间范围、用途、年限、出让方式、时间和其他条件等。

第七条 出让人应当根据招标拍卖挂牌出让地块的情况,编制招标拍卖挂牌出让文件。

招标拍卖挂牌出让文件应当包括出让公告、投标或者竞买须知、土地使用条件、标书或者竞买申请书、报价单、中标通知书或者成交确认书、国有建设用地使用权出让合同文本。

第八条 出让人应当至少在投标、拍卖或者挂牌开始日前20日,在土地有形市场或者指定的场所、媒介发布招标、拍卖或者挂牌公告,公布招标拍卖挂牌出让宗地的基本情况和招标拍卖挂牌的时间、地点。

第九条 招标拍卖挂牌公告应当包括下列内容:

(一)出让人的名称和地址;

(二)出让宗地的面积、界址、空间范围、现状、使用年期、用途、规划指标要求;

(三)投标人、竞买人的资格要求以及申请取得投标、竞买资格的办法;

(四)索取招标拍卖挂牌出让文件的时间、地点和方式;

(五)招标拍卖挂牌时间、地点、投标挂牌期限、投标和竞价方式等;

(六)确定中标人、竞得人的标准和方法;

(七)投标、竞买保证金;

(八)其他需要公告的事项。

第十条 市、县人民政府国土资源行政主管部门应当根据土地估价结果和政府产业政策综合确定标底或者底价。标底或者底价不得低于国家规定的最低价标准。

确定招标标底,拍卖和挂牌的起叫价、起始价、底价,投标、竞买保证金,应当实行集体决策。

招标标底和拍卖挂牌的底价,在招标开标前和拍卖挂牌出让活动结束之前应当保密。

第十一条 中华人民共和国境内外的自然人、法人和其他组织,除法律、法规另有规定外,均可申请参加国有建设用地使用权招标拍卖挂牌出让活动。

出让人在招标拍卖挂牌出让公告中不得设定影响公平、公正竞争的限制条件。挂牌出让的,出让公告中规定的申请截止时间,应当为挂牌出让结束日前2天。对符合招标拍卖挂牌公告规定条件的申请人,出让人应当通知其参加招标拍卖挂牌活动。

第十二条 市、县人民政府国土资源行政主管部门应当为投标人、竞买人查询拟出让土地的有关情况提供便利。

第十三条 投标、开标依照下列程序进行:

(一)投标人在投标截止时间前将标书投入标箱。招标公告允许邮寄标书的,投标人可以邮寄,但出让人在投标截止时间前收到的方为有效。

标书投入标箱后,不可撤回。投标人应当对标书和有关书面承诺承担责任。

(二)出让人按照招标公告规定的时间、地点开标,邀请所有投标人参加。由投标人或者其推选的代表检查标箱的密封情况,当众开启标箱,点算标书。投标人少于三人的,出让人应当终止招标活动。投标人不少于三人的,应当逐一宣布投标人名称、投标价格和投标文件的主要内容。

(三)评标小组进行评标。评标小组由出让人代表、有关专家组成,成员人数为五人以上的单数。

评标小组可以要求投标人对投标文件作出必要的澄清或者说明,但是澄清或者说明不得超出投标文件的范围或者改变投标文件的实质性内容。

评标小组应当按照招标文件确定的评标标准和方法,对投标文件进行评审。

(四)招标人根据评标结果,确定中标人。

按照价高者得的原则确定中标人的,可以不成立评标小组,由招标主持人根据开标结果,确定中标人。

第十四条 对能够最大限度地满足招标文件中规定的各项综合评价标准,或者能够满足招标文件的实质性要求且价格最高的投标人,应当确定为中标人。

第十五条 拍卖会依照下列程序进行:

(一)主持人点算竞买人;

(二)主持人介绍拍卖宗地的面积、界址、空间范围、现状、用途、使用年期、规划指标要求、开工和竣工时间以及其他有关事项;

(三)主持人宣布起叫价和增价规则及增价幅度。没有底价的,应当明确提示;

(四)主持人报出起叫价;

(五)竞买人举牌应价或者报价;

(六)主持人确认该应价或者报价后继续竞价;

(七)主持人连续三次宣布同一应价或者报价而没有再应价或者报价的,主持人落槌表示拍卖成交;

(八)主持人宣布最高应价或者报价者为竞得人。

第十六条 竞买人的最高应价或者报价未达到底价时,主持人应当终止拍卖。

拍卖主持人在拍卖中可以根据竞买人竞价情况调整拍卖增价幅度。

第十七条 挂牌依照以下程序进行:

(一)在挂牌公告规定的挂牌起始日,出让人将挂牌宗地的面积、界址、空间范围、现状、用途、使用年期、规划指标要求、开工时间和竣工时间、起始价、增价规则及增价幅度等,在挂牌公告规定的土地交易场所挂牌公布;

(二)符合条件的竞买人填写报价单报价;

(三)挂牌主持人确认该报价后,更新显示挂牌价格;

(四)挂牌主持人在挂牌公告规定的挂牌截止时间确定竞得人。

第十八条 挂牌时间不得少于10日。挂牌期间可根据竞买人竞价情况调整增价幅度。

第十九条 挂牌截止应当由挂牌主持人主持确定。挂牌期限届满,挂牌主持人现场宣布最高报价及其报价者,并询问竞买人是否愿意继续竞价。有竞买人表示愿意继续竞价的,挂牌出让转入现场竞价,通过现场竞价确定竞得人。挂牌主持人连续三次报出最高挂牌价格,没有竞买人表示愿意继续竞价的,按照下列规定确定是否成交:

(一)在挂牌期限内只有一个竞买人报价,且报价不低于底价,并符合其他条件的,挂牌成交;

(二)在挂牌期限内有两个或者两个以上的竞买人报价的,出价最高者为竞得人;报价相同的,先提交报价单者为竞得人,但报价低于底价者除外;

(三)在挂牌期限内无应价者或者竞买人的报价均低于底价或者均不符合其他条件的,挂牌不成交。

第二十条 以招标、拍卖或者挂牌方式确定中标人、竞得人后,中标人、竞得人支付的投标、竞买保证金,转作受让地块的定金。出让人应当向中标人发出中标通知书或者与竞得人签订成交确认书。

中标通知书或者成交确认书应当包括出让人和中标人或者竞得人的名称,出让标的,成交时间、地点、价款以及签订国有建设用地使用权出让合同的时间、地点等内容。

中标通知书或者成交确认书对出让人和中标人或者竞得人具有法律效力。出让人改变竞得结果,或者中标人、竞得人放弃中标宗地、竞得宗地的,应当依法承担责任。

第二十一条 中标人、竞得人应当按照中标通知书或者成交确认书约定的时间,与出让人签订国有建设用地使用权出让合同。中标人、竞得人支付的投标、竞买保证金抵作土地出让价款;其他投标人、竞买人支付的投标、竞买保证金,出让人必须在招标拍卖挂牌活动结束后5个工作日内予以退还,不计利息。

第二十二条 招标拍卖挂牌活动结束后,出让人应在10个工作日内将招标拍卖挂牌出让结果在土地有形市场或者指定的场所、媒介公布。

出让人公布出让结果,不得向受让人收取费用。

第二十三条 受让人依照国有建设用地使用权出让合同的约定付清全部土地出让价款后,方可申请办理土地登记,领取国有建设用地使用权证书。

未按出让合同约定缴清全部土地出让价款的,不得发放国有建设用地使用权证书,也不得按出让价款缴纳比例分割发放国有建设用地使用权证书。

第二十四条 应当以招标拍卖挂牌方式出让国有建设用地使用权而擅自采用协议方式出让的,对直接负责的主管人员和其他直接责任人员依法给予处分;构成犯罪的,依法追究刑事责任。

第二十五条 中标人、竞得人有下列行为之一的,中标、竞得结果无效;造成损失的,应当依法承担赔偿责任:

(一)提供虚假文件隐瞒事实的;

(二)采取行贿、恶意串通等非法手段中标或者竞得的。

第二十六条 国土资源行政主管部门的工作人员在招标拍卖挂牌出让活动中玩忽职守、滥用职权、徇私舞弊的,依法给予处分;构成犯罪的,依法追究刑事责任。

第二十七条 以招标拍卖挂牌方式租赁国有建设用地使用权的,参照本规定执行。

第二十八条 本规定自2007年11月1日起施行。

国土资源部关于坚持和完善土地招标拍卖挂牌出让制度的意见

·2011年5月11日
·国土资发〔2011〕63号

各省、自治区、直辖市国土资源厅(国土环境资源厅、国土资源局、国土资源和房屋管理局、规划和国土资源管理局),副省级城市国土资源主管部门,新疆生产建设兵团国土资源局:

去年以来,各地按照中央和部关于房地产市场调控政策要求,在坚持土地招标拍卖挂牌(以下简称招拍挂)制度基础上,积极探索创新城市住房用地出让政策,促进地价房价合理调整,取得了积极成效。为进一步落实《国务院办公厅关于进一步做好房地产市场调控工作有关问题的通知》(国办发〔2011〕1号)的要求,完善招拍挂的供地政策,加强土地出让政策在房地产市场调控中的积极作用,现提出以下意见。

一、正确把握土地招拍挂出让政策的调控作用

国有土地使用权招拍挂出让制度是市场配置国有经营性建设用地的基本制度。它充分体现了公开公平公正竞争和诚实信用的市场基本原则,建立了反映市场供求关系、资源稀缺程度、环境损害成本的价格形成机制,完全符合社会主义市场经济体制的基本方向。坚持国有经营性建设用地招拍挂出让制度和在房地产市场运行正常条件下按"价高者得"原则取得土地,符合市场优化配置土地资源的基本原则,符合法律政策要求,同时在抑制行政权力干预市场,从源头上防治土地出让领域腐败中发挥了重要作用。

当前,部分城市商品住房价格居高不下,户型结构和保障性安居工程用地布局不合理,少数规划的商品住房优质地块和二三线城市商品住房土地出让存在着地价非理性上涨的可能。为进一步落实中央关于房地产市场调控各项政策和工作要求,积极主动发挥招拍挂出让土地政策的稳定市场、优化结构、促进地价房价合理调整、保障住房用地的作用,当前和今后一个时期,各级国土资源主管部门必须从完善土地市场机制、健全土地宏观调控体系、实施节约优先战略的基本要求出发,以"保民生、促稳定"为重点,坚持土地招拍挂出让基本制度,创新和完善有效实现中央调控政策要求的土地出让政策和措施,主动解决商品住房建设项目供地、开发利用和监管中出现的新情况、新问题,实现土地经济效益与社会综合效益的统一、市场配置与宏观调控的统一,促进城市房地产市场健康发展。

二、完善住房用地招拍挂计划公示制度

市、县在向社会公布年度住房用地出让计划的基础上,建立计划出让地块开发建设的宗地条件公布机制,根据出让进度安排,进一步细化拟出让地块、地段的规划和土地使用条件,定期向社会发布细化的商品住房和保障性安居工程各类房屋建设用地信息,同时明确意向用地者申请用地的途径和方式,公开接受用地申请。单位和个人对列入出让计划的具体地块有使用意向并提出符合规定的申请后,应及时组织实施土地招拍挂出让。公示保障性安居工程项目划拨用地时,一并向社会公示申请用地单位,接受社会监督。

三、调整完善土地招拍挂出让政策

各地要根据当地土地市场、住房建设发展阶段,对需要出让的宗地,选择恰当的土地出让方式和政策,落实政府促进土地合理布局,节约集约利用,有效合理调整地价房价,保障民生,稳定市场预期的目标。

(一)限定房价或地价,以挂牌或拍卖方式出让政策性住房用地。

以"限房价、竞地价"方式出让土地使用权的,市、县国土资源主管部门应在土地出让前,会同住房建设、物价、规划行政主管部门,按相关政策规定确定住房销售条件,根据拟出让宗地所在区域商品住房销售价格水平,合理确定拟出让宗地的控制性房屋销售价格上限和住房套型面积标准,以此作为土地使用权转让的约束性条件,一并纳入土地出让方案,报经政府批准后,以挂牌、拍卖方式公开出让土地使用权,符合条件、承诺地价最高且不低于底价的为土地使用权竞得人。出让成交后,竞得人接受的宗地控制性房屋销售价格、成交地价、土地使用权转让条件及违约处罚条款等,均应在成交确认书和出让合同中明确。

以“限地价、竞房价”方式出让土地使用权的,市、县国土资源主管部门应在土地出让前,根据拟出让宗地的征地拆迁安置补偿费、土地前期开发成本、同一区域基准地价和市场地价水平、土地使用权转让条件、房屋销售价格和政府确定的房价控制目标等因素,综合确定拟出让宗地的出让价格,同时应确定房价的最高控制价(应低于同区域、同条件商品住房市场价),一并纳入土地出让方案,报经政府批准后,以挂牌、拍卖方式公开出让土地使用权,按照承诺销售房价最低者(开发商售房时的最高售价)确定为土地竞得人。招拍挂成交后,竞得人承诺的销售房价、成交地价、土地使用权转让条件及违约处罚条款等,均应在成交确认书和出让合同中明确。

(二)限定配建保障性住房建设面积,以挂牌或拍卖方式出让商品住房用地。

以“商品住房用地中配建保障性住房”方式出让土地使用权的,市、县国土资源主管部门应会同住房建设、规划、房屋管理和住房保障等部门确定拟出让宗地配建廉租房、经济适用房等保障性住房的面积、套数、建设进度、政府收回条件、回购价格及土地面积分摊办法等,纳入出让方案,经政府批准后,写入出让公告及文件,组织实施挂牌、拍卖。土地出让成交后,成交价款和竞得人承诺配建的保障性住房事项一并写入成交确认书和出让合同。

(三)对土地开发利用条件和出让地价进行综合评定,以招标方式确定土地使用权人。

以“土地利用综合条件最佳”为标准出让土地使用权,市、县国土资源主管部门应依据规划条件和土地使用标准按照宗地所在区域条件、政府对开发建设的要求,制定土地出让方案和评标标准,在依法确定土地出让底价的基础上,将土地价款及交付时间、开发建设周期、建设要求、土地节约集约程度、企业以往出让合同履行情况等影响土地开发利用的因素作为评标条件,合理确定各因素权重,会同有关部门制定标书,依法依纪,发布公告,组织招投标。经综合评标,以土地利用综合条件最佳确定土地使用者。确定中标人后,应向社会公示并将上述土地开发利用条件写入中标通知书和出让合同。

四、大力推进土地使用权出让网上运行

出让国有建设用地使用权涉及的出让公告、出让文件、竞买人资格、成交结果等,都应在部门户网站和各地国土资源主管部门的网上公开发布。积极推行国有经营性建设用地网上挂牌出让方式。市、县国土资源主管部门可以通过网上发布出让公告信息,明确土地开发利用、竞买人资格和违约处罚等条件,组织网上报价竞价并确定竞得人。网上挂牌出让成交后,市、县国土资源主管部门要按照国有土地招拍挂出让规范,及时与竞得人签订纸质件的成交确认书和出让合同。对竞得人需要进行相关资料审查的,建立网上成交后的审查制度,发现受让人存在违法违规行为或不具有竞买资格时,挂牌出让不成交,应重新组织出让,并对违规者进行处罚。

五、完善土地招拍挂出让合同

市、县国土资源主管部门要依据现行土地管理法律政策,对附加各类开发建设销售条件的政策性商品住房用地的出让,增加出让合同条款,完善出让合同内容,严格供后监管。政策性商品住房用地出让成交后,竞得人或中标人应当按照成交确认书或中标通知书的要求,按时与国土资源主管部门签订出让合同。建房套数、套型、面积比例、容积率、项目开竣工时间、销售对象条件、房屋销售价格上限、受让人承诺的销售房价、土地转让条件、配建要求等规划、建设、土地使用条件以及相应的违约责任,应当在土地出让合同或住房建设和销售合同中明确。

为保证政策性商品住房用地及时开发利用,市、县国土资源主管部门可以在出让合同中明确约定不得改变土地用途和性质、不得擅自提高或降低规定的建设标准、保障性住房先行建设和先行交付、不得违规转让土地使用权等内容,对违反规定或约定的,可在出让合同中增加“收回土地使用权并依法追究责任”等相关内容。

各地应当加强对政策性商品住房用地出让合同履行情况的监督检查,对违反合同约定的,应会同有关部门依法处罚,追究违约责任。

各省级国土资源主管部门要切实加强对市、县住房供地政策制度和组织实施工作的指导和监管,及时发现和解决出现的问题。也可按照本意见,探索其他用途土地出让方式和土地出让各环节的制度创新,进一步完善国有土地使用权招拍挂出让制度,保障和促进中央关于房地产市场调控政策的落实。

国土资源部、监察部关于落实工业用地招标拍卖挂牌出让制度有关问题的通知

· 2007 年 4 月 4 日

· 国土资发〔2007〕78 号

各省、自治区、直辖市国土资源厅(国土环境资源厅、国土资源局、国土资源和房屋管理局、房屋土地资源管理局)、

监察厅(局),新疆生产建设兵团国土资源局、监察局:

为贯彻《国务院关于加强土地调控有关问题的通知》(国发〔2006〕31号,下称国务院31号文件),落实工业用地招标拍卖挂牌出让制度,现就有关问题通知如下。

一、统一思想,提高对实行工业用地招标拍卖挂牌出让制度重要性的认识

国务院31号文件明确要求:"工业用地必须采用招标拍卖挂牌方式出让"。实行工业用地招标拍卖挂牌出让制度,对于加强宏观调控,严把土地"闸门",有效控制土地供应总量;对于遏制工业用地压价竞争、低成本过度扩张,实现国有资产保值增值;对于建立完善土地市场机制,更大程度地发挥市场配置资源的基础性作用,不断提高土地利用效率;对于节约集约用地,优化土地利用结构,促进经济增长方式的转变和产业结构的优化升级;对于从源头上防治土地出让领域的腐败行为,加强党风廉政建设,都具有十分重要的作用。各级国土资源管理部门、监察机关必须统一思想,提高认识,密切配合,加大工作力度,共同落实好工业用地招标拍卖挂牌出让制度。

二、明确范围,坚定不移地推进工业用地招标拍卖挂牌出让

(一)政府供应工业用地,必须采取招标拍卖挂牌方式公开出让或租赁,必须严格执行《招标拍卖挂牌出让国有土地使用权规定》和《招标拍卖挂牌出让国有土地使用权规范》规定的程序和方法。

(二)国务院31号文件下发前,市、县人民政府已经签订工业项目投资协议,确定了供地范围和价格,所涉及的土地已办理完农用地转用和土地征收审批手续的,可以继续采取协议方式出让或租赁,但必须按照《协议出让国有土地使用权规范》的有关规定,将意向出让、租赁地块的位置、用途、土地使用条件、意向用地者和土地价格等信息向社会公示后,抓紧签订土地出让或租赁合同,并在2007年6月30日前签订完毕。不符合上述条件或者超过上述期限的,应按规定采用招标拍卖挂牌方式出让或租赁。

(三)原划拨土地使用权人申请办理土地出让或改变土地用途的,按照土地管理的法律法规办理。

三、适应工业项目用地特点,有针对性地组织实施工业用地招标拍卖挂牌出让工作

市、县国土资源管理部门要根据工业项目用地的特点,采取有针对性的措施,大力推进本地区的工业用地招标拍卖挂牌出让工作,应当注意把握以下关键环节。

(一)做好工业用地招标拍卖挂牌出让与农用地转用、土地征收审批的衔接。工业用地出让涉及农用地转用和土地征收的,应当先行办理农用地转用和土地征收审批手续,再依法采取招标拍卖挂牌方式确定土地使用权人。

(二)建立健全土地储备制度,作好工业用地的前期开发,为招标拍卖挂牌出让创造条件。

(三)建立用地预申请制度,及时了解工业用地的需求情况,科学合理安排工业用地出让的规模、结构、布局、进度和宗地规模、产业类别、土地使用条件等,保证工业用地招标拍卖挂牌制度的有效落实。

(四)依据土地利用总体规划、城市规划、国家产业政策,以及拟出让地块周边产业布局情况等,进一步细化拟出让工业用地的地类和产业类型,科学合理地确定拟出让工业用地的地块面积、具体用途、土地使用条件、产业类型、生产技术要求等内容。出让方案中确定的产业类型、用地标准和用地规模等,应当符合《建设项目用地预审管理办法》和《工业项目建设用地控制指标(试行)》的有关要求。

(五)根据土地估价结果、产业政策和土地市场情况等,集体决策,综合确定出让底价。出让底价不得低于国家公布的最低价标准。

(六)工业用地出让文件中,应当明确拟出让地块的投资强度要求、产业类型、具体地类等内容。

(七)采取灵活的方式,合理确定工业项目的用地面积。既可以确定出让地块面积后招标拍卖挂牌出让,也可以先不确定出让地块的具体面积,招标拍卖挂牌中通过竞单位面积地价的方式确定土地使用者,然后再根据工业项目的类别、规模、土地使用标准等合理确定出让地块的具体面积。

(八)与竞得人签订《成交确认书》或向中标人发放《中标通知书》后,应当向竞得人、中标人核发建设项目用地预审批准文件。

(九)要根据《国有土地使用权出让合同》和《国有土地使用权出让合同补充协议》示范文本,完善工业用地出让合同,明确约定工业项目的投资强度要求、产业要求、具体地类等内容。加强合同管理,督促用地者严格按照合同约定的条件开发利用土地。

四、强化执法监察,促进工业用地招标拍卖挂牌出让制度的全面落实

(一)省级国土资源管理部门要加强对本地区工业

用地招标拍卖挂牌出让的政策指导,及时研究工作中的困难和问题,全面掌握工作进展情况,总结推广有效做法和经验。省级监察机关要把对落实工业用地招标拍卖挂牌出让制度的监督检查作为一项重要任务和日常工作,定期作出安排部署并组织实施,保证执法监察工作的效果。

各级监察机关要认真履行职责,注意发现案件线索,严肃查处工业用地出让中的违纪违法案件。对工业用地出让规避招标拍卖挂牌、仍采取协议出让和划拨的;对工业项目通过计划立项、规划定点先行确定土地使用者的;对工业用地以招标拍卖挂牌方式出让后擅自调整土地用途、容积率等规划条件;对不按规定及时准确地在中国土地市场网公开发布国有土地使用权出让公告和出让结果等信息等违法违规行为,要认真纠正和查处。领导干部以任何形式违反规定干预和插手工业用地招标拍卖挂牌出让,特别是在工业用地出让中不经招标拍卖挂牌程序继续搞个人审批的,要坚决予以查处。对有关地方和部门瞒案不报、压案不查的,要严肃处理,并追究有关责任人的责任。

(二)强化对工业用地招标拍卖挂牌出让工作的监督。监察部、国土资源部决定,2007 年在全国开展工业用地招标拍卖挂牌出让工作专项执法监察。执法监察的重点是,全面推行并严格执行工业用地招标拍卖挂牌出让制度情况,全面执行《招标拍卖挂牌出让国有土地使用权规范》和《协议出让国有土地使用权规范》情况。

地方各级监察机关、国土资源管理部门要根据《工业用地招标拍卖挂牌出让情况执法监察工作方案》(详见附件)的要求,密切配合,共同制订工作方案,统一组织,协调行动,共同做好工业用地招标拍卖挂牌出让执法监察工作。市、县国土资源部门要会同监察机关,对国务院31 号文件下发以来的工业用地出让情况逐宗自查,发现问题要及时纠正、处理。各省、自治区、直辖市监察机关、国土资源管理部门要采取全面检查和重点抽查相结合的方法,加大监督检查力度。各省、自治区、直辖市执法监察情况,要在 2007 年 10 月底前报送监察部和国土资源部。监察部、国土资源部将根据各地的工作情况,适时组织联合检查。

附件:工业用地招标拍卖挂牌出让情况执法监察工作方案(略)

国土资源部、监察部关于进一步落实工业用地出让制度的通知

·2009 年 8 月 10 日

·国土资发〔2009〕101 号

各省、自治区、直辖市国土资源厅(国土环境资源厅、国土资源局、国土资源和房屋管理局、规划和国土资源管理局)、监察厅(局),副省级城市国土资源行政主管部门、监察局,新疆生产建设兵团国土资源局、监察局,各派驻地方的国家土地督察局:

针对当前国内经济形势和工业用地供应中存在的突出问题,为落实党中央、国务院关于保增长、扩内需、促进经济平稳较快发展的重大决策,更大程度地发挥土地政策调控作用,现就进一步完善工业用地出让制度通知如下。

一、明确政策,合理选择工业用地招标拍卖挂牌出让方式

工业项目行业门类多,对产业政策、环保标准、产业布局结构和生产技术水平要求高。各地要在坚持工业用地招标拍卖挂牌出让制度的基础上,充分考虑工业用地的特点,合理选择出让方式,进一步细化政策措施。

(一)各地要严格执行工业用地招标拍卖挂牌制度,凡属于农用地转用和土地征收审批后由政府供应的工业用地,政府收回、收购国有土地使用权后重新供应的工业用地,必须采取招标拍卖挂牌方式公开确定土地价格和土地使用权人。

(二)各市、县国土资源行政主管部门应当依据年度土地利用计划、国家产业政策、土地供应政策、本地区社会经济发展目标、土地市场状况和土地供应潜力等,科学编制土地出让计划,明确工业用地的供应规模、功能布局和供应时序,经批准的出让计划要及时向社会公布。各地要支持中小企业发展,在土地出让计划中要安排一定比例的土地用于中小企业开发利用,特别是建设多层标准厂房。

(三)为充分了解工业用地需求,合理安排出让进度和出让规模,各地要大力推进工业用地预申请制度,加快制定工业用地预申请政策措施和操作程序。对列入市、县土地出让计划的工业用地,要及时将具备出让条件地块的位置、面积、产业要求、使用年限、土地使用条件(功能分区)等信息向社会发布,接受用地申请。单位和个人对拟出让的地块有使用意向,所承诺支付的土地价格和土地使用条件符合规定的,市、县国土资源行

政主管部门应适时组织挂牌或拍卖出让活动。

（四）各地在工业用地出让中，应依据供地政策、土地用途、规划限制等具体因素，选择适宜的出让方式。对具有综合目标或特定社会、公益建设条件，土地用途受严格限制、仅有少数单位或个人可能有受让意向的工业用地，可以采取招标方式，按照综合条件最佳者得的原则确定受让人。也可以设定专项条件，采取挂牌、拍卖方式，按照价高者得的原则确定受让人。

采用上述方式出让工业用地的，必须严格审核把关，在签订出让合同前必须按规定时间将供地审批结果向社会公示，公示时间不少于10个工作日；供地后必须加强监管，改变用地条件的，要收回土地，追究责任。

（五）分期建设的工业项目，市、县国土资源行政主管部门可以通过竞单位面积地价的方式确定招标拍卖挂牌竞得人（中标人），一次签订国有土地使用权出让合同，支付土地出让价款，再按照土地使用标准分期供地。自出让合同签订之日起两年内，办理完供地手续。分期建设的工业项目，不得改变土地用途，不得兴建职工住房。改变土地用途用于商业、旅游、娱乐、商品住宅等经营性用途的，一律收回土地使用权重新招标拍卖挂牌出让。

二、严格限定协议范围，规范工业用地协议出让

各地要规范执行《招标拍卖挂牌出让国有建设用地使用权规定》（国土资源部令第39号）和《招标拍卖挂牌出让国有土地使用权规范》（国土资发〔2006〕114号），严格落实工业用地招标拍卖挂牌出让制度。依法不属于招标拍卖挂牌出让范围的工业用地，方可按照《协议出让国有土地使用权规范》（国土资发〔2006〕114号）规定的程序，办理协议出让。

（一）由于城市规划调整、经济形势发生变化、企业转型等原因，土地使用权人已依法取得的国有划拨工业用地补办出让、国有承租工业用地补办出让，符合规划并经依法批准，可以采取协议方式。

（二）政府实施城市规划进行旧城区改建，需要搬迁的工业项目符合国家产业政策的，经市、县国土资源行政主管部门审核并报市、县人民政府批准，收回原国有土地使用权，以协议出让或租赁方式为原土地使用权人重新安排工业用地。拟安置的工业项目用地应符合土地利用总体规划布局和城市规划功能分区要求，尽可能在确定的工业集中区安排工业用地。

（三）采矿、采石、采砂、盐田等地面生产和尾矿堆放用地，鼓励采取租赁，也可协议方式出让。各地可在不高于法律规定的工业用地最高出让年限内，结合探矿权、采矿权出让年限，灵活确定采矿用地租赁和出让年限。

三、明确约定工业用地出让各方的权利义务，加强合同履约管理

（一）工业用地出让合同中要明确约定土地的交付时间、建设项目的开竣工时间。出让方应按照合同约定及时提供土地，督促用地者按期开工建设。受让人因非主观原因未按期开工、竣工的，应提前30日向出让人提出延建申请，经出让人同意，项目开竣工延期不得超过一年。

（二）工业用地出让期限内，受让人在符合规划、不改变土地用途的前提下增加容积率的，经核准，不再增收土地价款；需要改变土地用途的，必须取得出让人和市、县人民政府城市规划行政主管部门的同意，与出让人签订出让合同变更协议或者重新签订出让合同，由受让人按照批准改变时新土地使用条件下土地使用权市场价格与批准改变时原土地使用条件下剩余年期土地使用权市场价格的差额补缴出让金。出让合同或法律、法规、行政规定等明确改变土地用途应收回土地的，应当收回土地使用权，以招标拍卖挂牌方式重新出让。

四、强化执法监察，严格执行工业用地出让制度

（一）省级国土资源行政主管部门要继续严格落实《物权法》、《国务院关于加强土地调控有关问题的通知》（国发〔2006〕31号）和《国土资源部监察部关于落实工业用地招标拍卖挂牌出让制度有关问题的通知》（国土资发〔2007〕78号）等法律政策，结合当前经济形势和土地市场供求状况，积极研究解决本地区工业用地出让中的新情况、新问题，及时总结推广工业用地出让中的好做法、好经验，加大政策指导力度。省级监察机关要把对落实工业用地出让制度的监督检查作为一项日常工作，定期作出安排部署并组织实施，保证执法监察工作的效果。

（二）各级监察机关、国土资源行政主管部门要认真履行职责，严肃查处工业用地出让和转让中的违纪违法案件。对于应当采取出让而采用划拨方式或者应当招标拍卖挂牌出让而协议出让工业用地的；对低于国家规定的工业用地出让最低价标准出让工业用地的；对工业用地出让合同签订后，擅自批准调整土地用途的；对不符合转让条件违规转让工业用地的；对不按规定及时准确地在中国土地市场网和指定的场所、媒介发布工业用地出让公告和出让结果等信息的违法违规行为，要认真纠正和查处。特别对领导干部以任何形式违反规定干预和插手工业用地招标拍卖挂牌出让的,要坚决予以查处。对领导干部在工业用地出让中违规违法造成重大损失或恶劣影响的,要实行问责。对于一些地方以扩大内需、促进经济增长为名在工业用地出让中违反供地政策、用地标准和国家产业政策,搭车用地、借机圈地的,要严肃处理。

地方各级国土资源行政主管部门、监察机关要结合工程建设领域突出问题专项治理工作,按照本《通知》要求,密切配合,认真做好工业用地出让工作,健全完善工业用地出让制度。监察部、国土资源部将根据各地的工作情况,适时组织联合检查。

国土资源部关于发布实施《全国工业用地出让最低价标准》的通知

· 2006 年 12 月 23 日
· 国土资发〔2006〕307 号

各省、自治区、直辖市国土资源厅(国土环境资源厅、国土资源局、国土资源和房屋管理局、房屋土地资源管理局),计划单列市国土资源行政主管部门,新疆生产建设兵团国土资源局:

为贯彻落实《国务院关于加强土地调控有关问题的通知》(国发〔2006〕31 号)精神,加强对工业用地的调控和管理,促进土地节约集约利用,根据土地等级、区域土地利用政策等,部统一制订了《全国工业用地出让最低价标准》(以下简称《标准》,详见附件 1),现予以发布。

一、本《标准》是市、县人民政府出让工业用地,确定土地使用权出让价格时必须执行的最低控制标准。

二、工业用地必须采用招标拍卖挂牌方式出让,其出让底价和成交价格均不得低于所在地土地等别(详见附件 2)相对应的最低价标准。各地国土资源管理部门在办理土地出让手续时必须严格执行本《标准》,不得以土地取得来源不同、土地开发程度不同等各种理由对规定的最低价标准进行减价修正。

三、工业项目必须依法申请使用土地利用总体规划确定的城市建设用地范围内的国有建设用地。对少数地区确需使用土地利用总体规划确定的城市建设用地范围外的土地,且土地前期开发由土地使用者自行完成的工业项目用地,在确定土地出让价格时可按不低于所在地土地等别相对应最低价标准的 60%执行。其中,对使用未列入耕地后备资源且尚未确定土地使用权人(或承包经营权人)的国有沙地、裸土地、裸岩石砾地的工业项目用地,在确定土地出让价格时可按不低于所在地土地等别相对应最低价标准的 30%执行。对实行这类地价政策的工业项目用地,由省级国土资源管理部门报部备案。

四、对低于法定最高出让年期(50 年)出让工业用地,或采取租赁方式供应工业用地的,所确定的出让价格和年租金按照一定的还原利率修正到法定最高出让年期的价格,均不得低于本《标准》。年期修正必须符合《城镇土地估价规程》(GB/T18508-2001)的规定,还原利率不得低于同期中国人民银行公布的人民币五年期存款利率。

五、为切实保障被征地农民的长远生计,省级国土资源管理部门可根据本地征地补偿费用提高的实际,进一步提高本地的工业用地出让最低价标准;亦可根据本地产业发展政策,在不低于本《标准》的前提下,制订并公布不同行业、不同区域的工业用地出让最低价标准,及时报部备案。

六、本《标准》发布实施后,各省(区、市)要依据本《标准》,开展基准地价更新工作,及时调整工业用地基准地价。

七、各地国土资源管理部门要加强对工业用地出让的监督管理。低于最低价标准出让工业用地,或以各种形式给予补贴或返还的,属非法低价出让国有土地使用权的行为,要依法追究有关人员的法律责任。

八、本《标准》自 2007 年 1 月 1 日起实施。部将根据各地社会经济发展情况、宏观调控的需要以及《标准》的实施情况,适时进行修订。

附件:1. 全国工业用地出让最低价标准
2. 土地等别①

① 该附件已被《国土资源部关于调整部分地区土地等别的通知》(2008 年 12 月 31 日 国土资发〔2008〕308 号)修改。

附件1

全国工业用地出让最低价标准

单位:元/平方米(土地)

土地等别	一等	二等	三等	四等	五等	六等	七等	八等
最低价标准	840	720	600	480	384	336	288	252
土地等别	九等	十等	十一等	十二等	十三等	十四等	十五等	
最低价标准	204	168	144	120	96	84	60	

国土资源部关于调整工业用地出让最低价标准实施政策的通知

·2009年5月11日

·国土资发〔2009〕56号

各省、自治区、直辖市国土资源厅(国土环境资源厅、国土资源局、国土资源和房屋管理局、规划和国土资源管理局),新疆生产建设兵团国土资源局,各派驻地方的国家土地督察局:

针对当前经济形势和土地市场运行变化情况,为进一步落实党中央、国务院关于扩大内需促进经济平稳较快发展的重大决策,更好地履行部门职责,充分发挥地价政策在宏观调控中的作用,部决定对《全国工业用地出让最低价标准》(以下简称《标准》)实施政策进行适当调整。现就有关问题通知如下:

一、市县国土资源管理部门在工业用地出让前应当按照《城镇土地估价规程》(GB/T 18508-2001)进行评估,根据土地估价结果、土地供应政策和最低价标准等集体决策、综合确定出让底价。

二、对各省(区、市)确定的优先发展产业且用地集约的工业项目,在确定土地出让底价时可按不低于所在地土地等别相对应《标准》的70%执行。优先发展产业是指各省(区、市)依据国家《产业结构调整指导目录》制订的本地产业发展规划中优先发展的产业。用地集约是指项目建设用地容积率和建筑系数超过《关于发布和实施〈工业项目建设用地控制指标〉的通知》(国土资发〔2008〕24号)所规定标准40%以上、投资强度增加10%以上。

三、以农、林、牧、渔业产品初加工为主的工业项目,在确定土地出让底价时可按不低于所在地土地等别相对应《标准》的70%执行。农、林、牧、渔业产品初加工工业项目是指在产地对农、林、牧、渔业产品直接进行初次加工的项目,具体由各省(区、市)在《国民经济行业分类》(GB/T4754-2002)第13、14、15、17、18、19、20大类范围内按小类认定。

四、对中西部地区确需使用土地利用总体规划确定的城镇建设用地范围外的国有未利用地,且土地前期开发由土地使用者自行完成的工业项目用地,在确定土地出让价格时可按不低于所在地土地等别相对应《标准》的15%执行。使用土地利用总体规划确定的城镇建设用地范围内的国有未利用地,可按不低于所在地土地等别相对应《标准》的50%执行。国有未利用地包括《土地利用现状分类》(GB/T 21010-2007)中未列入耕地后备资源的盐碱地、沼泽地、沙地、裸地。

五、工业项目按照本通知第二、三、四条规定拟定的出让底价低于该项目实际土地取得成本、土地前期开发成本和按规定应收取的相关费用之和的,应按不低于实际各项成本费用之和的原则确定出让底价。

六、省级国土资源管理部门要根据本地实际尽快制定公布本省(区、市)的工业用地出让最低价标准,对个别县、市(区)基准地价末级地的平均土地取得成本、土地前期开发成本和按规定收取的相关费用之和确实低于《标准》的,由省级国土资源管理部门根据本省(区、市)县级行政单元总数,按照总数小于50的不超过5%,其他不超过3%的原则,控制拟调整县、市(区)的数量,统筹组织测算、论证和平衡,提出明确意见并于2009年6月30日前报部备案后,可以按当地实际执行最低价标准。各省(区、市)确定的优先发展产业目录与按行业分类小类认定的农、林、牧、渔业产品初加工项目目录需一并报部备案。逾期未备案的按《标准》执行。

七、各地国土资源管理部门要加强对工业用地出让的监督管理,通过土地市场动态监测与监管系统,及时掌握出让价格等土地供应信息。对违反最低价标准相关实施政策、低于标准出让工业用地的,要依法追究有关人员的法律责任。

协议出让国有土地使用权规定

·2003年6月11日国土资源部令第21号公布
·自2003年8月1日起施行

第一条 为加强国有土地资产管理,优化土地资源配置,规范协议出让国有土地使用权行为,根据《中华人民共和国城市房地产管理法》、《中华人民共和国土地管理法》和《中华人民共和国土地管理法实施条例》,制定本规定。

第二条 在中华人民共和国境内以协议方式出让国有土地使用权的,适用本规定。

本规定所称协议出让国有土地使用权,是指国家以协议方式将国有土地使用权在一定年限内出让给土地使用者,由土地使用者向国家支付土地使用权出让金的行为。

第三条 出让国有土地使用权,除依照法律、法规和规章的规定应当采用招标、拍卖或者挂牌方式外,方可采取协议方式。

第四条 协议出让国有土地使用权,应当遵循公开、公平、公正和诚实信用的原则。

以协议方式出让国有土地使用权的出让金不得低于按国家规定所确定的最低价。

第五条 协议出让最低价不得低于新增建设用地的土地有偿使用费、征地(拆迁)补偿费用以及按照国家规定应当缴纳的有关税费之和有基准地价的地区,协议出让最低价不得低于出让地块所在级别基准地价的70%。

低于最低价时国有土地使用权不得出让。

第六条 省、自治区、直辖市人民政府国土资源行政主管部门应当依据本规定第五条的规定拟定协议出让最低价,报同级人民政府批准后公布,由市、县人民政府国土资源行政主管部门实施。

第七条 市、县人民政府国土资源行政主管部门应当根据经济社会发展计划、国家产业政策、土地利用总体规划、土地利用年度计划、城市规划和土地市场状况,编制国有土地使用权出让计划,报同级人民政府批准后组织实施。

国有土地使用权出让计划经批准后,市、县人民政府国土资源行政主管部门应当在土地有形市场等指定场所,或者通过报纸、互联网等媒介向社会公布。

因特殊原因,需要对国有土地使用权出让计划进行调整的,应当报原批准机关批准,并按照前款规定及时向社会公布。

国有土地使用权出让计划应当包括年度土地供应总量、不同用途土地供应面积、地段以及供地时间等内容。

第八条 国有土地使用权出让计划公布后,需要使用土地的单位和个人可以根据国有土地使用权出让计划,在市、县人民政府国土资源行政主管部门公布的时限内,向市、县人民政府国土资源行政主管部门提出意向用地申请。

市、县人民政府国土资源行政主管部门公布计划接受申请的时间不得少于30日。

第九条 在公布的地段上,同一地块只有一个意向用地者的,市、县人民政府国土资源行政主管部门方可按照本规定采取协议方式出让;但商业、旅游、娱乐和商品住宅等经营性用地除外。

同一地块有两个或者两个以上意向用地者的,市、县人民政府国土资源行政主管部门应当按照《招标拍卖挂牌出让国有土地使用权规定》,采取招标、拍卖或者挂牌方式出让。

第十条 对符合协议出让条件的,市、县人民政府国土资源行政主管部门会同城市规划等有关部门,依据国有土地使用权出让计划、城市规划和意向用地者申请的用地项目类型、规模等,制定协议出让土地方案。

协议出让土地方案应当包括拟出让地块的具体位置、界址、用途、面积、年限、土地使用条件、规划设计条件、供地时间等。

第十一条 市、县人民政府国土资源行政主管部门应当根据国家产业政策和拟出让地块的情况,按照《城镇土地估价规程》的规定,对拟出让地块的土地价格进行评估,经市、县人民政府国土资源行政主管部门集体决策合理确定协议出让底价。

协议出让底价不得低于协议出让最低价。

协议出让底价确定后应当保密,任何单位和个人不得泄露。

第十二条 协议出让土地方案和底价经有批准权的人民政府批准后,市、县人民政府国土资源行政主管部门应当与意向用地者就土地出让价格等进行充分协商,协商一致且议定的出让价格不低于出让底价的,方可达成协议。

第十三条 市、县人民政府国土资源行政主管部门应当根据协议结果,与意向用地者签订《国有土地使用权出让合同》。

第十四条 《国有土地使用权出让合同》签订后7日内,市、县人民政府国土资源行政主管部门应当将协议出让结果在土地有形市场等指定场所，或者通过报纸、互联网等媒介向社会公布，接受社会监督。

公布协议出让结果的时间不得少于15日。

第十五条　土地使用者按照《国有土地使用权出让合同》的约定，付清土地使用权出让金、依法办理土地登记手续后，取得国有土地使用权。

第十六条　以协议出让方式取得国有土地使用权的土地使用者，需要将土地使用权出让合同约定的土地用途改变为商业、旅游、娱乐和商品住宅等经营性用途的，应当取得出让方和市、县人民政府城市规划部门的同意，签订土地使用权出让合同变更协议或者重新签订土地使用权出让合同，按变更后的土地用途，以变更时的土地市场价格补交相应的土地使用权出让金，并依法办理土地使用权变更登记手续。

第十七条　违反本规定，有下列行为之一的，对直接负责的主管人员和其他直接责任人员依法给予行政处分：

（一）不按照规定公布国有土地使用权出让计划或者协议出让结果的；

（二）确定出让底价时未经集体决策的；

（三）泄露出让底价的；

（四）低于协议出让最低价出让国有土地使用权的；

（五）减免国有土地使用权出让金的。

违反前款有关规定，情节严重构成犯罪的，依法追究刑事责任。

第十八条　国土资源行政主管部门工作人员在协议出让国有土地使用权活动中玩忽职守、滥用职权、徇私舞弊的，依法给予行政处分；构成犯罪的，依法追究刑事责任。

第十九条　采用协议方式租赁国有土地使用权的，参照本规定执行。

第二十条　本规定自2003年8月1日起施行。原国家土地管理局1995年6月28日发布的《协议出让国有土地使用权最低价确定办法》同时废止。

国务院关于将部分土地出让金用于农业土地开发有关问题的通知

·2004年3月22日

·国发〔2004〕8号

根据《中华人民共和国城市房地产管理法》和《中华人民共和国土地管理法》有关土地使用权出让金的用途及土地出让金上缴、使用的规定，为切实保护耕地，加强粮食综合生产能力建设，抑制城市盲目扩张，促进城乡协调发展，国务院决定从2004年起将部分土地出让金用于农业土地开发。现就有关问题通知如下：

一、关于土地出让金用于农业土地开发的用途

按照"取之于土，用之于土"的原则，将部分土地出让金专项用于土地整理复垦、宜农未利用地开发、基本农田建设以及改善农业生产条件的土地开发。

二、关于土地出让金用于农业土地开发的比例

土地出让金用于农业土地开发的比例，由各省、自治区、直辖市及计划单列市人民政府根据不同情况，按各市、县不低于土地出让平均纯收益的15%确定。土地出让平均纯收益的具体标准由财政部、国土资源部确定。

三、关于用于农业土地开发的土地出让金的管理

用于农业土地开发的土地出让金纳入财政预算，实行专项管理。省（自治区、直辖市）及计划单列市、市（地、州、盟）、县（市、旗）应分别在现有账户中设立专账，分账核算。用于农业土地开发的土地出让金主要留在市、县，专款专用；各地可根据不同情况，将不超过30%的资金集中到省、自治区、直辖市及计划单列市使用。资金使用管理具体办法由财政部会同国土资源部制订。

四、关于用于农业土地开发的土地出让金的监督

各省、自治区、直辖市及计划单列市人民政府要加强对用于农业土地开发的土地出让金收缴的监督，保证土地出让金专户资金优先足额划入用于农业土地开发的资金专账；对挪用专账资金的，由省级人民政府负责追缴，并追究有关人员的责任。财政部、国土资源部要会同监察部、审计署等部门加强对用于农业土地开发的土地出让金收缴、使用和管理情况进行监督检查，对检查出的问题要及时采取措施予以纠正。

用于农业土地开发的土地出让金使用管理办法

·2004年6月24日

·财建〔2004〕174号

第一条　为加强用于农业土地开发的土地出让金的使用管理，根据《国务院关于将部分土地出让金用于农业土地开发有关问题的通知》（国发〔2004〕8号），特制定本办法。

第二条　本办法所称用于农业土地开发的土地出让金是指省（自治区、直辖市）及计划单列市、市（地、州、盟）、县（市、旗）从土地出让金中按规定比例划出的专账管理的资金。

第三条 土地出让金用于农业土地开发的比例，由各省、自治区、直辖市及计划单列市人民政府根据不同情况，按各市（地、州、盟）、县（市、旗）不低于土地出让平均纯收益的15%确定，并将其中不超过30%的资金集中到各省、自治区、直辖市及计划单列市使用。上述两个比例确定后，分别报财政部、国土资源部备案。

第四条 本办法所称土地出让平均纯收益标准是指地方人民政府出让土地取得的土地出让纯收益的平均值。由财政部、国土资源部根据全国城镇土地等别、城镇土地级别、基准地价水平、建设用地供求状况、社会经济发展水平等情况制定、联合发布，并根据土地市场价格变动情况适时调整。土地出让平均纯收益具体标准由财政部、国土资源部另行发布。

第五条 用于农业土地开发的土地出让金纳入财政预算，实行专项管理。省（自治区、直辖市）及计划单列市、市（地、州、盟）、县（市、旗）财政部门应分别对农业土地开发资金实行专账核算，按规定的标准和用途足额划缴及使用，不得截留、坐支和挪用，并实行社会公示制度。

第六条 调整现行政府预算收支科目，取消"基金预算收入科目"第85类"土地有偿使用收入"下的850101项"土地出让金"；增设850103项"用于农业土地开发的土地出让金"，反映从土地出让金中划入的用于农业土地开发的资金；增设850104项"其他土地出让金"，反映扣除划入农业土地开发资金专账后的土地出让金。在"基金预算支出科目"第85类"土地有偿使用支出"下增设一款8503款"农业土地开发支出"，反映用从土地出让金中划出的农业土地开发资金安排的农业土地开发支出。

第七条 市（地、州、盟）、县（市、旗）国土资源管理部门根据办理的土地出让合同，按季统计土地出让面积送同级财政部门，同时抄报省级国土资源管理部门、财政部门。同级财政部门根据国土资源管理部门提供的土地出让面积、城镇土地等别、土地出让平均纯收益标准和各省、自治区、直辖市及计划单列市人民政府规定的土地出让金用于农业土地开发的比例（不低于15%），计算应从土地出让金中划缴的农业土地开发资金，并按照专账管理的原则和土地出让金缴交情况，由财政部门在办理土地出让金清算时，按级次分别开具缴款书，办理缴库手续，将属于本市（地、州、盟）、县（市、旗）的用于农业土地开发的土地出让金收入（不低于农业土地开发资金的70%部分）缴入同级国库；将属于各省、自治区、直辖市及计划单列市集中的用于农业土地开发的土地出让金收入（不高于农业土地开发资金30%的部分）按就地缴库方式缴入省级国库。

从土地出让金划缴的农业土地开发资金计算公式为：

从土地出让金划缴的农业土地开发资金＝土地出让面积×土地出让平均纯收益标准（对应所在城镇等别）×各地规定的土地出让金用于农业土地开发的比例（不低于15%）

第八条 本办法所称的农业土地开发主要包括：土地整理和复垦、宜农未利用地的开发、基本农田建设以及改善农业生产条件的土地开发。

土地整理和复垦是指：按照土地利用总体规划和土地开发整理规划，有组织地对农村地区田、水、路、林及村庄进行综合整治；对在生产建设过程中挖损、塌陷、压占及污染破坏的土地和洪灾滑坡崩塌、泥石流、风沙等自然灾害损毁的土地进行复垦。

宜农未利用地的开发是指：在保护和改善生态环境、防治水土流失和土地沙漠化的前提下，对滩涂、盐碱地、荒草地、裸土地等未利用的宜农土地进行开发利用。

基本农田建设是指：采取相应措施对基本农田进行改造、改良和保护，促进基本农田综合生产能力提高和持续利用。具体包括：经国务院有关主管部门或者县级以上地方人民政府批准确定的粮、棉、油生产基地内的耕地的建设；有良好的水利与水土保持设施的耕地建设；对中低产田的改造；蔬菜生产基地建设；国务院规定应当划入基本农田保护区的其他耕地的建设等。

改善农业生产条件的土地开发是指：为改善农业生产条件而独立进行的农田道路、电力通讯、水源、给排水等生产设施的建设。

第九条 财政部门负责农业土地开发专项资金的预算审批、下达、资金的拨付和资金的监督管理工作；国土资源部门负责项目预算的编报、汇总、项目实施的监督检查及竣工验收等项目管理工作。地方财政部门和国土资源部门具体职责分工由各省、自治区、直辖市及计划单列市自行确定。

第十条 各省、自治区、直辖市及计划单列市人民政府要加强对用于农业土地开发的土地出让金收缴的监督，保证土地出让金专户资金优先足额划入用于农业土地开发的资金专账。

第十一条 财政部和国土资源部要会同监察部、审计署等有关部门，对用于农业土地开发的土地出让金的提取比例、预算管理、支出范围等进行定期或不定期的监督检查。各省、自治区、直辖市及计划单列市人民政府要定期将用于农业土地开发的土地出让金使用情况报财政部和国土资源部。

财政部除会同有关部门进行检查外，可委托财政部驻各地财政监察专员办事处进行专项检查或抽查。对于违反规定的，除通报外，对提取比例不足的，负责督促其限时足额划入，督促未果的，依法强行划入专账；对于违反专账管理的，负责督促其在 7 个工作日内予以纠正；对于违反支出范围的；除负责督促其在 7 个工作日内纠正外，应将超出本办法规定支出范围的资金收回专账；对挪用专账资金的，由省级人民政府负责追缴，并追究有关人员责任。

第十二条　各省、自治区、直辖市及计划单列市人民政府可根据本办法的规定，结合本地的实际情况，制定具体的资金使用管理办法。

第十三条　本办法自 2004 年 1 月 1 日起实行。

第十四条　本办法由财政部、国土资源部负责解释。

用于农业土地开发的土地出让金收入管理办法

·2004 年 7 月 12 日

·财综〔2004〕49 号

第一条　根据《国务院关于将部分土地出让金用于农业土地开发有关问题的通知》（国发〔2004〕8 号）的规定，从 2004 年 1 月 1 日起，将部分土地出让金用于农业土地开发。为加强对各地用于农业土地开发的土地出让金收入管理情况的检查、监督和考核工作，特制定本办法。

第二条　土地出让金用于农业土地开发的比例，由各省、自治区、直辖市及计划单列市人民政府根据不同情况，按各市、县不低于土地出让平均纯收益的 15%确定。

从土地出让金划出的农业土地开发资金计算公式为：

从土地出让金划出的农业土地开发资金=土地出让面积×土地出让平均纯收益征收标准（对应所在地征收等别）×各地规定的土地出让金用于农业土地开发的比例（不低于 15%）。

第三条　本办法所称土地出让平均纯收益征收标准是指地方人民政府出让土地取得的土地出让纯收益的平均值。由财政部、国土资源部根据全国城镇土地等别、城镇土地级别、基准地价水平、建设用地供求状况、社会经济发展水平等情况制定、联合发布，并根据土地市场价格变动情况适时调整。土地出让平均纯收益征收标准见附件一。

第四条　调整现行政府预算收入科目，将“基金预算收入科目”第 85 类“土地有偿使用收入”下的 850101 项“土地出让金”取消；增设 850103 项“用于农业土地开发的土地出让金”，反映从“土地出让金财政专户”中划入的用于农业土地开发的资金；增设 850104 项“其他土地出让金”，反映从“土地出让金财政专户”中扣除划入农业土地开发资金专账后的土地出让金。

第五条　市（地、州、盟）、县（市、旗）国土资源管理部门根据办理的土地出让合同，按季统计土地出让面积送同级财政部门，同时抄报省级国土资源管理部门、财政部门。

第六条　市（地、州、盟）、县（市、旗）财政部门根据同级国土资源管理部门提供的土地出让面积、城镇土地级别、土地出让平均纯收益征收标准和各省（自治区、直辖市）及计划单列市人民政府规定的土地出让金用于农业土地开发的比例（不低于 15%），计算应从土地出让金中划出的农业土地开发资金，并按照专账管理的原则和土地出让金缴交情况，由财政部门在次月 5 日前办理土地出让金清算时，按级次分别开具缴款书，办理缴库手续，将属于本市（地、州、盟）、县（市、旗）的用于农业土地开发的土地出让金收入（不低于农业土地开发资金的 70%部分）缴入同级国库用于农业土地开发的土地出让金收入专账；将属于各省（自治区、直辖市）及计划单列市集中的用于农业土地开发的土地出让金收入（不高于农业土地开发资金 30%的部分）按就地缴库方式缴入省国库用于农业土地开发的土地出让金收入专账。

第七条　各省（自治区、直辖市）及计划单列市人民政府要加强对用于农业土地开发的土地出让金收缴的监督，保证土地出让金专户资金优先足额划入用于农业土地开发的资金专账。

第八条　财政部和国土资源部要会同监察部、审计署等有关部门，对用于农业土地开发的土地出让金的提取比例、收入征缴情况进行定期或不定期的监督检查。各省（自治区、直辖市）及计划单列市人民政府要定期将用于农业土地开发的土地出让金收入管理情况报财政部、国土资源部。

第九条　财政部可授权财政部驻各地财政监察专员办事处对用于农业土地开发的土地出让金的收入管理情况进行监督检查。

第十条　各省（自治区、直辖市）及计划单列市人民政府可根据本办法,结合本地实际情况,制定用于农业土地开发的土地出让金收入管理实施细则,并报财政部、国土资源部备案。

第十一条 本办法自2004年1月1日起实行。

第十二条 本办法由财政部、国土资源部负责解释。

附:土地出让平均纯收益标准(略)

国务院办公厅关于规范国有土地使用权出让收支管理的通知

·2006年12月17日

·国办发〔2006〕100号

我国是一个人多地少的发展中国家,加强土地管理,严格保护耕地,推进土地节约集约利用,始终是我国现代化建设中的一个全局性、战略性问题。将土地出让收支纳入地方预算,实行“收支两条线”管理,是落实科学发展观,构建社会主义和谐社会,加强土地调控的一项重要举措。根据《国民经济和社会发展第十一个五年规划纲要》、《国务院关于深化改革严格土地管理的决定》(国发〔2004〕28号)以及《国务院关于加强土地调控有关问题的通知》(国发〔2006〕31号)的规定,经国务院同意,现就有关事项通知如下:

一、明确国有土地使用权出让收入范围,加强国有土地使用权出让收入征收管理

国有土地使用权出让收入(以下简称土地出让收入)是政府以出让等方式配置国有土地使用权取得的全部土地价款,包括受让人支付的征地和拆迁补偿费用、土地前期开发费用和土地出让收益等。土地价款的具体范围包括:以招标、拍卖、挂牌和协议方式出让国有土地使用权所确定的总成交价款;转让划拨国有土地使用权或依法利用原划拨土地进行经营性建设应当补缴的土地价款;变现处置抵押划拨国有土地使用权应当补缴的土地价款;转让房改房、经济适用住房按照规定应当补缴的土地价款;改变出让国有土地使用权的土地用途、容积率等土地使用条件应当补缴的土地价款,以及其他和国有土地使用权出让或变更有关的收入等。按照土地出让合同规定依法向受让人收取的定金、保证金和预付款,在土地出让合同生效后可以抵作土地价款。

国土资源管理部门依法出租国有土地向承租者收取的土地租金收入;出租划拨土地上的房屋应当上缴的土地收益;土地使用者以划拨方式取得国有土地使用权,依法向市、县人民政府缴纳的土地补偿费、安置补助费、地上附着物和青苗补偿费、拆迁补偿费等费用(不含征地管理费),一并纳入土地出让收入管理。

土地出让收入由财政部门负责征收管理,可由国土资源管理部门负责具体征收。国土资源管理部门和财政部门应当督促土地使用者严格履行土地出让合同,确保将应缴的土地出让收入及时足额缴入地方国库。地方国库负责办理土地出让收入的收纳、划分、留解和拨付等各项业务,确保土地出让收支数据准确无误。对未按照合同约定足额缴纳土地出让收入,并提供有效缴款凭证的,国土资源管理部门不予核发国有土地使用证。要完善制度规定,对违规核发国有土地使用证的,收回土地使用证,并依照有关法律法规追究有关领导和人员的责任。已经实施政府非税收入收缴管理制度改革的地方,土地出让收入纳入政府非税收入收缴管理制度改革范围,统一收缴票据,规范收缴程序,提高收缴效率。任何地区、部门和单位都不得以“招商引资”、“旧城改造”、“国有企业改制”等各种名义减免土地出让收入,实行“零地价”,甚至“负地价”,或者以土地换项目、先征后返、补贴等形式变相减免土地出让收入。

二、将土地出让收支全额纳入预算,实行“收支两条线”管理

从2007年1月1日起,土地出让收支全额纳入地方基金预算管理。收入全部缴入地方国库,支出一律通过地方基金预算从土地出让收入中予以安排,实行彻底的“收支两条线”。在地方国库中设立专账,专门核算土地出让收入和支出情况。

建立健全年度土地出让收支预决算管理制度。每年第三季度,有关部门要严格按照财政部门规定编制下一年度土地出让收支预算;每年年度终了,有关部门要严格按照财政部门规定编制土地出让收支决算。同时,按照规定程序向同级人民政府报告,政府依法向同级人民代表大会报告。编制年度土地出让收支预算要坚持“以收定支、收支平衡”的原则。土地出让收入预算按照上年土地出让收入情况、年度土地供应计划、地价水平等因素编制;土地出让支出预算根据预计年度土地出让收入情况,按照年度土地征收计划、拆迁计划以及规定的用途、支出范围和支出标准等因素编制;其中,属于政府采购范围的,应当按照规定编制政府采购预算。

三、规范土地出让收入使用范围,重点向新农村建设倾斜

土地出让收入使用范围:(一)征地和拆迁补偿支出。包括土地补偿费、安置补助费、地上附着物和青苗补偿费、拆迁补偿费。(二)土地开发支出。包括前期土地开发性支出以及按照财政部门规定与前期土地开发相关的费用等。(三)支农支出。包括计提农业土地开发资金、补助被征地农民社会保障支出、保持被征地农民原有生活水平补贴支出以及农村基础设施建设支出。(四)城市建设支出。包括完善国有土地使用功能的配套设施建设支出以及城市基础设施建设支出。(五)其他支出。包括土地出让业务费、缴纳新增建设用地土地有偿使用费、计提国有土地收益基金、城镇廉租住房保障支出、支付破产或改制国有企业职工安置费支出等。

土地出让收入的使用要确保足额支付征地和拆迁补偿费、补助被征地农民社会保障支出、保持被征地农民原有生活水平补贴支出,严格按照有关规定将被征地农民的社会保障费用纳入征地补偿安置费用,切实保障被征地农民和被拆迁居民的合法利益。土地出让收入的使用要重点向新农村建设倾斜,逐步提高用于农业土地开发和农村基础设施建设的比重。用于农村基础设施建设的资金,要重点安排农村饮水、沼气、道路、环境、卫生、教育以及文化等基础设施建设项目,逐步改善农民的生产、生活条件和居住环境,努力提高农民的生活质量和水平。土地前期开发要积极引入市场机制、严格控制支出,通过政府采购招投标方式选择评估、拆迁、工程施工、监理等单位,努力降低开发成本。城市建设支出和其他支出要严格按照批准的预算执行。编制政府采购预算的,应严格按照政府采购的有关规定执行。

为加强土地调控,由财政部门从缴入地方国库的土地出让收入中,划出一定比例资金,用于建立国有土地收益基金,实行分账核算,具体比例由省、自治区、直辖市及计划单列市人民政府确定,并报送财政部和国土资源部备案。国有土地收益基金主要用于土地收购储备。

四、切实保障被征地农民和被拆迁居民利益,建立被征地农民生活保障的长效机制

各地在征地过程中,要认真执行国发〔2004〕28号和国发〔2006〕31号文件中有关征地补偿费的规定,切实保障被征地农民利益。各省、自治区、直辖市要尽快制订并公布各市县征地的统一年产值标准或区片综合地价,依法提高征地补偿标准。出让城市国有土地使用权过程中,要严格依照《城市房屋拆迁管理条例》(国务院令第305号)、有关法律法规和省、自治区、直辖市及计划单列市有关规定支付相关补偿费用,有效保障被拆迁居民、搬迁企业及其职工的合法权益。

建立对被征地农民发放土地补偿费、安置补助费以及地上附着物和青苗补偿费的公示制度,改革对被征地农民征地补偿费的发放方式。有条件的地方,土地补偿费、安置补助费以及地上附着物和青苗补偿费等相关费用中应当支付给被征地农民的部分,可以根据征地补偿方案,由集体经济组织提供具体名单,通过发放记名银行卡或者存折方式直接发放给被征地农民,减少中间环节,防止被截留、挤占和挪用,切实保障被征地农民利益。

被征地农民参加有关社会保障所需的个人缴费,可以从其所得的土地补偿费、安置补助费中直接缴纳。地方人民政府可以从土地出让收入中安排一部分资金用于补助被征地农民社会保障支出,逐步建立被征地农民生活保障的长效机制。

五、加强国有土地储备管理,建立土地储备资金财务会计核算制度

国土资源部、财政部要抓紧研究制订土地储备管理办法,对土地储备的目标、原则、范围、方式和期限等作出统一规定,防止各地盲目储备土地。要合理控制土地储备规模,降低土地储备成本。土地储备实行项目预决算管理,国土资源管理部门应当于每年第三季度根据年度土地储备计划,编制下一年度土地储备资金收支预算,报财政部门审核;每年年度终了,要按照规定向财政部门报送土地储备资金收支决算。财政部要会同国土资源部抓紧研究制订土地储备资金财务管理办法、会计核算办法,建立健全土地储备成本核算制度。财政部门要加强对土地储备资金使用的监督管理,规范运行机制,严禁挤占、挪用土地储备资金。

六、加强部门间协作与配合,建立土地出让收支信息共享制度

国土资源管理部门与财政部门要加强协作,建立国有土地出让、储备及收支信息共享制度。国土资源管理部门应当将年度土地供应计划、年度土地储备计划以及签订的国有土地出让合同中有关土地出让总价款、约定的缴款时间等相关资料及时抄送财政部门,财政部门应当及时将土地出让收支情况反馈给国土资源管理部门。

财政部门、国土资源管理部门要与地方国库建立土地出让收入定期对账制度,对应缴国库、已缴国库和欠缴国库的土地出让收入数额进行定期核对,确保有关数据准确无误。

财政部门要会同国土资源管理部门、人民银行机构建立健全年度土地出让收支统计报表以及分季收支统计明细报表体系,统一土地出让收支统计口径,确保土地出让收支统计数据及时、准确、真实,为加强土地出让收支管理提供必要的基础数据。土地出让收支统计报表体系由财政部会同国土资源部、人民银行研究制订。

七、强化土地出让收支监督管理,防止国有土地资产收益流失

财政部门、国土资源管理部门、人民银行机构以及审计机关要建立健全对土地出让收支情况的定期和不定期监督检查制度,强化对土地出让收支的监督管理,确保土地出让收入及时足额上缴国库,支出严格按照财政预算管理的规定执行。

土地出让合同、征地协议等应约定对土地使用者不按时足额缴纳土地出让收入的,按日加收违约金额1‰的违约金。违约金随同土地出让收入一并缴入地方国库。对违反本通知规定,擅自减免、截留、挤占、挪用应缴国库的土地出让收入,不执行国家统一规定的会计、政府采购等制度的,要严格按照土地管理法、会计法、审计法、政府采购法、《财政违法行为处罚处分条例》(国务院令第427号)和《金融违法行为处罚办法》(国务院令第260号)等有关法律法规进行处理,并依法追究有关责任人的责任;触犯刑法的,依法追究有关人员的刑事责任。

规范土地出让收支管理,不仅有利于促进节约集约用地,而且有利于促进经济社会可持续发展,对于保持社会稳定,推进社会主义和谐社会建设,以及加强党风廉政建设都具有十分重要的意义。各地区、各部门必须高度重视,坚决把思想统一到党中央、国务院决策部署上来,采取积极有效措施,确保规范土地出让收支管理政策的贯彻落实。

国有土地使用权出让收支管理办法

·2006年12月31日

·财综〔2006〕68号

第一章 总 则

第一条 为规范国有土地使用权出让收支管理,根据《土地管理法》、《国务院关于加强土地调控有关问题的通知》(国发[2006]31号)以及《国务院办公厅关于规范国有土地使用权出让收支管理的通知》(国办发[2006]100号)等有关规定,特制定本办法。

第二条 本办法所称国有土地使用权出让收入(以下简称土地出让收入)是指政府以出让等方式配置国有土地使用权取得的全部土地价款。具体包括:以招标、拍卖、挂牌和协议方式出让国有土地使用权所取得的总成交价款(不含代收代缴的税费);转让划拨国有土地使用权或依法利用原划拨土地进行经营性建设应当补缴的土地价款;处置抵押划拨国有土地使用权应当补缴的土地价款;转让房改房、经济适用住房按照规定应当补缴的土地价款;改变出让国有土地使用权土地用途、容积率等土地使用条件应当补缴的土地价款,以及其他和国有土地使用权出让或变更有关的收入等。

国土资源管理部门依法出租国有土地向承租者收取的土地租金收入;出租划拨土地上的房屋应当上缴的土地收益;土地使用者以划拨方式取得国有土地使用权,依法向市、县人民政府缴纳的土地补偿费、安置补助费、地上附着物和青苗补偿费、拆迁补偿费等费用(不含征地管理费),一并纳入土地出让收入管理。

按照规定依法向国有土地使用权受让人收取的定金、保证金和预付款,在国有土地使用权出让合同(以下简称土地出让合同)生效后可以抵作土地价款。划拨土地的预付款也按照上述要求管理。

第三条 各级财政部门、国土资源管理部门、地方国库按照职责分工,分别做好土地出让收支管理工作。

财政部会同国土资源部负责制定全国土地出让收支管理政策。

省、自治区、直辖市及计划单列市财政部门会同同级国土资源管理部门负责制定本行政区域范围内的土地出让收支管理具体政策,指导市、县财政部门和国土资源管理部门做好土地出让收支管理工作。

市、县财政部门具体负责土地出让收支管理和征收管理工作,市、县国土资源管理部门具体负责土地出让收入征收工作。

地方国库负责办理土地出让收入的收纳、划分、留解等各项业务,及时向财政部门、国土资源管理部门提供相关报表和资料。

第四条 土地出让收支全额纳入地方政府基金预算管理。收入全部缴入地方国库,支出一律通过地方政府基金预算从土地出让收入中予以安排,实行彻底的"收支两条线"管理。在地方国库中设立专账(即登记簿),专门核算土地出让收入和支出情况。

第二章 征收管理

第五条 土地出让收入由财政部门负责征收管理,可由市、县国土资源管理部门负责具体征收。

第六条 市、县国土资源管理部门与国有土地使用权受让人在签订土地出让合同时,应当明确约定该国有土地使用权受让人应当缴纳的土地出让收入具体数额、缴交地方国库的具体时限以及违约责任等内容。

第七条　土地出让收入征收部门根据土地出让合同和划拨用地批准文件，开具缴款通知书，并按照财政部统一规定的政府收支分类科目填写“一般缴款书”，由国有土地使用权受让人依法缴纳土地出让收入。国有土地使用权受让人应按照缴款通知书的要求，在规定的时间内将应缴地方国库的土地出让收入，就地及时足额缴入地方国库。缴款通知书应当明确供应土地的面积、土地出让收入总额以及依法分期缴纳地方国库的具体数额和时限等。

第八条　已经实施政府非税收入收缴管理制度改革的地方，土地出让收入收缴按照地方非税收入收缴管理制度改革的有关规定执行。

第九条　市、县国土资源管理部门和财政部门应当督促国有土地使用权受让人严格履行国有土地出让合同，确保将应缴国库的土地出让收入及时足额缴入地方国库。对未按照缴款通知书规定及时足额缴纳土地出让收入，并提供有效缴款凭证的，国土资源管理部门不予核发国有土地使用证。国土资源管理部门要完善制度规定，对违规核发国有土地使用证的，应予收回和注销，并依照有关法律法规追究有关领导和人员的责任。

第十条　任何地区、部门和单位都不得以“招商引资”、“旧城改造”、“国有企业改制”等各种名义减免土地出让收入，实行“零地价”，甚至“负地价”，或者以土地换项目、先征后返、补贴等形式变相减免土地出让收入；也不得违反规定通过签订协议等方式，将应缴地方国库的土地出让收入，由国有土地使用权受让人直接将征地和拆迁补偿费支付给村集体经济组织或农民等。

第十一条　由财政部门从缴入地方国库的招标、拍卖、挂牌和协议方式出让国有土地使用权所取得的总成交价款中，划出一定比例的资金，用于建立国有土地收益基金，实行分账核算，具体比例由省、自治区、直辖市及计划单列市人民政府确定，并报财政部和国土资源部备案。国有土地收益基金主要用于土地收购储备。

第十二条　从招标、拍卖、挂牌和协议方式出让国有土地使用权所确定的总成交价款中计提用于农业土地开发资金。具体计提标准按照财政部、国土资源部联合发布的《用于农业土地开发的土地出让金收入管理办法》(财综〔2004〕49号)以及各省、自治区、直辖市及计划单列市人民政府规定执行。

第三章　使用管理

第十三条　土地出让收入使用范围包括征地和拆迁补偿支出、土地开发支出、支农支出、城市建设支出以及其他支出。

第十四条　征地和拆迁补偿支出。包括土地补偿费、安置补助费、地上附着物和青苗补偿费、拆迁补偿费，按照地方人民政府批准的征地补偿方案、拆迁补偿方案以及财政部门核定的预算执行。

第十五条　土地开发支出。包括前期土地开发性支出以及财政部门规定的与前期土地开发相关的费用等，含因出让土地涉及的需要进行的相关道路、供水、供电、供气、排水、通讯、照明、土地平整等基础设施建设支出，以及相关需要支付的银行贷款本息等支出，按照财政部门核定的预算安排。

第十六条　支农支出。包括用于保持被征地农民原有生活水平补贴支出、补助被征地农民社会保障支出、农业土地开发支出以及农村基础设施建设支出。

(一)保持被征地农民原有生活水平补贴支出。从土地出让收入中安排用于保持被征地农民原有生活水平的补贴支出，按照各省、自治区、直辖市及计划单列市人民政府规定，以及财政部门核定的预算执行。

(二)补助被征地农民社会保障支出。从土地出让收入中安排用于补助被征地农民社会保障的支出，按照各省、自治区、直辖市及计划单列市人民政府规定，以及财政部门核定的预算执行。

(三)用于农业土地开发支出。按照财政部、国土资源部联合发布的《用于农业土地开发的土地出让金使用管理办法》(财建〔2004〕174号)和各省、自治区、直辖市及计划单列市人民政府规定，以及财政部门核定的预算执行。

(四)农村基础设施建设支出。从土地出让收入中安排用于农村饮水、沼气、道路、环境、卫生、教育以及文化等基础设施建设项目支出，按照各省、自治区、直辖市及计划单列市人民政府规定，以及财政部门核定的预算执行。

第十七条　城市建设支出。含完善国有土地使用功能的配套设施建设以及城市基础设施建设支出。具体包括：城市道路、桥涵、公共绿地、公共厕所、消防设施等基础设施建设支出。

第十八条　其他支出。包括土地出让业务费、缴纳新增建设用地有偿使用费、国有土地收益基金支出、城镇廉租住房保障支出以及支付破产或改制国有企业职工安置费用等。

(一)土地出让业务费。包括出让土地需要支付的土地勘测费、评估费、公告费、场地租金、招拍挂代理费和评标费用等，按照财政部门核定的预算安排。

（二）缴纳新增建设用地土地有偿使用费。按照《财政部、国土资源部、中国人民银行关于调整新增建设用地土地有偿使用费政策等问题的通知》（财综［2006］48号）规定执行。

（三）国有土地收益基金支出。从国有土地收益基金收入中安排用于土地收购储备的支出，包括土地补偿费、安置补助费、地上附着物和青苗补偿费、拆迁补偿费以及前期土地开发支出，按照地方人民政府批准的收购土地补偿方案、拆迁补偿方案以及财政部门核定的预算执行。

（四）城镇廉租住房保障支出。按照《财政部、建设部、国土资源部关于切实落实城镇廉租住房保障资金的通知》（财综［2006］25号）规定以及财政部门核定的预算安排。

（五）支付破产或改制国有企业职工安置费用支出。根据国家有关规定，从破产或改制国有企业国有土地使用权出让收入中，安排用于支付破产或改制国有企业职工安置费用支出。

第十九条 土地出让收入的使用要确保足额支付征地和拆迁补偿费、补助被征地农民社会保障支出、保持被征地农民原有生活水平补贴支出，严格按照有关规定将被征地农民的社会保障费用纳入征地补偿安置费用，切实保障被征地农民的合法利益。在出让城市国有土地使用权过程中，涉及的拆迁补偿费要严格按照《城市房屋拆迁管理条例》（国务院令第305号）、有关法律法规和省、自治区、直辖市及计划单列市人民政府有关规定支付，有效保障被拆迁居民、搬迁企业及其职工的合法利益。

土地出让收入的使用要重点向新农村建设倾斜，逐步提高用于农业土地开发和农村基础设施建设的比重，逐步改善农民的生产、生活条件和居住环境，努力提高农民的生活质量和水平。

土地前期开发要积极引入市场机制、严格控制支出，通过政府采购招投标方式选择评估、拆迁、工程施工、监理等单位，努力降低开发成本。

城市建设支出和其他支出要严格按照批准的预算执行。编制政府采购预算的，应严格按照政府采购的有关规定执行。

第二十条 建立对被征地农民发放土地补偿费、安置补助费以及地上附着物和青苗补偿费的公示制度，改革对被征地农民征地补偿费的发放方式。有条件的地方，土地补偿费、安置补助费以及地上附着物和青苗补偿费等相关费用中应当支付给被征地农民个人的部分，可以根据征地补偿方案，由集体经济组织提供具体名单，经财政部门会同国土资源管理部门审核后，通过发放记名银行卡或者存折方式从地方国库中直接支付给被征地农民，减少中间环节，防止被截留、挤占和挪用，切实保障被征地农民利益。被征地农民参加有关社会保障所需的个人缴费，可以从其所得的土地补偿费、安置补助费中直接缴纳。

第四章 收支科目管理

第二十一条 删除《2007年政府收支分类科目》收入分类103类"非税收入"项下01款"政府性基金收入"32项"国有土地使用权出让金收入"及目级科目。

第二十二条 为准确反映土地出让收入状况，在《2007年政府收支分类科目》103类"非税收入"01款"政府性基金收入"科目中，分别设立下列科目：

（一）设立46项"国有土地使用权出让金收入"科目。

01目"土地出让总价款"，科目说明为：反映以招标、拍卖、挂牌和协议方式出让国有土地使用权所取得的总成交价款，扣除财政部门已经划转的国有土地收益基金和农业土地开发资金后的余额。

02目"补缴的土地价款"，科目说明为：反映划拨国有土地使用权转让或依法利用原划拨土地进行经营性建设应当补缴的土地价款、处置抵押划拨国有土地使用权应当补缴的土地价款、转让房改房和经济适用住房按照规定应当补缴的土地价款以及出让国有土地使用权改变土地用途和容积率等土地使用条件应当补缴的土地价款。

03目"划拨土地收入"，科目说明为：反映土地使用者以划拨方式取得国有土地使用权，依法向市、县人民政府缴纳的土地补偿费、安置补助费、地上附着物和青苗补偿费、拆迁补偿费等费用。

99目"其他土地出让金收入"，科目说明为：反映国土资源管理部门依法出租国有土地向承租者收取的土地租金收入、出租划拨土地上的房屋应当上缴的土地收益等其他土地出让收入。

（二）设立47项"国有土地收益基金收入"，科目说明为：反映从招标、拍卖、挂牌和协议方式出让国有土地使用权所取得的总成交价款中按照规定比例计提的国有土地收益基金。

（三）设立48项"农业土地开发资金收入"，科目说明为：反映从招标、拍卖、挂牌和协议方式出让国有土地使用权所取得的总成交价款中按照规定比例计提的农业土地开发资金。

第二十三条 为规范土地出让支出管理,对《2007年政府收支分类科目》支出功能分类212类“城乡社区事务”08款“国有土地使用权出让金支出”科目进行下列调整:

(一)将01项“前期土地开发支出”,修改为“征地和拆迁补偿支出”,科目说明调整为:反映地方人民政府在征地过程中支付的土地补偿费、安置补助费、地上附着物和青苗补偿费、拆迁补偿费支出。

(二)将02项“土地出让业务费用”,修改为“土地开发支出”,科目说明调整为:反映地方人民政府用于前期土地开发性支出以及与前期土地开发相关的费用等支出。

(三)将03项“城市建设支出”科目说明修改为:反映土地出让收入用于完善国有土地使用功能的配套设施建设和城市基础设施建设支出。

(四)将04项“土地开发支出”,修改为“农村基础设施建设支出”,科目说明调整为:反映土地出让收入用于农村饮水、沼气、道路、环境、卫生、教育以及文化等基础设施建设支出。

(五)将05项“农业土地开发支出”,修改为“补助被征地农民支出”,科目说明调整为:反映土地出让收入用于补助被征地农民社会保障支出以及保持被征地农民原有生活水平支出。

(六)设立06项“土地出让业务支出”,科目说明调整为:反映土地出让收入用于土地出让业务费用的开支。

(七)保留07项“廉租住房支出”,科目说明为:反映从土地出让收入中安排用于城镇廉租住房保障的支出。

(八)将99项“其他土地使用权出让金支出”科目说明修改为:反映从土地出让收入中支付缴纳新增建设用地土地有偿使用费、支付破产或改制国有企业职工安置费等支出。

第二十四条 在212类“城乡社区事务”中设立10款“国有土地收益基金支出”,科目说明为:反映从国有土地收益基金收入中安排用于土地收购储备等支出。

01项“征地和拆迁补偿支出”,科目说明为:反映从国有土地收益基金收入中安排用于收购储备土地需要支付的土地补偿费、安置补助费、地上附着物和青苗补偿费、拆迁补偿费支出。

02项“土地开发支出”,科目说明为:反映从国有土地收益基金收入中安排用于收购储备土地需要支付的前期土地开发性支出以及与前期土地开发相关的费用等支出。

99项“其他支出”,科目说明为:反映从国有土地收益基金收入中安排用于其他支出。

第二十五条 在212类“城乡社区事务”中设立11款“农业土地开发资金支出”,科目说明为:反映从农业土地开发资金收入中安排用于农业土地开发的支出。

第二十六条 在《2007年政府收支分类科目》支出经济分类科目310类“其他资本性支出”中增设下列科目:

(一)09款“土地补偿”,科目说明为:反映地方人民政府在征地和收购土地过程中支付的土地补偿费。

(二)10款“安置补助”,科目说明为:反映地方人民政府在征地和收购土地过程中支付的安置补助费。

(三)11款“地上附着物和青苗补偿”,科目说明为:反映地方人民政府在征地和收购土地过程中支付的地上附着物和青苗补偿费。

(四)12款“拆迁补偿”,科目说明为:反映地方人民政府在征地和收购土地过程中支付的拆迁补偿费。

第二十七条 国有土地使用权出让金支出、国有土地收益基金支出、农业土地开发资金支出应根据经济性质和具体用途分别填列支出经济类相关各款。

第二十八条 《2007年政府收支分类科目》附录二基金预算收支科目根据本办法规定进行调整。具体科目调整情况详见附件2。

第五章 预决算管理

第二十九条 建立健全年度土地出让收支预决算管理制度。每年第三季度,有关部门要严格按照财政部门规定编制下一年度土地出让收支预算,并分别纳入政府性基金收支预算,报经同级财政部门按规定程序批准后执行。土地出让收入资金拨付,按照财政国库管理制度有关规定执行。

编制年度土地出让收支预算要坚持“以收定支、收支平衡”的原则。土地出让收入预算按照上年土地出让收入情况、年度土地供应计划、地价水平等因素编制;土地出让支出预算根据预计年度土地出让收入情况,按照年度土地征收计划、拆迁计划以及规定的用途、支出范围和支出标准等因素编制。其中:属于政府采购范围的,应当按照规定编制政府采购预算,并严格按照政府采购的有关规定执行。

每年年度终了,有关部门应当严格按照财政部门规定编制土地出让收支决算,并分别纳入政府性基金收支决算,报财政部门审核汇总后,向同级人民政府报告。地方人民政府依法向同级人大报告。

第三十条 国土资源管理部门与财政部门要加强协作,建立国有土地出让、储备及收支信息共享制度。国土资源管理部门应当将年度土地供应计划、年度土地储备计划以及签订的国有土地出让合同中有关土地出让总价款、约定的缴款时间、缴款通知书等相关资料及时抄送财政部门,财政部门应当及时将土地出让收支情况反馈给国土资源管理部门。

第三十一条 财政部门、国土资源管理部门要与地方国库建立土地出让收入定期对账制度,对应缴国库、已缴国库和欠缴国库的土地出让收入数额进行定期核对,确保有关数据的准确无误。

第三十二条 财政部门要会同国土资源管理部门、人民银行机构建立健全年度土地出让收支统计报表以及分季收支统计明细报表体系,统一土地出让收支统计口径,确保土地出让收支统计数据及时、准确、真实,为加强土地出让收支管理提供准确的基础数据。土地出让收支统计报表体系由财政部会同国土资源部、中国人民银行研究制定。

第六章 监督检查

第三十三条 财政部门、国土资源管理部门、人民银行机构以及审计机关要建立健全对土地出让收支情况的定期和不定期监督检查制度,强化对土地出让收支的监督管理,确保土地出让收入及时足额上缴国库,支出严格按照财政预算管理规定执行。

第三十四条 对国有土地使用权人不按土地出让合同、划拨用地批准文件等规定及时足额缴纳土地出让收入的,应当按日加收违约金额1‰的违约金。违约金随同土地出让收入一并缴入地方国库。

第三十五条 对违反规定,擅自减免、截留、挤占、挪用应缴国库的土地出让收入,不执行国家统一规定的会计、政府采购等制度的,要严格按照《土地管理法》、《会计法》、《审计法》、《政府采购法》和《财政违法行为处罚处分条例》(国务院令第427号)和《金融违法行为处罚办法》(国务院令第260号)等有关法律法规规定进行处理,并依法追究有关责任人的责任。触犯《刑法》的,要依法追究有关人员的刑事责任。

第七章 附 则

第三十六条 各省、自治区、直辖市及计划单列市财政部门应当会同国土资源管理部门、人民银行机构根据本办法,结合各地实际,制定实施细则,并报财政部、国土资源部、中国人民银行备案。

第三十七条 本办法由财政部会同国土资源部、中国人民银行负责解释。

第三十八条 本办法自2007年1月1日起实施,此前有关规定与本办法规定不一致的,一律以本办法规定为准。

财政部、国土资源部关于进一步强化土地出让收支管理的通知

·2015年9月17日
·财综〔2015〕83号

各省、自治区、直辖市、计划单列市财政厅(局)、国土资源厅(局),新疆生产建设兵团财务局、国土资源局:

2006年,《国务院办公厅关于规范国有土地使用权收支管理的通知》(国办发〔2006〕100号)印发后,各地区建立健全相关配套制度,认真贯彻落实,全国土地出让收支管理行为总体得到规范,但仍有个别地区尚未完全落实。为严肃财经纪律,推进依法行政,进一步强化土地出让收支管理,现就有关事项通知如下:

一、进一步规范土地出让收入管理

各地区要严格土地供应合同、协议的管理,督促用地单位和个人按照合同、协议规定的期限及时足额缴纳土地出让收入。对于不按合同、协议约定期限及时足额缴纳土地出让收入的,国土资源部门不得为用地单位和个人办理国有土地使用权证,也不得分割发证。对于因容积率等规划条件调整并按规定应当补缴土地出让收入的,必须按时足额补缴。各地区要按照《国务院关于深化预算管理制度改革的决定》(国发〔2014〕45号)、《财政部关于进一步规范地方国库资金和财政专户资金管理的通知》(财库〔2014〕175号)的规定,全面清理违规设立的财政专户和过渡户。

各地区已经设立的土地出让收入征收过渡户应当在2015年10月31日前一律予以撤销,过渡户资金属于应缴土地出让收入的要及时划缴国库。自本通知印发之日起,土地出让收入原则上采取就地直接缴库。已经实施政府非税收入收缴管理制度改革的地方,土地出让收入收缴按照非税收入收缴管理制度改革的有关规定执行,并严格执行10个工作日内划缴国库的规定,不得超时滞留专户和延迟缴库。禁止采取违规调库、空转、以拨作支或者其他手段虚增收入和虚列支出。继续严格按规定计提国有土地收益基金、教育资金、农田水利建设资金等专项资金。其中,计提的教育资金、农田水利建设资金要按

规定转列一般公共预算相应收入科目。

严禁采取挂账办法滞留应当计提的专项资金。

二、严格按规定范围使用土地出让收入

土地出让收入要严格按照国办发〔2006〕100号文件以及财政部会同国土资源部、中国人民银行联合印发的《国有土地使用权出让收支管理办法》（财综〔2006〕68号）规定的范围安排使用，优先保障征地拆迁补偿、补助被征地农民社会保障等重点支出，合理安排土地出让前期开发支出，继续加大对农业农村、保障性安居工程的支持力度，严格按预算用于城市建设。严禁坐支土地出让收入行为，禁止将土地出让收入用于修建楼堂馆所、购买公务用车、发放津贴补贴奖金、弥补行政经费支出，严禁使用土地出让收入为产业投资基金注资和对外投资（含出借）。

三、积极盘活土地出让收支存量资金

各地区要按照《国务院办公厅关于进一步做好盘活财政存量资金工作的通知》（国办发〔2014〕70号）、《财政部关于推进地方盘活财政存量资金有关事项的通知》（财预〔2015〕15号）的规定，统筹盘活土地出让收支结余结转资金。土地出让收支结余结转资金指土地出让收支预算尚未下达到部门、留在地方财政部门的结余结转资金，不含上级专项转移支付结余结转资金。土地出让收支结余结转资金超过当年收入30%的部分，应补充预算稳定调节基金，由一般公共预算统筹使用；未超过30%的部分，地方财政部门可结合实际情况，统筹用于支持同一类级科目下的其他支出项目或者补充国有土地收益基金。对于土地出让收入中上级专项转移支付结余结转资金，预算尚未分配到部门和下级政府结余结转两年以上的资金，由下级财政交回上级财政统筹使用；未满两年的结余结转资金，同级财政可将其调整用于同一类级科目下的其他项目。对于土地出让收支预算已分配到部门并结余结转两年以上的土地出让收支资金（包括本级和上级转移支付），由同级财政收回统筹使用。

四、推进土地出让收支管理信息公开

各地区要严格按照国家有关规定，将土地出让收支全额纳入财政预算管理，落实土地出让收支预决算管理制度，细化土地出让收支预算编制，严格土地出让支出预算执行，不得通过以拨作支等手段人为调整预算执行进度。各地区要完善土地出让收支预决算向同级人大报告制度，建立健全土地出让收支信息公开制度。

地方各级财政部门应当按照财政预决算信息公开制度的要求，每年在本级政府门户网站上公开本地区年度土地出让收支情况，自觉接受社会监督。

五、加强土地出让收支监督管理

各地区要加强对土地征收和供应政策执行情况的督察，及时查处和纠正土地征收和供应违法违规行为，规范土地征收和供应管理。财政部驻各省、自治区、直辖市、计划单列市财政监察专员办事处以及地方各级财政部门要加强土地出让收支监管，确保土地出让收入应收尽收和按规定用途安排使用。各地区应当自觉接受审计部门对土地出让收支管理的审计监督，在年度地方预算执行情况审计时，将土地出让收支管理作为一项重要审计内容；在地方领导干部经济责任审计中，将土地征收、储备、整理、供应及出让收支管理作为审计重点。

中共中央办公厅、国务院办公厅关于调整完善土地出让收入使用范围优先支持乡村振兴的意见

·2020年9月23日①

土地出让收入是地方政府性基金预算收入的重要组成部分。长期以来，土地增值收益取之于农、主要用之于城，有力推动了工业化、城镇化快速发展，但直接用于农业农村比例偏低，对农业农村发展的支持作用发挥不够。为深入贯彻习近平总书记关于把土地增值收益更多用于“三农”的重要指示精神，落实党中央、国务院有关决策部署，拓宽实施乡村振兴战略资金来源，现就调整完善土地出让收入使用范围优先支持乡村振兴提出如下意见。

一、总体要求

（一）指导思想。以习近平新时代中国特色社会主义思想为指导，全面贯彻党的十九大和十九届二中、三中、四中全会精神，紧紧围绕统筹推进“五位一体”总体布局和协调推进“四个全面”战略布局，坚持和加强党对农村工作的全面领导，坚持把解决好“三农”问题作为全党工作重中之重，坚持农业农村优先发展，按照“取之于农、主要用之于农”的要求，调整土地出让收益城乡分配格局，稳步提高土地出让收入用于农业农村比例，集中支持乡村振兴重点任务，加快补上“三农”发展短板，为实施乡村振兴战略提供有力支撑。

（二）工作原则

——坚持优先保障、务求实效。既要在存量调整上

① 该时间为新华社发布时间。

做文章，也要在增量分配上想办法，确保土地出让收入用于支持乡村振兴的力度不断增强，为实施乡村振兴战略建立稳定可靠的资金来源。

——坚持积极稳妥、分步实施。统筹考虑各地财政实力、土地出让收入规模、农业农村发展需求等情况，明确全国总体目标，各省（自治区、直辖市）确定分年度目标和实施步骤，合理把握改革节奏。

——坚持统筹使用、规范管理。统筹整合土地出让收入用于农业农村的资金，与实施乡村振兴战略规划相衔接，聚焦补短板、强弱项，健全管理制度，坚持精打细算，加强监督检查，防止支出碎片化，提高资金使用整体效益。

（三）总体目标。从"十四五"第一年开始，各省（自治区、直辖市）分年度稳步提高土地出让收入用于农业农村比例；到"十四五"期末，以省（自治区、直辖市）为单位核算，土地出让收益用于农业农村比例达到50%以上。

二、重点举措

（一）提高土地出让收入用于农业农村比例。以省（自治区、直辖市）为单位确定计提方式。各省（自治区、直辖市）可结合本地实际，从以下两种方式中选择一种组织实施：一是按照当年土地出让收益用于农业农村的资金占比逐步达到50%以上计提，若计提数小于土地出让收入8%的，则按不低于土地出让收入8%计提；二是按照当年土地出让收入用于农业农村的资金占比逐步达到10%以上计提。严禁以已有明确用途的土地出让收入作为偿债资金来源发行地方政府专项债券。各省（自治区、直辖市）可对所辖市、县设定差异化计提标准，但全省（自治区、直辖市）总体上要实现土地出让收益用于农业农村比例逐步达到50%以上的目标要求。北京、上海等土地出让收入高、农业农村投入需求小的少数地区，可根据实际需要确定提高土地出让收入用于农业农村的具体比例。中央将根据实际支出情况考核各省（自治区、直辖市）土地出让收入用于农业农村比例是否达到要求，具体考核办法由财政部另行制定。

（二）做好与相关政策衔接。从土地出让收益中计提的农业土地开发资金、农田水利建设资金、教育资金等，以及市、县政府缴纳的新增建设用地土地有偿使用费中，实际用于农业农村的部分，计入土地出让收入用于农业农村的支出。允许省级政府按照现行政策继续统筹土地出让收入用于支持"十三五"易地扶贫搬迁融资资金偿还。允许将已收储土地的出让收入，继续通过计提国有土地收益基金用于偿还因收储土地形成的地方政府债务，并作为土地出让成本性支出计算核定。各地应当依据土地管理法等有关法律法规及政策规定，合理把握土地征收、收储、供应节奏，保持土地出让收入和收益总体稳定，统筹处理好提高土地出让收入用于农业农村比例与防范化解地方政府债务风险的关系。

（三）建立市县留用为主、中央和省级适当统筹的资金调剂机制。土地出让收入用于农业农村的资金主要由市、县政府安排使用，重点向县级倾斜，赋予县级政府合理使用资金自主权。省级政府可从土地出让收入用于农业农村的资金中统筹一定比例资金，在所辖各地区间进行调剂，重点支持粮食主产和财力薄弱县（市、区、旗）乡村振兴。省级统筹办法和具体比例由各省（自治区、直辖市）自主确定。中央财政继续按现行规定统筹农田水利建设资金的20%、新增建设用地土地有偿使用费的30%，向粮食主产区、中西部地区倾斜。

（四）加强土地出让收入用于农业农村资金的统筹使用。允许各地根据乡村振兴实际需要，打破分项计提、分散使用的管理方式，整合使用土地出让收入中用于农业农村的资金，重点用于高标准农田建设、农田水利建设、现代种业提升、农村供水保障、农村人居环境整治、农村土地综合整治、耕地及永久基本农田保护、村庄公共设施建设和管护、农村教育、农村文化和精神文明建设支出，以及与农业农村直接相关的山水林田湖草生态保护修复、以工代赈工程建设等。加强土地出让收入用于农业农村资金与一般公共预算支农投入之间的统筹衔接，持续加大各级财政通过原有渠道用于农业农村的支出力度，避免对一般公共预算支农投入产生挤出效应，确保对农业农村投入切实增加。

（五）加强对土地出让收入用于农业农村资金的核算。根据改革目标要求，进一步完善土地出让收入和支出核算办法，加强对土地出让收入用于农业农村支出的监督管理。规范土地出让收入管理，严禁变相减免土地出让收入，确保土地出让收入及时足额缴入国库。严格核定土地出让成本性支出，不得将与土地前期开发无关的基础设施和公益性项目建设成本纳入成本核算范围，虚增土地出让成本，缩减土地出让收益。

三、保障措施

（一）加强组织领导。各地区各有关部门要提高政治站位，从补齐全面建成小康社会短板、促进乡村全面振兴、推动城乡融合发展高度，深刻认识调整完善土地出让收入使用范围优先支持乡村振兴的重要性和紧迫性，切实将其摆上重要议事日程，明确工作责任，确保各项举措落地见效。地方党委和政府要加强领导，各省（自治区、直辖市）在2020年年底前制定具体措施并报中央农办，由中央农办会同有关部门审核备案。

（二）强化考核监督。把调整完善土地出让收入使用范围、提高用于农业农村比例情况纳入实施乡村振兴战略实绩考核，作为中央一号文件贯彻落实情况督查的重要内容。加强对土地出让相关政策落实及土地出让收支管理的审计监督，适时开展土地出让收入专项审计。建立全国统一的土地出让收支信息平台，实现收支实时监控。严肃查处擅自减免、截留、挤占、挪用应缴国库土地出让收入以及虚增土地出让成本、违规使用农业农村投入资金等行为，并依法依规追究有关责任人的责任。

各省（自治区、直辖市）党委和政府每年向党中央、国务院报告实施乡村振兴战略进展情况时，要专题报告调整完善土地出让收入使用范围、提高用于农业农村投入比例优先支持乡村振兴的情况。

· *典型案例*

湖南省株洲市国有土地使用权出让金行政公益诉讼案①

【关键词】

行政公益诉讼诉前程序　国有土地使用权出让　欠缴出让金　全面履职

【要旨】

检察机关办理拖欠国有土地使用权出让金案件，可以督促行政机关采取向仲裁委员会申请仲裁、向法院申请强制执行等方式全面履职。

【基本案情】

2017年7月，某大型房地产集团旗下从事房地产开发与经营业务的金某置业公司通过网上挂牌方式竞得株洲市区四个地块的国有土地使用权，并在成交之日起10日内与株洲市自然资源和规划局签订了四份《国有建设用地使用权出让合同》。合同约定“金某置业公司不能按时支付国有建设用地使用权出让价款的，自滞纳之日起，每日按迟延支付款项的1‰向出让人缴纳违约金……因履行本合同发生争议，由争议双方协商解决，协商不成的，提交株洲仲裁委员会仲裁。该出让合同签订后，金某置业公司未按照合同约定缴清其中两个地块的国有土地出让金。截至2019年7月，金某置业公司欠缴金额共计高达29584万元。

【调查和督促履职】

2019年7月，株洲市人民检察院（以下简称株洲市院）在开展清理欠缴国有土地出让金专项监督活动中发现，株洲市自然资源和规划局对金某置业公司欠缴国有土地出让金未依法全面履职的情形，遂于2019年7月9日决定立案调查。检察机关通过调取行政机关“三定”方案及受让地块挂牌出让、签订出让合同、收取土地价款以及催缴等履行职责的相关证据材料，询问株洲市自然资源部门工作人员、约谈金某置业公司负责人以及现场走访，查明：株洲市自然资源和规划局虽于2018年3月6日发出催缴通知书、但其未依法全面履职，采取有效措施将金某置业公司欠缴清国有土地出让金及违约金收缴到位。2019年7月15日，株洲市院向株洲市自然资源和规划局发出检察建议，建议其积极履行法定职责，及时采取有效措施追缴金某置业公司欠缴的土地出让金及违约金。

株洲市自然资源和规划局收到检察建议后，多次向检察院咨询合法的追缴途径和措施。株洲市院认真分析研究出让合同，建议该局依合同约定申请仲裁。该局于10月8日请求株洲市仲裁委员会裁决由金某置业公司缴纳剩余的国有土地出让金及违约金。2019年12月26日，株洲市仲裁委员会裁决金某置业公司缴纳国有土地出让金29584万元及违约金10329.27万元。因金某置业公司未在法定期限内履行裁决，株洲市院继续跟进监督，督促株洲市自然资源和规划局向株洲市中级法院申请强制执行，并监督法院及时执行金某置业公司应承担的国有土地出让金、违约金、延迟履行仲裁裁决利息、仲裁费共计4.04亿元。2020年4月23日，上述执行款全部执行到位缴入国库。

同时，株洲市院以个案办理为引领推动专项治理，深入开展全市清理欠缴国有土地出让金专项监督活动，清理出欠缴土地出让金20亿元，检察机关有选择地办理了行政公益诉讼案件13件，督促收回土地出让金6000万元。

【典型意义】

房地产拉动经济发展的背后，企业欠缴土地出让金却成为普遍现象，严重影响国家对土地出让收入的支配。本

① 案例来源：2020年12月17日最高人民检察院发布9起国有财产保护、国有土地使用权出让领域行政公益诉讼典型案例。

案中，检察机关坚持以服务大局为中心，正确处理监督行政机关依法履职、支持市场主体依法经营与服务地方经济发展的关系，在行政机关在执法中存在疑惑时，及时提出法律建议，并对法院执行仲裁裁决的情况进行监督，督促自然资源部门全面履职追缴土地出让金和逾期违约金。该案及专项活动追缴的国有土地出让金数额巨大，充分展示了检察机关敢啃“硬骨头”的担当精神，既有力维护了国家利益，也优化了地方营商环境。

·示范文本

GF-2008-2601

国有建设用地使用权出让合同①
（示范文本）

本合同双方当事人：

出让人：中华人民共和国__________省（自治区、直辖市）________市（县）____________________局；

通讯地址：______________________________；

邮政编码：______________________________；

电话：______________________________；

传真：______________________________；

开户银行：______________________________；

账号：______________________________。

受让人：______________________________；

通讯地址：______________________________；

邮政编码：______________________________；

电话：______________________________；

传真：______________________________；

开户银行：______________________________；

账号：______________________________。

第一章　总　则

第一条　根据《中华人民共和国物权法》、《中华人民共和国合同法》、《中华人民共和国土地管理法》、《中华人民共和国城市房地产管理法》等法律、有关行政法规及土地供应政策规定，双方本着平等、自愿、有偿、诚实信用的原则，订立本合同。

第二条　出让土地的所有权属中华人民共和国，出让人根据法律的授权出让国有建设用地使用权，地下资源、埋藏物不属于国有建设用地使用权出让范围。

第三条　受让人对依法取得的国有建设用地，在出让期限内享有占有、使用、收益和依法处置的权利，有权利用该土地依法建造建筑物、构筑物及其附属设施。

第二章　出让土地的交付与出让价款的缴纳

第四条　本合同项下出让宗地编号为__________，宗地总面积大写______________________________平方米（小写____________________平方米），其中出让宗地面积为大写____________________平方米（小写__________平方米）。

本合同项下的出让宗地坐落于______________。

本合同项下出让宗地的平面界址为____；出让宗地的平面界址图见附件1。

本合同项下出让宗地的竖向界限以______________________________为上界限，以______________________________为下界限，高差为_____米。出让宗地竖向界限见附件2。

出让宗地空间范围是以上述界址点所构成的垂直面和上、下界限高程平面封闭形成的空间范围。

第五条　本合同项下出让宗地的用途为__________。

第六条　出让人同意在____年______月______日前将出让宗地交付给受让人，出让人同意在交付土地时该宗地应达到本条第____项规定的土地条件：

（一）场地平整达到____________________；

周围基础设施达到____________________；

（二）现状土地条件____________________。

第七条　本合同项下的国有建设用地使用权出让年期为____年，按本合同第六条约定的交付土地之日起算；原划拨（承租）国有建设用地使用权补办出让手续的，出让年期自合同签订之日起算。

第八条　本合同项下宗地的国有建设用地使用权出让价款为人民币大写______________________________________元（小写______________________元），每平方米人民币大写______________________________

① 本示范文本来自于《国土资源部、国家工商行政管理总局关于发布〈国有建设用地使用权出让合同〉示范文本的通知》（2008年4月29日国土资发〔2008〕86号）。

________元(小写__________________________元)。

第九条 本合同项下宗地的定金为人民币大写____________________元(小写________________元),定金抵作土地出让价款。

第十条 受让人同意按照本条第一款第____项的规定向出让人支付国有建设用地使用权出让价款:

(一)本合同签订之日起________日内,一次性付清国有建设用地使用权出让价款;

(二)按以下时间和金额分______期向出让人支付国有建设用地使用权出让价款。

第一期 人民币大写________________________元(小写____________元),付款时间:____年____月____日之前。

第二期 人民币大写________________________元(小写____________元),付款时间:____年____月____日之前。

第__期 人民币大写________________________元(小写____________元),付款时间:____年____月____日之前。

第__期 人民币大写________________________元(小写____________元),付款时间:____年____月____日之前。

分期支付国有建设用地使用权出让价款的,受让人在支付第二期及以后各期国有建设用地使用权出让价款时,同意按照支付第一期土地出让价款之日中国人民银行公布的贷款利率,向出让人支付利息。

第十一条 受让人应在按本合同约定付清本宗地全部出让价款后,持本合同和出让价款缴纳凭证等相关证明材料,申请出让国有建设用地使用权登记。

第三章 土地开发建设与利用

第十二条 受让人同意本合同项下宗地开发投资强度按本条第______项规定执行:

(一)本合同项下宗地用于工业项目建设,受让人同意本合同项下宗地的项目固定资产总投资不低于经批准或登记备案的金额人民币大写________________万元(小写__________万元),投资强度不低于每平方米人民币大写______________________元(小写__________元)。本合同项下宗地建设项目的固定资产总投资包括建筑物、构筑物及其附属设施、设备投资和出让价款等。

(二)本合同项下宗地用于非工业项目建设,受让人承诺本合同项下宗地的开发投资总额不低于人民币大写_______________万元(小写______________万元)。

第十三条 受让人在本合同项下宗地范围内新建建筑物、构筑物及其附属设施的,应符合市(县)政府规划管理部门确定的出让宗地规划条件(见附件3)。其中:

主体建筑物性质__________________________;

附属建筑物性质__________________________;

建筑总面积_________________________平方米;

建筑容积率不高于__________不低于__________;

建筑限高________________________________;

建筑密度不高于__________不低于____________;

绿地率不高于____________不低于____________;

其他土地利用要求_________________________。

第十四条 受让人同意本合同项下宗地建设配套按本条第______项规定执行:

(一)本合同项下宗地用于工业项目建设,根据规划部门确定的规划设计条件,本合同受让宗地范围内用于企业内部行政办公及生活服务设施的占地面积不超过受让宗地面积的______%,即不超过______________平方米,建筑面积不超过______________平方米。受让人同意不在受让宗地范围内建造成套住宅、专家楼、宾馆、招待所和培训中心等非生产性设施;

(二)本合同项下宗地用于住宅项目建设,根据规划建设管理部门确定的规划建设条件,本合同受让宗地范围内住宅建设总套数不少于____套。其中,套型建筑面积90平方米以下住房套数不少于____套,住宅建设套型要求为________________________________。本合同项下宗地范围内套型建筑面积90平方米以下住房面积占宗地开发建设总面积的比例不低于____%。本合同项下宗地范围内配套建设的经济适用住房、廉租住房等政府保障性住房,受让人同意建成后按本项下第____种方式履行:

1. 移交给政府;
2. 由政府回购;
3. 按政府经济适用住房建设和销售管理的有关规定执行;
4. ______________________________;
5. ______________________________。

第十五条 受让人同意在本合同项下宗地范围内同步修建下列工程配套项目,并在建成后无偿移交给政府:

(一)______________________________;

(二)______________________________;

(三)______________________________。

第十六条 受让人同意本合同项下宗地建设项目在

______年____月____日之前开工，在______年____月____日之前竣工。

受让人不能按期开工，应提前30日向出让人提出延建申请，经出让人同意延建的，其项目竣工时间相应顺延，但延建期限不得超过一年。

第十七条 受让人在本合同项下宗地内进行建设时，有关用水、用气、污水及其他设施与宗地外主管线、用电变电站接口和引入工程，应按有关规定办理。

受让人同意政府为公用事业需要而敷设的各种管道与管线进出、通过、穿越受让宗地，但由此影响受让宗地使用功能的，政府或公用事业营建主体应当给予合理补偿。

第十八条 受让人应当按照本合同约定的土地用途、容积率利用土地，不得擅自改变。在出让期限内，需要改变本合同约定的土地用途的，双方同意按照本条第____项规定办理：

（一）由出让人有偿收回建设用地使用权；

（二）依法办理改变土地用途批准手续，签订国有建设用地使用权出让合同变更协议或者重新签订国有建设用地使用权出让合同，由受让人按照批准改变时新土地用途下建设用地使用权评估市场价格与原土地用途下建设用地使用权评估市场价格的差额补缴国有建设用地使用权出让价款，办理土地变更登记。

第十九条 本合同项下宗地在使用期限内，政府保留对本合同项下宗地的规划调整权，原规划如有修改，该宗地已有的建筑物不受影响，但在使用期限内该宗地建筑物、构筑物及其附属设施改建、翻建、重建，或者期限届满申请续期时，必须按届时有效的规划执行。

第二十条 对受让人依法使用的国有建设用地使用权，在本合同约定的使用年限届满前，出让人不得收回；在特殊情况下，根据社会公共利益需要提前收回国有建设用地使用权的，出让人应当依照法定程序报批，并根据收回时地上建筑物、构筑物及其附属设施的价值和剩余年期国有建设用地使用权的评估市场价格及经评估认定的直接损失给予土地使用者补偿。

第四章 国有建设用地使用权转让、出租、抵押

第二十一条 受让人按照本合同约定支付全部国有建设用地使用权出让价款，领取国有土地使用证后，有权将本合同项下的全部或部分国有建设用地使用权转让、出租、抵押。首次转让的，应当符合本条第______项规定的条件：

（一）按照本合同约定进行投资开发，完成开发投资总额的百分之二十五以上；

（二）按照本合同约定进行投资开发，已形成工业用地或其他建设用地条件。

第二十二条 国有建设用地使用权的转让、出租及抵押合同，不得违背国家法律、法规规定和本合同约定。

第二十三条 国有建设用地使用权全部或部分转让后，本合同和土地登记文件中载明的权利、义务随之转移，国有建设用地使用权的使用年限为本合同约定的使用年限减去已经使用年限后的剩余年限。

本合同项下的全部或部分国有建设用地使用权出租后，本合同和土地登记文件中载明的权利、义务仍由受让人承担。

第二十四条 国有建设用地使用权转让、抵押的，转让、抵押双方应持本合同和相应的转让、抵押合同及国有土地使用证，到国土资源管理部门申请办理土地变更登记。

第五章 期限届满

第二十五条 本合同约定的使用年限届满，土地使用者需要继续使用本合同项下宗地的，应当至迟于届满前一年向出让人提交续期申请书，除根据社会公共利益需要收回本合同项下宗地的，出让人应当予以批准。

住宅建设用地使用权期限届满的，自动续期。

出让人同意续期的，土地使用者应当依法办理出让、租赁等有偿用地手续，重新签订出让、租赁等土地有偿使用合同，支付土地出让价款、租金等土地有偿使用费。

第二十六条 土地出让期限届满，土地使用者申请续期，因社会公共利益需要未获批准的，土地使用者应当交回国有土地使用证，并依照规定办理国有建设用地使用权注销登记，国有建设用地使用权由出让人无偿收回。出让人和土地使用者同意本合同项下宗地上的建筑物、构筑物及其附属设施，按本条第______项约定履行：

（一）由出让人收回地上建筑物、构筑物及其附属设施，并根据收回时地上建筑物、构筑物及其附属设施的残余价值，给予土地使用者相应补偿；

（二）由出让人无偿收回地上建筑物、构筑物及其附属设施。

第二十七条 土地出让期限届满，土地使用者没有申请续期的，土地使用者应当交回国有土地使用证，并依照规定办理国有建设用地使用权注销登记，国有建设用地使用权由出让人无偿收回。本合同项下宗地上的建筑物、构筑物及其附属设施，由出让人无偿收回，土地使用者应当保持地上建筑物、构筑物及其附属设施的正常使

用功能，不得人为破坏。地上建筑物、构筑物及其附属设施失去正常使用功能的，出让人可要求土地使用者移动或拆除地上建筑物、构筑物及其附属设施，恢复场地平整。

第六章 不可抗力

第二十八条 合同双方当事人任何一方由于不可抗力原因造成的本合同部分或全部不能履行，可以免除责任，但应在条件允许下采取一切必要的补救措施以减少因不可抗力造成的损失。当事人迟延履行期间发生的不可抗力，不具有免责效力。

第二十九条 遇有不可抗力的一方，应在7日内将不可抗力情况以信函、电报、传真等书面形式通知另一方，并在不可抗力发生后15日内，向另一方提交本合同部分或全部不能履行或需要延期履行的报告及证明。

第七章 违约责任

第三十条 受让人应当按照本合同约定，按时支付国有建设用地使用权出让价款。受让人不能按时支付国有建设用地使用权出让价款的，自滞纳之日起，每日按迟延支付款项的______‰向出让人缴纳违约金，延期付款超过60日，经出让人催交后仍不能支付国有建设用地使用权出让价款的，出让人有权解除合同，受让人无权要求返还定金，出让人并可请求受让人赔偿损失。

第三十一条 受让人因自身原因终止该项目投资建设，向出让人提出终止履行本合同并请求退还土地的，出让人报经原批准土地出让方案的人民政府批准后，分别按以下约定，退还除本合同约定的定金以外的全部或部分国有建设用地使用权出让价款（不计利息），收回国有建设用地使用权，该宗地范围内已建的建筑物、构筑物及其附属设施可不予补偿，出让人还可要求受让人清除已建建筑物、构筑物及其附属设施，恢复场地平整；但出让人愿意继续利用该宗地范围内已建的建筑物、构筑物及其附属设施的，应给予受让人一定补偿：

（一）受让人在本合同约定的开工建设日期届满一年前不少于60日向出让人提出申请的，出让人在扣除定金后退还受让人已支付的国有建设用地使用权出让价款；

（二）受让人在本合同约定的开工建设日期超过一年但未满二年，并在届满二年前不少于60日向出让人提出申请的，出让人应在扣除本合同约定的定金，并按照规定征收土地闲置费后，将剩余的已付国有建设用地使用权出让价款退还受让人。

第三十二条 受让人造成土地闲置，闲置满一年不满两年的，应依法缴纳土地闲置费；土地闲置满两年且未开工建设的，出让人有权无偿收回国有建设用地使用权。

第三十三条 受让人未能按照本合同约定日期或同意延建所另行约定日期开工建设的，每延期一日，应向出让人支付相当于国有建设用地使用权出让价款总额______‰的违约金，出让人有权要求受让人继续履约。

受让人未能按照本合同约定日期或同意延建所另行约定日期竣工的，每延期一日，应向出让人支付相当于国有建设用地使用权出让价款总额______‰的违约金。

第三十四条 项目固定资产总投资、投资强度和开发投资总额未达到本合同约定标准的，出让人可以按照实际差额部分占约定投资总额和投资强度指标的比例，要求受让人支付相当于同比例国有建设用地使用权出让价款的违约金，并可要求受让人继续履约。

第三十五条 本合同项下宗地建筑容积率、建筑密度等任何一项指标低于本合同约定的最低标准的，出让人可以按照实际差额部分占约定最低标准的比例，要求受让人支付相当于同比例国有建设用地使用权出让价款的违约金，并有权要求受让人继续履行本合同；建筑容积率、建筑密度等任何一项指标高于本合同约定最高标准的，出让人有权收回高于约定的最高标准的面积部分，有权按照实际差额部分占约定标准的比例，要求受让人支付相当于同比例国有建设用地使用权出让价款的违约金。

第三十六条 工业建设项目的绿地率、企业内部行政办公及生活服务设施用地所占比例、企业内部行政办公及生活服务设施建筑面积等任何一项指标超过本合同约定标准的，受让人应当向出让人支付相当于宗地出让价款______‰的违约金，并自行拆除相应的绿化和建筑设施。

第三十七条 受让人按本合同约定支付国有建设用地使用权出让价款的，出让人必须按照本合同约定按时交付出让土地。由于出让人未按时提供出让土地而致使受让人本合同项下宗地占有延期的，每延期一日，出让人应当按受让人已经支付的国有建设用地使用权出让价款的______‰向受让人给付违约金，土地使用年期自实际交付土地之日起算。出让人延期交付土地超过60日，经受让人催交后仍不能交付土地的，受让人有权解除合同，出让人应当双倍返还定金，并退还已经支付国有建设用地使用权出让价款的其余部分，受让人并可请求出让人赔偿损失。

第三十八条 出让人未能按期交付土地或交付的土地未能达到本合同约定的土地条件或单方改变土地使用条件的,受让人有权要求出让人按照规定的条件履行义务,并且赔偿延误履行而给受让人造成的直接损失。土地使用年期自达到约定的土地条件之日起算。

第八章 适用法律及争议解决

第三十九条 本合同订立、效力、解释、履行及争议的解决,适用中华人民共和国法律。

第四十条 因履行本合同发生争议,由争议双方协商解决,协商不成的,按本条第____项约定的方式解决:

(一)提交__________________仲裁委员会仲裁;

(二)依法向人民法院起诉。

第九章 附 则

第四十一条 本合同项下宗地出让方案业经____________人民政府批准,本合同自双方签订之日起生效。

第四十二条 本合同双方当事人均保证本合同中所填写的姓名、通讯地址、电话、传真、开户银行、代理人等内容的真实有效,一方的信息如有变更,应于变更之日起15日内以书面形式告知对方,否则由此引起的无法及时告知的责任由信息变更方承担。

第四十三条 本合同和附件共______页,以中文书写为准。

第四十四条 本合同的价款、金额、面积等项应当同时以大、小写表示,大小写数额应当一致,不一致的,以大写为准。

第四十五条 本合同未尽事宜,可由双方约定后作为合同附件,与本合同具有同等法律效力。

第四十六条 本合同一式______份,出让人、受让人各执______份,具有同等法律效力。

出让人(章): 受让人(章):

法定代表人(委托代理人)(签字): 法定代表人(委托代理人):(签字):

二〇 年 月 日

附件1

出让宗地平面界址图

北

比例尺:1:________

下界限高程

附件2

出让宗地竖向界限

上界限高程

高程起算基点

h= m

h= m

采用的高程系:_____________

比例尺:1:___________

附件3

______市(县)政府规划管理部门确定的出让宗地规划条件

国有建设用地使用权出让合同使用说明

一、《国有建设用地使用权出让合同》包括合同正文、附件1(出让宗地平面界址图)、附件2(出让宗地竖向界限)和附件3(市县政府规划管理部门确定的出让宗地规划条件)。

二、本合同中的出让人为有权出让国有建设用地使用权的市、县人民政府国土资源行政主管部门。

三、出让人出让的土地必须是国有建设用地。本合同以宗地为单位进行填写。宗地是指土地权属界线封闭的地块或者空间。

四、本合同第四条中,出让宗地空间范围是以平面界址点所构成的垂直面和上、下界限高程平面封闭形成的空间范围。出让宗地的平面界限按宗地的界址点坐标填写；出让宗地的竖向界限，可以按照1985年国家高程系统为起算基点填写，也可以按照各地高程系统为起算基点填写。高差是垂直方向从起算面到终止面的距离。如：出让宗地的竖向界限以标高+60米（1985年国家高程系统）为上界限，以标高-10米（1985年国家高程系统）为下界限，高差为70米。

五、本合同第五条中，宗地用途按《土地利用现状分类》（中华人民共和国国家标准GB/T　21010-2007）规定的土地二级类填写。依据规划用途可以划分为不同宗地的，应先行分割成不同的宗地，再按宗地出让。属于同一宗地中包含两种或两种以上不同用途的，应当写明各类具体土地用途的出让年期及各类具体用途土地占宗地的面积比例和空间范围。

六、本合同第六条中，土地条件按照双方实际约定选择和填写。属于待开发建设的用地，选择第一项；属于原划拨（承租）建设用地使用权补办出让手续的，选择第二项。

七、本合同第十条中，建设用地使用权出让价款支付方式按双方实际约定选择和填写。双方约定建设用地使用权出让价款一次性付清的，选择第一款第一项；分期支付的，选择第一款第二项。

八、本合同第十二条中，宗地开发投资强度根据建设项目的性质选择和填写。属于工业项目建设的，选择第一项；不属于工业项目建设的，选择第二项。

九、本合同第十三条中，受让宗地用于工业项目建设的，应当按照国土资源部《关于发布和实施〈工业项目建设用地控制指标〉的通知》（国土资发〔2008〕24号）要求，建筑容积率、建筑密度只填写最低限指标，即“不低于______”。新出台的法律政策对工业项目建筑容积率、建筑密度等有规定的，签订出让合同时，应当按照最新政策规定填写。

十、本合同第十四条中，宗地建设配套情况根据建设项目的性质选择和填写。宗地用于工业项目建设的，选择第一项；宗地用于住宅项目建设的，选择第二项。选择第一项的，宗地范围内用于企业行政办公及生活服务设施的占地面积占受让宗地面积的比例，按照国土资源部《关于发布和实施〈工业项目建设用地控制指标〉的通知》（国土资发〔2008〕24号）的有关规定填写，原则上不得超过7%；选择第二项的，按照《国务院关于促进节约集约用地的通知》（国发〔2008〕3号）、国土资源部《关于认真贯彻〈国务院关于解决城市低收入家庭住房困难的若干意见〉进一步加强土地供应调控的通知》（国土资发〔2007〕236号）的有关规定填写。新出台的法律政策对工业项目用地中企业行政办公及生活服务设施的用地面积比例、套型建筑面积90平方米以下住房套数及面积比例、商品住宅项目中配建经济适用住房和廉租住房等有规定的，签订出让合同时，应当按照最新政策规定填写。

十一、本合同第十六条中，受让宗地用于商品住宅项目建设的，出让宗地的开工时间和竣工时间，按照国土资源部《关于认真贯彻〈国务院关于解决城市低收入家庭住房困难的若干意见〉进一步加强土地供应调控的通知》（国土资发〔2007〕236号）的有关规定填写，原则上开发时间最长不得超过三年。国家新出台的法律政策对出让宗地开工时间和竣工时间有规定的，签订出让合同时，应当按照最新规定填写。

十二、本合同第十八条中，在土地出让期限内，非经营性用地改变为经营性用地的，应当按照《国务院关于促进节约集约用地的通知》（国发〔2008〕3号）的规定执行。国家新出台的法律政策对改变土地用途有规定的，签订出让合同时，应当按照最新规定填写。

十三、本合同第二十一条中，属于房屋开发的，选择第一项；属于土地综合开发的，选择第二项。

十四、本合同第三十条和第三十七条中，受让人不能按合同约定及时支付国有建设用地使用权出让价款，出让人不能按合同约定及时提供出让土地的，应当根据《国务院办公厅关于规范国有土地使用权出让收支管理的通知》（国办发〔2006〕100号）的有关规定和双方当事人权利义务对等原则，违约金比例按1‰填写。国家新出台的法律政策对受让人不能按时支付国有建设用地使用权出让价款的违约金比例有规定的，签订出让合同时，应当按照最新规定填写。

十五、本合同由省、自治区、直辖市国土资源管理部门统一编号。

十六、本合同由国土资源部和国家工商行政管理总局负责解释。

2. 土地使用权转让

最高人民法院关于国有土地开荒后用于农耕的土地使用权转让合同纠纷案件如何适用法律问题的批复

· 2011 年 11 月 21 日最高人民法院审判委员会第 1532 次会议通过
· 根据 2020 年 12 月 23 日最高人民法院审判委员会第 1823 次会议通过的《最高人民法院关于修改〈最高人民法院关于在民事审判工作中适用《中华人民共和国工会法》若干问题的解释〉等二十七件民事类司法解释的决定》修正
· 2020 年 12 月 29 日最高人民法院公告公布
· 自 2021 年 1 月 1 日起施行
· 法释〔2020〕17 号

甘肃省高级人民法院：

你院《关于对国有土地经营权转让如何适用法律的请示》(甘高法〔2010〕84 号)收悉。经研究，答复如下：

开荒后用于农耕而未交由农民集体使用的国有土地，不属于《中华人民共和国农村土地承包法》第二条规定的农村土地。此类土地使用权的转让，不适用《中华人民共和国农村土地承包法》的规定，应适用《中华人民共和国民法典》和《中华人民共和国土地管理法》等相关法律规定加以规范。

对于国有土地开荒后用于农耕的土地使用权转让合同，不违反法律、行政法规的强制性规定的，当事人仅以转让方未取得土地使用权证书为由请求确认合同无效的，人民法院依法不予支持；当事人根据合同约定主张对方当事人履行办理土地使用权证书义务的，人民法院依法应予支持。

最高人民法院行政审判庭关于非法取得土地使用权再转让行为的法律适用问题的答复

· 1998 年 5 月 15 日
· 〔1997〕法行字 20 号

福建高级人民法院：

你院闽高法〔1997〕176 号《关于对尚未依法取得房产权和划拨土地使用权而转让房地产的行为应如何定性问题的请示》收悉。经征求全国人大法工委的意见，答复如下：

关于你院请示对尚未依法取得房产权和划拨土地使用权而转让房地产的行为应如何定性的问题，全国人大法工委已对你省人大常委会办公厅闽常办〔1995〕综字 037 号《关于非法取得土地使用权后进行转让行为应如何定性问题的请示》作了答复。即：“根据《土地管理法》的规定，无论以何种方式非法取得土地使用权，其再转让的行为都构成非法转让土地，应适用有关土地管理的法律追究其法律责任”。故不再另行答复，请你院据此执行。

国土资源部印发《关于完善建设用地使用权转让、出租、抵押二级市场的试点方案》的通知

· 2017 年 1 月 22 日
· 国土资发〔2017〕12 号

各省、自治区、直辖市人民政府，国务院有关部委、直属机构：

经党中央、国务院同意，现将《关于完善建设用地使用权转让、出租、抵押二级市场的试点方案》印发你们，请认真贯彻执行。

关于完善建设用地使用权转让、出租、抵押二级市场的试点方案

土地二级市场是我国城乡统一建设用地市场的重要组成部分。实行土地有偿使用制度近 30 年来，土地二级市场对促进土地资源的优化配置和节约集约利用、加快工业化和城镇化进程发挥了积极作用。随着经济社会发展和改革深入，土地二级市场运行发展中的一些问题也逐步凸显，交易规则不健全，政府的服务和监管不完善，交易信息不对称、交易平台不规范等问题比较突出，制约了存量土地资源的盘活利用，难以满足新型城镇化和经济转型发展需要。按照党的十八届三中全会关于完善土地二级市场的决策部署和中央全面深化改革工作要求，制定本试点方案。

一、总体要求

(一)指导思想。全面贯彻党的十八大和十八届三中、四中、五中、六中全会精神，深入学习贯彻习近平总书记系列重要讲话精神，紧紧围绕统筹推进“五位一体”总体布局和协调推进“四个全面”战略布局，牢固树立创新、协调、绿色、开放、共享的发展理念，按照党中央、国务院决策部署，根据使市场在资源配置中起决定性作用和更好发挥政府作用的要求，坚持问题导向，以建立城乡统一的建设用地市场为方向，以促进土地要素流通顺畅为

核心，以提高存量土地资源配置效率为目的，以不动产登记为基础，与城乡规划、土地利用总体规划及相关产业规划相衔接，着力构建完善土地二级市场规则，健全服务和监管体系，提高节约集约用地水平，为经济社会持续健康发展，全面建成小康社会提供用地保障。

（二）基本原则。

把握正确方向。坚持市场经济改革方向，突出市场配置资源的决定性作用，落实“放管服”总体要求，强化监管责任，不断健全和发展城乡统一建设用地市场。

规范市场运行。完善交易规则，维护市场秩序，保证市场主体能在公开、公平、公正的市场环境下进行交易，保障市场依法依规运行、健康有序发展，促进要素流通，提高资源配置效率。

维护合法权益。充分尊重权利人意愿，保障市场主体合法权益。切实维护土地所有权人权益。

提高服务效能。强化服务意识，优化交易流程，降低交易成本，提升服务水平，提高办事效率，方便群众办事。

注重改革协同。注重与不动产统一登记、集体经营性建设用地入市等改革协同，加强部门协作，形成改革合力。

（三）试点目标。通过改革试点，到2018年年底，在相关地区建立符合城乡统一建设用地市场要求，产权明晰、市场定价、信息集聚、交易安全的土地二级市场，市场规则基本完善，土地资源配置效率显著提高，形成一批可复制、可推广的改革成果，为构建城乡统一的建设用地市场、形成竞争有序的土地市场体系、修改完善相关法律法规提供支撑。

（四）试点范围和地区。试点的范围是建设用地使用权的转让、出租和抵押，重点针对土地交易，以及土地连同地上建筑物、其他附着物一并交易的情况。

试点地区选择转让、出租、抵押等交易量较大且不动产登记工作基础较好的大、中城市，共34个市县（详见附件）。其中6个已开展集体经营性建设用地入市试点的县（区）同时开展国有和集体土地二级市场试点。

二、试点政策措施

（一）完善交易机制。

1.完善建设用地使用权转让机制。明确建设用地使用权转让形式。将各类导致建设用地使用权转移的行为都视为建设用地使用权转让，包括买卖、交换、赠与、出资等，以及司法处置、资产处置、法人或其他组织合并或分立等形式涉及的建设用地使用权转移。建设用地使用权转移的，地上建筑物、其他附着物所有权应一并转移。

明晰不同权能建设用地使用权转让的必要条件。明确以划拨、出让、作价出资（入股）和授权经营等方式供应的建设用地在转让前应满足的条件。以划拨方式取得的建设用地使用权转让，土地用途符合《划拨用地目录》的，可不补缴出让收入，直接办理不动产登记手续；不符合《划拨用地目录》的，由受让方依法依规足额补缴土地出让收入。以出让方式取得的建设用地使用权转让的，在符合法律法规规定和出让合同约定的前提下，应保障其交易自由；原出让合同对转让条件另有约定的，从其约定。以作价出资（入股）和授权经营方式取得的建设用地使用权转让，可以参照以出让方式取得的建设用地使用权转让规定。

完善土地分割转让政策。探索土地分割转让措施，明确分割条件，规范分割流程，促进存量土地盘活利用。

实施差别化的税费政策。各地可根据本地实际，在地方权限内探索差别化的税费政策。充分发挥城镇土地使用税在节约集约用地中的作用。对于闲置土地，从严征收土地闲置费。

2.完善建设用地使用权出租机制。以出让方式取得的建设用地使用权出租或以租赁方式取得建设用地使用权转租的，不得违反法律法规和出让合同或租赁合同的相关约定。以划拨方式取得的建设用地使用权出租的，应经依法批准，并按照有关规定上缴应缴的土地出让收入。研究建立划拨建设用地使用权出租的巡查发现、举报和查处机制，严格加强监管。国土资源、财政、税务、工商等部门应加强协作，在不动产登记、税务、工商等方面加强联动，加大土地出让收入征收管理力度，防止国有资产流失。

3.完善建设用地使用权抵押机制。放宽对抵押权人的限制。按照债权平等原则，明确自然人、企业均可作为抵押权人依法申请以建设用地使用权及其地上房屋等建筑物、构筑物所有权办理不动产抵押登记。合理确定划拨建设用地使用权抵押价值。以划拨方式取得的建设用地使用权依法抵押，其抵押价值应根据划拨建设用地使用权权益价格设定。

（二）创新运行模式。

1.建立交易平台。在现有市（县、区）国土资源部门的土地交易机构或平台基础上搭建统一的二级市场交易平台，提供服务场所，办理交易事务，建立统一的信息系统，提供信息发布、归集和查询服务，主动接受社会监督。

2.规范交易流程。明确土地二级市场各交易环节和流程的基本规则，建立“信息发布—达成交易—签订合同—交易监管”的交易流程。以划拨方式取得的建设用地使用权交易的，土地交易管理部门应对划拨决定书的履约情况以及交易的合法合规性等进行审核；以出让方式取得的建设用地使用权交易的，土地交易管理部门应切实加强事中事后监管。交易合同包括建设用地使用权转让合同、建设用地使用权出租合同、建设用地使用权抵押合同等。试点地区要研究制定土地二级市场交易合同示范文本。

3. 加强交易管理与不动产登记的有序衔接。各地要建立健全土地交易平台和不动产登记信息平台的互通共享机制。土地交易管理部门要将土地转让、出租、抵押交易监管信息等原始资料提供给不动产登记机构。

（三）健全服务体系。

1. 培育和规范中介组织。发挥社会中介组织在市场交易活动中的桥梁作用，发展相关机构，为交易提供咨询、估价、经纪等服务。各地要加强指导和监管，引导其诚信经营，对失信的要建立惩戒和退出机制。

2. 做好咨询和调解服务。发挥土地交易机构或平台的专业优势，提供法律、政策咨询服务，协调矛盾，化解纠纷，营造良好的交易环境。

3. 提高办事效率。在土地交易机构或平台内汇集税务、金融等相关部门或机构的办事窗口，为交易各方提供一站式服务，提高办事效率和服务水平。

（四）加强监测监管。

1. 强化监测分析。各地要健全土地二级市场动态监测监管制度，完善监测监管信息系统，掌握土地转让、出租、抵押的数量、结构、价款、时序等信息，研判分析市场形势。

2. 完善市场调控。强化一、二级土地市场联动，加强土地投放总量、结构、时序等的衔接，适时运用财税、金融等手段，加强对土地市场的整体调控。

3. 强化价格监管。完善公示地价体系，定期发布基准地价或标定地价。完善土地二级市场的价格形成、监测、指导、监督机制，防止交易价格异常波动，维护市场平稳运行。交易主体应当如实申报交易价格，不得瞒报或者作不实申报。申报价格低于基准地价或标定地价一定比例的，政府可行使优先购买权；高于基准地价或标定地价一定比例的，政府可依法依规实施交易管制。

4. 加强合同履约监管。土地转让后，出让合同和登记文件中所载明的权利、义务随之转移，受让人应依法履行。国土资源、住房城乡建设等部门要加强合同履约监管，并将相关情况纳入诚信体系进行信用考评。

5. 严格责任追究。要强化监督问责，减少寻租空间，对违反土地二级市场相关规定的地方政府和有关部门、单位以及责任人员严格实行责任追究，坚决打击各种腐败行为。

（五）强化部门协作。

各级国土资源、住房城乡建设（房产、规划）、财税、国有资产管理、工商、金融监管等部门要建立联动机制，落实相关责任，强化沟通衔接。加强涉地司法处置的衔接，对于司法处置涉及建设用地使用权转移的案件，国土资源部门应加强与地方人民法院的沟通，主动提供所涉不动产的权利状况。加强涉地资产处置的衔接，国有资产等管理部门进行国有资产处置时涉及建设用地使用权转移的，在处置前应取得规划、国土资源部门出具的意见，并如实告知当事人。

三、组织实施

（一）加强组织保障。各地区各有关部门要加强协调配合，稳妥有序推进试点。国土资源部会同财政部、住房城乡建设部、农业部、人民银行、税务总局、工商总局、银监会等单位或部门，建立共同推进试点的工作机制，统筹协调和指导支持试点各项工作。试点地区所在省、市、县（区）各级政府及有关部门要采取有力措施，保障试点运行。

（二）推进试点实施。

1. 编制实施方案。有关地区省级国土资源部门要会同相关部门根据本方案组织试点地区编制实施方案，经省级政府同意后，由省级国土资源部门报国土资源部批复。

2. 部署启动试点。有关地区省级国土资源部门要会同相关部门，指导试点地区根据批复的方案，尽快完成各项基础性准备工作，完善工作机制，明确责任分工，部署开展试点。2017 年 3 月底前就试点工作启动、机构设立、规章制度建设、部署实施等情况，形成汇总报告报国土资源部。

3. 试点实施、跟踪及总结。国土资源部和有关地区省级政府加强对试点工作的指导，及时研究解决试点中存在的问题。按照边试点、边研究、边总结、边提炼的要求推进试点工作，2017 年 11 月底前，试点地区就试点做法与成效等形成年度进展报告，经省级政府同意后报国土资源部。国土资源部会同有关部门开展试点中期评估，形成评估报告按程序上报。2018 年 8 月底前，试点地区形成试点总结报告，总结政策实施效果、提出相关法律法规的修改建议，经省级政府同意后报国土资源部。2018 年 12 月底前，国土资源部会同相关部门全面总结试点经验，形成全国试点工作总结报告，按程序报送党中央、国务院。

（三）强化指导监督。各地区各有关部门要按照职责分工，加强对试点工作的指导监督，依法规范运行。要注意分类指导，尊重基层首创精神，健全激励和容错纠错机制，允许进行差别化探索，切实做到封闭运行、风险可控，发现问题及时纠偏。

（四）完善制度建设。国土资源部会同相关部门，密切跟踪试点地区工作进展，主动适应改革和经济社会发展的需要，完善配套制度，并及时提出制订和修改相关法律、法规、政策的建议。

（五）做好宣传引导。试点地区要加强对试点工作的监督管理，密切关注舆情动态，妥善回应社会关切，重大问题及时报告。

附件：试点地区名单

附件

试点地区名单

开展国有土地二级市场试点的28个试点地区名单

北京市房山区、天津市武清区、河北省石家庄市、山西省太原市、内蒙古自治区二连浩特市、辽宁省抚顺市、吉林省长春市、黑龙江省牡丹江市、江苏省南京市、浙江省宁波市、安徽省宿州市、福建省厦门市、江西省南昌市、山东省临沂市、河南省许昌市、湖北省武汉市、湖南省长沙市、广东省东莞市、广西壮族自治区南宁市、海南省三亚市、重庆市主城九区、四川省泸州市、云南省昆明市、陕西省西安市、甘肃省天水市、青海省西宁市、宁夏回族自治区石嘴山市、新疆维吾尔自治区库尔勒市。

同时开展国有和集体土地二级市场试点的6个地区名单

上海市松江区、浙江省湖州市德清县、广东省佛山市南海区、四川省成都市郫县、贵州省遵义市湄潭县、甘肃省定西市陇西县。

3. 土地使用权划拨

划拨国有建设用地使用权地价评估指导意见（试行）

·2019年5月31日

·自然资办函〔2019〕922号

前　言

为规范国有划拨建设用地使用权地价（以下简称“划拨地价”）评估行为，根据《中华人民共和国物权法》《中华人民共和国土地管理法》《中华人民共和国城市房地产管理法》《中华人民共和国资产评估法》等相关法律法规和土地估价国家标准、行业标准，制定本指导意见。

本指导意见由自然资源部提出并归口。

本指导意见起草单位：自然资源部自然资源开发利用司、中国土地估价师与土地登记代理人协会。

本指导意见由自然资源部负责解释。

1. 地价定义

本指导意见所述划拨国有建设用地使用权地价，是指以划拨方式取得的、无年期限制的土地使用权价格。

2. 引用的标准

下列标准所包含的条文，通过在本指导意见中引用而构成本指导意见的条文。本指导意见颁布时，所示版本均为有效。使用本指导意见的各方应使用下列各标准的最新版本。

GB/T 18508-2014《城镇土地估价规程》

GB/T 18507-2014《城镇土地分等定级规程》

GB/T 21010-2017《土地利用现状分类》

TD/T 1052-2017《标定地价规程》

TD/T 1009-2007《城市地价动态监测技术规范》

《国有建设用地使用权出让地价评估技术规范》（国土资厅发〔2018〕4号）

3. 评估方法

（1）成本逼近法

（2）市场比较法

（3）公示地价系数修正法

（4）收益还原法

（5）剩余法

划拨地价评估，应至少选用以上评估方法中的两种。

4. 评估要点

除遵循《城镇土地估价规程》一般规定外，各方法还可按以下要点评估：

4.1　成本逼近法

（1）采用成本逼近法评估划拨地价，应选用客观的土地取得及开发成本数据，包括土地取得费、土地开发费、税费、利息、利润等分项。

（2）合理确定土地取得费。结合估价对象所处区位及周边区域用地结构，分析在估价期日模拟获取估价对象类似用地可能采用的土地取得方式，测算相应土地取得费。

估价对象位于城市建成区外或远郊区域的，以估价对象周边区域平均征收补偿安置费用作为土地取得费。

估价对象位于城市建成区内的，可合理选择估价对象周边区域或类似地区的土地收储、国有土地上房屋征收或集体建设用地拆迁等案例，经期日、区位等修正后，算术平均确定估价对象土地取得费。有存量工业用地收储案例的,可优先选择使用。

4.2 市场比较法

(1)运用市场比较法时,应选择与估价对象同类型的比较实例。比较实例主要来源于政府实际划拨供地案例,选择实例时可不考虑供后实际用途。

(2)原则上应在同一供需圈内或类似地区收集不少于三个实例。同一供需圈内可比实例不足时,可适当扩大供需圈范围直至满足条件。原则上应采用三年以内的实例,三年内可选实例不足时,可将选择年限适当扩大直至满足条件,评估时根据市场情况进行期日修正。需要增加比较实例来源时按照先调整范围后调整时间的原则处理。

(3)选择比较实例时应注意因各地供地政策不同造成的价格内涵不同,应保障比较实例能够修正到估价对象同一价格内涵。

4.3 公示地价系数修正法

(1)待估宗地所在区域,政府已公布划拨土地使用权基准地价时,可选用基准地价系数修正法评估划拨地价。采用已完成更新但尚未向社会公布的划拨土地使用权基准地价,需经市、县自然资源主管部门书面同意。

(2)在已公布划拨土地使用权标定地价的城市,可运用标定地价系数修正法进行评估。

4.4 收益还原法

地方政府对划拨土地收益有处置政策或通过研究测算能够明确收益构成的,可依据《城镇土地估价规程》运用收益还原法。

4.5 剩余法

在《城镇土地估价规程》剩余法思路上衍生技术路线,通过出让土地使用权价格扣减土地增值收益的方法评估划拨地价,可定义为剩余(增值收益扣减)法。

地方已经公布经科学论证的土地增值收益的,可用出让土地使用权价格直接扣减相对应的土地增值收益。

对未公布土地增值收益的地区,估价机构可在满足数理统计要求的前提下,选择案例和技术路线测算土地增值收益。

对于仅在地方政府文件或基准地价中规定出让金缴纳比例的,不宜将其作为经科学论证的土地增值收益,不得直接扣减该比例测算划拨地价。

5. 其他规定

公共管理与公共服务用地、交通运输等用地,在运用上述方法评估划拨地价时,应统筹考虑当地出让案例实际,合理确定划拨地价水平。

划拨用地目录

·2001年10月22日国土资源部令第9号发布

·自发布之日起施行

一、根据《中华人民共和国土地管理法》和《中华人民共和国城市房地产管理法》的规定,制定本目录。

二、符合本目录的建设用地项目,由建设单位提出申请,经有批准权的人民政府批准,可以划拨方式提供土地使用权。

三、对国家重点扶持的能源、交通、水利等基础设施用地项目,可以以划拨方式提供土地使用权。对以营利为目的,非国家重点扶持的能源、交通、水利等基础设施用地项目,应当以有偿方式提供土地使用权。

四、以划拨方式取得的土地使用权,因企业改制、土地使用权转让或者改变土地用途等不再符合本目录的,应当实行有偿使用。

五、本目录施行后,法律、行政法规和国务院的有关政策另有规定的,按有关规定执行。

六、本目录自发布之日起施行。原国家土地管理局颁布的《划拨用地项目目录》同时废止。

国家机关用地和军事用地

(一)党政机关和人民团体用地

1. 办公用地

2. 安全、保密、通讯等特殊专用设施。

(二)军事用地

1. 指挥机关、地面和地下的指挥工程、作战工程。

2. 营区、训练场、试验场。

3. 军用公路、铁路专用线、机场、港口、码头。

4. 军用洞库、仓库、输电、输油、输气管线。

5. 军用通信、通讯线路、侦察、观测台站和测量、导航标志。

6. 国防军品科研、试验设施。

7. 其他军事设施。

城市基础设施用地和公益事业用地

(三)城市基础设施用地

1. 供水设施:包括水源地、取水工程、净水厂、输配水工程、水质检测中心、调度中心、控制中心。

2. 燃气供应设施:包括人工煤气生产设施、液化石油气气化站、液化石油气储配站、天然气输配气设施。

3. 供热设施:包括热电厂、热力网设施。

4. 公共交通设施:包括城市轻轨、地下铁路线路、公共交通车辆停车场、首末站(总站)、调度中心、整流站、车辆保养场。

5. 环境卫生设施：包括雨水处理设施、污水处理厂、垃圾（粪便）处理设施、其他环卫设施。

6. 道路广场：包括市政道路、市政广场。

7. 绿地：包括公共绿地（住宅小区、工程建设项目的配套绿地除外）、防护绿地。

（四）非营利性邮政设施用地

1. 邮件处理中心、邮政支局（所）。

2. 邮政运输、物流配送中心。

3. 邮件转运站。

4. 国际邮件互换局、交换站。

5. 集装容器（邮袋、报皮）维护调配处理场。

（五）非营利性教育设施用地

1. 学校教学、办公、实验、科研及校内文化体育设施。

2. 高等、中等、职业学校的学生宿舍、食堂、教学实习及训练基地。

3. 托儿所、幼儿园的教学、办公、园内活动场地。

4. 特殊教育学校（盲校、聋哑学校、弱智学校）康复、技能训练设施。

（六）公益性科研机构用地

1. 科学研究、调查、观测、实验、试验（站、场、基地）设施。

2. 科研机构办公设施。

（七）非营利性体育设施用地

1. 各类体育运动项目专业比赛和专业训练场（馆）、配套设施（高尔夫球场除外）。

2. 体育信息、科研、兴奋剂检测设施。

3. 全民健身运动设施（住宅小区、企业单位内配套的除外）。

（八）非营利性公共文化设施用地

1. 图书馆。

2. 博物馆。

3. 文化馆。

4. 青少年宫、青少年科技馆、青少年（儿童）活动中心。

（九）非营利性医疗卫生设施用地

1. 医院、门诊部（所）、急救中心（站）、城乡卫生院。

2. 各级政府所属的卫生防疫站（疾病控制中心）、健康教育所、专科疾病防治所（站）。

3. 各级政府所属的妇幼保健所（院、站）、母婴保健机构、儿童保健机构、血站（血液中心、中心血站）。

（十）非营利性社会福利设施用地

1. 福利性住宅。

2. 综合性社会福利设施。

3. 老年人社会福利设施。

4. 儿童社会福利设施。

5. 残疾人社会福利设施。

6. 收容遣送设施。

7. 殡葬设施。

国家重点扶持的能源、交通、水利等基础设施用地

（十一）石油天然气设施用地

1. 油（气、水）井场及作业配套设施。

2. 油（气、汽、水）计量站、转接站、增压站、热采站、处理厂（站）、联合站、注水（气、汽、化学助剂）站、配气（水）站、原油（气）库、海上油气陆上终端。

3. 防腐、防砂、钻井泥浆、三次采油制剂厂（站）材料配制站（厂、车间）、预制厂（车间）。

4. 油（气）田机械、设备、仪器、管材加工和维修设施。

5. 油、气（汽）、水集输和长输管道、专用交通运输设施。

6. 油（气）田物资仓库（站）、露天货场、废旧料场、成品油（气）库（站）、液化气站。

7. 供排水设施、供配电设施、通讯设施。

8. 环境保护检测、污染治理、废旧料（物）综合处理设施。

9. 消防、安全、保卫设施。

（十二）煤炭设施用地

1. 矿井、露天矿、煤炭加工设施，共伴生矿物开采与加工场地。

2. 矿井通风、抽放瓦斯、煤层气开采、防火灌浆、井下热害防治设施。

3. 采掘场与疏干设施（含控制站）。

4. 自备发电厂、热电站、输变电设施。

5. 矿区内煤炭机电设备、仪器仪表、配件、器材供应与维修设施。

6. 矿区生产供水、供电、燃气、供气、通讯设施。

7. 矿山救护、消防防护设施。

8. 中心试验站。

9. 专用交通、运输设施。

（十三）电力设施用地

1. 发（变）电主厂房设施及配套库房设施。

2. 发（变）电厂（站）的专用交通设施。

3. 配套环保、安全防护设施。

4. 火力发电工程配电装置、网控楼、通信楼、微波塔。

5. 火力发电工程循环水管(沟)、冷却塔(池)、阀门井水工设施。

6. 火力发电工程燃料供应、供热设施,化学楼、输煤综合楼,启动锅炉房、空压机房。

7. 火力发电工程乙炔站、制氢(氧)站,化学水处理设施。

8. 核能发电工程应急给水储存室、循环水泵房、安全用水泵房、循环水进排水口及管沟、加氯间、配电装置。

9. 核能发电工程燃油储运及油处理设施。

10. 核能发电工程制氢站及相应设施。

11. 核能发电工程淡水水源设施,净水设施、污水、废水处理装置。

12. 新能源发电工程电机,厢变、输电(含专用送出工程)、变电站设施,资源观测设施。

13. 输配电线路塔(杆),巡线站、线路工区,线路维护、检修道路。

14. 变(配)电装置,直流输电换流站及接地极。

15. 输变电、配电工程给排水、水处理等水工设施。

16. 输变电工区、高压工区。

(十四)水利设施用地

1. 水利工程用地:包括挡水、泄水建筑物、引水系统、尾水系统、分洪道及其附属建筑物,附属道路、交通设施,供电、供水、供风、供热及制冷设施。

2. 水库淹没区。

3. 堤防工程。

4. 河道治理工程。

5. 水闸、泵站、涵洞、桥梁、道路工程及其管护设施。

6. 蓄滞洪区、防护林带、滩区安全建设工程。

7. 取水系统:包括水闸、堰、进水口、泵站、机电井及其管护设施。

8. 输(排)水设施(含明渠、暗渠、隧道、管道、桥、渡槽、倒虹、调蓄水库、水池等)、压(抽、排)泵站、水厂。

9. 防汛抗旱通信设施,水文、气象测报设施。

10. 水土保持管理站、科研技术推广所(站)、试验地设施。

(十五)铁路交通设施用地

1. 铁路线路、车站及站场设施。

2. 铁路运输生产及维修、养护设施。

3. 铁路防洪、防冻、防雪、防风沙设施(含苗圃及植被保护带)、生产防疫、环保、水保设施。

4. 铁路给排水、供电、供暖、制冷、节能、专用通信、信号、信息系统设施。

5. 铁路轮渡、码头及相应的防风、防浪堤、护岸、栈桥、渡船整备设施。

6. 铁路专用物资仓储库(场)。

7. 铁路安全守备、消防、战备设施。

(十六)公路交通设施用地

1. 公路线路、桥梁、交叉工程、隧道和渡口。

2. 公路通信、监控、安全设施。

3. 高速公路服务区(区内经营性用地除外)。

4. 公路养护道班(工区)。

5. 公路线路用地界外设置的公路防护、排水、防洪、防雪、防波、防风沙设施及公路环境保护、监测设施。

(十七)水路交通设施用地

1. 码头、栈桥、防波堤、防沙导流堤、引堤、护岸、围堰水工工程。

2. 人工开挖的航道、港池、锚地及停泊区工程。

3. 港口生产作业区。

4. 港口机械设备停放场地及维修设施。

5. 港口专用铁路、公路、管道设施。

6. 港口给排水、供电、供暖、节能、防洪设施。

7. 水上安全监督(包括沿海和内河)、救助打捞、港航消防设施。

8. 通讯导航设施、环境保护设施。

9. 内河航运管理设施、内河航运枢纽工程、通航建筑物及管理维修区。

(十八)民用机场设施用地

1. 机场飞行区。

2. 公共航空运输客、货业务设施:包括航站楼、机场场区内的货运库(站)、特殊货物(危险品)业务仓库。

3. 空中交通管理系统。

4. 航材供应、航空器维修、适航检查及校验设施。

5. 机场地面专用设备、特种车辆保障设施。

6. 油料运输、中转、储油及加油设施。

7. 消防、应急救援、安全检查、机场公用设施。

8. 环境保护设施:包括污水处理、航空垃圾处理、环保监测、防噪声设施。

9. 训练机场、通用航空机场、公共航运机场中的通用航空业务配套设施。

法律、行政法规规定的其他用地

(十九)特殊用地

1. 监狱。

2. 劳教所。

3. 戒毒所、看守所、治安拘留所、收容教育所。

最高人民法院关于破产企业国有划拨土地使用权应否列入破产财产等问题的批复

· 2002 年 10 月 11 日最高人民法院审判委员会第 1245 次会议通过

· 根据 2020 年 12 月 23 日最高人民法院审判委员会第 1823 次会议通过的《最高人民法院关于修改〈最高人民法院关于破产企业国有划拨土地使用权应否列入破产财产等问题的批复〉等二十九件商事类司法解释的决定》修正

· 2020 年 12 月 29 日最高人民法院公告公布

· 自 2021 年 1 月 1 日起施行

· 法释〔2020〕18 号

湖北省高级人民法院：

你院鄂高法〔2002〕158 号《关于破产企业国有划拨土地使用权应否列入破产财产以及有关抵押效力认定等问题的请示》收悉。经研究，答复如下：

一、根据《中华人民共和国土地管理法》第五十八条第一款第(三)项及《城镇国有土地使用权出让和转让暂行条例》第四十七条的规定，破产企业以划拨方式取得的国有土地使用权不属于破产财产，在企业破产时，有关人民政府可以予以收回，并依法处置。纳入国家兼并破产计划的国有企业，其依法取得的国有土地使用权，应依据国务院有关文件规定办理。

二、企业对其以划拨方式取得的国有土地使用权无处分权，以该土地使用权设定抵押，未经有审批权限的人民政府或土地行政管理部门批准的，不影响抵押合同效力；履行了法定的审批手续，并依法办理抵押登记的，抵押权自登记时设立。根据《中华人民共和国城市房地产管理法》第五十一条的规定，抵押权人只有在以抵押标的物折价或拍卖、变卖所得价款缴纳相当于土地使用权出让金的款项后，对剩余部分方可享有优先受偿权。但纳入国家兼并破产计划的国有企业，其用以划拨方式取得的国有土地使用权设定抵押的，应依据国务院有关文件规定办理。

三、国有企业以关键设备、成套设备、建筑物设定抵押的，如无其他法定的无效情形，不应当仅以未经政府主管部门批准为由认定抵押合同无效。

本批复自公布之日起施行，正在审理或者尚未审理的案件，适用本批复，但对提起再审的判决、裁定已经发生法律效力的案件除外。

此复。

4. 土地使用权租赁、抵押

规范国有土地租赁若干意见

· 1999 年 7 月 27 日

· 国土资发〔1999〕222 号

一、严格依照《中华人民共和国城市房地产管理法》、《中华人民共和国土地管理法》的有关规定，确定国有土地租赁的适用范围。

国有土地租赁是指国家将国有土地出租给使用者使用，由使用者与县级以上人民政府土地行政主管部门签订一定年期的土地租赁合同，并支付租金的行为。国有土地租赁是国有土地有偿使用的一种形式，是出让方式的补充。当前应以完善国有土地出让为主，稳妥地推行国有土地租赁。

对原有建设用地，法律规定可以划拨使用的仍维持划拨，不实行有偿使用，也不实行租赁；对因发生土地转让、场地出租、企业改制和改变土地用途后依法应当有偿使用的，可以实行租赁。对于新增建设用地，重点仍应是推行和完善国有土地出让，租赁只作为出让方式的补充。对于经营性房地产开发用地，无论是利用原有建设用地，还是利用新增建设用地，都必须实行出让，不实行租赁。

二、国有土地租赁，可以采用招标、拍卖或者双方协议的方式，有条件的，必须采取招标、拍卖方式。采用双方协议方式出租国有土地的租金，不得低于出租底价和按国家规定的最低地价折算的最低租金标准，协议出租结果要报上级土地行政主管部门备案，并向社会公开披露，接受上级土地行政主管部门和社会监督。

三、国有土地租赁的租金标准应与地价标准相均衡。承租人取得土地使用权时未支付其他土地费用的，租金标准应按全额地价折算；承租人取得土地使用权时支付了征地、拆迁等土地费用的，租金标准应按扣除有关费用后的地价余额折算。

采用短期租赁的，一般按年度或季度支付租金；采用长期租赁的，应在国有土地租赁合同中明确约定土地租金支付时间、租金调整的时间间隔和调整方式。

四、国有土地租赁可以根据具体情况实行短期租赁和长期租赁。对短期使用或用于修建临时建筑物的土地，应实行短期租赁，短期租赁年限一般不超过 5 年；对需要进行地上建筑物、构筑物建设后长期使用的土地，应实行长期租赁，具体租赁期限由租赁合同约定，但最长租赁期限不得超过法律规定的同类用途土地出让最高年期。

五、租赁期限6个月以上的国有土地租赁，应当由市、县土地行政主管部门与土地使用者签订租赁合同。租赁合同内容应当包括出租方、承租方、出租宗地的位置、范围、面积、用途、租赁期限、土地使用条件、土地租金标准、支付时间和支付方式、土地租金标准调整的时间和调整幅度、出租方和承租方的权利义务等。

六、国有土地租赁，承租人取得承租土地使用权。承租人在按规定支付土地租金并完成开发建设后，经土地行政主管部门同意或根据租赁合同约定，可将承租土地使用权转租、转让或抵押。承租土地使用权转租、转让或抵押，必须依法登记。

承租人将承租土地转租或分租给第三人的，承租土地使用权仍由原承租人持有，承租人与第三人建立了附加租赁关系，第三人取得土地的他项权利。

承租人转让土地租赁合同的，租赁合同约定的权利义务随之转给第三人，承租土地使用权由第三人取得，租赁合同经更名后继续有效。

地上房屋等建筑物、构筑物依法抵押的，承租土地使用权可随之抵押，但承租土地使用权只能按合同租金与市场租金的差值及租期估价，抵押权实现时土地租赁合同同时转让。

在使用年期内，承租人有优先受让权，租赁土地在办理出让手续后，终止租赁关系。

七、国家对土地使用者依法取得的承租土地使用权，在租赁合同约定的使用年限届满前不收回；因社会公共利益的需要，依照法律程序提前收回的，应对承租人给予合理补偿。

承租土地使用权期满，承租人可申请续期，除根据社会公共利益需要收回该幅土地的，应予以批准。未申请续期或者虽申请续期但未获批准的，承租土地使用权由国家依法无偿收回，并可要求承租人拆除地上建筑物、构筑物，恢复土地原状。

承租人未按合同约定开发建设、未经土地行政主管部门同意转让、转租或不按合同约定按时交纳土地租金的，土地行政主管部门可以解除合同，依法收回承租土地使用权。

八、各级土地行政主管部门要切实加强国有土地租金的征收工作，协助财政部门作好土地租金的使用管理。收取的土地租金应当参照国有土地出让金的管理办法进行管理，按规定纳入当地国有土地有偿使用收入，专项用于城市基础设施建设和土地开发。

九、各省、市在本《意见》下发前对国有土地租赁适用范围已有规定或各地已签订《国有土地租赁合同》的，暂按已有规定及《国有土地租赁合同》的约定执行，并在今后工作中逐步规范；本《意见》下发后实施国有土地租赁的，一律按本《意见》要求规范办理。

最高人民法院关于能否将国有土地使用权折价抵偿给抵押权人问题的批复

·1998年9月3日法释〔1998〕25号公布
·自1998年9月9日起施行

四川省高级人民法院：

你院川高法〔1998〕19号《关于能否将国有土地使用权以国土部门认定的价格抵偿给抵押权人的请示》收悉。经研究，答复如下：

在依法以国有土地使用权作抵押的担保纠纷案件中，债务履行期届满抵押权人未受清偿的，可以通过拍卖的方式将土地使用权变现。如果无法变现，债务人又没有其他可供清偿的财产时，应当对国有土地使用权依法评估。人民法院可以参考政府土地管理部门确认的地价评估结果将土地使用权折价，经抵押权人同意，将折价后的土地使用权抵偿给抵押权人，土地使用权由抵押权人享有。

此复

最高人民法院关于《国土资源部办公厅关于征求为公司债券持有人办理国有土地使用权抵押登记意见函》的答复

·2010年6月23日
·〔2010〕民二他字第16号

国土资源部办公厅：

国土资厅函［2010］374号《国土资源部办公厅关于征求为公司债券持有人办理国有土地使用权抵押登记意见函》收悉，经研究，答复如下：

基于公司债券持有人具有分散性、群体性、不易保护自身权利的特点，《公司债券发行试点办法》（以下简称《办法》）规定了公司债券受托管理人制度，以保护全体公司债券持有人的权益。基于此，《办法》第二十五条对公司债券受托管理人的法定职责进行了规定，同时允许当事人约定权利义务范围。

根据《物权法》的规定，函中所述案例的抵押权人为全体公司债券持有人。抵押权的设定有利于保护全体公司债券持有人的利益。在公司债券持有人因其不确定性、群体性而无法申请办理抵押权登记的情形下，认定公司债券受托管理人可以代理办理抵押权登记手续，符合设立公司债券受托管理人制度的目的，也不违反《办法》第二十五条的规定。在法律没有禁止性规定以及当事人之间没有禁止代为办理抵押登记约定的情形下，应认定公司债券受托管理人可代理全体公司债券持有人申请办理土地抵押登记。

以上意见仅供参考。

5. 土地使用权收回

关于认定收回土地使用权行政决定法律性质的意见

·1997年10月30日

·〔1997〕国土〔法〕字第153号

收回土地使用权是人民政府及其土地管理部门一项重要的行政行为，主要采取行政处理决定和行政处罚决定两种方式进行。《行政处罚法》颁布施行后，除行政处理决定仍旧按照土地管理法律、法规的规定执行外，土地管理的各项行政处罚必须依照《行政处罚法》由土地管理法律、法规或者规章规定，并由行政机关依照《行政处罚法》规定的程序实施。为了进一步贯彻执行《行政处罚法》和土地管理法律、法规、规章，正确区分行政处理决定和行政处罚决定的界限，切实做到依法行政，现对认定收回土地使用权行政决定的法律性质提出如下意见：

一、依照《土地管理法》第十九条的规定，对用地单位已经撤销或者迁移的；未经原批准机关同意，连续二年未使用的；不按批准的用途使用的；公路、铁路、机场、矿场等经核准报废的，土地管理部门报县级以上人民政府批准，依法收回用地单位的国有划拨土地使用权，属于行政处理决定。

人民政府依照该法第十九条的规定收回国有划拨土地使用权，其批准权限应与征用土地的批准权限相同。

二、依照《土地管理法》第三十三条的规定临时使用土地，期满不归还的，或者依照该法第十九条的规定土地使用权被收回，拒不交出土地的，土地管理部门责令交还土地，并处罚款的行为，属于行政处罚决定。

三、依照《城市房地产管理法》第十九条和《城镇国有土地使用权出让和转让暂行条例》第四十二条的规定，在特殊情况下，根据社会公共利益的需要，人民政府或者土地管理部门依照法律程序提前收回出让的国有土地使用权，属于行政处理决定。

四、依照《城市房地产管理法》第二十一条第二款[①]和《城镇国有土地使用权出让和转让暂行条例》第四十条的规定，土地使用权出让合同约定的使用年限届满，土地使用者未申请续期或者虽申请续期依照法律有关规定未获批准的，由人民政府或者土地管理部门依法无偿收回出让的国有土地使用权，属于行政处理决定。

五、依照《城市房地产管理法》第二十五条的规定，超过出让合同约定的动工开发日期满二年未动工开发的，人民政府或者土地管理部门依法无偿收回出让的国有土地使用权，属于行政处罚决定。

六、依照《城镇国有土地使用权出让和转让暂行条例》第十七条的规定，土地使用者未按出让合同规定的期限和条件开发、利用土地的，市、县人民政府土地管理部门无偿收回出让的国有土地使用权，属于行政处罚决定。

七、依照《城镇国有土地使用权出让和转让暂行条例》第四十七条第一款的规定，因迁移、解散、撤销、破产或者其他原因而停止使用土地，需要依法收回国有划拨土地使用权的，属于行政处理决定。

依照该条例第四十七条第二款的规定，根据城市建设发展需要和城市规划的要求，市、县人民政府无偿收回国有划拨土地使用权的，也应属于行政处理决定。

八、依照《基本农田保护条例》第二十一条的规定，已办理审批手续的开发区和其他非农业建设占用的基本农田保护区内的耕地，未经原批准机关同意，连续二年未使用的，由县级人民政府土地管理部门报本级人民政府批准，收回用地单位土地使用权的，属于行政处理决定。

九、依照《土地复垦规定》第十七条的规定，根据规划设计企业不需要使用的土地或者未经当地土地管理部门同意，复垦后连续二年以上不使用的土地，因当地县级以上人民政府统筹安排而需要收回土地使用权，人民政府或者土地管理部门收回土地使用权的，属于行政处理决定。

---

① 该法已根据2007年8月30日《全国人民代表大会常务委员会关于修改〈中华人民共和国城市房地产管理法〉的决定》修改，在第一章中增加一条作为第六条，修改后本条顺序调整为第二十二条第二款。以下部分依次类推，不作赘述。

本意见自下发之日起，国家土地管理局在此之前发布的规章以及对土地管理法律、行政法规作出的有关规定和解释与本意见不一致的，均以本意见为准。

国家土地管理局政策法规司关于对收回国有土地使用权批准权限问题的答复

· 1991年9月3日

黑龙江省土地管理局：

你局黑土呈〔1991〕第80号《关于执行〈中华人民共和国土地管理法〉第十九条有关问题的请示》收悉。经研究，现答复如下：

一、使用国有土地，有《土地管理法》第十九条规定情形之一的，应由市、县土地管理部门逐级呈送上级土地管理部门报原批准用地的人民政府批准收回用地单位的土地使用权。收回土地使用权的决定，可以由市、县土地管理部门依据人民政府的批准文件下达。

二、《土地管理法》第十九条未规定法定机关在行使收回土地使用权权利时承担有偿付费或者返还征地费的义务，应当无偿收回土地使用权。

最高人民法院民二庭关于"股东以土地使用权的部分年限对应价值作价出资，期满后收回土地是否构成抽逃出资"的答复

· 2009年7月29日

· 〔2009〕民二他字第5号函

辽宁省高级人民法院：

你院（2006）辽民二终字第314号《关于鞍山市人民政府与大连大锻锻造有限公司、鞍山第一工程机械股份有限公司、鞍山市国有资产监督管理委员会加工承揽合同欠款纠纷一案的请示报告》收悉。经研究，答复如下：

根据我国公司法及相关法律法规的规定，股份有限公司设立时发起人可以用土地使用权出资。土地使用权不同于土地所有权，其具有一定的存续期间即年限，发起人将土地使用权出资实际是将土地使用权的某部分年限作价用于出资，发起人可以将土地使用权的全部年限作价用于出资，作为公司的资本。发起人将土地使用权的部分年限作价作为出资投入公司，在其他发起人同意且公司章程没有相反的规定时，并不违反法律法规的禁止性规定，此时发起人投入公司的资本数额应当是土地使用权该部分年限作价的价值。

在该部分年限届至后，土地使用权在该部分年限内的价值已经为公司所享有和使用，且该部分价值也已经凝结为公司财产，发起人事实上无法抽回。由于土地使用权的剩余年限并未作价并用于出资，所以发起人收回土地使用权是取回自己财产的行为，这种行为与发起人出资后再将原先出资的资本抽回的行为具有明显的区别，不应认定为抽逃出资。发起人取回剩余年限的土地使用权后，公司的资本没有发生变动，所以无须履行公示程序。

本案中，你院应当查明作为股东的鞍山市人民政府在公司即鞍山一工设立时投入的570620平方米土地使用权作价1710万元所对应的具体年限。如果该作价1710万元的土地使用权对应的出资年限就是10年，在10年期满后，鞍山市人民政府将剩余年限的土地使用权收回，不构成抽逃出资，也无需履行公示程序；反之，则鞍山市人民政府存在抽逃出资的行为，其应当承担对公司债务的赔偿责任，但以抽逃出资的价值为限。

以上意见，仅供参考。

国土资源部办公厅关于妥善处理少数住宅建设用地使用权到期问题的复函

· 2016年12月8日

· 国土资厅函〔2016〕1712号

浙江省国土资源厅：

《关于如何处理少数住宅用地使用权到期问题的请示》（浙土资〔2016〕64号）收悉。经认真研究并征得住房和城乡建设部同意，现将有关问题答复如下：

《物权法》第149条规定："住宅建设用地使用权期间届满的，自动续期"。《中共中央国务院关于完善产权保护制度依法保护产权的意见》（中发〔2016〕28号）提出，"研究住宅建设用地等土地使用权到期后续期的法律安排，推动形成全社会对公民财产长久受保护的良好和稳定预期"。在尚未对住宅建设用地等土地使用权到期后续期作出法律安排前，少数住宅建设用地使用权期间届满的，可按以下过渡性办法处理：

一、不需要提出续期申请。少数住宅建设用地使用权期间届满的，权利人不需要专门提出续期申请。

二、不收取费用。市、县国土资源主管部门不收取相关费用。

三、正常办理交易和登记手续。此类住房发生交易时，正常办理房地产交易和不动产登记手续，涉及"土地

使用期限”仍填写该住宅建设用地使用权的原起始日期和到期日期，并注明：“根据《国土资源部办公厅关于妥善处理少数住宅建设用地使用权到期问题的复函》（国土资厅函〔2016〕1712号）办理相关手续”。

· *指导案例*

1. 宣懿成等诉浙江省衢州市国土资源局收回国有土地使用权案①

【裁判要旨】

行政机关作出具体行政行为时未引用具体法律条款，且在诉讼中不能证明该具体行政行为符合法律的具体规定，应当视为该具体行政行为没有法律依据，适用法律错误。

【案情】

原告宣懿成等18人系浙江省衢州市柯城区卫宁巷1号（原14号）衢州府山中学教工宿舍楼的住户。2002年12月9日，衢州市发展计划委员会根据第三人建设银行衢州分行（以下简称衢州分行）的报告，经审查同意衢州分行在原有的营业综合大楼东南侧扩建营业用房建设项目。同日，衢州市规划局制定建设项目选址意见，衢州分行为扩大营业用房等，拟自行收购、拆除占地面积为205平方米的府山中学教工宿舍楼，改建为露天停车场，具体按规划详图实施。18日，衢州市规划局又规划出衢州分行扩建营业用房建设用地平面红线图。20日，衢州市规划局发出建设用地规划许可证，衢州分行建设项目用地面积756平方米。25日，被告衢州市国土资源局（以下简称衢州市国土局）请示收回衢州府山中学教工宿舍楼住户的国有土地使用权187.6平方米，报衢州市人民政府审批同意。同月31日，衢州市国土局作出衢市国土（2002）37号《收回国有土地使用权通知》（以下简称《通知》），并告知宣懿成等18人其正在使用的国有土地使用权将收回及诉权等内容。该《通知》说明了行政决定所依据的法律名称，但没有对所依据的具体法律条款予以说明。原告不服，提起行政诉讼。

【裁判结果】

浙江省衢州市柯城区人民法院于2003年8月29日作出（2003）柯行初字第8号行政判决：撤销被告衢州市国土资源局2002年12月31日作出的衢市国土（2002）第37号《收回国有土地使用权通知》。宣判后，双方当事人均未上诉，判决已发生法律效力。

法院生效裁判认为：被告衢州市国土局作出《通知》时，虽然说明了该通知所依据的法律名称，但并未引用具体法律条款。在庭审过程中，被告辩称系依据《中华人民共和国土地管理法》（以下简称《土地管理法》）第五十八条第一款作出被诉具体行政行为。《土地管理法》第五十八条第一款规定：“有下列情况之一的，由有关人民政府土地行政主管部门报经原批准用地的人民政府或者有批准权的人民政府批准，可以收回国有土地使用权：（一）为公共利益需要使用土地的；（二）为实施城市规划进行旧城区改建，需要调整使用土地的；……”衢州市国土局作为土地行政主管部门，有权依照《土地管理法》对辖区内国有土地的使用权进行管理和调整，但其行使职权时必须具有明确的法律依据。被告在作出《通知》时，仅说明是依据《土地管理法》及浙江省的有关规定作出的，但并未引用具体的法律条款，故其作出的具体行政行为没有明确的法律依据，属于适用法律错误。

本案中，衢州市国土局提供的衢州市发展计划委员会（2002）35号《关于同意扩建营业用房项目建设计划的批复》《建设项目选址意见书审批表》《建设银行衢州分行扩建营业用房建设用地规划红线图》等有关证据，难以证明其作出的《通知》符合《土地管理法》第五十八条第一款规定的“为公共利益需要使用土地”或“实施城市规划进行旧城区改造需要调整使用土地”的情形，主要证据不足，故被告主张其作出的《通知》符合《土地管理法》规定的理由不能成立。根据《中华人民共和国行政诉讼法》及其相关司法解释的规定，在行政诉讼中，被告对其作出的具体行政行为承担举证责任，被告不提供作出具体行政行为时的证据和依据的，应当认定该具体行政行为没有证据和依据。

综上，被告作出的收回国有土地使用权具体行政行为主要证据不足，适用法律错误，应予撤销。

2. 魏永高、陈守志诉来安县人民政府收回土地使用权批复案②

【裁判要旨】

地方人民政府对其所属行政管理部门的请示作出的

① 案例来源：最高人民法院指导案例41号。
② 案例来源：最高人民法院指导案例22号。

批复,一般属于内部行政行为,不可对此提起诉讼。但行政管理部门直接将该批复付诸实施并对行政相对人的权利义务产生了实际影响,行政相对人对该批复不服提起诉讼的,人民法院应当依法受理。

【案情】

2010年8月31日,安徽省来安县国土资源和房产管理局向来安县人民政府报送《关于收回国有土地使用权的请示》,请求收回该县永阳东路与塔山中路部分地块土地使用权。9月6日,来安县人民政府作出《关于同意收回永阳东路与塔山中路部分地块国有土地使用权的批复》。来安县国土资源和房产管理局收到该批复后,没有依法制作并向原土地使用权人送达收回土地使用权决定,而直接交由来安县土地储备中心付诸实施。魏永高、陈守志的房屋位于被收回使用权的土地范围内,其对来安县人民政府收回国有土地使用权批复不服,提起行政复议。2011年9月20日,滁州市人民政府作出《行政复议决定书》,维持来安县人民政府的批复。魏永高、陈守志仍不服,提起行政诉讼,请求人民法院撤销来安县人民政府上述批复。

【裁判结果】

滁州市中级人民法院于2011年12月23日作出(2011)滁行初字第6号行政裁定:驳回魏永高、陈守志的起诉。魏永高、陈守志提出上诉,安徽省高级人民法院于2012年9月10日作出(2012)皖行终字第14号行政裁定:一、撤销滁州市中级人民法院(2011)滁行初字第6号行政裁定;二、指令滁州市中级人民法院继续审理本案。

法院生效裁判认为:根据《土地储备管理办法》和《安徽省国有土地储备办法》以收回方式储备国有土地的程序规定,来安县国土资源行政主管部门在来安县人民政府作出批准收回国有土地使用权方案批复后,应当向原土地使用权人送达对外发生法律效力的收回国有土地使用权通知。来安县人民政府的批复属于内部行政行为,不向相对人送达,对相对人的权利义务尚未产生实际影响,一般不属于行政诉讼的受案范围。但本案中,来安县人民政府作出批复后,来安县国土资源行政主管部门没有制作并送达对外发生效力的法律文书,即直接交来安县土地储备中心根据该批复实施拆迁补偿安置行为,对原土地使用权人的权利义务产生了实际影响;原土地使用权人也通过申请政府信息公开知道了该批复的内容,并对批复提起了行政复议,复议机关作出复议决定时也告知了诉权,该批复已实际执行并外化为对外发生法律效力的具体行政行为。因此,对该批复不服提起行政诉讼的,人民法院应当依法受理。

(五)建设用地管理

1. 用地预审

建设项目用地预审管理办法

- 2001年7月25日国土资源部令第7号公布
- 2004年11月1日国土资源部令第27号修订
- 2008年11月29日国土资源部令第42号第一次修正
- 2016年11月29日国土资源部令第68号第二次修正

第一条 为保证土地利用总体规划的实施,充分发挥土地供应的宏观调控作用,控制建设用地总量,根据《中华人民共和国土地管理法》、《中华人民共和国土地管理法实施条例》和《国务院关于深化改革严格土地管理的决定》,制定本办法。

第二条 本办法所称建设项目用地预审,是指国土资源主管部门在建设项目审批、核准、备案阶段,依法对建设项目涉及的土地利用事项进行的审查。

第三条 预审应当遵循下列原则:

(一)符合土地利用总体规划;

(二)保护耕地,特别是基本农田;

(三)合理和集约节约利用土地;

(四)符合国家供地政策。

第四条 建设项目用地实行分级预审。

需人民政府或有批准权的人民政府发展和改革等部门审批的建设项目,由该人民政府的国土资源主管部门预审。

需核准和备案的建设项目,由与核准、备案机关同级的国土资源主管部门预审。

第五条 需审批的建设项目在可行性研究阶段,由建设用地单位提出预审申请。

需核准的建设项目在项目申请报告核准前,由建设单位提出用地预审申请。

需备案的建设项目在办理备案手续后,由建设单位提出用地预审申请。

第六条 依照本办法第四条规定应当由国土资源部预审的建设项目,国土资源部委托项目所在地的省级国土资源主管部门受理,但建设项目占用规划确定的城市建设用地范围内土地的,委托市级国土资源主管部门受理。受理后,提出初审意见,转报国土资源部。

涉密军事项目和国务院批准的特殊建设项目用地,建设用地单位可直接向国土资源部提出预审申请。

应当由国土资源部负责预审的输电线塔基、钻探井位、通讯基站等小面积零星分散建设项目用地,由省级国土资源主管部门预审,并报国土资源部备案。

第七条 申请用地预审的项目建设单位,应当提交下列材料:

(一)建设项目用地预审申请表;

(二)建设项目用地预审申请报告,内容包括拟建项目的基本情况、拟选址占地情况、拟用地是否符合土地利用总体规划、拟用地面积是否符合土地使用标准、拟用地是否符合供地政策等;

(三)审批项目建议书的建设项目提供项目建议书批复文件,直接审批可行性研究报告或者需核准的建设项目提供建设项目列入相关规划或者产业政策的文件。

前款规定的用地预审申请表样式由国土资源部制定。

第八条 建设单位应当对单独选址建设项目是否位于地质灾害易发区、是否压覆重要矿产资源进行查询核实;位于地质灾害易发区或者压覆重要矿产资源的,应当依据相关法律法规的规定,在办理用地预审手续后,完成地质灾害危险性评估、压覆矿产资源登记等。

第九条 负责初审的国土资源主管部门在转报用地预审申请时,应当提供下列材料:

(一)依据本办法第十一条有关规定,对申报材料作出的初步审查意见;

(二)标注项目用地范围的土地利用总体规划图、土地利用现状图及其他相关图件;

(三)属于《土地管理法》第二十六条规定情形,建设项目用地需修改土地利用总体规划的,应当出具规划修改方案。

第十条 符合本办法第七条规定的预审申请和第九条规定的初审转报件,国土资源主管部门应当受理和接收。不符合的,应当场或在五日内书面通知申请人和转报人,逾期不通知的,视为受理和接收。

受国土资源部委托负责初审的国土资源主管部门应当自受理之日起二十日内完成初审工作,并转报国土资源部。

第十一条 预审应当审查以下内容:

(一)建设项目用地是否符合国家供地政策和土地管理法律、法规规定的条件;

(二)建设项目选址是否符合土地利用总体规划,属《土地管理法》第二十六条规定情形,建设项目用地需修改土地利用总体规划的,规划修改方案是否符合法律、法规的规定;

(三)建设项目用地规模是否符合有关土地使用标准的规定;对国家和地方尚未颁布土地使用标准和建设标准的建设项目,以及确需突破土地使用标准确定的规模和功能分区的建设项目,是否已组织建设项目节地评价并出具评审论证意见。

占用基本农田或者其他耕地规模较大的建设项目,还应当审查是否已经组织踏勘论证。

第十二条 国土资源主管部门应当自受理预审申请或者收到转报材料之日起二十日内,完成审查工作,并出具预审意见。二十日内不能出具预审意见的,经负责预审的国土资源主管部门负责人批准,可以延长十日。

第十三条 预审意见应当包括对本办法第十一条规定内容的结论性意见和对建设用地单位的具体要求。

第十四条 预审意见是有关部门审批项目可行性研究报告、核准项目申请报告的必备文件。

第十五条 建设项目用地预审文件有效期为三年,自批准之日起计算。已经预审的项目,如需对土地用途、建设项目选址等进行重大调整的,应当重新申请预审。

未经预审或者预审未通过的,不得批复可行性研究报告、核准项目申请报告;不得批准农用地转用、土地征收,不得办理供地手续。预审审查的相关内容在建设用地报批时,未发生重大变化的,不再重复审查。

第十六条 本办法自2009年1月1日起施行。

国务院办公厅关于完善建设用地使用权转让、出租、抵押二级市场的指导意见

·2019年7月6日

·国办发〔2019〕34号

各省、自治区、直辖市人民政府,国务院各部委、各直属机构:

土地市场是我国现代市场体系的重要组成部分,是资源要素市场的重要内容。改革开放以来,通过大力推行国有建设用地有偿使用制度,我国基本形成了以政府供应为主的土地一级市场和以市场主体之间转让、出租、抵押为主的土地二级市场,对建立和完善社会主义市场经济体制、促进土地资源的优化配置和节约集约利用、加快工业化和城镇化进程起到了重要作用。随着经济社会发展,土地二级市场运行发展中的一些问题逐步凸显,交易规则不健全、交易信息不对称、交易平台不规范、政府服务和监管不完善等问题比较突出,导致要素流通不畅,存量土地资源配置效率较低,难以满足经济高质量发展的需要。为完善建设用地使用权转让、出租、抵押二级市场,结合各地改革试点实践,经国务院同意,现提出以下意见。

一、总体要求

（一）指导思想。以习近平新时代中国特色社会主义思想为指导，全面贯彻党的十九大和十九届二中、三中全会精神，紧紧围绕统筹推进“五位一体”总体布局和协调推进“四个全面”战略布局，认真落实党中央、国务院决策部署，充分发挥市场在资源配置中的决定性作用，更好发挥政府作用，坚持问题导向，以建立城乡统一的建设用地市场为方向，以促进土地要素流通顺畅为重点，以提高存量土地资源配置效率为目的，以不动产统一登记为基础，与国土空间规划及相关产业规划相衔接，着力完善土地二级市场规则，健全服务和监管体系，提高节约集约用地水平，为完善社会主义市场经济体制、推动经济高质量发展提供用地保障。

（二）基本原则。把握正确方向。坚持社会主义市场经济改革方向，突出市场在资源配置中的决定性作用，着力减少政府微观管理和直接干预。落实“放管服”改革总体要求，强化监管责任，减少事前审批，创新和完善事中事后监管，激发市场活力，增强内生动力。

规范市场运行。完善交易规则，维护市场秩序，保证市场主体在公开、公平、公正的市场环境下进行交易，保障市场依法依规运行和健康有序发展，促进要素流动和平等交换，提高资源配置效率。

维护合法权益。坚持平等、全面、依法保护产权。充分尊重权利人意愿，保障市场主体合法权益，实现各类市场主体按照市场规则和市场价格依法平等使用和交易建设用地使用权，实现产权有效激励。切实维护土地所有权人权益，防止国有土地资产流失。

提高服务效能。强化服务意识，优化交易流程，降低交易成本，提高办事效率，方便群众办事，全面提升土地市场领域政府治理能力和水平。

（三）目标任务。建立产权明晰、市场定价、信息集聚、交易安全、监管有效的土地二级市场，市场规则健全完善，交易平台全面形成，服务和监管落实到位，市场秩序更加规范，制度性交易成本明显降低，土地资源配置效率显著提高，形成一、二级市场协调发展、规范有序、资源利用集约高效的现代土地市场体系。

（四）适用范围。建设用地使用权转让、出租、抵押二级市场的交易对象是国有建设用地使用权，重点针对土地交易以及土地连同地上建筑物、其他附着物等整宗地一并交易的情况。涉及到房地产交易的，应当遵守《中华人民共和国城市房地产管理法》、《城市房地产开发经营管理条例》等法律法规规定。

二、完善转让规则，促进要素流通

（五）明确建设用地使用权转让形式。将各类导致建设用地使用权转移的行为都视为建设用地使用权转让，包括买卖、交换、赠与、出资以及司法处置、资产处置、法人或其他组织合并或分立等形式涉及的建设用地使用权转移。建设用地使用权转移的，地上建筑物、其他附着物所有权应一并转移。涉及到房地产转让的，按照房地产转让相关法律法规规定，办理房地产转让相关手续。

（六）明晰不同权能建设用地使用权转让的必要条件。以划拨方式取得的建设用地使用权转让，需经依法批准，土地用途符合《划拨用地目录》的，可不补缴土地出让价款，按转移登记办理；不符合《划拨用地目录》的，在符合规划的前提下，由受让方依法依规补缴土地出让价款。以出让方式取得的建设用地使用权转让，在符合法律法规规定和出让合同约定的前提下，应充分保障交易自由；原出让合同对转让条件另有约定的，从其约定。以作价出资或入股方式取得的建设用地使用权转让，参照以出让方式取得的建设用地使用权转让有关规定，不再报经原批准建设用地使用权作价出资或入股的机关批准；转让后，可保留为作价出资或入股方式，或直接变更为出让方式。

（七）完善土地分割、合并转让政策。分割、合并后的地块应具备独立分宗条件，涉及公共配套设施建设和使用的，转让双方应在合同中明确有关权利义务。拟分割宗地已预售或存在多个权利主体的，应取得相关权利人同意，不得损害权利人合法权益。

（八）实施差别化的税收政策。各地可根据本地实际，在地方权限内探索城镇土地使用税差别化政策，促进土地节约集约利用。

三、完善出租管理，提高服务水平

（九）规范以有偿方式取得的建设用地使用权出租管理。以出让、租赁、作价出资或入股等有偿方式取得的建设用地使用权出租或转租的，不得违反法律法规和有偿使用合同的相关约定。

（十）规范划拨建设用地使用权出租管理。以划拨方式取得的建设用地使用权出租的，应按照有关规定上缴租金中所含土地收益，纳入土地出让收入管理。宗地长期出租，或部分用于出租且可分割的，应依法补办出让、租赁等有偿使用手续。建立划拨建设用地使用权出租收益年度申报制度，出租人依法申报并缴纳相关收益的，不再另行单独办理划拨建设用地使用权出租的批准手续。

（十一）营造建设用地使用权出租环境。市、县自然资源主管部门应当提供建设用地使用权出租供需信息发布条件和场所，制定规范的出租合同文本，提供交易鉴证服务，保障权利人的合法权益。统计分析建设用地使用权出租情况及市场相关数据，定期发布出租市场动态信息和指南。

四、完善抵押机制，保障合法权益

（十二）明确不同权能建设用地使用权抵押的条件。以划拨方式取得的建设用地使用权可以依法依规设定抵押权，划拨土地抵押权实现时应优先缴纳土地出让收入。以出让、作价出资或入股等方式取得的建设用地使用权可以设定抵押权。以租赁方式取得的建设用地使用权，承租人在按规定支付土地租金并完成开发建设后，根据租赁合同约定，其地上建筑物、其他附着物连同土地可以依法一并抵押。

（十三）放宽对抵押权人的限制。自然人、企业均可作为抵押权人申请以建设用地使用权及其地上建筑物、其他附着物所有权办理不动产抵押相关手续，涉及企业之间债权债务合同的须符合有关法律法规的规定。

（十四）依法保障抵押权能。探索允许不以公益为目的的养老、教育等社会领域企业以有偿取得的建设用地使用权、设施等财产进行抵押融资。各地要进一步完善抵押权实现后保障原有经营活动持续稳定的配套措施，确保土地用途不改变、利益相关人权益不受损。探索建立建设用地使用权抵押风险提示机制和抵押资金监管机制，防控市场风险。

五、创新运行模式，规范市场秩序

（十五）建立交易平台。各地要在市、县自然资源主管部门现有的土地交易机构或平台基础上搭建城乡统一的土地市场交易平台，汇集土地二级市场交易信息，提供交易场所，办理交易事务，大力推进线上交易平台和信息系统建设。

（十六）规范交易流程。建立“信息发布—达成意向—签订合同—交易监管”的交易流程。交易双方可通过土地二级市场交易平台等渠道发布和获取市场信息；可自行协商交易，也可委托土地二级市场交易平台公开交易；达成一致后签订合同，依法申报交易价格，申报价格比标定地价低20%以上的，市、县人民政府可行使优先购买权。各地要加强交易事中事后监管，对违反有关法律法规或不符合出让合同约定、划拨决定书规定的，不予办理相关手续。

（十七）加强信息互通共享。加强涉地司法处置工作衔接，涉及建设用地使用权转移的案件，自然资源主管部门应当向人民法院提供所涉不动产的权利状况、原出让合同约定的权利义务情况等。建立健全执行联动机制，司法处置土地可进入土地二级市场交易平台交易。加强涉地资产处置工作衔接，政府有关部门或事业单位进行国有资产处置时涉及划拨建设用地使用权转移的，应征求自然资源主管部门意见，并将宗地有关情况如实告知当事人。自然资源、住房城乡建设、税务、市场监管等主管部门应加强对涉地股权转让的联合监管。加强建设用地使用权与房地产交易管理的衔接，建设用地使用权转让、出租、抵押涉及房地产转让、出租、抵押的，住房城乡建设主管部门与自然资源主管部门应当加强信息共享。

六、健全服务体系，加强监测监管

（十八）提供便捷高效的政务服务。在土地交易机构或平台内汇集交易、登记、税务、金融等相关部门或机构的办事窗口，大力发展“互联网+政务服务”，积极推进“一窗受理、一网通办、一站办结”，大力精简证明材料，压缩办理时间，提高办事效率和服务水平。发挥土地交易机构或平台的专业优势，提供法律、政策咨询服务，协调矛盾，化解纠纷，营造良好的交易环境。

（十九）培育和规范中介组织。发挥社会中介组织在市场交易活动中的桥梁作用，发展相关机构，为交易各方提供推介、展示、咨询、估价、经纪等服务。各地要加强指导和监管，引导社会中介组织诚信经营。

（二十）加强市场监测监管与调控。健全土地二级市场动态监测监管制度，完善监测监管信息系统。严格落实公示地价体系，定期更新和发布基准地价或标定地价；完善土地二级市场的价格形成、监测、指导、监督机制，防止交易价格异常波动。土地转让涉及房地产开发的相关资金来源应符合房地产开发企业购地和融资的相关规定。强化土地一、二级市场联动，加强土地投放总量、结构、时序等的衔接，适时运用财税、金融等手段，加强对土地市场的整体调控，维护市场平稳运行。

（二十一）完善土地市场信用体系。土地转让后，出让合同所载明的权利义务随之转移，受让人应依法履约。要加强对交易各方的信用监管，健全以“双随机、一公开”为基本手段、以重点监管为补充、以信用监管为基础的新型监管机制。各地要结合本地区实际，制定土地市场信用评价规则和约束措施，对失信责任主体实施联合惩戒，推进土地市场信用体系共建共治共享。

七、保障措施

（二十二）加强组织领导。各地区各有关部门要充分认识完善土地二级市场的重要性，结合实际研究制定实施细则和配套措施,确保各项工作举措和要求落实到位。各级自然资源、财政、住房城乡建设、国有资产监督管理、税务、市场监管、金融等主管部门要建立联动机制,明确分工,落实责任,做好人员和经费保障,有序推进土地二级市场建设。已依法入市的农村集体经营性建设用地使用权转让、出租、抵押,可参照本意见执行。

(二十三)重视宣传引导。加大对土地二级市场相关政策的宣传力度,及时总结推广各地典型经验和创新做法,扩大土地二级市场影响力、吸引力,调动市场主体参与积极性。合理引导市场预期,及时回应公众关切,营造良好的土地市场舆论氛围,提升市场主体和全社会依法规范、节约集约用地的意识,切实提高资源利用效率。

(二十四)严格责任追究。强化监督问责,对违反土地二级市场相关规定的地方政府和有关部门、单位以及责任人员严格实行责任追究,坚决打击各种腐败行为。

2. 用地管理

城乡建设用地增减挂钩试点管理办法

·2008年6月27日

·国土资发〔2008〕138号

第一条 为进一步加强和规范城乡建设用地增减挂钩试点工作,根据《国务院关于深化改革严格土地管理的决定》(国发〔2004〕28号)的规定,制定本办法。

第二条 本办法所称城乡建设用地增减挂钩(以下简称挂钩)是指依据土地利用总体规划,将若干拟整理复垦为耕地的农村建设用地地块(即拆旧地块)和拟用于城镇建设的地块(即建新地块)等面积共同组成建新拆旧项目区(以下简称项目区),通过建新拆旧和土地整理复垦等措施,在保证项目区内各类土地面积平衡的基础上,最终实现增加耕地有效面积,提高耕地质量,节约集约利用建设用地,城乡用地布局更合理的目标。

第三条 挂钩试点工作应以落实科学发展观为统领,以保护耕地、保障农民土地权益为出发点,以改善农村生产生活条件,统筹城乡发展为目标,以优化用地结构和节约集约用地为重点。具体遵循以下原则:

(一)以规划统筹试点工作,引导城乡用地结构调整和布局优化,推进土地节约集约利用,促进城乡协调发展。

(二)以挂钩周转指标安排项目区建新拆旧规模,调控实施进度,考核计划目标;

(三)以项目区实施为核心,实行行政辖区和项目区建新拆旧双层审批、考核和管理,确保项目区实施后,增加耕地有效面积,提高耕地质量,建设用地总量不突破原有规模;

(四)因地制宜,统筹安排,零拆整建,先易后难,突出重点,分步实施;

(五)尊重群众意愿,维护集体和农户土地合法权益;

(六)以城带乡、以工促农,通过挂钩试点工作,改善农民生产、生活条件,促进农业适度规模经营和农村集体经济发展。

第四条 国土资源部负责对全国挂钩试点工作的政策指导、规模调控和监督检查;试点省(区、市)省级国土资源部门负责辖区内试点工作的总体部署和组织管理;试点市、县国土资源部门负责本行政区域内试点工作的具体组织实施。

挂钩试点工作应当由市、县人民政府组织协调,相关部门协同配合,共同推进。

第五条 挂钩试点工作实行行政区域和项目区双层管理,以项目区为主体组织实施。项目区应在试点市、县行政辖区内设置,优先考虑城乡结合部地区;项目区内建新和拆旧地块要相对接近,便于实施和管理,并避让基本农田;

项目区内建新地块总面积必须小于拆旧地块总面积,拆旧地块整理复垦耕地的数量、质量,应比建新占用耕地的数量有增加、质量有提高。

项目区内拆旧地块整理的耕地面积,大于建新占用的耕地的,可用于建设占用耕地占补平衡。

第六条 挂钩试点通过下达城乡建设用地增减挂钩周转指标(以下简称挂钩周转指标)进行。挂钩周转指标专项用于控制项目区内建新地块的规模,同时作为拆旧地块整理复垦耕地面积的标准。不得作为年度新增建设用地计划指标使用。

挂钩周转指标应在规定时间内用拆旧地块整理复垦的耕地面积归还,面积不得少于下达的挂钩周转指标。

第七条 挂钩试点市、县应当开展专项调查,查清试点地区土地利用现状、权属、等级,分析试点地区农村建设用地整理复垦潜力和城镇建设用地需求,了解当地群众的生产生活条件和建新拆旧意愿。

第八条 挂钩试点市、县应当依据土地利用总体规划和专项调查,编制挂钩试点专项规划,统筹安排挂钩试点项目区规模布局,做好与城市、村镇规划等的衔接。

第九条 挂钩试点县(区、市)应依据专项调查和挂钩试点专项规划,编制项目区实施规划,统筹确定城镇建设用地增加和农村建设用地撤并的规模、范围和布局，合理安排建新区城镇村建设用地的比例，优先保证被拆迁农民安置和农村公共设施建设用地，并为当地农村集体经济发展预留空间。

项目区实施规划内容主要包括农村建设用地整理复垦潜力分析，项目区规模与范围，土地利用结构调整等情况；项目区实施时序，周转指标规模及使用、归还计划；拆旧区整理复垦和安置补偿方案；资金预算与筹措等，以及项目区土地利用现状图和项目区实施规划图。

第十条 挂钩试点工作必须经国土资源部批准，未经批准不得自行开展试点工作。

省级国土资源部门制定试点工作总体方案，向国土资源部提出开展挂钩试点工作申请。国土资源部对省级国土资源部门上报的试点工作总体方案进行审查，并批准挂钩试点省份。

经批准的试点省级国土资源部门，依据试点工作总体方案，组织市、县国土资源部门编制项目区实施规划，并进行审查，建立项目区备选库；根据项目区入库情况，向国土资源部提出周转指标申请。

国土资源部在对项目区备选库进行核查的基础上，按照总量控制的原则，批准下达挂钩周转指标规模。

第十一条 挂钩试点应当具备以下条件：

（一）建设用地供需矛盾突出，农村建设用地整理复垦潜力较大；

（二）当地政府重视，群众积极性较高；

（三）经济发展较快，具备较强的经济实力，能确保建新安置和拆旧整理所需资金；

（四）土地管理严格规范，各项基础业务扎实，具有较强制度创新和探索能力。

第十二条 试点省（区、市）应根据国土资源部批准下达的挂钩周转指标规模，在项目区备选库中择优确定试点项目区，对项目区实施规划和建新拆旧进行整体审批，不再单独办理农用地转用审批手续。整体审批结果报国土资源部备案。

项目区经整体审批后方可实施，未经整体审批的项目区，不得使用挂钩周转指标；未纳入项目区、无挂钩周转指标的地块，不得改变土地用途，涉及农用地改变为新增建设用地的应依法办理农用地转用手续。

第十三条 项目区实施前，应当对建新拟占用的农用地和耕地，进行面积测量和等级评定，并登记入册。

第十四条 挂钩试点实施过程中，项目区拆旧地块整理要严格执行土地整理复垦的有关规定，涉及工程建设的，应当执行项目法人制、招投标制、工程监理制、公告制等制度。

第十五条 挂钩周转指标分别以行政区域和项目区为考核单位，两者建新地块的面积规模都不得突破下达的挂钩周转指标规模。对各项目区挂钩周转指标的使用情况，要独立进行考核和管理；对试点市、县挂钩周转指标的使用情况，要综合行政辖区内的所有项目区进行整体考核和管理。

试点市、县国土资源部门应按照“总量控制、封闭运行、定期考核、到期归还”的原则，制定建立挂钩周转指标管理台账，对挂钩周转指标的下达、使用和归还进行全程监管。

挂钩周转指标从项目区整体审批实施至指标归还的期限一般不超过三年。项目区要制定分年度指标归还计划，试点市、县国土资源部门督促落实指标归还进度；试点省级国土资源部门每年应依据指标归还计划，对各试点市、县挂钩周转指标归还情况进行考核验收。

第十六条 项目区建新地块要按照国家供地政策和节约集约用地要求供地和用地。确需征收的集体土地，应依法办理土地征收手续。

通过开展土地评估、界定土地权属，按照同类土地等价交换的原则，合理进行土地调整、互换和补偿。根据“依法、自愿、有偿、规范”的要求，探索集体建设用地流转，创新机制，促进挂钩试点工作。

第十七条 项目区选点布局应当举行听证、论证，充分吸收当地农民和公众意见，严禁违背农民意愿，大拆大建；项目区实施过程中，涉及农用地或建设用地调整、互换，要得到集体经济组织和农民确认。涉及集体土地征收的，要实行告知、听证和确认，对集体和农民妥善给予补偿和安置。

建新地块实行有偿供地所得收益，要用于项目区内农村和基础设施建设，并按照城市反哺农村、工业反哺农业的要求，优先用于支持农村集体发展生产和农民改善生活条件。

第十八条 市、县国土资源部门对挂钩试点工作要实行动态监管，每半年将试点进展情况向上级国土资源部门报告；省级国土资源部门应定期对本行政辖区试点工作进行检查指导，并于每年年底组织开展年度考核，考核情况报国土资源部备案。

第十九条 项目区实施完成后，由试点县级国土资源部门进行初验。初验合格后，向上一级国土资源部门申请，由省级国土资源部门组织正式验收，并将验收结果报部备案。

项目区验收时,需提供1:1万或更大比例尺的项目区土地利用现状图和必要的遥感影像资料,与项目区实施前的图件资料进行比对和核查。

第二十条　项目区竣工验收后,要在规定的时间内完成地籍调查和土地变更调查,明确地块界址,并依法办理土地变更登记手续。

第二十一条　试点各级国土资源部门应运用计算机等手段,对建新拆旧面积、周转指标、土地权属等进行登记、汇总,建立项目区数据库,加强信息化管理。

第二十二条　国土资源部定期对试点工作进行检查,对未能按计划及时归还指标的省(区、市),要限期整改,情节严重的,暂停挂钩试点工作;对于擅自扩大试点范围,突破下达周转指标规模,停止该省(区、市)的挂钩试点工作,并相应扣减土地利用年度计划指标。

第二十三条　试点省(区、市)可结合本地区实际情况,参照本办法,制定具体实施办法。

第二十四条　本办法自颁布之日起实施。

城乡建设用地增减挂钩节余指标跨省域调剂管理办法

· 2018年3月10日

· 国办发〔2018〕16号

第一章　总　则

第一条　为规范开展深度贫困地区城乡建设用地增减挂钩节余指标跨省域调剂,根据《中华人民共和国土地管理法》和《中共中央 国务院关于实施乡村振兴战略的意见》、《中共中央办公厅 国务院办公厅印发〈关于支持深度贫困地区脱贫攻坚的实施意见〉的通知》有关规定,制定本办法。

第二条　本办法所称城乡建设用地增减挂钩节余指标跨省域调剂,是指"三区三州"及其他深度贫困县城乡建设用地增减挂钩节余指标(以下简称节余指标)由国家统筹跨省域调剂使用。

第三条　节余指标跨省域调剂应遵循以下原则:

(一)区域统筹,精准扶贫。聚焦深度贫困地区脱贫攻坚任务,调动各方力量提供资金支持,实现合作共赢。国家下达调剂任务,确定调剂价格标准,统一资金收取和支出;各有关省(区、市)统筹组织本地区跨省域调剂有关工作,并做好与省域内城乡建设用地增减挂钩工作的协调。

(二)生态优先,绿色发展。落实最严格的耕地保护制度、节约用地制度和生态环境保护制度,严格执行耕地占补平衡制度,加强土地利用总体规划和年度计划统筹管控,实施建设用地总量、强度双控,优化配置区域城乡土地资源,维护土地市场秩序,保持土地产权关系稳定。

(三)尽力而为,量力而行。帮扶地区要把决胜全面小康、实现共同富裕摆在更加突出的位置,落实好帮扶责任。深度贫困地区要把握地域差异,注重保护历史文化和自然风貌,因地制宜实施复垦;充分尊重农民意愿,切实保障农民土地合法权益和农村建设用地需求,防止盲目推进。

第四条　国土资源部会同财政部、国家发展改革委、农业部等相关部门制定节余指标跨省域调剂实施办法,确定调剂规模、激励措施和监管要求。财政部会同国土资源部等相关部门制定资金使用管理办法,统一资金收取和支出。有关省级人民政府负责节余指标跨省域调剂的组织实施;省级国土资源、财政主管部门分别制定实施细则,平衡调剂节余指标和资金。市、县级人民政府为节余指标跨省域调剂责任主体;市、县级国土资源主管部门负责具体实施。

第二章　调剂计划安排

第五条　国土资源部根据有关省(区、市)土地利用和贫困人口等情况,经综合测算后报国务院确定跨省域调剂节余指标任务。主要帮扶省份应当全额落实调入节余指标任务,鼓励多买多用。鼓励其他有条件的省份根据自身实际提供帮扶。

经国务院同意,国土资源部将跨省域调剂节余指标任务下达有关省(区、市)。有关省(区、市)可结合本地区情况,将跨省域调入、调出节余指标任务明确到市、县。

第六条　按照增减挂钩政策规定,深度贫困地区所在地省级国土资源主管部门组织编制和审批拆旧复垦安置方案,帮扶省份省级国土资源主管部门组织编制和审批建新方案,通过城乡建设用地增减挂钩在线监管系统报国土资源部备案。

省级人民政府将需要调剂的节余指标和资金总额函告国土资源部,原则上每年不超过两次。国土资源部根据备案情况核销跨省域调剂节余指标任务,核定复垦和占用农用地面积、耕地面积和耕地质量,以及规划耕地保有量和建设用地规模调整数量,并将核销结果抄送财政部。

第七条　帮扶省份要严格控制城镇建设用地扩张,人均城镇建设用地水平较低、规划建设用地规模确有不足的,可以使用跨省域调剂节余指标少量增加规划建设用地规模,并在新一轮土地利用总体规划编制时予以调整。增加的规划建设用地规模原则上不得用于特大城市和超大城市的中心城区。

国土资源部在核销各省(区、市)跨省域调剂节余指标任务时,对涉及的有关省份规划耕地保有量、建设用地规模调整以及耕地质量变化情况实行台账管理;列入台账的,在省级人民政府耕地保护责任目标考核等监督检查中予以认定,在新一轮土地利用总体规划编制时统筹解决。

第三章　资金收取和支出

第八条　财政部根据国土资源部核定的调剂资金总额,收取有关省(区、市)调剂资金;省级财政主管部门根据省级国土资源主管部门核定的调剂资金额度,收取有关市、县调剂资金。收取的帮扶省份跨省域调入节余指标资金,纳入省级财政向中央财政的一般公共预算转移性支出,在中央财政和地方财政年终结算时上解中央财政。

第九条　财政部根据国土资源部核定的调剂资金总额,向深度贫困地区所在省份下达70%调剂资金指标,由省级财政主管部门根据省级国土资源主管部门确认的调剂资金金额向深度贫困地区拨付。待完成拆旧复垦安置,经省级国土资源主管部门验收并经国土资源部确认后,财政部向深度贫困地区所在省份下达剩余30%调剂资金指标,由省级财政主管部门向深度贫困地区拨付。

调剂资金支出列入中央财政对地方财政一般性转移支付,全部用于巩固脱贫攻坚成果和支持实施乡村振兴战略,优先和重点保障产生节余指标深度贫困地区的安置补偿、拆旧复垦、基础设施和公共服务设施建设、生态修复、耕地保护、高标准农田建设、农业农村发展建设以及购买易地扶贫搬迁服务等。

第十条　国家统一制定跨省域调剂节余指标价格标准。节余指标调出价格根据复垦土地的类型和质量确定,复垦为一般耕地或其他农用地的每亩30万元,复垦为高标准农田的每亩40万元。节余指标调入价格根据地区差异相应确定,北京、上海每亩70万元,天津、江苏、浙江、广东每亩50万元,福建、山东等其他省份每亩30万元;附加规划建设用地规模的,每亩再增加50万元。

根据跨省域调剂节余指标实施情况,按程序适时调整上述标准。

第四章　节余指标调剂实施

第十一条　深度贫困地区根据国家核定的调剂节余指标,按照增减挂钩政策规定,以不破坏生态环境和历史文化风貌为前提,按照宜耕则耕、宜林则林、宜草则草的原则复垦,切实做好搬迁群众安置。

第十二条　帮扶省份根据国家核定的调剂节余指标,按照经批准的建新方案使用跨省域调剂节余指标进行建设。

第十三条　深度贫困地区实际拆旧复垦耕地面积和质量低于国家核定要求的,以及帮扶地区实际建新占用耕地面积和质量超出国家核定要求的,应通过补改结合、提质改造等措施满足国家核定要求。

第五章　监督管理

第十四条　国土资源部和省级国土资源主管部门分别建立节余指标调剂监管平台。拆旧复垦安置方案、建新方案应实时备案,确保拆旧复垦安置和建新精准落地,做到上图入库、数量真实、质量可靠。监管平台自动生成电子监管码,对节余指标调剂进行动态监管。省级国土资源主管部门审批的拆旧复垦安置方案、建新方案,需标注使用跨省域调剂节余指标。

第十五条　省级国土资源主管部门充分利用国土资源遥感监测"一张图"和综合监管平台等手段,对拆旧复垦农用地和耕地等进行核查。国土资源部和省级国土资源主管部门通过监管平台和实地抽查,对跨省域调剂节余指标工作开展日常监测监管。国家土地督察机构对跨省域调剂节余指标实施情况进行监督检查,检查报告抄送财政部。发现弄虚作假、违背群众意愿强行实施的,国土资源部会同财政部停止拨付并扣减调剂资金。

第六章　附　则

第十六条　本办法由国土资源部、财政部负责解释。

第十七条　本办法自印发之日起施行,有效期至2020年12月31日。

财政部关于城乡建设用地增减挂钩试点有关财税政策问题的通知

·2014年1月26日

·财综〔2014〕7号

各省、自治区、直辖市、计划单列市财政厅(局):

2006年以来,经国土资源部批准,各地陆续开展了城乡建设用地增减挂钩试点(以下简称增减挂钩)工作,对于促进节约集约用地、缓解土地供需矛盾、保护耕地资源、统筹城乡发展起到积极作用。根据《国务院关于严格规范增减挂钩试点切实做好农村土地整治工作的通知》(国发〔2010〕47号)、《国务院办公厅关于规范国有土地使用权出让收支管理的通知》(国办发〔2006〕100号)等规定,现就增减挂钩中有关财税政策问题通知如下:

一、加强增减挂钩相关收入征管，落实“收支两条线”政策

在实施增减挂钩中，市县国土资源管理部门依法供应用于城镇建设的地块（即建新地块）形成的土地出让收入，包括利用增减挂钩节余指标供应土地形成的土地出让收入，均应当按照国办发〔2006〕100 号文件规定，就地全额缴入国库，实行“收支两条线”管理，并按照不同供地方式分别填列《政府收支分类科目》“1030148 国有土地使用权出让收入”中的相应目级科目。增减挂钩地区试行土地节余指标交易流转的，其土地节余指标交易流转收入应当作为土地出让收入的一部分，全额缴入国库，实行“收支两条线”管理，缴库时填列《政府收支分类科目》中的“103014899 其他收入”科目。市县财政部门应当会同国土资源管理部门加强增减挂钩相关收入征收管理，确保相关收入及时足额缴库，不得随意减免或返还相关收入，也不得账外设账、截留、挤占和挪作他用。

二、规范增减挂钩支出管理，加大对增减挂钩项目的支持力度

在实施增减挂钩中，要做好农村居民的拆迁补偿安置工作，规范项目支出管理，加大财政支持力度。其中，农村居民住宅等拆迁补偿所需费用，新建农村居民安置住房所需费用，以及新建农村居民安置住房社区中的道路、供水、供电、供气、排水、通讯、照明、污水、环境、卫生、文化、公共绿地、公共厕所、消防等公共基础设施建设支出，可以通过预算从土地出让收入中安排；整理复垦为耕地的农村建设用地地块（即拆旧地块）所需费用，可以按照“渠道不乱、用途不变、统筹安排、集中投入、各负其责、各计其功、形成合力”的原则，通过预算从土地出让收益中计提的农业土地开发资金、农田水利建设资金以及新增建设用地土地有偿使用费、耕地开垦费、土地复垦费等资金来源安排；新建农村居民安置住房社区中的学前教育、义务教育等相关开支，可以通过预算从土地出让收益中计提的教育资金等相关资金渠道中安排。

三、建立增减挂钩项目支出预决算制度，按照项目实施进度核拨资金

实施增减挂钩项目的单位，应当按照同级财政部门的规定编报项目支出预算，经同级财政部门审核后纳入年度土地出让支出预算，按规定程序报同级人民政府同意，并报同级人大审议批准后实施。增减挂钩项目单位申请拨款，应当依据批准的预算，提出年度分季分月用款计划，报同级财政部门批准后，按照项目实施进度核拨资金，并根据用途分别填列相应的土地出让支出科目。对于未列入预算的增减挂钩支出项目，财政部门一律不得安排资金。年度终了，实施增减挂钩项目的单位，应当按同级财政部门的规定，编报增减挂钩项目支出决算，经同级财政部门审核后纳入年度土地出让支出决算，按规定程序报同级人民政府同意，并报同级人大审议批准。

四、明确增减挂钩税费优惠政策，减轻增减挂钩项目负担

为支持增减挂钩工作，减轻增减挂钩项目负担，对增减挂钩项目实施税费优惠政策。根据《耕地占用税暂行条例实施细则》（财政部令第 49 号）的有关规定，增减挂钩项目中农村居民经批准搬迁，原宅基地恢复耕种，新建农村居民安置住房占用耕地面积不超过原宅基地面积的，不征收耕地占用税；超过原宅基地面积的，对超过部分按照当地适用税额减半征收耕地占用税；新建农村居民住房社区中学校、道路等占用耕地符合减免条件的，可以依法减免耕地占用税。增减挂钩项目中新建农村居民安置住房和社区公共基础设施用地，以及增减挂钩项目所在市县利用节余指标供应国有建设用地，未超过国土资源部下达增减挂钩周转指标的，可以不缴纳新增建设用地土地有偿使用费、耕地开垦费；上述用地超出国土资源部下达增减挂钩周转指标的部分，以及节余指标在其他市县交易流转供应相应面积的国有建设用地，凡涉及农用地、未利用地转为建设用地的，均应当依法缴纳新增建设用地土地有偿使用费、耕地开垦费。

五、坚持量力而行的原则，从严控制增减挂钩项目的债务规模

实施增减挂钩应当充分尊重农村居民意愿，坚持群众自愿、因地制宜、统筹安排、分步实施、量力而行的原则。增减挂钩项目单位需要举借债务的，应当与开展增减挂钩项目所需自筹资金相适应，从严控制债务规模。属于地方政府性债务的，纳入地方政府性债务统一管理，并严格执行地方政府性债务管理政策。增减挂钩项目单位举债筹集的资金，应当实行银行专账管理，专项用于与增减挂钩项目相关的开支，不得挤占和挪作他用。

六、加大监督检查力度，提高增减挂钩项目实施效果

为确保增减挂钩不走样，防止出现“重建新、轻拆旧”、“重指标、轻复垦”问题，市县财政部门应当加强增减挂钩项目及其相关收支的监督管理，保障农村居民合法权益，督促增减挂钩项目资金按照规定管理和使用，落实相关税费优惠政策。同时，将增减挂钩项目纳入审计范围，督促相关单位严格按规定程序和要求实施增减挂钩项目，优化用地结构，节约集约利用建设用地，加快整理复垦耕地进度，保障整理复垦耕地的数量和质量，增加耕地有效面积，提高增减挂钩项目实施效果。

实施增减挂钩是改善农村生产生活条件、促进农业现代化建设、提高节约集约用地水平、统筹城乡发展、保护耕地的一项重要措施，各级财政部门要高度重视这项工作，加强部门协调与配合，齐心协力共同做好这项工作，确保增减挂钩工作有序规范开展和顺利实施。

国土资源部关于严格建设用地管理促进批而未用土地利用的通知

· 2009年8月11日

· 国土资发〔2009〕106号

各省、自治区、直辖市国土资源厅（国土环境资源厅、国土资源局、国土资源和房屋管理局、规划和国土资源管理局），新疆生产建设兵团国土资源局，各派驻地方的国家土地督察局：

为促进城市新增建设用地及时有效供应并得到充分利用，进一步加强建设用地管理，依法纠正和遏制违法违规使用农村集体土地等行为，现就有关工作事宜通知如下：

一、加快城市建设用地审批和土地征收实施

各级国土资源管理部门要切实增强主动工作意识，提高工作效率，积极采取有效措施，对国务院批准的2007、2008年度城市建设用地，凡未上报或审核同意实施方案的，省级国土资源管理部门要督促城市人民政府尽快编制和上报实施方案，并尽快向省（区、市）人民政府汇报，在9月底前完成审核工作。

省级国土资源管理部门要加强对地方的指导，督促各地加快征地实施工作进度，确保已批准的城市建设用地能够及时形成供地条件，保障扩内需、保增长、调结构用地的供应。

省级国土资源管理部门要加强对城市建设用地批后实施的跟踪管理和督促。国务院批准的城市建设用地，自省级人民政府审核同意实施方案后满两年未实施具体征地或用地行为的，该部分土地的农用地转用失效，并应以适当方式予以公告。

二、切实抓好批而未征土地的处理

各地要按照《关于在保增长保红线行动中加快处理批而未用土地等工作的通知》（国土资电发〔2009〕44号）的部署，在全面清理、摸清底数的基础上，及时制订批而未征、征而未供、供而未用、用而未尽土地的处理意见和整改方案，并认真抓好落实。省级国土资源管理部门要加强对城市建设用地批后实施情况的调查研究，帮助市、县协调解决工作中的困难和问题。

允许在一定条件下适当调整建设用地区位。国务院批准的2007、2008年度城市建设用地，至今未实施征地，但各种原因确需对原批准的建设用地区位进行调整的，且拟调整用地在符合土地利用总体规划和城市规划、不突破国务院批准的城市总用地和新增建设用地规模、“三类住房”等民生用地面积不减少的条件下，允许适当调整。城市人民政府应在申报实施方案时连同调整方案一并报省级人民政府审核。城市人民政府申报调整方案时应明确拟调整土地的具体位置、图幅图斑号、地类、面积等情况。凡涉及区位调整的，经省级人民政府批准后，应及时将相关批准文件报部备案，并抄送派驻地方的国家土地督察局。省级人民政府审批的城市建设用地满足上述条件的，可参照执行。

三、进一步规范和加强建设项目用地管理

规范城市基础设施等用地的供地手续。城市公共道路、公共绿地、公共污水雨水排放管线、公共休憩广场等基础设施、公用设施用地等，凡以建设项目运作实施的，必须严格依法办理供地手续，颁发《建设用地批准书》和《国有建设用地划拨决定书》，及时通过电子备案系统进行备案；对用地主体不明确，且已实际使用土地进行开发建设的，可视为已供地予以备案，待竣工后通过土地变更进行登记，用地主体确定为城市人民政府。

完善工业用地出让备案制度。对以招标拍卖挂牌方式确定使用权的工业项目用地，可在签订《成交确认书》后通过电子备案系统进行预备案，待正式签订《国有建设用地出让合同》后再规范填报供地备案；若后期因未取得其他相关部门批准手续而放弃土地使用权的，应及时在电子备案系统中注销预备案。

采取切实措施促进建设用地的有效利用。对已完成土地征收和前期土地开发，原意向项目不落实的，应及时调整给其他用地者。对因城市规划调整造成已供地项目不能落地的，应允许用地者报经批准后改变土地具体用途，或者通过协商调整安排给其他符合规划的项目，但应依法办理相关供地手续。对取得土地后满2年未动工的建设项目用地，应依照闲置土地的处置政策依法处置，促进尽快利用。

四、坚决查处违法批地和用地行为

各级国土资源管理部门要继续加大土地执法工作力度。当前，要围绕保增长、保民生、保稳定和社会关注的热点问题，切实抓好违法用地案件的查处。

加强土地执法监察。要通过进一步建立健全动态巡查、举报等制度，对苗头性、倾向性问题早发现、早制止、早处置，及时纠正和查处以预审代审批、通过办理临时用地方式变相开工建设等未批先用、批而不用、批少占多等违法违规用地行为。

严肃查处违反土地管理法律法规新建“小产权房”和高尔夫球场项目用地。必须严格按照《土地管理法》和《关于严格执行有关农村集体建设用地法律和政策的通知》（国办发〔2007〕71号）的规定执行。对在建在售的以新农村建设、村庄改造、农民新居建设和设施农业、观光农业等名义占用农村集体土地兴建商品住宅，在地方政府统一组织协调下，必须采取强力措施，坚决叫停管住并予以严肃查处。

五、加强建设用地批后监管

健全建设用地动态监管制度。加快运行建设用地“批、供、用、补、查”综合监管平台，重点对土地利用规划和计划执行、土地审批及土地征收、土地供应、项目用地开发利用等情况进行动态监管，切实预防和防止未批即用、批而未征、征而未供、供而未用等现象的发生。省级国土资源管理部门要认真做好建设用地审批备案工作，适时掌握国务院批准城市用地的农用地转用、土地征收方案实施情况和省级人民政府审批建设用地情况。市、县国土资源管理部门要全面运行土地市场动态监测与监管系统。建设用地供应，必须通过系统填报并由系统生成配电子编号和条形码的《国有建设用地出让合同》、《国有建设用地划拨决定书》，并对执行情况实施全程监管，及时向社会公开供地计划、供应结果和实际开发利用情况动态信息。

各派驻地方的国家土地督察局要加强对建设用地审批事项的督察，将城市建设用地批后实施作为督察重点，特别是对调整用地区位的建设用地要加大抽查力度。把违法违规使用农村集体土地建设纳入专项督察范围，对问题严重地区发出整改意见，督促地方政府纠正整改。

国土资源部关于严格落实房地产用地调控政策促进土地市场健康发展有关问题的通知

·2010年12月19日
·国土资发〔2010〕204号

各省、自治区、直辖市国土资源厅（国土环境资源厅、国土资源局、国土资源和房屋管理局、规划和国土资源管理局），副省级城市国土资源行政主管部门，新疆生产建设兵团国土资源局，各派驻地方的国家土地督察局：

为落实中央经济工作会议精神，增强土地政策参与房地产市场宏观调控的针对性、灵活性、有效性，持续推进国务院关于房地产市场调控政策措施的贯彻落实，按照国土资发〔2010〕34号、〔2010〕151号文件要求，严格落实房地产用地调控政策，做好当前和今后一段时间房地产用地管理和调控工作，促进土地市场健康平稳可持续发展，现就有关问题通知如下：

一、增强责任感和敏锐性，密切关注房地产市场走势，坚决落实监管和调控政策措施

地方各级国土资源主管部门今年以来认真贯彻落实国务院和国土资源部关于房地产市场调控的政策措施，积极推进以保障性为主的住房供地计划落实，坚持和完善土地招拍挂制度，切实加强房地产用地供应和监管，以住宅用地为主的房地产用地供应大幅增长，保障性住房用地占比提高，用地结构进一步优化，城市居住用地地价总体趋于稳定。但由于多因素作用下房地产市场健康运行面临复杂局面，近期少数城市部分优质地块出让溢价率偏高，引起社会广泛关注。对此，地方各级国土资源主管部门要高度重视，切实增强责任感和敏锐性，密切关注当前土地市场动向，抓紧采取有力措施，控制住房用地供应总量，把握供地节奏和时序，优化供地结构，调整供地方式，坚决抑制地价过快上涨；要严格落实已有政策规定，坚决打击囤地炒地闲置土地等违法违规行为，切实落实调控措施。

二、完善调控措施，促进土地市场健康发展

未完成2010年保障性住房建设用地供应任务，保障性住房、棚户区改造住房、中小套型普通商品住房“三类用地”供应总量未达到住房用地供应总量70%的市县，年底前不得出让大户高档商品住宅用地。要严格把握居住用地出让的总量、结构和时序，坚决防范受多种因素驱动的岁末年初放量供地。凡可能出现“高价地”的地区，必须事前评估，采取有效措施，防止出现高价地，稳定市场预期。各地要加强地价动态监测，及时掌握地价异常变动，提高市场敏锐性和针对性。对招拍挂出让中溢价率超过50%、成交总价或单价创历史新高的地块，市、县国土资源主管部门要在成交确认书签订（中标通知书发出）后2个工作日内，通过国土资源部门户网站的中国土地市场网页下载并填写《房地产用地交易异常情况一览表》，分别上报国土资源部和省（区、市）国土资源主管部门。

三、严格执行招拍挂出让制度和操作程序，规范房地产用地出让行为

省（区、市）国土资源主管部门要加强对市、县招拍挂出让公告的审查,对发现存在超面积出让、捆绑出让、"毛地"出让、住宅用地容积率小于1、出让主体不合法等违反政策规定的出让公告,及时责令市、县国土资源主管部门撤销公告,重新拟定出让方案。违反规定出让的,应责令立即终止出让行为,并依法追究责任。

市、县国土资源主管部门要严格竞买人资格审查,在审查前,要在线查询部、省(区、市)房地产企业土地开发利用诚信档案,对发现竞买人及其控股股东存在伪造公文骗取用地和非法倒卖土地、非法转让土地使用权、因企业原因造成土地闲置一年以上、违背出让合同约定条件开发利用土地等违法违规违约行为的,不得通过竞买资格审查。市、县国土资源主管部门要将审查发现的违法违规违约行为,及时在当地媒体和国土资源部门户网站的中国土地市场网页上向社会公布。在违法违规违约行为查处整改到位前,企业及其控股股东不得参加土地竞买。

各地要按照公开公平公正、诚实信用、高效便民的原则,在坚持国有土地使用权招标拍卖挂牌出让制度的前提下,积极探索"限房价、竞地价"、"限地价、竞政策性住房面积"、"在商品住宅用地中配建保障性住房"、网上挂牌、用地预申请、一次竞价、综合评标等多种交易形式,总结推广成功经验和做法,改进和完善招拍挂制度内容,进一步发挥招拍挂制度在深化土地要素市场改革、加强土地出让领域反腐倡廉建设和调控房地产市场中的积极作用。

四、加强房地产用地监管,严格落实制度

严禁保障性住房用地改变用地性质。保障性住房用地改变用地性质搞商品房开发的,必须依法没收违法所得,收回土地使用权,由市、县国土资源主管部门重新招拍挂出让。坚决制止擅自调整容积率行为。经依法批准调整容积率的,市、县国土资源主管部门应当按照批准调整时的土地市场楼面地价核定应补缴的土地出让价款。省(区、市)国土资源主管部门应对各地房地产用地开竣工申报制度的建立情况进行检查,对未按照国土资发〔2010〕34号文件规定建立制度的市县,要提出通报批评,限期建立。

各地务必按照今年上半年房地产用地专项整治的要求和政策标准,进一步加大违法违规房地产用地清理查处力度,加快处置因政府原因造成的闲置土地,促进市场秩序进一步规范。2011年1月中旬前,省(区、市)国土资源主管部门要将因政府原因闲置土地尚未完成整改处置的市县和具体地块信息、闲置原因向社会公告,并采取措施督促市县抓紧落实闲置土地清理工作。

各级国土资源管理部门要根据本通知精神,严格贯彻落实已有各项政策规定,进一步强化房地产用地管理调控。国土资源部将对各地贯彻落实情况进行指导监督和检查。

国土资源部办公厅关于建立土地利用动态巡查制度加强建设用地供后开发利用全程监管的通知

·2013年6月6日

·国土资厅发〔2013〕30号

各省、自治区、直辖市国土资源主管部门,新疆生产建设兵团国土资源局,各派驻地方的国家土地督察局,部机关有关司局,有关直属事业单位:

为加强建设用地供后开发利用全程监管,促进各项建设依法依规用地,不断提高节约集约用地水平,部在总结土地利用动态巡查试点城市经验和做法的基础上,决定在全国范围内建立土地利用动态巡查制度。现就有关问题通知如下:

一、建立土地利用动态巡查制度是促进土地开发利用的基本保障

土地利用动态巡查,是国土资源主管部门依托土地市场动态监测与监管系统(以下称"监测监管系统"),以供地政策的落实和《国有建设用地使用权出让合同》、《国有建设用地划拨决定书》的履行为重点,通过信息公示、预警提醒、开竣工申报、现场核查、跟踪管理、竣工验收、闲置土地查处、建立诚信档案等手段,实现对辖区内建设用地批后开发利用的全程监管。部于2012年在全国选择部分市、县进行了试点,取得了成功经验与有效做法,土地开发利用状况明显改观。实践证明,建立土地利用动态巡查制度,是切实加强建设用地供后开发利用全程监管、促进土地节约集约利用的重要抓手和基本保障。各级国土资源主管部门要高度重视,把建立土地利用动态巡查制度作为转变政府职能、提高管理水平的重要内容,切实加强组织领导,积极推进机制创新,着力强化技术支撑,全面促进各项制度落到实处。

为使土地利用动态巡查工作运行简单、易行、高效,部已在监测与监管系统中开发了土地利用动态巡查模块,设计了项目跟踪、信息公示、开竣工提醒和闲置土地处置等巡查内容的具体操作流程和有关文书。该系统从本通知下发之日起试运行,2014年1月1日起正式运行。

二、准确把握土地利用动态巡查制度的基本内容

各地要准确把握动态巡查制度的基本内容,突出工作重点,严密业务流程,及时开展土地利用动态巡查工作。

(一)建设项目跟踪。出让合同签订或划拨决定书下发后,市、县国土资源主管部门应在监测监管系统中提取《建设项目用地跟踪管理卡》,对已供土地的公开信息、出让价款缴纳、开竣工、定期巡查等情况作详细记录,作为开展土地利用动态巡查工作的基础。

(二)信息现场公示。市、县国土资源主管部门应依据《建设项目用地跟踪管理卡》的相关内容,形成《建设项目用地信息公示牌》,提示土地使用权人在项目所在地醒目位置挂牌公示,接受社会监督。公示内容包括建设用地使用权人、建设单位、项目动工开发、竣工时间、土地开发利用标准和监管机构、举报电话等相关信息。

(三)价款缴纳提醒。对于合同约定的缴款时间前30日尚未缴纳土地出让价款的项目,市、县国土资源主管部门应根据监测监管系统的预警提醒,在系统中提取《国有建设用地使用权出让价款缴纳提示书》,提示受让人及时缴纳土地出让价款。缴纳土地出让价款后10个工作日内,相关人员应及时将价款支付情况及相关凭证录入监测监管系统。

(四)开竣工预警提醒。对于合同约定或划拨决定书规定的开竣工时间前30日尚未开竣工的项目,市、县国土资源主管部门应根据监测监管系统的预警提醒,在系统中提取《开工提醒书》或《竣工提醒书》,并送达土地使用权人,提醒其按期开工或竣工,同时提示其违约风险及违约处理等事宜。对于依法批准延期的,应及时在监测监管系统中更新信息,并按照新的开、竣工时间进行监测监管。

(五)开竣工申报。市、县国土资源主管部门应当要求土地使用权人按规定在项目开工、竣工时应向市、县国土资源主管部门提交《建设项目动工申报书》和《建设项目竣工申报书》,并提供相应的建设用地施工许可证、现场照片、竣工验收证明等材料。市、县国土资源主管部门应及时将相关信息在10个工作日内上传监测监管系统。

(六)现场核查。市、县国土资源主管部门要在约定开竣工时间、实际开工、竣工验收等时点以及开发建设过程中,定期或不定期对项目建设情况进行现场核查,获取同一角度、不同时期全景照片,并在《建设项目用地跟踪管理卡》上做好记录。核查记录要在获取后10个工作日内上传监测监管系统。

(七)闲置土地查处。市、县国土资源主管部门应严格按照《闲置土地处置办法》(国土资源部令第53号)的要求,认真履行各项程序。对涉嫌构成闲置的建设用地及时开展调查、认定和处置,并将有关信息及时录入监测监管系统,同时填报相应的法律文书和案卷表;对于确认的闲置土地及处置结果应在门户网站和中国土地市场网等媒体向社会公开相关信息,并抄送金融监管等部门。

(八)建立诚信档案。各级国土资源主管部门应根据监测监管系统中的土地使用权人违规违约记录,分级建立用地诚信档案。对于未按要求提交开竣工申报书、未按合同约定开竣工、不及时缴纳土地价款的,列入市、县级诚信档案;对于在省域内存在闲置土地的,列入省级诚信档案。各地在建立用地诚信档案的过程中,根据管理需要,可在内容和环节上适当延伸,从成交确认、开发建设条件复核、合同履行等方面做好诚信记录,建立符合本地特色的诚信系统。

地方各级国土资源主管部门还可结合实际,借鉴部试点单位的做法,在遵循合同法等相关法律规定框架下探索建立土地开发利用履约保证金等相关制度,进一步丰富和完善土地利用动态巡查制度的内容和手段。

三、明确职责,切实落实土地利用动态巡查制度

各级国土资源主管部门要采取切实有效措施,建立工作机制,落实工作责任,加强督促指导,确保土地利用动态巡查工作落到实处。

(一)落实工作责任。各地要将动态巡查嵌入日常工作链条,明确责任单位,落实专岗专人,健全巡查队伍,保障工作条件,形成动态巡查责任体系。

市、县国土资源主管部门是土地利用动态巡查工作的责任主体。部门内设机构要设立土地利用动态巡查专岗,主要负责动态巡查任务的分配、督察和结果反馈。专岗工作人员要在合同签订或划拨决定书下发后10个工作日内,从监测监管系统提取《建设项目用地跟踪管理卡》,将巡查任务分配到相应的基层国土所或国土资源分局,并负责督办现场巡查,取得巡查结果和上传巡查数据。

基层国土所或国土资源分局是现场核查的责任主体。实地核查人员负责按照动态巡查的内容和上级部门所分配任务,适时开展土地利用动态巡查,记录巡查结果,并按时反馈给专岗工作人员。

各地要切实落实动态巡查的各项要求。对于要求土地使用权人应履行的事项,在出让合同、划拨决定书中要明确约定。对于各类违法、违规、违约行为国土资源主管部门要依法依规严肃查处,并适时通过当地媒体和中国土地市场网向社会公开,同时计入相应级别的诚信档案,按照《国务院办公厅关于继续做好房地产市场调控工作的通知》(国办发〔2013〕17号)要求,禁止其参加土地竞买。

(二)加强督促指导。省级国土资源主管部门是土地利用动态巡查制度落实的监督单位,负责督促、指导市、县国土资源主管部门开展土地利用动态巡查的具体工作。省级国土资源管理部门要及时汇总分析辖区内土地开发利用情况并进行定期通报。对辖区内土地开发利用情况不佳、闲置土地情况严重的地区,适时督促检查和实地督办。要主动加强与相关部门的沟通协调,建立信息共享机制,鼓励将合同履约情况、开发利用情况、闲置土地情况、用地诚信档案等内容抄送银行、银监、证监等相关行政监管部门,切实加强对违法、违规、违约行为的综合防控。

部将适时通报各地土地利用动态巡查工作情况。对于未按规定及时上报信息,或存在虚假、瞒报等情况的,予以通报批评;对违法、违规、违约行为严重的地区,适时开展实地核查与督办,或将有关情况抄送相关地方政府。

本文件自下发之日起执行,有效期八年。

建设用地容积率管理办法

·2012年2月17日

·建规〔2012〕22号

第一条　为进一步规范建设用地容积率的管理,根据《中华人民共和国城乡规划法》、《城市、镇控制性详细规划编制审批办法》等法律法规,制定本办法。

第二条　在城市、镇规划区内以划拨或出让方式提供国有土地使用权的建设用地的容积率管理,适用本办法。

第三条　容积率是指一定地块内,总建筑面积与建筑用地面积的比值。

容积率计算规则由省(自治区)、市、县人民政府城乡规划主管部门依据国家有关标准规范确定。

第四条　以出让方式提供国有土地使用权的,在国有土地使用权出让前,城市、县人民政府城乡规划主管部门应当依据控制性详细规划,提出容积率等规划条件,作为国有土地使用权出让合同的组成部分。未确定容积率等规划条件的地块,不得出让国有土地使用权。容积率等规划条件未纳入土地使用权出让合同的,土地使用权出让合同无效。

以划拨方式提供国有土地使用权的建设项目,建设单位应当向城市、县人民政府城乡规划主管部门提出建设用地规划许可申请,由城市、县人民政府城乡规划主管部门依据控制性详细规划核定建设用地容积率等控制性指标,核发建设用地规划许可证。建设单位在取得建设用地规划许可证后,方可向县级以上地方人民政府土地主管部门申请用地。

第五条　任何单位和个人都应当遵守经依法批准的控制性详细规划确定的容积率指标,不得随意调整。确需调整的,应当按本办法的规定进行,不得以政府会议纪要等形式代替规定程序调整容积率。

第六条　在国有土地使用权划拨或出让前需调整控制性详细规划确定的容积率的,应当遵照《城市、镇控制性详细规划编制审批办法》第二十条的规定执行。

第七条　国有土地使用权一经出让或划拨,任何建设单位或个人都不得擅自更改确定的容积率。符合下列情形之一的,方可进行调整:

(一)因城乡规划修改造成地块开发条件变化的;

(二)因城乡基础设施、公共服务设施和公共安全设施建设需要导致已出让或划拨地块的大小及相关建设条件发生变化的;

(三)国家和省、自治区、直辖市的有关政策发生变化的;

(四)法律、法规规定的其他条件。

第八条　国有土地使用权划拨或出让后,拟调整的容积率不符合划拨或出让地块控制性详细规划要求的,应当符合以下程序要求:

(一)建设单位或个人向控制性详细规划组织编制机关提出书面申请并说明变更理由;

(二)控制性详细规划组织编制机关应就是否需要收回国有土地使用权征求有关部门意见,并组织技术人员、相关部门、专家等对容积率修改的必要性进行专题论证;

(三)控制性详细规划组织编制机关应当通过本地主要媒体和现场进行公示等方式征求规划地段内利害关系人的意见,必要时应进行走访、座谈或组织听证;

(四)控制性详细规划组织编制机关提出修改或不修改控制性详细规划的建议,向原审批机关专题报告,并附有关部门意见及论证、公示等情况。经原审批机关同意修改的,方可组织编制修改方案;

(五)修改后的控制性详细规划应当按法定程序报城市、县人民政府批准。报批材料中应当附具规划地段内利害关系人意见及处理结果;

(六)经城市、县人民政府批准后,城乡规划主管部门方可办理后续的规划审批,并及时将变更后的容积率抄告土地主管部门。

第九条 国有土地使用权划拨或出让后,拟调整的容积率符合划拨或出让地块控制性详细规划要求的,应当符合以下程序要求:

(一)建设单位或个人向城市、县城乡规划主管部门提出书面申请报告,说明调整的理由并附拟调整方案,调整方案应表明调整前后的用地总平面布局方案、主要经济技术指标、建筑空间环境、与周围用地和建筑的关系、交通影响评价等内容;

(二)城乡规划主管部门应就是否需要收回国有土地使用权征求有关部门意见,并组织技术人员、相关部门、专家对容积率修改的必要性进行专题论证;

专家论证应根据项目情况确定专家的专业构成和数量,从建立的专家库中随机抽取有关专家,论证意见应当附专家名单和本人签名,保证专家论证的公正性、科学性。专家与申请调整容积率的单位或个人有利害关系的,应当回避;

(三)城乡规划主管部门应当通过本地主要媒体和现场进行公示等方式征求规划地段内利害关系人的意见,必要时应进行走访、座谈或组织听证;

(四)城乡规划主管部门依法提出修改或不修改建议并附有关部门意见、论证、公示等情况报城市、县人民政府批准;

(五)经城市、县人民政府批准后,城乡规划主管部门方可办理后续的规划审批,并及时将变更后的容积率抄告土地主管部门。

第十条 城市、县城乡规划主管部门应当将容积率调整程序、各环节责任部门等内容在办公地点和政府网站上公开。在论证后,应将参与论证的专家名单公开。

第十一条 城乡规划主管部门在对建设项目实施规划管理,必须严格遵守经批准的控制性详细规划确定的容积率。

对同一建设项目,在给出规划条件、建设用地规划许可、建设工程规划许可、建设项目竣工规划核实过程中,城乡规划主管部门给定的容积率均应符合控制性详细规划确定的容积率,且前后一致,并将各环节的审批结果公开,直至该项目竣工验收完成。

对于分期开发的建设项目,各期建设工程规划许可确定的建筑面积的总和,应该符合规划条件、建设用地规划许可证确定的容积率要求。

第十二条 县级以上地方人民政府城乡规划主管部门对建设工程进行核实时,要严格审查建设工程是否符合容积率要求。未经核实或经核实不符合容积率要求的,建设单位不得组织竣工验收。

第十三条 因建设单位或个人原因提出申请容积率调整而不能按期开工的项目,依据土地闲置处置有关规定执行。

第十四条 建设单位或个人违反本办法规定,擅自调整容积率进行建设的,县级以上地方人民政府城乡规划主管部门应按照《城乡规划法》第六十四条规定查处。

第十五条 违反本办法规定进行容积率调整或违反公开公示规定的,对相关责任人员依法给予处分。

第十六条 本办法自2012年3月1日起施行。

自然资源部办公厅关于印发《产业用地政策实施工作指引(2019年版)》的通知

·2019年4月24日

各省、自治区、直辖市自然资源主管部门,新疆生产建设兵团自然资源主管部门:

为深入贯彻习近平新时代中国特色社会主义思想,认真落实习近平总书记在民营企业座谈会上的重要讲话精神及扩大开放的重要指示批示精神,保障各种所有制经济主体平等取得土地要素,有力促进高质量发展,部根据土地管理法律法规规章及现行有效的规范性文件,梳理政策实施要点,编制形成《产业用地政策实施工作指引(2019年版)》(以下简称《指引》),指导地方自然资源主管部门特别是市、县自然资源主管部门规范执行产业用地政策,同时供其他行业主管部门和用地者参考。

各级自然资源主管部门要深刻认识坚持和完善我国社会主义基本经济制度、坚持“两个毫不动摇”对深化供给侧结构性改革、推动高质量发展的重要意义,在产业用地政策执行中做到对各种所有制经济一视同仁,切实落实权利平等、机会平等、规则平等要求;要深入推动节约集约用地,通过转变土地利用方式和提高土地利用效率释放更大的用地空间,保障新产业新业态发展和民生服务设施建设需求;要面向各类用地主体特别是民营企业、外资企业宣传、解读产业用地政策,在工作中规范执行政策,营造支持高质量发展的良好社会氛围。

本《指引》印发后,《国土资源部办公厅关于印发〈产业用地政策实施工作指引〉的通知》(国土资厅发〔2016〕38号)同时废止,国家及有关部门新出台的政策规定与本《指引》及其引用的文件规定不一致的,以新的政策规定为准。

产业用地政策实施工作指引(2019年版)

第一章 总 则

第一条 (产业用地政策含义)产业用地政策是指国务院、国务院办公厅及自然资源部等部门的规范性文件中规定的适用于特定行业的用地政策。上述特定行业不包括房地产业。

本指引引用的相关文件清单见附录,并可在中国政府网(www.gov.cn)或自然资源部门户网站(www.mnr.gov.cn)查询。

第二条 (产业用地涉及的内容)本指引重点对上述特定行业涉及的国土空间规划、土地用途管制、土地利用计划安排、土地供应、土地利用、不动产登记等涉及的政策要点予以归纳说明。

第三条 (产业用地基本原则)地方各级自然资源主管部门应当遵守国家有关法律法规规章和产业用地政策规定,落实国土空间规划的管控要求,在保障产业发展用地中坚持规划确定用途、用途确定供应方式、市场确定供应价格的原则。

第四条 (平等对待各类用地主体)地方各级自然资源主管部门执行产业用地政策时,应当坚持公平、开放、透明的市场规则,对产业用地中各种所有制经济一视同仁、平等对待,防止排除、限制市场竞争等不规范行为。

第二章 土地供应基本规定

第五条 (划拨方式取得国有建设用地使用权)符合《划拨用地目录》(国土资源部令第9号)规定的建设用地项目,方可以划拨方式提供国有建设用地使用权。划拨国有建设用地使用权人应当按照划拨决定书规定的用途和使用条件开发建设和使用土地。未经有批准权的市、县人民政府自然资源主管部门批准,划拨国有建设用地使用权不得擅自转让、出租。

除划拨决定书、法律、法规、行政规定等明确应当收回土地使用权重新出让的外,划拨国有建设用地使用权人申请办理有偿使用手续的,自然资源主管部门应当依法依规予以办理。

第六条 (出让方式取得国有建设用地使用权)工业、商业、旅游、娱乐和商品住宅等经营性用地以及同一宗地有两个以上意向用地者的,应当以招标、拍卖或者挂牌方式出让。

符合《协议出让国有土地使用权规定》(国土资源部令第21号)的相关条件和要求的国有建设用地使用权,可以协议方式出让,按照《协议出让国有土地使用权规范(试行)》(国土资发〔2006〕114号)办理出让手续。以协议方式出让国有建设用地使用权的出让金不得低于按国家规定所确定的最低价。

依法以出让方式取得的国有建设用地使用权,在使用年限内可以转让、出租、抵押等。

第七条 (改变土地用途)依据《土地管理法》《城市房地产管理法》的规定,建设单位应当按照国有建设用地使用权出让等有偿使用合同的约定或者国有建设用地划拨批准文件的规定使用土地。确需改变土地用途的,经有关人民政府自然资源主管部门同意,报原批准用地的人民政府批准。经批准改变土地用途的,签订国有建设用地使用权出让合同变更协议或者重新签订国有建设用地使用权出让合同,相应补缴国有建设用地使用权价款,按规定办理不动产登记。

第三章 产业用地政策实施

第八条 (可按原地类管理的情形)各地要依据国土空间规划积极引导产业项目合理选址,尽量利用未利用地及存量建设用地等,不占或少占耕地,严格保护永久基本农田。依据下列规定使用的农用地或未利用地,可按原地类认定和管理,并严格按照规定条件使用土地。

(一)依据《关于支持新产业新业态发展促进大众创业万众创新用地的意见》(国土资规〔2015〕5号)的规定,光伏、风力发电项目使用戈壁、荒漠、荒草地等未利用土地的,对不占压土地、不改变地表形态的用地部分,可按原地类认定。依据《关于支持光伏扶贫和规范光伏发电产业用地的意见》(国土资规〔2017〕8号)的规定,对深度贫困地区脱贫攻坚中建设的光伏发电项目,国家能源局、国务院扶贫办确定下达的全国村级光伏扶贫电站建设规模范围内的光伏发电项目,以及符合当地建设要求和认定标准的光伏复合项目,其光伏方阵使用永久基本农田以外的农用地的,在不破坏农业生产条件的前提下,可不改变原用地性质。其中,农用地、未利用地按照土地调查成果认定,光伏方阵用地面积按照《光伏发电站工程项目用地控制指标》(国土资规〔2015〕11号)核定。

(二)依据《关于支持旅游业发展用地政策的意见》(国土资规〔2015〕10号)的规定,旅游项目中属于自然景观用地及农牧渔业种植、养殖用地的,不征收(收回)、不转用,按现用途管理。

(三)依据《促进乡村旅游发展提质升级行动方案(2018-2020年)》(发改综合〔2018〕1465号)的规定,经市县发展改革、住房城乡建设、农业农村、文化和旅游等主管部门认定为仅在年度内特定旅游季节使用土地的乡村旅游停车设施,自然资源主管部门在相关设施不使用永久基本农田、不破坏生态与景观环境、不影响地质安全、不影响农业种植、不硬化地面、不建设永久设施的前提下,可不征收(收回)、不转用,按现用途管理。超出特定旅游季节未恢复原状的,由市县发展改革、住房城乡建设、农业农村、文化和旅游等主管部门责令恢复原状。

(四)依据《关于促进自驾车旅居车旅游发展的若干意见》(旅发〔2016〕148号)的规定,对自驾车旅居车营地的特定功能区,使用未利用地的,在不改变土地用途、不固化地面的前提下,可按原地类管理。

(五)依据《全国冰雪场地设施建设规划(2016-2022年)》(体经字〔2016〕646号)的规定,对利用现有山川水面建设冰雪场地设施,对不占压土地、不改变地表形态的,可按原地类管理。

第九条 (土地利用计划安排)各地要根据国家产业政策、国土空间规划和当地产业发展情况,统筹使用新增和存量建设用地,合理安排用地计划指标,优先支持符合产业政策的项目用地,服务民生设施建设,促进产业创新发展。

(一)依据《国务院关于促进外资增长若干措施的通知》(国发〔2017〕39号)的规定,允许各地在符合经济社会发展规划、土地利用总体规划、城市总体规划的前提下,对国家级开发区利用外资项目所需建设用地指标予以优先保障,做到应保尽保。

(二)依据《国务院办公厅关于进一步激发社会领域投资活力的意见》(国办发〔2017〕21号)的规定,各地要将医疗、养老、教育、文化、体育等领域用地纳入国土空间规划和年度用地计划,农用地转用指标、新增用地指标分配要适当向上述领域倾斜,有序适度扩大用地供给。

(三)依据《国务院办公厅关于完善国家级经济技术开发区考核制度促进创新驱动发展的指导意见》(国办发〔2016〕14号)的规定,省级人民政府在用地指标中可对国家级经济技术开发区予以单列,优先安排创新创业企业用地。

(四)依据《国务院关于进一步支持小型微型企业健康发展的意见》(国发〔2012〕14号)的规定,对规划建设的小企业创业基地、科技孵化器、商贸企业集聚区等,要优先安排用地计划指标。

(五)结合本地区实际,优先安排产业发展较快的地区、集聚区及使用未利用地发展产业的用地计划。

第十条 (国有建设用地供应计划安排)市、县自然资源主管部门应结合产业用地政策要求和国土空间规划,依据《国有建设用地供应计划编制规范(试行)》(国土资发〔2010〕117号)的规定编制年度国有建设用地供应计划,科学安排国有建设用地供应的总量、结构、布局、时序和方式。符合下列规定的,可优先纳入供应计划:

(一)国务院及其职能部门发布的产业发展规划中明确的重点产业。

(二)国务院及其职能部门发布的产业促进政策中明确的重点产业。

(三)县级以上地方人民政府依据前述规划、政策明确的本地区重点产业。

各地制定国有建设用地供应计划,要根据国家对养老、教育、医疗、体育等公共服务设施建设的政策要求,合理确定并保障土地供应规模。依据《国务院关于促进外贸回稳向好的若干意见》(国发〔2016〕27号)的规定,中西部地区要加大加工贸易产业用地保障力度,优先纳入供地计划并优先供应。

第十一条 (土地用途的确定)市、县自然资源主管部门在组织产业用地供应时,在城市、镇规划区内以出让方式供地的,应按照《城乡规划法》的规定,依据控制性详细规划,提出出让地块的位置、使用性质、开发强度等规划条件,作为出让合同的组成部分。

国家支持发展的新产业、新业态项目用地,符合国土资规〔2015〕5号文件规定的,可以按照相关规定确定土地用途。对现行国家标准分类中没有明确定义的新产业、新业态类型,市、县自然资源主管部门可按照国土资规〔2015〕5号文件规定,结合土地供应政策要求和当地产业发展实际需要,商同级产业主管部门提出规划用途的建议意见。

市、县自然资源主管部门在签订国有建设用地使用权出让合同时,合同中的宗地用途按国家标准《土地利用现状分类》(GB/T21010-2017)规定的土地二级类填写,规划条件与《土地利用现状分类》无直接对应类型的,应研究确定对应的土地二级类的类型,必要时可征求产业、投资部门意见。鼓励地方自然资源主管部门研究制定城乡规划用地分类与土地利用现状分类对照表,经批准后统一执行。

依据国土资规〔2015〕5号文件的规定,新产业新业态发展中工业用地、科教用地兼容该文件规定的用途设施(不包括商品住宅)建筑面积不超过15%的,仍按工业、科教用途管理。其他情形下,同一宗土地上兼容两种以上用途的,应确定主用途并依据主用途确定供应方式;主用途可以依据建筑面积占比确定,也可以依据功能的重要性确定，确定主用途的结论和理由应当写入供地方案，经批准后实施。

第十二条 （配套设施建设纳入土地供应条件的情形）依据《国务院办公厅关于推进养老服务发展的意见》（国办发〔2019〕5号）、《国务院办公厅转发卫生计生委等部门关于推进医疗卫生与养老服务相结合指导意见的通知》（国办发〔2015〕84号）、《国务院办公厅关于加快新能源汽车推广应用的指导意见》（国办发〔2014〕35号）、国土资规〔2015〕5号、国土资规〔2015〕10号、《关于支持电影发展若干经济政策的通知》（财教〔2014〕56号）等的规定，对新能源汽车充电设施、无线通讯基站、分布式光伏发电设施、社区居家养老（医疗、体育、文化）服务设施、电影院（影厅）、旅游厕所等布点分散、单体规模小、对其他建筑物构筑物有密切依附关系的产业配套设施，允许在新供其他建设项目用地时，将其建设要求纳入供地条件。

市、县自然资源主管部门应主动告知相关部门上述配建政策，对相关部门提出的配建和建成后资产移交及运营管理要求，市、县自然资源主管部门经研究认定符合控制性详细规划和用地标准，且不影响供应环节的公平、公正竞争的，可依法先将配建要求纳入规划条件后，再行纳入供地条件。

第十三条 （支持土地复合利用的情形）依据国土资规〔2015〕5号文件的规定，鼓励开发区、产业集聚区规划建设多层工业厂房、国家大学科技园、科技企业孵化器，供中小企业进行生产、研发、设计、经营多功能复合利用。标准厂房用地按工业用途管理，国家大学科技园、科技企业孵化器实行只租不售、租金管制、租户审核、转让限制的，其用地可按科教用途管理。

第十四条 （办理划拨国有建设用地使用权）地方各级自然资源主管部门在执行《划拨用地目录》和有关产业用地政策时，应当保持本地区划拨国有建设用地使用权供应要求、程序、划拨价款标准和权能的一致性，不得对民间投资、外商投资项目区别对待。

市、县自然资源主管部门划拨国有建设用地使用权时，在符合国土空间规划的前提下，可以建设项目审批、核准、备案文件记载的项目建设内容为依据判断是否符合《划拨用地目录》，不得以建设单位投资来源为民间投资、外商投资或政府和社会资本合作等为由限制申请划拨用地。

对于《划拨用地目录》明确要求“非营利性”或“公益性”的建设用地项目，自然资源主管部门方可要求建设单位提供拟使用土地者的非营利性质证明文件，包括但不限于民办非企业单位登记证书、社会服务机构登记证书和国务院文件、行业主管部门文件等规定的审查意见、初审意见等，但不得对《划拨用地目录》未明确要求“非营利性”或“公益性”的建设用地项目提出同等要求。

依据《关于优化社会办医疗机构跨部门审批工作的通知》（发改社会〔2018〕1147号）的规定，社会力量申请划拨国有建设用地用于建设非营利性医疗机构的，因尚不能完成医疗机构执业登记、社会服务机构登记，自然资源、卫生健康、民政、中医药主管部门要协调落实划拨用地相关政策。民政部门对除经营场所外的相关资质作初步审查后，可向自然资源主管部门提供有条件的初审意见。自然资源主管部门可将民政部门的意见作为参考依据，按法定程序受理划拨用地申请。

依据《国土资源部关于贯彻落实〈国务院关于促进节约集约用地的通知〉的通知》（国土资发〔2008〕16号）的规定，市、县自然资源主管部门在受理划拨用地申请、发放划拨用地决定书后要及时向社会公示建设项目划拨用地相关信息。

第十五条 （办理协议出让国有建设用地使用权）原划拨、承租国有建设用地使用权人申请办理协议出让，以及划拨国有建设用地使用权转让申请办理协议出让的，除划拨决定书、租赁合同、法律、法规、行政规定等明确应当收回国有建设用地使用权重新公开出让的外，经依法批准，可采取协议方式出让。

以长期租赁方式提供各种用途的国有建设用地，符合《协议出让国有土地使用权规定》的可采取协议方式，参照以协议方式出让国有建设用地使用权的规定办理。

依据体经字〔2016〕646号文件的规定，对非营利性的冰雪运动项目专业比赛和专业训练场（馆）及配套设施，不符合划拨用地目录的，可以协议方式供地。

第十六条 （以长期租赁、先租后让、租让结合、弹性年期方式供应国有建设用地使用权）产业用地可以采取长期租赁、先租后让、租让结合、弹性年期方式供应。长期租赁，是指整宗土地在整个合同期内均以租赁方式使用。先租后让，是指供地方先行以租赁方式提供用地，承租方投资产业用地项目达到约定条件后再转为出让的供应方式。租让结合，是指供地方先行以租赁方式提供用地，承租方投资产业用地项目达到约定条件后再将部分用地保持租赁、部分用地转为出让的供应方式。弹性年期，是指整宗土地以低于对应用途国有建设用地使用权出让法定最高年限的使用年期出让的供应方式。

以长期租赁方式使用土地的,应按照《规范国有土地租赁若干意见》(国土资发〔1999〕222号)的规定执行,租赁期限不得超过20年。以租让结合方式使用土地的,租赁部分单次签约时限不得超过20年,可以续签租赁合同。

依法必须以招标拍卖挂牌方式出让国有建设用地使用权的土地实行先租后让、租让结合的,招标拍卖挂牌程序可在租赁供应时实施,在承租方使用租赁土地达到合同约定条件后需办理出让手续时,可采取协议方式出让。

地方自然资源主管部门可以根据需要商相关产业主管部门,制定本地区具体适用长期租赁、先租后让、租让结合、弹性年期供应方式的指导目录和管理规定。

第十七条 (以作价出资(入股)方式供应国有建设用地使用权)国有建设用地使用权作价出资(入股)是指国家以一定年期的国有土地使用权作价,作为出资投入改组后的新设企业,该土地使用权由新设企业持有,可以依照土地管理法律、法规关于出让土地使用权的规定转让、出租、抵押。

符合下列规定的,国有建设用地使用权可采取作价出资(入股)方式供应:

(一)依据《国务院办公厅关于加强鲜活农产品流通体系建设的意见》(国办发〔2011〕59号)的规定,政府投资建设不以盈利为目的、具有公益性质的农产品批发市场,可按作价出资(入股)方式办理用地手续,但禁止改变用途和性质。

(二)依据《关于扩大国有土地有偿使用范围的意见》(国土资规〔2016〕20号)的规定,对可以使用划拨土地的能源、环境保护、保障性安居工程、养老、教育、文化、体育及供水、燃气供应、供热设施等项目,除可按划拨方式供应土地外,鼓励以出让、租赁方式供应土地,支持市、县政府以国有建设用地使用权作价出资或者入股的方式提供土地,与社会资本共同投资建设。支持各地以土地使用权作价出资或者入股方式供应标准厂房、科技孵化器用地。

(三)国有企业原使用的生产经营性划拨土地使用权,符合国家有关行业、企业类型和改革需要的,可采用作价出资(入股)方式进行有偿使用。

各地以作价出资(入股)方式供应土地使用权时,可参照出让程序,由省(市、县)人民政府自然资源主管部门会同城市建设、房产管理部门共同拟定方案,报经同级人民政府批准后,由省(市、县)人民政府自然资源主管部门实施。

自然资源主管部门在办理以作价出资(入股)方式供应国有建设用地使用权时,应当依据《企业国有资产法》提请本级人民政府授权特定机构履行出资人职责。

第十八条 (企业转型涉及的用地)依据《国务院关于深化流通体制改革加快流通产业发展的意见》(国发〔2012〕39号)、《国务院办公厅关于促进内贸流通健康发展的若干意见》(国办发〔2014〕51号)、《国务院办公厅关于推进城区老工业区搬迁改造的指导意见》(国办发〔2014〕9号)、《关于支持钢铁煤炭行业化解过剩产能实现脱困发展的意见》(国土资规〔2016〕3号)等的规定,对旧城区改建需异地搬迁改造的城区商品批发市场等流通业用地、工业用地,在收回原国有建设用地使用权后,经批准可以协议出让方式为原土地使用权人安排用地,有土地使用标准要求的,应按标准安排同类用途用地。

依据《国务院办公厅关于印发文化体制改革中经营性文化事业单位转制为企业和进一步支持文化企业发展两个规定的通知》(国办发〔2018〕124号)的规定,经营性文化事业单位转制涉及的原划拨土地,转制后符合《划拨用地目录》的,可继续以划拨方式使用;不符合《划拨用地目录》的,应当依法实行有偿使用。

第十九条 (鼓励地下空间开发)依据《关于进一步完善城市停车场规划建设及用地政策的通知》(建城〔2016〕193号)的规定,通过分层规划,利用地下空间建设公共停车场的,地块用地规划性质为相应地块性质兼容社会停车场用地。对新建建筑充分利用地下空间,超过停车配建标准建设地下停车场,并作为公共停车场向社会开放的超配部分,符合规划的,可不计收土地价款。

第二十条 (过渡期政策)对于产业用地政策中明确,利用存量房产、土地资源发展国家支持产业、行业的,可享受在一定年期内不改变用地主体和规划条件的过渡期支持政策的情形,现有建设用地过渡期支持政策以5年为限,过渡期满及涉及转让需办理改变用地主体和规划条件的手续时,除符合《划拨用地目录》的可保留划拨外,其余可以协议方式办理,但法律、法规、行政规定等明确规定及国有建设用地划拨决定书、租赁合同等规定或约定应当收回土地使用权重新出让的除外。

产业用地政策对"暂不变更"的时限没有明确规定的,时限及后续管理可参照国土资规〔2015〕5号文件执行,或由地方自然资源主管部门会同相关部门制定实施细则,但时限起算时点应在设定过渡期政策相关文件有效期内。

自然资源主管部门应当做好相关起算时点和过渡期时间跨度的备案管理,过渡期临近结束时,应当提前通知存量房产、土地资源的使用方,掌握其继续使用房产、土地资源的意愿,做好政策服务。期满及涉及转让需以协议方式办理相关用地手续的,按《协议出让国有土地使用权规定》和《协议出让国有土地使用权规范(试行)》办理。

第二十一条 (土地价格评估)依据《国有建设用地使用权出让地价评估技术规范》(国土资厅发〔2018〕4号)的规定,政府在供应产业用地前应依据土地估价结果和产业政策综合确定底价。产业用地价格评估应遵循出让地价评估技术规范,至少选择两种方法,且须包括收益还原法、市场比较法、剩余法中的一种方法,以及成本逼近法、公示地价系数修正法中的一种方法。

对于存在可比交易实例的,宜首选市场比较法评估。对于缺乏市场交易的,可从同类产业的客观运营收益中剥离出土地收益,通过收益还原法评估地价。对于尚无明确收益资料的新兴产业用地,可通过相同或类似产业的投资分析资料等分析预测其正常收益,合理分配评估方法权重确定评估结果。对于国家予以政策扶持的产业类型,应遵循区分市场定价与政策优惠的原则,评估该类用地的正常市场价格后,综合考虑产业政策予以修正,确定基于相关政策约束下的参考价格。

第二十二条 (土地供应价格的确定)各省(区、市)确定的优先发展产业且用地集约的工业项目,以农、林、牧、渔业产品初加工为主的工业项目,在确定土地出让底价时可按不低于所在地土地等别相对应《全国工业用地出让最低价标准》的70%执行。按比例计算后低于该项目实际土地取得成本、土地前期开发成本和按规定应收取的相关费用之和的,应按不低于实际各项成本费用之和的原则确定出让底价。旅游相关建设项目中的人造景观用地应根据具体行业市场经营情况,客观评估确定供应底价。

依据《国务院办公厅关于促进物流业健康发展政策措施的意见》(国办发〔2011〕38号)的规定,农产品批发市场用地作为经营性商业用地,应严格按照规划合理布局,土地招拍挂出让前,所在区域有工业用地交易地价的,可以参照市场地价水平、所在区域基准地价和工业用地最低价标准等确定出让底价。

依据体经字〔2016〕646号文件的规定,在符合生态环境保护要求和相关规划的前提下,对使用荒山、荒地、荒滩及石漠化土地建设的冰雪项目,出让底价可按不低于土地取得成本、土地前期开发成本和按规定应收取的相关费用之和的原则确定。

依据发改综合〔2018〕1465号文件的规定,对使用"四荒地"及石漠化、边远海岛建设的乡村旅游项目,出让底价可按不低于土地取得成本、土地前期开发成本和按规定应收取相关费用之和的原则确定。

第二十三条 (使用集体建设用地的情形)产业发展允许依法依规使用集体建设用地,农村土地制度改革试点地区的集体经营性建设用地用于相关产业发展的按照试点政策规定执行。根据国务院及相关部门政策规定,符合下列情形的产业用地,可以使用集体建设用地:

(一)依据国办发〔2019〕5号文件、《国务院办公厅关于全面放开养老服务市场提升养老服务质量的若干意见》(国办发〔2016〕91号)等的规定,养老机构可依法依规使用农村集体建设用地发展养老服务设施。

(二)依据《国务院办公厅关于支持返乡下乡人员创业创新促进农村一二三产业融合发展的意见》(国办发〔2016〕84号)的规定,各省(区、市)可以根据本地实际,制定管理办法,支持返乡下乡人员依托自有和闲置农房院落发展农家乐。在符合农村宅基地管理规定和相关规划的前提下,允许返乡下乡人员和当地农民合作改建自住房。

(三)依据《关于深入推进农业供给侧结构性改革做好农村产业融合发展用地保障的通知》(国土资规〔2017〕12号)的规定,在充分保障农民宅基地用益物权、防止外部资本侵占控制的前提下,探索农村集体经济组织以出租、合作等方式盘活利用空闲农房及宅基地,按照规划要求和用地标准,改造建设民宿民俗、创意办公、休闲农业、乡村旅游等农业农村体验活动场所。

(四)依据发改综合〔2018〕1465号的规定,农村集体经济组织可以依法使用自有建设用地自办或以土地使用权入股、联营等方式与其他单位和个人共同参与乡村旅游基础设施建设。

(五)依据《关于促进乡村旅游可持续发展的指导意见》(文旅资源发〔2018〕98号)的规定,鼓励通过流转等方式取得属于文物建筑的农民房屋及宅基地使用权,统一保护开发利用。在充分保障农民宅基地用益物权的前提下,探索农村集体经济组织以出租、入股、合作等方式盘活利用闲置宅基地和农房,按照规划要求和用地标准,改造建设乡村旅游接待和活动场所。

(六)依据旅发〔2016〕148号文件的规定,选址在土地利用总体规划确定的城镇规划区外的自驾车旅居车营地,其公共停车场、各功能区之间的连接道路、商业服务区、车辆设备维修及医疗服务保障区、废弃物收纳与处理区等功能区可与农村公益事业合并实施,依法使用集体建设用地。

第四章　产业用地管理要求

第二十四条　（国家支持发展产业项目的认定）落实产业用地政策时，对相关项目是否属于国家支持发展产业难以确认的，市、县自然资源主管部门应会商产业主管部门，对项目性质予以认定。

产业主管部门能够就上述事项提供文件依据的，市、县自然资源主管部门应依据文件、按相关产业用地政策执行。产业主管部门不能就上述事项提供相应文件的，市、县自然资源主管部门可在与产业主管部门商议达成共识的基础上，共同提出对项目用地适用政策的建议，报请有批准权的人民政府批准后实施。

第二十五条　（土地供应前置条件）依据国土资规〔2015〕5号文件的规定，对政策允许将产业类型、生产技术、产业标准、产品品质要求作为土地供应前置条件的，设置供应前置条件时，市、县自然资源主管部门应当商请提出供应前置条件的部门，书面明确设置土地供应前置条件的理由或必要性、适用要求、具体内容表述及条件履约监管主体、监管措施、违约处理方式等。市、县自然资源主管部门认为相关前置条件不影响公平、公正竞争的，可以予以设置。在制定供地方案和签署供地文件时，除将相关内容写入外，还应当将提出前置条件部门出具的上述书面文件作为附件一并收入，并在向土地供应集体决策机构汇报时专门作出说明。

市、县自然资源主管部门应会同相关部门落实国土资规〔2015〕5号文件将项目用地产业发展承诺书作为签订土地供应合同前提条件的规定，提醒提出关联条件部门监督承诺书履行情况。

第二十六条　（限制改变用途与分割转让及探索抵押融资）对于落实产业用地政策供应的宗地，相关规范性文件有限制改变用途、限制转让或分割转让等规定的，原则上应当将限制要求写入划拨决定书或有偿使用合同，在分割转让审批中予以落实。其中，对经批准的用地，相关规范性文件规定该类用地禁止改变用途、容积率等土地使用条件用于其它建设的，自然资源主管部门要予以严格监管。

依据国办发〔2019〕5号文件的规定，探索允许营利性养老机构以有偿取得的土地、设施等资产进行抵押融资。

依据国办发〔2017〕21号文件的规定，探索允许营利性的养老、教育等社会领域机构以有偿取得的土地、设施等财产进行抵押融资。

第二十七条　（卷宗与台账管理）市、县自然资源主管部门要加强产业用地政策实施的服务和监管，适用的产业用地政策文件应当纳入土地使用权供应档案卷宗长期妥善保存。根据需要建立产业用地政策适用项目台账，记录项目基本情况、适用产业用地政策、供后投资建设情况、过渡期起始时间及期满处理情况等。

第二十八条　（落实批后监管责任）市、县自然资源主管部门要加强与产业主管部门的协调配合，依据土地供应合同、划拨决定书、产业主管部门出具的相关文件、前置条件文件、项目用地产业发展承诺书等约定的用地条件、用地责任、监管责任，强化用地供后联合监管，重大事项要及时向本级人民政府或相关机构报告。

附录

产业用地政策实施工作指引（2019年版）引用的相关文件清单

序号	文件名称	文号
1	国务院关于推动创新创业高质量发展打造“双创”升级版的意见	国发〔2018〕32号
2	国务院关于加强滨海湿地保护　严格管控围填海的通知	国发〔2018〕24号
3	国务院关于积极有效利用外资推动经济高质量发展若干措施的通知	国发〔2018〕19号
4	国务院关于促进外资增长若干措施的通知	国发〔2017〕39号
5	国务院关于强化实施创新驱动发展战略进一步推进大众创业万众创新深入发展的意见	国发〔2017〕37号
6	国务院关于印发“十三五”国家老龄事业发展和养老体系建设规划的通知	国发〔2017〕13号

续表

序号	文件名称	文号
7	国务院关于鼓励社会力量兴办教育促进民办教育健康发展的若干意见	国发〔2016〕81号
8	国务院关于印发"十三五"旅游业发展规划的通知	国发〔2016〕70号
9	国务院关于统筹推进县域内城乡义务教育一体化改革发展的若干意见	国发〔2016〕40号
10	国务院关于印发全民健身计划(2016-2020年)的通知	国发〔2016〕37号
11	国务院关于深化制造业与互联网融合发展的指导意见	国发〔2016〕28号
12	国务院关于促进外贸回稳向好的若干意见	国发〔2016〕27号
13	国务院关于积极发挥新消费引领作用 加快培育形成新供给新动力的指导意见	国发〔2015〕66号
14	国务院关于促进快递业发展的若干意见	国发〔2015〕61号
15	国务院关于推进国内贸易流通现代化建设法治化营商环境的意见	国发〔2015〕49号
16	国务院关于促进云计算机创新发展培育信息产业新业态的意见	国发〔2015〕5号
17	国务院关于加快发展体育产业促进体育消费的若干意见	国发〔2014〕46号
18	国务院关于印发物流业发展中长期规划(2014-2020年)的通知	国发〔2014〕42号
19	国务院关于促进旅游业改革发展的若干意见	国发〔2014〕31号
20	国务院关于加快发展现代保险服务业的若干意见	国发〔2014〕29号
21	国务院关于加快发展生产性服务业促进产业结构调整升级的指导意见	国发〔2014〕26号
22	国务院关于进一步优化企业兼并重组市场环境的意见	国发〔2014〕14号
23	国务院关于推进文化创意和设计服务与相关产业融合发展的若干意见	国发〔2014〕10号
24	国务院关于化解产能严重过剩矛盾的指导意见	国发〔2013〕41号
25	国务院关于促进健康服务业发展的若干意见	国发〔2013〕40号
26	国务院关于加强城市基础设施建设的意见	国发〔2013〕36号
27	国务院关于加快发展养老服务业的若干意见	国发〔2013〕35号
28	国务院关于改革铁路投融资体制加快推进铁路建设的意见	国发〔2013〕33号
29	国务院关于城市优先发展公共交通的指导意见	国发〔2012〕64号
30	国务院关于深化流通体制改革加快流通产业发展的意见	国发〔2012〕39号
31	国务院关于进一步支持小型微型企业健康发展的意见	国发〔2012〕14号
32	国务院关于促进企业兼并重组的意见	国发〔2010〕27号
33	国务院关于进一步做好利用外资工作的若干意见	国发〔2010〕9号
34	国务院办公厅关于推进养老服务发展的意见	国办发〔2019〕5号
35	国务院办公厅关于印发文化体制改革中经营性文化事业单位转制为企业和进一步支持文化企业发展两个规定的通知	国办发〔2018〕124号

续表

序号	文件名称	文号
36	国务院办公厅关于促进全域旅游发展的指导意见	国办发〔2018〕15 号
37	国务院办公厅关于推进农业高新技术产业示范区建设发展的指导意见	国办发〔2018〕4 号
38	国务院办公厅关于推进电子商务与快递物流协同发展的意见	国办发〔2018〕1 号
39	国务院办公厅关于深化产教融合的若干意见	国办发〔2017〕95 号
40	国务院办公厅关于进一步激发民间有效投资活力促进经济持续健康发展的指导意见	国办发〔2017〕79 号
41	国务院办公厅关于加快推进农业供给侧结构性改革大力发展粮食产业经济的意见	国办发〔2017〕78 号
42	国务院办公厅关于进一步推进物流降本增效促进实体经济发展的意见	国办发〔2017〕73 号
43	国务院办公厅关于支持社会力量提供多层次多样化医疗服务的意见	国办发〔2017〕44 号
44	国务院办公厅关于加快发展冷链物流保障食品安全促进消费升级的意见	国办发〔2017〕29 号
45	国务院办公厅关于进一步激发社会领域投资活力的意见	国办发〔2017〕21 号
46	国务院办公厅关于全面放开养老服务市场提升养老服务质量的若干意见	国办发〔2016〕91 号
47	国务院办公厅关于支持返乡下乡人员创业创新　促进农村一二三产业融合发展的意见	国办发〔2016〕84 号
48	国务院办公厅关于加快发展健身休闲产业的指导意见	国办发〔2016〕77 号
49	国务院办公厅关于完善国家级经济技术开发区考核制度促进创新驱动发展的指导意见	国办发〔2016〕14 号
50	国务院办公厅关于推进农村一二三产业融合发展的指导意见	国办发〔2015〕93 号
51	国务院办公厅关于加快发展生活性服务业促进消费结构升级的指导意见	国办发〔2015〕85 号
52	国务院办公厅转发卫生计生委等部门关于推进医疗卫生与养老服务相结合指导意见的通知	国办发〔2015〕84 号
53	国务院办公厅关于加快电动汽车充电基础设施建设的指导意见	国办发〔2015〕73 号
54	国务院办公厅关于推进线上线下互动加快商贸流通创新发展转型升级的意见	国办发〔2015〕72 号
55	国务院办公厅关于进一步促进旅游投资和消费的若干意见	国办发〔2015〕62 号
56	国务院办公厅印发关于支持戏曲传承发展若干政策的通知	国办发〔2015〕52 号
57	国务院办公厅关于支持农民工等人员返乡创业的意见	国办发〔2015〕47 号
58	国务院办公厅转发财政部发展改革委人民银行关于在公共服务领域推广政府和社会资本合作模式指导意见的通知	国办发〔2015〕42 号
59	国务院办公厅关于促进国家级经济技术开发区转型升级创新发展的若干意见	国办发〔2014〕54 号
60	国务院办公厅关于促进内贸流通健康发展的若干意见	国办发〔2014〕51 号

续表

序号	文件名称	文号
61	国务院办公厅关于支持铁路建设实施土地综合开发的意见	国办发〔2014〕37 号
62	国务院办公厅关于加快新能源汽车推广应用的指导意见	国办发〔2014〕35 号
63	国务院办公厅关于转发工业和信息化部等部门推动婴幼儿配方乳粉企业兼并重组工作方案的通知	国办发〔2014〕28 号
64	国务院办公厅关于金融服务“三农”发展的若干意见	国办发〔2014〕17 号
65	国务院办公厅关于推进城区老工业区搬迁改造的指导意见	国办发〔2014〕9 号
66	国务院办公厅关于印发降低流通费用提高流通效率综合工作方案的通知	国办发〔2013〕5 号
67	国务院办公厅关于转发发展改革委住房城乡建设部绿色建筑行动方案的通知	国办发〔2013〕1 号
68	国务院办公厅关于加强鲜活农产品流通体系建设的意见	国办发〔2011〕59 号
69	国务院办公厅关于建立完整的先进的废旧商品回收体系的意见	国办发〔2011〕49 号
70	国务院办公厅关于促进物流业健康发展政策措施的意见	国办发〔2011〕38 号
71	国务院办公厅关于加快发展服务业若干政策措施的实施意见	国办发〔2008〕11 号
72	自然资源部、农业农村部关于加强和改进永久基本农田保护工作的通知	自然资规〔2019〕1 号
73	自然资源部、国家发展和改革委员会关于贯彻落实国务院关于加强滨海湿地保护严格管控围填海的通知的实施意见	自然资规〔2018〕5 号
74	国土资源部、住房城乡建设部、国家旅游局关于延长旅游厕所用地政策适用期限的函	国土资函〔2018〕8 号
75	国土资源部、国家发展改革委关于深入推进农业供给侧结构性改革做好农村产业融合发展用地保障的通知	国土资规〔2017〕12 号
76	国土资源部、国务院扶贫办、国家能源局关于支持光伏扶贫和规范光伏发电产业用地的意见	国土资规〔2017〕8 号
77	国土资源部、国家发展和改革委员会、财政部、住房和城乡建设部、农业部、中国人民银行、国家林业局、中国银行业监督管理委员会关于扩大国有土地有偿使用范围的意见	国土资规〔2016〕20 号
78	国土资源部关于支持钢铁煤炭行业化解过剩产能实现脱困发展的意见	国土资规〔2016〕3 号
79	国土资源部、住房和城乡建设部、国家旅游局关于支持旅游业发展用地政策的意见	国土资规〔2015〕10 号
80	国土资源部、发展改革委、科技部、工业和信息化部、住房城乡建设部、商务部关于支持新产业新业态发展促进大众创业万众创新用地的意见	国土资规〔2015〕5 号
81	国土资源部关于调整工业用地出让最低价标准实施政策的通知	国土资发〔2009〕56 号
82	国土资源部关于印发规范国有土地租赁若干意见的通知	国土资发〔1999〕222 号

续表

序号	文件名称	文号
83	国土资源部办公厅关于印发国有建设用地使用权出让地价评估技术规范的通知	国土资厅发〔2018〕4号
84	国家发展改革委、财政部、人力资源社会保障部、自然资源部、生态环境部、住房城乡建设部、交通运输部、农业农村部、文化和旅游部、国家卫生健康委、人民银行、市场监管总局、银保监会关于印发促进乡村旅游发展提质升级行动方案(2018-2020年)的通知	发改综合〔2018〕1465号
85	国家发展改革委、民政部、自然资源部、生态环境部、住房城乡建设部、卫生健康委、应急部、市场监管总局、中医药局关于优化社会办医疗机构跨部门审批工作的通知	发改社会〔2018〕1147号
86	文化和旅游部、国家发展改革委、工业和信息化部、财政部、人力资源社会保障部、自然资源部、生态环境部、住房城乡建设部、交通运输部、农业农村部、国家卫生健康委、中国人民银行、国家体育总局、中国银行保险监督管理委员会、国家林业和草原局、国家文物局、国务院扶贫办关于印发关于促进乡村旅游可持续发展的指导意见的通知	文旅资源发〔2018〕98号
87	住房城乡建设部、国土资源部关于进一步完善城市停车场规划建设及用地政策的通知	建城〔2016〕193号
88	国家旅游局、国家发展改革委、工业和信息部、公安部、财政部、国土资源部、环境保护部、住房城乡建设部、交通运输部、国家工商总局、国家体育总局关于促进自驾车旅居车旅游发展的若干意见	旅发〔2016〕148号
89	体育总局、国家发展改革委、工业和信息化部、财政部、国土资源部、住房城乡建设部、国家旅游局关于印发全国冰雪场地设施建设规划(2016-2022年)的通知	体经字〔2016〕646号
90	财政部、国家发展改革委、国土资源部、住房和城乡建设部、中国人民银行、国家税务总局、新闻出版广电总局关于支持电影发展若干经济政策的通知	财教〔2014〕56号

3. 用地审查报批

各类用地报批会审办法

· 1998年9月29日
· 国土资发〔1998〕145号

根据《土地管理法》和《国土资源部工作规则》,为加强各类用地审查,严格控制非农业建设占用耕地,保证依法、科学、集约、规范用地,特制定本办法。

一、会审组织

会审工作由部领导主持。参与会审单位包括办公厅、政策法规司、规划司、耕地保护司、地籍管理司、土地利用管理司、矿产开发管理司、地质环境司、执法监察局。

凡涉及农地转用、土地征用、农地开发的会审准备工作由耕地保护司牵头组织和协调。凡不涉及农地转用、土地征用、农地开发的会审准备工作由土地利用管理司牵头组织和协调。

二、会审范围

需报国务院批准的各类用地的审查报批工作。

三、审查依据

会审工作依据为:土地管理法律、法规和有关政策、土地利用现状调查、变更调查有关资料、国家产业政策、土地利用总体规划和年度计划及有关技术规范、标准;遵循统一效能、协作配合、各司其职、各负其责的原则进行。

四、审查内容

(一)用地是否在项目立项前经过预审,并有《用地预审报告书》。没有预审的，项目是否符合国家产业政策。

（二）农地转用、土地利用是否符合土地利用总体规划，是否列入土地利用年度计划。

（三）供地方式是否符合国家法律规定和有关政策，用地面积是否符合建设用地定额指标，是否合理和节约。

（四）征地补偿安置方案、耕地占补平衡措施是否可行、是否已经落实或能够落实。

（五）划拨用地方式是否符合《划拨供地目录》，有偿用地方式是否符合国家法律规定的有关政策，出让用地的出让方案是否符合规定。

（六）土地权属、地类面积是否清楚。

（七）适用法律和有关规定是否正确，是否存在违法行为。

（八）是否涉及矿产开发和地质环境问题。

各有关司局按照各自职责负责对上述审查内容提出意见。

五、会审程序与时限

（一）受理与送审

由办公厅统一接收报批用地的资料、图件，转牵头单位进行登记，并对资料是否齐全进行初审。材料齐全的，在2个工作日内分送有关司局；材料不齐全的，在2个工作日内转请办公厅向报批单位及时提出在规定期限内补全；逾期不通知，视为受理。

（二）审查

有关司局在收到牵头单位送审的《××××会审表》及有关资料后，应在8个工作日内按各自的职责提出书面审查意见，送牵头单位汇总。

（三）汇总

牵头单位在汇总各有关司局和有关部委意见的基础上，在10个工作日内起草《××××审查意见》报部会审。审查意见要综合反映有关司局的意见。

（四）会审

部不定期召开会审会议研究《××××审查意见》。会议由部领导主持，由牵头单位负责会议的各项准备工作。各有关司局和办公厅负责人及有关工作人员参加。会前，审查意见要分送到会的有关司（局、厅）负责人。

（五）报批

《××××审查意见》经部会审会议集体会审后，由牵头单位根据部领导决定的意见负责修改，在会审会议后的4个工作日内形成正式审查报告，报部领导签发上报国务院。

对规模小、情况简单的用地，经各有关司局审查，符合报批条件的，也可由牵头单位直接起草审查报告，报部领导签发上报国务院，但上报后要在部会审会议上通报。

（六）发文

用地报批件经国务院正式批准后，由牵头单位负责在2个工作日内办理批复文件并分送有关部门和部内有关司（局、厅）。

六、其他规定

（一）需听取汇报或赴现场踏察的用地，经主管部领导同意，由牵头单位负责组织进行。

（二）需征求国务院有关部门意见的，由牵头单位负责在收件后及时办文送有关部门，要求在规定的期限内反馈意见。如出现意见分歧，牵头单位会同有关司局负责做协调工作。

（三）用地审查报告上报国务院后，由牵头单位负责与国务院办公厅的联系工作。

（四）本办法于1999年1月1日起施行。

国务院关于国土资源部《报国务院批准的土地开发用地审查办法》的批复

·2001年12月25日

·国函〔2001〕170号

国土资源部：

国务院批准《报国务院批准的土地开发用地审查办法》，由你部组织实施。

报国务院批准的土地开发用地审查办法

为认真贯彻实施《中华人民共和国土地管理法》（以下简称《土地管理法》）和《中华人民共和国土地管理法实施条例》（以下简称《实施条例》）有关规定，规范需报国务院批准的土地开发用地审查工作，制定本办法。

一、审查范围

在土地利用总体规划确定的土地开垦区内，一次性开发未确定土地使用权的国有荒山、荒地、荒滩600公顷以上（含600公顷）从事种植业、林业（不含专门营造防护林、特种用途林以及沙化土地的治理活动）、畜牧业、渔业生产的用地。

二、审查原则

（一）在保护中开发，在开发中保护，保护和改善生态环境。

（二）依据规划，宜农则农，宜林则林，宜牧则牧，宜渔则渔。

(三)科学、合理、可持续利用土地资源。

(四)依照规定程序,提高工作效率。

三、审查依据

(一)《土地管理法》、《实施条例》等土地管理法律、法规,国家其他有关法律、法规和规定。

(二)国家有关经济政策。

(三)土地利用总体规划或土地开发专项规划。

四、审查内容

(一)土地开发用地是否在需报国务院批准的范围之内。

(二)土地开发用地是否按规定要求进行了科学论证和评估。

(三)土地开发用地是否符合有关法律、法规和政策规定。

(四)土地开发用地是否符合土地利用总体规划或土地开发专项规划。

(五)土地开发用地权属是否清楚、有无争议,地类是否正确,面积是否准确。

(六)土地开发用地是否涉及农(牧、渔)业、水利、环保、林业等有关问题;如涉及,是否征求了省级有关部门意见。

(七)土地开发措施是否可行。

(八)土地开发后有关土地使用政策是否明确并符合有关规定。

五、审查程序

(一)省、自治区、直辖市人民政府国土资源部门按国家有关规定,拟定土地开发用地请示,并附对土地开发用地申请单位提出的可行性研究报告的书面审查意见,报省级人民政府同意后,由省级人民政府将土地开发用地请示呈报国务院,同时抄报国土资源部(抄报时附资料二套、图件一套,涉及农〈牧、渔〉业、水利、环保、林业等有关问题的,应增报有关资料和图件)。

(二)国土资源部收到国务院转来的省级人民政府的土地开发用地请示转办单后,对报批资料、图件进行初审。如土地开发用地涉及农(牧、渔)业、水利、环保、林业等有关问题,征求国务院有关部门意见。国务院有关部门自收到征求意见函之日起7个工作日内,将意见书面反馈国土资源部。逾期未反馈意见又未说明情况的,按无意见处理。如国务院有关部门提出不同意见,由国土资源部负责协调。

(三)在综合国务院各有关部门意见的基础上,国土资源部采用会审办法,对土地开发用地提出批准或不予批准的建议。对建议批准的,形成审查报告,呈报国务院审批;对不予批准的,由国土资源部行文将土地开发用地请示退回报文的省级人民政府,并报国务院备案。

(四)土地开发用地报经国务院批准后,由国土资源部负责办理土地开发用地批复文件,批复有关省、自治区、直辖市人民政府,并抄送国务院有关部门,批复文件中注明"经国务院批准"字样。

六、其他事项

(一)国土资源部对土地开发用地报批资料、图件进行初审时,认为资料不齐全或内容不符合要求的,应通知其限期补报,逾期不补报并不能说明原因的,可以将土地开发用地请示退回报文的省级人民政府。

(二)土地开发必须依法进行。凡未经批准开发用地的,必须依法查处。查处后方可依法办理土地开发用地手续。

(三)经国务院批准的土地开发用地,凡不违反保密规定的,由国土资源部通过报刊向社会公告,接受社会监督。公告工作不收取任何费用。

(四)按照有关规定须经国务院部委、直属机构批准立项的建设项目,涉及土地开发用地需报国务院批准的,在项目可行性研究报批前,项目建设单位应报国土资源部预审。国土资源部对土地开发用地有关事项进行审查,并提出意见。项目可行性研究批准后,按本规定办理土地开发用地审批手续。

(五)凡开发荒山、荒地、荒滩进行非农业建设的,按照非农业建设用地审批管理的有关规定办理。

(六)国土资源部在每年末将本年度国务院批准土地开发情况综合汇总报国务院。

国务院关于国土资源部《报国务院批准的建设用地审查办法》的批复

· 1999年10月22日

· 国函〔1999〕131号

国土资源部:

国务院批准《报国务院批准的建设用地审查办法》,由你部组织实施。

附:报国务院批准的建设用地审查办法

报国务院批准的建设用地审查办法

为认真贯彻实施《中华人民共和国土地管理法》(以下简称《土地管理法》)和《中华人民共和国土地管理法

实施条例》(以下简称《实施条例》),规范需报国务院批准的建设用地审查工作,制定本办法。

一、审查范围

(一)按照建立最严格的土地管理制度的要求和《土地管理法》第四十四条的规定,下列建设占用土地,涉及农用地转为建设用地的,需报国务院批准:

1. 国务院批准的建设项目;

2. 国务院有关部门和国家计划单列企业批准的道路、管线工程和大型基础设施建设项目;

3. 省、自治区、直辖市人民政府批准的道路、管线工程和大型基础设施建设项目;

4. 在土地利用总体规划确定的直辖市、计划单列市和省、自治区人民政府所在地的城市以及人口在50万以上的城市建设用地规模范围内,为实施该规划按土地利用年度计划分批次用地。

(二)《土地管理法》第四十五条规定的征收下列土地的,需报国务院批准:

1. 基本农田;

2. 基本农田以外的耕地超过三十五公顷的;

3. 其他土地超过七十公顷的。

(三)《实施条例》第二十四条规定的下列建设项目需要占用土地利用总体规划确定的国有未利用地作为建设用地的,需报国务院批准:

1. 国家重点建设项目;

2. 军事设施;

3. 跨省、自治区、直辖市行政区域的建设项目;

4. 国务院规定的其他建设项目。

二、审查原则

(一)切实保护耕地资源,保证国家建设用地。

(二)保护和改善生态环境,保障土地资源的可持续利用。

(三)占用耕地与补充耕地相平衡。

(四)依法、科学、集约、规范用地。

(五)严格办事程序,提高工作效率。

三、审查依据

(一)《土地管理法》、《实施条例》等土地法律、法规和有关规定。

(二)国家有关产业政策。

(三)建设项目所在地土地利用总体规划和土地利用年度计划。

(四)建设用地定额指标和技术规范。

(五)建设项目用地预审报告书。

四、审查内容

(一)建设用地是否在需报国务院批准的范围之内。

(二)建设项目前期工作是否执行了国家规定的有关建设程序。

(三)建设用地是否在项目可行性研究阶段经过预审。

(四)建设用地是否符合当地土地利用总体规划,是否列入土地利用年度计划。

(五)农用地转用、补充耕地、征收土地和供地方案是否符合国家法律法规的规定和有关政策。

(六)用地面积是否符合国家规定的建设用地定额指标。

(七)补充耕地措施是否已经落实或能够落实。

(八)土地权属、地类、面积是否清楚、准确。

(九)建设项目选址压覆重要矿床的,是否经有权机关批准。

(十)建设用地位于地质灾害易发区的,是否提供了地质灾害危险性评估报告。

(十一)占用林地是否已经林业主管部门审核同意。

(十二)存在违法用地行为的,是否已依法查处。

(十三)其他内容是否符合国家法律、法规的规定和有关政策。

五、审查程序

(一)省、自治区、直辖市人民政府土地行政主管部门按照国家有关规定,拟定建设用地请示,并附对市、县人民政府拟定的农用地转用、补充耕地、征收土地和供地方案的书面审查意见,报省级人民政府同意后,由省级人民政府将建设用地请示呈报国务院,同时抄报国土资源部(抄报时并附资料10套、图件2套)。

(二)国务院将省级人民政府的建设用地请示转国土资源部商有关部门研究办理。省级人民政府的建设用地请示和报批资料、图件经国土资源部初审后,根据有关规定,由国土资源部就有关问题征求国务院有关部门意见。国务院有关部门自收到征求意见函之日起7个工作日内,应将意见书面反馈国土资源部。逾期未反馈意见又未说明情况的,按无意见处理。如国务院有关部门提出不同意见,由国土资源部负责协调。

(三)在综合国务院各有关部门意见的基础上,国土资源部采用部会审会议集体会审的办法,依据国家土地管理法律、法规和有关规定对建设用地进行审查,并提出建议批准或不予批准的意见。对建议批准的,形成审查报告,呈报国务院审批;对不予批准的,由国土资源部行文将建设用地请示退回报文的省级人民政府，并报国务院备案。

（四）建设用地经国务院批准后，由国土资源部负责办理建设用地批复文件，批复有关省、自治区、直辖市人民政府，并抄送国务院各有关部门，批复文件中注明“经国务院批准”字样。其中，按有关规定应缴纳新增建设用地土地有偿使用费的，在缴纳后，方可办理建设用地批复文件。

六、其他事项

（一）国土资源部对省级人民政府上报的建设用地请示和报批资料、图件进行初审，认为资料不齐全或内容不符合要求的，应通知其限期补报，逾期并不能说明原因的，可以将建设用地请示退回报文的省级人民政府。

（二）凡存在未批先用等违法用地行为的建设用地，必须依法查处，在追究有关责任人员行政或法律责任后，方可依法补办建设用地手续。

（三）经国务院批准的建设用地，凡不违反保密规定的，由国土资源部通过报刊向社会公告，接受社会监督。公告工作不收取任何费用。

（四）国土资源部需在每季度末将本季度建设用地审查情况综合汇总报告国务院。

建设用地审查报批管理办法

·1999年3月2日国土资源部令第3号发布
·根据2010年11月30日国土资源部令第49号第一次修正
·根据2016年11月29日国土资源部令第69号第二次修正

第一条 为加强土地管理，规范建设用地审查报批工作，根据《中华人民共和国土地管理法》（以下简称《土地管理法》）、《中华人民共和国土地管理法实施条例》（以下简称《土地管理法实施条例》），制定本办法。

第二条 依法应当报国务院和省、自治区、直辖市人民政府批准的建设用地的申请、审查、报批和实施，适用本办法。

第三条 县级以上国土资源主管部门负责建设用地的申请受理、审查、报批工作。

第四条 在建设项目审批、核准、备案阶段，建设单位应当向建设项目批准机关的同级国土资源主管部门提出建设项目用地预审申请。

受理预审申请的国土资源主管部门应当依据土地利用总体规划、土地使用标准和国家土地供应政策，对建设项目的有关事项进行预审，出具建设项目用地预审意见。

第五条 在土地利用总体规划确定的城市建设用地范围外单独选址的建设项目使用土地的，建设单位应当向土地所在地的市、县国土资源主管部门提出用地申请。

建设单位提出用地申请时，应当填写《建设用地申请表》，并附具下列材料：

（一）建设项目用地预审意见；

（二）建设项目批准、核准或者备案文件；

（三）建设项目初步设计批准或者审核文件。

建设项目拟占用耕地的，还应当提出补充耕地方案；建设项目位于地质灾害易发区的，还应当提供地质灾害危险性评估报告。

第六条 国家重点建设项目中的控制工期的单体工程和因工期紧或者受季节影响急需动工建设的其他工程，可以由省、自治区、直辖市国土资源主管部门向国土资源部申请先行用地。

申请先行用地，应当提交下列材料：

（一）省、自治区、直辖市国土资源主管部门先行用地申请；

（二）建设项目用地预审意见；

（三）建设项目批准、核准或者备案文件；

（四）建设项目初步设计批准文件、审核文件或者有关部门确认工程建设的文件；

（五）国土资源部规定的其他材料。

经批准先行用地的，应当在规定期限内完成用地报批手续。

第七条 市、县国土资源主管部门对材料齐全、符合条件的建设用地申请，应当受理，并在收到申请之日起30日内拟订农用地转用方案、补充耕地方案、征收土地方案和供地方案，编制建设项目用地呈报说明书，经同级人民政府审核同意后，报上一级国土资源主管部门审查。

第八条 在土地利用总体规划确定的城市建设用地范围内，为实施城市规划占用土地的，由市、县国土资源主管部门拟订农用地转用方案、补充耕地方案和征收土地方案，编制建设项目用地呈报说明书，经同级人民政府审核同意后，报上一级国土资源主管部门审查。

在土地利用总体规划确定的村庄和集镇建设用地范围内，为实施村庄和集镇规划占用土地的，由市、县国土资源主管部门拟订农用地转用方案、补充耕地方案，编制建设项目用地呈报说明书，经同级人民政府审核同意后，报上一级国土资源主管部门审查。

报国务院批准的城市建设用地，农用地转用方案、补充耕地方案和征收土地方案可以合并编制，一年申报一次;国务院批准城市建设用地后,由省、自治区、直辖市人民政府对设区的市人民政府分期分批申报的农用地转用和征收土地实施方案进行审核并回复。

第九条　建设只占用国有农用地的,市、县国土资源主管部门只需拟订农用地转用方案、补充耕地方案和供地方案。

建设只占用农民集体所有建设用地的,市、县国土资源主管部门只需拟订征收土地方案和供地方案。

建设只占用国有未利用地,按照《土地管理法实施条例》第二十四条规定应由国务院批准的,市、县国土资源主管部门只需拟订供地方案;其他建设项目使用国有未利用地的,按照省、自治区、直辖市的规定办理。

第十条　建设项目用地呈报说明书应当包括用地安排情况、拟使用土地情况等,并应附具下列材料:

(一)经批准的市、县土地利用总体规划图和分幅土地利用现状图,占用基本农田的,同时提供乡级土地利用总体规划图;

(二)有资格的单位出具的勘测定界图及勘测定界技术报告书;

(三)地籍资料或者其他土地权属证明材料;

(四)为实施城市规划和村庄、集镇规划占用土地的,提供城市规划图和村庄、集镇规划图。

第十一条　农用地转用方案,应当包括占用农用地的种类、面积、质量等,以及符合规划计划、基本农田占用补划等情况。

补充耕地方案,应当包括补充耕地的位置、面积、质量,补充的期限,资金落实情况等,以及补充耕地项目备案信息。

征收土地方案,应当包括征收土地的范围、种类、面积、权属,土地补偿费和安置补助费标准,需要安置人员的安置途径等。

供地方案,应当包括供地方式、面积、用途等。

第十二条　有关国土资源主管部门收到上报的建设项目用地呈报说明书和有关方案后,对材料齐全、符合条件的,应当在5日内报经同级人民政府审核。同级人民政府审核同意后,逐级上报有批准权的人民政府,并将审查所需的材料及时送该级国土资源主管部门审查。

对依法应由国务院批准的建设项目用地呈报说明书和有关方案,省、自治区、直辖市人民政府必须提出明确的审查意见,并对报送材料的真实性、合法性负责。

省、自治区、直辖市人民政府批准农用地转用、国务院批准征收土地的,省、自治区、直辖市人民政府批准农用地转用方案后,应当将批准文件和下级国土资源主管部门上报的材料一并上报。

第十三条　有批准权的国土资源主管部门应当自收到上报的农用地转用方案、补充耕地方案、征收土地方案和供地方案并按规定征求有关方面意见后30日内审查完毕。

建设用地审查应当实行国土资源主管部门内部会审制度。

第十四条　农用地转用方案和补充耕地方案符合下列条件的,国土资源主管部门方可报人民政府批准:

(一)符合土地利用总体规划;

(二)确属必需占用农用地且符合土地利用年度计划确定的控制指标;

(三)占用耕地的,补充耕地方案符合土地整理开发专项规划且面积、质量符合规定要求;

(四)单独办理农用地转用的,必须符合单独选址条件。

第十五条　征收土地方案符合下列条件的,国土资源主管部门方可报人民政府批准:

(一)被征收土地界址、地类、面积清楚,权属无争议的;

(二)被征收土地的补偿标准符合法律、法规规定的;

(三)被征收土地上需要安置人员的安置途径切实可行。

建设项目施工和地质勘查需要临时使用农民集体所有的上地的,依法签订临时使用上地合同并支付临时使用土地补偿费,不得办理土地征收。

第十六条　供地方案符合下列条件的,国土资源主管部门方可报人民政府批准:

(一)符合国家的土地供应政策;

(二)申请用地面积符合建设用地标准和集约用地的要求;

(三)只占用国有未利用地的,符合规划、界址清楚、面积准确。

第十七条　农用地转用方案、补充耕地方案、征收土地方案和供地方案经有批准权的人民政府批准后,同级国土资源主管部门应当在收到批件后5日内将批复发出。

未按规定缴纳新增建设用地土地有偿使用费的,不予批复建设用地。其中,报国务院批准的城市建设用地,省、自治区、直辖市人民政府在设区的市人民政府按照有关规定缴纳新增建设用地土地有偿使用费后办理回复文件。

第十八条 经批准的农用地转用方案、补充耕地方案、征收土地方案和供地方案，由土地所在地的市、县人民政府组织实施。

第十九条 建设项目补充耕地方案经批准下达后，在土地利用总体规划确定的城市建设用地范围外单独选址的建设项目，由市、县国土资源主管部门负责监督落实；在土地利用总体规划确定的城市和村庄、集镇建设用地范围内，为实施城市规划和村庄、集镇规划占用土地的，由省、自治区、直辖市国土资源主管部门负责监督落实。

第二十条 征收土地公告和征地补偿、安置方案公告，按照《征收土地公告办法》的有关规定执行。

征地补偿、安置方案确定后，市、县国土资源主管部门应当依照征地补偿、安置方案向被征收土地的农村集体经济组织和农民支付土地补偿费、地上附着物和青苗补偿费，并落实需要安置农业人口的安置途径。

第二十一条 在土地利用总体规划确定的城市建设用地范围内，为实施城市规划占用土地的，经依法批准后，市、县国土资源主管部门应当公布规划要求，设定使用条件，确定使用方式，并组织实施。

第二十二条 以有偿使用方式提供国有土地使用权的，由市、县国土资源主管部门与土地使用者签订土地有偿使用合同，并向建设单位颁发《建设用地批准书》。土地使用者缴纳土地有偿使用费后，依照规定办理土地登记。

以划拨方式提供国有土地使用权的，由市、县国土资源主管部门向建设单位颁发《国有土地划拨决定书》和《建设用地批准书》，依照规定办理土地登记。《国有土地划拨决定书》应当包括划拨土地面积、土地用途、土地使用条件等内容。

建设项目施工期间，建设单位应当将《建设用地批准书》公示于施工现场。

市、县国土资源主管部门应当将提供国有土地的情况定期予以公布。

第二十三条 各级国土资源主管部门应当对建设用地进行跟踪检查。

对违反本办法批准建设用地或者未经批准非法占用土地的，应当依法予以处罚。

第二十四条 本办法自发布之日起施行。

建设项目使用林地审核审批管理办法

·2015 年 3 月 30 日国家林业局令第 35 号公布
·2016 年 9 月 22 日国家林业局令第 42 号修改

第一条 为了规范建设项目使用林地审核和审批，严格保护和合理利用林地，促进生态林业和民生林业发展，根据《中华人民共和国森林法》、《中华人民共和国行政许可法》、《中华人民共和国森林法实施条例》，制定本办法。

第二条 本办法所称建设项目使用林地，是指在林地上建造永久性、临时性的建筑物、构筑物，以及其他改变林地用途的建设行为。包括：

（一）进行勘查、开采矿藏和各项建设工程占用林地。

（二）建设项目临时占用林地。

（三）森林经营单位在所经营的林地范围内修筑直接为林业生产服务的工程设施占用林地。

第三条 建设项目应当不占或者少占林地，必须使用林地的，应当符合林地保护利用规划，合理和节约集约利用林地。

建设项目使用林地实行总量控制和定额管理。

建设项目限制使用生态区位重要和生态脆弱地区的林地，限制使用天然林和单位面积蓄积量高的林地，限制经营性建设项目使用林地。

第四条 占用和临时占用林地的建设项目应当遵守林地分级管理的规定：

（一）各类建设项目不得使用Ⅰ级保护林地。

（二）国务院批准、同意的建设项目，国务院有关部门和省级人民政府及其有关部门批准的基础设施、公共事业、民生建设项目，可以使用Ⅱ级及其以下保护林地。

（三）国防、外交建设项目，可以使用Ⅱ级及其以下保护林地。

（四）县（市、区）和设区的市、自治州人民政府及其有关部门批准的基础设施、公共事业、民生建设项目，可以使用Ⅱ级及其以下保护林地。

（五）战略性新兴产业项目、勘查项目、大中型矿山、符合相关旅游规划的生态旅游开发项目，可以使用Ⅱ级及其以下保护林地。其他工矿、仓储建设项目和符合规划的经营性项目，可以使用Ⅲ级及其以下保护林地。

（六）符合城镇规划的建设项目和符合乡村规划的建设项目，可以使用Ⅱ级及其以下保护林地。

（七）符合自然保护区、森林公园、湿地公园、风景名胜区等规划的建设项目，可以使用自然保护区、森林公园、湿地公园、风景名胜区范围内Ⅱ级及其以下保护林地。

（八）公路、铁路、通讯、电力、油气管线等线性工程和水利水电、航道工程等建设项目配套的采石（沙）场、取土场使用林地按照主体建设项目使用林地范围执行，但不得使用Ⅱ级保护林地中的有林地。其中，在国务院确定的国家所有的重点林区（以下简称重点国有林区）内，不得使用Ⅲ级以上保护林地中的有林地。

（九）上述建设项目以外的其他建设项目可以使用Ⅳ级保护林地。

本条第一款第二项、第三项、第七项以外的建设项目使用林地，不得使用一级国家级公益林地。

国家林业局根据特殊情况对具体建设项目使用林地另有规定的，从其规定。

第五条 建设项目占用林地的审核权限，按照《中华人民共和国森林法实施条例》的有关规定执行。

建设项目占用林地，经林业主管部门审核同意后，建设单位和个人应当依照法律法规的规定办理建设用地审批手续。

第六条 建设项目临时占用林地和森林经营单位在所经营的林地范围内修筑直接为林业生产服务的工程设施占用林地的审批权限，由县级以上地方人民政府林业主管部门按照省、自治区、直辖市有关规定办理。其中，重点国有林区内的建设项目，由省级林业主管部门审批。

第七条 占用林地和临时占用林地的用地单位或者个人提出使用林地申请，应当填写《使用林地申请表》，同时提供下列材料：

（一）用地单位的资质证明或者个人的身份证明。

（二）建设项目有关批准文件。包括：可行性研究报告批复、核准批复、备案确认文件、勘查许可证、采矿许可证、项目初步设计等批准文件；属于批次用地项目，提供经有关人民政府同意的批次用地说明书并附规划图。

（三）拟使用林地的有关材料。包括：林地权属证书、林地权属证书明细表或者林地证明；属于临时占用林地的，提供用地单位与被使用林地的单位、农村集体经济组织或者个人签订的使用林地补偿协议或者其他补偿证明材料；涉及使用国有林场等国有林业企事业单位经营的国有林地，提供其所属主管部门的意见材料及用地单位与其签订的使用林地补偿协议；属于符合自然保护区、森林公园、湿地公园、风景名胜区等规划的建设项目，提供相关规划或者相关管理部门出具的符合规划的证明材料，其中，涉及自然保护区和森林公园的林地，提供其主管部门或者机构的意见材料。

（四）建设项目使用林地可行性报告或者林地现状调查表。

第八条 修筑直接为林业生产服务的工程设施的森林经营单位提出使用林地申请，应当填写《使用林地申请表》，提供相关批准文件或者修筑工程设施必要性的说明，并提供工程设施内容、使用林地面积等情况说明。

第九条 建设项目需要使用林地的，用地单位或者个人应当向林地所在地的县级人民政府林业主管部门提出申请；跨县级行政区域的，分别向林地所在地的县级人民政府林业主管部门提出申请。

第十条 县级人民政府林业主管部门对材料齐全、符合条件的使用林地申请，应当在收到申请之日起10个工作日内，指派2名以上工作人员进行用地现场查验，并填写《使用林地现场查验表》。

第十一条 县级人民政府林业主管部门对建设项目拟使用的林地，应当在林地所在地的村（组）或者林场范围内将拟使用林地用途、范围、面积等内容进行公示，公示期不少于5个工作日。但是，依照相关法律法规的规定不需要公示的除外。

第十二条 按照规定需要报上级人民政府林业主管部门审核和审批的建设项目，下级人民政府林业主管部门应当将初步审查意见和全部材料报上级人民政府林业主管部门。

审查意见中应当包括以下内容：项目基本情况，拟使用林地和采伐林木情况，符合林地保护利用规划情况，使用林地定额情况，以及现场查验、公示情况等。

第十三条 有审核审批权的林业主管部门对申请材料不全或者不符合法定形式的，应当一次性书面告知用地单位或者个人限期补正；逾期未补正的，退还申请材料。

第十四条 符合本办法第三条、第四条规定的条件，并且符合国家供地政策，对生态环境不会造成重大影响，有审核审批权的人民政府林业主管部门应当作出准予使用林地的行政许可决定，按照国家规定的标准预收森林植被恢复费后，向用地单位或者个人核发准予行政许可决定书。不符合上述条件的，有关人民政府林业主管部门应当作出不予使用林地的行政许可决定，向用地单位或者个人核发不予行政许可决定书，告知不予许可的理由。

有审核审批权的人民政府林业主管部门对用地单位和个人提出的使用林地申请，应当在《中华人民共和国行政许可法》规定的期限内作出行政许可决定。

第十五条 建设项目需要使用林地的，用地单位或者个人应当一次申请。严禁化整为零、规避林地使用审核审批。

建设项目批准文件中已经明确分期或者分段建设的项目，可以根据分期或者分段实施安排，按照规定权限分次申请办理使用林地手续。

采矿项目总体占地范围确定，采取滚动方式开发的，可以根据开发计划分阶段按照规定权限申请办理使用林地手续。

公路、铁路、水利水电等建设项目配套的移民安置和专项设施迁建工程，可以分别具体建设项目，按照规定权限申请办理使用林地手续。

需要国务院或者国务院有关部门批准的公路、铁路、油气管线、水利水电等建设项目中的桥梁、隧道、围堰、导流(渠)洞、进场道路和输电设施等控制性单体工程和配套工程，根据有关开展前期工作的批文，可以由省级林业主管部门办理控制性单体工程和配套工程先行使用林地审核手续。整体项目申请时，应当附具单体工程和配套工程先行使用林地的批文及其申请材料，按照规定权限一次申请办理使用林地手续。

第十六条 国家或者省级重点的公路、铁路跨多个市(县)，已经完成报批材料并且具备动工条件的，可以地级市为单位，由具有整体项目审核权限的人民政府林业主管部门分段审核。

大中型水利水电工程可以分别坝址、淹没区，由具有整体项目审核权限的人民政府林业主管部门分别审核。

第十七条 公路、铁路、输电线路、油气管线和水利水电、航道建设项目临时占用林地的，可以根据施工进展情况，一次或者分批次由具有整体项目审批权限的人民政府林业主管部门审批临时占用林地。

第十八条 抢险救灾等急需使用林地的建设项目，依据土地管理法律法规的有关规定，可以先行使用林地。用地单位或者个人应当在灾情结束后6个月内补办使用林地审核手续。属于临时用地的，灾后应当恢复林业生产条件，依法补偿后交还原林地使用者，不再办理用地审批手续。

第十九条 建设项目因设计变更等原因需要增加使用林地面积的，依据规定权限办理用地审核审批手续；需要改变使用林地位置或者减少使用林地面积的，向原审核审批机关申请办理变更手续。

第二十条 公路、铁路、水利水电、航道等建设项目临时占用的林地在批准期限届满后仍需继续使用的，应当在届满之日前3个月，由用地单位向原审批机关提出延续临时占用申请，并且提供本办法第七条第三项规定的有关补偿材料。原审批机关应当按照本办法规定的条件进行审查，作出延续行政许可决定。

第二十一条 国家依法保护林权权利人的合法权益。建设项目使用林地的，应当对涉及单位和个人的森林、林木、林地依法给予补偿。

第二十二条 建设项目临时占用林地期满后，用地单位应当在一年内恢复被使用林地的林业生产条件。

县级人民政府林业主管部门应当加强对用地单位使用林地情况的监管，督促用地单位恢复林业生产条件。

第二十三条 上级人民政府林业主管部门可以委托下级人民政府林业主管部门对建设项目使用林地实施行政许可。

第二十四条 经审核同意使用林地的建设项目，依照有关规定批准用地后，县级以上人民政府林业主管部门应当及时变更林地管理档案。

第二十五条 经审核同意使用林地的建设项目，准予行政许可决定书的有效期为两年。建设项目在有效期内未取得建设用地批准文件的，用地单位应当在有效期届满前3个月向原审核机关提出延期申请，原审核同意机关应当在准予行政许可决定书有效期届满前作出是否准予延期的决定。建设项目在有效期内未取得建设用地批准文件也未申请延期的，准予行政许可决定书失效。

第二十六条 《使用林地申请表》、《使用林地现场查验表》式样，由国家林业局统一规定。

第二十七条 本办法所称Ⅰ、Ⅱ、Ⅲ、Ⅳ级保护林地，是指依据县级以上人民政府批准的林地保护利用规划确定的林地。

本办法所称国家级公益林林地，是指依据国家林业局、财政部的有关规定确定的公益林林地。

第二十八条 本办法所称“以上”均包含本数，“以下”均不包含本数。

第二十九条 本办法自2015年5月1日起施行。国家林业局于2001年1月4日发布、2011年1月25日修改的《占用征收征用林地审核审批管理办法》同时废止。

(六)农村土地管理

1. 农村土地承包

中华人民共和国农村土地承包法

· 2002年8月29日第九届全国人民代表大会常务委员会第二十九次会议通过
· 根据2009年8月27日第十一届全国人民代表大会常务委员会第十次会议《关于修改部分法律的决定》第一次修正
· 根据2018年12月29日第十三届全国人民代表大会常务委员会第七次会议《关于修改〈中华人民共和国农村土地承包法〉的决定》第二次修正

第一章　总　则

第一条　【立法目的】为了巩固和完善以家庭承包经营为基础、统分结合的双层经营体制,保持农村土地承包关系稳定并长久不变,维护农村土地承包经营当事人的合法权益,促进农业、农村经济发展和农村社会和谐稳定,根据宪法,制定本法。

第二条　【农村土地范围】本法所称农村土地,是指农民集体所有和国家所有依法由农民集体使用的耕地、林地、草地,以及其他依法用于农业的土地。

第三条　【农村土地承包经营制度】国家实行农村土地承包经营制度。

农村土地承包采取农村集体经济组织内部的家庭承包方式,不宜采取家庭承包方式的荒山、荒沟、荒丘、荒滩等农村土地,可以采取招标、拍卖、公开协商等方式承包。

第四条　【农村土地承包后土地所有权性质不变】农村土地承包后,土地的所有权性质不变。承包地不得买卖。

第五条　【承包权的主体及对承包权的保护】农村集体经济组织成员有权依法承包由本集体经济组织发包的农村土地。

任何组织和个人不得剥夺和非法限制农村集体经济组织成员承包土地的权利。

第六条　【土地承包经营权男女平等】农村土地承包,妇女与男子享有平等的权利。承包中应当保护妇女的合法权益,任何组织和个人不得剥夺、侵害妇女应当享有的土地承包经营权。

第七条　【公开、公平、公正原则】农村土地承包应当坚持公开、公平、公正的原则,正确处理国家、集体、个人三者的利益关系。

第八条　【集体土地所有者和承包方合法权益的保护】国家保护集体土地所有者的合法权益,保护承包方的土地承包经营权,任何组织和个人不得侵犯。

第九条　【三权分置】承包方承包土地后,享有土地承包经营权,可以自己经营,也可以保留土地承包权,流转其承包地的土地经营权,由他人经营。

第十条　【土地经营权流转的保护】国家保护承包方依法、自愿、有偿流转土地经营权,保护土地经营权人的合法权益,任何组织和个人不得侵犯。

第十一条　【土地资源的保护】农村土地承包经营应当遵守法律、法规,保护土地资源的合理开发和可持续利用。未经依法批准不得将承包地用于非农建设。

国家鼓励增加对土地的投入,培肥地力,提高农业生产能力。

第十二条　【土地承包管理部门】国务院农业农村、林业和草原主管部门分别依照国务院规定的职责负责全国农村土地承包经营及承包经营合同管理的指导。

县级以上地方人民政府农业农村、林业和草原等主管部门分别依照各自职责,负责本行政区域内农村土地承包经营及承包经营合同管理。

乡(镇)人民政府负责本行政区域内农村土地承包经营及承包经营合同管理。

第二章　家庭承包

第一节　发包方和承包方的权利和义务

第十三条　【发包主体】农民集体所有的土地依法属于村农民集体所有的,由村集体经济组织或者村民委员会发包;已经分别属于村内两个以上农村集体经济组织的农民集体所有的,由村内各该农村集体经济组织或者村民小组发包。村集体经济组织或者村民委员会发包的,不得改变村内各集体经济组织农民集体所有的土地的所有权。

国家所有依法由农民集体使用的农村土地,由使用该土地的农村集体经济组织、村民委员会或者村民小组发包。

第十四条　【发包方的权利】发包方享有下列权利:

(一)发包本集体所有的或者国家所有依法由本集体使用的农村土地;

(二)监督承包方依照承包合同约定的用途合理利用和保护土地;

(三)制止承包方损害承包地和农业资源的行为;

(四)法律、行政法规规定的其他权利。

第十五条　【发包方的义务】发包方承担下列义务:

(一)维护承包方的土地承包经营权,不得非法变更、解除承包合同；

（二）尊重承包方的生产经营自主权，不得干涉承包方依法进行正常的生产经营活动；

（三）依照承包合同约定为承包方提供生产、技术、信息等服务；

（四）执行县、乡（镇）土地利用总体规划，组织本集体经济组织内的农业基础设施建设；

（五）法律、行政法规规定的其他义务。

第十六条　【承包主体和家庭成员平等享有权益】家庭承包的承包方是本集体经济组织的农户。

农户内家庭成员依法平等享有承包土地的各项权益。

第十七条　【承包方的权利】承包方享有下列权利：

（一）依法享有承包地使用、收益的权利，有权自主组织生产经营和处置产品；

（二）依法互换、转让土地承包经营权；

（三）依法流转土地经营权；

（四）承包地被依法征收、征用、占用的，有权依法获得相应的补偿；

（五）法律、行政法规规定的其他权利。

第十八条　【承包方的义务】承包方承担下列义务：

（一）维持土地的农业用途，未经依法批准不得用于非农建设；

（二）依法保护和合理利用土地，不得给土地造成永久性损害；

（三）法律、行政法规规定的其他义务。

第二节　承包的原则和程序

第十九条　【土地承包的原则】土地承包应当遵循以下原则：

（一）按照规定统一组织承包时，本集体经济组织成员依法平等地行使承包土地的权利，也可以自愿放弃承包土地的权利；

（二）民主协商，公平合理；

（三）承包方案应当按照本法第十三条的规定，依法经本集体经济组织成员的村民会议三分之二以上成员或者三分之二以上村民代表的同意；

（四）承包程序合法。

第二十条　【土地承包的程序】土地承包应当按照以下程序进行：

（一）本集体经济组织成员的村民会议选举产生承包工作小组；

（二）承包工作小组依照法律、法规的规定拟订并公布承包方案；

（三）依法召开本集体经济组织成员的村民会议，讨论通过承包方案；

（四）公开组织实施承包方案；

（五）签订承包合同。

第三节　承包期限和承包合同

第二十一条　【承包期限】耕地的承包期为三十年。草地的承包期为三十年至五十年。林地的承包期为三十年至七十年。

前款规定的耕地承包期届满后再延长三十年，草地、林地承包期届满后依照前款规定相应延长。

第二十二条　【承包合同】发包方应当与承包方签订书面承包合同。

承包合同一般包括以下条款：

（一）发包方、承包方的名称，发包方负责人和承包方代表的姓名、住所；

（二）承包土地的名称、坐落、面积、质量等级；

（三）承包期限和起止日期；

（四）承包土地的用途；

（五）发包方和承包方的权利和义务；

（六）违约责任。

第二十三条　【承包合同的生效】承包合同自成立之日起生效。承包方自承包合同生效时取得土地承包经营权。

第二十四条　【土地承包经营权登记】国家对耕地、林地和草地等实行统一登记，登记机构应当向承包方颁发土地承包经营权证或者林权证等证书，并登记造册，确认土地承包经营权。

土地承包经营权证或者林权证等证书应当将具有土地承包经营权的全部家庭成员列入。

登记机构除按规定收取证书工本费外，不得收取其他费用。

第二十五条　【承包合同的稳定性】承包合同生效后，发包方不得因承办人或者负责人的变动而变更或者解除，也不得因集体经济组织的分立或者合并而变更或者解除。

第二十六条　【严禁国家机关及其工作人员利用职权干涉农村土地承包或者变更、解除承包合同】国家机关及其工作人员不得利用职权干涉农村土地承包或者变更、解除承包合同。

第四节　土地承包经营权的保护和互换、转让

第二十七条　【承包期内承包地的交回和收回】承包期内，发包方不得收回承包地。

国家保护进城农户的土地承包经营权。不得以退出土地承包经营权作为农户进城落户的条件。

承包期内，承包农户进城落户的，引导支持其按照自愿有偿原则依法在本集体经济组织内转让土地承包经营权或者将承包地交回发包方，也可以鼓励其流转土地经营权。

承包期内，承包方交回承包地或者发包方依法收回承包地时，承包方对其在承包地上投入而提高土地生产能力的，有权获得相应的补偿。

第二十八条 【承包期内承包地的调整】承包期内，发包方不得调整承包地。

承包期内，因自然灾害严重毁损承包地等特殊情形对个别农户之间承包的耕地和草地需要适当调整的，必须经本集体经济组织成员的村民会议三分之二以上成员或者三分之二以上村民代表的同意，并报乡（镇）人民政府和县级人民政府农业农村、林业和草原等主管部门批准。承包合同中约定不得调整的，按照其约定。

第二十九条 【用于调整承包土地或者承包给新增人口的土地】下列土地应当用于调整承包土地或者承包给新增人口：

（一）集体经济组织依法预留的机动地；

（二）通过依法开垦等方式增加的；

（三）发包方依法收回和承包方依法、自愿交回的。

第三十条 【承包期内承包方自愿将承包地交回发包方的处理】承包期内，承包方可以自愿将承包地交回发包方。承包方自愿交回承包地的，可以获得合理补偿，但是应当提前半年以书面形式通知发包方。承包方在承包期内交回承包地的，在承包期内不得再要求承包土地。

第三十一条 【妇女婚姻关系变动对土地承包的影响】承包期内，妇女结婚，在新居住地未取得承包地的，发包方不得收回其原承包地；妇女离婚或者丧偶，仍在原居住地生活或者不在原居住地生活但在新居住地未取得承包地的，发包方不得收回其原承包地。

第三十二条 【承包收益和林地承包权的继承】承包人应得的承包收益，依照继承法的规定继承。

林地承包的承包人死亡，其继承人可以在承包期内继续承包。

第三十三条 【土地承包经营权的互换】承包方之间为方便耕种或者各自需要，可以对属于同一集体经济组织的土地的土地承包经营权进行互换，并向发包方备案。

第三十四条 【土地承包经营权的转让】经发包方同意，承包方可以将全部或者部分的土地承包经营权转让给本集体经济组织的其他农户，由该农户同发包方确立新的承包关系，原承包方与发包方在该土地上的承包关系即行终止。

第三十五条 【土地承包经营权互换、转让的登记】土地承包经营权互换、转让的，当事人可以向登记机构申请登记。未经登记，不得对抗善意第三人。

第五节 土地经营权

第三十六条 【土地经营权设立】承包方可以自主决定依法采取出租（转包）、入股或者其他方式向他人流转土地经营权，并向发包方备案。

第三十七条 【土地经营权人的基本权利】土地经营权人有权在合同约定的期限内占有农村土地，自主开展农业生产经营并取得收益。

第三十八条 【土地经营权流转的原则】土地经营权流转应当遵循以下原则：

（一）依法、自愿、有偿，任何组织和个人不得强迫或者阻碍土地经营权流转；

（二）不得改变土地所有权的性质和土地的农业用途，不得破坏农业综合生产能力和农业生态环境；

（三）流转期限不得超过承包期的剩余期限；

（四）受让方须有农业经营能力或者资质；

（五）在同等条件下，本集体经济组织成员享有优先权。

第三十九条 【土地经营权流转价款】土地经营权流转的价款，应当由当事人双方协商确定。流转的收益归承包方所有，任何组织和个人不得擅自截留、扣缴。

第四十条 【土地经营权流转合同】土地经营权流转，当事人双方应当签订书面流转合同。

土地经营权流转合同一般包括以下条款：

（一）双方当事人的姓名、住所；

（二）流转土地的名称、坐落、面积、质量等级；

（三）流转期限和起止日期；

（四）流转土地的用途；

（五）双方当事人的权利和义务；

（六）流转价款及支付方式；

（七）土地被依法征收、征用、占用时有关补偿费的归属；

（八）违约责任。

承包方将土地交由他人代耕不超过一年的，可以不签订书面合同。

第四十一条 【土地经营权流转的登记】土地经营权流转期限为五年以上的，当事人可以向登记机构申请土地经营权登记。未经登记，不得对抗善意第三人。

第四十二条 【土地经营权流转合同单方解除权】承包方不得单方解除土地经营权流转合同，但受让方有下列情形之一的除外：

（一）擅自改变土地的农业用途；

（二）弃耕抛荒连续两年以上；

（三）给土地造成严重损害或者严重破坏土地生态环境；

（四）其他严重违约行为。

第四十三条 【土地经营权受让方依法投资并获得补偿】经承包方同意，受让方可以依法投资改良土壤，建设农业生产附属、配套设施，并按照合同约定对其投资部分获得合理补偿。

第四十四条 【承包方流转土地经营权后与发包方承包关系不变】承包方流转土地经营权的，其与发包方的承包关系不变。

第四十五条 【建立社会资本取得土地经营权的资格审查等制度】县级以上地方人民政府应当建立工商企业等社会资本通过流转取得土地经营权的资格审查、项目审核和风险防范制度。

工商企业等社会资本通过流转取得土地经营权的，本集体经济组织可以收取适量管理费用。

具体办法由国务院农业农村、林业和草原主管部门规定。

第四十六条 【土地经营权的再流转】经承包方书面同意，并向本集体经济组织备案，受让方可以再流转土地经营权。

第四十七条 【土地经营权融资担保】承包方可以用承包地的土地经营权向金融机构融资担保，并向发包方备案。受让方通过流转取得的土地经营权，经承包方书面同意并向发包方备案，可以向金融机构融资担保。

担保物权自融资担保合同生效时设立。当事人可以向登记机构申请登记；未经登记，不得对抗善意第三人。

实现担保物权时，担保物权人有权就土地经营权优先受偿。

土地经营权融资担保办法由国务院有关部门规定。

第三章 其他方式的承包

第四十八条 【其他承包方式】不宜采取家庭承包方式的荒山、荒沟、荒丘、荒滩等农村土地，通过招标、拍卖、公开协商等方式承包的，适用本章规定。

第四十九条 【以其他方式承包农村土地时承包合同的签订】以其他方式承包农村土地的，应当签订承包合同，承包方取得土地经营权。当事人的权利和义务、承包期限等，由双方协商确定。以招标、拍卖方式承包的，承包费通过公开竞标、竞价确定；以公开协商等方式承包的，承包费由双方议定。

第五十条 【荒山、荒沟、荒丘、荒滩等的承包经营方式】荒山、荒沟、荒丘、荒滩等可以直接通过招标、拍卖、公开协商等方式实行承包经营，也可以将土地经营权折股分给本集体经济组织成员后，再实行承包经营或者股份合作经营。

承包荒山、荒沟、荒丘、荒滩的，应当遵守有关法律、行政法规的规定，防止水土流失，保护生态环境。

第五十一条 【本集体经济组织成员有权优先承包】以其他方式承包农村土地，在同等条件下，本集体经济组织成员有权优先承包。

第五十二条 【将农村土地发包给本集体经济组织以外的单位或者个人承包的程序】发包方将农村土地发包给本集体经济组织以外的单位或者个人承包，应当事先经本集体经济组织成员的村民会议三分之二以上成员或者三分之二以上村民代表的同意，并报乡（镇）人民政府批准。

由本集体经济组织以外的单位或者个人承包的，应当对承包方的资信情况和经营能力进行审查后，再签订承包合同。

第五十三条 【以其他方式承包农村土地后，土地经营权的流转】通过招标、拍卖、公开协商等方式承包农村土地，经依法登记取得权属证书的，可以依法采取出租、入股、抵押或者其他方式流转土地经营权。

第五十四条 【以其他方式取得的土地承包经营权的继承】依照本章规定通过招标、拍卖、公开协商等方式取得土地经营权的，该承包人死亡，其应得的承包收益，依照继承法的规定继承；在承包期内，其继承人可以继续承包。

第四章 争议的解决和法律责任

第五十五条 【土地承包经营纠纷的解决方式】因土地承包经营发生纠纷的，双方当事人可以通过协商解决，也可以请求村民委员会、乡（镇）人民政府等调解解决。

当事人不愿协商、调解或者协商、调解不成的，可以向农村土地承包仲裁机构申请仲裁，也可以直接向人民法院起诉。

第五十六条 【侵害土地承包经营权、土地经营权应当承担民事责任】任何组织和个人侵害土地承包经营权、土地经营权的，应当承担民事责任。

第五十七条 【发包方的民事责任】发包方有下列

行为之一的，应当承担停止侵害、排除妨碍、消除危险、返还财产、恢复原状、赔偿损失等民事责任：

（一）干涉承包方依法享有的生产经营自主权；

（二）违反本法规定收回、调整承包地；

（三）强迫或者阻碍承包方进行土地承包经营权的互换、转让或者土地经营权流转；

（四）假借少数服从多数强迫承包方放弃或者变更土地承包经营权；

（五）以划分“口粮田”和“责任田”等为由收回承包地搞招标承包；

（六）将承包地收回抵顶欠款；

（七）剥夺、侵害妇女依法享有的土地承包经营权；

（八）其他侵害土地承包经营权的行为。

第五十八条　【承包合同中无效的约定】承包合同中违背承包方意愿或者违反法律、行政法规有关不得收回、调整承包地等强制性规定的约定无效。

第五十九条　【违约责任】当事人一方不履行合同义务或者履行义务不符合约定的，应当依法承担违约责任。

第六十条　【无效的土地承包经营权互换、转让或土地经营权流转】任何组织和个人强迫进行土地承包经营权互换、转让或者土地经营权流转的，该互换、转让或者流转无效。

第六十一条　【擅自截留、扣缴土地承包经营权互换、转让或土地经营权流转收益的处理】任何组织和个人擅自截留、扣缴土地承包经营权互换、转让或者土地经营权流转收益的，应当退还。

第六十二条　【非法征收、征用、占用土地或者贪污、挪用土地征收、征用补偿费用的法律责任】违反土地管理法规，非法征收、征用、占用土地或者贪污、挪用土地征收、征用补偿费用，构成犯罪的，依法追究刑事责任；造成他人损害的，应当承担损害赔偿等责任。

第六十三条　【违法将承包地用于非农建设或者给承包地造成永久性损害的法律责任】承包方、土地经营权人违法将承包地用于非农建设的，由县级以上地方人民政府有关主管部门依法予以处罚。

承包方给承包地造成永久性损害的，发包方有权制止，并有权要求赔偿由此造成的损失。

第六十四条　【土地经营权人的民事责任】土地经营权人擅自改变土地的农业用途、弃耕抛荒连续两年以上、给土地造成严重损害或者严重破坏土地生态环境，承包方在合理期限内不解除土地经营权流转合同的，发包方有权要求终止土地经营权流转合同。土地经营权人对土地和土地生态环境造成的损害应当予以赔偿。

第六十五条　【国家机关及其工作人员利用职权侵害土地承包经营权、土地经营权行为的法律责任】国家机关及其工作人员有利用职权干涉农村土地承包经营，变更、解除承包经营合同，干涉承包经营当事人依法享有的生产经营自主权，强迫、阻碍承包经营当事人进行土地承包经营权互换、转让或者土地经营权流转等侵害土地承包经营权、土地经营权的行为，给承包经营当事人造成损失的，应当承担损害赔偿等责任；情节严重的，由上级机关或者所在单位给予直接责任人员处分；构成犯罪的，依法追究刑事责任。

第五章　附　则

第六十六条　【本法实施前的农村土地承包继续有效】本法实施前已经按照国家有关农村土地承包的规定承包，包括承包期限长于本法规定的，本法实施后继续有效，不得重新承包土地。未向承包方颁发土地承包经营权证或者林权证等证书的，应当补发证书。

第六十七条　【机动地的预留】本法实施前已经预留机动地的，机动地面积不得超过本集体经济组织耕地总面积的百分之五。不足百分之五的，不得再增加机动地。

本法实施前未留机动地的，本法实施后不得再留机动地。

第六十八条　【实施办法的制定】各省、自治区、直辖市人民代表大会常务委员会可以根据本法，结合本行政区域的实际情况，制定实施办法。

第六十九条　【农村集体经济组织成员身份的确认】确认农村集体经济组织成员身份的原则、程序等，由法律、法规规定。

第七十条　【施行时间】本法自 2003 年 3 月 1 日起施行。

中共中央办公厅、国务院办公厅关于完善农村土地所有权承包权经营权分置办法的意见

·2016 年 10 月 30 日①

为进一步健全农村土地产权制度，推动新型工业化、信息化、城镇化、农业现代化同步发展，现就完善农村土

① 该时间为新华社发布时间。

地所有权、承包权、经营权分置(以下简称“三权分置”)办法提出以下意见。

一、重要意义

改革开放之初,在农村实行家庭联产承包责任制,将土地所有权和承包经营权分设,所有权归集体,承包经营权归农户,极大地调动了亿万农民积极性,有效解决了温饱问题,农村改革取得重大成果。现阶段深化农村土地制度改革,顺应农民保留土地承包权、流转土地经营权的意愿,将土地承包经营权分为承包权和经营权,实行所有权、承包权、经营权(以下简称“三权”)分置并行,着力推进农业现代化,是继家庭联产承包责任制后农村改革又一重大制度创新。“三权分置”是农村基本经营制度的自我完善,符合生产关系适应生产力发展的客观规律,展现了农村基本经营制度的持久活力,有利于明晰土地产权关系,更好地维护农民集体、承包农户、经营主体的权益;有利于促进土地资源合理利用,构建新型农业经营体系,发展多种形式适度规模经营,提高土地产出率、劳动生产率和资源利用率,推动现代农业发展。各地区各有关部门要充分认识“三权分置”的重要意义,妥善处理“三权”的相互关系,正确运用“三权分置”理论指导改革实践,不断探索和丰富“三权分置”的具体实现形式。

二、总体要求

(一)指导思想。全面贯彻党的十八大和十八届三中、四中、五中全会精神,深入学习贯彻习近平总书记系列重要讲话精神,紧紧围绕统筹推进“五位一体”总体布局和协调推进“四个全面”战略布局,牢固树立新发展理念,认真落实党中央、国务院决策部署,围绕正确处理农民和土地关系这一改革主线,科学界定“三权”内涵、权利边界及相互关系,逐步建立规范高效的“三权”运行机制,不断健全归属清晰、权能完整、流转顺畅、保护严格的农村土地产权制度,优化土地资源配置,培育新型经营主体,促进适度规模经营发展,进一步巩固和完善农村基本经营制度,为发展现代农业、增加农民收入、建设社会主义新农村提供坚实保障。

(二)基本原则

——尊重农民意愿。坚持农民主体地位,维护农民合法权益,把选择权交给农民,发挥其主动性和创造性,加强示范引导,不搞强迫命令、不搞一刀切。

——守住政策底线。坚持和完善农村基本经营制度,坚持农村土地集体所有,坚持家庭经营基础性地位,坚持稳定土地承包关系,不能把农村土地集体所有制改垮了,不能把耕地改少了,不能把粮食生产能力改弱了,不能把农民利益损害了。

——坚持循序渐进。充分认识农村土地制度改革的长期性和复杂性,保持足够历史耐心,审慎稳妥推进改革,由点及面开展,不操之过急,逐步将实践经验上升为制度安排。

——坚持因地制宜。充分考虑各地资源禀赋和经济社会发展差异,鼓励进行符合实际的实践探索和制度创新,总结形成适合不同地区的“三权分置”具体路径和办法。

三、逐步形成“三权分置”格局

完善“三权分置”办法,不断探索农村土地集体所有制的有效实现形式,落实集体所有权,稳定农户承包权,放活土地经营权,充分发挥“三权”的各自功能和整体效用,形成层次分明、结构合理、平等保护的格局。

(一)始终坚持农村土地集体所有权的根本地位。农村土地农民集体所有,是农村基本经营制度的根本,必须得到充分体现和保障,不能虚置。土地集体所有权人对集体土地依法享有占有、使用、收益和处分的权利。农民集体是土地集体所有权的权利主体,在完善“三权分置”办法过程中,要充分维护农民集体对承包地发包、调整、监督、收回等各项权能,发挥土地集体所有的优势和作用。农民集体有权依法发包集体土地,任何组织和个人不得非法干预;有权因自然灾害严重毁损等特殊情形依法调整承包地;有权对承包农户和经营主体使用承包地进行监督,并采取措施防止和纠正长期抛荒、毁损土地、非法改变土地用途等行为。承包农户转让土地承包权的,应在本集体经济组织内进行,并经农民集体同意;流转土地经营权的,须向农民集体书面备案。集体土地被征收的,农民集体有权就征地补偿安置方案等提出意见并依法获得补偿。通过建立健全集体经济组织民主议事机制,切实保障集体成员的知情权、决策权、监督权,确保农民集体有效行使集体土地所有权,防止少数人私相授受、谋取私利。

(二)严格保护农户承包权。农户享有土地承包权是农村基本经营制度的基础,要稳定现有土地承包关系并保持长久不变。土地承包权人对承包土地依法享有占有、使用和收益的权利。农村集体土地由作为本集体经济组织成员的农民家庭承包,不论经营权如何流转,集体土地承包权都属于农民家庭。任何组织和个人都不能取代农民家庭的土地承包地位,都不能非法剥夺和限制农户的土地承包权。在完善“三权分置”办法过程中,要充分维护承包农户使用、流转、抵押、退出承包地等各项权能。承包农户有权占有、使用承包地,依法依规建设必要的农业生产、附属、配套设施,自主组织生产经营和处置产品并获得收益;有权通过转让、互换、出租(转包)、入股或其他方式流转承包地并获得收益,任何组织和个人不得强迫或限制其流转土地;有权依法依规就承包土地经营权设定抵押、自愿有偿退出承包地,具备条件的可以因保护承包地获得相关补贴。承包土地被征收的,承包农户有权依法获得相应补偿,符合条件的有权获得社会保障费用等。不得违法调整农户承包地,不得以退出土地承包权作为农民进城落户的条件。

(三)加快放活土地经营权。赋予经营主体更有保障的土地经营权,是完善农村基本经营制度的关键。土地经营权人对流转土地依法享有在一定期限内占有、耕作并取得相应收益的权利。在依法保护集体所有权和农户承包权的前提下,平等保护经营主体依流转合同取得的土地经营权,保障其有稳定的经营预期。在完善"三权分置"办法过程中,要依法维护经营主体从事农业生产所需的各项权利,使土地资源得到更有效合理的利用。经营主体有权使用流转土地自主从事农业生产经营并获得相应收益,经承包农户同意,可依法依规改良土壤、提升地力,建设农业生产、附属、配套设施,并依照流转合同约定获得合理补偿;有权在流转合同到期后按照同等条件优先续租承包土地。经营主体再流转土地经营权或依法依规设定抵押,须经承包农户或其委托代理人书面同意,并向农民集体书面备案。流转土地被征收的,地上附着物及青苗补偿费应按照流转合同约定确定其归属。承包农户流转出土地经营权的,不应妨碍经营主体行使合法权利。加强对土地经营权的保护,引导土地经营权流向种田能手和新型经营主体。支持新型经营主体提升地力、改善农业生产条件、依法依规开展土地经营权抵押融资。鼓励采用土地股份合作、土地托管、代耕代种等多种经营方式,探索更多放活土地经营权的有效途径。

(四)逐步完善"三权"关系。农村土地集体所有权是土地承包权的前提,农户享有承包经营权是集体所有的具体实现形式,在土地流转中,农户承包经营权派生出土地经营权。支持在实践中积极探索农民集体依法依规行使集体所有权、监督承包农户和经营主体规范利用土地等的具体方式。鼓励在理论上深入研究农民集体和承包农户在承包土地上、承包农户和经营主体在土地流转中的权利边界及相互权利关系等问题。通过实践探索和理论创新,逐步完善"三权"关系,为实施"三权分置"提供有力支撑。

四、确保"三权分置"有序实施

完善"三权分置"办法涉及多方权益,是一个渐进过程和系统性工程,要坚持统筹谋划、稳步推进,确保"三权分置"有序实施。

(一)扎实做好农村土地确权登记颁证工作。确认"三权"权利主体,明确权利归属,稳定土地承包关系,才能确保"三权分置"得以确立和稳步实施。要坚持和完善土地用途管制制度,在集体土地所有权确权登记颁证工作基本完成的基础上,进一步完善相关政策,及时提供确权登记成果,切实保护好农民的集体土地权益。加快推进农村承包地确权登记颁证,形成承包合同网签管理系统,健全承包合同取得权利、登记记载权利、证书证明权利的确权登记制度。提倡通过流转合同鉴证、交易鉴证等多种方式对土地经营权予以确认,促进土地经营权功能更好实现。

(二)建立健全土地流转规范管理制度。规范土地经营权流转交易,因地制宜加强农村产权交易市场建设,逐步实现涉农县(市、区、旗)全覆盖。健全市场运行规范,提高服务水平,为流转双方提供信息发布、产权交易、法律咨询、权益评估、抵押融资等服务。加强流转合同管理,引导流转双方使用合同示范文本。完善工商资本租赁农地监管和风险防范机制,严格准入门槛,确保土地经营权规范有序流转,更好地与城镇化进程和农村劳动力转移规模相适应,与农业科技进步和生产手段改进程度相适应,与农业社会化服务水平相适应。加强农村土地承包经营纠纷调解仲裁体系建设,完善基层农村土地承包调解机制,妥善化解土地承包经营纠纷,有效维护各权利主体的合法权益。

(三)构建新型经营主体政策扶持体系。完善新型经营主体财政、信贷保险、用地、项目扶持等政策。积极创建示范家庭农场、农民专业合作社示范社、农业产业化示范基地、农业示范服务组织,加快培育新型经营主体。引导新型经营主体与承包农户建立紧密利益联结机制,带动普通农户分享农业规模经营收益。支持新型经营主体相互融合,鼓励家庭农场、农民专业合作社、农业产业化龙头企业等联合与合作,依法组建行业组织或联盟。依托现代农业人才支撑计划,健全新型职业农民培育制度。

(四)完善"三权分置"法律法规。积极开展土地承包权有偿退出、土地经营权抵押贷款、土地经营权入股农业产业化经营等试点,总结形成可推广、可复制的做法和经验,在此基础上完善法律制度。加快农村土地承包法等相关法律修订完善工作。认真研究农村集体经济组织、家庭农场发展等相关法律问题。研究健全农村土地经营权流转、抵押贷款和农村土地承包权退出等方面的具体办法。

实施"三权分置"是深化农村土地制度改革的重要举措。各地区各有关部门要认真贯彻本意见要求,研究制定具体落实措施。加大政策宣传力度,统一思想认识,加强干部培训,提高执行政策能力和水平。坚持问题导向,对实践中出现的新情况新问题要密切关注,及时总结,适时调整完善措施。加强工作指导,建立检查监督机制,督促各项任务稳步开展。农业部、中央农办要切实承担起牵头责任,健全沟通协调机制,及时向党中央、国务院报告工作进展情况。各相关部门要主动支持配合,形成工作合力,更好推动"三权分置"有序实施。

中共中央办公厅、国务院办公厅关于引导农村土地经营权有序流转发展农业适度规模经营的意见

·2014年11月20日①

伴随我国工业化、信息化、城镇化和农业现代化进程,农村劳动力大量转移,农业物质技术装备水平不断提高,农户承包土地的经营权流转明显加快,发展适度规模经营已成为必然趋势。实践证明,土地流转和适度规模经营是发展现代农业的必由之路,有利于优化土地资源配置和提高劳动生产率,有利于保障粮食安全和主要农产品供给,有利于促进农业技术推广应用和农业增效、农民增收,应从我国人多地少、农村情况千差万别的实际出发,积极稳妥地推进。为引导农村土地(指承包耕地)经营权有序流转、发展农业适度规模经营,现提出如下意见。

一、总体要求

(一)指导思想。全面理解、准确把握中央关于全面深化农村改革的精神,按照加快构建以农户家庭经营为基础、合作与联合为纽带、社会化服务为支撑的立体式复合型现代农业经营体系和走生产技术先进、经营规模适度、市场竞争力强、生态环境可持续的中国特色新型农业现代化道路的要求,以保障国家粮食安全、促进农业增效和农民增收为目标,坚持农村土地集体所有,实现所有权、承包权、经营权三权分置,引导土地经营权有序流转,坚持家庭经营的基础性地位,积极培育新型经营主体,发展多种形式的适度规模经营,巩固和完善农村基本经营制度。改革的方向要明,步子要稳,既要加大政策扶持力度,加强典型示范引导,鼓励创新农业经营体制机制,又要因地制宜、循序渐进,不能搞大跃进,不能搞强迫命令,不能搞行政瞎指挥,使农业适度规模经营发展与城镇化进程和农村劳动力转移规模相适应,与农业科技进步和生产手段改进程度相适应,与农业社会化服务水平提高相适应,让农民成为土地流转和规模经营的积极参与者和真正受益者,避免走弯路。

(二)基本原则

——坚持农村土地集体所有权,稳定农户承包权,放活土地经营权,以家庭承包经营为基础,推进家庭经营、集体经营、合作经营、企业经营等多种经营方式共同发展。

——坚持以改革为动力,充分发挥农民首创精神,鼓励创新,支持基层先行先试,靠改革破解发展难题。

——坚持依法、自愿、有偿,以农民为主体,政府扶持引导,市场配置资源,土地经营权流转不得违背承包农户意愿、不得损害农民权益、不得改变土地用途、不得破坏农业综合生产能力和农业生态环境。

——坚持经营规模适度,既要注重提升土地经营规模,又要防止土地过度集中,兼顾效率与公平,不断提高劳动生产率、土地产出率和资源利用率,确保农地农用,重点支持发展粮食规模化生产。

二、稳定完善农村土地承包关系

(三)健全土地承包经营权登记制度。建立健全承包合同取得权利、登记记载权利、证书证明权利的土地承包经营权登记制度,是稳定农村土地承包关系、促进土地经营权流转、发展适度规模经营的重要基础性工作。完善承包合同,健全登记簿,颁发权属证书,强化土地承包经营权物权保护,为开展土地流转、调处土地纠纷、完善补贴政策、进行征地补偿和抵押担保提供重要依据。建立健全土地承包经营权信息应用平台,方便群众查询,利于服务管理。土地承包经营权确权登记原则上确权到户到地,在尊重农民意愿的前提下,也可以确权确股不确地。切实维护妇女的土地承包权益。

(四)推进土地承包经营权确权登记颁证工作。按

① 该时间为新华社发布时间。

照中央统一部署、地方全面负责的要求，在稳步扩大试点的基础上，用5年左右时间基本完成土地承包经营权确权登记颁证工作，妥善解决农户承包地块面积不准、四至不清等问题。在工作中，各地要保持承包关系稳定，以现有承包台账、合同、证书为依据确认承包地归属；坚持依法规范操作，严格执行政策，按照规定内容和程序开展工作；充分调动农民群众积极性，依靠村民民主协商，自主解决矛盾纠纷；从实际出发，以农村集体土地所有权确权为基础，以第二次全国土地调查成果为依据，采用符合标准规范、农民群众认可的技术方法；坚持分级负责，强化县乡两级的责任，建立健全党委和政府统一领导、部门密切协作、群众广泛参与的工作机制；科学制定工作方案，明确时间表和路线图，确保工作质量。有关部门要加强调查研究，有针对性地提出操作性政策建议和具体工作指导意见。土地承包经营权确权登记颁证工作经费纳入地方财政预算，中央财政给予补助。

三、规范引导农村土地经营权有序流转

（五）鼓励创新土地流转形式。鼓励承包农户依法采取转包、出租、互换、转让及入股等方式流转承包地。鼓励有条件的地方制定扶持政策，引导农户长期流转承包地并促进其转移就业。鼓励农民在自愿前提下采取互换并地方式解决承包地细碎化问题。在同等条件下，本集体经济组织成员享有土地流转优先权。以转让方式流转承包地的，原则上应在本集体经济组织成员之间进行，且需经发包方同意。以其他形式流转的，应当依法报发包方备案。抓紧研究探索集体所有权、农户承包权、土地经营权在土地流转中的相互权利关系和具体实现形式。按照全国统一安排，稳步推进土地经营权抵押、担保试点，研究制定统一规范的实施办法，探索建立抵押资产处置机制。

（六）严格规范土地流转行为。土地承包经营权属于农民家庭，土地是否流转、价格如何确定、形式如何选择，应由承包农户自主决定，流转收益应归承包农户所有。流转期限应由流转双方在法律规定的范围内协商确定。没有农户的书面委托，农村基层组织无权以任何方式决定流转农户的承包地，更不能以少数服从多数的名义，将整村整组农户承包地集中对外招商经营。防止少数基层干部私相授受，谋取私利。严禁通过定任务、下指标或将流转面积、流转比例纳入绩效考核等方式推动土地流转。

（七）加强土地流转管理和服务。有关部门要研究制定流转市场运行规范，加快发展多种形式的土地经营权流转市场。依托农村经营管理机构健全土地流转服务平台，完善县乡村三级服务和管理网络，建立土地流转监测制度，为流转双方提供信息发布、政策咨询等服务。土地流转服务主体可以开展信息沟通、委托流转等服务，但禁止层层转包从中牟利。土地流转给非本村（组）集体成员或村（组）集体受农户委托统一组织流转并利用集体资金改良土壤、提高地力的，可向本集体经济组织以外的流入方收取基础设施使用费和土地流转管理服务费，用于农田基本建设或其他公益性支出。引导承包农户与流入方签订书面流转合同，并使用统一的省级合同示范文本。依法保护流入方的土地经营权益，流转合同到期后流入方可在同等条件下优先续约。加强农村土地承包经营纠纷调解仲裁体系建设，健全纠纷调处机制，妥善化解土地承包经营流转纠纷。

（八）合理确定土地经营规模。各地要依据自然经济条件、农村劳动力转移情况、农业机械化水平等因素，研究确定本地区土地规模经营的适宜标准。防止脱离实际、违背农民意愿，片面追求超大规模经营的倾向。现阶段，对土地经营规模相当于当地户均承包地面积10至15倍、务农收入相当于当地二三产业务工收入的，应当给予重点扶持。创新规模经营方式，在引导土地资源适度集聚的同时，通过农民的合作与联合、开展社会化服务等多种形式，提升农业规模化经营水平。

（九）扶持粮食规模化生产。加大粮食生产支持力度，原有粮食直接补贴、良种补贴、农资综合补贴归属由承包农户与流入方协商确定，新增部分应向粮食生产规模经营主体倾斜。在有条件的地方开展按照实际粮食播种面积或产量对生产者补贴试点。对从事粮食规模化生产的农民合作社、家庭农场等经营主体，符合申报农机购置补贴条件的，要优先安排。探索选择运行规范的粮食生产规模经营主体开展目标价格保险试点。抓紧开展粮食生产规模经营主体营销贷款试点，允许用粮食作物、生产及配套辅助设施进行抵押融资。粮食品种保险要逐步实现粮食生产规模经营主体愿保尽保，并适当提高对产粮大县稻谷、小麦、玉米三大粮食品种保险的保费补贴比例。各地区各有关部门要研究制定相应配套办法，更好地为粮食生产规模经营主体提供支持服务。

（十）加强土地流转用途管制。坚持最严格的耕地保护制度，切实保护基本农田。严禁借土地流转之名违规搞非农建设。严禁在流转农地上建设或变相建设旅游度假村、高尔夫球场、别墅、私人会所等。严禁占用基本农田挖塘栽树及其他毁坏种植条件的行为。严禁破坏、污染、圈占闲置耕地和损毁农田基础设施。坚决查处通过"以租代征"违法违规进行非农建设的行为,坚决禁止擅自将耕地"非农化"。利用规划和标准引导设施农业发展,强化设施农用地的用途监管。采取措施保证流转土地用于农业生产,可以通过停发粮食直接补贴、良种补贴、农资综合补贴等办法遏制撂荒耕地的行为。在粮食主产区、粮食生产功能区、高产创建项目实施区,不符合产业规划的经营行为不再享受相关农业生产扶持政策。合理引导粮田流转价格,降低粮食生产成本,稳定粮食种植面积。

四、加快培育新型农业经营主体

(十一)发挥家庭经营的基础作用。在今后相当长时期内,普通农户仍占大多数,要继续重视和扶持其发展农业生产。重点培育以家庭成员为主要劳动力、以农业为主要收入来源,从事专业化、集约化农业生产的家庭农场,使之成为引领适度规模经营、发展现代农业的有生力量。分级建立示范家庭农场名录,健全管理服务制度,加强示范引导。鼓励各地整合涉农资金建设连片高标准农田,并优先流向家庭农场、专业大户等规模经营农户。

(十二)探索新的集体经营方式。集体经济组织要积极为承包农户开展多种形式的生产服务,通过统一服务降低生产成本、提高生产效率。有条件的地方根据农民意愿,可以统一连片整理耕地,将土地折股量化、确权到户,经营所得收益按股分配,也可以引导农民以承包地入股组建土地股份合作组织,通过自营或委托经营等方式发展农业规模经营。各地要结合实际不断探索和丰富集体经营的实现形式。

(十三)加快发展农户间的合作经营。鼓励承包农户通过共同使用农业机械、开展联合营销等方式发展联户经营。鼓励发展多种形式的农民合作组织,深入推进示范社创建活动,促进农民合作社规范发展。在管理民主、运行规范、带动力强的农民合作社和供销合作社基础上,培育发展农村合作金融。引导发展农民专业合作社联合社,支持农民合作社开展农社对接。允许农民以承包经营权入股发展农业产业化经营。探索建立农户入股土地生产性能评价制度,按照耕地数量质量、参照当地土地经营权流转价格计价折股。

(十四)鼓励发展适合企业化经营的现代种养业。鼓励农业产业化龙头企业等涉农企业重点从事农产品加工流通和农业社会化服务,带动农户和农民合作社发展规模经营。引导工商资本发展良种种苗繁育、高标准设施农业、规模化养殖等适合企业化经营的现代种养业,开发农村"四荒"资源发展多种经营。支持农业企业与农户、农民合作社建立紧密的利益联结机制,实现合理分工、互利共赢。支持经济发达地区通过农业示范园区引导各类经营主体共同出资、相互持股,发展多种形式的农业混合所有制经济。

(十五)加大对新型农业经营主体的扶持力度。鼓励地方扩大对家庭农场、专业大户、农民合作社、龙头企业、农业社会化服务组织的扶持资金规模。支持符合条件的新型农业经营主体优先承担涉农项目,新增农业补贴向新型农业经营主体倾斜。加快建立财政项目资金直接投向符合条件的合作社、财政补助形成的资产转交合作社持有和管护的管理制度。各省(自治区、直辖市)根据实际情况,在年度建设用地指标中可单列一定比例专门用于新型农业经营主体建设配套辅助设施,并按规定减免相关税费。综合运用货币和财税政策工具,引导金融机构建立健全针对新型农业经营主体的信贷、保险支持机制,创新金融产品和服务,加大信贷支持力度,分散规模经营风险。鼓励符合条件的农业产业化龙头企业通过发行短期融资券、中期票据、中小企业集合票据等多种方式,拓宽融资渠道。鼓励融资担保机构为新型农业经营主体提供融资担保服务,鼓励有条件的地方通过设立融资担保专项资金、担保风险补偿基金等加大扶持力度。落实和完善相关税收优惠政策,支持农民合作社发展农产品加工流通。

(十六)加强对工商企业租赁农户承包地的监管和风险防范。各地对工商企业长时间、大面积租赁农户承包地要有明确的上限控制,建立健全资格审查、项目审核、风险保障金制度,对租地条件、经营范围和违规处罚等作出规定。工商企业租赁农户承包地要按面积实行分级备案,严格准入门槛,加强事中事后监管,防止浪费农地资源、损害农民土地权益,防范承包农户因流入方违约或经营不善遭受损失。定期对租赁土地企业的农业经营能力、土地用途和风险防范能力等开展监督检查,查验土地利用、合同履行等情况,及时查处纠正违法违规行为,对符合要求的可给予政策扶持。有关部门要抓紧制定管理办法,并加强对各地落实情况的监督检查。

五、建立健全农业社会化服务体系

(十七)培育多元社会化服务组织。巩固乡镇涉农公共服务机构基础条件建设成果。鼓励农技推广、动植物防疫、农产品质量安全监管等公共服务机构围绕发展农业适度规模经营拓展服务范围。大力培育各类经营性服务组织,积极发展良种种苗繁育、统防统治、测土配方施肥、粪污集中处理等农业生产性服务业,大力发展农产品电子商务等现代流通服务业,支持建设粮食烘干、农机场库棚和仓储物流等配套基础设施。农产品初加工和农业灌溉用电执行农业生产用电价格。鼓励以县为单位开展农业社会化服务示范创建活动。开展政府购买农业公益性服务试点,鼓励向经营性服务组织购买易监管、可量化的公益性服务。研究制定政府购买农业公益性服务的指导性目录,建立健全购买服务的标准合同、规范程序和监督机制。积极推广既不改变农户承包关系,又保证地有人种的托管服务模式,鼓励种粮大户、农机大户和农机合作社开展全程托管或主要生产环节托管,实现统一耕作,规模化生产。

(十八)开展新型职业农民教育培训。制定专门规划和政策,壮大新型职业农民队伍。整合教育培训资源,改善农业职业学校和其他学校涉农专业办学条件,加快发展农业职业教育,大力发展现代农业远程教育。实施新型职业农民培育工程,围绕主导产业开展农业技能和经营能力培养培训,扩大农村实用人才带头人示范培养培训规模,加大对专业大户、家庭农场经营者、农民合作社带头人、农业企业经营管理人员、农业社会化服务人员和返乡农民工的培养培训力度,把青年农民纳入国家实用人才培养计划。努力构建新型职业农民和农村实用人才培养、认定、扶持体系,建立公益性农民培养培训制度,探索建立培育新型职业农民制度。

(十九)发挥供销合作社的优势和作用。扎实推进供销合作社综合改革试点,按照改造自我、服务农民的要求,把供销合作社打造成服务农民生产生活的生力军和综合平台。利用供销合作社农资经营渠道,深化行业合作,推进技物结合,为新型农业经营主体提供服务。推动供销合作社农产品流通企业、农副产品批发市场、网络终端与新型农业经营主体对接,开展农产品生产、加工、流通服务。鼓励基层供销合作社针对农业生产重要环节,与农民签订服务协议,开展合作式、订单式服务,提高服务规模化水平。

土地问题涉及亿万农民切身利益,事关全局。各级党委和政府要充分认识引导农村土地经营权有序流转、发展农业适度规模经营的重要性、复杂性和长期性,切实加强组织领导,严格按照中央政策和国家法律法规办事,及时查处违纪违法行为。坚持从实际出发,加强调查研究,搞好分类指导,充分利用农村改革试验区、现代农业示范区等开展试点试验,认真总结基层和农民群众创造的好经验好做法。加大政策宣传力度,牢固树立政策观念,准确把握政策要求,营造良好的改革发展环境。加强农村经营管理体系建设,明确相应机构承担农村经管工作职责,确保事有人干、责有人负。各有关部门要按照职责分工,抓紧修订完善相关法律法规,建立工作指导和检查监督制度,健全齐抓共管的工作机制,引导农村土地经营权有序流转,促进农业适度规模经营健康发展。

国务院办公厅关于引导农村产权流转交易市场健康发展的意见

·2014年12月30日
·国办发〔2014〕71号

近年来,随着农村劳动力持续转移和农村改革不断深化,农户承包土地经营权、林权等各类农村产权流转交易需求明显增长,许多地方建立了多种形式的农村产权流转交易市场和服务平台,为农村产权流转交易提供了有效服务。但是,各地农村产权流转交易市场发展不平衡,其设立、运行、监管有待规范。引导农村产权流转交易市场健康发展,事关农村改革发展稳定大局,有利于保障农民和农村集体经济组织的财产权益,有利于提高农村要素资源配置和利用效率,有利于加快推进农业现代化。为此,经国务院同意,现提出以下意见。

一、总体要求

(一)指导思想。以邓小平理论、“三个代表”重要思想、科学发展观为指导,深入贯彻习近平总书记系列重要讲话精神,全面落实党的十八大和十八届三中、四中全会精神,按照党中央、国务院决策部署,以坚持和完善农村基本经营制度为前提,以保障农民和农村集体经济组织的财产权益为根本,以规范流转交易行为和完善服务功能为重点,扎实做好农村产权流转交易市场建设工作。

(二)基本原则。

——坚持公益性为主。必须坚持为农服务宗旨,突出公益性,不以盈利为目的,引导、规范和扶持农村产权流转交易市场发展,充分发挥其服务农村改革发展的重要作用。

——坚持公开公正规范。必须坚持公开透明、自主交易、公平竞争、规范有序,逐步探索形成符合农村实际和农村产权流转交易特点的市场形式、交易规则、服务方式和监管办法。

——坚持因地制宜。是否设立市场、设立什么样的市场、覆盖多大范围等,都要从各地实际出发,统筹规划、合理布局，不能搞强迫命令，不能搞行政瞎指挥。

——坚持稳步推进。充分利用和完善现有农村产权流转交易市场，在有需求、有条件的地方积极探索新的市场形式，稳妥慎重、循序渐进，不急于求成，不片面追求速度和规模。

二、定位和形式

（三）性质。农村产权流转交易市场是为各类农村产权依法流转交易提供服务的平台，包括现有的农村土地承包经营权流转服务中心、农村集体资产管理交易中心、林权管理服务中心和林业产权交易所，以及各地探索建立的其他形式农村产权流转交易市场。现阶段通过市场流转交易的农村产权包括承包到户的和农村集体统一经营管理的资源性资产、经营性资产等，以农户承包土地经营权、集体林地经营权为主，不涉及农村集体土地所有权和依法以家庭承包方式承包的集体土地承包权，具有明显的资产使用权租赁市场的特征。流转交易以服务农户、农民合作社、农村集体经济组织为主，流转交易目的以从事农业生产经营为主，具有显著的农业农村特色。流转交易行为主要发生在县、乡范围内，区域差异较大，具有鲜明的地域特点。

（四）功能。农村产权流转交易市场既要发挥信息传递、价格发现、交易中介的基本功能，又要注意发挥贴近“三农”，为农户、农民合作社、农村集体经济组织等主体流转交易产权提供便利和制度保障的特殊功能。适应交易主体、目的和方式多样化的需求，不断拓展服务功能，逐步发展成集信息发布、产权交易、法律咨询、资产评估、抵押融资等为一体的为农服务综合平台。

（五）设立。农村产权流转交易市场是政府主导、服务“三农”的非盈利性机构，可以是事业法人，也可以是企业法人。设立农村产权流转交易市场，要经过科学论证，由当地政府审批。当地政府要成立由相关部门组成的农村产权流转交易监督管理委员会，承担组织协调、政策制定等方面职责，负责对市场运行进行指导和监管。

（六）构成。县、乡农村土地承包经营权和林权等流转服务平台，是现阶段农村产权流转交易市场的主要形式和重要组成部分。利用好现有的各类农村产权流转服务平台，充分发挥其植根农村、贴近农户、熟悉农情的优势，做好县、乡范围内的农村产权流转交易服务工作。现阶段市场建设应以县域为主。确有需要的地方，可以设立覆盖地（市）乃至省（区、市）地域范围的市场，承担更大范围的信息整合发布和大额流转交易。各地要加强统筹协调，理顺县、乡农村产权流转服务平台与更高层级农村产权流转交易市场的关系，可以采取多种形式合作共建，也可以实行一体化运营，推动实现资源共享、优势互补、协同发展。

（七）形式。鼓励各地探索符合农村产权流转交易实际需要的多种市场形式，既要搞好交易所式的市场建设，也要有效利用电子交易网络平台。鼓励有条件的地方整合各类流转服务平台，建立提供综合服务的市场。农村产权流转交易市场可以是独立的交易场所，也可以利用政务服务大厅等场所，形成“一个屋顶之下、多个服务窗口、多品种产权交易”的综合平台。

三、运行和监管

（八）交易品种。农村产权类别较多，权属关系复杂，承载功能多样，适用规则不同，应实行分类指导。法律没有限制的品种均可以入市流转交易，流转交易的方式、期限和流转交易后的开发利用要遵循相关法律、法规和政策。现阶段的交易品种主要包括：

1. 农户承包土地经营权。是指以家庭承包方式承包的耕地、草地、养殖水面等经营权，可以采取出租、入股等方式流转交易，流转期限由流转双方在法律规定范围内协商确定。

2. 林权。是指集体林地经营权和林木所有权、使用权，可以采取出租、转让、入股、作价出资或合作等方式流转交易，流转期限不能超过法定期限。

3. “四荒”使用权。是指农村集体所有的荒山、荒沟、荒丘、荒滩使用权。采取家庭承包方式取得的，按照农户承包土地经营权有关规定进行流转交易。以其他方式承包的，其承包经营权可以采取转让、出租、入股、抵押等方式进行流转交易。

4. 农村集体经营性资产。是指由农村集体统一经营管理的经营性资产（不含土地）的所有权或使用权，可以采取承包、租赁、出让、入股、合资、合作等方式流转交易。

5. 农业生产设施设备。是指农户、农民合作组织、农村集体和涉农企业等拥有的农业生产设施设备，可以采取转让、租赁、拍卖等方式流转交易。

6. 小型水利设施使用权。是指农户、农民合作组织、农村集体和涉农企业等拥有的小型水利设施使用权，可以采取承包、租赁、转让、抵押、股份合作等方式流转交易。

7. 农业类知识产权。是指涉农专利、商标、版权、新品种、新技术等，可以采取转让、出租、股份合作等方式流转交易。

8. 其他。农村建设项目招标、产业项目招商和转让等。

（九）交易主体。凡是法律、法规和政策没有限制的法人和自然人均可以进入市场参与流转交易，具体准入条件按照相关法律、法规和政策执行。现阶段市场流转交易主体主要有农户、农民合作社、农村集体经济组织、涉农企业和其他投资者。农户拥有的产权是否入市流转交易由农户自主决定。任何组织和个人不得强迫或妨碍自主交易。一定标的额以上的农村集体资产流转必须进入市场公开交易，防止暗箱操作。农村产权流转交易市场要依法对各类市场主体的资格进行审查核实、登记备案。产权流转交易的出让方必须是产权权利人，或者受产权权利人委托的受托人。除农户宅基地使用权、农民住房财产权、农户持有的集体资产股权之外，流转交易的受让方原则上没有资格限制（外资企业和境外投资者按照有关法律、法规执行）。对工商企业进入市场流转交易，要依据相关法律、法规和政策，加强准入监管和风险防范。

（十）服务内容。农村产权流转交易市场都应提供发布交易信息、受理交易咨询和申请、协助产权查询、组织交易、出具产权流转交易鉴证书，协助办理产权变更登记和资金结算手续等基本服务；可以根据自身条件，开展资产评估、法律服务、产权经纪、项目推介、抵押融资等配套服务，还可以引入财会、法律、资产评估等中介服务组织以及银行、保险等金融机构和担保公司，为农村产权流转交易提供专业化服务。

（十一）管理制度。农村产权流转交易市场要建立健全规范的市场管理制度和交易规则，对市场运行、服务规范、中介行为、纠纷调处、收费标准等作出具体规定。实行统一规范的业务受理、信息发布、交易签约、交易中（终）止、交易（合同）鉴证、档案管理等制度，流转交易的产权应无争议，发布信息应真实、准确、完整，交易品种和方式应符合相应法律、法规和政策，交易过程应公开公正，交易服务应方便农民群众。

（十二）监督管理。农村产权流转交易监督管理委员会和市场主管部门要强化监督管理，加强定期检查和动态监测，促进交易公平，防范交易风险，确保市场规范运行。及时查处各类违法违规交易行为，严禁隐瞒信息、暗箱操作、操纵交易。耕地、林地、草地、水利设施等产权流转交易后的开发利用，不能改变用途，不能破坏农业综合生产能力，不能破坏生态功能，有关部门要加强监管。

（十三）行业自律。探索建立农村产权流转交易市场行业协会，充分发挥其推动行业发展和行业自律的积极作用。协会要推进行业规范、交易制度和服务标准建设，加强经验交流、政策咨询、人员培训等服务；增强行业自律意识，自觉维护行业形象，提升市场公信力。

四、保障措施

（十四）扶持政策。各地要稳步推进农村集体产权制度改革，扎实做好土地承包经营权、集体建设用地使用权、农户宅基地使用权、林权等确权登记颁证工作。实行市场建设和运营财政补贴等优惠政策，通过采取购买社会化服务或公益性岗位等措施，支持充分利用现代信息技术建立农村产权流转交易和管理信息网络平台，完善服务功能和手段。组织从业人员开展业务培训，积极培育市场中介服务组织，逐步提高专业化水平。

（十五）组织领导。各地要加强领导，健全工作机制，严格执行相关法律、法规和政策；从本地实际出发，根据农村产权流转交易需要，制定管理办法和实施方案。农村工作综合部门和科技、财政、国土资源、住房城乡建设、农业、水利、林业、金融等部门要密切配合，加强指导，及时研究解决工作中的困难和问题。

国务院关于开展农村承包土地的经营权和农民住房财产权抵押贷款试点的指导意见

· 2015 年 8 月 10 日
· 国发〔2015〕45 号

为进一步深化农村金融改革创新，加大对“三农”的金融支持力度，引导农村土地经营权有序流转，慎重稳妥推进农民住房财产权抵押、担保、转让试点，做好农村承包土地（指耕地）的经营权和农民住房财产权（以下统称“两权”）抵押贷款试点工作，现提出以下意见。

一、总体要求

（一）指导思想。

全面贯彻党的十八大和十八届三中、四中全会精神，深入落实党中央、国务院决策部署，按照所有权、承包权、经营权三权分置和经营权流转有关要求，以落实农村土地的用益物权、赋予农民更多财产权利为出发点，深化农村金融改革创新，稳妥有序开展“两权”抵押贷款业务，有效盘活农村资源、资金、资产，增加农业生产中长期和规模化经营的资金投入，为稳步推进农村土地制度改革提供经验和模式，促进农民增收致富和农业现代化加快发展。

（二）基本原则。

一是依法有序。"两权"抵押贷款试点要坚持于法有据，遵守土地管理法、城市房地产管理法等有关法律法规和政策要求，先在批准范围内开展，待试点积累经验后再稳步推广。涉及被突破的相关法律条款，应提请全国人大常委会授权在试点地区暂停执行。

二是自主自愿。切实尊重农民意愿，"两权"抵押贷款由农户等农业经营主体自愿申请，确保农民群众成为真正的知情者、参与者和受益者。流转土地的经营权抵押需经承包农户同意，抵押仅限于流转期内的收益。金融机构要在财务可持续基础上，按照有关规定自主开展"两权"抵押贷款业务。

三是稳妥推进。在维护农民合法权益前提下，妥善处理好农民、农村集体经济组织、金融机构、政府之间的关系，慎重稳妥推进农村承包土地的经营权抵押贷款试点和农民住房财产权抵押、担保、转让试点工作。

四是风险可控。坚守土地公有制性质不改变、耕地红线不突破、农民利益不受损的底线。完善试点地区确权登记颁证、流转平台搭建、风险补偿和抵押物处置机制等配套政策，防范、控制和化解风险，确保试点工作顺利平稳实施。

二、试点任务

（一）赋予"两权"抵押融资功能，维护农民土地权益。在防范风险、遵守有关法律法规和农村土地制度改革等政策基础上，稳妥有序开展"两权"抵押贷款试点。加强制度建设，引导和督促金融机构始终把维护好、实现好、发展好农民土地权益作为改革试点的出发点和落脚点，落实"两权"抵押融资功能，明确贷款对象、贷款用途、产品设计、抵押价值评估、抵押物处置等业务要点，盘活农民土地用益物权的财产属性，加大金融对"三农"的支持力度。

（二）推进农村金融产品和服务方式创新，加强农村金融服务。金融机构要结合"两权"的权能属性，在贷款利率、期限、额度、担保、风险控制等方面加大创新支持力度，简化贷款管理流程，扎实推进"两权"抵押贷款业务，切实满足农户等农业经营主体对金融服务的有效需求。鼓励金融机构在农村承包土地的经营权剩余使用期限内发放中长期贷款，有效增加农业生产的中长期信贷投入。鼓励对经营规模适度的农业经营主体发放贷款。

（三）建立抵押物处置机制，做好风险保障。因借款人不履行到期债务或者发生当事人约定的情形需要实现抵押权时，允许金融机构在保证农户承包权和基本住房权利前提下，依法采取多种方式处置抵押物。完善抵押物处置措施，确保当借款人不履行到期债务或者发生当事人约定的情形时，承贷银行能顺利实现抵押权。农民住房财产权（含宅基地使用权）抵押贷款的抵押物处置应与商品住房制定差别化规定。探索农民住房财产权抵押担保中宅基地权益的实现方式和途径，保障抵押权人合法权益。对农民住房财产权抵押贷款的抵押物处置，受让人原则上应限制在相关法律法规和国务院规定的范围内。

（四）完善配套措施，提供基础支撑。试点地区要加快推进农村土地承包经营权、宅基地使用权和农民住房所有权确权登记颁证，探索对通过流转取得的农村承包土地的经营权进行确权登记颁证。农民住房财产权设立抵押的，需将宅基地使用权与住房所有权一并抵押。按照党中央、国务院确定的宅基地制度改革试点工作部署，探索建立宅基地使用权有偿转让机制。依托相关主管部门建立完善多级联网的农村土地产权交易平台，建立"两权"抵押、流转、评估的专业化服务机制，支持以各种合法方式流转的农村承包土地的经营权用于抵押。建立健全农村信用体系，有效调动和增强金融机构支农的积极性。

（五）加大扶持和协调配合力度，增强试点效果。人民银行要支持金融机构积极稳妥参与试点，对符合条件的农村金融机构加大支农再贷款支持力度。银行业监督管理机构要研究差异化监管政策，合理确定资本充足率、贷款分类等方面的计算规则和激励政策，支持金融机构开展"两权"抵押贷款业务。试点地区要结合实际，采取利息补贴、发展政府支持的担保公司、利用农村土地产权交易平台提供担保、设立风险补偿基金等方式，建立"两权"抵押贷款风险缓释及补偿机制。保险监督管理机构要进一步完善农业保险制度，大力推进农业保险和农民住房保险工作，扩大保险覆盖范围，充分发挥保险的风险保障作用。

三、组织实施

（一）加强组织领导。人民银行会同中央农办、发展改革委、财政部、国土资源部、住房城乡建设部、农业部、税务总局、林业局、法制办、银监会、保监会等单位，按职责分工成立农村承包土地的经营权抵押贷款试点工作指导小组和农民住房财产权抵押贷款试点工作指导小组（以下统称指导小组），切实落实党中央、国务院对"两权"抵押贷款试点工作的各项要求，按照本意见指导地方人民政府开展试点，并做好专项统计、跟踪指导、评估总结等相关工作。指导小组办公室设在人民银行。

（二）选择试点地区。“两权”抵押贷款试点以县（市、区）行政区域为单位。农村承包土地的经营权抵押贷款试点主要在农村改革试验区、现代农业示范区等农村土地经营权流转较好的地区开展；农民住房财产权抵押贷款试点原则上选择国土资源部牵头确定的宅基地制度改革试点地区开展。省级人民政府按照封闭运行、风险可控原则向指导小组办公室推荐试点县（市、区），经指导小组审定后开展试点。各省（区、市）可根据当地实际，分别或同时申请开展农村承包土地的经营权抵押贷款试点和农民住房财产权抵押贷款试点。

（三）严格试点条件。“两权”抵押贷款试点地区应满足以下条件：一是农村土地承包经营权、宅基地使用权和农民住房所有权确权登记颁证率高，农村产权流转交易市场健全，交易行为公开规范，具备较好基础和支撑条件；二是农户土地流转意愿较强，农业适度规模经营势头良好，具备规模经济效益；三是农村信用环境较好，配套政策较为健全。

（四）规范试点运行。人民银行、银监会会同相关单位，根据本意见出台农村承包土地的经营权抵押贷款试点管理办法和农民住房财产权抵押贷款试点管理办法。银行业金融机构根据本意见和金融管理部门制定的“两权”抵押贷款试点管理办法，建立相应的信贷管理制度并制定实施细则。试点地区成立试点工作小组，严格落实试点条件，制定具体实施意见、支持政策，经省级人民政府审核后，送指导小组备案。集体林地经营权抵押贷款和草地经营权抵押贷款业务可参照本意见执行。

（五）做好评估总结。认真总结试点经验，及时提出制定修改相关法律法规、政策的建议，加快推动修改完善相关法律法规。人民银行牵头负责对试点工作进行跟踪、监督和指导，开展年度评估。试点县（市、区）应提交总结报告和政策建议，由省级人民政府送指导小组。指导小组形成全国试点工作报告，提出相关政策建议。全部试点工作于2017年底前完成。

（六）取得法律授权。试点涉及突破《中华人民共和国物权法》第一百八十四条、《中华人民共和国担保法》第三十七条等相关法律条款，由国务院按程序提请全国人大常委会授权，允许试点地区在试点期间暂停执行相关法律条款。

农民住房财产权抵押贷款试点暂行办法

· 2016年3月15日
· 银发〔2016〕78号

第一条　为依法稳妥规范推进农民住房财产权抵押贷款试点，加大金融对“三农”的有效支持，保护借贷当事人合法权益，根据《国务院关于开展农村承包土地的经营权和农民住房财产权抵押贷款试点的指导意见》（国发〔2015〕45号）和《全国人民代表大会常务委员会关于授权国务院在北京市大兴区等232个试点县（市、区）、天津市蓟县等59个试点县（市、区）行政区域分别暂时调整实施有关法律规定的决定》等政策规定，制定本办法。

第二条　本办法所称农民住房财产权抵押贷款，是指在不改变宅基地所有权性质的前提下，以农民住房所有权及所占宅基地使用权作为抵押、由银行业金融机构（以下称贷款人）向符合条件的农民住房所有人（以下称借款人）发放的、在约定期限内还本付息的贷款。

第三条　本办法所称试点地区是指《全国人民代表大会常务委员会关于授权国务院在北京市大兴区等232个试点县（市、区）、天津市蓟县等59个试点县（市、区）行政区域分别暂时调整实施有关法律规定的决定》明确授权开展农民住房财产权抵押贷款试点的县（市、区）。

第四条　借款人以农民住房所有权及所占宅基地使用权作抵押申请贷款的，应同时符合以下条件：

（一）具有完全民事行为能力，无不良信用记录；

（二）用于抵押的房屋所有权及宅基地使用权没有权属争议，依法拥有政府相关主管部门颁发的权属证明，未列入征地拆迁范围；

（三）除用于抵押的农民住房外，借款人应有其他长期稳定居住场所，并能够提供相关证明材料；

（四）所在的集体经济组织书面同意宅基地使用权随农民住房一并抵押及处置。

以共有农民住房抵押的，还应当取得其他共有人的书面同意。

第五条　借款人获得的农民住房财产权抵押贷款，应当优先用于农业生产经营等贷款人认可的合法用途。

第六条　贷款人应当统筹考虑借款人信用状况、借款需求与偿还能力、用于抵押的房屋所有权及宅基地使用权价值等因素，合理自主确定农民住房财产权抵押贷款抵押率和实际贷款额度。鼓励贷款人对诚实守信、有财政贴息、农业保险或农民住房保险等增信手段支持的借款人，适当提高贷款抵押率。

第七条 贷款人应参考人民银行公布的同期同档次基准利率,结合借款人的实际情况合理自主确定农民住房财产权抵押贷款的利率。

第八条 贷款人应综合考虑借款人的年龄、贷款金额、贷款用途、还款能力和用于抵押的农民住房及宅基地状况等因素合理自主确定贷款期限。

第九条 借贷双方可采取委托第三方房地产评估机构评估、贷款人自评估或者双方协商等方式,公平、公正、客观地确定房屋所有权及宅基地使用权价值。

第十条 鼓励贷款人因地制宜,针对借款人需求积极创新信贷产品和服务方式,简化贷款手续,加强贷款风险控制,全面提高贷款服务质量和效率。在农民住房财产权抵押合同约定的贷款利率之外不得另外或变相增加其它借款费用。

第十一条 借贷双方要按试点地区规定,在试点地区政府确定的不动产登记机构办理房屋所有权及宅基地使用权抵押登记。

第十二条 因借款人不履行到期债务,或者按借贷双方约定的情形需要依法行使抵押权的,贷款人应当结合试点地区实际情况,配合试点地区政府在保障农民基本居住权的前提下,通过贷款重组、按序清偿、房产变卖或拍卖等多种方式处置抵押物,抵押物处置收益应由贷款人优先受偿。变卖或拍卖抵押的农民住房,受让人范围原则上应限制在相关法律法规和国务院规定的范围内。

第十三条 试点地区政府要加快推进行政辖区内房屋所有权及宅基地使用权调查确权登记颁证工作,积极组织做好集体建设用地基准地价制定、价值评估、抵押物处置机制等配套工作。

第十四条 鼓励试点地区政府设立农民住房财产权抵押贷款风险补偿基金,用于分担自然灾害等不可抗力造成的贷款损失和保障抵押物处置期间农民基本居住权益,或根据地方财力对农民住房财产权抵押贷款给予适当贴息,增强贷款人放贷激励。

第十五条 鼓励试点地区通过政府性担保公司提供担保的方式,为农民住房财产权抵押贷款主体融资增信。

第十六条 试点地区人民银行分支机构要对开展农民住房财产权抵押贷款业务取得良好效果的贷款人加大支农再贷款支持力度。

第十七条 银行业监督管理机构要统筹研究,合理确定农民住房财产权抵押贷款的风险权重、资本计提、贷款分类等方面的计算规则和激励政策,支持金融机构开展农民住房财产权抵押贷款业务。

第十八条 保险监督管理机构要加快完善农业保险和农民住房保险政策,通过探索开展农民住房财产权抵押贷款保证保险业务等多种方式,为借款人提供增信支持。

第十九条 各试点地区试点工作小组要加强统筹协调,靠实职责分工,扎实做好辖内试点组织实施、跟踪指导和总结评估。试点期间各省年末形成年度试点总结报告,要于每年1月底前(遇节假日顺延)以省级人民政府名义送试点指导小组。

第二十条 人民银行分支机构会同银行业监督管理机构等部门加强试点监测、业务指导和评估总结。试点县(市、区)应提交季度总结报告和政策建议,由人民银行副省级城市中心支行以上分支机构会同银监局汇总于季后20个工作日内报送试点指导小组办公室,印送指导小组各成员单位。

第二十一条 各银行业金融机构可根据本办法有关规定制定农民住房财产权抵押贷款管理制度及实施细则,并抄报人民银行和银行业监督管理机构。

第二十二条 对于以农民住房财产权为他人贷款提供担保的,可参照本办法执行。

第二十三条 本办法由人民银行、银监会会同试点指导小组相关成员单位负责解释。

第二十四条 本办法自发布之日起施行。

农村承包土地的经营权抵押贷款试点暂行办法

·2016年3月15日
·银发〔2016〕79号

第一条 为依法稳妥规范推进农村承包土地的经营权抵押贷款试点,加大金融对“三农”的有效支持,保护借贷当事人合法权益,根据《国务院关于开展农村承包土地的经营权和农民住房财产权抵押贷款试点的指导意见》(国发〔2015〕45号)和《全国人民代表大会常务委员会关于授权国务院在北京市大兴区等232个试点县(市、区)、天津市蓟县等59个试点县(市、区)行政区域分别暂时调整实施有关法律规定的决定》等政策规定,制定本办法。

第二条 本办法所称农村承包土地的经营权抵押贷款,是指以承包土地的经营权作抵押、由银行业金融机构(以下称贷款人)向符合条件的承包方农户或农业经营主体发放的、在约定期限内还本付息的贷款。

第三条 本办法所称试点地区是指《全国人民代表大会常务委员会关于授权国务院在北京市大兴区等232

个试点县(市、区)、天津市蓟县等59个试点县(市、区)行政区域分别暂时调整实施有关法律规定的决定》明确授权开展农村承包土地的经营权抵押贷款试点的县(市、区)。

第四条　农村承包土地的经营权抵押贷款试点坚持不改变土地公有制性质、不突破耕地红线、不损害农民利益、不层层下达规模指标。

第五条　符合本办法第六条、第七条规定条件、通过家庭承包方式依法取得土地承包经营权和通过合法流转方式获得承包土地的经营权的农户及农业经营主体(以下称借款人),均可按程序向银行业金融机构申请农村承包土地的经营权抵押贷款。

第六条　通过家庭承包方式取得土地承包经营权的农户以其获得的土地经营权作抵押申请贷款的,应同时符合以下条件:

(一)具有完全民事行为能力,无不良信用记录;

(二)用于抵押的承包土地没有权属争议;

(三)依法拥有县级以上人民政府或政府相关主管部门颁发的土地承包经营权证;

(四)承包方已明确告知发包方承包土地的抵押事宜。

第七条　通过合法流转方式获得承包土地的经营权的农业经营主体申请贷款的,应同时符合以下条件:

(一)具备农业生产经营管理能力,无不良信用记录;

(二)用于抵押的承包土地没有权属争议;

(三)已经与承包方或者经承包方书面委托的组织或个人签订了合法有效的经营权流转合同,或依流转合同取得了土地经营权权属确认证明,并已按合同约定方式支付了土地租金;

(四)承包方同意承包土地的经营权可用于抵押及合法再流转;

(五)承包方已明确告知发包方承包土地的抵押事宜。

第八条　借款人获得的承包土地经营权抵押贷款,应主要用于农业生产经营等贷款人认可的合法用途。

第九条　贷款人应当统筹考虑借款人信用状况、借款需求与偿还能力、承包土地经营权价值及流转方式等因素,合理自主确定承包土地的经营权抵押贷款抵押率和实际贷款额度。鼓励贷款人对诚实守信、有财政贴息或农业保险等增信手段支持的借款人,适当提高贷款抵押率。

第十条　贷款人应参考人民银行公布的同期同档次基准利率,结合借款人的实际情况合理自主确定承包土地的经营权抵押贷款的利率。

第十一条　贷款人应综合考虑承包土地经营权可抵押期限、贷款用途、贷款风险、土地流转期内租金支付方式等因素合理自主确定贷款期限。鼓励贷款人在农村承包土地的经营权剩余使用期限内发放中长期贷款,有效增加农业生产的中长期信贷投入。

第十二条　借贷双方可采取委托第三方评估机构评估、贷款人自评估或者借贷双方协商等方式,公平、公正、客观、合理确定农村土地经营权价值。

第十三条　鼓励贷款人因地制宜,针对借款人需求积极创新信贷产品和服务方式,简化贷款手续,加强贷款风险控制,全面提高贷款服务质量和效率。在承包土地的经营权抵押合同约定的贷款利率之外不得另外或变相增加其他借款费用。

第十四条　借贷双方要按试点地区规定,在试点地区农业主管部门或试点地区政府授权的农村产权流转交易平台办理承包土地的经营权抵押登记。受理抵押登记的部门应当对用于抵押的承包土地的经营权权属进行审核、公示。

第十五条　因借款人不履行到期债务,或者按借贷双方约定的情形需要依法行使抵押权的,贷款人可依法采取贷款重组、按序清偿、协议转让、交易平台挂牌再流转等多种方式处置抵押物,抵押物处置收益应由贷款人优先受偿。

第十六条　试点地区政府要依托公共资源管理平台,推进建立县(区)、乡(镇、街道)等多级联网的农村产权流转交易平台,建立承包土地的经营权抵押、流转、评估和处置的专业化服务机制,完善承包土地的经营权价值评估体系,推动承包土地的经营权流转交易公开、公正、规范运行。

第十七条　试点地区政府要加快推进行政辖区内农村土地承包经营权确权登记颁证,鼓励探索通过合同鉴证、登记颁证等方式对流转取得的农村承包土地的经营权进行权属确认。

第十八条　鼓励试点地区政府设立农村承包土地的经营权抵押贷款风险补偿基金,用于分担地震、冰雹、严重旱涝等不可抗力造成的贷款损失,或根据地方财力对农村承包土地的经营权抵押贷款给予适当贴息,增强贷款人放贷激励。

第十九条　鼓励试点地区通过政府性担保公司提供担保、农村产权交易平台提供担保等多种方式,为农村承包土地的经营权抵押贷款主体融资增信。

第二十条 试点地区农业主管部门要组织做好流转合同鉴证评估、农村产权交易平台搭建、承包土地的经营权价值评估、抵押物处置等配套工作。

第二十一条 试点地区人民银行分支机构对开展农村承包土地的经营权抵押贷款业务取得良好效果的贷款人加大支农再贷款支持力度。

第二十二条 银行业监督管理机构要统筹研究，合理确定承包土地经营权抵押贷款的风险权重、资本计提、贷款分类等方面的计算规则和激励政策，支持贷款人开展承包土地的经营权抵押贷款业务。

第二十三条 保险监督管理机构要加快完善农业保险政策，积极扩大试点地区农业保险品种和覆盖范围。通过探索开展农村承包土地的经营权抵押贷款保证保险业务等多种方式，为借款人提供增信支持。

第二十四条 各试点地区试点工作小组要加强统筹协调，靠实职责分工，扎实做好辖内试点组织实施、跟踪指导和总结评估。试点期间各省（区、市）年末形成年度试点总结报告，要于每年1月底前（遇节假日顺延）以省级人民政府名义送试点指导小组。

第二十五条 人民银行分支机构会同银行业监督管理机构等部门加强试点监测、业务指导和评估总结。试点县（市、区）应提交季度总结报告和政策建议，由人民银行副省级城市中心支行以上分支机构会同银监局汇总，于季后20个工作日内报送试点指导小组办公室，印送试点指导小组各成员单位。

第二十六条 各银行业金融机构可根据本办法有关规定制定农村承包土地的经营权抵押贷款业务管理制度及实施细则，并抄报人民银行和银行业监督管理机构。

第二十七条 对于以承包土地的经营权为他人贷款提供担保的以及没有承包到户的农村集体土地（指耕地）的经营权用于抵押的，可参照本办法执行。

第二十八条 本办法由人民银行、银监会会同试点指导小组相关成员单位负责解释。

第二十九条 本办法自发布之日起施行。

利用集体建设用地建设租赁住房试点方案

· 2017年8月21日
· 国土资发〔2017〕100号

利用集体建设用地建设租赁住房，可以增加租赁住房供应，缓解住房供需矛盾，有助于构建购租并举的住房体系，建立健全房地产平稳健康发展长效机制；有助于拓展集体土地用途，拓宽集体经济组织和农民增收渠道；有助于丰富农村土地管理实践，促进集体土地优化配置和节约集约利用，加快城镇化进程。按照中央有关精神，结合当前管理工作实际，制定本试点方案。

一、总体要求

（一）指导思想。全面贯彻党的十八大和十八届三中、四中、五中、六中全会精神，深入学习贯彻习近平总书记系列重要讲话精神，紧紧围绕统筹推进“五位一体”总体布局和协调推进“四个全面”战略布局，牢固树立创新、协调、绿色、开放、共享的发展理念，按照党中央、国务院决策部署，牢牢把握“房子是用来住的，不是用来炒的”定位，以构建购租并举的住房体系为方向，着力构建城乡统一的建设用地市场，推进集体土地不动产登记，完善利用集体建设用地建设租赁住房规则，健全服务和监管体系，提高存量土地节约集约利用水平，为全面建成小康社会提供用地保障，促进建立房地产平稳健康发展长效机制。

（二）基本原则。

把握正确方向。坚持市场经济改革方向，发挥市场配置资源的决定性作用，注重与不动产统一登记、培育和发展住房租赁市场、集体经营性建设用地入市等改革协同，加强部门协作，形成改革合力。

保证有序可控。政府主导，审慎稳妥推进试点。项目用地应当符合城乡规划、土地利用总体规划及村土地利用规划，以存量土地为主，不得占用耕地，增加住房有效供给。以满足新市民合理住房需求为主，强化监管责任，保障依法依规建设、平稳有序运营，做到供需匹配。

坚持自主运作。尊重农民集体意愿，统筹考虑农民集体经济实力，以具体项目为抓手，合理确定项目运作模式，维护权利人合法权益，确保集体经济组织自愿实施、自主运作。

提高服务效能。落实“放管服”要求，强化服务意识，优化审批流程，降低交易成本，提升服务水平，提高办事效率，方便群众办事。

（三）试点目标。通过改革试点，在试点城市成功运营一批集体租赁住房项目，完善利用集体建设用地建设租赁住房规则，形成一批可复制、可推广的改革成果，为构建城乡统一的建设用地市场提供支撑。

（四）试点范围。按照地方自愿原则，在超大、特大城市和国务院有关部委批准的发展住房租赁市场试点城市中，确定租赁住房需求较大，村镇集体经济组织有建设意愿、有资金来源,政府监管和服务能力较强的城市(第一批包括北京市,上海市,辽宁沈阳市,江苏南京市,浙江杭州市,安徽合肥市,福建厦门市,河南郑州市,湖北武汉市,广东广州市、佛山市、肇庆市,四川成都市),开展利用集体建设用地建设租赁住房试点。

除北京、上海外,由省级国土资源主管部门和住房城乡建设主管部门汇总本辖区计划开展试点城市的试点实施方案,报国土资源部和住房城乡建设部批复后启动试点。

二、试点内容

(一)完善试点项目审批程序。试点城市应当梳理项目报批(包括预审、立项、规划、占地、施工)、项目竣工验收、项目运营管理等规范性程序,建立快速审批通道。健全集体建设用地规划许可制度,推进统一规划、统筹布局、统一管理,统一相关建设标准。试点项目区域基础设施完备,医疗、教育等公共设施配套齐全,符合城镇住房规划设计有关规范。

(二)完善集体租赁住房建设和运营机制。村镇集体经济组织可以自行开发运营,也可以通过联营、入股等方式建设运营集体租赁住房。兼顾政府、农民集体、企业和个人利益,理清权利义务关系,平衡项目收益与征地成本关系。完善合同履约监管机制,土地所有权人和建设用地使用权人、出租人和承租人依法履行合同和登记文件中所载明的权利和义务。

(三)探索租赁住房监测监管机制。集体租赁住房出租,应遵守相关法律法规和租赁合同约定,不得以租代售。承租的集体租赁住房,不得转租。探索建立租金形成、监测、指导、监督机制,防止租金异常波动,维护市场平稳运行。国土资源、住房城乡建设部门应与相关部门加强协作、各负其责,在建设用地使用权登记、房屋所有权登记、租赁备案、税务、工商等方面加强联动,构建规范有序的租赁市场秩序。

(四)探索保障承租人获得基本公共服务的权利。承租人可按照国家有关规定凭登记备案的住房租赁合同依法申领居住证,享受规定的基本公共服务。有条件的城市,要进一步建立健全对非本地户籍承租人的社会保障机制。

三、组织实施

(一)加强组织保障。国土资源部和住房城乡建设部共同部署试点。省级国土资源主管部门和住房城乡建设主管部门负责试点工作的督促、检查和指导。城市政府全面负责试点组织领导工作,制定试点工作规则和组织实施方案,建立试点协调决策机构。各地区各有关部门要加强协调配合,稳妥有序推进试点。

(二)推进试点实施。

1. 编制实施方案。试点城市根据本方案编制实施方案,经省级国土资源主管部门和住房城乡建设主管部门汇总后,2017 年 11 月底前报国土资源部和住房城乡建设部批复。

2. 试点实施、跟踪及总结。省级国土资源主管部门和住房城乡建设主管部门负责试点工作的督促、检查和指导,及时研究解决试点中存在的问题。

2019 年 11 月,省级国土资源主管部门和住房城乡建设主管部门组织开展试点中期评估,形成评估报告报国土资源部和住房城乡建设部。

2020 年底前,省级国土资源主管部门和住房城乡建设主管部门总结试点工作,总结报告报国土资源部和住房城乡建设部。

(三)强化指导监督。各地区各有关部门要按照职责分工,加强对试点工作的指导监督,依法规范运行。要加强分类指导,尊重基层首创精神,健全激励和容错纠错机制,允许进行差别化探索,切实做到封闭运行、风险可控,发现问题及时纠偏。

(四)做好宣传引导。试点地区要加强对试点工作的监督管理,密切关注舆情动态,妥善回应社会关切,重大问题及时报告。

农村土地经营权流转管理办法

· 2021 年 1 月 26 日农业农村部令 2021 年第 1 号发布
· 自 2021 年 3 月 1 日起施行

第一章 总 则

第一条 为了规范农村土地经营权(以下简称土地经营权)流转行为,保障流转当事人合法权益,加快农业农村现代化,维护农村社会和谐稳定,根据《中华人民共和国农村土地承包法》等法律及有关规定,制定本办法。

第二条 土地经营权流转应当坚持农村土地农民集体所有、农户家庭承包经营的基本制度,保持农村土地承包关系稳定并长久不变,遵循依法、自愿、有偿原则,任何组织和个人不得强迫或者阻碍承包方流转土地经营权。

第三条 土地经营权流转不得损害农村集体经济组织和利害关系人的合法权益,不得破坏农业综合生产能力和农业生态环境,不得改变承包土地的所有权性质及其农业用途,确保农地农用,优先用于粮食生产,制止耕地“非农化”、防止耕地“非粮化”。

第四条 土地经营权流转应当因地制宜、循序渐进，把握好流转、集中、规模经营的度，流转规模应当与城镇化进程和农村劳动力转移规模相适应，与农业科技进步和生产手段改进程度相适应，与农业社会化服务水平提高相适应，鼓励各地建立多种形式的土地经营权流转风险防范和保障机制。

第五条 农业农村部负责全国土地经营权流转及流转合同管理的指导。

县级以上地方人民政府农业农村主管(农村经营管理)部门依照职责，负责本行政区域内土地经营权流转及流转合同管理。

乡(镇)人民政府负责本行政区域内土地经营权流转及流转合同管理。

第二章 流转当事人

第六条 承包方在承包期限内有权依法自主决定土地经营权是否流转，以及流转对象、方式、期限等。

第七条 土地经营权流转收益归承包方所有，任何组织和个人不得擅自截留、扣缴。

第八条 承包方自愿委托发包方、中介组织或者他人流转其土地经营权的，应当由承包方出具流转委托书。委托书应当载明委托的事项、权限和期限等，并由委托人和受托人签字或者盖章。

没有承包方的书面委托，任何组织和个人无权以任何方式决定流转承包方的土地经营权。

第九条 土地经营权流转的受让方应当为具有农业经营能力或者资质的组织和个人。在同等条件下，本集体经济组织成员享有优先权。

第十条 土地经营权流转的方式、期限、价款和具体条件，由流转双方平等协商确定。流转期限届满后，受让方享有以同等条件优先续约的权利。

第十一条 受让方应当依照有关法律法规保护土地，禁止改变土地的农业用途。禁止闲置、荒芜耕地，禁止占用耕地建窑、建坟或者擅自在耕地上建房、挖砂、采石、采矿、取土等。禁止占用永久基本农田发展林果业和挖塘养鱼。

第十二条 受让方将流转取得的土地经营权再流转以及向金融机构融资担保的，应当事先取得承包方书面同意，并向发包方备案。

第十三条 经承包方同意，受让方依法投资改良土壤，建设农业生产附属、配套设施，及农业生产中直接用于作物种植和畜禽水产养殖设施的，土地经营权流转合同到期或者未到期由承包方依法提前收回承包土地时，受让方有权获得合理补偿。具体补偿办法可在土地经营权流转合同中约定或者由双方协商确定。

第三章 流转方式

第十四条 承包方可以采取出租(转包)、入股或者其他符合有关法律和国家政策规定的方式流转土地经营权。

出租(转包)，是指承包方将部分或者全部土地经营权，租赁给他人从事农业生产经营。

入股，是指承包方将部分或者全部土地经营权作价出资，成为公司、合作经济组织等股东或者成员，并用于农业生产经营。

第十五条 承包方依法采取出租(转包)、入股或者其他方式将土地经营权部分或者全部流转的，承包方与发包方的承包关系不变，双方享有的权利和承担的义务不变。

第十六条 承包方自愿将土地经营权入股公司发展农业产业化经营的，可以采取优先股等方式降低承包方风险。公司解散时入股土地应当退回原承包方。

第四章 流转合同

第十七条 承包方流转土地经营权，应当与受让方在协商一致的基础上签订书面流转合同，并向发包方备案。

承包方将土地交由他人代耕不超过一年的，可以不签订书面合同。

第十八条 承包方委托发包方、中介组织或者他人流转土地经营权的，流转合同应当由承包方或者其书面委托的受托人签订。

第十九条 土地经营权流转合同一般包括以下内容：

(一)双方当事人的姓名或者名称、住所、联系方式等；

(二)流转土地的名称、四至、面积、质量等级、土地类型、地块代码等；

(三)流转的期限和起止日期；

(四)流转方式；

(五)流转土地的用途；

(六)双方当事人的权利和义务；

(七)流转价款或者股份分红，以及支付方式和支付时间；

(八)合同到期后地上附着物及相关设施的处理；

(九)土地被依法征收、征用、占用时有关补偿费的

归属;

(十)违约责任。

土地经营权流转合同示范文本由农业农村部制定。

第二十条 承包方不得单方解除土地经营权流转合同,但受让方有下列情形之一的除外:

(一)擅自改变土地的农业用途;

(二)弃耕抛荒连续两年以上;

(三)给土地造成严重损害或者严重破坏土地生态环境;

(四)其他严重违约行为。

有以上情形,承包方在合理期限内不解除土地经营权流转合同的,发包方有权要求终止土地经营权流转合同。

受让方对土地和土地生态环境造成的损害应当依法予以赔偿。

第五章 流转管理

第二十一条 发包方对承包方流转土地经营权、受让方再流转土地经营权以及承包方、受让方利用土地经营权融资担保的,应当办理备案,并报告乡(镇)人民政府农村土地承包管理部门。

第二十二条 乡(镇)人民政府农村土地承包管理部门应当向达成流转意向的双方提供统一文本格式的流转合同,并指导签订。流转合同中有违反法律法规的,应当及时予以纠正。

第二十三条 乡(镇)人民政府农村土地承包管理部门应当建立土地经营权流转台账,及时准确记载流转情况。

第二十四条 乡(镇)人民政府农村土地承包管理部门应当对土地经营权流转有关文件、资料及流转合同等进行归档并妥善保管。

第二十五条 鼓励各地建立土地经营权流转市场或者农村产权交易市场。县级以上地方人民政府农业农村主管(农村经营管理)部门应当加强业务指导,督促其建立健全运行规则,规范开展土地经营权流转政策咨询、信息发布、合同签订、交易鉴证、权益评估、融资担保、档案管理等服务。

第二十六条 县级以上地方人民政府农业农村主管(农村经营管理)部门应当按照统一标准和技术规范建立国家、省、市、县等互联互通的农村土地承包信息应用平台,健全土地经营权流转合同网签制度,提升土地经营权流转规范化、信息化管理水平。

第二十七条 县级以上地方人民政府农业农村主管(农村经营管理)部门应当加强对乡(镇)人民政府农村土地承包管理部门工作的指导。乡(镇)人民政府农村土地承包管理部门应当依法开展土地经营权流转的指导和管理工作。

第二十八条 县级以上地方人民政府农业农村主管(农村经营管理)部门应当加强服务,鼓励受让方发展粮食生产;鼓励和引导工商企业等社会资本(包括法人、非法人组织或者自然人等)发展适合企业化经营的现代种养业。

县级以上地方人民政府农业农村主管(农村经营管理)部门应当根据自然经济条件、农村劳动力转移情况、农业机械化水平等因素,引导受让方发展适度规模经营,防止垒大户。

第二十九条 县级以上地方人民政府对工商企业等社会资本流转土地经营权,依法建立分级资格审查和项目审核制度。审查审核的一般程序如下:

(一)受让主体与承包方就流转面积、期限、价款等进行协商并签订流转意向协议书。涉及未承包到户集体土地等集体资源的,应当按照法定程序经本集体经济组织成员的村民会议三分之二以上成员或者三分之二以上村民代表的同意,并与集体经济组织签订流转意向协议书。

(二)受让主体按照分级审查审核规定,分别向乡(镇)人民政府农村土地承包管理部门或者县级以上地方人民政府农业农村主管(农村经营管理)部门提出申请,并提交流转意向协议书、农业经营能力或者资质证明、流转项目规划等相关材料。

(三)县级以上地方人民政府或者乡(镇)人民政府应当依法组织相关职能部门、农村集体经济组织代表、农民代表、专家等就土地用途、受让主体农业经营能力,以及经营项目是否符合粮食生产等产业规划等进行审查审核,并于受理之日起20个工作日内作出审查审核意见。

(四)审查审核通过的,受让主体与承包方签订土地经营权流转合同。未按规定提交审查审核申请或者审查审核未通过的,不得开展土地经营权流转活动。

第三十条 县级以上地方人民政府依法建立工商企业等社会资本通过流转取得土地经营权的风险防范制度,加强事中事后监管,及时查处纠正违法违规行为。

鼓励承包方和受让方在土地经营权流转市场或者农村产权交易市场公开交易。

对整村(组)土地经营权流转面积较大、涉及农户较多、经营风险较高的项目,流转双方可以协商设立风险保障金。

鼓励保险机构为土地经营权流转提供流转履约保证保险等多种形式保险服务。

第三十一条 农村集体经济组织为工商企业等社会资本流转土地经营权提供服务的，可以收取适量管理费用。收取管理费用的金额和方式应当由农村集体经济组织、承包方和工商企业等社会资本三方协商确定。管理费用应当纳入农村集体经济组织会计核算和财务管理，主要用于农田基本建设或者其他公益性支出。

第三十二条 县级以上地方人民政府可以根据本办法，结合本行政区域实际，制定工商企业等社会资本通过流转取得土地经营权的资格审查、项目审核和风险防范实施细则。

第三十三条 土地经营权流转发生争议或者纠纷的，当事人可以协商解决，也可以请求村民委员会、乡（镇）人民政府等进行调解。

当事人不愿意协商、调解或者协商、调解不成的，可以向农村土地承包仲裁机构申请仲裁，也可以直接向人民法院提起诉讼。

第六章 附 则

第三十四条 本办法所称农村土地，是指除林地、草地以外的，农民集体所有和国家所有依法由农民集体使用的耕地和其他用于农业的土地。

本办法所称农村土地经营权流转，是指在承包方与发包方承包关系保持不变的前提下，承包方依法在一定期限内将土地经营权部分或者全部交由他人自主开展农业生产经营的行为。

第三十五条 通过招标、拍卖和公开协商等方式承包荒山、荒沟、荒丘、荒滩等农村土地，经依法登记取得权属证书的，可以流转土地经营权，其流转管理参照本办法执行。

第三十六条 本办法自2021年3月1日起施行。农业部2005年1月19日发布的《农村土地承包经营权流转管理办法》（农业部令第47号）同时废止。

农村土地承包合同管理办法

· 2023年2月17日农业农村部令2023年第1号公布
· 自2023年5月1日起施行

第一章 总 则

第一条 为了规范农村土地承包合同的管理，维护承包合同当事人的合法权益，维护农村社会和谐稳定，根据《中华人民共和国农村土地承包法》等法律及有关规定，制定本办法。

第二条 农村土地承包经营应当巩固和完善以家庭承包经营为基础、统分结合的双层经营体制，保持农村土地承包关系稳定并长久不变。农村土地承包经营，不得改变土地的所有权性质。

第三条 农村土地承包经营应当依法签订承包合同。土地承包经营权自承包合同生效时设立。

承包合同订立、变更和终止的，应当开展土地承包经营权调查。

第四条 农村土地承包合同管理应当遵守法律、法规，保护土地资源的合理开发和可持续利用，依法落实耕地利用优先序。发包方和承包方应当依法履行保护农村土地的义务。

第五条 农村土地承包合同管理应当充分维护农民的财产权益，任何组织和个人不得剥夺和非法限制农村集体经济组织成员承包土地的权利。妇女与男子享有平等的承包农村土地的权利。

承包方承包土地后，享有土地承包经营权，可以自己经营，也可以保留土地承包权，流转其承包地的土地经营权，由他人经营。

第六条 农业农村部负责全国农村土地承包合同管理的指导。

县级以上地方人民政府农业农村主管（农村经营管理）部门负责本行政区域内农村土地承包合同管理。

乡（镇）人民政府负责本行政区域内农村土地承包合同管理。

第二章 承包方案

第七条 本集体经济组织成员的村民会议依法选举产生的承包工作小组，应当依照法律、法规的规定拟订承包方案，并在本集体经济组织范围内公示不少于十五日。

承包方案应当依法经本集体经济组织成员的村民会议三分之二以上成员或者三分之二以上村民代表的同意。

承包方案由承包工作小组公开组织实施。

第八条 承包方案应当符合下列要求：

（一）内容合法；

（二）程序规范；

（三）保障农村集体经济组织成员合法权益；

（四）不得违法收回、调整承包地；

（五）法律、法规和规章规定的其他要求。

第九条 县级以上地方人民政府农业农村主管（农村经营管理）部门、乡（镇）人民政府农村土地承包管理部门应当指导制定承包方案，并对承包方案的实施进行监督，发现问题的，应当及时予以纠正。

第三章 承包合同的订立、变更和终止

第十条 承包合同应当符合下列要求：

（一）文本规范；

（二）内容合法；

（三）双方当事人签名、盖章或者按指印；

（四）法律、法规和规章规定的其他要求。

县级以上地方人民政府农业农村主管（农村经营管理）部门、乡（镇）人民政府农村土地承包管理部门应当依法指导发包方和承包方订立、变更或者终止承包合同，并对承包合同实施监督，发现不符合前款要求的，应当及时通知发包方更正。

第十一条 发包方和承包方应当采取书面形式签订承包合同。

承包合同一般包括以下条款：

（一）发包方、承包方的名称，发包方负责人和承包方代表的姓名、住所；

（二）承包土地的名称、坐落、面积、质量等级；

（三）承包方家庭成员信息；

（四）承包期限和起止日期；

（五）承包土地的用途；

（六）发包方和承包方的权利和义务；

（七）违约责任。

承包合同示范文本由农业农村部制定。

第十二条 承包合同自双方当事人签名、盖章或者按指印时成立。

第十三条 承包期内，出现下列情形之一的，承包合同变更：

（一）承包方依法分立或者合并的；

（二）发包方依法调整承包地的；

（三）承包方自愿交回部分承包地的；

（四）土地承包经营权互换的；

（五）土地承包经营权部分转让的；

（六）承包地被部分征收的；

（七）法律、法规和规章规定的其他情形。

承包合同变更的，变更后的承包期限不得超过承包期的剩余期限。

第十四条 承包期内，出现下列情形之一的，承包合同终止：

（一）承包方消亡的；

（二）承包方自愿交回全部承包地的；

（三）土地承包经营权全部转让的；

（四）承包地被全部征收的；

（五）法律、法规和规章规定的其他情形。

第十五条 承包地被征收、发包方依法调整承包地或者承包方消亡的，发包方应当变更或者终止承包合同。

除前款规定的情形外，承包合同变更、终止的，承包方向发包方提出申请，并提交以下材料：

（一）变更、终止承包合同的书面申请；

（二）原承包合同；

（三）承包方分立或者合并的协议，交回承包地的书面通知或者协议，土地承包经营权互换合同、转让合同等其他相关证明材料；

（四）具有土地承包经营权的全部家庭成员同意变更、终止承包合同的书面材料；

（五）法律、法规和规章规定的其他材料。

第十六条 省级人民政府农业农村主管部门可以根据本行政区域实际依法制定承包方分立、合并、消亡而导致承包合同变更、终止的具体规定。

第十七条 承包期内，因自然灾害严重毁损承包地等特殊情形对个别农户之间承包地需要适当调整的，发包方应当制定承包地调整方案，并应当经本集体经济组织成员的村民会议三分之二以上成员或者三分之二以上村民代表的同意。承包合同中约定不得调整的，按照其约定。

调整方案通过之日起二十个工作日内，发包方应当将调整方案报乡（镇）人民政府和县级人民政府农业农村主管（农村经营管理）部门批准。

乡（镇）人民政府应当于二十个工作日内完成调整方案的审批，并报县级人民政府农业农村主管（农村经营管理）部门；县级人民政府农业农村主管（农村经营管理）部门应当于二十个工作日内完成调整方案的审批。乡（镇）人民政府、县级人民政府农业农村主管（农村经营管理）部门对违反法律、法规和规章规定的调整方案，应当及时通知发包方予以更正，并重新申请批准。

调整方案未经乡（镇）人民政府和县级人民政府农业农村主管（农村经营管理）部门批准的，发包方不得调整承包地。

第十八条 承包方自愿将部分或者全部承包地交回发包方的，承包方与发包方在该土地上的承包关系终止，承包期内其土地承包经营权部分或者全部消灭，并不得再要求承包土地。

承包方自愿交回承包地的，应当提前半年以书面形

式通知发包方。承包方对其在承包地上投入而提高土地生产能力的，有权获得相应的补偿。交回承包地的其他补偿，由发包方和承包方协商确定。

第十九条 为了方便耕种或者各自需要，承包方之间可以互换属于同一集体经济组织的不同承包地块的土地承包经营权。

土地承包经营权互换的，应当签订书面合同，并向发包方备案。

承包方提交备案的互换合同，应当符合下列要求：

（一）互换双方是属于同一集体经济组织的农户；

（二）互换后的承包期限不超过承包期的剩余期限；

（三）法律、法规和规章规定的其他事项。

互换合同备案后，互换双方应当与发包方变更承包合同。

第二十条 经承包方申请和发包方同意，承包方可以将部分或者全部土地承包经营权转让给本集体经济组织的其他农户。

承包方转让土地承包经营权的，应当以书面形式向发包方提交申请。发包方同意转让的，承包方与受让方应当签订书面合同；发包方不同意转让的，应当于七日内向承包方书面说明理由。发包方无法定理由的，不得拒绝同意承包方的转让申请。未经发包方同意的，土地承包经营权转让合同无效。

土地承包经营权转让合同，应当符合下列要求：

（一）受让方是本集体经济组织的农户；

（二）转让后的承包期限不超过承包期的剩余期限；

（三）法律、法规和规章规定的其他事项。

土地承包经营权转让后，受让方应当与发包方签订承包合同。原承包方与发包方在该土地上的承包关系终止，承包期内其土地承包经营权部分或者全部消灭，并不得再要求承包土地。

第四章 承包档案和信息管理

第二十一条 承包合同管理工作中形成的，对国家、社会和个人有保存价值的文字、图表、声像、数据等各种形式和载体的材料，应当纳入农村土地承包档案管理。

县级以上地方人民政府农业农村主管（农村经营管理）部门、乡（镇）人民政府农村土地承包管理部门应当制定工作方案、健全档案工作管理制度、落实专项经费、指定工作人员、配备必要设施设备，确保农村土地承包档案完整与安全。

发包方应当将农村土地承包档案纳入村级档案管理。

第二十二条 承包合同管理工作中产生、使用和保管的数据，包括承包地权属数据、地理信息数据和其他相关数据等，应当纳入农村土地承包数据管理。

县级以上地方人民政府农业农村主管（农村经营管理）部门负责本行政区域内农村土地承包数据的管理，组织开展数据采集、使用、更新、保管和保密等工作，并向上级业务主管部门提交数据。

鼓励县级以上地方人民政府农业农村主管（农村经营管理）部门通过数据交换接口、数据抄送等方式与相关部门和机构实现承包合同数据互通共享，并明确使用、保管和保密责任。

第二十三条 县级以上地方人民政府农业农村主管（农村经营管理）部门应当加强农村土地承包合同管理信息化建设，按照统一标准和技术规范建立国家、省、市、县等互联互通的农村土地承包信息应用平台。

第二十四条 县级以上地方人民政府农业农村主管（农村经营管理）部门、乡（镇）人民政府农村土地承包管理部门应当利用农村土地承包信息应用平台，组织开展承包合同网签。

第二十五条 承包方、利害关系人有权依法查询、复制农村土地承包档案和农村土地承包数据的相关资料，发包方、乡（镇）人民政府农村土地承包管理部门、县级以上地方人民政府农业农村主管（农村经营管理）部门应当依法提供。

第五章 土地承包经营权调查

第二十六条 土地承包经营权调查，应当查清发包方、承包方的名称，发包方负责人和承包方代表的姓名、身份证号码、住所，承包方家庭成员，承包地块的名称、坐落、面积、质量等级、土地用途等信息。

第二十七条 土地承包经营权调查应当按照农村土地承包经营权调查规程实施，一般包括准备工作、权属调查、地块测量、审核公示、勘误修正、结果确认、信息入库、成果归档等。

农村土地承包经营权调查规程由农业农村部制定。

第二十八条 土地承包经营权调查的成果，应当符合农村土地承包经营权调查规程的质量要求，并纳入农村土地承包信息应用平台统一管理。

第二十九条 县级以上地方人民政府农业农村主管（农村经营管理）部门、乡（镇）人民政府农村土地承包管理部门依法组织开展本行政区域内的土地承包经营权调查。

土地承包经营权调查可以依法聘请具有相应资质的单位开展。

第六章 法律责任

第三十条 国家机关及其工作人员利用职权干涉承包合同的订立、变更、终止，给承包方造成损失的，应当依法承担损害赔偿等责任；情节严重的，由上级机关或者所在单位给予直接责任人员处分；构成犯罪的，依法追究刑事责任。

第三十一条 土地承包经营权调查、农村土地承包档案管理、农村土地承包数据管理和使用过程中发生的违法行为，根据相关法律法规的规定予以处罚；构成犯罪的，依法追究刑事责任。

第七章 附 则

第三十二条 本办法所称农村土地，是指除林地、草地以外的，农民集体所有和国家所有依法由农民集体使用的耕地和其他依法用于农业的土地。

本办法所称承包合同，是指在家庭承包方式中，发包方和承包方依法签订的土地承包经营权合同。

第三十三条 本办法施行以前依法签订的承包合同继续有效。

第三十四条 本办法自2023年5月1日起施行。农业部2003年11月14日发布的《中华人民共和国农村土地承包经营权证管理办法》（农业部令第33号）同时废止。

农村土地承包经营权登记试点工作规程（试行）

·2012年6月27日
·农办经〔2012〕19号

为指导各地区做好农村土地承包经营权登记试点工作，根据《物权法》、《农村土地承包法》和农业部等六部门《关于开展农村土地承包经营权登记试点工作的意见》（农经发〔2011〕2号）等法律政策，制定本工作规程。

一、基本原则

（一）保持稳定。在保持现有农村土地承包关系稳定前提下，以已经签订的土地承包合同和已经颁发的土地承包经营权证书为基础，严禁借机违法调整和收回农户承包地。

（二）依法依规。严格执行《物权法》、《农村土地承包法》有关土地承包经营权登记的规定，参照《农村土地承包经营权证管理办法》规定的登记内容和程序开展土地承包经营权登记。

（三）因地制宜。按照试点地区的土地承包现状，缺什么补什么，探索建立土地承包经营权登记制度，妥善解决遗留问题。

（四）民主协商。充分动员农民群众，充分尊重农民意愿，试点中的重大事项均应经本集体经济组织成员民主讨论决定。

（五）注重实效。充分利用现代空间信息技术，明确承包土地的面积、空间位置和权属等，将农户承包地成图、登记、造册，建立健全农村土地承包管理信息系统。

（六）地方负责。试点工作实行部省统筹安排，县级组织实施，强化部门协作，形成整体合力，确保试点任务顺利完成。

二、基本类型及其操作流程

（一）家庭承包方式登记

1. 准备前期资料

收集整理承包合同、土地台账、登记簿、农户信息等资料，形成农户承包地登记基本信息表。

处理国土“二调”或航空航天影像数据，形成用于调查和实测的基础工作底图。

2. 入户权属调查

根据基础工作底图和农户承包地登记基本信息表，入户实地进行承包地块权属调查，由农户进行确认。对存在争议的地块，待争议解决后再登记。

3. 测量地块成图

按照农村承包土地调查技术规范（见附件1）对承包地块进行测量和绘图，并标注地块编码（见附件2）和面积，形成承包土地地籍草图。

4. 公示审核

由村、组土地承包经营权登记工作组审核地籍草图后，在村、组公示。

对公示中农户提出的异议，及时进行核实、修正，并再次公示。

公示无异议的，由农户签字确认后作为承包土地地籍图，由村组上报乡（镇）人民政府。乡（镇）人民政府汇总并核对后上报县级人民政府。

5. 建立登记簿

根据乡镇上报的登记资料，由县级农村土地承包管理部门按照统一格式（见附件3）建立土地承包经营权登记簿。

土地承包经营权登记簿应当采用纸质和电子介质。为避免因系统故障而导致登记资料遗失破坏，应当进行异地备份。有条件的地方，应当采取多种方式多地备份。

6. 完善承包经营权证书

各地根据实际，依照土地承包经营权登记簿记载内容，适时对承包经营权证书进行完善（见附件3）。

7. 建立农村土地承包管理信息系统

县级农村土地承包管理部门应当根据登记过程中形成的影像、图表和文字等材料，按照统一的标准建立农村土地承包信息数据库和农村土地承包管理信息系统，实现农村土地承包管理信息化。

8. 资料归档

按照2010年农业部、国家档案局颁发的《关于加强农村土地承包档案管理工作的意见》（农经发〔2010〕12号），由县乡农村土地承包管理部门整理登记相关资料进行归档。

（二）其他承包方式登记

采取招标、拍卖、公开协商等方式，依法承包农村土地的，当事人申请土地承包经营权登记，按照《农村土地承包经营权证管理办法》有关规定办理登记。对境外企业、组织和个人租赁农村集体土地，暂不予登记。开展其他承包方式登记参照家庭承包方式登记的相关程序。

（三）变更登记、注销登记

承包期内，因下列情形导致土地承包经营权发生变动或者灭失，根据当事人申请，县级农村土地承包管理部门依法办理变更、注销登记，并记载于土地承包经营权登记簿：

1. 因集体土地所有权变化的；

2. 因承包地被征收导致承包地块或者面积发生变化的；

3. 因承包农户分户等导致土地承包经营权分割的；

4. 因土地承包经营权采取转让、互换方式流转的；

5. 因结婚等原因导致土地承包经营权合并的；

6. 承包地块、面积与实际不符的；

7. 承包地灭失或者承包农户消亡的；

8. 承包地被发包方依法调整或者收回的；

9. 其他需要依法变更、注销的情形。

开展变更登记、注销登记参照家庭承包方式登记的相关程序。

三、工作要求

（一）明确机构职责

县级人民政府建立工作领导小组，由政府主要领导担任组长，农业（农经）、国土、财政、法制、档案等相关部门领导任成员，负责制定试点工作方案，明确职责分工。领导小组办公室设在农村土地承包管理部门，负责登记工作的日常组织和具体协调。乡（镇）成立相应的工作机构，负责组织登记工作的具体实施。本集体经济组织成员的村民会议选举产生村或组土地承包经营权登记工作组，承担部分调查、汇总、审核等具体工作，负责调解出现的矛盾和纠纷，将登记工作中出现的重大事项提交集体经济组织成员大会或成员代表大会依法决策。

（二）加强宣传培训

按照登记工作方案，召开政策培训会和宣传动员会，充分调动基层干部和农民群众参与登记的积极性，并对登记工作人员和村组干部进行培训。

（三）严格保密制度

对土地承包经营权登记相关资料，特别是地籍信息资料，要严格按照《测绘管理工作国家秘密范围的规定》（见附件4）进行保管，确保不失密、不泄密。

（四）准确把握政策

严格执行农村土地承包法律政策规定，对试点工作中遇到的问题按照保持稳定、尊重历史、照顾现实、分类处置的原则依法妥善解决。法律政策有明确规定的，要严格执行；没有明确规定的，要依照法律政策基本精神，结合当地实际作出具体规定。

各省（区、市）可根据地方实际情况，对本规程进行补充完善后制定适合本地的具体工作规范。

附件1：农村承包土地调查技术规范（略）

附件2：农村土地承包经营权证书（承包合同）和承包地块编码规则（略）

附件3：农村土地承包经营权登记簿（样本）（略）

附件4：测绘管理工作国家秘密范围的规定（略）

中华人民共和国农村土地承包经营纠纷调解仲裁法

· 2009年6月27日第十一届全国人民代表大会常务委员会第九次会议通过

· 2009年6月27日中华人民共和国主席令第14号公布

· 自2010年1月1日起施行

第一章　总　则

第一条　【立法宗旨】为了公正、及时解决农村土地承包经营纠纷，维护当事人的合法权益，促进农村经济发展和社会稳定，制定本法。

第二条　【调整范围】农村土地承包经营纠纷调解和仲裁，适用本法。

农村土地承包经营纠纷包括：

（一）因订立、履行、变更、解除和终止农村土地承包合同发生的纠纷；

（二）因农村土地承包经营权转包、出租、互换、转让、入股等流转发生的纠纷；

（三）因收回、调整承包地发生的纠纷；

（四）因确认农村土地承包经营权发生的纠纷；

（五）因侵害农村土地承包经营权发生的纠纷；

（六）法律、法规规定的其他农村土地承包经营纠纷。

因征收集体所有的土地及其补偿发生的纠纷，不属于农村土地承包仲裁委员会的受理范围，可以通过行政复议或者诉讼等方式解决。

第三条　【和解、调解途径】发生农村土地承包经营纠纷的，当事人可以自行和解，也可以请求村民委员会、乡（镇）人民政府等调解。

第四条　【仲裁、诉讼途径】当事人和解、调解不成或者不愿和解、调解的，可以向农村土地承包仲裁委员会申请仲裁，也可以直接向人民法院起诉。

第五条　【基本原则】农村土地承包经营纠纷调解和仲裁，应当公开、公平、公正，便民高效，根据事实，符合法律，尊重社会公德。

第六条　【指导部门】县级以上人民政府应当加强对农村土地承包经营纠纷调解和仲裁工作的指导。

县级以上人民政府农村土地承包管理部门及其他有关部门应当依照职责分工，支持有关调解组织和农村土地承包仲裁委员会依法开展工作。

第二章　调　解

第七条　【调解工作】村民委员会、乡（镇）人民政府应当加强农村土地承包经营纠纷的调解工作，帮助当事人达成协议解决纠纷。

第八条　【调解申请】当事人申请农村土地承包经营纠纷调解可以书面申请，也可以口头申请。口头申请的，由村民委员会或者乡（镇）人民政府当场记录申请人的基本情况、申请调解的纠纷事项、理由和时间。

第九条　【调解方式】调解农村土地承包经营纠纷，村民委员会或者乡（镇）人民政府应当充分听取当事人对事实和理由的陈述，讲解有关法律以及国家政策，耐心疏导，帮助当事人达成协议。

第十条　【调解协议书】经调解达成协议的，村民委员会或者乡（镇）人民政府应当制作调解协议书。

调解协议书由双方当事人签名、盖章或者按指印，经调解人员签名并加盖调解组织印章后生效。

第十一条　【仲裁调解】仲裁庭对农村土地承包经营纠纷应当进行调解。调解达成协议的，仲裁庭应当制作调解书；调解不成的，应当及时作出裁决。

调解书应当写明仲裁请求和当事人协议的结果。调解书由仲裁员签名，加盖农村土地承包仲裁委员会印章，送达双方当事人。

调解书经双方当事人签收后，即发生法律效力。在调解书签收前当事人反悔的，仲裁庭应当及时作出裁决。

第三章　仲　裁

第一节　仲裁委员会和仲裁员

第十二条　【农村土地承包仲裁委员会的设立】农村土地承包仲裁委员会，根据解决农村土地承包经营纠纷的实际需要设立。农村土地承包仲裁委员会可以在县和不设区的市设立，也可以在设区的市或者其市辖区设立。

农村土地承包仲裁委员会在当地人民政府指导下设立。设立农村土地承包仲裁委员会的，其日常工作由当地农村土地承包管理部门承担。

第十三条　【农村土地承包仲裁委员会的组成】农村土地承包仲裁委员会由当地人民政府及其有关部门代表、有关人民团体代表、农村集体经济组织代表、农民代表和法律、经济等相关专业人员兼任组成，其中农民代表和法律、经济等相关专业人员不得少于组成人员的二分之一。

农村土地承包仲裁委员会设主任一人、副主任一至二人和委员若干人。主任、副主任由全体组成人员选举产生。

第十四条　【农村土地承包仲裁委员会的职责】农村土地承包仲裁委员会依法履行下列职责：

（一）聘任、解聘仲裁员；

（二）受理仲裁申请；

（三）监督仲裁活动。

农村土地承包仲裁委员会应当依照本法制定章程，对其组成人员的产生方式及任期、议事规则等作出规定。

第十五条　【仲裁员的选任】农村土地承包仲裁委员会应当从公道正派的人员中聘任仲裁员。

仲裁员应当符合下列条件之一：

（一）从事农村土地承包管理工作满五年；

（二）从事法律工作或者人民调解工作满五年；

（三）在当地威信较高，并熟悉农村土地承包法律以及国家政策的居民。

第十六条　【仲裁员的培训】农村土地承包仲裁委员会应当对仲裁员进行农村土地承包法律以及国家政策的培训。

省、自治区、直辖市人民政府农村土地承包管理部门应当制定仲裁员培训计划，加强对仲裁员培训工作的组织和指导。

第十七条 【仲裁人员禁止行为】农村土地承包仲裁委员会组成人员、仲裁员应当依法履行职责，遵守农村土地承包仲裁委员会章程和仲裁规则，不得索贿受贿、徇私舞弊，不得侵害当事人的合法权益。

仲裁员有索贿受贿、徇私舞弊、枉法裁决以及接受当事人请客送礼等违法违纪行为的，农村土地承包仲裁委员会应当将其除名；构成犯罪的，依法追究刑事责任。

县级以上地方人民政府及有关部门应当受理对农村土地承包仲裁委员会组成人员、仲裁员违法违纪行为的投诉和举报，并依法组织查处。

第二节 申请和受理

第十八条 【仲裁时效】农村土地承包经营纠纷申请仲裁的时效期间为二年，自当事人知道或者应当知道其权利被侵害之日起计算。

第十九条 【仲裁参与人】农村土地承包经营纠纷仲裁的申请人、被申请人为当事人。家庭承包的，可以由农户代表人参加仲裁。当事人一方人数众多的，可以推选代表人参加仲裁。

与案件处理结果有利害关系的，可以申请作为第三人参加仲裁，或者由农村土地承包仲裁委员会通知其参加仲裁。

当事人、第三人可以委托代理人参加仲裁。

第二十条 【申请仲裁的条件】申请农村土地承包经营纠纷仲裁应当符合下列条件：

（一）申请人与纠纷有直接的利害关系；

（二）有明确的被申请人；

（三）有具体的仲裁请求和事实、理由；

（四）属于农村土地承包仲裁委员会的受理范围。

第二十一条 【仲裁申请】当事人申请仲裁，应当向纠纷涉及的土地所在地的农村土地承包仲裁委员会递交仲裁申请书。仲裁申请书可以邮寄或者委托他人代交。仲裁申请书应当载明申请人和被申请人的基本情况，仲裁请求和所根据的事实、理由，并提供相应的证据和证据来源。

书面申请确有困难的，可以口头申请，由农村土地承包仲裁委员会记入笔录，经申请人核实后由其签名、盖章或者按指印。

第二十二条 【仲裁申请的审查受理】农村土地承包仲裁委员会应当对仲裁申请予以审查，认为符合本法第二十条规定的，应当受理。有下列情形之一的，不予受理；已受理的，终止仲裁程序：

（一）不符合申请条件；

（二）人民法院已受理该纠纷；

（三）法律规定该纠纷应当由其他机构处理；

（四）对该纠纷已有生效的判决、裁定、仲裁裁决、行政处理决定等。

第二十三条 【仲裁申请处理程序】农村土地承包仲裁委员会决定受理的，应当自收到仲裁申请之日起五个工作日内，将受理通知书、仲裁规则和仲裁员名册送达申请人；决定不予受理或者终止仲裁程序的，应当自收到仲裁申请或者发现终止仲裁程序情形之日起五个工作日内书面通知申请人，并说明理由。

第二十四条 【送达】农村土地承包仲裁委员会应当自受理仲裁申请之日起五个工作日内，将受理通知书、仲裁申请书副本、仲裁规则和仲裁员名册送达被申请人。

第二十五条 【仲裁答辩】被申请人应当自收到仲裁申请书副本之日起十日内向农村土地承包仲裁委员会提交答辩书；书面答辩确有困难的，可以口头答辩，由农村土地承包仲裁委员会记入笔录，经被申请人核实后由其签名、盖章或者按指印。农村土地承包仲裁委员会应当自收到答辩书之日起五个工作日内将答辩书副本送达申请人。被申请人未答辩的，不影响仲裁程序的进行。

第二十六条 【财产保全】一方当事人因另一方当事人的行为或者其他原因，可能使裁决不能执行或者难以执行的，可以申请财产保全。

当事人申请财产保全的，农村土地承包仲裁委员会应当将当事人的申请提交被申请人住所地或者财产所在地的基层人民法院。

申请有错误的，申请人应当赔偿被申请人因财产保全所遭受的损失。

第三节 仲裁庭的组成

第二十七条 【仲裁员的选定】仲裁庭由三名仲裁员组成，首席仲裁员由当事人共同选定，其他二名仲裁员由当事人各自选定；当事人不能选定的，由农村土地承包仲裁委员会主任指定。

事实清楚、权利义务关系明确、争议不大的农村土地承包经营纠纷，经双方当事人同意，可以由一名仲裁员仲裁。仲裁员由当事人共同选定或者由农村土地承包仲裁委员会主任指定。

农村土地承包仲裁委员会应当自仲裁庭组成之日起二个工作日内将仲裁庭组成情况通知当事人。

第二十八条 【回避】仲裁员有下列情形之一的，必须回避，当事人也有权以口头或者书面方式申请其回避：

（一）是本案当事人或者当事人、代理人的近亲属；

（二）与本案有利害关系；

（三）与本案当事人、代理人有其他关系，可能影响公正仲裁；

（四）私自会见当事人、代理人，或者接受当事人、代理人的请客送礼。

当事人提出回避申请，应当说明理由，在首次开庭前提出。回避事由在首次开庭后知道的，可以在最后一次开庭终结前提出。

第二十九条 【回避决定】农村土地承包仲裁委员会对回避申请应当及时作出决定，以口头或者书面方式通知当事人，并说明理由。

仲裁员是否回避，由农村土地承包仲裁委员会主任决定；农村土地承包仲裁委员会主任担任仲裁员时，由农村土地承包仲裁委员会集体决定。

仲裁员因回避或者其他原因不能履行职责的，应当依照本法规定重新选定或者指定仲裁员。

第四节 开庭和裁决

第三十条 【仲裁方式】农村土地承包经营纠纷仲裁应当开庭进行。

开庭可以在纠纷涉及的土地所在地的乡（镇）或者村进行，也可以在农村土地承包仲裁委员会所在地进行。当事人双方要求在乡（镇）或者村开庭的，应当在该乡（镇）或者村开庭。

开庭应当公开，但涉及国家秘密、商业秘密和个人隐私以及当事人约定不公开的除外。

第三十一条 【开庭事宜通知】仲裁庭应当在开庭五个工作日前将开庭的时间、地点通知当事人和其他仲裁参与人。

当事人有正当理由的，可以向仲裁庭请求变更开庭的时间、地点。是否变更，由仲裁庭决定。

第三十二条 【仲裁和解】当事人申请仲裁后，可以自行和解。达成和解协议的，可以请求仲裁庭根据和解协议作出裁决书，也可以撤回仲裁申请。

第三十三条 【仲裁请求】申请人可以放弃或者变更仲裁请求。被申请人可以承认或者反驳仲裁请求，有权提出反请求。

第三十四条 【撤回仲裁申请】仲裁庭作出裁决前，申请人撤回仲裁申请的，除被申请人提出反请求的外，仲裁庭应当终止仲裁。

第三十五条 【缺席裁决】申请人经书面通知，无正当理由不到庭或者未经仲裁庭许可中途退庭的，可以视为撤回仲裁申请。

被申请人经书面通知，无正当理由不到庭或者未经仲裁庭许可中途退庭的，可以缺席裁决。

第三十六条 【仲裁庭审】当事人在开庭过程中有权发表意见、陈述事实和理由、提供证据、进行质证和辩论。对不通晓当地通用语言文字的当事人，农村土地承包仲裁委员会应当为其提供翻译。

第三十七条 【证据规则】当事人应当对自己的主张提供证据。与纠纷有关的证据由作为当事人一方的发包方等掌握管理的，该当事人应当在仲裁庭指定的期限内提供，逾期不提供的，应当承担不利后果。

第三十八条 【证据收集】仲裁庭认为有必要收集的证据，可以自行收集。

第三十九条 【鉴定】仲裁庭对专门性问题认为需要鉴定的，可以交由当事人约定的鉴定机构鉴定；当事人没有约定的，由仲裁庭指定的鉴定机构鉴定。

根据当事人的请求或者仲裁庭的要求，鉴定机构应当派鉴定人参加开庭。当事人经仲裁庭许可，可以向鉴定人提问。

第四十条 【质证】证据应当在开庭时出示，但涉及国家秘密、商业秘密和个人隐私的证据不得在公开开庭时出示。

仲裁庭应当依照仲裁规则的规定开庭，给予双方当事人平等陈述、辩论的机会，并组织当事人进行质证。

经仲裁庭查证属实的证据，应当作为认定事实的根据。

第四十一条 【证据保全】在证据可能灭失或者以后难以取得的情况下，当事人可以申请证据保全。当事人申请证据保全的，农村土地承包仲裁委员会应当将当事人的申请提交证据所在地的基层人民法院。

第四十二条 【先行裁定】对权利义务关系明确的纠纷，经当事人申请，仲裁庭可以先行裁定维持现状、恢复农业生产以及停止取土、占地等行为。

一方当事人不履行先行裁定的，另一方当事人可以向人民法院申请执行，但应当提供相应的担保。

第四十三条 【开庭笔录】仲裁庭应当将开庭情况记入笔录，由仲裁员、记录人员、当事人和其他仲裁参与人签名、盖章或者按指印。

当事人和其他仲裁参与人认为对自己陈述的记录有遗漏或者差错的，有权申请补正。如果不予补正，应当记录该申请。

第四十四条　【仲裁裁决】仲裁庭应当根据认定的事实和法律以及国家政策作出裁决并制作裁决书。

裁决应当按照多数仲裁员的意见作出，少数仲裁员的不同意见可以记入笔录。仲裁庭不能形成多数意见时，裁决应当按照首席仲裁员的意见作出。

第四十五条　【裁决书】裁决书应当写明仲裁请求、争议事实、裁决理由、裁决结果、裁决日期以及当事人不服仲裁裁决的起诉权利、期限，由仲裁员签名，加盖农村土地承包仲裁委员会印章。

农村土地承包仲裁委员会应当在裁决作出之日起三个工作日内将裁决书送达当事人，并告知当事人不服仲裁裁决的起诉权利、期限。

第四十六条　【独立仲裁原则】仲裁庭依法独立履行职责，不受行政机关、社会团体和个人的干涉。

第四十七条　【仲裁时限】仲裁农村土地承包经营纠纷，应当自受理仲裁申请之日起六十日内结束；案情复杂需要延长的，经农村土地承包仲裁委员会主任批准可以延长，并书面通知当事人，但延长期限不得超过三十日。

第四十八条　【裁决效力】当事人不服仲裁裁决的，可以自收到裁决书之日起三十日内向人民法院起诉。逾期不起诉的，裁决书即发生法律效力。

第四十九条　【申请执行】当事人对发生法律效力的调解书、裁决书，应当依照规定的期限履行。一方当事人逾期不履行的，另一方当事人可以向被申请人住所地或者财产所在地的基层人民法院申请执行。受理申请的人民法院应当依法执行。

第四章　附　则

第五十条　【农村土地界定】本法所称农村土地，是指农民集体所有和国家所有依法由农民集体使用的耕地、林地、草地，以及其他依法用于农业的土地。

第五十一条　【仲裁规则等的制定】农村土地承包经营纠纷仲裁规则和农村土地承包仲裁委员会示范章程，由国务院农业、林业行政主管部门依照本法规定共同制定。

第五十二条　【仲裁不收费】农村土地承包经营纠纷仲裁不得向当事人收取费用，仲裁工作经费纳入财政预算予以保障。

第五十三条　【施行日期】本法自 2010 年 1 月 1 日起施行。

农村土地承包经营纠纷仲裁规则

· 2009 年 12 月 29 日农业部、国家林业局令 2010 年第 1 号公布

· 自 2010 年 1 月 1 日起施行

第一章　总　则

第一条　为规范农村土地承包经营纠纷仲裁活动，根据《中华人民共和国农村土地承包经营纠纷调解仲裁法》，制定本规则。

第二条　农村土地承包经营纠纷仲裁适用本规则。

第三条　下列农村土地承包经营纠纷，当事人可以向农村土地承包仲裁委员会（以下简称仲裁委员会）申请仲裁：

（一）因订立、履行、变更、解除和终止农村土地承包合同发生的纠纷；

（二）因农村土地承包经营权转包、出租、互换、转让、入股等流转发生的纠纷；

（三）因收回、调整承包地发生的纠纷；

（四）因确认农村土地承包经营权发生的纠纷；

（五）因侵害农村土地承包经营权发生的纠纷；

（六）法律、法规规定的其他农村土地承包经营纠纷。

因征收集体所有的土地及其补偿发生的纠纷，不属于仲裁委员会的受理范围，可以通过行政复议或者诉讼等方式解决。

第四条　仲裁委员会依法设立，其日常工作由当地农村土地承包管理部门承担。

第五条　农村土地承包经营纠纷仲裁，应当公开、公平、公正，便民高效，注重调解，尊重事实，符合法律，遵守社会公德。

第二章　申请和受理

第六条　农村土地承包经营纠纷仲裁的申请人、被申请人为仲裁当事人。

第七条　家庭承包的，可以由农户代表人参加仲裁。农户代表人由农户成员共同推选；不能共同推选的，按下列方式确定：

（一）土地承包经营权证或者林权证等证书上记载的人；

（二）未取得土地承包经营权证或者林权证等证书的，为在承包合同上签字的人。

第八条　当事人一方为五户（人）以上的，可以推选三至五名代表人参加仲裁。

第九条　与案件处理结果有利害关系的，可以申请作为第三人参加仲裁，或者由仲裁委员会通知其参加仲裁。

第十条　当事人、第三人可以委托代理人参加仲裁。

当事人或者第三人为无民事行为能力人或者限制民事行为能力人的，由其法定代理人参加仲裁。

第十一条　当事人申请农村土地承包经营纠纷仲裁的时效期间为二年，自当事人知道或者应当知道其权利被侵害之日起计算。

仲裁时效因申请调解、申请仲裁、当事人一方提出要求或者同意履行义务而中断。从中断时起，仲裁时效重新计算。

在仲裁时效期间的最后六个月内，因不可抗力或者其他事由，当事人不能申请仲裁的，仲裁时效中止。从中止时效的原因消除之日起，仲裁时效期间继续计算。

侵害农村土地承包经营权行为持续发生的，仲裁时效从侵权行为终了时计算。

第十二条　申请农村土地承包经营纠纷仲裁，应当符合下列条件：

（一）申请人与纠纷有直接的利害关系；

（二）有明确的被申请人；

（三）有具体的仲裁请求和事实、理由；

（四）属于仲裁委员会的受理范围。

第十三条　当事人申请仲裁，应当向纠纷涉及土地所在地的仲裁委员会递交仲裁申请书。申请书可以邮寄或者委托他人代交。

书面申请有困难的，可以口头申请，由仲裁委员会记入笔录，经申请人核实后由其签名、盖章或者按指印。

仲裁委员会收到仲裁申请材料，应当出具回执。回执应当载明接收材料的名称和份数、接收日期等，并加盖仲裁委员会印章。

第十四条　仲裁申请书应当载明下列内容：

（一）申请人和被申请人的姓名、年龄、住所、邮政编码、电话或者其他通讯方式；法人或者其他组织应当写明名称、地址和法定代表人或者主要负责人的姓名、职务、通讯方式；

（二）申请人的仲裁请求；

（三）仲裁请求所依据的事实和理由；

（四）证据和证据来源、证人姓名和联系方式。

第十五条　仲裁委员会应当对仲裁申请进行审查，符合申请条件的，应当受理。

有下列情形之一的，不予受理；已受理的，终止仲裁程序：

（一）不符合申请条件；

（二）人民法院已受理该纠纷；

（三）法律规定该纠纷应当由其他机构受理；

（四）对该纠纷已有生效的判决、裁定、仲裁裁决、行政处理决定等。

第十六条　仲裁委员会决定受理仲裁申请的，应当自收到仲裁申请之日起五个工作日内，将受理通知书、仲裁规则、仲裁员名册送达申请人，将受理通知书、仲裁申请书副本、仲裁规则、仲裁员名册送达被申请人。

决定不予受理或者终止仲裁程序的，应当自收到仲裁申请或者发现终止仲裁程序情形之日起五个工作日内书面通知申请人，并说明理由。

需要通知第三人参加仲裁的，仲裁委员会应当通知第三人，并告知其权利义务。

第十七条　被申请人应当自收到仲裁申请书副本之日起十日内向仲裁委员会提交答辩书。

仲裁委员会应当自收到答辩书之日起五个工作日内将答辩书副本送达申请人。

被申请人未答辩的，不影响仲裁程序的进行。

第十八条　答辩书应当载明下列内容：

（一）答辩人姓名、年龄、住所、邮政编码、电话或者其他通讯方式；法人或者其他组织应当写明名称、地址和法定代表人或者主要负责人的姓名、职务、通讯方式；

（二）对申请人仲裁申请的答辩及所依据的事实和理由；

（三）证据和证据来源，证人姓名和联系方式。

书面答辩确有困难的，可以口头答辩，由仲裁委员会记入笔录，经被申请人核实后由其签名、盖章或者按指印。

第十九条　当事人提交仲裁申请书、答辩书、有关证据材料及其他书面文件，应当一式三份。

第二十条　因一方当事人的行为或者其他原因可能使裁决不能执行或者难以执行，另一方当事人申请财产保全的，仲裁委员会应当将当事人的申请提交被申请人住所地或者财产所在地的基层人民法院，并告知申请人因申请错误造成被申请人财产损失的，应当承担相应的赔偿责任。

第三章　仲裁庭

第二十一条　仲裁庭由三名仲裁员组成。

事实清楚、权利义务关系明确、争议不大的农村土地承包经营纠纷，经双方当事人同意，可以由一名仲裁员仲裁。

第二十二条 双方当事人自收到受理通知书之日起五个工作日内,从仲裁员名册中选定仲裁员。首席仲裁员由双方当事人共同选定,其他二名仲裁员由双方当事人各自选定;当事人不能选定的,由仲裁委员会主任指定。

独任仲裁员由双方当事人共同选定;当事人不能选定的,由仲裁委员会主任指定。

仲裁委员会应当自仲裁庭组成之日起二个工作日内将仲裁庭组成情况通知当事人。

第二十三条 仲裁庭组成后,首席仲裁员应当召集其他仲裁员审阅案件材料,了解纠纷的事实和情节,研究双方当事人的请求和理由,查核证据,整理争议焦点。

仲裁庭认为确有必要的,可以要求当事人在一定期限内补充证据,也可以自行调查取证。自行调查取证的,调查人员不得少于二人。

第二十四条 仲裁员有下列情形之一的,应当回避:

(一)是本案当事人或者当事人、代理人的近亲属;

(二)与本案有利害关系;

(三)与本案当事人、代理人有其他关系,可能影响公正仲裁;

(四)私自会见当事人、代理人,或者接受当事人、代理人请客送礼。

第二十五条 仲裁员有回避情形的,应当以口头或者书面方式及时向仲裁委员会提出。

当事人认为仲裁员有回避情形的,有权以口头或者书面方式向仲裁委员会申请其回避。

当事人提出回避申请,应当在首次开庭前提出,并说明理由;在首次开庭后知道回避事由的,可以在最后一次开庭终结前提出。

第二十六条 仲裁委员会应当自收到回避申请或者发现仲裁员有回避情形之日起二个工作日内作出决定,以口头或者书面方式通知当事人,并说明理由。

仲裁员是否回避,由仲裁委员会主任决定;仲裁委员会主任担任仲裁员时,由仲裁委员会集体决定主任的回避。

第二十七条 仲裁员有下列情形之一的,应当按照本规则第二十二条规定重新选定或者指定仲裁员:

(一)被决定回避的;

(二)在法律上或者事实上不能履行职责的;

(三)因被除名或者解聘丧失仲裁员资格的;

(四)因个人原因退出或者不能从事仲裁工作的;

(五)因徇私舞弊、失职渎职被仲裁委员会决定更换的。

重新选定或者指定仲裁员后,仲裁程序继续进行。当事人请求仲裁程序重新进行的,由仲裁庭决定。

第二十八条 仲裁庭应当向当事人提供必要的法律政策解释,帮助当事人自行和解。

达成和解协议的,当事人可以请求仲裁庭根据和解协议制作裁决书;当事人要求撤回仲裁申请的,仲裁庭应当终止仲裁程序。

第二十九条 仲裁庭应当在双方当事人自愿的基础上进行调解。调解达成协议的,仲裁庭应当制作调解书。

调解书应当载明双方当事人基本情况、纠纷事由、仲裁请求和协议结果,由仲裁员签名,并加盖仲裁委员会印章,送达双方当事人。

调解书经双方当事人签收即发生法律效力。

第三十条 调解不成或者当事人在调解书签收前反悔的,仲裁庭应当及时作出裁决。

当事人在调解过程中的陈述、意见、观点或者建议,仲裁庭不得作为裁决的证据或依据。

第三十一条 仲裁庭作出裁决前,申请人放弃仲裁请求并撤回仲裁申请,且被申请人没有就申请人的仲裁请求提出反请求的,仲裁庭应当终止仲裁程序。

申请人经书面通知,无正当理由不到庭或者未经仲裁庭许可中途退庭的,可以视为撤回仲裁申请。

第三十二条 被申请人就申请人的仲裁请求提出反请求的,应当说明反请求事项及其所依据的事实和理由,并附具有关证明材料。

被申请人在仲裁庭组成前提出反请求的,由仲裁委员会决定是否受理;在仲裁庭组成后提出反请求的,由仲裁庭决定是否受理。

仲裁委员会或者仲裁庭决定受理反请求的,应当自收到反请求之日起五个工作日内将反请求申请书副本送达申请人。申请人应当在收到反请求申请书副本后十个工作日内提交反请求答辩书,不答辩的不影响仲裁程序的进行。仲裁庭应当将被申请人的反请求与申请人的请求合并审理。

仲裁委员会或者仲裁庭决定不予受理反请求的,应当书面通知被申请人,并说明理由。

第三十三条 仲裁庭组成前申请人变更仲裁请求或者被申请人变更反请求的,由仲裁委员会作出是否准许的决定;仲裁庭组成后变更请求或者反请求的,由仲裁庭作出是否准许的决定。

第四章 开 庭

第三十四条 农村土地承包经营纠纷仲裁应当开庭

进行。开庭应当公开，但涉及国家秘密、商业秘密和个人隐私以及当事人约定不公开的除外。

开庭可以在纠纷涉及的土地所在地的乡（镇）或者村进行，也可以在仲裁委员会所在地进行。当事人双方要求在乡（镇）或者村开庭的，应当在该乡（镇）或者村开庭。

第三十五条 仲裁庭应当在开庭五个工作日前将开庭时间、地点通知当事人、第三人和其他仲裁参与人。

当事人请求变更开庭时间和地点的，应当在开庭三个工作日前向仲裁庭提出，并说明理由。仲裁庭决定变更的，通知双方当事人、第三人和其他仲裁参与人；决定不变更的，通知提出变更请求的当事人。

第三十六条 公开开庭的，应当将开庭时间、地点等信息予以公告。

申请旁听的公民，经仲裁庭审查后可以旁听。

第三十七条 被申请人经书面通知，无正当理由不到庭或者未经仲裁庭许可中途退庭的，仲裁庭可以缺席裁决。

被申请人提出反请求，申请人经书面通知，无正当理由不到庭或者未经仲裁庭许可中途退庭的，仲裁庭可以就反请求缺席裁决。

第三十八条 开庭前，仲裁庭应当查明当事人、第三人、代理人和其他仲裁参与人是否到庭，并逐一核对身份。

开庭由首席仲裁员或者独任仲裁员宣布。首席仲裁员或者独任仲裁员应当宣布案由，宣读仲裁庭组成人员名单、仲裁庭纪律、当事人权利和义务，询问当事人是否申请仲裁员回避。

第三十九条 仲裁庭应当保障双方当事人平等陈述的机会，组织当事人、第三人、代理人陈述事实、意见、理由。

第四十条 当事人、第三人应当提供证据，对其主张加以证明。

与纠纷有关的证据由作为当事人一方的发包方等掌握管理的，该当事人应当在仲裁庭指定的期限内提供，逾期不提供的，应当承担不利后果。

第四十一条 仲裁庭自行调查收集的证据，应当在开庭时向双方当事人出示。

第四十二条 仲裁庭对专门性问题认为需要鉴定的，可以交由当事人约定的鉴定机构鉴定；当事人没有约定的，由仲裁庭指定的鉴定机构鉴定。

第四十三条 当事人申请证据保全，应当向仲裁委员会书面提出。仲裁委员会应当自收到申请之日起二个工作日内，将申请提交证据所在地的基层人民法院。

第四十四条 当事人、第三人申请证人出庭作证的，仲裁庭应当准许，并告知证人的权利义务。

证人不得旁听案件审理。

第四十五条 证据应当在开庭时出示，但涉及国家秘密、商业秘密和个人隐私的证据不得在公开开庭时出示。

仲裁庭应当组织当事人、第三人交换证据，相互质证。

经仲裁庭许可，当事人、第三人可以向证人询问，证人应当据实回答。

根据当事人的请求或者仲裁庭的要求，鉴定机构应当派鉴定人参加开庭。经仲裁庭许可，当事人可以向鉴定人提问。

第四十六条 仲裁庭应当保障双方当事人平等行使辩论权，并对争议焦点组织辩论。

辩论终结时，首席仲裁员或者独任仲裁员应当征询双方当事人、第三人的最后意见。

第四十七条 对权利义务关系明确的纠纷，当事人可以向仲裁庭书面提出先行裁定申请，请求维持现状、恢复农业生产以及停止取土、占地等破坏性行为。仲裁庭应当自收到先行裁定申请之日起二个工作日内作出决定。

仲裁庭作出先行裁定的，应当制作先行裁定书，并告知先行裁定申请人可以向人民法院申请执行，但应当提供相应的担保。

先行裁定书应当载明先行裁定申请的内容、依据事实和理由、裁定结果和日期，由仲裁员签名，加盖仲裁委员会印章。

第四十八条 仲裁庭应当将开庭情况记入笔录。笔录由仲裁员、记录人员、当事人、第三人和其他仲裁参与人签名、盖章或者按指印。

当事人、第三人和其他仲裁参与人认为对自己的陈述记录有遗漏或者差错的，有权申请补正。仲裁庭不予补正的，应当向申请人说明情况，并记录该申请。

第四十九条 发生下列情形之一的，仲裁程序中止：

（一）一方当事人死亡，需要等待继承人表明是否参加仲裁的；

（二）一方当事人丧失行为能力，尚未确定法定代理人的；

（三）作为一方当事人的法人或者其他组织终止，尚未确定权利义务承受人的；

（四）一方当事人因不可抗拒的事由，不能参加仲裁的；

（五）本案必须以另一案的审理结果为依据，而另一案尚未审结的；

（六）其他应当中止仲裁程序的情形。

在仲裁庭组成前发生仲裁中止事由的，由仲裁委员会决定是否中止仲裁；仲裁庭组成后发生仲裁中止事由的，由仲裁庭决定是否中止仲裁。决定仲裁程序中止的，应当书面通知当事人。

仲裁程序中止的原因消除后，仲裁委员会或者仲裁庭应当在三个工作日内作出恢复仲裁程序的决定，并通知当事人和第三人。

第五十条 发生下列情形之一的，仲裁程序终结：

（一）申请人死亡或者终止，没有继承人及权利义务承受人，或者继承人、权利义务承受人放弃权利的；

（二）被申请人死亡或者终止，没有可供执行的财产，也没有应当承担义务的人的；

（三）其他应当终结仲裁程序的。

终结仲裁程序的，仲裁委员会应当自发现终结仲裁程序情形之日起五个工作日内书面通知当事人、第三人，并说明理由。

第五章 裁决和送达

第五十一条 仲裁庭应当根据认定的事实和法律以及国家政策作出裁决，并制作裁决书。

首席仲裁员组织仲裁庭对案件进行评议，裁决依多数仲裁员意见作出。少数仲裁员的不同意见可以记入笔录。

仲裁庭不能形成多数意见时，应当按照首席仲裁员的意见作出裁决。

第五十二条 裁决书应当写明仲裁请求、争议事实、裁决理由和依据、裁决结果、裁决日期，以及当事人不服仲裁裁决的起诉权利和期限。

裁决书由仲裁员签名，加盖仲裁委员会印章。

第五十三条 对裁决书中的文字、计算错误，或者裁决书中有遗漏的事项，仲裁庭应当及时补正。补正构成裁决书的一部分。

第五十四条 仲裁庭应当自受理仲裁申请之日起六十日内作出仲裁裁决。受理日期以受理通知书上记载的日期为准。

案情复杂需要延长的，经仲裁委员会主任批准可以延长，但延长期限不得超过三十日。

延长期限的，应当自作出延期决定之日起三个工作日内书面通知当事人、第三人。

期限不包括仲裁程序中止、鉴定、当事人在庭外自行和解、补充申请材料和补正裁决的时间。

第五十五条 仲裁委员会应当在裁决作出之日起三个工作日内将裁决书送达当事人、第三人。

直接送达的，应当告知当事人、第三人下列事项：

（一）不服仲裁裁决的，可以在收到裁决书之日起三十日内向人民法院起诉，逾期不起诉的，裁决书即发生法律效力；

（二）一方当事人不履行生效的裁决书所确定义务的，另一方当事人可以向被申请人住所地或者财产所在地的基层人民法院申请执行。

第五十六条 仲裁文书应当直接送达当事人或者其代理人。受送达人是自然人，但本人不在场的，由其同住成年家属签收；受送达人是法人或者其他组织的，应当由法人的法定代表人、其他组织的主要负责人或者该法人、组织负责收件的人签收。

仲裁文书送达后，由受送达人在送达回证上签名、盖章或者按指印，受送达人在送达回证上的签收日期为送达日期。

受送达人或者其同住成年家属拒绝接收仲裁文书的，可以留置送达。送达人应当邀请有关基层组织或者受送达人所在单位的代表到场，说明情况，在送达回证上记明拒收理由和日期，由送达人、见证人签名、盖章或者按指印，将仲裁文书留在受送达人的住所，即视为已经送达。

直接送达有困难的，可以邮寄送达。邮寄送达的，以当事人签收日期为送达日期。

当事人下落不明，或者以前款规定的送达方式无法送达的，可以公告送达，自发出公告之日起，经过六十日，即视为已经送达。

第六章 附 则

第五十七条 独任仲裁可以适用简易程序。简易程序的仲裁规则由仲裁委员会依照本规则制定。

第五十八条 期间包括法定期间和仲裁庭指定的期间。

期间以日、月、年计算，期间开始日不计算在期间内。

期间最后一日是法定节假日的，以法定节假日后的第一个工作日为期间的最后一日。

第五十九条 对不通晓当地通用语言文字的当事人、第三人，仲裁委员会应当为其提供翻译。

第六十条 仲裁文书格式由农业部、国家林业局共同制定。

第六十一条 农村土地承包经营纠纷仲裁不得向当事人收取费用,仲裁工作经费依法纳入财政预算予以保障。

当事人委托代理人、申请鉴定等发生的费用由当事人负担。

第六十二条 本规则自2010年1月1日起施行。

农村土地承包经营纠纷调解仲裁工作规范

·2013年1月15日

·农办经〔2013〕2号

第一章 总 则

第一条 为加强农村土地承包经营纠纷调解仲裁工作,实现调解仲裁工作的制度化、规范化,根据《中华人民共和国农村土地承包经营纠纷调解仲裁法》、《农村土地承包经营纠纷仲裁规则》、《农村土地承包仲裁委员会示范章程》等有关规定,制定本工作规范。

第二条 以科学发展观为指导,按照完善制度、统一规范、提升能力、强化保障的原则开展农村土地承包经营纠纷调解仲裁工作。

第三条 农村土地承包仲裁委员会(以下简称仲裁委员会)开展农村土地承包经营纠纷调解仲裁工作,应当执行本规范。

第四条 仲裁委员会在当地人民政府指导下依法设立,接受县级以上人民政府及土地承包管理部门的指导和监督。仲裁委员会设立后报省(自治区、直辖市)人民政府农业、林业行政主管部门备案。

第五条 涉农县(市、区)应普遍设立仲裁委员会,负责辖区内农村土地承包经营纠纷调解仲裁工作。涉农市辖区不设立仲裁委员会的,其所在市应当设立仲裁委员会,负责辖区内农村土地承包经营纠纷调解仲裁工作。

第六条 仲裁委员会根据农村土地承包经营纠纷调解仲裁工作及仲裁员培训实际需要,编制年度财务预算,报财政部门纳入财政预算予以保障。仲裁工作经费专款专用。

仲裁委员会可接受各级政府、司法部门、人民团体等人财物的支持和帮助。

第二章 仲裁委员会设立

第七条 市、县级农村土地承包管理部门负责制定仲裁委员会设立方案,协调相关部门,依法确定仲裁委员会人员构成,报请当地人民政府批准。

第八条 市、县级农村土地承包管理部门负责草拟仲裁委员会章程,拟定聘任仲裁员名册,拟定仲裁委员会工作计划及经费预算,筹备召开仲裁委员会成立大会。

第九条 市、县级农村土地承包管理部门提议,当地人民政府牵头,组织召开仲裁委员会成立大会。仲裁委员会成立大会由全体成员参加,审议通过仲裁委员会章程、议事规则和规章制度;选举仲裁委员会主任、副主任;审议通过仲裁员名册;审议通过仲裁委员会年度工作计划;任命仲裁委员会办公室主任。

仲裁委员会每年至少召开一次全体会议。符合规定情形时,仲裁委员会主任或其委托的副主任主持召开临时会议。

第十条 仲裁委员会组成人员应不少于9人,设主任1人,副主任1至2人。

第十一条 仲裁委员会的名称,由其所在"市、县(市、区)地名+农村土地承包仲裁委员会"构成。

仲裁委员会应设在当地人民政府所在地。

第十二条 仲裁委员会应根据解决农村土地承包经营纠纷的需要和辖区乡镇数聘任仲裁员,仲裁员人数一般不少于20人。

仲裁委员会对聘任的仲裁员颁发聘书。

第十三条 乡镇人民政府应设立农村土地承包经营纠纷调解委员会,调解工作人员一般不少于3人。村(居)民委员会应明确专人负责农村土地承包经营纠纷调解工作。

第三章 仲裁委员会办公室设立

第十四条 仲裁委员会日常工作由仲裁委员会办公室(以下简称仲裁办)承担。仲裁办设在当地农村土地承包管理部门。仲裁委员会可以办理法人登记,取得法人资格。

仲裁办应设立固定办公地点、仲裁场所。仲裁办负责仲裁咨询、宣传有关法律政策,接收申请人提出的仲裁申请,协助仲裁员开庭审理、调查取证工作,负责仲裁文书送达和仲裁档案管理工作,管理仲裁工作经费等。仲裁办应当设立固定专门电话号码,并在仲裁办公告栏中予以公告。

第十五条 仲裁办工作人员应定岗定责,不少于5人。根据仲裁委员会组成人员数、聘任仲裁员数、辖区范围和纠纷受理数量,可适当增加工作人员。其中,案件接收人员2-3名,书记员1名,档案管理员1名,文书送达人员1名。

第十六条 经仲裁委员会全体会议批准后,仲裁办制作仲裁员名册,并在案件受理场所进行公示。根据仲裁委员会全体会议批准的仲裁员变动情况，仲裁办及时调整仲裁员名册和公示名单。

第十七条 仲裁委员会编制仲裁员年度培训计划、组织开展培训工作。仲裁办按照培训计划，组织仲裁员参加仲裁培训，督促仲裁员在规定时间内取得仲裁员培训合格证书。对未取得培训合格证书的仲裁员，仲裁委员会不指定其单独审理和裁决案件，不指定其担任首席仲裁员。

第十八条 仲裁办受仲裁委员会委托对仲裁员进行年度工作考核。考核范围包括仲裁员执行仲裁程序情况、办案质量等。对考核不合格的仲裁员，仲裁委员会提出限期整改意见，仲裁办跟踪整改情况。对连续二次考核不合格的仲裁员，仲裁办提出解聘建议。

对严重违法违纪的仲裁员，仲裁办应及时提出解聘或除名建议。仲裁办将解聘或除名仲裁员名单，报仲裁委员会主任审查，经仲裁委员会全体会议讨论通过，予以解聘或除名。

第四章 调解仲裁工作流程

第一节 申请与受理

第十九条 仲裁办工作人员和仲裁员应当规范运用仲裁文书。对仲裁文书实行严格登记管理。

第二十条 仲裁办工作人员在接收仲裁申请时，根据申请的内容，向申请人宣传、讲解相关的法律政策；查验“仲裁申请书”、身份证明和证据等，对其进行登记和制作证据清单、证人情况表并向申请人出具回执。对书面申请确有困难的，由申请人口述，工作人员帮助填写“口头仲裁申请书”。“口头仲裁申请书”经申请人核实后签字、盖章或者按指印，工作人员登记并出具回执。

仲裁办接收邮寄、他人代交的“仲裁申请书”，工作人员应及时对仲裁申请书及相关资料、代交人身份信息等进行登记，并向代交人出具回执。

第二十一条 仲裁办指定专人对仲裁申请材料进行初审。对仲裁申请材料不齐全的，在2个工作日内通知当事人补充齐全。

经过审核，符合受理条件的，材料审核人员在2个工作日内制作仲裁立案审批表，报仲裁委员会主任（或授权委托人）审批。批准立案的，仲裁办指定专人在5个工作日内将受理通知书、仲裁规则、仲裁员名册、选定仲裁员通知书送达申请人，将受理通知书、仲裁申请书副本、仲裁规则、仲裁员名册、选定仲裁员通知书送达被申请人。需要通知第三人参加仲裁的，在5个工作日内通知第三人并送达相关材料，告知其权利义务。

对不符合受理条件或未批准立案的，仲裁办指定专人在5个工作日内书面通知申请人，并说明理由。

第二十二条 仲裁办指定专人通知被申请人自收到仲裁申请书副本之日起10日内向仲裁办提交答辩书。仲裁办自收到答辩书之日起5个工作日内将答辩书副本送达申请人。

被申请人不答辩的，仲裁程序正常进行。被申请人书面答辩有困难的，由被申请人口述，仲裁办工作人员帮助填写“仲裁答辩书”，经被申请人核实后签名、盖章或者按指印。被申请人提交证据材料的，工作人员填写“证据材料清单”；被申请人提供证人的，工作人员填写“证人情况”表。

仲裁办接收当事人提交的仲裁申请书、答辩书、有关证据材料及其他书面文件，一式三份。

第二十三条 当事人委托代理人参加仲裁活动的，仲裁办审核当事人提交的“授权委托书”，查验委托事项和权限。受委托人为律师的，查验律师事务所出具的指派证明；受委托人为法律工作者的，查验法律工作证。

当事人更换代理人，变更或解除代理权时，应提出申请。

第二十四条 仲裁办自仲裁庭组成之日起2个工作日内将仲裁庭组成情况通知当选仲裁员和当事人、第三人。

第二节 庭前准备

第二十五条 事实清楚、权利义务关系明确、争议不大的农村土地承包经营纠纷，经双方当事人同意，可以由一名仲裁员仲裁。仲裁员由当事人共同选定或由仲裁委员会主任（委托授权人）指定。

第二十六条 仲裁办应及时将当事人提交的仲裁申请书、答辩书、证据和“证据材料清单”、“证人情况表”等材料提交给仲裁庭。

第二十七条 首席仲裁员应召集组庭仲裁员认真审阅案件材料，了解案情，掌握争议焦点，研究当事人的请求和理由，查核证据，整理需要庭审调查的主要问题。

第二十八条 独任仲裁员召集当事人进行调解。达成协议的，由当事人签字、盖章或按指印，制成调解书，加盖仲裁委员会印章。调解不成的，开庭审理并做出裁决。审理过程中发现案情复杂的，独任仲裁员应当立即休庭，向仲裁委员会报告。经仲裁委员会主任（委托授权人）批准，由仲裁办组织当事人按照法律规定重新选定三名仲裁员组成仲裁庭，重新审理。

第二十九条 有下列情形的，仲裁庭向仲裁办提出实

地调查取证的申请,经主任批准后,组织开展调查取证:

(一)当事人及其代理人因客观原因不能自行收集的;

(二)仲裁庭认为需要由有关部门进行司法鉴定的;

(三)双方当事人提供的证据互相矛盾、难以认定的;

(四)仲裁庭认为有必要采集的。

第三十条　仲裁办应协助仲裁员实地调查取证。实地调查的笔录,要由调查人、被调查人、记录人、在场人签名、盖章或者按指印。被调查人等拒绝在调查笔录上签名、盖章或者按指印的,调查人应在调查笔录上备注说明。

仲裁员询问证人时,应填写"证人情况表",询问证人与本案当事人的关系,告知证人作证的权利和义务。询问证人时应制作笔录,由证人在笔录上逐页签名、盖章或者按指印。如果证人无自阅能力,询问人当面读笔录,询问证人是否听懂,是否属实,并将证人对笔录属实与否的意见记入笔录,由证人逐页签名、盖章或者按指印。

第三十一条　仲裁庭决定开庭时间和地点,并告知仲裁办。仲裁办在开庭前五个工作日内,向双方当事人、第三人及其代理人送达《开庭通知书》。

当事人请求变更开庭时间和地点的,必须在开庭前3个工作日内向仲裁办提出,并说明理由。仲裁办将变更请求交仲裁庭。仲裁庭决定变更的,仲裁办将"变更开庭时间(地点)通知书",送达双方当事人、第三人和其他参与人;决定不变更的,仲裁办将"不同意变更开庭时间(地点)通知书"送达提出变更请求的当事人。

第三十二条　仲裁办工作人员应及时将开庭时间、地点、案由、仲裁庭组成人员在仲裁委员会公告栏进行公告。

仲裁办指定专人接受公民的旁听申请,登记旁听人员的身份信息、与案件当事人的关系,核发旁听证。

第三十三条　开庭前,仲裁庭询问当事人是否愿意调解,提出调解方案,并主持调解。达成调解协议的,仲裁庭制作调解书,由当事人签名或盖章。首席仲裁员将案件材料整理移交仲裁办归档,仲裁庭解散。调解不成的,开庭审理。

第三十四条　对当事人提出财产、证据保全申请的,仲裁庭进行审查,制作"财产保全移送函"、"证据保全移送函",与当事人提出的保全申请一并提交保全物所在地的基层人民法院。

第三十五条　对当事人反映仲裁员违反回避制度的,仲裁办主任进行核实。属实的,报仲裁委员会主任或仲裁委员会按程序规定办理。不属实的,向当事人说明情况。

第三节　开庭审理

第三十六条　农村土地承包经营纠纷仲裁应当公开开庭审理。仲裁员庭审应统一服装,庭审用语应当准确、规范、文明。

第三十七条　仲裁办应当为仲裁庭开庭提供场所和庭审设施设备,安排工作人员协助仲裁员开庭审理。书记员配合仲裁员完成证据展示、笔录等庭审工作。工作人员负责操作开庭审理的录音、录像设备;有证人、鉴定人、勘验人到庭的,安排其在仲裁庭外指定场所休息候传,由专人引领其出庭。

第三十八条　仲裁办核查当事人身份,安排当事人入场;核查旁听证,安排旁听人员入场。

仲裁员在合议调解庭休息等候。

第三十九条　仲裁庭庭审程序如下:

(一)书记员宣读庭审纪律,核实申请人、被申请人、第三人以及委托代理人的身份及到庭情况,并报告首席仲裁员。

(二)首席仲裁员宣布开庭,向当事人、第三人及委托代理人宣告首席仲裁员、仲裁员身份,当事人和第三人的权利义务;询问当事人是否听明白,是否申请仲裁员回避。

(三)首席仲裁员请申请人或其委托代理人陈述仲裁请求、依据的事实和理由;请被申请人或其委托代理人进行答辩。首席仲裁员总结概括争论焦点。

(四)仲裁员向当事人及第三人简要介绍有关证据规定及应承担的法律责任。组织双方当事人对自己的主张进行举证、质证。对当事人提供证人、鉴定人的,传证人、鉴定人到庭作证。对当事人提供证据的真实性无法确认的,仲裁庭在休庭期间交鉴定机构进行鉴定,在继续开庭后由首席仲裁员当庭宣读鉴定书。仲裁庭自行取证的,交双方当事人质证。

(五)在开庭审理期间,仲裁庭发现需要追加第三人的,应宣布休庭。仲裁办通知第三人参加庭审。

(六)根据案件审理情况,当事人需要补充证据的或仲裁庭需要实地调查取证的,首席仲裁员宣布休庭。仲裁员征求双方当事人意见,确定补充证据提交期间。休庭期间,仲裁员和仲裁工作人员进行调查取证。

(七)辩论结束后,首席仲裁员根据陈述、举证、质证、辩论情况,进行小结;组织双方当事人、第三人做最后陈述。

(八)首席仲裁员询问当事人是否愿意进行调解。同意调解的,仲裁员根据双方的一致意见制作调解书,并由当事人签名或盖章、签收。不同意调解的,由仲裁庭合议后作出裁决,宣布闭庭。

(九)退庭前,书记员请双方当事人、第三人核实庭审笔录,并签字盖章或者按指印。对于庭审笔录有争议的,调取录像视频材料比对确认。

第四十条　仲裁庭在做出裁决前,对当事人提出的先行裁定申请进行审查,权利义务关系比较明确的,仲裁庭可以做出维持现状、恢复农业生产以及停止取土、占地等行为的先行裁定书,并告知当事人向法院提出执行申请。

第四节　合议与裁决

第四十一条　仲裁庭在庭审调查结束后,首席仲裁员宣布休庭,组织仲裁员在合议场所进行合议。仲裁员分别对案件提出评议意见,裁决按照多数仲裁员的意见作出,少数仲裁员的不同意见记人合议笔录。合议不能形成多数意见的,按首席仲裁员意见作出裁决。书记员对合议过程全程记录,由仲裁员分别在记录上签名。

仲裁庭合议过程保密,参与合议的仲裁员、书记员不得向外界透露合议情况。合议记录未经仲裁委员会主任批准任何人不得查阅。

第四十二条　仲裁庭合议后作出裁决。首席仲裁员可以当庭向双方当事人及第三人宣布裁决结果,也可以闭庭后送达裁决书,宣布裁决结果。

对于案情重大复杂、当事人双方利益冲突较大,涉案人员众多等不宜当庭宣布裁决结果的,应以送达裁决书方式告知当事人及第三人裁决结果。

第四十三条　裁决书由首席仲裁员制作,三名仲裁员在裁决书上签字,报仲裁委员会主任(委托授权人)审核,加盖仲裁委员会印章。仲裁员签字的裁决书归档。书记员按照当事人人数打印裁决书,核对无误后,加盖仲裁委员会印章,由仲裁办指定人员送达当事人及第三人。

第四十四条　裁决书应当事实清楚,论据充分,适用法律准确、全面,格式规范。

仲裁庭对裁决书存在文字、计算等错误,或者遗漏事项需要补正的,应及时予以补正,补正裁决书应及时送达双方当事人及第三人。

第四十五条　对案情重大、复杂的案件,仲裁庭调解不成的,应报告仲裁委员会主任决定开庭审理。必要时,仲裁委员会主任可召开临时仲裁委员会全体会议研究审议。决定开庭审理的,仲裁委员会协助仲裁庭完成庭审工作。

第五节　送达与归档

第四十六条　仲裁办根据仲裁案件的受理、调解、仲裁等进度,严格按照法律规定程序和时限要求,及时送达相关文书,通知当事人、第三人及代理人参加仲裁活动。

第四十七条　仲裁办工作人员采取直接送达的,保留被送达人签收的送达回证;邮寄送达的,保留邮局的挂号收条;电话通知的,保留通话录音。被送达人拒绝签收的,工作人员可以采取拍照、录像或者法律规定的 3 人以上在场签字等方式,证明已送达。公告送达的,仲裁办应当保留刊登公告的相关报刊、图片等,在电子公告栏公告的,拍照留证,保留相关审批资料。

第四十八条　仲裁案件结案后 10 个工作日内,首席仲裁员对案件仲裁过程中涉及的文书、证据等相关资料进行整理、装订、交仲裁办归档。

第四十九条　仲裁办设立档案室,对农村土地承包纠纷调解仲裁档案进行保管。确定专人负责档案验收归档、档案查阅、保管等。制定档案查阅管理办法,明确档案查阅范围和查阅方式。

第五章　仲裁基础设施建设

第五十条　农村土地承包仲裁委员会以满足仲裁工作需要为目标,按照统一建设标准,规范开展基础设施建设。

第五十一条　农村土地承包经营纠纷仲裁基础设施建设重点为“一庭三室”,包括仲裁庭、合议调解室、案件受理室、档案会商室等固定仲裁场所建设,配套音视频显示和安防监控系统等建筑设备建设。

配套仲裁日常办公设备、仲裁调查取证、流动仲裁庭设备等办案设备。

第五十二条　农村土地承包经营纠纷仲裁基础设施建设内容包括:

仲裁场所土建工程。新建或部分新建仲裁庭、合议调解室、案件受理室和档案会商室等仲裁场所,使用面积不低于 268 平方米。工程建设具体为门窗、墙地面、吊顶等建设及内部装修,暖通空调、供电照明和弱电系统等建筑设备安装,档案密集柜安装。

配备音视频显示系统。包括拾音、录音、扩音等音频信息采集和录播系统,文档图片视频播放、证据展示台等视频控制系统,电子公告牌、电子横幅、告示屏等显示系统及其集成。

配备安防监控系统。包括监控录像、应急安全报警联动、手机信号屏蔽、信息存储调用等系统及其集成。

配置仲裁设备。包括电子办公设备、录音录像及测绘设备和交通工具(配备具有统一标识的仲裁办案专用车)。

第五十三条　农村土地承包经营纠纷仲裁场所建设应尽可能独立成区,布局合理紧凑,以仲裁庭为中心,接待区域、庭审区域与办公区域相互隔离。具有独立的出入口,方便群众申请仲裁。

第五十四条　仲裁场所建筑设计、建造应符合经济、实用、美观的原则。建筑内部装修宜严肃、简洁、庄重，仲裁庭悬挂统一仲裁标志。建筑外观采用统一的形象标识。

第五十五条　编制仲裁委员会办公办案场所及物质装备建设计划，确定专人组织实施建设项目。

第六章　仲裁制度

第五十六条　制定印章管理办法。仲裁委员会印章由仲裁办明确专人管理。严格执行审批程序，印章使用需经仲裁办主任批准或授权。明确印章使用范围，印章管理人员应对加盖印章的各类仲裁文书及材料进行审查、留档，设立印章使用登记簿，并定期对登记清单进行整理、归档备查。

第五十七条　制定仲裁设施设备管理办法。仲裁办明确专人负责仲裁设施设备管理。设备领用应严格执行"申请-批准-登记-归还"的程序。仲裁设施设备不得挪作他用，未经仲裁办主任批准不得出借，严禁出租盈利。

第五十八条　加强仲裁员队伍管理。仲裁员在聘任期内，因各种原因不能正常办案的，应及时告知仲裁办；因故无法承办案件的，可提出不再担任仲裁员的申请，经仲裁委员会全体会议讨论通过，批准解聘。

仲裁办根据仲裁员的业务能力、工作经验和实际表现，逐步实行仲裁员分级管理。对仲裁员的仲裁活动予以监督，保证办案过程公正、廉洁、高效。建立仲裁员管理档案，准确记录仲裁员品行表现、办案情况、参加业务培训、年度考核结果及参加仲裁委员会其他活动的情况。

第五十九条　建立案件监督管理制度。仲裁办主任对仲裁案件实行统一监督管理。对仲裁案件进行期限跟踪，对办理期限即将届满的案件，予以警示催办；对超期限未办结的，应进行专案督办，限期结案。对仲裁案件进行后续跟踪，及时掌握调解裁决后执行情况及问题。

第六十条　建立法制宣传教育工作制度。仲裁委员会接受政府委托，利用农贸会、庙会和农村各种集市，组织仲裁员和调解员开展现场法律咨询，发放法制宣传资料。乡镇调解委员会在村内设置法律宣传栏，系统解读法律，深入解析典型案例。注重发挥庭审的宣传教育作用，鼓励和组织人民群众参加庭审旁听。

第六十一条　建立完善仲裁经费管理制度。仲裁办编制仲裁工作经费预算，明确经费开支范围和开支标准，并在核定的预算范围内严格执行。各地根据当地情况制定办案仲裁员补贴和仲裁工作人员劳务费用补助标准，妥善解决仲裁员补贴和仲裁工作人员的劳务费用。当事人委托进行证据专业鉴定的，鉴定费用由当事人承担。

第六十二条　建立仲裁档案管理制度。案件结案后仲裁员应及时将案件材料归档，应归必归，不得短缺和遗漏。规范档案整理装订。落实档案管理岗位责任制，强化档案保管安全，严格档案借阅、查阅手续。当事人及其他相关人员在档案管理员指定地点查阅、复印调解书、裁决书、证据等非保密档案资料。仲裁委员会及仲裁办内部人员调阅仲裁档案，须经仲裁办主任批准。

第七章　附　则

第六十三条　本规范由农业部负责解释。

第六十四条　本规范自印发之日起实施。

最高人民法院关于审理涉及农村土地承包经营纠纷调解仲裁案件适用法律若干问题的解释

· 2013 年 12 月 27 日最高人民法院审判委员会第 1601 次会议通过
· 根据 2020 年 12 月 23 日最高人民法院审判委员会第 1823 次会议通过的《最高人民法院关于修改〈最高人民法院关于在民事审判工作中适用《中华人民共和国工会法》若干问题的解释〉等二十七件民事类司法解释的决定》修正
· 2020 年 12 月 29 日最高人民法院公告公布
· 自 2021 年 1 月 1 日起施行
· 法释〔2020〕17 号

为正确审理涉及农村土地承包经营纠纷调解仲裁案件，根据《中华人民共和国农村土地承包法》《中华人民共和国农村土地承包经营纠纷调解仲裁法》《中华人民共和国民事诉讼法》等法律的规定，结合民事审判实践，就审理涉及农村土地承包经营纠纷调解仲裁案件适用法律的若干问题，制定本解释。

第一条　农村土地承包仲裁委员会根据农村土地承包经营纠纷调解仲裁法第十八条规定，以超过申请仲裁的时效期间为由驳回申请后，当事人就同一纠纷提起诉讼的，人民法院应予受理。

第二条　当事人在收到农村土地承包仲裁委员会作出的裁决书之日起三十日后或者签收农村土地承包仲裁委员会作出的调解书后，就同一纠纷向人民法院提起诉讼的，裁定不予受理；已经受理的，裁定驳回起诉。

第三条　当事人在收到农村土地承包仲裁委员会作出的裁决书之日起三十日内，向人民法院提起诉讼，请求撤销仲裁裁决的，人民法院应当告知当事人就原纠纷提起诉讼。

第四条　农村土地承包仲裁委员会依法向人民法院

提交当事人财产保全申请的，申请财产保全的当事人为申请人。

农村土地承包仲裁委员会应当提交下列材料：

（一）财产保全申请书；

（二）农村土地承包仲裁委员会发出的受理案件通知书；

（三）申请人的身份证明；

（四）申请保全财产的具体情况。

人民法院采取保全措施，可以责令申请人提供担保，申请人不提供担保的，裁定驳回申请。

第五条 人民法院对农村土地承包仲裁委员会提交的财产保全申请材料，应当进行审查。符合前条规定的，应予受理；申请材料不齐全或不符合规定的，人民法院应当告知农村土地承包仲裁委员会需要补齐的内容。

人民法院决定受理的，应当于三日内向当事人送达受理通知书并告知农村土地承包仲裁委员会。

第六条 人民法院受理财产保全申请后，应当在十日内作出裁定。因特殊情况需要延长的，经本院院长批准，可以延长五日。

人民法院接受申请后，对情况紧急的，必须在四十八小时内作出裁定；裁定采取保全措施的，应当立即开始执行。

第七条 农村土地承包经营纠纷仲裁中采取的财产保全措施，在申请保全的当事人依法提起诉讼后，自动转为诉讼中的财产保全措施，并适用《最高人民法院关于适用〈中华人民共和国民事诉讼法〉的解释》第四百八十七条关于查封、扣押、冻结期限的规定。

第八条 农村土地承包仲裁委员会依法向人民法院提交当事人证据保全申请的，应当提供下列材料：

（一）证据保全申请书；

（二）农村土地承包仲裁委员会发出的受理案件通知书；

（三）申请人的身份证明；

（四）申请保全证据的具体情况。

对证据保全的具体程序事项，适用本解释第五、六、七条关于财产保全的规定。

第九条 农村土地承包仲裁委员会作出先行裁定后，一方当事人依法向被执行人住所地或者被执行的财产所在地基层人民法院申请执行的，人民法院应予受理和执行。

申请执行先行裁定的，应当提供以下材料：

（一）申请执行书；

（二）农村土地承包仲裁委员会作出的先行裁定书；

（三）申请执行人的身份证明；

（四）申请执行人提供的担保情况；

（五）其他应当提交的文件或证件。

第十条 当事人根据农村土地承包经营纠纷调解仲裁法第四十九条规定，向人民法院申请执行调解书、裁决书，符合《最高人民法院关于人民法院执行工作若干问题的规定（试行）》第十六条规定条件的，人民法院应予受理和执行。

第十一条 当事人因不服农村土地承包仲裁委员会作出的仲裁裁决向人民法院提起诉讼的，起诉期从其收到裁决书的次日起计算。

第十二条 本解释施行后，人民法院尚未审结的一审、二审案件适用本解释规定。本解释施行前已经作出生效裁判的案件，本解释施行后依法再审的，不适用本解释规定。

最高人民法院关于审理涉及农村集体土地行政案件若干问题的规定

· 2011 年 8 月 7 日法释〔2011〕20 号公布
· 自 2011 年 9 月 5 日起施行

为正确审理涉及农村集体土地的行政案件，根据《中华人民共和国物权法》、《中华人民共和国土地管理法》和《中华人民共和国行政诉讼法》等有关法律规定，结合行政审判实际，制定本规定。

第一条 农村集体土地的权利人或者利害关系人（以下简称土地权利人）认为行政机关作出的涉及农村集体土地的行政行为侵犯其合法权益，提起诉讼的，属于人民法院行政诉讼的受案范围。

第二条 土地登记机构根据人民法院生效裁判文书、协助执行通知书或者仲裁机构的法律文书办理的土地权属登记行为，土地权利人不服提起诉讼的，人民法院不予受理，但土地权利人认为登记内容与有关文书内容不一致的除外。

第三条 村民委员会或者农村集体经济组织对涉及农村集体土地的行政行为不起诉的，过半数的村民可以以集体经济组织名义提起诉讼。

农村集体经济组织成员全部转为城镇居民后，对涉及农村集体土地的行政行为不服的，过半数的原集体经济组织成员可以提起诉讼。

第四条 土地使用权人或者实际使用人对行政机关作出涉及其使用或实际使用的集体土地的行政行为不服

的,可以以自己的名义提起诉讼。

第五条　土地权利人认为土地储备机构作出的行为侵犯其依法享有的农村集体土地所有权或使用权,向人民法院提起诉讼的,应当以土地储备机构所隶属的土地管理部门为被告。

第六条　土地权利人认为乡级以上人民政府作出的土地确权决定侵犯其依法享有的农村集体土地所有权或者使用权,经复议后向人民法院提起诉讼的,人民法院应当依法受理。

法律、法规规定应当先申请行政复议的土地行政案件,复议机关作出不受理复议申请的决定或者以不符合受理条件为由驳回复议申请,复议申请人不服的,应当以复议机关为被告向人民法院提起诉讼。

第七条　土地权利人认为行政机关作出的行政处罚、行政强制措施等行政行为侵犯其依法享有的农村集体土地所有权或者使用权,直接向人民法院提起诉讼的,人民法院应当依法受理。

第八条　土地权属登记(包括土地权属证书)在生效裁判和仲裁裁决中作为定案证据,利害关系人对该登记行为提起诉讼的,人民法院应当依法受理。

第九条　涉及农村集体土地的行政决定以公告方式送达的,起诉期限自公告确定的期限届满之日起计算。

第十条　土地权利人对土地管理部门组织实施过程中确定的土地补偿有异议,直接向人民法院提起诉讼的,人民法院不予受理,但应当告知土地权利人先申请行政机关裁决。

第十一条　土地权利人以土地管理部门超过两年对非法占地行为进行处罚违法,向人民法院起诉的,人民法院应当按照行政处罚法第二十九条第二款的规定处理。

第十二条　征收农村集体土地时涉及被征收土地上的房屋及其他不动产,土地权利人可以请求依照物权法第四十二条第二款的规定给予补偿。

征收农村集体土地时未就被征收土地上的房屋及其他不动产进行安置补偿,补偿安置时房屋所在地已纳入城市规划区,土地权利人请求参照执行国有土地上房屋征收补偿标准的,人民法院一般应予支持,但应当扣除已经取得的土地补偿费。

第十三条　在审理土地行政案件中,人民法院经当事人同意进行协调的期间,不计算在审理期限内。当事人不同意继续协商的,人民法院应当及时审理,并恢复计算审理期限。

第十四条　县级以上人民政府土地管理部门根据土地管理法实施条例第四十五条的规定,申请人民法院执行其作出的责令交出土地决定的,应当符合下列条件:

(一)征收土地方案已经有权机关依法批准;

(二)市、县人民政府和土地管理部门已经依照土地管理法和土地管理法实施条例规定的程序实施征地行为;

(三)被征收土地所有权人、使用人已经依法得到安置补偿或者无正当理由拒绝接受安置补偿,且拒不交出土地,已经影响到征收工作的正常进行;

(四)符合最高人民法院《关于执行〈中华人民共和国行政诉讼法〉若干问题的解释》第八十六条规定的条件。

人民法院对符合条件的申请,应当予以受理,并通知申请人;对不符合条件的申请,应当裁定不予受理。

第十五条　最高人民法院以前所作的司法解释与本规定不一致的,以本规定为准。

最高人民法院关于审理涉及农村土地承包纠纷案件适用法律问题的解释

- 2005年3月29日最高人民法院审判委员会第1346次会议通过
- 根据2020年12月23日最高人民法院审判委员会第1823次会议通过的《最高人民法院关于修改〈最高人民法院关于在民事审判工作中适用《中华人民共和国工会法》若干问题的解释〉等二十七件民事类司法解释的决定》修正
- 2020年12月29日最高人民法院公告公布
- 自2021年1月1日起施行
- 法释〔2020〕17号

为正确审理农村土地承包纠纷案件,依法保护当事人的合法权益,根据《中华人民共和国民法典》《中华人民共和国农村土地承包法》《中华人民共和国土地管理法》《中华人民共和国民事诉讼法》等法律的规定,结合民事审判实践,制定本解释。

一、受理与诉讼主体

第一条　下列涉及农村土地承包民事纠纷,人民法院应当依法受理:

(一)承包合同纠纷;

(二)承包经营权侵权纠纷;

(三)土地经营权侵权纠纷;

(四)承包经营权互换、转让纠纷;

(五)土地经营权流转纠纷;

(六)承包地征收补偿费用分配纠纷;

(七)承包经营权继承纠纷;

（八）土地经营权继承纠纷。

农村集体经济组织成员因未实际取得土地承包经营权提起民事诉讼的，人民法院应当告知其向有关行政主管部门申请解决。

农村集体经济组织成员就用于分配的土地补偿费数额提起民事诉讼的，人民法院不予受理。

第二条 当事人自愿达成书面仲裁协议的，受诉人民法院应当参照《最高人民法院关于适用〈中华人民共和国民事诉讼法〉的解释》第二百一十五条、第二百一十六条的规定处理。

当事人未达成书面仲裁协议，一方当事人向农村土地承包仲裁机构申请仲裁，另一方当事人提起诉讼的，人民法院应予受理，并书面通知仲裁机构。但另一方当事人接受仲裁管辖后又起诉的，人民法院不予受理。

当事人对仲裁裁决不服并在收到裁决书之日起三十日内提起诉讼的，人民法院应予受理。

第三条 承包合同纠纷，以发包方和承包方为当事人。

前款所称承包方是指以家庭承包方式承包本集体经济组织农村土地的农户，以及以其他方式承包农村土地的组织或者个人。

第四条 农户成员为多人的，由其代表人进行诉讼。

农户代表人按照下列情形确定：

（一）土地承包经营权证等证书上记载的人；

（二）未依法登记取得土地承包经营权证等证书的，为在承包合同上签名的人；

（三）前两项规定的人死亡、丧失民事行为能力或者因其他原因无法进行诉讼的，为农户成员推选的人。

二、家庭承包纠纷案件的处理

第五条 承包合同中有关收回、调整承包地的约定违反农村土地承包法第二十七条、第二十八条、第三十一条规定的，应当认定该约定无效。

第六条 因发包方违法收回、调整承包地，或者因发包方收回承包方弃耕、撂荒的承包地产生的纠纷，按照下列情形，分别处理：

（一）发包方未将承包地另行发包，承包方请求返还承包地的，应予支持；

（二）发包方已将承包地另行发包给第三人，承包方以发包方和第三人为共同被告，请求确认其所签订的承包合同无效、返还承包地并赔偿损失的，应予支持。但属于承包方弃耕、撂荒情形的，对其赔偿损失的诉讼请求，不予支持。

前款第（二）项所称的第三人，请求受益方补偿其在承包地上的合理投入的，应予支持。

第七条 承包合同约定或者土地承包经营权证等证书记载的承包期限短于农村土地承包法规定的期限，承包方请求延长的，应予支持。

第八条 承包方违反农村土地承包法第十八条规定，未经依法批准将承包地用于非农建设或者对承包地造成永久性损害，发包方请求承包方停止侵害、恢复原状或者赔偿损失的，应予支持。

第九条 发包方根据农村土地承包法第二十七条规定收回承包地前，承包方已经以出租、入股或者其他形式将其土地经营权流转给第三人，且流转期限尚未届满，因流转价款收取产生的纠纷，按照下列情形，分别处理：

（一）承包方已经一次性收取了流转价款，发包方请求承包方返还剩余流转期限的流转价款的，应予支持；

（二）流转价款为分期支付，发包方请求第三人按照流转合同的约定支付流转价款的，应予支持。

第十条 承包方交回承包地不符合农村土地承包法第三十条规定程序的，不得认定其为自愿交回。

第十一条 土地经营权流转中，本集体经济组织成员在流转价款、流转期限等主要内容相同的条件下主张优先权的，应予支持。但下列情形除外：

（一）在书面公示的合理期限内未提出优先权主张的；

（二）未经书面公示，在本集体经济组织以外的人开始使用承包地两个月内未提出优先权主张的。

第十二条 发包方胁迫承包方将土地经营权流转给第三人，承包方请求撤销其与第三人签订的流转合同的，应予支持。

发包方阻碍承包方依法流转土地经营权，承包方请求排除妨碍、赔偿损失的，应予支持。

第十三条 承包方未经发包方同意，转让其土地承包经营权的，转让合同无效。但发包方无法定理由不同意或者拖延表态的除外。

第十四条 承包方依法采取出租、入股或者其他方式流转土地经营权，发包方仅以该土地经营权流转合同未报其备案为由，请求确认合同无效的，不予支持。

第十五条 因承包方不收取流转价款或者向对方支付费用的约定产生纠纷，当事人协商变更无法达成一致，且继续履行又显失公平的，人民法院可以根据发生变更的客观情况，按照公平原则处理。

第十六条 当事人对出租地流转期限没有约定或者约定不明的，参照民法典第七百三十条规定处理。除当事人另有约定或者属于林地承包经营外，承包地交回的时间应当在农作物收获期结束后或者下一耕种期开始前。

对提高土地生产能力的投入，对方当事人请求承包方给予相应补偿的，应予支持。

第十七条　发包方或者其他组织、个人擅自截留、扣缴承包收益或者土地经营权流转收益，承包方请求返还的，应予支持。

发包方或者其他组织、个人主张抵销的，不予支持。

三、其他方式承包纠纷的处理

第十八条　本集体经济组织成员在承包费、承包期限等主要内容相同的条件下主张优先承包的，应予支持。但在发包方将农村土地发包给本集体经济组织以外的组织或者个人，已经法律规定的民主议定程序通过，并由乡（镇）人民政府批准后主张优先承包的，不予支持。

第十九条　发包方就同一土地签订两个以上承包合同，承包方均主张取得土地经营权的，按照下列情形，分别处理：

（一）已经依法登记的承包方，取得土地经营权；

（二）均未依法登记的，生效在先合同的承包方取得土地经营权；

（三）依前两项规定无法确定的，已经根据承包合同合法占有使用承包地的人取得土地经营权，但争议发生后一方强行先占承包地的行为和事实，不得作为确定土地经营权的依据。

四、土地征收补偿费用分配及土地承包经营权继承纠纷的处理

第二十条　承包地被依法征收，承包方请求发包方给付已经收到的地上附着物和青苗的补偿费的，应予支持。

承包方已将土地经营权以出租、入股或者其他方式流转给第三人的，除当事人另有约定外，青苗补偿费归实际投入人所有，地上附着物补偿费归附着物所有人所有。

第二十一条　承包地被依法征收，放弃统一安置的家庭承包方，请求发包方给付已经收到的安置补助费的，应予支持。

第二十二条　农村集体经济组织或者村民委员会、村民小组，可以依照法律规定的民主议定程序，决定在本集体经济组织内部分配已经收到的土地补偿费。征地补偿安置方案确定时已经具有本集体经济组织成员资格的人，请求支付相应份额的，应予支持。但已报全国人大常委会、国务院备案的地方性法规、自治条例和单行条例、地方政府规章对土地补偿费在农村集体经济组织内部的分配办法另有规定的除外。

第二十三条　林地家庭承包中，承包方的继承人请求在承包期内继续承包的，应予支持。

其他方式承包中，承包方的继承人或者权利义务承受者请求在承包期内继续承包的，应予支持。

五、其他规定

第二十四条　人民法院在审理涉及本解释第五条、第六条第一款第（二）项及第二款、第十五条的纠纷案件时，应当着重进行调解。必要时可以委托人民调解组织进行调解。

第二十五条　本解释自 2005 年 9 月 1 日起施行。施行后受理的第一审案件，适用本解释的规定。

施行前已经生效的司法解释与本解释不一致的，以本解释为准。

· 示范文本

合同编号：____________

农村土地（耕地）承包合同（家庭承包方式）（示范文本）[①]

中华人民共和国农业农村部　制定

二〇二二年二月

① 本示范文本来自于《农业农村部办公厅关于印发农村土地（耕地）承包合同（家庭承包方式）示范文本的通知》（2022 年 2 月 10 日）。

发包方：______县（市、区）______乡（镇）______村______

社会信用代码：____________

发包方负责人：____________身份证号：____________

联系电话：____________

承包方代表：____________身份证号：____________

联系电话：____________

承包方地址：______县（市、区）______乡（镇）______村______组

为巩固和完善以家庭承包经营为基础、统分结合的双层经营体制，保持农村土地承包关系稳定并长久不变，维护承包双方当事人的合法权益，根据《中华人民共和国民法典》《中华人民共和国农村土地承包法》等法律法规和本集体依法通过的承包方案，订立本合同。

一、承包土地情况

地块名称	地块编码	坐落				面积（亩）	质量等级	备注
		东至	西至	南至	北至			
总计	—	—	—	—	—		—	

备注：承包地地块示意图见附件

二、承包方家庭成员信息

姓名	与承包方代表关系	身份证号	备注

三、承包期限：______年，自______年____月____日至______年____月______日。

四、承包土地的用途：农业生产

五、发包方的权利与义务

（一）发包方享有下列权利

1. 发包本集体所有的或者国家所有依法由本集体使用的农村土地；
2. 监督承包方依照承包合同约定的用途合理利用和保护土地；
3. 制止承包方损害承包地和农业资源的行为；
4. 法律、行政法规规定的其他权利。

（二）发包方承担下列义务

1. 维护承包方的土地承包经营权，不得非法变更、解除承包合同；
2. 尊重承包方的生产经营自主权，不得干涉承包方依法进行正常的生产经营活动；
3. 依照承包合同约定为承包方提供生产、技术、信息等服务；

4. 执行县、乡(镇)土地利用总体规划,组织本集体经济组织内的农业基础设施建设;

5. 法律、行政法规规定的其他义务。

六、承包方的权利与义务

(一)承包方享有下列权利

1. 依法享有承包地使用、收益的权利,有权自主组织生产经营和处置产品;

2. 依法互换、转让土地承包经营权;

3. 依法流转土地经营权;

4. 承包地被依法征收、征用、占用的,有权依法获得相应的补偿;

5. 法律、行政法规规定的其他权利。

(二)承包方承担下列义务

1. 维持土地的农业用途,未经依法批准不得用于非农建设;

2. 依法保护和合理利用土地,不得给土地造成永久性损害;

3. 执行国家有关粮食和重要农产品种植的规定;

4. 法律、行政法规规定的其他义务。

七、违约责任

1. 当事人一方不履行合同义务或者履行义务不符合约定的,依照《中华人民共和国民法典》《中华人民共和国农村土地承包法》的规定承担违约责任。

2. 承包方给承包地造成永久性损害的,发包方有权制止,并有权要求承包方赔偿由此造成的损失。

3. 如遇自然灾害等不可抗力因素,使本合同无法履行或者不能完全履行时,不构成违约。

4. 法律、行政法规规定的其他违约责任。

八、其他事项

1. 承包合同生效后,发包方不得因承办人或者负责人的变动而变更或者解除,也不得因农村集体经济组织的分立或者合并而变更或者解除。

2. 承包期内,承包方交回承包地或者发包方依法收回时,承包方有权获得为提高土地生产能力而在承包地上投入的补偿。

3. 承包期内,承包方或承包地发生变化的,发包方应当与承包方重新订立、变更或者终止承包合同。

4. 因土地承包经营发生纠纷的,双方当事人可以依法通过协商、调解、仲裁、诉讼等途径解决。

5. 其他:____

____。

九、本合同自双方当事人均签名、盖章或者按指印时成立。本合同自成立之日起生效。承包方自本合同生效时取得土地承包经营权。

十、本合同一式____份,发包方、承包方各执一份,乡镇人民政府、县级人民政府农业农村主管(或者农村经营管理)部门、________________,各备案一份。

发包方(章):____________

负责人(签章):____________　承包方代表(签章):____________

签订日期:______年____月____日

签订地点:____________

附件:承包地地块示意图

农村土地（耕地）承包合同（家庭承包方式）示范文本使用和填写说明

一、合同制定。本合同文本为示范文本，由中华人民共和国农业农村部制定。

二、合同内容。县级以上地方人民政府农业农村主管部门可以依照有关法律、法规和规章规定，根据本行政区域承包合同管理的需要，增补相应的合同内容。

三、合同编号。根据《农村土地承包经营权要素编码规则》（GB／T 35958-2018）规定填写承包合同代码。

四、发包方。发包方应当填写农村集体经济组织的具体名称。农村集体土地所有权分别属于村内两个以上农民集体所有，发包方应填写村内各该农村集体经济组织或者村民小组的名称。社会信用代码按照农村集体经济组织登记证书的信息填写。

五、发包方负责人。填写发包方当前负责人的姓名，身份证号码应填写发包方负责人的身份证号码。

六、承包方代表。填写承包方农户代表人姓名，身份证号码应填写承包方农户代表人的身份证号码。

七、承包方地址。填写承包方代表的户籍地址。

八、地块名称。填写地块小地名或者村民约定俗成的地名。

九、地块代码。根据《农村土地承包经营权要素编码规则》（GB／T 35958-2018）规定填写承包地块代码。确权确股不确地的，应当填写确权确股对应的大地块代码；难以落实大地块的，可按地方"确权确股"的相关规定处理。

十、坐落（四至）。填写承包地块的四邻关系，应以土地承包经营权公示结果归户表中的"地块四至"一致。

十一、面积。每个地块对应一个实测并公示确认的面积。确权确股不确地的地块，应记载该农户按其股份计算占有的面积。农村土地承包合同的面积采用亩，原则上小数点后保留两位有效数字。

十二、质量等级。按照《耕地质量等级》（GB／T 33469-2016）、《耕地地力调查与质量评价技术规程》（NY／T 1634-2008）或者土地发包时的实际情况填写耕地的地力等级。有条件的地方，应优先根据县（市、区）农业农村主管部门收集的耕地地力等级划分成果资料，确定承包地块的地力等级。

十三、承包土地情况的备注。可以填写以下内容：一是以转让、互换方式取得土地承包经营权的，可在该地块的"备注"栏中填写"转让、互换取得"等信息；二是属于确权确股不确地的，可在该地块的"备注"中注明"确权确股"；三是其他需要备注的事项。

十四、承包方家庭成员信息。填写承包方家庭成员的姓名、与承包方代表的关系。应当将具有土地承包经营权的全部家庭成员列入，要体现男女平等的原则，切实保护妇女等特殊群体的土地承包权益。家庭成员因出生、收养、结婚或者离婚、死亡等发生变化的，可在承包方家庭成员情况"备注"栏说明。

十五、承包期限。从当地统一组织土地承包的时间点起，承包期为30年。实行特殊政策的地区，可以根据政策规定，按相应期限填写日期。

十六、其他事项。承包双方可以就合同未尽事宜作出约定，但不得违背法律规定。

十七、承包地地块示意图。指反映承包农户土地承包经营权界址及四至范围的图形。附图可以打印，也可以粘贴。

GF-2021-2606　　　　　　　　　　　　合同编号：

农村土地经营权出租合同(示范文本)[①]

农　业　农　村　部
国家市场监督管理总局　制定
二〇二一年九月

使用说明

一、本合同为示范文本，由农业农村部与国家市场监督管理总局联合制定，供农村土地(耕地)经营权出租(含转包)的当事人签订合同时参照使用。

二、合同签订前，双方当事人应当仔细阅读本合同内容，特别是其中具有选择性、补充性、填充性、修改性的内容；对合同中的专业用词理解不一致的，可向当地农业农村部门或农村经营管理部门咨询。

三、合同签订前，工商企业等社会资本通过出租取得土地经营权的，应当依法履行资格审查、项目审核和风险防范等相关程序。

四、本合同文本中相关条款后留有空白行，供双方自行约定或者补充约定。双方当事人依法可以对文本条款的内容进行修改、增补或者删减。合同签订生效后，未被修改的文本印刷文字视为双方同意内容。

五、双方当事人应当结合具体情况选择本合同协议条款中所提供的选择项，同意的在选择项前的□打√，不同意的打×。

六、本合同文本中涉及到的选择、填写内容以手写项为优先。

七、当事人订立合同的，应当在合同书上签字、盖章或者按指印。

八、本合同文本“当事人”部分，自然人填写身份证号码，农村集体经济组织填写农业农村部门赋予的统一社会信用代码，其他市场主体填写市场监督管理部门赋予的统一社会信用代码。

九、本合同编号由县级以上农业农村部门或农村经营管理部门指导乡(镇)人民政府农村土地承包管理部门按统一规则填写。

根据《中华人民共和国民法典》《中华人民共和国农村土地承包法》和《农村土地经营权流转管理办法》等相关法律法规，本着平等、自愿、公平、诚信、有偿的原则，经甲乙双方协商一致，就土地经营权出租事宜，签订本合同。

一、当事人

甲方(出租方)：________________

□社会信用代码：________________

□身份证号码：________________

法定代表人(负责人/农户代表人)：________________

身份证号码：________________

联系地址：________________联系电话：________________

① 本示范文本来自于《农业农村部、国家市场监督管理总局关于印发〈农村土地经营权出租合同(示范文本)〉和〈农村土地经营权入股合同(示范文本)〉的通知》(2021 年 9 月 14 日　农政改发〔2021〕3 号)。

经营主体类型:□自然人 □农村承包经营户 □农民专业合作社 □家庭农场 □农村集体经济组织 □公司 □其他:________

乙方(承租方):________

□社会信用代码:________

□身份证号码:________

法定代表人(负责人/农户代表人):________

身份证号码:________

联系地址:________联系电话:________

经营主体类型:□自然人 □农村承包经营户 □农民专业合作社 □家庭农场 □公司 □其他:________

二、租赁物

(一)经自愿协商,甲方将________亩土地经营权(具体见下表及附图)出租给乙方。

序号	村(组)	地块名称	地块代码	坐落(四至)				面积(亩)	质量等级	土地类型	承包合同代码	备注
				东	南	西	北					
1												
2												
3												

(二)出租土地上的附属建筑和资产情况现状描述:

____

____

出租土地上的附属建筑和资产的处置方式描述(可另附件):

____

____

三、出租土地用途

出租土地用途为________。

四、租赁期限

租赁期限自______年____月____日起至______年____月____日止。

五、出租土地交付时间

甲方应于______年____月____日前完成土地交付。

六、租金及支付方式

(一)租金标准

双方当事人选择第______种租金标准。

1. 现金。即每亩每年人民币______元(大写:________)。

2. 实物或实物折资计价。即每亩每年______公斤(大写:________)

□小麦 □玉米 □稻谷 □其他:______或者同等实物按照 □市场价 □国家最低收购价为标准折合成货币。

3. 其他:________。

租金变动:根据当地土地流转价格水平,每______年调整一次租金。

具体调整方式:____________________。

(二)租金支付

双方当事人选择第______种方式支付租金。

1. 一次性支付。乙方须于______年____月____日前支付租金______元(大写:__________)。

2. 分期支付。乙方须于每年____月____日前支付(□当 □后一)年租金______元(大写:__________)。

3. 其他:____________________。

(三)付款方式

双方当事人选择第______种付款方式。

1. 现金

2. 银行汇款

甲方账户名称:____________________

银行账号:____________________

开户行:____________________

3. 其他:____________________。

七、甲方的权利和义务

(一)甲方的权利

1. 要求乙方按合同约定支付租金;

2. 监督乙方按合同约定的用途依法合理利用和保护出租土地;

3. 制止乙方损害出租土地和农业资源的行为;

4. 租赁期限届满后收回土地经营权;

5. 其他:____________________。

(二)甲方的义务

1. 按照合同约定交付出租土地;

2. 合同生效后______日内依据《中华人民共和国农村土地承包法》第三十六条的规定向发包方备案;

3. 不得干涉和妨碍乙方依法进行的农业生产经营活动;

4. 其他:____________________。

八、乙方的权利和义务

(一)乙方的权利

1. 要求甲方按照合同约定交付出租土地;

2. 在合同约定的期限内占有农村土地,自主开展农业生产经营并取得收益;

3. 经甲方同意,乙方依法投资改良土壤,建设农业生产附属、配套设施,并有权按照合同约定对其投资部分获得合理补偿;

4. 租赁期限届满,有权在同等条件下优先承租;

5. 其他:____________________。

(二)乙方的义务

1. 按照合同约定及时接受出租土地并按照约定向甲方支付租金;

2. 在法律法规政策规定和合同约定允许范围内合理利用出租土地,确保农地农用,符合当地粮食生产等产业规划,不得弃耕抛荒,不得破坏农业综合生产能力和农业生态环境;

3. 依据有关法律法规保护出租土地,禁止改变出租土地的农业用途,禁止占用出租土地建窑、建坟或者擅自在出租土地上建房、挖砂、采石、采矿、取土等,禁止占用出租的永久基本农田发展林果业和挖塘养鱼;

4. 其他:____________________。

九、其他约定

(一)甲方同意乙方依法

☐投资改良土壤 ☐建设农业生产附属、配套设施

☐以土地经营权融资担保 ☐再流转土地经营权

☐其他:________________。

(二)该出租土地的财政补贴等归属:________________。

(三)乙方向______☐缴纳 ☐不缴纳 风险保障金______元(大写:__________),合同到期后的处理:______________。

(四)本合同期限内,出租土地被依法征收、征用、占用时,有关地上附着物及青苗补偿费的归属:______________。

(五)其他事项:________________。

十、合同变更、解除和终止

(一)合同有效期间,因不可抗力因素致使合同全部不能履行时,本合同自动终止,甲方将合同终止日至租赁到期日的期限内已收取的租金退还给乙方;致使合同部分不能履行的,其他部分继续履行,租金可以作相应调整。

(二)如乙方在合同期满后需要继续经营该出租土地,必须在合同期满前____日内书面向甲方提出申请。如乙方不再继续经营的,必须在合同期满前____日内书面通知甲方,并在合同期满后____日内将原出租的土地交还给甲方。

(三)合同到期或者未到期由甲方依法提前收回出租土地时,乙方依法投资建设的农业生产附属、配套设施处置方式:

☐由甲方无偿处置。

☐经有资质的第三方评估后,由甲方支付价款购买。

☐经双方协商后,由甲方支付价款购买。

☐由乙方恢复原状。

☐其他:________________。

十一、违约责任

(一)任何一方违约给对方造成损失的,违约方应承担赔偿责任。

(二)甲方应按合同规定按时向乙方交付土地,逾期一日应向乙方支付年租金的万分之____(大写:__________)作为违约金。逾期超过____日,乙方有权解除合同,甲方应当赔偿损失。

(三)甲方出租的土地存在权属纠纷或经济纠纷,致使合同全部或部分不能履行的,甲方应当赔偿损失。

(四)甲方违反合同约定擅自干涉和破坏乙方的生产经营,致使乙方无法进行正常的生产经营活动的,乙方有权解除合同,甲方应当赔偿损失。

(五)乙方应按照合同规定按时足额向甲方支付租金,逾期一日乙方应向甲方支付年租金的万分之____(大写:__________)作为违约金。逾期超过____日,甲方有权解除合同,乙方应当赔偿损失。

(六)乙方擅自改变出租土地的农业用途、弃耕抛荒连续两年以上、给出租土地造成严重损害或者严重破坏土地生态环境的,甲方有权解除合同、收回该土地经营权,并要求乙方赔偿损失。

(七)合同期限届满的,乙方应当按照合同约定将原出租土地交还给甲方,逾期一日应向甲方支付年租金的万分之____(大写:__________)作为违约金。

十二、合同争议解决方式

本合同发生争议的,甲乙双方可以协商解决,也可以请求村民委员会、乡(镇)人民政府等调解解决。当事人不愿协商、调解或者协商、调解不成的,可以依据《中华人民共和国农村土地承包法》第五十五条的规定向农村土地承包仲裁委员会申请仲裁,也可以直接向人民法院起诉。

十三、附则

(一)本合同未尽事宜,经甲方、乙方协商一致后可签订补充协议。补充协议与本合同具有同等法律效力。

补充条款(可另附件)：____________________。

(二)本合同自甲乙双方签字、盖章或者按指印之日起生效。本合同一式____份，由甲方、乙方、农村集体经济组织、乡(镇)人民政府农村土地承包管理部门、________________，各执一份。

甲方：
法定代表人(负责人/农户代表人)签字：
签订时间：______年____月____日
签订地点：____________________

乙方：
法定代表人(负责人/农户代表人)签字：
签订时间：______年____月____日
签订地点：____________________

附件清单：

序号	附件名称	是否具备	页数	备注
1	甲方、乙方的证件复印件			
2	出租土地的权属证明			
3	出租土地四至范围附图			
4	其他(例如：附属建筑及设施清单、村民会议决议书及公示材料、代办授权委托书和证件复印件等)			
共计　　份，　　页。				

GF-2021-2607　　　　**合同编号：**□□□□□□□□□□□□□□□□□□

农村土地经营权入股合同(示范文本)①

农　业　农　村　部
国家市场监督管理总局　制定
二〇二一年九月

① 本示范文本来自于《农业农村部、国家市场监督管理总局关于印发〈农村土地经营权出租合同(示范文本)〉和〈农村土地经营权入股合同(示范文本)〉的通知》(2021年9月14日　农政改发〔2021〕3号)。

使用说明

一、本合同为示范文本，由农业农村部与国家市场监督管理总局联合制定，供农村土地(耕地)经营权入股的当事人签订合同时参照使用。

二、合同签订前，双方当事人应当仔细阅读本合同内容，特别是其中具有选择性、补充性、填充性、修改性的内容；对合同中的专业用词理解不一致的，可向当地农业农村部门或农村经营管理部门咨询。

三、合同签订前，工商企业等社会资本通过入股取得土地经营权的，应当依法履行资格审查、项目审核和风险防范等相关程序。

四、本合同文本中相关条款后留有空白行，供双方自行约定或者补充约定。双方当事人依法可以对文本条款的内容进行修改、增补或者删减。合同签订生效后，未被修改的文本印刷文字视为双方同意内容。

五、双方当事人应当结合具体情况选择本合同协议条款中所提供的选择项，同意的在选择项前的□打√，不同意的打×。

六、本合同文本中涉及到的选择、填写内容以手写项为优先。

七、当事人订立合同的，应当在合同书上签字、盖章或者按指印。

八、本合同文本"当事人"部分，自然人填写身份证号码，农村集体经济组织填写农业农村部门赋予的统一社会信用代码，其他市场主体填写市场监督管理部门赋予的统一社会信用代码。

九、本合同编号由县级以上农业农村部门或农村经营管理部门指导乡(镇)人民政府农村土地承包管理部门按统一规则填写。

根据《中华人民共和国民法典》《中华人民共和国农村土地承包法》和《农村土地经营权流转管理办法》等相关法律法规，本着平等、自愿、公平、诚信、有偿的原则，经甲乙双方协商一致，就土地经营权入股事宜，签订本合同。

一、当事人

甲方(入股方)：________________

□社会信用代码：________________

□身份证号码：________________

法定代表人(负责人/农户代表人)：________________

身份证号码：________________

联系地址：________________联系电话：________________

经营主体类型：□自然人　□农村承包经营户　□农民专业合作社　□家庭农场　□农村集体经济组织　□公司　□其他：________________

乙方(受让方)：________________

社会信用代码：________________

法定代表人(负责人)：________________

身份证号码：________________

联系地址：________________联系电话：________________

经营主体类型：□农民专业合作社　□公司　□其他________________

二、入股标的物

(一)经自愿协商，甲方将________亩土地经营权(具体见下表及附图)入股乙方。

序号	村（组）	地块名称	地块代码	坐落（四至）				面积（亩）	质量等级	土地类型	承包合同代码	备注
				东	南	西	北					
1												
2												
3												

（二）入股土地上的附属建筑和资产情况现状描述：

____

____

入股土地上的附属建筑和资产的处置方式描述（可另附件）：

____

____

三、入股土地用途

入股土地用途为________________。

四、入股期限

入股期限自______年____月____日起至______年____月____日止。

五、入股土地交付时间

甲方应于______年____月____日前完成土地交付。

六、股份分红及支付方式

（一）股份分红标准

双方当事人约定入股土地所占的 □出资额（大写：________）□股份数（大写：________）□其他：__________。

双方当事人选择第______种股份分红标准。

1. 按股分红。即根据 □出资额 □股份数 □其他：________________分配盈余或者利润。

2. 保底收益+按股分红。保底收益每亩每年______元（大写：__________），每____年调整一次保底收益。具体调整方式：________________。

按股分红根据□出资额 □股份数 □其他：________________分配盈余或者利润。

3. 其他：____________________。

（二）股份分红支付

双方当事人选择第______种方式支付股份分红。

1. 按股分红。乙方须于每年____月____日前分配（□前一 □当）年盈余或者利润。

2. 保底收益+按股分红。乙方须于每年____月____日前支付（□当 □后一）年保底收益______元（大写：__________）。乙方须于每年____月____日前分配（□前一 □当）年盈余或者利润。

3. 其他：____________________。

（三）付款方式

双方当事人选择第______种付款方式。

1. 现金

2. 银行汇款

甲方账户名称：____________________

银行账号:________________________

开户行:__________________________

3. 其他:___________________。

七、甲方的权利和义务

(一)甲方的权利

1. 要求乙方按合同约定支付股份分红;

2. 按照合同约定和乙方章程规定行使成员或者股东权利;

3. 监督乙方按合同约定的用途依法合理利用和保护入股土地;

4. 制止乙方损害入股土地和农业资源的行为;

5. 入股期限届满后收回土地经营权;

6. 其他:___________________。

(二)甲方的义务

1. 按照合同约定交付入股土地;

2. 合同生效后______日内依据《中华人民共和国农村土地承包法》第三十六条的规定向发包方备案;

3. 不得干涉和妨碍乙方依法进行的农业生产经营活动;

4. 其他:___________________。

八、乙方的权利和义务

(一)乙方的权利

1. 要求甲方按照合同约定交付入股土地;

2. 在合同约定的期限内占有农村土地,自主开展农业生产经营并取得收益;

3. 经甲方同意,乙方依法投资改良土壤,建设农业生产附属、配套设施,并有权按照合同约定对其投资部分获得合理补偿;

4. 入股期限届满,有权在同等条件下优先续约;

5. 其他:___________________。

(二)乙方的义务

1. 按照合同约定及时接受入股土地并按照约定向甲方支付股份分红;

2. 保障甲方按照合同约定和章程规定行使成员或者股东权利;

3. 在法律法规政策规定和合同约定允许范围内合理利用入股土地,确保农地农用,符合当地粮食生产等产业规划,不得弃耕抛荒,不得破坏农业综合生产能力和农业生态环境;

4. 依据有关法律法规保护入股土地,禁止改变入股土地的农业用途,禁止占用入股土地建窑、建坟或者擅自在入股土地上建房、挖砂、采石、采矿、取土等,禁止占用入股的永久基本农田发展林果业和挖塘养鱼;

5. 其他:___________________。

九、其他约定

(一)甲方同意乙方依法

□投资改良土壤 □建设农业生产附属、配套设施

□以土地经营权融资担保 □再流转土地经营权

□其他:___________________。

(二)该入股土地的财政补贴等归属:___________________。

(三)乙方向______□缴纳 □不缴纳 风险保障金______元(大写:__________),合同到期后的处理:___________________。

(四)本合同期限内,入股土地被依法征收、征用、占用时,有关地上附着物及青苗补偿费的归属:______________。

(五)其他事项:___________________。

十、合同变更、解除和终止

(一)合同有效期间,因不可抗力因素致使合同全部不能履行时,本合同自动终止,甲方将合同终止日至入股到期日的期限内已收取的股份分红退还给乙方;致使合同部分不能履行的,其他部分继续履行,股份分红可以作相应调整。

(二)如乙方在合同期满后需要继续经营该入股土地,必须在合同期满前____日内书面向甲方提出申请。如乙方不再继续经营的,必须在合同期满前____日内书面通知甲方,并在合同期满后____日内将原入股的土地交还给甲方。

(三)合同到期或者未到期由甲方依法提前收回入股土地时,乙方依法投资建设的农业生产附属、配套设施处置方式:

□由甲方无偿处置。

□经有资质的第三方评估后,由甲方支付价款购买。

□经双方协商后,由甲方支付价款购买。

□由乙方恢复原状。

□其他:__________________。

十一、违约责任

(一)任何一方违约给对方造成损失的,违约方应承担赔偿责任。

(二)甲方应按合同规定按时向乙方交付土地,逾期一日应向乙方支付______元(大写:__________)违约金。逾期超过____日,乙方有权解除合同,甲方应当赔偿损失。

(三)甲方入股的土地存在权属纠纷或经济纠纷,致使合同全部或部分不能履行的,甲方应当赔偿损失。

(四)甲方违反合同约定擅自干涉和破坏乙方的生产经营,致使乙方无法进行正常的生产经营活动的,乙方有权解除合同,甲方应当赔偿损失。

(五)乙方应按照合同规定按时足额向甲方支付股份分红,逾期一日应向甲方支付______元(大写:__________)违约金。逾期超过____日,甲方有权解除合同,乙方应当赔偿损失。

(六)乙方擅自改变入股土地的农业用途、弃耕抛荒连续两年以上、给入股土地造成严重损害或者严重破坏土地生态环境的,甲方有权解除合同、收回该土地经营权,并要求乙方赔偿损失。

(七)合同期限届满的,乙方应当按照合同约定将原入股土地交还给甲方,逾期一日应向甲方支付______元(大写:__________)违约金。

十二、合同争议解决方式

本合同发生争议的,甲乙双方可以协商解决,也可以请求村民委员会、乡(镇)人民政府等调解解决。当事人不愿协商、调解或者协商、调解不成的,可以依据《中华人民共和国农村土地承包法》第五十五条的规定向农村土地承包仲裁委员会申请仲裁,也可以直接向人民法院起诉。

十三、附则

(一)本合同未尽事宜,经甲方、乙方协商一致后可签订补充协议。补充协议与本合同具有同等法律效力。

补充条款(可另附件):____________________。

(二)本合同自甲乙双方签字、盖章或者按指印之日起生效。本合同一式____份,由甲方、乙方、农村集体经济组织、乡(镇)人民政府农村土地承包管理部门、________________,各执一份。

甲方:

法定代表人(负责人/农户代表人)签字:

签订时间:______年____月____日

签订地点:____________________

乙方:

法定代表人(负责人/农户代表人)签字:

签订时间:______年____月____日

签订地点:____________________

附件清单：

序号	附件名称	是否具备	页数	备注
1	甲方、乙方的证件复印件			
2	入股土地的权属证明			
3	入股土地四至范围附图			
4	其他(例如:附属建筑及设施清单、村民会议决议书及公示材料、代办授权委托书和证件复印件等)			
共计　　份，　　页。				

2. 农用地

(1)综合

农业部、中央农办、国土资源部、国家工商总局关于加强对工商资本租赁农地监管和风险防范的意见

·2015年4月14日
·农经发〔2015〕3号

按照中共中央、国务院《关于加大改革创新力度加快农业现代化建设的若干意见》(中发〔2015〕1号)和中共中央办公厅、国务院办公厅《关于引导农村土地经营权有序流转发展农业适度规模经营的意见》(中办发〔2014〕61号)要求,现就加强对工商资本(指工商业者投入的资本)租赁农地(指农户承包耕地)监管和风险防范提出以下意见。

一、充分认识加强工商资本租赁农地监管和风险防范的重要性

近年来,在农村土地流转中,工商资本下乡租赁农地呈加快发展态势。一方面,工商资本进入农业,可以带来资金、技术和先进经营模式,加快传统农业改造和现代农业建设;但另一方面,工商资本长时间、大面积租赁农地,容易挤占农民就业空间,加剧耕地“非粮化”“非农化”倾向,存在不少风险隐患。中央对此高度重视,明确要求在农村土地流转中不能搞大跃进,不能搞强迫命令,不能搞行政瞎指挥;强调对工商资本租赁农地要有严格的门槛,租赁的耕地只能搞农业,不能改变用途;要求坚持土地公有制性质不改变、耕地红线不突破、农民利益不受损三条底线,让农民成为土地流转和规模经营的积极参与者和真正受益者。

各地要原原本本贯彻落实党中央确定的方针政策,准确把握对工商资本进入农业鼓励什么、限制什么、禁止什么的政策界限。在土地流转中,既要加大政策扶持力度,鼓励创新农业经营体制机制,又要因地制宜,循序渐进。坚持以保障国家粮食安全、促进农业增效和农民增收为目标;坚持依法自愿有偿,尊重农民主体地位,发挥市场配置功能,强化政府扶持引导;坚持经营规模适度和农地农用,避免片面追求超大规模经营。要加强工商资本租赁农地监管和风险防范,对工商资本租赁农地实行分级备案,严格准入门槛,探索建立程序规范、便民高效的工商资本租赁农地资格审查、项目审核制度,健全多方参与、管理规范的风险保障金制度。加强事中事后监管,防止出现一些工商资本到农村流转土地后搞非农建设、影响耕地保护和粮食生产等问题,确保不损害农民权益、不改变土地用途、不破坏农业综合生产能力和农业生态环境。

二、引导工商资本到农村发展适合企业化经营的现代种养业

对工商资本进入农业，主要是鼓励其根据当地资源禀赋、产业特征，重点发展资本、技术密集型产业，从事农产品加工流通和农业社会化服务，把产业链、价值链、供应链等现代经营理念和产业组织方式引入农业，推动传统农业加速向现代农业转型升级，优化要素资源配置，促进一二三产业融合发展。鼓励工商资本发展良种种苗繁育、高标准设施农业、规模化养殖等适合企业化经营的现代种养业，开发农村"四荒"资源发展多种经营，投资开展土地整治和高标准农田建设。引导工商资本增强社会责任，鼓励开展农业环境治理和生态修复，在生产发展中切实保护耕地等农业资源，严禁占用基本农田挖塘栽树及其他毁坏种植条件的行为。

工商资本进入农业，应通过利益联结、优先吸纳当地农民就业等多种途径带动农民共同致富，不排斥农民，不代替农民。鼓励"公司+农户"共同发展，支持农业企业通过签订订单合同、领办创办农民合作社、提供土地托管服务等方式，带动种养大户、家庭农场等新型农业经营主体发展农业产业化经营，实现合理分工、互利共赢，让农民更多地分享产业增值收益。

三、加强工商资本租赁农地规范管理

对工商资本以企业、组织或个人等形式租赁农地的行为要加强规范管理。各地要按照中央关于对工商资本长时间、大面积租赁农户承包地要有明确上限控制的要求，制定相应控制标准。对租赁期限，应视项目实施情况合理确定，可以采取分期租赁的办法，但一律不得超过二轮承包剩余时间；对租赁面积，由各地综合考虑人均耕地状况、城镇化进程和农村劳动力转移规模、农业科技进步和生产手段改进程度、农业社会化服务水平等因素确定。既可以确定本行政区域内工商资本租赁农地面积占承包耕地总面积比例上限，也可以确定单个企业（组织或个人）租赁农地面积上限。首次租赁面积一律不得超过本级规定的规模上限；确有良好经营业绩的，经批准可进一步扩大租赁规模。

要按照工商资本租地面积的多少，以乡镇、县（市）为主建立农村土地经营权流转分级备案制度。备案事项应包括农地租赁合同、农地使用情况等内容。对租赁农地超过当地上限控制标准或者涉及整村整组流转的，要作为备案重点，提出明确要求。对租地超过县级备案标准的，应在市（地）一级备案，超大规模的应在省一级备案。要通过备案审查准确掌握工商资本租地情况，以利更好实施监督。

鼓励各地依法探索建立工商资本租赁农地资格审查、项目审核制度。可通过建立职能部门、农村集体经济组织代表、农民代表、农业专家等多方参与的农地流转审查监督机制，采取书面报告和现场查看等方式，对租赁农地企业（组织或个人）的主体资质、农业经营能力、经营项目、土地用途、风险防范，以及是否符合当地产业布局和现代农业发展规划等事项进行审查审核，并在规定时限内提出审查审核意见。符合审查审核条件的，可以享受相关产业扶持政策和优惠措施；不符合相应条件的，不得享受相关产业扶持政策和优惠措施；与国家法律政策相抵触的，要进行限制或禁止。为稳定发展粮食生产，对企业（组织或个人）租赁农地发展粮食规模化生产的可适当放宽条件；对在粮食主产区、粮食生产功能区、高产创建项目实施区、全国新增1000亿斤粮食生产能力规范实施区租赁农地的，要采取有效措施防止"非粮化"。

四、健全工商资本租赁农地风险防范机制

坚持以保障承包农户合法权益为核心，加强风险防范。工商资本租赁农地应通过公开市场规范进行。鼓励各地加快发展多种形式的土地经营权流转市场，建立健全市场运行规范，明确交易原则、交易内容、交易方式、交易程序、监督管理及相关责任等事项。严禁工商资本借政府或基层组织通过下指标、定任务等方式强迫农户流转农地，凡是整村整组流转的，必须经全体农户书面委托，不能以少数服从多数的名义，将农户承包地集中对外招商经营，防止强迫命令，搞一刀切，防止少数基层干部私相授受，谋取私利。对工商资本租赁农地，要指导其与农户签订规范的流转合同。流转合同中应明确土地流转用途、风险保障、土地复垦、能否抵押担保和再流转，以及违约责任等事项。加强流转合同的履约监督，建立健全纠纷调解仲裁体系，引导流转双方依法依规解决流转矛盾。

工商资本租赁农地应先付租金、后用地。各地可按照流入方缴纳为主、政府适当补助的原则，建立健全租赁农地风险保障金制度，用于防范承包农户权益受损。租地企业（组织或个人）可以按一定时限或按一定比例缴纳风险保障金。租赁合同期满租赁者无违约行为的，应当及时予以退还。抓紧研究制定租赁农地风险保障金使用管理办法，有条件的地方可以探索与开展农业保险、担保相结合，提高风险保障能力。

五、强化工商资本租赁农地事中事后监管

坚持最严格的耕地保护制度，切实保护基本农田，切实保障农地农用。租地企业(组织或个人)要严格按照合同约定在租赁农地上直接从事农业生产经营,未经承包农户同意,不得转租。要指导租地企业(组织或个人)合理使用化肥、农药等投入品,防止出现掠夺性经营,确保耕地质量等级不下降。

各地要强化租赁农地的用途管制,采取坚决措施严禁耕地"非农化"。对租赁农地经营、项目实施、风险防范等情况要定期开展监督检查,探索利用网络、遥感等现代科技手段实施动态监测,及时纠正查处违法违规行为。对撂荒耕地的,可以停发粮食直接补贴、良种补贴、农资综合补贴。对在粮食主产区、粮食生产功能区、高产创建项目实施区、全国新增1000亿斤粮食生产能力规范实施区违反产业规划的,停止享受相关农业生产扶持政策。对失信租赁农地企业要通过企业信用信息公示系统向社会公示,并启动联合惩戒机制。特别对擅自改变农业用途、严重破坏或污染租赁农地等违法违规行为,一经发现,责令限期整改,并依法追究相关责任。鼓励和支持农村集体经济组织和承包农户对租赁农地利用情况进行监督。对违反合同约定的,流出农户和农村集体经济组织可依法解除农地租赁合同,并要求赔偿。

六、切实加强组织领导

引导农村土地经营权有序流转,加强工商资本租赁农地规范管理,事关广大农民切身利益、农村社会稳定和国家粮食安全,各地要高度重视,强化组织领导,各有关部门要各司其职,协作配合,制定和落实相关政策措施。农业部门要认真做好土地流转日常管理和服务工作,发现违反法律政策规定的,应及时通报有关部门并联合查处;国土部门要重点加强对租赁农地"农转非"情况的监管,及时查处违法违规行为;工商行政管理部门负责通过企业信用信息公示系统向社会公开租赁农地企业的基本信息;有关部门要按照政策要求配合实施相关产业扶持政策和优惠措施。要建立部门责任追究制,确保事有人干、责有人担。

文件下发后,各地要结合实际抓紧制定实施办法,及时组织力量对工商资本租赁农地进行全面核查,依法进行规范。对已超出当地上限标准的,在不影响农业生产的情况下,可按照合同约定继续履行,合同到期后按照新的规定进行调整;对违法改变农地用途搞非农建设的,要组织力量立即查处;对违约拖欠农户租金的,要督促企业(组织或个人)尽快清偿。各地要及时总结典型经验,加大舆论宣传监督力度,更好规范工商资本租赁农地行为,引导农村土地经营权健康有序流转。

村庄规划用地分类指南

·2014年7月11日

·建村〔2014〕98号

目　次

1　总　则

1.0.1　依据《中华人民共和国城乡规划法》,为科学编制村庄规划,加强村庄建设管理,改善农村人居环境,制定本指南。

1.0.2　本指南适用于村庄的规划编制、用地统计和用地管理工作。

1.0.3　编制村庄规划,除应符合本指南外,尚应符合国家现行有关标准的规定。

2　用地分类

2.1　一般规定

2.1.1　用地分类应考虑村庄土地实际使用情况,按土地使用主要性质进行划分。

2.1.2　用地分类采用大类、中类和小类3级分类体系。大类采用英文字母表示,中类和小类采用英文字母和阿拉伯数字组合表示。

2.1.3　使用本分类时,一般采用中类,也可根据各地区工作性质、工作内容及工作深度的不同要求,采用本分类的全部或部分类别。

2.2　村庄规划用地分类

2.2.1　村庄规划用地共分为3大类、10中类、15小类。

2.2.2　村庄规划用地分类和代码应符合表2.2.2的规定。

表 2.2.2 村庄规划用地分类和代码

类别代码			类别名称	内容
大类	中类	小类		
V			村庄建设用地	村庄各类集体建设用地，包括村民住宅用地、村庄公共服务用地、村庄产业用地、村庄基础设施用地及村庄其他建设用地等
	V1		村民住宅用地	村民住宅及其附属用地
		V11	住宅用地	只用于居住的村民住宅用地
		V12	混合式住宅用地	兼具小卖部、小超市、农家乐等功能的村民住宅用地
	V2		村庄公共服务用地	用于提供基本公共服务的各类集体建设用地，包括公共服务设施用地、公共场地
		V21	村庄公共服务设施用地	包括公共管理、文体、教育、医疗卫生、社会福利、宗教、文物古迹等设施用地以及兽医站、农机站等农业生产服务设施用地
		V22	村庄公共场地	用于村民活动的公共开放空间用地，包括小广场、小绿地等
	V3		村庄产业用地	用于生产经营的各类集体建设用地，包括村庄商业服务业设施用地、村庄生产仓储用地
		V31	村庄商业服务业设施用地	包括小超市、小卖部、小饭馆等配套商业、集贸市场以及村集体用于旅游接待的设施用地等
		V32	村庄生产仓储用地	用于工业生产、物资中转、专业收购和存储的各类集体建设用地，包括手工业、食品加工、仓库、堆场等用地
	V4		村庄基础设施用地	村庄道路、交通和公用设施等用地
		V41	村庄道路用地	村庄内的各类道路用地
		V42	村庄交通设施用地	包括村庄停车场、公交站点等交通设施用地
		V43	村庄公用设施用地	包括村庄给排水、供电、供气、供热和能源等工程设施用地；公厕、垃圾站、粪便和垃圾处理设施等用地；消防、防洪等防灾设施用地
	V9		村庄其他建设用地	未利用及其他需进一步研究的村庄集体建设用地
N			非村庄建设用地	除村庄集体用地之外的建设用地
	N1		对外交通设施用地	包括村庄对外联系道路、过境公路和铁路等交通设施用地
	N2		国有建设用地	包括公用设施用地、特殊用地、采矿用地以及边境口岸、风景名胜区和森林公园的管理和服务设施用地等

续表

<table>
<tr><th colspan="3">类别代码</th><th rowspan="2">类别名称</th><th rowspan="2">内容</th></tr>
<tr><th>大类</th><th>中类</th><th>小类</th></tr>
<tr><td rowspan="11">E</td><td colspan="2"></td><td>非建设用地</td><td>水域、农林用地及其他非建设用地</td></tr>
<tr><td rowspan="4">E1</td><td></td><td>水域</td><td>河流、湖泊、水库、坑塘、沟渠、滩涂、冰川及永久积雪</td></tr>
<tr><td>E11</td><td>自然水域</td><td>河流、湖泊、滩涂、冰川及永久积雪</td></tr>
<tr><td>E12</td><td>水库</td><td>人工拦截汇集而成具有水利调蓄功能的水库正常蓄水位岸线所围成的水面</td></tr>
<tr><td>E13</td><td>坑塘沟渠</td><td>人工开挖或天然形成的坑塘水面以及人工修建用于引、排、灌的渠道</td></tr>
<tr><td rowspan="4">E2</td><td></td><td>农林用地</td><td>耕地、园地、林地、牧草地、设施农用地、田坎、农用道路等用地</td></tr>
<tr><td>E21</td><td>设施农用地</td><td>直接用于经营性养殖的畜禽舍、工厂化作物栽培或水产养殖的生产设施用地及其相应附属设施用地，农村宅基地以外的晾晒场等农业设施用地</td></tr>
<tr><td>E22</td><td>农用道路</td><td>田间道路(含机耕道)、林道等</td></tr>
<tr><td>E23</td><td>其他农林用地</td><td>耕地、园地、林地、牧草地、田坎等土地</td></tr>
<tr><td colspan="2">E9</td><td>其他非建设用地</td><td>空闲地、盐碱地、沼泽地、沙地、裸地、不用于畜牧业的草地等用地</td></tr>
</table>

附录 A　村庄规划用地统计表统一格式

A. 0. 1　村庄规划用地应按表 A. 0. 1 进行汇总。

表 A. 0. 1　村庄规划用地汇总表

<table>
<tr><th rowspan="2">用地代码</th><th rowspan="2" colspan="2">用地名称</th><th colspan="2">用地面积(hm²)</th></tr>
<tr><th>现状</th><th>规划</th></tr>
<tr><td rowspan="6">V</td><td colspan="2">村庄建设用地</td><td></td><td></td></tr>
<tr><td rowspan="5">其中</td><td>村民住宅用地</td><td></td><td></td></tr>
<tr><td>村庄公共服务用地</td><td></td><td></td></tr>
<tr><td>村庄产业用地</td><td></td><td></td></tr>
<tr><td>村庄基础设施用地</td><td></td><td></td></tr>
<tr><td>村庄其他建设用地</td><td></td><td></td></tr>
<tr><td rowspan="3">N</td><td colspan="2">非村庄建设用地</td><td></td><td></td></tr>
<tr><td rowspan="2">其中</td><td>对外交通设施用地</td><td></td><td></td></tr>
<tr><td>国有建设用地</td><td></td><td></td></tr>
</table>

续表

<table>
<tr><th rowspan="2">用地代码</th><th rowspan="2" colspan="2">用地名称</th><th colspan="2">用地面积(hm²)</th></tr>
<tr><th>现状</th><th>规划</th></tr>
<tr><td rowspan="4">E</td><td colspan="2">非建设用地</td><td></td><td></td></tr>
<tr><td rowspan="3">其中</td><td>水域</td><td></td><td></td></tr>
<tr><td>农林用地</td><td></td><td></td></tr>
<tr><td>其他非建设用地</td><td></td><td></td></tr>
</table>

村庄规划用地分类指南条文说明

编写说明

《村庄规划用地分类指南》(以下简称本指南)编制过程中参考了大量国内外已有的法律法规和技术标准,根据编制需要展开实地调研,征求了专家和相关部门对于用地分类的意见,并与相关国家标准相衔接。

为便于广大规划编制、管理、科研、教学等有关单位人员在使用本指南时能正确理解和执行条文规定,编制组按章、节、条顺序编制了本指南的条文说明,对条文规定的目的、依据以及执行中需注意的有关事项进行了说明,供使用者参考。

1 总 则

1.0.1 《村镇规划标准》(GB 50188-93)于2007年废止,现有的《镇规划标准》(GB 50188-2007)、《城市用地分类与规划建设用地标准》(GB 50137-2011)等相关标准对村庄规划用地类别没有细分,目前缺乏用地分类标准。为贯彻落实党的十八届三中全会、中央城镇化工作会议以及中央农村工作会议精神,加强村庄规划用地分类指导,编制《村庄规划用地分类指南》。

1.0.2 《村庄规划用地分类指南》用于指导各地村庄的规划编制、用地统计和用地管理等工作,在实施一段时间后,总结问题和经验,修改编制村庄规划用地分类标准。

2 用地分类

2.1 一般规定

2.1.1 本指南的用地分类以土地使用的主要性质划分为主,同时考虑土地权属等实际情况,如位于村庄居民点用地以外占用集体用地的工厂,其用地应属于"村庄产业用地(V3)";位于村庄居民点用地以内未占用集体用地的工厂,其用地应属于"国有建设用地(N2)"。

2.1.2 本指南用地分类体系为保证分类良好的系统性、完整性和连续性,采用大、中、小3级分类,在图纸中同一地类的大、中、小类代码不能同时出现使用。

2.2 村庄规划用地分类

2.2.1 本指南将用地划分为"村庄建设用地"、"非村庄建设用地"、"非建设用地"三大类,主要基于对建设用地和非建设用地两类土地的考虑,有利于分类管理,实现全域覆盖。

"村庄规划用地分类"在同等含义的用地分类上尽量与《城市用地分类与规划建设用地标准》(GB50137-2011)、《土地利用现状分类》(GB/T21010-2007)衔接。

表1 村庄规划用地分类指南与《城市用地分类与规划建设用地标准》"三大类"对照表

<table>
<tr><th>本指南</th><th colspan="2">《城市用地分类与规划建设用地标准》(GB50137-2011)</th></tr>
<tr><td>V 村庄建设用地</td><td colspan="2">H14 村庄建设用地</td></tr>
<tr><td rowspan="4">N 非村庄建设用地</td><td rowspan="3">H1 城乡居民点建设用地</td><td>H11 城市建设用地</td></tr>
<tr><td>H12 镇建设用地</td></tr>
<tr><td>H13 乡建设用地</td></tr>
<tr><td colspan="2">H2 区域交通设施用地</td></tr>
</table>

续表

本指南	《城市用地分类与规划建设用地标准》(GB50137-2011)
	H3 区域公用设施用地
	H4 特殊用地
	H5 采矿用地
	H9 其他建设用地
E 非建设用地	E 非建设用地

2.2.2　本指南村庄规划用地分类代码自成体系。为体现村庄特色,村庄建设用地代码为"V",代指村庄的英文表达"Village";非村庄建设用地代码为"N";非建设用地代码为"E",代指"Water area and others",与《城市用地分类与规划建设用地标准》(GB50137-2011)相一致。

3　村庄建设用地

村庄建设用地(V)分为五中类,主要包括村民住宅用地(V1)、村庄公共服务用地(V2)、村庄产业用地(V3)、村庄基础设施用地(V4)和村庄其他建设用地(V9),涵盖2008年1月颁布实施的《中华人民共和国城乡规划法》中所涉及的村庄规划用地类型。

(1)村民住宅用地(V1)

"村民住宅用地"是指村民住宅及其附属用地。考虑到城市居住用地有居住区级、居住小区级和组团级等公共服务设施体系,而村庄公共服务设施层级单一,且一般不在村民住宅内。因此,区别于《城市用地分类与规划建设用地标准》(GB50137-2011)提出的"居住用地"为住宅和相应服务设施用地的说明,本指南中提出"村民住宅用地"仅指村民住宅及其附属用地,包括住宅用地、混合式住宅用地。

"住宅用地"(V11)是指只用于居住的村民住宅用地;"混合式住宅用地"(V12)是指兼具小卖部、小超市、农家乐等功能的村民住宅用地。

(2)村庄公共服务用地(V2)

"村庄公共服务用地"(V2)是指用于提供基本公共服务的各类集体建设用地,包括公共服务设施用地、公共场地。

"村庄公共服务设施用地"(V21)应为独立占地的公共管理、文体、教育、医疗卫生、社会福利、宗教、文物古迹等设施用地以及兽医站、农机站等农业生产服务设施用地。考虑到多数村庄公共服务设施通常集中设置,为了强调其综合性,将其统一归为"村庄公共服务设施用地",不再细分。

"村庄公共场地"(V22)是指用于村民活动的公共开放空间用地,应包含为村民提供公共活动的小广场、小绿地等,不包括"村庄公共服务设施用地"内的附属开敞空间。如村委会院内的小广场,属"村庄公共服务设施用地"(V21),而非"村庄公共场地"(V22)。

(3)"村庄产业用地"(V3)

"村庄产业用地"(V3)应为独立占地的用于生产经营的各类集体建设用地。考虑到不同类型产业发展对用地条件的选择和建设管理要求存在很大区别,有必要对其进行进一步划分,因此,将村庄产业用地细分为两小类。分别为"村庄商业服务业设施用地"(V31)和"村庄生产仓储用地"(V32)。

(4)"村庄基础设施用地"(V4)

"村庄基础设施用地"是指为村民生产生活提供基本保障的村庄道路、交通和公用设施等用地。包括"村庄道路用地(V41)"、"村庄交通设施用地(V42)"、"村庄公用设施用地(V43)"。

"村庄道路用地(V41)"在村庄基础设施用地中占地较大,村内道路质量对于村庄整体人居环境很重要,为体现此类用地与其他村庄基础设施用地的不同管理需求,本指南将此类用地单列。包括村庄建设用地内的主要交通性道路、入户道路等。

"村庄交通设施用地(V42)"是指村民服务独立占地的村庄交通设施用地,包括公交站点、停车场等用地。本指南将此类用地单列主要为了与"村村通公交"等工程衔接,满足村内农用车、家用轿车的停放需求。同时考虑到我国部分地区村庄有码头、渡口等特殊的交通出行方式,可将码头、渡口等特殊交通设施的地面部分用地及其附属设施用地计入"村庄交通设施用地"。

"村庄公用设施用地(V43)"包括村庄给排水、供电、供气、供热和能源等独立占地供应设施用地；公厕、垃圾站、粪便和垃圾处理等环境设施用地；消防、防洪等安全设施用地。

（5）“村庄其他建设用地”（V9）

“村庄其他建设用地”是指未利用及其他需进一步研究的村庄集体建设用地，包括村庄集体建设用地内的未利用地、边角地、宅前屋后的牲畜棚、菜园，以及需进一步研究其功能定位的用地。

4　非村庄建设用地

按照《中华人民共和国土地管理法》规定，村庄用地既包括农民集体所有，也包括“法律规定属于国家所有”的用地，在实际操作中两种类型用地的管理机制、建设主体不同。为区别非村庄建设用地与村庄集体建设用地实际管理和使用的差异，将“非村庄建设用地”作为一个大类单列。

非村庄建设用地包括对外交通设施用地和国有建设用地两类。对外交通设施用地包括村庄对外联系道路、过境公路和铁路等交通设施用地。国有建设用地包括公用设施用地、特殊用地、采矿用地以及边境口岸、风景名胜区和森林公园的管理和服务设施用地等，本指南在用地分类中用“国有建设用地”对其界定。考虑到此类用地不是村庄规划建设管理的重点，所以不对其进行细分。

5　非建设用地

基于与《土地利用现状分类》（GB/T21010-2007）和《中华人民共和国土地管理法》“三大类”衔接的要求，借鉴《城市用地分类与规划建设用地标准》（GB50137-2011），本指南将“非建设用地”划分为“水域”（E1）、“农林用地”（E2）和“其他非建设用地”（E9）三中类。

（1）“水域”（E1）

“水域”（E1）的界定与《城市用地分类与规划建设用地标准》（GB50137-2011）中的相关内容基本一致，包括“自然水域”（E11）、“水库”（E12）和“坑塘沟渠”（E13）三小类，分别属于《中华人民共和国土地管理法》中“三大类”的未利用地、建设用地、农用地，意在突出水域本身在规划中所起到的生态、生产以及防灾方面的作用。

考虑到水库蓄水量无论大小其承担的水利调蓄功能是一样的，且各地水利部门对水库的认定不尽一致，因此，区别于《城市用地分类与规划建设用地标准》（GB50137-2011）、《土地利用现状分类》（GB/T21010-2007）中对“水库”与“坑塘沟渠”的定义包含了有关蓄水量的要求，本指南确定只要是水利部门确定的水库，均归为“水库”（E12），而“人工开挖或天然形成的坑塘水面以及人工修建用于引、排、灌的渠道”即为“坑塘沟渠”（E13）。在“坑塘沟渠”（E13）用地中，包含提水闸、水井等农业水利设施。

（2）“农林用地”（E2）

“农林用地”（E2）的界定与《城市用地分类与规划建设用地标准》（GB50137-2011）中的相关内容一致，但进行适当细分，包括“设施农用地”（E21）、“农用道路”（E22）、“其他农林用地”（E23）三小类。

为适应现代农业发展需要，加强对农业产业发展的引导和相关建设行为的管控，本指南将“设施农用地”（E21）、“农用道路”（E22）用地单列。除此以外的农林用地如耕地、园地、林地、牧草地、田坎等统一归为“其他农林用地”（E23）。

“设施农用地”（E21）的界定与国土资源部《农业部关于完善设施农用地管理有关问题的通知》（国土资发〔2010〕155号）相关内容一致。

“农用道路”（E22）指田间道路（含机耕道）和林道等。

（3）“其他非建设用地”（E9）

“其他非建设用地”（E9）的界定与《城市用地分类与规划建设用地标准》（GB50137-2011）的相关内容一致，包括《土地利用现状分类》（GB/T21010-2007）一级地类“其他土地”用地中的空闲地、盐碱地、沼泽地、沙地、裸地和一级地类“草地”中的其他草地。

自然资源部办公厅关于进一步做好村庄规划工作的意见

·2020年12月15日

·自然资办发〔2020〕57号

各省、自治区、直辖市自然资源主管部门，新疆生产建设兵团自然资源局：

为深入贯彻十九届五中全会精神，扎实推进乡村振兴战略实施，针对当前村庄规划工作中反映的一些问题，在《关于加强村庄规划促进乡村振兴的通知》（自然资办发〔2019〕35号）基础上，进一步提出以下意见：

一、统筹城乡发展，有序推进村庄规划编制。在县、乡镇级国土空间规划中，统筹城镇和乡村发展，合理优化村庄布局。结合考虑县、乡镇级国土空间规划工作节奏，根据不同类型村庄发展需要，有序推进村庄规划编制。集聚提升类等建设需求量大的村庄加快编制，城郊融合类的村庄可纳入城镇控制性详细规划统筹编制，搬迁撤并类的村庄原则上不单独编制。避免脱离实际追求村庄规划全覆盖。

二、全域全要素编制村庄规划。以第三次国土调查（下文简称"三调"）的行政村界线为规划范围，对村域内全部国土空间要素作出规划安排。按照《国土空间调查、规划、用途管制用地用海分类指南（试行）》（自然资办发〔2020〕51号），细化现状调查和评估，统一底图底数，并根据差异化管理需要，合理确定村庄规划内容和深度。

三、尊重自然地理格局，彰显乡村特色优势。在落实县、乡镇级国土空间总体规划确定的生态保护红线、永久基本农田基础上，不挖山、不填湖、不毁林，因地制宜划定历史文化保护线、地质灾害和洪涝灾害风险控制线等管控边界。以"三调"为基础划好村庄建设边界，明确建筑高度等空间形态管控要求，保护历史文化和乡村风貌。

四、精准落实最严格的耕地保护制度。将上位规划确定的耕地保有量、永久基本农田指标细化落实到图斑地块，确保图、数、实地相一致。

五、统筹县域城镇和村庄规划建设，优化功能布局。工业布局要围绕县域经济发展，原则上安排在县、乡镇的产业园区；对利用本地资源、不侵占永久基本农田、不破坏自然环境和历史风貌的乡村旅游、农村电商、农产品分拣、冷链、初加工等农村产业业态可根据实际条件就近布局；严格落实"一户一宅"，引导农村宅基地集中布局；强化县城综合服务能力，把乡镇建成服务农民的区域中心，统筹布局村基础设施、公益事业设施和公共设施，促进设施共建共享，提高资源利用节约集约水平。

六、充分尊重农民意愿。规划编制和实施要充分听取村民意见，反映村民诉求；规划批准后，组织编制机关应通过"上墙、上网"等多种方式及时公布并长期公开，方便村民了解和查询规划及管控要求。拟搬迁撤并的村庄，要合理把握规划实施节奏，充分尊重农民的意愿，不得强迫农民"上楼"。

七、加强村庄规划实施监督和评估。村庄规划批准后，应及时纳入国土空间规划"一张图"实施监督信息系统，作为用地审批和核发乡村建设规划许可证的依据。不单独编制村庄规划的，可依据县、乡镇级国土空间规划的相关要求，进行用地审批和核发乡村建设规划许可证。村庄规划原则上以五年为周期开展实施评估，评估后确需调整的，按法定程序进行调整。上位规划调整的，村庄规划可按法定程序同步更新。在不突破约束性指标和管控底线的前提下，鼓励各地探索村庄规划动态维护机制。

省（自治区、直辖市）自然资源主管部门可根据各地实际，细化具体要求；市县自然资源主管部门要加强对村庄规划工作的指导。本意见执行中遇到的问题，应及时向部报告。

自然资源部办公厅关于加强村庄规划促进乡村振兴的通知

·2019年5月29日
·自然资办发〔2019〕35号

各省、自治区、直辖市自然资源主管部门，新疆生产建设兵团自然资源主管部门：

为促进乡村振兴战略深入实施，根据《中共中央 国务院关于建立国土空间规划体系并监督实施的若干意见》和《中共中央 国务院关于坚持农业农村优先发展做好"三农"工作的若干意见》等文件精神，现就做好村庄规划工作通知如下：

一、总体要求

（一）规划定位。村庄规划是法定规划，是国土空间规划体系中乡村地区的详细规划，是开展国土空间开发保护活动、实施国土空间用途管制、核发乡村建设项目规划许可、进行各项建设等的法定依据。要整合村土地利用规划、村庄建设规划等乡村规划，实现土地利用规划、城乡规划等有机融合，编制"多规合一"的实用性村庄规划。村庄规划范围为村域全部国土空间，可以一个或几个行政村为单元编制。

（二）工作原则。坚持先规划后建设，通盘考虑土地利用、产业发展、居民点布局、人居环境整治、生态保护和历史文化传承。坚持农民主体地位，尊重村民意愿，反映村民诉求。坚持节约优先、保护优先，实现绿色发展和高质量发展。坚持因地制宜、突出地域特色，防止乡村建设"千村一面"。坚持有序推进、务实规划，防止一哄而上，片面追求村庄规划快速全覆盖。

（三）工作目标。力争到2020年底，结合国土空间规划编制在县域层面基本完成村庄布局工作，有条件、有需求的村庄应编尽编。暂时没有条件编制村庄规划的，应在县、乡镇国土空间规划中明确村庄国土空间用途管制规则和建设管控要求，作为实施国土空间用途管制、核发乡村建设项目规划许可的依据。对已经编制的原村庄规划、村土地利用规划，经评估符合要求的，可不再另行编制；需补充完善的，完善后再行报批。

二、主要任务

（四）统筹村庄发展目标。落实上位规划要求，充分考虑人口资源环境条件和经济社会发展、人居环境整治等要求，研究制定村庄发展、国土空间开发保护、人居环境整治目标，明确各项约束性指标。

（五）统筹生态保护修复。落实生态保护红线划定成果，明确森林、河湖、草原等生态空间，尽可能多的保留乡村原有的地貌、自然形态等，系统保护好乡村自然风光和田园景观。加强生态环境系统修复和整治，慎砍树、禁挖山、不填湖，优化乡村水系、林网、绿道等生态空间格局。

（六）统筹耕地和永久基本农田保护。落实永久基本农田和永久基本农田储备区划定成果，落实补充耕地任务，守好耕地红线。统筹安排农、林、牧、副、渔等农业发展空间，推动循环农业、生态农业发展。完善农田水利配套设施布局，保障设施农业和农业产业园发展合理空间，促进农业转型升级。

（七）统筹历史文化传承与保护。深入挖掘乡村历史文化资源，划定乡村历史文化保护线，提出历史文化景观整体保护措施，保护好历史遗存的真实性。防止大拆大建，做到应保尽保。加强各类建设的风貌规划和引导，保护好村庄的特色风貌。

（八）统筹基础设施和基本公共服务设施布局。在县域、乡镇域范围内统筹考虑村庄发展布局以及基础设施和公共服务设施用地布局，规划建立全域覆盖、普惠共享、城乡一体的基础设施和公共服务设施网络。以安全、经济、方便群众使用为原则，因地制宜提出村域基础设施和公共服务设施的选址、规模、标准等要求。

（九）统筹产业发展空间。统筹城乡产业发展，优化城乡产业用地布局，引导工业向城镇产业空间集聚，合理保障农村新产业新业态发展用地，明确产业用地用途、强度等要求。除少量必需的农产品生产加工外，一般不在农村地区安排新增工业用地。

（十）统筹农村住房布局。按照上位规划确定的农村居民点布局和建设用地管控要求，合理确定宅基地规模，划定宅基地建设范围，严格落实“一户一宅”。充分考虑当地建筑文化特色和居民生活习惯，因地制宜提出住宅的规划设计要求。

（十一）统筹村庄安全和防灾减灾。分析村域内地质灾害、洪涝等隐患，划定灾害影响范围和安全防护范围，提出综合防灾减灾的目标以及预防和应对各类灾害危害的措施。

（十二）明确规划近期实施项目。研究提出近期急需推进的生态修复整治、农田整理、补充耕地、产业发展、基础设施和公共服务设施建设、人居环境整治、历史文化保护等项目，明确资金规模及筹措方式、建设主体和方式等。

三、政策支持

（十三）优化调整用地布局。允许在不改变县级国土空间规划主要控制指标情况下，优化调整村庄各类用地布局。涉及永久基本农田和生态保护红线调整的，严格按国家有关规定执行，调整结果依法落实到村庄规划中。

（十四）探索规划“留白”机制。各地可在乡镇国土空间规划和村庄规划中预留不超过5%的建设用地机动指标，村民居住、农村公共公益设施、零星分散的乡村文旅设施及农村新产业新业态等用地可申请使用。对一时难以明确具体用途的建设用地，可暂不明确规划用地性质。建设项目规划审批时落地机动指标、明确规划用地性质，项目批准后更新数据库。机动指标使用不得占用永久基本农田和生态保护红线。

四、编制要求

（十五）强化村民主体和村党组织、村民委员会主导。乡镇政府应引导村党组织和村民委员会认真研究审议村庄规划并动员、组织村民以主人翁的态度，在调研访谈、方案比选、公告公示等各个环节积极参与村庄规划编制，协商确定规划内容。村庄规划在报送审批前应在村内公示30日，报送审批时应附村民委员会审议意见和村民会议或村民代表会议讨论通过的决议。村民委员会要将规划主要内容纳入村规民约。

（十六）开门编规划。综合应用各有关单位、行业已有工作基础，鼓励引导大专院校和规划设计机构下乡提供志愿服务、规划师下乡蹲点，建立驻村、驻镇规划师制度。激励引导熟悉当地情况的乡贤、能人积极参与村庄规划编制。支持投资乡村建设的企业积极参与村庄规划工作，探索规划、建设、运营一体化。

（十七）因地制宜，分类编制。根据村庄定位和国土空间开发保护的实际需要，编制能用、管用、好用的实用性村庄规划。要抓住主要问题，聚焦重点，内容深度详略得当，不贪大求全。对于重点发展或需要进行较多开发建设、修复整治的村庄，编制实用的综合性规划。对于不进行开发建设或只进行简单的人居环境整治的村庄，可只规定国土空间用途管制规则、建设管控和人居环境整治要求作为村庄规划。对于综合性的村庄规划，可以分步编制，分步报批，先编制近期急需的人居环境整治等内容，后期逐步补充完善。对于紧邻城镇开发边界的村庄，可与城镇开发边界内的城镇建设用地统一编制详细规划。各地可结合实际,合理划分村庄类型,探索符合地方实际的规划方法。

(十八)简明成果表达。规划成果要吸引人、看得懂、记得住,能落地、好监督,鼓励采用"前图后则"(即规划图表+管制规则)的成果表达形式。规划批准之日起20个工作日内,规划成果应通过"上墙、上网"等多种方式公开,30个工作日内,规划成果逐级汇交至省级自然资源主管部门,叠加到国土空间规划"一张图"上。

五、组织实施

(十九)加强组织领导。村庄规划由乡镇政府组织编制,报上一级政府审批。地方各级党委政府要强化对村庄规划工作的领导,建立政府领导、自然资源主管部门牵头、多部门协同、村民参与、专业力量支撑的工作机制,充分保障规划工作经费。自然资源部门要做好技术指导、业务培训、基础数据和资料提供等工作,推动测绘"一村一图""一乡一图",构建"多规合一"的村庄规划数字化管理系统。

(二十)严格用途管制。村庄规划一经批准,必须严格执行。乡村建设等各类空间开发建设活动,必须按照法定村庄规划实施乡村建设规划许可管理。确需占用农用地的,应统筹农用地转用审批和规划许可,减少申请环节,优化办理流程。确需修改规划的,严格按程序报原规划审批机关批准。

(二十一)加强监督检查。市、县自然资源主管部门要加强评估和监督检查,及时研究规划实施中的新情况,做好规划的动态完善。国家自然资源督察机构要加强对村庄规划编制和实施的督察,及时制止和纠正违反本意见的行为。鼓励各地探索研究村民自治监督机制,实施村民对规划编制、审批、实施全过程监督。

各省(区、市)可按照本意见要求,制定符合地方实际的技术标准、规范和管理要求,及时总结经验,适时开展典型案例宣传和经验交流,共同做好新时代的村庄规划编制和实施管理工作。

住房和城乡建设部、农业农村部、国家乡村振兴局关于加快农房和村庄建设现代化的指导意见

·2021年6月8日

·建村〔2021〕47号

各省、自治区、直辖市住房和城乡建设厅(委、管委)、农业农村(农牧)厅(局、委)、乡村振兴局,新疆生产建设兵团住房和城乡建设局、农业农村局、乡村振兴局:

为深入贯彻落实党的十九届五中全会精神和"十四五"规划纲要关于实施乡村建设行动的部署要求,加快推进农房和村庄建设现代化,提高农房品质,提升乡村建设水平,提出以下意见。

一、充分认识农房和村庄建设现代化的重要意义

农房和村庄建设现代化是乡村建设的重要内容。党的十八大以来,我国大力实施农村危房改造,全国建档立卡贫困户全部实现住房安全有保障,农村住房条件和居住环境明显改善。同时也要看到,我国农房的设计建造水平亟待提高,村庄建设仍然存在较多短板。加快农房和村庄建设现代化,完善农房功能,提高农房品质,加强农村基础设施和公共服务设施建设,对于整体提升乡村建设水平、建设美丽宜居乡村,提高农民居住品质、改善农民生产生活条件,不断增强农民群众获得感、幸福感、安全感具有重要意义。

二、落实农房和村庄建设现代化的有关要求

我国农房和村庄建设因严寒与酷暑地区的不同、干旱与丰雨地区的不同、山区与平原地区的不同、农林牧地区的不同,既具有明显的差异性,也具有共同的目标和底线要求。在推进农房和村庄建设现代化工作中应遵守共同的建设原则,落实以下要求。

(一)坚持"避害"的选址原则。新建农房要避开自然灾害易发地段,合理避让山洪、滑坡、泥石流、崩塌等地质灾害危险区,不在陡坡、冲沟、泛洪区和其他灾害易发地段建房。

(二)坚持生态友好、环境友好与邻里友好。农房和村庄建设要尊重山水林田湖草等生态脉络,注重与自然和农业景观搭配互动,不挖山填湖、不破坏水系、不砍老树,顺应地形地貌。农房建设要与环境建设并举,注重提升农房服务配套和村庄环境,鼓励新建农房向基础设施完善、自然条件优越、公共服务设施齐全、景观环境优美的村庄聚集。农房布局要利于促进邻里和睦,尽量使用原有的宅基地和村内空闲地建设农房,营建左邻右舍、里仁为美的空间格局,形成自然、紧凑、有序的农房群落。

(三)提升农房设计建造水平。农房建设要先精心设计,后按图建造。要统筹主房、辅房、院落等功能,精心调配空间布局,满足生产工具存放及其它需求。提炼传统建筑智慧,因地制宜解决日照间距、保温采暖、通风采光等问题,促进节能减排。要适应村民现代生活需要,逐步实现寝居分离、食寝分离和净污分离。新建农房要同步设计卫生厕所,因地制宜推动水冲式厕所入室。鼓励设计建设无障碍设施,充分考虑适老化功能需求。新建

农房的地基基础、结构形式、墙体厚度、建筑构造等要适应当地经济发展水平和建筑施工条件，满足质量安全及抗震设防要求。鼓励就地取材，利用乡土材料，推广使用绿色建材。鼓励选用装配式钢结构等安全可靠的新型建造方式。

（四）营造留住“乡愁”的环境。建立村庄历史文化遗产调查评估机制，充分挖掘和保护传承村庄物质和非物质文化遗存，保护并改善村落的历史环境和生态环境。农房建设要尊重乡土风貌和地域特色，精心打造建筑的形体、色彩、屋顶、墙体、门窗和装饰等关键要素。传统村落中新建农房要与传统建筑、周边环境相协调，营建具有地方特色的村庄环境。提炼传统民居特色要素，传承优秀传统建筑文化。提升传统民居空间品质，改善传统民居室内照明条件，保证传统民居房屋结构安全和消防安全。鼓励结合发展民宿、旅游等产业，进一步加强传统村落和传统民居保护与利用。

（五）提升村容村貌。以农房为主体，利用古树、池塘等自然景观和牌坊、古祠等人文景观，营造具有本土特色的村容村貌。保护村庄固有的乡土气息，鼓励宅前屋后栽种瓜果梨桃，构建“桃花红、李花白、菜花黄”的自然景观，营造“莺儿啼、燕儿舞、蝶儿忙”的乡村生境。保持村内街巷清洁，做到无断壁残垣、无乱搭乱建、无乱埋乱倒、无乱堆乱放，构建干净、整洁、有序的乡村空间。重视村庄公共活动空间的布局和建设，统领乡村容貌特色。

（六）推进供水入农房。提高农村供水安全保障能力，实现供水入农房。因地制宜改善供水条件，依据给水规模合理确定供水模式、给水水压、管材管件等。保证乡村水源地的清洁安全，有条件的地方可将靠近城镇的村庄纳入城镇供水体系。

（七）因地制宜推进农村生活污水处理。乡村宜采用小型化、生态化、分散化的污水处理模式和处理工艺，合理确定排放标准，推动农村生活污水就近就地资源化利用。居住分散的村庄以卫生厕所改造为重点推进农村生活污水治理，鼓励采用户用污水处理方式；规模较大、人口较集中的村庄可采用村集中处理方式；有条件的地方可将靠近城镇的村庄纳入城镇生活污水处理系统。合理组织村庄雨水排放形式和排放路径。

（八）倡导农村生活垃圾分类处理。传承乡村“无废”的生产生活方式，进一步完善农村生活垃圾收运处置体系，以生活垃圾分类为抓手，推动农村生活垃圾源头减量，变废为宝。优化农村生活垃圾分类方法，可回收物利用或出售、有机垃圾就地沤肥、有毒有害垃圾规范处置、其他垃圾进入收运处置体系。以乡镇或行政村为单位，建设一批区域农村有机废弃物综合处置利用中心。全面建立村庄保洁制度，确保村村有保洁。

（九）推动农村用能革新。引导农村不断减少低质燃煤、秸秆、薪柴直接燃烧等传统能源使用，鼓励使用适合当地特点和农民需求的清洁能源。推广应用太阳能光热、光伏等技术和产品，推动村民日常照明、炊事、采暖制冷等用能绿色低碳转型。推进燃气下乡，支持建设安全可靠的乡村储气罐站和微管网供气系统。推动既有农房节能改造。

（十）完善公共服务设施。盘活利用闲置农房提供公共活动空间，降低公共建筑建设成本，拓展村民公共活动场所的提供渠道。鼓励村庄公共活动场所综合利用，室外公共场所可兼做集市集会、文体活动、农作物晾晒与停车等用途；室内公共活动场所，除必须独立设置之外的，可兼顾托幼、托老、集会、村史展示、文化娱乐等功能。村庄道路及其他基础设施应满足村民的生产生活需求，村内道路应通畅平整。有条件的地区应积极推动宽带、通讯、广电等进村入户。

（十一）加强农房与村庄建设管理。建立农村房屋设计、审批、施工、验收、使用等全过程管理制度，规范村庄设计与农房设计、建设、使用的行政程序管理，明确责任主体，做到有人管、有条件管、有办法管。全方位实施职、责、权一体化模式，建立责任追究机制，按照谁审批、谁监管、谁负责的原则，确保房屋质量安全。探索建立乡村建设工匠培养和管理制度，加强管理和技术人员培训，充实乡村建设队伍。

（十二）深入开展美好环境与幸福生活共同缔造活动。以改善群众身边、房前屋后人居环境的实事、小事为切入点，以建立和完善全覆盖的基层党组织为核心，以构建“纵向到底、横向到边、共建共治共享”的乡村治理体系为路径，发动群众决策共谋、发展共建、建设共管、效果共评、成果共享，共同建设美好家园。充分尊重和保障农民群众在村庄建设中的各项权益，建立村庄建设农民满意度调查评价制度，引导村民将农房和村庄建设现代化的有关要求写入村规民约等村民自治章程，支持引导村民参与建设家园、维护家园。

三、抓好组织实施

（一）加强组织领导。各地要充分认识推进农房和村庄建设现代化的重要意义，把农房和村庄建设现代化作为全面推进乡村振兴、实施乡村建设行动的重要内容，在本地区党委政府统一领导下，发挥五级书记抓乡村振兴的制度优势,明确任务分工,层层压实责任,加大资金投入,加强部门协同,协调各方力量,统筹各类资源,扎实推进农房和村庄建设现代化工作。

(二)制定实施方案。各省级住房和城乡建设部门要会同农业农村、乡村振兴等部门,结合本地实际情况,研究本地区推进农房和村庄建设现代化的具体实施方案,并于2021年7月底前报住房和城乡建设部备案。

(三)积极开展试点。各地要根据地理位置、地形地貌、经济条件、文化传承、村庄类型等要素,选择若干有代表性的村庄开展试点,为当地农房和村庄建设现代化提供实际案例参考。要及时总结试点经验,通过现场会等多种方式进行宣传推广。住房和城乡建设部将会同有关部门把相关要求纳入乡村建设评价体系,评估实施情况,针对存在的问题和短板提出改进建议,组织有关专家加强技术指导和服务,不断提高农房和村庄建设现代化水平。

自然资源部、农业农村部关于设施农业用地管理有关问题的通知

· 2019年12月17日
· 自然资规〔2019〕4号

各省、自治区、直辖市自然资源主管部门、农业农村(农牧、农垦)主管部门,新疆生产建设兵团自然资源主管部门、农业农村主管部门:

随着农业现代化水平不断提升,设施农业生产日益增多,用地面临新的情况和需求。为改进用地管理,建立长效机制,促进现代农业健康发展,现通知如下:

一、设施农业用地包括农业生产中直接用于作物种植和畜禽水产养殖的设施用地。其中,作物种植设施用地包括作物生产和为生产服务的看护房、农资农机具存放场所等,以及与生产直接关联的烘干晾晒、分拣包装、保鲜存储等设施用地;畜禽水产养殖设施用地包括养殖生产及直接关联的粪污处置、检验检疫等设施用地,不包括屠宰和肉类加工场所用地等。

二、设施农业属于农业内部结构调整,可以使用一般耕地,不需落实占补平衡。种植设施不破坏耕地耕作层的,可以使用永久基本农田,不需补划;破坏耕地耕作层,但由于位置关系难以避让永久基本农田的,允许使用永久基本农田但必须补划。养殖设施原则上不得使用永久基本农田,涉及少量永久基本农田确实难以避让的,允许使用但必须补划。

设施农业用地不再使用的,必须恢复原用途。设施农业用地被非农建设占用的,应依法办理建设用地审批手续,原地类为耕地的,应落实占补平衡。

三、各类设施农业用地规模由各省(区、市)自然资源主管部门会同农业农村主管部门根据生产规模和建设标准合理确定。其中,看护房执行“大棚房”问题专项清理整治整改标准,养殖设施允许建设多层建筑。

四、市、县自然资源主管部门会同农业农村主管部门负责设施农业用地日常管理。国家、省级自然资源主管部门和农业农村主管部门负责通过各种技术手段进行设施农业用地监管。设施农业用地由农村集体经济组织或经营者向乡镇政府备案,乡镇政府定期汇总情况后汇交至县级自然资源主管部门。涉及补划永久基本农田的,须经县级自然资源主管部门同意后方可动工建设。

各省(区、市)自然资源主管部门会同农业农村主管部门制定具体实施办法,并报自然资源部备案。《国土资源部 农业部关于进一步支持设施农业健康发展的通知》(国土资发〔2014〕127号)已到期,自动废止。

本通知有效期为5年。

(2)耕地保护

中共中央、国务院关于加强耕地保护和改进占补平衡的意见

· 2017年1月9日

耕地是我国最为宝贵的资源,关系十几亿人吃饭大事,必须保护好,绝不能有闪失。近年来,按照党中央、国务院决策部署,各地区各有关部门积极采取措施,强化主体责任,严格落实占补平衡制度,严守耕地红线,耕地保护工作取得显著成效。当前,我国经济发展进入新常态,新型工业化、城镇化建设深入推进,耕地后备资源不断减少,实现耕地占补平衡、占优补优的难度日趋加大,激励约束机制尚不健全,耕地保护面临多重压力。为进一步加强耕地保护和改进占补平衡工作,现提出如下意见。

一、总体要求

(一)指导思想。全面贯彻党的十八大和十八届三中、四中、五中、六中全会精神,深入贯彻习近平总书记系列重要讲话精神和治国理政新理念新思想新战略,紧紧围绕统筹推进“五位一体”总体布局和协调推进“四个全面”战略布局,牢固树立新发展理念,按照党中央、国务院决策部署,坚守土地公有制性质不改变、耕地红线不突

破、农民利益不受损三条底线，坚持最严格的耕地保护制度和最严格的节约用地制度，像保护大熊猫一样保护耕地，着力加强耕地数量、质量、生态“三位一体”保护，着力加强耕地管控、建设、激励多措并举保护，采取更加有力措施，依法加强耕地占补平衡规范管理，落实藏粮于地、藏粮于技战略，提高粮食综合生产能力，保障国家粮食安全，为实现“两个一百年”奋斗目标、实现中华民族伟大复兴中国梦构筑坚实的资源基础。

（二）基本原则

——坚持严保严管。强化耕地保护意识，强化土地用途管制，强化耕地质量保护与提升，坚决防止耕地占补平衡中补充耕地数量不到位、补充耕地质量不到位的问题，坚决防止占多补少、占优补劣、占水田补旱地的现象。已经确定的耕地红线绝不能突破，已经划定的城市周边永久基本农田绝不能随便占用。

——坚持节约优先。统筹利用存量和新增建设用地，严控增量、盘活存量、优化结构、提高效率，实行建设用地总量和强度双控，提高土地节约集约利用水平，以更少的土地投入支撑经济社会可持续发展。

——坚持统筹协调。充分发挥市场配置资源的决定性作用和更好发挥政府作用，强化耕地保护主体责任，健全利益调节机制，激励约束并举，完善监管考核制度，实现耕地保护与经济社会发展、生态文明建设相统筹，耕地保护责权利相统一。

——坚持改革创新。适应经济发展新常态和供给侧结构性改革要求，突出问题导向，完善永久基本农田管控体系，改进耕地占补平衡管理方式，实行占补平衡差别化管理政策，拓宽补充耕地途径和资金渠道，不断完善耕地保护和占补平衡制度，把握好经济发展与耕地保护的关系。

（三）总体目标。牢牢守住耕地红线，确保实有耕地数量基本稳定、质量有提升。到2020年，全国耕地保有量不少于18.65亿亩，永久基本农田保护面积不少于15.46亿亩，确保建成8亿亩、力争建成10亿亩高标准农田，稳步提高粮食综合生产能力，为确保谷物基本自给、口粮绝对安全提供资源保障。耕地保护制度和占补平衡政策体系不断完善，促进形成保护更加有力、执行更加顺畅、管理更加高效的耕地保护新格局。

二、严格控制建设占用耕地

（四）加强土地规划管控和用途管制。充分发挥土地利用总体规划的整体管控作用，从严核定新增建设用地规模，优化建设用地布局，从严控制建设占用耕地特别是优质耕地。实行新增建设用地计划安排与土地节约集约利用水平、补充耕地能力挂钩，对建设用地存量规模较大、利用粗放、补充耕地能力不足的区域，适当调减新增建设用地计划。探索建立土地用途转用许可制，强化非农建设占用耕地的转用管控。

（五）严格永久基本农田划定和保护。全面完成永久基本农田划定，将永久基本农田划定作为土地利用总体规划的规定内容，在规划批准前先行核定并上图入库、落地到户，并与农村土地承包经营权确权登记相结合，将永久基本农田记载到农村土地承包经营权证书上。粮食生产功能区和重要农产品生产保护区范围内的耕地要优先划入永久基本农田，实行重点保护。永久基本农田一经划定，任何单位和个人不得擅自占用或改变用途。强化永久基本农田对各类建设布局的约束，各地区各有关部门在编制城乡建设、基础设施、生态建设等相关规划，推进多规合一过程中，应当与永久基本农田布局充分衔接，原则上不得突破永久基本农田边界。一般建设项目不得占用永久基本农田，重大建设项目选址确实难以避让永久基本农田的，在可行性研究阶段，必须对占用的必要性、合理性和补划方案的可行性进行严格论证，通过国土资源部用地预审；农用地转用和土地征收依法依规报国务院批准。严禁通过擅自调整县乡土地利用总体规划，规避占用永久基本农田的审批。

（六）以节约集约用地缓解建设占用耕地压力。实施建设用地总量和强度双控行动，逐级落实“十三五”时期建设用地总量和单位国内生产总值占用建设用地面积下降的目标任务。盘活利用存量建设用地，推进建设用地二级市场改革试点，促进城镇低效用地再开发，引导产能过剩行业和“僵尸企业”用地退出、转产和兼并重组。完善土地使用标准体系，规范建设项目节地评价，推广应用节地技术和节地模式，强化节约集约用地目标考核和约束，推动有条件的地区实现建设用地减量化或零增长，促进新增建设不占或尽量少占耕地。

三、改进耕地占补平衡管理

（七）严格落实耕地占补平衡责任。完善耕地占补平衡责任落实机制。非农建设占用耕地的，建设单位必须依法履行补充耕地义务，无法自行补充数量、质量相当耕地的，应当按规定足额缴纳耕地开垦费。地方各级政府负责组织实施土地整治，通过土地整理、复垦、开发等推进高标准农田建设，增加耕地数量、提升耕地质量，以县域自行平衡为主、省域内调剂为辅、国家适度统筹为补充，落实补充耕地任务。各省（自治区、直辖市）政府要依据土地整治新增耕地平均成本和占用耕地质量状况等,制定差别化的耕地开垦费标准。对经依法批准占用永久基本农田的,缴费标准按照当地耕地开垦费最高标准的两倍执行。

(八)大力实施土地整治,落实补充耕地任务。各省(自治区、直辖市)政府负责统筹落实本地区年度补充耕地任务,确保省域内建设占用耕地及时保质保量补充到位。拓展补充耕地途径,统筹实施土地整治、高标准农田建设、城乡建设用地增减挂钩、历史遗留工矿废弃地复垦等,新增耕地经核定后可用于落实补充耕地任务。在严格保护生态前提下,科学划定宜耕土地后备资源范围,禁止开垦严重沙化土地,禁止在25度以上陡坡开垦耕地,禁止违规毁林开垦耕地。鼓励地方统筹使用相关资金实施土地整治和高标准农田建设。充分发挥财政资金作用,鼓励采取政府和社会资本合作(PPP)模式、以奖代补等方式,引导农村集体经济组织、农民和新型农业经营主体等,根据土地整治规划投资或参与土地整治项目,多渠道落实补充耕地任务。

(九)规范省域内补充耕地指标调剂管理。县(市、区)政府无法在本行政辖区内实现耕地占补平衡的,可在市域内相邻的县(市、区)调剂补充,仍无法实现耕地占补平衡的,可在省域内资源条件相似的地区调剂补充。各省(自治区、直辖市)要规范补充耕地指标调剂管理,完善价格形成机制,综合考虑补充耕地成本、资源保护补偿和管护费用等因素,制定调剂指导价格。

(十)探索补充耕地国家统筹。根据各地资源环境承载状况、耕地后备资源条件、土地整治新增耕地潜力等,分类实施补充耕地国家统筹。耕地后备资源严重匮乏的直辖市,新增建设占用耕地后,新开垦耕地数量不足以补充所占耕地数量的,可向国务院申请国家统筹;资源环境条件严重约束、补充耕地能力严重不足的省份,对由于实施国家重大建设项目造成的补充耕地缺口,可向国务院申请国家统筹。经国务院批准后,有关省份按规定标准向中央财政缴纳跨省补充耕地资金,中央财政统筹安排落实国家统筹补充耕地任务所需经费,在耕地后备资源丰富省份落实补充耕地任务。跨省补充耕地资金收取标准综合考虑补充耕地成本、资源保护补偿、管护费用及区域差异等因素确定,具体办法由财政部会同国土资源部另行制定。

(十一)严格补充耕地检查验收。市县政府要加强对土地整治和高标准农田建设项目的全程管理,规范项目规划设计,强化项目日常监管和施工监理。做好项目竣工验收,严格新增耕地数量认定,依据相关技术规程评定新增耕地质量。经验收合格的新增耕地,应当及时在年度土地利用变更调查中进行地类变更。省级政府要做好对市县补充耕地的检查复核,确保数量质量到位。

四、推进耕地质量提升和保护

(十二)大规模建设高标准农田。各省(自治区、直辖市)要根据全国高标准农田建设总体规划和全国土地整治规划的安排,逐级分解高标准农田建设任务,统一建设标准、统一上图入库、统一监管考核。建立政府主导、社会参与的工作机制,以财政资金引导社会资本参与高标准农田建设,充分调动各方积极性。加强高标准农田后期管护,按照谁使用、谁管护和谁受益、谁负责的原则,落实高标准农田基础设施管护责任。高标准农田建设情况要统一纳入国土资源遥感监测"一张图"和综合监管平台,实行在线监管,统一评估考核。

(十三)实施耕地质量保护与提升行动。全面推进建设占用耕地耕作层剥离再利用,市县政府要切实督促建设单位落实责任,将相关费用列入建设项目投资预算,提高补充耕地质量。将中低质量的耕地纳入高标准农田建设范围,实施提质改造,在确保补充耕地数量的同时,提高耕地质量,严格落实占补平衡、占优补优。加强新增耕地后期培肥改良,综合采取工程、生物、农艺等措施,开展退化耕地综合治理、污染耕地阻控修复等,加速土壤熟化提质,实施测土配方施肥,强化土壤肥力保护,有效提高耕地产能。

(十四)统筹推进耕地休养生息。对25度以上坡耕地、严重沙化耕地、重要水源地15-25度坡耕地、严重污染耕地等有序开展退耕还林还草,不得将确需退耕还林还草的耕地划为永久基本农田,不得将已退耕还林还草的土地纳入土地整治项目,不得擅自将永久基本农田、土地整治新增耕地和坡改梯耕地纳入退耕范围。积极稳妥推进耕地轮作休耕试点,加强轮作休耕耕地管理,不得减少或破坏耕地,不得改变耕地地类,不得削弱农业综合生产能力;加大轮作休耕耕地保护和改造力度,优先纳入高标准农田建设范围。因地制宜实行免耕少耕、深松浅翻、深施肥料、粮豆轮作套作的保护性耕作制度,提高土壤有机质含量,平衡土壤养分,实现用地与养地结合,多措并举保护提升耕地产能。

(十五)加强耕地质量调查评价与监测。建立健全耕地质量和耕地产能评价制度,完善评价指标体系和评价方法,定期对全国耕地质量和耕地产能水平进行全面评价并发布评价结果。完善土地调查监测体系和耕地质量监测网络，开展耕地质量年度监测成果更新。

五、健全耕地保护补偿机制

（十六）加强对耕地保护责任主体的补偿激励。积极推进中央和地方各级涉农资金整合，综合考虑耕地保护面积、耕地质量状况、粮食播种面积、粮食产量和粮食商品率，以及耕地保护任务量等因素，统筹安排资金，按照谁保护、谁受益的原则，加大耕地保护补偿力度。鼓励地方统筹安排财政资金，对承担耕地保护任务的农村集体经济组织和农户给予奖补。奖补资金发放要与耕地保护责任落实情况挂钩，主要用于农田基础设施后期管护与修缮、地力培育、耕地保护管理等。

（十七）实行跨地区补充耕地的利益调节。在生态条件允许的前提下，支持耕地后备资源丰富的国家重点扶贫地区有序推进土地整治增加耕地，补充耕地指标可对口向省域内经济发达地区调剂，补充耕地指标调剂收益由县级政府通过预算安排用于耕地保护、农业生产和农村经济社会发展。省（自治区、直辖市）政府统筹耕地保护和区域协调发展，支持占用耕地地区在支付补充耕地指标调剂费用基础上，通过实施产业转移、支持基础设施建设等多种方式，对口扶持补充耕地地区，调动补充耕地地区保护耕地的积极性。

六、强化保障措施和监管考核

（十八）加强组织领导。各地区各有关部门要按照本意见精神，抓紧研究制定贯彻落实具体方案，强化耕地保护工作责任和保障措施。建立党委领导、政府负责、部门协同、公众参与、上下联动的共同责任机制，地方各级党委和政府要树立保护耕地的强烈意识，切实担负起主体责任，采取积极有效措施，严格源头控制，强化过程监管，确保本行政区域内耕地保护责任目标全面落实；地方各级政府主要负责人要承担起耕地保护第一责任人的责任，组织相关部门按照职责分工履职尽责，充分调动农村集体经济组织、农民和新型农业经营主体保护耕地的积极性，形成保护耕地合力。

（十九）严格监督检查。完善国土资源遥感监测“一张图”和综合监管平台，扩大全天候遥感监测范围，对永久基本农田实行动态监测，加强对土地整治过程中的生态环境保护，强化耕地保护全流程监管。加强耕地保护信息化建设，建立耕地保护数据与信息部门共享机制。健全土地执法联动协作机制，严肃查处土地违法违规行为。国家土地督察机构要加强对省级政府实施土地利用总体规划、履行耕地保护目标责任、健全耕地保护制度等情况的监督检查。

（二十）完善责任目标考核制度。完善省级政府耕地保护责任目标考核办法，全面检查和考核耕地与永久基本农田保护情况、高标准农田建设任务完成情况、补充耕地任务完成情况、耕地占补平衡落实情况等。经国务院批准，国土资源部会同农业部、国家统计局等有关部门下达省级政府耕地保护责任目标，作为考核依据。各省级政府要层层分解耕地保护任务，落实耕地保护责任目标，完善考核制度和奖惩机制。耕地保护责任目标考核结果作为领导干部实绩考核、生态文明建设目标评价考核的重要内容。探索编制土地资源资产负债表，完善耕地保护责任考核体系。实行耕地保护党政同责，对履职不力、监管不严、失职渎职的，依纪依规追究党政领导责任。

省级政府耕地保护责任目标考核办法

·2018年1月3日

·国办发〔2018〕2号

第一章　总　则

第一条　为贯彻落实《中共中央 国务院关于加强耕地保护和改进占补平衡的意见》，坚持最严格的耕地保护制度和最严格的节约用地制度，守住耕地保护红线，严格保护永久基本农田，建立健全省级人民政府耕地保护责任目标考核制度，依据《中华人民共和国土地管理法》和《基本农田保护条例》等法律法规的规定，制定本办法。

第二条　各省、自治区、直辖市人民政府对《全国土地利用总体规划纲要》（以下简称《纲要》）确定的本行政区域内的耕地保有量、永久基本农田保护面积以及高标准农田建设任务负责，省长、自治区主席、直辖市市长为第一责任人。

第三条　国务院对各省、自治区、直辖市人民政府耕地保护责任目标履行情况进行考核，由国土资源部会同农业部、国家统计局（以下称考核部门）负责组织开展考核检查工作。

第四条　省级政府耕地保护责任目标考核在耕地占补平衡、高标准农田建设等相关考核评价的基础上综合开展，实行年度自查、期中检查、期末考核相结合的方法。

年度自查每年开展1次，由各省、自治区、直辖市自行组织开展；从2016年起，每五年为一个规划期，期中检查在每个规划期的第三年开展1次，由考核部门组织开展；期末考核在每个规划期结束后的次年开展1次，由国务院组织考核部门开展。

第五条　考核部门会同有关部门,根据《纲要》确定的相关指标和高标准农田建设任务、补充耕地国家统筹、生态退耕、灾毁耕地等实际情况,对各省、自治区、直辖市耕地保有量和永久基本农田保护面积等提出考核检查指标建议,经国务院批准后,由考核部门下达,作为省级政府耕地保护责任目标。

第六条　全国土地利用变更调查提供的各省、自治区、直辖市耕地面积、生态退耕面积、永久基本农田面积数据以及耕地质量调查评价与分等定级成果,作为考核依据。

各省、自治区、直辖市人民政府要按照国家统一规范,加强对耕地、永久基本农田保护和高标准农田建设等的动态监测,在考核年向考核部门提交监测调查资料,并对数据的真实性负责。

考核部门依据国土资源遥感监测"一张图"和综合监管平台以及耕地质量监测网络,采用抽样调查和卫星遥感监测等方法和手段,对耕地、永久基本农田保护和高标准农田建设等情况进行核查。

第七条　省级政府耕地保护责任目标考核遵循客观、公开、公正,突出重点、奖惩并重的原则,年度自查、期中检查和期末考核采用定性与定量相结合的综合评价方法,结果采用评分制,满分为100分。考核检查基本评价指标由考核部门依据《中华人民共和国土地管理法》、《基本农田保护条例》等共同制定,并根据实际情况需要适时进行调整完善。

第二章　年度自查

第八条　各省、自治区、直辖市人民政府按照本办法的规定,结合考核部门年度自查工作要求和考核检查基本评价指标,每年组织自查。主要检查所辖市(县)上一年度的耕地数量变化、耕地占补平衡、永久基本农田占用和补划、高标准农田建设、耕地质量保护与提升、耕地动态监测等方面情况,涉及补充耕地国家统筹的省份还应检查该任务落实情况。

第九条　各省、自治区、直辖市人民政府应于每年6月底前向考核部门报送自查情况。考核部门根据自查情况和有关督察检查情况,将有关情况向各省、自治区、直辖市通报,并纳入省级政府耕地保护责任目标期末考核。

第三章　期中检查

第十条　省级政府耕地保护责任目标期中检查按照耕地保护工作任务安排实施,主要检查规划期前两年各地区耕地数量变化、耕地占补平衡、永久基本农田占用和补划、高标准农田建设、耕地质量保护与提升、耕地保护制度建设以及补充耕地国家统筹等方面情况。

第十一条　各省、自治区、直辖市人民政府按照本办法和考核部门期中检查工作要求开展自查,在期中检查年的6月底前向考核部门报送自查报告。考核部门根据情况选取部分省份进行实地抽查,结合各省份省级自查、实地抽查和相关督察检查等对各省耕地保护责任目标落实情况进行综合评价、打分排序,形成期中检查结果报告。

第十二条　期中检查结果由考核部门向各省、自治区、直辖市通报,纳入省级政府耕地保护责任目标期末考核,并向国务院报告。

第四章　期末考核

第十三条　省级政府耕地保护责任目标期末考核内容主要包括耕地保有量、永久基本农田保护面积、耕地数量变化、耕地占补平衡、永久基本农田占用和补划、高标准农田建设、耕地质量保护与提升、耕地保护制度建设等方面情况。涉及补充耕地国家统筹的有关省份,考核部门可以根据国民经济和社会发展规划纲要以及耕地保护工作进展情况,对其耕地保护目标、永久基本农田保护目标等考核指标作相应调整。

第十四条　各省、自治区、直辖市人民政府按照本办法和考核部门期末考核工作要求开展自查,在规划期结束后次年的6月底前向国务院报送耕地保护责任目标任务完成情况自查报告,并抄送考核部门。省级人民政府对自查情况及相关数据的真实性、准确性和合法性负责。

第十五条　考核部门对各省、自治区、直辖市人民政府耕地保护责任目标履行情况进行全面抽查,根据省级自查、实地抽查和年度自查、期中检查等对各省份耕地保护责任目标落实情况进行综合评价、打分排序,形成期末考核结果报告。

第十六条　考核部门在规划期结束后次年的10月底前将期末考核结果报送国务院,经国务院审定后,向社会公告。

第五章　奖　惩

第十七条　国务院根据考核结果,对认真履行省级政府耕地保护责任、成效突出的省份给予表扬;有关部门在安排年度土地利用计划、土地整治工作专项资金、耕地提质改造项目和耕地质量提升资金时予以倾斜。考核发现问题突出的省份要明确提出整改措施,限期进行整改;整改期间暂停该省、自治区、直辖市相关市、县农用地转用和土地征收审批。

第十八条 省级政府耕地保护责任目标考核结果，列为省级人民政府主要负责人综合考核评价的重要内容，年度自查、期中检查和期末考核结果抄送中央组织部、国家发展改革委、财政部、审计署、国家粮食局等部门，作为领导干部综合考核评价、生态文明建设目标评价考核、粮食安全省长责任制考核、领导干部问责和领导干部自然资源资产离任审计的重要依据。

第六章 附 则

第十九条 县级以上地方人民政府应当根据本办法，结合本行政区域实际情况，制定下一级人民政府耕地保护责任目标考核办法。

第二十条 本办法自印发之日起施行。2005 年 10 月 28 日经国务院同意、由国务院办公厅印发的《省级政府耕地保护责任目标考核办法》同时废止。

冻结非农业建设项目占用耕地规定

· 1997 年 5 月 20 日国家土地管理局、国家计划委员会令第 6 号发布

· 自发布之日起施行

第一条 根据《中共中央国务院关于进一步加强土地管理切实保护耕地的通知》(中发〔1997〕11 号)(以下简称《通知》)中关于冻结非农业建设项目占用耕地一年的决定，制定本规定。

第二条 本规定所称非农业建设项目，不包括解决城镇中低收入家庭住房困难户住房和安居工程以及经国家批准的重点建设项目(以下简称三类建设项目)。其他各类非农业建设在冻结期间都不得占用耕地；确实需要占用耕地的，报国务院审批。

第三条 本规定所称城镇中低收入家庭住房困难户住房，是指由省、自治区、直辖市人民政府房改部门认定的住房解困项目。

本规定所称安居工程，是指由国家批准的专为面向城镇中低收入家庭出售的住房建设项目。

本规定所称经国家批准的重点建设项目，是指列入国务院和省、自治区、直辖市人民政府计划主管部门确定的重点建设项目名单的建设项目。

以上三类建设项目用地仍按原规定报批。

第四条 除三类建设项目以外，已经列入国家和省、自治区、直辖市年度固定资产投资计划且急需建设的非农业建设项目确需占用耕地的，用地单位必须向省、自治区、直辖市人民政府土地管理部门提出用地申请，由省、自治区、直辖市人民政府组织审查，报国务院审批。

前款所指急需建设的非农业建设项目由国务院或省、自治区、直辖市人民政府计划主管部门确认。

第五条 冻结非农业建设项目占用耕地的时限为一年，自《通知》下发之日起计算。冻结具体事宜，由国家土地管理局发布通告。

第六条 冻结期间，除本规定另有规定的以外，国家土地管理局不受理省、自治区、直辖市上报的非农业建设项目占用耕地的报件；地方各级人民政府土地管理部门不得受理用地单位和个人进行非农业建设项目占用耕地的申请；地方各级人民政府土地管理部门负责人不得签发非农业建设项目占用耕地的上报文件。

第七条 冻结期间，依照本规定可以批准占用耕地的非农业建设项目用地报批时，除按照现行的建设用地审批规定提供必需的文件、资料和图件外，还应当提供下列文件、资料和图件：

(一)土地利用总体规划有关资料；

(二)地籍图或者土地利用现状图及土地变更调查资料；

(三)耕地占补平衡措施有关资料；

(四)其他有关材料。

国家能源、交通、水利等重点建设项目确需占用基本农田保护区内耕地的，在报批时还需提供说明及有关材料。

本规定第四条规定的非农业建设项目确需占用耕地的，在报批时还需提供国务院或省、自治区、直辖市人民政府计划主管部门确认项目急需建设的证明材料。

第八条 各级人民政府土地管理部门会同有关部门做好冻结期间非农业建设项目占用耕地的监督检查工作。

市、县人民政府土地管理部门对本行政区域内占用耕地情况应当进行经常性的巡回检查；省、自治区、直辖市人民政府土地管理部门应当至少每季度进行一次检查；国家土地管理局可以根据需要对部分省、自治区、直辖市执行本规定的情况进行抽查。

第九条 地方各级人民政府土地管理部门发现政府非法批准占用耕地的，应当及时向上一级人民政府及其土地管理部门报告。隐瞒不报的，追究主要领导的责任。

第十条 各级人民政府土地管理部门应当充分发挥社会监督的作用，利用各种方式、渠道及时了解、掌握本

行政区域内耕地占用情况。

任何单位和个人有权对非法批准和非法占用耕地的行为进行检举。

冻结期间,各级人民政府土地管理部门应当设立举报信箱,公布举报电话。

第十一条 冻结期间,各级人民政府土地管理部门对非法批准和非法占用耕地的土地违法案件,应当及时查处,不得拖延。

第十二条 冻结期间,违反本规定,非法批准占用耕地的,批准文件无效,并依照《土地管理法》第四十八条规定处罚;构成犯罪的,依照《刑法》有关规定追究有关责任人员的刑事责任。

第十三条 冻结期间,单位和个人未经批准或者采取欺骗手段骗取批准,非法占用耕地的,分别依照《土地管理法》第四十三条、第四十四条、第四十五条、第四十六条规定处罚;处以罚款的,按《土地管理法实施条例》第三十条规定的罚款标准的高限执行;构成犯罪的,依照《刑法》有关规定追究刑事责任。

第十四条 冻结期间,各类建设项目用地应当挖掘现有建设用地潜力,充分利用闲置土地、荒地、劣地、废弃地,提高土地利用率,节约使用土地。

第十五条 冻结期间,国家土地管理局和省、自治区、直辖市人民政府土地管理部门对重点地区或者用地集中的地区非农业建设占用土地情况进行动态监测。

第十六条 本规定由国家土地管理局和国家计划委员会负责解释。

第十七条 本规定自发布之日起施行。冻结非农业建设项目占用耕地结束,本规定自行废止。

跨省域补充耕地国家统筹管理办法

· 2018 年 3 月 10 日
· 国办发〔2018〕16 号

第一章 总 则

第一条 为规范有序实施跨省域补充耕地国家统筹,严守耕地红线,根据《中华人民共和国土地管理法》和《中共中央 国务院关于加强耕地保护和改进占补平衡的意见》、《中共中央 国务院关于实施乡村振兴战略的意见》有关规定,制定本办法。

第二条 本办法所称跨省域补充耕地国家统筹,是指耕地后备资源严重匮乏的直辖市,占用耕地、新开垦耕地不足以补充所占耕地,或者资源环境条件严重约束、补充耕地能力严重不足的省,由于实施重大建设项目造成补充耕地缺口,经国务院批准,在耕地后备资源丰富省份落实补充耕地任务的行为。

第三条 跨省域补充耕地国家统筹应遵循以下原则:

(一)*保护优先,严控占用*。坚持耕地保护优先,强化土地利用规划计划管控,严格土地用途管制,从严控制建设占用耕地,促进土地节约集约利用。

(二)*明确范围,确定规模*。坚持耕地占补平衡县域自行平衡为主、省域内调剂为辅、国家适度统筹为补充,明确补充耕地国家统筹实施范围,合理控制补充耕地国家统筹实施规模。

(三)*补足补优,严守红线*。坚持耕地数量、质量、生态“三位一体”保护,以土地利用总体规划及相关规划为依据,以土地整治和高标准农田建设新增耕地为主要来源,先建成再调剂,确保统筹补充耕地数量不减少、质量不降低。

(四)*加强统筹,调节收益*。运用经济手段约束耕地占用,发挥经济发达地区和资源丰富地区资金资源互补优势,建立收益调节分配机制,助推脱贫攻坚和乡村振兴。

第四条 国土资源部负责跨省域补充耕地国家统筹管理,会同财政部、国家发展改革委、农业部等相关部门制定具体实施办法,进行监督考核;财政部会同国土资源部等相关部门负责制定资金使用管理办法;有关省级人民政府负责具体实施,筹措补充耕地资金或落实补充耕地任务。

第二章 申请补充耕地国家统筹

第五条 根据各地资源环境承载状况、耕地后备资源条件、土地整治和高标准农田建设新增耕地潜力等,分类实施补充耕地国家统筹。

(一)耕地后备资源严重匮乏的直辖市,由于城市发展和基础设施建设等占用耕地、新开垦耕地不足以补充所占耕地的,可申请国家统筹补充。

(二)资源环境条件严重约束、补充耕地能力严重不足的省,由于实施重大建设项目造成补充耕地缺口的,可申请国家统筹补充。重大建设项目原则上限于交通、能源、水利、军事国防等领域。

第六条 补充耕地国家统筹申请、批准按以下程序办理:

(一)由省、直辖市人民政府向国务院提出补充耕地国家统筹申请。其中,有关省根据实施重大建设项目需要和补充耕地能力，提出需国家统筹补充的耕地数量、水田规模和粮食产能，原则上每年申请一次，如有特殊需要可分次申请；直辖市根据建设占用耕地需要和补充耕地能力，提出需国家统筹补充的耕地数量、水田规模和粮食产能，每年申请一次。

（二）国土资源部组织对补充耕地国家统筹申请的评估论证，汇总有关情况并提出意见，会同财政部按程序报国务院批准。国土资源部、财政部在国务院批准之日起30个工作日内函复有关省、直辖市人民政府，明确国务院批准的国家统筹规模以及相应的跨省域补充耕地资金总额。

第七条 有关省、直辖市人民政府收到复函后，即可在国务院批准的国家统筹规模范围内，依照法定权限组织相应的建设用地报批。

建设用地报批时，用地单位应按规定标准足额缴纳耕地开垦费，补充耕地方案应说明耕地开垦费缴纳和使用国家统筹规模情况。

建设用地属于省级人民政府及以下审批权限的，使用国家统筹规模情况须随建设用地审批结果一并报国土资源部备案。

第八条 经国务院批准补充耕地由国家统筹的省、直辖市，应缴纳跨省域补充耕地资金。以占用的耕地类型确定基准价，以损失的耕地粮食产能确定产能价，以基准价和产能价之和乘以省份调节系数确定跨省域补充耕地资金收取标准。对国家重大公益性建设项目，可按规定适当降低收取标准。

（一）基准价每亩10万元，其中水田每亩20万元。

（二）产能价根据农用地分等定级成果对应的标准粮食产能确定，每亩每百公斤2万元。

（三）根据区域经济发展水平，将省份调节系数分为五档。

一档地区：北京、上海，调节系数为2；

二档地区：天津、江苏、浙江、广东，调节系数为1.5；

三档地区：辽宁、福建、山东，调节系数为1；

四档地区：河北、山西、吉林、黑龙江、安徽、江西、河南、湖北、湖南、海南，调节系数为0.8；

五档地区：重庆、四川、贵州、云南、陕西、甘肃、青海，调节系数为0.5。

第九条 跨省域补充耕地资金总额纳入省级财政向中央财政的一般公共预算转移性支出，在中央财政和地方财政年终结算时上解中央财政。

第十条 跨省域补充耕地资金，全部用于巩固脱贫攻坚成果和支持实施乡村振兴战略。其中，一部分安排给承担国家统筹补充耕地任务的省份，优先用于高标准农田建设等补充耕地任务；其余部分由中央财政统一安排使用。

第三章 落实国家统筹补充耕地

第十一条 根据国务院批准的补充耕地国家统筹规模，在耕地后备资源丰富的省份，按照耕地数量、水田规模相等和粮食产能相当的原则落实补充耕地。

第十二条 在耕地保护责任目标考核期内，不申请补充耕地国家统筹的省份，可由省级人民政府向国务院申请承担国家统筹补充耕地任务。申请承担补充耕地任务的新增耕地，应为已验收并在全国农村土地整治监测监管系统中上图入库的土地整治和高标准农田建设项目新增耕地。

第十三条 国土资源部根据全国农村土地整治监测监管系统信息，对申请承担国家统筹补充耕地任务的新增耕地进行复核，如有必要，会同相关部门进行实地检查。国土资源部会同财政部等相关部门按照自然资源条件相对较好，优先考虑革命老区、民族地区、边疆地区、贫困地区和耕地保护成效突出地区的原则确定省份，认定可用于国家统筹补充耕地的新增耕地数量、水田规模和粮食产能。开展土地整治工程技术创新新增耕地，可作为专项支持，安排承担国家统筹补充耕地任务。

国土资源部会同财政部等相关部门确定承担国家统筹补充耕地任务省份和认定结果，按程序报国务院同意后，由国土资源部函告有关省份。经认定为承担国家统筹补充耕地任务的新增耕地，不得用于所在省份耕地占补平衡。

第十四条 根据认定的承担国家统筹补充耕地规模和相关经费标准，中央财政将国家统筹补充耕地经费预算下达承担国家统筹补充耕地任务的省份。有关省份收到国家统筹补充耕地经费后，按规定用途安排使用。

第十五条 国家统筹补充耕地经费标准根据补充耕地类型和粮食产能确定。补充耕地每亩5万元（其中水田每亩10万元），补充耕地标准粮食产能每亩每百公斤1万元，两项合计确定国家统筹补充耕地经费标准。

第四章 监管考核

第十六条 国土资源部建立跨省域补充耕地国家统筹信息管理平台，将补充耕地国家统筹规模申请与批准、建设项目占用、补充耕地落实等情况纳入平台管理。

第十七条 有关省级人民政府负责检查核实承担国

家统筹补充耕地任务的新增耕地，确保数量真实、质量可靠；监督国家统筹补充耕地经费安排使用情况，严格新增耕地后期管护，发现存在问题要及时予以纠正。

国土资源部利用国土资源遥感监测"一张图"和综合监管平台等手段对国家统筹新增耕地进行监管。

第十八条 补充耕地国家统筹情况纳入有关省级人民政府耕地保护责任目标考核内容，按程序报国务院。

国土资源部做好国家统筹涉及省份耕地变化情况台账管理，在新一轮土地利用总体规划编制或实施期内适时按程序调整有关省份规划耕地保有量。

第十九条 国家土地督察机构在监督检查省级人民政府落实耕地保护主体责任情况时，结合督察工作将有关省份的国家统筹补充耕地实施情况纳入督察内容。

第五章 附 则

第二十条 财政部会同国土资源部根据补充耕地国家统筹实施情况适时调整跨省域补充耕地资金收取标准和国家统筹补充耕地经费标准。

第二十一条 本办法由国土资源部、财政部负责解释。

第二十二条 本办法自印发之日起施行，有效期至2022年12月31日。

国土资源部关于严格核定土地整治和高标准农田建设项目新增耕地的通知

·2018年3月3日

·国土资发〔2018〕31号

各省、自治区、直辖市国土资源主管部门，新疆生产建设兵团国土资源局，各派驻地方的国家土地督察局：

为贯彻落实《中共中央 国务院关于加强耕地保护和改进占补平衡的意见》（中发〔2017〕4号）有关规定，严格、规范新增耕地管理，确保新增耕地数量真实、质量可靠，现就土地整治和高标准农田建设项目新增耕地核定有关事项通知如下：

一、明确核定范围

各级各类土地整治和高标准农田建设项目的新增耕地，实行归口管理、统一核定。2017年1月1日以来各级国土资源主管部门和发展改革、财政、水利、农业等部门立项并组织实施以及社会主体自主实施的土地整治和高标准农田建设项目（以下简称"各类项目"）的新增耕地，按照本文件规定及相关技术要求（详见附件1），纳入新增耕地核定范围，确保新增耕地位置、地类、面积、质量等别等真实、准确。

二、统一核定条件

新增耕地核定前，各类项目建设主体负责收集整理并确认新增耕地核定有关基础资料，对资料的真实性、准确性、完整性、一致性负责。各类项目建设主体提交的项目竣工报告（或验收文件）、竣工图等图件资料和竣工后项目区建设范围（位置坐标）以及新增耕地地类、数量、质量等别等有关情况说明，作为新增耕地核定的必备要件。

按照《国土资源部 国家发展改革委 财政部 水利部 农业部关于切实做好高标准农田建设统一上图入库工作的通知》（国土资发〔2017〕115号）有关要求，各类项目信息应通过农村土地整治监测监管系统及时上图入库。新增耕地的面积、地类、平均质量等别、项目实施前后耕地平均质量等别等信息，均应在项目立项、验收阶段作为上图入库必填信息进行填报。

三、严格核实认定

地方国土资源主管部门要充分运用遥感监测、土地变更调查、耕地质量等别评定成果等，依托农村土地整治监测监管系统，采取内业核实与外业调查相结合的方式，按照县级初审、市级审核、省级复核的程序，逐级把关，严格核定新增耕地。

县级国土资源主管部门根据各类项目建设主体提供的新增耕地核定有关基础资料和农村土地整治监测监管系统中的项目上图入库信息，依据相关技术规程和要求，以项目开工前最新土地变更调查形成的土地利用现状图和耕地质量等别图为底图，对比分析项目实施前和竣工后地类、位置、耕地面积与质量变化情况，核实认定新增耕地数量，评定新增耕地质量等别，核算新增耕地产能。形成新增耕地核定初审结果后，县级国土资源主管部门填制《土地整治和高标准农田建设项目新增耕地核定工作表》（参考样式详见附件2），逐级上报市级国土资源主管部门审核、省级国土资源主管部门复核后，形成新增耕地数量、新增粮食产能和新增水田面积等3类指标信息。

经省级国土资源部门复核通过的新增耕地指标信息，在农村土地整治监测监管系统统一入库，系统自动生成全国统一编号的《土地整治和高标准农田建设项目新增耕地核定结果单》（样式详见附件3），做到新增耕地指标信息可追溯、可跟踪、可核实。新增耕地核定结果纳入年度土地变更调查及时进行变更。

四、落实核定责任

为保质保量做好土地整治和高标准农田建设项目新

增耕地核定工作,各地要加强组织领导,按照“政府领导、国土牵头、部门协作、上下联动”的要求,根据本地实际建立核定工作机制,明确部门分工,强化协作,落实共同责任。

省级国土资源主管部门要在同级人民政府的组织领导下,完善新增耕地核定工作制度,细化工作流程,强化监管和指导,确保新增耕地数量质量到位。市县级国土资源主管部门要加强与有关部门的沟通协调,严格土地整治和高标准农田建设项目的全程管理,统筹做好项目竣工验收和新增耕地核定工作,确保新增耕地核定及时、结果准确、真实可靠。各级土地整治等相关专业机构要发挥技术优势,在新增耕地核定、耕地质量评定、统一上图入库、土地变更调查等方面做好技术支撑工作。

各级国土资源主管部门要加强新增耕地核定工作监督检查,省级国土资源主管部门按照年度抽查项目数量不低于15%的比例、市级国土资源主管部门按照年度抽查项目数量不低于30%的比例开展实地检查,发现问题,督促及时整改到位。部将组织开展新增耕地核定情况抽查,适时通报抽查结果。

附件:1. 土地整治和高标准农田建设项目新增耕地核定技术要求(试行)(略)

2. 土地整治和高标准农田建设项目新增耕地核定工作表(参考样式)(略)

3. 土地整治和高标准农田建设项目新增耕地核定结果单(样式)(略)

耕地质量调查监测与评价办法

·2016年6月21日农业部令2016年第2号公布

·自2016年8月1日起施行

第一章 总 则

第一条 为加强耕地质量调查监测与评价工作,根据《农业法》《农产品质量安全法》《基本农田保护条例》等法律法规,制定本办法。

第二条 本办法所称耕地质量,是指由耕地地力、土壤健康状况和田间基础设施构成的满足农产品持续产出和质量安全的能力。

第三条 农业部指导全国耕地质量调查监测体系建设。农业部所属相关耕地质量调查监测与保护机构(以下简称“农业部耕地质量监测机构”)组织开展全国耕地质量调查监测与评价工作,指导地方开展耕地质量调查监测与评价工作。

县级以上地方人民政府农业主管部门所属相关耕地质量调查监测与保护机构(以下简称“地方耕地质量监测机构”)负责本行政区域内耕地质量调查监测与评价具体工作。

第四条 耕地质量调查监测与保护机构(以下简称“耕地质量监测机构”)应当具备开展耕地质量调查监测与评价工作的条件和能力。

各级人民政府农业主管部门应当加强耕地质量监测机构的能力建设,对从事耕地质量调查监测与评价工作的人员进行培训。

第五条 农业部负责制定并发布耕地质量调查监测与评价工作的相关技术标准和规范。

省级人民政府农业主管部门可以根据本地区实际情况,制定本行政区域内耕地质量调查监测与评价技术标准和规范。

第六条 各级人民政府农业主管部门应当加强耕地质量调查监测与评价数据的管理,保障数据的完整性、真实性和准确性。

农业部耕地质量监测机构对外提供调查监测与评价数据,须经农业部审核批准。地方耕地质量监测机构对外提供调查监测与评价数据,须经省级人民政府农业主管部门审核批准。

第七条 农业部和省级人民政府农业主管部门应当建立耕地质量信息发布制度。农业部负责发布全国耕地质量信息,省级人民政府农业主管部门负责发布本行政区域内耕地质量信息。

第二章 调 查

第八条 耕地质量调查包括耕地质量普查、专项调查和应急调查。

第九条 耕地质量普查是以摸清耕地质量状况为目的,按照统一的技术规范,对全国耕地自下而上逐级实施现状调查、采样测试、数据统计、资料汇总、图件编制和成果验收的全面调查。

第十条 耕地质量普查由农业部根据农业生产发展需要,会同有关部门制定工作方案,经国务院批准后组织实施。

第十一条 耕地质量专项调查包括耕地质量等级调查、特定区域耕地质量调查、耕地质量特定指标调查和新增耕地质量调查。

第十二条 耕地质量等级调查是为评价耕地质量等级情况而实施的调查。

各级耕地质量监测机构负责组织本行政区域内耕地质量等级调查。

第十三条 特定区域耕地质量调查是在一定区域内实施的耕地质量及其相关情况的调查。

特定区域耕地质量调查由县级以上人民政府农业主管部门根据工作需要确定区域范围,报请同级人民政府同意后组织实施。

第十四条 耕地质量特定指标调查是为了解耕地质量某些特定指标而实施的调查。

耕地质量特定指标调查由县级以上人民政府农业主管部门根据工作需要确定指标,报请同级人民政府同意后组织实施。

第十五条 新增耕地质量调查是为了解新增耕地质量状况、农业生产基本条件和能力而实施的调查。

新增耕地质量调查与占补平衡补充耕地质量评价工作同步开展。

第十六条 耕地质量应急调查是因重大事故或突发事件,发生可能污染或破坏耕地质量的情况时实施的调查。

各级人民政府农业主管部门应当根据事故或突发事件性质,配合相关部门确定应急调查的范围和内容。

第三章 监 测

第十七条 耕地质量监测是通过定点调查、田间试验、样品采集、分析化验、数据分析等工作,对耕地土壤理化性状、养分状况等质量变化开展的动态监测。

第十八条 以农业部耕地质量监测机构和地方耕地质量监测机构为主体,以相关科研教学单位的耕地质量监测站(点)为补充,构建覆盖面广、代表性强、功能完备的国家耕地质量监测网络。

第十九条 农业部根据全国主要耕地土壤亚类、行政区划和农业生产布局建设耕地质量区域监测站。

耕地质量区域监测站负责土壤样品的集中检测,并做好数据审核和信息传输工作。

第二十条 农业部耕地质量监测机构根据耕地土壤类型、种植制度和质量水平在全国布设国家耕地质量监测点。地方耕地质量监测机构根据需要布设本行政区域耕地质量监测点。

耕地质量监测点主要在粮食生产功能区、重要农产品生产保护区、耕地土壤污染区等区域布设,统一标识,建档立案。根据实际需要,可增加土壤墒情、肥料效应和产地环境等监测内容。

第二十一条 农业部耕地质量监测机构负责耕地质量区域监测站、国家耕地质量监测点的监管,收集、汇总、分析耕地质量监测数据,跟踪国内外耕地质量监测技术发展动态。

地方耕地质量监测机构负责本行政区域内耕地质量区域监测站、耕地质量监测点的具体管理,收集、汇总、分析耕地质量监测数据,协助农业部耕地质量监测机构开展耕地质量监测。

第二十二条 县级以上地方人民政府农业主管部门负责本行政区域内耕地质量监测点的设施保护工作。任何单位和个人不得损坏或擅自变动耕地质量监测点的设施及标志。

耕地质量监测点未经许可被占用或损坏的,应当根据有关规定对相关单位或个人实施处罚。

第二十三条 耕地质量监测点确需变更的,应当经设立监测点的农业主管部门审核批准,相关费用由申请变更单位或个人承担。

耕地质量监测机构应当及时补充耕地质量监测点,并补齐基本信息。

第四章 评 价

第二十四条 耕地质量评价包括耕地质量等级评价、耕地质量监测评价、特定区域耕地质量评价、耕地质量特定指标评价、新增耕地质量评价和耕地质量应急调查评价。

第二十五条 各级耕地质量监测机构应当运用耕地质量调查和监测数据,对本行政区域内耕地质量等级情况进行评价。

农业部每5年发布一次全国耕地质量等级信息。

省级人民政府农业主管部门每5年发布一次本行政区域耕地质量等级信息,并报农业部备案。

第二十六条 各级耕地质量监测机构应当运用监测数据,对本行政区域内耕地质量主要性状变化情况进行评价。

年度耕地质量监测报告由农业部和省级人民政府农业主管部门发布。

第二十七条 各级耕地质量监测机构应当运用调查资料,根据需要对特定区域的耕地质量及其相关情况进行评价。

第二十八条 各级耕地质量监测机构应当运用调查资料,对耕地质量特定指标现状及变化趋势进行评价。

第二十九条 县级以上地方人民政府农业主管部门应当对新增耕地、占补平衡补充耕地开展耕地质量评价,并出具评价意见。

第三十条 各级耕地质量监测机构应当根据应急调查结果,配合相关部门对耕地污染或破坏的程度进行评价,提出修复治理的措施建议。

第五章　附　则

第三十一条　本办法自2016年8月1日起施行。

国务院办公厅关于坚决制止耕地"非农化"行为的通知

· 2020年9月10日
· 国办发明电〔2020〕24号

各省、自治区、直辖市人民政府，国务院各部委、各直属机构：

耕地是粮食生产的重要基础，解决好14亿人口的吃饭问题，必须守住耕地这个根基。党中央、国务院高度重视耕地保护，习近平总书记作出重要指示批示，李克强总理提出明确要求。近年来，党中央、国务院出台了一系列严格耕地保护的政策措施，但一些地方仍然存在违规占用耕地开展非农建设的行为，有的违规占用永久基本农田绿化造林，有的在高速铁路、国道省道（含高速公路）、河渠两侧违规占用耕地超标准建设绿化带，有的大规模挖湖造景，对国家粮食安全构成威胁。地方各级人民政府要增强"四个意识"、坚定"四个自信"、做到"两个维护"，按照党中央、国务院决策部署，采取有力措施，强化监督管理，落实好最严格的耕地保护制度，坚决制止各类耕地"非农化"行为，坚决守住耕地红线。经国务院同意，现将有关要求通知如下。

一、严禁违规占用耕地绿化造林。要严格执行土地管理法、基本农田保护条例等法律法规，禁止占用永久基本农田种植苗木、草皮等用于绿化装饰以及其他破坏耕作层的植物。违规占用耕地及永久基本农田造林的，不予核实造林面积，不享受财政资金补助政策。平原地区要根据资源禀赋，合理制定绿化造林等生态建设目标。退耕还林还草要严格控制在国家批准的规模和范围内，涉及地块全部实现上图入库管理。正在违规占用耕地绿化造林的要立即停止。

二、严禁超标准建设绿色通道。要严格控制铁路、公路两侧用地范围以外绿化带用地审批，道路沿线是耕地的，两侧用地范围以外绿化带宽度不得超过5米，其中县乡道路不得超过3米。铁路、国道省道（含高速公路）、县乡道路两侧用地范围以外违规占用耕地超标准建设绿化带的要立即停止。不得违规在河渠两侧、水库周边占用耕地及永久基本农田超标准建设绿色通道。今后新增的绿色通道，要依法依规建设，确需占用永久基本农田的，应履行永久基本农田占用报批手续。交通、水利工程建设用地范围内的绿化用地要严格按照有关规定办理建设用地审批手续，其中涉及占用耕地的必须做到占补平衡。禁止以城乡绿化建设等名义违法违规占用耕地。

三、严禁违规占用耕地挖湖造景。禁止以河流、湿地、湖泊治理为名，擅自占用耕地及永久基本农田挖田造湖、挖湖造景。不准在城市建设中违规占用耕地建设人造湿地公园、人造水利景观。确需占用的，应符合国土空间规划，依法办理建设用地审批和规划许可手续。未履行审批手续的在建项目，应立即停止并纠正；占用永久基本农田的，要限期恢复，确实无法恢复的按照有关规定进行补划。

四、严禁占用永久基本农田扩大自然保护地。新建的自然保护地应当边界清楚，不准占用永久基本农田。目前已划入自然保护地核心保护区内的永久基本农田要纳入生态退耕、有序退出。自然保护地一般控制区内的永久基本农田要根据对生态功能造成的影响确定是否退出，造成明显影响的纳入生态退耕、有序退出，不造成明显影响的可采取依法依规相应调整一般控制区范围等措施妥善处理。自然保护地以外的永久基本农田和集中连片耕地，不得划入生态保护红线，允许生态保护红线内零星的原住民在不扩大现有耕地规模前提下，保留生活必需的少量种植。

五、严禁违规占用耕地从事非农建设。加强农村地区建设用地审批和乡村建设规划许可管理，坚持农地农用。不得违反规划搞非农建设、乱占耕地建房等。巩固"大棚房"问题清理整治成果，强化农业设施用地监管。加强耕地利用情况监测，对乱占耕地从事非农建设及时预警，构建早发现、早制止、严查处的常态化监管机制。

六、严禁违法违规批地用地。批地用地必须符合国土空间规划，凡不符合国土空间规划以及不符合土地管理法律法规和国家产业政策的建设项目，不予批准用地。各地区不得通过擅自调整县乡国土空间规划规避占用永久基本农田审批。各项建设用地必须按照法定权限和程序报批，按照批准的用途、位置、标准使用，严禁未批先用、批少占多、批甲占乙。严格临时用地管理，不得超过规定时限长期使用。对各类未经批准或不符合规定的建设项目、临时用地等占用耕地及永久基本农田的，依法依规严肃处理，责令限期恢复原种植条件。

七、全面开展耕地保护检查。各省、自治区、直辖市人民政府要组织有关部门，结合2016—2020年省级政府耕地保护责任目标考核，对本地区耕地及永久基本农田保护情况进行全面检查，严肃查处违法占用和破坏耕地及永久基本农田的行为,对发现的问题限期整改。自然资源部要会同农业农村部、国家统计局按照《省级政府耕地保护责任目标考核办法》进行全面检查,并将违规占用永久基本农田开展绿化造林、挖湖造景、非农建设等耕地"非农化"行为纳入考核内容,加强对违法违规行为的查处,对有令不行、有禁不止的严肃追究责任。

八、严格落实耕地保护责任。各地区各部门要充分认识实行最严格耕地保护制度的极端重要性。地方各级人民政府要承担起耕地保护责任,对本行政区域内耕地保有量和永久基本农田保护面积及年度计划执行情况负总责。要健全党委领导、政府负责、部门协同、公众参与、上下联动的共同责任机制,对履职不力、监管不严、失职渎职的领导干部,依纪依规追究责任。各地区要根据本通知精神,抓紧制定和调整完善相关政策措施,对违反本通知规定的行为立即纠正,坚决遏制新增问题发生。各省、自治区、直辖市人民政府要在2020年底前将本通知执行情况报国务院,并抄送自然资源部、农业农村部。各有关部门要按照职责分工,履行耕地保护责任。自然资源部、农业农村部要会同有关部门做好对本通知执行情况的监督检查。

国务院办公厅关于防止耕地"非粮化"稳定粮食生产的意见

·2020年11月4日
·国办发〔2020〕44号

近年来,我国农业结构不断优化,区域布局趋于合理,粮食生产连年丰收,有力保障了国家粮食安全,为稳定经济社会发展大局提供坚实支撑。与此同时,部分地区也出现耕地"非粮化"倾向,一些地方把农业结构调整简单理解为压减粮食生产,一些经营主体违规在永久基本农田上种树挖塘,一些工商资本大规模流转耕地改种非粮作物等,这些问题如果任其发展,将影响国家粮食安全。各地区各部门要坚持以习近平新时代中国特色社会主义思想为指导,增强"四个意识"、坚定"四个自信"、做到"两个维护",认真落实党中央、国务院决策部署,采取有力举措防止耕地"非粮化",切实稳定粮食生产,牢牢守住国家粮食安全的生命线。经国务院同意,现提出以下意见。

一、充分认识防止耕地"非粮化"稳定粮食生产的重要性紧迫性

(一)坚持把确保国家粮食安全作为"三农"工作的首要任务。随着我国人口增长、消费结构不断升级和资源环境承载能力趋紧,粮食产需仍将维持紧平衡态势。新冠肺炎疫情全球大流行,国际农产品市场供给不确定性增加,必须以稳定国内粮食生产来应对国际形势变化带来的不确定性。各地区各部门要始终绷紧国家粮食安全这根弦,把稳定粮食生产作为农业供给侧结构性改革的前提,着力稳政策、稳面积、稳产量,坚持耕地管控、建设、激励多措并举,不断巩固提升粮食综合生产能力,确保谷物基本自给、口粮绝对安全,切实把握国家粮食安全主动权。

(二)坚持科学合理利用耕地资源。耕地是粮食生产的根基。我国耕地总量少,质量总体不高,后备资源不足,水热资源空间分布不匹配,确保国家粮食安全,必须处理好发展粮食生产和发挥比较效益的关系,不能单纯以经济效益决定耕地用途,必须将有限的耕地资源优先用于粮食生产。各地区各部门要认真落实重要农产品保障战略,进一步优化区域布局和生产结构,实施最严格的耕地保护制度,科学合理利用耕地资源,防止耕地"非粮化",切实提高保障国家粮食安全和重要农产品有效供给水平。

(三)坚持共同扛起保障国家粮食安全的责任。我国人多地少的基本国情决定了必须举全国之力解决14亿人口的吃饭大事。各地区都有保障国家粮食安全的责任和义务,粮食主产区要努力发挥优势,巩固提升粮食综合生产能力,继续为全国作贡献;产销平衡区和主销区要保持应有的自给率,确保粮食种植面积不减少、产能有提升、产量不下降,共同维护好国家粮食安全。

二、坚持问题导向,坚决防止耕地"非粮化"倾向

(四)明确耕地利用优先序。对耕地实行特殊保护和用途管制,严格控制耕地转为林地、园地等其他类型农用地。永久基本农田是依法划定的优质耕地,要重点用于发展粮食生产,特别是保障稻谷、小麦、玉米三大谷物的种植面积。一般耕地应主要用于粮食和棉、油、糖、蔬菜等农产品及饲草饲料生产。耕地在优先满足粮食和食用农产品生产基础上,适度用于非食用农产品生产,对市场明显过剩的非食用农产品,要加以引导,防止无序发展。

(五)加强粮食生产功能区监管。各地区要把粮食生产功能区落实到地块,引导种植目标作物,保障粮食种植面积。组织开展粮食生产功能区划定情况"回头看",对粮食种植面积大但划定面积少的进行补划,对耕地性质发生改变、不符合划定标准的予以剔除并及时补划。引导作物一年两熟以上的粮食生产功能区至少生产一季粮食,种植非粮作物的要在一季后能够恢复粮食生产。不得擅自调整粮食生产功能区,不得违规在粮食生产功能区内建设种植和养殖设施,不得违规将粮食生产功能区纳入退耕还林还草范围，不得在粮食生产功能区内超标准建设农田林网。

（六）稳定非主产区粮食种植面积。粮食产销平衡区和主销区要按照重要农产品区域布局及分品种生产供给方案要求，制定具体实施方案并抓好落实，扭转粮食种植面积下滑势头。产销平衡区要着力建成一批旱涝保收、高产稳产的口粮田，保证粮食基本自给。主销区要明确粮食种植面积底线，稳定和提高粮食自给率。

（七）有序引导工商资本下乡。鼓励和引导工商资本到农村从事良种繁育、粮食加工流通和粮食生产专业化社会化服务等。尽快修订农村土地经营权流转管理办法，督促各地区抓紧建立健全工商资本流转土地资格审查和项目审核制度，强化租赁农地监测监管，对工商资本违反相关产业发展规划大规模流转耕地不种粮的"非粮化"行为，一经发现要坚决予以纠正，并立即停止其享受相关扶持政策。

（八）严禁违规占用永久基本农田种树挖塘。贯彻土地管理法、基本农田保护条例有关规定，落实耕地保护目标和永久基本农田保护任务。严格规范永久基本农田上农业生产经营活动，禁止占用永久基本农田从事林果业以及挖塘养鱼、非法取土等破坏耕作层的行为，禁止闲置、荒芜永久基本农田。利用永久基本农田发展稻渔、稻虾、稻蟹等综合立体种养，应当以不破坏永久基本农田为前提，沟坑占比要符合稻渔综合种养技术规范通则标准。推动制订和完善相关法律法规，明确对占用永久基本农田从事林果业、挖塘养鱼等的处罚措施。

三、强化激励约束，落实粮食生产责任

（九）严格落实粮食安全省长责任制。各省、自治区、直辖市人民政府要切实承担起保障本地区粮食安全的主体责任，稳定粮食种植面积，将粮食生产目标任务分解到市县。要坚决遏制住耕地"非粮化"增量，同时对存量问题摸清情况，从实际出发，分类稳妥处置，不搞"一刀切"。国家发展改革委、农业农村部、国家粮食和储备局等部门要将防止耕地"非粮化"作为粮食安全省长责任制考核重要内容，提高粮食种植面积、产量和高标准农田建设等考核指标权重，细化对粮食主产区、产销平衡区和主销区的考核要求。严格考核并强化结果运用，对成绩突出的省份进行表扬，对落实不力的省份进行通报约谈，并与相关支持政策和资金相衔接。

（十）完善粮食生产支持政策。落实产粮大县奖励政策，健全粮食主产区利益补偿机制，着力保护和调动地方各级政府重农抓粮、农民务农种粮的积极性。将省域内高标准农田建设产生的新增耕地指标调剂收益优先用于农田建设再投入和债券偿还、贴息等。加大粮食生产功能区政策支持力度，相关农业资金向粮食生产功能区倾斜，优先支持粮食生产功能区内目标作物种植，加快把粮食生产功能区建成"一季千斤、两季一吨"的高标准粮田。加强对种粮主体的政策激励，支持家庭农场、农民合作社发展粮食适度规模经营，大力推进代耕代种、统防统治、土地托管等农业生产社会化服务，提高种粮规模效益。完善小麦稻谷最低收购价政策，继续实施稻谷补贴和玉米大豆生产者补贴，继续推进三大粮食作物完全成本保险和收入保险试点。积极开展粮食生产薄弱环节机械化技术试验示范，着力解决水稻机插、玉米籽粒机收等瓶颈问题，加快丘陵山区农田宜机化改造。支持建设粮食产后烘干、加工设施，延长产业链条，提高粮食经营效益。

（十一）加强耕地种粮情况监测。农业农村部、自然资源部要综合运用卫星遥感等现代信息技术，每半年开展一次全国耕地种粮情况监测评价，建立耕地"非粮化"情况通报机制。各地区要对本区域耕地种粮情况进行动态监测评价，发现问题及时整改，重大情况及时报告。定期对粮食生产功能区内目标作物种植情况进行监测评价，实行信息化、精细化管理，及时更新电子地图和数据库。

（十二）加强组织领导。各省、自治区、直辖市人民政府要按照本意见要求，抓紧制定工作方案，完善相关政策措施，稳妥有序抓好贯彻落实，于2020年年底前将有关落实情况报国务院，并抄送农业农村部、自然资源部。各有关部门要按照职责分工，切实做好相关工作。农业农村部、自然资源部要会同有关部门做好对本意见执行情况的监督检查。

自然资源部办公厅关于进一步加强黑土耕地保护的通知

·2022年7月28日
·自然资办函〔2022〕1531号

内蒙古自治区、辽宁省、吉林省、黑龙江省自然资源厅：

黑土耕地是珍贵的土壤资源，是耕地中的"大熊猫"，在保障国家粮食安全中地位极其重要。为贯彻落实《黑土地保护法》有关规定，切实加强黑土耕地保护，严格耕地用途管制，现将有关事项通知如下：

一、组织开展黑土耕地调查。四省（区）自然资源主管部门要会同有关部门，利用年度国土变更调查现状耕地数据与全国土壤普查七类黑土地土壤类型数据逐图斑套核，进一步明确黑土区内黑土耕地类型、分布、数量、质量、保护和利用状况等，建立黑土耕地档案，准确掌握黑土耕地保护家底。

二、强化国土空间规划对黑土耕地的特殊管控。四省（区）各级自然资源主管部门在国土空间规划编制和"三区三线"划定工作中，应当将黑土耕地全部带位置纳入耕地保护红线任务，黑土层深厚、土壤性状良好的黑土耕地应当优先划为永久基本农田，逐地块上图入库，严格实行特殊保护。同时，综合考虑黑土区耕地保护需要、未来人口变化趋势等因素，以资源环境承载能力为基础，分类划定城镇开发边界，从严约束城乡建设无序蔓延对黑土耕地侵蚀。

三、从严控制建设项目占用黑土耕地。建设项目不得占用黑土耕地，确实难以避让的，在可行性研究阶段，必须对占用的必要性和合理性等情况进行严格论证，纳入耕地踏勘论证报告；申请农用地转用时，应说明落实"占黑土补黑土"、耕作层土壤剥离再利用有关情况，按规定制定耕作层土壤剥离再利用方案，做到应剥离尽剥离，剥离后妥善储存，及时合理再利用。

四、严格落实黑土耕地占补平衡。确需占用黑土耕地的，实行"占黑土补黑土"，原则上在本县域落实补充耕地，县域内确实无法补充的，在省域内其他黑土区落实。四省（区）要加快制定、完善建设占用黑土耕地耕作层土壤剥离再利用管理办法。在黑土区实施补充耕地项目，应充分利用建设占用剥离的黑土耕地耕作层土壤，原则上补充耕地土壤类型应为七类黑土地土壤。位于四省（区）黑土区的83个县级自然资源主管部门要按地块统计监测占用与补充黑土耕地情况，每年年底经省级汇总向部报告上一年度黑土耕地耕作层土壤剥离及占补平衡落实情况，动态更新黑土耕地档案。

五、加强黑土耕地保护监督执法。四省（区）要切实加强黑土耕地用途管制监督，对于违法违规将黑土耕地转为其他农用地和农业设施建设用地的，一经发现及时纠正整改；对于非农建设违法违规占用黑土耕地，盗挖、滥挖黑土耕地的，严肃查处、消除违法状态，并对相关责任人依法追责问责，涉嫌构成犯罪的，依法移送司法机关追究刑事责任。

六、严格落实黑土耕地保护责任。四省（区）要高度重视黑土耕地保护，各级地方自然资源主管部门要在党委、政府领导下，完善政策措施，健全工作机制，抓好工作落实；加强部门协同，与农业农村、水行政、发展改革、财政、生态环境等部门密切合作，形成工作合力。黑土耕地保护任务应纳入耕地保护责任目标，实行严格考核，党政同责。

·典型案例

孙某诉西安市国土资源局土地行政处罚案[①]

基本案情

2018年4月5日，孙某在未取得相关行政主管部门批准的情况下在其租赁同村村民承包地上建设钢构大棚及其辅助设施，占用基本农田保护区范围土地3.96亩，用于苗木花卉种植。西安市国土资源局（以下简称西安市国土局）于2018年4月8日对孙某涉嫌非法用地违法行为立案查处，向孙某及证人孙某某进行了调查询问，孙某及孙某某均承认孙某占用村民的承包地进行建设钢构大棚的事实。同年5月28日，西安市国土局向孙某分别作出并送达了土地行政处罚告知书和听证告知书，孙某在规定的期限内未向被告提出陈述、申辩及听证申请。西安市国土局作出了市国土监字（2018）9-102号《土地行政处罚决定书》，认定：2018年4月5日，孙某未经批准占用细柳街办孙家湾村土地3.96亩建钢构大棚。经核查长安区细柳街办土地利用总体规划图（2006-2020年），该宗土地性质为基本农田，现状为耕地。截止调查之日，长60米宽33米阳光大棚已基本建成，长23米宽10米房屋地基及钢构已建成。此行为违反了《中华人民共和国土地管理法》（以下简称土地管理法）第四十三条、第五十九条规定，该行为属于土地违法行为。依据土地管理法第七十六条、第八十三条，《中华人民共和国土地管理法实施条例》第四十二条，《中华人民共和国行政复议法》第二十一条，《中华人民共和国行政强制法》第五十三条及《中华人民共和国行政处罚法》第五十一条之规定，决定处罚如下：一、限接到本处罚决定书之日起15日内，自行拆除非法占用3.96亩土地上新建钢构大棚及其他设施，恢复土地原状；二、对非法占地3.96亩合计2640平方米处以每平方米29元罚款，共计76560元。孙某不服，诉至法院，请求撤销该处罚决

① 案例来源：2020年12月14日最高人民法院发布8起耕地保护典型行政案例。

定第一项处罚内容。

裁判结果

西安铁路运输法院一审认为,土地管理法第四十三条规定,任何单位和个人进行建设,需要使用土地的,必须依法申请使用国有土地;但是,兴办乡镇企业和村民建设住宅经依法批准使用本集体经济组织农民集体所有的土地的,或者乡(镇)村公共设施和公益事业建设经依法批准使用农民集体所有的土地的除外。本案中,孙某未经批准在租赁的集体所有的土地上建设钢构大棚及其他设施,不符合上述法律的规定;同时根据孙某的陈述及证人孙某某证言,结合长安区细柳街办土地总体规划图(2006-2020年),可以证明孙某建设钢构大棚及其他设施占用土地的性质为基本农田。根据《基本农田保护条例》第十七条第二款规定,禁止任何单位和个人占用基本农田发展林果业和挖塘养鱼。孙某占用基本农田建设钢构大棚用于苗木花卉种植的行为,不符合该条例的规定。西安市国土局作出的市国土监字(2018)9-102号土地行政处罚决定书证据确凿,适用法律法规正确,符合法定程序。遂判决驳回孙某的诉讼请求。判决作出后,双方当事人均未提出上诉。

典型意义

土地管理法和《基本农田保护条例》明确规定,国家实行永久基本农田保护制度。永久基本农田经依法划定后,任何单位和个人不得擅自占用或者改变其用途。禁止占用永久基本农田发展林果业和挖塘养鱼。但实践中,利用基本农田发展非粮产业的现象在一些地方普遍存在,耕地"非粮化"问题突出。本案就是一起典型的未经批准在基本农田上进行施工建设,用于苗木花卉种植,并被行政机关依法处罚的案例。本案中,行政机关注重规范执法,在诉讼过程中提交了完整的证据,使相对人息诉服判,较为彻底地化解了行政争议,取得良好的政治、社会和法律效果。

(3)基本农田保护

基本农田保护条例

· 1998年12月27日中华人民共和国国务院令第257号发布
· 根据2011年1月8日《国务院关于废止和修改部分行政法规的决定》修订

第一章 总 则

第一条 为了对基本农田实行特殊保护,促进农业生产和社会经济的可持续发展,根据《中华人民共和国农业法》和《中华人民共和国土地管理法》,制定本条例。

第二条 国家实行基本农田保护制度。

本条例所称基本农田,是指按照一定时期人口和社会经济发展对农产品的需求,依据土地利用总体规划确定的不得占用的耕地。

本条例所称基本农田保护区,是指为对基本农田实行特殊保护而依据土地利用总体规划和依照法定程序确定的特定保护区域。

第三条 基本农田保护实行全面规划、合理利用、用养结合、严格保护的方针。

第四条 县级以上地方各级人民政府应当将基本农田保护工作纳入国民经济和社会发展计划,作为政府领导任期目标责任制的一项内容,并由上一级人民政府监督实施。

第五条 任何单位和个人都有保护基本农田的义务,并有权检举、控告侵占、破坏基本农田和其他违反本条例的行为。

第六条 国务院土地行政主管部门和农业行政主管部门按照国务院规定的职责分工,依照本条例负责全国的基本农田保护管理工作。

县级以上地方各级人民政府土地行政主管部门和农业行政主管部门按照本级人民政府规定的职责分工,依照本条例负责本行政区域内的基本农田保护管理工作。

乡(镇)人民政府负责本行政区域内的基本农田保护管理工作。

第七条 国家对在基本农田保护工作中取得显著成绩的单位和个人,给予奖励。

第二章 划 定

第八条 各级人民政府在编制土地利用总体规划时,应当将基本农田保护作为规划的一项内容,明确基本农田保护的布局安排、数量指标和质量要求。

县级和乡(镇)土地利用总体规划应当确定基本农田保护区。

第九条 省、自治区、直辖市划定的基本农田应当占本行政区域内耕地总面积的80%以上,具体数量指标根据全国土地利用总体规划逐级分解下达。

第十条 下列耕地应当划入基本农田保护区,严格管理:

(一)经国务院有关主管部门或者县级以上地方人民政府批准确定的粮、棉、油生产基地内的耕地;

(二)有良好的水利与水土保持设施的耕地,正在实施改造计划以及可以改造的中、低产田;

(三)蔬菜生产基地;

(四)农业科研、教学试验田。

根据土地利用总体规划,铁路、公路等交通沿线,城市和村庄、集镇建设用地区周边的耕地,应当优先划入基本农田保护区;需要退耕还林、还牧、还湖的耕地,不应当划入基本农田保护区。

第十一条 基本农田保护区以乡(镇)为单位划区定界,由县级人民政府土地行政主管部门会同同级农业行政主管部门组织实施。

划定的基本农田保护区,由县级人民政府设立保护标志,予以公告,由县级人民政府土地行政主管部门建立档案,并抄送同级农业行政主管部门。任何单位和个人不得破坏或者擅自改变基本农田保护区的保护标志。

基本农田划区定界后,由省、自治区、直辖市人民政府组织土地行政主管部门和农业行政主管部门验收确认,或者由省、自治区人民政府授权设区的市、自治州人民政府组织土地行政主管部门和农业行政主管部门验收确认。

第十二条 划定基本农田保护区时,不得改变土地承包者的承包经营权。

第十三条 划定基本农田保护区的技术规程,由国务院土地行政主管部门会同国务院农业行政主管部门制定。

第三章 保 护

第十四条 地方各级人民政府应当采取措施,确保土地利用总体规划确定的本行政区域内基本农田的数量不减少。

第十五条 基本农田保护区经依法划定后,任何单位和个人不得改变或者占用。国家能源、交通、水利、军事设施等重点建设项目选址确实无法避开基本农田保护区,需要占用基本农田,涉及农用地转用或者征收土地的,必须经国务院批准。

第十六条 经国务院批准占用基本农田的,当地人民政府应当按照国务院的批准文件修改土地利用总体规划,并补充划入数量和质量相当的基本农田。占用单位应当按照占多少、垦多少的原则,负责开垦与所占基本农田的数量与质量相当的耕地;没有条件开垦或者开垦的耕地不符合要求的,应当按照省、自治区、直辖市的规定缴纳耕地开垦费,专款用于开垦新的耕地。

占用基本农田的单位应当按照县级以上地方人民政府的要求,将所占用基本农田耕作层的土壤用于新开垦耕地、劣质地或者其他耕地的土壤改良。

第十七条 禁止任何单位和个人在基本农田保护区内建窑、建房、建坟、挖砂、采石、采矿、取土、堆放固体废弃物或者进行其他破坏基本农田的活动。

禁止任何单位和个人占用基本农田发展林果业和挖塘养鱼。

第十八条 禁止任何单位和个人闲置、荒芜基本农田。经国务院批准的重点建设项目占用基本农田的,满1年不使用而又可以耕种并收获的,应当由原耕种该幅基本农田的集体或者个人恢复耕种,也可以由用地单位组织耕种;1年以上未动工建设的,应当按照省、自治区、直辖市的规定缴纳闲置费;连续2年未使用的,经国务院批准,由县级以上人民政府无偿收回用地单位的土地使用权;该幅土地原为农民集体所有的,应当交由原农村集体经济组织恢复耕种,重新划入基本农田保护区。

承包经营基本农田的单位或者个人连续2年弃耕抛荒的,原发包单位应当终止承包合同,收回发包的基本农田。

第十九条 国家提倡和鼓励农业生产者对其经营的基本农田施用有机肥料,合理施用化肥和农药。利用基本农田从事农业生产的单位和个人应当保持和培肥地力。

第二十条 县级人民政府应当根据当地实际情况制定基本农田地力分等定级办法,由农业行政主管部门会同土地行政主管部门组织实施,对基本农田地力分等定级,并建立档案。

第二十一条 农村集体经济组织或者村民委员会应当定期评定基本农田地力等级。

第二十二条 县级以上地方各级人民政府农业行政主管部门应当逐步建立基本农田地力与施肥效益长期定位监测网点,定期向本级人民政府提出基本农田地力变化状况报告以及相应的地力保护措施,并为农业生产者提供施肥指导服务。

第二十三条 县级以上人民政府农业行政主管部门应当会同同级环境保护行政主管部门对基本农田环境污染进行监测和评价,并定期向本级人民政府提出环境质量与发展趋势的报告。

第二十四条 经国务院批准占用基本农田兴建国家重点建设项目的,必须遵守国家有关建设项目环境保护管理的规定。在建设项目环境影响报告书中,应当有基本农田环境保护方案。

第二十五条 向基本农田保护区提供肥料和作为肥料的城市垃圾、污泥的,应当符合国家有关标准。

第二十六条 因发生事故或者其他突然性事件,造成或者可能造成基本农田环境污染事故的，当事人必须立即采取措施处理，并向当地环境保护行政主管部门和农业行政主管部门报告，接受调查处理。

第四章　监督管理

第二十七条　在建立基本农田保护区的地方，县级以上地方人民政府应当与下一级人民政府签订基本农田保护责任书；乡（镇）人民政府应当根据与县级人民政府签订的基本农田保护责任书的要求，与农村集体经济组织或者村民委员会签订基本农田保护责任书。

基本农田保护责任书应当包括下列内容：

（一）基本农田的范围、面积、地块；

（二）基本农田的地力等级；

（三）保护措施；

（四）当事人的权利与义务；

（五）奖励与处罚。

第二十八条　县级以上地方人民政府应当建立基本农田保护监督检查制度，定期组织土地行政主管部门、农业行政主管部门以及其他有关部门对基本农田保护情况进行检查，将检查情况书面报告上一级人民政府。被检查的单位和个人应当如实提供有关情况和资料，不得拒绝。

第二十九条　县级以上地方人民政府土地行政主管部门、农业行政主管部门对本行政区域内发生的破坏基本农田的行为，有权责令纠正。

第五章　法律责任

第三十条　违反本条例规定，有下列行为之一的，依照《中华人民共和国土地管理法》和《中华人民共和国土地管理法实施条例》的有关规定，从重给予处罚：

（一）未经批准或者采取欺骗手段骗取批准，非法占用基本农田的；

（二）超过批准数量，非法占用基本农田的；

（三）非法批准占用基本农田的；

（四）买卖或者以其他形式非法转让基本农田的。

第三十一条　违反本条例规定，应当将耕地划入基本农田保护区而不划入的，由上一级人民政府责令限期改正；拒不改正的，对直接负责的主管人员和其他直接责任人员依法给予行政处分或者纪律处分。

第三十二条　违反本条例规定，破坏或者擅自改变基本农田保护区标志的，由县级以上地方人民政府土地行政主管部门或者农业行政主管部门责令恢复原状，可以处1000元以下罚款。

第三十三条　违反本条例规定，占用基本农田建窑、建房、建坟、挖砂、采石、采矿、取土、堆放固体废弃物或者从事其他活动破坏基本农田，毁坏种植条件的，由县级以上人民政府土地行政主管部门责令改正或者治理，恢复原种植条件，处占用基本农田的耕地开垦费1倍以上2倍以下的罚款；构成犯罪的，依法追究刑事责任。

第三十四条　侵占、挪用基本农田的耕地开垦费，构成犯罪的，依法追究刑事责任；尚不构成犯罪的，依法给予行政处分或者纪律处分。

第六章　附　则

第三十五条　省、自治区、直辖市人民政府可以根据当地实际情况，将其他农业生产用地划为保护区。保护区内的其他农业生产用地的保护和管理，可以参照本条例执行。

第三十六条　本条例自1999年1月1日起施行。1994年8月18日国务院发布的《基本农田保护条例》同时废止。

自然资源部、农业农村部关于加强和改进永久基本农田保护工作的通知

·2019年1月3日

·自然资规〔2019〕1号

各省、自治区、直辖市及计划单列市自然资源、农业农村主管部门，新疆生产建设兵团自然资源、农业农村主管部门，中央军委后勤保障部军事设施建设局，国家林业和草原局，中国地质调查局及部其他直属单位，各派出机构，部机关各司局：

按照党中央、国务院关于全面划定永久基本农田并实行特殊保护的决策部署，自然资源部、农业农村部（以下简称“两部”）精心组织，各省（区、市）党委政府扎实推进，完成了永久基本农田划定工作，并纳入各级土地利用总体规划，实现了上图入库、落到实地，取得积极成效。当前，我国经济转向高质量发展阶段，新型工业化、城镇化建设深入推进，农业供给侧结构性改革逐步深入，对守住耕地红线和永久基本农田控制线提出了更高要求。为巩固划定成果，有效解决划定不实、非法占用等问题，完善保护措施，提高监管水平，现就有关事项通知如下：

一、总体要求

（一）指导思想。以习近平新时代中国特色社会主义思想为指导，深入贯彻党的十九大和十九届二中、三中

全会精神，牢固树立新发展理念，实施乡村振兴战略，坚持最严格的耕地保护制度和最严格的节约用地制度，落实“藏粮于地、藏粮于技”战略，以确保国家粮食安全和农产品质量安全为目标，加强耕地数量、质量、生态“三位一体”保护，构建保护有力、集约高效、监管严格的永久基本农田特殊保护新格局，牢牢守住耕地红线。

（二）基本原则。坚持从严保护。坚守十分珍惜、合理利用土地和切实保护耕地的基本国策，牢固树立山水林田湖草是一个生命共同体理念，强化永久基本农田特殊保护意识，将永久基本农田作为国土空间规划的核心要素，摆在突出位置，强化永久基本农田对各类建设布局的约束，严格控制非农建设占用，保护利用好永久基本农田。

坚持底线思维。坚守土地公有制性质不改变、耕地红线不突破、粮食生产能力不降低、农民利益不受损四条底线，永久基本农田一经划定，要纳入国土空间规划，任何单位和个人不得擅自占用或改变用途，充分尊重农民自主经营意愿和保护农民土地承包经营权，鼓励农民发展粮食和重要农产品生产。

坚持问题导向。凡是存在划定不实、补划不足、非法占用、查处不力等问题的，查明情况、分析原因，提出分类处置措施，落实整改、严肃问责，确保永久基本农田数量不减、质量提升、布局稳定。

坚持权责一致。充分发挥市场配置资源的决定性作用，更好发挥政府作用，完善监督考核制度，地方各级政府主要负责人要承担起耕地保护第一责任人的责任，健全管控、建设和激励多措并举的保护机制。

二、巩固永久基本农田划定成果

（三）全面开展划定成果核实工作。各省（区、市）自然资源主管部门会同农业农村主管部门要充分运用卫星遥感和信息化技术手段，以 2017 年度土地变更调查、地理国情监测、耕地质量调查监测与评价等成果为基础，结合第三次全国国土调查、自然资源督察、土地资源全天候遥感监测、永久基本农田划定成果专项检查、粮食生产功能区和重要农产品生产保护区（以下简称“两区”）划定等工作中发现的问题，组织对本省（区、市）永久基本农田划定成果进行全面核实，找准划定不实、违法占用等问题，梳理问题清单，提出分类处置意见，以县级行政区划为单元编制整改补划方案（具体要求详见附件 1）。

（四）全面清理划定不实问题。根据《土地管理法》、《基本农田保护条例》等法律法规要求，对下列不符合要求的耕地或其他土地错划入永久基本农田的，按照“总体稳定、局部微调、量质并重”的原则，进行整改补划，并相应对“两区”进行调整，按法定程序修改相应的土地利用总体规划。

1. 将不符合《基本农田划定技术规程》要求的建设用地、林地、草地、园地、湿地、水域及水利设施用地等划入永久基本农田的；

2. 河道两岸堤防之间范围内不适宜稳定利用的耕地；

3. 受自然灾害严重损毁且无法复垦的耕地；

4. 因采矿造成耕作层损毁、地面塌陷无法耕种且无法复垦的耕地；

5. 依据《土壤污染防治法》列入严格管控类且无法恢复治理的耕地；

6. 公路铁路沿线、主干渠道、城市规划区周围建设绿色通道或绿化隔离的林带和公园绿化占用永久基本农田的用地；

7. 永久基本农田划定前已批准建设项目占用的土地或已办理设施农用地备案手续的土地；

8. 法律法规确定的其他禁止或不适宜划入永久基本农田保护的土地。

（五）依法处置违法违规建设占用问题。对各类未经批准或不符合规定要求的建设项目、临时用地、农村基础设施、设施农用地，以及人工湿地、景观绿化工程等占用永久基本农田的，县级以上自然资源主管部门应依法依规严肃处理，责令限期恢复原种植条件。经县级自然资源主管部门会同农业农村主管部门组织核实，市级自然资源主管部门会同农业农村主管部门论证审核确实不能恢复的，按有关要求整改补划永久基本农田和修改相应的土地利用总体规划。对违法违规占用永久基本农田建窑、建房、建坟、挖沙、采石、采矿、取土、堆放固体废弃物或者从事其他活动破坏永久基本农田，毁坏种植条件的，按《土地管理法》、《基本农田保护条例》等法律法规进行查处，构成犯罪的，依法移送司法机关追究刑事责任。

（六）严格规范永久基本农田上农业生产活动。按照“尊重历史、因地制宜、农民受益、社会稳定、生态改善”的原则，在确保谷物基本自给和口粮绝对安全、确保粮食种植规模基本稳定、确保耕地耕作层不破坏的前提下，对永久基本农田上农业生产活动有序规范引导，在永久基本农田数据库、国土调查中标注实际利用情况和管理信息，强化动态监督管理。

永久基本农田不得种植杨树、桉树、构树等林木，不得种植草坪、草皮等用于绿化装饰的植物，不得种植其他破坏耕作层的植物。本通知印发前，已经种植的，由县级自然资源主管部门和农业农村主管部门根据农业生产现状和对耕作层的影响程度组织认定，能恢复粮食作物生产的，5年内恢复；确实不能恢复的，在核实整改工作中调出永久基本农田，并按要求补划。

三、严控建设占用永久基本农田

（七）严格占用和补划审查论证。一般建设项目不得占用永久基本农田；重大建设项目选址确实难以避让永久基本农田的，在可行性研究阶段，省级自然资源主管部门负责组织对占用的必要性、合理性和补划方案的可行性进行严格论证，报自然资源部用地预审；农用地转用和土地征收依法报批。深度贫困地区、集中连片特困地区、国家扶贫开发工作重点县省级以下基础设施、易地扶贫搬迁、民生发展等建设项目，确实难以避让永久基本农田的，可以纳入重大建设项目范围，由省级自然资源主管部门办理用地预审，并按照规定办理农用地转用和土地征收。严禁通过擅自调整县乡土地利用总体规划，规避占用永久基本农田的审批。

重大建设项目占用永久基本农田的，按照“数量不减、质量不降、布局稳定”的要求进行补划，并按照法定程序修改相应的土地利用总体规划。补划的永久基本农田必须是坡度小于25度的耕地，原则上与现有永久基本农田集中连片。占用城市周边永久基本农田的，原则上在城市周边范围内补划，经实地踏勘论证确实难以在城市周边补划的，按照空间由近及远、质量由高到低的要求进行补划。重大建设项目用地预审和审查中要严格把关，切实落实最严格的节约集约用地制度，尽量不占或少占永久基本农田；重大建设项目在用地预审时不占永久基本农田、用地审批时占用的，按有关要求报自然资源部用地预审。线性重大建设项目占用永久基本农田用地预审通过后，选址发生局部调整、占用永久基本农田规模和区位发生变化的，由省级自然资源主管部门论证审核后完善补划方案，在用地审查报批时详细说明调整和补划情况。非线性重大建设项目占用永久基本农田用地预审通过后，所占规模和区位原则上不予调整。

临时用地一般不得占用永久基本农田，建设项目施工和地质勘查需要临时用地、选址确实难以避让永久基本农田的，在不修建永久性建（构）筑物、经复垦能恢复原种植条件的前提下，土地使用者按法定程序申请临时用地并编制土地复垦方案，经县级自然资源主管部门批准可临时占用，并在市级自然资源主管部门备案，一般不超过两年，同时，通过耕地耕作层土壤剥离再利用等工程技术措施，减少对耕作层的破坏。临时用地到期后土地使用者应及时复垦恢复原种植条件，县级自然资源主管部门会同农业农村等相关主管部门开展土地复垦验收，验收合格的，继续按照永久基本农田保护和管理；验收不合格的，责令土地使用者进行整改，经整改仍不合格的，按照《土地复垦条例》规定由县级自然资源主管部门使用缴纳的土地复垦费代为组织复垦，并由县级自然资源主管部门会同农业农村等相关主管部门开展土地复垦验收。县级自然资源主管部门要切实履行职责，对在临时用地上修建永久性建（构）筑物或其他造成无法恢复原种植条件的行为依法进行处理；市级自然资源主管部门负责临时用地使用情况的监督管理，通过日常检查、年度卫片执法检查等，及时发现并纠正临时用地中存在的问题。

（八）处理好涉及永久基本农田的矿业权设置。全国矿产资源规划确定的战略性矿产，区分油气和非油气矿产、探矿和采矿阶段、露天和井下开采等情况，在保护永久基本农田的同时，做好矿产资源勘查和开发利用。非战略性矿产，申请新设矿业权，应避让永久基本农田，其中地热、矿泉水勘查开采，不造成永久基本农田损毁、塌陷破坏的，可申请新设矿业权。

矿业权申请人依法申请战略性矿产探矿权，开展地质勘查需临时用地的，应依法办理临时用地审批手续。石油、天然气、页岩气、煤层气等油气战略性矿产的地质勘查，经批准可临时占用永久基本农田布设探井。在试采和取得采矿权后转为开采井的，可直接依法办理农用地转用和土地征收审批手续，按规定补划永久基本农田。

煤炭等非油气战略性矿产，矿业权人申请采矿权涉及永久基本农田的，根据露天、井下开采方式实行差别化管理。对于露天方式开采，开采项目应符合占用永久基本农田重大建设项目用地要求；对于井下方式开采，矿产资源开发利用与生态保护修复方案应落实保护性开发措施。井下开采方式所配套建设的地面工业广场等设施，要符合占用永久基本农田重大建设项目用地要求。

已设矿业权与永久基本农田空间重叠的，各级地方自然资源主管部门要加强永久基本农田保护、土地复垦等日常监管，允许在原矿业权范围内办理延续变更等登记手续。已取得探矿权申请划定矿区范围或探矿权转采矿权的按上述煤炭等非油气战略性矿产管理规定执行。矿业权人申请扩大勘查区块范围或扩大矿区范围、申请将勘查或开采矿种由战略性矿产变更为非战略性矿产，涉及与永久基本农田空间重叠的，按新设矿业权处理。矿业权人不依法履行土地复垦义务的，不得批准新设矿业权，不得批准新的建设用地。

四、统筹生态建设和永久基本农田保护

（九）协调安排生态建设项目。党中央、国务院确定建设的重大生态建设项目，确实难以避让永久基本农田的，按有关要求调整补划永久基本农田和修改相应的土地利用总体规划。省级人民政府为落实党中央、国务院决策部署，提出具有国家重大意义的生态建设项目，经国务院同意，确实难以避让永久基本农田的，按照有关要求调整补划。其他景观公园、湖泊湿地、植树造林、建设绿色通道和城市绿化隔离带等人造工程，严禁占用永久基本农田。

（十）妥善处理好生态退耕。对位于国家级自然保护地范围内禁止人为活动区域的永久基本农田，经自然资源部和农业农村部论证确定后应逐步退出，原则上在所在县域范围内补划，确实无法补划的，在所在市域范围内补划；非禁止人为活动的保护区域，结合国土空间规划统筹调整生态保护红线和永久基本农田控制线。不得擅自将永久基本农田和已实施坡改梯耕地纳入退耕范围。对不能实现水土保持的25度以上的陡坡耕地、重要水源地15-25度的坡耕地、严重沙漠化和石漠化耕地、严重污染耕地、移民搬迁后确实无法耕种的耕地等，综合考虑粮食生产实际种植情况，经国务院同意，结合生态退耕有序退出永久基本农田。根据生态退耕检查验收和土地变更调查结果，以实际退耕面积核减有关省份的耕地保有量和永久基本农田保护面积，在国土空间规划编制时予以调整。

五、加强永久基本农田建设

（十一）开展永久基本农田质量建设。根据全国土地利用总体规划纲要、全国高标准农田建设规划和全国土地整治规划安排，优先在永久基本农田上开展高标准农田建设，提高永久基本农田质量。开展农村土地综合整治涉及永久基本农田调整的，在确保耕地数量有增加、质量有提升、生态有改善的前提下，制定所在项目区范围内永久基本农田调整方案，由省级自然资源主管部门会同农业农村主管部门负责审核，按法定程序修改相应的土地利用总体规划，“两部”负责事中事后监管。项目完成并通过验收后，更新完善永久基本农田数据库。

（十二）建立健全耕地质量调查监测与评价制度。定期对全国耕地和永久基本农田质量水平进行全面评价并发布评价结果。完善耕地和永久基本农田质量监测网络，开展耕地质量年度调查监测成果更新。加强耕地质量保护与提升，采取工程、化学、生物、农艺等措施，开展农田整治、土壤培肥改良、退化耕地综合治理、污染耕地阻控修复等，有效提高耕地特别是永久基本农田综合生产能力。

（十三）建立永久基本农田储备区。为提高重大建设项目用地审查报批效率，做到保质保量补划落地，在永久基本农田之外其他质量较好的耕地中，划定永久基本农田储备区。省级自然资源主管部门会同农业农村主管部门根据未来一定时期内重大建设项目占用、生态建设等补划永久基本农田需要，确定市县永久基本农田储备区划定目标任务，负责组织验收永久基本农田储备区划定方案和成果数据库（具体要求详见附件2）并汇交到“两部”。重大建设项目占用或整改补划永久基本农田的，直接在储备区中补划。储备区内耕地补划前按一般耕地管理和使用，并根据补划和土地综合整治、农田整治、高标准农田建设和土地复垦等新增加耕地情况，结合年度土地变更调查对永久基本农田储备区进行补充更新。

六、健全永久基本农田保护监管机制

（十四）构建动态监管体系。修订《基本农田划定技术规程》，统一永久基本农田划定、建设、补划、管理和数据库建设标准。完善动态监测监管系统，统一国土空间基础信息平台，建立数据库更新和共享机制。省级自然资源主管部门和农业农村主管部门分别负责组织将本地区永久基本农田保护和“两区”信息变化情况，通过监测监管系统汇交到自然资源部和农业农村部，实时更新和共享永久基本农田占用、补划信息及永久基本农田储备区信息。结合自然资源调查、年度变更调查、耕地质量调查监测与评价、自然资源督察等，对永久基本农田数量、质量变化情况进行全程跟踪，实现动态管理。

（十五）严格监督检查。县级以上自然资源主管部门要强化日常监管，及时发现、制止和严肃查处违法违规占用耕地特别是永久基本农田的行为。经查实属于主观故意、谋利为主、非程序性、非政策性等严重违法行为的，依照法律法规严肃查处并适时公开曝光。各派驻地方的国家自然资源督察局要加强监督检查，对督察发现的违法侵占永久基本农田问题，及时向地方政府提出整改意见并督促整改，整改不力的，按规定移送有权机关追责问责。

（十六）强化考核机制。按照《省级政府耕地保护责任目标考核办法》要求，将永久基本农田保护情况列入省级政府耕地保护责任目标考核、粮食安全省长责任制考核、领导干部自然资源资产离任审计的重要内容，与安排年度土地利用计划、高标准农田建设资金和耕地质量提升资金等相挂钩。对检查考核中发现突出问题的省份，及时公开通报，限期进行整改。

（十七）完善激励补偿机制。省级自然资源主管部门和农业农村主管部门要会同相关部门，认真总结地方经验，按照“谁保护、谁受益”的原则，探索实行耕地保护激励性补偿和跨区域资源性补偿。鼓励有条件的地区建立耕地保护基金，与整合有关涉农补贴政策、完善粮食主产区利益补偿机制相衔接，与生态补偿机制相联动，依据永久基本农田保护任务和“两区”划定与建设任务落实情况、实际粮食生产情况，对农村集体经济组织和农户给予奖补。

七、保障措施

（十八）落实工作责任。各省（区、市）自然资源主管部门和农业农村主管部门要根据通知要求，结合地方实际情况，研究制定加强和改进永久基本农田保护的具体操作办法，明确措施、落实责任；以县级行政区划为单元，组织开展好已划定成果核实整改、严格规范永久基本农田上农业生产活动和建立永久基本农田储备区等各项工作。

县级自然资源主管部门会同农业农村主管部门负责根据永久基本农田现状核实情况，按照问题清单，提出分类处置建议，编制整改补划方案和永久基本农田储备区划定方案，并同步开展永久基本农田数据库更新完善和土地利用总体规划修改报批工作；市级自然资源主管部门会同农业农村主管部门负责对县级提交的工作成果进行论证审核，省级自然资源主管部门会同农业农村主管部门负责验收，并以县级行政区划为单元汇交“两部”。2019年12月31日前，与第三次全国国土调查工作同步完成全国永久基本农田储备区建设和核实整改工作。

（十九）严肃工作纪律。各级地方自然资源主管部门和农业农村主管部门要站在讲政治、顾大局的高度，履职尽责、求真务实、敢于碰硬，已经划定的永久基本农田不得随意调整，确保永久基本农田成果的稳定性与信息的真实性。各派驻地方的国家自然资源督察局对加强和改进永久基本农田保护工作跟踪监督，对督察发现的主观故意或明知问题不报告、不查处的，对不按政策要求核实整改补划的，对弄虚作假、敷衍了事的，要督促有关地方人民政府全面整改、严肃问责。自然资源部会同农业农村部将按一定比例以随机抽查方式进行实地核查，发现问题的，督促地方举一反三落实整改。

（二十）营造良好氛围。各地要结合整改补划工作，补充更新永久基本农田保护标志牌和界桩、保护档案等，规范标识内容，保障群众知情权，接受社会监督；要充分依靠中央和地方主流媒体，用好部门媒体，通过多种形式及时做好永久基本农田划定和特殊保护政策解读与宣传工作；要及时回应社会关切，凝聚起全社会保护耕地共识，营造良好的舆论氛围。

本通知自印发之日起施行，有效期5年。原国土资源部印发的《关于全面实行永久基本农田特殊保护的通知》中有关开展永久基本农田整备区建设、临时用地占用永久基本农田等政策按本通知要求执行。

附件：1. 永久基本农田整改补划方案编制要点（略）

2. 永久基本农田储备区划定工作要求（略）

· 典型案例

四川省某县自然资源和规划局申请强制执行刘某退还土地、拆除建筑物、恢复土地原状及罚款行政非诉执行监督案[①]

关键词

行政非诉执行监督　永久基本农田保护　裁执分离　检察建议

基本案情

2018年7月，四川省某县某镇村民刘某未经批准，擅自占用该村永久基本农田1.07亩修建家具厂，建成一栋一层砖体墙、彩钢屋顶建筑。2019年4月，某县自然资源和规划局（以下简称县自规局）执法人员巡查发现刘某违法行为。同年5月6日立案查处，7月5日，对刘某作出行政处罚决定：1. 责令十五日内拆除地上建筑物，对永久基本农田进行治理和恢复原种植条件，并退还土地给村集体；2. 并处罚款10653.75元。刘某在规定期限内未履行处罚决定，亦未申请行政复议或提起行政诉讼，经催告仍未履行。2020年1月13日，县自规局向某县人民法院（以下简称县法院）申请强制执行。2020年1月17日，县法院作出裁定，准予强制执行，交由县自规局执行。裁定后，刘某于2020年11月4日缴纳了罚款，但一直未拆除违法建筑物。

① 案例来源：2023年2月6日《最高人民检察院、自然资源部关于印发土地执法查处领域五件行政非诉执行监督典型案例的通知》。

监督和协作配合情况

调查核实。在开展全国检察机关土地执法查处领域行政非诉执行监督专项活动中，县自规局将该案主动移送某县人民检察院，说明相关情况，会商解决方案。县检察院通过实地调查，向县法院和县自规局了解案情、调阅卷宗等，查明县自规局作出行政处罚决定并申请法院强制执行符合法律规定。县法院将县自规局申请强制执行内容裁定由县自规局执行，但因县自规局不具备强制执行权亦缺乏组织实施的必要手段，该行政处罚决定未能得到实际执行。

监督意见。县检察院审查认为，根据《中华人民共和国行政强制法》《中华人民共和国土地管理法》的规定，县自规局没有行政强制执行权，在没有裁执分离地方规范性文件的情况下，县法院在作出裁定时未充分考虑县自规局作为没有行政强制执行权的机构，存在强制执行手段缺乏等现实困难，致使该案处罚决定一直没有实际执行。2021年6月25日，县检察院向县法院发出检察建议，建议纠正不当裁定，确保该案执行落实到位。

监督结果。县法院收到检察建议后，对该案重新进行审查，经与县政府、县检察院、县自规局沟通协商，认为县自规局在执行手段和强制措施上确实存在实际困难，重新裁定将行政处罚决定交县政府组织实施，县自规局予以协助。在法院、自规局及当地政府的协作下，违法建筑于2021年7月29日被全部拆除。目前，土地恢复了种植条件并已退还村集体。

长效治理。为系统治理农村土地执法执行难、强制执行措施与主体执行能力不匹配等现实困难，县检察院以个案办理为契机，与县政府建立府检联动机制，并推动举行县政府、县法院以及相关行政主管部门参加的联席会议，形成会议纪要，达成共识，对裁执分离案件中行政机关缺乏强制执行权导致执行难的，统一由法院裁定交县政府组织实施、行政主管部门配合、检察机关监督。县检察院还与县自规局等行政主管部门制定行政非诉执行工作协作配合办法，推动当地政府整合各行政职能部门资源优势，形成依法执行的长效机制。协作机制建立以来，当地涉土地类行政非诉执行案件执行到位6件，复耕复种6.88亩。

典型意义

永久基本农田是为确保国家粮食安全，依据国土空间规划确定的不得擅自占用或者改变用途，实行特殊保护的耕地。国家实行永久基本农田保护制度，对永久基本农田实行特殊保护，这是确保国家粮食安全，加快推进农业农村现代化的有力保障。永久基本农田一经划定，任何单位和个人不得擅自占用或者擅自改变用途，严禁未经审批违法违规占地。现实中，擅自变更土地用途、违法占用永久基本农田修建建筑物等蚕食耕地的现象在农村地区具有一定的典型性和普遍性，行政处罚实际执行到位率较低。人民法院探索开展“裁执分离”过程中，有些将涉土地类行政处罚申请强制执行案件裁定给没有强制执行能力的自然资源部门执行，自然资源部门因缺乏法律授权的执行措施等现实困难，难以实际执行到位。检察机关和地方政府创新思路，建立府检联动机制，自然资源主管部门向检察机关移送行政处罚台账以及相关案件线索，检察机关依法启动监督程序，对行政非诉执行案件的申请、受理、审查、裁定和执行等活动实施全过程监督，推动行政处罚执行到位，保护永久基本农田不受侵害。同时，在坚持永久基本农田不被非法侵占的前提下，搭建起沟通协商平台，充分考量各方执行能力，最终形成该类行政处罚强制执行由人民政府组织实施，职能部门予以协助的模式，检察权、审判权、行政权同向发力，破解“裁执分离”难题，实现办理一个案件，解决一类问题的效果。

(4)其他农用地

中华人民共和国森林法

- 1984年9月20日第六届全国人民代表大会常务委员会第七次会议通过
- 根据1998年4月29日第九届全国人民代表大会常务委员会第二次会议《关于修改〈中华人民共和国森林法〉的决定》第一次修正
- 根据2009年8月27日第十一届全国人民代表大会常务委员会第十次会议《关于修改部分法律的决定》第二次修正
- 2019年12月28日第十三届全国人民代表大会常务委员会第十五次会议修订

第一章　总　则

第一条　为了践行绿水青山就是金山银山理念，保护、培育和合理利用森林资源，加快国土绿化，保障森林生态安全，建设生态文明，实现人与自然和谐共生，制定本法。

第二条　在中华人民共和国领域内从事森林、林木的保护、培育、利用和森林、林木、林地的经营管理活动，适用本法。

第三条　保护、培育、利用森林资源应当尊重自然、顺应自然，坚持生态优先、保护优先、保育结合、可持续发展的原则。

第四条　国家实行森林资源保护发展目标责任制和考核评价制度。上级人民政府对下级人民政府完成森林资源保护发展目标和森林防火、重大林业有害生物防治工作的情况进行考核，并公开考核结果。

地方人民政府可以根据本行政区域森林资源保护发展的需要，建立林长制。

第五条　国家采取财政、税收、金融等方面的措施，支持森林资源保护发展。各级人民政府应当保障森林生态保护修复的投入，促进林业发展。

第六条　国家以培育稳定、健康、优质、高效的森林生态系统为目标，对公益林和商品林实行分类经营管理，突出主导功能，发挥多种功能，实现森林资源永续利用。

第七条　国家建立森林生态效益补偿制度，加大公益林保护支持力度，完善重点生态功能区转移支付政策，指导受益地区和森林生态保护地区人民政府通过协商等方式进行生态效益补偿。

第八条　国务院和省、自治区、直辖市人民政府可以依照国家对民族自治地方自治权的规定，对民族自治地方的森林保护和林业发展实行更加优惠的政策。

第九条　国务院林业主管部门主管全国林业工作。县级以上地方人民政府林业主管部门，主管本行政区域的林业工作。

乡镇人民政府可以确定相关机构或者设置专职、兼职人员承担林业相关工作。

第十条　植树造林、保护森林，是公民应尽的义务。各级人民政府应当组织开展全民义务植树活动。

每年三月十二日为植树节。

第十一条　国家采取措施，鼓励和支持林业科学研究，推广先进适用的林业技术，提高林业科学技术水平。

第十二条　各级人民政府应当加强森林资源保护的宣传教育和知识普及工作，鼓励和支持基层群众性自治组织、新闻媒体、林业企业事业单位、志愿者等开展森林资源保护宣传活动。

教育行政部门、学校应当对学生进行森林资源保护教育。

第十三条　对在造林绿化、森林保护、森林经营管理以及林业科学研究等方面成绩显著的组织或者个人，按照国家有关规定给予表彰、奖励。

第二章　森林权属

第十四条　森林资源属于国家所有，由法律规定属于集体所有的除外。

国家所有的森林资源的所有权由国务院代表国家行使。国务院可以授权国务院自然资源主管部门统一履行国有森林资源所有者职责。

第十五条　林地和林地上的森林、林木的所有权、使用权，由不动产登记机构统一登记造册，核发证书。国务院确定的国家重点林区（以下简称重点林区）的森林、林木和林地，由国务院自然资源主管部门负责登记。

森林、林木、林地的所有者和使用者的合法权益受法律保护，任何组织和个人不得侵犯。

森林、林木、林地的所有者和使用者应当依法保护和合理利用森林、林木、林地，不得非法改变林地用途和毁坏森林、林木、林地。

第十六条　国家所有的林地和林地上的森林、林木可以依法确定给林业经营者使用。林业经营者依法取得的国有林地和林地上的森林、林木的使用权，经批准可以转让、出租、作价出资等。具体办法由国务院制定。

林业经营者应当履行保护、培育森林资源的义务，保证国有森林资源稳定增长，提高森林生态功能。

第十七条　集体所有和国家所有依法由农民集体使用的林地（以下简称集体林地）实行承包经营的，承包方享有林地承包经营权和承包林地上的林木所有权，合同另有约定的从其约定。承包方可以依法采取出租（转包）、入股、转让等方式流转林地经营权、林木所有权和使用权。

第十八条　未实行承包经营的集体林地以及林地上的林木，由农村集体经济组织统一经营。经本集体经济组织成员的村民会议三分之二以上成员或者三分之二以上村民代表同意并公示，可以通过招标、拍卖、公开协商等方式依法流转林地经营权、林木所有权和使用权。

第十九条　集体林地经营权流转应当签订书面合同。林地经营权流转合同一般包括流转双方的权利义务、流转期限、流转价款及支付方式、流转期限届满林地上的林木和固定生产设施的处置、违约责任等内容。

受让方违反法律规定或者合同约定造成森林、林木、林地严重毁坏的，发包方或者承包方有权收回林地经营权。

第二十条　国有企业事业单位、机关、团体、部队营造的林木，由营造单位管护并按照国家规定支配林木收益。

农村居民在房前屋后、自留地、自留山种植的林木，归个人所有。城镇居民在自有房屋的庭院内种植的林木，归个人所有。

集体或者个人承包国家所有和集体所有的宜林荒山荒地荒滩营造的林木，归承包的集体或者个人所有；合同另有约定的从其约定。

其他组织或者个人营造的林木，依法由营造者所有并享有林木收益；合同另有约定的从其约定。

第二十一条 为了生态保护、基础设施建设等公共利益的需要，确需征收、征用林地、林木的，应当依照《中华人民共和国土地管理法》等法律、行政法规的规定办理审批手续，并给予公平、合理的补偿。

第二十二条 单位之间发生的林木、林地所有权和使用权争议，由县级以上人民政府依法处理。

个人之间、个人与单位之间发生的林木所有权和林地使用权争议，由乡镇人民政府或者县级以上人民政府依法处理。

当事人对有关人民政府的处理决定不服的，可以自接到处理决定通知之日起三十日内，向人民法院起诉。

在林木、林地权属争议解决前，除因森林防火、林业有害生物防治、国家重大基础设施建设等需要外，当事人任何一方不得砍伐有争议的林木或者改变林地现状。

第三章　发展规划

第二十三条 县级以上人民政府应当将森林资源保护和林业发展纳入国民经济和社会发展规划。

第二十四条 县级以上人民政府应当落实国土空间开发保护要求，合理规划森林资源保护利用结构和布局，制定森林资源保护发展目标，提高森林覆盖率、森林蓄积量，提升森林生态系统质量和稳定性。

第二十五条 县级以上人民政府林业主管部门应当根据森林资源保护发展目标，编制林业发展规划。下级林业发展规划依据上级林业发展规划编制。

第二十六条 县级以上人民政府林业主管部门可以结合本地实际，编制林地保护利用、造林绿化、森林经营、天然林保护等相关专项规划。

第二十七条 国家建立森林资源调查监测制度，对全国森林资源现状及变化情况进行调查、监测和评价，并定期公布。

第四章　森林保护

第二十八条 国家加强森林资源保护，发挥森林蓄水保土、调节气候、改善环境、维护生物多样性和提供林产品等多种功能。

第二十九条 中央和地方财政分别安排资金，用于公益林的营造、抚育、保护、管理和非国有公益林权利人的经济补偿等，实行专款专用。具体办法由国务院财政部门会同林业主管部门制定。

第三十条 国家支持重点林区的转型发展和森林资源保护修复，改善生产生活条件，促进所在地区经济社会发展。重点林区按照规定享受国家重点生态功能区转移支付等政策。

第三十一条 国家在不同自然地带的典型森林生态地区、珍贵动物和植物生长繁殖的林区、天然热带雨林区和具有特殊保护价值的其他天然林区，建立以国家公园为主体的自然保护地体系，加强保护管理。

国家支持生态脆弱地区森林资源的保护修复。

县级以上人民政府应当采取措施对具有特殊价值的野生植物资源予以保护。

第三十二条 国家实行天然林全面保护制度，严格限制天然林采伐，加强天然林管护能力建设，保护和修复天然林资源，逐步提高天然林生态功能。具体办法由国务院规定。

第三十三条 地方各级人民政府应当组织有关部门建立护林组织，负责护林工作；根据实际需要建设护林设施，加强森林资源保护；督促相关组织订立护林公约、组织群众护林、划定护林责任区、配备专职或者兼职护林员。

县级或者乡镇人民政府可以聘用护林员，其主要职责是巡护森林，发现火情、林业有害生物以及破坏森林资源的行为，应当及时处理并向当地林业等有关部门报告。

第三十四条 地方各级人民政府负责本行政区域的森林防火工作，发挥群防作用；县级以上人民政府组织领导应急管理、林业、公安等部门按照职责分工密切配合做好森林火灾的科学预防、扑救和处置工作：

（一）组织开展森林防火宣传活动，普及森林防火知识；

（二）划定森林防火区，规定森林防火期；

（三）设置防火设施，配备防灭火装备和物资；

（四）建立森林火灾监测预警体系，及时消除隐患；

（五）制定森林火灾应急预案，发生森林火灾，立即组织扑救；

（六）保障预防和扑救森林火灾所需费用。

国家综合性消防救援队伍承担国家规定的森林火灾扑救任务和预防相关工作。

第三十五条 县级以上人民政府林业主管部门负责本行政区域的林业有害生物的监测、检疫和防治。

省级以上人民政府林业主管部门负责确定林业植物及其产品的检疫性有害生物，划定疫区和保护区。

重大林业有害生物灾害防治实行地方人民政府负责制。发生暴发性、危险性等重大林业有害生物灾害时，当地人民政府应当及时组织除治。

林业经营者在政府支持引导下,对其经营管理范围内的林业有害生物进行防治。

第三十六条 国家保护林地,严格控制林地转为非林地,实行占用林地总量控制,确保林地保有量不减少。各类建设项目占用林地不得超过本行政区域的占用林地总量控制指标。

第三十七条 矿藏勘查、开采以及其他各类工程建设,应当不占或者少占林地;确需占用林地的,应当经县级以上人民政府林业主管部门审核同意,依法办理建设用地审批手续。

占用林地的单位应当缴纳森林植被恢复费。森林植被恢复费征收使用管理办法由国务院财政部门会同林业主管部门制定。

县级以上人民政府林业主管部门应当按照规定安排植树造林,恢复森林植被,植树造林面积不得少于因占用林地而减少的森林植被面积。上级林业主管部门应当定期督促下级林业主管部门组织植树造林、恢复森林植被,并进行检查。

第三十八条 需要临时使用林地的,应当经县级以上人民政府林业主管部门批准;临时使用林地的期限一般不超过二年,并不得在临时使用的林地上修建永久性建筑物。

临时使用林地期满后一年内,用地单位或者个人应当恢复植被和林业生产条件。

第三十九条 禁止毁林开垦、采石、采砂、采土以及其他毁坏林木和林地的行为。

禁止向林地排放重金属或者其他有毒有害物质含量超标的污水、污泥,以及可能造成林地污染的清淤底泥、尾矿、矿渣等。

禁止在幼林地砍柴、毁苗、放牧。

禁止擅自移动或者损坏森林保护标志。

第四十条 国家保护古树名木和珍贵树木。禁止破坏古树名木和珍贵树木及其生存的自然环境。

第四十一条 各级人民政府应当加强林业基础设施建设,应用先进适用的科技手段,提高森林防火、林业有害生物防治等森林管护能力。

各有关单位应当加强森林管护。国有林业企业事业单位应当加大投入,加强森林防火、林业有害生物防治,预防和制止破坏森林资源的行为。

第五章 造林绿化

第四十二条 国家统筹城乡造林绿化,开展大规模国土绿化行动,绿化美化城乡,推动森林城市建设,促进乡村振兴,建设美丽家园。

第四十三条 各级人民政府应当组织各行各业和城乡居民造林绿化。

宜林荒山荒地荒滩,属于国家所有的,由县级以上人民政府林业主管部门和其他有关主管部门组织开展造林绿化;属于集体所有的,由集体经济组织组织开展造林绿化。

城市规划区内、铁路公路两侧、江河两侧、湖泊水库周围,由各有关主管部门按照有关规定因地制宜组织开展造林绿化;工矿区、工业园区、机关、学校用地,部队营区以及农场、牧场、渔场经营地区,由各该单位负责造林绿化。组织开展城市造林绿化的具体办法由国务院制定。

国家所有和集体所有的宜林荒山荒地荒滩可以由单位或者个人承包造林绿化。

第四十四条 国家鼓励公民通过植树造林、抚育管护、认建认养等方式参与造林绿化。

第四十五条 各级人民政府组织造林绿化,应当科学规划、因地制宜,优化林种、树种结构,鼓励使用乡土树种和林木良种、营造混交林,提高造林绿化质量。

国家投资或者以国家投资为主的造林绿化项目,应当按照国家规定使用林木良种。

第四十六条 各级人民政府应当采取以自然恢复为主、自然恢复和人工修复相结合的措施,科学保护修复森林生态系统。新造幼林地和其他应当封山育林的地方,由当地人民政府组织封山育林。

各级人民政府应当对国务院确定的坡耕地、严重沙化耕地、严重石漠化耕地、严重污染耕地等需要生态修复的耕地,有计划地组织实施退耕还林还草。

各级人民政府应当对自然因素等导致的荒废和受损山体、退化林地以及宜林荒山荒地荒滩,因地制宜实施森林生态修复工程,恢复植被。

第六章 经营管理

第四十七条 国家根据生态保护的需要,将森林生态区位重要或者生态状况脆弱,以发挥生态效益为主要目的的林地和林地上的森林划定为公益林。未划定为公益林的林地和林地上的森林属于商品林。

第四十八条 公益林由国务院和省、自治区、直辖市人民政府划定并公布。

下列区域的林地和林地上的森林,应当划定为公益林:

(一)重要江河源头汇水区域;

（二）重要江河干流及支流两岸、饮用水水源地保护区；

（三）重要湿地和重要水库周围；

（四）森林和陆生野生动物类型的自然保护区；

（五）荒漠化和水土流失严重地区的防风固沙林基干林带；

（六）沿海防护林基干林带；

（七）未开发利用的原始林地区；

（八）需要划定的其他区域。

公益林划定涉及非国有林地的，应当与权利人签订书面协议，并给予合理补偿。

公益林进行调整的，应当经原划定机关同意，并予以公布。

国家级公益林划定和管理的办法由国务院制定；地方级公益林划定和管理的办法由省、自治区、直辖市人民政府制定。

第四十九条 国家对公益林实施严格保护。

县级以上人民政府林业主管部门应当有计划地组织公益林经营者对公益林中生态功能低下的疏林、残次林等低质低效林，采取林分改造、森林抚育等措施，提高公益林的质量和生态保护功能。

在符合公益林生态区位保护要求和不影响公益林生态功能的前提下，经科学论证，可以合理利用公益林林地资源和森林景观资源，适度开展林下经济、森林旅游等。利用公益林开展上述活动应当严格遵守国家有关规定。

第五十条 国家鼓励发展下列商品林：

（一）以生产木材为主要目的的森林；

（二）以生产果品、油料、饮料、调料、工业原料和药材等林产品为主要目的的森林；

（三）以生产燃料和其他生物质能源为主要目的的森林；

（四）其他以发挥经济效益为主要目的的森林。

在保障生态安全的前提下，国家鼓励建设速生丰产、珍贵树种和大径级用材林，增加林木储备，保障木材供给安全。

第五十一条 商品林由林业经营者依法自主经营。在不破坏生态的前提下，可以采取集约化经营措施，合理利用森林、林木、林地，提高商品林经济效益。

第五十二条 在林地上修筑下列直接为林业生产经营服务的工程设施，符合国家有关部门规定的标准的，由县级以上人民政府林业主管部门批准，不需要办理建设用地审批手续；超出标准需要占用林地的，应当依法办理建设用地审批手续：

（一）培育、生产种子、苗木的设施；

（二）贮存种子、苗木、木材的设施；

（三）集材道、运材道、防火巡护道、森林步道；

（四）林业科研、科普教育设施；

（五）野生动植物保护、护林、林业有害生物防治、森林防火、木材检疫的设施；

（六）供水、供电、供热、供气、通讯基础设施；

（七）其他直接为林业生产服务的工程设施。

第五十三条 国有林业企业事业单位应当编制森林经营方案，明确森林培育和管护的经营措施，报县级以上人民政府林业主管部门批准后实施。重点林区的森林经营方案由国务院林业主管部门批准后实施。

国家支持、引导其他林业经营者编制森林经营方案。

编制森林经营方案的具体办法由国务院林业主管部门制定。

第五十四条 国家严格控制森林年采伐量。省、自治区、直辖市人民政府林业主管部门根据消耗量低于生长量和森林分类经营管理的原则，编制本行政区域的年采伐限额，经征求国务院林业主管部门意见，报本级人民政府批准后公布实施，并报国务院备案。重点林区的年采伐限额，由国务院林业主管部门编制，报国务院批准后公布实施。

第五十五条 采伐森林、林木应当遵守下列规定：

（一）公益林只能进行抚育、更新和低质低效林改造性质的采伐。但是，因科研或者实验、防治林业有害生物、建设护林防火设施、营造生物防火隔离带、遭受自然灾害等需要采伐的除外。

（二）商品林应当根据不同情况，采取不同采伐方式，严格控制皆伐面积，伐育同步规划实施。

（三）自然保护区的林木，禁止采伐。但是，因防治林业有害生物、森林防火、维护主要保护对象生存环境、遭受自然灾害等特殊情况必须采伐的和实验区的竹林除外。

省级以上人民政府林业主管部门应当根据前款规定，按照森林分类经营管理、保护优先、注重效率和效益等原则，制定相应的林木采伐技术规程。

第五十六条 采伐林地上的林木应当申请采伐许可证，并按照采伐许可证的规定进行采伐；采伐自然保护区以外的竹林，不需要申请采伐许可证，但应当符合林木采伐技术规程。

农村居民采伐自留地和房前屋后个人所有的零星林

木,不需要申请采伐许可证。

非林地上的农田防护林、防风固沙林、护路林、护岸护堤林和城镇林木等的更新采伐,由有关主管部门按照有关规定管理。

采挖移植林木按照采伐林木管理。具体办法由国务院林业主管部门制定。

禁止伪造、变造、买卖、租借采伐许可证。

第五十七条 采伐许可证由县级以上人民政府林业主管部门核发。

县级以上人民政府林业主管部门应当采取措施,方便申请人办理采伐许可证。

农村居民采伐自留山和个人承包集体林地上的林木,由县级人民政府林业主管部门或者其委托的乡镇人民政府核发采伐许可证。

第五十八条 申请采伐许可证,应当提交有关采伐的地点、林种、树种、面积、蓄积、方式、更新措施和林木权属等内容的材料。超过省级以上人民政府林业主管部门规定面积或者蓄积量的,还应当提交伐区调查设计材料。

第五十九条 符合林木采伐技术规程的,审核发放采伐许可证的部门应当及时核发采伐许可证。但是,审核发放采伐许可证的部门不得超过年采伐限额发放采伐许可证。

第六十条 有下列情形之一的,不得核发采伐许可证:

(一)采伐封山育林期、封山育林区内的林木;

(二)上年度采伐后未按照规定完成更新造林任务;

(三)上年度发生重大滥伐案件、森林火灾或者林业有害生物灾害,未采取预防和改进措施;

(四)法律法规和国务院林业主管部门规定的禁止采伐的其他情形。

第六十一条 采伐林木的组织和个人应当按照有关规定完成更新造林。更新造林的面积不得少于采伐的面积,更新造林应当达到相关技术规程规定的标准。

第六十二条 国家通过贴息、林权收储担保补助等措施,鼓励和引导金融机构开展涉林抵押贷款、林农信用贷款等符合林业特点的信贷业务,扶持林权收储机构进行市场化收储担保。

第六十三条 国家支持发展森林保险。县级以上人民政府依法对森林保险提供保险费补贴。

第六十四条 林业经营者可以自愿申请森林认证,促进森林经营水平提高和可持续经营。

第六十五条 木材经营加工企业应当建立原料和产品出入库台账。任何单位和个人不得收购、加工、运输明知是盗伐、滥伐等非法来源的林木。

第七章 监督检查

第六十六条 县级以上人民政府林业主管部门依照本法规定,对森林资源的保护、修复、利用、更新等进行监督检查,依法查处破坏森林资源等违法行为。

第六十七条 县级以上人民政府林业主管部门履行森林资源保护监督检查职责,有权采取下列措施:

(一)进入生产经营场所进行现场检查;

(二)查阅、复制有关文件、资料,对可能被转移、销毁、隐匿或者篡改的文件、资料予以封存;

(三)查封、扣押有证据证明来源非法的林木以及从事破坏森林资源活动的工具、设备或者财物;

(四)查封与破坏森林资源活动有关的场所。

省级以上人民政府林业主管部门对森林资源保护发展工作不力、问题突出、群众反映强烈的地区,可以约谈所在地区县级以上地方人民政府及其有关部门主要负责人,要求其采取措施及时整改。约谈整改情况应当向社会公开。

第六十八条 破坏森林资源造成生态环境损害的,县级以上人民政府自然资源主管部门、林业主管部门可以依法向人民法院提起诉讼,对侵权人提出损害赔偿要求。

第六十九条 审计机关按照国家有关规定对国有森林资源资产进行审计监督。

第八章 法律责任

第七十条 县级以上人民政府林业主管部门或者其他有关国家机关未依照本法规定履行职责的,对直接负责的主管人员和其他直接责任人员依法给予处分。

依照本法规定应当作出行政处罚决定而未作出的,上级主管部门有权责令下级主管部门作出行政处罚决定或者直接给予行政处罚。

第七十一条 违反本法规定,侵害森林、林木、林地的所有者或者使用者的合法权益的,依法承担侵权责任。

第七十二条 违反本法规定,国有林业企业事业单位未履行保护培育森林资源义务、未编制森林经营方案或者未按照批准的森林经营方案开展森林经营活动的,由县级以上人民政府林业主管部门责令限期改正,对直接负责的主管人员和其他直接责任人员依法给予处分。

第七十三条 违反本法规定,未经县级以上人民政府林业主管部门审核同意,擅自改变林地用途的,由县级以上人民政府林业主管部门责令限期恢复植被和林业生产条件，可以处恢复植被和林业生产条件所需费用三倍以下的罚款。

虽经县级以上人民政府林业主管部门审核同意，但未办理建设用地审批手续擅自占用林地的，依照《中华人民共和国土地管理法》的有关规定处罚。

在临时使用的林地上修建永久性建筑物，或者临时使用林地期满后一年内未恢复植被或者林业生产条件的，依照本条第一款规定处罚。

第七十四条　违反本法规定，进行开垦、采石、采砂、采土或者其他活动，造成林木毁坏的，由县级以上人民政府林业主管部门责令停止违法行为，限期在原地或者异地补种毁坏株数一倍以上三倍以下的树木，可以处毁坏林木价值五倍以下的罚款；造成林地毁坏的，由县级以上人民政府林业主管部门责令停止违法行为，限期恢复植被和林业生产条件，可以处恢复植被和林业生产条件所需费用三倍以下的罚款。

违反本法规定，在幼林地砍柴、毁苗、放牧造成林木毁坏的，由县级以上人民政府林业主管部门责令停止违法行为，限期在原地或者异地补种毁坏株数一倍以上三倍以下的树木。

向林地排放重金属或者其他有毒有害物质含量超标的污水、污泥，以及可能造成林地污染的清淤底泥、尾矿、矿渣等的，依照《中华人民共和国土壤污染防治法》的有关规定处罚。

第七十五条　违反本法规定，擅自移动或者毁坏森林保护标志的，由县级以上人民政府林业主管部门恢复森林保护标志，所需费用由违法者承担。

第七十六条　盗伐林木的，由县级以上人民政府林业主管部门责令限期在原地或者异地补种盗伐株数一倍以上五倍以下的树木，并处盗伐林木价值五倍以上十倍以下的罚款。

滥伐林木的，由县级以上人民政府林业主管部门责令限期在原地或者异地补种滥伐株数一倍以上三倍以下的树木，可以处滥伐林木价值三倍以上五倍以下的罚款。

第七十七条　违反本法规定，伪造、变造、买卖、租借采伐许可证的，由县级以上人民政府林业主管部门没收证件和违法所得，并处违法所得一倍以上三倍以下的罚款；没有违法所得的，可以处二万元以下的罚款。

第七十八条　违反本法规定，收购、加工、运输明知是盗伐、滥伐等非法来源的林木的，由县级以上人民政府林业主管部门责令停止违法行为，没收违法收购、加工、运输的林木或者变卖所得，可以处违法收购、加工、运输林木价款三倍以下的罚款。

第七十九条　违反本法规定，未完成更新造林任务的，由县级以上人民政府林业主管部门责令限期完成；逾期未完成的，可以处未完成造林任务所需费用二倍以下的罚款；对直接负责的主管人员和其他直接责任人员，依法给予处分。

第八十条　违反本法规定，拒绝、阻碍县级以上人民政府林业主管部门依法实施监督检查的，可以处五万元以下的罚款，情节严重的，可以责令停产停业整顿。

第八十一条　违反本法规定，有下列情形之一的，由县级以上人民政府林业主管部门依法组织代为履行，代为履行所需费用由违法者承担：

（一）拒不恢复植被和林业生产条件，或者恢复植被和林业生产条件不符合国家有关规定；

（二）拒不补种树木，或者补种不符合国家有关规定。

恢复植被和林业生产条件、树木补种的标准，由省级以上人民政府林业主管部门制定。

第八十二条　公安机关按照国家有关规定，可以依法行使本法第七十四条第一款、第七十六条、第七十七条、第七十八条规定的行政处罚权。

违反本法规定，构成违反治安管理行为的，依法给予治安管理处罚；构成犯罪的，依法追究刑事责任。

第九章　附　则

第八十三条　本法下列用语的含义是：

（一）森林，包括乔木林、竹林和国家特别规定的灌木林。按照用途可以分为防护林、特种用途林、用材林、经济林和能源林。

（二）林木，包括树木和竹子。

（三）林地，是指县级以上人民政府规划确定的用于发展林业的土地。包括郁闭度 0.2 以上的乔木林地以及竹林地、灌木林地、疏林地、采伐迹地、火烧迹地、未成林造林地、苗圃地等。

第八十四条　本法自 2020 年 7 月 1 日起施行。

退耕还林条例

· 2002 年 12 月 14 日中华人民共和国国务院令第 367 号公布
· 根据 2016 年 2 月 6 日《国务院关于修改部分行政法规的决定》修订

第一章　总　则

第一条　为了规范退耕还林活动，保护退耕还林者的合法权益，巩固退耕还林成果，优化农村产业结构，改善生态环境,制定本条例。

第二条　国务院批准规划范围内的退耕还林活动,适用本条例。

第三条　各级人民政府应当严格执行"退耕还林、封山绿化、以粮代赈、个体承包"的政策措施。

第四条　退耕还林必须坚持生态优先。退耕还林应当与调整农村产业结构、发展农村经济,防治水土流失、保护和建设基本农田、提高粮食单产,加强农村能源建设,实施生态移民相结合。

第五条　退耕还林应当遵循下列原则:

(一)统筹规划、分步实施、突出重点、注重实效;

(二)政策引导和农民自愿退耕相结合,谁退耕、谁造林、谁经营、谁受益;

(三)遵循自然规律,因地制宜,宜林则林,宜草则草,综合治理;

(四)建设与保护并重,防止边治理边破坏;

(五)逐步改善退耕还林者的生活条件。

第六条　国务院西部开发工作机构负责退耕还林工作的综合协调,组织有关部门研究制定退耕还林有关政策、办法,组织和协调退耕还林总体规划的落实;国务院林业行政主管部门负责编制退耕还林总体规划、年度计划,主管全国退耕还林的实施工作,负责退耕还林工作的指导和监督检查;国务院发展计划部门会同有关部门负责退耕还林总体规划的审核、计划的汇总、基建年度计划的编制和综合平衡;国务院财政主管部门负责退耕还林中央财政补助资金的安排和监督管理;国务院农业行政主管部门负责已垦草场的退耕还草以及天然草场的恢复和建设有关规划、计划的编制,以及技术指导和监督检查;国务院水行政主管部门负责退耕还林还草地区小流域治理、水土保持等相关工作的技术指导和监督检查;国务院粮食行政管理部门负责粮源的协调和调剂工作。

县级以上地方人民政府林业、计划、财政、农业、水利、粮食等部门在本级人民政府的统一领导下,按照本条例和规定的职责分工,负责退耕还林的有关工作。

第七条　国家对退耕还林实行省、自治区、直辖市人民政府负责制。省、自治区、直辖市人民政府应当组织有关部门采取措施,保证退耕还林中央补助资金的专款专用,组织落实补助粮食的调运和供应,加强退耕还林的复查工作,按期完成国家下达的退耕还林任务,并逐级落实目标责任,签订责任书,实现退耕还林目标。

第八条　退耕还林实行目标责任制。

县级以上地方各级人民政府有关部门应当与退耕还林工程项目负责人和技术负责人签订责任书,明确其应当承担的责任。

第九条　国家支持退耕还林应用技术的研究和推广,提高退耕还林科学技术水平。

第十条　国务院有关部门和地方各级人民政府应当组织开展退耕还林活动的宣传教育,增强公民的生态建设和保护意识。

在退耕还林工作中做出显著成绩的单位和个人,由国务院有关部门和地方各级人民政府给予表彰和奖励。

第十一条　任何单位和个人都有权检举、控告破坏退耕还林的行为。

有关人民政府及其有关部门接到检举、控告后,应当及时处理。

第十二条　各级审计机关应当加强对退耕还林资金和粮食补助使用情况的审计监督。

第二章　规划和计划

第十三条　退耕还林应当统筹规划。

退耕还林总体规划由国务院林业行政主管部门编制,经国务院西部开发工作机构协调、国务院发展计划部门审核后,报国务院批准实施。

省、自治区、直辖市人民政府林业行政主管部门根据退耕还林总体规划会同有关部门编制本行政区域的退耕还林规划,经本级人民政府批准,报国务院有关部门备案。

第十四条　退耕还林规划应当包括下列主要内容:

(一)范围、布局和重点;

(二)年限、目标和任务;

(三)投资测算和资金来源;

(四)效益分析和评价;

(五)保障措施。

第十五条　下列耕地应当纳入退耕还林规划,并根据生态建设需要和国家财力有计划地实施退耕还林:

(一)水土流失严重的;

(二)沙化、盐碱化、石漠化严重的;

(三)生态地位重要、粮食产量低而不稳的。

江河源头及其两侧、湖库周围的陡坡耕地以及水土流失和风沙危害严重等生态地位重要区域的耕地,应当在退耕还林规划中优先安排。

第十六条　基本农田保护范围内的耕地和生产条件较好、实际粮食产量超过国家退耕还林补助粮食标准并且不会造成水土流失的耕地,不得纳入退耕还林规划;但是，因生态建设特殊需要，经国务院批准并依照有关法律、行政法规规定的程序调整基本农田保护范围后，可以纳入退耕还林规划。

制定退耕还林规划时，应当考虑退耕农民长期的生计需要。

第十七条 退耕还林规划应当与国民经济和社会发展规划、农村经济发展总体规划、土地利用总体规划相衔接，与环境保护、水土保持、防沙治沙等规划相协调。

第十八条 退耕还林必须依照经批准的规划进行。未经原批准机关同意，不得擅自调整退耕还林规划。

第十九条 省、自治区、直辖市人民政府林业行政主管部门根据退耕还林规划，会同有关部门编制本行政区域下一年度退耕还林计划建议，由本级人民政府发展计划部门审核，并经本级人民政府批准后，于每年 8 月 31 日前报国务院西部开发工作机构、林业、发展计划等有关部门。国务院林业行政主管部门汇总编制全国退耕还林年度计划建议，经国务院西部开发工作机构协调，国务院发展计划部门审核和综合平衡，报国务院批准后，由国务院发展计划部门会同有关部门于 10 月 31 日前联合下达。

省、自治区、直辖市人民政府发展计划部门会同有关部门根据全国退耕还林年度计划，于 11 月 30 日前将本行政区域下一年度退耕还林计划分解下达到有关县（市）人民政府，并将分解下达情况报国务院有关部门备案。

第二十条 省、自治区、直辖市人民政府林业行政主管部门根据国家下达的下一年度退耕还林计划，会同有关部门编制本行政区域内的年度退耕还林实施方案，报本级人民政府批准实施。

县级人民政府林业行政主管部门可以根据批准后的省级退耕还林年度实施方案，编制本行政区域内的退耕还林年度实施方案，报本级人民政府批准后实施，并报省、自治区、直辖市人民政府林业行政主管部门备案。

第二十一条 年度退耕还林实施方案，应当包括下列主要内容：

（一）退耕还林的具体范围；

（二）生态林与经济林比例；

（三）树种选择和植被配置方式；

（四）造林模式；

（五）种苗供应方式；

（六）植被管护和配套保障措施；

（七）项目和技术负责人。

第二十二条 县级人民政府林业行政主管部门应当根据年度退耕还林实施方案组织专业人员或者有资质的设计单位编制乡镇作业设计，把实施方案确定的内容落实到具体地块和土地承包经营权人。

编制作业设计时，干旱、半干旱地区应当以种植耐旱灌木（草）、恢复原有植被为主；以间作方式植树种草的，应当间作多年生植物，主要林木的初植密度应当符合国家规定的标准。

第二十三条 退耕土地还林营造的生态林面积，以县为单位核算，不得低于退耕土地还林面积的 80%。

退耕还林营造的生态林，由县级以上地方人民政府林业行政主管部门根据国务院林业行政主管部门制定的标准认定。

第三章 造林、管护与检查验收

第二十四条 县级人民政府或者其委托的乡级人民政府应当与有退耕还林任务的土地承包经营权人签订退耕还林合同。

退耕还林合同应当包括下列主要内容：

（一）退耕土地还林范围、面积和宜林荒山荒地造林范围、面积；

（二）按照作业设计确定的退耕还林方式；

（三）造林成活率及其保存率；

（四）管护责任；

（五）资金和粮食的补助标准、期限和给付方式；

（六）技术指导、技术服务的方式和内容；

（七）种苗来源和供应方式；

（八）违约责任；

（九）合同履行期限。

退耕还林合同的内容不得与本条例以及国家其他有关退耕还林的规定相抵触。

第二十五条 退耕还林需要的种苗，可以由县级人民政府根据本地区实际组织集中采购，也可以由退耕还林者自行采购。集中采购的，应当征求退耕还林者的意见，并采用公开竞价方式，签订书面合同，超过国家种苗造林补助费标准的，不得向退耕还林者强行收取超出部分的费用。

任何单位和个人不得为退耕还林者指定种苗供应商。

禁止垄断经营种苗和哄抬种苗价格。

第二十六条 退耕还林所用种苗应当就地培育、就近调剂，优先选用乡土树种和抗逆性强树种的良种壮苗。

第二十七条 林业、农业行政主管部门应当加强种苗培育的技术指导和服务的管理工作,保证种苗质量。

销售、供应的退耕还林种苗应当经县级人民政府林业、农业行政主管部门检验合格,并附具标签和质量检验合格证;跨县调运的,还应当依法取得检疫合格证。

第二十八条 省、自治区、直辖市人民政府应当根据本行政区域的退耕还林规划,加强种苗生产与采种基地的建设。

国家鼓励企业和个人采取多种形式培育种苗,开展产业化经营。

第二十九条 退耕还林者应当按照作业设计和合同的要求植树种草。

禁止林粮间作和破坏原有林草植被的行为。

第三十条 退耕还林者在享受资金和粮食补助期间,应当按照作业设计和合同的要求在宜林荒山荒地造林。

第三十一条 县级人民政府应当建立退耕还林植被管护制度,落实管护责任。

退耕还林者应当履行管护义务。

禁止在退耕还林项目实施范围内复耕和从事滥采、乱挖等破坏地表植被的活动。

第三十二条 地方各级人民政府及其有关部门应当组织技术推广单位或者技术人员,为退耕还林提供技术指导和技术服务。

第三十三条 县级人民政府林业行政主管部门应当按照国务院林业行政主管部门制定的检查验收标准和办法,对退耕还林建设项目进行检查验收,经验收合格的,方可发给验收合格证明。

第三十四条 省、自治区、直辖市人民政府应当对县级退耕还林检查验收结果进行复查,并根据复查结果对县级人民政府和有关责任人员进行奖惩。

国务院林业行政主管部门应当对省级复查结果进行核查,并将核查结果上报国务院。

第四章 资金和粮食补助

第三十五条 国家按照核定的退耕还林实际面积,向土地承包经营权人提供补助粮食、种苗造林补助费和生活补助费。具体补助标准和补助年限按照国务院有关规定执行。

第三十六条 尚未承包到户和休耕的坡耕地退耕还林的,以及纳入退耕还林规划的宜林荒山荒地造林,只享受种苗造林补助费。

第三十七条 种苗造林补助费和生活补助费由国务院计划、财政、林业部门按照有关规定及时下达、核拨。

第三十八条 补助粮食应当就近调运,减少供应环节,降低供应成本。粮食补助费按照国家有关政策处理。

粮食调运费用由地方财政承担,不得向供应补助粮食的企业和退耕还林者分摊。

第三十九条 省、自治区、直辖市人民政府应当根据当地口粮消费习惯和农作物种植习惯以及当地粮食库存实际情况合理确定补助粮食的品种。

补助粮食必须达到国家规定的质量标准。不符合国家质量标准的,不得供应给退耕还林者。

第四十条 退耕土地还林的第一年,该年度补助粮食可以分两次兑付,每次兑付的数量由省、自治区、直辖市人民政府确定。

从退耕土地还林第二年起,在规定的补助期限内,县级人民政府应当组织有关部门和单位及时向持有验收合格证明的退耕还林者一次兑付该年度补助粮食。

第四十一条 兑付的补助粮食,不得折算成现金或者代金券。供应补助粮食的企业不得回购退耕还林补助粮食。

第四十二条 种苗造林补助费应当用于种苗采购,节余部分可以用于造林补助和封育管护。

退耕还林者自行采购种苗的,县级人民政府或者其委托的乡级人民政府应当在退耕还林合同生效时一次付清种苗造林补助费。

集中采购种苗的,退耕还林验收合格后,种苗采购单位应当与退耕还林者结算种苗造林补助费。

第四十三条 退耕土地还林后,在规定的补助期限内,县级人民政府应当组织有关部门及时向持有验收合格证明的退耕还林者一次付清该年度生活补助费。

第四十四条 退耕还林资金实行专户存储、专款专用,任何单位和个人不得挤占、截留、挪用和克扣。

任何单位和个人不得弄虚作假、虚报冒领补助资金和粮食。

第四十五条 退耕还林所需前期工作和科技支撑等费用,国家按照退耕还林基本建设投资的一定比例给予补助,由国务院发展计划部门根据工程情况在年度计划中安排。

退耕还林地方所需检查验收、兑付等费用,由地方财政承担。中央有关部门所需核查等费用,由中央财政承担。

第四十六条 实施退耕还林的乡(镇)、村应当建立退耕还林公示制度,将退耕还林者的退耕还林面积、造林树种、成活率以及资金和粮食补助发放等情况进行公示。

第五章 其他保障措施

第四十七条 国家保护退耕还林者享有退耕土地上的林木(草)所有权。自行退耕还林的,土地承包经营权人享有退耕土地上的林木(草)所有权;委托他人还林或者与他人合作还林的,退耕土地上的林木(草)所有权由合同约定。

退耕土地还林后,由县级以上人民政府依照森林法、草原法的有关规定发放林(草)权属证书,确认所有权和使用权,并依法办理土地变更登记手续。土地承包经营合同应当作相应调整。

第四十八条 退耕土地还林后的承包经营权期限可以延长到70年。承包经营权到期后,土地承包经营权人可以依照有关法律、法规的规定继续承包。

退耕还林土地和荒山荒地造林后的承包经营权可以依法继承、转让。

第四十九条 退耕还林者按照国家有关规定享受税收优惠,其中退耕还林(草)所取得的农业特产收入,依照国家规定免征农业特产税。

退耕还林的县(市)农业税收因灾减收部分,由上级财政以转移支付的方式给予适当补助;确有困难的,经国务院批准,由中央财政以转移支付的方式给予适当补助。

第五十条 资金和粮食补助期满后,在不破坏整体生态功能的前提下,经有关主管部门批准,退耕还林者可以依法对其所有的林木进行采伐。

第五十一条 地方各级人民政府应当加强基本农田和农业基础设施建设,增加投入,改良土壤,改造坡耕地,提高地力和单位粮食产量,解决退耕还林者的长期口粮需求。

第五十二条 地方各级人民政府应当根据实际情况加强沼气、小水电、太阳能、风能等农村能源建设,解决退耕还林者对能源的需求。

第五十三条 地方各级人民政府应当调整农村产业结构,扶持龙头企业,发展支柱产业,开辟就业门路,增加农民收入,加快小城镇建设,促进农业人口逐步向城镇转移。

第五十四条 国家鼓励在退耕还林过程中实行生态移民,并对生态移民农户的生产、生活设施给予适当补助。

第五十五条 退耕还林后,有关地方人民政府应当采取封山禁牧、舍饲圈养等措施,保护退耕还林成果。

第五十六条 退耕还林应当与扶贫开发、农业综合开发和水土保持等政策措施相结合,对不同性质的项目资金应当在专款专用的前提下统筹安排,提高资金使用效益。

第六章 法律责任

第五十七条 国家工作人员在退耕还林活动中违反本条例的规定,有下列行为之一的,依照刑法关于贪污罪、受贿罪、挪用公款罪或者其他罪的规定,依法追究刑事责任;尚不够刑事处罚的,依法给予行政处分:

(一)挤占、截留、挪用退耕还林资金或者克扣补助粮食的;

(二)弄虚作假、虚报冒领补助资金和粮食的;

(三)利用职务上的便利收受他人财物或者其他好处的。

国家工作人员以外的其他人员有前款第(二)项行为的,依照刑法关于诈骗罪或者其他罪的规定,依法追究刑事责任;尚不够刑事处罚的,由县级以上人民政府林业行政主管部门责令退回所冒领的补助资金和粮食,处以冒领资金额2倍以上5倍以下的罚款。

第五十八条 国家机关工作人员在退耕还林活动中违反本条例的规定,有下列行为之一的,由其所在单位或者上一级主管部门责令限期改正,退还分摊的和多收取的费用,对直接负责的主管人员和其他直接责任人员,依照刑法关于滥用职权罪、玩忽职守罪或者其他罪的规定,依法追究刑事责任;尚不够刑事处罚的,依法给予行政处分:

(一)未及时处理有关破坏退耕还林活动的检举、控告的;

(二)向供应补助粮食的企业和退耕还林者分摊粮食调运费用的;

(三)不及时向持有验收合格证明的退耕还林者发放补助粮食和生活补助费的;

(四)在退耕还林合同生效时,对自行采购种苗的退耕还林者未一次付清种苗造林补助费的;

(五)集中采购种苗的,在退耕还林验收合格后,未与退耕还林者结算种苗造林补助费的;

(六)集中采购的种苗不合格的;

(七)集中采购种苗的,向退耕还林者强行收取超出国家规定种苗造林补助费标准的种苗费的;

(八)为退耕还林者指定种苗供应商的;

(九)批准粮食企业向退耕还林者供应不符合国家质量标准的补助粮食或者将补助粮食折算成现金、代金券支付的;

(十)其他不依照本条例规定履行职责的。

第五十九条　采用不正当手段垄断种苗市场，或者哄抬种苗价格的，依照刑法关于非法经营罪、强迫交易罪或者其他罪的规定，依法追究刑事责任；尚不够刑事处罚的，由工商行政管理机关依照反不正当竞争法的规定处理；反不正当竞争法未作规定的，由工商行政管理机关处以非法经营额2倍以上5倍以下的罚款。

第六十条　销售、供应未经检验合格的种苗或者未附具标签、质量检验合格证、检疫合格证的种苗的，依照刑法关于生产、销售伪劣种子罪或者其他罪的规定，依法追究刑事责任；尚不够刑事处罚的，由县级以上人民政府林业、农业行政主管部门或者工商行政管理机关依照种子法的规定处理；种子法未作规定的，由县级以上人民政府林业、农业行政主管部门依据职权处以非法经营额2倍以上5倍以下的罚款。

第六十一条　供应补助粮食的企业向退耕还林者供应不符合国家质量标准的补助粮食的，由县级以上人民政府粮食行政管理部门责令限期改正，可以处非法供应的补助粮食数量乘以标准口粮单价1倍以下的罚款。

供应补助粮食的企业将补助粮食折算成现金或者代金券支付的，或者回购补助粮食的，由县级以上人民政府粮食行政管理部门责令限期改正，可以处折算现金额、代金券额或者回购粮食价款1倍以下的罚款。

第六十二条　退耕还林者擅自复耕，或者林粮间作、在退耕还林项目实施范围内从事滥采、乱挖等破坏地表植被的活动的，依照刑法关于非法占用农用地罪、滥伐林木罪或者其他罪的规定，依法追究刑事责任；尚不够刑事处罚的，由县级以上人民政府林业、农业、水利行政主管部门依照森林法、草原法、水土保持法的规定处罚。

第七章　附　则

第六十三条　已垦草场退耕还草和天然草场恢复与建设的具体实施，依照草原法和国务院有关规定执行。

退耕还林还草地区小流域治理、水土保持等相关工作的具体实施，依照水土保持法和国务院有关规定执行。

第六十四条　国务院批准的规划范围外的土地，地方各级人民政府决定实施退耕还林的，不享受本条例规定的中央政策补助。

第六十五条　本条例自2003年1月20日起施行。

国务院办公厅关于重点林区“十四五”期间年森林采伐限额的复函

·2021年2月1日
·国办函〔2021〕15号

自然资源部、国家林草局：

自然资源部《关于重点林区“十四五”期间年采伐限额的请示》（自然资发〔2020〕189号）收悉。经国务院批准，现函复如下：

一、国务院原则同意国家林草局编制的重点林区“十四五”期间年森林采伐限额，请认真贯彻执行。

二、重点林区“十四五”期间年森林采伐限额是重点林区每年采伐林地上森林、消耗林木蓄积的最大限量，国家林草局和各有关单位必须严格执行，不得突破。采伐限额要分解落实到限额编制单位。因重大自然灾害等特殊情况需要采伐林木且在采伐限额内无法解决的，应上报国务院批准。

三、国家林草局要进一步细化年森林采伐限额管理措施，严格落实凭证采伐制度，定期开展森林督查和专项检查，依法打击乱砍滥伐等破坏森林资源行为，确保重点林区森林资源总量持续增长、质量不断提高、生态功能稳步增强。

四、森林关系国家生态安全，国家依法实行森林采伐限额制度，严格控制森林年采伐量。国家林草局要依法加强指导和监督，督促各省（自治区、直辖市）林业主管部门科学编制本行政区域年森林采伐限额，严格执行、不得突破，对造成森林资源破坏的要依法依规追究责任，进一步加强森林资源保护和管理，加快推进生态文明和美丽中国建设。

附件：重点林区“十四五”期间年森林采伐限额表

附件

重点林区“十四五”期间年森林采伐限额表

单位:万立方米

单位	合计	人工林			天然林
			商业性	非商业性	非商业性
合计	**537.7**	**153.9**	**57.8**	**96.1**	**383.8**
内蒙古森工集团	190.0	43.3	11.9	31.4	146.7
吉林森工集团	70.5	30.8	13.7	17.1	39.7
长白山森工集团	56.3	23.4	14.8	8.6	32.9
龙江森工集团	94.7	36.0	12.2	23.8	58.7
伊春山森工集团	46.4	13.8	1.8	12.0	32.6
大兴安岭林业集团	79.8	6.6	3.4	3.2	73.2

注:1. 商业性采伐是指以取材为主要目的的采伐。上表中商业性采伐限额为人工林主伐限额。

2. 非商业性采伐是指以保育森林为主要目的的采伐,包括抚育采伐、低产(效)林改造和其他采伐以及人工公益林中以退化过熟林修复为目的的更新采伐。

深化集体林权制度改革方案

·2023 年 9 月 25 日①

集体林是提升碳汇能力的重要载体,是维护生态安全的重要基础,是实现乡村振兴的重要资源。集体林权制度改革对于巩固和完善农村基本经营制度、促进农民就业增收、建设生态文明、推动绿色发展具有重要意义。为深化集体林权制度改革,巩固和拓展改革成果,制定本方案。

一、总体要求

深化集体林权制度改革,要以习近平新时代中国特色社会主义思想为指导,深入贯彻党的二十大精神,全面贯彻习近平生态文明思想,牢固树立和践行绿水青山就是金山银山理念,积极稳妥推进集体林权制度创新,依法保护农民和林业经营者的集体林权益,增强生态保护和林业发展内生动力,不断完善生态产品价值实现机制和生态补偿制度,充分发挥森林多种功能,推动林业高质量发展,推进农民农村共同富裕,促进人与自然和谐共生,努力实现生态美、百姓富的有机统一。

——坚持改革方向,稳步深化探索。确保集体林地承包关系长期稳定,放活林地经营权、保障林木所有权。尊重群众首创精神,及时总结提炼经验做法,分区分类施策,突出问题导向,坚持底线思维,不搞一刀切、强迫命令,确保改革始终沿着正确方向前进。

——坚持生态优先、绿色发展。把保护生态放在首位,推进森林资源节约集约循环利用,统筹保护与发展,科学开展森林经营,提高森林质量,增加生态产品供给,提升森林生态效益、经济效益、社会效益。

——坚持尊重农民意愿,保护农民权益。充分发挥市场在资源配置中的决定性作用,更好发挥政府作用,实施一批发展所需、基层所盼、民心所向的改革举措,让群众有更多的获得感、幸福感、安全感。

到 2025 年,基本形成权属清晰、责权利统一、保护严格、流转有序、监管有效的集体林权制度。在此基础上,通过继续深化改革,进一步发展林业适度规模经营,推动森林经营更加科学高效、支持保护制度更加完善、林权价值增值途径更加多样,不断促进森林资源持续增长、森林生态质量持续提高、林区发展条件持续改善、农民收入持

① 该时间为新华社发布时间。

续增加。

二、主要任务

（一）加快推进“三权分置”。实行集体林地所有权、承包权、经营权“三权分置”。落实所有权，坚持集体林地所有权不变，维护农民集体对承包林地发包、调整、监督等各项权能。稳定承包权，保持集体林地承包关系稳定并长久不变，承包期届满时应坚持延包原则，不得将承包林地打乱重分，确保绝大多数农户原有承包林地继续保持稳定。保障进城落户农民合法林地权益，鼓励依法自愿有偿转让。开展集体林地延包试点，家庭承包林地剩余期限10年以内的，发包方可以依法提前确认延包合同，以林地承包到期为起点起算并合理确定延包期限。放活经营权，林地经营权可以依法再流转或者依法向金融机构融资担保。林地经营权合同终止时，要保障林地经营权人的林木财产权益，鼓励林地受让方以公允价格受让林木所有权，维持林业正常生产经营活动。流转期限5年以上的林地经营权可以向不动产登记机构申请登记发证，可以作为林权抵押贷款、申报林业项目、申请林木采伐及其他有关行政管理事项的凭证。

（二）发展林业适度规模经营。鼓励各地采取措施，引导农户通过出租、入股、合作等方式流转林地经营权。支持小农户通过多种形式联合开展生产，推广家庭联合经营、农村集体经济组织与农户股份合作经营、农户委托经营模式。发挥各类社会化服务组织带动小农户作用，完善小农户利益联结机制，促进小农户和现代林业发展有机衔接。对仍由农村集体经济组织统一经营管理的林地，将集体林地收益权量化到户，收益权证发放到户。支持各地组建林权收储机构，采取市场化方式收储分散林权。鼓励探索林权资产折资量化的林票运行机制，增强森林资源资产对社会资本的吸引力。各地要依托现有平台搭建林权流转交易系统，建立社会资本投资林权的渠道。鼓励各类企业参与林业投资经营，加强对社会资本投资林业的全过程监督，建立健全联农带农机制。鼓励各地采取改善林业生产经营条件、购买社会化服务、补助林权收储担保费用等措施培育林业规模经营主体。支持分区分类探索国有林场经营性收入分配激励机制，引导国有林场与农村集体经济组织和农户联合经营，促进集体林经营水平提升。完善林权流转纠纷调处机制，将集体林地承包经营纠纷调处纳入平安中国建设考评体系。

（三）切实加强森林经营。从保障农民合法权益出发，依法依规科学划定公益林和天然林范围，不得随意扩大范围。合理优化公益林中集体林的比例，适当考虑将森林生态区位不重要或者生态状况不脆弱的集体林地依法调出公益林范围，经国务院和省（自治区、直辖市）政府同意，并予以公布。县级林草主管部门要探索建立以森林经营方案为基础的管理制度，支持和引导规模经营主体单独编制森林经营方案，将森林经营方案作为审批林木采伐、安排林业项目等行政管理事项的重要依据。实施森林质量精准提升工程，推广森林高效经营模式，采取林分改造、森林抚育、优化林种树种结构等措施，提升生态系统多样性、稳定性、持续性。鼓励各地结合实际探索差异化森林经营补助政策，重点支持中幼林抚育。推行全周期森林经营，通过采伐更新、抚育复壮、择伐补造等措施，加快低产低效林和成过熟林改造更新。

（四）保障林木所有权权能。对林业经营者实行林木采伐限额5年总额控制政策，取消人工商品林主伐年龄限制，明确人工公益林更新条件，实施林木采伐告知承诺方式审批，将林木采伐限额指标分配、林木采伐许可申请和审批及采伐监管情况纳入政府公开事项目录清单。强化对森林经营方案和告知承诺执行情况的监管，地方政府要用好用足林木采伐限额，将依法采伐的木材纳入地方政府森林资源保护发展目标责任制，满足森林经营中合理的林木采伐需求。不得以各种名义禁止或限制合法的林木采伐行为，确需禁止或限制的，应依法对权利人给予经济补偿。

（五）积极支持产业发展。加强木本粮油、木材、竹材、森林药材等重要初级林产品供给能力建设，鼓励林业大省、大市、大县培育林业支柱产业。实施兴林富民行动，农业农村产业发展、地区振兴、绿色经济和循环经济发展等政策要形成合力，支持集体林业大县发展林业产业，实施一批以工代赈项目，提升一批现代产业园区，扶持一批专精特新林业企业。在保护森林资源和生态的前提下，可依法利用公益林的林下资源、林间空地、林缘林地等，适度发展林下经济、生态旅游、森林康养、自然教育等绿色富民产业，严禁变相搞别墅、高尔夫球场等违法违规行为，并加强林区的历史文化遗产保护。通过政府采购积极推广应用木竹结构建筑和木竹建材。建立森林生态产品标志管理和产品追溯体系，创建区域林业特色品牌。鼓励各地举办森林生态产品推介活动，提供市场营销服务。结合农村公益性基础设施建设和相关行业发展规划实施，支持林业产业路、旅游路、资源路等集体林基础设施建设。推动将一批用于林业生产的先进适用机械按程序列入农机购置与应用补贴机具种类范围。

（六）探索完善生态产品价值实现机制。建立健全林业碳汇计量监测体系，形成林业碳汇核算基准线和方法学。支持符合条件的林业碳汇项目开发为温室气体自愿减排项目并参与市场交易，建立健全能够体现碳汇价值的生态保护补偿机制。探索实施林业碳票制度，制定林业碳汇管理办法，鼓励碳排放企业、大型活动组织者、社会公众等通过购买林业碳汇履行社会责任。健全森林生态效益补偿机制，统一天然林管护和国家级公益林补偿政策。鼓励各地结合生态保护贡献、生态区位重要程度、森林管护难度等因素探索实行差异化补偿。实行公益林、商品林分类经营管理，明确分级保护、差异化利用措施，保障权利人权益，促进林权价值增值。鼓励地方通过租赁、赎买、合作等方式妥善处置重要生态区位内的集体林，维护权利人的合法权益。

（七）加大金融支持力度。充分发挥绿色金融引领作用，研究将符合条件的林权交易服务、林产品精深加工等纳入绿色金融支持范围，加大金融支持力度。完善绿色贷款统计。鼓励和引导金融机构结合职能定位和业务范围，加大对林业贷款的支持力度。将林权抵押贷款和林业经营主体贷款纳入金融机构服务乡村振兴考核评估范畴，强化激励约束。商业银行林权抵押贷款不良率高出自身各项贷款不良率3个百分点（含）以内的，可不作为监管部门监管评级和银行内部考核评价的扣分因素。健全抵押林权快速处置机制，引导金融机构按市场化原则加大对林权抵押贷款的支持力度，提高林权抵押率。加强林权收储担保业务监管，发挥林权收储机构经营林权资产的专业优势，鼓励社会资本开展林权收储担保服务。探索基于碳汇权益的绿色信贷产品，符合条件的可纳入碳减排支持工具范围，支持符合条件的发行人发行乡村振兴票据或以林权作为担保发行债券。支持保险机构创新开发各类林业保险产品，鼓励地方政府将林业保险产品纳入地方优势特色农产品保险奖补政策范围。鼓励各地完善承保机构市场竞争机制，提升服务质效。

（八）妥善解决历史遗留问题。基于第三次全国国土调查统一底图，加快推进林权登记存量数据整合移交，纳入不动产登记信息平台管理，妥善解决集体林地类重叠、权属交叉等问题。开展集体林权首次登记的，相关经费纳入地方财政预算。发挥村组作用，在承包合同签订前，开展地籍调查工作。已登记的整宗林地申请变更、转移、抵押登记的，不得要求申请人重新提交林权地籍调查成果。因原林权登记成果图件缺失、界址不清，确需要开展补充调查的，由政府组织开展地籍调查。推动不动产登记信息平台与林权综合监管平台有效对接，实现林权审批、交易和登记信息实时互通共享。改革自留山使用制度，赋予农民更加充分的财产权益，探索将其林地长期使用权分为使用权和经营权，赋予经营权流转和融资担保权能，完善其继承和自愿有偿退出政策。

三、保障措施

（九）加强组织领导。地方各级党委和政府要高度重视深化集体林权制度改革，将其纳入林长制工作范围，实行主要领导负责制，及时解决遇到的矛盾和问题，总结推广典型经验和做法。各省（自治区、直辖市）要结合实际加快制定实施方案，明确责任、细化任务，对工作不力的依规依纪依法追究责任，确保改革落地见效。市县两级原则上不制定配套文件。国家林草局负责协调推进本方案提出的各项任务措施，有关部门要加强沟通、密切配合，形成工作合力。凡涉及调整现行法律或行政法规的，按照有关程序经全国人大及其常委会或国务院授权后实施。

（十）支持先行探索。支持福建、江西、重庆建设深化集体林权制度改革先行区，充分发挥引领作用，为全国深化集体林权制度改革提供可复制可推广的经验和模式。鼓励各地结合自身实际积极深化集体林权制度改革，在种树农民收益保障机制、集体林业大县利益补偿机制、发展林业规模经营、林权价值增值途径、林权投融资机制、林业财产权益保护制度、林业产业发展、集体林经营管理制度和社会化服务等方面探索一批有效的经验做法。加强跟踪指导，对出现偏差和以各种名义进行不当开发的行为，及时予以制止和纠偏。

（十一）加强队伍建设。地方各级党委和政府要依法明确林草主管部门职责，统筹使用编制资源，适当增加专业技术岗位。强化林草主管部门行政执法职责，推动人员编制向执法一线倾斜。集体林业大县要切实加强基层林业工作力量，乡镇政府要明确相关机构承担林业工作。森林公安由公安机关直接领导管理，职能保持不变，基层森林公安队伍框架和力量布局保持基本稳定。实施生态护林员能力提升行动，增强生态护林员辅助服务的能力。

（十二）强化考核评价。国家林草局和省级林草主管部门要建立客观反映深化集体林权制度改革成效的评价指标体系，并将评价结果纳入林长制督查考核范围，重大事项及时向党中央、国务院请示报告。

中华人民共和国草原法

· 1985年6月18日第六届全国人民代表大会常务委员会第十一次会议通过
· 2002年12月28日第九届全国人民代表大会常务委员会第三十一次会议修订
· 根据2009年8月27日第十一届全国人民代表大会常务委员会第十次会议《关于修改部分法律的决定》第一次修正
· 根据2013年6月29日第十二届全国人民代表大会常务委员会第三次会议《关于修改〈中华人民共和国文物保护法〉等十二部法律的决定》第二次修正
· 根据2021年4月29日第十三届全国人民代表大会常务委员会第二十八次会议《关于修改〈中华人民共和国道路交通安全法〉等八部法律的决定》第三次修正

第一章 总 则

第一条 为了保护、建设和合理利用草原,改善生态环境,维护生物多样性,发展现代畜牧业,促进经济和社会的可持续发展,制定本法。

第二条 在中华人民共和国领域内从事草原规划、保护、建设、利用和管理活动,适用本法。

本法所称草原,是指天然草原和人工草地。

第三条 国家对草原实行科学规划、全面保护、重点建设、合理利用的方针,促进草原的可持续利用和生态、经济、社会的协调发展。

第四条 各级人民政府应当加强对草原保护、建设和利用的管理,将草原的保护、建设和利用纳入国民经济和社会发展计划。

各级人民政府应当加强保护、建设和合理利用草原的宣传教育。

第五条 任何单位和个人都有遵守草原法律法规、保护草原的义务,同时享有对违反草原法律法规、破坏草原的行为进行监督、检举和控告的权利。

第六条 国家鼓励与支持开展草原保护、建设、利用和监测方面的科学研究,推广先进技术和先进成果,培养科学技术人才。

第七条 国家对在草原管理、保护、建设、合理利用和科学研究等工作中做出显著成绩的单位和个人,给予奖励。

第八条 国务院草原行政主管部门主管全国草原监督管理工作。

县级以上地方人民政府草原行政主管部门主管本行政区域内草原监督管理工作。

乡(镇)人民政府应当加强对本行政区域内草原保护、建设和利用情况的监督检查,根据需要可以设专职或者兼职人员负责具体监督检查工作。

第二章 草原权属

第九条 草原属于国家所有,由法律规定属于集体所有的除外。国家所有的草原,由国务院代表国家行使所有权。

任何单位或者个人不得侵占、买卖或者以其他形式非法转让草原。

第十条 国家所有的草原,可以依法确定给全民所有制单位、集体经济组织等使用。

使用草原的单位,应当履行保护、建设和合理利用草原的义务。

第十一条 依法确定给全民所有制单位、集体经济组织等使用的国家所有的草原,由县级以上人民政府登记,核发使用权证,确认草原使用权。

未确定使用权的国家所有的草原,由县级以上人民政府登记造册,并负责保护管理。

集体所有的草原,由县级人民政府登记,核发所有权证,确认草原所有权。

依法改变草原权属的,应当办理草原权属变更登记手续。

第十二条 依法登记的草原所有权和使用权受法律保护,任何单位或者个人不得侵犯。

第十三条 集体所有的草原或者依法确定给集体经济组织使用的国家所有的草原,可以由本集体经济组织内的家庭或者联户承包经营。

在草原承包经营期内,不得对承包经营者使用的草原进行调整;个别确需适当调整的,必须经本集体经济组织成员的村(牧)民会议三分之二以上成员或者三分之二以上村(牧)民代表的同意,并报乡(镇)人民政府和县级人民政府草原行政主管部门批准。

集体所有的草原或者依法确定给集体经济组织使用的国家所有的草原由本集体经济组织以外的单位或者个人承包经营的,必须经本集体经济组织成员的村(牧)民会议三分之二以上成员或者三分之二以上村(牧)民代表的同意,并报乡(镇)人民政府批准。

第十四条 承包经营草原,发包方和承包方应当签订书面合同。草原承包合同的内容应当包括双方的权利和义务、承包草原四至界限、面积和等级、承包期和起止日期、承包草原用途和违约责任等。承包期届满,原承包经营者在同等条件下享有优先承包权。

承包经营草原的单位和个人,应当履行保护、建设和按照承包合同约定的用途合理利用草原的义务。

第十五条 草原承包经营权受法律保护,可以按照自愿、有偿的原则依法转让。

草原承包经营权转让的受让方必须具有从事畜牧业生产的能力,并应当履行保护、建设和按照承包合同约定的用途合理利用草原的义务。

草原承包经营权转让应当经发包方同意。承包方与受让方在转让合同中约定的转让期限,不得超过原承包合同剩余的期限。

第十六条 草原所有权、使用权的争议,由当事人协商解决;协商不成的,由有关人民政府处理。

单位之间的争议,由县级以上人民政府处理;个人之间、个人与单位之间的争议,由乡(镇)人民政府或者县级以上人民政府处理。

当事人对有关人民政府的处理决定不服的,可以依法向人民法院起诉。

在草原权属争议解决前,任何一方不得改变草原利用现状,不得破坏草原和草原上的设施。

第三章 规 划

第十七条 国家对草原保护、建设、利用实行统一规划制度。国务院草原行政主管部门会同国务院有关部门编制全国草原保护、建设、利用规划,报国务院批准后实施。

县级以上地方人民政府草原行政主管部门会同同级有关部门依据上一级草原保护、建设、利用规划编制本行政区域的草原保护、建设、利用规划,报本级人民政府批准后实施。

经批准的草原保护、建设、利用规划确需调整或者修改时,须经原批准机关批准。

第十八条 编制草原保护、建设、利用规划,应当依据国民经济和社会发展规划并遵循下列原则:

(一)改善生态环境,维护生物多样性,促进草原的可持续利用;

(二)以现有草原为基础,因地制宜,统筹规划,分类指导;

(三)保护为主、加强建设、分批改良、合理利用;

(四)生态效益、经济效益、社会效益相结合。

第十九条 草原保护、建设、利用规划应当包括:草原保护、建设、利用的目标和措施,草原功能分区和各项建设的总体部署,各项专业规划等。

第二十条 草原保护、建设、利用规划应当与土地利用总体规划相衔接,与环境保护规划、水土保持规划、防沙治沙规划、水资源规划、林业长远规划、城市总体规划、村庄和集镇规划以及其他有关规划相协调。

第二十一条 草原保护、建设、利用规划一经批准,必须严格执行。

第二十二条 国家建立草原调查制度。

县级以上人民政府草原行政主管部门会同同级有关部门定期进行草原调查;草原所有者或者使用者应当支持、配合调查,并提供有关资料。

第二十三条 国务院草原行政主管部门会同国务院有关部门制定全国草原等级评定标准。

县级以上人民政府草原行政主管部门根据草原调查结果、草原的质量,依据草原等级评定标准,对草原进行评等定级。

第二十四条 国家建立草原统计制度。

县级以上人民政府草原行政主管部门和同级统计部门共同制定草原统计调查办法,依法对草原的面积、等级、产草量、载畜量等进行统计,定期发布草原统计资料。

草原统计资料是各级人民政府编制草原保护、建设、利用规划的依据。

第二十五条 国家建立草原生产、生态监测预警系统。

县级以上人民政府草原行政主管部门对草原的面积、等级、植被构成、生产能力、自然灾害、生物灾害等草原基本状况实行动态监测,及时为本级政府和有关部门提供动态监测和预警信息服务。

第四章 建 设

第二十六条 县级以上人民政府应当增加草原建设的投入,支持草原建设。

国家鼓励单位和个人投资建设草原,按照谁投资、谁受益的原则保护草原投资建设者的合法权益。

第二十七条 国家鼓励与支持人工草地建设、天然草原改良和饲草饲料基地建设,稳定和提高草原生产能力。

第二十八条 县级以上人民政府应当支持、鼓励和引导农牧民开展草原围栏、饲草饲料储备、牲畜圈舍、牧民定居点等生产生活设施的建设。

县级以上地方人民政府应当支持草原水利设施建设,发展草原节水灌溉,改善人畜饮水条件。

第二十九条 县级以上人民政府应当按照草原保护、建设、利用规划加强草种基地建设,鼓励选育、引进、推广优良草品种。

新草品种必须经全国草品种审定委员会审定,由国务院草原行政主管部门公告后方可推广。从境外引进草种必须依法进行审批。

县级以上人民政府草原行政主管部门应当依法加强对草种生产、加工、检疫、检验的监督管理,保证草种质量。

第三十条 县级以上人民政府应当有计划地进行火情监测、防火物资储备、防火隔离带等草原防火设施的建设,确保防火需要。

第三十一条 对退化、沙化、盐碱化、石漠化和水土流失的草原,地方各级人民政府应当按照草原保护、建设、利用规划,划定治理区,组织专项治理。

大规模的草原综合治理,列入国家国土整治计划。

第三十二条 县级以上人民政府应当根据草原保护、建设、利用规划,在本级国民经济和社会发展计划中安排资金用于草原改良、人工种草和草种生产,任何单位或者个人不得截留、挪用;县级以上人民政府财政部门和审计部门应当加强监督管理。

第五章 利 用

第三十三条 草原承包经营者应当合理利用草原,不得超过草原行政主管部门核定的载畜量;草原承包经营者应当采取种植和储备饲草饲料、增加饲草饲料供应量、调剂处理牲畜、优化畜群结构、提高出栏率等措施,保持草畜平衡。

草原载畜量标准和草畜平衡管理办法由国务院草原行政主管部门规定。

第三十四条 牧区的草原承包经营者应当实行划区轮牧,合理配置畜群,均衡利用草原。

第三十五条 国家提倡在农区、半农半牧区和有条件的牧区实行牲畜圈养。草原承包经营者应当按照饲养牲畜的种类和数量,调剂、储备饲草饲料,采用青贮和饲草饲料加工等新技术,逐步改变依赖天然草地放牧的生产方式。

在草原禁牧、休牧、轮牧区,国家对实行舍饲圈养的给予粮食和资金补助,具体办法由国务院或者国务院授权的有关部门规定。

第三十六条 县级以上地方人民政府草原行政主管部门对割草场和野生草种基地应当规定合理的割草期、采种期以及留茬高度和采割强度,实行轮割轮采。

第三十七条 遇到自然灾害等特殊情况,需要临时调剂使用草原的,按照自愿互利的原则,由双方协商解决;需要跨县临时调剂使用草原的,由有关县级人民政府或者共同的上级人民政府组织协商解决。

第三十八条 进行矿藏开采和工程建设,应当不占或者少占草原;确需征收、征用或者使用草原的,必须经省级以上人民政府草原行政主管部门审核同意后,依照有关土地管理的法律、行政法规办理建设用地审批手续。

第三十九条 因建设征收、征用集体所有的草原的,应当依照《中华人民共和国土地管理法》的规定给予补偿;因建设使用国家所有的草原的,应当依照国务院有关规定对草原承包经营者给予补偿。

因建设征收、征用或者使用草原的,应当交纳草原植被恢复费。草原植被恢复费专款专用,由草原行政主管部门按照规定用于恢复草原植被,任何单位和个人不得截留、挪用。草原植被恢复费的征收、使用和管理办法,由国务院价格主管部门和国务院财政部门会同国务院草原行政主管部门制定。

第四十条 需要临时占用草原的,应当经县级以上地方人民政府草原行政主管部门审核同意。

临时占用草原的期限不得超过二年,并不得在临时占用的草原上修建永久性建筑物、构筑物;占用期满,用地单位必须恢复草原植被并及时退还。

第四十一条 在草原上修建直接为草原保护和畜牧业生产服务的工程设施,需要使用草原的,由县级以上人民政府草原行政主管部门批准;修筑其他工程,需要将草原转为非畜牧业生产用地的,必须依法办理建设用地审批手续。

前款所称直接为草原保护和畜牧业生产服务的工程设施,是指:

(一)生产、贮存草种和饲草饲料的设施;

(二)牲畜圈舍、配种点、剪毛点、药浴池、人畜饮水设施;

(三)科研、试验、示范基地;

(四)草原防火和灌溉设施。

第六章 保 护

第四十二条 国家实行基本草原保护制度。下列草原应当划为基本草原,实施严格管理:

(一)重要放牧场;

(二)割草地;

(三)用于畜牧业生产的人工草地、退耕还草地以及改良草地、草种基地;

(四)对调节气候、涵养水源、保持水土、防风固沙具有特殊作用的草原;

(五)作为国家重点保护野生动植物生存环境的草原;

（六）草原科研、教学试验基地；

（七）国务院规定应当划为基本草原的其他草原。

基本草原的保护管理办法，由国务院制定。

第四十三条 国务院草原行政主管部门或者省、自治区、直辖市人民政府可以按照自然保护区管理的有关规定在下列地区建立草原自然保护区：

（一）具有代表性的草原类型；

（二）珍稀濒危野生动植物分布区；

（三）具有重要生态功能和经济科研价值的草原。

第四十四条 县级以上人民政府应当依法加强对草原珍稀濒危野生植物和种质资源的保护、管理。

第四十五条 国家对草原实行以草定畜、草畜平衡制度。县级以上地方人民政府草原行政主管部门应当按照国务院草原行政主管部门制定的草原载畜量标准，结合当地实际情况，定期核定草原载畜量。各级人民政府应当采取有效措施，防止超载过牧。

第四十六条 禁止开垦草原。对水土流失严重、有沙化趋势、需要改善生态环境的已垦草原，应当有计划、有步骤地退耕还草；已造成沙化、盐碱化、石漠化的，应当限期治理。

第四十七条 对严重退化、沙化、盐碱化、石漠化的草原和生态脆弱区的草原，实行禁牧、休牧制度。

第四十八条 国家支持依法实行退耕还草和禁牧、休牧。具体办法由国务院或者省、自治区、直辖市人民政府制定。

对在国务院批准规划范围内实施退耕还草的农牧民，按照国家规定给予粮食、现金、草种费补助。退耕还草完成后，由县级以上人民政府草原行政主管部门核实登记，依法履行土地用途变更手续，发放草原权属证书。

第四十九条 禁止在荒漠、半荒漠和严重退化、沙化、盐碱化、石漠化、水土流失的草原以及生态脆弱区的草原上采挖植物和从事破坏草原植被的其他活动。

第五十条 在草原上从事采土、采砂、采石等作业活动，应当报县级人民政府草原行政主管部门批准；开采矿产资源的，并应当依法办理有关手续。

经批准在草原上从事本条第一款所列活动的，应当在规定的时间、区域内，按照准许的采挖方式作业，并采取保护草原植被的措施。

在他人使用的草原上从事本条第一款所列活动的，还应当事先征得草原使用者的同意。

第五十一条 在草原上种植牧草或者饲料作物，应当符合草原保护、建设、利用规划；县级以上地方人民政府草原行政主管部门应当加强监督管理，防止草原沙化和水土流失。

第五十二条 在草原上开展经营性旅游活动，应当符合有关草原保护、建设、利用规划，并不得侵犯草原所有者、使用者和承包经营者的合法权益，不得破坏草原植被。

第五十三条 草原防火工作贯彻预防为主、防消结合的方针。

各级人民政府应当建立草原防火责任制，规定草原防火期，制定草原防火扑火预案，切实做好草原火灾的预防和扑救工作。

第五十四条 县级以上地方人民政府应当做好草原鼠害、病虫害和毒害草防治的组织管理工作。县级以上地方人民政府草原行政主管部门应当采取措施，加强草原鼠害、病虫害和毒害草监测预警、调查以及防治工作，组织研究和推广综合防治的办法。

禁止在草原上使用剧毒、高残留以及可能导致二次中毒的农药。

第五十五条 除抢险救灾和牧民搬迁的机动车辆外，禁止机动车辆离开道路在草原上行驶，破坏草原植被；因从事地质勘探、科学考察等活动确需离开道路在草原上行驶的，应当事先向所在地县级人民政府草原行政主管部门报告行驶区域和行驶路线，并按照报告的行驶区域和行驶路线在草原上行驶。

第七章　监督检查

第五十六条 国务院草原行政主管部门和草原面积较大的省、自治区的县级以上地方人民政府草原行政主管部门设立草原监督管理机构，负责草原法律、法规执行情况的监督检查，对违反草原法律、法规的行为进行查处。

草原行政主管部门和草原监督管理机构应当加强执法队伍建设，提高草原监督检查人员的政治、业务素质。草原监督检查人员应当忠于职守，秉公执法。

第五十七条 草原监督检查人员履行监督检查职责时，有权采取下列措施：

（一）要求被检查单位或者个人提供有关草原权属的文件和资料，进行查阅或者复制；

（二）要求被检查单位或者个人对草原权属等问题作出说明；

（三）进入违法现场进行拍照、摄像和勘测；

（四）责令被检查单位或者个人停止违反草原法律、法规的行为，履行法定义务。

第五十八条 国务院草原行政主管部门和省、自治区、直辖市人民政府草原行政主管部门，应当加强对草原监督检查人员的培训和考核。

第五十九条 有关单位和个人对草原监督检查人员的监督检查工作应当给予支持、配合，不得拒绝或者阻碍草原监督检查人员依法执行职务。

草原监督检查人员在履行监督检查职责时，应当向被检查单位和个人出示执法证件。

第六十条 对违反草原法律、法规的行为，应当依法作出行政处理，有关草原行政主管部门不作出行政处理决定的，上级草原行政主管部门有权责令有关草原行政主管部门作出行政处理决定或者直接作出行政处理决定。

第八章 法律责任

第六十一条 草原行政主管部门工作人员及其他国家机关有关工作人员玩忽职守、滥用职权，不依法履行监督管理职责，或者发现违法行为不予查处，造成严重后果，构成犯罪的，依法追究刑事责任；尚不够刑事处罚的，依法给予行政处分。

第六十二条 截留、挪用草原改良、人工种草和草种生产资金或者草原植被恢复费，构成犯罪的，依法追究刑事责任；尚不够刑事处罚的，依法给予行政处分。

第六十三条 无权批准征收、征用、使用草原的单位或者个人非法批准征收、征用、使用草原的，超越批准权限非法批准征收、征用、使用草原的，或者违反法律规定的程序批准征收、征用、使用草原，构成犯罪的，依法追究刑事责任；尚不够刑事处罚的，依法给予行政处分。非法批准征收、征用、使用草原的文件无效。非法批准征收、征用、使用的草原应当收回，当事人拒不归还的，以非法使用草原论处。

非法批准征收、征用、使用草原，给当事人造成损失的，依法承担赔偿责任。

第六十四条 买卖或者以其他形式非法转让草原，构成犯罪的，依法追究刑事责任；尚不够刑事处罚的，由县级以上人民政府草原行政主管部门依据职权责令限期改正，没收违法所得，并处违法所得一倍以上五倍以下的罚款。

第六十五条 未经批准或者采取欺骗手段骗取批准，非法使用草原，构成犯罪的，依法追究刑事责任；尚不够刑事处罚的，由县级以上人民政府草原行政主管部门依据职权责令退还非法使用的草原，对违反草原保护、建设、利用规划擅自将草原改为建设用地的，限期拆除在非法使用的草原上新建的建筑物和其他设施，恢复草原植被，并处草原被非法使用前三年平均产值六倍以上十二倍以下的罚款。

第六十六条 非法开垦草原，构成犯罪的，依法追究刑事责任；尚不够刑事处罚的，由县级以上人民政府草原行政主管部门依据职权责令停止违法行为，限期恢复植被，没收非法财物和违法所得，并处违法所得一倍以上五倍以下的罚款；没有违法所得的，并处五万元以下的罚款；给草原所有者或者使用者造成损失的，依法承担赔偿责任。

第六十七条 在荒漠、半荒漠和严重退化、沙化、盐碱化、石漠化、水土流失的草原，以及生态脆弱区的草原上采挖植物或者从事破坏草原植被的其他活动的，由县级以上地方人民政府草原行政主管部门依据职权责令停止违法行为，没收非法财物和违法所得，可以并处违法所得一倍以上五倍以下的罚款；没有违法所得的，可以并处五万元以下的罚款；给草原所有者或者使用者造成损失的，依法承担赔偿责任。

第六十八条 未经批准或者未按照规定的时间、区域和采挖方式在草原上进行采土、采砂、采石等活动的，由县级人民政府草原行政主管部门责令停止违法行为，限期恢复植被，没收非法财物和违法所得，可以并处违法所得一倍以上二倍以下的罚款；没有违法所得的，可以并处二万元以下的罚款；给草原所有者或者使用者造成损失的，依法承担赔偿责任。

第六十九条 违反本法第五十二条规定，在草原上开展经营性旅游活动，破坏草原植被的，由县级以上地方人民政府草原行政主管部门依据职权责令停止违法行为，限期恢复植被，没收违法所得，可以并处违法所得一倍以上二倍以下的罚款；没有违法所得的，可以并处草原被破坏前三年平均产值六倍以上十二倍以下的罚款；给草原所有者或者使用者造成损失的，依法承担赔偿责任。

第七十条 非抢险救灾和牧民搬迁的机动车辆离开道路在草原上行驶，或者从事地质勘探、科学考察等活动，未事先向所在地县级人民政府草原行政主管部门报告或者未按照报告的行驶区域和行驶路线在草原上行驶，破坏草原植被的，由县级人民政府草原行政主管部门责令停止违法行为，限期恢复植被，可以并处草原被破坏前三年平均产值三倍以上九倍以下的罚款；给草原所有者或者使用者造成损失的，依法承担赔偿责任。

第七十一条 在临时占用的草原上修建永久性建筑物、构筑物的，由县级以上地方人民政府草原行政主管部门依据职权责令限期拆除;逾期不拆除的,依法强制拆除,所需费用由违法者承担。

临时占用草原,占用期届满,用地单位不予恢复草原植被的,由县级以上地方人民政府草原行政主管部门依据职权责令限期恢复;逾期不恢复的,由县级以上地方人民政府草原行政主管部门代为恢复,所需费用由违法者承担。

第七十二条 未经批准,擅自改变草原保护、建设、利用规划的,由县级以上人民政府责令限期改正;对直接负责的主管人员和其他直接责任人员,依法给予行政处分。

第七十三条 对违反本法有关草畜平衡制度的规定,牲畜饲养量超过县级以上地方人民政府草原行政主管部门核定的草原载畜量标准的纠正或者处罚措施,由省、自治区、直辖市人民代表大会或者其常务委员会规定。

第九章 附 则

第七十四条 本法第二条第二款中所称的天然草原包括草地、草山和草坡,人工草地包括改良草地和退耕还草地,不包括城镇草地。

第七十五条 本法自 2003 年 3 月 1 日起施行。

国务院办公厅关于加强草原保护修复的若干意见

·2021 年 3 月 12 日

·国办发〔2021〕7 号

草原是我国重要的生态系统和自然资源,在维护国家生态安全、边疆稳定、民族团结和促进经济社会可持续发展、农牧民增收等方面具有基础性、战略性作用。党的十八大以来,草原保护修复工作取得显著成效,草原生态持续恶化的状况得到初步遏制,部分地区草原生态明显恢复。但当前我国草原生态系统整体仍较脆弱,保护修复力度不够、利用管理水平不高、科技支撑能力不足、草原资源底数不清等问题依然突出,草原生态形势依然严峻。为进一步加强草原保护修复,加快推进生态文明建设,经国务院同意,现提出以下意见。

一、总体要求

(一)指导思想。以习近平新时代中国特色社会主义思想为指导,全面贯彻党的十九大和十九届二中、三中、四中、五中全会精神,深入贯彻习近平生态文明思想,坚持绿水青山就是金山银山、山水林田湖草是一个生命共同体,按照节约优先、保护优先、自然恢复为主的方针,以完善草原保护修复制度、推进草原治理体系和治理能力现代化为主线,加强草原保护管理,推进草原生态修复,促进草原合理利用,改善草原生态状况,推动草原地区绿色发展,为建设生态文明和美丽中国奠定重要基础。

(二)工作原则。

坚持尊重自然,保护优先。遵循顺应生态系统演替规律和内在机理,促进草原休养生息,维护自然生态系统安全稳定。宜林则林、宜草则草,林草有机结合。把保护草原生态放在更加突出的位置,全面维护和提升草原生态功能。

坚持系统治理,分区施策。采取综合措施全面保护、系统修复草原生态系统,同时注重因地制宜、突出重点,增强草原保护修复的系统性、针对性、长效性。

坚持科学利用,绿色发展。正确处理保护与利用的关系,在保护好草原生态的基础上,科学利用草原资源,促进草原地区绿色发展和农牧民增收。

坚持政府主导,全民参与。明确地方各级人民政府保护修复草原的主导地位,落实林(草)长制,充分发挥农牧民的主体作用,积极引导全社会参与草原保护修复。

(三)主要目标。到 2025 年,草原保护修复制度体系基本建立,草畜矛盾明显缓解,草原退化趋势得到根本遏制,草原综合植被盖度稳定在 57%左右,草原生态状况持续改善。到 2035 年,草原保护修复制度体系更加完善,基本实现草畜平衡,退化草原得到有效治理和修复,草原综合植被盖度稳定在 60%左右,草原生态功能和生产功能显著提升,在美丽中国建设中的作用彰显。到本世纪中叶,退化草原得到全面治理和修复,草原生态系统实现良性循环,形成人与自然和谐共生的新格局。

二、工作措施

(四)建立草原调查体系。完善草原调查制度,整合优化草原调查队伍,健全草原调查技术标准体系。在第三次全国国土调查基础上,适时组织开展草原资源专项调查,全面查清草原类型、权属、面积、分布、质量以及利用状况等底数,建立草原管理基本档案。(自然资源部、国家林草局负责)

(五)健全草原监测评价体系。建立完善草原监测评价队伍、技术和标准体系。加强草原监测网络建设,充分利用遥感卫星等数据资源,构建空天地一体化草原监测网络,强化草原动态监测。健全草原监测评价数据汇交、定期发布和信息共享机制。加强草原统计,完善草原统计指标和方法。(国家林草局、自然资源部、生态环境部、国家统计局等按职责分工负责)

（六）编制草原保护修复利用规划。按照因地制宜、分区施策的原则，依据国土空间规划，编制全国草原保护修复利用规划，明确草原功能分区、保护目标和管理措施。合理规划牧民定居点，防止出现定居点周边草原退化问题。地方各级人民政府要依据上一级规划，编制本行政区域草原保护修复利用规划并组织实施。（国家林草局、自然资源部、生态环境部等按职责分工负责）

（七）加大草原保护力度。落实基本草原保护制度，把维护国家生态安全、保障草原畜牧业健康发展所需最基本、最重要的草原划定为基本草原，实施更加严格的保护和管理，确保基本草原面积不减少、质量不下降、用途不改变。严格落实生态保护红线制度和国土空间用途管制制度。加大执法监督力度，建立健全草原联合执法机制，严厉打击、坚决遏制各类非法挤占草原生态空间、乱开滥垦草原等行为。建立健全草原执法责任追究制度，严格落实草原生态环境损害赔偿制度。加强矿藏开采、工程建设等征占用草原审核审批管理，强化源头管控和事中事后监管。依法规范规模化养殖场等设施建设占用草原行为。完善落实禁牧休牧和草畜平衡制度，依法查处超载过牧和禁牧休牧期违规放牧行为。组织开展草畜平衡示范县建设，总结推广实现草畜平衡的经验和模式。（国家林草局、自然资源部、生态环境部、农业农村部等按职责分工负责）

（八）完善草原自然保护地体系。整合优化建立草原类型自然保护地，实行整体保护、差别化管理。开展自然保护地自然资源确权登记，在自然保护地核心保护区，原则上禁止人为活动；在自然保护地一般控制区和草原自然公园，实行负面清单管理，规范生产生活和旅游等活动，增强草原生态系统的完整性和连通性，为野生动植物生存繁衍留下空间，有效保护生物多样性。（国家林草局、自然资源部、生态环境部等按职责分工负责）

（九）加快推进草原生态修复。实施草原生态修复治理，加快退化草原植被和土壤恢复，提升草原生态功能和生产功能。在严重超载过牧地区，采取禁牧封育、免耕补播、松土施肥、鼠虫害防治等措施，促进草原植被恢复。对已垦草原，按照国务院批准的范围和规模，有计划地退耕还草。在水土条件适宜地区，实施退化草原生态修复，鼓励和支持人工草地建设，恢复提升草原生产能力，支持优质储备饲草基地建设，促进草原生态修复与草原畜牧业高质量发展有机融合。强化草原生物灾害监测预警，加强草原有害生物及外来入侵物种防治，不断提高绿色防治水平。完善草原火灾突发事件应急预案，加强草原火情监测预警和火灾防控。健全草原生态保护修复监管制度。（国家林草局、自然资源部、应急部、生态环境部、农业农村部等按职责分工负责）

（十）统筹推进林草生态治理。按照山水林田湖草整体保护、系统修复、综合治理的要求和宜林则林、宜草则草、宜荒则荒的原则，统筹推进森林、草原保护修复和荒漠化治理。在干旱半干旱地区，坚持以水定绿，采取以草灌为主、林草结合方式恢复植被，增强生态系统稳定性。在林草交错地带，营造林草复合植被，避免过分强调集中连片和高密度造林。在森林区，适当保留林间和林缘草地，形成林地、草地镶嵌分布的复合生态系统。在草原区，对生态系统脆弱、生态区位重要的退化草原，加强生态修复和保护管理，巩固生态治理成果。研究设置林草覆盖率指标，用于考核评价各地生态建设成效。（国家林草局负责）

（十一）大力发展草种业。建立健全国家草种质资源保护利用体系，鼓励地方开展草种质资源普查，建立草种质资源库、资源圃及原生境保护为一体的保存体系，完善草种质资源收集保存、评价鉴定、创新利用和信息共享的技术体系。加强优良草种特别是优质乡土草种选育、扩繁、储备和推广利用，不断提高草种自给率，满足草原生态修复用种需要。完善草品种审定制度，加强草种质量监管。（国家林草局负责）

（十二）合理利用草原资源。牧区要以实现草畜平衡为目标，优化畜群结构，控制放牧牲畜数量，提高科学饲养和放牧管理水平，减轻天然草原放牧压力。半农半牧区要因地制宜建设多年生人工草地，发展适度规模经营。农区要结合退耕还草、草田轮作等工作，大力发展人工草地，提高饲草供给能力，发展规模化、标准化养殖。加快转变传统草原畜牧业生产方式，优化牧区、半农半牧区和农区资源配置，推行“牧区繁育、农区育肥”等生产模式，提高资源利用效率。发展现代草业，支持草产品加工业发展，建立完善草产品质量标准体系。强化农牧民培训，提升科学保护、合理利用草原的能力水平。（农业农村部、国家林草局等按职责分工负责）

（十三）完善草原承包经营制度。加快推进草原确权登记颁证。牧区半牧区要着重解决草原承包地块四至不清、证地不符、交叉重叠等问题。草原面积较小、零星分布地区，要因地制宜采取灵活多样方式落实完善草原承包经营制度，明确责任主体。加强草原承包经营管理，明确所有权、使用权，稳定承包权，放活经营权。规范草原经营权流转，引导鼓励按照放牧系统单元实行合作经营，提高草原合理经营利用水平。在落实草原承包经营制度和规范经营权流转时，要充分考虑草原生态系统的完整性，防止草原碎片化。（国家林草局、自然资源部等按职责分工负责）

（十四）稳妥推进国有草原资源有偿使用制度改革。合理确定国有草原有偿使用范围。由农村集体经济组织成员实行家庭或者联户承包经营使用的国有草原，不纳入有偿使用范围，但需要明确使用者保护草原的义务。应签订协议明确国有草原所有权代理行使主体和使用权人并落实双方权利义务。探索创新国有草原所有者权益的有效实现形式，国有草原所有权代理行使主体以租金、特许经营费、经营收益分红等方式收取有偿使用费，并建立收益分配机制。将有偿使用情况纳入年度国有资产报告。（国家林草局、自然资源部、国家发展改革委、财政部等按职责分工负责）

（十五）推动草原地区绿色发展。科学推进草原资源多功能利用，加快发展绿色低碳产业，努力拓宽农牧民增收渠道。充分发挥草原生态和文化功能，打造一批草原旅游景区、度假地和精品旅游线路，推动草原旅游和生态康养产业发展。引导支持草原地区低收入人口通过参与草原保护修复增加收入。（国家林草局、文化和旅游部、国家乡村振兴局等按职责分工负责）

三、保障措施

（十六）提升科技支撑能力。通过国家科技计划，支持草原科技创新，开展草原保护修复重大问题研究，尽快在退化草原修复治理、生态系统重建、生态服务价值评估、智慧草原建设等方面取得突破，着力解决草原保护修复科技支撑能力不足问题。加强草品种选育、草种生产、退化草原植被恢复、人工草地建设、草原有害生物防治等关键技术和装备研发推广。建立健全草原保护修复技术标准体系。加强草原学科建设和高素质专业人才培养。加强草原重点实验室、长期科研基地、定位观测站、创新联盟等平台建设，构建产学研推用协调机制，提高草原科技成果转化效率。加强草原保护修复国际合作与交流，积极参与全球生态治理。（科技部、教育部、国家林草局等按职责分工负责）

（十七）完善法律法规体系。加快推动草原法修改，研究制定基本草原保护相关规定，推动地方性法规制修订，健全草原保护修复制度体系。加大草原法律法规贯彻实施力度，建立健全违法举报、案件督办等机制，依法打击各类破坏草原的违法行为。完善草原行政执法与刑事司法衔接机制，依法惩治破坏草原的犯罪行为。（国家林草局、自然资源部、生态环境部、司法部、公安部等按职责分工负责）

（十八）加大政策支持力度。建立健全草原保护修复财政投入保障机制，加大中央财政对重点生态功能区转移支付力度。健全草原生态保护补偿机制。地方各级人民政府要把草原保护修复及相关基础设施建设纳入基本建设规划，加大投入力度，完善补助政策。探索开展草原生态价值评估和资产核算。鼓励金融机构创设适合草原特点的金融产品，强化金融支持。鼓励地方探索开展草原政策性保险试点。鼓励社会资本设立草原保护基金，参与草原保护修复。（国家林草局、国家发展改革委、财政部、自然资源部、生态环境部、农业农村部、水利部、人民银行、银保监会等按职责分工负责）

（十九）加强管理队伍建设。进一步整合加强、稳定壮大基层草原管理和技术推广队伍，提升监督管理和公共服务能力。重点草原地区要强化草原监管执法，加强执法人员培训，提升执法监督能力。加强草原管护员队伍建设管理，充分发挥作用。支持社会化服务组织发展，充分发挥草原专业学会、协会等社会组织在政策咨询、信息服务、科技推广、行业自律等方面作用。（国家林草局、自然资源部、人力资源社会保障部、民政部等按职责分工负责）

四、组织领导

（二十）加强对草原保护修复工作的领导。地方各级人民政府要进一步提高认识，切实把草原保护修复工作摆在重要位置，加强组织领导，周密安排部署，确保取得实效。省级人民政府对本行政区域草原保护修复工作负总责，实行市（地、州、盟）、县（市、区、旗）人民政府目标责任制。要把草原承包经营、基本草原保护、草畜平衡、禁牧休牧等制度落实情况纳入地方各级人民政府年度目标考核，细化考核指标，压实地方责任。

（二十一）落实部门责任。各有关部门要根据职责分工，认真做好草原保护修复相关工作。各级林业和草原主管部门要适应生态文明体制改革新形势，进一步转变职能，切实加强对草原保护修复工作的管理、服务和监督，及时研究解决重大问题。

（二十二）引导全社会关心支持草原事业发展。深入开展草原普法宣传和科普活动，广泛宣传草原的重要生态、经济、社会和文化功能，不断增强全社会关心关爱草原和依法保护草原的意识，夯实加强草原保护修复的群众基础。充分发挥种草护草在国土绿化中的重要作用，积极动员社会组织和群众参与草原保护修复。

最高人民法院关于审理森林资源民事纠纷案件适用法律若干问题的解释

· 2022年4月25日最高人民法院审判委员会第1869次会议通过
· 2022年6月13日最高人民法院公告公布
· 自2022年6月15日起施行
· 法释〔2022〕16号

为妥善审理森林资源民事纠纷案件，依法保护生态环境和当事人合法权益，根据《中华人民共和国民法典》《中华人民共和国环境保护法》《中华人民共和国森林法》《中华人民共和国农村土地承包法》《中华人民共和国民事诉讼法》等法律规定，结合审判实践，制定本解释。

第一条 人民法院审理涉及森林、林木、林地等森林资源的民事纠纷案件，应当贯彻民法典绿色原则，尊重自然、尊重历史、尊重习惯，依法推动森林资源保护和利用的生态效益、经济效益、社会效益相统一，促进人与自然和谐共生。

第二条 当事人因下列行为，对林地、林木的物权归属、内容产生争议，依据民法典第二百三十四条的规定提起民事诉讼，请求确认权利的，人民法院应当依法受理：

（一）林地承包；

（二）林地承包经营权互换、转让；

（三）林地经营权流转；

（四）林木流转；

（五）林地、林木担保；

（六）林地、林木继承；

（七）其他引起林地、林木物权变动的行为。

当事人因对行政机关作出的林地、林木确权、登记行为产生争议，提起民事诉讼的，人民法院告知其依法通过行政复议、行政诉讼程序解决。

第三条 当事人以未办理批准、登记、备案、审查、审核等手续为由，主张林地承包、林地承包经营权互换或者转让、林地经营权流转、林木流转、森林资源担保等合同无效的，人民法院不予支持。

因前款原因，不能取得相关权利的当事人请求解除合同、由违约方承担违约责任的，人民法院依法予以支持。

第四条 当事人一方未依法经林权证等权利证书载明的共有人同意，擅自处分林地、林木，另一方主张取得相关权利的，人民法院不予支持。但符合民法典第三百一十一条关于善意取得规定的除外。

第五条 当事人以违反法律规定的民主议定程序为由，主张集体林地承包合同无效的，人民法院应予支持。但下列情形除外：

（一）合同订立时，法律、行政法规没有关于民主议定程序的强制性规定的；

（二）合同订立未经民主议定程序讨论决定，或者民主议定程序存在瑕疵，一审法庭辩论终结前已经依法补正的；

（三）承包方对村民会议或者村民代表会议决议进行了合理审查，不知道且不应当知道决议系伪造、变造，并已经对林地大量投入的。

第六条 家庭承包林地的承包方转让林地承包经营权未经发包方同意，或者受让方不是本集体经济组织成员，受让方主张取得林地承包经营权的，人民法院不予支持。但发包方无法定理由不同意或者拖延表态的除外。

第七条 当事人就同一集体林地订立多个经营权流转合同，在合同有效的情况下，受让方均主张取得林地经营权的，由具有下列情形的受让方取得：

（一）林地经营权已经依法登记的；

（二）林地经营权均未依法登记，争议发生前已经合法占有使用林地并大量投入的；

（三）无前两项规定情形，合同生效在先的。

未取得林地经营权的一方请求解除合同、由违约方承担违约责任的，人民法院依法予以支持。

第八条 家庭承包林地的承包方以林地经营权人擅自再流转林地经营权为由，请求解除林地经营权流转合同、收回林地的，人民法院应予支持。但林地经营权人能够证明林地经营权再流转已经承包方书面同意的除外。

第九条 本集体经济组织成员以其在同等条件下享有的优先权受到侵害为由，主张家庭承包林地经营权流转合同无效的，人民法院不予支持；其请求赔偿损失的，依法予以支持。

第十条 林地承包期内，因林地承包经营权互换、转让、继承等原因，承包方发生变动，林地经营权人请求新的承包方继续履行原林地经营权流转合同的，人民法院应予支持。但当事人另有约定的除外。

第十一条 林地经营权流转合同约定的流转期限超过承包期的剩余期限，或者林地经营权再流转合同约定的流转期限超过原林地经营权流转合同的剩余期限，林地经营权流转、再流转合同当事人主张超过部分无效的，人民法院不予支持。

第十二条 林地经营权流转合同约定的流转期限超

过承包期的剩余期限，发包方主张超过部分的约定对其不具有法律约束力的，人民法院应予支持。但发包方对此知道或者应当知道的除外。

林地经营权再流转合同约定的流转期限超过原林地经营权流转合同的剩余期限，承包方主张超过部分的约定对其不具有法律约束力的，人民法院应予支持。但承包方对此知道或者应当知道的除外。

因前两款原因，致使林地经营权流转合同、再流转合同不能履行，当事人请求解除合同、由违约方承担违约责任的，人民法院依法予以支持。

第十三条 林地经营权流转合同终止时，对于林地经营权人种植的地上林木，按照下列情形处理：

（一）合同有约定的，按照约定处理，但该约定依据民法典第一百五十三条的规定应当认定无效的除外；

（二）合同没有约定或者约定不明，当事人协商一致延长合同期限至轮伐期或者其他合理期限届满，承包方请求由林地经营权人承担林地使用费的，对其合理部分予以支持；

（三）合同没有约定或者约定不明，当事人未能就延长合同期限协商一致，林地经营权人请求对林木价值进行补偿的，对其合理部分予以支持。

林地承包合同终止时，承包方种植的地上林木的处理，参照适用前款规定。

第十四条 人民法院对于当事人为利用公益林林地资源和森林景观资源开展林下经济、森林旅游、森林康养等经营活动订立的合同，应当综合考虑公益林生态区位保护要求、公益林生态功能及是否经科学论证的合理利用等因素，依法认定合同效力。

当事人仅以涉公益林为由主张经营合同无效的，人民法院不予支持。

第十五条 以林地经营权、林木所有权等法律、行政法规未禁止抵押的森林资源资产设定抵押，债务人不履行到期债务或者发生当事人约定的实现抵押权的情形，抵押权人与抵押人协议以抵押的森林资源资产折价，并据此请求接管经营抵押财产的，人民法院依法予以支持。

抵押权人与抵押人未就森林资源资产抵押权的实现方式达成协议，抵押权人依据民事诉讼法第二百零三条、第二百零四条的规定申请实现抵押权的，人民法院依法裁定拍卖、变卖抵押财产。

第十六条 以森林生态效益补偿收益、林业碳汇等提供担保，债务人不履行到期债务或者发生当事人约定的实现担保物权的情形，担保物权人请求就担保财产优先受偿的，人民法院依法予以支持。

第十七条 违反国家规定造成森林生态环境损害，生态环境能够修复的，国家规定的机关或者法律规定的组织依据民法典第一千二百三十四条的规定，请求侵权人在合理期限内以补种树木、恢复植被、恢复林地土壤性状、投放相应生物种群等方式承担修复责任的，人民法院依法予以支持。

人民法院判决侵权人承担修复责任的，可以同时确定其在期限内不履行修复义务时应承担的森林生态环境修复费用。

第十八条 人民法院判决侵权人承担森林生态环境修复责任的，可以根据鉴定意见，或者参考林业主管部门、林业调查规划设计单位、相关科研机构和人员出具的专业意见，合理确定森林生态环境修复方案，明确侵权人履行修复义务的具体要求。

第十九条 人民法院依据民法典第一千二百三十五条的规定确定侵权人承担的森林生态环境损害赔偿金额，应当综合考虑受损森林资源在调节气候、固碳增汇、保护生物多样性、涵养水源、保持水土、防风固沙等方面的生态环境服务功能，予以合理认定。

第二十条 当事人请求以认购经核证的林业碳汇方式替代履行森林生态环境损害赔偿责任的，人民法院可以综合考虑各方当事人意见、不同责任方式的合理性等因素，依法予以准许。

第二十一条 当事人请求以森林管护、野生动植物保护、社区服务等劳务方式替代履行森林生态环境损害赔偿责任的，人民法院可以综合考虑侵权人的代偿意愿、经济能力、劳动能力、赔偿金额、当地相应工资标准等因素，决定是否予以准许，并合理确定劳务代偿方案。

第二十二条 侵权人自愿交纳保证金作为履行森林生态环境修复义务担保的，在其不履行修复义务时，人民法院可以将保证金用于支付森林生态环境修复费用。

第二十三条 本解释自 2022 年 6 月 15 日起施行。施行前本院公布的司法解释与本解释不一致的，以本解释为准。

· *典型案例*

1. 被告单位福州市源顺石材有限公司、被告人黄恒游非法占用农用地案①

基本案情

2012、2013年及2017年4、5月间,被告单位福州市源顺石材有限公司(以下简称源顺公司)、被告人黄恒游未经林业主管部门审批,擅自在闽侯县鸿尾乡大模村“际岭”山场占用林地138.51亩,用作超范围采矿、石料加工区等。案发后,源顺公司根据司法机关的要求向闽侯县南屿镇政府缴交生态修复款62.33万元,聘请专家编制了矿区及周边生态环境恢复治理方案,并依方案开展相应生态修复工作。同时,黄恒游自愿承诺在位于闽江湿地公园的闽江水资源生态保护司法示范点暨生态司法保护宣传长廊进行异地特色苗木公益修复,与专业园林公司签订合同,种植指定树木150棵,承诺管护一年,确保成活。被害方闽侯县鸿尾乡大模村村民委员会及鸿尾农场出具谅解书。

裁判结果

福建省闽侯县人民法院一审认为,被告单位源顺公司、被告人黄恒游违反国家林业管理法规,未经审批占用农用地138.51亩,其行为已构成非法占用农用地罪。鉴于被告单位、被告人黄恒游有自首情节,积极进行生态修复,依法从轻处罚。以非法占用农用地罪判处被告单位源顺公司罚金40万元,判处被告人黄恒游有期徒刑二年九个月,缓刑四年,并处罚金20万元;责令被告人黄恒游在闽江湿地公园的闽江水资源生态保护司法示范点进行异地公益修复种植指定规格的特色苗木150棵。

典型意义

本案系非法占用农用地的刑事案件。林地、耕地等农用地是重要的土地资源。本案中,源顺公司及其法定代表人黄恒游未经审批擅自占用林地堆放矿石渣土,对农用地用途及其周边生态环境造成破坏。人民法院在审理中,注重惩治犯罪和生态环境治理修复的有机结合,将生态环境修复义务的履行纳入量刑情节,有效融合了生态司法的警示教育、环境治理和法治宣传等诸多功能,取得了良好的法律效果和社会效果。

2. 秦家学滥伐林木刑事附带民事公益诉讼案②

关键词

刑事/滥伐林木罪/生态修复/补植复绿/专家意见/保证金

裁判要点

1. 人民法院确定被告人森林生态环境修复义务时,可以参考专家意见及林业规划设计单位、自然保护区主管部门等出具的专业意见,明确履行修复义务的树种、树龄、地点、数量、存活率及完成时间等具体要求。

2. 被告人自愿交纳保证金作为履行生态环境修复义务担保的,人民法院可以将该情形作为从轻量刑情节。

相关法条

《中华人民共和国民法典》第179条(本案适用的是自2010年7月1日起实施的《中华人民共和国侵权责任法》第15条)

《中华人民共和国森林法》第56条、第57条、第76条(本案适用的是2009年8月27日修正的《中华人民共和国森林法》第32条、第39条)

基本案情

湖南省保靖县人民检察院指控被告人秦家学犯滥伐林木罪向保靖县人民法院提起公诉,在诉讼过程中,保靖县人民检察院以社会公共利益受到损害为由,又向保靖县人民法院提起附带民事公益诉讼。

保靖县人民检察院认为,应当以滥伐林木罪追究被告人秦家学刑事责任。同时,被告人行为严重破坏了生态环境,致使社会公共利益遭受到损害,根据侵权责任法的相关规定,应当补植复绿,向公众赔礼道歉。被告人秦家学对公诉机关的指控无异议。但辩称,其是林木的实际经营者和所有权人,且积极交纳补植复绿的保证金,请求从轻判处。

保靖县人民法院经审理查明,湖南省保靖县以1958年成立的保靖县国营白云山林场为核心,于1998年成立白云山县级自然保护区。后该保护区于2005年评定为白云山省级自然保护区,并完成了公益林区划界定;又于2013年评定为湖南白云山国家级自然保护区。其间,被告人秦家学于1998年承包了位于该县毛沟镇卧当村白云山自然保护区核心区内“土地坳”(地名)的山林,次年起开

---

① 案例来源:2020年5月8日最高人民法院发布2019年度人民法院环境资源典型案例。

② 案例来源:最高人民法院指导案例172号。

始有计划地植造杉木林，该林地位于公益林范围内，属于公益林地。2016 年 9 月至 2017 年 1 月，秦家学在没有办理《林木采伐许可证》情况下，违反森林法，擅自采伐其承包该林地上的杉木林并销售，所采伐区域位于该保护区核心区域内面积为 117.5 亩，核心区外面积为 15.46 亩。经鉴定，秦家学共砍伐林木 1010 株，林木蓄积为 153.3675 立方米。后保靖县林业勘测规划设计队出具补植补造作业设计说明证明，该受损公益林补植复绿的人工苗等费用为人民币 66025 元。

人民法院审理期间，保靖县林业勘测规划设计队及保靖县林业局、白云山国家级自然保护区又对该受损公益林补植复绿提出了具体建议和专业要求。秦家学预交补植复绿保证金 66025 元，保证履行补植复绿义务。

裁判结果

湖南省保靖县人民法院于 2018 年 8 月 3 日作出(2018)湘 3125 刑初 5 号刑事附带民事判决，认定被告人秦家学犯滥伐林木罪，判处有期徒刑三年，缓刑四年，并处罚金人民币 1 万元，并于判决生效后两年内在湖南白云山国家级自然保护区内“土地坳”栽植一年生杉树苗 5050 株，存活率达到 90%以上。宣判后，没有上诉、抗诉，一审判决已发生法律效力。被告人依照判决，在原砍伐林地等处栽植一年生杉树苗 5050 株，且存活率达到 100%。

裁判理由

法院生效裁判认为：被告人秦家学违反森林法规定，未经林业主管部门许可，无证滥伐白云山国家级自然保护区核心区内的公益林，数量巨大，构成滥伐林木罪。辩护人提出的被告人系初犯、认罪，积极交纳补植补绿的保证金 66025 元到法院的执行账户，有悔罪表现，应当从轻判处的辩护意见，予以采信。白云山国家级自然保护区位于中国十七个生物多样性关键地区之一的武陵山区及酉水流域，是云贵高原、四川盆地至雪峰山区、湘中丘陵之间动植物资源自然流动通道的重要节点，是长江流域洞庭湖支流沅江的重要水源涵养区，其森林资源具有保持水土、维护生物多样性等多方面重要作用。被告人所承包、栽植并管理的树木，已经成为白云山国家级自然保护区森林资源的不可分割的有机组成部分。被告人无证滥伐该树木且数量巨大，其行为严重破坏了白云山国家级自然保护区生态环境，危及生物多样性保护，使社会公共利益遭受到严重损害，性质上属于一种侵权行为。附带民事公益诉讼不是传统意义上的民事诉讼，公益诉讼起诉人也不是一般意义上的受害人。公益诉讼起诉人要求被告人承担恢复原状法律责任的诉讼请求，于法有据，予以支持。根据保靖县林业勘测规划设计队出具的“土地坳”补植补造作业设计说明以及白云山自然保护区管理局、保靖县林业局等部门专家提供的专业资料和建议，参照森林法第三十九条第二款规定，对公益诉讼起诉人提出的被告人应补种树木的诉讼请求，应认为有科学、合理的根据和法律依据，予以支持。辩护人提出被告人作为林地承包者的经营权利也应当依法保护的意见，有其合理之处，在具体确定被告人法律责任时予以考虑。遂作出上述判决。

(5)宅基地

自然资源部关于加快宅基地和集体建设用地使用权确权登记工作的通知

·2020 年 5 月 14 日
·自然资发〔2020〕84 号

各省、自治区、直辖市自然资源主管部门：

2020 年底基本完成宅基地和集体建设用地使用权确权登记工作，是党中央部署的一项重要任务。近年来，各地按照党中央部署，稳步推进，取得了积极进展。但全国宅基地数量大、情况复杂，一些地方还存在农村地籍调查基础薄弱、登记资料管理不规范和信息化程度低等问题。尤其受新冠肺炎疫情影响，部分地方推进工作受阻，增加了按时完成任务的难度。为确保今年底完成党中央部署的这项任务，现就有关事项通知如下：

一、准确把握工作重点，坚持不变不换

各地要以未确权登记的宅基地和集体建设用地为工作重点，按照不动产统一登记要求，加快地籍调查，对符合登记条件的办理房地一体不动产登记。坚持不变不换原则，不动产统一登记制度实施前，各历史阶段颁发的宅基地和集体建设用地使用权证书继续有效，对有房地一体不动产登记需求的，完成地上房屋补充调查后办理登记。

二、因地制宜，加快开展地籍调查

各地要加快地籍调查，全面查清宅基地和集体建设用地底数，对已调查登记、已调查未登记、应登记未登记、不能登记等情况要清晰掌握。正在开展地籍调查的，要加快推进调查和确权登记工作。尚未开展地籍调查的，要按照《地籍调查规程》《农村不动产权籍调查工作指南》等，因地制宜抓紧开展，形成满足确权登记需要的房地一体地籍调查成果。

各地可采取积极灵活的方式，完成宅基地和集体建设用地权属调查。对权利人因外出等原因无法实地指界的，可采取委托代理人代办、“先承诺、后补签”或网络视频确认等方式进行。要结合本地实际，选取合适的地籍测绘技术方法。有条件或靠近城镇的，可采用解析法。不具备条件的，可利用现势性强的国土三调、农村土地承包经营权登记等形成的航空或高分辨率卫星遥感正射影像图，采用图解法获取界址、面积等信息。对暂不具备解析法和图解法条件的，可由市、县自然资源主管部门会同村委会组织人员，利用“国土调查云”软件结合勘丈法进行地籍测绘。

地籍调查成果通过验收后，应及时纳入不动产登记信息管理基础平台的地籍数据库进行统一管理，支撑不动产登记及相关管理工作。

三、积极化解疑难问题，依法依规办理登记

各地要认真落实《国土资源部 中央农村工作领导小组办公室 财政部 农业部关于农村集体土地确权登记发证的若干意见》（国土资发〔2011〕178 号）、《国土资源部 财政部 住房和城乡建设部 农业部 国家林业局关于进一步加快推进宅基地和集体建设用地使用权确权登记发证工作的通知》（国土资发〔2014〕101 号）、《国土资源部关于进一步加快宅基地和集体建设用地确权登记发证有关问题的通知》（国土资发〔2016〕191 号）等文件要求，充分发挥乡村基层组织作用，推动解决宅基地“一户多宅”、缺少权属来源材料、超占面积、权利主体认定等问题，按照房地一体要求，统一确权登记、统一颁发证书，努力提高登记率。市、县自然资源主管部门可会同乡（镇）人民政府、村委会，组织群众以行政村为单位，统一申请登记，实现批量受理、集中办证。

对合法宅基地上房屋没有符合规划或建设相关材料的，地方已出台相关规定，按其规定办理。未出台相关规定，位于原城市、镇规划区内的，出具规划意见后办理登记。位于原城市、镇规划区外且在《城乡规划法》实施前建设的，在办理登记时可不提交符合规划或建设的相关材料；在《城乡规划法》实施后建设的，由村委会公告 15 天无异议，经乡（镇）人民政府审核后，按照审核结果办理登记。对乱占耕地建房、违反生态保护红线管控要求建房、城镇居民非法购买宅基地、小产权房等，不得办理登记，不得通过登记将违法用地合法化。

四、充分利用信息系统登记，扎实做好成果入库和整合汇交

各地要通过不动产登记系统，办理房地一体的宅基地和集体建设用地使用权登记。要充分运用信息化手段规范登记簿填写、审核和校验，确保登记簿内容全面、规范。因已有资料不详、确实无法填写的个别字段可填写斜杠“/”，并在备注栏内注明原因。在完成登簿的同时，将登记结果信息实时上传省级和国家级不动产登记信息管理基础平台。

各地要加快已有宅基地和集体建设用地及房屋登记资料清理整合和汇交入库。对原有数据不规范或不完整的，应尽快开展不动产单元代码补编等规范完善工作。对原有纸质登记资料尚未数字化的，要通过扫描、拍照等方式进行数字化处理。对缺少空间坐标信息的，可利用高分辨率正射影像图，完成图形矢量化，编制地籍图，并将登记信息图形数据和属性数据关联，完善数据库；也可通过“国土调查云”软件勾绘宗地位置，补充界址点坐标等信息，或采取标注“院落中心点”作为宗地位置，录入权利人等属性信息，并在宗地图上注明“此图根据登记资料在正射影像图上标绘形成”。

各省级自然资源主管部门要将完成数据整合的农村地籍调查和不动产登记成果，以县（市、区）为单位，完成一个汇交一个，逐级汇交至国家级不动产登记信息管理基础平台。2021 年底前，全国所有县（市、区）要完成汇交工作。

五、加强组织实施，统筹协调推进

地方各级自然资源主管部门要进一步提高政治站位，在地方政府领导下，压实工作责任，强化部门协作，积极争取工作经费，严格执行工作计划，加强组织实施，切实做好宣传发动、技术指导、业务培训、成果审核及入库汇交等，加快推进宅基地和集体建设用地使用权确权登记工作。

各地要充分发挥确权登记对农村土地管理改革的基础支撑作用，将宅基地和集体建设用地使用权确权登记与集体经营性建设用地入市、城乡建设用地增减挂钩、全域土地综合整治、宅基地制度改革等有机结合，统筹推进相关工作。

各省级自然资源主管部门要加强工作调度，严格落实月报制度，掌握真实的工作进展情况，及时研究解决遇到的问题。部将适时对各省（自治区、直辖市）宅基地和集体建设用地使用权确权登记工作进度进行通报、督导。

中央农村工作领导小组办公室、农业农村部关于进一步加强农村宅基地管理的通知

· 2019 年 9 月 11 日

· 中农发〔2019〕11 号

各省、自治区、直辖市和新疆生产建设兵团党委农办，农业农村（农牧）厅（局、委）：

宅基地是保障农民安居乐业和农村社会稳定的重要基础。加强宅基地管理，对于保护农民权益、推进美丽乡村建设和实施乡村振兴战略具有十分重要的意义。由于多方面原因，当前农村宅基地管理比较薄弱，一些地方存在超标准占用宅基地、违法违规买卖宅基地、侵占耕地建设住宅等问题，损害农民合法权益的现象时有发生。按照本轮机构改革和新修订的土地管理法规定，农业农村部门负责宅基地改革和管理有关工作，为切实加强农村宅基地管理，现就有关要求通知如下。

一、切实履行部门职责

农村宅基地管理和改革是党和国家赋予农业农村部门的重要职责，具体承担指导宅基地分配、使用、流转、纠纷仲裁管理和宅基地合理布局、用地标准、违法用地查处，指导闲置宅基地和闲置农房利用等工作。各级农业农村部门要充分认识加强宅基地管理工作的重要意义，在党委政府的统一领导下，主动担当，做好工作衔接，健全机构队伍，落实保障条件，系统谋划工作，创新方式方法，全面履职尽责，保持工作的连续性、稳定性，防止出现弱化宅基地管理的情况。要主动加强与自然资源、住房城乡建设等部门的沟通协调，落实宅基地用地指标，建立国土空间规划、村庄规划、宅基地确权登记颁证、农房建设等资源信息共享机制，做好宅基地审批管理与农房建设、不动产登记等工作的有序衔接。

二、依法落实基层政府属地责任

建立部省指导、市县主导、乡镇主责、村级主体的宅基地管理机制。宅基地管理工作的重心在基层，县乡政府承担属地责任，农业农村部门负责行业管理，具体工作由农村经营管理部门承担。随着农村改革发展的不断深入，基层农村经营管理部门的任务越来越重，不仅承担农村土地承包管理、新型农业经营主体培育、集体经济发展和资产财务管理等常规工作，还肩负着农村土地制度、集体产权制度和经营制度的改革创新等重要职责，本轮机构改革后，又增加了宅基地管理、乡村治理等重要任务。但是，当前基层农村经营管理体系不健全、队伍不稳定、力量不匹配、保障不到位等问题十分突出。这支队伍有没有、强不强直接决定着农村改革能否落实落地和农民合法权益能否得到切实维护。县乡政府要强化组织领导，切实加强基层农村经营管理体系的建设，加大支持力度，充实力量，落实经费，改善条件，确保工作有人干、责任有人负。

按照新修订的土地管理法规定，农村村民住宅用地由乡镇政府审核批准。乡镇政府要因地制宜探索建立宅基地统一管理机制，依托基层农村经营管理部门，统筹协调相关部门宅基地用地审查、乡村建设规划许可、农房建设监管等职责，推行一个窗口对外受理、多部门内部联动运行，建立宅基地和农房乡镇联审联办制度，为农民群众提供便捷高效的服务。要加强对宅基地申请、审批、使用的全程监管，落实宅基地申请审查到场、批准后丈量批放到场、住宅建成后核查到场等“三到场”要求。要开展农村宅基地动态巡查，及时发现和处置涉及宅基地的各类违法行为，防止产生新的违法违规占地现象。要指导村级组织完善宅基地民主管理程序，探索设立村级宅基地协管员。

三、严格落实“一户一宅”规定

宅基地是农村村民用于建造住宅及其附属设施的集体建设用地，包括住房、附属用房和庭院等用地。农村村民一户只能拥有一处宅基地，面积不得超过本省、自治区、直辖市规定的标准。农村村民应严格按照批准面积和建房标准建设住宅，禁止未批先建、超面积占用宅基地。经批准易地建造住宅的，应严格按照“建新拆旧”要求，将原宅基地交还村集体。农村村民出卖、出租、赠与住宅后，再申请宅基地的，不予批准。对历史形成的宅基地面积超标和“一户多宅”等问题，要按照有关政策规定分类进行认定和处置。人均土地少、不能保障一户拥有一处宅基地的地区，县级人民政府在充分尊重农民意愿的基础上，可以采取措施，按照省、自治区、直辖市规定的标准保障农村村民实现户有所居。

四、鼓励节约集约利用宅基地

严格落实土地用途管制，农村村民建住宅应当符合乡(镇)土地利用总体规划、村庄规划。合理安排宅基地用地，严格控制新增宅基地占用农用地，不得占用永久基本农田；涉及占用农用地的，应当依法先行办理农用地转用手续。城镇建设用地规模范围外的村庄，要通过优先安排新增建设用地计划指标、村庄整治、废旧宅基地腾退等多种方式，增加宅基地空间，满足符合宅基地分配条件农户的建房需求。城镇建设用地规模范围内，可以通过建设农民公寓、农民住宅小区等方式，满足农民居住需要。

五、鼓励盘活利用闲置宅基地和闲置住宅

鼓励村集体和农民盘活利用闲置宅基地和闲置住宅，通过自主经营、合作经营、委托经营等方式，依法依规发展农家乐、民宿、乡村旅游等。城镇居民、工商资本等租赁农房居住或开展经营的，要严格遵守合同法的规定，租赁合同的期限不得超过二十年。合同到期后，双方可以另行约定。在尊重农民意愿并符合规划的前提下,鼓励村集体积极稳妥开展闲置宅基地整治,整治出的土地优先用于满足农民新增宅基地需求、村庄建设和乡村产业发展。闲置宅基地盘活利用产生的土地增值收益要全部用于农业农村。在征得宅基地所有权人同意的前提下,鼓励农村村民在本集体经济组织内部向符合宅基地申请条件的农户转让宅基地。各地可探索通过制定宅基地转让示范合同等方式,引导规范转让行为。转让合同生效后,应及时办理宅基地使用权变更手续。对进城落户的农村村民,各地可以多渠道筹集资金,探索通过多种方式鼓励其自愿有偿退出宅基地。

六、依法保护农民合法权益

要充分保障宅基地农户资格权和农民房屋财产权。不得以各种名义违背农民意愿强制流转宅基地和强迫农民"上楼",不得违法收回农户合法取得的宅基地,不得以退出宅基地作为农民进城落户的条件。严格控制整村撤并,规范实施程序,加强监督管理。宅基地是农村村民的基本居住保障,严禁城镇居民到农村购买宅基地,严禁下乡利用农村宅基地建设别墅大院和私人会馆。严禁借流转之名违法违规圈占、买卖宅基地。

七、做好宅基地基础工作

各级农业农村部门要结合国土调查、宅基地使用权确权登记颁证等工作,推动建立农村宅基地统计调查制度,组织开展宅基地和农房利用现状调查,全面摸清宅基地规模、布局和利用情况。逐步建立宅基地基础信息数据库和管理信息系统,推进宅基地申请、审批、流转、退出、违法用地查处等的信息化管理。要加强调查研究,及时研究解决宅基地管理和改革过程中出现的新情况新问题,注意总结基层和农民群众创造的好经验好做法,落实新修订的土地管理法规定,及时修订完善各地宅基地管理办法。要加强组织领导,强化自身建设,加大法律政策培训力度,以工作促体系建队伍,切实做好宅基地管理工作。

·典型案例

1. 王淑荣与何福云、王喜胜等农村土地承包经营权纠纷案①

【基本案情】

2007年10月30日,吉林省白城市洮北区农村土地承包仲裁委员会作出裁决:王淑荣对王振学所种土地享有承包经营权。一审原告王振学遂向洮北区人民法院请求:1. 确认三跃村村委会与王振学签订的土地承包经营合同有效;2. 确认王淑荣对王振学承包的土地无承包经营权。王淑荣答辩称其在王振学承包的土地中享有五分之一的承包经营权。王淑荣1975年1月25日结婚,由于其丈夫是军人,故户口仍在王振学家。1982年,三跃村发包土地时,王淑荣与王振学一家系同一家庭成员,5口人承包5.4亩地,人均1.08亩,承包户户主为王振学。王淑荣的户口于1992年1月迁入白城市并转为非农业户口。1997年第二轮土地承包时,王振学家承包4.82亩土地,并于2005年取得《农村土地承包经营权证》,共有人没有记载王淑荣。

王振学于2010年10月死亡,被申请人由王振学变更为其妻何福云、其子王喜东、王喜胜。

一审法院判决:1. 王振学与村委会签订的土地承包合同有效;2. 王淑荣对王振学承包的土地不享有1.08亩承包经营权。白城中院二审判决:驳回王淑荣的上诉,维持原判。白城中院再审后判决:1. 撤销二审判决和一审判决第二项;2. 维持一审判决第一项。2009年12月吉林高院裁定驳回王淑荣的再审申请。2012年6月吉林高院提审后判决:1. 撤销一、二审判决及原再审民事判决;2. 驳回王振学的诉讼请求。

【裁判结果】

最高人民法院提审认为,王淑荣作为城市居民,在二轮土地延包中不享有土地承包经营权。第一,王淑荣于1992年1月将户口从王振学家迁至白城市新立派出所辖区内落户。《农村土地承包法》第二十六条第三款之规定:"承包期内,全家迁入设区的市,转为非农业户口的,应当将承包的耕地和草地交回发包方。承包方不交回的,发包方可以收回承包的耕地和草地。"可见迁入设区的市、转为非农业户口,是丧失农村土地承包经营权的条件。由于目前我国法律没有对农村居民个人丧失土地承包经营权的条件作出明确具体的规定,因此,只能比照法律中最相类似的条款进行认定,上述规定应当成为认定在第二轮土地承包中,王淑荣是否对王振学家承包的土地享有承包经营

① 案例来源:2014年3月19日《最高人民法院公布保障民生第二批典型案例》。

权的法律依据。此时王淑荣的户口已经迁入设区的市，成为城市居民，因此不应再享有农村土地承包经营权。当地第二轮土地承包仍依照土地承包法第十五条之规定，以本集体经济组织的农户为单位。延包的含义是只丈量土地，不进行调整。符合增人不增地、减人不减地的政策。王淑荣此时已不是王振学家庭成员，在二轮土地延包中不享有土地承包经营权。第二，《农村土地承包经营权证》是民事案件中认定当事人是否具有农村土地承包经营权的重要依据。

王振学起诉是因为洮北区农村土地承包仲裁委员会作出的裁决，确认王淑荣在其家庭承包的土地中享有0.964亩土地承包经营权。该裁决书中有如不服裁决，可在30日内向法院起诉的内容。因此，法院应当受理此案并作出判决。另外，王淑荣并未请求当地村委会另行向其发包土地，而是主张在王振学一家承包的土地中，享有1.08亩承包经营权。故对于上述发生在平等主体之间的民事权益之争，不应通过行政诉讼解决。最高法院判决撤销了吉林高院的再审判决和白城中院民事判决，维持白城中院的二审判决。

【典型意义】

从吉林省三级法院的四个裁判结果看，部分法院对是否应当受理当事人以其在他人承包的土地中享有承包经营权为由提起的民事诉讼以及是否可以在一定条件下对某个自然人是否具有某个农村集体经济组织成员资格作出认定的问题，认识不一。本案明确了法院在审理此类案件中，应当比照《农村土地承包法》第二十六条第三款之规定，在认定当事人是否具有某个农村集体经济组织成员资格的基础上对其是否享有农村土地承包经营权问题作出裁决，因而具有一定指导意义。

2. 邹克友诉张守忠合同纠纷案①

【案情】

2003年4月29日，邹克友与张守忠签订一份楼基地转让协议书，约定张守忠将位于日照市东港区安东卫街道东街（后更名为"日照市岚山区安东卫街道东街"，以下分别简称"东港安东卫东街"、"岚山安东卫东街"）的一处拆迁补偿置换的楼基地（土地性质为集体所有制土地），以56900元的价格转让给外村村民邹克友，协议载明款项当面付清，张守忠的同村村民周同业作为证明人在协议书上签字。之后该处楼基地一直闲置，邹克友未在上面建设房屋。2013年，因未能办理楼房建设手续，岚山安东卫东街居委将该楼基地收回，并向张守忠补偿位于日照市岚山区安东卫街道凤凰山社区7号楼西单元102室的安置房一处。邹克友认为，其已受让了楼基地，因此，基于该楼基地补偿的上述安置房应归其所有。因与张守忠就安置房的归属问题协商不成，邹克友遂起诉至本院，要求张守忠返还购买楼基地的款项56900元，并赔偿其因此所遭受的损失。

庭审中，张守忠辩称，1. 涉案楼基地系本村村委按照统一规划分配的宅基地，依法不得买卖，双方签订的转让协议违反法律规定；2. 双方已于2004年通过证明人周同业（已去世）办理了退还楼基地的事宜，被告向邹克友支付60000元作为补偿，邹克友将楼基地返还给被告，并提交有"周同业"签字的收到条（复印件）一张，内容为："收到张守忠一次性买回楼基款陆万元60000元，经办人：周同业，2004年9月15日"，并加盖"中共日照市岚山区安东卫街道东街居总支部委员会"公章及岚山安东卫东街居委主任石光华的私人印章。经法院调查核实，石光华表示未经手办理此事，且在当时还没有收到条所加盖的党支部的章。在法院要求继续核实该收到条时，张守忠称原件已经丢失。经对比，收到条与双方签订的转让协议书上周同业的签名差别较大。

【裁判结果】

山东省日照市岚山区人民法院生效裁判认为，涉案楼基地所占土地性质系集体所有土地，且张守忠取得该楼基地系基于原宅基地及房屋重新规划、拆迁后的补偿利益，其性质等同于宅基地。张守忠将该楼基地转让给非本集体经济组织成员的邹克友，违反了我国法律、行政法规的强制性规定，法院依法确认该转让协议无效，邹克友不能取得涉案楼基地的使用权。

张守忠提交的收到条，上面加盖的公章在2004年9月15日尚不存在，且与转让协议上周同业的签名差别较大，另一签章人亦否认经手此事，在该份收到条存有诸多疑点的情形下，张守忠以丢失为由无法提供原件，致使无法进一步辨别证据的真伪，应当承担不利的法律后果，法院对该收到条不予采信，对张守忠据此主张的双方已解除合同，并通过周同业返还60000元的事实，不予认定。因无效合同取得的财产应当予以返还。张守忠应向邹克友返还购买楼基地款56900元。

张守忠明知涉案楼基地依法不能转让给本集体经济

① 案例来源：2015年12月4日《最高人民法院发布19起合同纠纷典型案例》。

组织以外成员仍进行转让;作为日常生活大宗交易,邹克友在未确认土地性质的情况下即购买涉案楼基地,双方对于合同无效均有过错。张守忠在双方转让行为历经十余载,涉案楼基地升值并存有巨大利益后,才以违反法律规定为由主张合同无效,虽然符合法律规定,但从道义、情感角度而言,属于典型的违反诚实信用原则。因此,裁判张守忠以转让款为基数,按照中国人民银行同期贷款利率赔偿张守忠损失。

【典型意义】

近年来,随着城镇化进程的加速,城市近郊的土地持续增值,涉及上述区域的房屋买卖、宅基地转让纠纷迅猛增长。根据现行法律规定及国家政策,宅基地等集体所有土地使用权带有很强的社会保障功能,只能在本集体经济组织成员内部享有、流转;否则,一律无效。但在实践中,违法流转大量存在,若双方正常履约,这种违法现象也"合理"地存在着,并无其他部门监管。但纠纷一旦进入法院,认定转让行为无效毋庸置疑。转让被判无效后,依据《中华人民共和国合同法》第五十八条规定,"合同无效或者被撤销后,因该合同取得的财产,应当予以返还;不能返还或者没有必要返还的,应当折价补偿。有过错的一方应当赔偿对方因此所受到的损失,双方都有过错的,应当各自承担相应的责任"。在司法实践中,通常对于无效合同损失赔偿的处理也是"各打五十大板"。但是对于近年来基层司法实践中屡见不鲜的涉及集体所有土地使用权及房屋转让纠纷案件,如果机械地适用法律条文,不仅让失信的行为人堂而皇之地获取法外利益,也不利于在社会上弘扬"诚信"的社会主义核心价值观。

诚实信用是人们社会经济活动的基本道德准则,也是社会主义核心价值观的重要内容。而诚实信用原则作为民法的一项基本原则,它要求民事主体在民事活动中要恪守诺言、诚信不欺,不因追求个人利益而损害社会或他人利益,这是以道德规范为基本内容的法律原则。有些纠纷,从法律与道德角度来看,结论可能截然相反,正如本案纠纷。转让人可以冠冕堂皇地以"法律规定"为由实施违反诚信的行为,作为深受中国传统道德规范影响的受让人及社会大众,当然难以接受。正因为如此,法官在处理该类纠纷时,需要在坚持法律规定的前提下,适当引入道德、风俗等规范,让"无情"的法律与"有情"的道德规范结合,实现情、法、理在司法判决中融合。在本案中,法官根据法律的强制性规定,确认涉案楼基地转让协议无效;与此同时,引入诚信原则,在合理的限度内弥补受让人的损失,让失信人承担一定的法律制裁。如此,既能有效地平衡双方的利益,也有助于培养社会公众的诚信观念。这也是在审判实践中培育和践行社会主义核心价值观的良好体现。

3. 河南省甲县违法占地非诉执行监督系列案

——监督行政非诉执行依法受理,共同守住耕地保护红线①

【基本案情】

2017 年 8 月份以来,河南省甲县国土资源局在巡查中发现一些驾校、砂场等未经批准擅自占用耕地,经依法立案后作出相应行政处罚。行政相对人在法定期限内不提起诉讼又不履行,甲县国土资源局依照法律规定,将到期需要申请强制执行的国土资源违法案件申请甲县人民法院强制执行。截至 2018 年 4 月 12 日,甲县国土资源局共向甲县人民法院申请强制执行行政非诉案件 96 件,涉及驾校、采砂、旅游开发、农业开发、农户违建等非法占用耕地 154.8 亩、基本农田 66.8 亩,其他土地 2.76 亩,行政罚款总额 300 余万元。

甲县人民法院对县国土资源局行政非诉案件强制执行申请均不予受理,也未作出不予受理裁定和说明不予受理理由。

【检察机关监督情况】

2018 年 4 月 12 日,甲县人民检察院对其中严重损害国家利益和社会公共利益的 21 起行政非诉执行案件依法予以受理。同时,将最高人民检察院在全国检察机关开展民事行政非诉执行监督专项活动情况向甲县人民法院作了通报。

甲县人民检察院认为,甲县人民法院对县国土资源局强制执行申请不予受理又不依法作出不予受理裁定,违反了《中华人民共和国行政强制法》第五十六条第一款"人民法院接到行政机关强制执行的申请,应当在五日内受理"的规定,违反了《最高人民法院关于适用〈中华人民共和国行政诉讼法〉的解释》第一百五十五条第三款"人民法院对符合条件的申请,应当在五日内立案受理,并通知申请人;对不符合条件的申请,应当裁定不予受理"的规定,以及《最高人民法院关于人民法院登记立案若干问题的规定》第二条、第八条、第九条的规定,致使生效的行政处罚决定无法进入法定程序。4 月 26 日,甲县人民检察院

① 案例来源:2019 年 9 月 25 日最高人民检察院发布的 6 起行政检察典型案例。

向甲县人民法院发出检察建议:(1)依法办理甲县国土资源局申请的行政非诉执行案件;(2)完善行政非诉案件受理机制,以保障行政处罚权的正确行使。

2018年5月3日,甲县人民法院回复,支持检察机关开展民事行政非诉执行监督专项活动,采纳检察建议,对建议的21起及其他75起行政非诉案件全部予以受理。同时,完善非诉行政案件受理程序,对涉及国家利益和社会公共利益的,快立快审。

自发出检察建议至2019年1月15日,甲县国土资源局陆续向甲县人民法院申请强制执行286件,法院均予以立案,目前已准予执行244件,大部分已经执行;同时,检察机关针对行政机关是否存在行政处罚后怠于执行或怠于申请执行等问题加强与行政机关沟通,争取理解、配合进而主动纠正,并加强与人民法院的协作配合,共同维护国家利益和社会公共利益。

【警示与指导意义】

保护耕地,关系到中国十几亿人口的粮食问题,关系到我国的粮食安全、生态安全问题。对于耕地,国家坚持实行最严格的保护制度。守住耕地保护红线,不仅是各级政府的责任,也是司法机关共同的责任。违法占用、破坏耕地特别是基本农田的违法行为,必须坚决制止和惩处。本案涉及非法占用耕地154.8亩、基本农田66.8亩,人民法院对行政机关依法申请行政非诉执行的案件,应当受理而不予受理,使国家利益和社会公共利益处于持续受侵害状态,检察机关应依法予以监督。本案中,通过对21起行政非诉执行案件进行监督,促使人民法院对后续案件依法立案、准予执行,并依法执行,进入良性循环,不仅促进了规范执法、依法行政,还有力地促进了对国家耕地、基本农田的保护,达到双赢多赢共赢。

4. 浙江省徐某违法占地非诉执行监督案

——监督“裁执分离”模式下法院和行政机关依法执行,保护基本农田不被侵占①

【基本案情】

徐某非法占用2253平方米基本农田和3753平方米农用地,在浙江省甲市A镇某村违法建造房屋及其他建筑设施。2015年,甲市国土资源局作出行政处罚决定书,责令徐某退还非法占用的土地6006平方米;拆除在非法占用土地上新建的房屋及其他建筑设施;对非法占用的基本农田按每平方米30元处以罚款计人民币67590元,对非法占用农用地(林地、园地、水域)按每平方米20元处以罚款计人民币75060元,两项合计人民币142650元。

2016年7月22日,甲市国土资源局以被执行人徐某拒不履行行政处罚决定书为由,向甲市人民法院申请强制执行。

由法院作出裁判、由行政机关组织实施的“裁执分离”改革,浙江省是推进改革和试点地区之一。2016年8月1日,甲市人民法院采取“裁执分离”模式,作出行政裁定书,裁定准予对徐某在甲市A镇某村非法占用的6006平方米土地上违法建造的房屋及其他建筑设施予以强制拆除,由甲市A镇人民政府、甲市国土资源局组织实施;准予对徐某欠缴的罚款人民币142650元强制收缴,由甲市人民法院执行。

2016年12月19日,甲市人民法院作出执行裁定书:因在执行过程中,未发现被执行人徐某有实际可供执行的财产,申请执行人亦未提供可供执行的财产线索,故暂不能得到执行,依照民事诉讼法第二百五十七条第六项之规定,裁定终结本案本次执行程序。

【检察机关监督情况】

2017年8月23日,甲市人民检察院受理该案并展开调查。经调查,徐某在甲市农村商业银行有两个账户。其中一个账户从2016年1月至2017年10月间与其他账户有大量大额汇入、转入记录,且对账单反映徐某在其他银行还有多个账号。另一个账户在2017年6月获得柜面放款,而此时徐某已被甲市人民法院纳入失信被执行人名单。调查还发现徐某名下有小型汽车一辆,登记于2011年。

此外,经甲市人民检察院实地勘察,发现被执行人徐某在甲市A镇某村非法占用的6006平方米土地上违法建造的房屋及其他建筑设施未被拆除。

甲市人民检察院认为,被执行人徐某有实际可供执行的财产,甲市人民法院在执行过程中未穷尽财产调查措施,以未发现被执行人徐某有实际可供执行的财产等为由裁定终结本案本次执行程序不当;且徐某虽被纳入失信被执行人名单,但因录入的身份证号码有误,导致其仍从甲市农村商业银行获取银行贷款。

针对以上情况,甲市人民检察院根据《中华人民共和国行政诉讼法》第十一条、第一百零一条、《中华人民共和国民事诉讼法》第二百三十五条之规定,分别于2017年11月10日、11月23日向甲市人民法院、甲市国土资源局和

① 案例来源:2019年9月25日最高人民检察院发布的6起行政检察典型案例。

甲市A镇人民政府发出检察建议。建议甲市人民法院：(1)对本案依法立案，恢复执行，穷尽财产调查措施，对被执行人徐某的财产情况及时予以核实并采取执行实施措施，执行尚未缴纳的罚款；(2)对失信被执行人名单中徐某的错误信息予以改正；(3)关注法院相关查询系统存在的问题。建议甲市国土资源局和甲市A镇人民政府：对徐某在甲市A镇某村非法占用的6006平方米土地上违法建造的房屋及其他建筑设施予以强制拆除。

检察建议发出后，甲市人民法院、甲市国土资源局和甲市A镇人民政府均予以采纳，并书面回复。2017年11月27日，甲市国土资源局派员到违法现场进行实地核查，并与A镇人民政府相关负责人进行对接，由A镇人民政府牵头做好拆除工作，该局监察大队、国土所积极配合。2017年12月20日，A镇人民政府集中组织人员和力量，对被执行人徐某在甲市A镇某村非法占用的6006平方米土地上违法建造的房屋及其他建筑设施全部强制拆除。2018年2月1日，甲市人民法院恢复执行该案，对失信被执行人名单中徐某的错误信息已报上级法院修改，并已对统一查询系统存在的问题进行了反映。2018年5月9日，甲市人民法院第二次书面回复，表示该案全部罚款142650元已执行到位。

【警示与指导意义】

十分珍惜、合理利用土地和切实保护耕地是我国的基本国策。而基本农田是耕地的精华，是粮食安全的保障，国家对基本农田实行严格的特殊保护，任何单位和个人不得改变其性质用途。非法占用基本农田应依法退还，拆除在非法占用的土地上新建的建筑物和其他设施，恢复土地原状；构成犯罪的，依法追究刑事责任。行政非诉执行监督，是对行政非诉执行立案、审查和执行活动的全过程监督。行政机关申请强制执行，人民法院作出裁定后，无论是交由本院执行机构执行，还是采取“裁执分离”模式交由行政机关组织实施，或部分交由本院执行机构执行、部分交由行政机关组织实施，都属于行政非诉执行监督范围。人民法院、行政机关违法实施执行行为，或怠于履行职责的，检察机关有权予以监督。本案中，徐某非法占用2253平方米基本农田和3753平方米农用地，违法建造房屋及其他建筑设施的违法行为应当予以纠正。检察机关通过行政非诉执行监督，不仅推动法院追回了全部罚款142650元，而且促使行政机关强制拆除非法占用的6006平方米土地上的全部违章建筑，被占用基本农田得以恢复，取得了良好的效果。

(七)土地征收

国有土地上房屋征收与补偿条例

·2011年1月19日国务院第141次常务会议通过

·2011年1月21日中华人民共和国国务院令第590号公布

·自公布之日起施行

第一章　总　则

第一条　【立法目的】为了规范国有土地上房屋征收与补偿活动，维护公共利益，保障被征收房屋所有权人的合法权益，制定本条例。

第二条　【适用范围】为了公共利益的需要，征收国有土地上单位、个人的房屋，应当对被征收房屋所有权人(以下称被征收人)给予公平补偿。

第三条　【基本原则】房屋征收与补偿应当遵循决策民主、程序正当、结果公开的原则。

第四条　【行政管辖】市、县级人民政府负责本行政区域的房屋征收与补偿工作。

市、县级人民政府确定的房屋征收部门(以下称房屋征收部门)组织实施本行政区域的房屋征收与补偿工作。

市、县级人民政府有关部门应当依照本条例的规定和本级人民政府规定的职责分工，互相配合，保障房屋征收与补偿工作的顺利进行。

第五条　【房屋征收实施单位】房屋征收部门可以委托房屋征收实施单位，承担房屋征收与补偿的具体工作。房屋征收实施单位不得以营利为目的。

房屋征收部门对房屋征收实施单位在委托范围内实施的房屋征收与补偿行为负责监督，并对其行为后果承担法律责任。

第六条　【主管部门】上级人民政府应当加强对下级人民政府房屋征收与补偿工作的监督。

国务院住房城乡建设主管部门和省、自治区、直辖市人民政府住房城乡建设主管部门应当会同同级财政、国土资源、发展改革等有关部门，加强对房屋征收与补偿实施工作的指导。

第七条　【举报与监察】任何组织和个人对违反本条例规定的行为，都有权向有关人民政府、房屋征收部门和其他有关部门举报。接到举报的有关人民政府、房屋征收部门和其他有关部门对举报应当及时核实、处理。

监察机关应当加强对参与房屋征收与补偿工作的政府和有关部门或者单位及其工作人员的监察。

第二章　征收决定

第八条　【征收情形】为了保障国家安全、促进国民经济和社会发展等公共利益的需要，有下列情形之一，确需征收房屋的，由市、县级人民政府作出房屋征收决定：

（一）国防和外交的需要；

（二）由政府组织实施的能源、交通、水利等基础设施建设的需要；

（三）由政府组织实施的科技、教育、文化、卫生、体育、环境和资源保护、防灾减灾、文物保护、社会福利、市政公用等公共事业的需要；

（四）由政府组织实施的保障性安居工程建设的需要；

（五）由政府依照城乡规划法有关规定组织实施的对危房集中、基础设施落后等地段进行旧城区改建的需要；

（六）法律、行政法规规定的其他公共利益的需要。

第九条　【征收相关建设的要求】依照本条例第八条规定，确需征收房屋的各项建设活动，应当符合国民经济和社会发展规划、土地利用总体规划、城乡规划和专项规划。保障性安居工程建设、旧城区改建，应当纳入市、县级国民经济和社会发展年度计划。

制定国民经济和社会发展规划、土地利用总体规划、城乡规划和专项规划，应当广泛征求社会公众意见，经过科学论证。

第十条　【征收补偿方案】房屋征收部门拟定征收补偿方案，报市、县级人民政府。

市、县级人民政府应当组织有关部门对征收补偿方案进行论证并予以公布，征求公众意见。征求意见期限不得少于30日。

第十一条　【旧城区改建】市、县级人民政府应当将征求意见情况和根据公众意见修改的情况及时公布。

因旧城区改建需要征收房屋，多数被征收人认为征收补偿方案不符合本条例规定的，市、县级人民政府应当组织由被征收人和公众代表参加的听证会，并根据听证会情况修改方案。

第十二条　【社会稳定风险评估】市、县级人民政府作出房屋征收决定前，应当按照有关规定进行社会稳定风险评估；房屋征收决定涉及被征收人数量较多的，应当经政府常务会议讨论决定。

作出房屋征收决定前，征收补偿费用应当足额到位、专户存储、专款专用。

第十三条　【征收公告】市、县级人民政府作出房屋征收决定后应当及时公告。公告应当载明征收补偿方案和行政复议、行政诉讼权利等事项。

市、县级人民政府及房屋征收部门应当做好房屋征收与补偿的宣传、解释工作。

房屋被依法征收的，国有土地使用权同时收回。

第十四条　【征收复议与诉讼】被征收人对市、县级人民政府作出的房屋征收决定不服的，可以依法申请行政复议，也可以依法提起行政诉讼。

第十五条　【征收调查登记】房屋征收部门应当对房屋征收范围内房屋的权属、区位、用途、建筑面积等情况组织调查登记，被征收人应当予以配合。调查结果应当在房屋征收范围内向被征收人公布。

第十六条　【房屋征收范围确定】房屋征收范围确定后，不得在房屋征收范围内实施新建、扩建、改建房屋和改变房屋用途等不当增加补偿费用的行为；违反规定实施的，不予补偿。

房屋征收部门应当将前款所列事项书面通知有关部门暂停办理相关手续。暂停办理相关手续的书面通知应当载明暂停期限。暂停期限最长不得超过1年。

第三章　补　偿

第十七条　【征收补偿范围】作出房屋征收决定的市、县级人民政府对被征收人给予的补偿包括：

（一）被征收房屋价值的补偿；

（二）因征收房屋造成的搬迁、临时安置的补偿；

（三）因征收房屋造成的停产停业损失的补偿。

市、县级人民政府应当制定补助和奖励办法，对被征收人给予补助和奖励。

第十八条　【涉及住房保障情形的征收】征收个人住宅，被征收人符合住房保障条件的，作出房屋征收决定的市、县级人民政府应当优先给予住房保障。具体办法由省、自治区、直辖市制定。

第十九条　【被征收房屋价值的补偿】对被征收房屋价值的补偿，不得低于房屋征收决定公告之日被征收房屋类似房地产的市场价格。被征收房屋的价值，由具有相应资质的房地产价格评估机构按照房屋征收评估办法评估确定。

对评估确定的被征收房屋价值有异议的，可以向房地产价格评估机构申请复核评估。对复核结果有异议的，可以向房地产价格评估专家委员会申请鉴定。

房屋征收评估办法由国务院住房城乡建设主管部门制定，制定过程中，应当向社会公开征求意见。

第二十条　【房地产价格评估机构】房地产价格评估机构由被征收人协商选定；协商不成的，通过多数决定、随机选定等方式确定，具体办法由省、自治区、直辖市制定。

房地产价格评估机构应当独立、客观、公正地开展房屋征收评估工作，任何单位和个人不得干预。

第二十一条　【产权调换】被征收人可以选择货币补偿，也可以选择房屋产权调换。

被征收人选择房屋产权调换的，市、县级人民政府应当提供用于产权调换的房屋，并与被征收人计算、结清被征收房屋价值与用于产权调换房屋价值的差价。

因旧城区改建征收个人住宅，被征收人选择在改建地段进行房屋产权调换的，作出房屋征收决定的市、县级人民政府应当提供改建地段或者就近地段的房屋。

第二十二条　【搬迁与临时安置】因征收房屋造成搬迁的，房屋征收部门应当向被征收人支付搬迁费；选择房屋产权调换的，产权调换房屋交付前，房屋征收部门应当向被征收人支付临时安置费或者提供周转用房。

第二十三条　【停产停业损失的补偿】对因征收房屋造成停产停业损失的补偿，根据房屋被征收前的效益、停产停业期限等因素确定。具体办法由省、自治区、直辖市制定。

第二十四条　【临时建筑】市、县级人民政府及其有关部门应当依法加强对建设活动的监督管理，对违反城乡规划进行建设的，依法予以处理。

市、县级人民政府作出房屋征收决定前，应当组织有关部门依法对征收范围内未经登记的建筑进行调查、认定和处理。对认定为合法建筑和未超过批准期限的临时建筑的，应当给予补偿；对认定为违法建筑和超过批准期限的临时建筑的，不予补偿。

第二十五条　【补偿协议】房屋征收部门与被征收人依照本条例的规定，就补偿方式、补偿金额和支付期限、用于产权调换房屋的地点和面积、搬迁费、临时安置费或者周转用房、停产停业损失、搬迁期限、过渡方式和过渡期限等事项，订立补偿协议。

补偿协议订立后，一方当事人不履行补偿协议约定的义务的，另一方当事人可以依法提起诉讼。

第二十六条　【补偿决定】房屋征收部门与被征收人在征收补偿方案确定的签约期限内达不成补偿协议，或者被征收房屋所有权人不明确的，由房屋征收部门报请作出房屋征收决定的市、县级人民政府依照本条例的规定，按照征收补偿方案作出补偿决定，并在房屋征收范围内予以公告。

补偿决定应当公平，包括本条例第二十五条第一款规定的有关补偿协议的事项。

被征收人对补偿决定不服的，可以依法申请行政复议，也可以依法提起行政诉讼。

第二十七条　【先补偿后搬迁】实施房屋征收应当先补偿、后搬迁。

作出房屋征收决定的市、县级人民政府对被征收人给予补偿后，被征收人应当在补偿协议约定或者补偿决定确定的搬迁期限内完成搬迁。

任何单位和个人不得采取暴力、威胁或者违反规定中断供水、供热、供气、供电和道路通行等非法方式迫使被征收人搬迁。禁止建设单位参与搬迁活动。

第二十八条　【依法申请法院强制执行】被征收人在法定期限内不申请行政复议或者不提起行政诉讼，在补偿决定规定的期限内又不搬迁的，由作出房屋征收决定的市、县级人民政府依法申请人民法院强制执行。

强制执行申请书应当附具补偿金额和专户存储账号、产权调换房屋和周转用房的地点和面积等材料。

第二十九条　【征收补偿档案与审计监督】房屋征收部门应当依法建立房屋征收补偿档案，并将分户补偿情况在房屋征收范围内向被征收人公布。

审计机关应当加强对征收补偿费用管理和使用情况的监督，并公布审计结果。

第四章　法律责任

第三十条　【玩忽职守等法律责任】市、县级人民政府及房屋征收部门的工作人员在房屋征收与补偿工作中不履行本条例规定的职责，或者滥用职权、玩忽职守、徇私舞弊的，由上级人民政府或者本级人民政府责令改正，通报批评；造成损失的，依法承担赔偿责任；对直接负责的主管人员和其他直接责任人员，依法给予处分；构成犯罪的，依法追究刑事责任。

第三十一条　【暴力等非法搬迁法律责任】采取暴力、威胁或者违反规定中断供水、供热、供气、供电和道路通行等非法方式迫使被征收人搬迁，造成损失的，依法承担赔偿责任；对直接负责的主管人员和其他直接责任人员，构成犯罪的，依法追究刑事责任；尚不构成犯罪的，依法给予处分；构成违反治安管理行为的，依法给予治安管理处罚。

第三十二条　【非法阻碍征收与补偿工作法律责任】采取暴力、威胁等方法阻碍依法进行的房屋征收与补偿工作，构成犯罪的，依法追究刑事责任；构成违反治安管理行为的，依法给予治安管理处罚。

第三十三条　【贪污、挪用等法律责任】贪污、挪用、私分、截留、拖欠征收补偿费用的，责令改正，追回有关款项，限期退还违法所得，对有关责任单位通报批评、给予警告；造成损失的，依法承担赔偿责任；对直接负责的主管人员和其他直接责任人员，构成犯罪的，依法追究刑事责任；尚不构成犯罪的，依法给予处分。

第三十四条 【违法评估法律责任】房地产价格评估机构或者房地产估价师出具虚假或者有重大差错的评估报告的，由发证机关责令限期改正，给予警告，对房地产价格评估机构并处 5 万元以上 20 万元以下罚款，对房地产估价师并处 1 万元以上 3 万元以下罚款，并记入信用档案；情节严重的，吊销资质证书、注册证书；造成损失的，依法承担赔偿责任；构成犯罪的，依法追究刑事责任。

第五章 附 则

第三十五条 【施行日期】本条例自公布之日起施行。2001 年 6 月 13 日国务院公布的《城市房屋拆迁管理条例》同时废止。本条例施行前已依法取得房屋拆迁许可证的项目，继续沿用原有的规定办理，但政府不得责成有关部门强制拆迁。

大中型水利水电工程建设征地补偿和移民安置条例

· 2006 年 7 月 7 日中华人民共和国国务院令第 471 号公布
· 根据 2013 年 7 月 18 日《国务院关于废止和修改部分行政法规的决定》第一次修订
· 根据 2013 年 12 月 7 日《国务院关于修改部分行政法规的决定》第二次修订
· 根据 2017 年 4 月 14 日《国务院关于修改〈大中型水利水电工程建设征地补偿和移民安置条例〉的决定》第三次修订

第一章 总 则

第一条 为了做好大中型水利水电工程建设征地补偿和移民安置工作，维护移民合法权益，保障工程建设的顺利进行，根据《中华人民共和国土地管理法》和《中华人民共和国水法》，制定本条例。

第二条 大中型水利水电工程的征地补偿和移民安置，适用本条例。

第三条 国家实行开发性移民方针，采取前期补偿、补助与后期扶持相结合的办法，使移民生活达到或者超过原有水平。

第四条 大中型水利水电工程建设征地补偿和移民安置应当遵循下列原则：

（一）以人为本，保障移民的合法权益，满足移民生存与发展的需求；

（二）顾全大局，服从国家整体安排，兼顾国家、集体、个人利益；

（三）节约利用土地，合理规划工程占地，控制移民规模；

（四）可持续发展，与资源综合开发利用、生态环境保护相协调；

（五）因地制宜，统筹规划。

第五条 移民安置工作实行政府领导、分级负责、县为基础、项目法人参与的管理体制。

国务院水利水电工程移民行政管理机构（以下简称国务院移民管理机构）负责全国大中型水利水电工程移民安置工作的管理和监督。

县级以上地方人民政府负责本行政区域内大中型水利水电工程移民安置工作的组织和领导；省、自治区、直辖市人民政府规定的移民管理机构，负责本行政区域内大中型水利水电工程移民安置工作的管理和监督。

第二章 移民安置规划

第六条 已经成立项目法人的大中型水利水电工程，由项目法人编制移民安置规划大纲，按照审批权限报省、自治区、直辖市人民政府或者国务院移民管理机构审批；省、自治区、直辖市人民政府或者国务院移民管理机构在审批前应当征求移民区和移民安置区县级以上地方人民政府的意见。

没有成立项目法人的大中型水利水电工程，项目主管部门应当会同移民区和移民安置区县级以上地方人民政府编制移民安置规划大纲，按照审批权限报省、自治区、直辖市人民政府或者国务院移民管理机构审批。

第七条 移民安置规划大纲应当根据工程占地和淹没区实物调查结果以及移民区、移民安置区经济社会情况和资源环境承载能力编制。

工程占地和淹没区实物调查，由项目主管部门或者项目法人会同工程占地和淹没区所在地的地方人民政府实施；实物调查应当全面准确，调查结果经调查者和被调查者签字认可并公示后，由有关地方人民政府签署意见。实物调查工作开始前，工程占地和淹没区所在地的省级人民政府应当发布通告，禁止在工程占地和淹没区新增建设项目和迁入人口，并对实物调查工作作出安排。

第八条 移民安置规划大纲应当主要包括移民安置的任务、去向、标准和农村移民生产安置方式以及移民生活水平评价和搬迁后生活水平预测、水库移民后期扶持政策、淹没线以上受影响范围的划定原则、移民安置规划编制原则等内容。

第九条 编制移民安置规划大纲应当广泛听取移民和移民安置区居民的意见;必要时,应当采取听证的方式。

经批准的移民安置规划大纲是编制移民安置规划的基本依据,应当严格执行,不得随意调整或者修改;确需调整或者修改的,应当报原批准机关批准。

第十条 已经成立项目法人的,由项目法人根据经批准的移民安置规划大纲编制移民安置规划;没有成立项目法人的,项目主管部门应当会同移民区和移民安置区县级以上地方人民政府,根据经批准的移民安置规划大纲编制移民安置规划。

大中型水利水电工程的移民安置规划,按照审批权限经省、自治区、直辖市人民政府移民管理机构或者国务院移民管理机构审核后,由项目法人或者项目主管部门报项目审批或者核准部门,与可行性研究报告或者项目申请报告一并审批或者核准。

省、自治区、直辖市人民政府移民管理机构或者国务院移民管理机构审核移民安置规划,应当征求本级人民政府有关部门以及移民区和移民安置区县级以上地方人民政府的意见。

第十一条 编制移民安置规划应当以资源环境承载能力为基础,遵循本地安置与异地安置、集中安置与分散安置、政府安置与移民自找门路安置相结合的原则。

编制移民安置规划应当尊重少数民族的生产、生活方式和风俗习惯。

移民安置规划应当与国民经济和社会发展规划以及土地利用总体规划、城市总体规划、村庄和集镇规划相衔接。

第十二条 移民安置规划应当对农村移民安置、城(集)镇迁建、工矿企业迁建、专项设施迁建或者复建、防护工程建设、水库水域开发利用、水库移民后期扶持措施、征地补偿和移民安置资金概(估)算等作出安排。

对淹没线以上受影响范围内因水库蓄水造成的居民生产、生活困难问题,应当纳入移民安置规划,按照经济合理的原则,妥善处理。

第十三条 对农村移民安置进行规划,应当坚持以农业生产安置为主,遵循因地制宜、有利生产、方便生活、保护生态的原则,合理规划农村移民安置点;有条件的地方,可以结合小城镇建设进行。

农村移民安置后,应当使移民拥有与移民安置区居民基本相当的土地等农业生产资料。

第十四条 对城(集)镇移民安置进行规划,应当以城(集)镇现状为基础,节约用地,合理布局。

工矿企业的迁建,应当符合国家的产业政策,结合技术改造和结构调整进行;对技术落后、浪费资源、产品质量低劣、污染严重、不具备安全生产条件的企业,应当依法关闭。

第十五条 编制移民安置规划应当广泛听取移民和移民安置区居民的意见;必要时,应当采取听证的方式。

经批准的移民安置规划是组织实施移民安置工作的基本依据,应当严格执行,不得随意调整或者修改;确需调整或者修改的,应当依照本条例第十条的规定重新报批。

未编制移民安置规划或者移民安置规划未经审核的大中型水利水电工程建设项目,有关部门不得批准或者核准其建设,不得为其办理用地等有关手续。

第十六条 征地补偿和移民安置资金、依法应当缴纳的耕地占用税和耕地开垦费以及依照国务院有关规定缴纳的森林植被恢复费等应当列入大中型水利水电工程概算。

征地补偿和移民安置资金包括土地补偿费、安置补助费,农村居民点迁建、城(集)镇迁建、工矿企业迁建以及专项设施迁建或者复建补偿费(含有关地上附着物补偿费),移民个人财产补偿费(含地上附着物和青苗补偿费)和搬迁费,库底清理费,淹没区文物保护费和国家规定的其他费用。

第十七条 农村移民集中安置的农村居民点、城(集)镇、工矿企业以及专项设施等基础设施的迁建或者复建选址,应当依法做好环境影响评价、水文地质与工程地质勘察、地质灾害防治和地质灾害危险性评估。

第十八条 对淹没区内的居民点、耕地等,具备防护条件的,应当在经济合理的前提下,采取修建防护工程等防护措施,减少淹没损失。

防护工程的建设费用由项目法人承担,运行管理费用由大中型水利水电工程管理单位负责。

第十九条 对工程占地和淹没区内的文物,应当查清分布,确认保护价值,坚持保护为主、抢救第一的方针,实行重点保护、重点发掘。

第三章 征地补偿

第二十条 依法批准的流域规划中确定的大中型水利水电工程建设项目的用地,应当纳入项目所在地的土地利用总体规划。

大中型水利水电工程建设项目核准或者可行性研究

报告批准后，项目用地应当列入土地利用年度计划。

属于国家重点扶持的水利、能源基础设施的大中型水利水电工程建设项目，其用地可以以划拨方式取得。

第二十一条　大中型水利水电工程建设项目用地，应当依法申请并办理审批手续，实行一次报批、分期征收，按期支付征地补偿费。

对于应急的防洪、治涝等工程，经有批准权的人民政府决定，可以先行使用土地，事后补办用地手续。

第二十二条　大中型水利水电工程建设征收土地的土地补偿费和安置补助费，实行与铁路等基础设施项目用地同等补偿标准，按照被征收土地所在省、自治区、直辖市规定的标准执行。

被征收土地上的零星树木、青苗等补偿标准，按照被征收土地所在省、自治区、直辖市规定的标准执行。

被征收土地上的附着建筑物按照其原规模、原标准或者恢复原功能的原则补偿；对补偿费用不足以修建基本用房的贫困移民，应当给予适当补助。

使用其他单位或者个人依法使用的国有耕地，参照征收耕地的补偿标准给予补偿；使用未确定给单位或者个人使用的国有未利用地，不予补偿。

移民远迁后，在水库周边淹没线以上属于移民个人所有的零星树木、房屋等应当分别依照本条第二款、第三款规定的标准给予补偿。

第二十三条　大中型水利水电工程建设临时用地，由县级以上人民政府土地主管部门批准。

第二十四条　工矿企业和交通、电力、电信、广播电视等专项设施以及中小学的迁建或者复建，应当按照其原规模、原标准或者恢复原功能的原则补偿。

第二十五条　大中型水利水电工程建设占用耕地的，应当执行占补平衡的规定。为安置移民开垦的耕地、因大中型水利水电工程建设而进行土地整理新增的耕地、工程施工新造的耕地可以抵扣或者折抵建设占用耕地的数量。

大中型水利水电工程建设占用25度以上坡耕地的，不计入需要补充耕地的范围。

第四章　移民安置

第二十六条　移民区和移民安置区县级以上地方人民政府负责移民安置规划的组织实施。

第二十七条　大中型水利水电工程开工前，项目法人应当根据经批准的移民安置规划，与移民区和移民安置区所在的省、自治区、直辖市人民政府或者市、县人民政府签订移民安置协议；签订协议的省、自治区、直辖市人民政府或者市人民政府，可以与下一级有移民或者移民安置任务的人民政府签订移民安置协议。

第二十八条　项目法人应当根据大中型水利水电工程建设的要求和移民安置规划，在每年汛期结束后60日内，向与其签订移民安置协议的地方人民政府提出下年度移民安置计划建议；签订移民安置协议的地方人民政府，应当根据移民安置规划和项目法人的年度移民安置计划建议，在与项目法人充分协商的基础上，组织编制并下达本行政区域的下年度移民安置年度计划。

第二十九条　项目法人应当根据移民安置年度计划，按照移民安置实施进度将征地补偿和移民安置资金支付给与其签订移民安置协议的地方人民政府。

第三十条　农村移民在本县通过新开发土地或者调剂土地集中安置的，县级人民政府应当将土地补偿费、安置补助费和集体财产补偿费直接全额兑付给该村集体经济组织或者村民委员会。

农村移民分散安置到本县内其他村集体经济组织或者村民委员会的，应当由移民安置村集体经济组织或者村民委员会与县级人民政府签订协议，按照协议安排移民的生产和生活。

第三十一条　农村移民在本省行政区域内其他县安置的，与项目法人签订移民安置协议的地方人民政府，应当及时将相应的征地补偿和移民安置资金交给移民安置区县级人民政府，用于安排移民的生产和生活。

农村移民跨省安置的，项目法人应当及时将相应的征地补偿和移民安置资金交给移民安置区省、自治区、直辖市人民政府，用于安排移民的生产和生活。

第三十二条　搬迁费以及移民个人房屋和附属建筑物、个人所有的零星树木、青苗、农副业设施等个人财产补偿费，由移民区县级人民政府直接全额兑付给移民。

第三十三条　移民自愿投亲靠友的，应当由本人向移民区县级人民政府提出申请，并提交接收地县级人民政府出具的接收证明；移民区县级人民政府确认其具有土地等农业生产资料后，应当与接收地县级人民政府和移民共同签订协议，将土地补偿费、安置补助费交给接收地县级人民政府，统筹安排移民的生产和生活，将个人财产补偿费和搬迁费发给移民个人。

第三十四条　城（集）镇迁建、工矿企业迁建、专项设施迁建或者复建补偿费，由移民区县级以上地方人民政府交给当地人民政府或者有关单位。因扩大规模、提高标准增加的费用，由有关地方人民政府或者有关单位自行解决。

第三十五条　农村移民集中安置的农村居民点应当按照经批准的移民安置规划确定的规模和标准迁建。

农村移民集中安置的农村居民点的道路、供水、供电等基础设施，由乡（镇）、村统一组织建设。

农村移民住房，应当由移民自主建造。有关地方人民政府或者村民委员会应当统一规划宅基地，但不得强行规定建房标准。

第三十六条　农村移民安置用地应当依照《中华人民共和国土地管理法》和《中华人民共和国农村土地承包法》办理有关手续。

第三十七条　移民安置达到阶段性目标和移民安置工作完毕后，省、自治区、直辖市人民政府或者国务院移民管理机构应当组织有关单位进行验收；移民安置未经验收或者验收不合格的，不得对大中型水利水电工程进行阶段性验收和竣工验收。

第五章　后期扶持

第三十八条　移民安置区县级以上地方人民政府应当编制水库移民后期扶持规划，报上一级人民政府或者其移民管理机构批准后实施。

编制水库移民后期扶持规划应当广泛听取移民的意见；必要时，应当采取听证的方式。

经批准的水库移民后期扶持规划是水库移民后期扶持工作的基本依据，应当严格执行，不得随意调整或者修改；确需调整或者修改的，应当报原批准机关批准。

未编制水库移民后期扶持规划或者水库移民后期扶持规划未经批准，有关单位不得拨付水库移民后期扶持资金。

第三十九条　水库移民后期扶持规划应当包括后期扶持的范围、期限、具体措施和预期达到的目标等内容。水库移民安置区县级以上地方人民政府应当采取建立责任制等有效措施，做好后期扶持规划的落实工作。

第四十条　水库移民后期扶持资金应当按照水库移民后期扶持规划，主要作为生产生活补助发放给移民个人；必要时可以实行项目扶持，用于解决移民村生产生活中存在的突出问题，或者采取生产生活补助和项目扶持相结合的方式。具体扶持标准、期限和资金的筹集、使用管理依照国务院有关规定执行。

省、自治区、直辖市人民政府根据国家规定的原则，结合本行政区域实际情况，制定水库移民后期扶持具体实施办法，报国务院批准后执行。

第四十一条　各级人民政府应当加强移民安置区的交通、能源、水利、环保、通信、文化、教育、卫生、广播电视等基础设施建设，扶持移民安置区发展。

移民安置区地方人民政府应当将水库移民后期扶持纳入本级人民政府国民经济和社会发展规划。

第四十二条　国家在移民安置区和大中型水利水电工程受益地区兴办的生产建设项目，应当优先吸收符合条件的移民就业。

第四十三条　大中型水利水电工程建成后形成的水面和水库消落区土地属于国家所有，由该工程管理单位负责管理，并可以在服从水库统一调度和保证工程安全、符合水土保持和水质保护要求的前提下，通过当地县级人民政府优先安排给当地农村移民使用。

第四十四条　国家在安排基本农田和水利建设资金时，应当对移民安置区所在县优先予以扶持。

第四十五条　各级人民政府及其有关部门应当加强对移民的科学文化知识和实用技术的培训，加强法制宣传教育，提高移民素质，增强移民就业能力。

第四十六条　大中型水利水电工程受益地区的各级地方人民政府及其有关部门应当按照优势互补、互惠互利、长期合作、共同发展的原则，采取多种形式对移民安置区给予支持。

第六章　监督管理

第四十七条　国家对移民安置和水库移民后期扶持实行全过程监督。省、自治区、直辖市人民政府和国务院移民管理机构应当加强对移民安置和水库移民后期扶持的监督，发现问题应当及时采取措施。

第四十八条　国家对征地补偿和移民安置资金、水库移民后期扶持资金的拨付、使用和管理实行稽察制度，对拨付、使用和管理征地补偿和移民安置资金、水库移民后期扶持资金的有关地方人民政府及其有关部门的负责人依法实行任期经济责任审计。

第四十九条　县级以上人民政府应当加强对下级人民政府及其财政、发展改革、移民等有关部门或者机构拨付、使用和管理征地补偿和移民安置资金、水库移民后期扶持资金的监督。

县级以上地方人民政府或者其移民管理机构应当加强对征地补偿和移民安置资金、水库移民后期扶持资金的管理，定期向上一级人民政府或者其移民管理机构报告并向项目法人通报有关资金拨付、使用和管理情况。

第五十条　各级审计、监察机关应当依法加强对征地补偿和移民安置资金、水库移民后期扶持资金拨付、使用和管理情况的审计和监察。

县级以上人民政府财政部门应当加强对征地补偿和移民安置资金、水库移民后期扶持资金拨付、使用和管理情况的监督。

审计、监察机关和财政部门进行审计、监察和监督时,有关单位和个人应当予以配合,及时提供有关资料。

第五十一条 国家对移民安置实行全过程监督评估。签订移民安置协议的地方人民政府和项目法人应当采取招标的方式,共同委托移民安置监督评估单位对移民搬迁进度、移民安置质量、移民资金的拨付和使用情况以及移民生活水平的恢复情况进行监督评估;被委托方应当将监督评估的情况及时向委托方报告。

第五十二条 征地补偿和移民安置资金应当专户存储、专账核算,存储期间的孳息,应当纳入征地补偿和移民安置资金,不得挪作他用。

第五十三条 移民区和移民安置区县级人民政府,应当以村为单位将大中型水利水电工程征收的土地数量、土地种类和实物调查结果、补偿范围、补偿标准和金额以及安置方案等向群众公布。群众提出异议的,县级人民政府应当及时核查,并对统计调查结果不准确的事项进行改正;经核查无误的,应当及时向群众解释。

有移民安置任务的乡(镇)、村应当建立健全征地补偿和移民安置资金的财务管理制度,并将征地补偿和移民安置资金收支情况张榜公布,接受群众监督;土地补偿费和集体财产补偿费的使用方案应当经村民会议或者村民代表会议讨论通过。

移民安置区乡(镇)人民政府、村(居)民委员会应当采取有效措施帮助移民适应当地的生产、生活,及时调处矛盾纠纷。

第五十四条 县级以上地方人民政府或者其移民管理机构以及项目法人应当建立移民工作档案,并按照国家有关规定进行管理。

第五十五条 国家切实维护移民的合法权益。

在征地补偿和移民安置过程中,移民认为其合法权益受到侵害的,可以依法向县级以上人民政府或者其移民管理机构反映,县级以上人民政府或者其移民管理机构应当对移民反映的问题进行核实并妥善解决。移民也可以依法向人民法院提起诉讼。

移民安置后,移民与移民安置区当地居民享有同等的权利,承担同等的义务。

第五十六条 按照移民安置规划必须搬迁的移民,无正当理由不得拖延搬迁或者拒迁。已经安置的移民不得返迁。

第七章 法律责任

第五十七条 违反本条例规定,有关地方人民政府、移民管理机构、项目审批部门及其他有关部门有下列行为之一的,对直接负责的主管人员和其他直接责任人员依法给予行政处分;造成严重后果,有关责任人员构成犯罪的,依法追究刑事责任:

(一)违反规定批准移民安置规划大纲、移民安置规划或者水库移民后期扶持规划的;

(二)违反规定批准或者核准未编制移民安置规划或者移民安置规划未经审核的大中型水利水电工程建设项目的;

(三)移民安置未经验收或者验收不合格而对大中型水利水电工程进行阶段性验收或者竣工验收的;

(四)未编制水库移民后期扶持规划,有关单位拨付水库移民后期扶持资金的;

(五)移民安置管理、监督和组织实施过程中发现违法行为不予查处的;

(六)在移民安置过程中发现问题不及时处理,造成严重后果以及有其他滥用职权、玩忽职守等违法行为的。

第五十八条 违反本条例规定,项目主管部门或者有关地方人民政府及其有关部门调整或者修改移民安置规划大纲、移民安置规划或者水库移民后期扶持规划的,由批准该规划大纲、规划的有关人民政府或者其有关部门、机构责令改正,对直接负责的主管人员和其他直接责任人员依法给予行政处分;造成重大损失,有关责任人员构成犯罪的,依法追究刑事责任。

违反本条例规定,项目法人调整或者修改移民安置规划大纲、移民安置规划的,由批准该规划大纲、规划的有关人民政府或者其有关部门、机构责令改正,处10万元以上50万元以下的罚款;对直接负责的主管人员和其他直接责任人员处1万元以上5万元以下的罚款;造成重大损失,有关责任人员构成犯罪的,依法追究刑事责任。

第五十九条 违反本条例规定,在编制移民安置规划大纲、移民安置规划、水库移民后期扶持规划,或者进行实物调查、移民安置监督评估中弄虚作假的,由批准该规划大纲、规划的有关人民政府或者其有关部门、机构责令改正,对有关单位处10万元以上50万元以下的罚款;对直接负责的主管人员和其他直接责任人员处1万元以上5万元以下的罚款;给他人造成损失的,依法承担赔偿责任。

第六十条 违反本条例规定,侵占、截留、挪用征地补偿和移民安置资金、水库移民后期扶持资金的，责令退赔，并处侵占、截留、挪用资金额3倍以下的罚款，对直接负责的主管人员和其他责任人员依法给予行政处分；构成犯罪的，依法追究有关责任人员的刑事责任。

第六十一条 违反本条例规定，拖延搬迁或者拒迁的，当地人民政府或者其移民管理机构可以申请人民法院强制执行；违反治安管理法律、法规的，依法给予治安管理处罚；构成犯罪的，依法追究有关责任人员的刑事责任。

第八章 附 则

第六十二条 长江三峡工程的移民工作，依照《长江三峡工程建设移民条例》执行。

南水北调工程的征地补偿和移民安置工作，依照本条例执行。但是，南水北调工程中线、东线一期工程的移民安置规划的编制审批，依照国务院的规定执行。

第六十三条 本条例自2006年9月1日起施行。1991年2月15日国务院发布的《大中型水利水电工程建设征地补偿和移民安置条例》同时废止。

国土资源部办公厅关于严格管理防止违法违规征地的紧急通知

·2013年5月13日

·国土资电发〔2013〕28号

各省、自治区、直辖市国土资源主管部门，新疆生产建设兵团国土资源局，各派驻地方的国家土地督察局：

近期，个别地方相继发生暴力征地事件，甚至出现人员伤亡，严重损害被征地农民权益，影响十分恶劣。中央领导同志高度重视，批示要求切实做好相关工作。为进一步加强征地管理，防止违法违规征地，杜绝暴力征地行为，保护被征地农民的合法权益，维护社会和谐稳定，现就有关事项通知如下：

一、强化思想认识，严防因征地引发矛盾和冲突

我国正处于"四化"同步发展的关键时期，社会和谐稳定是实现"两个一百年"奋斗目标的重要基础。当前，各类经济建设仍将依法依规征收一定数量的农村集体土地，积极稳妥地做好征地工作，事关经济社会发展大局、农民群众切身利益和社会和谐稳定。党中央、国务院一直高度重视征地工作，多次强调必须严格执行征地有关规定，坚决查处违法违规征地行为，维护好群众切身利益，防止引发社会稳定问题。各级国土资源主管部门要从维护人民群众切身利益、构建和谐社会的高度，认真领会并坚决贯彻落实好中央精神。要处理好"保发展、保红线、保权益"的关系，在促进经济发展和保护耕地的同时，将被征地农民的合法权益放在首要位置，切实促进被征地农民生活水平有提高，长远生计有保障，不得强行实施征地，杜绝暴力征地。

二、开展全面排查，坚决纠正违法违规征地行为

各省（区、市）国土资源主管部门要迅速行动，对本省（区、市）内征地工作组织开展一次自查，重点检查征地程序是否严格规范、补偿是否符合规定要求、安置是否落实、是否存在违法违规强制征地行为等。对征地程序不规范、补偿不到位、安置不落实的，必须立即进行整改；对违法违规强行征地行为，要严肃查处。凡整改、查处不到位的，不得继续实施征地。

三、加强调查研究，完善征地政策措施

各地区要进行深入调查研究，分析了解当前征地中存在的突出问题和原因，有针对性完善政策措施。要按照国家有关规定，制定与本地经济社会发展水平相适应的征地补偿标准，保障被征地农民得到合理补偿；要按照被征地农民发展权益不减少的原则，实行留地安置或留物业安置等多种安置方式；要按照发展权益均等的原则，制定相应的政策措施，将有稳定收入、风险小、易于管理的项目配置给被征地农村集体经营，确保被征地农民成为新型工业化、城镇化和农业现代化的积极参与者和真正受益者；要指导农村集体建立公平合理的收益分配制度，防止少数人侵占集体土地收益；要完善征地实施程序，严格落实征地信息公开要求，让群众充分了解征地相关信息，切实保障征地中农民的知情权、参与权，调动被征地农民的积极性，做到依法和谐征地。

四、改进工作方法，建立健全征地矛盾纠纷调处机制

征地实施前，要进行补偿安置收益分析，向被征地农民说明征地补偿标准的合理性、安置方式获得长远收益的可行性；要分析评估可能引发社会稳定风险的环节和因素，制定化解风险的预案。征地实施中，要加强监管，及时发现并化解苗头性、倾向性问题；要建立健全征地矛盾纠纷排查调处机制，认真做好征地中矛盾纠纷化解工作；征地实施中一旦发生矛盾冲突，基层国土资源主管部门要及时主动向同级人民政府和上级国土资源主管部门报告，积极采取措施，配合妥善解决，防止事态扩大，引发群体性或恶性事件。

五、落实工作责任，严格实行监督问责

按照《国务院办公厅关于进一步严格征地拆迁管理

工作切实维护群众合法权益的紧急通知》（国办发明电〔2010〕15号）有关精神，省级政府要加强对征地工作的管理和监督，市、县政府对征地管理工作负总责，有关部门要加强协作、密切配合，落实好征地的各项制度规定。省级国土资源主管部门要加强对征地工作的指导监督，督促市、县政府切实履行责任；市、县国土资源主管部门要依法制定征地方案，严格履行征地程序，会同有关部门做好征地批后实施工作。

各地区要认真履行职责，强化依法治理违法违规征地行为，确保依法征地、和谐征地，切实维护农民群众合法权益。对违法违规征地、采取暴力方式征地等侵害农民利益行为，引发群体性或恶性事件的，要按照有关规定对有关责任人员严肃追究责任。同时，要严格文明执法，防止因执法不当引发相关恶性事件。

各省（区、市）国土资源主管部门要认真落实通知要求，抓紧开展工作，排查整改落实情况于2013年6月15日前报部，同时抄送各派驻地方的国家土地督察局。

国务院法制办公室、国土资源部关于对《中华人民共和国土地管理法实施条例》第二条第（五）项的解释意见

·2005年3月4日

·国法函〔2005〕36号

各省、自治区、直辖市人民政府：

根据《行政法规制定程序条例》第三十一条的规定，经国务院批准，现对《中华人民共和国土地管理法实施条例》第二条第（五）项作如下解释：

一、该项规定，是指农村集体经济组织土地被依法征收后，其成员随土地征收已经全部转为城镇居民，该农村集体经济组织剩余的少量集体土地可以依法征收为国家所有。

二、本解释自公布之日实施。

征地管理费暂行办法

·1992年11月24日

·价费字〔1992〕597号

第一条　为改善和加强征地管理工作，合理收取和利用征地管理费，根据《中华人民共和国土地管理法》及相关法律、法规，制定本办法。

第二条　征地管理费系指县以上人民政府土地管理部门受用地单位委托，采用包干方式统一负责、组织、办理各类建设项目征用土地的有关事宜，由用地单位在征地费总额的基础上交一定比例支付的管理费用。

第三条　实行征地包干的，应由政府土地管理部门或所属的征地服务机构与建设用地单位协商，签订征地包干协议，明确双方的权利和义务，并严格履行双方倒流要的协议。

第四条　征地包干的三种形式

（一）全包方式，即由政府土地管理部门或所属的征地服务机构，采取包工作、包费用、包时间的三包方式，负责征地全过程的全部工作，征地所发生的全部费用经测算后、由用地单位一次交付土地管理部门，土地管理部门或征地服务机构按规定期限将土地交付用地单位。

（二）半包方式，即由政府土地管理部门或所属的征地机构、采取只包工作、包时间、不包费用的方式，负责征地的全部工作，在规定的期限内将土地交用地单位，征地费用按实际发生计算、由用地单位直接支付给被征地单位。

（三）单包方式，即政府土地管理部门或所属的征地服务机构，采取只包工作，不包费用和期限的方式，代表征地单位负责对拟证用的土地勘察、登记，做好征地的组织协调工作、协调用地单位与被征地单位制定征地安置、补偿方案、办理用地手续等事宜。

第五条　征用土地管理费的收取标准：

（一）实行全包征地方式的，按征地费总额的以下比例收费：

1. 一次性征用耕地在66.67公顷（1000亩）以上（含66.67公顷）、其他土地133.34公顷（2000亩）以上的（含133.34公顷），征地管理费按不超过3%收取；

2. 征用耕地66.67公顷以下、其他土地133.34公顷以下的，征地管理费按不超过4%收取。

（二）实行半包方式的，按征地费总额的以下比例收费：

1. 一次性征用耕地在66.67公顷以上（含66.67公顷）、其他土地133.34公顷以上的（含133.34公顷），征地管理费按不超过2%收取；

2. 征用耕地在66.67公顷以下、其他土地133.34公顷以下的，征地管理费按不超过2.5%收取。

（三）实行单包方式征地的、按征地费总额的以下比例收费；

1. 一次性征用耕地在66.67公顷以上（含66.67公顷）、其他土地133.34公顷以上的（含133.34公顷），征

地管理费按不超过1.5%收取。

2. 征用耕地在66.67公顷以下，其他土地133.34公顷以下的，征地管理费按不超过2%收取。

（四）只办理征地手续不负责征地工作的，不得收取征地管理费。

第六条 补办征地手续、共需要重新进行勘察、登记的建设项目、无偿划拨的国有荒地、荒山等用地项目的征地管理费收取标准，由省、自治区、直辖市土地管理部门提出意见，经同级物价、财政部门审定后，报省政府批准实施，并抄报国家物价局、财政部备案。

第七条 按照第四条第一项全包式进行征地的，如征地过程中出现不可预见情况，可由负责征地的单位据实与用地单位另行结算不可预见费用。

第八条 征地管理费的减免范围

（一）党政机关、全额预算管理的事业单位、中小学校、幼儿园、福利院、敬老院、孤儿园、妇幼保健、防疫站、残疾人企业征用土地，免收征地管理费。

（二）差额预算管理和自收自支管理的事业单位为修建办公楼、宿舍楼征用土地，减半收取征地管理费。

（三）抢险救灾使用土地，免收征地管理费。

第九条 征地费用一般由以下几项费用组成，土地补偿费、安置补助费、青苗补偿费、地上、地下附着物和拆迁补偿费，除国务院另有规定外，具体收费标准、计算方法、应根据《中华人民共和国土地管理法》中规定的原则，由省、自治区、直辖市物价、财政部门制定，报同级人民政府批准执行。

第十条 征地管理费主要用于土地管理部门在征地、安置、拆迁过程中的办公、业务培训，宣传教育、经验交流，仪器、设备的购置、维修、使用费和其他非经费人员的必要开支。

第十一条 县、市土地管理部门收取的征地管理费，应按一定比例上交上级土地管理部门，上交的具体比例由省、自治区、直辖市土地管理部门确定。

报国务院审批的建设项目用地，其征地管理费的1.5%上交国家土地管理局，由省级土地管理部门代收、代交，主要用于审批建设项目过程中的必要开支。

第十二条 征地管理按预算外资金管理，实行财政专户储存。专款专用。

第十三条 乡（镇）村建设用地参照本办法执行。

第十四条 各省、自治区、直辖市物价、财政部门可根据本暂行办法制定实施细则。

财政部、国家发展改革委关于征地补偿安置费性质的批复

- 2004年3月21日
- 财综〔2004〕19号

辽宁省财政厅、物价局：

辽宁省财政厅《关于征地补偿安置费性质的请示》（辽财综［2003］519号）收悉，经商国土资源部，现就有关问题批复如下：

根据《土地管理法》及《土地管理法实施条例》（国务院令第256号）的规定，征地补偿安置费是征地单位按照国家有关规定支付给征用土地的农村集体经济组织和农民的补偿安置资金，不属于行政事业性收费，不应将其作为政府收入上缴国库或财政专户实行“收支两条线”管理。

大中型水利工程征地补偿和移民安置资金管理稽察暂行办法

- 2014年8月1日
- 水移〔2014〕233号

第一条 为加强大中型水利工程建设征地补偿和移民安置资金（以下简称移民安置资金）拨付、使用和管理的监督，规范移民安置资金拨付、使用和管理的稽察行为，根据《大中型水利水电工程建设征地补偿和移民安置条例》（国务院令第471号，以下简称移民条例），制定本办法。

第二条 本办法适用于大中型水利工程概算中的移民安置资金拨付、使用和管理的稽察工作（以下简称移民安置资金管理稽察）。

第三条 移民安置资金管理稽察应坚持依法依规、客观公正、实事求是的原则。

第四条 水利部负责指导全国水利工程移民安置资金管理稽察工作，组织开展由国务院或者国务院投资主管部门审批的大型骨干水利工程移民安置资金管理稽察。

省级人民政府规定的承担水利工程移民管理职责的机构（以下简称省级移民管理机构）或者省级水行政主管部门按照管理权限负责组织开展本行政区域内大中型水利工程移民安置资金管理稽察。

第五条 签订移民安置协议的项目法人、地方人民政府移民管理机构或者水行政主管部门、其他拨付使用管理移民安置资金的单位（以下简称被稽察单位），移民

安置规划设计单位和监督评估等单位，应当配合移民安置资金管理稽察工作。

第六条 移民安置资金管理稽察的主要依据：

（一）移民条例；

（二）国家和地方制定的有关基本建设及移民安置资金管理的法律、法规、规章、标准和政策；

（三）经批准的移民安置规划及设计文件；

（四）经批准的移民安置资金概算；

（五）移民安置年度计划；

（六）移民安置协议；

（七）其他涉及移民安置资金管理的有关文件。

第七条 移民安置资金管理稽察主要内容包括：

（一）国家有关基本建设及移民安置资金拨付、使用和管理的政策法规贯彻执行情况；

（二）移民安置年度计划执行情况；

（三）移民安置资金拨付及到位情况；

（四）移民安置资金管理情况，主要包括移民安置标准和补偿补助标准执行情况，移民个人财产补偿费兑付情况，农村土地补偿费和安置补助费、居民点迁建费、专项设施迁建费、基本预备费等使用管理情况；

（五）移民安置资金使用效果，主要是移民搬迁安置进度和移民生产生活安置情况；

（六）移民安置资金财务管理和内部控制制度建设情况；

（七）其他涉及移民安置资金管理的有关情况。

第八条 水利部水库移民开发局、省级移民管理机构或者省级水行政主管部门（以下简称稽察单位）应根据大中型水利工程移民安置工作实施情况，分别制定年度移民安置资金管理稽察计划，并组织开展移民安置资金管理稽察。

第九条 移民安置资金管理稽察实行稽察特派员制度。

稽察单位根据工作需要，应组建由稽察特派员负责、并由若干名移民安置管理、项目管理、计划管理、财务管理等不同专业的专家和工作人员组成的稽察组，承担稽察具体工作。其中，每个稽察组中具有会计、经济或者审计中级以上专业技术职称的专家不得少于1人。

第十条 稽察特派员的主要职责是：负责组织开展所承担的大中型水利工程移民安置资金管理现场稽察工作，审核稽察专家提交的专项报告，向被稽察单位通报稽察情况，组织稽察报告和稽察整改意见的起草和审核，并对其质量负责。

稽察专家的主要职责是：根据稽察特派员的安排，按专业分工开展稽察工作，提交分专业报告并对其质量负责。

第十一条 稽察特派员应具备以下条件：

（一）坚持原则，公道正派，清正廉洁，忠实履行职责；

（二）熟悉国家有关法律、法规、规章、标准和政策；

（三）具有较强的组织协调、综合分析和判断能力；

（四）具有丰富的移民安置管理工作经验，熟悉项目管理、计划管理、财务管理等方面工作；

（五）具有高级以上专业技术职称；

（六）身体健康，年龄在65周岁以下。

根据稽察工作需要，稽察特派员可以实行一年一聘或一事一聘。

第十二条 稽察专家应具备以下条件：

（一）坚持原则，公道正派，清正廉洁，忠实履行职责；

（二）熟悉国家有关法律、法规、规章、标准和政策；

（三）熟悉移民安置实施管理、项目管理、计划管理、财务管理等方面工作；

（四）具有中级以上相关专业技术职称或者从事过10年以上相关专业技术管理工作；

（五）身体健康，年龄在65周岁以下。

稽察专家原则上实行一事一聘。

第十三条 稽察单位应按以下程序开展移民安置资金管理稽察工作：

（一）制定年度稽察工作计划；

（二）分批次制定稽察工作方案；

（三）组织成立稽察组并开展培训工作；

（四）发出稽察通知；

（五）派出稽察组开展稽察工作；

（六）印发稽察整改意见并督促整改落实。

第十四条 稽察组开展移民安置资金管理稽察工作应采取以下程序和方法：

（一）听取有关单位汇报，主要包括地方人民政府移民管理机构或者水行政主管部门、项目法人、移民安置规划设计单位和监督评估单位关于移民安置资金管理情况的汇报，就相关问题进行询问；

（二）查阅资料、取证，主要包括查阅移民安置资金管理有关文件、账簿、凭证及其他资料，根据稽察需要要求有关单位和人员就相关问题作出说明，合法取得或者复制、录音、拍照、摄像有关文件、证词、资料等；

（三）开展现场调查工作，主要包括实地了解农村移民安置、城集镇迁建、工矿企业迁建、专项设施迁复建、防护工程建设等实施情况；

（四）进行抽样检查，主要包括进入移民安置场所或者地点，抽样调查移民安置资金拨付、使用和管理等情况，听取基层单位和移民群众对资金管理的意见和建议；

（五）与被稽察单位交换意见，对稽察中发现的问题，要求被稽察单位及时整改；

（六）提交稽察报告。

第十五条　现场稽察工作结束后，稽察组应在10个工作日内提交稽察报告。稽察报告主要内容包括：

（一）稽察工作概况；

（二）工程建设及移民搬迁安置概况；

（三）稽察的主要内容及评价；

（四）存在的主要问题；

（五）整改意见和建议。

第十六条　稽察单位应在收到稽察报告后20个工作日内下发稽察整改意见通知书，并抄送有关地方人民政府。

第十七条　被稽察单位应当根据稽察整改意见认真组织整改，并在整改意见规定的时间内将整改结果按要求报稽察单位，稽察单位可根据实际情况对被稽察单位整改落实工作进行复核检查。

第十八条　稽察组成员在履行职责中，不得参与和干涉被稽察单位的具体工作，不得接受被稽察单位的馈赠，不得在被稽察单位报销费用，不得参加被稽察单位安排、组织或者支付费用的娱乐、旅游等活动，不得在被稽察单位为自己、亲友或者他人谋取私利，不得擅自透露稽察情况和处理意见。

第十九条　稽察组成员有下列情况之一的，应当回避：

（一）在被稽察的项目或者单位任（兼）职的；

（二）直接管理或者参与过被稽察项目的；

（三）与被稽察单位主要负责人或者项目责任人有近亲属关系的；

（四）具有可能影响公正执行公务的其他关系的。

第二十条　本办法自2014年8月1日起施行。

土地征收成片开发标准

· 2023年10月31日

· 自然资规〔2023〕7号

一、根据《土地管理法》第45条的规定，制定本标准。

本标准所称成片开发，是指在国土空间规划确定的城镇建设用地范围内，由县级以上地方人民政府组织的对一定范围的土地进行的综合性开发建设活动。

二、土地征收成片开发应当坚持新发展理念，以人民为中心，注重保护耕地，注重维护农民合法权益，注重节约集约用地，注重生态环境保护，促进当地经济社会可持续发展。

三、县级以上地方人民政府应当按照《土地管理法》第45条规定，依据当地国民经济和社会发展规划、国土空间规划，组织编制土地征收成片开发方案，纳入当地国民经济和社会发展年度计划，并报省级人民政府批准。

土地征收成片开发方案应当包括下列内容：

（一）成片开发的位置、面积、范围和基础设施条件等基本情况；

（二）成片开发的必要性、主要用途和实现的功能；

（三）成片开发拟安排的建设项目、开发时序和年度实施计划；

（四）依据国土空间规划确定的一个完整的土地征收成片开发范围内基础设施、公共服务设施以及其他公益性用地比例；

（五）成片开发的土地利用效益以及经济、社会、生态效益评估。

前款第（四）项规定的比例一般不低于40%，各市县的具体比例由省级人民政府根据各地情况差异确定。

县级以上地方人民政府编制土地征收成片开发方案时，应当充分听取人大代表、政协委员、社会公众和有关专家学者的意见。

四、土地征收成片开发方案应当充分征求成片开发范围内农村集体经济组织和农民的意见，并经集体经济组织成员的村民会议三分之二以上成员或者三分之二以上村民代表同意。未经集体经济组织的村民会议三分之二以上成员或者三分之二以上村民代表同意，不得申请土地征收成片开发。

五、省级人民政府应当组织人大代表、政协委员和土地、规划、经济、法律、环保、产业等方面的专家组成专家委员会，对土地征收成片开发方案的科学性、必要性进行论证。论证结论应当作为批准土地征收成片开发方案的重要依据。

国家自然资源督察机构、自然资源部、省级人民政府应当加强对土地征收成片开发工作的监管。

六、土地征收成片开发方案经批准后，应当严格按照方案确定的范围、时序安排组织实施。因国民经济和社会发展年度计划、国土空间规划调整或者不可抗力等因素导致无法实施的，可按规定调整土地征收成片开发方案。成片开发方案调整涉及地块变化的，调整方案应报省级人民政府批准；调整仅涉及实施进度安排的，调整方案应报省级自然资源主管部门备案。调整后公益性用地比例应当符合规定要求，已实施征收的地块不得调出。

七、有下列情形之一的，不得批准土地征收成片开发方案：

（一）涉及占用永久基本农田的；

（二）市县区域内存在大量批而未供或者闲置土地的；

（三）各类开发区、城市新区土地利用效率低下的；

（四）已批准实施的土地征收成片开发连续两年未完成方案安排的年度实施计划的。

八、本标准自2023年11月5日施行，有效期五年。

·典型案例

1. 王宗利诉天津市和平区房地产管理局案[①]

【基本案情】

2011年10月10日，王宗利向天津市和平区人民政府信息公开办公室（以下简称和平区信息公开办）提出申请，要求公开和平区金融街公司与和平区土地整理中心签订的委托拆迁协议和支付给土地整理中心的相关费用的信息。2011年10月11日，和平区信息公开办将王宗利的申请转给和平区房地产管理局（以下简称和平区房管局），由和平区房管局负责答复王宗利。2011年10月，和平区房管局给金融街公司发出《第三方意见征询书》，要求金融街公司予以答复。2011年10月24日，和平区房管局作出了《涉及第三方权益告知书》，告知王宗利申请查询的内容涉及商业秘密，权利人未在规定期限内答复，不予公开。王宗利提起行政诉讼，请求撤销该告知书，判决被告依法在15日内提供其所申请的政府信息。

【裁判结果】

天津市和平区人民法院经审理认为，和平区房管局审查王宗利的政府信息公开申请后，只给金融街公司发了一份第三方意见征询书，没有对王宗利申请公开的政府信息是否涉及商业秘密进行调查核实。在诉讼中，和平区房管局也未提供王宗利所申请政府信息涉及商业秘密的任何证据，使法院无法判断王宗利申请公开的政府信息是否涉及第三人的商业秘密。因此，和平区房管局作出的《涉及第三方权益告知书》证据不足，属明显不当。判决撤销被诉《涉及第三方权益告知书》，并要求和平区房管局在判决生效后30日内，重新作出政府信息公开答复。

一审宣判后，当事人均未上诉，一审判决发生法律效力。

【典型意义】

本案的焦点集中在涉及商业秘密的政府信息的公开问题以及征求第三方意见程序的适用。在政府信息公开实践中，行政机关经常会以申请的政府信息涉及商业秘密为理由不予公开，但有时会出现滥用。商业秘密的概念具有严格内涵，依据反不正当竞争法的规定，商业秘密是指不为公众知悉、能为权利人带来经济利益、具有实用性并经权利人采取保密措施的技术信息和经营信息。行政机关应当依此标准进行审查，而不应单纯以第三方是否同意公开作出决定。人民法院在合法性审查中，应当根据行政机关的举证作出是否构成商业秘密的判断。本案和平区房管局在行政程序中，未进行调查核实就直接主观认定申请公开的信息涉及商业秘密，在诉讼程序中，也没有向法院提供相关政府信息涉及商业秘密的证据和依据，导致法院无从对被诉告知书认定“涉及商业秘密”的事实证据进行审查，也就无法对该认定结论是否正确作出判断。基于此，最终判决行政机关败诉符合立法本意。该案例对于规范人民法院在政府信息公开行政案件中如何审查判断涉及商业秘密的政府信息具有典型示范意义。

2. 最高人民法院发布8起人民法院征收拆迁典型案例（第二批）[②]

1. 王风俊诉北京市房山区住房和城乡建设委员会拆迁补偿安置行政裁决案

（一）基本案情

2010年，北京市房山区因轨道交通房山线东羊庄站项目建设需要对部分集体土地实施征收拆迁，王风俊所居住的房屋被列入拆迁范围。该户院宅在册人口共7人，包括王风俊的儿媳和孙女。因第三人房山区土储分中心与王风俊未能达成拆迁补偿安置协议，第三人遂向北京市房

① 案例来源：2014年9月13日《最高人民法院公布全国法院政府信息公开十大案例》。

② 2018年5月15日发布。

山区住房和城乡建设委员会(以下简称房山区住建委)申请裁决。2014年3月6日,房山区住建委作出被诉行政裁决,以王风俊儿媳、孙女的户籍迁入时间均在拆迁户口冻结统计之后、不符合此次拆迁补偿和回迁安置方案中确认安置人口的规定为由,将王风俊户的在册人口认定为5人。王风俊不服诉至法院,请求撤销相应的行政裁决。

(二)裁判结果

北京市房山区人民法院一审认为,王风俊儿媳与孙女的户籍迁入时间均在拆迁户口冻结统计之后,被诉的行政裁决对在册人口为5人的认定并无不当,故判决驳回王风俊的诉讼请求。王风俊不服,提起上诉。北京市第二中级人民法院二审认为,依据《北京市集体土地房屋拆迁管理办法》第八条第一款第三项有关"用地单位取得征地或者占地批准文件后,可以向区、县国土房管局申请在用地范围内暂停办理入户、分户,但因婚姻、出生、回国、军人退伍转业、经批准由外省市投靠直系亲属、刑满释放和解除劳动教养等原因必须入户、分户的除外"的规定,王风俊儿媳因婚姻原因入户,其孙女因出生原因入户,不属于上述条款中规定的暂停办理入户和分户的范围,不属于因擅自办理入户而在拆迁时不予认定的范围。据此,被诉的行政裁决将王风俊户的在册人口认定为5人,属于认定事实不清、证据不足,二审法院判决撤销一审判决及被诉的行政裁决,并责令房山区住建委重新作出处理。

(三)典型意义

在集体土地征收拆迁当中,安置人口数量之认定关乎被拆迁农户财产权利的充分保护,准确认定乃是依法行政应有之义。实践中,有些地方出于行政效率等方面的考虑,简单以拆迁户口冻结统计的时间节点来确定安置人口数量,排除因婚姻、出生、回国、军人退伍转业等原因必须入户、分户的特殊情形,使得某些特殊人群尤其是弱势群体的合理需求得不到应有的尊重,合法权益得不到应有的保护。本案中,二审法院通过纠正错误的一审判决和被诉行政行为,正确贯彻征收补偿的法律规则,充分保护农民合法权益的同时,也体现了国家对婚嫁女、新生儿童等特殊群体的特别关爱。

2. 孙德兴诉浙江省舟山市普陀区人民政府房屋征收补偿案

(一)基本案情

2015年2月10日,浙江省舟山市普陀区人民政府(以下简称普陀区政府)作出普政房征决(2015)1号房屋征收决定,对包括孙德兴在内的国有土地上房屋及附属物进行征收。在完成公告房屋征收决定、选择评估机构、送达征收评估分户报告等法定程序之后,孙德兴未在签约期限内达成补偿协议、未在规定期限内选择征收补偿方式,且因孙德兴的原因,评估机构无法入户调查,完成被征收房屋的装饰装修及附属物的价值评估工作。2015年5月19日,普陀区政府作出被诉房屋征收补偿决定,并向其送达。该补偿决定明确了被征收房屋补偿费、搬迁费、临时安置费等数额,决定被征收房屋的装饰装修及附属物经入户按实评估后,按规定予以补偿及其他事项。孙德兴不服,提起诉讼,请求撤销被诉房屋征收补偿决定。

(二)裁判结果

舟山市中级人民法院一审认为,本案房地产价格评估机构根据被征收房屋所有权证所载内容并结合前期调查的现场勘察结果,认定被征收房屋的性质、用途、面积、位置、建筑结构、建筑年代等,并据此作出涉案房屋的征收评估分户报告,确定了评估价值(不包括装修、附属设施及未经产权登记的建筑物)。因孙德兴的原因导致无法入户调查,评估被征收房屋的装饰装修及附属物的价值,故被诉房屋征收补偿决定载明对于被征收房屋的装饰装修及附属物经入户按实评估后按规定予以补偿。此符合《浙江省国有土地上房屋征收与补偿条例》第三十三条第三款的规定,并未损害孙德兴的合法权益,遂判决驳回了孙德兴的诉讼请求。孙德兴提起上诉,浙江省高级人民法院判决驳回上诉、维持原判。

(三)典型意义

评估报告只有准确反映被征收房屋的价值,被征收人才有可能获得充分合理的补偿。要做到这一点,不仅需要行政机关和评估机构依法依规实施评估,同时也离不开被征收人自身的配合与协助。如果被征收人拒绝履行配合与协助的义务导致无法评估,不利后果应由被征收人承担。本案即属此种情形,在孙德兴拒绝评估机构入户,导致装饰装修及房屋附属物无法评估的情况下,行政机关没有直接对上述财物确定补偿数额,而是在决定中载明经入户按实评估后按规定予以补偿,人民法院判决对这一做法予以认可。此案判决不仅体现了对被拆迁人合法权益的保护,更值得注意的是,以个案方式引导被征收人积极协助当地政府的依法征拆工作,依法维护自身的合法权益。

3. 王江超等3人诉吉林省长春市九台区住房和城乡建设局紧急避险决定案

(一)基本案情

2010年,吉林省人民政府作出批复,同意对向阳村集体土地实施征收,王江超等3人所有的房屋被列入征收范围。后王江超等3人与征收部门就房屋补偿安置问题未达成一致意见,2013年11月19日,长春市国土资源管理局作出责令交出土地决定。2015年4月7日,经当地街道办事处报告,吉林省建筑工程质量检测中心作出鉴定,认定涉案房屋属于"D级危险"房屋。同年4月23日,长春市九台区住房和城乡建设局(以下简称九台区住建局)对涉案房屋作出紧急避险决定。在催告、限期拆除未果的情况下,九台区住建局于2015年4月28日对涉案房屋实施了强制拆除行为。王江超等3人对上述紧急避险决定不服,提起行政诉讼,请求法院判决确认该紧急避险决定无效、责令被告在原地重建房屋等。

(二)裁判结果

长春市九台区人民法院一审认为,本案紧急避险决定所涉的房屋建筑位于农用地专用项目的房屋征收范围内,应按照征收补偿程序进行征收。九台区住建局作出紧急避险决定,对涉案房屋予以拆除的行为违反法定程序,属于程序违法。一审判决撤销被诉的紧急避险决定,但同时驳回王江超等3人要求原地重建的诉讼请求。王江超等人不服,提起上诉。长春市中级人民法院二审认为,涉案房屋应当由征收部门进行补偿后,按照征收程序予以拆除。根据《城市危险房屋管理规定》相关要求,提出危房鉴定的申请主体应当是房屋所有人和使用人,而本案系当地街道办事处申请,主体不适格;九台区住建局将紧急避险决定直接贴于无人居住的房屋外墙,送达方式违法;该局在征收部门未予补偿的情况下,对涉案房屋作出被诉的紧急避险决定,不符合正当程序,应予撤销。但王江超等3人要求对其被拆除的房屋原地重建的主张,不符合该区域的整体规划。二审法院遂判决驳回上诉、维持原判。

(三)典型意义

在行政执法活动尤其是不动产征收当中,程序违法是一种常见多发的违法形态。本案中,被告为了节省工期,对于已经启动征地程序的房屋,错误地采取危房鉴定和强制拆除的做法,刻意规避补偿程序,构成程序滥用,严重侵犯当事人合法权益。对于此种借紧急避险为由行违法强拆之实的情形,人民法院依法判决撤销被诉行为,彰显了行政诉讼保护公民产权的制度功能。此案的典型意义在于昭示了行政程序的价值,它不仅是规范行政权合法行使的重要方式,也是维护相对人合法权益的保障机制。在土地征收当中,行政机关只有遵循行政程序,才能做到"严格、规范、公正、文明"执法,才能体现以人为本,尊重群众主体地位,才能实现和谐拆迁,才能符合新时代中国特色社会主义法治精神的要求。

4. 陆继尧诉江苏省泰兴市人民政府济川街道办事处强制拆除案

(一)基本案情

陆继尧在取得江苏省泰兴市泰兴镇(现济川街道)南郊村张堡二组138平方米的集体土地使用权并领取相关权证后,除了在该地块上出资建房外,还在房屋北侧未领取权证的空地上栽种树木,建设附着物。2015年12月9日上午,陆继尧后院内的树木被人铲除,道路、墩柱及围栏被人破坏,拆除物被运离现场。当时有济川街道办事处(以下简称街道办)的工作人员在场。此外,作为陆继尧持有权证地块上房屋的动迁主体,街道办曾多次与其商谈房屋的动迁情况,其间也涉及房屋后院的搬迁事宜。陆继尧认为,在无任何法律文书为依据、未征得其同意的情况下,街道办将后院拆除搬离的行为违法,故以街道办为被告诉至法院,请求判决确认拆除后院的行为违法,并恢复原状。

(二)裁判结果

泰州医药高新技术产业开发区人民法院一审认为,涉案附着物被拆除时,街道办有工作人员在场,尽管其辩称系因受托征收项目在附近,并未实际参与拆除活动,但未提交任何证据予以证明。经查,陆继尧房屋及地上附着物位于街道办的行政辖区内,街道办在强拆当天日间对有主的地上附着物采取了有组织的拆除运离,且街道办亦实际经历了该次拆除活动。作为陆继尧所建房屋的动迁主体,街道办具有推进动迁工作,拆除非属动迁范围之涉案附着物的动因,故从常理来看,街道办称系单纯目击而非参与的理由难以成立。据此,在未有其他主体宣告实施拆除或承担责任的情况下,可以推定街道办系该次拆除行为的实施主体。一审法院遂认定街道办为被告,确认其拆除陆继尧房屋北侧地上附着物的行为违法。一审判决后,原、被告双方均未提起上诉。

(三)典型意义

不动产征收当中最容易出现的问题是,片面追求行政效率而牺牲正当程序,甚至不作书面决定就直接强拆房屋的事实行为也时有发生。强制拆除房屋以事实行为面目出现,往往会给相对人寻求救济造成困难。按照行政诉讼法的规定,起诉人证明被诉行为系行政机关而为是起诉条件之一,但是由于行政机关在强制拆除之前并未制作、送达任何书面法律文书,相对人要想获得行为主体的相关信息和证据往往很难。如何在起诉阶段证明被告为谁,有时成为制约公民、法人或者其他组织行使诉权的主要因素,寻求救济就会陷入僵局。如何破局?如何做到既合乎法律规定,又充分保护诉权,让人民群众感受到公平正义,就是人民法院必须回答的问题。本案中,人民法院注意到强拆行为系动迁的多个执法阶段之一，通过对动迁全过程和有关规定的分析，得出被告街道办具有推进动迁和强拆房屋的动因，为行为主体的推定奠定了事理和情理的基础，为案件处理创造了情理法结合的条件。此案有两点启示意义：一是在行政执法不规范造成相对人举证困难的情况下，人民法院不宜简单以原告举证不力为由拒之门外，在此类案件中要格外关注诉权保护。二是事实行为是否系行政机关而为，人民法院应当从基础事实出发，结合责任政府、诚信政府等法律理念和生活逻辑作出合理判断。

5. 吉林省永吉县龙达物资经销处诉吉林省永吉县人民政府征收补偿案

（一）基本案情

2015年4月8日，吉林省永吉县人民政府（以下简称永吉县政府）作出房屋征收决定，决定对相关的棚户区实施改造，同日发布永政告字（2015）1号《房屋征收公告》并张贴于拆迁范围内的公告栏。永吉县龙达物资经销处（以下简称经销处）所在地段处于征收范围。2015年4月27日至29日，永吉县房屋征收经办中心作出选定评估机构的实施方案，并于4月30日召开选定大会，确定改造项目的评估机构。2015年9月15日，永吉县政府依据评估结果作出永政房征补（2015）3号房屋征收补偿决定。经销处认为，该征收补偿决定存在认定事实不清、程序违法，评估机构的选定程序和适用依据不合法，评估价格明显低于市场价格等诸多问题，故以永吉县政府为被告诉至法院，请求判决撤销上述房屋征收补偿决定。

（二）裁判结果

吉林市中级人民法院一审认为，被诉房屋征收补偿决定依据的评估报告从形式要件看，分别存在没有评估师签字，未附带设备、资产明细或者说明，未标注或者释明被征收人申请复核评估的权利等不符合法定要求的形式问题；从实体内容看，在对被征收的附属物评估和资产、设备评估上均存在评估漏项的问题。上述评估报告明显缺乏客观性、公正性，不能作为被诉房屋征收补偿决定的合法依据。遂判决撤销被诉房屋征收补偿决定，责令永吉县政府60日内重新作出行政行为。永吉县政府不服提起上诉，吉林省高级人民法院二审以与一审相同的理由判决驳回上诉、维持原判。

（三）典型意义

在征收拆迁案件当中，评估报告作为确定征收补偿价值的核心证据，人民法院能否依法对其进行有效审查，已经在很大程度上决定着案件能否得到实质解决，被拆迁人的合法权益能否得到充分保障。本案中，人民法院对评估报告的审查是严格的、到位的，因而效果也是好的。在认定涉案评估报告存在遗漏评估设备、没有评估师的签字盖章、未附带资产设备的明细说明、未告知申请复核的评估权利等系列问题之后，对这些问题的性质作出评估，得出了两个结论。一是评估报告不具备合法的证据形式，不能如实地反映被征收人的财产情况。二是据此认定评估报告缺乏客观公正性、不具备合法效力。在上述论理基础上撤销了被诉房屋征收补偿决定并判令行政机关限期重作。本案对评估报告所进行的适度审查，可以作为此类案件的一种标杆。

6. 焦吉顺诉河南省新乡市卫滨区人民政府行政征收管理案

（一）基本案情

2014年6月27日，河南省新乡市卫滨区人民政府（以下简称卫滨区政府）作出卫政（2014）41号《关于调整京广铁路与中同街交汇处西北区域征收范围的决定》（以下简称《调整征收范围决定》），将房屋征收范围调整为京广铁路以西、卫河以南、中同大街以北（不包含中同大街166号住宅房）、立新巷以东。焦吉顺系中同大街166号住宅房的所有权人。焦吉顺认为卫滨区政府作出《调整征收范围决定》不应将其所有的房屋排除在外，且《调整征收范围决定》作出后未及时公告，对原房屋征收范围不产生调整的效力，请求人民法院判决撤销《调整征收范围决定》。

（二）裁判结果

新乡市中级人民法院一审认为，卫滨区政府作出的《调整征收范围决定》不涉及焦吉顺所有的房屋，对其财产权益不产生实际影响，焦吉顺与被诉行政行为之间没有利害关系，遂裁定驳回了焦吉顺的起诉。焦吉顺提起上诉，河南省高级人民法院二审驳回上诉、维持原裁定。

（三）典型意义

在行政诉讼中，公民权利意识特别是诉讼意识持续高涨是社会和法治进步的体现。但是公民、法人或者其他组织提起行政诉讼应当具有诉的利益及诉的必要性，即与被诉行政行为之间存在“利害关系”。人民法院要依法审查被诉行政行为是否对当事人权利义务造成影响？是否会导致当事人权利义务发生增减得失？既不能对于当事人合法权利的影响视而不见，损害当事人的合法诉权；也不得虚化、弱化利害关系的起诉条件，受理不符合行政诉讼法规定的受案范围条件的案件，造成当事人不必要的诉累。本案中，被告卫滨区政府决定不再征收焦吉顺所有的房屋，作出了《调整征收范围决定》。由于《调整征收范围决定》对焦吉顺的财产权益不产生实际影响，其提起本案之诉不具有值得保护的实际权益。人民法院依法审查后，裁定驳回起诉，有利于引导当事人合理表达诉求，保护和规范当事人依法行使诉权。

7. 王艳影诉辽宁省沈阳市浑南现代商贸区管理委员会履行补偿职责案

（一）基本案情

2011年12月5日，王艳影与辽宁省沈阳市东陵区（浑南新区）第二房屋征收管理办公室（以下简称房屋征收办）签订国有土地上房屋征收与补偿安置协议，选择实物安置的方式进行拆迁补偿，并约定房屋征收办于2014年3月15日前交付安置房屋，由王艳影自行解决过渡用房，临时安置补助费每月996.3元。然而，房屋征收办一直未履行交付安置房屋的约定义务。2016年5月5日，王艳影与房屋征收办重新签订相关协议，选择货币方式进行拆迁补偿。其实际收到补偿款316829元，并按每月996.3元的标准领取了至2016年5月的临时安置补助费。其后因政府发文调整征收职责，相关职责下发到各个功能区管理委员会负责。王艳影认为按照《沈阳市国有土地上房屋征收与补偿办法》第三十六条有关超期未回迁的双倍支付临时安置补助费的规定，沈阳市浑南现代商贸区管理委员会（以下简称浑南商贸区管委会）未履行足额支付其超期未回迁安置补助费的职责，遂以该管委会为被告诉至法院，请求判决被告支付其自2014年1月1日起至2016年5月止的超期未回迁安置补助费47822.4元（以每月1992.6元为标准）。

（二）裁判结果

沈阳市大东区人民法院一审认为，王艳影以实物安置方式签订的回迁安置协议已变更为以货币补偿方式进行拆迁补偿。合同变更后，以实物安置方式为标的的回迁安置协议已终止，遂判决驳回王艳影的诉讼请求。王艳影不服，提起上诉。沈阳市中级人民法院二审认为，本案焦点问题在于浑南商贸区管委会是否应当双倍支付临时安置补助费。由于2016年5月王艳影与房屋征收办重新签订货币补偿协议时，双方关于是否双倍给付过渡期安置费问题正在民事诉讼过程中，未就该问题进行约定。根据《沈阳市国有土地上房屋征收与补偿办法》（2015年2月实施）第三十六条第三项有关"超期未回迁的，按照双倍支付临时安置补助费。选择货币补偿的，一次性支付4个月临时安置补助费"的规定，浑南商贸区管委会应当双倍支付王艳影2015年2月至2016年5月期间的临时安置补助费。虑及王艳影已经按照一倍标准领取了临时安置补助费，二审法院遂撤销一审判决，判令浑南商贸区管委会以每月996.3元为标准，支付王艳影2015年2月至2016年5月期间的另一倍的临时安置补助费15940.8元。

（三）典型意义

在依法治国的进程中，以更加柔和、富有弹性的行政协议方式代替以命令强制为特征的高权行为，是行政管理的一个发展趋势。如何通过行政协议的方式在约束行政权的随意性与维护行政权的机动性之间建立平衡，如何将行政协议置于依法行政理念支配之下是加强法治政府建设面临的重要课题之一。本案即为人民法院通过司法审查确保行政机关对行政协议权的行使符合法律要求，切实保障被征收人合法权益的典型案例。本案中，当事人通过合意，即签订国有土地上房屋征收与补偿安置协议的形式确定了各自行政法上具体的权利义务。行政协议约定的内容可能包罗万象，但依然会出现遗漏约定事项的情形。对于两个行政协议均未约定的"双倍支付"临时安置补助费的内容，二审法院依据2015年2月实施的《沈阳市国有土地上房屋征收与补偿办法》有关"超期未回迁的，按照双倍支付临时安置补助费"之规定，结合行政机关未能履行2011年协议承诺的交房义务以及2016年已协议改变补偿方式等事实，判令行政机关按照上述规定追加补偿原告2015年2月至2016年5月期间一倍的临时安置补助费。此案判决明确了人民法院可适用地方政府规章等规定对行政协议未约定事项依法"填漏补缺"的裁判规则，督促行政机关在房屋征收补偿工作中及时准确地适用各种惠及民生的新政策、新规定，对如何处理行政协议约定与既有法律规定之间的关系具有重要的指导意义。

8. 谷玉梁、孟巧林诉江苏省盐城市亭湖区人民政府房屋征收补偿决定案

（一）基本案情

2015年4月3日，江苏省盐城市亭湖区人民政府（以下简称亭湖区政府）作出涉案青年路北侧地块建设项目房屋征收决定并予公告，同时公布了征收补偿实施方案，确定亭湖区住房和城乡建设局（以下简称亭湖区住建局）为房屋征收部门。谷玉梁、孟巧林两人的房屋位于征收范围内。其后，亭湖区住建局公示了4家评估机构，并按法定方式予以确定。2015年4月21日，该局公示了分户初步评估结果，并告知被征收人10日内可申请复估。后给两人留置送达了《房屋分户估价报告单》《装饰装潢评估明细表》《附属物评估明细表》，两人未书面申请复估。2016年7月26日，该局向两人发出告知书，要求其选择补偿方式，逾期将提请亭湖区政府作出征收补偿决定。两人未在告知书指定期限内选择，也未提交书面意见。2016年10

月10日,亭湖区政府作出征收补偿决定书,经公证后向两人送达,且在征收范围内公示。两人不服,以亭湖区政府为被告提起行政诉讼,请求撤销上述征收补偿决定书。

(二)裁判结果

盐城市中级人民法院一审认为,亭湖区政府具有作出征收补偿决定的法定职权。在征收补偿过程中,亭湖区住建局在被征收人未协商选定评估机构的情况下,在公证机构的公证下于2015年4月15日通过抽签方式依法确定仁禾估价公司为评估机构。亭湖区政府根据谷玉梁、孟巧林的户籍证明、房屋登记信息表等权属证明材料,确定被征收房屋权属、性质、用途及面积等,并将调查结果予以公示。涉案评估报告送达给谷玉梁、孟巧林后,其未在法定期限内提出异议。亭湖区政府依据分户评估报告等材料,确定涉案房屋、装饰装潢、附属物的价值,并据此确定补偿金额,并无不当。征收部门其后书面告知两人有权选择补偿方式。在两人未在规定期限内选择的情形下,亭湖区政府为充分保障其居住权,根据亭湖区住建局的报请,按照征收补偿方案作出房屋征收补偿决定,确定产权调换的补偿方式进行安置,依法向其送达。被诉决定认定事实清楚,适用法律、法规正确,程序合法,故判决驳回原告诉讼请求。一审宣判后,双方均未上诉。

(三)典型意义

“正义不仅要实现,而且要以看得见的方式实现”。科学合理的程序可以保障人民群众的知情权、参与权、陈述权和申辩权,促进实体公正。程序正当性在推进法治政府建设过程中具有独立的实践意义和理论价值,此既是党的十九大对加强权力监督与运行机制的基本要求,也是法治发展到一定阶段推进依法行政、建设法治政府的客观需要。《国有土地上房屋征收补偿条例》确立了征收补偿应当遵循决策民主、程序正当、结果公开原则,并对评估机构选择、评估过程运行、评估结果送达以及申请复估、申请鉴定等关键程序作了具有可操作性的明确规定。在房屋征收补偿过程中,行政机关不仅要做到实体合法,也必须做到程序正当。本案中,人民法院结合被诉征收补偿决定的形成过程,着重从评估机构的选定、评估事项的确定、评估报告的送达、评估异议以及补偿方式的选择等多个程序角度,分析了亭湖区政府征收全过程的程序正当性,进而肯定了安置补偿方式与结果的合法性。既强调被征收人享有的应受法律保障的程序与实体权利,也支持了本案行政机关采取的一系列正确做法,有力地发挥了司法监督作用,对于确立相关领域的审查范围和审查标准,维护公共利益具有示范意义。

(八)土地税收与财政

中华人民共和国城镇土地使用税暂行条例

·1988年9月27日中华人民共和国国务院令第17号发布
·根据2006年12月31日《国务院关于修改〈中华人民共和国城镇土地使用税暂行条例〉的决定》第一次修订
·根据2011年1月8日《国务院关于废止和修改部分行政法规的决定》第二次修订
·根据2013年12月7日《国务院关于修改部分行政法规的决定》第三次修订
·根据2019年3月2日《国务院关于修改部分行政法规的决定》第四次修订

第一条 为了合理利用城镇土地,调节土地级差收入,提高土地使用效益,加强土地管理,制定本条例。

第二条 在城市、县城、建制镇、工矿区范围内使用土地的单位和个人,为城镇土地使用税(以下简称土地使用税)的纳税人,应当依照本条例的规定缴纳土地使用税。

前款所称单位,包括国有企业、集体企业、私营企业、股份制企业、外商投资企业、外国企业以及其他企业和事业单位、社会团体、国家机关、军队以及其他单位;所称个人,包括个体工商户以及其他个人。

第三条 土地使用税以纳税人实际占用的土地面积为计税依据,依照规定税额计算征收。

前款土地占用面积的组织测量工作,由省、自治区、直辖市人民政府根据实际情况确定。

第四条 土地使用税每平方米年税额如下:

(一)大城市1.5元至30元;

(二)中等城市1.2元至24元;

(三)小城市0.9元至18元;

(四)县城、建制镇、工矿区0.6元至12元。

第五条 省、自治区、直辖市人民政府,应当在本条例第四条规定的税额幅度内,根据市政建设状况、经济繁荣程度等条件,确定所辖地区的适用税额幅度。

市、县人民政府应当根据实际情况,将本地区土地划分为若干等级,在省、自治区、直辖市人民政府确定的税额幅度内,制定相应的适用税额标准,报省、自治区、直辖市人民政府批准执行。

经省、自治区、直辖市人民政府批准,经济落后地区土地使用税的适用税额标准可以适当降低,但降低额不得超过本条例第四条规定最低税额的30%。经济发达地区土地使用税的适用税额标准可以适当提高,但须报经财政部批准。

第六条 下列土地免缴土地使用税：

（一）国家机关、人民团体、军队自用的土地；

（二）由国家财政部门拨付事业经费的单位自用的土地；

（三）宗教寺庙、公园、名胜古迹自用的土地；

（四）市政街道、广场、绿化地带等公共用地；

（五）直接用于农、林、牧、渔业的生产用地；

（六）经批准开山填海整治的土地和改造的废弃土地，从使用的月份起免缴土地使用税5年至10年；

（七）由财政部另行规定免税的能源、交通、水利设施用地和其他用地。

第七条 除本条例第六条规定外，纳税人缴纳土地使用税确有困难需要定期减免的，由县以上税务机关批准。

第八条 土地使用税按年计算、分期缴纳。缴纳期限由省、自治区、直辖市人民政府确定。

第九条 新征收的土地，依照下列规定缴纳土地使用税：

（一）征收的耕地，自批准征收之日起满1年时开始缴纳土地使用税；

（二）征收的非耕地，自批准征收次月起缴纳土地使用税。

第十条 土地使用税由土地所在地的税务机关征收。土地管理机关应当向土地所在地的税务机关提供土地使用权属资料。

第十一条 土地使用税的征收管理，依照《中华人民共和国税收征收管理法》及本条例的规定执行。

第十二条 土地使用税收入纳入财政预算管理。

第十三条 本条例的实施办法由省、自治区、直辖市人民政府制定。

第十四条 本条例自1988年11月1日起施行，各地制定的土地使用费办法同时停止执行。

关于通过招拍挂方式取得土地缴纳城镇土地使用税问题的公告

·2014年12月31日
·国家税务总局公告2014年第74号

对以招标、拍卖、挂牌方式取得土地的城镇土地使用税问题公告如下：

通过招标、拍卖、挂牌方式取得的建设用地，不属于新征用的耕地，纳税人应按照《财政部 国家税务总局关于房产税城镇土地使用税有关政策的通知》（财税〔2006〕186号）第二条规定，从合同约定交付土地时间的次月起缴纳城镇土地使用税；合同未约定交付土地时间的，从合同签订的次月起缴纳城镇土地使用税。

本公告自发布之日起施行。

特此公告。

财政部、国家税务总局关于房改房用地未办理土地使用权过户期间城镇土地使用税政策的通知

·2013年8月2日
·财税〔2013〕44号

各省、自治区、直辖市、计划单列市财政厅（局）、地方税务局，西藏、宁夏、青海省（自治区）国家税务局，新疆生产建设兵团财务局：

经研究，现就房改房用地未办理土地使用权过户期间的城镇土地使用税政策通知如下：

应税单位按照国家住房制度改革有关规定，将住房出售给职工并按规定进行核销账务处理后，住房用地在未办理土地使用权过户期间的城镇土地使用税征免，比照各省、自治区、直辖市对个人所有住房用地的现行政策执行。

中华人民共和国土地增值税暂行条例

·1993年12月13日中华人民共和国国务院令第138号发布
·根据2011年1月8日《国务院关于废止和修改部分行政法规的决定》修订

第一条 为了规范土地、房地产市场交易秩序，合理调节土地增值收益，维护国家权益，制定本条例。

第二条 转让国有土地使用权、地上的建筑物及其附着物（以下简称转让房地产）并取得收入的单位和个人，为土地增值税的纳税义务人（以下简称纳税人），应当依照本条例缴纳土地增值税。

第三条 土地增值税按照纳税人转让房地产所取得的增值额和本条例第七条规定的税率计算征收。

第四条 纳税人转让房地产所取得的收入减除本条例第六条规定扣除项目金额后的余额，为增值额。

第五条 纳税人转让房地产所取得的收入，包括货币收入、实物收入和其他收入。

第六条 计算增值额的扣除项目：

（一）取得土地使用权所支付的金额；

（二）开发土地的成本、费用；

（三）新建房及配套设施的成本、费用，或者旧房及建筑物的评估价格；

（四）与转让房地产有关的税金；

（五）财政部规定的其他扣除项目。

第七条 土地增值税实行四级超率累进税率：

增值额未超过扣除项目金额百分之五十的部分，税率为百分之三十。

增值额超过扣除项目金额百分之五十、未超过扣除项目金额百分之一百的部分，税率为百分之四十。

增值额超过扣除项目金额100%、未超过扣除项目金额200%的部分，税率为50%。

增值额超过扣除项目金额200%的部分，税率为60%。

第八条 有下列情形之一的，免征土地增值税：

（一）纳税人建造普通标准住宅出售，增值额未超过扣除项目金额20%的；

（二）因国家建设需要依法征收、收回的房地产。

第九条 纳税人有下列情形之一的，按照房地产评估价格计算征收：

（一）隐瞒、虚报房地产成交价格的；

（二）提供扣除项目金额不实的；

（三）转让房地产的成交价格低于房地产评估价格，又无正当理由的。

第十条 纳税人应当自转让房地产合同签订之日起7日内向房地产所在地主管税务机关办理纳税申报，并在税务机关核定的期限内缴纳土地增值税。

第十一条 土地增值税由税务机关征收。土地管理部门、房产管理部门应当向税务机关提供有关资料，并协助税务机关依法征收土地增值税。

第十二条 纳税人未按照本条例缴纳土地增值税的，土地管理部门、房产管理部门不得办理有关的权属变更手续。

第十三条 土地增值税的征收管理，依据《中华人民共和国税收征收管理法》及本条例有关规定执行。

第十四条 本条例由财政部负责解释，实施细则由财政部制定。

第十五条 本条例自1994年1月1日起施行。各地区的土地增值费征收办法，与本条例相抵触的，同时停止执行。

财政部、国家税务总局关于营改增后契税、房产税、土地增值税、个人所得税计税依据问题的通知

·2016年4月25日
·财税〔2016〕43号

各省、自治区、直辖市、计划单列市财政厅（局）、地方税务局，西藏、宁夏、青海省（自治区）国家税务局，新疆生产建设兵团财务局：

经研究，现将营业税改征增值税后契税、房产税、土地增值税、个人所得税计税依据有关问题明确如下：

一、计征契税的成交价格不含增值税。

二、房产出租的，计征房产税的租金收入不含增值税。

三、土地增值税纳税人转让房地产取得的收入为不含增值税收入。

《中华人民共和国土地增值税暂行条例》等规定的土地增值税扣除项目涉及的增值税进项税额，允许在销项税额中计算抵扣的，不计入扣除项目，不允许在销项税额中计算抵扣的，可以计入扣除项目。

四、个人转让房屋的个人所得税应税收入不含增值税，其取得房屋时所支付价款中包含的增值税计入财产原值，计算转让所得时可扣除的税费不包括本次转让缴纳的增值税。

个人出租房屋的个人所得税应税收入不含增值税，计算房屋出租所得可扣除的税费不包括本次出租缴纳的增值税。个人转租房屋的，其向房屋出租方支付的租金及增值税额，在计算转租所得时予以扣除。

五、免征增值税的，确定计税依据时，成交价格、租金收入、转让房地产取得的收入不扣减增值税额。

六、在计征上述税种时，税务机关核定的计税价格或收入不含增值税。

本通知自2016年5月1日起执行。

中华人民共和国耕地占用税法

·2018年12月29日第十三届全国人民代表大会常务委员会第七次会议通过
·2018年12月29日中华人民共和国主席令第18号公布
·自2019年9月1日起施行

第一条 为了合理利用土地资源，加强土地管理，保护耕地，制定本法。

第二条 在中华人民共和国境内占用耕地建设建筑

物、构筑物或者从事非农业建设的单位和个人,为耕地占用税的纳税人,应当依照本法规定缴纳耕地占用税。

占用耕地建设农田水利设施的,不缴纳耕地占用税。

本法所称耕地,是指用于种植农作物的土地。

第三条 耕地占用税以纳税人实际占用的耕地面积为计税依据,按照规定的适用税额一次性征收,应纳税额为纳税人实际占用的耕地面积(平方米)乘以适用税额。

第四条 耕地占用税的税额如下:

(一)人均耕地不超过一亩的地区(以县、自治县、不设区的市、市辖区为单位,下同),每平方米为十元至五十元;

(二)人均耕地超过一亩但不超过二亩的地区,每平方米为八元至四十元;

(三)人均耕地超过二亩但不超过三亩的地区,每平方米为六元至三十元;

(四)人均耕地超过三亩的地区,每平方米为五元至二十五元。

各地区耕地占用税的适用税额,由省、自治区、直辖市人民政府根据人均耕地面积和经济发展等情况,在前款规定的税额幅度内提出,报同级人民代表大会常务委员会决定,并报全国人民代表大会常务委员会和国务院备案。各省、自治区、直辖市耕地占用税适用税额的平均水平,不得低于本法所附《各省、自治区、直辖市耕地占用税平均税额表》规定的平均税额。

第五条 在人均耕地低于零点五亩的地区,省、自治区、直辖市可以根据当地经济发展情况,适当提高耕地占用税的适用税额,但提高的部分不得超过本法第四条第二款确定的适用税额的百分之五十。具体适用税额按照本法第四条第二款规定的程序确定。

第六条 占用基本农田的,应当按照本法第四条第二款或者第五条确定的当地适用税额,加按百分之一百五十征收。

第七条 军事设施、学校、幼儿园、社会福利机构、医疗机构占用耕地,免征耕地占用税。

铁路线路、公路线路、飞机场跑道、停机坪、港口、航道、水利工程占用耕地,减按每平方米二元的税额征收耕地占用税。

农村居民在规定用地标准以内占用耕地新建自用住宅,按照当地适用税额减半征收耕地占用税;其中农村居民经批准搬迁,新建自用住宅占用耕地不超过原宅基地面积的部分,免征耕地占用税。

农村烈士遗属、因公牺牲军人遗属、残疾军人以及符合农村最低生活保障条件的农村居民,在规定用地标准以内新建自用住宅,免征耕地占用税。

根据国民经济和社会发展的需要,国务院可以规定免征或者减征耕地占用税的其他情形,报全国人民代表大会常务委员会备案。

第八条 依照本法第七条第一款、第二款规定免征或者减征耕地占用税后,纳税人改变原占地用途,不再属于免征或者减征耕地占用税情形的,应当按照当地适用税额补缴耕地占用税。

第九条 耕地占用税由税务机关负责征收。

第十条 耕地占用税的纳税义务发生时间为纳税人收到自然资源主管部门办理占用耕地手续的书面通知的当日。纳税人应当自纳税义务发生之日起三十日内申报缴纳耕地占用税。

自然资源主管部门凭耕地占用税完税凭证或者免税凭证和其他有关文件发放建设用地批准书。

第十一条 纳税人因建设项目施工或者地质勘查临时占用耕地,应当依照本法的规定缴纳耕地占用税。纳税人在批准临时占用耕地期满之日起一年内依法复垦,恢复种植条件的,全额退还已经缴纳的耕地占用税。

第十二条 占用园地、林地、草地、农田水利用地、养殖水面、渔业水域滩涂以及其他农用地建设建筑物、构筑物或者从事非农业建设的,依照本法的规定缴纳耕地占用税。

占用前款规定的农用地的,适用税额可以适当低于本地区按照本法第四条第二款确定的适用税额,但降低的部分不得超过百分之五十。具体适用税额由省、自治区、直辖市人民政府提出,报同级人民代表大会常务委员会决定,并报全国人民代表大会常务委员会和国务院备案。

占用本条第一款规定的农用地建设直接为农业生产服务的生产设施的,不缴纳耕地占用税。

第十三条 税务机关应当与相关部门建立耕地占用税涉税信息共享机制和工作配合机制。县级以上地方人民政府自然资源、农业农村、水利等相关部门应当定期向税务机关提供农用地转用、临时占地等信息,协助税务机关加强耕地占用税征收管理。

税务机关发现纳税人的纳税申报数据资料异常或者纳税人未按照规定期限申报纳税的,可以提请相关部门进行复核,相关部门应当自收到税务机关复核申请之日起三十日内向税务机关出具复核意见。

第十四条 耕地占用税的征收管理,依照本法和《中华人民共和国税收征收管理法》的规定执行。

第十五条　纳税人、税务机关及其工作人员违反本法规定的，依照《中华人民共和国税收征收管理法》和有关法律法规的规定追究法律责任。

第十六条　本法自2019年9月1日起施行。2007年12月1日国务院公布的《中华人民共和国耕地占用税暂行条例》同时废止。

附：

各省、自治区、直辖市耕地占用税平均税额表

省、自治区、直辖市	平均税额（元/平方米）
上海	45
北京	40
天津	35
江苏、浙江、福建、广东	30
辽宁、湖北、湖南	25
河北、安徽、江西、山东、河南、重庆、四川	22.5
广西、海南、贵州、云南、陕西	20
山西、吉林、黑龙江	17.5
内蒙古、西藏、甘肃、青海、宁夏、新疆	12.5

中华人民共和国耕地占用税法实施办法

· 2019年8月29日财政部、税务总局、自然资源部、农业农村部、生态环境部公告2019年第81号发布
· 自2019年9月1日起施行

第一条　为了贯彻实施《中华人民共和国耕地占用税法》（以下简称税法），制定本办法。

第二条　经批准占用耕地的，纳税人为农用地转用审批文件中标明的建设用地人；农用地转用审批文件中未标明建设用地人的，纳税人为用地申请人，其中用地申请人为各级人民政府的，由同级土地储备中心、自然资源主管部门或政府委托的其他部门、单位履行耕地占用税申报纳税义务。

未经批准占用耕地的，纳税人为实际用地人。

第三条　实际占用的耕地面积，包括经批准占用的耕地面积和未经批准占用的耕地面积。

第四条　基本农田，是指依据《基本农田保护条例》划定的基本农田保护区范围内的耕地。

第五条　免税的军事设施，具体范围为《中华人民共和国军事设施保护法》规定的军事设施。

第六条　免税的学校，具体范围包括县级以上人民政府教育行政部门批准成立的大学、中学、小学，学历性职业教育学校和特殊教育学校，以及经省级人民政府或其人力资源社会保障行政部门批准成立的技工院校。

学校内经营性场所和教职工住房占用耕地的，按照当地适用税额缴纳耕地占用税。

第七条　免税的幼儿园，具体范围限于县级以上人民政府教育行政部门批准成立的幼儿园内专门用于幼儿保育、教育的场所。

第八条　免税的社会福利机构，具体范围限于依法登记的养老服务机构、残疾人服务机构、儿童福利机构、救助管理机构、未成年人救助保护机构内，专门为老年人、残疾人、未成年人、生活无着的流浪乞讨人员提供养护、康复、托管等服务的场所。

第九条　免税的医疗机构，具体范围限于县级以上人民政府卫生健康行政部门批准设立的医疗机构内专门从事疾病诊断、治疗活动的场所及其配套设施。

医疗机构内职工住房占用耕地的，按照当地适用税额缴纳耕地占用税。

第十条　减税的铁路线路，具体范围限于铁路路基、桥梁、涵洞、隧道及其按照规定两侧留地、防火隔离带。

专用铁路和铁路专用线占用耕地的，按照当地适用税额缴纳耕地占用税。

第十一条　减税的公路线路，具体范围限于经批准建设的国道、省道、县道、乡道和属于农村公路的村道的主体工程以及两侧边沟或者截水沟。

专用公路和城区内机动车道占用耕地的，按照当地适用税额缴纳耕地占用税。

第十二条　减税的飞机场跑道、停机坪，具体范围限于经批准建设的民用机场专门用于民用航空器起降、滑行、停放的场所。

第十三条　减税的港口，具体范围限于经批准建设的港口内供船舶进出、停靠以及旅客上下、货物装卸的场所。

第十四条　减税的航道，具体范围限于在江、河、湖泊、港湾等水域内供船舶安全航行的通道。

第十五条　减税的水利工程，具体范围限于经县级

以上人民政府水行政主管部门批准建设的防洪、排涝、灌溉、引(供)水、滩涂治理、水土保持、水资源保护等各类工程及其配套和附属工程的建筑物、构筑物占压地和经批准的管理范围用地。

第十六条 纳税人符合税法第七条规定情形,享受免征或者减征耕地占用税的,应当留存相关证明资料备查。

第十七条 根据税法第八条的规定,纳税人改变原占地用途,不再属于免征或减征情形的,应自改变用途之日起30日内申报补缴税款,补缴税款按改变用途的实际占用耕地面积和改变用途时当地适用税额计算。

第十八条 临时占用耕地,是指经自然资源主管部门批准,在一般不超过2年内临时使用耕地并且没有修建永久性建筑物的行为。

依法复垦应由自然资源主管部门会同有关行业管理部门认定并出具验收合格确认书。

第十九条 因挖损、采矿塌陷、压占、污染等损毁耕地属于税法所称的非农业建设,应依照税法规定缴纳耕地占用税;自自然资源、农业农村等相关部门认定损毁耕地之日起3年内依法复垦或修复,恢复种植条件的,比照税法第十一条规定办理退税。

第二十条 园地,包括果园、茶园、橡胶园、其他园地。

前款的其他园地包括种植桑树、可可、咖啡、油棕、胡椒、药材等其他多年生作物的园地。

第二十一条 林地,包括乔木林地、竹林地、红树林地、森林沼泽、灌木林地、灌丛沼泽、其他林地,不包括城镇村庄范围内的绿化林木用地,铁路、公路征地范围内的林木用地,以及河流、沟渠的护堤林用地。

前款的其他林地包括疏林地、未成林地、迹地、苗圃等林地。

第二十二条 草地,包括天然牧草地、沼泽草地、人工牧草地,以及用于农业生产并已由相关行政主管部门发放使用权证的草地。

第二十三条 农田水利用地,包括农田排灌沟渠及相应附属设施用地。

第二十四条 养殖水面,包括人工开挖或者天然形成的用于水产养殖的河流水面、湖泊水面、水库水面、坑塘水面及相应附属设施用地。

第二十五条 渔业水域滩涂,包括专门用于种植或者养殖水生动植物的海水潮浸地带和滩地,以及用于种植芦苇并定期进行人工养护管理的苇田。

第二十六条 直接为农业生产服务的生产设施,是指直接为农业生产服务而建设的建筑物和构筑物。具体包括:储存农用机具和种子、苗木、木材等农业产品的仓储设施;培育、生产种子、种苗的设施;畜禽养殖设施;木材集材道、运材道;农业科研、试验、示范基地;野生动植物保护、护林、森林病虫害防治、森林防火、木材检疫的设施;专为农业生产服务的灌溉排水、供水、供电、供热、供气、通讯基础设施;农业生产者从事农业生产必需的食宿和管理设施;其他直接为农业生产服务的生产设施。

第二十七条 未经批准占用耕地的,耕地占用税纳税义务发生时间为自然资源主管部门认定的纳税人实际占用耕地的当日。

因挖损、采矿塌陷、压占、污染等损毁耕地的纳税义务发生时间为自然资源、农业农村等相关部门认定损毁耕地的当日。

第二十八条 纳税人占用耕地,应当在耕地所在地申报纳税。

第二十九条 在农用地转用环节,用地申请人能证明建设用地人符合税法第七条第一款规定的免税情形的,免征用地申请人的耕地占用税;在供地环节,建设用地人使用耕地用途符合税法第七条第一款规定的免税情形的,由用地申请人和建设用地人共同申请,按退税管理的规定退还用地申请人已经缴纳的耕地占用税。

第三十条 县级以上地方人民政府自然资源、农业农村、水利、生态环境等相关部门向税务机关提供的农用地转用、临时占地等信息,包括农用地转用信息、城市和村庄集镇按批次建设用地转而未供信息、经批准临时占地信息、改变原占地用途信息、未批先占农用地查处信息、土地损毁信息、土壤污染信息、土地复垦信息、草场使用和渔业养殖权证发放信息等。

各省、自治区、直辖市人民政府应当建立健全本地区跨部门耕地占用税部门协作和信息交换工作机制。

第三十一条 纳税人占地类型、占地面积和占地时间等纳税申报数据材料以自然资源等相关部门提供的相关材料为准;未提供相关材料或者材料信息不完整的,经主管税务机关提出申请,由自然资源等相关部门自收到申请之日起30日内出具认定意见。

第三十二条 纳税人的纳税申报数据资料异常或者纳税人未按照规定期限申报纳税的,包括下列情形:

(一)纳税人改变原占地用途,不再属于免征或者减征耕地占用税情形,未按照规定进行申报的;

(二)纳税人已申请用地但尚未获得批准先行占地开工,未按照规定进行申报的;

(三)纳税人实际占用耕地面积大于批准占用耕地

面积,未按照规定进行申报的;

(四)纳税人未履行报批程序擅自占用耕地,未按照规定进行申报的;

(五)其他应提请相关部门复核的情形。

第三十三条　本办法自 2019 年 9 月 1 日起施行。

中华人民共和国契税法

· 2020 年 8 月 11 日第十三届全国人民代表大会常务委员会第二十一次会议通过
· 2020 年 8 月 11 日中华人民共和国主席令第 52 号公布
· 自 2021 年 9 月 1 日起施行

第一条　在中华人民共和国境内转移土地、房屋权属,承受的单位和个人为契税的纳税人,应当依照本法规定缴纳契税。

第二条　本法所称转移土地、房屋权属,是指下列行为:

(一)土地使用权出让;

(二)土地使用权转让,包括出售、赠与、互换;

(三)房屋买卖、赠与、互换。

前款第二项土地使用权转让,不包括土地承包经营权和土地经营权的转移。

以作价投资(入股)、偿还债务、划转、奖励等方式转移土地、房屋权属的,应当依照本法规定征收契税。

第三条　契税税率为百分之三至百分之五。

契税的具体适用税率,由省、自治区、直辖市人民政府在前款规定的税率幅度内提出,报同级人民代表大会常务委员会决定,并报全国人民代表大会常务委员会和国务院备案。

省、自治区、直辖市可以依照前款规定的程序对不同主体、不同地区、不同类型的住房的权属转移确定差别税率。

第四条　契税的计税依据:

(一)土地使用权出让、出售,房屋买卖,为土地、房屋权属转移合同确定的成交价格,包括应交付的货币以及实物、其他经济利益对应的价款;

(二)土地使用权互换、房屋互换,为所互换的土地使用权、房屋价格的差额;

(三)土地使用权赠与、房屋赠与以及其他没有价格的转移土地、房屋权属行为,为税务机关参照土地使用权出售、房屋买卖的市场价格依法核定的价格。

纳税人申报的成交价格、互换价格差额明显偏低且无正当理由的,由税务机关依照《中华人民共和国税收征收管理法》的规定核定。

第五条　契税的应纳税额按照计税依据乘以具体适用税率计算。

第六条　有下列情形之一的,免征契税:

(一)国家机关、事业单位、社会团体、军事单位承受土地、房屋权属用于办公、教学、医疗、科研、军事设施;

(二)非营利性的学校、医疗机构、社会福利机构承受土地、房屋权属用于办公、教学、医疗、科研、养老、救助;

(三)承受荒山、荒地、荒滩土地使用权用于农、林、牧、渔业生产;

(四)婚姻关系存续期间夫妻之间变更土地、房屋权属;

(五)法定继承人通过继承承受土地、房屋权属;

(六)依照法律规定应当予以免税的外国驻华使馆、领事馆和国际组织驻华代表机构承受土地、房屋权属。

根据国民经济和社会发展的需要,国务院对居民住房需求保障、企业改制重组、灾后重建等情形可以规定免征或者减征契税,报全国人民代表大会常务委员会备案。

第七条　省、自治区、直辖市可以决定对下列情形免征或者减征契税:

(一)因土地、房屋被县级以上人民政府征收、征用,重新承受土地、房屋权属;

(二)因不可抗力灭失住房,重新承受住房权属。

前款规定的免征或者减征契税的具体办法,由省、自治区、直辖市人民政府提出,报同级人民代表大会常务委员会决定,并报全国人民代表大会常务委员会和国务院备案。

第八条　纳税人改变有关土地、房屋的用途,或者有其他不再属于本法第六条规定的免征、减征契税情形的,应当缴纳已经免征、减征的税款。

第九条　契税的纳税义务发生时间,为纳税人签订土地、房屋权属转移合同的当日,或者纳税人取得其他具有土地、房屋权属转移合同性质凭证的当日。

第十条　纳税人应当在依法办理土地、房屋权属登记手续前申报缴纳契税。

第十一条　纳税人办理纳税事宜后,税务机关应当开具契税完税凭证。纳税人办理土地、房屋权属登记,不动产登记机构应当查验契税完税、减免税凭证或者有关信息。未按照规定缴纳契税的,不动产登记机构不予办理土地、房屋权属登记。

第十二条 在依法办理土地、房屋权属登记前，权属转移合同、权属转移合同性质凭证不生效、无效、被撤销或者被解除的，纳税人可以向税务机关申请退还已缴纳的税款，税务机关应当依法办理。

第十三条 税务机关应当与相关部门建立契税涉税信息共享和工作配合机制。自然资源、住房城乡建设、民政、公安等相关部门应当及时向税务机关提供与转移土地、房屋权属有关的信息，协助税务机关加强契税征收管理。

税务机关及其工作人员对税收征收管理过程中知悉的纳税人的个人信息，应当依法予以保密，不得泄露或者非法向他人提供。

第十四条 契税由土地、房屋所在地的税务机关依照本法和《中华人民共和国税收征收管理法》的规定征收管理。

第十五条 纳税人、税务机关及其工作人员违反本法规定的，依照《中华人民共和国税收征收管理法》和有关法律法规的规定追究法律责任。

第十六条 本法自2021年9月1日起施行。1997年7月7日国务院发布的《中华人民共和国契税暂行条例》同时废止。

国家税务总局关于免征土地出让金出让国有土地使用权征收契税的批复

·2005年5月11日
·国税函〔2005〕436号

北京市地方税务局：

你局《关于对政府以零地价方式出让国有土地使用权征收契税问题的请示》（京地税地〔2005〕166号）收悉，批复如下：

根据《中华人民共和国契税暂行条例》及其细则的有关规定，对承受国有土地使用权所应支付的土地出让金，要计征契税。不得因减免土地出让金，而减免契税。

水土保持补偿费征收使用管理办法

·2014年1月29日
·财综〔2014〕8号

第一章 总 则

第一条 为了规范水土保持补偿费征收使用管理，促进水土流失防治工作，改善生态环境，根据《中华人民共和国水土保持法》的规定，制定本办法。

第二条 水土保持补偿费是水行政主管部门对损坏水土保持设施和地貌植被、不能恢复原有水土保持功能的生产建设单位和个人征收并专项用于水土流失预防治理的资金。

第三条 水土保持补偿费全额上缴国库，纳入政府性基金预算管理，实行专款专用，年终结余结转下年使用。

第四条 水土保持补偿费征收、缴库、使用和管理应当接受财政、价格、人民银行、审计部门和上级水行政主管部门的监督检查。

第二章 征 收

第五条 在山区、丘陵区、风沙区以及水土保持规划确定的容易发生水土流失的其他区域开办生产建设项目或者从事其他生产建设活动，损坏水土保持设施、地貌植被，不能恢复原有水土保持功能的单位和个人（以下简称缴纳义务人），应当缴纳水土保持补偿费。

前款所称其他生产建设活动包括：

（一）取土、挖砂、采石（不含河道采砂）；

（二）烧制砖、瓦、瓷、石灰；

（三）排放废弃土、石、渣。

第六条 县级以上地方水行政主管部门按照下列规定征收水土保持补偿费。

开办生产建设项目的单位和个人应当缴纳的水土保持补偿费，由县级以上地方水行政主管部门按照水土保持方案审批权限负责征收。其中，由水利部审批水土保持方案的，水土保持补偿费由生产建设项目所在地省（区、市）水行政主管部门征收；生产建设项目跨省（区、市）的，由生产建设项目涉及区域各相关省（区、市）水行政主管部门分别征收。

从事其他生产建设活动的单位和个人应当缴纳的水土保持补偿费，由生产建设活动所在地县级水行政主管部门负责征收。

第七条 水土保持补偿费按照下列方式计征：

（一）开办一般性生产建设项目的，按照征占用土地面积计征。

（二）开采矿产资源的，在建设期间按照征占用土地面积计征；在开采期间，对石油、天然气以外的矿产资源按照开采量计征，对石油、天然气按照油气生产井占地面积每年计征。

（三）取土、挖砂、采石以及烧制砖、瓦、瓷、石灰的，按照取土、挖砂、采石量计征。

（四）排放废弃土、石、渣的，按照排放量计征。对缴纳义务人已按照前三种方式计征水土保持补偿费的，其排放废弃土、石、渣，不再按照排放量重复计征。

第八条　水土保持补偿费的征收标准，由国家发展改革委、财政部会同水利部另行制定。

第九条　开办一般性生产建设项目的，缴纳义务人应当在项目开工前一次性缴纳水土保持补偿费。

开采矿产资源处于建设期的，缴纳义务人应当在建设活动开始前一次性缴纳水土保持补偿费；处于开采期的，缴纳义务人应当按季度缴纳水土保持补偿费。

从事其他生产建设活动的，缴纳水土保持补偿费的时限由县级水行政主管部门确定。

第十条　缴纳义务人应当向负责征收水土保持补偿费的水行政主管部门如实报送征占用土地面积（矿产资源开采量、取土挖砂采石量、弃土弃渣量）等资料。

负责征收水土保持补偿费的水行政主管部门审核确定水土保持补偿费征收额，并向缴纳义务人送达水土保持补偿费缴纳通知单。缴纳通知单应当载明征占用土地面积（矿产资源开采量、取土挖砂采石量、弃土弃渣量）、征收标准、缴纳金额、缴纳时间和地点等事项。

缴纳义务人应当按照缴纳通知单的规定缴纳水土保持补偿费。

第十一条　下列情形免征水土保持补偿费：

（一）建设学校、幼儿园、医院、养老服务设施、孤儿院、福利院等公益性工程项目的；

（二）农民依法利用农村集体土地新建、翻建自用住房的；

（三）按照相关规划开展小型农田水利建设、田间土地整治建设和农村集中供水工程建设的；

（四）建设保障性安居工程、市政生态环境保护基础设施项目的；

（五）建设军事设施的；

（六）按照水土保持规划开展水土流失治理活动的；

（七）法律、行政法规和国务院规定免征水土保持补偿费的其他情形。

第十二条　除本办法规定外，任何单位和个人均不得擅自减免水土保持补偿费，不得改变水土保持补偿费征收对象、范围和标准。

第十三条　县级以上地方水行政主管部门征收水土保持补偿费，应当到指定的价格主管部门申领《收费许可证》，并使用省级财政部门统一印制的票据。

第十四条　县级以上地方水行政主管部门应当对水土保持补偿费的征收依据、征收标准、征收主体、征收程序、法律责任等进行公示。

第三章　缴　库

第十五条　县级以上地方水行政主管部门征收的水土保持补偿费，按照 1：9 的比例分别上缴中央和地方国库。

地方各级政府之间水土保持补偿费的分配比例，由各省（区、市）财政部门商水行政主管部门确定。

第十六条　水土保持补偿费实行就地缴库方式。

负责征收水土保持补偿费的水行政主管部门填写“一般缴款书”，随水土保持补偿费缴纳通知单一并送达缴纳义务人，由缴纳义务人持“一般缴款书”在规定时限内到商业银行办理缴款。在填写“一般缴款书”时，预算科目栏填写“1030176 水土保持补偿费收入”，预算级次栏填写“中央和地方共享收入”，收款国库栏填写实际收纳款项的国库名称。

第十七条　水土保持补偿费收入在政府收支分类科目中列 103 类 01 款 76 项“水土保持补偿费收入”，作为中央和地方共用收入科目。

第十八条　地方各级水行政主管部门要确保将中央分成的水土保持补偿费收入及时足额上缴中央国库，不得截留、占压、拖延上缴。

财政部驻各省（区、市）财政监察专员办事处负责监缴中央分成的水土保持补偿费。

第四章　使用管理

第十九条　水土保持补偿费专项用于水土流失预防和治理，主要用于被损坏水土保持设施和地貌植被恢复治理工程建设。

第二十条　县级以上水行政主管部门应当根据水土保持规划，编制年度水土保持补偿费支出预算，报同级财政部门审核。财政部门应当按照政府性基金预算管理规定审核水土保持补偿费支出预算并批复下达。其中，水土保持补偿费用于固定资产投资项目的，由发展改革部门商同级水行政主管部门纳入固定资产投资计划。

第二十一条　水土保持补偿费的资金支付按照财政国库管理制度有关规定执行。

第二十二条　水土保持补偿费支出在政府收支分类科目中列 213 类 70 款“水土保持补偿费安排的支出”01 项“综合治理和生态修复”、02 项“预防保护和监督管理”、03 项“其他水土保持补偿费安排的支出”。

第二十三条　各级财政、水行政主管部门应当严格按规定使用水土保持补偿费，确保专款专用，严禁截留、转移、挪用资金和随意调整预算。

第五章　法律责任

第二十四条　单位和个人违反本办法规定，有下列情形之一的，依照《财政违法行为处罚处分条例》和《违反行政事业性收费和罚没收入收支两条线管理规定行政处分暂行规定》等国家有关规定追究法律责任；涉嫌犯罪的，依法移送司法机关处理：

（一）擅自减免水土保持补偿费或者改变水土保持补偿费征收范围、对象和标准的；

（二）隐瞒、坐支应当上缴的水土保持补偿费的；

（三）滞留、截留、挪用应当上缴的水土保持补偿费的；

（四）不按照规定的预算级次、预算科目将水土保持补偿费缴入国库的；

（五）违反规定扩大水土保持补偿费开支范围、提高开支标准的；

（六）其他违反国家财政收入管理规定的行为。

第二十五条　缴纳义务人拒不缴纳、拖延缴纳或者拖欠水土保持补偿费的，依照《中华人民共和国水土保持法》第五十七条规定进行处罚。缴纳义务人对处罚决定不服的，可以依法申请行政复议或者提起行政诉讼。

第二十六条　缴纳义务人缴纳水土保持补偿费，不免除其水土流失防治责任。

第二十七条　水土保持补偿费征收、使用管理有关部门的工作人员违反本办法规定，在水土保持补偿费征收和使用管理工作中徇私舞弊、玩忽职守、滥用职权的，依法给予处分；涉嫌犯罪的，依法移送司法机关。

第六章　附　则

第二十八条　各省（区、市）根据本办法制定具体实施办法，并报财政部、国家发展改革委、水利部、中国人民银行备案。

第二十九条　按本办法规定开征水土保持补偿费后，原各地区征收的水土流失防治费、水土保持设施补偿费、水土流失补偿费等涉及水土流失防治和补偿的收费予以取消。

第三十条　本办法由财政部商国家发展改革委、水利部、中国人民银行负责解释。

第三十一条　本办法自 2014 年 5 月 1 日起施行。

最高人民法院研究室关于村民因土地补偿费、安置补助费问题与村民委员会发生纠纷人民法院应否受理问题的答复

·2001 年 12 月 31 日
·法研〔2001〕116 号

陕西省高级人民法院：

你院陕高法〔2001〕234 号《关于村民因土地补偿费、安置补助费问题与村民委员会发生纠纷人民法院应否受理的请示》收悉。经研究，我们认为，此类问题可以参照我室给广东省高级人民法院法研〔2001〕51 号《关于人民法院对农村集体经济所得收益分配纠纷是否受理问题的答复》办理。

财政部关于加强从土地出让收益中计提农田水利建设资金和教育资金征收管理的通知

·2014 年 1 月 16 日
·财综〔2014〕2 号

各省、自治区、直辖市和计划单列市财政厅（局），新疆生产建设兵团财务局：

为支持农田水利建设和教育事业发展，财政部会同有关部门先后印发了《关于从土地出让收益中计提农田水利建设资金有关事项的通知》（财综〔2011〕48 号）、《关于从土地出让收益中计提教育资金有关事项的通知》（财综〔2011〕62 号），大部分地区都能够认真贯彻执行，但也有个别地区不按规定计提农田水利建设资金和教育资金（以下简称“两项资金”），甚至拖欠中央农田水利建设资金。为做好两项资金征收管理工作，现就有关事宜通知如下：

一、严格按照规定口径核算和计提两项资金

市、县财政部门要严格按照规定将土地出让收入及时足额缴入国库，不得将应缴入国库的土地出让收入长期滞留在财政专户，隐瞒土地出让收入规模；要严格按照财综〔2011〕48 号、财综〔2011〕62 号文件规定的口径，从土地出让收益中计提两项资金，对按照土地出让收入一定比例计提两项资金的，要限期纠正。

市、县财政部门要严格按照《政府收支分类科目》等规定使用土地出让收支科目，根据各季度实际发生的土地出让收入和支出如实记账，不得将应当计入 103014801 土地出让价款收入科目的收入，记入 103014802 补缴的土地价款、103014803 划拨土地收入、103014899 其他土

地出让收入等科目，人为减少两项资金计提基数；也不得将应当记入2120803城市建设支出等科目的支出，记入2120801征地和拆迁补偿支出、2121001征地和拆迁补偿支出、2120802土地开发支出、2121002土地开发支出等科目，虚增成本费用开支。

二、严格实行两项资金按季计提和年终清算制度

为确保两项资金和中央农田水利建设资金均衡入库，市、县财政部门应严格按照财综〔2011〕48号和财综〔2011〕62号文件，以及《财政部 水利部关于中央财政统筹部分从土地出让收益中计提农田水利建设资金有关问题的通知》（财综〔2012〕43号）的规定，分别于每年4月、7月、10月的10日以及决算清理期结束之前，分季计提两项资金和划转中央农田水利建设资金，不得按半年一次或拖延至年底一次性计提和划转。每年决算清理期结束前，应当对全年计提的两项资金和划转中央农田水利建设资金进行统一清算。

对于计提的农田水利建设资金要严格按照20%的比例将中央农田水利建设资金及时足额划转中央国库，不得在财政专户或地方国库滞留和占压。

三、强化省级财政部门监管两项资金的责任

省级财政部门要加强对市、县两项资金和中央农田水利建设资金征收的监督管理，督促市、县按季足额计提两项资金和划转中央农田水利建设资金。市、县财政部门计提两项资金的数额原则上应当一致，对于两项资金数额不一致的，要认真核查原因，并采取措施予以解决。对于市、县财政部门未按规定足额计提两项资金和划转中央农田水利建设资金的，省级财政部门要督促其按规定计提和划转；对于发现的其他问题，要及时予以纠正。

省级财政部门要加强对市、县计提两项资金和划转中央农田水利建设资金情况的监督检查，并将其纳入年度财政预算执行审计范围，确保两项资金足额计提和中央农田水利建设资金及时划转中央国库。对于违反本通知规定的行为，依照《财政违法行为处罚处分条例》等国家有关规定追究法律责任。

国土资源部办公厅关于协议出让土地改变用途补交出让金问题的复函

·2004年6月18日

·国土资厅函〔2004〕271号

河北省国土资源厅：

《关于协议出让土地改变用途如何补交出让金问题的请示》（冀国土资地字〔2004〕45号）收悉。经研究，现函复如下：

土地使用者以协议出让方式取得国有土地使用权后，必须严格按照规定的土地用途和条件使用土地。土地使用者需要改变土地使用权出让合同约定的土地用途的，必须取得出让方和市、县人民政府城市规划行政主管部门的同意，签订土地使用权出让合同变更协议或者重新签订土地使用权出让合同，相应调整土地使用权出让金。

经批准改变协议出让土地用途的，应按变更时的土地市场价格，分别计算变更后的土地用途的土地使用权出让金数额和原用途的土地使用权出让金数额，以差额部分计算应当补交的土地使用权出让金。

财政部、自然资源部、税务总局、人民银行关于将国有土地使用权出让收入、矿产资源专项收入、海域使用金、无居民海岛使用金四项政府非税收入划转税务部门征收有关问题的通知

·2021年5月21日

·财综〔2021〕19号

各省、自治区、直辖市、计划单列市财政厅（局）、自然资源厅（局），新疆生产建设兵团财政局、自然资源局，国家税务总局各省、自治区、直辖市、计划单列市税务局，中国人民银行上海总部，各分行、营业管理部，各省会（首府）城市中心支行，各副省级城市中心支行：

为贯彻落实党中央、国务院关于政府非税收入征管职责划转税务部门的有关部署和要求，决定将国有土地使用权出让收入、矿产资源专项收入、海域使用金、无居民海岛使用金四项政府非税收入统一划转税务部门征收。现就平稳有序推进划转工作有关事项通知如下：

一、将由自然资源部门负责征收的国有土地使用权出让收入、矿产资源专项收入、海域使用金、无居民海岛使用金四项政府非税收入（以下简称四项政府非税收入），全部划转给税务部门负责征收。自然资源部（本级）按照规定负责征收的矿产资源专项收入、海域使用金、无居民海岛使用金，同步划转税务部门征收。

二、先试点后推开。自2021年7月1日起，选择在河北、内蒙古、上海、浙江、安徽、青岛、云南省（自治区、直辖市、计划单列市）以省（区、市）为单位开展征管职责划转试点，探索完善征缴流程、职责分工等，为全面推开划转工作积累经验。暂未开展征管划转试点地区要积极做好四项政府非税收入征收划转准备工作，自2022年1月

1日起全面实施征管划转工作。

三、四项政府非税收入划转给税务部门征收后，以前年度和今后形成的应缴未缴收入以及按规定分期缴纳的收入，由税务部门负责征缴入库，有关部门应当配合做好相关信息传递和材料交接工作。税务部门应当按照国库集中收缴制度等规定，依法依规开展收入征管工作，确保非税收入及时足额缴入国库。已缴入财政非税专户，但尚未划缴国库的有关资金，由财政部门按非税收入收缴管理制度规定缴入国库。

四、税务部门按照属地原则征收四项政府非税收入。具体征收机关由国家税务总局有关省（自治区、直辖市、计划单列市）税务局按照"便民、高效"原则确定。原由自然资源部（本级）负责征收的矿产资源专项收入、海域使用金、无居民海岛使用金等非税收入，征管职责划转后的具体工作由国家税务总局北京市税务局承担。

五、税务部门应当商财政、自然资源、人民银行等部门逐项确定职责划转后的征缴流程，实现办事缴费"一门、一站、一次"办理，不断提高征管效率，降低征管成本。具体征缴流程可参照本通知附件流程图并结合当地实际研究确定。涉及经费划转的，方案按程序报批。

六、税务部门征收四项政府非税收入应当使用财政部统一监（印）制的非税收入票据，按照税务部门全国统一信息化方式规范管理。

七、资金入库后需要办理退库的，应当按照财政部门有关退库管理规定办理。其中，因缴费人误缴、税务部门误收需要退库的，由缴费人向税务部门申请办理，税务部门经严格审核并商有关财政、自然资源部门复核同意后，按规定办理退付手续；其他情形需要退库的，由缴费人向财政部门和自然资源部门申请办理。人民银行国库管理部门按规定办理退付手续。

八、除本通知规定外，四项政府非税收入的征收范围、对象、标准、减免、分成、使用、管理等政策，继续按照现行规定执行。

九、自然资源部门与使用权人签订出让、划拨等合同后，应当及时向税务部门和财政部门传递相关信息，确保征管信息实时共享。税务部门应会同财政、自然资源、人民银行等部门做好业务衔接和信息互联互通工作，并将计征、缴款等明细信息通过互联互通系统传递给财政、自然资源、人民银行等相关部门，确保征管信息实时共享，账目清晰无误。同时，向财政部门报送征收情况，并附文字说明材料。

各级财政、自然资源、税务、人民银行等部门要把思想认识统一到中央决策部署上来，切实提高政治站位，强化部门协作配合，形成非税收入征管职责划转协同共治合力。各地在征管职责划转试点工作中若遇到重大问题，应当及时向税务总局报告，税务总局应当会同财政部、自然资源部、人民银行等有关部门根据试点情况，研究完善具体征缴流程，指导各地做好划转工作；涉及地方跨部门协调难点问题，应当及时向同级政府报告，请地方政府及时协调解决和处理，确保划转工作顺利进行。

附件：国有土地使用权出让收入等四项政府非税收入征缴流程（略）

·典型案例

广西壮族自治区南宁市良庆区人民检察院督促履行耕地占用税税收协助职责行政公益诉讼案①

【关键词】

行政公益诉讼诉前程序　国有财产保护　耕地占用税　涉税信息　税收协助

【要旨】

检察机关针对耕地占用税征收中由于税收协助职责履行不到位，导致非法占用耕地涉税信息未移送、涉税信息交换与共享机制不健全、税收征管协同不足等问题，依法督促相关协助机关全面履职，推动堵漏增收。

【基本案情】

因相关职能部门未及时提供涉税信息，导致税务机关无法掌握非法占用耕地涉税信息，税源无法管控，对非法占用耕地的广西某市场开发有限公司、南宁市某投资有限公司等实际用地人未能及时征缴耕地占用税，造成国有财产流失，损害了国家利益。

【调查和督促履职】

2020年12月，广西南宁市良庆区人民检察院（以下简称良庆区院）在办理一起督促税收征管公益诉讼案件过程中，国家税务总局南宁市良庆区税务局（以下简称区税务局）反映因税收协助职责履行不到位、涉税信息不对称，无

① 案例来源：2022年11月7日最高人民检察院发布12件国有财产保护、国有土地使用权出让领域行政公益诉讼典型案例。

法全面有效管控非法占用耕地税收税源。2021年4月至7月，良庆区院在开展专项监督活动中，进一步印证自然资源、城市管理等税收协助机关未落实《广西壮族自治区税收保障条例》规定，及时向税务部门提供查处的违法占用耕地涉税信息，耕地占用税征管存在"跑冒滴漏"问题，遂于8月27日立案。办案组通过调阅相关部门行政处罚案卷、核实其向税务机关移送涉税信息情况，走访税务部门了解税收协助工作落实中存在的问题等方式查明，南宁市良庆区自然资源局（以下简称区自然资源局）和南宁市良庆区城市管理局（以下简称区城管局，集中行使城区非法占地行为的行政处罚权）在行使非法占用耕地执法权过程中，未及时将掌握的非法占用耕地等涉税信息移送税务机关，导致区税务局未能及时征缴耕地占用税，损害了国家利益。

同年9月18日，良庆区院向区城管局发出检察建议。建议依法履行税收协助职责，及时向税务机关提供查处的非法占用耕地涉案单位或个人涉税信息，协同税务等相关部门建立耕地占用税涉税信息共享机制和工作配合机制，防止税收流失。

检察建议发出后，良庆区院主动向城区党委、政府报告案件办理情况。城区党委、政府主要领导高度重视，要求相关部门通力合作，加强耕地占用税税源管控，更好发挥以税护耕地作用，并邀请检察机关同步监督落实，加快构建城区"党政领导、税务主责、部门合作、司法保障、社会协同、公众参与"的社会综合治税体系。随后，良庆区院持续跟进监督，及时跟进自然资源、城市管理等部门提供非法占用耕地涉税信息情况和税务部门税收征缴追缴工作情况。截至2022年3月底，自然资源、城市管理等部门共向税务部门提供涉税信息12条，共征缴耕地占用税86万余元。

为强化诉源治理，良庆区院积极协同税务等相关部门分析查找落实税收协助工作中存在的问题，丰富细化涉税信息交换共享范围，推动建立健全税收保障工作机制。城区政府专门出台了《关于开展城区综合治税工作的实施方案》，成立城区综合治税专门机构，明确城区13个机关单位综合治税信息交换与共享的清单，全面畅通包括耕地占用税、个人所得税、土地增值税、房产税、增值税等多个税种涉税信息交换共享路径。

【典型意义】

公益诉讼检察既是"督促之诉"，也是"协同之诉"。检察机关通过办案督促税务机关依法征税的同时，积极能动履职，推动解决税收协助职责履行不到位、涉税信息共享不充分、征税多方协同力不足等问题，通过个案办理推动系统综合治理，既解决了涉税信息不畅、涉税源头管控不严、征管不到位等问题，又协同推动加强税源管控，堵塞税收漏洞，规范税收秩序，建立健全社会综合治税体系。

二、矿产资源管理

(一)综合

中华人民共和国矿产资源法

· 1986 年 3 月 19 日第六届全国人民代表大会常务委员会第十五次会议通过
· 根据 1996 年 8 月 29 日第八届全国人民代表大会常务委员会第二十一次会议《关于修改〈中华人民共和国矿产资源法〉的决定》第一次修正
· 根据 2009 年 8 月 27 日第十一届全国人民代表大会常务委员会第十次会议《关于修改部分法律的决定》第二次修正

第一章　总　则

第一条　为了发展矿业,加强矿产资源的勘查、开发利用和保护工作,保障社会主义现代化建设的当前和长远的需要,根据中华人民共和国宪法,特制定本法。

第二条　在中华人民共和国领域及管辖海域勘查、开采矿产资源,必须遵守本法。

第三条　矿产资源属于国家所有,由国务院行使国家对矿产资源的所有权。地表或者地下的矿产资源的国家所有权,不因其所依附的土地的所有权或者使用权的不同而改变。

国家保障矿产资源的合理开发利用。禁止任何组织或者个人用任何手段侵占或者破坏矿产资源。各级人民政府必须加强矿产资源的保护工作。

勘查、开采矿产资源,必须依法分别申请、经批准取得探矿权、采矿权,并办理登记;但是,已经依法申请取得采矿权的矿山企业在划定的矿区范围内为本企业的生产而进行的勘查除外。国家保护探矿权和采矿权不受侵犯,保障矿区和勘查作业区的生产秩序、工作秩序不受影响和破坏。

从事矿产资源勘查和开采的,必须符合规定的资质条件。

第四条　国家保障依法设立的矿山企业开采矿产资源的合法权益。

国有矿山企业是开采矿产资源的主体。国家保障国有矿业经济的巩固和发展。

第五条　国家实行探矿权、采矿权有偿取得的制度;但是,国家对探矿权、采矿权有偿取得的费用,可以根据不同情况规定予以减缴、免缴。具体办法和实施步骤由国务院规定。

开采矿产资源,必须按照国家有关规定缴纳资源税和资源补偿费。

第六条　除按下列规定可以转让外,探矿权、采矿权不得转让:

(一)探矿权人有权在划定的勘查作业区内进行规定的勘查作业,有权优先取得勘查作业区内矿产资源的采矿权。探矿权人在完成规定的最低勘查投入后,经依法批准,可以将探矿权转让他人。

(二)已取得采矿权的矿山企业,因企业合并、分立,与他人合资、合作经营,或者因企业资产出售以及有其他变更企业资产产权的情形而需要变更采矿权主体的,经依法批准可以将采矿权转让他人采矿。

前款规定的具体办法和实施步骤由国务院规定。

禁止将探矿权、采矿权倒卖牟利。

第七条　国家对矿产资源的勘查、开发实行统一规划、合理布局、综合勘查、合理开采和综合利用的方针。

第八条　国家鼓励矿产资源勘查、开发的科学技术研究,推广先进技术,提高矿产资源勘查、开发的科学技术水平。

第九条　在勘查、开发、保护矿产资源和进行科学技术研究等方面成绩显著的单位和个人,由各级人民政府给予奖励。

第十条　国家在民族自治地方开采矿产资源,应当照顾民族自治地方的利益,作出有利于民族自治地方经济建设的安排,照顾当地少数民族群众的生产和生活。

民族自治地方的自治机关根据法律规定和国家的统一规划,对可以由本地方开发的矿产资源,优先合理开发利用。

第十一条　国务院地质矿产主管部门主管全国矿产资源勘查、开采的监督管理工作。国务院有关主管部门协助国务院地质矿产主管部门进行矿产资源勘查、开采的监督管理工作。

省、自治区、直辖市人民政府地质矿产主管部门主管本行政区域内矿产资源勘查、开采的监督管理工作。省、自治区、直辖市人民政府有关主管部门协助同级地质矿产主管部门进行矿产资源勘查、开采的监督管理工作。

第二章 矿产资源勘查的登记和开采的审批

第十二条 国家对矿产资源勘查实行统一的区块登记管理制度。矿产资源勘查登记工作，由国务院地质矿产主管部门负责；特定矿种的矿产资源勘查登记工作，可以由国务院授权有关主管部门负责。矿产资源勘查区块登记管理办法由国务院制定。

第十三条 国务院矿产储量审批机构或者省、自治区、直辖市矿产储量审批机构负责审查批准供矿山建设设计使用的勘探报告，并在规定的期限内批复报送单位。勘探报告未经批准，不得作为矿山建设设计的依据。

第十四条 矿产资源勘查成果档案资料和各类矿产储量的统计资料，实行统一的管理制度，按照国务院规定汇交或者填报。

第十五条 设立矿山企业，必须符合国家规定的资质条件，并依照法律和国家有关规定，由审批机关对其矿区范围、矿山设计或者开采方案、生产技术条件、安全措施和环境保护措施等进行审查；审查合格的，方予批准。

第十六条 开采下列矿产资源的，由国务院地质矿产主管部门审批，并颁发采矿许可证：

（一）国家规划矿区和对国民经济具有重要价值的矿区内的矿产资源；

（二）前项规定区域以外可供开采的矿产储量规模在大型以上的矿产资源；

（三）国家规定实行保护性开采的特定矿种；

（四）领海及中国管辖的其他海域的矿产资源；

（五）国务院规定的其他矿产资源。

开采石油、天然气、放射性矿产等特定矿种的，可以由国务院授权的有关主管部门审批，并颁发采矿许可证。

开采第一款、第二款规定以外的矿产资源，其可供开采的矿产的储量规模为中型的，由省、自治区、直辖市人民政府地质矿产主管部门审批和颁发采矿许可证。

开采第一款、第二款和第三款规定以外的矿产资源的管理办法，由省、自治区、直辖市人民代表大会常务委员会依法制定。

依照第三款、第四款的规定审批和颁发采矿许可证的，由省、自治区、直辖市人民政府地质矿产主管部门汇总向国务院地质矿产主管部门备案。

矿产储量规模的大型、中型的划分标准，由国务院矿产储量审批机构规定。

第十七条 国家对国家规划矿区、对国民经济具有重要价值的矿区和国家规定实行保护性开采的特定矿种，实行有计划的开采；未经国务院有关主管部门批准，任何单位和个人不得开采。

第十八条 国家规划矿区的范围、对国民经济具有重要价值的矿区的范围、矿山企业矿区的范围依法划定后，由划定矿区范围的主管机关通知有关县级人民政府予以公告。

矿山企业变更矿区范围，必须报请原审批机关批准，并报请原颁发采矿许可证的机关重新核发采矿许可证。

第十九条 地方各级人民政府应当采取措施，维护本行政区域内的国有矿山企业和其他矿山企业矿区范围内的正常秩序。

禁止任何单位和个人进入他人依法设立的国有矿山企业和其他矿山企业矿区范围内采矿。

第二十条 非经国务院授权的有关主管部门同意，不得在下列地区开采矿产资源：

（一）港口、机场、国防工程设施圈定地区以内；

（二）重要工业区、大型水利工程设施、城镇市政工程设施附近一定距离以内；

（三）铁路、重要公路两侧一定距离以内；

（四）重要河流、堤坝两侧一定距离以内；

（五）国家划定的自然保护区、重要风景区，国家重点保护的不能移动的历史文物和名胜古迹所在地；

（六）国家规定不得开采矿产资源的其他地区。

第二十一条 关闭矿山，必须提出矿山闭坑报告及有关采掘工程、不安全隐患、土地复垦利用、环境保护的资料，并按照国家规定报请审查批准。

第二十二条 勘查、开采矿产资源时，发现具有重大科学文化价值的罕见地质现象以及文化古迹，应当加以保护并及时报告有关部门。

第三章 矿产资源的勘查

第二十三条 区域地质调查按照国家统一规划进行。区域地质调查的报告和图件按照国家规定验收，提供有关部门使用。

第二十四条 矿产资源普查在完成主要矿种普查任务的同时，应当对工作区内包括共生或者伴生矿产的成矿地质条件和矿床工业远景作出初步综合评价。

第二十五条 矿床勘探必须对矿区内具有工业价值

的共生和伴生矿产进行综合评价，并计算其储量。未作综合评价的勘探报告不予批准。但是，国务院计划部门另有规定的矿床勘探项目除外。

第二十六条 普查、勘探易损坏的特种非金属矿产、流体矿产、易燃易爆易溶矿产和含有放射性元素的矿产，必须采用省级以上人民政府有关主管部门规定的普查、勘探方法，并有必要的技术装备和安全措施。

第二十七条 矿产资源勘查的原始地质编录和图件，岩矿心、测试样品和其他实物标本资料，各种勘查标志，应当按照有关规定保护和保存。

第二十八条 矿床勘探报告及其他有价值的勘查资料，按照国务院规定实行有偿使用。

第四章 矿产资源的开采

第二十九条 开采矿产资源，必须采取合理的开采顺序、开采方法和选矿工艺。矿山企业的开采回采率、采矿贫化率和选矿回收率应当达到设计要求。

第三十条 在开采主要矿产的同时，对具有工业价值的共生和伴生矿产应当统一规划，综合开采，综合利用，防止浪费；对暂时不能综合开采或者必须同时采出而暂时还不能综合利用的矿产以及含有有用组分的尾矿，应当采取有效的保护措施，防止损失破坏。

第三十一条 开采矿产资源，必须遵守国家劳动安全卫生规定，具备保障安全生产的必要条件。

第三十二条 开采矿产资源，必须遵守有关环境保护的法律规定，防止污染环境。

开采矿产资源，应当节约用地。耕地、草原、林地因采矿受到破坏的，矿山企业应当因地制宜地采取复垦利用、植树种草或者其他利用措施。

开采矿产资源给他人生产、生活造成损失的，应当负责赔偿，并采取必要的补救措施。

第三十三条 在建设铁路、工厂、水库、输油管道、输电线路和各种大型建筑物或者建筑群之前，建设单位必须向所在省、自治区、直辖市地质矿产主管部门了解拟建工程所在地区的矿产资源分布和开采情况。非经国务院授权的部门批准，不得压覆重要矿床。

第三十四条 国务院规定由指定的单位统一收购的矿产品，任何其他单位或者个人不得收购；开采者不得向非指定单位销售。

第五章 集体矿山企业和个体采矿

第三十五条 国家对集体矿山企业和个体采矿实行积极扶持、合理规划、正确引导、加强管理的方针，鼓励集体矿山企业开采国家指定范围内的矿产资源，允许个人采挖零星分散资源和只能用作普通建筑材料的砂、石、粘土以及为生活自用采挖少量矿产。

矿产储量规模适宜由矿山企业开采的矿产资源、国家规定实行保护性开采的特定矿种和国家规定禁止个人开采的其他矿产资源，个人不得开采。

国家指导、帮助集体矿山企业和个体采矿不断提高技术水平、资源利用率和经济效益。

地质矿产主管部门、地质工作单位和国有矿山企业应当按照积极支持、有偿互惠的原则向集体矿山企业和个体采矿提供地质资料和技术服务。

第三十六条 国务院和国务院有关主管部门批准开办的矿山企业矿区范围内已有的集体矿山企业，应当关闭或者到指定的其他地点开采，由矿山建设单位给予合理的补偿，并妥善安置群众生活；也可以按照该矿山企业的统筹安排，实行联合经营。

第三十七条 集体矿山企业和个体采矿应当提高技术水平，提高矿产资源回收率。禁止乱挖滥采，破坏矿产资源。

集体矿山企业必须测绘井上、井下工程对照图。

第三十八条 县级以上人民政府应当指导、帮助集体矿山企业和个体采矿进行技术改造，改善经营管理，加强安全生产。

第六章 法律责任

第三十九条 违反本法规定，未取得采矿许可证擅自采矿的，擅自进入国家规划矿区、对国民经济具有重要价值的矿区范围采矿的，擅自开采国家规定实行保护性开采的特定矿种的，责令停止开采、赔偿损失，没收采出的矿产品和违法所得，可以并处罚款；拒不停止开采，造成矿产资源破坏的，依照刑法有关规定对直接责任人员追究刑事责任。

单位和个人进入他人依法设立的国有矿山企业和其他矿山企业矿区范围内采矿的，依照前款规定处罚。

第四十条 超越批准的矿区范围采矿的，责令退回本矿区范围内开采、赔偿损失，没收越界开采的矿产品和违法所得，可以并处罚款；拒不退回本矿区范围内开采，造成矿产资源破坏的，吊销采矿许可证，依照刑法有关规定对直接责任人员追究刑事责任。

第四十一条 盗窃、抢夺矿山企业和勘查单位的矿产品和其他财物的，破坏采矿、勘查设施的，扰乱矿区和勘查作业区的生产秩序、工作秩序的，分别依照刑法有关规定追究刑事责任；情节显著轻微的，依照治安管理处罚法有关规定予以处罚。

第四十二条 买卖、出租或者以其他形式转让矿产资源的，没收违法所得，处以罚款。

违反本法第六条的规定将探矿权、采矿权倒卖牟利的，吊销勘查许可证、采矿许可证，没收违法所得，处以罚款。

第四十三条 违反本法规定收购和销售国家统一收购的矿产品的，没收矿产品和违法所得，可以并处罚款；情节严重的，依照刑法有关规定，追究刑事责任。

第四十四条 违反本法规定，采取破坏性的开采方法开采矿产资源的，处以罚款，可以吊销采矿许可证；造成矿产资源严重破坏的，依照刑法有关规定对直接责任人员追究刑事责任。

第四十五条 本法第三十九条、第四十条、第四十二条规定的行政处罚，由县级以上人民政府负责地质矿产管理工作的部门按照国务院地质矿产主管部门规定的权限决定。第四十三条规定的行政处罚，由县级以上人民政府工商行政管理部门决定。第四十四条规定的行政处罚，由省、自治区、直辖市人民政府地质矿产主管部门决定。给予吊销勘查许可证或者采矿许可证处罚的，须由原发证机关决定。

依照第三十九条、第四十条、第四十二条、第四十四条规定应当给予行政处罚而不给予行政处罚的，上级人民政府地质矿产主管部门有权责令改正或者直接给予行政处罚。

第四十六条 当事人对行政处罚决定不服的，可以依法申请复议，也可以依法直接向人民法院起诉。

当事人逾期不申请复议也不向人民法院起诉，又不履行处罚决定的，由作出处罚决定的机关申请人民法院强制执行。

第四十七条 负责矿产资源勘查、开采监督管理工作的国家工作人员和其他有关国家工作人员徇私舞弊、滥用职权或者玩忽职守，违反本法规定批准勘查、开采矿产资源和颁发勘查许可证、采矿许可证，或者对违法采矿行为不依法予以制止、处罚，构成犯罪的，依法追究刑事责任；不构成犯罪的，给予行政处分。违法颁发的勘查许可证、采矿许可证，上级人民政府地质矿产主管部门有权予以撤销。

第四十八条 以暴力、威胁方法阻碍从事矿产资源勘查、开采监督管理工作的国家工作人员依法执行职务的，依照刑法有关规定追究刑事责任；拒绝、阻碍从事矿产资源勘查、开采监督管理工作的国家工作人员依法执行职务未使用暴力、威胁方法的，由公安机关依照治安管理处罚法的规定处罚。

第四十九条 矿山企业之间的矿区范围的争议，由当事人协商解决，协商不成的，由有关县级以上地方人民政府根据依法核定的矿区范围处理；跨省、自治区、直辖市的矿区范围的争议，由有关省、自治区、直辖市人民政府协商解决，协商不成的，由国务院处理。

第七章　附　则

第五十条 外商投资勘查、开采矿产资源，法律、行政法规另有规定的，从其规定。

第五十一条 本法施行以前，未办理批准手续、未划定矿区范围、未取得采矿许可证开采矿产资源的，应当依照本法有关规定申请补办手续。

第五十二条 本法实施细则由国务院制定。

第五十三条 本法自 1986 年 10 月 1 日起施行。

中华人民共和国资源税法

· 2019 年 8 月 26 日第十三届全国人民代表大会常务委员会第十二次会议通过
· 2019 年 8 月 26 日中华人民共和国主席令第 33 号公布
· 自 2020 年 9 月 1 日起施行

第一条 在中华人民共和国领域和中华人民共和国管辖的其他海域开发应税资源的单位和个人，为资源税的纳税人，应当依照本法规定缴纳资源税。

应税资源的具体范围，由本法所附《资源税税目税率表》（以下称《税目税率表》）确定。

第二条 资源税的税目、税率，依照《税目税率表》执行。

《税目税率表》中规定实行幅度税率的，其具体适用税率由省、自治区、直辖市人民政府统筹考虑该应税资源的品位、开采条件以及对生态环境的影响等情况，在《税目税率表》规定的税率幅度内提出，报同级人民代表大会常务委员会决定，并报全国人民代表大会常务委员会和国务院备案。《税目税率表》中规定征税对象为原矿或者选矿的，应当分别确定具体适用税率。

第三条 资源税按照《税目税率表》实行从价计征或者从量计征。

《税目税率表》中规定可以选择实行从价计征或者从量计征的，具体计征方式由省、自治区、直辖市人民政府提出，报同级人民代表大会常务委员会决定，并报全国人民代表大会常务委员会和国务院备案。

实行从价计征的,应纳税额按照应税资源产品(以下称应税产品)的销售额乘以具体适用税率计算。实行从量计征的,应纳税额按照应税产品的销售数量乘以具体适用税率计算。

应税产品为矿产品的,包括原矿和选矿产品。

第四条 纳税人开采或者生产不同税目应税产品的,应当分别核算不同税目应税产品的销售额或者销售数量;未分别核算或者不能准确提供不同税目应税产品的销售额或者销售数量的,从高适用税率。

第五条 纳税人开采或者生产应税产品自用的,应当依照本法规定缴纳资源税;但是,自用于连续生产应税产品的,不缴纳资源税。

第六条 有下列情形之一的,免征资源税:

(一)开采原油以及在油田范围内运输原油过程中用于加热的原油、天然气;

(二)煤炭开采企业因安全生产需要抽采的煤成(层)气。

有下列情形之一的,减征资源税:

(一)从低丰度油气田开采的原油、天然气,减征百分之二十资源税;

(二)高含硫天然气、三次采油和从深水油气田开采的原油、天然气,减征百分之三十资源税;

(三)稠油、高凝油减征百分之四十资源税;

(四)从衰竭期矿山开采的矿产品,减征百分之三十资源税。

根据国民经济和社会发展需要,国务院对有利于促进资源节约集约利用、保护环境等情形可以规定免征或者减征资源税,报全国人民代表大会常务委员会备案。

第七条 有下列情形之一的,省、自治区、直辖市可以决定免征或者减征资源税:

(一)纳税人开采或者生产应税产品过程中,因意外事故或者自然灾害等原因遭受重大损失;

(二)纳税人开采共伴生矿、低品位矿、尾矿。

前款规定的免征或者减征资源税的具体办法,由省、自治区、直辖市人民政府提出,报同级人民代表大会常务委员会决定,并报全国人民代表大会常务委员会和国务院备案。

第八条 纳税人的免税、减税项目,应当单独核算销售额或者销售数量;未单独核算或者不能准确提供销售额或者销售数量的,不予免税或者减税。

第九条 资源税由税务机关依照本法和《中华人民共和国税收征收管理法》的规定征收管理。

税务机关与自然资源等相关部门应当建立工作配合机制,加强资源税征收管理。

第十条 纳税人销售应税产品,纳税义务发生时间为收讫销售款或者取得索取销售款凭据的当日;自用应税产品的,纳税义务发生时间为移送应税产品的当日。

第十一条 纳税人应当向应税产品开采地或者生产地的税务机关申报缴纳资源税。

第十二条 资源税按月或者按季申报缴纳;不能按固定期限计算缴纳的,可以按次申报缴纳。

纳税人按月或者按季申报缴纳的,应当自月度或者季度终了之日起十五日内,向税务机关办理纳税申报并缴纳税款;按次申报缴纳的,应当自纳税义务发生之日起十五日内,向税务机关办理纳税申报并缴纳税款。

第十三条 纳税人、税务机关及其工作人员违反本法规定的,依照《中华人民共和国税收征收管理法》和有关法律法规的规定追究法律责任。

第十四条 国务院根据国民经济和社会发展需要,依照本法的原则,对取用地表水或者地下水的单位和个人试点征收水资源税。征收水资源税的,停止征收水资源费。

水资源税根据当地水资源状况、取用水类型和经济发展等情况实行差别税率。

水资源税试点实施办法由国务院规定,报全国人民代表大会常务委员会备案。

国务院自本法施行之日起五年内,就征收水资源税试点情况向全国人民代表大会常务委员会报告,并及时提出修改法律的建议。

第十五条 中外合作开采陆上、海上石油资源的企业依法缴纳资源税。

2011 年 11 月 1 日前已依法订立中外合作开采陆上、海上石油资源合同的,在该合同有效期内,继续依照国家有关规定缴纳矿区使用费,不缴纳资源税;合同期满后,依法缴纳资源税。

第十六条 本法下列用语的含义是:

(一)低丰度油气田,包括陆上低丰度油田、陆上低丰度气田、海上低丰度油田、海上低丰度气田。陆上低丰度油田是指每平方公里原油可开采储量丰度低于二十五万立方米的油田;陆上低丰度气田是指每平方公里天然气可开采储量丰度低于二亿五千万立方米的气田;海上低丰度油田是指每平方公里原油可开采储量丰度低于六十万立方米的油田;海上低丰度气田是指每平方公里天然气可开采储量丰度低于六亿立方米的气田。

（二）高含硫天然气，是指硫化氢含量在每立方米三十克以上的天然气。

（三）三次采油，是指二次采油后继续以聚合物驱、复合驱、泡沫驱、气水交替驱、二氧化碳驱、微生物驱等方式进行采油。

（四）深水油气田，是指水深超过三百米的油气田。

（五）稠油，是指地层原油粘度大于或等于每秒五十毫帕或原油密度大于或等于每立方厘米零点九二克的原油。

（六）高凝油，是指凝固点高于四十摄氏度的原油。

（七）衰竭期矿山，是指设计开采年限超过十五年，且剩余可开采储量下降到原设计可开采储量的百分之二十以下或者剩余开采年限不超过五年的矿山。衰竭期矿山以开采企业下属的单个矿山为单位确定。

第十七条　本法自2020年9月1日起施行。1993年12月25日国务院发布的《中华人民共和国资源税暂行条例》同时废止。

附：

资源税税目税率表

<table>
<tr><th colspan="3">税　目</th><th>征税对象</th><th>税　率</th></tr>
<tr><td rowspan="7">能源矿产</td><td colspan="2">原油</td><td>原矿</td><td>6%</td></tr>
<tr><td colspan="2">天然气、页岩气、天然气水合物</td><td>原矿</td><td>6%</td></tr>
<tr><td colspan="2">煤</td><td>原矿或者选矿</td><td>2%—10%</td></tr>
<tr><td colspan="2">煤成（层）气</td><td>原矿</td><td>1%—2%</td></tr>
<tr><td colspan="2">铀、钍</td><td>原矿</td><td>4%</td></tr>
<tr><td colspan="2">油页岩、油砂、天然沥青、石煤</td><td>原矿或者选矿</td><td>1%—4%</td></tr>
<tr><td colspan="2">地热</td><td>原矿</td><td>1%—20%或者每立方米1—30元</td></tr>
<tr><td rowspan="11">金属矿产</td><td>黑色金属</td><td>铁、锰、铬、钒、钛</td><td>原矿或者选矿</td><td>1%—9%</td></tr>
<tr><td rowspan="10">有色金属</td><td>铜、铅、锌、锡、镍、锑、镁、钴、铋、汞</td><td>原矿或者选矿</td><td>2%—10%</td></tr>
<tr><td>铝土矿</td><td>原矿或者选矿</td><td>2%—9%</td></tr>
<tr><td>钨</td><td>选矿</td><td>6.5%</td></tr>
<tr><td>钼</td><td>选矿</td><td>8%</td></tr>
<tr><td>金、银</td><td>原矿或者选矿</td><td>2%—6%</td></tr>
<tr><td>铂、钯、钌、锇、铱、铑</td><td>原矿或者选矿</td><td>5%—10%</td></tr>
<tr><td>轻稀土</td><td>选矿</td><td>7%—12%</td></tr>
<tr><td>中重稀土</td><td>选矿</td><td>20%</td></tr>
<tr><td>铍、锂、锆、锶、铷、铯、铌、钽、锗、镓、铟、铊、铪、铼、镉、硒、碲</td><td>原矿或者选矿</td><td>2%—10%</td></tr>
<tr><td rowspan="2">非金属矿产</td><td rowspan="2">矿物类</td><td>高岭土</td><td>原矿或者选矿</td><td>1%—6%</td></tr>
<tr><td>石灰岩</td><td>原矿或者选矿</td><td>1%—6%或者每吨（或者每立方米）1—10元</td></tr>
</table>

续表

<table>
<tr><th colspan="3">税　目</th><th>征税对象</th><th>税　率</th></tr>
<tr><td rowspan="10">非金属矿产</td><td rowspan="6">矿物类</td><td>磷</td><td>原矿或者选矿</td><td>3%—8%</td></tr>
<tr><td>石墨</td><td>原矿或者选矿</td><td>3%—12%</td></tr>
<tr><td>萤石、硫铁矿、自然硫</td><td>原矿或者选矿</td><td>1%—8%</td></tr>
<tr><td>天然石英砂、脉石英、粉石英、水晶、工业用金刚石、冰洲石、蓝晶石、硅线石(矽线石)、长石、滑石、刚玉、菱镁矿、颜料矿物、天然碱、芒硝、钠硝石、明矾石、砷、硼、碘、溴、膨润土、硅藻土、陶瓷土、耐火粘土、铁矾土、凹凸棒石粘土、海泡石粘土、伊利石粘土、累托石粘土</td><td>原矿或者选矿</td><td>1%—12%</td></tr>
<tr><td>叶蜡石、硅灰石、透辉石、珍珠岩、云母、沸石、重晶石、毒重石、方解石、蛭石、透闪石、工业用电气石、白垩、石棉、蓝石棉、红柱石、石榴子石、石膏</td><td>原矿或者选矿</td><td>2%—12%</td></tr>
<tr><td>其他粘土(铸型用粘土、砖瓦用粘土、陶粒用粘土、水泥配料用粘土、水泥配料用红土、水泥配料用黄土、水泥配料用泥岩、保温材料用粘土)</td><td>原矿或者选矿</td><td>1%—5%或者每吨(或者每立方米)0.1—5元</td></tr>
<tr><td rowspan="2">岩石类</td><td>大理岩、花岗岩、白云岩、石英岩、砂岩、辉绿岩、安山岩、闪长岩、板岩、玄武岩、片麻岩、角闪岩、页岩、浮石、凝灰岩、黑曜岩、霞石正长岩、蛇纹岩、麦饭石、泥灰岩、含钾岩石、含钾砂页岩、天然油石、橄榄岩、松脂岩、粗面岩、辉长岩、辉石岩、正长岩、火山灰、火山渣、泥炭</td><td>原矿或者选矿</td><td>1%—10%</td></tr>
<tr><td>砂石</td><td>原矿或者选矿</td><td>1%—5%或者每吨(或者每立方米)0.1—5元</td></tr>
<tr><td>宝玉石类</td><td>宝石、玉石、宝石级金刚石、玛瑙、黄玉、碧玺</td><td>原矿或者选矿</td><td>4%—20%</td></tr>
<tr><td rowspan="2">水气矿产</td><td colspan="2">二氧化碳气、硫化氢气、氦气、氡气</td><td>原矿</td><td>2%—5%</td></tr>
<tr><td colspan="2">矿泉水</td><td>原矿</td><td>1%—20%或者每立方米1—30元</td></tr>
<tr><td rowspan="3">盐</td><td colspan="2">钠盐、钾盐、镁盐、锂盐</td><td>选矿</td><td>3%—15%</td></tr>
<tr><td colspan="2">天然卤水</td><td>原矿</td><td>3%—15%或者每吨(或者每立方米)1—10元</td></tr>
<tr><td colspan="2">海盐</td><td></td><td>2%—5%</td></tr>
</table>

国务院法制办公室对《关于对〈矿产资源法〉实施中的有关问题的请示》的复函

·2003年8月28日
·国法秘函〔2003〕182号

贵州省人民政府法制办公室：

你办《关于对〈矿产资源法〉实施中的有关问题的请示》(黔府法呈〔2003〕5号)收悉。经研究，现答复如下：

根据《矿产资源法》第三十五条第一款关于"允许个人采挖零星分散资源和只能用作普通建筑材料的砂、石、粘土以及为生活自用采挖少量矿产"的规定和国务院《关于清理整顿个体采煤的通知》(国发〔1991〕37号)中"为个人生活自用采煤，也必须具备一定的安全生产等条件，具体条件由各地人民政府制定"的规定，农村家庭为生活自用需要，可以在未设置探矿权和采矿权的区域采挖零星分散的少量煤炭资源，但必须具备地方人民政府依据有关法律、行政法规规定的安全生产条件。

附：

贵州省人民政府法制办公室关于对《矿产资源法》实施中的有关问题的请示

·2003年10月16日
·黔府法呈〔2003〕5号

国务院法制办公室：

我省煤炭资源丰富，但交通不便的边远山区远离煤矿企业，农村家庭为生活自用需要采挖少量的煤炭，其中有的地方存在不少安全隐患，导致事故频繁发生。最近，国家在治理整顿煤矿安全生产工作中，明确提出贵州要妥善解决地方小煤矿的管理和整改问题，其中涉及农民为家庭生活自用采挖煤炭的安全问题。为妥善处理农民采挖煤炭与安全的关系，切实维护农民的切身利益，特请示：

一、《矿产资源法》第三十五条规定："允许个人采挖零星分散资源和只能用作普通建筑材料的砂、石、粘土以及为生活自用采挖少量矿产"，其中的"矿产"是否包括煤炭。

二、对农村家庭为生活自用采挖煤炭应具备的安全条件，《矿产资源法》、《煤炭法》未作具体规定，《煤炭法》以及根据《煤炭法》制定的有关煤炭安全规程也只规范了煤矿企业生产、经营活动和煤矿安全生产的基本条件。如果允许农村家庭为生活自用采挖少量的煤炭，如何解决为生活自用采挖煤炭的安全生产条件的法律适用问题。

中华人民共和国矿产资源法实施细则

·1994年3月26日中华人民共和国国务院令第152号发布
·自发布之日起施行

第一章 总 则

第一条 根据《中华人民共和国矿产资源法》，制定本细则。

第二条 矿产资源是指由地质作用形成的，具有利用价值的，呈固态、液态、气态的自然资源。

矿产资源的矿种和分类见本细则所附《矿产资源分类细目》。新发现的矿种由国务院地质矿产主管部门报国务院批准后公布。

第三条 矿产资源属于国家所有，地表或者地下的矿产资源的国家所有权，不因其所依附的土地的所有权或者使用权的不同而改变。

国务院代表国家行使矿产资源的所有权。国务院授权国务院地质矿产主管部门对全国矿产资源分配实施统一管理。

第四条 在中华人民共和国领域及管辖的其他海域勘查、开采矿产资源，必须遵守《中华人民共和国矿产资源法》(以下简称《矿产资源法》)和本细则。

第五条 国家对矿产资源的勘查、开采实行许可证制度。勘查矿产资源，必须依法申请登记，领取勘查许可证，取得探矿权；开采矿产资源，必须依法申请登记，领取采矿许可证，取得采矿权。

矿产资源勘查工作区范围和开采矿区范围，以经纬度划分的区块为基本单位。具体办法由国务院地质矿产主管部门制定。

第六条 《矿产资源法》及本细则中下列用语的含义：

探矿权，是指在依法取得的勘查许可证规定的范围内，勘查矿产资源的权利。取得勘查许可证的单位或者个人称为探矿权人。

采矿权，是指在依法取得的采矿许可证规定的范围内，开采矿产资源和获得所开采的矿产品的权利。取得采矿许可证的单位或者个人称为采矿权人。

国家规定实行保护性开采的特定矿种，是指国务院根据国民经济建设和高科技发展的需要，以及资源稀缺、贵重程度确定的，由国务院有关主管部门按照国家计划批准开采的矿种。

国家规划矿区，是指国家根据建设规划和矿产资源规划，为建设大、中型矿山划定的矿产资源分布区域。

对国民经济具有重要价值的矿区，是指国家根据国民经济发展需要划定的，尚未列入国家建设规划的，储量大、质量好、具有开发前景的矿产资源保护区域。

第七条 国家允许外国的公司、企业和其他经济组织以及个人依照中华人民共和国有关法律、行政法规的规定，在中华人民共和国领域及管辖的其他海域投资勘查、开采矿产资源。

第八条 国务院地质矿产主管部门主管全国矿产资源勘查、开采的监督管理工作。国务院有关主管部门按照国务院规定的职责分工，协助国务院地质矿产主管部门进行矿产资源勘查、开采的监督管理工作。

省、自治区、直辖市人民政府地质矿产主管部门主管本行政区域内矿产资源勘查、开采的监督管理工作。省、自治区、直辖市人民政府有关主管部门，协助同级地质矿产主管部门进行矿产资源勘查、开采的监督管理工作。

设区的市人民政府、自治州人民政府和县级人民政府及其负责管理矿产资源的部门，依法对本级人民政府批准开办的国有矿山企业和本行政区域内的集体所有制矿山企业、私营矿山企业、个体采矿者以及在本行政区域内从事勘查施工的单位和个人进行监督管理，依法保护探矿权人、采矿权人的合法权益。

上级地质矿产主管部门有权对下级地质矿产主管部门违法的或者不适当的矿产资源勘查、开采管理行政行为予以改变或者撤销。

第二章 矿产资源勘查登记和开采审批

第九条 勘查矿产资源，应当按照国务院关于矿产资源勘查登记管理的规定，办理申请、审批和勘查登记。

勘查特定矿种，应当按照国务院有关规定办理申请、审批和勘查登记。

第十条 国有矿山企业开采矿产资源，应当按照国务院关于采矿登记管理的规定，办理申请、审批和采矿登记。开采国家规划矿区、对国民经济具有重要价值矿区的矿产和国家规定实行保护性开采的特定矿种，办理申请、审批和采矿登记时，应当持有国务院有关主管部门批准的文件。

开采特定矿种，应当按照国务院有关规定办理申请、审批和采矿登记。

第十一条 开办国有矿山企业，除应当具备有关法律、法规规定的条件外，并应当具备下列条件：

（一）有供矿山建设使用的矿产勘查报告；

（二）有矿山建设项目的可行性研究报告（含资源利用方案和矿山环境影响报告）；

（三）有确定的矿区范围和开采范围；

（四）有矿山设计；

（五）有相应的生产技术条件。

国务院、国务院有关主管部门和省、自治区、直辖市人民政府，按照国家有关固定资产投资管理的规定，对申请开办的国有矿山企业根据前款所列条件审查合格后，方予批准。

第十二条 申请开办集体所有制矿山企业、私营矿山企业及个体采矿的审查批准、采矿登记，按照省、自治区、直辖市的有关规定办理。

第十三条 申请开办集体所有制矿山企业或者私营矿山企业，除应当具备有关法律、法规规定的条件外，并应当具备下列条件：

（一）有供矿山建设使用的与开采规模相适应的矿产勘查资料；

（二）有经过批准的无争议的开采范围；

（三）有与所建矿山规模相适应的资金、设备和技术人员；

（四）有与所建矿山规模相适应的，符合国家产业政策和技术规范的可行性研究报告、矿山设计或者开采方案；

（五）矿长具有矿山生产、安全管理和环境保护的基本知识。

第十四条 申请个体采矿应当具备下列条件：

（一）有经过批准的无争议的开采范围；

（二）有与采矿规模相适应的资金、设备和技术人员；

（三）有相应的矿产勘查资料和经批准的开采方案；

（四）有必要的安全生产条件和环境保护措施。

第三章 矿产资源的勘查

第十五条 国家对矿产资源勘查实行统一规划。全国矿产资源中、长期勘查规划，在国务院计划行政主管部门指导下，由国务院地质矿产主管部门根据国民经济和社会发展中、长期规划，在国务院有关主管部门勘查规划的基础上组织编制。

全国矿产资源年度勘查计划和省、自治区、直辖市矿产资源年度勘查计划，分别由国务院地质矿产主管部门和省、自治区、直辖市人民政府地质矿产主管部门组织有关主管部门，根据全国矿产资源中、长期勘查规划编制，经同级人民政府计划行政主管部门批准后施行。

法律对勘查规划的审批权另有规定的，依照有关法律的规定执行。

第十六条 探矿权人享有下列权利：

（一）按照勘查许可证规定的区域、期限、工作对象进行勘查；

（二）在勘查作业区及相邻区域架设供电、供水、通讯管线，但是不得影响或者损害原有的供电、供水设施和通讯管线；

（三）在勘查作业区及相邻区域通行；

（四）根据工程需要临时使用土地；

（五）优先取得勘查作业区内新发现矿种的探矿权；

（六）优先取得勘查作业区内矿产资源的采矿权；

（七）自行销售勘查中按照批准的工程设计施工回收的矿产品，但是国务院规定由指定单位统一收购的矿产品除外。

探矿权人行使前款所列权利时，有关法律、法规规定应当经过批准或者履行其他手续的，应当遵守有关法律、法规的规定。

第十七条 探矿权人应当履行下列义务：

（一）在规定的期限内开始施工，并在勘查许可证规定的期限内完成勘查工作；

（二）向勘查登记管理机关报告开工等情况；

（三）按照探矿工程设计施工，不得擅自进行采矿活动；

（四）在查明主要矿种的同时，对共生、伴生矿产资源进行综合勘查、综合评价；

（五）编写矿产资源勘查报告，提交有关部门审批；

（六）按照国务院有关规定汇交矿产资源勘查成果档案资料；

（七）遵守有关法律、法规关于劳动安全、土地复垦和环境保护的规定；

（八）勘查作业完毕，及时封、填探矿作业遗留的井、硐或者采取其他措施，消除安全隐患。

第十八条 探矿权人可以对符合国家边探边采规定要求的复杂类型矿床进行开采；但是，应当向原颁发勘查许可证的机关、矿产储量审批机构和勘查项目主管部门提交论证材料，经审核同意后，按照国务院关于采矿登记管理法规的规定，办理采矿登记。

第十九条 矿产资源勘查报告按照下列规定审批：

（一）供矿山建设使用的重要大型矿床勘查报告和供大型水源地建设使用的地下水勘查报告，由国务院矿产储量审批机构审批；

（二）供矿山建设使用的一般大型、中型、小型矿床勘查报告和供中型、小型水源地建设使用的地下水勘查报告，由省、自治区、直辖市矿产储量审批机构审批；

矿产储量审批机构和勘查单位的主管部门应当自收到矿产资源勘查报告之日起6个月内作出批复。

第二十条 矿产资源勘查报告及其他有价值的勘查资料，按照国务院有关规定实行有偿使用。

第二十一条 探矿权人取得临时使用土地权后，在勘查过程中给他人造成财产损害的，按照下列规定给以补偿：

（一）对耕地造成损害的，根据受损害的耕地面积前3年平均年产量，以补偿时当地市场平均价格计算，逐年给以补偿，并负责恢复耕地的生产条件，及时归还；

（二）对牧区草场造成损害的，按照前项规定逐年给以补偿，并负责恢复草场植被，及时归还；

（三）对耕地上的农作物、经济作物造成损害的，根据受损害的耕地面积前3年平均年产量，以补偿时当地市场平均价格计算，给以补偿；

（四）对竹木造成损害的，根据实际损害株数，以补偿时当地市场平均价格逐株计算，给以补偿；

（五）对土地上的附着物造成损害的，根据实际损害的程度，以补偿时当地市场价格，给以适当补偿。

第二十二条 探矿权人在没有农作物和其他附着物的荒岭、荒坡、荒地、荒漠、沙滩、河滩、湖滩、海滩上进行勘查的，不予补偿；但是，勘查作业不得阻碍或者损害航运、灌溉、防洪等活动或者设施，勘查作业结束后应当采取措施，防止水土流失，保护生态环境。

第二十三条 探矿权人之间对勘查范围发生争议时，由当事人协商解决；协商不成的，由勘查作业区所在地的省、自治区、直辖市人民政府地质矿产主管部门裁决；跨省、自治区、直辖市的勘查范围争议，当事人协商不成的，由有关省、自治区、直辖市人民政府协商解决；协商不成的，由国务院地质矿产主管部门裁决。特定矿种的勘查范围争议，当事人协商不成的，由国务院授权的有关主管部门裁决。

第四章 矿产资源的开采

第二十四条 全国矿产资源的分配和开发利用，应当兼顾当前和长远、中央和地方的利益，实行统一规划、有效保护、合理开采、综合利用。

第二十五条 全国矿产资源规划，在国务院计划行政主管部门指导下，由国务院地质矿产主管部门根据国民经济和社会发展中、长期规划，组织国务院有关主管部门和省、自治区、直辖市人民政府编制，报国务院批准后施行。

全国矿产资源规划应当对全国矿产资源的分配作出统筹安排，合理划定中央与省、自治区、直辖市人民政府审批、开发矿产资源的范围。

第二十六条 矿产资源开发规划是对矿区的开发建设布局进行统筹安排的规划。

矿产资源开发规划分为行业开发规划和地区开发规划。

矿产资源行业开发规划由国务院有关主管部门根据全国矿产资源规划中分配给本部门的矿产资源编制实施。

矿产资源地区开发规划由省、自治区、直辖市人民政府根据全国矿产资源规划中分配给本省、自治区、直辖市的矿产资源编制实施；并作出统筹安排，合理划定省、市、县级人民政府审批、开发矿产资源的范围。

矿产资源行业开发规划和地区开发规划应当报送国务院计划行政主管部门、地质矿产主管部门备案。

国务院计划行政主管部门、地质矿产主管部门，对不符合全国矿产资源规划的行业开发规划和地区开发规划，应当予以纠正。

第二十七条 设立、变更或者撤销国家规划矿区、对国民经济具有重要价值的矿区，由国务院有关主管部门提出，并附具矿产资源详查报告及论证材料，经国务院计划行政主管部门和地质矿产主管部门审定，并联合书面通知有关县级人民政府。县级人民政府应当自收到通知之日起1个月内予以公告，并报国务院计划行政主管部门、地质矿产主管部门备案。

第二十八条 确定或者撤销国家规定实行保护性开采的特定矿种，由国务院有关主管部门提出，并附具论证材料，经国务院计划行政主管部门和地质矿产主管部门审核同意后，报国务院批准。

第二十九条 单位或者个人开采矿产资源前，应当委托持有相应矿山设计证书的单位进行可行性研究和设计。开采零星分散矿产资源和用作建筑材料的砂、石、粘土的，可以不进行可行性研究和设计，但是应当有开采方案和环境保护措施。

矿山设计必须依据设计任务书，采用合理的开采顺序、开采方法和选矿工艺。

矿山设计必须按照国家有关规定审批；未经批准，不得施工。

第三十条 采矿权人享有下列权利：

（一）按照采矿许可证规定的开采范围和期限从事开采活动；

（二）自行销售矿产品，但是国务院规定由指定的单位统一收购的矿产品除外；

（三）在矿区范围内建设采矿所需的生产和生活设施；

（四）根据生产建设的需要依法取得土地使用权；

（五）法律、法规规定的其他权利。

采矿权人行使前款所列权利时，法律、法规规定应当经过批准或者履行其他手续的，依照有关法律、法规的规定办理。

第三十一条 采矿权人应当履行下列义务：

（一）在批准的期限内进行矿山建设或者开采；

（二）有效保护、合理开采、综合利用矿产资源；

（三）依法缴纳资源税和矿产资源补偿费；

（四）遵守国家有关劳动安全、水土保持、土地复垦和环境保护的法律、法规；

（五）接受地质矿产主管部门和有关主管部门的监督管理，按照规定填报矿产储量表和矿产资源开发利用情况统计报告。

第三十二条 采矿权人在采矿许可证有效期满或者在有效期内，停办矿山而矿产资源尚未采完的，必须采取措施将资源保持在能够继续开采的状态，并事先完成下列工作：

（一）编制矿山开采现状报告及实测图件；

（二）按照有关规定报销所消耗的储量；

（三）按照原设计实际完成相应的有关劳动安全、水土保持、土地复垦和环境保护工作，或者缴清土地复垦和环境保护的有关费用。

采矿权人停办矿山的申请，须经原批准开办矿山的主管部门批准、原颁发采矿许可证的机关验收合格后，方可办理有关证、照注销手续。

第三十三条 矿山企业关闭矿山，应当按照下列程序办理审批手续：

（一）开采活动结束的前1年，向原批准开办矿山的主管部门提出关闭矿山申请，并提交闭坑地质报告；

（二）闭坑地质报告经原批准开办矿山的主管部门审核同意后，报地质矿产主管部门会同矿产储量审批机构批准；

（三）闭坑地质报告批准后，采矿权人应当编写关闭矿山报告，报请原批准开办矿山的主管部门会同同级地质矿产主管部门和有关主管部门按照有关行业规定批准。

第三十四条　关闭矿山报告批准后，矿山企业应当完成下列工作：

（一）按照国家有关规定将地质、测量、采矿资料整理归档，并汇交闭坑地质报告、关闭矿山报告及其他有关资料；

（二）按照批准的关闭矿山报告，完成有关劳动安全、水土保持、土地复垦和环境保护工作，或者缴清土地复垦和环境保护的有关费用。

矿山企业凭关闭矿山报告批准文件和有关部门对完成上述工作提供的证明，报请原颁发采矿许可证的机关办理采矿许可证注销手续。

第三十五条　建设单位在建设铁路、公路、工厂、水库、输油管道、输电线路和各种大型建筑物前，必须向所在地的省、自治区、直辖市人民政府地质矿产主管部门了解拟建工程所在地区的矿产资源分布情况，并在建设项目设计任务书报请审批时附具地质矿产主管部门的证明。在上述建设项目与重要矿床的开采发生矛盾时，由国务院有关主管部门或者省、自治区、直辖市人民政府提出方案，经国务院地质矿产主管部门提出意见后，报国务院计划行政主管部门决定。

第三十六条　采矿权人之间对矿区范围发生争议时，由当事人协商解决；协商不成的，由矿产资源所在地的县级以上地方人民政府根据依法核定的矿区范围处理；跨省、自治区、直辖市的矿区范围争议，当事人协商不成的，由有关省、自治区、直辖市人民政府协商解决；协商不成的，由国务院地质矿产主管部门提出处理意见，报国务院决定。

第五章　集体所有制矿山企业、私营矿山企业和个体采矿者

第三十七条　国家依法保护集体所有制矿山企业、私营矿山企业和个体采矿者的合法权益，依法对集体所有制矿山企业、私营矿山企业和个体采矿者进行监督管理。

第三十八条　集体所有制矿山企业可以开采下列矿产资源：

（一）不适于国家建设大、中型矿山的矿床及矿点；

（二）经国有矿山企业同意，并经其上级主管部门批准，在其矿区范围内划出的边缘零星矿产；

（三）矿山闭坑后，经原矿山企业主管部门确认可以安全开采并不会引起严重环境后果的残留矿体；

（四）国家规划可以由集体所有制矿山企业开采的其他矿产资源。

集体所有制矿山企业开采前款第（二）项所列矿产资源时，必须与国有矿山企业签定合理开发利用矿产资源和矿山安全协议，不得浪费和破坏矿产资源，并不得影响国有矿山企业的生产安全。

第三十九条　私营矿山企业开采矿产资源的范围参照本细则第三十八条的规定执行。

第四十条　个体采矿者可以采挖下列矿产资源：

（一）零星分散的小矿体或者矿点；

（二）只能用作普通建筑材料的砂、石、粘土。

第四十一条　国家设立国家规划矿区、对国民经济具有重要价值的矿区时，对应当撤出的原采矿权人，国家按照有关规定给予合理补偿。

第六章　法律责任

第四十二条　依照《矿产资源法》第三十九条、第四十条、第四十二条、第四十三条、第四十四条规定处以罚款的，分别按照下列规定执行：

（一）未取得采矿许可证擅自采矿的，擅自进入国家规划矿区、对国民经济具有重要价值的矿区和他人矿区范围采矿的，擅自开采国家规定实行保护性开采的特定矿种的，处以违法所得50%以下的罚款；

（二）超越批准的矿区范围采矿的，处以违法所得30%以下的罚款；

（三）买卖、出租或者以其他形式转让矿产资源的，买卖、出租采矿权的，对卖方、出租方、出让方处以违法所得1倍以下的罚款；

（四）非法用采矿权作抵押的，处以5000元以下的罚款；

（五）违反规定收购和销售国家规定统一收购的矿产品的，处以违法所得1倍以下的罚款；

（六）采取破坏性的开采方法开采矿产资源，造成矿产资源严重破坏的，处以相当于矿产资源损失价值50%以下的罚款。

第四十三条　违反本细则规定，有下列行为之一的，对主管人员和直接责任人员给予行政处分；构成犯罪的，依法追究刑事责任：

（一）批准不符合办矿条件的单位或者个人开办矿山的；

（二）对未经依法批准的矿山企业或者个人颁发采矿许可证的。

第七章　附　则

第四十四条　地下水资源具有水资源和矿产资源的双重属性。地下水资源的勘查，适用《矿产资源法》和本细则；地下水资源的开发、利用、保护和管理，适用《水法》和有关的行政法规。

第四十五条　本细则由地质矿产部负责解释。

第四十六条　本细则自发布之日起施行。

附件：

矿产资源分类细目

（一）能源矿产

煤、煤成气、石煤、油页岩、石油、天然气、油砂、天然沥青、铀、钍、地热。

（二）金属矿产

铁、锰、铬、钒、钛；铜、铅、锌、铝土矿、镍、钴、钨、锡、铋、钼、汞、锑、镁；铂、钯、钌、锇、铱、铑；金、银；铌、钽、铍、锂、锆、锶、铷、铯；镧、铈、镨、钕、钐、铕、钇、钆、铽、镝、钬、铒、铥、镱、镥；钪、锗、镓、铟、铊、铪、铼、镉、硒、碲。

（三）非金属矿产

金刚石、石墨、磷、自然硫、硫铁矿、钾盐、硼、水晶（压电水晶、熔炼水晶、光学水晶、工艺水晶）、刚玉、蓝晶石、硅线石、红柱石、硅灰石、钠硝石、滑石、石棉、蓝石棉、云母、长石、石榴子石、叶腊石、透辉石、透闪石、蛭石、沸石、明矾石、芒硝（含钙芒硝）、石膏（含硬石膏）、重晶石、毒重石、天然碱、方解石、冰洲石、菱镁矿、萤石（普通萤石、光学萤石）、宝石、黄玉、玉石、电气石、玛瑙、颜料矿物（赭石、颜料黄土）、石灰岩（电石用灰岩、制碱用灰岩、化肥用灰岩、熔剂用灰岩、玻璃用灰岩、水泥用灰岩、建筑石料用灰岩、制灰用灰岩、饰面用灰岩）、泥灰岩、白垩、含钾岩石、白云岩（冶金用白云岩、化肥用白云岩、玻璃用白云岩、建筑用白云岩）、石英岩（冶金用石英岩、玻璃用石英岩、化肥用石英岩）、砂岩（冶金用砂岩、玻璃用砂岩、水泥配料用砂岩、砖瓦用砂岩、化肥用砂岩、铸型用砂岩、陶瓷用砂岩）、天然石英砂（玻璃用砂、铸型用砂、建筑用砂、水泥配料用砂、水泥标准砂、砖瓦用砂）、脉石英（冶金用脉石英、玻璃用脉石英）、粉石英、天然油石、含钾砂页岩、硅藻土、页岩（陶粒页岩、砖瓦用页岩、水泥配料用页岩）、高岭土、陶瓷土、耐火粘土、凹凸棒石粘土、海泡石粘土、伊利石粘土、累托石粘土、膨润土、铁矾土、其他粘土（铸型用粘土、砖瓦用粘土、陶粒用粘土、水泥配料用粘土、水泥配料用红土、水泥配料用黄土、水泥配料用泥岩、保温材料用粘土）、橄榄岩（化肥用橄榄岩、建筑用橄榄岩）、蛇纹岩（化肥用蛇纹岩、熔剂用蛇纹岩、饰面用蛇纹岩）、玄武岩（铸石用玄武岩、岩棉用玄武岩）、辉绿岩（水泥用辉绿岩、铸石用辉绿岩、饰面用辉绿岩、建筑用辉绿岩）、安山岩（饰面用安山岩、建筑用安山岩、水泥混合材用安山玢岩）、闪长岩（水泥混合材用闪长玢岩、建筑用闪长岩）、花岗岩（建筑用花岗岩、饰面用花岗岩）、麦饭石、珍珠岩、黑曜岩、松脂岩、浮石、粗面岩（水泥用粗面岩、铸石用粗面岩）、霞石正长岩、凝灰岩（玻璃用凝灰岩、水泥用凝灰岩、建筑用凝灰岩）、火山灰、火山渣、大理岩（饰面用大理岩、建筑用大理岩、水泥用大理岩、玻璃用大理岩）、板岩（饰面用板岩、水泥配料用板岩）、片麻岩、角闪岩、泥炭、矿盐（湖盐、岩盐、天然卤水）、镁盐、碘、溴、砷。

（四）水气矿产

地下水、矿泉水、二氧化碳气、硫化氢气、氦气、氡气。

矿产资源规划编制实施办法

·2012年10月12日国土资源部第55号令公布

·2019年7月24日自然资源部令第5号修正

第一章　总　则

第一条　为了加强和规范矿产资源规划管理，统筹安排地质勘查、矿产资源开发利用和保护，促进我国矿业科学发展，根据《中华人民共和国矿产资源法》等法律法规，制定本办法。

第二条　矿产资源规划的编制和实施适用本办法。

第三条　本办法所称矿产资源规划，是指根据矿产资源禀赋条件、勘查开发利用现状和一定时期内国民经济和社会发展对矿产资源的需求，对地质勘查、矿产资源开发利用和保护等作出的总量、结构、布局和时序安排。

第四条　矿产资源规划是落实国家矿产资源战略、加强和改善矿产资源宏观管理的重要手段，是依法审批和监督管理地质勘查、矿产资源开发利用和保护活动的重要依据。

第五条　矿产资源规划的编制和实施，应当遵循市场经济规律和地质工作规律，体现地质勘查和矿产资源开发的区域性、差异性等特点，鼓励和引导社会资本进入风险勘查领域，推动矿产资源勘查开发。

第六条　矿产资源规划是国家规划体系的重要组成部分，应当依据国民经济和社会发展规划编制。涉及矿产资源开发活动的相关行业规划，应当与矿产资源规划做好衔接。

第七条　矿产资源规划包括矿产资源总体规划和矿产资源专项规划。

第八条　矿产资源总体规划包括国家级矿产资源总体规划、省级矿产资源总体规划、设区的市级矿产资源总体规划和县级矿产资源总体规划。

国家级矿产资源总体规划应当对全国地质勘查、矿产资源开发利用和保护进行战略性总体布局和统筹安排。省级矿产资源总体规划应当对国家级矿产资源总体规划的目标任务在本行政区域内进行细化和落实。设区的市级、县级矿产资源总体规划应当对依法审批管理和上级自然资源主管部门授权审批管理矿种的勘查、开发利用和保护活动作出具体安排。

下级矿产资源总体规划应当服从上级矿产资源总体规划。

第九条　自然资源部应当依据国家级矿产资源总体规划和一定时期国家关于矿产资源勘查开发的重大部署编制矿产资源专项规划。地方各级自然资源主管部门应当依据矿产资源总体规划和本办法的有关规定编制同级矿产资源专项规划。

矿产资源专项规划应当对地质勘查、矿产资源开发利用和保护、矿山地质环境保护与治理恢复、矿区土地复垦等特定领域，或者重要矿种、重点区域的地质勘查、矿产资源开发利用和保护及其相关活动作出具体安排。

国家规划矿区、对国民经济具有重要价值的矿区、大型规模以上矿产地和对国家或者本地区有重要价值的矿种，应当编制矿产资源专项规划。

第十条　自然资源部负责全国的矿产资源规划管理和监督工作。

地方各级自然资源主管部门负责本行政区域内的矿产资源规划管理和监督工作。

第十一条　省级自然资源主管部门应当建立矿产资源规划实施管理的领导责任制，将矿产资源规划实施情况纳入目标管理体系，作为对下级自然资源主管部门负责人业绩考核的重要依据。

第十二条　各级自然资源主管部门应当在矿产资源规划管理和监督中推广应用空间数据库等现代信息技术和方法。

第十三条　各级自然资源主管部门应当将矿产资源规划管理和监督的经费纳入年度预算，保障矿产资源规划的编制和实施。

第二章　编　制

第十四条　自然资源部负责组织编制国家级矿产资源总体规划和矿产资源专项规划。

省级自然资源主管部门负责组织编制本行政区域的矿产资源总体规划和矿产资源专项规划。

设区的市级、县级自然资源主管部门根据省级人民政府的要求或者本行政区域内矿产资源管理需要，负责组织编制本行政区域的矿产资源总体规划和矿产资源专项规划。

第十五条　编制涉及战略性矿产资源的省级矿产资源专项规划应当经自然资源部同意。编制设区的市级、县级矿产资源专项规划，应当经省级自然资源主管部门同意。

第十六条　承担矿产资源规划编制工作的单位，应当符合下列条件：

（一）具有法人资格；

（二）具备与编制矿产资源规划相应的工作业绩或者能力；

（三）具有完善的技术和质量管理制度；

（四）主要编制人员应当具备中级以上相关专业技术职称，经过矿产资源规划业务培训。

有关自然资源主管部门应当依法采用招标等方式择优选择矿产资源规划编制单位，加强对矿产资源规划编制单位的指导和监督管理。

第十七条　编制矿产资源总体规划，应当做好下列基础工作：

（一）对现行矿产资源总体规划实施情况和主要目标任务完成情况进行评估，对存在的问题提出对策建议；

（二）开展基础调查，对矿产资源勘查开发利用现状、矿业经济发展情况、资源赋存特点和分布规律、资源储量和潜力、矿山地质环境现状、矿区土地复垦潜力和适宜性等进行调查评价和研究；

（三）开展矿产资源形势分析、潜力评价和可供性分析，研究资源战略和宏观调控政策，对资源环境承载能力等重大问题和重点项目进行专题研究论证。

编制矿产资源专项规划，应当根据需要做好相应的调查评价和专题研究等基础工作。

第十八条　编制矿产资源规划应当依照国家、行业标准和规程。

自然资源部负责制定省级矿产资源规划编制规程和设区的市级、县级矿产资源规划编制指导意见。省级自然资源主管部门负责制定本行政区域内设区的市级、县级矿产资源规划编制技术要求。

第十九条 各级自然资源主管部门应当根据矿产资源规划编制规程和技术要求,集成矿产资源规划编制成果,组织建设并维护矿产资源规划数据库。

矿产资源规划数据库的建设标准由自然资源部另行制定。

第二十条 编制矿产资源规划,应当拟定矿产资源规划编制工作方案。

矿产资源规划编制工作方案应当包括下列内容:

(一)指导思想、基本思路和工作原则;

(二)主要工作任务和时间安排;

(三)重大专题设置;

(四)经费预算;

(五)组织保障。

第二十一条 编制矿产资源规划,应当遵循下列原则:

(一)贯彻节约资源和保护环境的基本国策,正确处理保障发展和保护资源的关系;

(二)符合法律法规和国家产业政策的规定;

(三)符合经济社会发展实际情况和矿产资源禀赋条件,切实可行;

(四)体现系统规划、合理布局、优化配置、整装勘查、集约开发、综合利用和发展绿色矿业的要求。

第二十二条 矿产资源总体规划的期限为5年至10年。

矿产资源专项规划的期限根据需要确定。

第二十三条 设区的市级以上自然资源主管部门对其组织编制的矿产资源规划,应当依据《规划环境影响评价条例》的有关规定,进行矿产资源规划环境影响评价。

第二十四条 矿产资源总体规划应当包括下列内容:

(一)背景与形势分析,矿产资源供需变化趋势预测;

(二)地质勘查、矿产资源开发利用和保护的主要目标与指标;

(三)地质勘查总体安排;

(四)矿产资源开发利用方向和总量调控;

(五)矿产资源勘查、开发、保护与储备的规划分区和结构调整;

(六)矿产资源节约与综合利用的目标、安排和措施;

(七)矿山地质环境保护与治理恢复、矿区土地复垦的总体安排;

(八)重大工程;

(九)政策措施。

矿产资源专项规划的内容根据需要确定。

第二十五条 对矿产资源规划编制中的重大问题,应当向社会公众征询意见。直接涉及单位或者个人合法权益的矿产资源规划内容,应当依据《国土资源听证规定》组织听证。

第二十六条 各级自然资源主管部门在编制矿产资源规划过程中,应当组织专家对主要目标与指标、重大工程、规划分区方案等进行论证,广泛征求相关部门、行业的意见。

第三章 实 施

第二十七条 下列矿产资源规划,由自然资源部批准:

(一)国家级矿产资源专项规划;

(二)省级矿产资源总体规划和矿产资源专项规划;

(三)依照法律法规或者国务院规定,应当由自然资源部批准的其他矿产资源规划。

省级矿产资源总体规划经省级人民政府审核后,由自然资源部会同有关部门按规定程序审批。

设区的市级、县级矿产资源规划的审批,按照各省、自治区、直辖市的有关规定办理。

第二十八条 矿产资源规划审查报批时,应当提交下列材料:

(一)规划文本及说明;

(二)规划图件;

(三)专题研究报告;

(四)规划成果数据库;

(五)其他材料,包括征求意见、论证听证情况等。

第二十九条 自然资源部或者省级自然资源主管部门应当依据本办法的有关规定对矿产资源规划进行审查,并组织专家进行论证。涉及同级人民政府有关部门的,应当征求同级人民政府有关部门的意见。发现存在重大问题的,应当退回原编制机关修改、补充和完善。对不符合法律法规规定和国家有关规程的,不得批准。

第三十条 矿产资源规划批准后,应当及时公布,但法律法规另有规定或者涉及国家秘密的内容除外。

第三十一条 矿产资源规划一经批准,必须严格执行。

地质勘查、矿产资源开发利用和保护、矿山地质环境保护与治理恢复、矿区土地复垦等活动,应当符合矿产资源规划。

第三十二条 矿产资源总体规划批准后,有关自然资源主管部门应当建立矿产资源总体规划的年度实施制度，对下列事项作出年度实施安排：

（一）对实行总量控制的矿种，提出年度调控要求和计划安排；

（二）对优化矿产资源开发利用布局和结构，提出调整措施和年度指标；

（三）引导探矿权合理设置，对重要矿种的采矿权投放作出年度安排；

（四）对本级财政出资安排的地质勘查、矿产资源开发利用和保护、矿山地质环境保护与治理恢复、矿区土地复垦等工作，提出支持重点和年度指标。

有关自然资源主管部门在实施矿产资源总体规划过程中，可以根据形势变化和管理需要，对前款第（二）项、第（三）项、第（四）项的有关安排作出动态调整。

省级自然资源主管部门应当在每年1月31日前将上一年度矿产资源总体规划实施情况及本年度实施安排报送自然资源部。设区的市级、县级自然资源主管部门应当根据省级自然资源主管部门的规定，报送上一年度矿产资源总体规划实施情况及本年度实施安排。

第三十三条 有关自然资源主管部门应当依据矿产资源规划鼓励和引导探矿权投放，在审批登记探矿权时对下列内容进行审查：

（一）是否符合矿产资源规划确定的矿种调控方向；

（二）是否符合矿产资源规划分区要求，有利于促进整装勘查、综合勘查、综合评价。

有关自然资源主管部门在审批登记采矿权时，应当依据矿产资源规划对下列内容进行审查：

（一）是否符合矿产资源规划确定的矿种调控方向；

（二）是否符合矿产资源规划分区要求，有利于开采布局的优化调整；

（三）是否符合矿产资源规划确定的开采总量调控、最低开采规模、节约与综合利用、资源保护、环境保护等条件和要求。

不符合矿产资源规划要求的，有关自然资源主管部门不得审批、颁发勘查许可证和采矿许可证，不得办理用地手续。

没有法定依据，下级自然资源主管部门不得以不符合本级矿产资源规划为由干扰上级自然资源主管部门审批发证工作。

第三十四条 各级自然资源主管部门应当严格按照矿产资源规划审查本级财政出资安排的地质勘查、矿产资源开发利用和保护、矿山地质环境保护与治理恢复、矿区土地复垦等项目，不符合矿产资源规划确定的重点方向、重点区域和重大工程范围的，不得批准立项。

第三十五条 探矿权、采矿权申请人在申请探矿权、采矿权前，可以向有关自然资源主管部门查询拟申请项目是否符合矿产资源规划，有关自然资源主管部门应当提供便利条件。

探矿权、采矿权申请人向有关自然资源主管部门申请查询拟申请项目是否符合矿产资源规划时，应当提交拟申请勘查、开采的矿种、区域等基本资料。

第三十六条 各级自然资源主管部门应当组织对矿产资源规划实施情况进行评估，在矿产资源规划期届满时，向同级人民政府和上级自然资源主管部门报送评估报告。

承担矿产资源规划实施情况评估的单位，应当符合本办法第十六条规定的条件。

第三十七条 矿产资源规划期届满前，经国务院或者自然资源部、省级自然资源主管部门统一部署，有关自然资源主管部门应当对矿产资源规划进行修编，依据本办法有关规定报原批准机关批准。

第三十八条 有下列情形之一的，可以对矿产资源规划进行调整：

（一）地质勘查有重大发现的；

（二）因市场条件、技术条件等发生重大变化，需要对矿产资源勘查、开发利用结构和布局等规划内容进行局部调整的；

（三）新立矿产资源勘查、开发重大专项和工程的；

（四）自然资源部和省级自然资源主管部门规定的其他情形。

矿产资源规划调整涉及其他主管部门的，应当征求其他主管部门的意见。

第三十九条 调整矿产资源规划，应当由原编制机关向原批准机关提交下列材料，经原批准机关同意后进行：

（一）调整矿产资源规划的理由及论证材料；

（二）调整矿产资源规划的方案、内容说明和相关图件；

（三）自然资源部和省级自然资源主管部门规定应当提交的其他材料。

上级矿产资源规划调整后，涉及调整下级矿产资源规划的，由上级自然资源主管部门通知下级自然资源主管部门作出相应调整，并逐级报原批准机关备案。

矿产资源总体规划调整后，涉及调整矿产资源专项规划的，有关自然资源主管部门应当及时作出相应调整。

第四章 法律责任

第四十条 各级自然资源主管部门应当加强对矿产资源规划实施情况的监督检查,发现地质勘查、矿产资源开发利用和保护、矿山地质环境保护与治理恢复、矿区土地复垦等活动不符合矿产资源规划的,应当及时予以纠正。

第四十一条 依据本办法有关规定,应当编制矿产资源规划而未编制的,上级自然资源主管部门应当责令有关自然资源主管部门限期编制。

未按本办法规定程序编制、审批、调整矿产资源规划的,或者规划内容违反国家法律法规、标准规程和上级规划要求的,上级自然资源主管部门应当责令有关自然资源主管部门限期改正。

第四十二条 有关自然资源主管部门违反本办法规定擅自修编、调整矿产资源规划的,上级自然资源主管部门应当及时予以纠正,并追究有关人员的责任。

第四十三条 违反矿产资源规划颁发勘查许可证、采矿许可证的,颁发勘查许可证、采矿许可证的自然资源主管部门或者上级自然资源主管部门应当及时予以纠正,并追究有关人员的责任;给当事人的合法权益造成损害的,当事人有权依法申请赔偿。

第五章 附 则

第四十四条 本办法自2012年12月1日起施行。

矿产资源监督管理暂行办法

·1987年4月29日
·国发〔1987〕42号

第一条 为加强对矿山企业的矿产资源开发利用和保护工作的监督管理,根据《中华人民共和国矿产资源法》的有关规定,制定本办法。

第二条 本办法适用于在中华人民共和国领域及管辖海域内从事采矿生产的矿山企业(包括有矿山的单位,下同),但本办法另有规定的除外。

第三条 国务院地质矿产主管部门对执行本办法负有下列职责:

一、制定有关矿产资源开发利用与保护的监督管理规章;

二、监督、检查矿产资源管理法规的执行情况;

三、会同有关部门建立矿产资源合理开发利用的考核指标体系及定期报表制度;

四、会同有关主管部门负责大型矿山企业的非正常储量报销的审批工作;

五、组织或者参与矿产资源开发利用与保护工作的调查研究,总结交流经验。

第四条 省、自治区、直辖市人民政府地质矿产主管部门对执行本办法负有下列职责:

一、根据本办法和有关法规,对本地区矿山企业的矿产资源开发利用与保护工作进行监督管理和指导;

二、根据需要向重点矿山企业派出矿产督察员,向矿山企业集中的地区派出巡回矿产督察员;

派出督察员的具体办法,由国务院地质矿产主管部门会同有关部门另行制定。

第五条 国务院和各省、自治区、直辖市人民政府的有关主管部门对贯彻执行本办法负有下列职责:

一、制定本部门矿产资源开发利用和保护工作的规章、规定,并报同级地质矿产主管部门备案;

二、根据本办法和有关法规,协助地质矿产主管部门对本部门矿山企业的矿产资源开发利用与保护工作进行监督管理;

三、负责所属矿山企业的矿产储量管理,严格执行矿产储量核减的审批规定;

四、总结和交流本部门矿山企业矿产资源合理开发利用和保护工作的经验。

第六条 矿山企业的地质测量机构是本企业矿产资源开发利用与保护工作的监督管理机构,对执行本办法负有以下职责:

一、做好生产勘探工作,提高矿产储量级别,为开采提供可靠地质依据;

二、对矿产资源开采的损失、贫化以及矿产资源综合开采利用进行监督;

三、对矿山企业的矿产储量进行管理;

四、对违反矿产资源管理法规的行为及其责任者提出处理意见并可越级上报。

第七条 矿山企业开发利用矿产资源,应当加强开采管理,选择合理的采矿方法和选矿方法,推广先进工艺技术,提高矿产资源利用水平。

第八条 矿山企业在基建施工至矿山关闭的生产全过程中,都应当加强矿产资源的保护工作。

第九条 矿山企业应当按照国家有关法规及其主管部门的有关规章、规定,建立、健全本企业开发利用和保护矿产资源的各项制度,并切实加以贯彻落实。

第十条 矿山开采设计要求的回采率、采矿贫化率和选矿回收率，应当列为考核矿山企业的重要年度计划指标。

第十一条　矿山企业应当加强生产勘探，提高矿床勘探程度，为开采设计提供可靠依据；对具有工业价值的共生、伴生矿产应当系统查定和评价。

第十二条　矿山企业的开采设计应当在可靠地质资料基础上进行。中段（或阶段）开采应当有总体设计，块段开采应当有采矿设计。

第十三条　矿山的开拓、采准及采矿工程，必须按照开采设计进行施工。应当建立严格的施工验收制度，防止资源丢失。

第十四条　矿山企业必须按照设计进行开采，不准任意丢掉矿体。对开采应当加强监督检查，严防不应有的开采损失。

第十五条　矿山企业在开采中必须加强对矿石损失、贫化的管理，建立定期检查制度，分析造成非正常损失、贫化的原因，制定措施，提高资源的回采率，降低贫化率。

第十六条　选矿（煤）厂应当根据设计要求定期进行选矿流程考察；对选矿回收率和精矿（洗精煤）质量没有达到设计指标的，应当查明原因，提出改进措施。

第十七条　在采、选主要矿产的同时，对具有工业价值的共生、伴生矿产，在技术可行、经济合理的条件下，必须综合回收；对暂时不能综合回收利用的矿产，应当采取有效的保护措施。

第十八条　矿山企业应当加强对滞销矿石、粉矿、中矿、尾矿、废石和煤矸石的管理，积极研究其利用途径；暂时不能利用的，应当在节约土地的原则下，妥善堆放保存，防止其流失及污染环境。

第十九条　矿山企业对矿产储量的圈定、计算及开采，必须以批准的计算矿产储量的工业指标为依据，不得随意变动。需要变动的，应当上报实际资料，经主管部门审核同意后，报原审批单位批准。

第二十条　报销矿产储量，应当经矿山企业地质测量机构检查鉴定后，向矿山企业的主管部门提出申请。

属正常报销的矿产储量，由矿山企业的主管部门审批。

属非正常报销和转出的矿产储量，由矿山企业的主管部门会同同级地质矿产主管部门审批。

同一采区应当一次申请报销的矿产储量，不得化整为零，分几次申请报销。

第二十一条　地下开采的中段（水平）或露天采矿场内尚有未采完的保有矿产储量，未经地质测量机构检查验收和报销申请尚未批准之前，不准擅自废除坑道和其他工程。

第二十二条　矿山企业应当向其上级主管部门和地质矿产主管部门上报矿产资源开发利用情况报表。

第二十三条　矿山企业有下列情形之一的，应当追究有关人员的责任，或者由地质矿产主管部门责令其限期改正，并可处以相当于矿石损失50%以下的罚款，情节严重的，应当责令停产整顿或者吊销采矿许可证：

一、因开采设计、采掘计划的决策错误，造成资源损失的；

二、开采回采率、采矿贫化率和选矿回收率长期达不到设计要求，造成资源破坏损失的；

三、违反本办法第十三条、第十四条、第十七条、第十九条、第二十一条的规定，造成资源破坏损失的。

第二十四条　当事人对行政处罚决定不服的，可以在收到处罚通知之日起15日内，向人民法院起诉。对罚款的行政处罚决定期满不起诉又不履行的，由作出处罚决定的机关申请人民法院强制执行。

第二十五条　矿山企业上报的矿产资源开发利用资料数据必须准确可靠。虚报瞒报的，依照《中华人民共和国统计法》的有关规定追究责任。对保密资料，应当按照国家有关保密规定执行。

第二十六条　对乡镇集体矿山企业和个体采矿的矿产资源开发利用与保护工作的监督管理办法，由省、自治区、直辖市人民政府参照本办法制定。

第二十七条　本办法由国务院地质矿产主管部门负责解释。

第二十八条　本办法自发布之日起施行。

中华人民共和国对外合作开采陆上石油资源条例

· 1993年10月7日中华人民共和国国务院令第131号发布
· 根据2001年9月23日《国务院关于修改〈中华人民共和国对外合作开采陆上石油资源条例〉的决定》第一次修订
· 根据2007年9月18日《国务院关于修改〈中华人民共和国对外合作开采陆上石油资源条例〉的决定》第二次修订
· 根据2011年9月30日《国务院关于修改〈中华人民共和国对外合作开采陆上石油资源条例〉的决定》第三次修订
· 根据2013年7月18日《国务院关于废止和修改部分行政法规的决定》第四次修订

第一章　总　则

第一条　为保障石油工业的发展，促进国际经济合作和技术交流，制定本条例。

第二条 在中华人民共和国境内从事中外合作开采陆上石油资源活动,必须遵守本条例。

第三条 中华人民共和国境内的石油资源属于中华人民共和国国家所有。

第四条 中国政府依法保护参加合作开采陆上石油资源的外国企业的合作开采活动及其投资、利润和其他合法权益。

在中华人民共和国境内从事中外合作开采陆上石油资源活动,必须遵守中华人民共和国的有关法律、法规和规章,并接受中国政府有关机关的监督管理。

第五条 国家对参加合作开采陆上石油资源的外国企业的投资和收益不实行征收。在特殊情况下,根据社会公共利益的需要,可以对外国企业在合作开采中应得石油的一部分或者全部,依照法律程序实行征收,并给予相应的补偿。

第六条 国务院指定的部门负责在国务院批准的合作区域内,划分合作区块,确定合作方式,组织制定有关规划和政策,审批对外合作油(气)田总体开发方案。

第七条 中国石油天然气集团公司、中国石油化工集团公司(以下简称中方石油公司)负责对外合作开采陆上石油资源的经营业务;负责与外国企业谈判、签订、执行合作开采陆上石油资源的合同;在国务院批准的对外合作开采陆上石油资源的区域内享有与外国企业合作进行石油勘探、开发、生产的专营权。

第八条 中方石油公司在国务院批准的对外合作开采陆上石油资源的区域内,按划分的合作区块,通过招标或者谈判,确定合作开采陆上石油资源的外国企业,签订合作开采石油合同或者其他合作合同,并向中华人民共和国商务部报送合同有关情况。

第九条 对外合作区块公布后,除中方石油公司与外国企业进行合作开采陆上石油资源活动外,其他企业不得进入该区块内进行石油勘查活动,也不得与外国企业签订在该区块内进行石油开采的经济技术合作协议。

对外合作区块公布前,已进入该区块进行石油勘查(尚处于区域评价勘查阶段)的企业,在中方石油公司与外国企业签订合同后,应当撤出。该企业所取得的勘查资料,由中方石油公司负责销售,以适当补偿其投资。该区块发现有商业开采价值的油(气)田后,从该区块撤出的企业可以通过投资方式参与开发。

国务院指定的部门应当根据合同的签订和执行情况,定期对所确定的对外合作区块进行调整。

第十条 对外合作开采陆上石油资源,应当遵循兼顾中央与地方利益的原则,通过吸收油(气)田所在地的资金对有商业开采价值的油(气)田的开发进行投资等方式,适当照顾地方利益。

有关地方人民政府应当依法保护合作区域内正常的生产经营活动,并在土地使用、道路通行、生活服务等方面给予有效协助。

第十一条 对外合作开采陆上石油资源,应当依法纳税。

第十二条 为执行合同所进口的设备和材料,按照国家有关规定给予减税、免税或者给予税收方面的其他优惠。具体办法由财政部会同海关总署制定。

第二章 外国合同者的权利和义务

第十三条 中方石油公司与外国企业合作开采陆上石油资源必须订立合同,除法律、法规另有规定或者合同另有约定外,应当由签订合同的外国企业(以下简称外国合同者)单独投资进行勘探,负责勘探作业,并承担勘探风险;发现有商业开采价值的油(气)田后,由外国合同者与中方石油公司共同投资合作开发;外国合同者并应承担开发作业和生产作业,直至中方石油公司按照合同约定接替生产作业为止。

第十四条 外国合同者可以按照合同约定,从生产的石油中回收其投资和费用,并取得报酬。

第十五条 外国合同者根据国家有关规定和合同约定,可以将其应得的石油和购买的石油运往国外,也可以依法将其回收的投资、利润和其他合法收益汇往国外。

外国合同者在中华人民共和国境内销售其应得的石油,一般由中方石油公司收购,也可以采取合同双方约定的其他方式销售,但是不得违反国家有关在中华人民共和国境内销售石油产品的规定。

第十六条 外国合同者开立外汇账户和办理其他外汇事宜,应当遵守《中华人民共和国外汇管理条例》和国家有关外汇管理的其他规定。

外国合同者的投资,应当采用美元或者其他可自由兑换货币。

第十七条 外国合同者应当依法在中华人民共和国境内设立分公司、子公司或者代表机构。

前款机构的设立地点由外国合同者与中方石油公司协商确定。

第十八条 外国合同者在执行合同的过程中,应当及时地、准确地向中方石油公司报告石油作业情况,完整地、准确地取得各项石油作业的数据、记录、样品、凭证和其他原始资料,并按规定向中方石油公司提交资料和样品以及技术、经济、财会、行政方面的各种报告。

第十九条　外国合同者执行合同，除租用第三方的设备外，按照计划和预算所购置和建造的全部资产，在其投资按照合同约定得到补偿或者该油（气）田生产期期满后，所有权属于中方石油公司。在合同期内，外国合同者可以按照合同约定使用这些资产。

第三章　石油作业

第二十条　作业者必须根据国家有关开采石油资源的规定，制订油（气）田总体开发方案，并经国务院指定的部门批准后，实施开发作业和生产作业。

第二十一条　石油合同可以约定石油作业所需的人员，作业者可以优先录用中国公民。

第二十二条　作业者和承包者在实施石油作业中，应当遵守国家有关环境保护和安全作业方面的法律、法规和标准，并按照国际惯例进行作业，保护农田、水产、森林资源和其他自然资源，防止对大气、海洋、河流、湖泊、地下水和陆地其他环境的污染和损害。

第二十三条　在实施石油作业中使用土地的，应当依照《中华人民共和国土地管理法》和国家其他有关规定办理。

第二十四条　本条例第十八条规定的各项石油作业的数据、记录、样品、凭证和其他原始资料，所有权属于中方石油公司。

前款所列数据、记录、样品、凭证和其他原始资料的使用、转让、赠与、交换、出售、发表以及运出、传送到中华人民共和国境外，必须按照国家有关规定执行。

第四章　争议的解决

第二十五条　合作开采陆上石油资源合同的当事人因执行合同发生争议时，应当通过协商或者调解解决；不愿协商、调解，或者协商、调解不成的，可以根据合同中的仲裁条款或者事后达成的书面仲裁协议，提交中国仲裁机构或者其他仲裁机构仲裁。

当事人未在合同中订立仲裁条款，事后又没有达成书面仲裁协议的，可以向中国人民法院起诉。

第五章　法律责任

第二十六条　违反本条例规定，有下列行为之一的，由国务院指定的部门依据职权责令限期改正，给予警告；在限期内不改正的，可以责令其停止实施石油作业；构成犯罪的，依法追究刑事责任。

（一）违反本条例第九条第一款规定，擅自进入对外合作区块进行石油勘查活动或者与外国企业签订在对外合作区块内进行石油开采合作协议的；

（二）违反本条例第十八条规定，在执行合同的过程中，未向中方石油公司及时、准确地报告石油作业情况的，未按规定向中方石油公司提交资料和样品以及技术、经济、财会、行政方面的各种报告的；

（三）违反本条例第二十条规定，油（气）田总体开发方案未经批准，擅自实施开发作业和生产作业的；

（四）违反本条例第二十四条第二款规定，擅自使用石油作业的数据、记录、样品、凭证和其他原始资料或者将其转让、赠与、交换、出售、发表以及运出、传送到中华人民共和国境外的。

第二十七条　违反本条例第十一条、第十六条、第二十二条、第二十三条规定的，由国家有关主管部门依照有关法律、法规的规定予以处罚；构成犯罪的，依法追究刑事责任。

第六章　附　则

第二十八条　本条例下列用语的含义：

（一）“石油”，是指蕴藏在地下的、正在采出的和已经采出的原油和天然气。

（二）“陆上石油资源”，是指蕴藏在陆地全境（包括海滩、岛屿及向外延伸至5米水深处的海域）的范围内的地下石油资源。

（三）“开采”，是指石油的勘探、开发、生产和销售及其有关的活动。

（四）“石油作业”，是指为执行合同而进行的勘探、开发和生产作业及其有关的活动。

（五）“勘探作业”，是指用地质、地球物理、地球化学和包括钻探井等各种方法寻找储藏石油圈闭所做的全部工作，以及在已发现石油的圈闭上为确定它有无商业价值所做的钻评价井、可行性研究和编制油（气）田的总体开发方案等全部工作。

（六）“开发作业”，是指自油（气）田总体开发方案被批准之日起，为实现石油生产所进行的设计、建造、安装、钻井工程等及其相应的研究工作，包括商业性生产开始之前的生产活动。

（七）“生产作业”，是指一个油（气）田从开始商业性生产之日起，为生产石油所进行的全部作业以及与其有关的活动。

第二十九条　本条例第四条、第十一条、第十二条、第十五条、第十六条、第十七条、第二十一条的规定，适用于外国承包者。

第三十条　对外合作开采煤层气资源由中联煤层气

有限责任公司、国务院指定的其他公司实施专营，并参照本条例执行。

第三十一条 本条例自公布之日起施行。

矿产资源补偿费征收管理规定

· 1994年2月27日国务院令第150号发布
· 根据1997年7月3日中华人民共和国国务院令第222号发布的《国务院关于修改〈矿产资源补偿征收管理规定〉的决定》修订

第一条 为了保障和促进矿产资源的勘查、保护与合理开发，维护国家对矿产资源的财产权益，根据《中华人民共和国矿产资源法》的有关规定，制定本规定。

第二条 在中华人民共和国领域和其他管辖海域开采矿产资源，应当依照本规定缴纳矿产资源补偿费；法律、行政法规另有规定的，从其规定。

第三条 矿产资源补偿费按照矿产品销售收入的一定比例计征。企业缴纳的矿产资源补偿费列入管理费用。

采矿权人对矿产品自行加工的，按照国家规定价格计算销售收入；国家没有规定价格的，按照征收时矿产品的当地市场平均价格计算销售收入。

采矿权人向境外销售矿产品的，按照国际市场销售价格计算销售收入。

本规定所称矿产品，是指矿产资源经过开采或者采选后，脱离自然赋存状态的产品。

第四条 矿产资源补偿费由采矿权人缴纳。

矿产资源补偿费以矿产品销售时使用的货币结算；采矿权人对矿产品自行加工的，以其销售最终产品时使用的货币结算。

第五条 矿产资源补偿费按照下列方式计算：

征收矿产资源补偿费金额＝矿产品销售收入×补偿费费率×开采回采率系数

$$开采回采率系数=\frac{核定开采回采率}{实际开采回采率}$$

核定开采回采率，以按照国家有关规定经批准的矿山设计为准；按照国家有关规定，只要求有开采方案，不要求有矿山设计的矿山企业，其开采回采率由县级以上地方人民政府负责地质矿产管理工作的部门会同同级有关部门核定。

不能按照本条第一款、第二款规定的方式计算矿产资源补偿费的矿种，由国务院地质矿产主管部门会同国务院财政部门另行制定计算方式。

第六条 矿产资源补偿费依照本规定附录所规定的费率征收。

矿产资源补偿费费率的调整，由国务院财政部门、国务院地质矿产主管部门、国务院计划主管部门共同确定，报国务院批准施行。

第七条 矿产资源补偿费由地质矿产主管部门会同财政部门征收。

矿区在县级行政区域内的，矿产资源补偿费由矿区所在地的县级人民政府负责地质矿产管理工作的部门负责征收。

矿区范围跨县级以上行政区域的，矿产资源补偿费由所涉及行政区域的共同上一级人民政府负责地质矿产管理工作的部门负责征收。

矿区范围跨省级行政区域和在中华人民共和国领海与其他管辖海域的，矿产资源补偿费由国务院地质矿产主管部门授权的省级人民政府地质矿产主管部门负责征收。

第八条 采矿权人应当于每年的7月31日前缴纳上半年的矿产资源补偿费；于下1年度1月31日前缴纳上1年度下半年的矿产资源补偿费。

采矿权人在中止或者终止采矿活动时，应当结缴矿产资源补偿费。

第九条 采矿权人在缴纳矿产资源补偿费时，应当同时提交已采出的矿产品的矿种、产量、销售数量、销售价格和实际开采回采率等资料。

第十条 征收的矿产资源补偿费，应当及时全额上缴，并按照下款规定的中央与省、自治区、直辖市的分成比例分别入库，年终不再结算。(1997年7月3日修订)

中央与省、直辖市矿产资源补偿费的分成比例为5∶5；中央与自治区矿产资源补偿费的分成比例为4∶6。

第十一条 矿产资源补偿费纳入国家预算，实行专项管理，主要用于矿产资源勘查。

中央所得的矿产资源补偿费的具体使用管理办法，由国务院财政部门、国务院地质矿产主管部门、国务院计划主管部门共同制定。

地方所得的矿产资源补偿费的具体使用管理办法，由省、自治区、直辖市人民政府制定。

第十二条 采矿权人有下列情形之一的，经省级人民政府地质矿产主管部门会同同级财政部门批准，可以免缴矿产资源补偿费：

(一)从废石(矸石)中回收矿产品的；

（二）按照国家有关规定经批准开采已关闭矿山的非保安残留矿体的；

（三）国务院地质矿产主管部门会同国务院财政部门认定免缴的其他情形。

第十三条 采矿权人有下列情况之一的，经省级人民政府地质矿产主管部门会同同级财政部门批准，可以减缴矿产资源补偿费：

（一）从尾矿中回收矿产品的；

（二）开采未达到工业品位或者未计算储量的低品位矿产资源的；

（三）依法开采水体下、建筑物下、交通要道下的矿产资源的；

（四）由于执行国家定价而形成政策性亏损的；

（五）国务院地质矿产主管部门会同国务院财政部门认定减缴的其他情形。

采矿权人减缴的矿产资源补偿费超过应当缴纳的矿产资源补偿费50%的，须经省级人民政府批准。

批准减缴矿产资源补偿费的，应当报国务院地质矿产主管部门和国务院财政部门备案。

第十四条 采矿权人在规定期限内未足额缴纳矿产资源补偿费的，由征收机关责令限期缴纳，并从滞纳之日起按日加收滞纳补偿费2‰的滞纳金。

采矿权人未按照前款规定缴纳矿产资源补偿费和滞纳金的，由征收机关处以应当缴纳的矿产资源补偿费3倍以下的罚款；情节严重的，由采矿许可证颁发机关吊销其采矿许可证。

第十五条 采矿权人采取伪报矿种，隐匿产量、销售数量，或者伪报销售价格、实际开采回采率等手段，不缴或者少缴矿产资源补偿费的，由征收机关追缴应当缴纳的矿产资源补偿费，并处以应当缴纳的矿产资源补偿费5倍以下的罚款；情节严重的，由采矿许可证颁发机关吊销其采矿许可证。

第十六条 采矿权人未按照本规定第九条的规定报送有关资料的，由征收机关责令限期报送；逾期不报送的，处以5000元以下罚款；仍不报送的，采矿许可证颁发机关可以吊销其采矿许可证。

第十七条 依照本规定对采矿权人处以的罚款、加收的滞纳金应当上缴国库。

第十八条 当事人对行政处罚决定不服的，可以自接到处罚决定通知之日起15日内向作出处罚决定的机关的上一级机关申请复议；当事人也可以自接到处罚决定通知之日起15日内直接向人民法院起诉。

当事人逾期不申请复议也不向人民法院起诉、又不履行处罚决定的，作出处罚决定的机关可以申请人民法院强制执行。

第十九条 本规定发布前的地方性法规和地方人民政府发布的规章及行政性文件的内容，与本规定相抵触的，以本规定为准。

第二十条 省、自治区、直辖市人民政府可以根据本规定制定实施办法。

第二十一条 本规定由地质矿产部负责解释。

第二十二条 本规定自1994年4月1日起施行。

附件：

矿产资源补偿费费率表

矿种	费率(%)
石油	1
天然气	1
煤炭、煤成气	1
铀、钍	3
石煤、油砂	1
天然沥青	2
地热	3

续表

矿　　　　种	费　率(%)
油页岩	2
铁、锰、铬、钒、钛	2
铜、铅、锌、铝土矿、镍、钴、钨、锡、铋、钼、汞、锑、镁	2
金、银、铂、钯、钌、锇、铱、铑	4
铌、钽、铍、锂、锆、锶、铷、铯	3
镧、铈、镨、钕、钐、铕、钇、钆、铽、镝、钬、铒、铥、镱、镥	3
离子型稀土	4
钪、锗、镓、铟、铊、铪、铼、镉、硒、碲	3
宝石、玉石、宝石级金刚石	4
石墨、磷、自然硫、硫铁矿、钾盐、硼、水晶(压电水晶、熔炼水晶、光学水晶、工艺水晶)、刚玉、蓝晶石、硅线石、红柱石、硅灰石、钠硝石、滑石、石棉、蓝石棉、云母、长石、石榴子石、叶腊石、透辉石、透闪石、蛭石、沸石、明矾石、芒硝(含钙芒硝)	2
金刚石、石膏、硬石膏、重晶石、毒重石、天然碱、方解石、冰洲石、菱镁矿、萤石(普通萤石、光学萤石)、黄玉、电气石、玛瑙、颜料矿物(赭石、颜料黄土)、石灰岩(电石用灰岩、制碱用灰岩、化肥用灰岩、熔剂用灰岩、玻璃用灰岩、水泥用灰岩、建筑石料用灰岩、制灰用灰岩、饰面用灰岩)、泥灰岩、白垩、含钾岩石、白云岩(冶金用白云岩、化肥用白云岩、玻璃用白云岩、建筑用白云岩)、石英岩(冶金用石英岩、玻璃用石英岩、化肥用石英岩)、砂岩(冶金用砂岩、玻璃用砂岩、水泥配料用砂岩、砖瓦用砂岩、化肥用砂岩、铸型用砂岩、陶瓷用砂岩)、天然石英砂(玻璃用砂、铸型用砂、建筑用砂、水泥配料用砂、水泥标准砂、砖瓦用砂)、脉石英(冶金用脉石英、玻璃用脉石英)、粉石英、天然油石、含钾砂页岩、硅藻土、页岩(陶粒页岩、砖瓦用页岩、水泥配料用页岩)、高岭土、陶瓷土、耐火粘土、凹凸棒石粘土、海泡石粘土、伊利石粘土、累托石粘土、膨润土、铁矾土、其他粘土(铸型用粘土、砖瓦用粘土、陶粒用粘土、水泥配料用粘土、水泥配料用红土、水泥配料用黄土、水泥配料用泥岩、保温材料用粘土)、橄榄岩(化肥用橄榄岩、建筑用橄榄岩)、蛇纹岩(化肥用蛇纹岩、熔剂用蛇纹岩、饰面用蛇纹岩)、玄武岩(铸石用玄武岩、岩棉用玄武岩)、辉绿岩(水泥用辉绿岩、铸石用辉绿岩、饰面用辉绿岩、建筑用辉绿岩)、安山岩(饰面用安山岩、建筑用安山岩、水泥混合材用安山玢岩)、闪长岩(水泥混合材用闪长玢岩、建筑用闪长岩)、花岗岩(建筑用花岗岩、饰面用花岗岩)、麦饭石、珍珠岩、黑曜岩、松脂岩、浮石、粗面岩(水泥用粗面岩、铸石用粗面岩)、霞石正长岩、凝灰岩(玻璃用凝灰岩、水泥用凝灰岩、建筑用凝灰岩)、火山灰、火山渣、大理岩(饰面用大理岩、建筑用大理岩、水泥用大理岩、玻璃用大理岩)、板岩(饰面用板岩、水泥配料用板岩)、片麻岩、角闪岩、泥炭、镁盐、碘、溴、砷。	2
湖盐、岩盐、天然卤水	0.5
二氧化碳气、硫化氢气、氦气、氡气	3
矿泉水	4
地下水	费率及征收管理办法由国务院另行规定

国务院关于印发矿产资源权益金制度改革方案的通知

·2017年4月13日
·国发〔2017〕29号

现将《矿产资源权益金制度改革方案》印发给你们，请认真贯彻执行。

矿产资源权益金制度改革方案

为落实党中央、国务院决策部署，更好地发挥矿产资源税费制度对维护国家权益、调节资源收益、筹集财政收入的重要作用，推进生态文明领域国家治理体系和治理能力现代化，现就矿产资源权益金制度改革制定以下方案。

一、总体要求

（一）指导思想。全面贯彻党的十八大和十八届三中、四中、五中、六中全会精神，深入贯彻习近平总书记系列重要讲话精神和治国理政新理念新思想新战略，认真落实党中央、国务院决策部署，统筹推进“五位一体”总体布局和协调推进“四个全面”战略布局，坚持稳中求进工作总基调，牢固树立和贯彻落实新发展理念，适应把握引领经济发展新常态，按照《生态文明体制改革总体方案》要求，坚持以推进供给侧结构性改革为主线，以维护和实现国家矿产资源权益为重点，以营造公平的矿业市场竞争环境为目的，建立符合我国特点的新型矿产资源权益金制度。

（二）基本原则。一是坚持维护国家矿产资源权益，完善矿产资源税费制度，推进矿业权竞争性出让，营造公平竞争的市场环境，合理调节矿产资源收入，有效遏制私挖乱采、贱卖资源行为。二是坚持落实矿业企业责任，督促企业高效利用资源、治理恢复环境，促进资源集约节约利用，同时按照“放管服”改革要求，加强事中事后监管，维护企业合法权益。三是坚持稳定中央和地方财力格局，兼顾矿产资源国家所有与矿产地利益，合理确定中央与地方矿产资源收入分配比例。

二、主要措施

（一）*在矿业权出让环节，将探矿权采矿权价款调整为矿业权出让收益*。将现行只对国家出资探明矿产地收取、反映国家投资收益的探矿权采矿权价款，调整为适用于所有国家出让矿业权、体现国家所有者权益的矿业权出让收益。以拍卖、挂牌方式出让的，竞得人报价金额为矿业权出让收益；以招标方式出让的，依据招标条件，综合择优确定竞得人，并将其报价金额确定为矿业权出让收益。以协议方式出让的，矿业权出让收益按照评估价值、类似条件的市场基准价就高确定。矿业权出让收益在出让时一次性确定，以货币资金方式支付，可以分期缴纳。具体征收办法由财政部会同国土资源部另行制定。同时，加快推进矿业权出让制度改革，实现与矿产资源权益金制度有机衔接。全面实现矿业权竞争性出让，严格限制协议出让行为，合理调整矿业权审批权限。

矿业权出让收益中央与地方分享比例确定为4∶6，兼顾矿产资源国家所有与矿产地利益，保持现有中央和地方财力格局总体稳定，与我国矿产资源主要集中在中西部地区的国情相适应，同时有效抑制私挖乱采、贱卖资源行为。

（二）*在矿业权占有环节，将探矿权采矿权使用费整合为矿业权占用费*。将现行主要依据占地面积、单位面积按年定额征收的探矿权采矿权使用费，整合为根据矿产品价格变动情况和经济发展需要实行动态调整的矿业权占用费，有效防范矿业权市场中的“跑马圈地”、“圈而不探”行为，提高矿产资源利用效率。

矿业权占用费中央与地方分享比例确定为2∶8，不再实行探矿权采矿权使用费按照登记机关分级征收的办法。具体办法由财政部会同国土资源部制定。

（三）*在矿产开采环节，组织实施资源税改革*。贯彻落实党中央、国务院决策部署，做好资源税改革组织实施工作，对绝大部分矿产资源品目实行从价计征，使资源税与反映市场供求关系的资源价格挂钩，建立税收自动调节机制，增强税收弹性。同时，按照清费立税原则，将矿产资源补偿费并入资源税，取缔违规设立的各项收费基金，改变税费重复、功能交叉状况，规范税费关系。

（四）*在矿山环境治理恢复环节，将矿山环境治理恢复保证金调整为矿山环境治理恢复基金*。按照“放管服”改革的要求，将现行管理方式不一、审批动用程序复杂的矿山环境治理恢复保证金，调整为管理规范、责权统一、使用便利的矿山环境治理恢复基金，由矿山企业单设会计科目，按照销售收入的一定比例计提，计入企业成本，由企业统筹用于开展矿山环境保护和综合治理。有关部门根据各自职责，加强事中事后监管，建立动态监管机制，督促企业落实矿山环境治理恢复责任。

三、配套政策

（一）将矿业权出让收益、矿业权占用费纳入一般公共预算管理，并按照矿产资源法、物权法、预算法和《国务院关于印发推进财政资金统筹使用方案的通知》（国发〔2015〕35号）等有关规定精神，由各级财政统筹用于地质调查和矿山生态保护修复等方面支出。

（二）取消国有地勘单位探矿权采矿权价款转增国家资本金政策，营造公平竞争的市场环境，维护国家矿产资源权益，推动国有地勘单位加快转型，促进实现市场化运作。已转增国家资本金的探矿权采矿权价款可不再补缴，由国家出资的企业履行国有资本保值增值责任，并接受履行国有资产出资人职责的机构监管。

（三）建立健全矿业权人信用约束机制。建立以企业公示、社会监督、政府抽查、行业自律为主要特点的矿业权人信息公示制度，将矿山环境治理恢复与土地复垦方案、矿产资源税费缴纳情况纳入公示内容，设置违法"黑名单"，形成政府部门协同联动、行业组织自律管理、信用服务机构积极参与、社会舆论广泛监督的治理格局。

四、组织实施

各地区、各有关部门要充分认识矿产资源权益金制度改革的重要性和紧迫性，按照党中央、国务院决策部署，进一步加强对改革工作的组织领导。财政部、国土资源部要牵头建立矿产资源权益金制度改革部际协调机制，强化统筹协调，明确职责分工，会同有关部门抓紧制定矿产资源权益金征收使用的具体管理办法，妥善做好新旧政策的过渡衔接。各省级政府要切实承担起组织推进本地区矿产资源权益金制度改革的主体责任，扎实稳妥推进各项改革。各地区、各有关部门要强化对改革工作的检查指导，及时发现问题、解决问题，确保矿产资源权益金制度改革顺利实施，重大情况及时报告党中央、国务院。

中华人民共和国煤炭法

- 1996 年 8 月 29 日第八届全国人民代表大会常务委员会第二十一次会议通过
- 根据 2009 年 8 月 27 日第十一届全国人民代表大会常务委员会第十次会议《关于修改部分法律的决定》第一次修正
- 根据 2011 年 4 月 22 日第十一届全国人民代表大会常务委员会第二十次会议《关于修改〈中华人民共和国煤炭法〉的决定》第二次修正
- 根据 2013 年 6 月 29 日第十二届全国人民代表大会常务委员会第三次会议《关于修改〈中华人民共和国文物保护法〉等十二部法律的决定》第三次修正
- 根据 2016 年 11 月 7 日第十二届全国人民代表大会常务委员会第二十四次会议《关于修改〈中华人民共和国对外贸易法〉等十二部法律的决定》第四次修正

第一章　总　则

第一条　为了合理开发利用和保护煤炭资源，规范煤炭生产、经营活动，促进和保障煤炭行业的发展，制定本法。

第二条　在中华人民共和国领域和中华人民共和国管辖的其他海域从事煤炭生产、经营活动，适用本法。

第三条　煤炭资源属于国家所有。地表或者地下的煤炭资源的国家所有权，不因其依附的土地的所有权或者使用权的不同而改变。

第四条　国家对煤炭开发实行统一规划、合理布局、综合利用的方针。

第五条　国家依法保护煤炭资源，禁止任何乱采、滥挖破坏煤炭资源的行为。

第六条　国家保护依法投资开发煤炭资源的投资者的合法权益。

国家保障国有煤矿的健康发展。

国家对乡镇煤矿采取扶持、改造、整顿、联合、提高的方针，实行正规合理开发和有序发展。

第七条　煤矿企业必须坚持安全第一、预防为主的安全生产方针，建立健全安全生产的责任制度和群防群治制度。

第八条　各级人民政府及其有关部门和煤矿企业必须采取措施加强劳动保护，保障煤矿职工的安全和健康。

国家对煤矿井下作业的职工采取特殊保护措施。

第九条　国家鼓励和支持在开发利用煤炭资源过程中采用先进的科学技术和管理方法。

煤矿企业应当加强和改善经营管理，提高劳动生产率和经济效益。

第十条　国家维护煤矿矿区的生产秩序、工作秩序，保护煤矿企业设施。

第十一条　开发利用煤炭资源，应当遵守有关环境保护的法律、法规，防治污染和其他公害，保护生态环境。

第十二条　国务院煤炭管理部门依法负责全国煤炭行业的监督管理。国务院有关部门在各自的职责范围内负责煤炭行业的监督管理。

县级以上地方人民政府煤炭管理部门和有关部门依法负责本行政区域内煤炭行业的监督管理。

第十三条　煤炭矿务局是国有煤矿企业，具有独立法人资格。

矿务局和其他具有独立法人资格的煤矿企业、煤炭经营企业依法实行自主经营、自负盈亏、自我约束、自我发展。

第二章　煤炭生产开发规划与煤矿建设

第十四条　国务院煤炭管理部门根据全国矿产资源勘查规划编制全国煤炭资源勘查规划。

第十五条 国务院煤炭管理部门根据全国矿产资源规划规定的煤炭资源，组织编制和实施煤炭生产开发规划。

省、自治区、直辖市人民政府煤炭管理部门根据全国矿产资源规划规定的煤炭资源，组织编制和实施本地区煤炭生产开发规划，并报国务院煤炭管理部门备案。

第十六条 煤炭生产开发规划应当根据国民经济和社会发展的需要制定，并纳入国民经济和社会发展计划。

第十七条 国家制定优惠政策，支持煤炭工业发展，促进煤矿建设。

煤矿建设项目应当符合煤炭生产开发规划和煤炭产业政策。

第十八条 煤矿建设使用土地，应当依照有关法律、行政法规的规定办理。征收土地的，应当依法支付土地补偿费和安置补偿费，做好迁移居民的安置工作。

煤矿建设应当贯彻保护耕地、合理利用土地的原则。

地方人民政府对煤矿建设依法使用土地和迁移居民，应当给予支持和协助。

第十九条 煤矿建设应当坚持煤炭开发与环境治理同步进行。煤矿建设项目的环境保护设施必须与主体工程同时设计、同时施工、同时验收、同时投入使用。

第三章 煤炭生产与煤矿安全

第二十条 煤矿投入生产前，煤矿企业应当依照有关安全生产的法律、行政法规的规定取得安全生产许可证。未取得安全生产许可证的，不得从事煤炭生产。

第二十一条 对国民经济具有重要价值的特殊煤种或者稀缺煤种，国家实行保护性开采。

第二十二条 开采煤炭资源必须符合煤矿开采规程，遵守合理的开采顺序，达到规定的煤炭资源回采率。

煤炭资源回采率由国务院煤炭管理部门根据不同的资源和开采条件确定。

国家鼓励煤矿企业进行复采或者开采边角残煤和极薄煤。

第二十三条 煤矿企业应当加强煤炭产品质量的监督检查和管理。煤炭产品质量应当按照国家标准或者行业标准分等论级。

第二十四条 煤炭生产应当依法在批准的开采范围内进行，不得超越批准的开采范围越界、越层开采。

采矿作业不得擅自开采保安煤柱，不得采用可能危及相邻煤矿生产安全的决水、爆破、贯通巷道等危险方法。

第二十五条 因开采煤炭压占土地或者造成地表土地塌陷、挖损，由采矿者负责进行复垦，恢复到可供利用的状态；造成他人损失的，应当依法给予补偿。

第二十六条 关闭煤矿和报废矿井，应当依照有关法律、法规和国务院煤炭管理部门的规定办理。

第二十七条 国家建立煤矿企业积累煤矿衰老期转产资金的制度。

国家鼓励和扶持煤矿企业发展多种经营。

第二十八条 国家提倡和支持煤矿企业和其他企业发展煤电联产、炼焦、煤化工、煤建材等，进行煤炭的深加工和精加工。

国家鼓励煤矿企业发展煤炭洗选加工，综合开发利用煤层气、煤矸石、煤泥、石煤和泥炭。

第二十九条 国家发展和推广洁净煤技术。

国家采取措施取缔土法炼焦。禁止新建土法炼焦窑炉；现有的土法炼焦限期改造。

第三十条 县级以上各级人民政府及其煤炭管理部门和其他有关部门，应当加强对煤矿安全生产工作的监督管理。

第三十一条 煤矿企业的安全生产管理，实行矿务局长、矿长负责制。

第三十二条 矿务局长、矿长及煤矿企业的其他主要负责人必须遵守有关矿山安全的法律、法规和煤炭行业安全规章、规程，加强对煤矿安全生产工作的管理，执行安全生产责任制度，采取有效措施，防止伤亡和其他安全生产事故的发生。

第三十三条 煤矿企业应当对职工进行安全生产教育、培训；未经安全生产教育、培训的，不得上岗作业。

煤矿企业职工必须遵守有关安全生产的法律、法规、煤炭行业规章、规程和企业规章制度。

第三十四条 在煤矿井下作业中，出现危及职工生命安全并无法排除的紧急情况时，作业现场负责人或者安全管理人员应当立即组织职工撤离危险现场，并及时报告有关方面负责人。

第三十五条 煤矿企业工会发现企业行政方面违章指挥、强令职工冒险作业或者生产过程中发现明显重大事故隐患，可能危及职工生命安全的情况，有权提出解决问题的建议，煤矿企业行政方面必须及时作出处理决定。企业行政方面拒不处理的，工会有权提出批评、检举和控告。

第三十六条 煤矿企业必须为职工提供保障安全生产所需的劳动保护用品。

第三十七条 煤矿企业应当依法为职工参加工伤保险缴纳工伤保险费。鼓励企业为井下作业职工办理意外伤害保险，支付保险费。

第三十八条 煤矿企业使用的设备、器材、火工产品和安全仪器,必须符合国家标准或者行业标准。

第四章 煤炭经营

第三十九条 煤炭经营企业从事煤炭经营,应当遵守有关法律、法规的规定,改善服务,保障供应。禁止一切非法经营活动。

第四十条 煤炭经营应当减少中间环节和取消不合理的中间环节,提倡有条件的煤矿企业直销。

煤炭用户和煤炭销区的煤炭经营企业有权直接从煤矿企业购进煤炭。在煤炭产区可以组成煤炭销售、运输服务机构,为中小煤矿办理经销、运输业务。

禁止行政机关违反国家规定擅自设立煤炭供应的中间环节和额外加收费用。

第四十一条 从事煤炭运输的车站、港口及其他运输企业不得利用其掌握的运力作为参与煤炭经营、谋取不正当利益的手段。

第四十二条 国务院物价行政主管部门会同国务院煤炭管理部门和有关部门对煤炭的销售价格进行监督管理。

第四十三条 煤矿企业和煤炭经营企业供应用户的煤炭质量应当符合国家标准或者行业标准,质级相符,质价相符。用户对煤炭质量有特殊要求的,由供需双方在煤炭购销合同中约定。

煤矿企业和煤炭经营企业不得在煤炭中掺杂、掺假,以次充好。

第四十四条 煤矿企业和煤炭经营企业供应用户的煤炭质量不符合国家标准或者行业标准,或者不符合合同约定,或者质级不符、质价不符,给用户造成损失的,应当依法给予赔偿。

第四十五条 煤矿企业、煤炭经营企业、运输企业和煤炭用户应当依照法律、国务院有关规定或者合同约定供应、运输和接卸煤炭。

运输企业应当将承运的不同质量的煤炭分装、分堆。

第四十六条 煤炭的进出口依照国务院的规定,实行统一管理。

具备条件的大型煤矿企业经国务院对外经济贸易主管部门依法许可,有权从事煤炭出口经营。

第四十七条 煤炭经营管理办法,由国务院依照本法制定。

第五章 煤矿矿区保护

第四十八条 任何单位或者个人不得危害煤矿矿区的电力、通讯、水源、交通及其他生产设施。

禁止任何单位和个人扰乱煤矿矿区的生产秩序和工作秩序。

第四十九条 对盗窃或者破坏煤矿矿区设施、器材及其他危及煤矿矿区安全的行为,一切单位和个人都有权检举、控告。

第五十条 未经煤矿企业同意,任何单位或者个人不得在煤矿企业依法取得土地使用权的有效期间内在该土地上种植、养殖、取土或者修建建筑物、构筑物。

第五十一条 未经煤矿企业同意,任何单位或者个人不得占用煤矿企业的铁路专用线、专用道路、专用航道、专用码头、电力专用线、专用供水管路。

第五十二条 任何单位或者个人需要在煤矿采区范围内进行可能危及煤矿安全的作业时,应当经煤矿企业同意,报煤炭管理部门批准,并采取安全措施后,方可进行作业。

在煤矿矿区范围内需要建设公用工程或者其他工程的,有关单位应当事先与煤矿企业协商并达成协议后,方可施工。

第六章 监督检查

第五十三条 煤炭管理部门和有关部门依法对煤矿企业和煤炭经营企业执行煤炭法律、法规的情况进行监督检查。

第五十四条 煤炭管理部门和有关部门的监督检查人员应当熟悉煤炭法律、法规,掌握有关煤炭专业技术,公正廉洁,秉公执法。

第五十五条 煤炭管理部门和有关部门的监督检查人员进行监督检查时,有权向煤矿企业、煤炭经营企业或者用户了解有关执行煤炭法律、法规的情况,查阅有关资料,并有权进入现场进行检查。

煤矿企业、煤炭经营企业和用户对依法执行监督检查任务的煤炭管理部门和有关部门的监督检查人员应当提供方便。

第五十六条 煤炭管理部门和有关部门的监督检查人员对煤矿企业和煤炭经营企业违反煤炭法律、法规的行为,有权要求其依法改正。

煤炭管理部门和有关部门的监督检查人员进行监督检查时,应当出示证件。

第七章 法律责任

第五十七条 违反本法第二十二条的规定,开采煤炭资源未达到国务院煤炭管理部门规定的煤炭资源回采率的，由煤炭管理部门责令限期改正；逾期仍达不到规定的回采率的，责令停止生产。

第五十八条 违反本法第二十四条的规定，擅自开采保安煤柱或者采用危及相邻煤矿生产安全的危险方法进行采矿作业的，由劳动行政主管部门会同煤炭管理部门责令停止作业；由煤炭管理部门没收违法所得，并处违法所得一倍以上五倍以下的罚款；构成犯罪的，由司法机关依法追究刑事责任；造成损失的，依法承担赔偿责任。

第五十九条 违反本法第四十三条的规定，在煤炭产品中掺杂、掺假，以次充好的，责令停止销售，没收违法所得，并处违法所得一倍以上五倍以下的罚款；构成犯罪的，由司法机关依法追究刑事责任。

第六十条 违反本法第五十条的规定，未经煤矿企业同意，在煤矿企业依法取得土地使用权的有效期间内在该土地上修建建筑物、构筑物的，由当地人民政府动员拆除；拒不拆除的，责令拆除。

第六十一条 违反本法第五十一条的规定，未经煤矿企业同意，占用煤矿企业的铁路专用线、专用道路、专用航道、专用码头、电力专用线、专用供水管路的，由县级以上地方人民政府责令限期改正；逾期不改正的，强制清除，可以并处五万元以下的罚款；造成损失的，依法承担赔偿责任。

第六十二条 违反本法第五十二条的规定，未经批准或者未采取安全措施，在煤矿采区范围内进行危及煤矿安全作业的，由煤炭管理部门责令停止作业，可以并处五万元以下的罚款；造成损失的，依法承担赔偿责任。

第六十三条 有下列行为之一的，由公安机关依照治安管理处罚法的有关规定处罚；构成犯罪的，由司法机关依法追究刑事责任：

（一）阻碍煤矿建设，致使煤矿建设不能正常进行的；

（二）故意损坏煤矿矿区的电力、通讯、水源、交通及其他生产设施的；

（三）扰乱煤矿矿区秩序，致使生产、工作不能正常进行的；

（四）拒绝、阻碍监督检查人员依法执行职务的。

第六十四条 煤矿企业的管理人员违章指挥、强令职工冒险作业，发生重大伤亡事故的，依照刑法有关规定追究刑事责任。

第六十五条 煤矿企业的管理人员对煤矿事故隐患不采取措施予以消除，发生重大伤亡事故的，依照刑法有关规定追究刑事责任。

第六十六条 煤炭管理部门和有关部门的工作人员玩忽职守、徇私舞弊、滥用职权的，依法给予行政处分；构成犯罪的，由司法机关依法追究刑事责任。

第八章 附 则

第六十七条 本法自1996年12月1日起施行。

乡镇煤矿管理条例

·1994年12月20日中华人民共和国国务院令第169号发布
·根据2013年7月18日《国务院关于废止和修改部分行政法规的决定》修订

第一章 总 则

第一条 为了加强乡镇煤矿的行业管理，促进乡镇煤矿的健康发展，制定本条例。

第二条 本条例所称乡镇煤矿，是指在乡（镇）、村开办的集体煤矿企业、私营煤矿企业以及除国有煤矿企业和外商投资煤矿企业以外的其他煤矿企业。

第三条 煤炭资源属于国家所有。地表或者地下的煤炭资源的国家所有权，不因其所依附的土地的所有权或者使用权的不同而改变。

国家对煤炭资源的开发利用实行统一规划、合理布局的方针。

第四条 乡镇煤矿开采煤炭资源，必须依照有关法律、法规的规定，申请领取采矿许可证和安全生产许可证。

第五条 国家扶持、指导和帮助乡镇煤矿的发展。

县级以上地方人民政府应当加强对乡镇煤矿的管理，依法维护乡镇煤矿的生产秩序，保护乡镇煤矿的合法权益；对发展乡镇煤矿作出显著成绩的单位和个人给予奖励。

第六条 乡镇煤矿开采煤炭资源，应当遵循开发与保护并重的原则，依法办矿，安全生产，文明生产。

第七条 国务院煤炭工业主管部门和县级以上地方人民政府负责管理煤炭工业的部门是乡镇煤矿的行业管理部门（以下统称煤炭工业主管部门）。

煤炭工业行业管理的任务是统筹规划、组织协调、提供服务、监督检查。

第二章 资源与规划

第八条 国务院煤炭工业主管部门和省、自治区、直辖市人民政府根据全国矿产资源规划编制行业开发规划和地区开发规划时，应当合理划定乡镇煤矿开采的煤炭资源范围。

第九条 未经国务院煤炭工业主管部门批准，乡镇煤矿不得开采下列煤炭资源：

（一）国家规划煤炭矿区；

（二）对国民经济具有重要价值的煤炭矿区；

（三）国家规定实行保护性开采的稀缺煤种；

（四）重要河流、堤坝和大型水利工程设施下的保安煤柱；

（五）铁路、重要公路和桥梁下的保安煤柱；

（六）重要工业区、重要工程设施、机场、国防工程设施下的保安煤柱；

（七）不能移动的国家重点保护的历史文物、名胜古迹和国家划定的自然保护区、重要风景区下的保安煤柱；

（八）正在建设或者正在开采的矿井的保安煤柱。

第十条 乡镇煤矿在国有煤矿企业矿区范围内开采边缘零星资源，必须征得该国有煤矿企业同意，并经其上级主管部门批准。

乡镇煤矿开采前款规定的煤炭资源，必须与国有煤矿企业签订合理开发利用煤炭资源和维护矿山安全的协议，不得浪费、破坏煤炭资源，影响国有煤矿企业的生产安全。

第十一条 国家重点建设工程需要占用乡镇煤矿的生产井田时，占用单位应当按照国家有关规定给予合理补偿；但是，对违法开办的乡镇煤矿，不予补偿。

第三章 办矿与生产

第十二条 开办乡镇煤矿，必须具备下列条件：

（一）符合国家煤炭工业发展规划；

（二）有经依法批准可供开采的、无争议的煤炭资源；

（三）有与所建矿井生产规模相适应的资金、技术装备和技术人才；

（四）有经过批准的采矿设计或者开采方案；

（五）有符合国家规定的安全生产措施和环境保护措施；

（六）办矿负责人经过技术培训，并持有矿长资格证书；

（七）法律、法规规定的其他条件。

第十三条 申请开办乡镇煤矿，由资源所在地的县级人民政府负责管理煤炭工业的部门审查申请人的办矿条件。

申请开办乡镇煤矿，其矿区范围跨 2 个县级以上行政区域的，由其共同的上一级人民政府负责管理煤炭工业的部门审查申请人的办矿条件。

经审查符合办矿条件的，申请人应当凭煤炭工业主管部门审查同意的文件，依照有关法律、法规的规定，办理采矿登记手续，领取采矿许可证。

第十四条 乡镇煤矿建成投产前，应当按照国务院关于安全生产许可证管理的规定，申请领取安全生产许可证。

未取得安全生产许可证的乡镇煤矿，不得进行煤炭生产。

第十五条 乡镇煤矿开采煤炭资源，应当采用合理的开采顺序和科学的采矿方法，提高资源回采率和综合利用率，防止资源的浪费。

第十六条 乡镇煤矿应当按照矿井当年的实际产量提取维简费。维简费的提取标准和使用范围按照国家有关规定执行。

第四章 安全与管理

第十七条 乡镇煤矿应当按照国家有关矿山安全的法律、法规和煤炭行业安全规程、技术规范的要求，建立、健全各级安全生产责任制和安全规章制度。

第十八条 县级、乡级人民政府应当加强对乡镇煤矿安全生产工作的监督管理，保证煤矿生产的安全。

乡镇煤矿的矿长和办矿单位的主要负责人，应当加强对煤矿安全生产工作的领导，落实安全生产责任制，采取各种有效措施，防止生产事故的发生。

第十九条 国务院煤炭工业主管部门和县级以上地方人民政府负责管理煤炭工业的部门，应当有计划地对乡镇煤矿的职工进行安全教育和技术培训。

县级以上人民政府负责管理煤炭工业的部门对矿长考核合格后，应当颁发矿长资格证书。

县级以上人民政府负责管理煤炭工业的部门对瓦斯检验工、采煤机司机等特种作业人员按照国家有关规定考核合格后，应当颁发操作资格证书。

第二十条 乡镇煤矿发生伤亡事故，应当按照有关法律、行政法规的规定，及时如实地向上一级人民政府、煤炭工业主管部门及其他有关主管部门报告，并立即采取有效措施，做好救护工作。

第二十一条 乡镇煤矿应当及时测绘井上下工程对照图、采掘工程平面图和通风系统图，并定期向原审查办矿条件的煤炭工业主管部门报送图纸，接受其监督、检查。

第二十二条 乡镇煤矿进行采矿作业，不得采用可能危及相邻煤矿生产安全的决水、爆破、贯通巷道等危险方法。

第二十三条　乡镇煤矿依照有关法律、法规的规定办理关闭矿山手续时，应当向原审查办矿条件的煤炭工业主管部门提交有关采掘工程、不安全隐患等资料。

第二十四条　县级以上人民政府劳动行政主管部门负责对乡镇煤矿安全工作的监督，并有权对取得矿长资格证书的矿长进行抽查。

第五章　罚　则

第二十五条　违反法律、法规关于矿山安全的规定，造成人身伤亡或者财产损失的，依照有关法律、法规的规定给予处罚。

第二十六条　违反本条例规定，有下列情形之一的，由原审查办矿条件的煤炭工业主管部门，根据情节轻重，给予警告、5万元以下的罚款、没收违法所得或者责令停产整顿：

（一）未经煤炭工业主管部门审查同意，擅自开办乡镇煤矿的；

（二）未按照规定向煤炭工业主管部门报送有关图纸资料的。

第二十七条　违反本条例规定，有下列情形之一的，由国务院煤炭工业主管部门或者由其授权的省、自治区、直辖市人民政府煤炭工业主管部门，根据情节轻重，分别给予警告、5万元以下的罚款、没收违法所得或者责令停止开采：

（一）未经国务院煤炭工业主管部门批准，擅自进入国家规划煤炭矿区、对国民经济具有重要价值的煤炭矿区采矿的，或者擅自开采国家规定实行保护性开采的稀缺煤种的；

（二）未经国有煤矿企业的上级主管部门批准，擅自开采国有煤矿企业矿区范围内边缘零星资源的。

第二十八条　县级以上人民政府劳动行政主管部门经抽查发现取得矿长资格证书的矿长不合格的，应当责令限期达到规定条件；逾期仍不合格的，提请本级人民政府决定责令其所在煤矿停产。

第二十九条　煤炭工业主管部门违反本条例规定，有下列情形之一的，对负有直接责任的主管人员和其他直接责任人员给予行政处分：

（一）符合开办乡镇煤矿的条件不予审查同意的，或者不符合条件予以同意的；

（二）符合矿长任职资格不予颁发矿长资格证书的，或者不符合矿长任职资格予以颁发矿长资格证书的。

第三十条　依照本条例第二十六条、第二十七条规定取得的罚没收入，应当全部上缴国库。

第六章　附　则

第三十一条　国务院煤炭工业主管部门可以根据本条例制定实施办法。

第三十二条　本条例自发布之日起施行。

矿产资源勘查区块登记管理办法

· 1998年2月12日中华人民共和国国务院令第240号发布
· 根据2014年7月29日《国务院关于修改部分行政法规的决定》修订

第一条　为了加强对矿产资源勘查的管理，保护探矿权人的合法权益，维护矿产资源勘查秩序，促进矿业发展，根据《中华人民共和国矿产资源法》，制定本办法。

第二条　在中华人民共和国领域及管辖的其他海域勘查矿产资源，必须遵守本办法。

第三条　国家对矿产资源勘查实行统一的区块登记管理制度。矿产资源勘查工作区范围以经纬度1′×1′划分的区块为基本单位区块。每个勘查项目允许登记的最大范围：

（一）矿泉水为10个基本单位区块；

（二）金属矿产、非金属矿产、放射性矿产为40个基本单位区块；

（三）地热、煤、水气矿产为200个基本单位区块；

（四）石油、天然气矿产为2500个基本单位区块。

第四条　勘查下列矿产资源，由国务院地质矿产主管部门审批登记，颁发勘查许可证：

（一）跨省、自治区、直辖市的矿产资源；

（二）领海及中国管辖的其他海域的矿产资源；

（三）外商投资勘查的矿产资源；

（四）本办法附录所列的矿产资源。

勘查石油、天然气矿产的，经国务院指定的机关审查同意后，由国务院地质矿产主管部门登记，颁发勘查许可证。

勘查下列矿产资源，由省、自治区、直辖市人民政府地质矿产主管部门审批登记，颁发勘查许可证，并应当自发证之日起10日内，向国务院地质矿产主管部门备案：

（一）本条第一款、第二款规定以外的矿产资源；

（二）国务院地质矿产主管部门授权省、自治区、直辖市人民政府地质矿产主管部门审批登记的矿产资源。

第五条　勘查出资人为探矿权申请人；但是，国家出资勘查的，国家委托勘查的单位为探矿权申请人。

第六条　探矿权申请人申请探矿权时，应当向登记管理机关提交下列资料：

（一）申请登记书和申请的区块范围图；

（二）勘查单位的资格证书复印件；

（三）勘查工作计划、勘查合同或者委托勘查的证明文件；

（四）勘查实施方案及附件；

（五）勘查项目资金来源证明；

（六）国务院地质矿产主管部门规定提交的其他资料。

申请勘查石油、天然气的，还应当提交国务院批准设立石油公司或者同意进行石油、天然气勘查的批准文件以及勘查单位法人资格证明。

第七条　申请石油、天然气滚动勘探开发的，应当向登记管理机关提交下列资料，经批准，办理登记手续，领取滚动勘探开发的采矿许可证：

（一）申请登记书和滚动勘探开发矿区范围图；

（二）国务院计划主管部门批准的项目建议书；

（三）需要进行滚动勘探开发的论证材料；

（四）经国务院矿产储量审批机构批准进行石油、天然气滚动勘探开发的储量报告；

（五）滚动勘探开发利用方案。

第八条　登记管理机关应当自收到申请之日起40日内，按照申请在先的原则作出准予登记或者不予登记的决定，并通知探矿权申请人。对申请勘查石油、天然气的，登记管理机关还应当在收到申请后及时予以公告或者提供查询。

登记管理机关应当保证国家地质勘查计划一类项目的登记，具体办法由国务院地质矿产主管部门会同国务院计划主管部门制定。

需要探矿权申请人修改或者补充本办法第六条规定的资料的，登记管理机关应当通知探矿权申请人限期修改或者补充。

准予登记时，探矿权申请人应当自收到通知之日起30日内，依照本办法第十二条的规定缴纳探矿权使用费，并依照本办法第十三条的规定缴纳国家出资勘查形成的探矿权价款，办理登记手续，领取勘查许可证，成为探矿权人。

不予登记的，登记管理机关应当向探矿权申请人说明理由。

第九条　禁止任何单位和个人进入他人依法取得探矿权的勘查作业区内进行勘查或者采矿活动。

探矿权人与采矿权人对勘查作业区范围和矿区范围发生争议的，由当事人协商解决；协商不成的，由发证的登记管理机关中级别高的登记管理机关裁决。

第十条　勘查许可证有效期最长为3年；但是，石油、天然气勘查许可证有效期最长为7年。需要延长勘查工作时间的，探矿权人应当在勘查许可证有效期届满的30日前，到登记管理机关办理延续登记手续，每次延续时间不得超过2年。

探矿权人逾期不办理延续登记手续的，勘查许可证自行废止。

石油、天然气滚动勘探开发的采矿许可证有效期最长为15年；但是，探明储量的区块，应当申请办理采矿许可证。

第十一条　登记管理机关应当自颁发勘查许可证之日起10日内，将登记发证项目的名称、探矿权人、区块范围和勘查许可证期限等事项，通知勘查项目所在地的县级人民政府负责地质矿产管理工作的部门。

登记管理机关对勘查区块登记发证情况，应当定期予以公告。

第十二条　国家实行探矿权有偿取得的制度。探矿权使用费以勘查年度计算，逐年缴纳。

探矿权使用费标准：第一个勘查年度至第三个勘查年度，每平方公里每年缴纳100元；从第四个勘查年度起，每平方公里每年增加100元，但是最高不得超过每平方公里每年500元。

第十三条　申请国家出资勘查并已经探明矿产地的区块的探矿权的，探矿权申请人除依照本办法第十二条的规定缴纳探矿权使用费外，还应当缴纳国家出资勘查形成的探矿权价款；探矿权价款按照国家有关规定，可以一次缴纳，也可以分期缴纳。

国家出资勘查形成的探矿权价款，由具有矿业权评估资质的评估机构进行评估；评估报告报登记管理机关备案。

第十四条　探矿权使用费和国家出资勘查形成的探矿权价款，由登记管理机关收取，全部纳入国家预算管理。具体管理、使用办法，由国务院地质矿产主管部门会同国务院财政部门、计划主管部门制定。

第十五条　有下列情形之一的，由探矿权人提出申请，经登记管理机关按照国务院地质矿产主管部门会同国务院财政部门制定的探矿权使用费和探矿权价款的减免办法审查批准，可以减缴、免缴探矿权使用费和探矿权价款：

（一）国家鼓励勘查的矿种；

（二）国家鼓励勘查的区域；

（三）国务院地质矿产主管部门会同国务院财政部门规定的其他情形。

第十六条　探矿权可以通过招标投标的方式有偿取得。

登记管理机关依照本办法第四条规定的权限确定招标区块，发布招标公告，提出投标要求和截止日期；但是，对境外招标的区块由国务院地质矿产主管部门确定。

登记管理机关组织评标，采取择优原则确定中标人。中标人缴纳本办法第十二条、第十三条规定的费用后，办理登记手续，领取勘查许可证，成为探矿权人，并履行标书中承诺的义务。

第十七条　探矿权人应当自领取勘查许可证之日起，按照下列规定完成最低勘查投入：

（一）第一个勘查年度，每平方公里2000元；

（二）第二个勘查年度，每平方公里5000元；

（三）从第三个勘查年度起，每个勘查年度每平方公里1万元。

探矿权人当年度的勘查投入高于最低勘查投入标准的，高于的部分可以计入下一个勘查年度的勘查投入。

因自然灾害等不可抗力的原因，致使勘查工作不能正常进行的，探矿权人应当自恢复正常勘查工作之日起30日内，向登记管理机关提交申请核减相应的最低勘查投入的报告；登记管理机关应当自收到报告之日起30日内予以批复。

第十八条　探矿权人应当自领取勘查许可证之日起6个月内开始施工；在开始勘查工作时，应当向勘查项目所在地的县级人民政府负责地质矿产管理工作的部门报告，并向登记管理机关报告开工情况。

第十九条　探矿权人在勘查许可证有效期内进行勘查时，发现符合国家边探边采规定要求的复杂类型矿床的，可以申请开采，经登记管理机关批准，办理采矿登记手续。

第二十条　探矿权人在勘查石油、天然气等流体矿产期间，需要试采的，应当向登记管理机关提交试采申请，经批准后可以试采1年；需要延长试采时间的，必须办理登记手续。

第二十一条　探矿权人在勘查许可证有效期内探明可供开采的矿体后，经登记管理机关批准，可以停止相应区块的最低勘查投入，并可以在勘查许可证有效期届满的30日前，申请保留探矿权。但是，国家为了公共利益或者因技术条件暂时难以利用等情况，需要延期开采的除外。

保留探矿权的期限，最长不得超过2年，需要延长保留期的，可以申请延长2次，每次不得超过2年；保留探矿权的范围为可供开采的矿体范围。

在停止最低勘查投入期间或者探矿权保留期间，探矿权人应当依照本办法的规定，缴纳探矿权使用费。

探矿权保留期届满，勘查许可证应当予以注销。

第二十二条　有下列情形之一的，探矿权人应当在勘查许可证有效期内，向登记管理机关申请变更登记：

（一）扩大或者缩小勘查区块范围的；

（二）改变勘查工作对象的；

（三）经依法批准转让探矿权的；

（四）探矿权人改变名称或者地址的。

第二十三条　探矿权延续登记和变更登记，其勘查年度、探矿权使用费和最低勘查投入连续计算。

第二十四条　有下列情形之一的，探矿权人应当在勘查许可证有效期内，向登记管理机关递交勘查项目完成报告或者勘查项目终止报告，报送资金投入情况报表和有关证明文件，由登记管理机关核定其实际勘查投入后，办理勘查许可证注销登记手续：

（一）勘查许可证有效期届满，不办理延续登记或者不申请保留探矿权的；

（二）申请采矿权的；

（三）因故需要撤销勘查项目的。

自勘查许可证注销之日起90日内，原探矿权人不得申请已经注销的区块范围内的探矿权。

第二十五条　登记管理机关需要调查勘查投入、勘查工作进展情况，探矿权人应当如实报告并提供有关资料，不得虚报、瞒报，不得拒绝检查。

对探矿权人要求保密的申请登记资料、勘查工作成果资料和财务报表，登记管理机关应当予以保密。

第二十六条　违反本办法规定，未取得勘查许可证擅自进行勘查工作的，超越批准的勘查区块范围进行勘查工作的，由县级以上人民政府负责地质矿产管理工作的部门按照国务院地质矿产主管部门规定的权限，责令停止违法行为，予以警告，可以并处10万元以下的罚款。

第二十七条　违反本办法规定，未经批准，擅自进行滚动勘探开发、边探边采或者试采的，由县级以上人民政府负责地质矿产管理工作的部门按照国务院地质矿产主管部门规定的权限，责令停止违法行为，予以警告，没收违法所得，可以并处10万元以下的罚款。

第二十八条 违反本办法规定，擅自印制或者伪造、冒用勘查许可证的，由县级以上人民政府负责地质矿产管理工作的部门按照国务院地质矿产主管部门规定的权限，没收违法所得，可以并处10万元以下的罚款；构成犯罪的，依法追究刑事责任。

第二十九条 违反本办法规定，有下列行为之一的，由县级以上人民政府负责地质矿产管理工作的部门按照国务院地质矿产主管部门规定的权限，责令限期改正；逾期不改正的，处5万元以下的罚款；情节严重的，原发证机关可以吊销勘查许可证：

（一）不按照本办法的规定备案、报告有关情况、拒绝接受监督检查或者弄虚作假的；

（二）未完成最低勘查投入的；

（三）已经领取勘查许可证的勘查项目，满6个月未开始施工，或者施工后无故停止勘查工作满6个月的。

第三十条 违反本办法规定，不办理勘查许可证变更登记或者注销登记手续的，由登记管理机关责令限期改正；逾期不改正的，由原发证机关吊销勘查许可证。

第三十一条 违反本办法规定，不按期缴纳本办法规定应当缴纳的费用的，由登记管理机关责令限期缴纳，并从滞纳之日起每日加收2‰的滞纳金；逾期仍不缴纳的，由原发证机关吊销勘查许可证。

第三十二条 违反本办法规定勘查石油、天然气矿产的，由国务院地质矿产主管部门按照本办法的有关规定给予行政处罚。

第三十三条 探矿权人被吊销勘查许可证的，自勘查许可证被吊销之日起6个月内，不得再申请探矿权。

第三十四条 登记管理机关工作人员徇私舞弊、滥用职权、玩忽职守，构成犯罪的，依法追究刑事责任；尚不构成犯罪的，依法给予行政处分。

第三十五条 勘查许可证由国务院地质矿产主管部门统一印制。申请登记书、变更申请登记书、探矿权保留申请登记书和注销申请登记书的格式，由国务院地质矿产主管部门统一制定。

第三十六条 办理勘查登记手续，应当按照规定缴纳登记费。收费标准和管理、使用办法，由国务院物价主管部门会同国务院地质矿产主管部门、财政部门规定。

第三十七条 外商投资勘查矿产资源的，依照本办法的规定办理；法律、行政法规另有特别规定的，从其规定。

第三十八条 中外合作勘查矿产资源的，中方合作者应当在签订合同后，将合同向原发证机关备案。

第三十九条 本办法施行前已经取得勘查许可证的，由国务院地质矿产主管部门统一组织换领新的勘查许可证。探矿权使用费、最低勘查投入按照重新登记后的第一个勘查年度计算，并可以依照本办法的规定申请减缴、免缴。

第四十条 本办法附录的修改，由国务院地质矿产主管部门报国务院批准后公布。

第四十一条 本办法自发布之日起施行。1987年4月29日国务院发布的《矿产资源勘查登记管理暂行办法》和1987年12月16日国务院批准、石油工业部发布的《石油及天然气勘查、开采登记管理暂行办法》同时废止。

附录：

国务院地质矿产主管部门审批发证矿种目录

1	煤	18	锌
2	石油	19	铝
3	油页岩	20	镍
4	烃类天然气	21	钨
5	二氧化碳气	22	锡
6	煤成（层）气	23	锑
7	地热	24	钼
8	放射性矿产	25	稀土
9	金	26	磷
10	银	27	钾
11	铂	28	硫
12	锰	29	锶
13	铬	30	金刚石
14	钴	31	铌
15	铁	32	钽
16	铜	33	石棉
17	铅	34	矿泉水

矿产资源开采登记管理办法

· 1998年2月12日中华人民共和国国务院令第241号发布
· 根据2014年7月29日《国务院关于修改部分行政法规的决定》修订

第一条 为了加强对矿产资源开采的管理，保护采矿权人的合法权益，维护矿产资源开采秩序，促进矿业发展，根据《中华人民共和国矿产资源法》，制定本办法。

第二条 在中华人民共和国领域及管辖的其他海域开采矿产资源，必须遵守本办法。

第三条 开采下列矿产资源，由国务院地质矿产主管部门审批登记，颁发采矿许可证：

（一）国家规划矿区和对国民经济具有重要价值的矿区内的矿产资源；

（二）领海及中国管辖的其他海域的矿产资源；

（三）外商投资开采的矿产资源；

（四）本办法附录所列的矿产资源。

开采石油、天然气矿产的，经国务院指定的机关审查同意后，由国务院地质矿产主管部门登记，颁发采矿许可证。

开采下列矿产资源，由省、自治区、直辖市人民政府地质矿产主管部门审批登记，颁发采矿许可证：

（一）本条第一款、第二款规定以外的矿产储量规模中型以上的矿产资源；

（二）国务院地质矿产主管部门授权省、自治区、直辖市人民政府地质矿产主管部门审批登记的矿产资源。

开采本条第一款、第二款、第三款规定以外的矿产资源，由县级以上地方人民政府负责地质矿产管理工作的部门，按照省、自治区、直辖市人民代表大会常务委员会制定的管理办法审批登记，颁发采矿许可证。

矿区范围跨县级以上行政区域的，由所涉及行政区域的共同上一级登记管理机关审批登记，颁发采矿许可证。

县级以上地方人民政府负责地质矿产管理工作的部门在审批发证后，应当逐级向上一级人民政府负责地质矿产管理工作的部门备案。

第四条 采矿权申请人在提出采矿权申请前，应当根据经批准的地质勘查储量报告，向登记管理机关申请划定矿区范围。

需要申请立项，设立矿山企业的，应当根据划定的矿区范围，按照国家规定办理有关手续。

第五条 采矿权申请人申请办理采矿许可证时，应当向登记管理机关提交下列资料：

（一）申请登记书和矿区范围图；

（二）采矿权申请人资质条件的证明；

（三）矿产资源开发利用方案；

（四）依法设立矿山企业的批准文件；

（五）开采矿产资源的环境影响评价报告；

（六）国务院地质矿产主管部门规定提交的其他资料。

申请开采国家规划矿区或者对国民经济具有重要价值的矿区内的矿产资源和国家实行保护性开采的特定矿种的，还应当提交国务院有关主管部门的批准文件。

申请开采石油、天然气的，还应当提交国务院批准设立石油公司或者同意进行石油、天然气开采的批准文件以及采矿企业法人资格证明。

第六条 登记管理机关应当自收到申请之日起40日内，作出准予登记或者不予登记的决定，并通知采矿权申请人。

需要采矿权申请人修改或者补充本办法第五条规定的资料的，登记管理机关应当通知采矿权申请人限期修改或者补充。

准予登记的，采矿权申请人应当自收到通知之日起30日内，依照本办法第九条的规定缴纳采矿权使用费，并依照本办法第十条的规定缴纳国家出资勘查形成的采矿权价款，办理登记手续，领取采矿许可证，成为采矿权人。

不予登记的，登记管理机关应当向采矿权申请人说明理由。

第七条 采矿许可证有效期，按照矿山建设规模确定：大型以上的，采矿许可证有效期最长为30年；中型的，采矿许可证有效期最长为20年；小型的，采矿许可证有效期最长为10年。采矿许可证有效期满，需要继续采矿的，采矿权人应当在采矿许可证有效期届满的30日前，到登记管理机关办理延续登记手续。

采矿权人逾期不办理延续登记手续的，采矿许可证自行废止。

第八条 登记管理机关在颁发采矿许可证后，应当通知矿区范围所在地的有关县级人民政府。有关县级人民政府应当自收到通知之日起90日内，对矿区范围予以公告，并可以根据采矿权人的申请，组织埋设界桩或者设置地面标志。

第九条 国家实行采矿权有偿取得的制度。采矿权使用费，按照矿区范围的面积逐年缴纳，标准为每平方公里每年1000元。

第十条 申请国家出资勘查并已经探明矿产地的采矿权的，采矿权申请人除依照本办法第九条的规定缴纳采矿权使用费外，还应当缴纳国家出资勘查形成的采矿权价款；采矿权价款按照国家有关规定，可以一次缴纳，也可以分期缴纳。

国家出资勘查形成的采矿权价款，由具有矿业权评估资质的评估机构进行评估；评估报告报登记管理机关备案。

第十一条 采矿权使用费和国家出资勘查形成的采矿权价款由登记管理机关收取，全部纳入国家预算管理。具体管理、使用办法，由国务院地质矿产主管部门会同国务院财政部门、计划主管部门制定。

第十二条 有下列情形之一的，由采矿权人提出申请，经省级以上人民政府登记管理机关按照国务院地质矿产主管部门会同国务院财政部门制定的采矿权使用费和采矿权价款的减免办法审查批准，可以减缴、免缴采矿权使用费和采矿权价款：

（一）开采边远贫困地区的矿产资源的；

（二）开采国家紧缺的矿种的；

（三）因自然灾害等不可抗力的原因，造成矿山企业严重亏损或者停产的；

（四）国务院地质矿产主管部门和国务院财政部门规定的其他情形。

第十三条 采矿权可以通过招标投标的方式有偿取得。

登记管理机关依照本办法第三条规定的权限确定招标的矿区范围，发布招标公告，提出投标要求和截止日期；但是，对境外招标的矿区范围由国务院地质矿产主管部门确定。登记管理机关组织评标，采取择优原则确定中标人。中标人缴纳本办法第九条、第十条规定的费用后，办理登记手续，领取采矿许可证，成为采矿权人，并履行标书中承诺的义务。

第十四条 登记管理机关应当对本行政区域内的采矿权人合理开发利用矿产资源、保护环境及其他应当履行的法定义务等情况依法进行监督检查。采矿权人应当如实报告有关情况，并提交年度报告。

第十五条 有下列情形之一的，采矿权人应当在采矿许可证有效期内，向登记管理机关申请变更登记：

（一）变更矿区范围的；

（二）变更主要开采矿种的；

（三）变更开采方式的；

（四）变更矿山企业名称的；

（五）经依法批准转让采矿权的。

第十六条 采矿权人在采矿许可证有效期内或者有效期届满，停办、关闭矿山的，应当自决定停办或者关闭矿山之日起30日内，向原发证机关申请办理采矿许可证注销登记手续。

第十七条 任何单位和个人未领取采矿许可证擅自采矿的，擅自进入国家规划矿区和对国民经济具有重要价值的矿区范围采矿的，擅自开采国家规定实行保护性开采的特定矿种的，超越批准的矿区范围采矿的，由登记管理机关依照有关法律、行政法规的规定予以处罚。

第十八条 不依照本办法规定提交年度报告、拒绝接受监督检查或者弄虚作假的，由县级以上人民政府负责地质矿产管理工作的部门按照国务院地质矿产主管部门规定的权限，责令停止违法行为，予以警告，可以并处5万元以下的罚款；情节严重的，由原发证机关吊销采矿许可证。

第十九条 破坏或者擅自移动矿区范围界桩或者地面标志的，由县级以上人民政府负责地质矿产管理工作的部门按照国务院地质矿产主管部门规定的权限，责令限期恢复；情节严重的，处3万元以下的罚款。

第二十条 擅自印制或者伪造、冒用采矿许可证的，由县级以上人民政府负责地质矿产管理工作的部门按照国务院地质矿产主管部门规定的权限，没收违法所得，可以并处10万元以下的罚款；构成犯罪的，依法追究刑事责任。

第二十一条 违反本办法规定，不按期缴纳本办法规定应当缴纳的费用的，由登记管理机关责令限期缴纳，并从滞纳之日起每日加收2‰的滞纳金；逾期仍不缴纳的，由原发证机关吊销采矿许可证。

第二十二条 违反本办法规定，不办理采矿许可证变更登记或者注销登记手续的，由登记管理机关责令限期改正；逾期不改正的，由原发证机关吊销采矿许可证。

第二十三条 违反本办法规定开采石油、天然气矿产的，由国务院地质矿产主管部门按照本办法的有关规定给予行政处罚。

第二十四条 采矿权人被吊销采矿许可证的，自采矿许可证被吊销之日起2年内不得再申请采矿权。

第二十五条 登记管理机关工作人员徇私舞弊、滥用职权、玩忽职守，构成犯罪的，依法追究刑事责任；尚不构成犯罪的，依法给予行政处分。

第二十六条 采矿许可证由国务院地质矿产主管部门统一印制。申请登记书、变更申请登记书和注销申请登记书的格式，由国务院地质矿产主管部门统一制定。

第二十七条 办理采矿登记手续，应当按照规定缴纳登记费。收费标准和管理、使用办法，由国务院物价主管部门会同国务院地质矿产主管部门、财政部门规定。

第二十八条 外商投资开采矿产资源，依照本办法的规定办理；法律、行政法规另有特别规定的，从其规定。

第二十九条 中外合作开采矿产资源的，中方合作者应当在签订合同后，将合同向原发证机关备案。

第三十条 本办法施行前已经取得采矿许可证的，由国务院地质矿产主管部门统一组织换领新采矿许可证。

本办法施行前已经开办的矿山企业，应当自本办法施行之日起开始缴纳采矿权使用费，并可以依照本办法的规定申请减缴、免缴。

第三十一条　登记管理机关应当对颁发的采矿许可证和吊销的采矿许可证予以公告。

第三十二条　本办法所称矿区范围，是指经登记管理机关依法划定的可供开采矿产资源的范围、井巷工程设施分布范围或者露天剥离范围的立体空间区域。

本办法所称开采方式，是指地下开采或者露天开采。

第三十三条　本办法附录的修改，由国务院地质矿产主管部门报国务院批准后公布。

第三十四条　本办法自发布之日起施行。1987 年 4 月 29 日国务院发布的《全民所有制矿山企业采矿登记管理暂行办法》和 1990 年 11 月 22 日《国务院关于修改〈全民所有制矿山企业采矿登记管理暂行办法〉的决定》同时废止。

自然资源部办公厅关于开展矿产资源节约与综合利用先进适用技术推广应用评估工作的通知

· 2018 年 9 月 6 日

· 自然资办函〔2018〕1133 号

各省、自治区、直辖市自然资源主管部门，中国国土资源经济研究院，有关中央企业和行业协会：

2012 年以来已分 6 批发布了 334 项矿产资源节约与综合利用先进适用技术推广目录，在引导和鼓励矿山应用先进技术，加快技术改造、推进转型升级等方面取得了积极成效。根据《关于推广先进适用技术提高矿产资源节约与综合利用水平的通知》（国土资发〔2012〕154 号）和《关于推进矿产资源全面节约和高效利用的意见》（国土资发〔2016〕187 号）的要求，自然资源部将组织开展矿产资源节约与综合利用先进适用技术推广应用情况评估工作。现将有关事项通知如下：

一、高度重视技术推广应用的评估

推广应用先进适用技术、提高矿产资源开发利用水平是《矿产资源法》的明确要求，是矿产资源保护与合理利用的重要内容，是促进资源利用方式转变的重要途径和关键环节，对于落实节约优先战略和创新驱动发展战略，促进资源勘查开发自主创新，推动矿业高质量发展发挥了重要作用。

开展技术推广应用情况评估，目的是通过调查了解推广应用情况，客观评价推广应用效果，总结经验和成效，分析存在的问题和原因，提出对策措施，为完善技术推广目录，探索建立推广目录动态更新机制提供支撑。各省（区、市）自然资源主管部门、有关中央企业和行业协会要高度重视推广应用评估工作，加强组织协调，坚持目标导向和问题导向，创新调查评估方法，深入调查研究，科学评估，认真总结，确保调查评估工作顺利进行，取得实效。

二、评估有关要求

（一）评估对象。

《矿产资源节约与综合利用先进适用技术推广目录》第一批至第六批共 334 项技术（见附件 1）。

（二）评估内容。

334 项矿产资源节约与综合利用先进适用技术推广应用情况，主要是取得的资源、经济、环境、社会等效益，形成的标准规范数量，专利及创新平台建设情况，推广应用矿山数量，主要经验和做法，并剖析制约推广应用的因素和原因，提出政策对策建议。

（三）任务分工。

1. 组织自评。各省级自然资源主管部门按照属地原则，组织本行政区域内原申报单位开展先进适用技术推广应用情况自评估工作，填报调查表（见附件 2），编写自评报告。

中石油、中石油化工集团公司、中国海洋石油总公司、中国核工业集团公司分别组织本公司的申报单位开展先进适用技术推广应用情况自评估工作，填报调查表（见附件 2），编写自评报告。

2. 行业评估。有关行业协会负责对本行业的先进适用技术应用情况进行评估，重点是高效采矿方法与选矿技术、共伴生与固体废弃综合利用、自动化智能化管理等适用范围广、应用效果好、推广前景大的先进适用技术，在行业内应用情况及成效，编写评估报告。

3. 全面评估。自然资源部经研院承担全国调查评估的技术和业务支撑工作，在企业自评估和行业协会应用评估的基础上，对全国先进适用技术推广应用情况进行全面评估，组织开展实地调研和部分典型案例分析，编写全国矿产资源节约与综合利用先进适用技术推广应用评估报告。

三、进度安排

（一）2018 年 10 月底前，各省级自然资源主管部门、有关中央企业将申报单位的自评报告及调查表、成效汇总表（见附件 4）报送自然资源部矿产资源保护监督司，有关行业协会将评估报告报送自然资源部矿产资源保护监督司。

(二)2018年12月底,部组织经研院等单位完成全国先进适用技术推广应用评估,开展实地调研和典型案例分析,形成全国评估报告。

附件:1. 先进适用技术推广目录(略)

2. 先进适用技术推广应用情况调查表(略)

3. 先进适用技术推广应用情况评估报告提纲(略)

4. 先进适用技术推广应用成效汇总表(略)

国务院办公厅关于加强煤炭行业管理有关问题的意见

· 2006年7月6日

· 国办发〔2006〕49号

煤矿安全事故多发是当前煤炭行业发展中的一个突出问题,加强安全生产管理事关人民生命财产和改革发展稳定大局。党中央、国务院高度重视煤矿安全生产,采取了一系列措施,不断强化煤矿安全生产监管监察体系和组织机构建设。各地区、各有关部门做了大量工作,取得一定成效。但是,当前煤矿安全生产形势依然严峻,煤矿重特大事故多发,反映出煤炭行业管理上存在一些深层次矛盾和问题,主要是在资源开发管理、行业标准和规程修订、市场准入、企业安全基础管理、隐患治理、科技进步、人才培养等方面还存在薄弱环节。为此,要围绕煤矿安全生产采取措施,加强煤炭行业管理,推进体制机制创新,不断夯实煤矿安全生产的基础。经国务院同意,现提出如下意见:

一、建立和完善煤炭行业管理工作协调机制

煤炭行业管理涉及面广,工作复杂。为加强综合协调,统筹兼顾煤矿安全生产和有关行业管理,及时研究解决行业管理中涉及安全的重大问题,在国务院安全生产委员会建立和完善煤炭行业管理工作协调机制,并相应调整国务院安全生产委员会职责。

调整后,国务院安全生产委员会的主要职责是:在国务院领导下,负责研究部署、指导协调全国安全生产工作;研究提出全国安全生产工作的重大方针政策;分析全国安全生产形势,研究解决安全生产工作中的重大问题;必要时,协调总参谋部和武警总部调集部队参加特大生产安全事故应急救援工作;研究提出煤炭行业管理中涉及安全生产的重大方针政策、法规、标准,推动指导煤炭企业加强安全管理和科技进步等基础工作,协调解决相关问题;完成国务院交办的其他事项。国务院安全生产委员会办公室在现有职能基础上,承担国务院安全生产委员会协调煤炭行业管理涉及安全生产方面的工作,督促检查各项工作和措施的落实情况,并相应加强组织建设,加大协调指导工作力度。

二、调整国务院相关部门职能

加强煤炭行业管理,既要加强宏观管理,创造安全生产的良好环境,也要加强安全基础管理,强化管理手段,落实安全生产责任制。为解决当前煤炭行业管理中的突出矛盾和问题,充分发挥相关部门的职能作用,理顺职责关系,将发展改革委与安全生产密切相关的行业管理职能划转到安全监管总局和煤矿安监局。

将发展改革委负责的指导和组织制定或拟订煤炭行业规范和标准的职能,交由煤矿安监局承担。

将发展改革委指导和管理的矿长资格证颁发的工作,交由煤矿安监局承担。指导和监督煤矿生产能力核定的工作,改由煤矿安监局会同发展改革委承担。煤炭生产许可证、矿长资格证的审核发放,以及煤矿生产能力核定的具体工作由地方负责。指导煤矿整顿关闭工作由安全监管总局、煤矿安监局会同发展改革委等部门负责。

发展改革委核准重大煤炭建设项目,要征求安全监管总局和煤矿安监局的意见,煤矿安监局负责对项目进行安全核准。

进一步明确相关部门在国有重点煤矿安全技术改造和瓦斯综合治理与利用项目安排上的工作分工,即:由省(区、市)投资主管部门、煤炭行业主管部门和设在地方的省级煤矿安全监察机构,提出国有重点煤矿安全技术改造和瓦斯综合治理与利用项目的立项、资金安排的方案,联合上报发展改革委、安全监管总局和煤矿安监局。安全监管总局和煤矿安监局对方案和项目提出审核意见,报送发展改革委审批后,由发展改革委与安全监管总局、煤矿安监局联合下达。

三、明确和加强国务院相关部门职责

加强煤炭行业管理,要在宏观政策、安全监管、资源管理、科技进步、人才培养等多方面采取措施,进一步明确部门职责分工,强化和落实责任,建立和完善长效工作机制。

发展改革委要强化拟订煤炭行业发展战略和规划、产业政策,调节经济运行等职能,会同有关部门加快组织实施煤矿大集团、大公司战略。

安全监管总局和煤矿安监局要加强对地方相关煤炭行业管理和煤炭企业安全基础管理工作的指导。按照"国家监察、地方监管、企业负责"的原则,煤矿安监局要继续履行好煤矿安全监察和检查指导地方政府监管煤矿安全工作的职能。同时,安全监管总局、煤矿安监局也要尽快落实职能分工,明确各自责任。

国土资源部要加强对煤炭资源勘查、开采的监督管理，加大对无证非法开采、超层越界开采等乱采滥挖煤炭资源违法行为的查处力度。

科技部要加强对煤矿重大科技攻关和科技进步的组织工作，加大对煤矿重大灾害治理、瓦斯抽放等重大科研项目的科技投入，加快推动煤矿安全科研成果的转化应用。

劳动保障部要研究落实推进煤矿工伤保险的有关政策措施，规范煤矿用工和劳动管理。

教育部要制定有效的政策措施，鼓励发展地矿类高等教育和职业教育，加快培养地矿类专业人才。

国资委要按照国有资产出资人的职责，加强对中央煤炭企业安全生产工作的监督和考核，加强对地方国有资产管理机构监督和考核国有煤炭企业安全生产工作的指导。

中国煤炭工业协会要充分发挥行业自律作用，协助政府制定煤炭行业规范和标准，推动和促进煤矿企业加强安全基础管理。

做好煤炭行业管理工作，任务艰巨，责任重大。国务院相关部门要按照上述职责分工，认真履行职能，加强协调配合，做好落实工作。进一步完善煤矿安全生产监管监察体制，理顺国家监察与地方监管的关系，强化地方监管，落实企业主体责任。各省、自治区、直辖市人民政府要结合本地实际，采取有力措施，切实落实责任，加强煤炭行业管理和煤矿安全监管工作，促进煤炭行业持续健康发展。

· *指导案例*

刘某桂非法采矿刑事附带民事公益诉讼案①

关键词

刑事/刑事附带民事公益诉讼/非法采矿/非法采砂/跨行政区划集中管辖/生态环境损害赔偿

裁判要点

1. 跨行政区划的非法采砂刑事案件，可以由非法开采行为实施地、矿产品运输始发地、途经地、目的地等与犯罪行为相关的人民法院管辖。

2. 对于采售一体的非法采砂共同犯罪，应当按照有利于查明犯罪事实、便于生态环境修复的原则，确定管辖法院。该共同犯罪中一人犯罪或一环节犯罪属于管辖法院审理的，则该采售一体非法采砂刑事案件均可由该法院审理。

3. 非法采砂造成流域生态环境损害，检察机关在刑事案件中提起附带民事公益诉讼，请求被告人承担生态环境修复责任、赔偿损失和有关费用的，人民法院依法予以支持。

基本案情

2021年9月5日，被告人刘某桂（住湖北省武穴市）将其所有的鄂银河518号运力船租赁给另案被告人刘某（已判刑，住江西省九江市浔阳区），后二人商定共同在长江盗采江砂。采砂前，刘某与另案被告人何某东（已判刑，住江西省九江市柴桑区）事前通谋，由何某东低价收购刘某盗采的江砂。

2021年9月10日至9月26日期间，被告人刘某桂三次伙同另案被告人刘某、熊某、杨某（均已判刑）在位于湖北省的长江黄梅段横河口水域盗采江砂约4500吨，后运至江西省九江市柴桑区某码头出售给何某东，后何某东在江砂中掺杂机制砂后对外出售。采砂期间，熊某明知上述情况，仍为刘某提供驾驶车辆等帮助，一起参与盗采江砂活动，并从中获取非法利益约15000元。杨某受刘某雇请在鄂银河518号运力船上负责监督卸砂，获取非法利益约3000余元。

2021年9月30日零时许，长江航运公安局水上分局九江派出所接群众举报后，在长江黄梅段横河口水域将正在进行盗采作业的鄂银河518号运力船查获。经过磅称重，鄂银河518号运力船装有盗采江砂1443.09吨。根据《湖北省人民政府关于加强河道采砂管理的通告》规定，湖北省长江中游干流段禁采期定为6月1日至9月30日以及相应河段河道水位超警戒水位时。本案非法采砂的作案地点长江黄梅段横河口水域位于长江中游干流湖北省新州水域。

经江西省九江市发展和改革委员会认定，盗采的江砂市场交易价为80元/吨。被告人刘某桂与刘某、熊某、何某东、杨某非法采砂5943.09吨，价值475447.2元。经鉴定，刘某桂、刘某等人非法盗采长江江砂行为对非法采砂区域的生态环境造成的影响分为水环境质量受损、河床结构受损、水源涵养受损和水生生物资源受损。其中，造成的长江生态服务功能损失35823.41元，长江生态环境损害所需修复费用26767.48元，共计62590.89元。

另查明，刘某、熊某、何某东、杨某因非法采矿罪已被

① 案例来源：最高人民法院指导案例212号。

江西省瑞昌市人民法院先行判决。被告人刘某桂于2022年6月8日被抓获归案。

九江市中级人民法院指定江西省瑞昌市人民法院审理本案。经江西省瑞昌市人民检察院依法公告,公告期满未有法律规定的机关和有关组织提起民事公益诉讼。瑞昌市人民检察院遂依法向瑞昌市人民法院提起刑事附带民事公益诉讼。

裁判结果

江西省瑞昌市人民法院于2022年12月22日以(2022)赣0481刑初304号刑事附带民事判决,认定被告人刘某桂犯非法采矿罪,判处有期徒刑三年,并处罚金人民币110000元;责令被告人刘某桂在判决生效十日内与刘某、熊某、何某东等人共同退赔国家矿产资源损失135000元(已扣除其他被告人赔偿的金额);被告人刘某桂已退赔的国家矿产资源损失50000元上缴国库;附带民事公益诉讼被告刘某桂在判决生效后十日内与刘某、熊某、杨某、何某东连带赔偿因非法采砂造成的长江生态服务功能损失35823.41元、长江生态环境损害修复费用26767.48元,共计62590.89元;附带民事公益诉讼被告刘某桂在判决生效后十日内在九江市市级新闻媒体上刊登公告,向社会公众赔礼道歉。宣判后,没有上诉、抗诉,判决已发生法律效力。

裁判理由

法院生效裁判认为,被告人刘某桂与刘某等人违反矿产资源法规定,未取得采矿许可证,经事先通谋,共同在长江河道禁采期内非法盗采江砂,价值475447.2元,情节特别严重,应当以非法采矿罪追究其刑事责任,且属共同犯罪。公诉机关指控的罪名成立。

关于管辖权问题,经查,被告人刘某桂犯罪行为实施地及其居住地均不在江西省九江市,但共同犯罪中同案犯的行为发生在九江市辖区范围内,且同案犯已先行被江西省瑞昌市人民法院判决。共同犯罪中一人犯罪行为或一环节犯罪属于管辖法院审理的,则该构成共同犯罪的采售一体采砂刑事案件均可由该法院审理。考虑到实践中非法采砂行为的系统破坏性,基于有利于查明犯罪事实、便于生态环境修复的原则,九江市中级人民法院指定本案由瑞昌市人民法院审理,符合法律规定。

被告人刘某桂直接安排实施采砂行为,在共同犯罪中起主要作用。刘某桂在庭审中如实供述了其犯罪事实,具有坦白情节,依法可以从轻处罚。但其曾因非法采矿受过刑事处罚,现又犯非法采矿罪,酌情从重处罚。刘某桂部分退赔国家矿产资源损失,酌情从轻处罚。刘某桂等人在长江非法盗采江砂的犯罪行为,造成国家矿产资源损失,应共同予以退赔。除去同案犯已退赔金额及刘某桂已退赔金额,刘某桂还需退赔矿产资源损失135000元。

同时,非法采矿行为还破坏了长江水域生态环境,损害了社会公共利益,应承担相应的民事侵权责任。绿水青山就是金山银山,长江流域经济社会发展,应当坚持生态优先、绿色发展,共抓大保护、不搞大开发的原则。附带民事公益诉讼被告刘某桂应与另案被告人刘某、熊某、何某东、杨某等人共同承担非法采矿造成的生态功能损失、生态修复费用,并负连带赔偿责任。附带民事公益诉讼起诉人要求上述被告赔偿相关长江生态服务功能损失、生态修复费用的诉请,符合法律规定,予以支持。关于附带民事公益诉讼起诉人要求上述被告在九江市级新闻媒体上向社会公开赔礼道歉的诉请,符合法律规定,予以支持。

相关法条

1.《中华人民共和国长江保护法》第28条、第93条

2.《中华人民共和国刑事诉讼法》第25条

3.《最高人民法院关于适用〈中华人民共和国刑事诉讼法〉的解释》第2条

(二)矿产资源开发管理

自然资源统一确权登记办法(试行)

·2016年12月20日

·国土资发〔2016〕192号

第一章　总　则

第一条　为落实十八届三中全会通过的《中共中央关于全面深化改革若干重大问题的决定》和《中共中央国务院关于印发〈生态文明体制改革总体方案〉的通知》(中发〔2015〕25号)要求,规范自然资源统一确权登记,建立统一的确权登记系统,推进自然资源确权登记法治化,推动建立归属清晰、权责明确、监管有效的自然资源资产产权制度,根据有关法律规定,制定本办法。

第二条　国家建立自然资源统一确权登记制度。

自然资源确权登记坚持资源公有、物权法定和统一确权登记的原则。

第三条　对水流、森林、山岭、草原、荒地、滩涂以及探明储量的矿产资源等自然资源的所有权统一进行确权登记,界定全部国土空间各类自然资源资产的所有权主体,划清全民所有和集体所有之间的边界,划清全民所有、不同层级政府行使所有权的边界,划清不同集体所有者的边界,适用本办法。

第四条　自然资源确权登记以不动产登记为基础,

已经纳入《不动产登记暂行条例》的不动产权利，按照不动产登记的有关规定办理，不再重复登记。

自然资源确权登记涉及调整或限制已登记的不动产权利的，应当符合法律法规规定，并依法及时记载于不动产登记簿。

第五条 国务院国土资源主管部门负责指导、监督全国自然资源统一确权登记工作。

省级以上人民政府负责自然资源统一确权登记工作的组织，各级不动产登记机构（以下简称登记机构）具体负责自然资源登记。

第六条 自然资源确权登记由自然资源所在地的县级以上人民政府登记机构办理。

跨行政区域的自然资源确权登记，由共同的上一级人民政府登记主管部门指定办理。

国务院确定的重点国有林区权属登记按照不动产登记的有关规定办理。

第二章 自然资源登记簿

第七条 登记机构应当按照国务院国土资源主管部门的规定，设立统一的自然资源登记簿（见附件1）。

已按照《不动产登记暂行条例》办理登记的不动产权利，要在自然资源登记簿中记载，并通过不动产单元号、权利主体实现自然资源登记簿与不动产登记簿的关联。

第八条 县级以上人民政府按照不同自然资源种类和在生态、经济、国防等方面的重要程度以及相对完整的生态功能、集中连片等原则，组织相关资源管理部门划分自然资源登记单元，国家公园、自然保护区、水流等可以单独作为登记单元。自然资源登记单元具有唯一编码。

自然资源登记单元边界应当与不动产登记的物权权属边界做好衔接。

第九条 自然资源登记簿应当记载以下事项：

（一）自然资源的坐落、空间范围、面积、类型以及数量、质量等自然状况；

（二）自然资源所有权主体、代表行使主体以及代表行使的权利内容等权属状况；

（三）自然资源用途管制、生态保护红线、公共管制及特殊保护要求等限制情况；

（四）其他相关事项。

第十条 自然资源登记簿附图内容包括自然资源登记范围界线、面积，所有权主体名称，已登记的不动产权利界线，不同类型自然资源的边界、面积等信息。

自然资源登记簿附图以土地利用现状调查（自然资源调查）、不动产权籍调查相关图件为基础，结合各类自然资源普查或调查成果，通过相应的实地调查工作绘制生成。

第十一条 自然资源登记簿由县级以上人民政府登记机构进行管理，永久保存。

登记簿应当采用电子介质，暂不具备条件的，可以采用纸质介质。采用电子介质的，应当定期进行异地备份。

第三章 自然资源登记一般程序

第十二条 自然资源登记类型包括自然资源首次登记和变更登记。

首次登记是指在一定时间内对登记单元内全部国家所有的自然资源所有权进行的全面登记。在不动产登记中已经登记的集体土地及自然资源的所有权不再重复登记。

变更登记是指因自然资源的类型、边界等自然资源登记簿内容发生变化而进行的登记。

第十三条 自然资源首次登记程序为通告、调查、审核、公告、登簿。

对依法属于国家所有的自然资源所有权开展确权登记。

第十四条 自然资源首次登记的，县级以上人民政府应当成立自然资源统一确权登记领导小组，组织相关资源管理部门制定登记工作方案并预划登记单元，向社会发布首次登记通告。通告的主要内容包括：

（一）自然资源登记单元的预划分；

（二）自然资源登记的期限；

（三）自然资源类型、范围；

（四）需要集体土地所有权人、自然资源所有权代表行使主体等相关主体配合的事项及其他需要通告的内容。

第十五条 自然资源的调查工作由所在地的县级以上人民政府统一组织，国土资源主管部门（不动产登记机构）会同相关资源管理部门，以土地利用现状调查（自然资源调查）成果为底图，结合各类自然资源普查或调查成果，通过实地调查，查清登记单元内各类自然资源的类型、边界、面积、数量和质量等，形成自然资源调查图件和相关调查成果。

第十六条 登记机构依据自然资源调查结果和相关审批文件，结合相关资源管理部门的用途管制、生态保护红线、公共管制及特殊保护规定或政策性文件以及不动产登记结果资料等，对登记的内容进行审核。

第十七条 登记机构应当在登簿前将自然资源登记事项在所在地政府门户网站及指定场所进行公告，涉及国家秘密的除外。公告期不少于15个工作日。公告期内,相关权利人对登记事项提出异议的,登记机构应当对提出的异议进行调查核实。

第十八条　公告期满无异议或者异议不成立的,登记机构应当将登记事项记载于自然资源登记簿。

第十九条　自然资源的类型、边界等自然资源登记簿内容发生变化的,自然资源所有权代表行使主体应当持相关资料及时嘱托并配合登记机构办理变更登记。

第四章　国家公园、自然保护区、湿地、水流等自然资源登记

第二十条　以国家公园作为独立自然资源登记单元的,由登记机构会同国家公园管理机构或行业主管部门制定工作方案,依据土地利用现状调查(自然资源调查)成果、国家公园审批资料划定登记单元界线,收集整理用途管制、生态保护红线、公共管制及特殊保护规定或政策性文件,并开展登记单元内各类自然资源的调查,通过确权登记明确各类自然资源的种类、面积和所有权性质。

第二十一条　以自然保护区作为独立自然资源登记单元的,由登记机构会同自然保护区管理机构或行业主管部门制定工作方案,依据土地利用现状调查(自然资源调查)成果、自然保护区审批资料划定登记单元界线,收集整理用途管制、生态保护红线、公共管制及特殊保护规定或政策性文件,并开展登记单元内各类自然资源的调查,通过确权登记明确各类自然资源的种类、面积和所有权性质。

第二十二条　以湿地作为独立自然资源登记单元的,由登记机构会同湿地管理机构、水利、农业等部门制定工作方案,依据土地利用现状调查(自然资源调查)成果,参考湿地普查或调查成果,对国际重要湿地、国家重要湿地、湿地自然保护区划定登记单元界线,收集整理用途管制、生态保护红线、公共管制及特殊保护规定或政策性文件,并开展登记单元内各类自然资源的调查。

第二十三条　以水流作为独立自然资源登记单元的,由登记机构会同水行政主管部门制定工作方案,依据土地利用现状调查(自然资源调查)成果、水利普查、河道岸线和水资源调查成果划定登记单元界线,收集整理用途管制、生态保护红线、公共管制及特殊保护规定或政策性文件,并开展登记单元内各类自然资源的调查。

第二十四条　本办法第二十条、第二十一条、第二十二条、第二十三条规定的国家公园、自然保护区、湿地、水流等自然资源确权登记工作,由登记机构参照第三章规定的一般程序办理。

第五章　登记信息管理与应用

第二十五条　自然资源确权登记信息纳入不动产登记信息管理基础平台,实现自然资源确权登记信息与不动产登记信息有效衔接。

第二十六条　自然资源确权登记结果应当向社会公开,但涉及国家秘密以及《不动产登记暂行条例》规定的不动产登记的相关内容除外。

第二十七条　自然资源确权登记信息与农业、水利、林业、环保、财税等相关部门管理信息应当互通共享,服务自然资源的确权登记和有效监管。

第六章　附　则

第二十八条　本办法先行在国家部署的试点地区(见附件2)实施,省级部署的试点可参照执行。探明储量的矿产资源确权登记制度在试点工作中完善。

军用土地范围内的自然资源暂不办理权属登记。

第二十九条　本办法由国土资源部负责解释,自印发之日起施行。

附件:1. 自然资源登记簿(略)

2. 自然资源统一确权登记试点方案(略)

矿产资源开发利用水平调查评估制度工作方案

·2016年12月28日

·国土资发〔2016〕195号

为贯彻落实中央关于全面推进矿产资源节约与高效利用,促进生态文明建设的要求,根据中共中央、国务院《生态文明体制改革总体方案》(中发〔2015〕25号),按照工作分工,国土资源部会同有关部门认真研究,制定矿产资源开发利用水平调查评估制度工作方案如下:

一、总体要求

(一)指导思想。

全面贯彻党的十八大和十八届三中、四中、五中、六中全会精神,深入学习贯彻习近平总书记系列重要讲话精神,按照统筹推进"五位一体"总体布局和协调推进"四个全面"战略布局的要求,牢固树立和贯彻落实创新、协调、绿色、开放、共享的发展理念,以矿产资源全面节约和高效利用为目标,以矿业权人勘查开采信息公开公示为基础,动态调查矿产资源开发利用现状,科学评价矿产资源开发利用水平,健全完善评估指标体系,构建激励约束机制,推动矿产资源利用方式根本转变,促进生态文明建设。

（二）基本原则。

1. 坚持科学调查。将矿产资源节约和高效利用贯穿于矿产资源开发利用全过程，以采矿、选矿和综合利用为重点，构建科学调查方法和程序，明确调查范围，突出重点指标，完善开采回采率、选矿回收率和综合利用率（以下简称“三率”）等指标体系，动态掌握矿产资源开发利用水平。

2. 坚持客观评估。明确指标要求，建立“三率”指标作为矿产资源开发利用水平“底线”和“三率”领跑者指标作为“高线”。通过企业主动公开矿产资源开发利用水平信息、政府抽查、第三方评估的工作方式，确保评估结果真实可靠。

3. 坚持提升开发利用水平。构建企业自律、社会监督、政府监管的有效机制，通过公开发布矿山企业达标情况，促进达不到“底线”的矿山创新应用先进技术整改，对于达到“高线”的企业，发布“先进名单”，提升矿山企业信誉。达到淘汰和约束落后，激励先进，总体提升矿产资源开发利用水平的目的。

（三）总体目标。

到2020年，建成调查评估常态化、科学化、标准化和激励约束差别化的开发利用水平调查评估制度，基本建立主要矿种“三率”指标体系，提升矿产资源开发利用水平，促进生态文明建设。

二、主要任务

围绕矿产资源开发利用全过程，在采矿、选矿和综合利用的重点环节，解决“调查评估的内容、方式、指标要求和评估结果应用”等关键问题，划定两个“界线”（“三率”最低指标和领跑者指标），出台一个“办法”（矿产资源开发利用水平调查评估办法），完善激励约束机制，提高矿产资源开发利用水平。

（一）明确调查指标。围绕反映矿产资源开发利用水平的关键指标，重点了解矿山年度消耗（采出和损失）、保有的矿产资源储量，“三率”指标情况，矿产品的产量、质量，尾矿、废石堆存利用等数据，查清矿产资源开发利用现状。

（二）规范调查流程。矿山企业通过矿业权人勘查开采信息公示系统平台填报并公开调查数据项。管理机关采取“双随机一公开”方式，结合重点区域、重要矿山和社会监督反映的问题，组织开展实地抽查。

（三）合理划分职责。按照矿种全覆盖、分类分级管理的原则，国土资源部会同有关部门制定方案，确定任务分工，组织开展调查评估。其中国土资源部等部门重点负责石油、天然气、煤层气、页岩气、铀矿、稀土、钨矿等由部审批发证的调查评估工作（具体矿种与《矿业权出让制度改革方案》一致），其它矿种由省级国土资源等主管部门具体组织实施。

（四）完善指标体系。在现有27个矿种“三率”最低指标基础上，研究制定领跑者指标。到“十三五”末，完成46个矿种“三率”最低指标和领跑者指标，逐步建立较为完善的评估指标、评估方法、评估流程的评估体系。地方可结合本地实际研究制定更高的最低指标和领跑者指标。

（五）科学合理评估。委托有关单位开展评估工作，将矿山的具体指标与“三率”最低指标和领跑者指标进行比对，确定达标情况，并开展综合评价，将同类矿山、不同矿种、不同行业、不同地区的矿产资源开发利用水平汇总分析，结合资源禀赋条件，确定不同矿山企业开发利用水平高低（排序）。委托第三方对开发利用水平的评估结果和效果进行评估。

（六）完善激励约束机制。全面推进矿业权人勘查开采信息公示，采取“双随机一公开”方式进行监管，公开调查评估结果，发布“先进名单”和“不达标名单”。进入“先进名单”的，在技术创新项目、绿色矿山建设等方面优先支持；列入“不达标名单”的，通过通报、约谈、纳入异常名录或严重违法名单管理等方式，按照规定督促整改或惩戒。

三、进度安排

（一）2016年12月底前，上报工作方案。

（二）2017-2018年，制定试点办法，开展试点。

（三）2019年制定办法，在全国全面实施。

四、保障措施

（一）加强组织领导。建立国土资源部、国家发展和改革委员会、工业和信息化部、财政部、国家能源局等部际协调联动机制，及时研究重大问题，制定方案，联合发布矿产资源开发利用水平调查评估办法，协调推进重点工作。各地建立协调联动机制，明确任务分工，统一调查评估要求，提供强有力的组织保障。

（二）建设稳定的专业调查评估队伍。充分利用和发挥国土资源系统现有的专业调查评估队伍作用，通过购买服务，公平公正选择第三方评估单位，确保调查与评估工作长期稳定开展。

（三）建立稳定的经费渠道。国土资源部所需工作经费列入部门预算，各省及以下所需工作经费列入地方财政预算，确保调查评估工作的持续性和常态化。

（四）加强配套政策研究。整合已有的针对矿产资源开发利用水平的激励约束政策,进一步加强经济、技术、法律、行政等协同激励约束机制研究,切实提出落地措施。

(五)做好舆论宣传引导。加大舆论引导力度,加强对矿产资源开发利用水平调查评估制度目的、作用的解读和宣传,引导矿山企业、社会积极参与调查评估工作,营造良好的舆论氛围。

矿产资源开发利用水平调查评估试点工作办法

·2017年8月10日
·国土资厅发〔2017〕33号

为做好矿产资源开发利用水平调查评估试点工作,指导试点地区形成可复制推广的工作经验,根据中共中央、国务院《生态文明体制改革总体方案》(中发〔2015〕25号)和《矿产资源开发利用水平调查评估制度工作方案》(国土资发〔2016〕195号),制定本办法。

一、总体要求

(一)指导思想。

全面贯彻党的十八大和十八届三中、四中、五中、六中全会精神,深入学习贯彻习近平总书记系列重要讲话精神和治国理政新理念新思想新战略,按照统筹推进“五位一体”总体布局和协调推进“四个全面”战略布局的要求,牢固树立和贯彻落实新发展理念,以全面节约和高效利用矿产资源为目标,以矿业权人勘查开采信息公开公示为基础,定期调查矿产资源开发利用现状,科学评价矿产资源开发利用水平,健全完善评估指标体系,构建激励约束机制,推动矿产资源利用方式根本转变,促进生态文明建设。

(二)基本原则。

科学调查。抓住采选和综合利用关键环节,以开采回采率、选矿回收率和综合利用率(以下简称“三率”)为调查重点,建立科学可行的调查方法和程序,通过开展矿山资源利用核查,获取一手资料,定期掌握矿产资源开发利用现状。

客观评估。构建科学合理评估指标和流程,通过矿山自评公开、技术支撑单位核查、综合汇总评估等方式,客观评估各矿山、各矿种、各地区矿产资源开发利用水平。

协同推进。统筹调查评估、信息公示、矿山储量等工作关系,推进信息共享。加强协调,采用统一的调查评估指标、标准和方法,确保试点工作规范开展。

提升水平。构建企业自律、社会监督、政府监管的工作格局,完善机制,达到淘汰和约束落后,激励先进,提升矿产资源开发利用水平。

试点完善。及时总结试点工作经验,不断完善细化调查工作机制、方法和指标体系,研究制定《矿产资源开发利用水平调查评估办法》,为全面实施奠定基础。

(三)工作目标。在矿业权人勘查开采信息公示的基础上,通过试点,着力研究矿产资源开发利用水平调查评估内容、方式、指标、程序、标准等关键问题,建立统一调查评估技术标准。按照分类分级管理的要求,探讨矿产资源开发利用协调联动机制和激励约束机制。在总结试点工作基础上,研究起草《矿产资源开发利用水平调查评估办法》,为建立矿产资源开发利用水平调查评估制度奠定基础。

二、试点地区和试点矿种

综合考虑矿种类别、地区分布和工作需要,选择石油、天然气、煤、铁、铜、铝土矿、稀土、金、萤石、石墨、水泥用灰岩为试点矿种,在黑龙江、浙江、江西、山东、河南、湖南、宁夏省(区)和中国石油天然气集团公司、中国石油化工集团公司、中国海洋石油总公司开展试点工作。试点任务分配见下表。

试点地区试点矿种分配表

试点地区		试点矿种
黑龙江		煤、石墨等
浙江		萤石、水泥用灰岩等
江西		煤、铜、稀土等
山东		煤、铁、金等
河南		煤、铝土矿、金等
湖南		金、萤石等
宁夏		煤、水泥用灰岩等
中国石油	大庆油田分公司	石油
	长庆油田分公司	石油、天然气
中国石化	胜利油田分公司	石油
	西南油田分公司	天然气
中国海油	天津分公司	石油

三、试点工作内容

(一)获取调查数据。明确调查指标,充分利用矿业权人勘查开采信息公示工作成果,从公示系统获取矿山年消耗地质储量、年损失矿量、年采出矿量、“三率”、尾矿及废石生产量和利用量、矿产品产量质量等相关调查数据。

(二)开展数据核查。对获取的数据进行复核审查。在此基础上,开展实地核查。大中型矿山和数据异常矿山全部实地核查,其他小型矿山采用随机方式抽取20%以上进行实地核查。实地核查可采取查看台账、现场调查、问询座谈等方式。

(三)开展评估。研究确定评估内容、方式、指标和标准,评估达标情况,将矿山的实际指标与“三率”指标进行比对,确定达标情况。开展综合评估,对同类矿山、不同矿种、不同行业、不同地区的进行汇总分析,结合资源禀赋条件,确定开发利用水平。

(四)研究激励约束机制。梳理评估现有激励约束政策措施,结合本地实际,研究调查评估与信息公示、“三率”指标管理等工作的联动机制,提出激励约束政策措施建议。

(五)调查评估汇总分析。对调查评估工作进行汇总分析,形成试点工作总结报告。对各单位提交的总结报告进行汇总分析,形成全国试点工作总结报告,并提交《矿产资源开发利用水平调查评估办法》(建议稿)。

四、任务职责分工

(一)部负责试点工作组织协调,研究制定试点办法、技术标准、宣传培训、督促指导和成果汇总发布等。

(二)试点省(区)国土资源主管部门负责本省(区)非油气矿产资源开发利用水平调查评估试点工作,按上述试点矿种安排,组织部署调查数据填报和审核、开展数据核查和评估,按时提交试点成果,组织协调全国矿产资源开发利用调查评估技术支撑单位参与在本省(区)试点工作。

(三)中国石油、中国石化、中国海油负责油气资源开发利用水平调查评估试点工作,并协助部油气中心研究制定油气资源开发利用水平调查评估指标、评估方法、评估规程等。

(四)中国地质调查局郑州所、成都所和部经研院、部油气中心为全国矿产资源开发利用调查评估的技术支撑单位,负责对试点单位的业务培训、数据核查等方面进行技术指导,具体分工如下:

部经研院承担非油气矿产资源开发利用水平调查评估试点日常工作和试点成果汇总分析,起草调查评估办法,参与浙江、山东、宁夏省(区)调查评估试点工作,并提供技术指导。

郑州所、成都所负责非油气矿产资源开发利用水平调查评估指标、评估方法等技术标准研制。郑州所参与黑龙江、河南省调查评估试点工作,成都所参与江西、湖南省调查评估试点工作,并提供技术指导。

部油气中心承担油气资源开发利用水平调查评估试点日常工作和试点成果汇总分析,起草调查评估办法等工作。

五、进度安排

(一)准备阶段。2017年10月底前,召开试点工作动员部署会和技术要求培训,试点省(区)/单位编制试点实施方案。

(二)实施阶段。2017年10月-2018年8月,试点省(区)/单位会同部技术支撑单位组织开展调查评估工作,提交试点工作总结报告。

(三)汇总总结阶段。2018年9底前,对试点省(区)/单位的试点工作总结报告进行汇总分析,对试点工作进行总结,形成全国试点工作报告。

在此基础上,研究起草《矿产资源开发利用水平调查评估办法》。

六、保障措施

(一)加强组织领导。各单位要高度重视,站在推进生态文明建设高度,提高对试点工作的认识,加强矿产资源开发利用水平调查评估的组织领导,按照试点办法要求,编制试点实施方案,明确责任处(室)和技术支撑单位,做好组织协调,周密部署,按时保质完成试点工作。

(二)保障工作经费。试点省(区)/单位和部技术支撑单位按照国土资发〔2016〕195号文件要求,将试点工作所需经费列入财政预算,确保工作顺利开展。

(三)精心指导督导。试点期间,部储量司会同勘查司加强对试点地区的调研、跟踪、指导和督促,及时协调解决试点工作中遇到的问题。

附件:1. 非油气矿产资源开发利用水平调查表

2. 油气资源开发利用水平调查表

3. 矿产资源开发利用水平调查评估试点工作总结报告(提纲)

附件 1

非油气矿产资源开发利用水平调查表

（　　年度）

<table>
<tr><td colspan="6">基本信息</td></tr>
<tr><td>采矿权人</td><td colspan="2"></td><td>采矿许可证号</td><td colspan="2"></td></tr>
<tr><td>矿山名称</td><td colspan="2"></td><td>开采矿种</td><td colspan="2"></td></tr>
<tr><td>开采方式</td><td colspan="2"></td><td>生产规模</td><td colspan="2">（万吨/年）</td></tr>
<tr><td>矿山所在行政区</td><td colspan="2"></td><td>实际产量</td><td colspan="2">（万吨/年）</td></tr>
<tr><td colspan="6">矿产资源开发利用数据</td></tr>
<tr><td>指标名称</td><td>单位</td><td>指标</td><td>指标名称</td><td>单位</td><td>指标</td></tr>
<tr><td>年采出矿量</td><td></td><td></td><td>年损失矿量</td><td></td><td></td></tr>
<tr><td>年消耗地质储量</td><td></td><td></td><td>设计开采回采率</td><td>%</td><td></td></tr>
<tr><td>核定开采回采率</td><td>%</td><td></td><td>实际开采回采率</td><td>%</td><td></td></tr>
<tr><td>矿石地质品位</td><td></td><td></td><td>采出矿品位</td><td></td><td></td></tr>
<tr><td>原矿入选品位</td><td></td><td></td><td>实际入选矿量</td><td></td><td></td></tr>
<tr><td>精矿年产量</td><td></td><td></td><td>精矿品位</td><td>%</td><td></td></tr>
<tr><td>设计选矿回收率</td><td>%</td><td></td><td>实际选矿回收率</td><td>%</td><td></td></tr>
<tr><td>尾矿品位</td><td></td><td></td><td>原煤年入选量</td><td>万吨</td><td></td></tr>
<tr><td>精煤年产量</td><td>万吨</td><td></td><td>原煤入选率</td><td>%</td><td></td></tr>
<tr><td>尾矿库数量</td><td>个</td><td></td><td>当年尾矿产生量</td><td>万吨</td><td></td></tr>
<tr><td>当年尾矿利用量</td><td>万吨</td><td></td><td>年末尾矿累计存量</td><td>万吨</td><td></td></tr>
<tr><td>废（矸）石堆</td><td>个</td><td></td><td>当年废（矸）石产生量：</td><td>万吨</td><td></td></tr>
<tr><td>当年废（矸）石利用量</td><td>万吨</td><td></td><td>年末废（矸）石累计存量</td><td>万吨</td><td></td></tr>
<tr><td rowspan="2">可利用共（伴）生矿产（成分）名称</td><td colspan="2">设计指标</td><td colspan="3">生产实际指标</td></tr>
<tr><td>入选品位</td><td>选矿回收率（%）</td><td>入选矿石量（万吨/年）</td><td>入选矿石品位</td><td>选矿回收率（%）</td></tr>
<tr><td>矿产 1：</td><td></td><td></td><td></td><td></td><td></td></tr>
<tr><td>矿产 2：</td><td></td><td></td><td></td><td></td><td></td></tr>
<tr><td></td><td></td><td></td><td></td><td></td><td></td></tr>
<tr><td></td><td></td><td></td><td></td><td></td><td></td></tr>
<tr><td>备注</td><td colspan="5"></td></tr>
</table>

附件 2

油气资源开发利用水平调查表

（　　年度）

基本信息表					
矿权人			采矿许可证号		
矿山名称			开采矿种		
所在行政区			设计产能	（万吨/亿方）	
石油开发利用指标数据					
指标名称	单位	指标	指标名称	单位	指标
探明储量	（万吨）		可采储量	（万吨）	
动用储量	（万吨）		年产量	（万吨）	
采油速度	（%）		采出程度	（%）	
地层压力保持水平	（%）		综合含水	（%）	
自然递减率	（%）		含水上升率	（%）	
动态采收率	（%）		采出水处理率	（%）	
溶解气产量	（方）		溶解气利用率	（%）	
天然气发利用指标数据					
探明储量	（亿方）		可采储量	（亿方）	
年产量	（万吨）		采气速度	（%）	
储量动用程度	（%）		稳产年限	（年）	
地层压力	（Mpa）		动态储量	（亿方）	
综合递减率	（%）		采收率	（%）	
凝析油产量	（吨）		凝析油利用率	（%）	
备注					

附件 3

矿产资源开发利用水平调查评估试点工作总结报告（提纲）

一、基本情况

（一）试点工作组织部署及具体实施基本情况。

（二）试点工作组织领导、任务分工及经费落实情况等。

二、调查工作情况

（一）调查基本情况，主要是调查数据获取、实地核查方法、程序和矿山数，或油田基本情况（油田开发阶段、开发效果、油气资源及伴生资源综合利用情况等）。

（二）调查工作情况，主要是每个矿山或油气田调查评估指标设计和实际情况等调查情况，矿业权人填报数据与实地核查数据对比分析情况及附表，并评述调查数据质量。

三、评估工作情况

（一）评估基本情况，主要是详细说明评估方法、评估标准、工作流程等。

(二)评估结果。非油气试点矿种主要是每个矿山“三率”达标评估情况及附表,并按矿种、分地区开发利用水平综合评估情况。

油气试点矿种主要是油气田开发利用评估情况及附表,并按不同油气田类型分类评价油气资源开发利用综合评估情况。

四、存在问题及意见建议

(一)分析总结试点工作及调查评估工作中存在的主要问题。

(二)提出可行的政策措施、方法和建议。

矿产资源统计管理办法

· 2004 年 1 月 9 日国土资源部令第 23 号公布

· 根据 2020 年 4 月 29 日自然资源部第 3 次部务会议《自然资源部关于第三批废止和修改的部门规章的决定》修正

第一章 总 则

第一条 为加强矿产资源统计管理,维护国家对矿产资源的所有权,根据《中华人民共和国矿产资源法》《中华人民共和国统计法》及有关行政法规,制定本办法。

第二条 在中华人民共和国领域及管辖的其他海域从事矿产资源勘查、开采或者工程建设压覆重要矿产资源的,应当依照本办法的规定进行矿产资源统计。

第三条 本办法所称矿产资源统计,是指县级以上人民政府自然资源主管部门对矿产资源储量变化及开发利用情况进行统计的活动。

第四条 自然资源部负责全国矿产资源统计的管理工作。

县级以上地方人民政府自然资源主管部门负责本行政区域内矿产资源统计的管理工作,但石油、天然气、页岩气、天然气水合物、放射性矿产除外。

第二章 矿产资源统计

第五条 矿产资源统计调查计划,由自然资源部负责制定,报国务院统计行政主管部门批准后实施。

全国矿产资源统计信息,由自然资源部定期向社会发布。

第六条 矿产资源统计,应当使用由自然资源部统一制订并经国务院统计行政主管部门批准的矿产资源统计基础表及其填报说明。

矿产资源统计基础表,包括采矿权人和矿山(油气田)基本情况、生产能力和实际产量、采选技术指标、矿产组分和质量指标、矿产资源储量变化情况、共伴生矿产综合利用情况等内容。

未列入矿产资源统计基础表的查明矿产资源、压覆矿产资源储量、残留矿产资源储量及其变化情况等的统计另行规定。

第七条 开采矿产资源,以年度为统计周期,以采矿许可证划定的矿区范围为基本统计单元。但油气矿产以油田、气田为基本统计单元。

第八条 采矿权人应当于每年 1 月底前,完成矿产资源统计基础表的填报工作,并将矿产资源统计基础表一式三份,报送矿区所在地的县级自然资源主管部门。统计单元跨行政区域的,报共同的上级自然资源主管部门指定的县级自然资源主管部门。

开采石油、天然气、页岩气、天然气水合物和放射性矿产的,采矿权人应当于每年 3 月底前完成矿产资源统计基础表的填报工作,并将矿产资源统计基础表一式二份报送自然资源部。

第九条 上级自然资源主管部门负责对下一级自然资源主管部门上报的统计资料和采矿权人直接报送的矿产资源统计基础表进行审查、现场抽查和汇总分析。

省级自然资源主管部门应当于每年 3 月底前将审查确定的统计资料上报自然资源部。

第十条 县级自然资源主管部门履行下列统计职责:

(一)本行政区域内采矿权人的矿产资源统计基础表的组织填报、数据审查、录入、现场抽查;

(二)本行政区域内采矿权人矿产资源储量变化情况的统计;

(三)本行政区域内采矿权人的开发利用情况的统计;

(四)向上一级自然资源主管部门报送本条第(二)项、第(三)项统计资料。

第十一条 填报矿产资源统计基础表,应当如实、准确、全面、及时,并符合统计核查、检测和计算等方面的规定,不得虚报、瞒报、迟报、拒报。

第三章 统计资料管理

第十二条 自然资源主管部门应当建立矿产资源统计资料档案管理制度,加强对本行政区域内矿产资源统计资料、统计台账及数据库的管理。

上报矿产资源统计资料应当附具统一要求的电子文本。

全国矿产资源统计数据库由自然资源部统一制定。

探矿权人、采矿权人和建设单位应当建立矿产资源统计资料档案管理制度，妥善保管本单位的矿产资源统计资料、统计台账及其他相关资料，并接受县级以上人民政府自然资源主管部门的监督检查。

第十三条 自然资源主管部门审查和现场抽查矿产资源统计资料时，探矿权人、采矿权人和建设单位应当予以配合，并如实提供相关数据资料。

第十四条 探矿权人、采矿权人或者建设单位要求保密的矿产资源统计资料，自然资源主管部门应当依法予以保密。

县级以上人民政府自然资源主管部门发布本行政区矿产资源统计信息，提供有关信息服务时，应当遵守国家保密法律、法规的规定。

第十五条 县级以上人民政府自然资源主管部门应当确定具有相应专业知识的人员具体承担统计工作，定期对统计工作人员进行考评；对成绩显著、贡献突出的，应当给予表彰和奖励。

第四章 法律责任

第十六条 采矿权人不依照本办法规定填报矿产资源统计基础表，虚报、瞒报、拒报、迟报矿产资源统计资料，拒绝接受检查、现场抽查或者弄虚作假的，依照《矿产资源开采登记管理办法》第十八条、《中华人民共和国统计法》及其实施细则的有关规定进行处罚。

第十七条 自然资源主管部门工作人员在矿产资源统计工作中玩忽职守、滥用职权、徇私舞弊的，依法给予处分；构成犯罪的，依法追究刑事责任。

第五章 附 则

第十八条 本办法自2004年3月1日起施行。1995年1月3日原地质矿产部发布的《矿产储量登记统计管理暂行办法》同时废止。

自然资源部关于进一步完善矿产资源勘查开采登记管理的通知

· 2023年5月6日
· 自然资规〔2023〕4号

各省、自治区、直辖市自然资源主管部门，新疆生产建设兵团自然资源局：

为贯彻落实党中央、国务院关于矿业权出让制度改革、自然资源资产产权制度改革等决策部署，提高能源资源保障能力，促进矿业健康可持续发展，依据有关法律法规，结合矿业权管理工作实际，就进一步完善矿产资源勘查开采登记管理有关事项通知如下。

一、完善矿产资源勘查登记管理

（一）完善探矿权新立、延续、保留登记管理。

1. 设立探矿权必须符合国土空间规划、矿产资源规划、生态环境保护及国家产业政策等相关规定。

2. 非油气探矿权人原则上可以是营利法人，也可以是非营利法人中的事业单位法人。油气（含石油、烃类天然气、页岩气、煤层气、天然气水合物）探矿权人原则上应当是营利法人。

3. 采矿权人在矿区范围深部、上部开展勘查工作，无须办理探矿权新立登记。

4. 探矿权新立、延续、变更勘查矿种，以及探矿权合并、分立变更勘查范围，需编制勘查实施方案。

勘查实施方案应当符合地质勘查规程、规范和标准。探矿权申请人可自行编制或者委托有关机构编制勘查实施方案，登记管理机关不得指定特定中介机构或个人提供服务。勘查实施方案编制审查须符合自然资源主管部门相关规定。

5. 因不可抗力或其他非申请人自身原因，无法继续勘查或者转为采矿权的勘查区域，可凭相关证明文件，抵扣按相关规定需缩减的面积。

6. 探矿权延续、保留登记，有效期起始日原则上为原勘查许可证有效期截止日次日。因不可抗力或其他非申请人自身原因，导致探矿权过期时间超过6个月以上的，有效期起始日为批准登记之日。

7. 首次申请探矿权保留，应当提交探矿权范围内已探明可供开采矿体的说明。资源储量规模达到大中型的煤和大型非煤探矿权申请保留，应当达到勘探程度；其他探矿权申请保留，应当达到详查（含）以上程度。已设采矿权垂直投影范围内的探矿权首次申请保留，应当达到详查（含）以上程度。

8. 探矿权人申请探矿权延续、保留，应当在规定期限内提出申请。因不可抗力或其他非申请人自身原因，未在规定期限内提出延续、保留申请，或者需要继续延长保留期的，探矿权人应当提交能够说明原因的相关证明材料。

9. 已办理保留的探矿权，因政策变化导致勘查工作程度要求提高等非矿业权人自身原因不能转采矿权，需继续开展勘查工作的，可申请探矿权延续。

（二）规范探矿权变更登记管理。

1. 以招标拍卖挂牌方式取得的探矿权申请变更主

体，不受持有探矿权满2年的限制。

以协议方式取得的探矿权申请变更主体，应当持有探矿权满5年。母公司与全资子公司之间、符合勘查主体资质条件申请人之间的转让变更可不受5年限制。

2.申请变更探矿权主体的，转让人和受让人应当一并向登记管理机关提交变更申请。勘查许可证剩余有效期不足6个月的，申请人（受让人）可以同时申请办理延续。

3.探矿权申请变更主体涉及重叠且符合本通知第（十一）条规定情形的，受让人应当提交互不影响和权益保护协议或者不影响已设矿业权人权益承诺。属同一主体的已设采矿权与其上部或者深部勘查探矿权，不得单独转让。

4.探矿权人对勘查区域内的矿产资源（除普通建筑用砂石土等以招标拍卖挂牌方式直接出让采矿权的矿产外，以下简称“砂石土类矿产”）开展综合勘查、综合评价的，无须办理勘查矿种变更（增列）登记，按照实际发现矿产的地质储量（油气）/资源量（非油气）编制矿产资源储量报告。

对综合勘查发现的矿产资源，具备转采矿权条件的，按照相关规定向具有登记权限的管理机关提出采矿权新立登记申请。

同一勘查区域内，除油气可以兼探铀矿、钾盐、氦气、二氧化碳气，煤炭兼探煤层气外，油气探矿权人不得进行非油气矿产勘查，非油气探矿权人不得进行油气矿产勘查，非煤探矿权人不得进行煤炭资源勘查。铀矿探矿权人原则上不得申请变更勘查开采矿种，勘查发现其他矿产的，应当进行综合勘查。涉及国家限制或者禁止勘查开采矿种的，依照相关规定管理。

5.人民法院将探矿权拍卖或裁定给他人，受让人应当依法向登记管理机关申请变更登记。申请变更登记的受让人应当具备本通知规定的探矿权申请人条件，登记管理机关凭申请人提交的探矿权变更申请文件和人民法院协助执行通知书，予以办理探矿权变更登记。

二、完善矿产资源开采登记管理

（三）调整矿区范围管理方式。

1.探矿权转采矿权，应当依据经评审备案的矿产资源储量报告。资源储量规模为大型的非煤矿山、大中型煤矿应当达到勘探程度，其他矿山应当达到详查（含）以上程度。地热、矿泉水、砂石土类矿产设置采矿权的勘查程度按照各省（区、市）有关规定执行。

2.探矿权人根据资源储量估算范围、井口装置、输油（气）管线（外输管线除外）、集输站、井巷工程设施分布范围或者露天剥离范围的立体空间区域，确定采矿权申请的矿区范围，经编制审查矿产资源开发利用方案后，向登记管理机关申请新立采矿登记，并参照《矿业权出让交易规则》签订采矿权出让合同。以招标拍卖挂牌方式或协议方式出让采矿权的，由登记管理机关确定出让的矿区范围，并根据《矿业权出让交易规则》签订采矿权出让合同。

3.同一矿区范围内涉及多个矿种的，应当按经评审备案的矿产资源储量报告的主矿种和共伴生矿种确定申请采矿权的矿区范围，并对共伴生资源进行综合利用；对共伴生资源综合利用有特殊要求的，按有关规定办理。

4.已设采矿权变更矿区范围的，应当按变更后的矿区范围统一编报申报要件，向登记管理机关申请采矿权变更登记。

（四）完善采矿权新立、延续登记管理。

1.设立采矿权必须符合国土空间规划、矿产资源规划、绿色矿山建设、生态环境保护及国家产业政策等相关规定。

2.采矿权申请人原则上应当为营利法人。

申请人在取得采矿许可证后，须具备其他相关法定条件后方可实施开采作业。

3.采矿权申请人可自行编制或委托有关机构编制矿产资源开发利用方案，登记管理机关不得指定特定中介机构或个人提供服务。矿产资源开发利用方案编制审查须符合自然资源主管部门相关规定。

4.探矿权转采矿权的，准予采矿权新立登记后，应当注销原探矿权或变更缩减原探矿权面积，申请人凭注销通知（证明）或变更缩减面积后的勘查许可证领取采矿许可证。

5.采矿权延续后有效期根据《矿产资源开采登记管理办法》（国务院令第241号）第七条确定，有效期应当始于原采矿许可证有效期截止之日次日。

6.因不可抗力或其他非申请人自身原因，无法按规定提交采矿权延续申请资料的，在申请人提交能够说明原因的相关证明材料后，登记管理机关可根据实际情况延续2年，并在采矿许可证副本上注明其原因和要求。

（五）完善采矿权变更、注销登记管理。

1.申请采矿权转让变更的，受让人应当具备本通知规定的采矿权申请人条件，并承继该采矿权的权利、义务。涉及重叠情况的，受让人应当提交互不影响和权益保护协议或不影响已设矿业权人权益承诺。

2. 国有矿山企业申请办理采矿权转让变更登记的，应当持矿山企业主管部门同意转让变更采矿权的批准文件。

3. 有下列情形之一的，不予办理采矿权转让变更登记：

（1）采矿权部分转让变更的；

（2）同一矿业权人存在重叠的矿业权单独转让变更的；

（3）采矿权处于抵押备案状态且未经抵押权人同意的；

（4）未按要求缴纳矿业权出让收益（价款）的；

（5）未在转让合同中明确受让人承继履行矿山地质环境恢复治理义务的；

（6）采矿权被自然资源主管部门立案查处，或人民法院、公安、监察等机关通知不得转让变更的。

以协议方式取得的采矿权申请变更主体，应当持有采矿权满5年。母公司与全资子公司、符合开采主体资质条件申请人之间的转让变更可不受5年限制。

4. 申请变更开采主矿种的，应当提交经评审备案的矿产资源储量报告。变更为国家实行开采总量控制矿种的，还应当符合国家宏观调控和开采总量控制要求，并需经专家论证通过、公示无异议。

5. 实行开采总量控制矿种的采矿权申请办理变更、延续的，省级自然资源主管部门应当对开采总量控制指标分配、使用等情况提出书面意见。

6. 采矿权原则上不得分立，因开采条件变化等特殊原因确需分立的，应当符合矿产资源规划等相关规定。

7. 砂石土类矿产的采矿权不得分立、不允许变更开采矿种，其他矿产采矿权不允许变更或增列砂石土类矿产。

8. 人民法院将采矿权拍卖或裁定给他人，受让人应当依法向登记管理机关申请变更登记。申请变更登记的受让人应当具备本通知规定的采矿权申请人条件，登记管理机关凭申请人提交的采矿权变更申请文件和人民法院协助执行通知书，予以办理采矿权变更登记。

9. 采矿许可证剩余有效期不足6个月，申请变更登记的，可以同时向登记管理机关申请办理延续登记。

10. 取得采矿权的矿山在有效期内因生态保护、安全生产、公共利益、产业政策等被县级（含）以上人民政府决定关闭并公告的，由同级自然资源主管部门函告原登记管理机关。采矿权人应当自决定关闭矿山之日起30日内，向原登记管理机关申请办理采矿许可证注销登记手续。采矿权人不办理采矿许可证注销登记手续的，由登记管理机关责令限期改正；逾期不改正的，由原登记管理机关吊销采矿许可证，并根据《行政许可法》第七十条规定办理采矿许可证注销手续。

三、精简矿业权申请资料

（六）矿业权申请资料是申请矿业权登记的必备要件。依据规范、精简、公开的原则制定资料清单。探矿权申请资料清单分为新立、延续、保留、变更、注销5种类型，采矿权申请资料清单分为新立、延续、变更、注销4种类型。

（七）矿业权申请（登记）书按统一格式施行。探矿权申请（登记）书（格式）见附件1，采矿权申请（登记）书（格式）见附件3。

（八）自然资源部负责的矿业权新立（协议出让、探矿权转采矿权）以及延续、变更、转让、保留、注销的登记申请资料，按照本通知附件2探矿权申请资料清单及要求、附件4采矿权申请资料清单及要求执行。地方自然资源主管部门可参照执行。

（九）向自然资源部申请登记的，申请人通过自然资源部政务服务门户网站（https://zwfw.mnr.gov.cn）提交资料。

（十）在自然资源部申请办理非油气探矿权、采矿权登记的，除探矿权注销、探矿权人采矿权人名称变更登记外，省级自然资源主管部门应当对相关事项进行核查，并将核查结果通过一网申报系统直接传输至部政务大厅，省级自然资源主管部门核查意见（范本）见附件5。军事部门意见由登记管理机关直接征询。

四、其他有关事项

（十一）新立探矿权采矿权申请范围不得与已设矿业权垂直投影范围重叠，但下列情形除外：

1. 申请范围与已设矿业权范围重叠，申请人与已设矿业权人为同一主体的；

2. 油气与非油气之间，探矿权申请范围与已设探矿权重叠，申请人向登记管理机关提交不影响已设探矿权人权益承诺的；申请范围与已设采矿权范围重叠，申请人与已设采矿权人签订了互不影响和权益保护协议的；

新立油气探矿权申请范围与小型露天开采砂石土类矿产采矿权范围重叠，申请人向登记管理机关提交不影响已设矿业权人权益承诺的；

3. 油气与非油气之间，新立采矿权与已设矿业权重叠，双方签订了互不影响和权益保护协议的；其中，新立油气采矿权与已设小型露天开采砂石土类矿产采矿权重叠，或新立小型露天开采砂石土类矿产采矿权与已设油气矿业权重叠，申请人向登记管理机关提交了不影响已设矿业权人权益承诺的；

4. 可地浸砂岩型铀矿申请范围与已设煤炭矿业权范围重叠，申请人与已设煤炭矿业权人签订了互不影响和权益保护协议的；

5. 已设矿业权已公告废止或已列入政府关闭矿山名单的。

（十二）互不影响和权益保护协议不得损害国家利益和第三方合法权益。采取承诺方式的，非油气探矿权申请人应当承诺不影响已设矿业权勘查开采活动，确保安全生产、保护对方合法权益等；油气探矿权申请人应当承诺合理避让已设非油气矿业权，且不影响其勘查开采活动；小型露天开采砂石土类采矿权申请人应当承诺不影响已设油气矿业权勘查开采活动，确保安全生产、保护对方合法权益等；油气采矿权申请人应当承诺合理避让已设小型露天开采砂石土类采矿权，且不影响其开采活动。无法避让的要主动退出，确保安全生产、保护对方合法权益。

（十三）各级自然资源主管部门应当根据工作需要，建立油气矿业权人、非油气矿业权人、自然资源主管部门三方工作协调机制，对涉及油气与非油气矿业权重叠相关问题进行交流沟通、协调推进工作，妥善解决有关问题。

（十四）申请人委托他人办理的，被委托人应当出具申请人法定代表人的书面委托书和本人身份证。

（十五）申请人应当如实向登记管理机关提交申请材料，并对申请材料的真实性负责；隐瞒有关情况或者提供虚假材料申请行政许可的，以欺骗、贿赂等不正当手段取得行政许可的，依据《行政许可法》等法律法规处理。

（十六）勘查许可证、采矿许可证遗失需补办的，持补办申请书向原登记管理机关申请补办，原登记管理机关门户网站公告遗失声明满10个工作日无异议后，补发新的勘查许可证、采矿许可证。补办的勘查许可证、采矿许可证登记内容应当与原证一致，并注明补办时间。

（十七）勘查许可证、采矿许可证剩余有效期不足3个月的，登记管理机关应当在本级或上级机关的门户网站上滚动提醒矿业权人按规定申请延续登记。

（十八）登记管理机关应当定期清理过期勘查许可证、采矿许可证，对有效期届满前因矿业权人自身原因未按规定申请延续登记的，登记管理机关应当予以公告注销。公告注销前应当向社会公示，公示时间不少于30个工作日。

（十九）登记管理机关在受理申请、批准登记后，及时在门户网站进行公开，接受社会监督。

（二十）地方各级自然资源主管部门应当加强对矿业权人勘查开采行为的监督管理，对违法违规勘查开采行为，依法予以查处。对列入勘查开采信息公示严重失信主体名单的矿业权人，依法不予登记新的矿业权。

本通知自印发之日起施行，有效期5年。勘查开采登记中涉及矿业权出让收益的，按照《财政部 自然资源部 税务总局关于印发〈矿业权出让收益征收办法〉的通知》（财综〔2023〕10号）执行。《国土资源部关于进一步规范矿产资源勘查审批登记管理的通知》（国土资规〔2017〕14号）、《国土资源部关于进一步规范矿业权申请资料的通知》（国土资规〔2017〕15号）、《国土资源部关于完善矿产资源开采审批登记管理有关事项的通知》（国土资规〔2017〕16号）同时废止。本通知实施前已印发的其他文件与本通知规定不一致的，以本通知为准。

附件：略

自然资源部关于深化矿产资源管理改革若干事项的意见

·2023年7月26日
·自然资规〔2023〕6号

各省、自治区、直辖市自然资源主管部门，新疆生产建设兵团自然资源局：

为贯彻落实党中央、国务院关于矿业权出让制度改革、石油天然气体制改革、加强重要能源矿产资源国内勘探开发和增储上产等决策部署，充分发挥市场在资源配置中的决定性作用，更好发挥政府作用，现就深化矿产资源管理改革提出如下意见。

一、全面推进矿业权竞争性出让

除协议出让等特殊情形外，矿业权一律按照《矿业权出让交易规则》（自然资规〔2023〕1号）以招标、拍卖、挂牌方式公开竞争出让。在矿业权交易中推广使用保函或保证金，探索建立相关规则，确保矿业权交易顺利进行。

竞争出让油气（包括石油、烃类天然气、页岩气、煤层气、天然气水合物）探矿权，按照自然资源部、财政部《关于制定矿业权出让收益起始价标准的指导意见》确定起始价。

二、严格控制矿业权协议出让

稀土、放射性矿产勘查开采项目或国务院批准的重点建设项目，自然资源主管部门可以协议方式向特定主体出让矿业权。自然资源部协议出让矿业权应当征求省级人民政府意见,地方自然资源主管部门协议出让矿业权须报请同级地方人民政府同意。

基于矿山安全生产和矿业权设置合理性等要求,需要利用原有生产系统进一步勘查开采矿产资源(普通建筑用砂石土类矿产除外)的已设采矿权深部或上部、周边、零星分散资源,以及属同一主体相邻矿业权之间距离300米左右的夹缝区域,自然资源主管部门可以直接以协议方式出让探矿权或采矿权。

三、积极推进"净矿"出让

实行砂石土采矿权"净矿"出让,积极推进其他矿种的"净矿"出让。加强矿业权出让前期准备工作,优化矿业权出让流程,提高服务效率。依据矿产资源规划、地质工作成果和市场需求,建立矿业权出让项目库,会同相关部门,依法依规避让生态保护红线等禁止限制勘查开采区域,合理确定出让范围,并做好与用地用海用林用草等审批事项和管理政策的衔接,以便矿业权出让后,矿业权人能够依法依规办理用地用海用林用草审批手续,正常开展勘查开采工作。

因不可抗力原因导致无法开展勘查开采工作的,自然资源主管部门可以依法变更或者解除合同、撤回矿业权,并按照有关规定退还已征收的矿业权出让收益。

四、实行同一矿种探矿权采矿权出让登记同级管理

自然资源部负责石油、烃类天然气、页岩气、天然气水合物、放射性矿产、钨、稀土、锡、锑、钼、钴、锂、钾盐、晶质石墨的矿业权出让登记;省级自然资源主管部门负责其他战略性矿产的矿业权出让登记,并落实矿产资源规划管控措施。省级及以下自然资源主管部门负责其余矿种的矿业权出让登记。

矿业权出让收益评估由省级自然资源主管部门统一组织开展。

五、开放油气勘查开采市场

在中华人民共和国境内注册,净资产不低于3亿元人民币的内外资公司,均有资格按照规定取得油气矿业权。从事油气勘查开采应当符合安全、环保等资质要求和规定,并具有相应的油气勘查开采技术能力。

六、实行油气探采合一制度

油气矿业权人发现可供开采的油气资源,完成试油(气)作业后决定继续开采的,在30日内向有登记权限的自然资源主管部门提交探采合一计划表(附件)后可以进行开采。在勘查开采过程中探明地质储量的区域,应当及时编制矿产资源储量报告,进行评审备案。报告探采合一计划5年内,矿业权人应当签订采矿权出让合同,依法办理采矿权登记。

报告探采合一计划超过5年,未转采矿权仍继续开采的,按照违法采矿处理。矿业权人完成试油(气)作业后决定不再继续开采的,以及5年内开采完毕或无法转采并停止开采的,不再办理采矿权登记。

七、调整探矿权期限

探矿权新立、延续及保留登记期限均为5年。申请探矿权延续登记时应当扣减勘查许可证载明面积的20%,非油气已提交资源量的范围/油气已提交探明地质储量的范围不计入扣减基数,已设采矿权深部或上部勘查不扣减面积。油气探矿权可以扣减同一盆地的该探矿权人其他区块同等面积,但新出让的油气探矿权5年内不得用于抵扣该探矿权人其他区块应扣减面积。

探矿权出让合同已有约定的,按照合同执行。

八、执行新的矿产资源储量分类

矿产资源管理和规划、政策制定,矿产资源勘查、开采,资源储量估算、评价,矿产资源统计和发布,及相关技术标准制定,应当执行《固体矿产资源储量分类》(GB/T 17766-2020)、《油气矿产资源储量分类》(GB/T 19492-2020)和地热、矿泉水等现行国家颁布的标准规范。

九、强化矿产资源储量评审备案

自然资源主管部门落实矿产资源国家所有的法律要求,依申请对矿业权人或项目建设单位申报的矿产资源储量进行评审备案,出具评审备案文件。自然资源主管部门可以委托矿产资源储量评审机构根据评审备案范围和权限组织开展评审备案工作,相关费用按照国家有关规定执行。

十、明确评审备案范围和权限

探矿权转采矿权,采矿权变更矿种,采矿权变更(扩大或缩小)范围涉及矿产资源储量变化,油气矿产在探采矿期间探明地质储量、其他矿产在采矿期间累计查明矿产资源量发生重大变化的(变化量超过30%或达到中型规模以上的),以及建设项目压覆重要矿产,应当编制符合相关标准规范的矿产资源储量报告,申请评审备案。不对探矿权保留、变更矿种,探矿权和采矿权延续、转让、出让,矿山闭坑,以及上市融资等事由进行评审备案。

自然资源部负责本级已颁发勘查许可证或采矿许可证的矿产资源储量评审备案工作,其他由省级自然资源主管部门负责。涉及建设项目压覆重要矿产的,由省级自然资源主管部门负责评审备案,石油、烃类天然气、页岩气、天然气水合物和放射性矿产资源除外。持续推进矿产资源储量市场服务体系建设,满足企业生产经营、矿业行业发展和市场需要。

十一、规范财政出资地质勘查工作

中央或地方财政出资勘查项目,不设置探矿权,凭项目任务书开展地质勘查工作。2019 年 12 月 31 日以前已设探矿权的,自然资源主管部门可以继续办理探矿权延续,完成规定的勘查工作后注销探矿权,由自然资源主管部门出让或储备。

财政出资勘查项目新增资源量应当由项目主管单位委托评审机构审查,出具审查意见。其他勘查项目新增资源量由矿业权人委托相关机构审查。

本意见自印发之日起实施,有效期五年。《自然资源部关于推进矿产资源管理改革若干事项的意见(试行)》(自然资规〔2019〕7 号)同时废止。本意见实施前已印发的其他文件与本意见规定不一致的,按照本意见执行。

附件:油气探采合一计划表

附件:

油气探采合一计划表

编号:　　　　填报日期:

矿业权信息	矿业权人		
	许可证号		
	项目名称		
	勘查实施单位		
报告区域名称			
地理位置			
坐标范围(2000 坐标系)			
主要矿种			
主要赋存层位			
试油、试气情况			
下一步工作计划			
需要说明的其他事项			
填表人		审核人	
填报单位			

国土资源部关于推进矿产资源全面节约和高效利用的意见

· 2016 年 12 月 13 日
· 国土资发〔2016〕187 号

各省、自治区、直辖市国土资源主管部门,中国地质调查局及部其他直属单位,部机关各司局:

矿产资源是经济社会发展的重要物质基础和生态环境的构成要素。近年来,我国矿产资源节约和高效利用水平明显提高,但与加快推进生态文明建设要求还有差距。为贯彻落实党中央、国务院关于加快推进生态文明建设的战略决策部署,推进矿产资源全面节约和高效利用,加快转变矿业发展方式,提高矿产资源保障能力,维护资源和生态安全,现提出以下意见。

一、总体要求

(一)指导思想。

全面贯彻党的十八大和十八届三中、四中、五中、六中全会精神,深入贯彻落实习近平总书记系列重要讲话精神,按照统筹推进“五位一体”总体布局和协调推进“四个全面”战略布局的要求,牢固树立和贯彻落实创新、协调、绿色、开放、共享的发展理念,坚持节约资源和保护环境基本国策,认真履行尽职尽责保护国土资源、节约集约利用国土资源、尽心尽力维护群众权益职责,加强管理创新,促进技术创新和利用方式创新,把全面节约和高效利用的要求落实到矿产资源勘查开发全过程,提高先进适用技术转化率和普及率,健全技术标准体系,完善激励约束机制,提高矿产资源开发利用水平和综合效益,促进矿业转型升级和生态文明建设。

(二)基本原则。

坚持保护优先。在矿产资源开发和生态环境保护中,坚定保护就是节约的理念,把保护放在优先位置,坚持在保护中开发、在开发中保护,以最少的矿产资源消耗支撑经济社会持续发展。

坚持高效利用。在矿产资源勘查开发中,坚定高效利用就是节约的理念,对主共伴生矿产资源进行综合勘查、综合评价、综合开采和综合利用,推进优质优用、梯级利用和循环利用,推进废石等废弃物资源化利用,提高资源、经济和生态等综合效益。

坚持改革创新。完善技术指标体系,发挥技术指标强制和引领作用,加强监管,对达标情况进行公开。构建激励约束机制,对于节约和高效利用水平高的给予支持,对于水平低的予以惩戒。

坚持落实责任。全面落实企业主体责任,在综合勘查、综合开采和综合利用等关键环节,严格执行规定和指标要求。加快研发和应用先进技术,提升节约和高效利用水平。

（三）主要目标。到2020年,全面节约和高效利用指标体系和长效机制基本建立,建成矿产资源“三率”（开采回采率、选矿回收率和综合利用率）最低指标和领跑者指标,随技术进步动态调整。激励约束机制健全,监管有效,重要矿产“三率”达标,重点骨干矿山基本达到领跑者标准,矿产资源开发利用综合效益、先进适用技术普及率、矿业生态文明建设水平明显提高。

二、加强勘查开发管理

（四）加强综合勘查。继续推进沉积盆地油铀兼探,加快推进煤铀、油钾、“三气”（天然气、页岩气、煤层气）、煤与煤层气资源综合勘查、综合评价和综合开发利用。在勘查评价主要矿种的同时,对共伴生矿产进行综合勘查和综合评价。严格矿产资源储量报告矿产综合勘查和综合评价内容审查把关。

（五）强化源头管控。加强规划编制和实施,对沉积盆地等重要矿产按照空间划开、时间错开、有序开发的要求,合理设置矿业权,推进综合利用。严格审查矿产资源开发利用方案中开采顺序、开采方法和选矿工艺、综合开采和综合利用措施是否合理,技术是否先进适用,“三率”是否达到规定要求。

（六）推进监管改革。全面推进矿业权人勘查开采信息公开公示,按照“双随机一公开”要求,加强“三率”监管,将未履行法定义务的矿业权人依法列入异常名录和严重违法名单,督促其落实主体责任。强化矿山储量管理,及时掌握年度动用资源储量、损失量、采出量和保有资源储量。完善压矿管理,加强区域评估,指导建设单位合理选址,避免压覆或少压覆重要矿产资源。

（七）推进综合利用。积极配合有关部门制定政策,对采选产生的废石、矸石等废弃物,在安全、环保的前提下,采取提取有用组分、制作建材、加工成新型材料、井下充填等多种方式,进行资源化利用,提高资源、经济和生态效益。

三、大力研发推广应用先进适用技术

（八）开展技术需求调查。开展重要矿产、废石等资源高效利用技术调查,及时掌握技术现状。鼓励行业协会和科研单位开展技术调查,了解共性关键技术需求,为推动技术创新奠定基础。

（九）构建协同创新机制。依托国家工程技术研究中心、部级重点实验室及各级科技创新平台,支持和鼓励矿山企业、科研院所、高校等产学研有机融合,围绕保障矿产资源安全供给和促进矿业绿色转型,探索建立产业技术创新战略联盟,积极争取国家重点研发计划支持,大力研发先进技术。在煤炭资源绿色开发、天然气水合物探采、油气与非常规油气资源开发、金属资源清洁开发、盐湖与非金属资源综合利用等方面,突破一批核心关键技术,为可持续发展保障、矿业转型升级,提供强有力的科技支撑。

（十）推广应用先进技术。建立矿产资源节约和高效利用先进适用技术推广平台,发布目录,推进信息共享,畅通矿山企业获取先进技术信息渠道,引导研发单位指导矿山企业应用先进适用技术,实施升级改造,提高机械化、信息化、智能化水平。

四、发挥标准规范强制和引领作用

（十一）健全标准规范体系。进一步完善矿产资源勘查、开采、选矿技术标准规范体系,加强培训和执行效果跟踪评估。健全完善矿产资源品级标准,推进矿产资源优质优用、分级利用和循环利用。鼓励行业协会、矿山企业和科研单位组织参与标准编制,推动关键技术和成套技术研究成果转化为国家、行业标准。

（十二）完善矿产工业指标。根据不同矿床类型和开采条件,综合考虑经济、地理条件和资源环境承载力状况,调整完善矿产资源储量估算的一般指标和共伴生矿产综合利用指标。在符合安全、环保的要求下,鼓励综合利用低于一般工业指标的矿产资源。

（十三）完善矿产“三率”指标。制定46种重要矿产“三率”最低指标和领跑者指标,作为开发利用“底线”和“高线”,并根据市场变化和技术进步等适时调整。各省（区、市）和矿山可根据矿产资源禀赋和开采技术条件,制定高于国家指标的“三率”最低指标和领跑者指标。

五、建立长效机制

（十四）建立矿产资源开发利用水平调查评估制度。围绕采矿、选矿和综合利用的重点环节,建成调查评估常态化、科学化、标准化和激励约束差别化的开发利用水平调查评估制度,落实明确调查指标、规范调查流程、合理划分职责、完善指标体系、科学合理评估和完善激励约束机制六项任务。公开调查评估结果,发布“先进名单”和“不达标名单”。进入“先进名单”的,在技术创新项目、绿色矿山建设等方面优先支持;列入“不达标名单”的,按照规定督促整改或惩戒。

（十五）深入开展国土资源节约集约模范县（市）创建。完善创建活动指标标准体系和考核办法,强化地方的监管责任，充分调动矿山企业积极性，促进矿产资源全面节约和高效利用。

（十六）加大政策支持力度。完善支持政策，激励先进，推动矿山企业提升矿产资源开发利用水平。探索研究制定促进矿业发展的采矿临时用地政策。积极配合有关部门落实矿产资源节约和高效利用优惠政策。

各省（区、市）国土资源主管部门要提高认识，高度重视，落实责任，把推进矿产资源全面节约和高效利用工作作为重要任务，结合实际制定具体实施意见，确保落到实处。

非法采矿、破坏性采矿造成矿产资源破坏价值鉴定程序的规定

·2005 年 8 月 31 日
·国土资发〔2005〕175 号

第一条　为了规范非法采矿、破坏性采矿造成矿产资源破坏价值的鉴定工作，依法惩处矿产资源犯罪行为，根据《中华人民共和国矿产资源法》、《最高人民法院关于审理非法采矿、破坏性采矿刑事案件具体应用法律若干问题的解释》及有关规定，制定本规定。

第二条　国土资源主管部门在查处矿产资源违法案件中，对非法采矿、破坏性采矿涉嫌犯罪，需要对造成矿产资源破坏的价值进行鉴定的，或者省级以上人民政府国土资源主管部门根据公安、司法机关的请求进行上述鉴定的，适用本规定。

第三条　省级以上人民政府国土资源主管部门对非法采矿、破坏性采矿造成矿产资源破坏或者严重破坏的价值出具的鉴定结论，作为涉嫌犯罪的证据材料，由查处矿产资源违法案件的国土资源主管部门依法移送有关机关。属于根据公安、司法机关的请求所出具的鉴定结论，交予提出请求的公安、司法机关。

第四条　国土资源部负责出具由其直接查处的矿产资源违法案件中涉及非法采矿、破坏性采矿造成矿产资源破坏价值的鉴定结论；省级人民政府国土资源主管部门负责出具本行政区域内的或者国土资源部委托其鉴定的非法采矿、破坏性采矿造成矿产资源破坏价值的鉴定结论。

第五条　省级以上人民政府国土资源主管部门设立非法采矿、破坏性采矿造成矿产资源破坏价值鉴定委员会，负责审查有关鉴定报告并提出审查意见。

鉴定委员会负责人由本级国土资源主管部门主要领导或者分管领导担任，成员由有关职能机构负责人及有关业务人员担任，可聘请有关专家参加。

第六条　对非法采矿、破坏性采矿造成矿产资源破坏的价值按照以下原则进行鉴定：非法采矿破坏的矿产资源价值，包括采出的矿产品价值和按照科学合理的开采方法应该采出但因矿床破坏已难以采出的矿产资源折算的价值。破坏性采矿造成矿产资源严重破坏的价值，指由于没有按照国土资源主管部门审查认可的矿产资源开发利用方案采矿，导致应该采出但因矿床破坏已难以采出的矿产资源折算的价值。

第七条　省级以下人民政府国土资源主管部门在查处矿产资源违法案件中，涉及对非法采矿、破坏性采矿造成矿产资源破坏的价值进行鉴定的，须向省级人民政府国土资源主管部门提出书面申请，同时附具对该违法行为的调查报告及有关材料，由省级人民政府国土资源主管部门按照本规定第八条规定出具鉴定结论。对于认为案情简单、鉴定技术要求不复杂，本部门自己进行鉴定或者自行委托专业技术机构进行鉴定的，须将鉴定报告及有关调查材料呈报省级国土资源主管部门进行审查，并由省级人民政府国土资源主管部门按照本规定第八条第（三）项的有关规定出具鉴定结论。

第八条　省级人民政府国土资源主管部门接到省级以下人民政府国土资源主管部门请求鉴定的书面申请后，按下述规定办理：

（一）自接到书面申请之日起 7 日内进行审查并决定是否受理。经审查不同意受理的，将有关材料退回；需要补充情况或者材料的，应及时提出要求。

（二）同意受理后，有条件自行鉴定的，自受理之日起 30 日内委派承办人员进行鉴定并提出鉴定报告。案情复杂的可以适当延长，但最长不得超过 60 日。没有条件自行鉴定的，委托专业技术机构进行鉴定并按照上述期限提出鉴定报告。鉴定报告须由具体承办人员签署姓名。受委托进行鉴定的专业技术机构需要国土资源主管部门予以协助、配合的，各级国土资源主管部门应当及时予以协助、配合。

（三）自接到鉴定报告之日起 7 日内，由鉴定委员会负责人召集组成人员进行审查。审查时，鉴定委员会组成人员必须达到三分之二以上，以听取鉴定情况汇报并对有关材料、数据、鉴定过程与方法审查等方式进行。审查通过的，本级国土资源主管部门即行出具鉴定结论并交予提出申请的国土资源主管部门。未能通过的，应说明意见及理由。

第九条 省级人民政府国土资源主管部门或者国土资源部对非法采矿、破坏性采矿行为进行直接查处并由本部门出具鉴定结论,或者根据公安、司法机关的请求出具鉴定结论的,进行鉴定、审查、出具鉴定结论及有关办理时限,按照第八条(二)、(三)项中的有关规定办理。

第十条 省级人民政府国土资源主管部门可以根据本规定并结合本地区的实际,制定具体的实施办法。

第十一条 本规定自颁布之日起施行。

保护性开采的特定矿种勘查开采管理暂行办法

· 2009 年 11 月 24 日

· 国土资发〔2009〕165 号

第一条 为加强对保护性开采的特定矿种勘查、开采的管理,保护我国优势矿产资源,不断提高优势矿产的合理开发利用水平,根据《中华人民共和国矿产资源法》及相关法律法规的规定,制定本办法。

第二条 本办法所称保护性开采的特定矿种,是指按照有关规定,由国家实行有计划勘查、开采管理的矿种。

第三条 保护性开采的特定矿种的勘查、开采实行统一规划、总量控制、合理开发、综合利用的原则。

第四条 国土资源部会同有关部门提出保护性开采的特定矿种的设立或撤销名单,经国务院批准后,公布实施。

第五条 国土资源部负责全国保护性开采的特定矿种勘查、开采的登记、审批。

国土资源部可根据需要,授权有关省(区、市)国土资源管理部门对保护性开采的特定矿种进行勘查、开采的登记、审批。

第六条 国土资源部负责组织全国保护性开采的特定矿种勘查、开采的监督管理。县级以上地方人民政府国土资源管理部门负责本辖区内保护性开采的特定矿种勘查、开采的监督管理。

第七条 国土资源部按照矿产资源规划,根据相关产业政策、资源储量变化、市场需求等因素,按年度分矿种下达保护性开采的特定矿种勘查、开采计划,依法设立探矿权、采矿权,并加强监管。

第八条 保护性开采的特定矿种资源调查评价和矿产地储备工作由国土资源部统一组织实施。

第九条 探矿权人在对其他矿种进行勘查活动时,应对共、伴生的保护性开采的特定矿种进行综合勘查评价,并单独估算资源储量。否则,地质储量报告不予评审、备案。

第十条 国土资源部按照规划对保护性开采的特定矿种实行开采总量控制管理,分年度下达分省(区、市)控制指标。综合开采、综合利用保护性开采的特定矿种的,纳入开采总量控制管理。

第十一条 各有关省(区、市)国土资源管理部门根据本辖区矿山企业的资源储量、开发利用情况、资源利用水平等,将控制指标分解落实到矿山企业,企业名单和指标分解情况应向社会公示,公示结果予以公告,并报国土资源部备案。国土资源部向社会公布全国控制指标分解落实情况。

各有关省(区、市)国土资源管理部门在分解下达控制指标时,上下级国土资源管理部门间应按照职责分工签订责任书,矿山所在地市或县级国土资源管理部门和矿山企业间签订合同书,明确各方的权利、义务和违约责任。责任书、合同书式样由各省(区、市)国土资源管理部门制定。

第十二条 保护性开采的特定矿种开采总量控制指标执行情况实行月报和季报统计制度。

矿山企业每月应按规定向当地国土资源管理部门报送保护性开采的特定矿种开采总量控制指标执行情况;各有关省(区、市)国土资源管理部门每季度向国土资源部上报保护性开采的特定矿种开采总量控制指标执行情况。

保护性开采的特定矿种开采总量控制指标执行情况报表及报送时间等要求由国土资源部相关统计制度规定。

开采保护性开采的特定矿种的矿山企业应建立储量、产量、销售原始台账及开采总量控制相关管理制度。

第十三条 各有关省(区、市)国土资源管理部门每年 11 月底前向国土资源部上报当年指标完成情况(含预计完成情况)及下年度指标申请报告。

第十四条 保护性开采的特定矿种开采总量控制指标不得买卖和转让。特殊情况,由矿山所在地的省(区、市)国土资源管理部门在当地进行调配并报部备案。

第十五条 保护性开采的特定矿种与其他矿种共、伴生的,凡保护性开采的特定矿种资源储量达到中型以上,且占矿山全部资源储量达到 20%的,按主采保护性开采的特定矿种设立采矿权,并执行保护性开采的特定矿种各项管理规定。

第十六条 不符合本办法第十五条规定的共、伴生情况的,矿山开采企业综合开采、综合利用保护性开采的特定矿种,应严格按照下达的保护性开采的特定矿种开采总量控制指标组织生产,其主采矿种的开采规模应与保护性开采的特定矿种的开采总量控制指标相适应,不得因开采主采矿种而导致保护性开采的特定矿种超开采总量控制指标生产。

经批准,主采矿种扩大开采规模,造成综合利用的保护性开采的特定矿种采出量超出开采总量控制指标的,采矿权人应妥善保存,不得超开采总量控制指标销售。

对暂不能开采、利用的矿体、尾矿,采矿权人应采取有效措施加以保护,不得随意丢弃、浪费或破坏保护性开采的特定矿种资源。

第十七条 开采非保护性开采的特定矿种的矿山企业在开采其他矿产过程中,新发现矿区内有共生或伴生保护性开采的特定矿种的,应当向当地国土资源管理部门报告,经资源储量评审备案后,依据评审结果,纳入矿产资源规划,并分别按照本办法第十五条或第十六条的有关规定办理。

第十八条 各级国土资源管理部门应切实加强本辖区内保护性开采的特定矿种的勘查、开采管理,加大开采总量控制指标执行情况的检查力度。矿山所在地的国土资源管理部门应按照责任书的有关要求,指派专人负责对矿山开采企业进行定期和不定期的检查,发现问题及时处理,确保开采总量控制指标执行到位,并建立加强开采总量控制管理的具体管理措施。

第十九条 违反本暂行办法的,按照有关法律法规规定进行处罚。

第二十条 外商投资企业申请保护性开采的特定矿种勘查、开采的,按照国家的外商投资产业指导目录办理。

第二十一条 本办法由国土资源部负责解释。

第二十二条 本办法自2010年1月1日起施行。

金属与非金属矿产资源地质勘探安全生产监督管理暂行规定

·2010年12月3日国家安全生产监管总局令第35号公布
·根据2015年5月26日《国家安全监管总局关于废止和修改非煤矿矿山领域九部规章的决定》修订

第一章 总 则

第一条 为加强金属与非金属矿产资源地质勘探作业安全的监督管理,预防和减少生产安全事故,根据安全生产法等有关法律、行政法规,制定本规定。

第二条 从事金属与非金属矿产资源地质勘探作业的安全生产及其监督管理,适用本规定。

生产矿山企业的探矿活动不适用本规定。

第三条 本规定所称地质勘探作业,是指在依法批准的勘查作业区范围内从事金属与非金属矿产资源地质勘探的活动。

本规定所称地质勘探单位,是指依法取得地质勘查资质并从事金属与非金属矿产资源地质勘探活动的企事业单位。

第四条 地质勘探单位对本单位地质勘探作业安全生产负主体责任,其主要负责人对本单位的安全生产工作全面负责。

国务院有关部门和省、自治区、直辖市人民政府所属从事矿产地质勘探及管理的企事业法人组织(以下统称地质勘探主管单位),负责对其所属地质勘探单位的安全生产工作进行监督和管理。

第五条 国家安全生产监督管理总局对全国地质勘探作业的安全生产工作实施监督管理。

县级以上地方各级人民政府安全生产监督管理部门对本行政区域内地质勘探作业的安全生产工作实施监督管理。

第二章 安全生产职责

第六条 地质勘探单位应当遵守有关安全生产法律、法规、规章、国家标准以及行业标准的规定,加强安全生产管理,排查治理事故隐患,确保安全生产。

第七条 从事钻探工程、坑探工程施工的地质勘探单位应当取得安全生产许可证。

第八条 地质勘探单位从事地质勘探活动,应当持本单位地质勘查资质证书和地质勘探项目任务批准文件或者合同书,向工作区域所在地县级安全生产监督管理部门书面报告,并接受其监督检查。

第九条 地质勘探单位应当建立健全下列安全生产制度和规程:

(一)主要负责人、分管负责人、安全生产管理人员和职能部门、岗位的安全生产责任制度;

(二)岗位作业安全规程和工种操作规程;

(三)现场安全生产检查制度;

(四)安全生产教育培训制度;

(五)重大危险源检测监控制度;

(六)安全投入保障制度;

(七)事故隐患排查治理制度;

(八)事故信息报告、应急预案管理和演练制度;

（九）劳动防护用品、野外救生用品和野外特殊生活用品配备使用制度；

（十）安全生产考核和奖惩制度；

（十一）其他必须建立的安全生产制度。

第十条 地质勘探单位及其主管单位应当按照下列规定设置安全生产管理机构或者配备专职安全生产管理人员：

（一）地质勘探单位从业人员超过100人的，应当设置安全生产管理机构，并按不低于从业人员1%的比例配备专职安全生产管理人员；从业人员在100人以下的，应当配备不少于2名的专职安全生产管理人员；

（二）所属地质勘探单位从业人员总数在3000人以上的地质勘探主管单位，应当设置安全生产管理机构，并按不低于从业人员总数1‰的比例配备专职安全生产管理人员；从业人员总数在3000人以下的，应当设置安全生产管理机构或者配备不少于1名的专职安全生产管理人员。

专职安全生产管理人员中应当有注册安全工程师。

第十一条 地质勘探单位的主要负责人和安全生产管理人员应当具备与本单位所从事地质勘探活动相适应的安全生产知识和管理能力，并经安全生产监督管理部门考核合格。

地质勘探单位的特种作业人员必须经专门的安全技术培训并考核合格，取得特种作业操作证后，方可上岗作业。

第十二条 地质勘探单位从事坑探工程作业的人员，首次上岗作业前应当接受不少于72小时的安全生产教育和培训，以后每年应当接受不少于20小时的安全生产再培训。

第十三条 地质勘探单位应当按照国家有关规定提取和使用安全生产费用。安全生产费用列入生产成本，并实行专户存储、规范使用。

第十四条 地质勘探工程的设计、施工和安全管理应当符合《地质勘探安全规程》（AQ2004-2005）的规定。

第十五条 坑探工程的设计方案中应当设有安全专篇。安全专篇应当经所在地安全生产监督管理部门审查同意；未经审查同意的，有关单位不得施工。

坑探工程安全专篇的具体审查办法由省、自治区、直辖市人民政府安全生产监督管理部门制定。

第十六条 地质勘探单位不得将其承担的地质勘探工程项目转包给不具备安全生产条件或者相应地质勘查资质的地质勘探单位，不得允许其他单位以本单位的名义从事地质勘探活动。

第十七条 地质勘探单位不得以探矿名义从事非法采矿活动。

第十八条 地质勘探单位应当为从业人员配备必要的劳动防护用品、野外救生用品和野外特殊生活用品。

第十九条 地质勘探单位应当根据本单位实际情况制定野外作业突发事件等安全生产应急预案，建立健全应急救援组织或者与邻近的应急救援组织签订救护协议，配备必要的应急救援器材和设备，按照有关规定组织开展应急演练。

应急预案应当按照有关规定报安全生产监督管理部门和地质勘探主管单位备案。

第二十条 地质勘探主管单位应当按照国家有关规定，定期检查所属地质勘探单位落实安全生产责任制和安全生产费用提取使用、安全生产教育培训、事故隐患排查治理等情况，并组织实施安全生产绩效考核。

第二十一条 地质勘探单位发生生产安全事故后，应当按照有关规定向事故发生地县级以上安全生产监督管理部门和地质勘探主管单位报告。

第三章 监督管理

第二十二条 安全生产监督管理部门应当加强对地质勘探单位安全生产的监督检查，对检查中发现的事故隐患和安全生产违法违规行为，依法作出现场处理或者实施行政处罚。

第二十三条 安全生产监督管理部门应当建立完善地质勘探单位管理制度，及时掌握本行政区域内地质勘探单位的作业情况。

第二十四条 安全生产监督管理部门应当按照本规定的要求开展对坑探工程安全专篇的审查，建立安全专篇审查档案。

第四章 法律责任

第二十五条 地质勘探单位有下列情形之一的，责令限期改正，可以处5万元以下的罚款；逾期未改正的，责令停产停业整顿，并处5万元以上10万元以下的罚款，对其直接负责的主管人员和其他直接责任人员处1万元以上2万元以下的罚款：

（一）未按照本规定设立安全生产管理机构或者配备专职安全生产管理人员的；

（二）特种作业人员未持证上岗作业的；

（三）从事坑探工程作业的人员未按照规定进行安全生产教育和培训的。

第二十六条 地质勘探单位有下列情形之一的，给予警告，并处3万元以下的罚款：

（一）未按照本规定建立有关安全生产制度和规程的；

（二）未按照规定提取和使用安全生产费用的；

（三）坑探工程安全专篇未经安全生产监督管理部门审查同意擅自施工的。

第二十七条 地质勘探单位未按照规定向工作区域所在地县级安全生产监督管理部门书面报告的，给予警告，并处2万元以下的罚款。

第二十八条 地质勘探单位将其承担的地质勘探工程项目转包给不具备安全生产条件或者相应资质的地质勘探单位的，责令限期改正，没收违法所得；违法所得10万元以上的，并处违法所得2倍以上5倍以下的罚款；没有违法所得或者违法所得不足10万元的，单处或者并处10万元以上20万元以下的罚款；对其直接负责的主管人员和其他直接责任人员处1万元以上2万元以下的罚款；导致发生生产安全事故给他人造成损害的，与承包方承担连带赔偿责任。

第二十九条 本规定规定的行政处罚由县级以上安全生产监督管理部门实施。

第五章 附 则

第三十条 本规定自2011年1月1日起施行。

中共中央办公厅、国务院办公厅关于进一步加强矿山安全生产工作的意见

·2023年9月6日①

矿山安全生产事关人民群众生命财产安全，事关经济发展和社会稳定大局，是安全生产的重中之重。为深入贯彻党的二十大精神，进一步加强矿山安全生产工作，经党中央、国务院同意，现提出如下意见。

一、严格矿山安全生产准入

（一）严格灾害严重煤矿安全准入。停止新建产能低于90万吨/年的煤与瓦斯突出、冲击地压、水文地质类型极复杂的煤矿。新建煤与瓦斯突出、冲击地压、水文地质类型极复杂的煤矿原则上应按采煤、掘进智能化设计。

（二）严格非煤矿山源头管控。严格按照矿产资源规划、国土空间规划和用途管制要求，科学合理设置矿山。矿产资源勘查应达到规定程度，相邻矿山生产建设作业范围最小距离应满足相关安全规定，普通建筑用砂石露天矿山不得以山脊划界。除符合规定的情形外，新设采矿权范围不得与已设采矿权垂直投影范围重叠，可集中开发的同一矿体不得设立2个以上采矿权。采矿许可证证载规模是拟建设规模，矿山设计单位可在项目可行性研究基础上，充分考虑资源高效利用、安全生产、生态环境保护等因素，在矿山初步设计和安全设施设计中科学论证并确定实际生产建设规模，矿山企业应当严格按照经审查批准的安全设施设计建设、生产。

（三）规范安全生产行政许可。煤矿、金属非金属地下矿山、尾矿库等矿山的安全设施设计审查和安全生产许可证审批由省级以上矿山安全监管部门负责，不得下放或者委托。矿山安全监管部门应当制定矿山建设项目安全设施设计审查规范，严格实质内容审查，不得仅对程序和形式进行审查。矿山开发没有进行一次性总体设计的，原则上不得审批安全设施设计。1个采矿权范围内原则上只能设置1个生产系统。审批首次申请安全生产许可证的，应进行现场核查。

二、推进矿山转型升级

（四）分类处置不具备安全生产条件的矿山。对未依法取得采矿许可证、安全生产许可证擅自从事矿产资源开采的，越界开采、以采代建、持勘查许可证采矿且拒不整改的，与煤共（伴）生金属非金属矿山经停产整顿仍达不到煤矿安全生产条件的，使用应当淘汰的危及生产安全的工艺、设备且拒不整改仍然生产建设的，或者经停产整顿仍不具备安全生产条件的矿山，依法予以关闭取缔。对长期停工停产、资源枯竭的矿山，灾害严重且难以有效防治的煤矿，积极引导退出。

（五）推进尾矿库闭库销号。对运行到设计最终标高、不再排尾作业、停用超过3年或者没有生产经营主体的尾矿库，应当及时闭库治理并销号。完成闭库治理的尾矿库，应由县级以上地方政府公告销号，不再作为尾矿库进行使用，不得重新用于排放尾矿。

（六）实施非煤矿山整合重组。鼓励大型矿山企业兼并重组和整合技改中小型非煤矿山企业。推动同一个矿体分属2个以上不同开采主体的非煤矿山，生产建设作业范围最小距离不满足相关安全规定的非煤矿山，以山脊划界的普通建筑用砂石露天矿山等企业整合重组，统一开采规划、生产系统和安全管理。

① 该时间为新华社发布时间。

（七）加快矿山升级改造。推动中小型矿山机械化升级改造和大型矿山自动化、智能化升级改造，加快灾害严重、高海拔等矿山智能化建设，打造一批自动化、智能化标杆矿山。地下矿山应当建立人员定位、安全监测监控、通信联络、压风自救和供水施救等系统。新建、改扩建金属非金属地下矿山原则上采用充填采矿法，不能采用的应严格论证。中小型金属非金属地下矿山不得有4个以上生产水平同时采矿。尾矿库应当建立在线安全监测系统，新建四等、五等小型尾矿库应当采用一次性建坝。

（八）提高科技创新支撑能力。强化矿山安全科技支撑体系建设。加强矿山重大灾害预防与治理研究，组织重大关键技术攻关。推进矿山信息化、智能化装备和机器人研发及应用。实施一批矿山安全类重大科技项目。研究推进建设矿山安全领域全国重点实验室。

三、防范化解重大安全风险

（九）健全矿山安全管理体系。矿山企业应当健全以安全风险分级管控和隐患排查治理双重预防机制为核心的安全生产标准化管理体系。严格开展风险辨识评估并实施分级管控，定期开展全员全覆盖隐患排查治理，建立风险隐患台账清单，实行闭环管理。各级矿山安全监管监察部门应当推动企业切实提高风险隐患排查和整改质量，建立重大隐患治理督办制度，在重大隐患消除前跟踪监管，并监督整改销号。对排查整改不到位导致重大隐患依然存在或发生事故的，依法追究企业及相关责任人责任。

（十）强化重大灾害治理。矿山企业应当查明隐蔽致灾因素，实施煤与瓦斯突出、冲击地压、水害等重大灾害分区管理、超前治理。将煤矿灾害等级鉴定纳入安全检测检验范围，及时公示鉴定结果。规范煤矿生产能力管理和核定工作。金属非金属露天矿山采场及排土场边坡高度大于100米的，应当逐年进行边坡稳定性分析。金属非金属地下矿山采空区体积超过规定的，应当及时进行稳定性专项评估。尾矿库排洪构筑物每3年应进行一次质量检测。

（十一）严格设备设施安全管理。完善矿山井下特种设备安全标志审核发放和监督机制。定期对取得矿山井下特种设备安全标志的在用设备设施开展安全可靠性检验。建立矿用安全设备全生命周期智慧监管平台，实行矿用设备安全责任追究制度。

（十二）规范非煤矿山外包工程管理。非煤矿山企业统一负责外包工程施工单位的安全管理。金属非金属地下矿山严禁将爆破作业专项外包。金属非金属地下基建矿山掘进工程承包单位数量不得超过3家。大中型金属非金属地下生产矿山采掘工程承包单位数量不得超过2家，小型金属非金属地下生产矿山采掘工程承包单位数量不得超过1家，承包单位严禁转包和分包采掘工程及爆破作业项目。承包单位应当向项目部派出项目负责人、技术人员和特种作业人员；项目负责人、技术人员应当具有矿山相关专业中专以上学历或者中级以上专业技术职称，且不得在其他矿山兼职。力争到2025年年底，生产矿山建立本单位采掘（剥）施工队伍或者委托具备相应条件的企业整体管理。

（十三）加强停工停产矿山安全管控。停工停产整改的矿山应当制定整改方案，限定单班下井人数，同一作业地点控制在10人以内，并向矿山安全监管监察部门报告后方可进行整改作业。地方政府及有关部门应当对停工停产整改煤矿实施驻矿盯守，对其他停工停产矿山落实驻矿盯守或者巡查责任，并按规定进行复工复产验收，因监督检查不力，停工停产期间继续组织建设生产的，依法严肃追究企业及相关责任人责任。

（十四）提升风险监测预警处置能力。加强矿山多灾种和灾害链综合监测、风险早期识别和预警预报能力建设。矿山集中地区应当建立区域性矿山救援队伍。地下矿山、尾矿库“头顶库”应当建立应急广播等通信系统，确保应急指令能第一时间传达至影响范围内所有人员。加强应急预案演练、评估和修订。每年汛期前地方政府应当组织尾矿库“头顶库”企业与下游居民开展联合演练。强化灾害性天气预警预报，遇极端天气严禁人员入井。

四、强化企业主体责任

（十五）落实主要负责人责任。矿山及其上级企业主要负责人（含法定代表人、实际控制人、实际负责人）依法履行安全生产第一责任人责任，加大安全投入和安全培训力度，及时研究解决矿山安全生产重大问题。矿山企业总部应当加强下属企业监督检查，主要负责人应当定期到生产现场督促检查安全生产工作，严禁下达超能力生产计划或者经营指标。推广矿长安全生产考核记分制度。

（十六）健全安全管理机构。涉矿中央企业总部和涉矿大中型企业应当配备安全总监。地下矿山应当配备矿长、总工程师和分管安全、生产、机电等工作的副矿长，所配备人员应当具有矿山相关专业大专以上学历或者中级以上专业技术职称，且不得在其他矿山兼职。煤矿、金属非金属矿山、尾矿库应当配备相关专业中专以上学历或者中级以上专业技术职称的专职技术人员。灾害严重矿山应当按要求配备灾害治理专职领导人员、专门机构、专业人员。

（十七）强化安全基础管理。矿山企业应当建立健全并落实全员安全生产岗位责任制和安全生产管理制度。按照要求绘制、更新相关图纸，并报送矿山安全监管监察部门。未经安全培训合格的从业人员不得上岗作业，矿长、总工程师和分管安全、生产、机电等工作的副矿长每年应当接受专门的安全教育培训。首次取证的地下矿山特种作业人员应当具有高中以上文化程度。严格井下劳动定员管理，不得超定员安排人员下井作业，提高井下艰苦岗位津贴。取消井下劳务派遣用工，矿山企业或承包单位对欠薪应依法承担清偿责任。

五、落实地方党政领导责任和部门监管监察责任

（十八）落实地方党政领导责任。坚持党政同责、一岗双责、齐抓共管、失职追责，严格落实矿山安全领导责任，组织开展区域性矿山隐蔽致灾因素普查治理，严厉打击非法盗采矿产资源行为。加强矿山安全监管机构和队伍建设，专业监管人员配备比例不低于在职人员的75%。矿山安全重点市、县党政主要领导要定期研究矿山安全生产工作，深入矿山井下督促检查。实行市级、县级地方政府领导包保煤矿、金属非金属地下矿山和尾矿库安全生产责任制。

（十九）落实矿山安全监管责任。各地区应当坚持明责知责、履责尽责，按照分级分类原则，明确省市县三级矿山安全监管执法管辖权限，明确矿山和尾矿库日常安全监管主体，建立部门联合执法和问题线索移交机制，大力提高执法专业素养，切实提升发现问题和解决问题的强烈意愿和能力水平。中央企业所属矿山安全监管应由市地级以上部门负责。尾矿库"头顶库"、采深超800米或者单班下井人数超30人的金属非金属地下矿山、边坡高度超200米的金属非金属露天矿山等高风险矿山安全监管，原则上不得下放至县级部门。按照"谁主管、谁负责"原则，矿山安全监管监察部门负责矿山安全监察和矿山安全生产监督管理工作。按照"管行业必须管安全、管业务必须管安全、管生产经营必须管安全"要求，其他各有关部门要在行业管理、业务管理、生产经营管理中一体推进落实矿山安全生产各项要求。各级安全生产委员会办公室要加强对矿山安全生产工作的协调指导。

（二十）强化矿山安全国家监察。健全国家矿山安全监察体制，国家矿山安全监察部门负责监督检查地方矿山安全监管工作，向地方政府提出改善和加强矿山安全监管工作的意见和建议。统筹矿山安全监管监察执法保障体系建设，推动落实监管监察能力建设规划，完善技术支撑体系，健全国家矿山安全智能化监管监察系统。

六、推进矿山安全依法治理

（二十一）加强执法保障建设。推动修订矿山安全法，制定煤矿安全生产条例，加强矿山安全标准化建设工作。完善矿山安全监管监察专业人才培养机制，提高待遇保障。加强在线监控联网和矿山安全综合信息化平台建设，强化执法装备保障。

（二十二）强化安全监督检查。矿山行业管理和安全监管监察部门应严格检查执法，严禁以罚代管、罚而不管。推动建立健全矿山安全生产案件移送、行政执法和刑事司法衔接机制，发现涉嫌犯罪的按规定及时移交司法机关。加强矿山领域安全评价、设计、检测、检验、认证、咨询、培训、监理等第三方服务机构监督管理。建立矿山安全评价检测检验报告公开制度。建立健全重大违法违规信息公示制度、联合惩戒制度和举报奖励制度。建立责任倒查机制，严格执行"谁检查、谁签名、谁负责"，对发现重大隐患不处理处罚或跟踪整改不到位的，依法严肃追责问责。

（二十三）严格事故调查处理。对较大涉险事故、瞒报谎报重大及以下矿山生产安全事故，视情况提级调查。接到瞒报谎报事故举报，属地县级以上地方政府应当组织核查。发生较大以上死亡事故的矿山，应当停产整顿，经验收符合安全生产条件后方可恢复生产。

七、强化组织实施

（二十四）健全保障措施。各地区各有关部门要加强组织领导，明确任务分工，细化工作措施，研究配套政策。要统筹资金渠道，加强矿山淘汰退出、尾矿库治理、信息化系统、智能化矿山建设和安全监督检查等经费保障。应急管理部牵头建立矿山安全协调推进机制，将本意见落实情况纳入省级政府安全生产和消防工作考核巡查内容。纪检监察机关、组织人事部门和安全生产监管监察部门按照权限和职责，对安全生产责任履行不到位的，要依规依纪依法严肃追责问责，确保矿山安全生产工作各项部署要求落实到位。

环境保护部、国土资源部关于做好矿产资源规划环境影响评价工作的通知

·2015年12月7日
·环发〔2015〕158号

各省、自治区、直辖市环境保护厅（局）、国土资源厅（局），新疆生产建设兵团环境保护局、国土资源局：

为深入贯彻党的十八大和十八届二中、三中、四中全

会精神，全面落实《环境影响评价法》及《规划环境影响评价条例》，进一步指导和规范矿产资源规划环境影响评价工作，切实统筹好资源开发与环境保护，大力推进生态文明建设，环境保护部、国土资源部现就做好矿产资源规划环境影响评价工作有关要求通知如下：

一、切实加强矿产资源规划环境影响评价工作

（一）认真落实规划环境影响评价制度。国土资源主管部门在组织编制有关矿产资源规划时，应根据法律法规要求，严格执行规划环境影响评价制度，同步组织开展规划环境影响评价工作。规划编制过程中，应坚持资源开发与环境保护协调发展，及时开展规划环境影响评价，充分吸纳规划环评提出的优化调整建议和减缓不利环境影响的对策措施，强化资源开发合理布局、节约集约利用和矿区生态保护。规划实施后，规划编制机关应当将规划环评的落实情况和实际效果等纳入规划评估重要内容；对于有重大环境影响的规划，规划编制机关应及时组织规划环境影响的跟踪评价，将评价结果报告规划审批机关，并通报相应环境保护部门。

（二）分类开展矿产资源规划环评工作。需编写环境影响篇章或说明的矿产资源规划包括：全国矿产资源规划，全国及省级地质勘查规划，设区的市级矿产资源总体规划，重点矿种等专项规划。需编制环境影响报告书的矿产资源规划包括：省级矿产资源总体规划，设区的市级以上矿产资源开发利用专项规划，国家规划矿区、大型规模以上矿产地开发利用规划。县级矿产资源规划原则上不开展规划环境影响评价，各省级人民政府有规定的按照其规定执行。

（三）环境影响篇章或者说明、环境影响报告书，可由规划编制机关编制，或者组织规划环境影响评价技术机构编制。规划编制机关应加强规划环评的财政经费保障和相关信息资料共享，对环境影响评价文件的质量负责。

二、准确把握矿产资源规划环境影响评价的基本要求

（四）总体要求。矿产资源规划环境影响评价，应符合《规划环境影响评价技术导则 总纲（HJ130-2014）》和有关技术规范，立足于改善区域生态环境质量、促进资源绿色开发，完善规划环境目标和原则要求，分析规划实施的协调性和资源环境制约因素，预测规划实施对区域生态系统、水环境、土壤环境等的影响范围、程度和变化趋势，统筹做好规划和规划环评的信息公开与公众参与，优化规划的总量、布局、结构和时序安排，提出预防和减轻不良环境影响的政策、管理、技术等对策措施。

（五）全国矿产资源规划环境影响评价。应结合相关主体功能区规划、环境功能区划、生态功能区划、土地利用总体规划及其他相关规划，综合评判矿产资源开发布局与经济社会、生态环境功能格局的协调性、一致性；预测规划实施和资源开发对区域生态系统、环境质量等造成的重大影响，提出预防或减轻不良环境影响的对策措施；论证资源差别化管理政策和开发负面清单的合理性与有效性，从源头预防资源开发带来的不利环境影响。

（六）省级矿产资源规划环境影响评价。应以资源环境承载能力为基础，科学评价矿产资源勘查开发总体布局与区域经济社会发展、生态安全格局的协调性、一致性；从经济社会可持续发展、矿产资源可持续利用和维护区域生态安全的角度，评价规划定位、目标、任务的环境合理性；重点识别规划实施可能影响的自然保护区、风景名胜区、饮用水水源保护区、地质公园、历史文化遗迹等重要环境敏感区及其他资源环境制约因素；结合本行政区重要环境保护目标，预测规划实施可能对区域生态系统产生的整体影响、对环境产生的长远影响；提出规划优化调整建议和减轻不良环境影响的对策措施。省级矿产资源总体规划环境影响评价技术要点由环境保护部会同国土资源部联合制定，另行印发。

（七）设区的市级矿产资源规划环境影响评价。主要是围绕沙石粘土及小型非金属矿等资源的开发利用与保护活动，评价规划部署与区域经济发展、民生改善和生态保护的协调性；预测规划实施和资源开发可能对生态环境造成的直接和间接影响；评价矿山地质环境治理恢复与矿区土地复垦重点项目安排的合理性，以及开采规划准入条件的有效性。

三、严格规范矿产资源规划环境影响报告书审查

（八）规划编制机关在报送矿产资源规划草案时，应将环境影响篇章或说明（作为规划草案的组成部分）、环境影响报告书一并报送规划审批机关。未依法编写环境影响篇章或说明、环境影响报告书的，规划审批机关应当要求其补充；未补充的，规划审批机关不予审批。已经批准的规划在实施范围、适用期限、规模、结构和布局等方面进行重大调整或修订的，应当依法重新或补充进行环境影响评价。

（九）需编制环境影响报告书的矿产资源规划，在审批前由同级环境保护部门会同规划审批机关，在收到报告书30日内召集有关部门代表和专家组成审查小组，对环境影响报告书进行审查；审查小组应提出书面审查意见。

（十）审查意见应当包括以下内容：

1. 基础资料、数据的真实性;

2. 评价方法的恰当性;

3. 环境影响分析、预测和评估的可靠性;

4. 预防或者减轻不良环境影响对策和措施的合理性和有效性;

5. 公众意见采纳与不采纳情况及其理由说明的合理性;

6. 环境影响评价结论的科学性。

(十一)审查小组的专家应当从环境保护部门依法设立的专家库内的相关专业、行业专家名单中随机抽取,应包括地质矿产、区域生态、环境保护、资源规划等方面的专家,专家人数不得少于审查小组总人数的1/2。环境保护部门对专家库进行动态管理,在更新和补充涉及矿产行业专家名单时,应充分征求国土资源主管部门的意见。

(十二)国土资源主管部门在审批规划草案时,应当将环境影响报告书结论以及审查意见作为规划审批决策的重要依据。对环境影响报告书结论以及审查意见不予采纳的,应当逐项对不予采纳的理由作出书面说明,存档备查并告知有关环境保护部门。

(三)矿权出让转让

探矿权采矿权转让管理办法

· 1998年2月12日中华人民共和国国务院令第242号发布

· 根据2014年7月29日《国务院关于修改部分行政法规的决定》修订

第一条 为了加强对探矿权、采矿权转让的管理,保护探矿权人、采矿权人的合法权益,促进矿业发展,根据《中华人民共和国矿产资源法》,制定本办法。

第二条 在中华人民共和国领域及管辖的其他海域转让依法取得的探矿权、采矿权的,必须遵守本办法。

第三条 除按照下列规定可以转让外,探矿权、采矿权不得转让:

(一)探矿权人有权在划定的勘查作业区内进行规定的勘查作业,有权优先取得勘查作业区内矿产资源的采矿权。探矿权人在完成规定的最低勘查投入后,经依法批准,可以将探矿权转让他人。

(二)已经取得采矿权的矿山企业,因企业合并、分立,与他人合资、合作经营,或者因企业资产出售以及有其他变更企业资产产权的情形,需要变更采矿权主体的,经依法批准,可以将采矿权转让他人采矿。

第四条 国务院地质矿产主管部门和省、自治区、直辖市人民政府地质矿产主管部门是探矿权、采矿权转让的审批管理机关。

国务院地质矿产主管部门负责由其审批发证的探矿权、采矿权转让的审批。

省、自治区、直辖市人民政府地质矿产主管部门负责本条第二款规定以外的探矿权、采矿权转让的审批。

第五条 转让探矿权,应当具备下列条件:

(一)自颁发勘查许可证之日起满2年,或者在勘查作业区内发现可供进一步勘查或者开采的矿产资源;

(二)完成规定的最低勘查投入;

(三)探矿权属无争议;

(四)按照国家有关规定已经缴纳探矿权使用费、探矿权价款;

(五)国务院地质矿产主管部门规定的其他条件。

第六条 转让采矿权,应当具备下列条件:

(一)矿山企业投入采矿生产满1年;

(二)采矿权属无争议;

(三)按照国家有关规定已经缴纳采矿权使用费、采矿权价款、矿产资源补偿费和资源税;

(四)国务院地质矿产主管部门规定的其他条件。

国有矿山企业在申请转让采矿权前,应当征得矿山企业主管部门的同意。

第七条 探矿权或者采矿权转让的受让人,应当符合《矿产资源勘查区块登记管理办法》或者《矿产资源开采登记管理办法》规定的有关探矿权申请人或者采矿权申请人的条件。

第八条 探矿权人或者采矿权人在申请转让探矿权或者采矿权时,应当向审批管理机关提交下列资料:

(一)转让申请书;

(二)转让人与受让人签订的转让合同;

(三)受让人资质条件的证明文件;

(四)转让人具备本办法第五条或者第六条规定的转让条件的证明;

(五)矿产资源勘查或者开采情况的报告;

(六)审批管理机关要求提交的其他有关资料。

国有矿山企业转让采矿权时,还应当提交有关主管部门同意转让采矿权的批准文件。

第九条 转让国家出资勘查所形成的探矿权、采矿权的,必须进行评估。

国家出资勘查形成的探矿权、采矿权价款,由具有矿业权评估资质的评估机构进行评估;评估报告报探矿权、采矿权登记管理机关备案。

第十条 申请转让探矿权、采矿权的,审批管理机关应当自收到转让申请之日起40日内,作出准予转让或者不准转让的决定,并通知转让人和受让人。

准予转让的,转让人和受让人应当自收到批准转让通知之日起60日内,到原发证机关办理变更登记手续;受让人按照国家规定缴纳有关费用后,领取勘查许可证或者采矿许可证,成为探矿权人或者采矿权人。

批准转让的,转让合同自批准之日起生效。

不准转让的,审批管理机关应当说明理由。

第十一条 审批管理机关批准转让探矿权、采矿权后,应当及时通知原发证机关。

第十二条 探矿权、采矿权转让后,探矿权人、采矿权人的权利、义务随之转移。

第十三条 探矿权、采矿权转让后,勘查许可证、采矿许可证的有效期限,为原勘查许可证、采矿许可证的有效期减去已经进行勘查、采矿的年限的剩余期限。

第十四条 未经审批管理机关批准,擅自转让探矿权、采矿权的,由登记管理机关责令改正,没收违法所得,处10万元以下的罚款;情节严重的,由原发证机关吊销勘查许可证、采矿许可证。

第十五条 违反本办法第三条第(二)项的规定,以承包等方式擅自将采矿权转给他人进行采矿的,由县级以上人民政府负责地质矿产管理工作的部门按照国务院地质矿产主管部门规定的权限,责令改正,没收违法所得,处10万元以下的罚款;情节严重的,由原发证机关吊销采矿许可证。

第十六条 审批管理机关工作人员徇私舞弊、滥用职权、玩忽职守,构成犯罪的,依法追究刑事责任;尚不构成犯罪的,依法给予行政处分。

第十七条 探矿权转让申请书、采矿权转让申请书的格式,由国务院地质矿产主管部门统一制定。

第十八条 本办法自发布之日起施行。

矿业权登记信息管理办法

·2020年6月16日
·自然资办发〔2020〕32号

为贯彻落实国务院关于加强事中事后监管要求,进一步规范矿业权出让登记行为,加强政务公开和社会服务,提升矿业权管理信息化水平,根据《矿产资源法》《政府信息公开条例》《矿业权出让制度改革方案》《关于全面推进政务公开工作的意见》等法律法规和文件规定,制定本办法。

一、全国勘查许可证号、采矿许可证号实行统一编码制度。

二、本办法适用于自然资源主管部门获取统一编码、开展服务和实施监测。

三、本办法所称统一编码,是指自然资源主管部门拟同意矿业权登记后,在互联网上经身份认证向全国矿业权登记信息及发布系统(以下简称登记信息系统)提交与登记矿业权相关信息、获取勘查许可证或采矿许可证统一编码的过程。

本办法所称登记信息系统,是指由自然资源部统一开发、维护、管理,用于自然资源主管部门获取统一编码、公示公开矿业权相关信息的互联网应用程序。

四、本办法所称服务,是指自然资源主管部门依托登记信息系统,公示公开矿业权相关信息和实施矿业权数据共享等行为。

五、本办法所称监测,是指上级自然资源主管部门通过登记信息系统,对下级自然资源主管部门出让登记情况以及矿业权相关信息公示公开情况进行数据分析、核实和通报,提醒并督促下级自然资源主管部门规范矿业权出让登记行为。

六、登记信息系统身份认证采用数字证书方式,支持用户和系统间双向认证。

七、数字证书分为管理数字证书和技术支撑数字证书两类。管理数字证书由自然资源主管部门持有,具有获取统一编码、公示公开矿业权相关信息、管理相关矿业权数据等全部权限。技术支撑数字证书由为自然资源主管部门提供技术支撑的单位持有,具有相关矿业权数据查看、下载和统计分析等部分权限。

八、数字证书由自然资源部统一制作,并根据矿业权出让登记权限配发。一个自然资源主管部门可配发一套管理数字证书及技术支撑数字证书。

九、数字证书应严格管理,规范使用。地方各级自然资源主管部门申请新发、补发、解锁(更换)、变更数字证书的,需通过省级自然资源主管部门向自然资源部提出书面申请。其中,数字证书遗失的应及时向自然资源部挂失。数字证书申请表见附件1。

十、矿业权新立、延续、变更及探矿权保留的,应获取统一编码。矿业权注销(含政策性关闭矿山)及纳入自行废止矿业权名单等情形,应向登记信息系统提交注销或相关数据。

十一、自然资源主管部门需向登记信息系统提交矿业权基本信息、出让基本情况及审查意见等编码数据。

十二、登记信息系统按照自然资源部设定的基本规则和法规规则对编码数据进行检查。

基本规则主要检查编码数据的完整性、规范性和逻辑性。法规规则主要检查编码数据中涉及布局、出让登记权限、出让方式、公示公开、产业政策等内容。

十三、法规规则依据现行矿产资源法律法规、规章及规范性文件规定设定,并及时更新。

省级自然资源主管部门可根据本行政区内矿产资源管理制度和监测工作需要,补充设置法规规则。补充的法规规则应符合法律法规及部相关规定,仅适用于本行政区内省级及以下自然资源主管部门出让登记发证的矿业权。

十四、符合规则的,登记信息系统按编码规则生成唯一的勘查许可证或采矿许可证证号编码,并将相关信息发布至自然资源部门户网站,予以公开。

十五、勘查许可证证号和采矿许可证证号编码由23位字符组成,为永久证号。编码规则见附件2。

新立矿业权的,登记信息系统生成新的证号;延续、变更、保留的,沿用原证号。分立矿业权的,先提交编码数据的矿业权沿用原证号,其余配发新证号。合并矿业权的,沿用合并主体矿业权或首次设立时间在前的证号。

十六、基本规则检查未通过的,自然资源主管部门应根据登记信息系统提示据实更正后重新获取编码。

十七、法规规则中有多种情形需要选择或有特殊情况需作出说明的,自然资源主管部门应根据登记信息系统提示据实作出选择或补充说明。

法规规则检查未通过的,自然资源主管部门应根据登记信息系统提示,按程序重新审查后,再次生成编码数据,重新获取编码。

十八、获得编码后,自然资源主管部门发现登记信息数据有误确须修改的,在修改本地登记系统中相关数据后重新生成编码数据,通过登记信息系统中数据修改专用通道提交,并填写修改理由或上传修改依据文件,登记信息系统根据重新提交的编码数据自动完成数据修改,不改变原证号也不生成新证号。

修改的数据项已公开的,登记信息系统将同步修改已公开数据项,并重新发布。

十九、自然资源主管部门依法作出撤回新立、延续、变更、保留、注销登记决定后,应在登记信息系统上填写相关说明或上传撤回相关登记决定文件,登记信息系统将自动撤回编码,同时撤回已公开的相关信息。属新立的,登记信息系统将删除编码数据;属延续、变更、保留的,登记信息系统将删除编码数据,恢复至此次获取编码前的数据状态;注销的,登记信息系统将恢复已注销数据。

二十、登记信息系统永久保存编码数据,以及对法规规则相关情形作出的选择或补充说明、数据修改情况等。

二十一、自然资源主管部门应通过登记信息系统及时、完整在自然资源部门户网站上公示公开矿业权的出让、转让、抵押、查封等信息,相关格式由自然资源部统一制定。

二十二、自然资源部在门户网站上提供以下服务:

(一)全国矿业权出让、转让、抵押、查封以及编码相关信息等信息查询服务;

(二)全国矿业权基本信息查验服务;

(三)全国矿业权设置情况查重服务;

(四)其他与矿业权信息相关的服务。

二十三、自然资源部通过登记信息系统向地方各级自然资源主管部门提供本行政区内登记的实时矿业权数据统计和下载服务。

各级自然资源主管部门分别负责同级政府部门间矿业权数据信息共享工作。

二十四、对出让登记情况及矿业权相关信息公示公开情况的监测实行分级负责,自然资源部负责监测全国的情况,重点监测省级自然资源主管部门相关情况;省级自然资源主管部门负责监测本行政区内的自然资源主管部门的相关情况。

二十五、监测范围包括:

(一)法规规则的合规性,包括矿业权是否存在重叠情形,出让登记权限是否越权,矿业权相关信息是否及时公开且内容完整,出让方式是否合规,是否符合相关政策等;

(二)编码数据修改情况,包括根据登记信息系统提示选择特定情形或进行补充说明,先不符合法规规则但经重新审查、完善编码数据后获得编码,修改登记信息数据及撤回编码等情形;

(三)登记信息系统提示异常的其他项目;

(四)自然资源主管部门根据工作需要重点监测的情形。

二十六、自然资源部采取全面和专项监测两种方式进行监测。每年按照第二十五条监测范围对全国范围内的相关情况进行全面监测;根据工作需要,以上一年度全面监测发现的突出问题或自然资源部年度工作重点为目标，选择第二十五条监测范围内的部分内容对部分省（区、市）进行专项监测。

二十七、自然资源部专项监测发现的疑似问题，以书面通知、调研等方式转交省级自然资源主管部门组织核实，核实情况以书面形式向自然资源部报告，报告时间不晚于收到转交通知后的1个月。以调研形式转交的，核实情况书面报告在调研结束后1个月内报自然资源部。

二十八、核实情况书面报告应针对疑似问题逐项回答，对符合现行法律法规和制度规定的，要说明符合的规定；不符合的，要说明整改落实情况或暂时不能整改的原因及相关工作安排。整改全部完成后应及时将新情况另行向自然资源部作出报告。

二十九、自然资源部组织对核实情况书面报告中的相关问题进行抽查。对报告已整改而实际未整改的或其他故意隐瞒实情的，自然资源部应约谈相关省级自然资源主管部门及责任单位相关负责人，并责成省级自然资源主管部门跟踪督办，直至相关问题得到整改。

三十、自然资源部每年对全面监测情况进行通报，通报中一并通报专项监测情况和省级自然资源主管部门组织核实整改情况。

三十一、省级自然资源主管部门应认真组织核实自然资源部反馈的疑似问题和通报的问题，并对本行政区域监测发现的问题组织核实、通报，对确实存在问题的项目应要求整改并跟踪督办。

三十二、省级自然资源主管部门可根据本地实际情况，制定相关管理办法。

三十三、自然资源部负责对省级自然资源主管部门进行培训，省级自然资源主管部门应组织对本行政区内市级、县级自然资源主管部门进行培训。

三十四、本办法自2020年7月10日起施行。本办法发布前制定的其他文件要求与本办法不一致的，按本办法规定执行。

附件：1. 登记信息系统数字证书申请表（略）

2. 勘查许可证和采矿许可证证号编码规则（略）

矿业权出让收益征收办法

· 2023年3月24日

· 财综〔2023〕10号

第一章　总　则

第一条　为健全矿产资源有偿使用制度，规范矿业权出让收益征收管理，维护矿产资源国家所有者权益，促进矿产资源保护与合理利用，根据《中华人民共和国矿产资源法》、《国务院关于印发矿产资源权益金制度改革方案的通知》（国发〔2017〕29号）等有关规定，制定本办法。

第二条　矿业权出让收益是国家基于自然资源所有权，依法向矿业权人收取的国有资源有偿使用收入。矿业权出让收益包括探矿权出让收益和采矿权出让收益。

第三条　在中华人民共和国领域及管辖海域勘查、开采矿产资源的矿业权人，应依照本办法缴纳矿业权出让收益。

第四条　矿业权出让收益为中央和地方共享收入，由中央和地方按照4∶6的比例分成，纳入一般公共预算管理。

地方管理海域的矿业权出让收益，由中央和地方按照4∶6的比例分成；其他我国管辖海域的矿业权出让收益，全部缴入中央国库。

地方分成的矿业权出让收益在省（自治区、直辖市）、市、县级之间的分配比例，由省级人民政府确定。

第五条　财政部门、自然资源主管部门、税务部门按职责分工负责矿业权出让收益的征收管理，监缴由财政部各地监管局负责。

第六条　矿业权出让收益原则上按照矿业权属地征收。矿业权范围跨市、县级行政区域的，具体征收机关由有关省（自治区、直辖市、计划单列市）税务部门会同同级财政、自然资源主管部门确定；跨省级行政区域，以及同时跨省级行政区域与其他我国管辖海域的，具体征收机关由税务总局会同财政部、自然资源部确定。

陆域油气矿业权、海域油气矿业权范围跨省级行政区域的，由各省（自治区、直辖市、计划单列市）税务部门按照财政部门、自然资源主管部门确定的钻井所在地、钻井平台所在海域确定具体征收机关。海域油气矿业权范围同时跨省级行政区域与其他我国管辖海域的，其中按成交价征收的部分，按照海域管辖权确定具体征收机关，并按所占的海域面积比例分别计征；按出让收益率形式征收的部分，依据钻井平台所在海域确定具体征收机关。

第二章　出让收益征收方式

第七条　矿业权出让方式包括竞争出让和协议出让。

矿业权出让收益征收方式包括按矿业权出让收益率形式征收或按出让金额形式征收。

第八条　按矿业权出让收益率形式征收矿业权出让收益的具体规定：

（一）适用范围。按矿业权出让收益率形式征收矿业权出让收益的矿种，具体范围为本办法所附《按矿业权出让收益率形式征收矿业权出让收益的矿种目录（试行）》（以下简称《矿种目录》）。《矿种目录》的调整，由自然资源部商财政部确定后公布。

（二）征收方式。按竞争方式出让探矿权、采矿权的，在出让时征收竞争确定的成交价；在矿山开采时，按合同约定的矿业权出让收益率逐年征收采矿权出让收益。矿业权出让收益率依据矿业权出让时《矿种目录》规定的标准确定。

按协议方式出让探矿权、采矿权的，成交价按起始价确定，在出让时征收；在矿山开采时，按矿产品销售时的矿业权出让收益率逐年征收采矿权出让收益。

矿业权出让收益=探矿权（采矿权）成交价+逐年征收的采矿权出让收益。其中，逐年征收的采矿权出让收益=年度矿产品销售收入×矿业权出让收益率。

第九条 矿产品销售收入，按照矿业权人销售矿产品向购买方收取的全部收入确定，不包括增值税税款。销售收入的具体规定，由自然资源部商财政部、税务总局另行明确。

第十条 起始价主要依据矿业权面积，综合考虑成矿条件、勘查程度、矿业权市场变化等因素确定。起始价指导意见由自然资源部商财政部制定。起始价征收标准由省级自然资源主管部门、财政部门参照国家的指导意见制定，报省级人民政府同意后公布执行。

矿业权出让收益率征收标准综合考虑经济社会发展水平、矿产品价格变化等因素确定。具体标准由自然资源部商财政部制定，纳入《矿种目录》。

第十一条 按出让金额形式征收矿业权出让收益的具体规定：

（一）适用范围。除本办法《矿种目录》所列矿种外，其余矿种按出让金额形式征收矿业权出让收益。

（二）征收方式。按竞争方式出让探矿权、采矿权的，矿业权出让收益按竞争结果确定。按协议方式出让探矿权、采矿权的，矿业权出让收益按照评估值、矿业权出让收益市场基准价测算值就高确定。

（三）探矿权转为采矿权的，继续缴纳原探矿权出让收益，并在采矿权出让合同中约定剩余探矿权出让收益的缴纳时间和期限，不再另行缴纳采矿权出让收益。探矿权未转为采矿权的，剩余探矿权出让收益不再缴纳。

第十二条 按出让金额形式征收的矿业权出让收益，可按照以下原则分期缴纳：

出让探矿权的，探矿权出让收益首次征收比例不得低于探矿权出让收益的10%且不高于20%，探矿权人自愿一次性缴清的除外；剩余部分转采后在采矿许可证有效期内按年度分期缴清。其中，矿山生产规模为中型及以上的，均摊征收年限不少于采矿许可证有效期的一半。

出让采矿权的，采矿权出让收益首次征收比例不得低于采矿权出让收益的10%且不高于20%，采矿权人自愿一次性缴清的除外；剩余部分在采矿许可证有效期内按年度分期缴清。其中，矿山生产规模为中型及以上的，均摊征收年限不少于采矿许可证有效期的一半。

具体首次征收比例和分期征收年限，由省级财政部门商自然资源主管部门按照上述原则制定。

第十三条 矿业权出让收益市场基准价既要注重维护矿产资源国家所有者权益，又要体现市场配置资源的决定性作用。省级自然资源主管部门应在梳理以往基准价制定情况的基础上，根据本地区矿业权出让实际选择矿种，以矿业权出让成交价格等有关统计数据为基础，以现行技术经济水平下的预期收益为调整依据，以其他矿业权市场交易资料为参考补充，按照矿业权出让收益评估指南要求，选择恰当的评估方法进行模拟评估，考虑地质勘查工作程度、区域成矿地质条件以及资源品级、矿产品价格、开采技术条件、交通运输条件、地区差异等影响因素，科学设计调整系数，综合形成矿业权出让收益市场基准价，经省级人民政府同意后公布执行，并将结果报自然资源部备案。矿业权出让收益市场基准价应结合矿业市场发展形势适时调整，原则上每三年更新一次。

自然资源部应加强对省（自治区、直辖市）矿业权出让收益市场基准价制定情况的检查指导。

第十四条 调整矿业权出让收益评估参数，评估期限要与采矿权登记发证年限、矿山开发利用实际有效衔接且最长不超过三十年。采矿权人拟动用评估范围外的资源储量时，应按规定进行处置。

第十五条 已设且进行过有偿处置的采矿权，涉及动用采矿权范围内未有偿处置的资源储量时，比照协议出让方式，按以下原则征收采矿权出让收益：

《矿种目录》所列矿种，按矿产品销售时的矿业权出让收益率逐年征收采矿权出让收益。

《矿种目录》外的矿种，按出让金额形式征收采矿权出让收益。

第十六条 探矿权变更勘查主矿种时，原登记矿种均不存在的，原合同约定的矿业权出让收益不需继续缴纳，按采矿权新立时确定的矿种征收采矿权出让收益。

其他情形,应按合同约定继续缴纳矿业权出让收益,涉及增加的矿种,在采矿权新立时征收采矿权出让收益。

采矿权变更开采主矿种时,应按合同约定继续缴纳矿业权出让收益,并对新增矿种直接征收采矿权出让收益。

其中,变更后的矿种在《矿种目录》中的,比照第八条中规定的协议出让方式,按矿产品销售时的矿业权出让收益率逐年征收采矿权出让收益;变更后的矿种在《矿种目录》外的,比照第十一条中规定的协议出让方式,按出让金额形式征收采矿权出让收益。

第十七条 石油、天然气、页岩气和煤层气若有相互增列矿种的情形,销售收入合并计算并按主矿种的矿业权出让收益率征收。

第十八条 矿业权转让时,未缴纳的矿业权出让收益及涉及的相关费用,缴纳义务由受让人承担。

第十九条 对发现油气资源并开始开采、产生收入的油气探矿权人,应按本办法第八条规定逐年征收矿业权出让收益。

第二十条 对国家鼓励实行综合开发利用的矿产资源,可结合矿产资源综合利用情况减缴矿业权出让收益。

第二十一条 采矿权人开采完毕注销采矿许可证前,应当缴清采矿权出让收益。因国家政策调整、重大自然灾害等原因注销采矿许可证的,按出让金额形式征收的矿业权出让收益根据采矿权实际动用的资源储量进行核定,实行多退少补。

第二十二条 对于法律法规或国务院规定明确要求支持的承担特殊职能的非营利性矿山企业,缴纳矿业权出让收益确有困难的,经财政部、自然资源部批准,可在一定期限内缓缴应缴矿业权出让收益。

第三章 缴款及退库

第二十三条 自然资源主管部门与矿业权人签订合同后,以及发生合同、权证内容变更等影响矿业权出让收益征收的情形时,及时向税务部门推送合同等费源信息。税务部门征收矿业权出让收益后,及时向自然资源主管部门回传征收信息。费源信息、征收信息推送内容和要求,按照《财政部 自然资源部 税务总局 人民银行关于将国有土地使用权出让收入、矿产资源专项收入、海域使用金、无居民海岛使用金四项政府非税收入划转税务部门征收有关问题的通知》(财综〔2021〕19号)的规定执行。

第二十四条 按出让金额形式征收的矿业权出让收益,税务部门依据自然资源部门推送的合同等费源信息开具缴款通知书,通知矿业权人及时缴款。矿业权人在收到缴款通知书之日起30日内,按缴款通知及时缴纳矿业权出让收益。分期缴纳矿业权出让收益的矿业权人,首期出让收益按缴款通知书缴纳,剩余部分按矿业权合同约定的时间缴纳。

按矿业权出让收益率形式征收的矿业权出让收益,成交价部分以合同约定及时通知矿业权人缴款,矿业权人在收到缴款通知书之日起30日内,按缴款通知及时缴纳矿业权出让收益(成交价部分)。按矿业权出让收益率逐年缴纳的部分,由矿业权人向税务部门据实申报缴纳上一年度采矿权出让收益,缴款时间最迟不晚于次年2月底。

第二十五条 矿业权出让收益缴入"矿业权出让收益"(103071404目)科目。

第二十六条 已上缴中央和地方财政的矿业权出让收益、矿业权价款,因误缴、误收、政策性关闭、重大自然灾害以及非矿业权人自身原因需要办理退库的,从"矿业权出让收益"(103071404目)科目下,按入库时中央与地方分成比例进行退库。

因缴费人误缴、税务部门误收需要退库的,由缴费人向税务部门申请办理,税务部门经严格审核并商有关财政部门、自然资源主管部门复核同意后,按规定办理退付手续;其他情形需要退库的,由缴费人向财政部门和自然资源主管部门申请办理。有关财政部门、自然资源主管部门应按照预算管理级次和权限逐级报批。涉及中央分成部分退库的,应由省级财政部门、自然资源主管部门向财政部当地监管局提出申请。

中央分成的矿业权出让收益、矿业权价款退还工作由财政部各地监管局负责。监管局应当在收到省级财政部门、自然资源主管部门矿业权出让收益(价款)退还申请及相关材料之日起30个工作日内,完成审核工作,向省级财政部门、自然资源主管部门出具审核意见,按《财政部驻各地财政监察专员办事处开展财政国库业务监管工作规程》(财库〔2016〕47号)等有关规定程序办理就地退库手续,并报财政部、自然资源部备案。地方分成部分退还工作由省级财政部门、自然资源主管部门负责,具体办法由省级财政部门、自然资源主管部门确定。

第二十七条 财政部门、自然资源主管部门、税务部门要按照《财政部 自然资源部 税务总局 人民银行关于将国有土地使用权出让收入、矿产资源专项收入、海域使用金、无居民海岛使用金四项政府非税收入划转税务部门征收有关问题的通知》(财综〔2021〕19号)和《财政部 税务总局关于印发〈省级财税部门系统互联互通和信息共享方案(非税收入)〉的通知》(财库〔2021〕11号)等规定及时共享缴款信息。

第四章 新旧政策衔接

第二十八条 本办法实施前已签订的合同或分期缴款批复不再调整,矿业权人继续缴纳剩余部分,有关资金缴入矿业权出让收益科目,并统一按规定分成比例分成。

《矿业权出让收益征收管理暂行办法》(财综〔2017〕35号)印发前分期缴纳矿业权价款需承担资金占用费的,应当继续按规定缴纳。资金占用费利率可参考人民银行发布的上一期新发放贷款加权平均利率计算。资金占用费缴入矿业权出让收益科目,并统一按规定分成比例分成。

第二十九条 以申请在先方式取得,未进行有偿处置且不涉及国家出资探明矿产地的探矿权、采矿权,比照协议出让方式,按照以下原则征收采矿权出让收益:

(一)《矿种目录》所列矿种,探矿权尚未转为采矿权的,应在转为采矿权后,按矿产品销售时的矿业权出让收益率逐年征收采矿权出让收益。

(二)《矿种目录》所列矿种,已转为采矿权的,按矿产品销售时的矿业权出让收益率逐年征收采矿权出让收益。

自2017年7月1日至2023年4月30日未缴纳的矿业权出让收益,按本办法规定的矿业权出让收益率征收标准及未缴纳期间的销售收入计算应缴矿业权出让收益,可一次性或平均分六年征收。相关自然资源主管部门应清理确认矿业权人欠缴矿业权出让收益情况,一次性推送同级财政部门、税务部门。相关税务部门据此及时通知矿业权人缴纳欠缴款项直至全部缴清,并及时向相关财政部门、自然资源主管部门反馈收缴信息。

自2023年5月1日后应缴的矿业权出让收益,按矿产品销售时的矿业权出让收益率逐年征收。

(三)《矿种目录》所列矿种外,探矿权尚未转为采矿权的,应在采矿权新立时,按出让金额形式征收采矿权出让收益。

(四)《矿种目录》所列矿种外,已转为采矿权的,以2017年7月1日为剩余资源储量估算基准日,按出让金额形式征收采矿权出让收益。

第三十条 对于无偿占有属于国家出资探明矿产地的探矿权和无偿取得的采矿权,自2006年9月30日以来欠缴的矿业权出让收益(价款),比照协议出让方式,按以下原则征收采矿权出让收益:

(一)《矿种目录》所列矿种,探矿权尚未转为采矿权的,在转采时按矿产品销售时的出让收益率征收采矿权出让收益。

(二)《矿种目录》所列矿种,已转为采矿权的,通过评估后,按出让金额形式征收自2006年9月30日(地方已有规定的从其规定)至本办法实施之日已动用资源储量的采矿权出让收益,并可参照第十二条的规定在采矿许可证剩余有效期内进行分期缴纳;之后的剩余资源储量,按矿产品销售时的出让收益率征收采矿权出让收益。

(三)《矿种目录》所列矿种外,探矿权尚未转为采矿权的,应在采矿权新立时,按出让金额形式征收采矿权出让收益。

(四)《矿种目录》所列矿种外,已转为采矿权的,以2006年9月30日为剩余资源储量估算基准日(地方已有规定的从其规定),按出让金额形式征收采矿权出让收益。

第三十一条 经财政部门和原国土资源主管部门批准,已将探矿权、采矿权价款转增国家资本金(国家基金),或以折股形式缴纳的,不再补缴探矿权、采矿权出让收益。

第五章 监 管

第三十二条 各级财政部门、自然资源主管部门和税务部门应当切实加强矿业权出让收益征收监督管理,按照职能分工,将相关信息纳入矿业权人勘查开采信息公示系统,适时检查矿业权出让收益征收情况。

第三十三条 矿业权人未按时足额缴纳矿业权出让收益的,从滞纳之日起每日加收千分之二的滞纳金,加收的滞纳金不超过欠缴金额本金。矿业权出让收益滞纳金缴入矿业权出让收益科目,并统一按规定分成比例分成。

第三十四条 各级财政部门、自然资源主管部门、税务部门及其工作人员,在矿业权出让收益征收工作中,存在滥用职权、玩忽职守、徇私舞弊等违法违规行为的,依法追究相应责任。

第三十五条 相关中介、服务机构和企业未如实提供相关信息,造成矿业权人少缴矿业权出让收益的,由县级以上自然资源主管部门会同有关部门将其行为记入企业不良信息;构成犯罪的,依法追究刑事责任。

第六章 附 则

第三十六条 省(自治区、直辖市)财政部门、自然资源主管部门、税务部门应当根据本办法细化本地区矿业权出让收益征收管理制度。

第三十七条 本办法自2023年5月1日起施行。

《矿业权出让收益征收管理暂行办法》(财综〔2017〕35号)、《财政部 自然资源部关于进一步明确矿业权出让收益征收管理有关问题的通知》(财综〔2019〕11号)同时废止。

附:按矿业权出让收益率形式征收矿业权出让收益的矿种目录(试行)(略)

探矿权采矿权招标拍卖挂牌管理办法(试行)

·2003年6月11日

·国土资发〔2003〕197号

第一章　总　则

第一条　为完善探矿权采矿权有偿取得制度,规范探矿权采矿权招标拍卖挂牌活动,维护国家对矿产资源的所有权,保护探矿权人、采矿权人合法权益,根据《中华人民共和国矿产资源法》、《矿产资源勘查区块登记管理办法》和《矿产资源开采登记管理办法》,制定本办法。

第二条　探矿权采矿权招标拍卖挂牌活动,按照颁发勘查许可证、采矿许可证的法定权限,由县级以上人民政府国土资源行政主管部门(以下简称主管部门)负责组织实施。

第三条　本办法所称探矿权采矿权招标,是指主管部门发布招标公告,邀请特定或者不特定的投标人参加投标,根据投标结果确定探矿权采矿权中标人的活动。

本办法所称探矿权采矿权拍卖,是指主管部门发布拍卖公告,由竞买人在指定的时间、地点进行公开竞价,根据出价结果确定探矿权采矿权竞得人的活动。

本办法所称探矿权采矿权挂牌,是指主管部门发布挂牌公告,在挂牌公告规定的期限和场所接受竞买人的报价申请并更新挂牌价格,根据挂牌期限截止时的出价结果确定探矿权采矿权竞得人的活动。

第四条　探矿权采矿权招标拍卖挂牌活动,应当遵循公开、公平、公正和诚实信用的原则。

第五条　国土资源部负责全国探矿权采矿权招标拍卖挂牌活动的监督管理。

上级主管部门负责监督下级主管部门的探矿权采矿权招标拍卖挂牌活动。

第六条　主管部门工作人员在探矿权采矿权招标拍卖挂牌活动中玩忽职守、滥用职权、徇私舞弊的,依法给予行政处分。

第二章　范　围

第七条　新设探矿权有下列情形之一的,主管部门应当以招标拍卖挂牌的方式授予:

(一)国家出资勘查并已探明可供进一步勘查的矿产地;

(二)探矿权灭失的矿产地;

(三)国家和省两级矿产资源勘查专项规划划定的勘查区块;

(四)主管部门规定的其他情形。

第八条　新设采矿权有下列情形之一的,主管部门应当以招标拍卖挂牌的方式授予:

(一)国家出资勘查并已探明可供开采的矿产地;

(二)采矿权灭失的矿产地;

(三)探矿权灭失的可供开采的矿产地;

(四)主管部门规定无需勘查即可直接开采的矿产;

(五)国土资源部、省级主管部门规定的其他情形。

第九条　符合本办法第七条、第八条规定的范围,有下列情形之一的,主管部门应当以招标的方式授予探矿权采矿权:

(一)国家出资的勘查项目;

(二)矿产资源储量规模为大型的能源、金属矿产地;

(三)共伴生组分多、综合利用技术水平要求高的矿产地;

(四)对国民经济具有重要价值的矿区;

(五)根据法律法规、国家政策规定可以新设探矿权采矿权的环境敏感地区和未达到国家规定的环境质量标准的地区。

第十条　有下列情形之一的,主管部门不得以招标拍卖挂牌的方式授予:

(一)探矿权人依法申请其勘查区块范围内的采矿权;

(二)符合矿产资源规划或者矿区总体规划的矿山企业的接续矿区、已设采矿权的矿区范围上下部需要统一开采的区域;

(三)为国家重点基础设施建设项目提供建筑用矿产;

(四)探矿权采矿权权属有争议;

(五)法律法规另有规定以及主管部门规定因特殊情形不适于以招标拍卖挂牌方式授予的。

第十一条　违反本办法第七条、第八条、第九条和第十条的规定授予探矿权采矿权的,由上级主管部门责令限期改正;逾期不改正的,对直接负责的主管人员和其他直接责任人员依法给予行政处分。

第三章　实　施

第一节　一般规定

第十二条　探矿权采矿权招标拍卖挂牌活动,应当有计划地进行。

主管部门应当根据矿产资源规划、矿产资源勘查专项规划、矿区总体规划、国家产业政策以及市场供需情况,按照颁发勘查许可证、采矿许可证的法定权限,编制探矿权采矿权招标拍卖挂牌年度计划,报上级主管部门备案。

第十三条　上级主管部门可以委托下级主管部门组织探矿权采矿权招标拍卖挂牌的具体工作,勘查许可证、采矿许可证由委托机关审核颁发。

受委托的主管部门不得再委托下级主管部门组织探矿权采矿权招标拍卖挂牌的具体工作。

第十四条　主管部门应当根据探矿权采矿权招标拍卖挂牌年度计划和《外商投资产业指导目录》,编制招标拍卖挂牌方案;招标拍卖挂牌方案,县级以上地方主管部门可以根据实际情况报同级人民政府组织审定。

第十五条　主管部门应当根据招标拍卖挂牌方案,编制招标拍卖挂牌文件。

招标拍卖挂牌文件,应当包括招标拍卖挂牌公告、标书、竞买申请书、报价单、矿产地的地质报告、矿产资源开发利用和矿山环境保护要求、成交确认书等。

第十六条　招标标底、拍卖挂牌底价,由主管部门依规定委托有探矿权采矿权评估资质的评估机构或者采取询价、类比等方式进行评估,并根据评估结果和国家产业政策等综合因素集体决定。

在招标拍卖挂牌活动结束之前,招标标底、拍卖挂牌底价须保密,且不得变更。

第十七条　招标拍卖挂牌公告应当包括下列内容:

(一)主管部门的名称和地址;

(二)拟招标拍卖挂牌的勘查区块、开采矿区的简要情况;

(三)申请探矿权采矿权的资质条件以及取得投标人、竞买人资格的要求;

(四)获取招标拍卖挂牌文件的办法;

(五)招标拍卖挂牌的时间、地点;

(六)投标或者竞价方式;

(七)确定中标人或者竞得人的标准和方法;

(八)投标、竞买保证金及其缴纳方式和处置方式;

(九)其他需要公告的事项。

第十八条　主管部门应当依规定对投标人、竞买人进行资格审查。对符合资质条件和资格要求的,应当通知投标人、竞买人参加招标拍卖挂牌活动以及缴纳投标、竞买保证金的时间和地点。

第十九条　投标人、竞买人按照通知要求的时间和地点缴纳投标、竞买保证金后,方可参加探矿权采矿权招标拍卖挂牌活动;逾期未缴纳的,视为放弃。

第二十条　以招标拍卖挂牌方式确定中标人、竞得人后,主管部门应当与中标人、竞得人签订成交确认书。中标人、竞得人逾期不签订的,中标、竞得结果无效,所缴纳的投标、竞买保证金不予退还。

成交确认书应当包括下列内容:

(一)主管部门和中标人、竞得人的名称、地址;

(二)成交时间、地点;

(三)中标、竞得的勘查区块、开采矿区的简要情况;

(四)探矿权采矿权价款;

(五)探矿权采矿权价款的缴纳时间、方式;

(六)矿产资源开发利用和矿山环境保护要求;

(七)办理登记时间;

(八)主管部门和中标人、竞得人约定的其他事项。

成交确认书具有合同效力。

第二十一条　主管部门应当在颁发勘查许可证、采矿许可证前一次性收取探矿权采矿权价款。探矿权采矿权价款数额较大的,经上级主管部门同意可以分期收取。

探矿权采矿权价款的使用和管理按照有关规定执行。

第二十二条　中标人、竞得人缴纳的投标、竞买保证金,可以抵作价款。其他投标人、竞买人缴纳的投标、竞买保证金,主管部门须在招标拍卖挂牌活动结束后 5 个工作日内予以退还,不计利息。

第二十三条　招标拍卖挂牌活动结束后,主管部门应当在 10 个工作日内将中标、竞得结果在指定的场所、媒介公布。

第二十四条　中标人、竞得人提供虚假文件隐瞒事实、恶意串通、向主管部门或者评标委员会及其成员行贿或者采取其他非法手段中标或者竞得的,中标、竞得结果无效,所缴纳的投标、竞买保证金不予退还。

第二十五条　主管部门应当按照成交确认书所约定的时间为中标人、竞得人办理登记,颁发勘查许可证、采矿许可证,并依法保护中标人、竞得人的合法权益。

第二十六条　主管部门在签订成交确认书后,改变中标、竞得结果或者未依法办理勘查许可证、采矿许可证的,由上级主管部门责令限期改正,对直接负责的主管人员和其他直接责任人员依法给予行政处分；给中标人、竞得人造成损失的，中标人、竞得人可以依法申请行政赔偿。

第二十七条 主管部门负责建立招标拍卖挂牌的档案，档案包括投标人、评标委员会、中标人、竞买人和竞得人的基本情况、招标拍卖挂牌过程、中标、竞得结果等。

第二节 招 标

第二十八条 探矿权采矿权招标的，投标人不得少于三人。投标人少于三人，属采矿权招标的，主管部门应当依照本办法重新组织招标；属探矿权招标的，主管部门可以以挂牌方式授予探矿权。

第二十九条 主管部门应当确定投标人编制投标文件所需的合理时间；但是自招标文件发出之日起至投标人提交投标文件截止之日，最短不得少于30日。

第三十条 投标、开标依照下列程序进行：

（一）投标人按照招标文件的要求编制投标文件，在提交投标文件截止之日前，将投标文件密封后送达指定地点，并附具对投标文件承担责任的书面承诺。

在提交投标文件截止之日前，投标人可以补充、修改但不得撤回投标文件。补充、修改的内容作为投标文件的组成部分。

（二）主管部门签收投标文件后，在开标之前不得开启；对在提交投标文件的截止之日后送达的，不予受理。

（三）开标应当在招标文件确定的时间、地点公开进行。开标由主管部门主持，邀请全部投标人参加。

开标时，由投标人或者其推选的代表检查投标文件的密封情况，当众拆封，宣读投标人名称、投标价格和投标文件的主要内容。

（四）评标由主管部门组建的评标委员会负责。评标委员会应当按照招标文件确定的评标标准和方法，对投标文件进行评审。评审时，可以要求投标人对投标文件作出必要的澄清或者说明，但该澄清或者说明不得超出投标文件的范围或者改变投标文件的实质内容。评标委员会完成评标后，应当提出书面评标报告和中标候选人，报主管部门确定中标人；主管部门也可委托评标委员会直接确定中标人。

评标委员会经评审，认为所有的投标文件都不符合招标文件要求的，可以否决所有的投标。

第三十一条 评标委员会成员人数为五人以上单数，由主管部门根据拟招标的探矿权采矿权确定，有关技术、经济方面的专家不得少于成员总数的三分之二。

在中标结果公布前，评标委员会成员名单须保密。

第三十二条 评标委员会成员收受投标人的财物或其他好处的，或者向他人透露标底或有关其他情况的，主管部门应当取消其担任评标委员会成员的资格。

第三十三条 确定的中标人应当符合下列条件之一：

（一）能够最大限度地满足招标文件中规定的各项综合评价标准；

（二）能够满足招标文件的实质性要求，并且经评审的投标价格最高，但投标价格低于标底的除外。

第三十四条 中标人确定后，主管部门应当通知中标人在接到通知之日起5日内签订成交确认书，并同时将中标结果通知所有投标人。

第三节 拍 卖

第三十五条 探矿权采矿权拍卖的，竞买人不得少于三人。少于三人的，主管部门应当停止拍卖。

第三十六条 探矿权采矿权拍卖的，主管部门应当于拍卖日20日前发布拍卖公告。

第三十七条 拍卖会依照下列程序进行：

（一）拍卖主持人点算竞买人；

（二）拍卖主持人介绍探矿权采矿权的简要情况；

（三）宣布拍卖规则和注意事项；

（四）主持人报出起叫价；

（五）竞买人应价。

第三十八条 无底价的，拍卖主持人应当在拍卖前予以说明；有底价的，竞买人的最高应价未达到底价的，该应价不发生效力，拍卖主持人应当停止拍卖。

第三十九条 竞买人的最高应价经拍卖主持人落槌表示拍卖成交，拍卖主持人宣布该最高应价的竞买人为竞得人。

主管部门和竞得人应当当场签订成交确认书。

第四节 挂 牌

第四十条 探矿权采矿权挂牌的，主管部门应当于挂牌起始日20日前发布挂牌公告。

第四十一条 探矿权采矿权挂牌的，主管部门应当在挂牌起始日，将起始价、增价规则、增价幅度、挂牌时间等，在挂牌公告指定的场所挂牌公布。

挂牌时间不得少于10个工作日。

第四十二条 竞买人的竞买保证金在挂牌期限截止前缴纳的，方可填写报价单报价。主管部门受理其报价并确认后，更新挂牌价格。

第四十三条 挂牌期间，主管部门可以根据竞买人的竞价情况调整增价幅度。

第四十四条 挂牌期限届满，主管部门按照下列规定确定是否成交：

（一）在挂牌期限内只有一个竞买人报价，且报价高于底价的，挂牌成交；

（二）在挂牌期限内有两个或者两个以上的竞买人报价的，出价最高者为竞得人；报价相同的，先提交报价单者为竞得人，但报价低于底价者除外；

（三）在挂牌期限内无人竞买或者竞买人的报价低于底价的，挂牌不成交。

在挂牌期限截止前30分钟仍有竞买人要求报价的，主管部门应当以当时挂牌价为起始价进行现场竞价，出价最高且高于底价的竞买人为竞得人。

第四十五条 挂牌成交的，主管部门和竞得人应当当场签订成交确认书。

第四章 附 则

第四十六条 本办法自2003年8月1日施行。

本办法发布前制定的有关文件的内容与本办法的规定不一致的，按照本办法规定执行。

矿业权出让交易规则

· 2023年1月3日

· 自然资规〔2023〕1号

为进一步规范矿业权出让交易行为，确保矿业权出让交易公开、公平、公正，维护国家权益和矿业权人合法权益，根据《中华人民共和国矿产资源法》《中华人民共和国拍卖法》《中华人民共和国招标投标法》《中华人民共和国招标投标法实施条例》《矿产资源勘查区块登记管理办法》《矿产资源开采登记管理办法》，以及《国务院办公厅关于印发整合建立统一的公共资源交易平台工作方案的通知》《国务院办公厅转发国家发展改革委关于深化公共资源交易平台整合共享指导意见的通知》等相关规定，制定本规则。

一、总体要求

（一）本规则所称矿业权是指探矿权和采矿权，矿业权出让交易是指县级以上人民政府自然资源主管部门和新疆生产建设兵团所属自然资源主管部门（以下简称自然资源主管部门）出让矿业权的行为。

（二）矿业权出让适用本规则，矿业权转让可参照执行。

铀矿等国家规定不宜公开矿种的矿业权出让交易不适用本规则。

（三）矿业权出让交易主体是指依法参加矿业权出让交易的出让人、受让人、投标人、竞买人、中标人和竞得人。受让人、投标人、竞买人、中标人和竞得人应当符合法律、法规、政策文件有关资质要求的规定。

出让人是指出让矿业权的自然资源主管部门。受让人是指符合探矿权、采矿权申请条件或者受让条件的、能独立承担民事责任的法人。

以招标方式出让的，参与投标各方为投标人；以拍卖和挂牌方式出让的，参与竞拍和竞买各方均为竞买人；出让人按拍卖法、招标投标法、招标投标法实施条例以及矿业权出让时公告的标准、方法确定中标人、竞得人。

（四）矿业权出让应当依照国家有关规定通过公开的交易平台进行交易，并纳入统一的公共资源交易平台体系。

（五）交易平台应当按照本规则组织矿业权交易，全面推行和实施电子化交易，优化交易管理和服务，自觉接受自然资源主管部门的监督和业务指导，加强自律管理，维护市场秩序，保证矿业权交易公开、公平、公正。

（六）以招标、拍卖、挂牌方式出让矿业权的，应当在统一的公共资源交易平台体系中进行。

地方自然资源主管部门需要进行招标、拍卖、挂牌出让矿业权的，应当按照出让登记管理权限，在同级交易平台或者自然资源主管部门委托的交易平台中进行。自然资源部出让登记权限需要进行招标、拍卖、挂牌出让矿业权的，出让相关工作由自然资源部委托省级自然资源主管部门组织交易平台实施。

（七）以招标、拍卖、挂牌方式出让矿业权的，交易平台按照自然资源主管部门下达的委托书或者任务书组织实施。

二、公告

（八）以招标、拍卖、挂牌方式出让矿业权的，交易平台依据出让人提供的相关材料发布出让公告。

（九）交易平台或者自然资源主管部门应当在下列平台同时发布出让公告：

1. 自然资源部门户网站；
2. 同级自然资源主管部门（或人民政府）门户网站；
3. 交易平台网站、交易大厅；
4. 有必要采取的其他方式。

（十）出让公告应当包括以下内容：

1. 出让人和交易平台的名称、住所；
2. 拟出让矿业权的简要情况，包括项目名称、矿种、地理位置、拐点范围坐标、面积、资源储量(勘查工作程度)、开采标高、拟出让年限、资源开发利用情况、多目标管理、开发全过程的动态管理要求,以及土地复垦、矿山地质环境保护与治理恢复、海洋生态环境保护要求等;

3. 法律、法规、政策文件规定的投标人或者竞买人的资质条件;

4. 投标人或者竞买人需具备的与勘查开采相匹配的资金实力等要求;

5. 出让方式及交易的时间、地点;

6. 获取招标、拍卖、挂牌文件的途径和申请报名的起止时间及方式;

7. 确定中标人、竞得人的标准和方法;

8. 风险提示;

9. 对交易矿业权异议的处理方式;

10. 违约责任、公共资源交易领域失信联合惩戒相关提示;

11. 需要公告的其他内容。

(十一)以招标、拍卖、挂牌方式出让矿业权的,应当在投标截止日、公开拍卖日或者挂牌起始日20个工作日前发布公告。

出让公告发布期间,公告内容发生变化的,应当按原发布渠道重新发布出让公告或者变更出让公告。涉及矿种、范围、出让年限等重大变化的,投标截止日、公开拍卖日或者挂牌起始日应当按照20个工作日的时间要求顺延。

三、交易形式及流程

(十二)交易平台应当按公告载明的时间、地点、方式,接受投标人或者竞买人的书面申请。

投标人或者竞买人应当提供其符合矿业权受让人主体资质的有效证明材料,并对其真实性和合法性负责。

(十三)符合公告的受让人资质条件的投标人或者竞买人,经交易平台书面确认后取得交易资格。

(十四)交易平台应当按公告确定的时间、地点组织交易,并书面通知出让人和投标人或者竞买人参加。

(十五)招标出让矿业权的,每宗标的的投标人不得少于3人。少于3人的,出让人应当按照相关规定停止招标、重新组织或者选择其他方式交易。

(十六)招标、拍卖、挂牌方式出让矿业权的,招标标底、拍卖和挂牌底价由出让人在开标前、拍卖前或者挂牌期限届满前按国家有关规定确定。

招标标底、拍卖和挂牌底价在交易活动结束前须保密且不得变更。

无底价拍卖的,应当在竞价开始前予以说明;无底价挂牌的,应当在挂牌起始日予以说明。

(十七)招标出让矿业权应当按照招标投标法、招标投标法实施条例等组织招标投标活动,综合择优确定中标人。

(十八)拍卖出让矿业权应当按照拍卖法组织拍卖活动。

(十九)挂牌期间,交易平台应当在挂牌起始日公布挂牌起始价、增价规则、挂牌时间等;竞买人在挂牌时间内填写报价单报价,报价相同的,最先报价为有效报价;交易平台确认有效报价后,更新挂牌价。

挂牌期限届满,宣布最高报价及其报价者,并询问竞买人是否愿意继续竞价。有愿意继续竞价的,通过限时竞价确定竞得人。

挂牌时间不得少于10个工作日。

(二十)拍卖竞价结束、挂牌期限届满,交易平台依照下列规定确定是否成交:

1. 有底价的,不低于底价的最高报价者为竞得人;无底价的,不低于起始价的最高报价者为竞得人。如在挂牌期限内只有一个竞买人报价且不低于底价,挂牌成交。

2. 无人报价或者竞买人报价低于底价的,不成交。

四、确认及中止、终止

(二十一)招标成交的,交易平台应当在确定中标人的当天发出中标通知书,并同时将中标结果通知所有未中标的投标人;现场拍卖、挂牌成交的,应当当场签订成交确认书;网上拍卖、挂牌成交的,具备签订网上成交确认书条件的,应当在成交后即时签订,不具备条件的,应当在交易结束后5个工作日内到交易平台签订成交确认书。

(二十二)中标通知书或者成交确认书应当包括下列基本内容:

1. 出让人和中标人或者竞得人及交易平台的名称、住所;

2. 出让的矿业权名称、交易方式;

3. 成交时间、地点和成交价格,主要中标条件;

4. 出让人和竞得人对交易过程和交易结果的确认;

5. 矿业权出让合同的签订时间要求;

6. 需要约定的其他内容。

(二十三)有下列情形之一的,矿业权出让交易行为中止:

1. 公告公示期间发现出让的矿业权权属争议尚未解决;

2. 中标人、竞得人有矿产资源违法行为的行政处罚逾期不履行的；

3. 因不可抗力或者政策变化应当中止交易的其他情形。

矿业权出让交易行为中止的原因消除后，应当及时恢复交易。

（二十四）有下列情形之一的，矿业权出让交易行为终止：

1. 出让人因有关政策规定、矿业权出让所依据的客观情况等发生重大变化提出终止交易；

2. 因不可抗力应当终止交易；

3. 法律法规规定的其他情形。

（二十五）出让人需要中止、终止或者恢复矿业权出让交易的，应当向交易平台出具书面意见。

交易平台提出中止、终止或者恢复矿业权出让交易，需出具书面意见，并经出让人核实同意。

交易平台应当及时发布中止、终止或者恢复交易的公告。

五、公示

（二十六）招标、拍卖、挂牌方式出让矿业权交易成交的，交易平台和自然资源主管部门应当将成交结果进行公示。应当公示的主要内容包括：

1. 中标人或者竞得人的名称、住所；

2. 成交时间、地点；

3. 中标或者竞得的勘查区块、面积、开采范围的简要情况；

4. 矿业权成交价格；

5. 申请办理矿业权登记的时限；

6. 对公示内容提出异议的方式及途径；

7. 应当公示的其他内容。

（二十七）以协议方式出让矿业权的，在受理协议出让矿业权申请后，自然资源主管部门应当将相关信息进行公示。应当公示的主要内容包括：

1. 受让人名称、住所；

2. 项目名称或者矿山名称；

3. 拟协议出让矿业权的范围（含坐标、采矿权的开采标高、面积）及地理位置；

4. 勘查开采矿种、开采规模；

5. 符合协议出让规定的情形及理由；

6. 对公示内容提出异议的方式及途径；

7. 应当公开的其他内容。

自然资源部以协议方式出让的矿业权，需先征求省级人民政府意见的，由省级自然资源主管部门进行公示。

（二十八）招标、拍卖、挂牌方式出让矿业权成交的，交易平台应当在发出中标通知书或者签订成交确认书后5个工作日内进行信息公示。

（二十九）以招标、拍卖、挂牌方式出让矿业权的，公示信息应当在下列平台同时发布：

1. 自然资源部门户网站；

2. 同级自然资源主管部门（或人民政府）门户网站；

3. 交易平台网站、交易大厅；

4. 有必要采取的其他方式。

以协议方式出让矿业权的，公示信息应当在下列平台同时发布：

1. 自然资源部门户网站；

2. 同级自然资源主管部门（或人民政府）门户网站；

3. 有必要采取的其他方式。

公示期不少于10个工作日。

（三十）交易平台确需收取相关服务费用的，应当按照规定报所在地价格主管部门批准，并公开收费标准。

（三十一）招标、拍卖、挂牌方式出让矿业权的，矿业权出让成交信息公示无异议的，出让人与中标人或者竞得人应当根据中标通知书或者成交确认书签订矿业权出让合同。矿业权出让合同应当包括下列基本内容：

1. 出让人、中标人或者竞得人和交易平台的名称、住所、法定代表人；

2. 出让矿业权的简要情况，包括项目名称、矿种、地理位置、拐点范围坐标、面积、资源储量（勘查工作程度）、开采标高等，资源开发利用、多目标管理、开发全过程的动态管理要求，以及土地复垦、矿山地质环境保护与治理恢复要求等；

3. 出让矿业权的年限；

4. 成交价格、付款期限、要求或者权益实现方式等；

5. 申请办理矿业权登记手续的时限及要求；

6. 争议解决方式及违约责任；

7. 需要约定的其他内容。

以协议方式出让矿业权的，参照上述内容签订出让合同。

（三十二）中标人、竞得人履行相关手续后，持中标通知书或者成交确认书、矿业权出让合同、出让收益缴纳凭证等相关材料，向有登记权限的自然资源主管部门申请办理矿业权登记手续。

六、交易监管

（三十三）地方各级自然资源主管部门应当加强对矿业权出让交易活动的监督管理。上级自然资源主管部门负责监督下级自然资源主管部门的矿业权出让交易活动,并提供业务指导。

自然资源主管部门应当加强对矿业权招标、拍卖、挂牌过程的监督,完善投诉举报处置机制,加强社会监督。

(三十四)矿业权出让交易过程中,交易平台及其工作人员有违法、违规行为的,由自然资源主管部门或者交易平台的主管部门依法依规予以处理;造成经济损失的,应当承担经济赔偿责任;情节严重、构成犯罪的,移交司法机关处理。

(三十五)自然资源主管部门应当指导交易平台,按照公共资源交易领域失信联合惩戒相关要求,依法依规做好矿业权招标、拍卖、挂牌活动中失信主体相关信息的记录、管理等工作,强化信用监管。

(三十六)交易平台应当对每一宗矿业权交易建立档案,收集、整理自接受委托至交易结束全过程产生的相关文书并分类登记造册。

七、违约责任及争议处理

(三十七)有下列情形之一的,视为投标人、竞买人、中标人、竞得人违约,按照公告或者合同约定承担相应的违约责任,接受公共资源交易领域失信联合惩戒:

1. 投标人相互串通投标、竞买人之间串通报价,损害国家利益、社会公共利益或者他人合法权益的;

2. 投标人、竞买人弄虚作假,骗取交易资格或中标、竞得的;

3. 中标人放弃中标项目的、竞得人拒绝签订矿业权成交确认书,中标人、竞得人逾期不签订或者拒绝签订出让合同的;

4. 中标人、竞得人未按约定的时间付清约定的矿业权出让收益或者其他相关费用的;

5. 向主管部门或者评标委员会及其成员行贿或者采取其他不正当手段中标或者竞得的;

6. 其他依法应当认定为违约的情形。

(三十八)交易过程中发生争议,合同有约定的,按合同执行;合同未约定的,由争议当事人协商解决,协商不成的,可依法向人民法院起诉。

八、其他要求

(三十九)省级自然资源主管部门、新疆生产建设兵团自然资源局可参照本规则制定矿业权出让交易规则,规范矿业权交易行为。

(四十)涉及海砂开采的,应当按规定实行海砂采矿权和海域使用权“两权合一”招标、拍卖、挂牌出让。

(四十一)矿业权出让交易活动中涉及的所有费用,均以人民币计价和结算。

(四十二)《国土资源部关于印发〈矿业权交易规则〉的通知》(国土资规〔2017〕7号)、《自然资源部关于调整〈矿业权交易规则〉有关规定的通知》(自然资发〔2018〕175号)同时废止。

本规则施行前已印发的其他文件与本规则规定不一致的,按照本规则执行。

(四十三)本规则自印发之日起施行,有效期五年。

·典型案例

1. 王仕龙与刘俊波采矿权转让合同纠纷案[①]

【裁判要旨】

采矿权的转让审批,是国家规范采矿权有序流转,实现矿产资源科学保护、合理开发的重要制度。采矿权转让未经审批的,转让合同尚未发生法律效力。二审法院在审理本案过程中严格依照法律规定,认定转让合同因未经审批而未生效,并判令双方按照各自义务办理采矿权转让报批手续,积极促使合同生效,维护了采矿权市场交易秩序,也符合合同法鼓励交易、创造财富的原则。

【案情】

2007年8月27日,王仕龙以兴隆县龙思敏大理石厂的名义与刘俊波订立了矿山转让合同书,该合同约定王仕龙将兴隆县龙思敏大理石厂作价305万元转让给刘俊波。合同还对付款期限,违约责任等内容进行了约定。合同签订后,刘俊波共支付转让款等款项共计133.5万元。刘俊波修建了矿路及部分厂房,但未对该大理石矿进行开采。后王仕龙以刘俊波未足额付款为由提起诉讼请求判令解除矿山转让合同,刘俊波返还矿山并给付违约金76万元。刘俊波提起反诉请求判令王仕龙继续履行合同并赔偿损失108.8万元。

【审判】

承德市中级人民法院一审判决驳回双方的诉讼请求。双方不服上诉至河北省高级人民法院。该院二审认为,王

① 案例来源:最高法院公布的九起环境资源审判典型案例之九。

仕龙和刘俊波均认可本案转让合同的标的物为大理石矿及相应采矿权，双方所签矿山转让合同已成立，但属于依照法律规定应到相关部门办理批准手续才能生效的合同。由于合同对移交矿山手续等约定不明，双方对合同未能履行均负有责任。对于按照法律、行政法规的规定须经批准或者登记才能生效的合同，双方当事人均应积极履行各自的义务，促使合同生效，以维护交易各方的合法权益。二审法院于 2011 年 2 月作出判决，判令王仕龙、刘俊波按照各自义务向有关部门提交相关资料，申请办理转让兴隆县龙思敏大理石矿的批准手续。王仕龙仍不服，向最高人民法院申请再审，最高人民法院裁定驳回再审申请。

2. 江西省地质工程(集团)公司青海分公司、江西省地质工程(集团)公司诉青海江源煤炭开发有限公司合同纠纷案①

基本案情

青海江源煤炭开发有限公司(以下简称江源煤炭公司)的《采矿许可证》上所载矿区面积是 0.18 平方公里，但其与江西省地质工程(集团)公司青海分公司(以下简称江西地质青海分公司)签订的勘探合同中，委托江西地质青海分公司勘探矿区外围 12.20 平方公里的煤炭资源量。后因江源煤炭公司未依约支付工程款，双方成讼。

裁判结果

青海省高级人民法院一审认为，江源煤炭公司在未取得野马滩探矿权的情况下擅自发包，对导致案涉合同无效及由此造成的损失负有主要过错。江西地质青海分公司明知江源煤炭公司未取得探矿权，在签订勘探合同后实施探矿行为，对案涉合同无效及由此造成的损失亦有过错。江西地质青海分公司实际给付的施工费用已超出其应承担的责任部分，驳回双方当事人的诉讼请求。最高人民法院二审认为，江源煤炭公司对约定勘探的矿区范围并未取得探矿权，案涉勘探合同约定的探矿行为违反法律、行政法规的强制性规定，应认定无效，双方对此均存在过错。一审法院在计算具体施工费用存在认定事实不当，改判支持了江源煤炭公司部分施工费用。

典型意义

本案系对未取得探矿权的矿区范围进行勘探引发的工程款结算纠纷。根据我国现有矿产资源法律、法规规定，勘查矿产资源须经申请并取得探矿权。对于未取得探矿权的矿区范围进行勘探的行为属于无证探矿行为，案涉勘探合同约定的外围勘探面积约 12.20 平方公里，明显超过国家所规定的合理采矿权扩区范围，即“采矿权扩区范围原则上限于原采矿权深部及周边零星分散且不宜单独另设采矿权的资源”，应为无效。双方当事人应根据过错大小依法各自承担相应责任，但勘探方的实际施工费用应予以保障。本案重申了违反法律、行政法规强制性规定的合同应认定为无效，对于规范矿产资源勘探行为具有指引作用。

3. 于红岩与锡林郭勒盟隆兴矿业有限责任公司执行监督案②

关键词

执行/执行监督/采矿权转让/协助执行/行政审批

裁判要点

生效判决认定采矿权转让合同依法成立但尚未生效，判令转让方按照合同约定办理采矿权转让手续，并非对采矿权归属的确定，执行法院依此向相关主管机关发出协助办理采矿权转让手续通知书，只具有启动主管机关审批采矿权转让手续的作用，采矿权能否转让应由相关主管机关依法决定。申请执行人请求变更采矿权受让人的，也应由相关主管机关依法判断。

相关法条

《中华人民共和国民事诉讼法》第 204 条

《探矿权采矿权转让管理办法》第 10 条

基本案情

2008 年 8 月 1 日，锡林郭勒盟隆兴矿业有限责任公司(以下简称隆兴矿业)作为甲方与乙方于红岩签订《矿权转让合同》，约定隆兴矿业将阿巴嘎旗巴彦图嘎三队李瑛萤石矿的采矿权有偿转让给于红岩。于红岩依约支付了采矿权转让费 150 万元，并在接收采矿区后对矿区进行了初步设计并进行了采矿工作。而隆兴矿业未按照《矿权转让合同》的约定，为于红岩办理矿权转让手续。2012 年 10 月，双方当事人发生纠纷诉至内蒙古自治区锡林郭勒盟中级人民法院(以下简称锡盟中院)。锡盟中院认为，隆兴矿业与于红岩签订的《矿权转让合同》，系双方当事人真实意思表示，该合同已经依法成立，但根据相关法律规定，该合同系行政机关履行行政审批手续后生效的合同，对于矿权

① 案例来源：2020 年 5 月 8 日最高人民法院发布 2019 年度人民法院环境资源典型案例。

② 案例来源：最高人民法院指导案例 123 号。

受让人的资格审查,属行政机关的审批权力,非法院职权范围,故隆兴矿业主张于红岩不符合法律规定的采矿权人的申请条件,请求法院确认《矿权转让合同》无效并给付违约金的诉讼请求,该院不予支持。对于于红岩反诉请求判令隆兴矿业继续履行办理采矿权转让的各种批准手续的请求,因双方在《矿权转让合同》中明确约定,矿权转让手续由隆兴矿业负责办理,故该院予以支持。对于于红岩主张由隆兴矿业承担给付违约金的请求,因《矿权转让合同》虽然依法成立,但处于待审批尚未生效的状态,而违约责任以合同有效成立为前提,故不予支持。锡盟中院作出民事判决,主要内容为隆兴矿业于判决生效后十五日内,按照《矿权转让合同》的约定为于红岩办理矿权转让手续。

隆兴矿业不服提起上诉。内蒙古自治区高级人民法院(以下简称内蒙高院)认为,《矿权转让合同》系隆兴矿业与于红岩的真实意思表示,该合同自双方签字盖章时成立。根据《中华人民共和国合同法》第四十四条规定,依法成立的合同,自成立时生效。法律、行政法规规定应当办理批准、登记等手续生效的,依照其规定。《探矿权采矿权转让管理办法》第十条规定,申请转让探矿权、采矿权的,审批管理机关应当自收到转让申请之日起40日内,作出准予转让或者不准转让的决定,并通知转让人和受让人;批准转让的,转让合同自批准之日起生效;不准转让的,审批管理机关应当说明理由。《最高人民法院关于适用〈中华人民共和国合同法〉若干问题的解释(一)》第九条第一款规定,依照合同法第四十四条第二款的规定,法律、行政法规规定合同应当办理批准手续,或者办理批准、登记手续才生效,在一审法庭辩论终结前当事人仍未办理登记手续的,或者仍未办理批准、登记等手续的,人民法院应当认定该合同未生效。双方签订的《矿权转让合同》尚未办理批准、登记手续,故《矿权转让合同》依法成立,但未生效,该合同的效力属效力待定。于红岩是否符合采矿权受让人条件,《矿权转让合同》能否经相关部门批准,并非法院审理范围。原审法院认定《矿权转让合同》成立,隆兴矿业应按照合同继续履行办理矿权转让手续并无不当。如《矿权转让合同》审批管理机关不予批准,双方当事人可依据合同法的相关规定另行主张权利。内蒙高院作出民事判决,维持原判。

锡盟中院根据于红岩的申请,立案执行,向被执行人隆兴矿业发出执行通知,要求其自动履行生效法律文书确定的义务。因隆兴矿业未自动履行,故向锡林郭勒盟国土资源局发出协助执行通知书,请其根据生效判决的内容,协助为本案申请执行人于红岩按照《矿权转让合同》的约定办理矿权过户转让手续。锡林郭勒盟国土资源局答复称,隆兴矿业与于红岩签订《矿权转让合同》后,未向其提交转让申请,且该合同是一个企业法人与自然人之间签订的矿权转让合同。依据法律、行政法规及地方法规的规定,对锡盟中院要求其协助执行的内容,按实际情况属协助不能,无法完成该协助通知书中的内容。

于红岩于2014年5月19日成立自然人独资的锡林郭勒盟辉澜萤石销售有限公司,并向锡盟中院申请将申请执行人变更为该公司。

裁判结果

内蒙古自治区锡林郭勒盟中级人民法院于2016年12月14日作出(2014)锡中法执字第11号执行裁定,驳回于红岩申请将申请执行人变更为锡林郭勒盟辉澜萤石销售有限公司的请求。于红岩不服,向内蒙古自治区高级人民法院申请复议。内蒙古自治区高级人民法院于2017年3月15日作出(2017)内执复4号执行裁定,裁定驳回于红岩的复议申请。于红岩不服内蒙古自治区高级人民法院复议裁定,向最高人民法院申诉。最高人民法院于2017年12月26日作出(2017)最高法执监136号执行裁定书,驳回于红岩的申诉请求。

裁判理由

最高人民法院认为,本案执行依据的判项为隆兴矿业按照《矿权转让合同》的约定为于红岩办理矿权转让手续。根据现行法律法规的规定,申请转让探矿权、采矿权的,须经审批管理机关审批,其批准转让的,转让合同自批准之日起生效。本案中,一、二审法院均认为对于矿权受让人的资格审查,属审批管理机关的审批权力,于红岩是否符合采矿权受让人条件、《矿权转让合同》能否经相关部门批准,并非法院审理范围,因该合同尚未经审批管理机关批准,因此认定该合同依法成立,但尚未生效。二审判决也认定,如审批管理机关对该合同不予批准,双方当事人对于合同的法律后果、权利义务,可另循救济途径主张权利。鉴于转让合同因未经批准而未生效的,不影响合同中关于履行报批义务的条款的效力,结合判决理由部分,本案生效判决所称的隆兴矿业按照《矿权转让合同》的约定为于红岩办理矿权转让手续,并非对矿业权权属的认定,而首先应是指履行促成合同生效的合同报批义务,合同经过审批管理机关批准后,才涉及到办理矿权转让过户登记。因此,锡盟中院向锡林郭勒盟国土资源局发出协助办理矿权转让手续的通知,只是相当于完成了隆兴矿业向审批管理机关申请办理矿权转让手续的行为,启动了行政机关审批的程序,且在当前阶段,只能理解为要求锡林郭勒盟国土资源局依法履行转让合同审批的职能。

矿业权因涉及行政机关的审批和许可问题，不同于一般的民事权利，未经审批的矿权转让合同的权利承受问题，与普通的民事裁判中的权利承受及债权转让问题有较大差别，通过执行程序中的申请执行主体变更的方式，并不能最终解决。本案于红岩主张以其所成立的锡林郭勒盟辉澜萤石销售有限公司名义办理矿业权转让手续问题，本质上仍属于矿业权受让人主体资格是否符合法定条件的行政审批范围，应由审批管理机关根据矿权管理的相关规定作出判断。于红岩认为，其在履行生效判决确定的权利义务过程中，成立锡林郭勒盟辉澜萤石销售有限公司，是在按照行政机关的行政管理性规定完善办理矿权转让的相关手续，并非将《矿权转让合同》的权利向第三方转让，亦未损害国家利益和任何当事人的利益，其申请将采矿权转让手续办至锡林郭勒盟辉澜萤石销售有限公司名下，完全符合《中华人民共和国矿产资源法》《矿业权出让转让管理暂行规定》《矿产资源开采登记管理办法》，及内蒙古自治区国土资源厅《关于规范探矿权采矿权管理有关问题的补充通知》等行政机关在自然人签署矿权转让合同情况下办理矿权转让手续的行政管理规定，此观点应向相关审批管理机关主张。锡盟中院和内蒙高院裁定驳回于红岩变更主体的申请，符合本案生效判决就矿业权转让合同审批问题所表达的意见，亦不违反执行程序的相关法律和司法解释的规定。

（四）探矿权采矿权使用费和价款管理

探矿权采矿权使用费减免办法

· 2000 年 6 月 6 日国土资发〔2000〕174 号公布
· 2010 年 12 月 3 日国土资发〔2010〕190 号修正

第一条 为鼓励矿产资源勘查开采，根据《矿产资源勘查区块登记管理办法》和《矿产资源开采登记管理办法》的有关规定制定本办法。

第二条 依照《中华人民共和国矿产资源法》及其配套法规取得探矿权、采矿权的矿业权人或探矿权、采矿权申请人，可以依照本办法的规定向探矿权、采矿权登记管理机关（以下简称登记机关）申请探矿权、采矿权使用费的减缴或免缴。

第三条 在我国西部地区、国务院确定的边远贫困地区和海域从事符合下列条件的矿产资源勘查开采活动，可以依照本规定申请探矿权、采矿权使用费的减免：

（一）国家紧缺矿产资源的勘查、开发；

（二）大中型矿山企业为寻找接替资源申请的勘查、开发；

（三）运用新技术、新方法提高综合利用水平的（包括低品位、难选冶的矿产资源开发及老矿区尾矿利用）矿产资源开发；

（四）国务院地质矿产主管部门和财政部门认定的其他情况。

国家紧缺矿产资源由国土资源部确定并发布。

第四条 探矿权、采矿权使用费的减免按以下幅度核准。

（一）探矿权使用费：第一个勘查年度可以免缴，第二至第三个勘查年度可以减缴 50%；第四至第七个勘查年度可以减缴 25%。

（二）采矿权使用费：矿山基建期和矿山投产第一年可以免缴，矿山投产第二至第三年可以减缴 50%；第四至第七年可以减缴 25%；矿山闭坑当年可以免缴。

第五条 探矿权、采矿权使用费的减免，实行两级核准制。

国务院地质矿产主管部门核准登记、颁发勘查许可证、采矿许可证的探矿权采矿权使用费的减免，由国务院地质矿产主管部门负责核准，并报国务院财政部门备案。

省级地质矿产主管部门核准登记、颁发勘查许可证、采矿许可证和省级以下地质矿产主管部门核准登记颁发采矿许可证的探矿权采矿权使用费的减免，由省级地质矿产主管部门负责核准。

省级地质矿产主管部门应将探矿权采矿权使用费的核准文件报送上级登记管理机关和财政部门备案。

第六条 申请减免探矿权、采矿权使用费的矿业投资人，应在收到矿业权领证通知后的 10 日内填写探矿权、采矿权使用费减免申请书，按照本法第五条的管辖规定，报送矿业权登记管理机关核准，同时抄送同级财政部门。矿业权登记管理机关应在收到申请后的 10 日内作出是否减免的决定，并通知申请人。申请人凭批准减免文件办理缴费、登记和领取勘查、采矿许可证手续。

第七条 本办法颁发以前已收缴的探矿权、采矿权使用费不办理减免返还。

第八条 本办法原则适用于外商投资勘查、开采矿产资源。但是，国家另有规定的，从其规定。

第九条 在中华人民共和国领域及管辖的其他海域勘查开采矿产资源遇有自然灾害等不可抗力因素的，在不可抗力期间可以申请探矿权、采矿权使用费减免。

第十条 本办法自发布之日起实施。

国土资源部办公厅关于国家紧缺矿产资源探矿权采矿权使用费减免办法的通知

·2000年9月21日

·国土资厅发〔2000〕76号

各省、自治区、直辖市国土资源厅(国土环境资源厅、国土资源和房屋管理局、房屋土地资源管理局、规划和国土资源局):

根据国土资源部、财政部联合印发的《关于印发〈探矿权采矿权使用费减免办法〉的通知》(国土资发〔2000〕174号)精神,现将国家紧缺矿产资源及其他可减免的适用范围通知如下:

一、勘查富铁矿TFe>50%、铜矿、优质锰矿、铬铁矿、钾盐、铂族金属六个矿种(类),以及石油、天然气、煤层气共九种(类)矿产资源,可申请探矿权使用费的减免;

二、开采菱镁矿、钾盐、铜矿的,可申请减免采矿权使用费;

三、在我国西部严重缺水地区为解决人畜饮用水而进行的地下水源地的勘查工作,可申请减免探矿权使用费;

四、凡开采低渗透、稠油和进行三次采油的,以及从事煤层气勘查、开采的,可参照《探矿权采矿权使用费减免办法》申请减免;

五、矿区范围大于100平方公里的煤矿企业和矿区范围大于30平方公里的金属矿山企业,确有困难的可申请减免采矿权使用费。

探矿权、采矿权使用费减免申请书由国土资源部统一制定。

附件:探矿权、采矿权使用费减免申请书(略)

探矿权采矿权使用费和价款管理办法

·1999年6月7日

·财综字〔1999〕74号

第一条 为维护矿产资源的国家所有权,加强探矿权采矿权使用费和价款管理,依据《中华人民共和国矿产资源法》和《矿产资源勘查区块登记管理办法》、《矿产资源开采登记管理办法》、《探矿权采矿权转让管理办法》的有关规定,制定本办法。

第二条 在中华人民共和国领域及管辖海域勘查、开采矿产资源,均须按规定交纳探矿权采矿权使用费、价款。

第三条 探矿权采矿权使用费包括

(一)探矿权使用费。国家将矿产资源探矿权出让给探矿权人,按规定向探矿权人收取的使用费。

(二)采矿权使用费。国家将矿产资源采矿权出让给采矿权人,按规定向采矿权人收取的使用费。

第四条 探矿权采矿权价款包括

(一)探矿权价款。国家将其出资勘查形成的探矿权出让给探矿权人,按规定向探矿权人收取的价款。

(二)采矿权价款。国家将其出资勘查形成的采矿权出让给采矿权人,按规定向采矿权人收取的价款。

第五条 探矿权采矿权使用费收取标准

(一)探矿权使用费以勘查年度计算,按区块面积逐年缴纳,第一个勘查年度至第三个勘查年度,每平方公里每年缴纳100元,从第四个勘查年度起每平方公里每年增加100元,最高不超过每平方公里每年500元。

(二)采矿权使用费按矿区范围面积逐年缴纳,每平方公里每年1000元。

第六条 探矿权采矿权价款收取标准

探矿权采矿权价款以国务院地质矿产主管部门确认的评估价格为依据,一次或分期缴纳;但探矿权价款缴纳期限最长不得超过2年,采矿权价款缴纳期限最长不得超过6年。

第七条 探矿权采矿权使用费和价款由探矿权采矿权登记管理机关负责收取。探矿权采矿权使用费和价款由探矿权采矿权人在办理勘查、采矿登记或年检时缴纳。

探矿权人采矿权人在办理勘查、采矿登记或年检时,按照登记管理机关确定的标准,将探矿权采矿权使用费和价款直接缴入同级财政部门开设的“探矿权采矿权使用费和价款财政专户”。探矿权采矿权人凭银行的收款凭证到登记管理机关办理登记手续,领取“探矿权采矿权使用费和价款专用收据”和勘查、开采许可证。

“探矿权采矿权使用费和价款专用收据”由财政部门统一印制。

第八条 属于国务院地质矿产主管部门登记管理范围的探矿权采矿权,其使用费和价款,由国务院地质矿产主管部门登记机关收取,缴入财政部开设的“探矿权采矿权使费和价款财政专户”;属于省级地质矿产主管部门登记管理范围的探矿权采矿权,其使用费和价款,由省级地质矿产主管部门登记机关收取,缴入省级财政部门开设的“探矿权采矿权使用费和价款财政专户”。

第九条 探矿权采矿权使用费和价款收入应专项用于矿产资源勘查、保护和管理支出,由国务院地质矿产主管部门和省级地质矿产主管部门提出使用计划,报同级财政部门审批后，拨付使用。

第十条　探矿权、采矿权使用费中可以开支对探矿权、采矿权使用进行审批、登记的管理和业务费用。

探矿权、采矿权价款中可以开支以下成本费用：出让探矿权、采矿权的评估、确认费用，公告费、咨询费、中介机构佣金、场地租金以及其他必需的成本、费用等。

第十一条　国有企业实际占有的由国家出资勘查形成的探矿权、采矿权在转让时，其探矿权、采矿权价款经国务院地质矿产主管部门会同财政部批准，可全部或部分转增企业的国家资本金。

国有地勘单位实际占有的由国家出资勘查形成的探矿权、采矿权在转让时，其探矿权、采矿权价款按照有关规定处理。

第十二条　未按规定及时缴纳探矿权采矿权使用费和价款的，由探矿权采矿权登记管理机关责令其在30日内缴纳，并从滞纳之日起，每日增收2‰滞纳金；逾期仍不缴纳的，由探矿权、采矿权登记管理机关吊销其勘查许可证或采矿许可证。

第十三条　财政部门和地质矿产主管部门要切实加强探矿权采矿权使用费和价款收入的财务管理与监督，定期检查探矿权采矿权使用费和价款收入的情况。

第十四条　本办法由财政部、国土资源部解释。

第十五条　本办法自发布之日起实施。本办法发布之前已经收取的探矿权、采矿权使用费和价款按本办法的规定处理。

附件：探矿权采矿权使用费和价款专用收据（略）

（五）矿产资源储量

自然资源部办公厅关于矿产资源储量评审备案管理若干事项的通知

·2020年5月19日
·自然资办发〔2020〕26号

各省、自治区、直辖市自然资源主管部门，新疆生产建设兵团自然资源主管部门：

为深入推进“放管服”改革，根据《中华人民共和国矿产资源法》有关规定和《自然资源部关于推进矿产资源管理改革若干事项的意见（试行）》（自然资规〔2019〕7号），现就矿产资源储量评审备案管理有关事项通知如下：

一、矿产资源储量评审备案是指自然资源主管部门落实矿产资源国家所有的法律要求、履行矿产资源所有者职责，依申请对申请人申报的矿产资源储量进行审查确认，纳入国家矿产资源实物账户，作为国家管理矿产资源重要依据的行政行为。

二、探矿权转采矿权、采矿权变更矿种或范围，油气矿产在探采期间探明地质储量、其他矿产在采矿期间累计查明矿产资源量发生重大变化（变化量超过30%或达到中型规模以上的），以及建设项目压覆重要矿产，应当编制符合相关标准规范的矿产资源储量报告，申请评审备案。

申请评审备案的矿产资源储量报告是指综合描述矿产资源储量的空间分布、质量、数量及其经济意义的说明文字和图表资料，包括矿产资源储量的各类勘查报告、矿产资源储量核实报告、建设项目压覆重要矿产资源评估报告等。

三、凡申请矿产资源储量评审备案的矿业权人，应在勘查或采矿许可证有效期内向自然资源主管部门提交矿产资源储量评审备案申请（附件1）、矿产资源储量信息表（附件2）和矿产资源储量报告。

凡申请压覆重要矿产资源储量评审备案的建设单位，应提交矿产资源储量评审备案申请、矿产资源储量信息表和建设项目压覆重要矿产资源评估报告。

四、自然资源部负责本级已颁发勘查或采矿许可证的矿产资源储量评审备案工作，其他由省级自然资源主管部门负责。涉及建设项目压覆重要矿产的，由省级自然资源主管部门负责评审备案，石油、天然气、页岩气、天然气水合物和放射性矿产资源除外。

五、对于符合评审备案范围和权限、申请材料齐全、符合规定形式，或申请人按照要求提交全部补正申请材料的，自然资源主管部门应当受理，并书面告知申请人。

申请材料不齐全或不符合规定形式的，自然资源主管部门应当场或者在5个工作日内一次性告知申请人需要补正的全部内容，逾期不告知的，自收到申请材料之日起即为受理。

六、自然资源主管部门自受理之日起60个工作日（不含申请人补正修改时间）内完成评审备案，并书面告知申请人评审备案结果（附件3）。需修改或补充相关材料的，申请人应在20个工作日内提交。

七、首次申请评审备案矿产资源储量规模大型，非油气矿产累计查明矿产资源量和油气矿产探明地质储量变化量达到大型，以及评审备案过程中存疑的，自然资源主管部门应组织现场核查，并形成现场核查报告。申请人应协助和配合现场核查。

八、重点对工业指标、地质勘查及研究程度、开采技术条件、矿石加工选冶技术性能研究和综合勘查综合评价等的合规性合理性进行审查，符合国家法律法规政策、技术标准要求的，自然资源主管部门予以评审备案。

九、已评审备案的，经查实申请材料不真实或存在弄虚作假的，自然资源主管部门应按照程序撤销评审备案结果，并充分保障申请人的陈述权、申辩权。

十、自然资源主管部门应制定矿产资源储量评审备案服务指南，建立专家库，实现各自然资源主管部门专家库信息共享，健全工作规程和业务质量管理体系。专家库管理要求另行制定。

十一、自然资源主管部门应加强矿产资源储量评审备案信息化建设，统一技术要求，实现全国数据互通共享。

十二、自然资源主管部门应按评审备案权限通过门户网站向社会公开评审备案情况（附件4），涉及国家秘密的除外。

十三、省级自然资源主管部门可以根据本通知要求，结合本地实际制定具体实施办法。

本通知自印发之日起实施。《关于印发〈矿产储量评估师管理办法〉的通知》（国土资发〔2000〕71号）、《国土资源部关于规范矿产勘查资源储量成果信息发布的通知》（国土资发〔2012〕34号）停止执行。本通知实施前已印发的其他文件与本通知规定不一致的，按照本通知执行。

附件1：关于申请矿产资源储量评审备案的函（样式）（略）

附件2：矿产资源储量信息表（样式）（略）

附件3：关于《XXXX报告》矿产资源储量评审备案的复函（样式）（略）

附件4：矿产资源储量评审备案情况表（样式）（略）

国土资源部关于印发《矿产资源储量规模划分标准》的通知

·2000年4月24日

·国土资发〔2000〕133号

各省、自治区、直辖市地质矿产厅（局）、资源（储）委：

根据中华人民共和国矿产资源法第十六条第六款规定，我部组织制定了《矿产资源储量规模划分标准》，现予印发执行。

矿产资源储量规模划分标准

序号	矿种名称	单位	规模		
			大型	中型	小型
1	煤				
	（煤田）	原煤（亿吨）	≥50	10～50	<10
	（矿区）	原煤（亿吨）	≥5	2～5	<2
	（井田）	原煤（亿吨）	≥1	0.5～1	<0.5
2	油页岩	矿石（亿吨）	≥20	2～20	<2
3	石油	原油（万吨）	≥10000	1000～10000	<1000
4	天然气	气量（亿立方米）	≥300	50～300	<50
5	铀				
	（地浸砂岩型）	金属（吨）	≥10000	3000～10000	<3000
	（其他类型）	金属（吨）	≥3000	1000～3000	<1000
6	地热	电（热）能（兆瓦）	≥50	10～50	<10

续表

序号	矿种名称	单位	规模		
			大型	中型	小型
7	铁				
	（贫矿）	矿石（亿吨）	≥1	0.1~1	<0.1
	（富矿）	矿石（亿吨）	≥0.5	0.05~0.5	<0.05
8	锰	矿石（万吨）	≥2000	200~2000	<200
9	铬铁矿	矿石（万吨）	≥500	100~500	<100
10	钒	V_2O_5（万吨）	≥100	10~100	<10
11	钛				
	（金红石原生矿）	TiO_2（万吨）	≥20	5~20	<5
	（金红石砂矿）	矿物（万吨）	≥10	2~10	<2
	（钛铁矿原生矿）	TiO_2（万吨）	≥500	50~500	<50
	（钛铁矿砂矿）	矿物（万吨）	≥100	20~100	<20
12	铜	金属（万吨）	≥50	10~50	<10
13	铅	金属（万吨）	≥50	10~50	<10
14	锌	金属（万吨）	≥50	10~50	<10
15	铝土矿	矿石（万吨）	≥2000	500~2000	<500
16	镍	金属（万吨）	≥10	2~10	<2
17	钴	金属（万吨）	≥2	0.2~2	<0.2
18	钨	WO_3（万吨）	≥5	1~5	<1
19	锡	金属（万吨）	≥4	0.5~4	<0.5
20	铋	金属（万吨）	≥5	1~5	<1
21	钼	金属（万吨）	≥10	1~10	<1
22	汞	金属（吨）	≥2000	500~2000	<500
23	锑	金属（万吨）	≥10	1~10	<1
24	镁 （冶镁白云岩） （冶镁菱镁矿）	矿石（万吨）	≥5000	1000~5000	<1000
25	铂族	金属（吨）	≥10	2~10	<2
26	金				
	（岩金）	金属（吨）	≥20	5~50	<5
	（砂金）	金属（吨）	≥8	2~8	<2

续表

序号	矿种名称	单位	规模		
			大型	中型	小型
27	银	金属(吨)	≥1000	200~1000	<200
28	铌				
	(原生矿)	Nb_2O_5(万吨)	≥10	1~10	<1
	(砂矿)	矿物(吨)	≥2000	500~2000	<500
29	钽				
	(原生矿)	Ta_2O_5(吨)	≥1000	500~1000	<500
	(砂矿)	矿物(吨)	≥500	100~500	<100
30	铍	BeO(吨)	≥10000	2000~10000	<2000
31	锂				
	(矿物锂矿)	Li_2O(万吨)	≥10	1~10	<1
	(盐湖锂矿)	LiCl(万吨)	≥50	10~50	<10
32	锆(锆英石)	矿物(万吨)	≥20	5~20	<5
33	锶(天青石)	$SrSO_4$(万吨)	≥20	5~20	<5
34	铷(盐湖中的铷另计)	Rb_2O(吨)	≥2000	500~2000	<500
35	铯	Cs_2O(吨)	≥2000	500~2000	<500
36	稀土				
	(砂矿)	独居石(吨)	≥10000	1000~10000	<1000
	(砂矿)	磷钇矿(吨)	≥5000	500~5000	<500
	(原生矿)	TR_2O_3(万吨)	≥50	5~50	<5
	(风化壳矿床)	(铈族氧化物)(万吨)	≥10	1~10	<1
	(风化壳矿床)	(钇族氧化物)(万吨)	≥5	0.5~5	<0.5
37	钪	Sc(吨)	≥10	2~10	<2
38	锗	Ge(吨)	≥200	50~200	<50
39	镓	Ga(吨)	≥2000	400~2000	<400
40	铟	In(吨)	≥500	100~500	<100
41	铊	Tl(吨)	≥500	100~500	<100
42	铪	Hf(吨)	≥500	100~500	<100
43	铼	Re(吨)	≥50	5~50	<5

续表

序号	矿种名称	单位	规模		
			大型	中型	小型
44	镉	Cd(吨)	≥3000	500~3000	<500
45	硒	Se(吨)	≥500	100~500	<100
46	碲	Te(吨)	≥500	100~500	<100
47	金刚石				
	(原生矿)	矿物(万克拉)	≥100	20~100	<20
	(砂矿)	矿物(万克拉)	≥50	10~50	<10
48	石墨				
	(晶质)	矿物(万吨)	≥100	20~100	<20
	(隐晶质)	矿石(万吨)	≥1000	100~1000	<100
49	磷矿	矿石(万吨)	≥5000	500~5000	<500
50	自然硫	S(万吨)	≥500	100~500	<100
51	硫铁矿	矿石(万吨)	≥3000	200~3000	<200
52	钾盐				
	(固态)	KCl(万吨)	≥1000	100~1000	<100
	(液态)	KCl(万吨)	≥5000	500~5000	<500
53	硼(内生硼矿)	B_2O_3(万吨)	≥50	10~50	<10
54	水晶				
	(压电水晶)	单晶(吨)	≥2	0. 2~2	<0. 2
	(熔炼水晶)	矿物(吨)	≥100	10~100	<10
	(光学水晶)	矿物(吨)	≥0. 5	0. 05~0. 5	<0. 05
	(工艺水晶)	矿物(吨)	≥0. 5	0. 05~0. 5	<0. 05
55	刚玉	矿物(万吨)	≥1	0. 1~1	<0. 1
56	蓝晶石	矿物(万吨)	≥200	50~200	<50
57	硅灰石	矿物(万吨)	≥100	20~100	<20
58	钠硝石	$NaNO_3$(万吨)	≥500	100~500	<100
59	滑石	矿石(万吨)	≥500	100~500	<100
60	石棉				
	(超基性岩型)	矿物(万吨)	≥500	50~500	<50
	(镁质碳酸盐型)	矿物(万吨)	≥50	10~50	<10

续表

序号	矿种名称	单位	规模		
			大型	中型	小型
61	蓝石棉	矿物(吨)	≥1000	100~1000	<100
62	云母	工业原料云母(吨)	≥1000	200~1000	<200
63	钾长石	矿物(万吨)	≥100	10~100	<10
64	石榴子石	矿物(万吨)	≥500	50~500	<50
65	叶蜡石	矿石(万吨)	≥200	50~200	<50
66	蛭石	矿石(万吨)	≥100	20~100	<20
67	沸石	矿石(万吨)	≥5000	500~5000	<500
68	明矾石	矿物(万吨)	≥1000	200~1000	<200
69	芒硝	Na_2SO_4(万吨)	≥1000	100~1000	<100
	(钙芒硝)	Na_2SO_4(万吨)	≥10000	1000~10000	<1000
70	石膏	矿石(万吨)	≥3000	1000~3000	<1000
71	重晶石	矿石(万吨)	≥1000	200~1000	<200
72	毒重石	矿石(万吨)	≥1000	200~1000	<200
73	天然碱	$(Na_2CO_3+NaHCO_3)$(万吨)	≥1000	200~1000	<200
74	冰洲石	矿物(吨)	≥1	0.1~1	<0.1
75	菱镁矿	矿石(亿吨)	≥0.5	0.1~0.5	<0.1
76	萤石				
	(普通萤石)	CaF_2(万吨)	≥100	20~100	<20
	(光学萤石)	矿物(吨)	≥1	0.1~1	<0.1
77	石灰岩				
	(电石用灰岩)(制碱用灰岩)(化肥用灰岩)(熔剂用灰岩)	矿石(亿吨)	≥0.5	0.1~0.5	<0.1
	(玻璃用灰岩)(制灰用灰岩)	矿石(亿吨)	≥0.1	0.02~0.1	<0.02
	(水泥用灰岩,包括白垩)	矿石(亿吨)	≥0.8	0.15~0.8	<0.15
78	泥灰岩	矿石(亿吨)	≥0.5	0.1~0.5	<0.1

续表

序号	矿种名称	单位	规模		
			大型	中型	小型
79	含钾岩石(包括含钾砂页岩)	矿石(亿吨)	≥1	0.2~1	<0.2
80	白云岩 (冶金用) (化肥用) (玻璃用)	矿石(亿吨)	≥0.5	0.1~0.5	<0.1
81	硅质原料(包括石英岩、砂岩、天然石英砂、脉石英、粉石英)				
	(冶金用) (水泥配料用) (水泥标准砂)	矿石(万吨)	≥2000	200~2000	<200
	(玻璃用)	矿石(万吨)	≥1000	200~1000	<200
	(铸型用)	矿石(万吨)	≥1000	100~1000	<100
	(砖瓦用)	矿石(万立方米)	≥2000	500~2000	<500
	(建筑用)	矿石(万立方米)	≥5000	1000~5000	<1000
	(化肥用)	矿石(万吨)	≥10000	2000~10000	<2000
	(陶瓷用)	矿石(万吨)	≥100	20~100	<20
82	天然油石	矿石(万吨)	≥100	10~100	<10
83	硅藻土	矿石(万吨)	≥1000	200~1000	<200
84	页岩				
	(砖瓦用)	矿石(万立方米)	≥2000	200~2000	<200
	(水泥配料用)	矿石(万吨)	≥5000	500~5000	<500
85	高岭土 (包括陶瓷土)	矿石(万吨)	≥500	100~500	<100
86	耐火粘土	矿石(万吨)	≥1000	200~1000	<200
87	凹凸棒石	矿石(万吨)	≥500	100~500	<100
88	海泡石粘土 (包括伊利石粘土、累托石粘土)	矿石(万吨)	≥500	100~500	<100
89	膨润土	矿石(万吨)	≥5000	500~5000	<500
90	铁矾土	矿石(万吨)	≥1000	200~1000	<200

续表

序号	矿种名称	单位	规模		
			大型	中型	小型
91	其他粘土				
	(铸型用粘土)	矿石(万吨)	≥1000	200~1000	<200
	(砖瓦用粘土)	矿石(万吨)	≥2000	500~2000	<500
	(水泥配料用粘土) (水泥配料用红土) (水泥配料用黄土) (水泥配料用泥岩)	矿石(万吨)	≥2000	500~2000	<500
	(保温材料用粘土)	矿石(万吨)	≥200	50~200	<50
92	橄榄岩(化肥用)	矿石(亿吨)	≥1	0.1~1	<0.1
93	蛇纹岩				
	(化肥用)	矿石(亿吨)	≥1	0.1~1	<0.1
	(熔剂用)	矿石(亿吨)	≥0.5	0.1~0.5	<0.1
94	玄武岩(铸石用)	矿石(万吨)	≥1000	200~1000	<200
95	辉绿岩				
	(铸石用)	矿石(万吨)	≥1000	200~1000	<200
	(水泥用)	矿石(万吨)	≥2000	200~2000	<200
96	水泥混合材 (安山玢岩) (闪长玢岩)	矿石(万吨)	≥2000	200~2000	<200
97	建筑用石材	矿石(万立方米)	≥5000	1000~5000	<1000
98	饰面用石材	矿石(万立方米)	≥1000	200~1000	<200
99	珍珠岩(包括黑曜岩、松脂岩)	矿石(万吨)	≥2000	500~2000	<500
100	浮石	矿石(万吨)	≥300	50~300	<50
101	粗面岩 (水泥用) (铸石用)	矿石(万吨)	≥1000	200~1000	<200
102	凝灰岩				
	(玻璃用)	矿石(万吨)	≥1000	200~1000	<200
	(水泥用)	矿石(万吨)	≥2000	200~1000	<200

续表

序号	矿种名称	单位	规模		
			大型	中型	小型
103	大理石 (水泥用) (玻璃用)	 矿石(万吨) 矿石(万吨)	 ≥2000 ≥5000	 200~2000 1000~5000	 <200 <1000
104	板岩(水泥配料用)	矿石(万吨)	≥2000	200~2000	<200
105	泥炭	矿石(万吨)	≥1000	100~1000	<100
106	矿盐(包括地下卤水)	NaCl(亿吨)	≥10	1~10	<1
107	镁盐	$MgCl_2$/$MgSO_4$(万吨)	≥5000	1000~5000	<1000
108	碘	碘(吨)	≥5000	500~5000	<500
109	溴	溴(吨)	≥50000	5000~50000	<5000
110	砷	砷(万吨)	≥5	0.5~5	<0.5
111	地下水	允许开采量(立方米/日)	≥100000	10000~100000	<10000
112	矿泉水	允许开采量(立方米/日)	≥5000	500~5000	<500
113	二氧化碳气	气量(亿立方米)	≥300	50~300	<50

说明:

1. 确定矿产资源储量规模依据的单元:

(1)石油:油田

天然气、二氧化碳气:气田

(2)地势:地热田;

(3)固体矿产(煤除外):矿床;

(4)地下水、矿泉水:水源地。

2. 确定矿产资源储量规模依据的矿产资源储量:

(1)石油、天然气、二氧化碳气:地质储量;

(2)地热:电(热)能;

(3)固体矿产:基础储量+资源量(仅限331、332、333),相当于《固体矿产地质勘探规范总则》(GB 1390892)中的A+B+C+D+E级(表内)储量;

(4)地下水、矿泉水:允许开采量。

3. 存在共生矿产的矿区,矿产资源储量规模以矿产资源储量规模最大的矿种确定。

4. 中型及小型规模不含其上限数字。

(六)地质环境管理

地质灾害防治条例

·2003年11月19日国务院第29次常务会议通过

·2003年11月24日中华人民共和国国务院令第394号公布

·自2004年3月1日起施行

第一章 总 则

第一条 为了防治地质灾害,避免和减轻地质灾害造成的损失,维护人民生命和财产安全,促进经济和社会的可持续发展,制定本条例。

第二条 本条例所称地质灾害,包括自然因素或者人为活动引发的危害人民生命和财产安全的山体崩塌、滑坡、泥石流、地面塌陷、地裂缝、地面沉降等与地质作用有关的灾害。

第三条　地质灾害防治工作，应当坚持预防为主、避让与治理相结合和全面规划、突出重点的原则。

第四条　地质灾害按照人员伤亡、经济损失的大小，分为四个等级：

（一）特大型：因灾死亡30人以上或者直接经济损失1000万元以上的；

（二）大型：因灾死亡10人以上30人以下或者直接经济损失500万元以上1000万元以下的；

（三）中型：因灾死亡3人以上10人以下或者直接经济损失100万元以上500万元以下的；

（四）小型：因灾死亡3人以下或者直接经济损失100万元以下的。

第五条　地质灾害防治工作，应当纳入国民经济和社会发展计划。

因自然因素造成的地质灾害的防治经费，在划分中央和地方事权和财权的基础上，分别列入中央和地方有关人民政府的财政预算。具体办法由国务院财政部门会同国务院国土资源主管部门制定。

因工程建设等人为活动引发的地质灾害的治理费用，按照谁引发、谁治理的原则由责任单位承担。

第六条　县级以上人民政府应当加强对地质灾害防治工作的领导，组织有关部门采取措施，做好地质灾害防治工作。

县级以上人民政府应当组织有关部门开展地质灾害防治知识的宣传教育，增强公众的地质灾害防治意识和自救、互救能力。

第七条　国务院国土资源主管部门负责全国地质灾害防治的组织、协调、指导和监督工作。国务院其他有关部门按照各自的职责负责有关的地质灾害防治工作。

县级以上地方人民政府国土资源主管部门负责本行政区域内地质灾害防治的组织、协调、指导和监督工作。县级以上地方人民政府其他有关部门按照各自的职责负责有关的地质灾害防治工作。

第八条　国家鼓励和支持地质灾害防治科学技术研究，推广先进的地质灾害防治技术，普及地质灾害防治的科学知识。

第九条　任何单位和个人对地质灾害防治工作中的违法行为都有权检举和控告。

在地质灾害防治工作中做出突出贡献的单位和个人，由人民政府给予奖励。

第二章　地质灾害防治规划

第十条　国家实行地质灾害调查制度。

国务院国土资源主管部门会同国务院建设、水利、铁路、交通等部门结合地质环境状况组织开展全国的地质灾害调查。

县级以上地方人民政府国土资源主管部门会同同级建设、水利、交通等部门结合地质环境状况组织开展本行政区域的地质灾害调查。

第十一条　国务院国土资源主管部门会同国务院建设、水利、铁路、交通等部门，依据全国地质灾害调查结果，编制全国地质灾害防治规划，经专家论证后报国务院批准公布。

县级以上地方人民政府国土资源主管部门会同同级建设、水利、交通等部门，依据本行政区域的地质灾害调查结果和上一级地质灾害防治规划，编制本行政区域的地质灾害防治规划，经专家论证后报本级人民政府批准公布，并报上一级人民政府国土资源主管部门备案。

修改地质灾害防治规划，应当报经原批准机关批准。

第十二条　地质灾害防治规划包括以下内容：

（一）地质灾害现状和发展趋势预测；

（二）地质灾害的防治原则和目标；

（三）地质灾害易发区、重点防治区；

（四）地质灾害防治项目；

（五）地质灾害防治措施等。

县级以上人民政府应当将城镇、人口集中居住区、风景名胜区、大中型工矿企业所在地和交通干线、重点水利电力工程等基础设施作为地质灾害重点防治区中的防护重点。

第十三条　编制和实施土地利用总体规划、矿产资源规划以及水利、铁路、交通、能源等重大建设工程项目规划，应当充分考虑地质灾害防治要求，避免和减轻地质灾害造成的损失。

编制城市总体规划、村庄和集镇规划，应当将地质灾害防治规划作为其组成部分。

第三章　地质灾害预防

第十四条　国家建立地质灾害监测网络和预警信息系统。

县级以上人民政府国土资源主管部门应当会同建设、水利、交通等部门加强对地质灾害险情的动态监测。

因工程建设可能引发地质灾害的，建设单位应当加强地质灾害监测。

第十五条 地质灾害易发区的县、乡、村应当加强地质灾害的群测群防工作。在地质灾害重点防范期内，乡镇人民政府、基层群众自治组织应当加强地质灾害险情的巡回检查，发现险情及时处理和报告。

国家鼓励单位和个人提供地质灾害前兆信息。

第十六条 国家保护地质灾害监测设施。任何单位和个人不得侵占、损毁、损坏地质灾害监测设施。

第十七条 国家实行地质灾害预报制度。预报内容主要包括地质灾害可能发生的时间、地点、成灾范围和影响程度等。

地质灾害预报由县级以上人民政府国土资源主管部门会同气象主管机构发布。

任何单位和个人不得擅自向社会发布地质灾害预报。

第十八条 县级以上地方人民政府国土资源主管部门会同同级建设、水利、交通等部门依据地质灾害防治规划，拟订年度地质灾害防治方案，报本级人民政府批准后公布。

年度地质灾害防治方案包括下列内容：

（一）主要灾害点的分布；

（二）地质灾害的威胁对象、范围；

（三）重点防范期；

（四）地质灾害防治措施；

（五）地质灾害的监测、预防责任人。

第十九条 对出现地质灾害前兆、可能造成人员伤亡或者重大财产损失的区域和地段，县级人民政府应当及时划定为地质灾害危险区，予以公告，并在地质灾害危险区的边界设置明显警示标志。

在地质灾害危险区内，禁止爆破、削坡、进行工程建设以及从事其他可能引发地质灾害的活动。

县级以上人民政府应当组织有关部门及时采取工程治理或者搬迁避让措施，保证地质灾害危险区内居民的生命和财产安全。

第二十条 地质灾害险情已经消除或者得到有效控制的，县级人民政府应当及时撤销原划定的地质灾害危险区，并予以公告。

第二十一条 在地质灾害易发区内进行工程建设应当在可行性研究阶段进行地质灾害危险性评估，并将评估结果作为可行性研究报告的组成部分；可行性研究报告未包含地质灾害危险性评估结果的，不得批准其可行性研究报告。

编制地质灾害易发区内的城市总体规划、村庄和集镇规划时，应当对规划区进行地质灾害危险性评估。

第二十二条 国家对从事地质灾害危险性评估的单位实行资质管理制度。地质灾害危险性评估单位应当具备下列条件，经省级以上人民政府国土资源主管部门资质审查合格，取得国土资源主管部门颁发的相应等级的资质证书后，方可在资质等级许可的范围内从事地质灾害危险性评估业务：

（一）有独立的法人资格；

（二）有一定数量的工程地质、环境地质和岩土工程等相应专业的技术人员；

（三）有相应的技术装备。

地质灾害危险性评估单位进行评估时，应当对建设工程遭受地质灾害危害的可能性和该工程建设中、建成后引发地质灾害的可能性做出评价，提出具体的预防治理措施，并对评估结果负责。

第二十三条 禁止地质灾害危险性评估单位超越其资质等级许可的范围或者以其他地质灾害危险性评估单位的名义承揽地质灾害危险性评估业务。

禁止地质灾害危险性评估单位允许其他单位以本单位的名义承揽地质灾害危险性评估业务。

禁止任何单位和个人伪造、变造、买卖地质灾害危险性评估资质证书。

第二十四条 对经评估认为可能引发地质灾害或者可能遭受地质灾害危害的建设工程，应当配套建设地质灾害治理工程。地质灾害治理工程的设计、施工和验收应当与主体工程的设计、施工、验收同时进行。

配套的地质灾害治理工程未经验收或者经验收不合格的，主体工程不得投入生产或者使用。

第四章 地质灾害应急

第二十五条 国务院国土资源主管部门会同国务院建设、水利、铁路、交通等部门拟订全国突发性地质灾害应急预案，报国务院批准后公布。

县级以上地方人民政府国土资源主管部门会同同级建设、水利、交通等部门拟订本行政区域的突发性地质灾害应急预案，报本级人民政府批准后公布。

第二十六条 突发性地质灾害应急预案包括下列内容：

（一）应急机构和有关部门的职责分工；

（二）抢险救援人员的组织和应急、救助装备、资金、物资的准备；

（三）地质灾害的等级与影响分析准备；

（四）地质灾害调查、报告和处理程序；

（五）发生地质灾害时的预警信号、应急通信保障；

（六）人员财产撤离、转移路线、医疗救治、疾病控制等应急行动方案。

第二十七条　发生特大型或者大型地质灾害时，有关省、自治区、直辖市人民政府应当成立地质灾害抢险救灾指挥机构。必要时，国务院可以成立地质灾害抢险救灾指挥机构。

发生其他地质灾害或者出现地质灾害险情时，有关市、县人民政府可以根据地质灾害抢险救灾工作的需要，成立地质灾害抢险救灾指挥机构。

地质灾害抢险救灾指挥机构由政府领导负责、有关部门组成，在本级人民政府的领导下，统一指挥和组织地质灾害的抢险救灾工作。

第二十八条　发现地质灾害险情或者灾情的单位和个人，应当立即向当地人民政府或者国土资源主管部门报告。其他部门或者基层群众自治组织接到报告的，应当立即转报当地人民政府。

当地人民政府或者县级人民政府国土资源主管部门接到报告后，应当立即派人赶赴现场，进行现场调查，采取有效措施，防止灾害发生或者灾情扩大，并按照国务院国土资源主管部门关于地质灾害灾情分级报告的规定，向上级人民政府和国土资源主管部门报告。

第二十九条　接到地质灾害险情报告的当地人民政府、基层群众自治组织应当根据实际情况，及时动员受到地质灾害威胁的居民以及其他人员转移到安全地带；情况紧急时，可以强行组织避灾疏散。

第三十条　地质灾害发生后，县级以上人民政府应当启动并组织实施相应的突发性地质灾害应急预案。有关地方人民政府应当及时将灾情及其发展趋势等信息报告上级人民政府。

禁止隐瞒、谎报或者授意他人隐瞒、谎报地质灾害灾情。

第三十一条　县级以上人民政府有关部门应当按照突发性地质灾害应急预案的分工，做好相应的应急工作。

国土资源主管部门应当会同同级建设、水利、交通等部门尽快查明地质灾害发生原因、影响范围等情况，提出应急治理措施，减轻和控制地质灾害灾情。

民政、卫生、食品药品监督管理、商务、公安部门，应当及时设置避难场所和救济物资供应点，妥善安排灾民生活，做好医疗救护、卫生防疫、药品供应、社会治安工作；气象主管机构应当做好气象服务保障工作；通信、航空、铁路、交通部门应当保证地质灾害应急的通信畅通和救灾物资、设备、药物、食品的运送。

第三十二条　根据地质灾害应急处理的需要，县级以上人民政府应当紧急调集人员，调用物资、交通工具和相关的设施、设备；必要时，可以根据需要在抢险救灾区域范围内采取交通管制等措施。

因救灾需要，临时调用单位和个人的物资、设施、设备或者占用其房屋、土地的，事后应当及时归还；无法归还或者造成损失的，应当给予相应的补偿。

第三十三条　县级以上地方人民政府应当根据地质灾害灾情和地质灾害防治需要，统筹规划、安排受灾地区的重建工作。

第五章　地质灾害治理

第三十四条　因自然因素造成的特大型地质灾害，确需治理的，由国务院国土资源主管部门会同灾害发生地的省、自治区、直辖市人民政府组织治理。

因自然因素造成的其他地质灾害，确需治理的，在县级以上地方人民政府的领导下，由本级人民政府国土资源主管部门组织治理。

因自然因素造成的跨行政区域的地质灾害，确需治理的，由所跨行政区域的地方人民政府国土资源主管部门共同组织治理。

第三十五条　因工程建设等人为活动引发的地质灾害，由责任单位承担治理责任。

责任单位由地质灾害发生地的县级以上人民政府国土资源主管部门负责组织专家对地质灾害的成因进行分析论证后认定。

对地质灾害的治理责任认定结果有异议的，可以依法申请行政复议或者提起行政诉讼。

第三十六条　地质灾害治理工程的确定，应当与地质灾害形成的原因、规模以及对人民生命和财产安全的危害程度相适应。

承担专项地质灾害治理工程勘查、设计、施工和监理的单位，应当具备下列条件，经省级以上人民政府国土资源主管部门资质审查合格，取得国土资源主管部门颁发的相应等级的资质证书后，方可在资质等级许可的范围内从事地质灾害治理工程的勘查、设计、施工和监理活动，并承担相应的责任：

（一）有独立的法人资格；

（二）有一定数量的水文地质、环境地质、工程地质等相应专业的技术人员；

（三）有相应的技术装备；

（四）有完善的工程质量管理制度。

地质灾害治理工程的勘查、设计、施工和监理应当符合国家有关标准和技术规范。

第三十七条 禁止地质灾害治理工程勘查、设计、施工和监理单位超越其资质等级许可的范围或者以其他地质灾害治理工程勘查、设计、施工和监理单位的名义承揽地质灾害治理工程勘查、设计、施工和监理业务。

禁止地质灾害治理工程勘查、设计、施工和监理单位允许其他单位以本单位的名义承揽地质灾害治理工程勘查、设计、施工和监理业务。

禁止任何单位和个人伪造、变造、买卖地质灾害治理工程勘查、设计、施工和监理资质证书。

第三十八条 政府投资的地质灾害治理工程竣工后，由县级以上人民政府国土资源主管部门组织竣工验收。其他地质灾害治理工程竣工后，由责任单位组织竣工验收；竣工验收时，应当有国土资源主管部门参加。

第三十九条 政府投资的地质灾害治理工程经竣工验收合格后，由县级以上人民政府国土资源主管部门指定的单位负责管理和维护；其他地质灾害治理工程经竣工验收合格后，由负责治理的责任单位负责管理和维护。

任何单位和个人不得侵占、损毁、损坏地质灾害治理工程设施。

第六章 法律责任

第四十条 违反本条例规定，有关县级以上地方人民政府、国土资源主管部门和其他有关部门有下列行为之一的，对直接负责的主管人员和其他直接责任人员，依法给予降级或者撤职的行政处分；造成地质灾害导致人员伤亡和重大财产损失的，依法给予开除的行政处分；构成犯罪的，依法追究刑事责任：

（一）未按照规定编制突发性地质灾害应急预案，或者未按照突发性地质灾害应急预案的要求采取有关措施、履行有关义务的；

（二）在编制地质灾害易发区内的城市总体规划、村庄和集镇规划时，未按照规定对规划区进行地质灾害危险性评估的；

（三）批准未包含地质灾害危险性评估结果的可行性研究报告的；

（四）隐瞒、谎报或者授意他人隐瞒、谎报地质灾害灾情，或者擅自发布地质灾害预报的；

（五）给不符合条件的单位颁发地质灾害危险性评估资质证书或者地质灾害治理工程勘查、设计、施工、监理资质证书的；

（六）在地质灾害防治工作中有其他渎职行为的。

第四十一条 违反本条例规定，建设单位有下列行为之一的，由县级以上地方人民政府国土资源主管部门责令限期改正；逾期不改正的，责令停止生产、施工或者使用，处10万元以上50万元以下的罚款；构成犯罪的，依法追究刑事责任：

（一）未按照规定对地质灾害易发区内的建设工程进行地质灾害危险性评估的；

（二）配套的地质灾害治理工程未经验收或者经验收不合格，主体工程即投入生产或者使用的。

第四十二条 违反本条例规定，对工程建设等人为活动引发的地质灾害不予治理的，由县级以上人民政府国土资源主管部门责令限期治理；逾期不治理或者治理不符合要求的，由责令限期治理的国土资源主管部门组织治理，所需费用由责任单位承担，处10万元以上50万元以下的罚款；给他人造成损失的，依法承担赔偿责任。

第四十三条 违反本条例规定，在地质灾害危险区内爆破、削坡、进行工程建设以及从事其他可能引发地质灾害活动的，由县级以上地方人民政府国土资源主管部门责令停止违法行为，对单位处5万元以上20万元以下的罚款，对个人处1万元以上5万元以下的罚款；构成犯罪的，依法追究刑事责任；给他人造成损失的，依法承担赔偿责任。

第四十四条 违反本条例规定，有下列行为之一的，由县级以上人民政府国土资源主管部门或者其他部门依据职责责令停止违法行为，对地质灾害危险性评估单位、地质灾害治理工程勘查、设计或者监理单位处合同约定的评估费、勘查费、设计费或者监理酬金1倍以上2倍以下的罚款，对地质灾害治理工程施工单位处工程价款2%以上4%以下的罚款，并可以责令停业整顿，降低资质等级；有违法所得的，没收违法所得；情节严重的，吊销其资质证书；构成犯罪的，依法追究刑事责任；给他人造成损失的，依法承担赔偿责任：

（一）在地质灾害危险性评估中弄虚作假或者故意隐瞒地质灾害真实情况的；

（二）在地质灾害治理工程勘查、设计、施工以及监理活动中弄虚作假、降低工程质量的；

（三）无资质证书或者超越其资质等级许可的范围承揽地质灾害危险性评估、地质灾害治理工程勘查、设计、施工及监理业务的；

（四）以其他单位的名义或者允许其他单位以本单位的名义承揽地质灾害危险性评估、地质灾害治理工程勘查、设计、施工和监理业务的。

第四十五条　违反本条例规定，伪造、变造、买卖地质灾害危险性评估资质证书、地质灾害治理工程勘查、设计、施工和监理资质证书的，由省级以上人民政府国土资源主管部门收缴或者吊销其资质证书，没收违法所得，并处5万元以上10万元以下的罚款；构成犯罪的，依法追究刑事责任。

第四十六条　违反本条例规定，侵占、损毁、损坏地质灾害监测设施或者地质灾害治理工程设施的，由县级以上地方人民政府国土资源主管部门责令停止违法行为，限期恢复原状或者采取补救措施，可以处5万元以下的罚款；构成犯罪的，依法追究刑事责任。

第七章　附　则

第四十七条　在地质灾害防治工作中形成的地质资料，应当按照《地质资料管理条例》的规定汇交。

第四十八条　地震灾害的防御和减轻依照防震减灾的法律、行政法规的规定执行。

防洪法律、行政法规对洪水引发的崩塌、滑坡、泥石流的防治有规定的，从其规定。

第四十九条　本条例自2004年3月1日起施行。

地质环境监测管理办法

· 2014年4月29日国土资源部令第59号公布
· 根据2019年7月24日《自然资源部关于第一批废止和修改的部门规章的决定》修订

第一条　为了加强地质环境监测管理，规范地质环境监测行为，保护人民生命和财产安全，根据《中华人民共和国矿产资源法》、《地质灾害防治条例》等有关法律法规，制定本办法。

第二条　本办法所称地质环境监测，是指对自然地质环境或者工程建设影响的地质环境及其变化，进行定期观察测量、采样测试、记录计算、分析评价和预警预报的活动。

第三条　下列地质环境监测活动及其监督管理适用本办法：

（一）地下水地质环境监测；

（二）矿山地质环境监测；

（三）地质遗迹监测；

（四）其他相关地质环境监测。

第四条　地质环境监测坚持政府主导、分级负责、科学规划、群专结合的原则。

第五条　自然地质环境监测由县级以上人民政府自然资源主管部门负责组织实施；工程建设影响的地质环境监测由相关责任单位负责组织实施。

第六条　自然资源部负责全国地质环境监测管理工作。

县级以上地方人民政府自然资源主管部门负责本行政区域内的地质环境监测管理工作。

第七条　县级以上人民政府自然资源主管部门应当将地质环境监测网络建设、运行、维护等所需经费纳入年度预算，保障地质环境监测工作的顺利开展。

第八条　国家鼓励和支持地质环境监测科学研究、技术创新与国际合作。

对在地质环境监测工作中作出突出贡献的单位和个人，由县级以上人民政府自然资源主管部门给予奖励。

第九条　县级以上人民政府自然资源主管部门应当编制地质环境监测规划。

自然资源部负责组织编制全国地质环境监测规划。

县级以上地方人民政府自然资源主管部门依据上级地质环境监测规划，结合本地区实际，组织编制本行政区域内的地质环境监测规划，并报同级人民政府和上一级人民政府自然资源主管部门备案。

第十条　地质环境监测规划应当包括地质环境监测现状、需求分析、规划目标、规划原则、监测网络布局、重点监测工程、经费预算和规划实施的保障措施等内容。

第十一条　地质环境监测规划应当符合国民经济和社会发展规划，并与其他相关规划相互衔接。

第十二条　自然资源部所属地质环境监测机构，承担国家地质环境监测工作，统筹规划和组织建设全国地质环境监测网络，开展全国地质环境状况分析评价和预警预报，对全国地质环境监测工作进行技术指导。

县级以上地方人民政府自然资源主管部门所属地质环境监测机构，承担本行政区域内的地质环境监测工作，并接受上级人民政府自然资源主管部门所属地质环境监测机构的技术指导。

第十三条　地质环境监测机构应当具备与其所承担的地质环境监测工作相适应的能力和条件，达到自然资源部制定的地质环境监测机构建设标准。

各级自然资源主管部门应当对从事地质环境监测活动的技术人员进行岗位培训。

第十四条　地质环境监测机构及其工作人员从事地质环境监测活动应当遵守国家和行业有关地质环境监测技术规范。

自然资源部负责制定国家和行业有关地质环境监测技术规范。

省、自治区、直辖市人民政府自然资源主管部门可以根据本地区实际，依据国家和行业有关地质环境监测技术规范，制定本行政区域内的地质环境监测技术规范。

第十五条 因工程建设活动对地质环境造成影响的，相关责任单位应当委托具备能力的地质环境监测机构开展相应的地质环境监测工作。

第十六条 地质环境监测网络由地质环境监测点、地质环境监测站和地质环境监测信息系统组成。

县级以上人民政府自然资源主管部门应当依据地质环境监测规划和技术规范组织建设地质环境监测网络。

第十七条 地质环境监测点是获取地质环境监测数据的工作位置。

地质环境监测点的设置，应当依据地质环境监测规划，充分考虑地质环境条件和经济社会发展需求。

第十八条 地质环境监测站是为获取地质环境监测数据，在地质环境监测点建立的配置基础设施和相关设备的场所。

地质环境监测站的建设、运行和维护，应当符合布局合理、技术先进、运行稳定、维护方便、经济适用的要求。

地质环境监测站建设、运行和维护的标准由自然资源部制定。

第十九条 地质环境监测信息系统是由信息网络与数据处理设施、设备等组成，实现地质环境监测数据采集、传输、管理现代化功能的综合系统。

地质环境监测信息系统的建设、运行和维护，应当符合数据准确、传输及时、存储安全、管理高效、保障有力的要求。

地质环境监测信息系统建设、运行和维护的标准由自然资源部制定。

第二十条 国家保护地质环境监测设施。县级以上地方人民政府自然资源主管部门负责本行政区域内的地质环境监测设施保护工作。

地质环境监测设施应当按照自然资源部要求统一标识。

负责运行维护的地质环境监测机构对地质环境监测设施进行登记、造册，并及时将运行维护情况报送设施所在地的县级人民政府自然资源主管部门备案。

任何单位和个人不得侵占、损坏或者擅自移动地质环境监测设施，不得妨碍地质环境监测设施的正常使用。

第二十一条 地质环境监测设施损坏的，负责运行维护的地质环境监测机构或者相关责任单位应当及时维修，确保其正常运行。

第二十二条 因工程建设等原因确需拆除或者移动地质环境监测设施的，工程建设单位应当在项目可行性研究阶段向项目所在地的县级人民政府自然资源主管部门提出申请，由项目所在地的县级人民政府自然资源主管部门征得组织建设地质环境监测设施的自然资源主管部门同意后，进行拆除或者移动地质环境监测设施。

拆除或者移动地质环境监测设施的费用由工程建设单位承担。

第二十三条 县级以上人民政府自然资源主管部门应当建立地质环境监测信息发布制度，统一发布本行政区域内的地质环境监测信息，及时公布地质环境预警预报信息。

县级以上人民政府自然资源主管部门在公开地质环境监测信息前，应当依照《中华人民共和国保守国家秘密法》、《中华人民共和国政府信息公开条例》等法律法规和国家有关规定对拟公开的地质环境监测信息进行审查。

第二十四条 县级以上人民政府自然资源主管部门应当建立地质环境预警预报制度。

地质环境监测机构发现地质环境显著变化或者监测数据异常的，应当分析原因和可能产生的影响，及时向监测区所在地的县级人民政府自然资源主管部门报告。县级人民政府自然资源主管部门接到报告后，应当立即组织应急调查，向同级人民政府提出采取相关措施的建议；依照有关规定发布地质环境预警预报信息，并报告上级人民政府自然资源主管部门。

第二十五条 地质环境监测机构依据本办法取得的地质环境监测资料，应当依照《地质资料管理条例》等有关规定报送监测区所在地的县级地方人民政府自然资源主管部门，并由其逐级报送自然资源部。

县级以上人民政府自然资源主管部门负责对地质环境监测资料进行汇总和分析。

地质环境监测机构应当对地质环境监测数据的真实性和准确性负责。

第二十六条 国家鼓励地质环境监测机构对取得的地质环境监测资料进行开放共享、加工处理和应用性开发。

第二十七条 县级以上人民政府自然资源主管部门应当建立地质环境监测监督检查制度，负责对地质环境监测规划编制和实施、地质环境监测机构能力建设、地质环境监测设施保护和地质环境监测工作质量等有关情况进行监督检查。

第二十八条　县级以上人民政府自然资源主管部门及其工作人员违反本办法规定，给国家和人民生命财产造成损失，有下列情形之一的，对直接负责的主管人员和其他直接责任人员依法给予处分：

（一）未依照本办法的规定编制和实施地质环境监测规划的；

（二）未依照本办法的规定组织建设地质环境监测网络的；

（三）未依照本办法的规定对从事地质环境监测活动的技术人员进行岗位培训的；

（四）未依照本办法的规定及时组织地质环境应急调查或者公布地质环境预警预报信息的；

（五）其他不依法履行地质环境监测管理职责的行为。

第二十九条　地质环境监测机构及其工作人员有下列行为之一的，由县级以上人民政府自然资源主管部门责令限期改正；逾期不改正的，对直接负责的主管人员和直接责任人员依法给予处分：

（一）未达到本办法规定的地质环境监测机构建设标准从事地质环境监测活动的；

（二）未依照国家和行业有关地质环境监测技术规范从事地质环境监测活动的；

（三）伪造、篡改地质环境监测数据和资料的；

（四）发现地质环境监测数据出现异常或者显著变化，未及时报告地质环境预警信息的；

（五）违反本办法规定擅自公开地质环境监测信息的；

（六）未依照本办法规定报送地质环境监测资料的；

（七）其他违反本办法规定从事地质环境监测活动的。

第三十条　因工程建设活动对地质环境造成影响的，相关责任单位未依照本办法的规定履行地质环境监测义务的，由县级以上人民政府自然资源主管部门责令限期改正，并依法处以罚款。

第三十一条　单位或者个人违反本办法规定，侵占、损坏或者擅自移动地质环境监测设施的，由县级以上人民政府自然资源主管部门责令限期改正，并依法处以罚款；情节严重，尚未构成犯罪的，由公安机关依照《中华人民共和国治安管理处罚条例》等有关规定予以处罚；情节特别严重，构成犯罪的，依法追究刑事责任。

第三十二条　非法披露、提供和使用应当保密的地质环境监测信息的，依照《中华人民共和国保守国家秘密法》等法律法规的有关规定予以处罚。

第三十三条　本办法自2014年7月1日起施行。

地质灾害防治单位资质管理办法

· 2022年10月27日自然资源部第2次部务会议审议通过
· 2022年11月8日中华人民共和国自然资源部令第8号公布
· 自2023年1月1日起施行

第一条　为了加强地质灾害防治单位资质管理，保证地质灾害危险性评估和地质灾害治理工程质量，避免和减轻地质灾害造成的损失，维护人民生命和财产安全，根据《地质灾害防治条例》，制定本办法。

第二条　在中华人民共和国境内从事地质灾害危险性评估以及地质灾害治理工程勘查、设计、施工、监理等地质灾害防治活动的单位，应当依照本办法的规定取得地质灾害防治单位资质，并在资质等级许可的范围内从事地质灾害防治活动。

第三条　本办法所称地质灾害危险性评估，是指在地质灾害易发区进行工程建设或者编制地质灾害易发区内的国土空间规划时，对建设工程或者规划区遭受山体崩塌、滑坡、泥石流、地面塌陷、地裂缝、地面沉降等地质灾害的可能性和建设工程引发地质灾害的可能性作出评估，提出具体预防治理措施的活动。

本办法所称地质灾害治理工程，是指开展勘查、设计、施工、监理等专项地质工程措施，控制或者减轻山体崩塌、滑坡、泥石流、地面塌陷、地裂缝、地面沉降等地质灾害或者地质灾害隐患的工程。

第四条　地质灾害防治单位资质分为甲、乙两个等级。

第五条　地质灾害防治单位资质分为以下专业类别：

（一）地质灾害评估和治理工程勘查设计资质；

（二）地质灾害治理工程施工资质；

（三）地质灾害治理工程监理资质。

第六条　自然资源部负责全国地质灾害防治单位资质工作的监督管理。

省级人民政府自然资源主管部门负责本行政区域内地质灾害防治单位甲级、乙级资质的审批和监督管理。

第七条　申请地质灾害防治单位资质的单位应当符合下列条件：

（一）具有企业法人或者事业单位法人资格，其中申请地质灾害治理工程施工资质应当具有企业法人资格；

（二）具有资源与环境类、土木水利类相关专业技术人员，其中单位技术负责人应当具有高级技术职称；专业技术人员中退休人员数量不超过本办法规定的专业技术人员最低数量要求的百分之十；

（三）具有与从事的地质灾害防治活动相适应的技术装备和设施，其中申请地质灾害评估和治理工程勘查设计资质应当具备全站仪、水准仪、探地雷达等设备，申请地质灾害治理工程施工资质应当具备全站仪、水准仪、锚杆锚索钻机、凿岩机等设备；

（四）具有健全的安全管理体系和质量管理体系。

第八条　除本办法第七条规定的条件外，申请地质灾害防治单位资质的单位还应当具备以下人员和业绩条件：

（一）甲级资质

1. 人员条件：申请地质灾害评估和治理工程勘查设计资质、地质灾害治理工程施工资质的单位，资源与环境类、土木水利类相关专业技术人员总数不少于五十人，其中高级、中级技术职称人员总数不少于二十五人，高级技术职称人员不少于十人；

申请地质灾害治理工程监理资质的单位，资源与环境类、土木水利类相关专业技术人员总数不少于三十人，其中高级、中级技术职称人员总数不少于十五人，高级技术职称人员不少于五人。

2. 业绩条件：申请地质灾害评估和治理工程勘查设计资质的单位，在申请之日前五年内应当独立承担并完成地质灾害危险性评估项目、地质灾害治理工程勘查项目、地质灾害治理工程设计项目总数不少于五项，完成项目总经费不少于六十万元；

申请地质灾害治理工程施工资质的单位，在申请之日前五年内应当独立承担并完成地质灾害治理工程施工项目不少于五项，完成项目总经费不少于五千万元；

申请地质灾害治理工程监理资质的单位，在申请之日前五年内应当独立承担并完成地质灾害治理工程监理项目不少于五项，完成项目总经费不少于三十万元。

（二）乙级资质

人员条件：申请地质灾害评估和治理工程勘查设计资质、地质灾害治理工程监理资质的单位，资源与环境类、土木水利类相关专业技术人员总数不少于十人，其中高级技术职称人员不少于三人；

申请地质灾害治理工程施工资质的单位，资源与环境类、土木水利类相关专业技术人员总数不少于二十人，其中高级技术职称人员不少于五人。

第九条　地质灾害危险性评估项目分为一级、二级两个级别。

从事下列活动之一的，其地质灾害危险性评估的项目级别属于一级：

（一）在地质环境条件复杂地区进行建设项目；

（二）在地质环境条件中等复杂地区进行较为重要建设项目；

（三）编制地质灾害易发区内的国土空间规划。

前款规定以外的其他建设项目地质灾害危险性评估的项目级别属于二级。

建设项目重要性和地质环境条件复杂程度的分类，按照地质灾害危险性评估技术规范有关国家标准执行。

第十条　地质灾害治理工程项目分为一级、二级两个级别。

符合下列条件之一的，为一级地质灾害治理工程项目：

（一）地质灾害治理工程施工经费在五百万元及以上；

（二）单独立项的地质灾害治理工程勘查项目经费在二十万元及以上；

（三）地质灾害治理工程勘查、设计项目总经费在四十万元及以上；

（四）对于治理特大型、大型地质灾害而开展的地质灾害治理工程。

前款规定以外的地质灾害治理工程项目级别属于二级。

第十一条　具有甲级资质的地质灾害防治单位，可以承揽相应一级、二级地质灾害危险性评估项目及地质灾害治理工程项目。

具有乙级资质的地质灾害防治单位，仅可以承揽相应二级地质灾害危险性评估项目及地质灾害治理工程项目。

同一地质灾害治理工程的监理单位与施工单位不得具有隶属关系或者其他利害关系。

第十二条　申请地质灾害防治单位资质的单位，应当向单位登记注册地的省级人民政府自然资源主管部门提出申请，并提交以下材料：

（一）资质申请书；

（二）营业执照或者事业单位法人证书；

（三）有关专业技术人员名单、身份证、职称证书、学历证书、申请前连续三个月由本单位缴纳社会保险记录文件，技术负责人的任命或者聘任文件；

（四）本单位设备的所有权材料；

（五）职业健康安全管理体系认证证书或者安全管理制度文件；

（六）质量管理体系认证证书或者质量管理制度文件。

除前款规定的条件外，申请地质灾害评估和治理工程勘查设计甲级资质的单位，还应当提供相关业绩的项目合同、验收报告或者专家评审意见；申请地质灾害治理工程施工甲级资质、地质灾害治理工程监理甲级资质的单位，还应当提供相关业绩的项目合同、验收报告。

申请材料中涉及国家秘密的信息应当进行脱密处理后提交。

第十三条 省级人民政府自然资源主管部门对申请单位提出的地质灾害防治单位资质申请，应当根据下列情形分别作出处理：

（一）申请材料齐全并符合法定形式的，应当决定受理并发放受理通知书；

（二）申请材料不齐全或者不符合法定形式的，应当当场或者在五个工作日内一次告知申请单位需要补正的全部内容，逾期不告知的，自收到申请材料之日起即为受理；

（三）申请事项依法不属于本机关职责范围的，应当即时作出不予受理的决定，并告知申请单位向有关机关提出申请。

第十四条 省级人民政府自然资源主管部门可以网上受理、审查地质灾害防治单位资质申请。省级人民政府自然资源主管部门受理申请后，应当依据本办法第七条、第八条规定的条件，对申请材料进行审查。

省级人民政府自然资源主管部门可以组织专家对申请材料进行评审。必要时可以进行实地核查。

省级人民政府自然资源主管部门在作出准予行政许可的决定前，应当对拟批准或者不予批准的单位进行公示，公示时间不得少于五个工作日。公示期满，对公示内容无异议的，省级人民政府自然资源主管部门应当作出审批决定；对公示内容有异议的，省级人民政府自然资源主管部门应当予以复核。

省级人民政府自然资源主管部门应当结合地方实际，细化审批标准和流程，明确核查重点和核查方式。

第十五条 省级人民政府自然资源主管部门应当自受理地质灾害防治单位资质申请之日起二十个工作日内作出是否批准的书面决定。

因特殊情况在二十个工作日内不能作出决定的，经本单位负责人批准，可以延长十个工作日，并应当将延长期限的理由告知申请单位。

省级人民政府自然资源主管部门作出批准地质灾害防治单位资质决定的，应当向申请单位颁发资质证书，并予以公告。省级人民政府自然资源主管部门作出不予批准决定的，应当说明理由，并告知申请单位享有依法申请行政复议或者提起行政诉讼的权利。

第十六条 地质灾害防治单位资质证书有效期为五年。

电子地质灾害防治单位资质证书和纸质地质灾害防治单位资质证书具有同等法律效力。地质灾害防治单位资质证书样式由自然资源部统一规定，实行统一编号。

第十七条 地质灾害防治单位资质证书有效期届满需要继续从业的，地质灾害防治单位应当在有效期届满六十个工作日前向单位登记注册地的省级人民政府自然资源主管部门提出延续申请，并依照本办法第十二条有关规定提交申请材料。

受理延续申请的省级人民政府自然资源主管部门应当在地质灾害防治单位资质证书有效期届满前作出是否准予延续的决定；逾期未作出决定的，视为准予延续。

第十八条 地质灾害防治单位名称、住所发生变更的，应当在有关事项变更后三十个工作日内向单位登记注册地的省级人民政府自然资源主管部门提交有关部门的核准材料，申请换发新的地质灾害防治单位资质证书。

第十九条 地质灾害防治单位有下列情形之一的，单位登记注册地的省级人民政府自然资源主管部门应当依法予以注销资质：

（一）地质灾害防治单位资质证书有效期届满未延续的；

（二）地质灾害防治单位依法终止的；

（三）地质灾害防治单位资质依法被撤销、撤回的；

（四）地质灾害防治单位资质证书依法被吊销的；

（五）地质灾害防治单位申请注销地质灾害防治单位资质的。

第二十条 地质灾害防治单位资质证书遗失、损毁的，可以向单位登记注册地的省级人民政府自然资源主管部门申请补领。

第二十一条 地质灾害防治单位在获得地质灾害防治单位乙级资质证书两年后，符合本办法规定的甲级资质条件的，可以申请相应甲级资质。

第二十二条 地质灾害防治单位与其他单位发生合并或者由事业单位整体转制为企业，需要变更单位名称的，应当向单位登记注册地的省级人民政府自然资源主管部门申请换发新的地质灾害防治单位资质证书。除本办法第十八条规定材料外,申请单位还应当提交上级单位或者主管部门关于合并或者转制的批复文件;企业无上级单位或者主管部门的,应当提交企业合并方案及企业股东大会、董事会决议。

地质灾害防治单位发生分立的,应当及时向单位登记注册地的省级人民政府自然资源主管部门申请办理地质灾害防治单位资质证书注销手续。分立后需要继续从业的,应当重新申请地质灾害防治单位资质。

第二十三条 省级人民政府自然资源主管部门应当在全国地质勘查行业监管服务平台填报地质灾害防治单位有关管理信息。

自然资源部可以采取网上审查和实地核查等方式,对省级人民政府自然资源主管部门实施地质灾害防治单位资质审批情况进行监督检查。

第二十四条 地质灾害防治单位应当在全国地质勘查行业监管服务平台填报单位基本情况、地质灾害危险性评估项目、地质灾害治理工程项目等地质灾害防治活动等信息,并向社会公示。

第二十五条 地质灾害防治单位应当建立健全内部管理制度,明确质量安全管控职责及工作流程,保障地质灾害危险性评估和地质灾害治理工程质量。

第二十六条 省级人民政府自然资源主管部门应当按照"双随机、一公开"监管要求,采取随机摇号的方式,按照不低于百分之十的比例确定抽查的地质灾害防治单位,组织对地质灾害防治单位资质情况和从事地质灾害防治活动情况进行监督检查。

第二十七条 省级人民政府自然资源主管部门负责本行政区域内地质灾害防治单位资质情况的监督管理,重点对地质灾害防治单位的专业技术人员、项目业绩真实性、质量安全管理体系等情况进行检查。

第二十八条 市、县级人民政府自然资源主管部门负责本行政区域内地质灾害防治活动的日常监督管理。

第二十九条 地质灾害防治单位应当配合自然资源主管部门开展监督检查,如实提供有关文件、资料,不得隐瞒、拒绝和阻碍。

第三十条 任何单位和个人对违反本办法规定的行为,有权向县级以上人民政府自然资源主管部门举报。接到举报的自然资源主管部门应当及时依法处理。

第三十一条 违反本办法规定,有下列行为之一的,由县级以上人民政府自然资源主管部门依照《地质灾害防治条例》第四十四条的规定予以处罚:

(一)未取得地质灾害防治单位资质证书或者超越其资质等级许可的范围承揽地质灾害危险性评估、地质灾害治理工程勘查、设计、施工及监理业务的;

(二)以其他单位的名义或者允许其他单位以本单位的名义承揽地质灾害危险性评估、地质灾害治理工程勘查、设计、施工及监理业务的。

第三十二条 违反本办法规定,伪造、变造、买卖地质灾害防治单位资质证书的,由省级以上人民政府自然资源主管部门依照《地质灾害防治条例》第四十五条的规定予以处罚。

第三十三条 申请地质灾害防治单位资质的单位违反本办法规定,隐瞒有关情况或者提供虚假材料的,省级人民政府自然资源主管部门应当依法作出不予受理或者不予批准的决定,并按照程序将其列入地质勘查单位异常名录,在全国地质勘查行业监管服务平台上予以公示。该单位在一年内再次申请地质灾害防治单位资质的,省级人民政府自然资源主管部门不予受理。

第三十四条 地质灾害防治单位违反本办法规定,以欺骗、贿赂等不正当手段取得地质灾害防治单位资质证书的,由省级以上人民政府自然资源主管部门依照《中华人民共和国行政许可法》第六十九条的规定予以撤销;并按照程序将其列入地质勘查单位严重失信主体名单。该单位在三年内再次申请地质灾害防治单位资质的,省级人民政府自然资源主管部门不予受理。

第三十五条 监督检查中隐瞒有关情况或者提供虚假材料的,由县级以上人民政府自然资源主管部门责令其限期整改,并按照程序由省级以上人民政府自然资源主管部门将其列入地质勘查单位异常名录,在全国地质勘查行业监管服务平台上予以公示。

第三十六条 违反本办法规定,县级以上人民政府自然资源主管部门的工作人员在地质灾害防治单位资质审批和管理工作中滥用职权、玩忽职守、徇私舞弊的,依法给予处分;涉嫌构成犯罪的,移送有关机关依法追究刑事责任。

第三十七条 本办法所称资源与环境类相关专业包括水文地质、工程地质、环境地质、地质工程、勘查技术与工程、资源勘查工程、地下水科学与工程、地质资源与地质工程、地质矿产、地质勘查、地质勘探、地质学等专业。

本办法所称土木水利类相关专业包括岩土工程、结构工程、防灾减灾工程及防护工程、水利水电工程、水工结构工程等专业。

第三十八条 本办法施行前取得的地质灾害防治单

位甲级、乙级资质证书，在资质证书有效期内继续有效。

本办法施行前取得地质灾害防治单位丙级资质的单位已经承揽地质灾害危险性评估项目、地质灾害治理工程项目的，可以按照原资质管理办法规定的从业范围继续完成相关项目；需要承揽新的地质灾害危险性评估项目、地质灾害治理工程项目的，应当依据本办法规定申请地质灾害防治单位乙级资质。

第三十九条 本办法自2023年1月1日起施行。原国土资源部2005年5月20日发布的《地质灾害危险性评估单位资质管理办法》（国土资源部令第29号）、《地质灾害治理工程勘查设计施工单位资质管理办法》（国土资源部令第30号）、《地质灾害治理工程监理单位资质管理办法》（国土资源部令第31号）同时废止。

矿山地质环境保护规定

· 2009年3月2日国土资源部令第44号公布
· 根据2015年5月11日《国土资源部关于修改〈地质灾害危险性评估单位资质管理办法〉等5部规章的决定》第一次修订
· 根据2016年1月8日《国土资源部关于修改和废止部分规章的决定》第二次修订
· 根据2019年7月24日《自然资源部关于第一批废止和修改的部门规章的决定》第三次修订

第一章 总 则

第一条 为保护矿山地质环境，减少矿产资源勘查开采活动造成的矿山地质环境破坏，保护人民生命和财产安全，促进矿产资源的合理开发利用和经济社会、资源环境的协调发展，根据《中华人民共和国矿产资源法》《地质灾害防治条例》《土地复垦条例》，制定本规定。

第二条 因矿产资源勘查开采等活动造成矿区地面塌陷、地裂缝、崩塌、滑坡，含水层破坏，地形地貌景观破坏等的预防和治理恢复，适用本规定。

开采矿产资源涉及土地复垦的，依照国家有关土地复垦的法律法规执行。

第三条 矿山地质环境保护，坚持预防为主、防治结合，谁开发谁保护、谁破坏谁治理、谁投资谁受益的原则。

第四条 自然资源部负责全国矿山地质环境的保护工作。

县级以上地方自然资源主管部门负责本行政区的矿山地质环境保护工作。

第五条 国家鼓励开展矿山地质环境保护科学技术研究，普及相关科学技术知识，推广先进技术和方法，制定有关技术标准，提高矿山地质环境保护的科学技术水平。

第六条 国家鼓励企业、社会团体或者个人投资，对已关闭或者废弃矿山的地质环境进行治理恢复。

第七条 任何单位和个人对破坏矿山地质环境的违法行为都有权进行检举和控告。

第二章 规 划

第八条 自然资源部负责全国矿山地质环境的调查评价工作。

省、自治区、直辖市自然资源主管部门负责本行政区域内的矿山地质环境调查评价工作。

市、县自然资源主管部门根据本地区的实际情况，开展本行政区域的矿山地质环境调查评价工作。

第九条 自然资源部依据全国矿山地质环境调查评价结果，编制全国矿山地质环境保护规划。

省、自治区、直辖市自然资源主管部门依据全国矿山地质环境保护规划，结合本行政区域的矿山地质环境调查评价结果，编制省、自治区、直辖市的矿山地质环境保护规划，报省、自治区、直辖市人民政府批准实施。

市、县级矿山地质环境保护规划的编制和审批，由省、自治区、直辖市自然资源主管部门规定。

第十条 矿山地质环境保护规划应当包括下列内容：

（一）矿山地质环境现状和发展趋势；

（二）矿山地质环境保护的指导思想、原则和目标；

（三）矿山地质环境保护的主要任务；

（四）矿山地质环境保护的重点工程；

（五）规划实施保障措施。

第十一条 矿山地质环境保护规划应当符合矿产资源规划，并与土地利用总体规划、地质灾害防治规划等相协调。

第三章 治理恢复

第十二条 采矿权申请人申请办理采矿许可证时，应当编制矿山地质环境保护与土地复垦方案，报有批准权的自然资源主管部门批准。

矿山地质环境保护与土地复垦方案应当包括下列内容：

（一）矿山基本情况；

（二）矿区基础信息；

（三）矿山地质环境影响和土地损毁评估；

（四）矿山地质环境治理与土地复垦可行性分析；

（五）矿山地质环境治理与土地复垦工程；

（六）矿山地质环境治理与土地复垦工作部署；

（七）经费估算与进度安排；

（八）保障措施与效益分析。

第十三条　采矿权申请人未编制矿山地质环境保护与土地复垦方案，或者编制的矿山地质环境保护与土地复垦方案不符合要求的，有批准权的自然资源主管部门应当告知申请人补正；逾期不补正的，不予受理其采矿权申请。

第十四条　采矿权人扩大开采规模、变更矿区范围或者开采方式的，应当重新编制矿山地质环境保护与土地复垦方案，并报原批准机关批准。

第十五条　采矿权人应当严格执行经批准的矿山地质环境保护与土地复垦方案。

矿山地质环境保护与治理恢复工程的设计和施工，应当与矿产资源开采活动同步进行。

第十六条　开采矿产资源造成矿山地质环境破坏的，由采矿权人负责治理恢复，治理恢复费用列入生产成本。

矿山地质环境治理恢复责任人灭失的，由矿山所在地的市、县自然资源主管部门，使用经市、县人民政府批准设立的政府专项资金进行治理恢复。

自然资源部，省、自治区、直辖市自然资源主管部门依据矿山地质环境保护规划，按照矿山地质环境治理工程项目管理制度的要求，对市、县自然资源主管部门给予资金补助。

第十七条　采矿权人应当依照国家有关规定，计提矿山地质环境治理恢复基金。基金由企业自主使用，根据其矿山地质环境保护与土地复垦方案确定的经费预算、工程实施计划、进度安排等，统筹用于开展矿山地质环境治理恢复和土地复垦。

第十八条　采矿权人应当按照矿山地质环境保护与土地复垦方案的要求履行矿山地质环境保护与土地复垦义务。

采矿权人未履行矿山地质环境保护与土地复垦义务，或者未达到矿山地质环境保护与土地复垦方案要求，有关自然资源主管部门应当责令采矿权人限期履行矿山地质环境保护与土地复垦义务。

第十九条　矿山关闭前，采矿权人应当完成矿山地质环境保护与土地复垦义务。采矿权人在申请办理闭坑手续时，应当经自然资源主管部门验收合格，并提交验收合格文件。

第二十条　采矿权转让的，矿山地质环境保护与土地复垦的义务同时转让。采矿权受让人应当依照本规定，履行矿山地质环境保护与土地复垦的义务。

第二十一条　以槽探、坑探方式勘查矿产资源，探矿权人在矿产资源勘查活动结束后未申请采矿权的，应当采取相应的治理恢复措施，对其勘查矿产资源遗留的钻孔、探井、探槽、巷道进行回填、封闭，对形成的危岩、危坡等进行治理恢复，消除安全隐患。

第四章　监督管理

第二十二条　县级以上自然资源主管部门对采矿权人履行矿山地质环境保护与土地复垦义务的情况进行监督检查。

相关责任人应当配合县级以上自然资源主管部门的监督检查，并提供必要的资料，如实反映情况。

第二十三条　县级以上自然资源主管部门应当建立本行政区域内的矿山地质环境监测工作体系，健全监测网络，对矿山地质环境进行动态监测，指导、监督采矿权人开展矿山地质环境监测。

采矿权人应当定期向矿山所在地的县级自然资源主管部门报告矿山地质环境情况，如实提交监测资料。

县级自然资源主管部门应当定期将汇总的矿山地质环境监测资料报上一级自然资源主管部门。

第二十四条　县级以上自然资源主管部门在履行矿山地质环境保护的监督检查职责时，有权对矿山地质环境与土地复垦方案确立的治理恢复措施落实情况和矿山地质环境监测情况进行现场检查，对违反本规定的行为有权制止并依法查处。

第二十五条　开采矿产资源等活动造成矿山地质环境突发事件的，有关责任人应当采取应急措施，并立即向当地人民政府报告。

第五章　法律责任

第二十六条　违反本规定，应当编制矿山地质环境保护与土地复垦方案而未编制的，或者扩大开采规模、变更矿区范围或者开采方式，未重新编制矿山地质环境保护与土地复垦方案并经原审批机关批准的，责令限期改正，并列入矿业权人异常名录或严重违法名单；逾期不改正的，处3万元以下的罚款，不受理其申请新的采矿许可证或者申请采矿许可证延续、变更、注销。

第二十七条　违反本规定，未按照批准的矿山地质环境保护与土地复垦方案治理的，或者在矿山被批准关闭、闭坑前未完成治理恢复的，责令限期改正，并列入矿业权人异常名录或严重违法名单；逾期拒不改正的或整改不到位的，处3万元以下的罚款，不受理其申请新的采矿权许可证或者申请采矿权许可证延续、变更、注销。

第二十八条　违反本规定，未按规定计提矿山地质环境治理恢复基金的，由县级以上自然资源主管部门责令限期计提；逾期不计提的，处3万元以下的罚款。颁发采矿许可证的自然资源主管部门不得通过其采矿活动年度报告，不受理其采矿权延续变更申请。

第二十九条　违反本规定第二十一条规定，探矿权人未采取治理恢复措施的，由县级以上自然资源主管部门责令限期改正；逾期拒不改正的，处3万元以下的罚款，5年内不受理其新的探矿权、采矿权申请。

第三十条　违反本规定，扰乱、阻碍矿山地质环境保护与治理恢复工作，侵占、损坏、损毁矿山地质环境监测设施或者矿山地质环境保护与治理恢复设施的，由县级以上自然资源主管部门责令停止违法行为，限期恢复原状或者采取补救措施，并处3万元以下的罚款；构成犯罪的，依法追究刑事责任。

第三十一条　县级以上自然资源主管部门工作人员违反本规定，在矿山地质环境保护与治理恢复监督管理中玩忽职守、滥用职权、徇私舞弊的，对相关责任人依法给予处分；构成犯罪的，依法追究刑事责任。

第六章　附　则

第三十二条　本规定实施前已建和在建矿山，采矿权人应当依照本规定编制矿山地质环境保护与土地复垦方案，报原采矿许可证审批机关批准。

第三十三条　本规定自2009年5月1日起施行。

古生物化石保护条例

· 2010年9月5日中华人民共和国国务院令第580号公布
· 根据2019年3月2日《国务院关于修改部分行政法规的决定》修订

第一章　总　则

第一条　为了加强对古生物化石的保护，促进古生物化石的科学研究和合理利用，制定本条例。

第二条　在中华人民共和国领域和中华人民共和国管辖的其他海域从事古生物化石发掘、收藏等活动以及古生物化石进出境，应当遵守本条例。

本条例所称古生物化石，是指地质历史时期形成并赋存于地层中的动物和植物的实体化石及其遗迹化石。

古猿、古人类化石以及与人类活动有关的第四纪古脊椎动物化石的保护依照国家文物保护的有关规定执行。

第三条　中华人民共和国领域和中华人民共和国管辖的其他海域遗存的古生物化石属于国家所有。

国有的博物馆、科学研究单位、高等院校和其他收藏单位收藏的古生物化石，以及单位和个人捐赠给国家的古生物化石属于国家所有，不因其收藏单位的终止或者变更而改变其所有权。

第四条　国家对古生物化石实行分类管理、重点保护、科研优先、合理利用的原则。

第五条　国务院自然资源主管部门主管全国古生物化石保护工作。县级以上地方人民政府自然资源主管部门主管本行政区域古生物化石保护工作。

县级以上人民政府公安、市场监督管理等部门按照各自的职责负责古生物化石保护的有关工作。

第六条　国务院自然资源主管部门负责组织成立国家古生物化石专家委员会。国家古生物化石专家委员会由国务院有关部门和中国古生物学会推荐的专家组成，承担重点保护古生物化石名录的拟定、国家级古生物化石自然保护区建立的咨询、古生物化石发掘申请的评审、重点保护古生物化石进出境的鉴定等工作，具体办法由国务院自然资源主管部门制定。

第七条　按照在生物进化以及生物分类上的重要程度，将古生物化石划分为重点保护古生物化石和一般保护古生物化石。

具有重要科学研究价值或者数量稀少的下列古生物化石，应当列为重点保护古生物化石：

（一）已经命名的古生物化石种属的模式标本；

（二）保存完整或者较完整的古脊椎动物实体化石；

（三）大型的或者集中分布的高等植物化石、无脊椎动物化石和古脊椎动物的足迹等遗迹化石；

（四）国务院自然资源主管部门确定的其他需要重点保护的古生物化石。

重点保护古生物化石名录由国家古生物化石专家委员会拟定，由国务院自然资源主管部门批准并公布。

第八条　重点保护古生物化石集中的区域，应当建立国家级古生物化石自然保护区；一般保护古生物化石集中的区域，同时该区域已经发现重点保护古生物化石的，应当建立地方级古生物化石自然保护区。建立古生物化石自然保护区的程序，依照《中华人民共和国自然保护区条例》的规定执行。

建立国家级古生物化石自然保护区，应当征求国家古生物化石专家委员会的意见。

第九条　县级以上人民政府应当加强对古生物化石保护工作的领导，将古生物化石保护工作所需经费列入本级财政预算。

县级以上人民政府应当组织有关部门开展古生物化石保护知识的宣传教育，增强公众保护古生物化石的意识，并按照国家有关规定对在古生物化石保护工作中做出突出成绩的单位和个人给予奖励。

第二章 古生物化石发掘

第十条 因科学研究、教学、科学普及或者对古生物化石进行抢救性保护等需要，方可发掘古生物化石。发掘古生物化石的，应当符合本条例第十一条第二款规定的条件，并依照本条例的规定取得批准。

本条例所称发掘，是指有一定工作面，使用机械或者其他动力工具挖掘古生物化石的活动。

第十一条 在国家级古生物化石自然保护区内发掘古生物化石，或者在其他区域发掘重点保护古生物化石的，应当向国务院自然资源主管部门提出申请并取得批准；在国家级古生物化石自然保护区外发掘一般保护古生物化石的，应当向古生物化石所在地省、自治区、直辖市人民政府自然资源主管部门提出申请并取得批准。

申请发掘古生物化石的单位应当符合下列条件，并在提出申请时提交其符合下列条件的证明材料以及发掘项目概况、发掘方案、发掘标本保存方案和发掘区自然生态条件恢复方案：

（一）有3名以上拥有古生物专业或者相关专业技术职称，并有3年以上古生物化石发掘经历的技术人员（其中至少有1名技术人员具有古生物专业高级职称并作为发掘活动的领队）；

（二）有符合古生物化石发掘需要的设施、设备；

（三）有与古生物化石保护相适应的处理技术和工艺；

（四）有符合古生物化石保管需要的设施、设备和场所。

第十二条 国务院自然资源主管部门应当自受理申请之日起3个工作日内将申请材料送国家古生物化石专家委员会。国家古生物化石专家委员会应当自收到申请材料之日起10个工作日内出具书面评审意见。评审意见应当作为是否批准古生物化石发掘的重要依据。

国务院自然资源主管部门应当自受理申请之日起30个工作日内完成审查，对申请单位符合本条例第十一条第二款规定条件，同时古生物化石发掘方案、发掘标本保存方案和发掘区自然生态条件恢复方案切实可行的，予以批准；对不符合条件的，书面通知申请单位并说明理由。

国务院自然资源主管部门批准古生物化石发掘申请前，应当征求古生物化石所在地省、自治区、直辖市人民政府自然资源主管部门的意见；批准发掘申请后，应当将批准发掘古生物化石的情况通报古生物化石所在地省、自治区、直辖市人民政府自然资源主管部门。

第十三条 省、自治区、直辖市人民政府自然资源主管部门受理古生物化石发掘申请的，应当依照本条例第十二条第二款规定的期限和要求进行审查、批准，并听取古生物专家的意见。

第十四条 发掘古生物化石的单位，应当按照批准的发掘方案进行发掘；确需改变发掘方案的，应当报原批准发掘的自然资源主管部门批准。

第十五条 发掘古生物化石的单位，应当自发掘或者科学研究、教学等活动结束之日起30日内，对发掘的古生物化石登记造册，作出相应的描述与标注，并移交给批准发掘的自然资源主管部门指定的符合条件的收藏单位收藏。

第十六条 进行区域地质调查或者科学研究机构、高等院校等因科学研究、教学需要零星采集古生物化石标本的，不需要申请批准，但是，应当在采集活动开始前将采集时间、采集地点、采集数量等情况书面告知古生物化石所在地的省、自治区、直辖市人民政府自然资源主管部门。采集的古生物化石的收藏应当遵守本条例的规定。

本条例所称零星采集，是指使用手持非机械工具在地表挖掘极少量古生物化石，同时不对地表和其他资源造成影响的活动。

第十七条 外国人、外国组织因中外合作进行科学研究需要，方可在中华人民共和国领域和中华人民共和国管辖的其他海域发掘古生物化石。发掘古生物化石的，应当经国务院自然资源主管部门批准，采取与符合本条例第十一条第二款规定条件的中方单位合作的方式进行，并遵守本条例有关古生物化石发掘、收藏、进出境的规定。

第十八条 单位和个人在生产、建设等活动中发现古生物化石的，应当保护好现场，并立即报告所在地县级以上地方人民政府自然资源主管部门。

县级以上地方人民政府自然资源主管部门接到报告后，应当在24小时内赶赴现场，并在7日内提出处理意见。确有必要的，可以报请当地人民政府通知公安机关协助保护现场。发现重点保护古生物化石的，应当逐级上报至国务院自然资源主管部门，由国务院自然资源主管部门提出处理意见。

生产、建设等活动中发现的古生物化石需要进行抢救性发掘的，由提出处理意见的自然资源主管部门组织符合本条例第十一条第二款规定条件的单位发掘。

第十九条　县级以上人民政府自然资源主管部门应当加强对古生物化石发掘活动的监督检查，发现未经依法批准擅自发掘古生物化石，或者不按照批准的发掘方案发掘古生物化石的，应当依法予以处理。

第三章　古生物化石收藏

第二十条　古生物化石的收藏单位，应当符合下列条件：

（一）有固定的馆址、专用展室、相应面积的藏品保管场所；

（二）有相应数量的拥有相关研究成果的古生物专业或者相关专业的技术人员；

（三）有防止古生物化石自然损毁的技术、工艺和设备；

（四）有完备的防火、防盗等设施、设备和完善的安全保卫等管理制度；

（五）有维持正常运转所需的经费。

县级以上人民政府自然资源主管部门应当加强对古生物化石收藏单位的管理和监督检查。

第二十一条　国务院自然资源主管部门负责建立全国的重点保护古生物化石档案和数据库。县级以上地方人民政府自然资源主管部门负责建立本行政区域的重点保护古生物化石档案和数据库。

收藏单位应当建立本单位收藏的古生物化石档案，并如实对收藏的古生物化石作出描述与标注。

第二十二条　国家鼓励单位和个人将其收藏的重点保护古生物化石捐赠给符合条件的收藏单位收藏。

除收藏单位之间转让、交换、赠与其收藏的重点保护古生物化石外，其他任何单位和个人不得买卖重点保护古生物化石。买卖一般保护古生物化石的，应当在县级以上地方人民政府指定的场所进行。具体办法由省、自治区、直辖市人民政府制定。

第二十三条　国有收藏单位不得将其收藏的重点保护古生物化石转让、交换、赠与给非国有收藏单位或者个人。

任何单位和个人不得将其收藏的重点保护古生物化石转让、交换、赠与、质押给外国人或者外国组织。

第二十四条　收藏单位之间转让、交换、赠与其收藏的重点保护古生物化石的，应当在事后向国务院自然资源主管部门备案。具体办法由国务院自然资源主管部门制定。

第二十五条　公安、市场监督管理、海关等部门应当对依法没收的古生物化石登记造册、妥善保管，并在结案后30个工作日内移交给同级自然资源主管部门。接受移交的自然资源主管部门应当出具接收凭证，并将接收的古生物化石交符合条件的收藏单位收藏。

国有收藏单位不再收藏的一般保护古生物化石，应当按照国务院自然资源主管部门的规定处理。

第四章　古生物化石进出境

第二十六条　未命名的古生物化石不得出境。

重点保护古生物化石符合下列条件之一，经国务院自然资源主管部门批准，方可出境：

（一）因科学研究需要与国外有关研究机构进行合作的；

（二）因科学、文化交流需要在境外进行展览的。

一般保护古生物化石经所在地省、自治区、直辖市人民政府自然资源主管部门批准，方可出境。

第二十七条　申请古生物化石出境的，应当向国务院自然资源主管部门或者省、自治区、直辖市人民政府自然资源主管部门提出出境申请，并提交出境古生物化石的清单和照片。出境申请应当包括申请人的基本情况和古生物化石的出境地点、出境目的、出境时间等内容。

申请重点保护古生物化石出境的，申请人还应当提供外方合作单位的基本情况和合作科学研究合同或者展览合同，以及古生物化石的应急保护预案、保护措施、保险证明等材料。

第二十八条　申请重点保护古生物化石出境的，国务院自然资源主管部门应当自受理申请之日起3个工作日内将申请材料送国家古生物化石专家委员会。国家古生物化石专家委员会应当自收到申请材料之日起10个工作日内对申请出境的重点保护古生物化石进行鉴定，确认古生物化石的种属、数量和完好程度，并出具书面鉴定意见。鉴定意见应当作为是否批准重点保护古生物化石出境的重要依据。

国务院自然资源主管部门应当自受理申请之日起20个工作日内完成审查，符合规定条件的，作出批准出境的决定；不符合规定条件的，书面通知申请人并说明理由。

第二十九条　申请一般保护古生物化石出境的，省、自治区、直辖市人民政府自然资源主管部门应当自受理申请之日起20个工作日内完成审查，同意出境的，作出批准出境的决定；不同意出境的，书面通知申请人并说明理由。

第三十条 古生物化石出境批准文件的有效期为90日；超过有效期出境的，应当重新提出出境申请。

重点古生物化石在境外停留的期限一般不超过6个月；因特殊情况确需延长境外停留时间的，应当在境外停留期限届满60日前向国务院自然资源主管部门申请延期。延长期限最长不超过6个月。

第三十一条 经批准出境的重点保护古生物化石出境后进境的，申请人应当自办结进境海关手续之日起5日内向国务院自然资源主管部门申请进境核查。

国务院自然资源主管部门应当自受理申请之日起3个工作日内将申请材料送国家古生物化石专家委员会。国家古生物化石专家委员会应当自收到申请材料之日起5个工作日内对出境后进境的重点保护古生物化石进行鉴定，并出具书面鉴定意见。鉴定意见应当作为重点保护古生物化石进境核查结论的重要依据。

国务院自然资源主管部门应当自受理申请之日起15个工作日内完成核查，作出核查结论；对确认为非原出境重点保护古生物化石的，责令申请人追回原出境重点保护古生物化石。

第三十二条 境外古生物化石临时进境的，应当交由海关加封，由境内有关单位或者个人自办结进境海关手续之日起5日内向国务院自然资源主管部门申请核查、登记。国务院自然资源主管部门核查海关封志完好无损的，逐件进行拍照、登记。

临时进境的古生物化石进境后出境的，由境内有关单位或者个人向国务院自然资源主管部门申请核查。国务院自然资源主管部门应当依照本条例第三十一条第二款规定的程序，自受理申请之日起15个工作日内完成核查，对确认为原临时进境的古生物化石的，批准出境。

境内单位或者个人从境外取得的古生物化石进境的，应当向海关申报，按照海关管理的有关规定办理进境手续。

第三十三条 运送、邮寄、携带古生物化石出境的，应当如实向海关申报，并向海关提交国务院自然资源主管部门或者省、自治区、直辖市人民政府自然资源主管部门的出境批准文件。

对有理由怀疑属于古生物化石的物品出境的，海关可以要求有关单位或者个人向国务院自然资源主管部门或者出境口岸所在地的省、自治区、直辖市人民政府自然资源主管部门申请办理是否属于古生物化石的证明文件。

第三十四条 国家对违法出境的古生物化石有权进行追索。

国务院自然资源主管部门代表国家具体负责追索工作。国务院外交、公安、海关等部门应当配合国务院自然资源主管部门做好违法出境古生物化石的追索工作。

第五章 法律责任

第三十五条 县级以上人民政府自然资源主管部门及其工作人员有下列行为之一的，对直接负责的主管人员和其他直接责任人员依法给予处分；直接负责的主管人员和其他直接责任人员构成犯罪的，依法追究刑事责任：

（一）未依照本条例规定批准古生物化石发掘的；

（二）未依照本条例规定批准古生物化石出境的；

（三）发现违反本条例规定的行为不予查处，或者接到举报不依法处理的；

（四）其他不依法履行监督管理职责的行为。

第三十六条 单位或者个人有下列行为之一的，由县级以上人民政府自然资源主管部门责令停止发掘，限期改正，没收发掘的古生物化石，并处20万元以上50万元以下的罚款；构成违反治安管理行为的，由公安机关依法给予治安管理处罚；构成犯罪的，依法追究刑事责任：

（一）未经批准发掘古生物化石的；

（二）未按照批准的发掘方案发掘古生物化石的。

有前款第（二）项行为，情节严重的，由批准古生物化石发掘的自然资源主管部门撤销批准发掘的决定。

第三十七条 古生物化石发掘单位未按照规定移交发掘的古生物化石的，由批准古生物化石发掘的自然资源主管部门责令限期改正；逾期不改正，或者造成古生物化石损毁的，处10万元以上50万元以下的罚款；直接负责的主管人员和其他直接责任人员构成犯罪的，依法追究刑事责任。

第三十八条 古生物化石收藏单位不符合收藏条件收藏古生物化石的，由县级以上人民政府自然资源主管部门责令限期改正；逾期不改正的，处5万元以上10万元以下的罚款；已严重影响其收藏的重点保护古生物化石安全的，由国务院自然资源主管部门指定符合条件的收藏单位代为收藏，代为收藏的费用由原收藏单位承担。

第三十九条 古生物化石收藏单位未按照规定建立本单位收藏的古生物化石档案的，由县级以上人民政府自然资源主管部门责令限期改正；逾期不改正的，没收有关古生物化石，并处2万元的罚款。

第四十条 单位或者个人违反规定买卖重点保护古生物化石的，由市场监督管理部门责令限期改正，没收违法所得,并处 5 万元以上 20 万元以下的罚款;构成违反治安管理行为的,由公安机关依法给予治安管理处罚;构成犯罪的,依法追究刑事责任。

第四十一条　国有收藏单位将其收藏的重点保护古生物化石违法转让、交换、赠与给非国有收藏单位或者个人的,由县级以上人民政府自然资源主管部门对国有收藏单位处 20 万元以上 50 万元以下的罚款,对直接负责的主管人员和其他直接责任人员依法给予处分;构成犯罪的,依法追究刑事责任。

第四十二条　单位或者个人将其收藏的重点保护古生物化石转让、交换、赠与、质押给外国人或者外国组织的,由县级以上人民政府自然资源主管部门责令限期追回,对个人处 2 万元以上 10 万元以下的罚款,对单位处 10 万元以上 50 万元以下的罚款;有违法所得的,没收违法所得;构成犯罪的,依法追究刑事责任。

第四十三条　单位或者个人未取得批准运送、邮寄、携带古生物化石出境的,由海关依照有关法律、行政法规的规定予以处理;构成犯罪的,依法追究刑事责任。

第四十四条　县级以上人民政府自然资源主管部门、其他有关部门的工作人员,或者国有的博物馆、科学研究单位、高等院校、其他收藏单位以及发掘单位的工作人员,利用职务上的便利,将国有古生物化石非法占为己有的,依法给予处分,由县级以上人民政府自然资源主管部门追回非法占有的古生物化石;有违法所得的,没收违法所得;构成犯罪的,依法追究刑事责任。

第六章　附　则

第四十五条　本条例自 2011 年 1 月 1 日起施行。

三、海洋管理

中华人民共和国深海海底区域资源勘探开发法

·2016年2月26日第十二届全国人民代表大会常务委员会第十九次会议通过
·2016年2月26日中华人民共和国主席令第42号公布
·自2016年5月1日起施行

第一章　总　则

第一条　为了规范深海海底区域资源勘探、开发活动，推进深海科学技术研究、资源调查，保护海洋环境，促进深海海底区域资源可持续利用，维护人类共同利益，制定本法。

第二条　中华人民共和国的公民、法人或者其他组织从事深海海底区域资源勘探、开发和相关环境保护、科学技术研究、资源调查活动，适用本法。

本法所称深海海底区域，是指中华人民共和国和其他国家管辖范围以外的海床、洋底及其底土。

第三条　深海海底区域资源勘探、开发活动应当坚持和平利用、合作共享、保护环境、维护人类共同利益的原则。

国家保护从事深海海底区域资源勘探、开发和资源调查活动的中华人民共和国公民、法人或者其他组织的正当权益。

第四条　国家制定有关深海海底区域资源勘探、开发规划，并采取经济、技术政策和措施，鼓励深海科学技术研究和资源调查，提升资源勘探、开发和海洋环境保护的能力。

第五条　国务院海洋主管部门负责对深海海底区域资源勘探、开发和资源调查活动的监督管理。国务院其他有关部门按照国务院规定的职责负责相关管理工作。

第六条　国家鼓励和支持在深海海底区域资源勘探、开发和相关环境保护、资源调查、科学技术研究和教育培训等方面，开展国际合作。

第二章　勘探、开发

第七条　中华人民共和国的公民、法人或者其他组织在向国际海底管理局申请从事深海海底区域资源勘探、开发活动前，应当向国务院海洋主管部门提出申请，并提交下列材料：

（一）申请者基本情况；

（二）拟勘探、开发区域位置、面积、矿产种类等说明；

（三）财务状况、投资能力证明和技术能力说明；

（四）勘探、开发工作计划，包括勘探、开发活动可能对海洋环境造成影响的相关资料，海洋环境严重损害等的应急预案；

（五）国务院海洋主管部门规定的其他材料。

第八条　国务院海洋主管部门应当对申请者提交的材料进行审查，对于符合国家利益并具备资金、技术、装备等能力条件的，应当在六十个工作日内予以许可，并出具相关文件。

获得许可的申请者在与国际海底管理局签订勘探、开发合同成为承包者后，方可从事勘探、开发活动。

承包者应当自勘探、开发合同签订之日起三十日内，将合同副本报国务院海洋主管部门备案。

国务院海洋主管部门应当将承包者及其勘探、开发的区域位置、面积等信息通报有关机关。

第九条　承包者对勘探、开发合同区域内特定资源享有相应的专属勘探、开发权。

承包者应当履行勘探、开发合同义务，保障从事勘探、开发作业人员的人身安全，保护海洋环境。

承包者从事勘探、开发作业应当保护作业区域内的文物、铺设物等。

承包者从事勘探、开发作业还应当遵守中华人民共和国有关安全生产、劳动保护方面的法律、行政法规。

第十条　承包者在转让勘探、开发合同的权利、义务前，或者在对勘探、开发合同作出重大变更前，应当报经国务院海洋主管部门同意。

承包者应当自勘探、开发合同转让、变更或者终止之日起三十日内，报国务院海洋主管部门备案。

国务院海洋主管部门应当及时将勘探、开发合同转让、变更或者终止的信息通报有关机关。

第十一条　发生或者可能发生严重损害海洋环境等事故，承包者应当立即启动应急预案，并采取下列措施：

（一）立即发出警报；

（二）立即报告国务院海洋主管部门，国务院海洋主管部门应当及时通报有关机关；

（三）采取一切实际可行与合理的措施，防止、减少、控制对人身、财产、海洋环境的损害。

第三章　环境保护

第十二条　承包者应当在合理、可行的范围内，利用可获得的先进技术，采取必要措施，防止、减少、控制勘探、开发区域内的活动对海洋环境造成的污染和其他危害。

第十三条　承包者应当按照勘探、开发合同的约定和要求、国务院海洋主管部门规定，调查研究勘探、开发区域的海洋状况，确定环境基线，评估勘探、开发活动可能对海洋环境的影响；制定和执行环境监测方案，监测勘探、开发活动对勘探、开发区域海洋环境的影响，并保证监测设备正常运行，保存原始监测记录。

第十四条　承包者从事勘探、开发活动应当采取必要措施，保护和保全稀有或者脆弱的生态系统，以及衰竭、受威胁或者有灭绝危险的物种和其他海洋生物的生存环境，保护海洋生物多样性，维护海洋资源的可持续利用。

第四章　科学技术研究与资源调查

第十五条　国家支持深海科学技术研究和专业人才培养，将深海科学技术列入科学技术发展的优先领域，鼓励与相关产业的合作研究。

国家支持企业进行深海科学技术研究与技术装备研发。

第十六条　国家支持深海公共平台的建设和运行，建立深海公共平台共享合作机制，为深海科学技术研究、资源调查活动提供专业服务，促进深海科学技术交流、合作及成果共享。

第十七条　国家鼓励单位和个人通过开放科学考察船舶、实验室、陈列室和其他场地、设施，举办讲座或者提供咨询等多种方式，开展深海科学普及活动。

第十八条　从事深海海底区域资源调查活动的公民、法人或者其他组织，应当按照有关规定将有关资料副本、实物样本或者目录汇交国务院海洋主管部门和其他相关部门。负责接受汇交的部门应当对汇交的资料和实物样本进行登记、保管，并按照有关规定向社会提供利用。

承包者从事深海海底区域资源勘探、开发活动取得的有关资料、实物样本等的汇交，适用前款规定。

第五章　监督检查

第十九条　国务院海洋主管部门应当对承包者勘探、开发活动进行监督检查。

第二十条　承包者应当定期向国务院海洋主管部门报告下列履行勘探、开发合同的事项：

（一）勘探、开发活动情况；

（二）环境监测情况；

（三）年度投资情况；

（四）国务院海洋主管部门要求的其他事项。

第二十一条　国务院海洋主管部门可以检查承包者用于勘探、开发活动的船舶、设施、设备以及航海日志、记录、数据等。

第二十二条　承包者应当对国务院海洋主管部门的监督检查予以协助、配合。

第六章　法律责任

第二十三条　违反本法第七条、第九条第二款、第十条第一款规定，有下列行为之一的，国务院海洋主管部门可以撤销许可并撤回相关文件：

（一）提交虚假材料取得许可的；

（二）不履行勘探、开发合同义务或者履行合同义务不符合约定的；

（三）未经同意，转让勘探、开发合同的权利、义务或者对勘探、开发合同作出重大变更的。

承包者有前款第二项行为的，还应当承担相应的赔偿责任。

第二十四条　违反本法第八条第三款、第十条第二款、第十八条、第二十条、第二十二条规定，有下列行为之一的，由国务院海洋主管部门责令改正，处二万元以上十万元以下的罚款：

（一）未按规定将勘探、开发合同副本报备案的；

（二）转让、变更或者终止勘探、开发合同，未按规定报备案的；

（三）未按规定汇交有关资料副本、实物样本或者目录的；

（四）未按规定报告履行勘探、开发合同事项的；

（五）不协助、配合监督检查的。

第二十五条　违反本法第八条第二款规定，未经许可或者未签订勘探、开发合同从事深海海底区域资源勘探、开发活动的，由国务院海洋主管部门责令停止违法行为，处十万元以上五十万元以下的罚款；有违法所得的，并处没收违法所得。

第二十六条　违反本法第九条第三款、第十一条、第十二条规定，造成海洋环境污染损害或者作业区域内文物、铺设物等损害的，由国务院海洋主管部门责令停止违法行为，处五十万元以上一百万元以下的罚款；构成犯罪的，依法追究刑事责任。

第七章　附　则

第二十七条　本法下列用语的含义：

（一）勘探，是指在深海海底区域探寻资源，分析资源，使用和测试资源采集系统和设备、加工设施及运输系统，以及对开发时应当考虑的环境、技术、经济、商业和其他有关因素的研究。

（二）开发，是指在深海海底区域为商业目的收回并选取资源，包括建造和操作为生产和销售资源服务的采集、加工和运输系统。

（三）资源调查，是指在深海海底区域搜寻资源，包括估计资源成分、多少和分布情况及经济价值。

第二十八条　深海海底区域资源开发活动涉税事项，依照中华人民共和国税收法律、行政法规的规定执行。

第二十九条　本法自2016年5月1日起施行。

中华人民共和国海洋环境保护法

· 1982年8月23日第五届全国人民代表大会常务委员会第二十四次会议通过
· 1999年12月25日第九届全国人民代表大会常务委员会第十三次会议第一次修订
· 根据2013年12月28日第十二届全国人民代表大会常务委员会第六次会议《关于修改〈中华人民共和国海洋环境保护法〉等七部法律的决定》第一次修正
· 根据2016年11月7日第十二届全国人民代表大会常务委员会第二十四次会议《关于修改〈中华人民共和国海洋环境保护法〉的决定》第二次修正
· 根据2017年11月4日第十二届全国人民代表大会常务委员会第三十次会议《关于修改〈中华人民共和国会计法〉等十一部法律的决定》第三次修正
· 2023年10月24日第十四届全国人民代表大会常务委员会第六次会议第二次修订
· 2023年10月24日中华人民共和国主席令第12号公布
· 自2024年1月1日起施行

第一章　总　则

第一条　为了保护和改善海洋环境，保护海洋资源，防治污染损害，保障生态安全和公众健康，维护国家海洋权益，建设海洋强国，推进生态文明建设，促进经济社会可持续发展，实现人与自然和谐共生，根据宪法，制定本法。

第二条　本法适用于中华人民共和国管辖海域。

在中华人民共和国管辖海域内从事航行、勘探、开发、生产、旅游、科学研究及其他活动，或者在沿海陆域内从事影响海洋环境活动的任何单位和个人，应当遵守本法。

在中华人民共和国管辖海域以外，造成中华人民共和国管辖海域环境污染、生态破坏的，适用本法相关规定。

第三条　海洋环境保护应当坚持保护优先、预防为主、源头防控、陆海统筹、综合治理、公众参与、损害担责的原则。

第四条　国务院生态环境主管部门负责全国海洋环境的监督管理，负责全国防治陆源污染物、海岸工程和海洋工程建设项目（以下称工程建设项目）、海洋倾倒废弃物对海洋环境污染损害的环境保护工作，指导、协调和监督全国海洋生态保护修复工作。

国务院自然资源主管部门负责海洋保护和开发利用的监督管理，负责全国海洋生态、海域海岸线和海岛的修复工作。

国务院交通运输主管部门负责所辖港区水域内非军事船舶和港区水域外非渔业、非军事船舶污染海洋环境的监督管理，组织、协调、指挥重大海上溢油应急处置。海事管理机构具体负责上述水域内相关船舶污染海洋环境的监督管理，并负责污染事故的调查处理；对在中华人民共和国管辖海域航行、停泊和作业的外国籍船舶造成的污染事故登轮检查处理。船舶污染事故给渔业造成损害的，应当吸收渔业主管部门参与调查处理。

国务院渔业主管部门负责渔港水域内非军事船舶和渔港水域外渔业船舶污染海洋环境的监督管理，负责保护渔业水域生态环境工作，并调查处理前款规定的污染事故以外的渔业污染事故。

国务院发展改革、水行政、住房和城乡建设、林业和草原等部门在各自职责范围内负责有关行业、领域涉及的海洋环境保护工作。

海警机构在职责范围内对海洋工程建设项目、海洋倾倒废弃物对海洋环境污染损害、自然保护地海岸线向海一侧保护利用等活动进行监督检查，查处违法行为，按照规定权限参与海洋环境污染事故的应急处置和调查处理。

军队生态环境保护部门负责军事船舶污染海洋环境的监督管理及污染事故的调查处理。

第五条　沿海县级以上地方人民政府对其管理海域的海洋环境质量负责。

国家实行海洋环境保护目标责任制和考核评价制度，将海洋环境保护目标完成情况纳入考核评价的内容。

第六条　沿海县级以上地方人民政府可以建立海洋环境保护区域协作机制，组织协调其管理海域的环境保护工作。

跨区域的海洋环境保护工作，由有关沿海地方人民政府协商解决，或者由上级人民政府协调解决。

跨部门的重大海洋环境保护工作，由国务院生态环境主管部门协调；协调未能解决的，由国务院作出决定。

第七条　国务院和沿海县级以上地方人民政府应当将海洋环境保护工作纳入国民经济和社会发展规划，按照事权和支出责任划分原则，将海洋环境保护工作所需经费纳入本级政府预算。

第八条　各级人民政府及其有关部门应当加强海洋环境保护的宣传教育和知识普及工作，增强公众海洋环境保护意识，引导公众依法参与海洋环境保护工作；鼓励基层群众性自治组织、社会组织、志愿者等开展海洋环境保护法律法规和知识的宣传活动；按照职责分工依法公开海洋环境相关信息。

新闻媒体应当采取多种形式开展海洋环境保护的宣传报道，并对违法行为进行舆论监督。

第九条　任何单位和个人都有保护海洋环境的义务，并有权对污染海洋环境、破坏海洋生态的单位和个人，以及海洋环境监督管理人员的违法行为进行监督和检举。

从事影响海洋环境活动的任何单位和个人，都应当采取有效措施，防止、减轻海洋环境污染、生态破坏。排污者应当依法公开排污信息。

第十条　国家鼓励、支持海洋环境保护科学技术研究、开发和应用，促进海洋环境保护信息化建设，加强海洋环境保护专业技术人才培养，提高海洋环境保护科学技术水平。

国家鼓励、支持海洋环境保护国际交流与合作。

第十一条　对在海洋环境保护工作中做出显著成绩的单位和个人，按照国家有关规定给予表彰和奖励。

第二章　海洋环境监督管理

第十二条　国家实施陆海统筹、区域联动的海洋环境监督管理制度，加强规划、标准、监测等监督管理制度的衔接协调。

各级人民政府及其有关部门应当加强海洋环境监督管理能力建设，提高海洋环境监督管理科技化、信息化水平。

第十三条　国家优先将生态功能极重要、生态极敏感脆弱的海域划入生态保护红线，实行严格保护。

开发利用海洋资源或者从事影响海洋环境的建设活动，应当根据国土空间规划科学合理布局，严格遵守国土空间用途管制要求，严守生态保护红线，不得造成海洋生态环境的损害。沿海地方各级人民政府应当根据国土空间规划，保护和科学合理地使用海域。沿海省、自治区、直辖市人民政府应当加强对生态保护红线内人为活动的监督管理，定期评估保护成效。

国务院有关部门、沿海设区的市级以上地方人民政府及其有关部门，对其组织编制的国土空间规划和相关规划，应当依法进行包括海洋环境保护内容在内的环境影响评价。

第十四条　国务院生态环境主管部门会同有关部门、机构和沿海省、自治区、直辖市人民政府制定全国海洋生态环境保护规划，报国务院批准后实施。全国海洋生态环境保护规划应当与全国国土空间规划相衔接。

沿海地方各级人民政府应当根据全国海洋生态环境保护规划，组织实施其管理海域的海洋环境保护工作。

第十五条　沿海省、自治区、直辖市人民政府应当根据其管理海域的生态环境和资源利用状况，将其管理海域纳入生态环境分区管控方案和生态环境准入清单，报国务院生态环境主管部门备案后实施。生态环境分区管控方案和生态环境准入清单应当与国土空间规划相衔接。

第十六条　国务院生态环境主管部门根据海洋环境质量状况和国家经济、技术条件，制定国家海洋环境质量标准。

沿海省、自治区、直辖市人民政府对国家海洋环境质量标准中未作规定的项目，可以制定地方海洋环境质量标准；对国家海洋环境质量标准中已作规定的项目，可以制定严于国家海洋环境质量标准的地方海洋环境质量标准。地方海洋环境质量标准应当报国务院生态环境主管部门备案。

国家鼓励开展海洋环境基准研究。

第十七条　制定海洋环境质量标准，应当征求有关部门、行业协会、企业事业单位、专家和公众等的意见，提高海洋环境质量标准的科学性。

海洋环境质量标准应当定期评估，并根据评估结果适时修订。

第十八条 国家和有关地方水污染物排放标准的制定，应当将海洋环境质量标准作为重要依据之一。

对未完成海洋环境保护目标的海域，省级以上人民政府生态环境主管部门暂停审批新增相应种类污染物排放总量的建设项目环境影响报告书（表），会同有关部门约谈该地区人民政府及其有关部门的主要负责人，要求其采取有效措施及时整改，约谈和整改情况应当向社会公开。

第十九条 国家加强海洋环境质量管控，推进海域综合治理，严格海域排污许可管理，提升重点海域海洋环境质量。

需要直接向海洋排放工业废水、医疗污水的海岸工程和海洋工程单位，城镇污水集中处理设施的运营单位及其他企业事业单位和生产经营者，应当依法取得排污许可证。排污许可的管理按照国务院有关规定执行。

实行排污许可管理的企业事业单位和其他生产经营者应当执行排污许可证关于排放污染物的种类、浓度、排放量、排放方式、排放去向和自行监测等要求。

禁止通过私设暗管或者篡改、伪造监测数据，以及不正常运行污染防治设施等逃避监管的方式向海洋排放污染物。

第二十条 国务院生态环境主管部门根据海洋环境状况和质量改善要求，会同国务院发展改革、自然资源、住房和城乡建设、交通运输、水行政、渔业等部门和海警机构，划定国家环境治理重点海域及其控制区域，制定综合治理行动方案，报国务院批准后实施。

沿海设区的市级以上地方人民政府应当根据综合治理行动方案，制定其管理海域的实施方案，因地制宜采取特别管控措施，开展综合治理，协同推进重点海域治理与美丽海湾建设。

第二十一条 直接向海洋排放应税污染物的企业事业单位和其他生产经营者，应当依照法律规定缴纳环境保护税。

向海洋倾倒废弃物，应当按照国家有关规定缴纳倾倒费。具体办法由国务院发展改革部门、国务院财政主管部门会同国务院生态环境主管部门制定。

第二十二条 国家加强防治海洋环境污染损害的科学技术的研究和开发，对严重污染海洋环境的落后生产工艺和落后设备，实行淘汰制度。

企业事业单位和其他生产经营者应当优先使用清洁低碳能源，采用资源利用率高、污染物排放量少的清洁生产工艺，防止对海洋环境的污染。

第二十三条 国务院生态环境主管部门负责海洋生态环境监测工作，制定海洋生态环境监测规范和标准并监督实施，组织实施海洋生态环境质量监测，统一发布国家海洋生态环境状况公报，定期组织对海洋生态环境质量状况进行调查评价。

国务院自然资源主管部门组织开展海洋资源调查和海洋生态预警监测，发布海洋生态预警监测警报和公报。

其他依照本法规定行使海洋环境监督管理权的部门和机构应当按照职责分工开展监测、监视。

第二十四条 国务院有关部门和海警机构应当向国务院生态环境主管部门提供编制国家海洋生态环境状况公报所必需的入海河口和海洋环境监测、调查、监视等方面的资料。

生态环境主管部门应当向有关部门和海警机构提供与海洋环境监督管理有关的资料。

第二十五条 国务院生态环境主管部门会同有关部门和机构通过智能化的综合信息系统，为海洋环境保护监督管理、信息共享提供服务。

国务院有关部门、海警机构和沿海县级以上地方人民政府及其有关部门应当按照规定，推进综合监测、协同监测和常态化监测，加强监测数据、执法信息等海洋环境管理信息共享，提高海洋环境保护综合管理水平。

第二十六条 国家加强海洋辐射环境监测，国务院生态环境主管部门负责制定海洋辐射环境应急监测方案并组织实施。

第二十七条 因发生事故或者其他突发性事件，造成或者可能造成海洋环境污染、生态破坏事件的单位和个人，应当立即采取有效措施解除或者减轻危害，及时向可能受到危害者通报，并向依照本法规定行使海洋环境监督管理权的部门和机构报告，接受调查处理。

沿海县级以上地方人民政府在本行政区域近岸海域的生态环境受到严重损害时，应当采取有效措施，解除或者减轻危害。

第二十八条 国家根据防止海洋环境污染的需要，制定国家重大海上污染事件应急预案，建立健全海上溢油污染等应急机制，保障应对工作的必要经费。

国家建立重大海上溢油应急处置部际联席会议制度。国务院交通运输主管部门牵头组织编制国家重大海上溢油应急处置预案并组织实施。

国务院生态环境主管部门负责制定全国海洋石油勘

探开发海上溢油污染事件应急预案并组织实施。

国家海事管理机构负责制定全国船舶重大海上溢油污染事件应急预案,报国务院生态环境主管部门、国务院应急管理部门备案。

沿海县级以上地方人民政府及其有关部门应当制定有关应急预案,在发生海洋突发环境事件时,及时启动应急预案,采取有效措施,解除或者减轻危害。

可能发生海洋突发环境事件的单位,应当按照有关规定,制定本单位的应急预案,配备应急设备和器材,定期组织开展应急演练;应急预案应当向依照本法规定行使海洋环境监督管理权的部门和机构备案。

第二十九条 依照本法规定行使海洋环境监督管理权的部门和机构,有权对从事影响海洋环境活动的单位和个人进行现场检查;在巡航监视中发现违反本法规定的行为时,应当予以制止并调查取证,必要时有权采取有效措施,防止事态扩大,并报告有关部门或者机构处理。

被检查者应当如实反映情况,提供必要的资料。检查者应当依法为被检查者保守商业秘密、个人隐私和个人信息。

依照本法规定行使海洋环境监督管理权的部门和机构可以在海上实行联合执法。

第三十条 造成或者可能造成严重海洋环境污染、生态破坏的,或者有关证据可能灭失或者被隐匿的,依照本法规定行使海洋环境监督管理权的部门和机构可以查封、扣押有关船舶、设施、设备、物品。

第三十一条 在中华人民共和国管辖海域以外,造成或者可能造成中华人民共和国管辖海域环境污染、生态破坏的,有关部门和机构有权采取必要的措施。

第三十二条 国务院生态环境主管部门会同有关部门和机构建立向海洋排放污染物、从事废弃物海洋倾倒、从事海洋生态环境治理和服务的企业事业单位和其他生产经营者信用记录与评价应用制度,将相关信用记录纳入全国公共信用信息共享平台。

第三章 海洋生态保护

第三十三条 国家加强海洋生态保护,提升海洋生态系统质量和多样性、稳定性、持续性。

国务院和沿海地方各级人民政府应当采取有效措施,重点保护红树林、珊瑚礁、海藻场、海草床、滨海湿地、海岛、海湾、入海河口、重要渔业水域等具有典型性、代表性的海洋生态系统,珍稀濒危海洋生物的天然集中分布区,具有重要经济价值的海洋生物生存区域及有重大科学文化价值的海洋自然遗迹和自然景观。

第三十四条 国务院和沿海省、自治区、直辖市人民政府及其有关部门根据保护海洋的需要,依法将重要的海洋生态系统、珍稀濒危海洋生物的天然集中分布区、海洋自然遗迹和自然景观集中分布区等区域纳入国家公园、自然保护区或者自然公园等自然保护地。

第三十五条 国家建立健全海洋生态保护补偿制度。

国务院和沿海省、自治区、直辖市人民政府应当通过转移支付、产业扶持等方式支持开展海洋生态保护补偿。

沿海地方各级人民政府应当落实海洋生态保护补偿资金,确保其用于海洋生态保护补偿。

第三十六条 国家加强海洋生物多样性保护,健全海洋生物多样性调查、监测、评估和保护体系,维护和修复重要海洋生态廊道,防止对海洋生物多样性的破坏。

开发利用海洋和海岸带资源,应当对重要海洋生态系统、生物物种、生物遗传资源实施有效保护,维护海洋生物多样性。

引进海洋动植物物种,应当进行科学论证,避免对海洋生态系统造成危害。

第三十七条 国家鼓励科学开展水生生物增殖放流,支持科学规划,因地制宜采取投放人工鱼礁和种植海藻场、海草床、珊瑚等措施,恢复海洋生物多样性,修复改善海洋生态。

第三十八条 开发海岛及周围海域的资源,应当采取严格的生态保护措施,不得造成海岛地形、岸滩、植被和海岛周围海域生态环境的损害。

第三十九条 国家严格保护自然岸线,建立健全自然岸线控制制度。沿海省、自治区、直辖市人民政府负责划定严格保护岸线的范围并发布。

沿海地方各级人民政府应当加强海岸线分类保护与利用,保护修复自然岸线,促进人工岸线生态化,维护岸线岸滩稳定平衡,因地制宜、科学合理划定海岸建筑退缩线。

禁止违法占用、损害自然岸线。

第四十条 国务院水行政主管部门确定重要入海河流的生态流量管控指标,应当征求并研究国务院生态环境、自然资源等部门的意见。确定生态流量管控指标,应当进行科学论证,综合考虑水资源条件、气候状况、生态环境保护要求、生活生产用水状况等因素。

入海河口所在地县级以上地方人民政府及其有关部门按照河海联动的要求,制定实施河口生态修复和其他保护措施方案,加强对水、沙、盐、潮滩、生物种群、河口形态的综合监测，采取有效措施防止海水入侵和倒灌，维护河口良好生态功能。

第四十一条 沿海地方各级人民政府应当结合当地自然环境的特点，建设海岸防护设施、沿海防护林、沿海城镇园林和绿地，对海岸侵蚀和海水入侵地区进行综合治理。

禁止毁坏海岸防护设施、沿海防护林、沿海城镇园林和绿地。

第四十二条 对遭到破坏的具有重要生态、经济、社会价值的海洋生态系统，应当进行修复。海洋生态修复应当以改善生境、恢复生物多样性和生态系统基本功能为重点，以自然恢复为主、人工修复为辅，并优先修复具有典型性、代表性的海洋生态系统。

国务院自然资源主管部门负责统筹海洋生态修复，牵头组织编制海洋生态修复规划并实施有关海洋生态修复重大工程。编制海洋生态修复规划，应当进行科学论证评估。

国务院自然资源、生态环境等部门应当按照职责分工开展修复成效监督评估。

第四十三条 国务院自然资源主管部门负责开展全国海洋生态灾害预防、风险评估和隐患排查治理。

沿海县级以上地方人民政府负责其管理海域的海洋生态灾害应对工作，采取必要的灾害预防、处置和灾后恢复措施，防止和减轻灾害影响。

企业事业单位和其他生产经营者应当采取必要应对措施，防止海洋生态灾害扩大。

第四十四条 国家鼓励发展生态渔业，推广多种生态渔业生产方式，改善海洋生态状况，保护海洋环境。

沿海县级以上地方人民政府应当因地制宜编制并组织实施养殖水域滩涂规划，确定可以用于养殖业的水域和滩涂，科学划定海水养殖禁养区、限养区和养殖区，建立禁养区内海水养殖的清理和退出机制。

第四十五条 从事海水养殖活动应当保护海域环境，科学确定养殖规模和养殖密度，合理投饵、投肥，正确使用药物，及时规范收集处理固体废物，防止造成海洋生态环境的损害。

禁止在氮磷浓度严重超标的近岸海域新增或者扩大投饵、投肥海水养殖规模。

向海洋排放养殖尾水污染物等应当符合污染物排放标准。沿海省、自治区、直辖市人民政府应当制定海水养殖污染物排放相关地方标准，加强养殖尾水污染防治的监督管理。

工厂化养殖和设置统一排污口的集中连片养殖的排污单位，应当按照有关规定对养殖尾水自行监测。

第四章 陆源污染物污染防治

第四十六条 向海域排放陆源污染物，应当严格执行国家或者地方规定的标准和有关规定。

第四十七条 入海排污口位置的选择，应当符合国土空间用途管制要求，根据海水动力条件和有关规定，经科学论证后，报设区的市级以上人民政府生态环境主管部门备案。排污口的责任主体应当加强排污口监测，按照规定开展监控和自动监测。

生态环境主管部门应当在完成备案后十五个工作日内将入海排污口设置情况通报自然资源、渔业等部门和海事管理机构、海警机构、军队生态环境保护部门。

沿海县级以上地方人民政府应当根据排污口类别、责任主体，组织有关部门对本行政区域内各类入海排污口进行排查整治和日常监督管理，建立健全近岸水体、入海排污口、排污管线、污染源全链条治理体系。

国务院生态环境主管部门负责制定入海排污口设置和管理的具体办法，制定入海排污口技术规范，组织建设统一的入海排污口信息平台，加强动态更新、信息共享和公开。

第四十八条 禁止在自然保护地、重要渔业水域、海水浴场、生态保护红线区域及其他需要特别保护的区域，新设工业排污口和城镇污水处理厂排污口；法律、行政法规另有规定的除外。

在有条件的地区，应当将排污口深水设置，实行离岸排放。

第四十九条 经开放式沟（渠）向海洋排放污染物的，对开放式沟（渠）按照国家和地方的有关规定、标准实施水环境质量管理。

第五十条 国务院有关部门和县级以上地方人民政府及其有关部门应当依照水污染防治有关法律、行政法规的规定，加强入海河流管理，协同推进入海河流污染防治，使入海河口的水质符合入海河口环境质量相关要求。

入海河流流域省、自治区、直辖市人民政府应当按照国家有关规定，加强入海总氮、总磷排放的管控，制定控制方案并组织实施。

第五十一条 禁止向海域排放油类、酸液、碱液、剧毒废液。

禁止向海域排放污染海洋环境、破坏海洋生态的放射性废水。

严格控制向海域排放含有不易降解的有机物和重金

属的废水。

第五十二条　含病原体的医疗污水、生活污水和工业废水应当经过处理,符合国家和地方有关排放标准后,方可排入海域。

第五十三条　含有机物和营养物质的工业废水、生活污水,应当严格控制向海湾、半封闭海及其他自净能力较差的海域排放。

第五十四条　向海域排放含热废水,应当采取有效措施,保证邻近自然保护地、渔业水域的水温符合国家和地方海洋环境质量标准,避免热污染对珍稀濒危海洋生物、海洋水产资源造成危害。

第五十五条　沿海地方各级人民政府应当加强农业面源污染防治。沿海农田、林场施用化学农药,应当执行国家农药安全使用的规定和标准。沿海农田、林场应当合理使用化肥和植物生长调节剂。

第五十六条　在沿海陆域弃置、堆放和处理尾矿、矿渣、煤灰渣、垃圾和其他固体废物的,依照《中华人民共和国固体废物污染环境防治法》的有关规定执行,并采取有效措施防止固体废物进入海洋。

禁止在岸滩弃置、堆放和处理固体废物;法律、行政法规另有规定的除外。

第五十七条　沿海县级以上地方人民政府负责其管理海域的海洋垃圾污染防治,建立海洋垃圾监测、清理制度,统筹规划建设陆域接收、转运、处理海洋垃圾的设施,明确有关部门、乡镇、街道、企业事业单位等的海洋垃圾管控区域,建立海洋垃圾监测、拦截、收集、打捞、运输、处理体系并组织实施,采取有效措施鼓励、支持公众参与上述活动。国务院生态环境、住房和城乡建设、发展改革等部门应当按照职责分工加强海洋垃圾污染防治的监督指导和保障。

第五十八条　禁止经中华人民共和国内水、领海过境转移危险废物。

经中华人民共和国管辖的其他海域转移危险废物的,应当事先取得国务院生态环境主管部门的书面同意。

第五十九条　沿海县级以上地方人民政府应当建设和完善排水管网,根据改善海洋环境质量的需要建设城镇污水处理厂和其他污水处理设施,加强城乡污水处理。

建设污水海洋处置工程,应当符合国家有关规定。

第六十条　国家采取必要措施,防止、减少和控制来自大气层或者通过大气层造成的海洋环境污染损害。

第五章　工程建设项目污染防治

第六十一条　新建、改建、扩建工程建设项目,应当遵守国家有关建设项目环境保护管理的规定,并把污染防治和生态保护所需资金纳入建设项目投资计划。

禁止在依法划定的自然保护地、重要渔业水域及其他需要特别保护的区域,违法建设污染环境、破坏生态的工程建设项目或者从事其他活动。

第六十二条　工程建设项目应当按照国家有关建设项目环境影响评价的规定进行环境影响评价。未依法进行并通过环境影响评价的建设项目,不得开工建设。

环境保护设施应当与主体工程同时设计、同时施工、同时投产使用。环境保护设施应当符合经批准的环境影响评价报告书(表)的要求。建设单位应当依照有关法律法规的规定,对环境保护设施进行验收,编制验收报告,并向社会公开。环境保护设施未经验收或者经验收不合格的,建设项目不得投入生产或者使用。

第六十三条　禁止在沿海陆域新建不符合国家产业政策的化学制浆造纸、化工、印染、制革、电镀、酿造、炼油、岸边冲滩拆船及其他严重污染海洋环境的生产项目。

第六十四条　新建、改建、扩建工程建设项目,应当采取有效措施,保护国家和地方重点保护的野生动植物及其生存环境,保护海洋水产资源,避免或者减轻对海洋生物的影响。

禁止在严格保护岸线范围内开采海砂。依法在其他区域开发利用海砂资源,应当采取严格措施,保护海洋环境。载运海砂资源应当持有合法来源证明;海砂开采者应当为载运海砂的船舶提供合法来源证明。

从岸上打井开采海底矿产资源,应当采取有效措施,防止污染海洋环境。

第六十五条　工程建设项目不得使用含超标准放射性物质或者易溶出有毒有害物质的材料;不得造成领海基点及其周围环境的侵蚀、淤积和损害,不得危及领海基点的稳定。

第六十六条　工程建设项目需要爆破作业时,应当采取有效措施,保护海洋环境。

海洋石油勘探开发及输油过程中,应当采取有效措施,避免溢油事故的发生。

第六十七条　工程建设项目不得违法向海洋排放污染物、废弃物及其他有害物质。

海洋油气钻井平台(船)、生产生活平台、生产储卸装置等海洋油气装备的含油污水和油性混合物,应当经过处理达标后排放;残油、废油应当予以回收,不得排放入海。

钻井所使用的油基泥浆和其他有毒复合泥浆不得排

放入海。水基泥浆和无毒复合泥浆及钻屑的排放，应当符合国家有关规定。

第六十八条 海洋油气钻井平台（船）、生产生活平台、生产储卸装置等海洋油气装备及其有关海上设施，不得向海域处置含油的工业固体废物。处置其他固体废物，不得造成海洋环境污染。

第六十九条 海上试油时，应当确保油气充分燃烧，油和油性混合物不得排放入海。

第七十条 勘探开发海洋油气资源，应当按照有关规定编制油气污染应急预案，报国务院生态环境主管部门海域派出机构备案。

第六章 废弃物倾倒污染防治

第七十一条 任何个人和未经批准的单位，不得向中华人民共和国管辖海域倾倒任何废弃物。

需要倾倒废弃物的，产生废弃物的单位应当向国务院生态环境主管部门海域派出机构提出书面申请，并出具废弃物特性和成分检验报告，取得倾倒许可证后，方可倾倒。

国家鼓励疏浚物等废弃物的综合利用，避免或者减少海洋倾倒。

禁止中华人民共和国境外的废弃物在中华人民共和国管辖海域倾倒。

第七十二条 国务院生态环境主管部门根据废弃物的毒性、有毒物质含量和对海洋环境影响程度，制定海洋倾倒废弃物评价程序和标准。

可以向海洋倾倒的废弃物名录，由国务院生态环境主管部门制定。

第七十三条 国务院生态环境主管部门会同国务院自然资源主管部门编制全国海洋倾倒区规划，并征求国务院交通运输、渔业等部门和海警机构的意见，报国务院批准。

国务院生态环境主管部门根据全国海洋倾倒区规划，按照科学、合理、经济、安全的原则及时选划海洋倾倒区，征求国务院交通运输、渔业等部门和海警机构的意见，并向社会公告。

第七十四条 国务院生态环境主管部门组织开展海洋倾倒区使用状况评估，根据评估结果予以调整、暂停使用或者封闭海洋倾倒区。

海洋倾倒区的调整、暂停使用和封闭情况，应当通报国务院有关部门、海警机构并向社会公布。

第七十五条 获准和实施倾倒废弃物的单位，应当按照许可证注明的期限及条件，到指定的区域进行倾倒。倾倒作业船舶等载运工具应当安装使用符合要求的海洋倾倒在线监控设备，并与国务院生态环境主管部门监管系统联网。

第七十六条 获准和实施倾倒废弃物的单位，应当按照规定向颁发许可证的国务院生态环境主管部门海域派出机构报告倾倒情况。倾倒废弃物的船舶应当向驶出港的海事管理机构、海警机构作出报告。

第七十七条 禁止在海上焚烧废弃物。

禁止在海上处置污染海洋环境、破坏海洋生态的放射性废物或者其他放射性物质。

第七十八条 获准倾倒废弃物的单位委托实施废弃物海洋倾倒作业的，应当对受托单位的主体资格、技术能力和信用状况进行核实，依法签订书面合同，在合同中约定污染防治与生态保护要求，并监督实施。

受托单位实施废弃物海洋倾倒作业，应当依照有关法律法规的规定和合同约定，履行污染防治和生态保护要求。

获准倾倒废弃物的单位违反本条第一款规定的，除依照有关法律法规的规定予以处罚外，还应当与造成环境污染、生态破坏的受托单位承担连带责任。

第七章 船舶及有关作业活动污染防治

第七十九条 在中华人民共和国管辖海域，任何船舶及相关作业不得违法向海洋排放船舶垃圾、生活污水、含油污水、含有毒有害物质污水、废气等污染物，废弃物，压载水和沉积物及其他有害物质。

船舶应当按照国家有关规定采取有效措施，对压载水和沉积物进行处理处置，严格防控引入外来有害生物。

从事船舶污染物、废弃物接收和船舶清舱、洗舱作业活动的，应当具备相应的接收处理能力。

第八十条 船舶应当配备相应的防污设备和器材。

船舶的结构、配备的防污设备和器材应当符合国家防治船舶污染海洋环境的有关规定，并经检验合格。

船舶应当取得并持有防治海洋环境污染的证书与文书，在进行涉及船舶污染物、压载水和沉积物排放及操作时，应当按照有关规定监测、监控，如实记录并保存。

第八十一条 船舶应当遵守海上交通安全法律、法规的规定，防止因碰撞、触礁、搁浅、火灾或者爆炸等引起的海难事故，造成海洋环境的污染。

第八十二条 国家完善并实施船舶油污损害民事赔偿责任制度；按照船舶油污损害赔偿责任由船东和货主共同承担风险的原则，完善并实施船舶油污保险、油污损害赔偿基金制度，具体办法由国务院规定。

第八十三条 载运具有污染危害性货物进出港口的船舶,其承运人、货物所有人或者代理人,应当事先向海事管理机构申报。经批准后,方可进出港口或者装卸作业。

第八十四条 交付船舶载运污染危害性货物的,托运人应当将货物的正式名称、污染危害性以及应当采取的防护措施如实告知承运人。污染危害性货物的单证、包装、标志、数量限制等,应当符合对所交付货物的有关规定。

需要船舶载运污染危害性不明的货物,应当按照有关规定事先进行评估。

装卸油类及有毒有害货物的作业,船岸双方应当遵守安全防污操作规程。

第八十五条 港口、码头、装卸站和船舶修造拆解单位所在地县级以上地方人民政府应当统筹规划建设船舶污染物等的接收、转运、处理处置设施,建立相应的接收、转运、处理处置多部门联合监管制度。

沿海县级以上地方人民政府负责对其管理海域的渔港和渔业船舶停泊点及周边区域污染防治的监督管理,规范生产生活污水和渔业垃圾回收处置,推进污染防治设备建设和环境清理整治。

港口、码头、装卸站和船舶修造拆解单位应当按照有关规定配备足够的用于处理船舶污染物、废弃物的接收设施,使该设施处于良好状态并有效运行。

装卸油类等污染危害性货物的港口、码头、装卸站和船舶应当编制污染应急预案,并配备相应的污染应急设备和器材。

第八十六条 国家海事管理机构组织制定中国籍船舶禁止或者限制安装和使用的有害材料名录。

船舶修造单位或者船舶所有人、经营人或者管理人应当在船上备有有害材料清单,在船舶建造、营运和维修过程中持续更新,并在船舶拆解前提供给从事船舶拆解的单位。

第八十七条 从事船舶拆解的单位,应当采取有效的污染防治措施,在船舶拆解前将船舶污染物减至最小量,对拆解产生的船舶污染物、废弃物和其他有害物质进行安全与环境无害化处置。拆解的船舶部件不得进入水体。

禁止采取冲滩方式进行船舶拆解作业。

第八十八条 国家倡导绿色低碳智能航运,鼓励船舶使用新能源或者清洁能源,淘汰高耗能高排放老旧船舶,减少温室气体和大气污染物的排放。沿海县级以上地方人民政府应当制定港口岸电、船舶受电等设施建设和改造计划,并组织实施。港口岸电设施的供电能力应当与靠港船舶的用电需求相适应。

船舶应当按照国家有关规定采取有效措施提高能效水平。具备岸电使用条件的船舶靠港应当按照国家有关规定使用岸电,但是使用清洁能源的除外。具备岸电供应能力的港口经营人、岸电供电企业应当按照国家有关规定为具备岸电使用条件的船舶提供岸电。

国务院和沿海县级以上地方人民政府对港口岸电设施、船舶受电设施的改造和使用,清洁能源或者新能源动力船舶建造等按照规定给予支持。

第八十九条 船舶及有关作业活动应当遵守有关法律法规和标准,采取有效措施,防止造成海洋环境污染。海事管理机构等应当加强对船舶及有关作业活动的监督管理。

船舶进行散装液体污染危害性货物的过驳作业,应当编制作业方案,采取有效的安全和污染防治措施,并事先按照有关规定报经批准。

第九十条 船舶发生海难事故,造成或者可能造成海洋环境重大污染损害的,国家海事管理机构有权强制采取避免或者减少污染损害的措施。

对在公海上因发生海难事故,造成中华人民共和国管辖海域重大污染损害后果或者具有污染威胁的船舶、海上设施,国家海事管理机构有权采取与实际的或者可能发生的损害相称的必要措施。

第九十一条 所有船舶均有监视海上污染的义务,在发现海上污染事件或者违反本法规定的行为时,应当立即向就近的依照本法规定行使海洋环境监督管理权的部门或者机构报告。

民用航空器发现海上排污或者污染事件,应当及时向就近的民用航空空中交通管制单位报告。接到报告的单位,应当立即向依照本法规定行使海洋环境监督管理权的部门或者机构通报。

第九十二条 国务院交通运输主管部门可以划定船舶污染物排放控制区。进入控制区的船舶应当符合船舶污染物排放相关控制要求。

第八章 法律责任

第九十三条 违反本法规定,有下列行为之一,由依照本法规定行使海洋环境监督管理权的部门或者机构责令改正或者责令采取限制生产、停产整治等措施,并处以罚款;情节严重的,报经有批准权的人民政府批准,责令停业、关闭:

（一）向海域排放本法禁止排放的污染物或者其他物质的；

（二）未依法取得排污许可证排放污染物的；

（三）超过标准、总量控制指标排放污染物的；

（四）通过私设暗管或者篡改、伪造监测数据，或者不正常运行污染防治设施等逃避监管的方式违法向海洋排放污染物的；

（五）违反本法有关船舶压载水和沉积物排放和管理规定的；

（六）其他未依照本法规定向海洋排放污染物、废弃物的。

有前款第一项、第二项行为之一的，处二十万元以上一百万元以下的罚款；有前款第三项行为的，处十万元以上一百万元以下的罚款；有前款第四项行为的，处十万元以上一百万元以下的罚款，情节严重的，吊销排污许可证；有前款第五项、第六项行为之一的，处一万元以上二十万元以下的罚款。个人擅自在岸滩弃置、堆放和处理生活垃圾的，按次处一百元以上一千元以下的罚款。

第九十四条　违反本法规定，有下列行为之一，由依照本法规定行使海洋环境监督管理权的部门或者机构责令改正，处以罚款：

（一）未依法公开排污信息或者弄虚作假的；

（二）因发生事故或者其他突发性事件，造成或者可能造成海洋环境污染、生态破坏事件，未按照规定通报或者报告的；

（三）未按照有关规定制定应急预案并备案，或者未按照有关规定配备应急设备、器材的；

（四）因发生事故或者其他突发性事件，造成或者可能造成海洋环境污染、生态破坏事件，未立即采取有效措施或者逃逸的；

（五）未采取必要应对措施，造成海洋生态灾害危害扩大的。

有前款第一项行为的，处二万元以上二十万元以下的罚款，拒不改正的，责令限制生产、停产整治；有前款第二项行为的，处五万元以上五十万元以下的罚款，对直接负责的主管人员和其他直接责任人员处一万元以上十万元以下的罚款，并可以暂扣或者吊销相关任职资格许可；有前款第三项行为的，处二万元以上二十万元以下的罚款；有前款第四项、第五项行为之一的，处二十万元以上二百万元以下的罚款。

第九十五条　违反本法规定，拒绝、阻挠调查和现场检查，或者在被检查时弄虚作假的，由依照本法规定行使海洋环境监督管理权的部门或者机构责令改正，处五万元以上二十万元以下的罚款；对直接负责的主管人员和其他直接责任人员处二万元以上十万元以下的罚款。

第九十六条　违反本法规定，造成珊瑚礁等海洋生态系统或者自然保护地破坏的，由依照本法规定行使海洋环境监督管理权的部门或者机构责令改正、采取补救措施，处每平方米一千元以上一万元以下的罚款。

第九十七条　违反本法规定，有下列行为之一，由依照本法规定行使海洋环境监督管理权的部门或者机构责令改正，处以罚款：

（一）占用、损害自然岸线的；

（二）在严格保护岸线范围内开采海砂的；

（三）违反本法其他关于海砂、矿产资源规定的。

有前款第一项行为的，处每米五百元以上一万元以下的罚款；有前款第二项行为的，处货值金额二倍以上二十倍以下的罚款，货值金额不足十万元的，处二十万元以上二百万元以下的罚款；有前款第三项行为的，处五万元以上五十万元以下的罚款。

第九十八条　违反本法规定，从事海水养殖活动有下列行为之一，由依照本法规定行使海洋环境监督管理权的部门或者机构责令改正，处二万元以上二十万元以下的罚款；情节严重的，报经有批准权的人民政府批准，责令停业、关闭：

（一）违反禁养区、限养区规定的；

（二）违反养殖规模、养殖密度规定的；

（三）违反投饵、投肥、药物使用规定的；

（四）未按照有关规定对养殖尾水自行监测的。

第九十九条　违反本法规定设置入海排污口的，由生态环境主管部门责令关闭或者拆除，处二万元以上十万元以下的罚款；拒不关闭或者拆除的，强制关闭、拆除，所需费用由违法者承担，处十万元以上五十万元以下的罚款；情节严重的，可以责令停产整治。

违反本法规定，设置入海排污口未备案的，由生态环境主管部门责令改正，处二万元以上十万元以下的罚款。

违反本法规定，入海排污口的责任主体未按照规定开展监控、自动监测的，由生态环境主管部门责令改正，处二万元以上十万元以下的罚款；拒不改正的，可以责令停产整治。

自然资源、渔业等部门和海事管理机构、海警机构、军队生态环境保护部门发现前三款违法行为之一的，应当通报生态环境主管部门。

第一百条　违反本法规定，经中华人民共和国管辖海域,转移危险废物的,由国家海事管理机构责令非法运输该危险废物的船舶退出中华人民共和国管辖海域,处五十万元以上五百万元以下的罚款。

第一百零一条 违反本法规定,建设单位未落实建设项目投资计划有关要求的,由生态环境主管部门责令改正,处五万元以上二十万元以下的罚款;拒不改正的,处二十万元以上一百万元以下的罚款。

违反本法规定,建设单位未依法报批或者报请重新审核环境影响报告书(表),擅自开工建设的,由生态环境主管部门或者海警机构责令其停止建设,根据违法情节和危害后果,处建设项目总投资额百分之一以上百分之五以下的罚款,并可以责令恢复原状;对建设单位直接负责的主管人员和其他直接责任人员,依法给予处分。建设单位未依法备案环境影响登记表的,由生态环境主管部门责令备案,处五万元以下的罚款。

第一百零二条 违反本法规定,在依法划定的自然保护地、重要渔业水域及其他需要特别保护的区域建设污染环境、破坏生态的工程建设项目或者从事其他活动,或者在沿海陆域新建不符合国家产业政策的生产项目的,由县级以上人民政府按照管理权限责令关闭。

违反生态环境准入清单进行生产建设活动的,由依照本法规定行使海洋环境监督管理权的部门或者机构责令停止违法行为,限期拆除并恢复原状,所需费用由违法者承担,处五十万元以上五百万元以下的罚款,对直接负责的主管人员和其他直接责任人员处五万元以上十万元以下的罚款;情节严重的,报经有批准权的人民政府批准,责令关闭。

第一百零三条 违反本法规定,环境保护设施未与主体工程同时设计、同时施工、同时投产使用的,或者环境保护设施未建成、未达到规定要求、未经验收或者经验收不合格即投入生产、使用的,由生态环境主管部门或者海警机构责令改正,处二十万元以上一百万元以下的罚款;拒不改正的,处一百万元以上二百万元以下的罚款;对直接负责的主管人员和其他责任人员处五万元以上二十万元以下的罚款;造成重大环境污染、生态破坏的,责令其停止生产、使用,或者报经有批准权的人民政府批准,责令关闭。

第一百零四条 违反本法规定,工程建设项目有下列行为之一,由依照本法规定行使海洋环境监督管理权的部门或者机构责令其停止违法行为、消除危害,处二十万元以上一百万元以下的罚款;情节严重的,报经有批准权的人民政府批准,责令停业、关闭:

(一)使用含超标准放射性物质或者易溶出有毒有害物质的材料的;

(二)造成领海基点及其周围环境的侵蚀、淤积、损害,或者危及领海基点稳定的。

第一百零五条 违反本法规定进行海洋油气勘探开发活动,造成海洋环境污染的,由海警机构责令改正,给予警告,并处二十万元以上一百万元以下的罚款。

第一百零六条 违反本法规定,有下列行为之一,由国务院生态环境主管部门及其海域派出机构、海事管理机构或者海警机构责令改正,处以罚款,必要时可以扣押船舶;情节严重的,报经有批准权的人民政府批准,责令停业、关闭:

(一)倾倒废弃物的船舶驶出港口未报告的;

(二)未取得倾倒许可证,向海洋倾倒废弃物的;

(三)在海上焚烧废弃物或者处置放射性废物及其他放射性物质的。

有前款第一项行为的,对违法船舶的所有人、经营人或者管理人处三千元以上三万元以下的罚款,对船长、责任船员或者其他责任人员处五百元以上五千元以下的罚款;有前款第二项行为的,处二十万元以上二百万元以下的罚款;有前款第三项行为的,处五十万元以上五百万元以下的罚款。有前款第二项、第三项行为之一,两年内受到行政处罚三次以上的,三年内不得从事废弃物海洋倾倒活动。

第一百零七条 违反本法规定,有下列行为之一,由国务院生态环境主管部门及其海域派出机构、海事管理机构或者海警机构责令改正,处以罚款,暂扣或者吊销倾倒许可证,必要时可以扣押船舶;情节严重的,报经有批准权的人民政府批准,责令停业、关闭:

(一)未按照国家规定报告倾倒情况的;

(二)未按照国家规定安装使用海洋倾废在线监控设备的;

(三)获准倾倒废弃物的单位未依照本法规定委托实施废弃物海洋倾倒作业或者未依照本法规定监督实施的;

(四)未按照倾倒许可证的规定倾倒废弃物的。

有前款第一项行为的,按次处五千元以上二万元以下的罚款;有前款第二项行为的,处二万元以上二十万元以下的罚款;有前款第三项行为的,处三万元以上三十万元以下的罚款;有前款第四项行为的,处二十万元以上一百万元以下的罚款,被吊销倾倒许可证的,三年内不得从事废弃物海洋倾倒活动。

以提供虚假申请材料、欺骗、贿赂等不正当手段申请取得倾倒许可证的，由国务院生态环境主管部门及其海域派出机构依法撤销倾倒许可证，并处二十万元以上五十万元以下的罚款；三年内不得再次申请倾倒许可证。

第一百零八条 违反本法规定，将中华人民共和国境外废弃物运进中华人民共和国管辖海域倾倒的，由海警机构责令改正，根据造成或者可能造成的危害后果，处五十万元以上五百万元以下的罚款。

第一百零九条 违反本法规定，有下列行为之一，由依照本法规定行使海洋环境监督管理权的部门或者机构责令改正，处以罚款：

（一）港口、码头、装卸站、船舶修造拆解单位未按照规定配备或者有效运行船舶污染物、废弃物接收设施，或者船舶的结构、配备的防污设备和器材不符合国家防污规定或者未经检验合格的；

（二）从事船舶污染物、废弃物接收和船舶清舱、洗舱作业活动，不具备相应接收处理能力的；

（三）从事船舶拆解、旧船改装、打捞和其他水上、水下施工作业，造成海洋环境污染损害的；

（四）采取冲滩方式进行船舶拆解作业的。

有前款第一项、第二项行为之一的，处二万元以上三十万元以下的罚款；有前款第三项行为的，处五万元以上二十万元以下的罚款；有前款第四项行为的，处十万元以上一百万元以下的罚款。

第一百一十条 违反本法规定，有下列行为之一，由依照本法规定行使海洋环境监督管理权的部门或者机构责令改正，处以罚款：

（一）未在船上备有有害材料清单，未在船舶建造、营运和维修过程中持续更新有害材料清单，或者未在船舶拆解前将有害材料清单提供给从事船舶拆解单位的；

（二）船舶未持有防污证书、防污文书，或者不按照规定监测、监控，如实记载和保存船舶污染物、压载水和沉积物的排放及操作记录的；

（三）船舶采取措施提高能效水平未达到有关规定的；

（四）进入控制区的船舶不符合船舶污染物排放相关控制要求的；

（五）具备岸电供应能力的港口经营人、岸电供电企业未按照国家规定为具备岸电使用条件的船舶提供岸电的；

（六）具备岸电使用条件的船舶靠港，不按照国家规定使用岸电的。

有前款第一项行为的，处二万元以下的罚款；有前款第二项行为的，处十万元以下的罚款；有前款第三项行为的，处一万元以上十万元以下的罚款；有前款第四项行为的，处三万元以上三十万元以下的罚款；有前款第五项、第六项行为之一的，处一万元以上十万元以下的罚款，情节严重的，处十万元以上五十万元以下的罚款。

第一百一十一条 违反本法规定，有下列行为之一，由依照本法规定行使海洋环境监督管理权的部门或者机构责令改正，处以罚款：

（一）拒报或者谎报船舶载运污染危害性货物申报事项的；

（二）托运人未将托运的污染危害性货物的正式名称、污染危害性以及应当采取的防护措施如实告知承运人的；

（三）托运人交付承运人的污染危害性货物的单证、包装、标志、数量限制不符合对所交付货物的有关规定的；

（四）托运人在托运的普通货物中夹带污染危害性货物或者将污染危害性货物谎报为普通货物的；

（五）需要船舶载运污染危害性不明的货物，未按照有关规定事先进行评估的。

有前款第一项行为的，处五万元以下的罚款；有前款第二项行为的，处五万元以上十万元以下的罚款；有前款第三项、第五项行为之一的，处二万元以上十万元以下的罚款；有前款第四项行为的，处十万元以上二十万元以下的罚款。

第一百一十二条 违反本法规定，有下列行为之一，由依照本法规定行使海洋环境监督管理权的部门或者机构责令改正，处一万元以上五万元以下的罚款：

（一）载运具有污染危害性货物的船舶未经许可进出港口或者装卸作业的；

（二）装卸油类及有毒有害货物的作业，船岸双方未遵守安全防污操作规程的；

（三）船舶进行散装液体污染危害性货物的过驳作业，未编制作业方案或者未按照有关规定报经批准的。

第一百一十三条 企业事业单位和其他生产经营者违反本法规定向海域排放、倾倒、处置污染物、废弃物或者其他物质，受到罚款处罚，被责令改正的，依法作出处罚决定的部门或者机构应当组织复查，发现其继续实施该违法行为或者拒绝、阻挠复查的，依照《中华人民共和国环境保护法》的规定按日连续处罚。

第一百一十四条 对污染海洋环境、破坏海洋生态，造成他人损害的,依照《中华人民共和国民法典》等法律的规定承担民事责任。

对污染海洋环境、破坏海洋生态,给国家造成重大损失的,由依照本法规定行使海洋环境监督管理权的部门代表国家对责任者提出损害赔偿要求。

前款规定的部门不提起诉讼的,人民检察院可以向人民法院提起诉讼。前款规定的部门提起诉讼的,人民检察院可以支持起诉。

第一百一十五条 对违反本法规定,造成海洋环境污染、生态破坏事故的单位,除依法承担赔偿责任外,由依照本法规定行使海洋环境监督管理权的部门或者机构处以罚款;对直接负责的主管人员和其他直接责任人员可以处上一年度从本单位取得收入百分之五十以下的罚款;直接负责的主管人员和其他直接责任人员属于公职人员的,依法给予处分。

对造成一般或者较大海洋环境污染、生态破坏事故的,按照直接损失的百分之二十计算罚款;对造成重大或者特大海洋环境污染、生态破坏事故的,按照直接损失的百分之三十计算罚款。

第一百一十六条 完全属于下列情形之一,经过及时采取合理措施,仍然不能避免对海洋环境造成污染损害的,造成污染损害的有关责任者免予承担责任:

(一)战争;

(二)不可抗拒的自然灾害;

(三)负责灯塔或者其他助航设备的主管部门,在执行职责时的疏忽,或者其他过失行为。

第一百一十七条 未依照本法规定缴纳倾倒费的,由国务院生态环境主管部门及其海域派出机构责令限期缴纳;逾期拒不缴纳的,处应缴纳倾倒费数额一倍以上三倍以下的罚款,并可以报经有批准权的人民政府批准,责令停业、关闭。

第一百一十八条 海洋环境监督管理人员滥用职权、玩忽职守、徇私舞弊,造成海洋环境污染损害、生态破坏的,依法给予处分。

第一百一十九条 违反本法规定,构成违反治安管理行为的,依法给予治安管理处罚;构成犯罪的,依法追究刑事责任。

第九章 附 则

第一百二十条 本法中下列用语的含义是:

(一)海洋环境污染损害,是指直接或者间接地把物质或者能量引入海洋环境,产生损害海洋生物资源、危害人体健康、妨害渔业和海上其他合法活动、损害海水使用素质和减损环境质量等有害影响。

(二)内水,是指我国领海基线向内陆一侧的所有海域。

(三)沿海陆域,是指与海岸相连,或者通过管道、沟渠、设施,直接或者间接向海洋排放污染物及其相关活动的一带区域。

(四)滨海湿地,是指低潮时水深不超过六米的水域及其沿岸浸湿地带,包括水深不超过六米的永久性水域、潮间带(或者洪泛地带)和沿海低地等,但是用于养殖的人工的水域和滩涂除外。

(五)陆地污染源(简称陆源),是指从陆地向海域排放污染物,造成或者可能造成海洋环境污染的场所、设施等。

(六)陆源污染物,是指由陆地污染源排放的污染物。

(七)倾倒,是指通过船舶、航空器、平台或者其他载运工具,向海洋处置废弃物和其他有害物质的行为,包括弃置船舶、航空器、平台及其辅助设施和其他浮动工具的行为。

(八)海岸线,是指多年大潮平均高潮位时海陆分界痕迹线,以国家组织开展的海岸线修测结果为准。

(九)入海河口,是指河流终端与受水体(海)相结合的地段。

(十)海洋生态灾害,是指受自然环境变化或者人为因素影响,导致一种或者多种海洋生物暴发性增殖或者高度聚集,对海洋生态系统结构和功能造成损害。

(十一)渔业水域,是指鱼虾蟹贝类的产卵场、索饵场、越冬场、洄游通道和鱼虾蟹贝藻类及其他水生动植物的养殖场。

(十二)排放,是指把污染物排入海洋的行为,包括泵出、溢出、泄出、喷出和倒出。

(十三)油类,是指任何类型的油及其炼制品。

(十四)入海排污口,是指直接或者通过管道、沟、渠等排污通道向海洋环境水体排放污水的口门,包括工业排污口、城镇污水处理厂排污口、农业排口及其他排口等类型。

(十五)油性混合物,是指任何含有油份的混合物。

(十六)海上焚烧,是指以热摧毁为目的,在海上焚烧设施上,故意焚烧废弃物或者其他物质的行为,但是船舶、平台或者其他人工构造物正常操作中所附带发生的行为除外。

第一百二十一条 涉及海洋环境监督管理的有关部

门的具体职权划分,本法未作规定的,由国务院规定。

沿海县级以上地方人民政府行使海洋环境监督管理权的部门的职责,由省、自治区、直辖市人民政府根据本法及国务院有关规定确定。

第一百二十二条 军事船舶和军事用海环境保护管理办法,由国务院、中央军事委员会依照本法制定。

第一百二十三条 中华人民共和国缔结或者参加的与海洋环境保护有关的国际条约与本法有不同规定的,适用国际条约的规定;但是,中华人民共和国声明保留的条款除外。

第一百二十四条 本法自 2024 年 1 月 1 日起施行。

中华人民共和国海域使用管理法

· 2001 年 10 月 27 日第九届全国人民代表大会常务委员会第二十四次会议通过
· 2001 年 10 月 27 日中华人民共和国主席令第 61 号公布
· 自 2002 年 1 月 1 日起施行

第一章 总 则

第一条 为了加强海域使用管理,维护国家海域所有权和海域使用权人的合法权益,促进海域的合理开发和可持续利用,制定本法。

第二条 本法所称海域,是指中华人民共和国内水、领海的水面、水体、海床和底土。

本法所称内水,是指中华人民共和国领海基线向陆地一侧至海岸线的海域。

在中华人民共和国内水、领海持续使用特定海域 3 个月以上的排他性用海活动,适用本法。

第三条 海域属于国家所有,国务院代表国家行使海域所有权。任何单位或者个人不得侵占、买卖或者以其他形式非法转让海域。

单位和个人使用海域,必须依法取得海域使用权。

第四条 国家实行海洋功能区划制度。海域使用必须符合海洋功能区划。

国家严格管理填海、围海等改变海域自然属性的用海活动。

第五条 国家建立海域使用管理信息系统,对海域使用状况实施监视、监测。

第六条 国家建立海域使用权登记制度,依法登记的海域使用权受法律保护。

国家建立海域使用统计制度,定期发布海域使用统计资料。

第七条 国务院海洋行政主管部门负责全国海域使用的监督管理。沿海县级以上地方人民政府海洋行政主管部门根据授权,负责本行政区毗邻海域使用的监督管理。

渔业行政主管部门依照《中华人民共和国渔业法》,对海洋渔业实施监督管理。

海事管理机构依照《中华人民共和国海上交通安全法》,对海上交通安全实施监督管理。

第八条 任何单位和个人都有遵守海域使用管理法律、法规的义务,并有权对违反海域使用管理法律、法规的行为提出检举和控告。

第九条 在保护和合理利用海域以及进行有关的科学研究等方面成绩显著的单位和个人,由人民政府给予奖励。

第二章 海洋功能区划

第十条 国务院海洋行政主管部门会同国务院有关部门和沿海省、自治区、直辖市人民政府,编制全国海洋功能区划。

沿海县级以上地方人民政府海洋行政主管部门会同本级人民政府有关部门,依据上一级海洋功能区划,编制地方海洋功能区划。

第十一条 海洋功能区划按照下列原则编制:

(一)按照海域的区位、自然资源和自然环境等自然属性,科学确定海域功能;

(二)根据经济和社会发展的需要,统筹安排各有关行业用海;

(三)保护和改善生态环境,保障海域可持续利用,促进海洋经济的发展;

(四)保障海上交通安全;

(五)保障国防安全,保证军事用海需要。

第十二条 海洋功能区划实行分级审批。

全国海洋功能区划,报国务院批准。

沿海省、自治区、直辖市海洋功能区划,经该省、自治区、直辖市人民政府审核同意后,报国务院批准。

沿海市、县海洋功能区划,经该市、县人民政府审核同意后,报所在的省、自治区、直辖市人民政府批准,报国务院海洋行政主管部门备案。

第十三条 海洋功能区划的修改,由原编制机关会同同级有关部门提出修改方案,报原批准机关批准;未经批准,不得改变海洋功能区划确定的海域功能。

经国务院批准,因公共利益、国防安全或者进行大型能源、交通等基础设施建设,需要改变海洋功能区划的,根据国务院的批准文件修改海洋功能区划。

第十四条　海洋功能区划经批准后，应当向社会公布；但是，涉及国家秘密的部分除外。

第十五条　养殖、盐业、交通、旅游等行业规划涉及海域使用的，应当符合海洋功能区划。

沿海土地利用总体规划、城市规划、港口规划涉及海域使用的，应当与海洋功能区划相衔接。

第三章　海域使用的申请与审批

第十六条　单位和个人可以向县级以上人民政府海洋行政主管部门申请使用海域。

申请使用海域的，申请人应当提交下列书面材料：

（一）海域使用申请书；

（二）海域使用论证材料；

（三）相关的资信证明材料；

（四）法律、法规规定的其他书面材料。

第十七条　县级以上人民政府海洋行政主管部门依据海洋功能区划，对海域使用申请进行审核，并依照本法和省、自治区、直辖市人民政府的规定，报有批准权的人民政府批准。

海洋行政主管部门审核海域使用申请，应当征求同级有关部门的意见。

第十八条　下列项目用海，应当报国务院审批：

（一）填海 50 公顷以上的项目用海；

（二）围海 100 公顷以上的项目用海；

（三）不改变海域自然属性的用海 700 公顷以上的项目用海；

（四）国家重大建设项目用海；

（五）国务院规定的其他项目用海。

前款规定以外的项目用海的审批权限，由国务院授权省、自治区、直辖市人民政府规定。

第四章　海域使用权

第十九条　海域使用申请经依法批准后，国务院批准用海的，由国务院海洋行政主管部门登记造册，向海域使用申请人颁发海域使用权证书；地方人民政府批准用海的，由地方人民政府登记造册，向海域使用申请人颁发海域使用权证书。海域使用申请人自领取海域使用权证书之日起，取得海域使用权。

第二十条　海域使用权除依照本法第十九条规定的方式取得外，也可以通过招标或者拍卖的方式取得。招标或者拍卖方案由海洋行政主管部门制订，报有审批权的人民政府批准后组织实施。海洋行政主管部门制订招标或者拍卖方案，应当征求同级有关部门的意见。

招标或者拍卖工作完成后，依法向中标人或者买受人颁发海域使用权证书。中标人或者买受人自领取海域使用权证书之日起，取得海域使用权。

第二十一条　颁发海域使用权证书，应当向社会公告。

颁发海域使用权证书，除依法收取海域使用金外，不得收取其他费用。

海域使用权证书的发放和管理办法，由国务院规定。

第二十二条　本法施行前，已经由农村集体经济组织或者村民委员会经营、管理的养殖用海，符合海洋功能区划的，经当地县级人民政府核准，可以将海域使用权确定给该农村集体经济组织或者村民委员会，由本集体经济组织的成员承包，用于养殖生产。

第二十三条　海域使用权人依法使用海域并获得收益的权利受法律保护，任何单位和个人不得侵犯。

海域使用权人有依法保护和合理使用海域的义务；海域使用权人对不妨害其依法使用海域的非排他性用海活动，不得阻挠。

第二十四条　海域使用权人在使用海域期间，未经依法批准，不得从事海洋基础测绘。

海域使用权人发现所使用海域的自然资源和自然条件发生重大变化时，应当及时报告海洋行政主管部门。

第二十五条　海域使用权最高期限，按照下列用途确定：

（一）养殖用海 15 年；

（二）拆船用海 20 年；

（三）旅游、娱乐用海 25 年；

（四）盐业、矿业用海 30 年；

（五）公益事业用海 40 年；

（六）港口、修造船厂等建设工程用海 50 年。

第二十六条　海域使用权期限届满，海域使用权人需要继续使用海域的，应当至迟于期限届满前 2 个月向原批准用海的人民政府申请续期。除根据公共利益或者国家安全需要收回海域使用权的外，原批准用海的人民政府应当批准续期。准予续期的，海域使用权人应当依法缴纳续期的海域使用金。

第二十七条　因企业合并、分立或者与他人合资、合作经营，变更海域使用权人的，需经原批准用海的人民政府批准。

海域使用权可以依法转让。海域使用权转让的具体办法，由国务院规定。

海域使用权可以依法继承。

第二十八条 海域使用权人不得擅自改变经批准的海域用途;确需改变的,应当在符合海洋功能区划的前提下,报原批准用海的人民政府批准。

第二十九条 海域使用权期满,未申请续期或者申请续期未获批准的,海域使用权终止。

海域使用权终止后,原海域使用权人应当拆除可能造成海洋环境污染或者影响其他用海项目的用海设施和构筑物。

第三十条 因公共利益或者国家安全的需要,原批准用海的人民政府可以依法收回海域使用权。

依照前款规定在海域使用权期满前提前收回海域使用权的,对海域使用权人应当给予相应的补偿。

第三十一条 因海域使用权发生争议,当事人协商解决不成的,由县级以上人民政府海洋行政主管部门调解;当事人也可以直接向人民法院提起诉讼。

在海域使用权争议解决前,任何一方不得改变海域使用现状。

第三十二条 填海项目竣工后形成的土地,属于国家所有。

海域使用权人应当自填海项目竣工之日起 3 个月内,凭海域使用权证书,向县级以上人民政府土地行政主管部门提出土地登记申请,由县级以上人民政府登记造册,换发国有土地使用权证书,确认土地使用权。

第五章 海域使用金

第三十三条 国家实行海域有偿使用制度。

单位和个人使用海域,应当按照国务院的规定缴纳海域使用金。海域使用金应当按照国务院的规定上缴财政。

对渔民使用海域从事养殖活动收取海域使用金的具体实施步骤和办法,由国务院另行规定。

第三十四条 根据不同的用海性质或者情形,海域使用金可以按照规定一次缴纳或者按年度逐年缴纳。

第三十五条 下列用海,免缴海域使用金:

(一)军事用海;

(二)公务船舶专用码头用海;

(三)非经营性的航道、锚地等交通基础设施用海;

(四)教学、科研、防灾减灾、海难搜救打捞等非经营性公益事业用海。

第三十六条 下列用海,按照国务院财政部门和国务院海洋行政主管部门的规定,经有批准权的人民政府财政部门和海洋行政主管部门审查批准,可以减缴或者免缴海域使用金:

(一)公用设施用海;

(二)国家重大建设项目用海;

(三)养殖用海。

第六章 监督检查

第三十七条 县级以上人民政府海洋行政主管部门应当加强对海域使用的监督检查。

县级以上人民政府财政部门应当加强对海域使用金缴纳情况的监督检查。

第三十八条 海洋行政主管部门应当加强队伍建设,提高海域使用管理监督检查人员的政治、业务素质。海域使用管理监督检查人员必须秉公执法,忠于职守,清正廉洁,文明服务,并依法接受监督。

海洋行政主管部门及其工作人员不得参与和从事与海域使用有关的生产经营活动。

第三十九条 县级以上人民政府海洋行政主管部门履行监督检查职责时,有权采取下列措施:

(一)要求被检查单位或者个人提供海域使用的有关文件和资料;

(二)要求被检查单位或者个人就海域使用的有关问题作出说明;

(三)进入被检查单位或者个人占用的海域现场进行勘查;

(四)责令当事人停止正在进行的违法行为。

第四十条 海域使用管理监督检查人员履行监督检查职责时,应当出示有效执法证件。

有关单位和个人对海洋行政主管部门的监督检查应当予以配合,不得拒绝、妨碍监督检查人员依法执行公务。

第四十一条 依照法律规定行使海洋监督管理权的有关部门在海上执法时应当密切配合,互相支持,共同维护国家海域所有权和海域使用权人的合法权益。

第七章 法律责任

第四十二条 未经批准或者骗取批准,非法占用海域的,责令退还非法占用的海域,恢复海域原状,没收违法所得,并处非法占用海域期间内该海域面积应缴纳的海域使用金 5 倍以上 15 倍以下的罚款;对未经批准或者骗取批准,进行围海、填海活动的,并处非法占用海域期间内该海域面积应缴纳的海域使用金 10 倍以上 20 倍以下的罚款。

第四十三条 无权批准使用海域的单位非法批准使用海域的,超越批准权限非法批准使用海域的,或者不按海洋功能区划批准使用海域的，批准文件无效，收回非法使用的海域；对非法批准使用海域的直接负责的主管人员和其他直接责任人员，依法给予行政处分。

第四十四条 违反本法第二十三条规定，阻挠、妨害海域使用权人依法使用海域的，海域使用权人可以请求海洋行政主管部门排除妨害，也可以依法向人民法院提起诉讼；造成损失的，可以依法请求损害赔偿。

第四十五条 违反本法第二十六条规定，海域使用权期满，未办理有关手续仍继续使用海域的，责令限期办理，可以并处1万元以下的罚款；拒不办理的，以非法占用海域论处。

第四十六条 违反本法第二十八条规定，擅自改变海域用途的，责令限期改正，没收违法所得，并处非法改变海域用途的期间内该海域面积应缴纳的海域使用金5倍以上15倍以下的罚款；对拒不改正的，由颁发海域使用权证书的人民政府注销海域使用权证书，收回海域使用权。

第四十七条 违反本法第二十九条第二款规定，海域使用权终止，原海域使用权人不按规定拆除用海设施和构筑物的，责令限期拆除；逾期拒不拆除的，处5万元以下的罚款，并由县级以上人民政府海洋行政主管部门委托有关单位代为拆除，所需费用由原海域使用权人承担。

第四十八条 违反本法规定，按年度逐年缴纳海域使用金的海域使用权人不按期缴纳海域使用金的，限期缴纳；在限期内仍拒不缴纳的，由颁发海域使用权证书的人民政府注销海域使用权证书，收回海域使用权。

第四十九条 违反本法规定，拒不接受海洋行政主管部门监督检查、不如实反映情况或者不提供有关资料的，责令限期改正，给予警告，可以并处2万元以下的罚款。

第五十条 本法规定的行政处罚，由县级以上人民政府海洋行政主管部门依据职权决定。但是，本法已对处罚机关作出规定的除外。

第五十一条 国务院海洋行政主管部门和县级以上地方人民政府违反本法规定颁发海域使用权证书，或者颁发海域使用权证书后不进行监督管理，或者发现违法行为不予查处的，对直接负责的主管人员和其他直接责任人员，依法给予行政处分；徇私舞弊、滥用职权或者玩忽职守构成犯罪的，依法追究刑事责任。

第八章 附 则

第五十二条 在中华人民共和国内水、领海使用特定海域不足3个月，可能对国防安全、海上交通安全和其他用海活动造成重大影响的排他性用海活动，参照本法有关规定办理临时海域使用证。

第五十三条 军事用海的管理办法，由国务院、中央军事委员会依据本法制定。

第五十四条 本法自2002年1月1日起施行。

中华人民共和国海岛保护法

- 2009年12月26日第十一届全国人民代表大会常务委员会第十二次会议通过
- 2009年12月26日中华人民共和国主席令第22号公布
- 自2010年3月1日起施行

第一章 总 则

第一条 为了保护海岛及其周边海域生态系统，合理开发利用海岛自然资源，维护国家海洋权益，促进经济社会可持续发展，制定本法。

第二条 从事中华人民共和国所属海岛的保护、开发利用及相关管理活动，适用本法。

本法所称海岛，是指四面环海水并在高潮时高于水面的自然形成的陆地区域，包括有居民海岛和无居民海岛。

本法所称海岛保护，是指海岛及其周边海域生态系统保护，无居民海岛自然资源保护和特殊用途海岛保护。

第三条 国家对海岛实行科学规划、保护优先、合理开发、永续利用的原则。

国务院和沿海地方各级人民政府应当将海岛保护和合理开发利用纳入国民经济和社会发展规划，采取有效措施，加强对海岛的保护和管理，防止海岛及其周边海域生态系统遭受破坏。

第四条 无居民海岛属于国家所有，国务院代表国家行使无居民海岛所有权。

第五条 国务院海洋主管部门和国务院其他有关部门依照法律和国务院规定的职责分工，负责全国有居民海岛及其周边海域生态保护工作。沿海县级以上地方人民政府海洋主管部门和其他有关部门按照各自的职责，负责本行政区域内有居民海岛及其周边海域生态保护工作。

国务院海洋主管部门负责全国无居民海岛保护和开发利用的管理工作。沿海县级以上地方人民政府海洋主管部门负责本行政区域内无居民海岛保护和开发利用管理的有关工作。

第六条 海岛的名称，由国家地名管理机构和国务院海洋主管部门按照国务院有关规定确定和发布。

沿海县级以上地方人民政府应当按照国家规定，在需要设置海岛名称标志的海岛设置海岛名称标志。

禁止损毁或者擅自移动海岛名称标志。

第七条 国务院和沿海地方各级人民政府应当加强对海岛保护的宣传教育工作，增强公民的海岛保护意识，并对在海岛保护以及有关科学研究工作中做出显著成绩的单位和个人予以奖励。

任何单位和个人都有遵守海岛保护法律的义务，并有权向海洋主管部门或者其他有关部门举报违反海岛保护法律、破坏海岛生态的行为。

第二章 海岛保护规划

第八条 国家实行海岛保护规划制度。海岛保护规划是从事海岛保护、利用活动的依据。

制定海岛保护规划应当遵循有利于保护和改善海岛及其周边海域生态系统，促进海岛经济社会可持续发展的原则。

海岛保护规划报送审批前，应当征求有关专家和公众的意见，经批准后应当及时向社会公布。但是，涉及国家秘密的除外。

第九条 国务院海洋主管部门会同本级人民政府有关部门、军事机关，依据国民经济和社会发展规划、全国海洋功能区划，组织编制全国海岛保护规划，报国务院审批。

全国海岛保护规划应当按照海岛的区位、自然资源、环境等自然属性及保护、利用状况，确定海岛分类保护的原则和可利用的无居民海岛，以及需要重点修复的海岛等。

全国海岛保护规划应当与全国城镇体系规划和全国土地利用总体规划相衔接。

第十条 沿海省、自治区人民政府海洋主管部门会同本级人民政府有关部门、军事机关，依据全国海岛保护规划、省域城镇体系规划和省、自治区土地利用总体规划，组织编制省域海岛保护规划，报省、自治区人民政府审批，并报国务院备案。

沿海直辖市人民政府组织编制的城市总体规划，应当包括本行政区域内海岛保护专项规划。

省域海岛保护规划和直辖市海岛保护专项规划，应当规定海岛分类保护的具体措施。

第十一条 省、自治区人民政府根据实际情况，可以要求本行政区域内的沿海城市、县、镇人民政府组织编制海岛保护专项规划，并纳入城市总体规划、镇总体规划；可以要求沿海县人民政府组织编制县域海岛保护规划。

沿海城市、镇海岛保护专项规划和县域海岛保护规划，应当符合全国海岛保护规划和省域海岛保护规划。

编制沿海城市、镇海岛保护专项规划，应当征求上一级人民政府海洋主管部门的意见。

县域海岛保护规划报省、自治区人民政府审批，并报国务院海洋主管部门备案。

第十二条 沿海县级人民政府可以组织编制全国海岛保护规划确定的可利用无居民海岛的保护和利用规划。

第十三条 修改海岛保护规划，应当依照本法第九条、第十条、第十一条规定的审批程序报经批准。

第十四条 国家建立完善海岛统计调查制度。国务院海洋主管部门会同有关部门拟定海岛综合统计调查计划，依法经批准后组织实施，并发布海岛统计调查公报。

第十五条 国家建立海岛管理信息系统，开展海岛自然资源的调查评估，对海岛的保护与利用等状况实施监视、监测。

第三章 海岛的保护

第一节 一般规定

第十六条 国务院和沿海地方各级人民政府应当采取措施，保护海岛的自然资源、自然景观以及历史、人文遗迹。

禁止改变自然保护区内海岛的海岸线。禁止采挖、破坏珊瑚和珊瑚礁。禁止砍伐海岛周边海域的红树林。

第十七条 国家保护海岛植被，促进海岛淡水资源的涵养；支持有居民海岛淡水储存、海水淡化和岛外淡水引入工程设施的建设。

第十八条 国家支持利用海岛开展科学研究活动。在海岛从事科学研究活动不得造成海岛及其周边海域生态系统破坏。

第十九条 国家开展海岛物种登记，依法保护和管理海岛生物物种。

第二十条 国家支持在海岛建立可再生能源开发利用、生态建设等实验基地。

第二十一条 国家安排海岛保护专项资金，用于海岛的保护、生态修复和科学研究活动。

第二十二条 国家保护设置在海岛的军事设施，禁止破坏、危害军事设施的行为。

国家保护依法设置在海岛的助航导航、测量、气象观测、海洋监测和地震监测等公益设施，禁止损毁或者擅自移动，妨碍其正常使用。

第二节 有居民海岛生态系统的保护

第二十三条 有居民海岛的开发、建设应当遵守有关城乡规划、环境保护、土地管理、海域使用管理、水资源和森林保护等法律、法规的规定,保护海岛及其周边海域生态系统。

第二十四条 有居民海岛的开发、建设应当对海岛土地资源、水资源及能源状况进行调查评估,依法进行环境影响评价。海岛的开发、建设不得超出海岛的环境容量。新建、改建、扩建建设项目,必须符合海岛主要污染物排放、建设用地和用水总量控制指标的要求。

有居民海岛的开发、建设应当优先采用风能、海洋能、太阳能等可再生能源和雨水集蓄、海水淡化、污水再生利用等技术。

有居民海岛及其周边海域应当划定禁止开发、限制开发区域,并采取措施保护海岛生物栖息地,防止海岛植被退化和生物多样性降低。

第二十五条 在有居民海岛进行工程建设,应当坚持先规划后建设、生态保护设施优先建设或者与工程项目同步建设的原则。

进行工程建设造成生态破坏的,应当负责修复;无力修复的,由县级以上人民政府责令停止建设,并可以指定有关部门组织修复,修复费用由造成生态破坏的单位、个人承担。

第二十六条 严格限制在有居民海岛沙滩建造建筑物或者设施;确需建造的,应当依照有关城乡规划、土地管理、环境保护等法律、法规的规定执行。未经依法批准在有居民海岛沙滩建造的建筑物或者设施,对海岛及其周边海域生态系统造成严重破坏的,应当依法拆除。

严格限制在有居民海岛沙滩采挖海砂;确需采挖的,应当依照有关海域使用管理、矿产资源的法律、法规的规定执行。

第二十七条 严格限制填海、围海等改变有居民海岛海岸线的行为,严格限制填海连岛工程建设;确需填海、围海改变海岛海岸线,或者填海连岛的,项目申请人应当提交项目论证报告、经批准的环境影响评价报告等申请文件,依照《中华人民共和国海域使用管理法》的规定报经批准。

本法施行前在有居民海岛建设的填海连岛工程,对海岛及其周边海域生态系统造成严重破坏的,由海岛所在省、自治区、直辖市人民政府海洋主管部门会同本级人民政府有关部门制定生态修复方案,报本级人民政府批准后组织实施。

第三节 无居民海岛的保护

第二十八条 未经批准利用的无居民海岛,应当维持现状;禁止采石、挖海砂、采伐林木以及进行生产、建设、旅游等活动。

第二十九条 严格限制在无居民海岛采集生物和非生物样本;因教学、科学研究确需采集的,应当报经海岛所在县级以上地方人民政府海洋主管部门批准。

第三十条 从事全国海岛保护规划确定的可利用无居民海岛的开发利用活动,应当遵守可利用无居民海岛保护和利用规划,采取严格的生态保护措施,避免造成海岛及其周边海域生态系统破坏。

开发利用前款规定的可利用无居民海岛,应当向省、自治区、直辖市人民政府海洋主管部门提出申请,并提交项目论证报告、开发利用具体方案等申请文件,由海洋主管部门组织有关部门和专家审查,提出审查意见,报省、自治区、直辖市人民政府审批。

无居民海岛的开发利用涉及利用特殊用途海岛,或者确需填海连岛以及其他严重改变海岛自然地形、地貌的,由国务院审批。

无居民海岛开发利用审查批准的具体办法,由国务院规定。

第三十一条 经批准开发利用无居民海岛的,应当依法缴纳使用金。但是,因国防、公务、教学、防灾减灾、非经营性公用基础设施建设和基础测绘、气象观测等公益事业使用无居民海岛的除外。

无居民海岛使用金征收使用管理办法,由国务院财政部门会同国务院海洋主管部门规定。

第三十二条 经批准在可利用无居民海岛建造建筑物或者设施,应当按照可利用无居民海岛保护和利用规划限制建筑物、设施的建设总量、高度以及与海岸线的距离,使其与周围植被和景观相协调。

第三十三条 无居民海岛利用过程中产生的废水,应当按照规定进行处理和排放。

无居民海岛利用过程中产生的固体废物,应当按照规定进行无害化处理、处置,禁止在无居民海岛弃置或者向其周边海域倾倒。

第三十四条 临时性利用无居民海岛的,不得在所利用的海岛建造永久性建筑物或者设施。

第三十五条 在依法确定为开展旅游活动的可利用无居民海岛及其周边海域,不得建造居民定居场所,不得从事生产性养殖活动;已经存在生产性养殖活动的,应当在编制可利用无居民海岛保护和利用规划中确定相应的污染防治措施。

第四节 特殊用途海岛的保护

第三十六条 国家对领海基点所在海岛、国防用途海岛、海洋自然保护区内的海岛等具有特殊用途或者特殊保护价值的海岛,实行特别保护。

第三十七条 领海基点所在的海岛,应当由海岛所在省、自治区、直辖市人民政府划定保护范围,报国务院海洋主管部门备案。领海基点及其保护范围周边应当设置明显标志。

禁止在领海基点保护范围内进行工程建设以及其他可能改变该区域地形、地貌的活动。确需进行以保护领海基点为目的的工程建设的,应当经过科学论证,报国务院海洋主管部门同意后依法办理审批手续。

禁止损毁或者擅自移动领海基点标志。

县级以上人民政府海洋主管部门应当按照国家规定,对领海基点所在海岛及其周边海域生态系统实施监视、监测。

任何单位和个人都有保护海岛领海基点的义务。发现领海基点以及领海基点保护范围内的地形、地貌受到破坏的,应当及时向当地人民政府或者海洋主管部门报告。

第三十八条 禁止破坏国防用途无居民海岛的自然地形、地貌和有居民海岛国防用途区域及其周边的地形、地貌。

禁止将国防用途无居民海岛用于与国防无关的目的。国防用途终止时,经军事机关批准后,应当将海岛及其有关生态保护的资料等一并移交该海岛所在省、自治区、直辖市人民政府。

第三十九条 国务院、国务院有关部门和沿海省、自治区、直辖市人民政府,根据海岛自然资源、自然景观以及历史、人文遗迹保护的需要,对具有特殊保护价值的海岛及其周边海域,依法批准设立海洋自然保护区或者海洋特别保护区。

第四章 监督检查

第四十条 县级以上人民政府有关部门应当依法对有居民海岛保护和开发、建设进行监督检查。

第四十一条 海洋主管部门应当依法对无居民海岛保护和合理利用情况进行监督检查。

海洋主管部门及其海监机构依法对海岛周边海域生态系统保护情况进行监督检查。

第四十二条 海洋主管部门依法履行监督检查职责,有权要求被检查单位和个人就海岛利用的有关问题作出说明,提供海岛利用的有关文件和资料;有权进入被检查单位和个人所利用的海岛实施现场检查。

检查人员在履行检查职责时,应当出示有效的执法证件。有关单位和个人对检查工作应当予以配合,如实反映情况,提供有关文件和资料等;不得拒绝或者阻碍检查工作。

第四十三条 检查人员必须忠于职守、秉公执法、清正廉洁、文明服务,并依法接受监督。在依法查处违反本法规定的行为时,发现国家机关工作人员有违法行为应当给予处分的,应当向其任免机关或者监察机关提出处分建议。

第五章 法律责任

第四十四条 海洋主管部门或者其他对海岛保护负有监督管理职责的部门,发现违法行为或者接到对违法行为的举报后不依法予以查处,或者有其他未依照本法规定履行职责的行为的,由本级人民政府或者上一级人民政府有关主管部门责令改正,对直接负责的主管人员和其他直接责任人员依法给予处分。

第四十五条 违反本法规定,改变自然保护区内海岛的海岸线,填海、围海改变海岛海岸线,或者进行填海连岛的,依照《中华人民共和国海域使用管理法》的规定处罚。

第四十六条 违反本法规定,采挖、破坏珊瑚、珊瑚礁,或者砍伐海岛周边海域红树林的,依照《中华人民共和国海洋环境保护法》的规定处罚。

第四十七条 违反本法规定,在无居民海岛采石、挖海砂、采伐林木或者采集生物、非生物样本的,由县级以上人民政府海洋主管部门责令停止违法行为,没收违法所得,可以并处二万元以下的罚款。

违反本法规定,在无居民海岛进行生产、建设活动或者组织开展旅游活动的,由县级以上人民政府海洋主管部门责令停止违法行为,没收违法所得,并处二万元以上二十万元以下的罚款。

第四十八条 违反本法规定,进行严重改变无居民海岛自然地形、地貌的活动的,由县级以上人民政府海洋主管部门责令停止违法行为,处以五万元以上五十万元以下的罚款。

第四十九条 在海岛及其周边海域违法排放污染物的,依照有关环境保护法律的规定处罚。

第五十条 违反本法规定,在领海基点保护范围内进行工程建设或者其他可能改变该区域地形、地貌活动,在临时性利用的无居民海岛建造永久性建筑物或者设施,或者在依法确定为开展旅游活动的可利用无居民海岛建造居民定居场所的,由县级以上人民政府海洋主管部门责令停止违法行为,处以二万元以上二十万元以下的罚款。

第五十一条　损毁或者擅自移动领海基点标志的,依法给予治安管理处罚。

第五十二条　破坏、危害设置在海岛的军事设施,或者损毁、擅自移动设置在海岛的助航导航、测量、气象观测、海洋监测和地震监测等公益设施的,依照有关法律、行政法规的规定处罚。

第五十三条　无权批准开发利用无居民海岛而批准,超越批准权限批准开发利用无居民海岛,或者违反海岛保护规划批准开发利用无居民海岛的,批准文件无效;对直接负责的主管人员和其他直接责任人员依法给予处分。

第五十四条　违反本法规定,拒绝海洋主管部门监督检查,在接受监督检查时弄虚作假,或者不提供有关文件和资料的,由县级以上人民政府海洋主管部门责令改正,可以处二万元以下的罚款。

第五十五条　违反本法规定,构成犯罪的,依法追究刑事责任。

造成海岛及其周边海域生态系统破坏的,依法承担民事责任。

第六章　附　则

第五十六条　低潮高地的保护及相关管理活动,比照本法有关规定执行。

第五十七条　本法中下列用语的含义:

(一)海岛及其周边海域生态系统,是指由维持海岛存在的岛体、海岸线、沙滩、植被、淡水和周边海域等生物群落和非生物环境组成的有机复合体。

(二)无居民海岛,是指不属于居民户籍管理的住址登记地的海岛。

(三)低潮高地,是指在低潮时四面环海水并高于水面但在高潮时没入水中的自然形成的陆地区域。

(四)填海连岛,是指通过填海造地等方式将海岛与陆地或者海岛与海岛连接起来的行为。

(五)临时性利用无居民海岛,是指因公务、教学、科学调查、救灾、避险等需要而短期登临、停靠无居民海岛的行为。

第五十八条　本法自2010年3月1日起施行。

海洋生态保护修复资金管理办法

·2020年10月30日

·财资环〔2020〕76号

第一条　为了加强和规范海洋生态保护修复资金管理,提高资金使用效益,加强海洋生态保护修复,改善海洋生态环境质量,促进海洋生态文明建设,根据《中华人民共和国预算法》、《中华人民共和国海域使用管理法》、《中华人民共和国海岛保护法》、《自然资源领域中央与地方财政事权和支出责任划分改革方案》、《中央对地方专项转移支付管理办法》等,制定本办法。

第二条　本办法所称海洋生态保护修复资金(以下简称保护修复资金)是指中央财政通过一般公共预算安排的,用于支持对生态安全具有重要保障作用、生态受益范围较广的重点区域海洋生态保护修复的共同财政事权转移支付资金。

第三条　保护修复资金的管理和使用应当遵循以下原则:

(一)坚决贯彻党中央、国务院决策部署,突出支持重点。

(二)符合国家宏观经济政策和涉海规划,遵循节约优先、保护优先、自然恢复为主方针。

(三)按照编制财政中期规划的要求,统筹考虑有关工作总体预算安排。

(四)坚持统筹兼顾,整体施策,鼓励各地从系统工程和全局角度,全方位、全海域、全过程开展海洋生态保护和修复治理。注重实现海洋生态产品的综合价值,推动提高优质海洋生态产品的供给能力。

(五)坚持公开、公平、公正,主动接受社会监督。

(六)实施全过程预算绩效管理,强化资金监管,充分发挥资金效益。

第四条　本办法实施期限至2025年。期满后根据法律、行政法规和国务院有关规定及海洋生态保护修复形势的需要,评估确定是否继续实施和延续期限。

第五条　保护修复资金由财政部会同业务主管部门管理。

财政部负责确定保护修复资金支持重点、分配原则;审核保护修复资金分配建议方案,编制保护修复资金预算草案并下达预算,组织实施全过程预算绩效管理,加强资金监管,指导地方预算管理等工作。

业务主管部门负责组织研究提出海洋生态保护修复项目重点支持方向和工作任务,提出保护修复资金总体绩效目标及资金分配建议方案，开展日常监管、综合成效评估和技术标准制定等工作，开展保护修复资金全过程预算绩效管理，指导地方做好项目管理工作等。

各省(自治区、直辖市，以下统称省)财政部门和业务主管部门负责组织项目实施方案的编制和审核，对项目内容的真实性、准确性负责，承担项目实施方案变更批复和项目竣工验收工作；按照本办法要求，按时向财政部和业务主管部门报送上一年度保护修复资金项目执行情况、绩效目标完成情况等。

第六条 保护修复资金重点支持党中央、国务院关于打好污染防治攻坚战和海洋生态保护修复的有关决策部署、《海岸带保护修复工程工作方案》等海洋生态保护修复规划确定的工作任务。支持范围具体包括：

(一)海洋生态保护和修复治理。对重点区域海域、海岛、海岸带等生态系统进行保护和修复治理，提升海岛海域岸线的生态功能和减灾功能。

(二)入海污染物治理。支持因提高入海污染物排放标准的直排海污染源治理以及海岛海域污水垃圾等污染物治理。

(三)能力建设。支持海域、海岛监视监管系统，海洋观测、生态预警监测建设，开展海洋防灾减灾、海洋调查等。

(四)海洋生态补偿。支持地方开展海洋生态保护补偿。

(五)根据党中央、国务院决策部署需要统筹安排的其他支出。

第七条 下列项目不得申报保护修复资金：

(一)生态受益范围地域性较强、属于地方财政事权或有明确修复责任主体的项目。

(二)不符合自然保护地、生态保护红线、用海、用岛、岸线等国家管控要求的项目。

(三)涉及围填海历史遗留问题或督查整改未到位的项目。

(四)涉及审计、督查发现问题未有效整改的项目。

(五)已从中央基建投资等其他渠道获得中央财政资金支持的项目。

(六)海洋生态修复效果存在较大不确定性，工程措施对生态系统造成新的破坏可能性较大，工程技术不完善等条件不成熟的项目。

第八条 保护修复资金采用项目法和因素法相结合的办法分配。

第九条 保护修复资金采用项目法分配的，由财政部会同有关部门通过竞争性评审方式公开择优确定具体项目。财政部会同有关部门在项目评审前发布申报指南，明确项目申报范围、要求等具体事项。向地级市安排保护修复奖补资金不超过3亿元，向计划单列市和省会城市安排保护修复奖补资金不超过4亿元，具体根据项目实施方案总投资金额等确定。

项目所在城市政府或其有关部门负责编制项目实施方案，明确绩效目标、实施任务、保障机制以及分年度资金预算等，并按照项目申报要求提出申请。

第十条 保护修复资金采用因素法分配的，由财政部会同有关部门根据党中央、国务院决策部署，结合各省海洋生态保护修复形势、财力状况等，选取海洋生态保护修复工作任务量、自然情况、保护修复工作成效和项目准备情况作为分配因素，具体分配权重为50%、20%、20%、10%，并根据各省财政困难程度、预算执行率、绩效评价结果等进行调整。

第十一条 采用项目法支持的项目，在实施过程中因实施环境和条件发生重大变化，确有必要调整实施方案的，应当坚持绩效目标不降低原则，由省级财政部门会同业务主管部门批准同意后，报财政部和业务主管部门备案。

各地相关部门和项目实施单位要严格按照中央对地方转移支付管理有关要求，加强项目管理，加快项目执行，严格资金监管，确保专款专用，提高保护修复资金使用效益。

第十二条 财政部会同有关部门负责组织对保护修复资金实施预算绩效管理，组织开展绩效自评和重点绩效评价，加强绩效评价结果反馈应用，并建立保护修复资金考核奖惩机制。将对各地保护修复资金使用和方案执行情况考核结果和绩效评价结果作为调整完善政策及资金预算的重要依据。

绩效评价包括对决策、管理、产出、效益、满意度等指标的考核。具体内容包括：决策情况、相关制度建设及执行情况、保护修复资金到位使用及项目实施进展情况，以及实现的产出、取得的经济社会效益等绩效目标完成情况等。

第十三条 地方各级财政部门和业务主管部门应当加强保护修复资金的绩效评价，并选择部分重点项目开展绩效评价，加强对具体项目及保护修复资金使用情况的动态监督，强化绩效运行监控，压实项目单位和地方主体责任。发现资金违规使用、项目实施方案变更等重大问题的，应当按照程序及时报告财政部和业务主管部门。

第十四条 保护修复资金使用管理相关信息应当按照预算公开有关要求执行。

第十五条 财政部各地监管局按照规定开展保护修复资金监管工作。

第十六条 任何单位和个人不得截留、挤占和挪用保护修复资金。各级财政部门和业务主管部门及其工作人员存在违反本办法规定行为的，以及其他滥用职权、玩忽职守、徇私舞弊等违纪违法行为的，按照《中华人民共和国预算法》及其实施条例、《中华人民共和国监察法》、《财政违法行为处罚处分条例》等有关规定追究相应责任。构成犯罪的，依法追究刑事责任。

第十七条 各级财政部门应加快预算执行，提高资金使用效益。切实加强结转结余资金管理，对存在大量结转结余资金的，要充分分析原因、调整分配机制。

第十八条 本办法未明确的其他事宜，包括预算下达、资金拨付、使用、结转结余资金处理等，按照预算管理有关规定执行。

第十九条 沿海地区各省级财政部门结合本地区实际情况，根据本办法制定保护修复资金使用管理实施细则，并报财政部备案。

第二十条 本办法由财政部会同业务主管部门负责解释。

第二十一条 本办法自2021年1月1日起施行。《海洋生态保护修复资金管理办法》（财资环〔2020〕24号）同时废止。

海岛及海域保护资金管理办法

· 2018年12月24日
· 财建〔2018〕861号

第一条 为加强和规范海岛及海域保护资金管理，提高资金使用效益，促进海洋生态文明建设和海域的合理开发、可持续利用，根据《中华人民共和国预算法》《中华人民共和国海域使用管理法》《中华人民共和国海岛保护法》《中央对地方专项转移支付管理办法》等，制定本办法。

第二条 本办法所称海岛及海域保护资金（以下简称保护资金）是指中央财政安排的，用于支持海域海岛自然资源和生态环境保护，促进沿海岸线和海岛海域生态功能恢复的资金。

第三条 保护资金的管理和使用应当遵循以下原则：

（一）坚决贯彻党中央、国务院决策部署，突出支持重点。

（二）符合国家宏观经济政策和涉海规划，坚持保护优先、陆海统筹。

（三）按照编制财政中期规划的要求，统筹考虑有关工作总体预算安排。

（四）坚持公开、公平、公正，主动接受社会监督。

（五）强化资金监管，充分发挥资金效益。

第四条 保护资金由财政部会同自然资源部、生态环境部组织实施。具体实施方案按照《中华人民共和国国民经济和社会发展第十三个五年规划纲要》《国务院办公厅关于印发〈“十三五”生态环境保护规划〉的通知》以及党中央、国务院关于打好污染防治攻坚战的有关决策部署制定。

本办法实施期限至2020年。期满后财政部会同自然资源部、生态环境部根据法律、行政法规和国务院有关规定及海岛海域保护形势的需要评估确定后续期限。

第五条 保护资金支持范围具体包括：

（一）海洋环境保护。对自然岸线、国家级海洋自然保护区、国家级海洋特别保护区、国家海洋公园等生态系统较为脆弱或生态环境质量优良的自然资源实施保护。

（二）入海污染物治理。支持因提高入海污染物排放标准的直排海污染源治理以及海岛海域污水垃圾等污染物治理。

（三）修复整治。对滨海湿地、海岸带、海域、海岛等进行修复整治，提升海岛海域岸线的生态功能。

（四）能力建设。支持海域、海岛监视监管系统，海洋生态环境观测监测建设，开展海洋防灾减灾，海洋调查等。

（五）根据党中央、国务院决策部署需要统筹安排的其他支出。

对不再符合法律、行政法规等有关规定，政策到期或调整，相关目标已经实现或实施成效差、绩效低下的支持事项，应当及时退出。

第六条 财政部负责审核保护资金分配建议方案，编制保护资金预算并下达，组织实施全过程预算绩效管理，指导地方加强资金管理等工作。

自然资源部、生态环境部负责组织海岛及海域保护治理实施方案的编制和审核，研究提出工作任务及资金分配建议方案，开展日常监管、综合成效评估和技术标准制定等工作，开展保护资金预算绩效管理工作，指导地方做好项目管理工作等。

第七条 保护资金分配可以采取因素法和项目法。支持实施“蓝色海湾”综合整治行动的保护资金采取项目法分配。支持渤海综合治理等保护资金采取因素法分配。

第八条 采取项目法分配的，由财政部会同有关部门通过竞争性评审方式公开择优确定具体项目。

财政部会同有关部门在项目评审前发布申报指南，明确项目申报范围、要求等具体事项。地级市安排保护资金不超过3亿元、计划单列市和省会城市安排保护资金不超过4亿元，具体根据项目实施方案总投资金额确定。

项目所在城市负责编制工作实施方案，明确工作目标、实施任务、保障机制以及分年度资金预算等，并按照项目申报要求提出申请。

中央有关部门会同财政部对纳入支持范围的沿海城市工作实施方案进行备案。财政部根据工作实施方案确定的任务量、方案执行情况等，实施年限等编制相关预算草案，待全国人民代表大会批准中央预算后按照规定程序下达保护资金预算。

第九条 采取因素法的，应该选取纳入支持范围的沿海地区滨海湿地整治修复面积、岸线岸滩整治修复面积、入海污染物治理量。

因素法分配权重暂按3:3:4的比例确定。财政部可以会同有关部门结合海岛海域保护需要合理调整相关因素的权重。

第十条 财政部、自然资源部、生态环境部负责组织对保护资金实施预算绩效管理，开展绩效自评和重点绩效评价，加强绩效评价结果反馈应用，并建立保护资金考核奖惩机制。将对各地保护资金使用和方案执行情况考核结果和绩效评价结果作为调整完善政策及资金预算的重要依据。

绩效评价包括对产出、效益、满意度等指标的考核。具体内容包括：计划目标任务完成情况、相关制度建设情况、保护资金到位使用及项目实施进展情况、经济社会效益情况等。

第十一条 沿海地区各级财政部门、自然资源主管部门、生态环境主管部门应当加强保护资金的绩效评价，并选择部分重点项目开展绩效评价，加强对具体项目及保护资金使用情况的动态监督。发现资金违规使用、项目实施方案变更等重大问题的，应当按程序及时报告财政部、自然资源部和生态环境部。

第十二条 财政部驻各地监察专员办事处按照财政部的要求，开展专项资金监管工作。

第十三条 保护资金应当专款专用，任何单位和个人不得截留、挤占和挪用。各级财政部门、自然资源部门和生态环境部门及其工作人员存在违反本办法规定行为的，按照预算法、公务员法、监察法、财政违法行为处罚处分条例等国家有关规定追究相应责任；涉嫌犯罪的，移送司法机关处理。

第十四条 结转结余保护资金的管理按照《中央对地方专项转移支付管理办法》（财预〔2015〕230号）等规定执行。

第十五条 沿海地区各省级财政部门会同海洋行政主管部门结合本地区实际情况，根据本办法制定保护资金使用管理实施细则，并报财政部及自然资源部备案。

第十六条 本办法由财政部会同自然资源部、生态环境部负责解释。

第十七条 本办法自印发之日起施行。《财政部 国家海洋局关于印发〈中央海岛和海域保护资金使用管理办法〉的通知》（财建〔2015〕250号）、《财政部 国家海洋局关于〈中央海岛和海域保护资金使用管理办法〉的补充通知》（财建〔2016〕854）同时废止。

中华人民共和国对外合作开采海洋石油资源条例

- 1982年1月30日国务院发布
- 根据2001年9月23日《国务院关于修改〈中华人民共和国对外合作开采海洋石油资源条例〉的决定》第一次修订
- 根据2011年1月8日《国务院关于废止和修改部分行政法规的决定》第二次修订
- 根据2011年9月30日《国务院关于修改〈中华人民共和国对外合作开采海洋石油资源条例〉的决定》第三次修订
- 根据2013年7月18日《国务院关于废止和修改部分行政法规的决定》第四次修订

第一章 总 则

第一条 为促进国民经济的发展，扩大国际经济技术合作，在维护国家主权和经济利益的前提下允许外国企业参与合作开采中华人民共和国海洋石油资源，特制定本条例。

第二条 中华人民共和国的内海、领海、大陆架以及其他属于中华人民共和国海洋资源管辖海域的石油资源，都属于中华人民共和国国家所有。

在前款海域内，为开采石油而设置的建筑物、构筑物、作业船舶，以及相应的陆岸油（气）集输终端和基地，都受中华人民共和国管辖。

第三条　中国政府依法保护参与合作开采海洋石油资源的外国企业的投资、应得利润和其他合法权益，依法保护外国企业的合作开采活动。

在本条例范围内，合作开采海洋石油资源的一切活动，都应当遵守中华人民共和国的法律、法令和国家的有关规定；参与实施石油作业的企业和个人，都应当受中国法律的约束，接受中国政府有关主管部门的检查、监督。

第四条　国家对参加合作开采海洋石油资源的外国企业的投资和收益不实行征收。在特殊情况下，根据社会公共利益的需要，可以对外国企业在合作开采中应得石油的一部分或者全部，依照法律程序实行征收，并给予相应的补偿。

第五条　国务院指定的部门依据国家确定的合作海区、面积，决定合作方式，划分合作区块；依据国家规定制定同外国企业合作开采海洋石油资源的规划；制定对外合作开采海洋石油资源的业务政策和审批海上油（气）田的总体开发方案。

第六条　中华人民共和国对外合作开采海洋石油资源的业务，由中国海洋石油总公司全面负责。

中国海洋石油总公司是具有法人资格的国家公司，享有在对外合作海区内进行石油勘探、开发、生产和销售的专营权。

中国海洋石油总公司根据工作需要，可以设立地区公司、专业公司、驻外代表机构，执行总公司交付的任务。

第七条　中国海洋石油总公司就对外合作开采石油的海区、面积、区块，通过组织招标，确定合作开采海洋石油资源的外国企业，签订合作开采石油合同或者其他合作合同，并向中华人民共和国商务部报送合同有关情况。

第二章　石油合同各方的权利和义务

第八条　中国海洋石油总公司通过订立石油合同同外国企业合作开采海洋石油资源，除法律、行政法规另有规定或者石油合同另有约定外，应当由石油合同中的外国企业一方（以下称外国合同者）投资进行勘探，负责勘探作业，并承担全部勘探风险；发现商业性油（气）田后，由外国合同者同中国海洋石油总公司双方投资合作开发，外国合同者并应负责开发作业和生产作业，直至中国海洋石油总公司按照石油合同规定在条件具备的情况下接替生产作业。外国合同者可以按照石油合同规定，从生产的石油中回收其投资和费用，并取得报酬。

第九条　外国合同者可以将其应得的石油和购买的石油运往国外，也可以依法将其回收的投资、利润和其他正当收益汇往国外。

第十条　参与合作开采海洋石油资源的中国企业、外国企业，都应当依法纳税。

第十一条　为执行石油合同所进口的设备和材料，按照国家规定给予减税、免税，或者给予税收方面的其他优惠。

第十二条　外国合同者开立外汇账户和办理其他外汇事宜，应当遵守《中华人民共和国外汇管理条例》和国家有关外汇管理的其他规定。

第十三条　石油合同可以约定石油作业所需的人员，作业者可以优先录用中国公民。

第十四条　外国合同者在执行石油合同从事开发、生产作业过程中，必须及时地、准确地向中国海洋石油总公司报告石油作业情况；完整地、准确地取得各项石油作业的数据、记录、样品、凭证和其他原始资料，并定期向中国海洋石油总公司提交必要的资料和样品以及技术、经济、财会、行政方面的各种报告。

第十五条　外国合同者为执行石油合同从事开发、生产作业，应当在中华人民共和国境内设立分支机构或者代表机构，并依法履行登记手续。

前款机构的住所地应当同中国海洋石油总公司共同商量确定。

第十六条　本条例第三条、第九条、第十条、第十一条、第十五条的规定，对向石油作业提供服务的外国承包者，类推适用。

第三章　石油作业

第十七条　作业者必须根据本条例和国家有关开采石油资源的规定，参照国际惯例，制定油（气）田总体开发方案和实施生产作业，以达到尽可能高的石油采收率。

第十八条　外国合同者为执行石油合同从事开发、生产作业，应当使用中华人民共和国境内现有的基地；如需设立新基地，必须位于中华人民共和国境内。

前款新基地的具体地点，以及在特殊情况下需要采取的其他措施，都必须经中国海洋石油总公司书面同意。

第十九条　中国海洋石油总公司有权派人参加外国作业者为执行石油合同而进行的总体设计和工程设计。

第二十条　外国合同者为执行石油合同，除租用第三方的设备外，按计划和预算所购置和建造的全部资产，当外国合同者的投资按照规定得到补偿后，其所有权属于中国海洋石油总公司，在合同期内，外国合同者仍然可以依据合同的规定使用这些资产。

第二十一条　为执行石油合同所取得的各项石油作业的数据、记录、样品、凭证和其他原始资料，其所有权属于中国海洋石油总公司。

前款数据、记录、样品、凭证和其他原始资料的使用和转让、赠与、交换、出售、公开发表以及运出、传送出中华人民共和国，都必须按照国家有关规定执行。

第二十二条　作业者和承包者在实施石油作业中，应当遵守中华人民共和国有关环境保护和安全方面的法律规定，并参照国际惯例进行作业，保护渔业资源和其他自然资源，防止对大气、海洋、河流、湖泊和陆地等环境的污染和损害。

第二十三条　石油合同区产出的石油，应当在中华人民共和国登陆，也可以在海上油（气）外输计量点运出。如需在中华人民共和国以外的地点登陆，必须经国务院指定的部门批准。

第四章　附　则

第二十四条　在合作开采海洋石油资源活动中，外国企业和中国企业间发生的争执，应当通过友好协商解决。通过协商不能解决的，由中华人民共和国仲裁机构进行调解、仲裁，也可以由合同双方协议在其他仲裁机构仲裁。

第二十五条　作业者、承包者违反本条例规定实施石油作业的，由国务院指定的部门依据职权责令限期改正，给予警告；在限期内不改正的，可以责令其停止实施石油作业。由此造成的一切经济损失，由责任方承担。

第二十六条　本条例所用的术语，其定义如下：

（一）“石油”是指蕴藏在地下的、正在采出的和已经采出的原油和天然气。

（二）“开采”是泛指石油的勘探、开发、生产和销售及其有关的活动。

（三）“石油合同”是指中国海洋石油总公司同外国企业为合作开采中华人民共和国海洋石油资源，依法订立的包括石油勘探、开发和生产的合同。

（四）“合同区”是指在石油合同中为合作开采石油资源以地理坐标圈定的海域面积。

（五）“石油作业”是指为执行石油合同而进行的勘探、开发和生产作业及其有关的活动。

（六）“勘探作业”是指用地质、地球物理、地球化学和包括钻勘探井等各种方法寻找储藏石油的圈闭所做的全部工作，以及在已发现石油的圈闭上为确定它有无商业价值所做的钻评价井、可行性研究和编制油（气）田的总体开发方案等全部工作。

（七）“开发作业”是指从国务院指定的部门批准油（气）田的总体开发方案之日起，为实现石油生产所进行的设计、建造、安装、钻井工程等及其相应的研究工作，并包括商业性生产开始之前的生产活动。

（八）“生产作业”是指一个油（气）田从开始商业性生产之日起，为生产石油所进行的全部作业以及与其有关的活动，诸如采出、注入、增产、处理、贮运和提取等作业。

（九）“外国合同者”是指同中国海洋石油总公司签订石油合同的外国企业。外国企业可以是公司，也可以是公司集团。

（十）“作业者”是指按照石油合同的规定负责实施作业的实体。

（十一）“承包者”是指向作业者提供服务的实体。

第二十七条　本条例自公布之日起施行。

海洋行政处罚实施办法

·2002年12月25日国土资源部令第15号公布

·自2003年3月1日起施行

第一章　总　则

第一条　为规范海洋行政处罚行为，保护单位和个人的合法权益，根据《中华人民共和国行政处罚法》及有关法律、法规的规定，制定本办法。

第二条　单位和个人违反海域使用、海洋环境保护、铺设海底电缆管道、涉外海洋科学研究管理等海洋法律、法规或者规章，海洋行政处罚实施机关依法给予海洋行政处罚的，适用本办法。

第三条　县级以上各级人民政府海洋行政主管部门是海洋行政处罚实施机关（以下简称实施机关）。

实施机关设中国海监机构的，海洋行政处罚工作由所属的中国海监机构具体承担；未设中国海监机构的，由本级海洋行政主管部门实施。

中国海监机构以同级海洋行政主管部门的名义实施海洋行政处罚。

第四条　上级实施机关有权监督、纠正下级实施机关的海洋行政处罚。

上级中国海监机构经同级实施机关同意，可以以同级实施机关的名义对下级实施机关实施的海洋行政处罚进行监督，并协助行政监察部门依法追究行政责任。

第二章　管　辖

第五条　除法律、法规另有规定外，海洋行政处罚由违法行为发生地的实施机关管辖。

第六条　违法行为发生地不明确或者无法查明的，

法律、法规有明确规定的,按照规定确定管辖;法律、法规没有明确规定的,按照规章规定和职责权限确定管辖。

第七条　对管辖发生争议的,报请共同的上一级实施机关指定管辖。

第八条　下级实施机关对其所实施的海洋行政处罚,认为需要由上一级实施机关管辖的,可以报请上一级实施机关决定。

第九条　对不属于其管辖范围内的海洋行政处罚,应当制作移交案件通知书(函),移送有权管辖的实施机关或者其他行政机关。

第十条　违法行为构成犯罪的,依法移送司法机关。

第三章　简易程序

第十一条　违法行为同时具备下列情形的,可以适用简易程序当场作出海洋行政处罚决定:

(一)违法事实清楚、证据确凿,情节轻微;

(二)依据海洋法律、法规或者规章,对个人处以50元以下、对单位处以1000元以下罚款或者警告的。

第十二条　适用简易程序当场予以海洋行政处罚时,海洋监察人员应当遵守下列程序:

(一)向当事人出示执法证件;

(二)当场查清违法事实,收集和保存必要的证据,作出笔录并交由当事人核对后签名或者盖章;

(三)告知当事人违法事实、处罚理由和依据,有权进行陈述和申辩;

(四)听取当事人的陈述与申辩,对当事人提出的事实、理由和证据进行复核,当事人放弃陈述或者申辩权利的除外;

(五)填写有预定格式、统一编号的当场海洋行政处罚决定书,由海洋监察人员签名或者盖章,并当场交付当事人签收。

第四章　一般程序

第十三条　除依照本办法第十一条可以当场作出的海洋行政处罚外,对其他海洋违法行为实施海洋行政处罚的,应当立案查处。

海洋监察人员应当填写海洋违法案件立案呈批表,经批准后立案。

第十四条　海洋监察人员与案件有直接利害关系的,应当回避。

第十五条　海洋监察人员调查案件或者进行检查时,不得少于两人,并应当向当事人出示执法证件,可以采取以下方式:

(一)进入现场进行勘验、检查,查阅或者复制有关资料,对现场进行摄像、照相等。有关勘验、检查情况应当制作笔录,并由被勘验者被检查者或者见证人签名或者盖章。

(二)询问当事人、证人或者其他有关人员,制作调查询问笔录。调查询问笔录应当经被调查人阅核并签名或者盖章;被调查人拒绝签名或者盖章的,应当有两名以上海洋监察人员在调查笔录上注明情况并签名或者盖章。

(三)测量、监测、检验或者鉴定等专业性、技术性事项,可以委托有资质的机构出具报告,所出具的报告可以作为证据。

第十六条　海洋监察人员在收集证据时,可以采取抽样取证的方法。

第十七条　海洋监察人员在收集证据时,在证据可能灭失或者以后难以取得的情况下,经批准可以先行登记保存。先行登记保存证据的,应当制作先行登记保存证据通知书,并送达当事人。

对先行登记保存的证据,应当自登记保存之日起7日内作出处理。

在登记保存期间,当事人或者有关人员不得销毁或者转移证据。

第十八条　对证据进行抽样取证或者登记保存,应当有当事人在场。当事人不在场或者拒绝到场的,海洋监察人员可以邀请有关人员到场作证。

第十九条　海洋监察人员应当在调查终结后5日内提交海洋违法案件调查报告,针对调查结果提出处罚建议。

第二十条　实施机关负责人应当对调查结果和处罚建议进行审查,根据不同情况,分别作出如下决定:

(一)违法事实成立的,根据情节轻重及具体情况,给予海洋行政处罚;

(二)违法行为轻微,依法可以不予海洋行政处罚的,不予海洋行政处罚;

(三)违法事实不能成立的,不得给予海洋行政处罚;

(四)违法行为构成犯罪的,移送司法机关。

第二十一条　决定给予海洋行政处罚的案件,属于情节复杂或者本办法第四十一条规定的重大海洋违法案件的,实施机关应当实行会审。

第二十二条　在作出海洋行政处罚决定之前,应当告知当事人给予处罚的事实、理由、依据和拟作出的海洋行政处罚决定,并告知当事人享有陈述、申辩的权利。

第二十三条 实施海洋行政处罚,应当按照《中华人民共和国行政处罚法》第三十九条的规定制作海洋行政处罚决定书。

第二十四条 适用一般程序在海上查处海洋违法案件时,不现场处罚事后难以执行或者经当事人提出的,海洋监察人员可以现场作出海洋行政处罚决定并执行。但抵岸后 5 日内应当补办相关书面手续。

在作出海洋行政处罚决定之前,海洋监察人员应当当场告知当事人享有陈述和申辩的权利。

本条不适用于重大海洋违法案件的查处。

第五章 听证程序

第二十五条 实施机关在对本办法第四十一条规定的重大海洋违法案件作出海洋行政处罚之前,应当告知当事人有要求举行听证的权利;当事人要求听证的,应当组织听证。

当事人应当在被告知后 3 日内提出听证申请。当事人逾期未提出的,视为放弃。

第二十六条 海洋行政处罚听证通知书应当在听证举行 7 日前送达当事人。

第二十七条 听证由实施机关指定人员主持。

承办案件的海洋监察人员(以下简称案件承办人员)以及与本案有直接利害关系的人员,不得主持听证。

第二十八条 当事人认为听证主持人与案件有直接利害关系时,有权申请回避。是否回避由实施机关负责人决定。

第二十九条 听证由当事人、案件承办人员以及与案件处理结果可能有利害关系的第三人参加。

当事人可以委托 1 至 2 人代理参加听证,委托代理人应当在举行听证前提交委托书。

第三十条 除涉及国家秘密、商业秘密或者个人隐私外,听证应当公开举行。

第三十一条 听证按以下顺序进行:

(一)主持人宣布听证案由和听证纪律,核对听证参加人的身份,告知当事人的权利和义务,宣布听证开始;

(二)案件承办人员提出当事人违法的事实、证据、处罚依据和拟处罚意见;

(三)当事人或者其委托代理人就案件事实进行陈述和申辩,提出有关证据并质证;

(四)听证主持人就案件的事实、证据和法律依据等问题向案件承办人员、当事人、证人询问;

(五)案件承办人员、当事人或者其委托代理人作最后陈述;

(六)听证主持人宣布听证结束。

第三十二条 听证应当制作听证笔录。听证笔录应当交由案件承办人员、当事人或者其委托代理人核对后签名或者盖章。

听证笔录中的证人证言部分,应当交由证人核对后签名或者盖章。

听证笔录应当经听证主持人审核,并由听证主持人和笔录人员签名或者盖章。

第三十三条 听证结束后,听证主持人应当根据听证的情况,对案件的事实、证据、处罚依据和处罚建议,提出书面意见。

第六章 送 达

第三十四条 海洋行政处罚决定书应当在作出决定后 7 日内送达当事人。

第三十五条 海洋行政处罚决定书应当直接送交当事人。当事人是个人的,本人不在送交其同住成年家属签收;当事人已指定代收人的,送交代收人签收。当事人是单位的,送交单位的法定代表人或者主要负责人或者该单位负责收件的人签收。

当事人、当事人的同住成年家属、代收人、单位的法定代表人、主要负责人或者单位负责收件的人在送达回证上签收的日期为送达日期。

第三十六条 当事人拒绝接收海洋行政处罚决定书的,送达人应当邀请有关人员到场,说明情况,在送达回证上记明拒收事由和日期,由送达人和见证人签名或者盖章,把海洋行政处罚决定书留在负责收件的人或者被处罚人的住所,即视为送达。

第三十七条 直接送达有困难的,可以邮寄送达海洋行政处罚决定书。

邮寄送达,以当事人在送达回证上注明的收件日期为送达日期;送达回证上注明的日期与挂号信回执上注明的收件日期不一致,或者送达回证没有寄回的,以挂号信回执上的收件日期为送达日期。

第三十八条 根据本办法第三十五条、第三十六条和第三十七条的规定仍无法送达的,可以公告送达。自发出公告之日起经过 60 日,即视为送达。

公告送达,应当记明原因和经过。

第七章 附 则

第三十九条 本办法未作规定的,依照《中华人民共和国行政处罚法》、《中华人民共和国行政复议法》、《中华人民共和国行政诉讼法》等法律的有关规定执行。

第四十条 海洋行政处罚基本文书格式由国务院海洋行政主管部门统一制定。

第四十一条 重大海洋违法案件，是指拟作出下列海洋行政处罚的案件：

(一)责令停止经批准的海底电缆管道海上作业、责令停止经批准的涉外海洋科学研究活动、责令停止经批准的海洋工程建设项目施工或者生产、使用的以及其他责令停止经批准的作业活动的；

(二)吊销废弃物海洋倾倒许可证的；

(三)注销海域使用权证书，收回海域使用权的；

(四)对个人处以超过5000元罚款、对单位处以超过5万元罚款等海洋行政处罚的。

第四十二条 本办法自2003年3月1日起施行。

海域使用管理违法违纪行为处分规定

· 2008年2月26日监察部、人事部、财政部、国家海洋局令第14号公布

· 自2008年4月1日起施行

第一条 为了加强海域使用管理，规范海域使用管理活动，提高海域使用管理水平，惩处海域使用管理违法违纪行为，根据《中华人民共和国海域使用管理法》、《中华人民共和国行政监察法》、《中华人民共和国公务员法》、《行政机关公务员处分条例》及其他有关法律、行政法规，制定本规定。

第二条 有海域使用管理违法违纪行为的单位，其负有责任的领导人员和直接责任人员，以及有海域使用管理违法违纪行为的个人，应当承担纪律责任，属于下列人员的(以下统称有关责任人员)，由任免机关或者监察机关按照管理权限依法给予处分：

(一)行政机关公务员；

(二)法律、法规授权的具有公共事务管理职能的事业单位中经批准参照《中华人民共和国公务员法》管理的工作人员；

(三)行政机关依法委托的组织中除工勤人员以外的工作人员；

(四)企业、事业单位中由行政机关任命的人员。

法律、行政法规、国务院决定和国务院监察机关、国务院人事部门制定的处分规章对海域使用管理违法违纪行为的处分另有规定的，从其规定。

第三条 有下列行为之一的，对有关责任人员，给予记大过处分；情节较重的，给予降级或者撤职处分；情节严重的，给予开除处分：

(一)拒不执行国家有关海域使用管理的方针政策和海域使用管理法律、法规、规章的；

(二)制定或者实施与国家有关海域使用管理的方针政策和海域使用管理法律、法规、规章相抵触的规定或者措施的。

第四条 违反规定，有下列行为之一的，对有关责任人员，给予记过或者记大过处分；情节较重的，给予降级或者撤职处分；情节严重的，给予开除处分：

(一)干预海域使用审批的；

(二)干预海域使用权招标、拍卖等活动的；

(三)干预海域使用金征收或者减免的；

(四)干预海域使用论证或者评审的；

(五)干预海域使用监督检查或者违法违纪案件查处的；

(六)有其他干预海域使用管理活动行为的。

第五条 有下列行为之一的，对有关责任人员，给予警告或者记过处分；情节较重的，给予记大过或者降级处分；情节严重的，给予撤职处分：

(一)违反法定权限或者法定程序审批项目用海的；

(二)不按照海洋功能区划批准使用海域的；

(三)对含不同用海类型的同一项目用海或者使用相同类型海域的同一项目用海化整为零、分散审批的；

(四)明知海域使用违法案件正在查处，仍颁发涉案海域的海域使用权证书的；

(五)不按照规定的权限、程序、用海项目批准减免海域使用金的；

(六)违反规定办理海域使用权招标、拍卖的。

第六条 有下列行为之一的，对有关责任人员，给予记过或者记大过处分，情节较重的，给予降级或者撤职处分；情节严重的，给予开除处分：

(一)违法修改海洋功能区划确定的海域功能的；

(二)违反海域使用论证资质管理规定，造成不良后果的；

(三)非法阻挠、妨害海域使用权人依法使用海域的。

第七条 在海域使用论证报告评审工作中弄虚作假，造成不良后果的，对有关责任人员，给予记过或者记大过处分；情节较重的，给予降级或者撤职处分；情节严重的，给予开除处分。

第八条 违反规定不收、少收、多收或者缓收海域使用金的，对有关责任人员，给予警告、记过或者记大过处

分；情节严重的，给予降级或者撤职处分。

第九条 有下列行为之一的，对有关责任人员，给予记大过处分；情节严重的，给予降级或者撤职处分：

（一）违反规定对法定或者经批准免缴海域使用金的用海项目征收海域使用金的；

（二）颁发《海域使用权证书》，除依法收取海域使用金外，收取管理费或者其他费用的。

第十条 征收海域使用金或者罚款，不使用规定票据的，对有关责任人员，给予降级或者撤职处分；情节严重的，给予开除处分。

第十一条 行政机关截留、挪用海域使用金、罚没款的，对有关责任人员，给予降级处分；情节严重的，给予撤职或者开除处分。

第十二条 行政机关私分或者变相私分海域使用金、罚没款或者其他费用的，对决定私分的责任人员，分别依照下列规定给予处分：

（一）私分或者变相私分不足5万元的，给予记过或者记大过处分；

（二）私分或者变相私分5万元以上不足10万元的，给予降级或者撤职处分；

（三）私分或者变相私分10万元以上的，给予开除处分。

第十三条 有下列行为之一的，对有关责任人员，给予记过或者记大过处分；情节较重的，给予降级或者撤职处分；情节严重的，给予开除处分：

（一）利用职务上的便利，侵吞、窃取、骗取或者以其他手段将收缴的罚款、海域使用金或者其他财物据为己有的；

（二）在海域使用管理中，利用职务上的便利，索取他人财物，或者非法收受他人财物为他人谋取利益的。

第十四条 违反规定参与或者从事与海域使用有关的生产经营活动的，对有关责任人员，给予记过或者记大过处分；情节较重的，给予降级或者撤职处分；情节严重的，给予开除处分。

第十五条 海洋行政执法机构及其工作人员有下列行为之一的，对有关责任人员，给予记过或者记大过处分；情节较重的，给予降级或者撤职处分；情节严重的，给予开除处分：

（一）接到违法使用海域行为的举报，不按规定处理，造成不良后果的；

（二）对已查知的正在发生的违法使用海域行为，不及时制止或者不依法进行处理的；

（三）不履行行政执法职责，不按规定进行执法巡查和行政检查，致使严重的违法行为未能发现的。

第十六条 海洋行政执法机构及其工作人员有下列行为之一的，对有关责任人员，给予警告或者记过处分；情节较重的，给予记大过或者降级处分；情节严重的，给予撤职处分：

（一）违反有关案件管辖规定，超越职权范围实施海洋行政处罚的；

（二）在海洋行政处罚中因故意或者重大过失错误认定违法使用海域行为的；

（三）不按照法定条件或者违反法定程序，或者不按照海洋行政处罚种类、幅度实施海洋行政处罚的；

（四）变相罚款或者以其他名目代替罚款的；

（五）违反规定委托海洋行政处罚权的。

第十七条 海域使用论证资质单位及其工作人员有下列行为之一，造成不良后果的，对属于本规定第二条所列人员中的责任人员，给予警告、记过或者记大过处分；情节较重的，给予降级或者撤职处分；情节严重的，给予开除处分：

（一）越级或者超越规定范围承担论证项目的；

（二）在海域使用论证报告中使用虚构或者明显失实的数据资料的；

（三）海域使用论证报告严重失实的；

（四）有其他虚构事实、隐瞒真相行为的。

第十八条 企业、事业单位及其工作人员有下列行为之一的，对属于本规定第二条所列人员中的责任人员，给予警告、记过或者记大过处分；情节较重的，给予降级或者撤职处分；情节严重的，给予开除处分：

（一）未经批准或者骗取批准，非法占用海域的；

（二）海域使用权期满，未办理有关手续仍继续使用海域的；

（三）骗取减免海域使用金的；

（四）不按期缴纳海域使用金的；

（五）在使用海域期间，未经依法批准，从事海洋基础测绘的；

（六）拒不接受海洋行政主管部门的监督检查、不如实反映情况或者不提供有关资料的。

第十九条 企业、事业单位及其工作人员有下列行为之一的，对属于本规定第二条所列人员中的责任人员，给予警告或者记过处分；情节较重的，给予记大过或者降级处分；情节严重的，给予撤职处分：

（一）擅自改变海域使用用途的；

（二）不按规定转让、出租、抵押海域使用权的；

（三）因单位合并、分立或者与他人合资、合作经营，不按规定变更海域使用权人的；

（四）海域使用权终止，原海域使用权人不按规定拆除用海设施和构筑物的；

（五）拒不支付由海洋行政主管部门委托有关单位拆除用海设施和构筑物所需费用的。

第二十条 受到处分的人员对处分决定不服的，依照《中华人民共和国行政监察法》、《中华人民共和国公务员法》、《行政机关公务员处分条例》等有关规定，可以申请复核或者申诉。

第二十一条 任免机关、监察机关和海洋行政主管部门建立案件移送制度。

任免机关、监察机关查处海域使用管理违法违纪案件，认为应当由海洋行政主管部门给予行政处罚的，应当将有关案件材料移送海洋行政主管部门。海洋行政主管部门应当依法及时查处，并将处理结果书面告知任免机关、监察机关。

海洋行政主管部门查处海域使用管理违法案件，认为应当由任免机关或者监察机关给予处分的，应当及时将有关案件材料移送任免机关或者监察机关。任免机关或者监察机关应当依法及时查处，并将处理结果书面告知海洋行政主管部门。

第二十二条 有海域使用管理违法违纪行为，应当给予党纪处分的，移送党的纪律检查机关处理；涉嫌犯罪的，移送司法机关依法追究刑事责任。

第二十三条 本规定由监察部、人事部、财政部和国家海洋局负责解释。

第二十四条 本规定自2008年4月1日起施行。

自然资源部关于取消“海域使用论证单位资质认定”后加强事中事后监管的公告

·2019年4月1日自然资源部公告2019年第13号公布

2019年2月27日，《国务院关于取消和下放一批行政许可事项的决定》（国发〔2019〕6号）取消了“海域使用论证单位资质认定”的行政许可事项。从决定发布之日起，自然资源部不再开展海域使用论证资质认定审批工作。为做好取消认定审批后的海域使用论证行业监督管理工作，现将有关工作措施公告如下。

一、制定修订海域使用论证管理制度和技术规范

完善海域使用论证管理制度和技术规范，要求海域使用论证单位建立服务承诺、执业公示、执业记录等制度，引导海域使用论证行业有序健康发展。

二、严格海域使用论证评审

完善海域使用论证评审专家库及评审工作机制，指导地方自然资源部门在海域使用权审批环节对论证报告质量进行严格把关，并将有关情况向社会公示。建立论证报告黑名单制度，对纳入黑名单的论证单位，向用海申请人进行风险提示，并依法采取有效措施。

三、强化海域使用论证监管

指导、督促县级以上自然资源主管部门加强监管，对已批准的海域使用论证报告开展抽查，对严重失实的海域使用论证报告及审批责任主体进行严肃处理，确保海域使用论证报告质量。

四、实行海域使用论证单位信息公示公开与信用监管

自然资源部组织建设全国统一的海域使用论证信用平台。由海域使用论证单位自主填报、定期更新其业绩及论证活动等情况，向社会公示，为用海申请人选择海域使用论证单位提供服务。构建海域使用论证单位信用监管体系，向社会公开其信用状况，实行守信激励、失信惩戒。

特此公告。

国家海洋局关于印发实施《报国务院批准的项目用海审批办法》的通知

·2003年5月8日

·国海管〔2003〕153号

沿海省、自治区、直辖市海洋（厅）局，计划单列市海洋局：

《报国务院批准的项目用海审批办法》已经国务院批准（国函〔2003〕44号）。现印发你们。请遵照执行。

附件：

报国务院批准的项目用海审批办法

为认真贯彻实施《中华人民共和国海域使用管理法》（以下简称《海域使用管理法》），规范需报国务院批准的项目用海审查和报批工作，制定本办法。

一、审批范围

按照《海域使用管理法》第十八条的规定，下列项目

用海,需报国务院批准:

(一)填海50公顷以上的项目用海;

(二)围海100公顷以上的项目用海;

(三)不改变海域自然属性的用海700公顷以上的项目用海;

(四)国家重大建设项目用海;

(五)跨省、自治区、直辖市管理海域的项目用海;

(六)国防建设项目用海;

(七)国务院规定的其他项目用海。

二、审查原则

(一)严格控制填海和围海项目;

(二)促进海域的合理开发和可持续利用;

(三)保护海洋资源和生态环境;

(四)保证国家建设用海;

(五)保障国防安全和海上交通安全。

三、审查依据

(一)《海域使用管理法》及有关海洋法律、法规和规定;

(二)海洋功能区划;

(三)国家有关产业政策;

(四)海域使用管理技术规范和标准。

四、审查内容

(一)项目用海是否在需报国务院批准的范围之内;

(二)建设项目前期工作是否执行了国家规定的有关建设程序;

(三)项目用海申请、受理是否符合规定程序和要求;

(四)项目用海是否符合海洋功能区划;

(五)项目用海是否与国家有关产业政策相协调;

(六)项目用海是否影响国防安全和海上交通安全;

(七)海域使用论证是否按照规定程序和技术标准开展,论证结论是否切实可行;

(八)项目用海的界址、面积是否清楚,权属有无争议;

(九)存在违法用海行为的,是否已依法查处;

(十)有关部门意见是否一致;

(十一)其他内容是否符合国家法律、法规的规定和有关政策。

五、审批程序

(一)本办法审批范围第(一)、(二)、(三)项规定的项目用海,由项目所在地的县级海洋行政主管部门受理(未设海洋行政主管部门或跨县级管理海域的,由共同的上一级海洋行政主管部门受理),经审核并报同级人民政府同意后逐级报至国家海洋局。

本办法审批范围第(四)、(五)、(六)、(七)项规定的项目用海,由国家海洋局直接受理。

(二)国家海洋局接到海域使用申请材料后,应当抓紧办理,涉及国务院有关部门和单位的,应当征求意见。国家海洋局直接受理的项目用海,还应当征求项目所在地省级人民政府意见。有关部门、地方和单位自收到征求意见文件之日起7个工作日内,应将书面意见反馈国家海洋局。逾期未反馈意见又未说明情况的,按无意见处理。如有不同意见,由国家海洋局负责协调。

(三)在综合有关部门、地方和单位意见基础上,国家海洋局依照规定对项目用海进行审查。审查未通过的,由国家海洋局按程序将项目用海材料退回;审查通过的,由国家海洋局起草审查报告并按程序报国务院审批。

(四)项目用海经国务院批准后,由国家海洋局负责办理项目用海批复文件,主送海域使用申请人,抄送有关省级人民政府及海洋行政主管部门,并办理海域使用权登记发证手续。其中,按规定应缴纳海域使用金的,在缴纳后方可办理海域使用权登记发证手续。

六、其他事项

(一)国家重大建设项目需要使用海域的,建设单位应当在立项申请前提出海域使用申请,经国家海洋局预审同意后,方可按规定程序办理立项手续。

(二)依照法律、行政法规规定由国务院有关部门审批的海洋矿产资源勘查开采、海底电缆管道铺设等项目及海洋类国家级自然保护区内的开发项目,需要使用海域的,应依法履行报批手续。

(三)《海域使用管理法》实施前已经国务院或国务院有关部门批准的项目,符合海洋功能区划的,由国家海洋局根据有关批准文件直接办理海域使用权登记发证手续;不符合海洋功能区划的,不得办理海域使用权登记发证手续。

(四)凡存在未批先用、越权审批或者化整为零、分散批准等违法用海行为的,必须依法严肃查处,并追究有关责任人员的行政和法律责任。

(五)经国务院批准的项目用海,凡不违反保密规定的,由国家海洋局向社会公告。公告工作不收取任何费用。

(六)国家海洋局需在每年年末将项目用海审批情况汇总报告国务院。

海域使用权管理规定

· 2006年10月13日
· 国海发〔2006〕27号

第一章　总　则

第一条　为了规范海域使用权管理，维护海域使用秩序，保障海域使用权人的合法权益，根据《中华人民共和国海域使用管理法》（以下简称《海域法》）等有关法律法规，制定本规定。

第二条　海域使用权的申请审批、招标、拍卖、转让、出租和抵押，适用本规定。

第三条　使用海域应当依法进行海域使用论证。

第四条　国务院或国务院投资主管部门审批、核准的建设项目涉及海域使用的，应当由国家海洋行政主管部门就其使用海域的事项在项目审批、核准前预先进行审核（以下简称用海预审）。

地方人民政府或其投资主管部门审批、核准的建设项目涉及海域使用的，应当由地方海洋行政主管部门就其使用海域的事项在项目审批、核准前预先进行审核。

第五条　县级以上人民政府海洋行政主管部门负责海域使用申请的受理、审查、审核和报批。

有审批权人民政府的海洋行政主管部门组织实施海域使用权的招标拍卖。

批准用海人民政府的海洋行政主管部门负责海域使用权转让、出租和抵押的监督管理。

第二章　海域使用论证

第六条　使用海域应当依法进行海域使用论证。

市、县两级人民政府海洋行政主管部门应当对选划的养殖区进行整体海域使用论证。单位和个人申请养殖用海时不再进行海域使用论证。但围海养殖、建设人工渔礁或者省、自治区、直辖市以上人民政府审批的养殖用海项目等除外。

第七条　通过申请审批方式取得海域使用权的，申请人委托有资质的单位开展海域使用论证。

通过招标、拍卖方式取得海域使用权的，组织招标、拍卖的单位委托有资质的单位开展海域使用论证。

第八条　海域使用论证资质单位应当在资质等级许可范围内承担论证项目，并对论证结果负责。海域使用论证资质单位的技术负责人和技术人员须持证上岗。

海域使用论证资质管理规定和资质分级标准由国家海洋行政主管部门制定。

第九条　海域使用论证应当客观、科学、公正，并符合国家有关规范和标准。

海域使用论证报告应当符合海域使用论证报告编写大纲要求。

第十条　有审批权人民政府的海洋行政主管部门或者其委托的单位组织专家对海域使用论证报告书进行评审。评审通过的海域使用论证报告有效期三年。

海域使用论证评审专家库管理办法由国家海洋行政主管部门制定。

第三章　用海预审

第十一条　国务院或国务院投资主管部门审批、核准的建设项目需要使用海域的，申请人应当在项目审批、核准前向国家海洋行政主管部门提出海域使用申请，取得用海预审意见。

地方人民政府或其投资主管部门审批、核准的建设项目需要使用海域的，用海预审程序由地方人民政府海洋行政主管部门自行制定。

第十二条　国家海洋行政主管部门应当按照本规定的用海项目审理程序，进行受理、审查、审核，出具用海预审意见。

第十三条　建设项目经批准后，申请人应当及时将项目批准文件提交海洋行政主管部门。

海洋行政主管部门收到项目批准文件后，依法办理海域使用权报批手续。

第十四条　用海预审意见有效期二年。有效期内，项目拟用海面积、位置和用途等发生改变的，应当重新提出海域使用申请。

第四章　海域使用申请审批

第十五条　受理海域使用申请的海洋行政主管部门为受理机关；有审批权人民政府的海洋行政主管部门为审核机关；受理机关和审核机关之间的各级海洋行政主管部门为审查机关。

第十六条　下列项目的海域使用申请，由国家海洋行政主管部门受理：

（一）国务院或国务院投资主管部门审批、核准的建设项目；

（二）省、自治区、直辖市管理海域以外或跨省、自治区、直辖市管理海域的项目；

（三）国防建设项目；

（四）油气及其他海洋矿产资源勘查开采项目；

（五）国家直接管理的海底电缆管道项目；

（六）国家级保护区内的开发项目及核心区用海。

上述规定以外的,由县级海洋行政主管部门受理。跨管理海域的,由共同的上一级海洋行政主管部门受理。

同一项目用海含不同用海类型的,应当按项目整体受理、审查、审核和报批。

第十七条 申请使用海域的,提交下列材料:

(一)海域使用申请书;

(二)申请海域的坐标图;

(三)资信等相关证明材料;

(四)油气开采项目提交油田开发总体方案;

(五)国家级保护区内开发项目提交保护区管理部门的许可文件;

(六)存在利益相关者的,应当提交解决方案或协议。

第十八条 受理机关收到申请材料后,应当组织现场调查和权属核查,并对下列事项进行审查:

(一)项目用海是否符合海洋功能区划;

(二)申请海域是否设置海域使用权;

(三)申请海域的界址、面积是否清楚。

必要时受理机关应当对项目用海内容进行公示。

符合条件需要报送的,应当在收到申请材料之日起十日内提出初审意见,并将初审意见和申请材料报送审查机关;符合条件不需要报送的,受理机关依法进行审核。

不符合条件的,依法告知申请人。

第十九条 审查机关在收到受理机关报送的申请材料后十日内,对下列事项进行审查后,提出审查意见报送上级审查机关或审核机关:

(一)项目用海是否符合海洋功能区划;

(二)申请海域是否计划设置其他海域使用权;

(三)申请海域是否存在管辖异议。

第二十条 审核机关对报送材料初步审查后,通知申请人开展海域使用论证、提交相关材料;收到论证报告后,组织专家评审;必要时征求同级有关部门的意见。

第二十一条 国家海洋行政主管部门受理的项目用海,由其征求项目所在地省级人民政府的意见;县级以上海洋行政主管部门受理并报国务院审批的项目用海,经审核报省级人民政府同意后,报至国家海洋行政主管部门。

第二十二条 审核机关对下列事项进行审查:

(一)申请、受理和审查是否符合规定程序和要求;

(二)是否符合海洋功能区划和相关规划;

(三)是否符合国家有关产业政策;

(四)是否影响国防安全和海上交通安全;

(五)申请海域是否计划设置其他海域使用权;

(六)申请海域是否存在管辖异议;

(七)海域使用论证结论是否切实可行;

(八)申请海域界址、面积是否清楚,有无权属争议;

对符合条件的,提请同级人民政府批准;不符合条件的,依法告知申请人。

第二十三条 海域使用申请经批准后,由审核机关作出项目用海批复,内容包括:

(一)批准使用海域的面积、位置、用途和期限;

(二)海域使用金征收金额、缴纳方式、地点和期限;

(三)办理海域使用权登记和领取海域使用权证书的地点和期限;

(四)逾期的法律后果;

(五)海域使用要求;

(六)其他有关的内容。

审核机关应当将项目用海批复及时送达海域使用申请人,并抄送有关人民政府及海洋行政主管部门。

第二十四条 海域使用申请人应当按项目用海批复要求办理海域使用权登记,领取海域使用权证书。

海域使用权证书是海域使用权的法律凭证。

第二十五条 海域使用权期限届满需要续期的,海域使用权人应当至迟于期限届满前两个月向审核机关提交下列材料:

(一)海域使用权续期申请;

(二)海域使用权证书;

(三)资信等相关证明材料;

第二十六条 因企业合并、分立或者与他人合资、合作经营,变更海域使用权人的,应当向审核机关提交下列材料:

(一)海域使用权变更申请;

(二)海域使用权证书;

(三)海域使用金缴纳凭证;

(四)企业合并、分立或者与他人合资、合作经营的有关证明文件;

(五)存在出租、抵押情况的,应当提交租赁、抵押协议;

(六)相关资信证明材料。

第二十七条 海域使用权人不得擅自改变经批准的海域用途;确需改变的,应当以拟改变的海域用途按审批权限重新申请报批。

第二十八条 审核机关收到海域使用权续期、变更申请后,应当在二十日内提出审核意见,报原批准用海的人民政府审批。

续期、变更申请批准后的,由审核机关办理海域使用权登记、发证;不予批准的,审核机关依法告知申请人。

第五章 海域使用权招标、拍卖

第二十九条 海域使用权招标、拍卖应当遵循公开、公平、公正和诚实信用的原则,有计划地进行。

第三十条 同一海域有两个或者两个以上用海意向人的,应当采用招标、拍卖方式出让海域使用权。

除下列情形外,海洋行政主管部门可以采取招标、拍卖方式出让海域使用权:

(一)国务院或国务院投资主管部门审批、核准的建设项目;

(二)国防建设项目;

(三)传统赶海区、海洋保护区、有争议的海域或涉及公共利益的海域;

(四)法律法规规定的其他情形。

第三十一条 海洋行政主管部门根据海洋功能区划、海域使用论证结论、海域评估结果等,制定海域使用权招标、拍卖方案,报有审批权的人民政府批准。涉及有关部门和单位的,应当征求意见。

第三十二条 有审批权的人民政府海洋行政主管部门或者其委托的单位,应当根据批准的招标、拍卖方案编制招标、拍卖文件,发布招标拍卖公告。

第三十三条 标底、底价应当根据海域评估结果等确定,不得低于按海域使用金征收标准确定的海域使用金、海域使用论证费、海域测量费和海域评估费等费用总和。

标底、底价在招标、拍卖活动过程中应当保密,且不能变更。

第三十四条 以招标、拍卖方式确定中标人、买受人后,海洋行政主管部门和中标人、买受人签署成交确认书,并按规定签订海域使用权出让合同。

中标人、买受人应当持价款缴纳凭证和海域使用权出让合同,办理海域使用权登记,领取海域使用权证书。

第三十五条 中标人、买受人支付的履约保证金,抵作成交价款;未按成交确认书的要求缴纳成交价款的,履约保证金不予退还,成交确认书无效。

其他投标人、竞买人支付的履约保证金,海洋行政主管部门应当在招标、拍卖活动结束后五日内退还。

第三十六条 海洋行政主管部门应当在海域使用权招标、拍卖活动结束后十日内公布招标、拍卖结果。

第六章 海域使用权转让、出租和抵押

第三十七条 海域使用权有出售、赠与、作价入股、交换等情形的,可以依法转让。

第三十八条 转让海域使用权应当具备下列条件:

(一)开发利用海域满一年;

(二)不改变海域用途;

(三)已缴清海域使用金;

(四)除海域使用金以外,实际投资已达计划投资总额百分之二十以上;

(五)原海域使用权人无违法用海行为,或违法用海行为已依法处理。

第三十九条 转让海域使用权的,转让双方应当向原批准用海的人民政府海洋行政主管部门提交以下材料:

(一)海域使用权转让申请;

(二)转让协议;

(三)海域使用权证书;

(四)用海设施所有权的合法证明材料;

(五)受让方资信证明材料;

(六)海洋行政主管部门要求的其他书面材料。

第四十条 海洋行政主管部门收到转让申请材料后,十五日内予以批复。

批准的,转让双方应当在十五日内办理海域使用权变更登记,领取海域使用权证书。不予批准的,海洋行政主管部门依法告知转让双方。

海域使用权转让时,其固定附属用海设施随之转让。固定附属用海设施转让时,其使用范围内的海域使用权随之转让。法律法规另有规定的,从其规定。

第四十一条 海域使用权出租的,承租人应当按照海域使用权证书确定的面积、年限和用途使用海域。

海域使用权出租、抵押时,其固定附属用海设施随之出租、抵押,固定附属用海设施出租、抵押时,其使用范围内的海域使用权随之出租、抵押。法律法规另有规定的,从其规定。

海域使用权取得时免缴或者减缴海域使用金的,补缴海域使用金后方可出租、抵押。

第四十二条 有下列情形之一的,海域使用权不得出租、抵押:

(一)权属不清或者权属有争议的;

(二)未按规定缴纳海域使用金、改变海域用途等违法用海的;

(三)油气及其他海洋矿产资源勘查开采的;

（四）海洋行政主管部门认为不能出租、抵押的。

第四十三条　海域使用权出租、抵押的，双方当事人应当到原登记机关办理登记手续。

第七章　罚　则

第四十四条　海域使用论证资质单位有下列情形之一的，由国家海洋行政主管部门给予警告、暂停执业、降低资质等级或者吊销资质证书的处理，给国家或者委托人造成损失的，海域使用论证单位应当依照有关法律法规给予赔偿：

（一）越级或超越证书规定范围承担论证项目；

（二）在海域使用论证报告中使用虚构或者明显失实的数据资料；

（三）海域使用论证报告严重失实；

（四）其他虚构事实、隐瞒真相的行为。

第四十五条　未经批准改变海域使用用途的，依照《海域法》第四十六条的规定处理。

第四十六条　未经批准擅自转让海域使用权的，没收非法所得；有非法新建用海设施的，限期拆除，逾期拒不拆除的，依照《海域法》第四十二条、第四十七条的规定处理。

第四十七条　超面积填海的，收回非法所填海域，并处非法占用海域应缴纳海域使用金十倍以上二十倍以下的罚款。

第四十八条　未经登记擅自出租、抵押海域使用权，出租、抵押无效。

第四十九条　投标人、竞买人有下列行为之一的，中标、买受结果无效；造成损失的，依法承担赔偿责任：

（一）提供虚假文件隐瞒事实的；

（二）采取行贿、恶意串通等非法手段中标或者买受的。

第五十条　有下列情形之一的，对直接负责的主管人员和其他直接责任人员追究相应责任：

（一）超越批准权限非法批准使用海域的；

（二）不按海洋功能区划批准使用海域的；

（三）违反本规定颁发海域使用权证书的；

（四）颁发海域使用权证书后不进行监督管理的；

（五）发现违法行为不予查处的；

（六）对含不同用海类型的同一项目用海，分解受理、审查、审核和报批的；

（七）泄露、变更标底、底价的；

（八）未按规定时间退还履约保证金的。

第五十一条　海洋行政主管部门的工作人员徇私舞弊、滥用职权或玩忽职守构成犯罪的，依法追究刑事责任。

第八章　附　则

第五十二条　填海造地项目在施工过程中应当进行海域使用动态监测。

审核机关应当对填海造地项目组织竣工验收；竣工验收合格后，办理相关登记手续。

填海造地项目的竣工验收程序另行规定。

第五十三条　县级以上人民政府海洋行政主管部门应当对所辖海域内的海域使用情况进行统计，并建立公开查询机制。

国家海洋行政主管部门负责全国海域使用统计工作，并定期发布海域使用统计信息。

第五十四条　海域使用论证报告编写大纲的内容、海域使用权证书以及本规定需要的文书格式由国家海洋行政主管部门统一制定。

本规定要求提交的海域使用申请书、海域使用权续期申请或者变更申请一式五份。

第五十五条　本规定自2007年1月1日起施行。2002年国家海洋局发布的《海域使用申请审批暂行办法》（国海发〔2002〕5号），自本规定实施之日起废止。

自然资源部关于规范海域使用论证材料编制的通知

·2021年1月8日

·自然资规〔2021〕1号

沿海各省、自治区、直辖市自然资源主管部门，上海市海洋局、山东省海洋局、广西壮族自治区海洋局，部有关直属单位，自然资源部北海局、东海局、南海局：

为规范海域使用论证工作，保证海域使用的科学性，提高海域使用论证质量，根据《海域使用管理法》及相关法规，现就海域使用论证材料编制有关要求通知如下。

一、总体要求

（一）在中华人民共和国内水、领海持续使用特定海域三个月以上的排他性用海活动，海域使用申请人应当按照《海域使用管理法》的规定，提交海域使用论证材料。海域使用论证材料是指海域使用论证报告书和海域使用论证报告表（以下统称海域使用论证报告）。

（二）海域使用论证是审批海域使用申请和市场化出让海域使用权的科学依据，应当遵循公正、科学、诚信的原则，严格按照海域使用论证相关法律法规、技术标准和规范开展工作。海域使用论证技术标准和规范由自然资源部组织制定。

（三）海域使用论证工作应当在详细了解和勘查项目所在区域海洋资源生态、开发利用现状和权属状况的基础上，依据生态优先、节约集约原则，科学客观地分析论证项目用海的必要性、选址与规模的合理性、对海洋资源和生态的影响范围与程度、规划符合性和利益相关者的协调性等，提出项目生态用海对策，并给出明确的用海论证结论。

二、规范海域使用论证报告编制

（四）通过申请审批方式取得海域使用权的，海域使用申请人可自行或委托有关单位编制海域使用论证报告。通过招标、拍卖、挂牌等市场化方式出让海域使用权的，由组织招标、拍卖、挂牌的单位委托有关单位编制海域使用论证报告。

（五）海域使用论证报告编制主体（以下简称编制主体）为受委托编制海域使用论证报告的单位以及自行编制论证报告的海域使用申请人。下列单位不得承接规定情形的海域使用论证报告编制工作：

1. 自然资源（海洋）主管部门设立的事业单位、主管的社会组织及其举办的企业，不得承接本级人民政府审批项目用海的海域使用论证报告编制工作，需要开展的应转企改制或与主管部门脱钩；

2. 受自然资源（海洋）主管部门委托，开展海域使用论证报告评审的单位，不得承接所委托级别人民政府审批项目用海的海域使用论证报告编制工作；

3. 前两项的单位或社会组织出资的法人不得承接相应的海域使用论证报告编制工作。

（六）海域使用论证报告应当由一个编制主体主持编制，并由一名编制人员作为论证项目负责人。海域使用论证编制工作实行实名制，任何单位或个人不得在没有实际参与编制的论证报告上署名。涉及国家秘密的海域使用论证报告的编制人员应当符合国家涉密管理规定。

（七）编制主体对所提交论证报告内容和结论的真实性、准确性负责，论证项目负责人对论证报告质量严格把关。鼓励编制主体建立服务承诺、执业公示、执业记录、信用承诺、内部审查和质量控制管理等制度，形成可追溯的质量控制记录。

（八）海域使用申请人或者有关单位委托编制海域使用论证报告的，应与编制主体签订海域使用论证报告编制技术合同。

（九）编制海域使用论证报告应当进行现场勘查。现场勘查应当填写海域使用论证现场勘查记录，记录事项包括勘查时间、内容、主要参与人员、使用设备和勘查情况等，并由论证项目负责人签字。海域使用申请人在提交海域使用论证报告时，应当一并提交现场勘查的原始记录和数据。

（十）编制海域使用论证报告时，应严格按照不动产登记、海籍调查、宗海图编绘等相关规定和标准规范编绘宗海图。

（十一）市、县两级人民政府自然资源（海洋）主管部门应当对依据国土空间规划选划的养殖区，进行整体海域使用论证。单位和个人申请养殖用海时不再进行海域使用论证，但围海养殖、建设人工渔礁或者省、自治区、直辖市以上人民政府审批的养殖用海项目等除外。

（十二）具有审批权的人民政府自然资源（海洋）主管部门在海域使用论证报告评审前应当通过其网站或者其他方式进行公示，包括海域使用申请人、编制主体名称、海域使用论证报告文本以及公众意见的提交方式和途径等，公示期限不得少于 10 个工作日，公众意见作为海域使用论证报告评审和行政审批的参考。因涉及国家秘密、商业秘密或者个人隐私等信息不能全文公开的，海域使用申请人应根据国家有关法律法规对上述信息的界定，制作去除上述信息的论证报告公开版，并在报送论证报告时一并提供。论证报告公开版不符合要求的，受理用海审批的自然资源（海洋）主管部门应当要求海域使用申请人重新提供。如海域使用申请人未另行提供公开版本，则视为同意将论证报告全文公开。

（十三）具有审批权的人民政府自然资源（海洋）主管部门或者其委托的机构组织专家对海域使用论证报告进行评审时，应同步开展质量评估。海域使用申请人及论证项目负责人应按要求配合接受质询，并在规定时间内修改和提交论证报告。海域使用论证报告评审有关规定由自然资源部另行制定。

（十四）海域使用论证报告存在下列情形之一的，质量评估结果为不合格，且评审不予通过：

1. 不符合海域使用论证技术规范和相关标准的要求，存在降低论证等级、缩小论证范围、减少监测站点和频次等行为的，或者论证内容存在较大缺陷或遗漏的；

2. 存在抄袭情形的，或者采用的数据、资料无效、弄虚作假的；

3. 项目所在海域状况描述错误，项目用海必要性、资源生态影响、海域开发利用协调、规划符合性、集约节约用海、生态用海对策措施等分析论证不充分或者不准确的；

4. 用海项目存在严重损害海洋生态或不符合生态用海要求、存在重大利益冲突且无法协调、损害国防安全和国家海洋权益等情形，仍给出用海可行结论的；

5. 存在其他重大问题的。

（十五）海域使用论证报告自评审通过之日起三年内有效。在有效期内，申请海域使用权续期或者分期申请用海的，可以不再进行海域使用论证。

（十六）编制主体应当建立论证报告编制工作的完整档案。档案中包括项目基础资料、现场踏勘记录和影像资料、质量控制记录、论证报告、数据资料以及其他相关资料。存档材料应当为原件。

三、加强海域使用论证监督管理

（十七）自然资源部负责对全国海域使用论证工作实施监督管理，并组织建设全国海域使用论证信用平台（以下简称信用平台），纳入自然资源领域信用体系，实行守信激励、失信惩戒。沿海地方县级以上人民政府自然资源（海洋）主管部门按照海域使用审批权限负责海域使用论证工作的监督管理。

（十八）编制主体应当主动接受各级自然资源（海洋）主管部门开展的海域使用论证工作监督管理，依托信用平台获取信用编号，自主填报、定期更新其业绩及论证活动等情况，并对所公开信息的真实性和准确性负责。已公开的相关信息发生变化的，自发生变化之日起 20 个工作日内在信用平台变更。

（十九）除涉及国家秘密的用海项目外，编制主体在提交论证报告评审前，应当通过信用平台录入用海项目名称、海域使用论证等级、编制主体及编制人员基本情况等信息，获取论证报告编号。

（二十）编制主体提交海域使用论证报告时，应当依托信用平台导出论证报告编号、编制主体全称及社会信用代码、论证项目负责人姓名、参与论证工作的编制人员及负责的章节内容等信息，并由编制主体盖章，由论证项目负责人和编制人员签字。

（二十一）具有审批权的人民政府自然资源（海洋）主管部门开展论证报告评审及质量评估时，应核查编制主体有无失信行为，核查结果及时通过信用平台向社会公开。

（二十二）自然资源部和省级自然资源（海洋）主管部门定期或者根据实际情况采取"双随机、一公开"方式，开展海域使用论证报告质量检查，核查有无失信行为，并通过信用平台向社会公开。

（二十三）自然资源（海洋）主管部门在日常监管和质量检查中，如实记录编制主体的失信信息，严格按照失信行为认定程序确定失信行为。发现编制主体存在下列失信行为的，通过信用平台公开，向海域使用申请人进行风险提示，公开期为 5 年，并在质量检查中加大对存在失信行为的编制主体所编制报告的检查力度：

1. 未按要求承接相关论证工作的；

2. 未落实实名制署名要求的；

3. 论证报告内容和结论不真实、不准确的；

4. 未按要求与海域使用申请人签订论证报告编制技术合同的；

5. 未按要求在信用平台提交或及时更新相关信息的；

6. 拒不配合或阻碍自然资源（海洋）主管部门监督检查的；

7. 在信用平台填报的信息隐瞒真实情况、弄虚作假的；

8. 编制的论证报告存在抄袭情形的，或者采用的数据、资料无效、弄虚作假的；

9. 编制的论证报告因质量问题被群众举报或媒体披露后核实无误，在社会和行业内产生恶劣影响的；

10. 编制的论证报告存在严重损害海洋生态、损害国防安全和国家海洋权益等情形仍给出用海可行结论的；

11. 发生其他失信行为的。

（二十四）编制主体编制的论证报告 1 年内 2 次质量评估结果不合格的，或者 1 年内 2 次因失信行为被公开的，自然资源（海洋）主管部门严格按照失信行为认定程序，将上述编制主体列入信用约束名单，通过信用平台予以公开。列入信用约束名单的编制主体，2 年内不得承接或者参与论证报告编制工作；自然资源（海洋）主管部门也不得接收其编制的论证报告。

（二十五）海域使用申请人明知或应知海域使用论证报告存在问题但骗取批准用海而非法占用海域的，有关自然资源（海洋）主管部门按照《海域使用管理法》和《海域使用管理违法违纪行为处分规定》的相关规定予以处理；对尚未批准用海而提前发现的，终止行政许可程序。

（二十六）论证报告实行终身追责制，经核实发现编制主体、编制人员等给国家和公民、法人或者其他组织造成重大损害的，依照有关法律法规承担法律责任。

（二十七）任何单位和个人发现编制主体、编制人员在海域使用论证过程中有不符合国家有关管理规定、技术标准的行为，有权向自然资源(海洋)主管部门举报。鼓励实名举报，对实名举报的，在核查处理完后，将核查处理情况及时反馈举报人；并对举报人的信息进行严格保密，对泄露举报人信息的人员按有关规定进行严肃处理。

四、其他

(二十八)沿海地方人民政府其他相关部门承担用海审批职责的，参照本通知执行。

本通知自印发之日起施行，有效期5年。本通知施行前海域使用申请已受理的，海域使用论证报告可不再公示。《国家海洋局关于印发〈海域使用论证管理规定〉的通知》(国海管发〔2008〕4号)、《国家海洋局关于建立海域使用论证工作举报制度的通知》(海办发〔2007〕15号)、《国家海洋局办公室关于海域使用论证报告信息公开有关问题的通知》(海办管字〔2017〕283号)等3个文件同时废止。

自然资源部关于探索推进海域立体分层设权工作的通知

·2023年11月13日
·自然资规〔2023〕8号

沿海各省、自治区、直辖市自然资源主管部门，上海市海洋局、福建省海洋与渔业局、山东省海洋局、广西壮族自治区海洋局，自然资源部北海局、东海局、南海局：

随着海洋经济快速发展，用海需求持续增加，海域空间资源稀缺性日益凸显。开展海域立体分层设权是完善海域资源资产产权制度、丰富海域使用权权能的重要举措，也是缓解用海矛盾、提高资源利用效率的必然选择，对于促进海域资源节约集约利用和有效保护、推动海洋经济高质量发展、加强海洋生态文明建设具有重要意义。为落实党中央、国务院关于自然资源资产产权制度改革及要素市场化配置综合改革的决策部署，规范海域立体开发活动用海管理，现就探索推进海域立体分层设权工作通知如下。

一、准确把握海域立体分层设权工作总体要求

坚持依法依规、稳妥有序。各地要以《海域使用管理法》及有关法律法规为依据，确保符合国土空间总体规划、海岸带空间专项规划，综合考虑社会发展水平和管理工作需要，因地制宜，有序推进海域立体分层设权工作，有效保障海域使用权人合法权益。

坚持节约集约、生态优先。以海洋资源环境承载力为基础，统筹兼顾海域立体开发实际需求和生态影响，严守生态保护红线，落实生态用海要求，积极引导海洋产业优化布局和融合发展，全面提高海域资源利用效率。

坚持分类管理、科学兼容。分类实施海域立体分层设权，优先保障海域主导功能，合理确定兼容功能，确保各类用海活动影响和风险可控，着力提升海域资源精细化管理水平。

二、明确可以立体分层设权的用海活动

海域是包括水面、水体、海床和底土在内的立体空间。对排他性使用海域特定立体空间的用海活动，同一海域其他立体空间范围仍可继续排他使用的，可仅对其使用的相应海域立体空间设置海域使用权。

在不影响国防安全、海上交通安全、工程安全及防灾减灾等前提下，鼓励对跨海桥梁、养殖、温(冷)排水、海底电缆管道、海底隧道等用海进行立体分层设权，生产经营活动存在冲突的除外。其他用海活动经严格论证具备立体分层设权条件的，也可进行立体分层设权。

完全改变海域自然属性的填海，排他性较强或具有安全生产需要的海砂开采等开发活动不予立体分层设权。

三、加强国土空间规划对海域立体开发建设活动的引导和约束

各地编制海岸带空间专项规划，应统筹考虑海洋资源环境承载力和用海实际需求，遵循上级和同级国土空间总体规划，对海域立体开发提出具体的指导和管理要求，海洋功能分区要明确海域的主导功能、兼容功能以及可兼容的用海活动。有条件的地区可结合用海需求和管理实际，探索划定海洋功能立体分区，明确海域立体空间主导功能，提出立体分层设权的管理要求。在国土空间规划"一张图"上统筹协调空间矛盾冲突后，分区以及相应的空间管控规则纳入同级、下级国土空间总体规划及国土空间规划"一张图"系统。

审查涉及立体分层设权的项目用海，要严格执行国土空间总体规划及海岸带空间专项规划，确保项目用海符合规划确定的主导功能和管控要求，按照海域兼容功能开发利用的项目用海，原则上不能影响海域主导功能的发挥。

四、加强立体分层设权项目用海海域使用论证

立体分层设权的项目用海，要依据海域使用论证技术导则及有关政策法规，重点论证海域立体开发利用的必要性和可行性，分析不同用海活动之间的兼容性、用海空间范围及用海期限的合理性，不同用海主体及周边利益相关者协调可行性。

海域使用论证报告中除提供宗海位置图、宗海界址图、宗海平面布置图等图件外，还应提供宗海立体空间范围示意图。宗海立体空间范围根据项目或其主体工程排他性使用的海域空间，按照水面、水体、海床和底土界定用海空间层，并结合项目用海实际明确高程和深度范围。立体分层设权项目用海宗海范围界定及宗海图绘制有关技术要求由自然资源部另行制定。

五、规范立体分层设权项目用海审批

立体分层设权项目用海按照《海域使用管理法》等有关法律法规确定的审批权限和程序申请审批或市场化出让。立体分层设权项目用海申请材料和项目用海批准文件中均应明确项目用海类型、用海方式、宗海立体空间范围等信息，海域使用申请书格式见附件。

在已设定海域使用权的海域进行立体分层设权，应与原海域使用权人协商一致达成协议后按程序办理用海手续，确保新设海域使用权与原海域使用权不存在权属冲突。新设海域使用权和已设海域使用权均由国务院审批的，新设海域使用权和已设海域使用权的空间范围变更可一并报批；分别由国务院、地方人民政府审批的，应当在新设海域使用权批准前，完成已设海域使用权的空间范围变更手续；均由地方审批的，由各地根据实际，按照简政放权、优化程序的原则，明确具体办理流程。

在未设定海域使用权的海域，经审查具备海域立体分层设权可行性的，可按照立体分层设权的管理要求进行审批或市场化出让，明确海域空间范围信息；同一海域两个以上项目用海进行立体分层设权的，可统一设计、整体论证、同步实施；用海主体不同的，各方需协商一致并达成协议。

六、做好立体分层设权项目用海不动产登记

海域立体分层设权项目按照《不动产登记暂行条例》《不动产登记暂行条例实施细则》等规定办理海域使用权登记，依法保护权利人的合法权益。申请办理海域立体分层设权不动产登记时，海域使用申请人持海域立体分层设权项目用海批准文件（出让合同），以及宗海位置图、宗海界址图、宗海平面布置图、宗海立体空间范围示意图等材料，依法申请首次登记，不动产登记机构在不动产登记簿和不动产权证中依法依规予以记载。

在已设定海域使用权的海域进行立体分层设权的，应当先办理原海域使用权的变更登记，再办理新设海域使用权的首次登记；权利人一致且在同一登记机构办理的，可一并办理不动产登记手续。各地可根据实际，按照方便行政相对人、简化程序的原则，进一步优化登记程序和要求。

七、规范立体分层设权项目用海海域使用金征收

立体分层设权的项目用海，按照“一物一权、一证一缴”的方式征收海域使用金，同一海域立体分层设权的每一个项目，均视为独立的征收对象，依据其用海方式，分别按规定征收海域使用金，不得违规减免海域使用金。《调整海域 无居民海岛使用金征收标准》（财综〔2018〕15号）施行前已设立的海域使用权因立体分层设权需变更空间范围信息的，不属于用海方案调整，仍执行原海域使用金征收标准；财综〔2018〕15号文件施行后设立的海域使用权因立体分层设权需变更空间范围信息的，以及新设立海域使用权的，均按现行规定标准征收。国家调整征收标准的，从其规定。

八、加强立体分层设权项目用海监管

沿海地方各级自然资源（海洋）主管部门按照“谁审批、谁监管”原则，加强对立体分层设权项目用海监管，确保海域资源有序开发、合理利用。要严守法律政策底线，不得通过海域立体分层设权擅自改变海域用途，或将违法用海合法化。

本通知自印发之日起施行，有效期3年。

附件：海域使用申请书（立体分层设权项目样表）（略）

最高人民法院关于审理海洋自然资源与生态环境损害赔偿纠纷案件若干问题的规定

· 2017年11月20日最高人民法院审判委员会第1727次会议通过
· 2017年12月29日最高人民法院公告公布
· 自2018年1月15日起施行
· 法释〔2017〕23号

为正确审理海洋自然资源与生态环境损害赔偿纠纷案件，根据《中华人民共和国海洋环境保护法》《中华人民共和国民事诉讼法》《中华人民共和国海事诉讼特别程序法》等法律的规定，结合审判实践，制定本规定。

第一条 人民法院审理为请求赔偿海洋环境保护法第八十九条第二款规定的海洋自然资源与生态环境损害而提起的诉讼，适用本规定。

第二条 在海上或者沿海陆域内从事活动，对中华人民共和国管辖海域内海洋自然资源与生态环境造成损害，由此提起的海洋自然资源与生态环境损害赔偿诉讼，由损害行为发生地、损害结果地或者采取预防措施地海事法院管辖。

第三条 海洋环境保护法第五条规定的行使海洋环境监督管理权的机关，根据其职能分工提起海洋自然资源与生态环境损害赔偿诉讼，人民法院应予受理。

第四条 人民法院受理海洋自然资源与生态环境损害赔偿诉讼，应当在立案之日起五日内公告案件受理情况。

人民法院在审理中发现可能存在下列情形之一的，可以书面告知其他依法行使海洋环境监督管理权的机关：

（一）同一损害涉及不同区域或者不同部门；

（二）不同损害应由其他依法行使海洋环境监督管理权的机关索赔。

本规定所称不同损害，包括海洋自然资源与生态环境损害中不同种类和同种类但可以明确区分属不同机关索赔范围的损害。

第五条 在人民法院依照本规定第四条的规定发布公告之日起三十日内，或者书面告知之日起七日内，对同一损害有权提起诉讼的其他机关申请参加诉讼，经审查符合法定条件的，人民法院应当将其列为共同原告；逾期申请的，人民法院不予准许。裁判生效后另行起诉的，人民法院参照《最高人民法院关于审理环境民事公益诉讼案件适用法律若干问题的解释》第二十八条的规定处理。

对于不同损害，可以由各依法行使海洋环境监督管理权的机关分别提起诉讼；索赔人共同起诉或者在规定期限内申请参加诉讼的，人民法院依照民事诉讼法第五十二条第一款的规定决定是否按共同诉讼进行审理。

第六条 依法行使海洋环境监督管理权的机关请求造成海洋自然资源与生态环境损害的责任者承担停止侵害、排除妨碍、消除危险、恢复原状、赔礼道歉、赔偿损失等民事责任的，人民法院应当根据诉讼请求以及具体案情，合理判定责任者承担民事责任。

第七条 海洋自然资源与生态环境损失赔偿范围包括：

（一）预防措施费用，即为减轻或者防止海洋环境污染、生态恶化、自然资源减少所采取合理应急处置措施而发生的费用；

（二）恢复费用，即采取或者将要采取措施恢复或者部分恢复受损害海洋自然资源与生态环境功能所需费用；

（三）恢复期间损失，即受损害的海洋自然资源与生态环境功能部分或者完全恢复前的海洋自然资源损失、生态环境服务功能损失；

（四）调查评估费用，即调查、勘查、监测污染区域和评估污染等损害风险与实际损害所发生的费用。

第八条 恢复费用，限于现实修复实际发生和未来修复必然发生的合理费用，包括制定和实施修复方案和监测、监管产生的费用。

未来修复必然发生的合理费用和恢复期间损失，可以根据有资格的鉴定评估机构依据法律法规、国家主管部门颁布的鉴定评估技术规范作出的鉴定意见予以确定，但当事人有相反证据足以反驳的除外。

预防措施费用和调查评估费用，以实际发生和未来必然发生的合理费用计算。

责任者已经采取合理预防、恢复措施，其主张相应减少损失赔偿数额的，人民法院应予支持。

第九条 依照本规定第八条的规定难以确定恢复费用和恢复期间损失的，人民法院可以根据责任者因损害行为所获得的收益或者所减少支付的污染防治费用，合理确定损失赔偿数额。

前款规定的收益或者费用无法认定的，可以参照政府部门相关统计资料或者其他证据所证明的同区域同类生产经营者同期平均收入、同期平均污染防治费用，合理酌定。

第十条 人民法院判决责任者赔偿海洋自然资源与生态环境损失的，可以一并写明依法行使海洋环境监督管理权的机关受领赔款后向国库账户交纳。

发生法律效力的裁判需要采取强制执行措施的，应当移送执行。

第十一条 海洋自然资源与生态环境损害赔偿诉讼当事人达成调解协议或者自行达成和解协议的，人民法院依照《最高人民法院关于审理环境民事公益诉讼案件适用法律若干问题的解释》第二十五条的规定处理。

第十二条 人民法院审理海洋自然资源与生态环境损害赔偿纠纷案件，本规定没有规定的，适用《最高人民法院关于审理环境侵权责任纠纷案件适用法律若干问题的解释》《最高人民法院关于审理环境民事公益诉讼案件适用法律若干问题的解释》等相关司法解释的规定。

在海上或者沿海陆域内从事活动，对中华人民共和国管辖海域内海洋自然资源与生态环境形成损害威胁，人民法院审理由此引起的赔偿纠纷案件，参照适用本规定。

人民法院审理因船舶引起的海洋自然资源与生态环境损害赔偿纠纷案件，法律、行政法规、司法解释另有特别规定的，依照其规定。

第十三条 本规定自2018年1月15日起施行，人民法院尚未审结的一审、二审案件适用本规定；本规定施行前已经作出生效裁判的案件，本规定施行后依法再审的，不适用本规定。

本规定施行后，最高人民法院以前颁布的司法解释与本规定不一致的，以本规定为准。

最高人民法院、最高人民检察院关于办理海洋自然资源与生态环境公益诉讼案件若干问题的规定

· 2021年12月27日最高人民法院审判委员会第1858次会议、2022年3月16日最高人民检察院第十三届检察委员会第九十三次会议通过
· 2022年5月10日最高人民法院、最高人民检察院公告公布
· 自2022年5月15日起施行
· 法释〔2022〕15号

为依法办理海洋自然资源与生态环境公益诉讼案件，根据《中华人民共和国海洋环境保护法》《中华人民共和国民事诉讼法》《中华人民共和国刑事诉讼法》《中华人民共和国行政诉讼法》《中华人民共和国海事诉讼特别程序法》等法律规定，结合审判、检察工作实际，制定本规定。

第一条 本规定适用于损害行为发生地、损害结果地或者采取预防措施地在海洋环境保护法第二条第一款规定的海域内，因破坏海洋生态、海洋水产资源、海洋保护区而提起的民事公益诉讼、刑事附带民事公益诉讼和行政公益诉讼。

第二条 依据海洋环境保护法第八十九条第二款规定，对破坏海洋生态、海洋水产资源、海洋保护区，给国家造成重大损失的，应当由依照海洋环境保护法规定行使海洋环境监督管理权的部门，在有管辖权的海事法院对侵权人提起海洋自然资源与生态环境损害赔偿诉讼。

有关部门根据职能分工提起海洋自然资源与生态环境损害赔偿诉讼的，人民检察院可以支持起诉。

第三条 人民检察院在履行职责中发现破坏海洋生态、海洋水产资源、海洋保护区的行为，可以告知行使海洋环境监督管理权的部门依据本规定第二条提起诉讼。在有关部门仍不提起诉讼的情况下，人民检察院就海洋自然资源与生态环境损害，向有管辖权的海事法院提起民事公益诉讼的，海事法院应予受理。

第四条 破坏海洋生态、海洋水产资源、海洋保护区，涉嫌犯罪的，在行使海洋环境监督管理权的部门没有另行提起海洋自然资源与生态环境损害赔偿诉讼的情况下，人民检察院可以在提起刑事公诉时一并提起附带民事公益诉讼，也可以单独提起民事公益诉讼。

第五条 人民检察院在履行职责中发现对破坏海洋生态、海洋水产资源、海洋保护区的行为负有监督管理职责的部门违法行使职权或者不作为，致使国家利益或者社会公共利益受到侵害的，应当向有关部门提出检察建议，督促其依法履行职责。

有关部门不依法履行职责的，人民检察院依法向被诉行政机关所在地的海事法院提起行政公益诉讼。

第六条 本规定自2022年5月15日起施行。

· *典型案例*

北海市乃志海洋科技有限公司诉北海市海洋与渔业局海洋行政处罚案①

基本案情

2016年7月至9月，北海市乃志海洋科技有限公司（以下简称乃志公司）在未依法取得海域使用权的情形下，对其租赁的海边空地（实为海滩涂）利用机械和车辆从外运来泥土、建筑废料进行场地平整，建设临时码头，形成陆域，准备建设冷冻厂。2017年10月，北海市海洋与渔业局（以下简称北海海洋渔业局）对该围填海施工行为进行立案查处，测定乃志公司填占海域面积为0.38公顷。经听取乃志公司陈述申辩意见，召开听证会，并经两次会审，北海海洋渔业局认定乃志公司填占海域行为违法，于2018年4月作出行政处罚，责令乃志公司退还非法占用海域，恢复海域原状，并处非法占用海域期间内该海域面积应缴纳海域使用金十五倍计256.77万元的罚款。乃志公司不服，提起行政诉讼，请求撤销该行政处罚决定。

裁判结果

北海海事法院一审认为，北海海洋渔业局享有海洋行

① 案例来源：2020年5月8日最高人民法院发布2019年度人民法院环境资源典型案例。

政处罚职权，乃志公司在未取得海域使用权的情况下，实施围海、填海活动，非法占用海域 0.38 公顷，违反《海域使用管理法》第四十二条的规定，北海海洋渔业局作出的行政处罚决定正确。一审判决驳回乃志公司的诉讼请求。广西壮族自治区高级人民法院二审维持原判。

典型意义

本案系涉非法围填海的海洋行政处罚案件。随着我国海洋经济的发展和人民生活水平的提高，从事海洋产业的单位和个人的用海需求迅速增长。部分企业和个人在未获得海域使用权的情况下，非法围海、占海甚至填海，对海洋生态环境保护和地方可持续发展造成严重影响。我国海岸线漫长，针对非法用海行为的行政管理存在“调查难”“处罚难”“执行难”等问题。本案的处理对非法围填海的主体认定、处罚正当程序及自由裁量权行使等均具有示范作用，充分表明人民法院坚持用最严格制度最严密法治保护国家海岸线和海洋环境生态安全的决心，对于推进依法用海、管海，服务保障海洋强国战略具有积极意义。

四、测　绘

中华人民共和国测绘法

- 1992年12月28日第七届全国人民代表大会常务委员会第二十九次会议通过
- 2002年8月29日第九届全国人民代表大会常务委员会第二十九次会议第一次修订
- 2017年4月27日第十二届全国人民代表大会常务委员会第二十七次会议第二次修订
- 2017年4月27日中华人民共和国主席令第67号公布
- 自2017年7月1日起施行

第一章　总　则

第一条　为了加强测绘管理，促进测绘事业发展，保障测绘事业为经济建设、国防建设、社会发展和生态保护服务，维护国家地理信息安全，制定本法。

第二条　在中华人民共和国领域和中华人民共和国管辖的其他海域从事测绘活动，应当遵守本法。

本法所称测绘，是指对自然地理要素或者地表人工设施的形状、大小、空间位置及其属性等进行测定、采集、表述，以及对获取的数据、信息、成果进行处理和提供的活动。

第三条　测绘事业是经济建设、国防建设、社会发展的基础性事业。各级人民政府应当加强对测绘工作的领导。

第四条　国务院测绘地理信息主管部门负责全国测绘工作的统一监督管理。国务院其他有关部门按照国务院规定的职责分工，负责本部门有关的测绘工作。

县级以上地方人民政府测绘地理信息主管部门负责本行政区域测绘工作的统一监督管理。县级以上地方人民政府其他有关部门按照本级人民政府规定的职责分工，负责本部门有关的测绘工作。

军队测绘部门负责管理军事部门的测绘工作，并按照国务院、中央军事委员会规定的职责分工负责管理海洋基础测绘工作。

第五条　从事测绘活动，应当使用国家规定的测绘基准和测绘系统，执行国家规定的测绘技术规范和标准。

第六条　国家鼓励测绘科学技术的创新和进步，采用先进的技术和设备，提高测绘水平，推动军民融合，促进测绘成果的应用。国家加强测绘科学技术的国际交流与合作。

对在测绘科学技术的创新和进步中做出重要贡献的单位和个人，按照国家有关规定给予奖励。

第七条　各级人民政府和有关部门应当加强对国家版图意识的宣传教育，增强公民的国家版图意识。新闻媒体应当开展国家版图意识的宣传。教育行政部门、学校应当将国家版图意识教育纳入中小学教学内容，加强爱国主义教育。

第八条　外国的组织或者个人在中华人民共和国领域和中华人民共和国管辖的其他海域从事测绘活动，应当经国务院测绘地理信息主管部门会同军队测绘部门批准，并遵守中华人民共和国有关法律、行政法规的规定。

外国的组织或者个人在中华人民共和国领域从事测绘活动，应当与中华人民共和国有关部门或者单位合作进行，并不得涉及国家秘密和危害国家安全。

第二章　测绘基准和测绘系统

第九条　国家设立和采用全国统一的大地基准、高程基准、深度基准和重力基准，其数据由国务院测绘地理信息主管部门审核，并与国务院其他有关部门、军队测绘部门会商后，报国务院批准。

第十条　国家建立全国统一的大地坐标系统、平面坐标系统、高程系统、地心坐标系统和重力测量系统，确定国家大地测量等级和精度以及国家基本比例尺地图的系列和基本精度。具体规范和要求由国务院测绘地理信息主管部门会同国务院其他有关部门、军队测绘部门制定。

第十一条　因建设、城市规划和科学研究的需要，国家重大工程项目和国务院确定的大城市确需建立相对独立的平面坐标系统的，由国务院测绘地理信息主管部门批准；其他确需建立相对独立的平面坐标系统的，由省、自治区、直辖市人民政府测绘地理信息主管部门批准。

建立相对独立的平面坐标系统，应当与国家坐标系统相联系。

第十二条　国务院测绘地理信息主管部门和省、自治区、直辖市人民政府测绘地理信息主管部门应当会同本级人民政府其他有关部门，按照统筹建设、资源共享的原则，建立统一的卫星导航定位基准服务系统，提供导航定位基准信息公共服务。

第十三条 建设卫星导航定位基准站的，建设单位应当按照国家有关规定报国务院测绘地理信息主管部门或者省、自治区、直辖市人民政府测绘地理信息主管部门备案。国务院测绘地理信息主管部门应当汇总全国卫星导航定位基准站建设备案情况，并定期向军队测绘部门通报。

本法所称卫星导航定位基准站，是指对卫星导航信号进行长期连续观测，并通过通信设施将观测数据实时或者定时传送至数据中心的地面固定观测站。

第十四条 卫星导航定位基准站的建设和运行维护应当符合国家标准和要求，不得危害国家安全。

卫星导航定位基准站的建设和运行维护单位应当建立数据安全保障制度，并遵守保密法律、行政法规的规定。

县级以上人民政府测绘地理信息主管部门应当会同本级人民政府其他有关部门，加强对卫星导航定位基准站建设和运行维护的规范和指导。

第三章 基础测绘

第十五条 基础测绘是公益性事业。国家对基础测绘实行分级管理。

本法所称基础测绘，是指建立全国统一的测绘基准和测绘系统，进行基础航空摄影，获取基础地理信息的遥感资料，测制和更新国家基本比例尺地图、影像图和数字化产品，建立、更新基础地理信息系统。

第十六条 国务院测绘地理信息主管部门会同国务院其他有关部门、军队测绘部门组织编制全国基础测绘规划，报国务院批准后组织实施。

县级以上地方人民政府测绘地理信息主管部门会同本级人民政府其他有关部门，根据国家和上一级人民政府的基础测绘规划及本行政区域的实际情况，组织编制本行政区域的基础测绘规划，报本级人民政府批准后组织实施。

第十七条 军队测绘部门负责编制军事测绘规划，按照国务院、中央军事委员会规定的职责分工负责编制海洋基础测绘规划，并组织实施。

第十八条 县级以上人民政府应当将基础测绘纳入本级国民经济和社会发展年度计划，将基础测绘工作所需经费列入本级政府预算。

国务院发展改革部门会同国务院测绘地理信息主管部门，根据全国基础测绘规划编制全国基础测绘年度计划。

县级以上地方人民政府发展改革部门会同本级人民政府测绘地理信息主管部门，根据本行政区域的基础测绘规划编制本行政区域的基础测绘年度计划，并分别报上一级部门备案。

第十九条 基础测绘成果应当定期更新，经济建设、国防建设、社会发展和生态保护急需的基础测绘成果应当及时更新。

基础测绘成果的更新周期根据不同地区国民经济和社会发展的需要确定。

第四章 界线测绘和其他测绘

第二十条 中华人民共和国国界线的测绘，按照中华人民共和国与相邻国家缔结的边界条约或者协定执行，由外交部组织实施。中华人民共和国地图的国界线标准样图，由外交部和国务院测绘地理信息主管部门拟定，报国务院批准后公布。

第二十一条 行政区域界线的测绘，按照国务院有关规定执行。省、自治区、直辖市和自治州、县、自治县、市行政区域界线的标准画法图，由国务院民政部门和国务院测绘地理信息主管部门拟定，报国务院批准后公布。

第二十二条 县级以上人民政府测绘地理信息主管部门应当会同本级人民政府不动产登记主管部门，加强对不动产测绘的管理。

测量土地、建筑物、构筑物和地面其他附着物的权属界址线，应当按照县级以上人民政府确定的权属界线的界址点、界址线或者提供的有关登记资料和附图进行。权属界址线发生变化的，有关当事人应当及时进行变更测绘。

第二十三条 城乡建设领域的工程测量活动，与房屋产权、产籍相关的房屋面积的测量，应当执行由国务院住房城乡建设主管部门、国务院测绘地理信息主管部门组织编制的测量技术规范。

水利、能源、交通、通信、资源开发和其他领域的工程测量活动，应当执行国家有关的工程测量技术规范。

第二十四条 建立地理信息系统，应当采用符合国家标准的基础地理信息数据。

第二十五条 县级以上人民政府测绘地理信息主管部门应当根据突发事件应对工作需要，及时提供地图、基础地理信息数据等测绘成果，做好遥感监测、导航定位等应急测绘保障工作。

第二十六条 县级以上人民政府测绘地理信息主管

部门应当会同本级人民政府其他有关部门依法开展地理国情监测，并按照国家有关规定严格管理、规范使用地理国情监测成果。

各级人民政府应当采取有效措施，发挥地理国情监测成果在政府决策、经济社会发展和社会公众服务中的作用。

第五章 测绘资质资格

第二十七条 国家对从事测绘活动的单位实行测绘资质管理制度。

从事测绘活动的单位应当具备下列条件，并依法取得相应等级的测绘资质证书，方可从事测绘活动：

（一）有法人资格；

（二）有与从事的测绘活动相适应的专业技术人员；

（三）有与从事的测绘活动相适应的技术装备和设施；

（四）有健全的技术和质量保证体系、安全保障措施、信息安全保密管理制度以及测绘成果和资料档案管理制度。

第二十八条 国务院测绘地理信息主管部门和省、自治区、直辖市人民政府测绘地理信息主管部门按照各自的职责负责测绘资质审查、发放测绘资质证书。具体办法由国务院测绘地理信息主管部门商国务院其他有关部门规定。

军队测绘部门负责军事测绘单位的测绘资质审查。

第二十九条 测绘单位不得超越资质等级许可的范围从事测绘活动，不得以其他测绘单位的名义从事测绘活动，不得允许其他单位以本单位的名义从事测绘活动。

测绘项目实行招投标的，测绘项目的招标单位应当依法在招标公告或者投标邀请书中对测绘单位资质等级作出要求，不得让不具有相应测绘资质等级的单位中标，不得让测绘单位低于测绘成本中标。

中标的测绘单位不得向他人转让测绘项目。

第三十条 从事测绘活动的专业技术人员应当具备相应的执业资格条件。具体办法由国务院测绘地理信息主管部门会同国务院人力资源社会保障主管部门规定。

第三十一条 测绘人员进行测绘活动时，应当持有测绘作业证件。

任何单位和个人不得阻碍测绘人员依法进行测绘活动。

第三十二条 测绘单位的测绘资质证书、测绘专业技术人员的执业证书和测绘人员的测绘作业证件的式样，由国务院测绘地理信息主管部门统一规定。

第六章 测绘成果

第三十三条 国家实行测绘成果汇交制度。国家依法保护测绘成果的知识产权。

测绘项目完成后，测绘项目出资人或者承担国家投资的测绘项目的单位，应当向国务院测绘地理信息主管部门或者省、自治区、直辖市人民政府测绘地理信息主管部门汇交测绘成果资料。属于基础测绘项目的，应当汇交测绘成果副本；属于非基础测绘项目的，应当汇交测绘成果目录。负责接收测绘成果副本和目录的测绘地理信息主管部门应当出具测绘成果汇交凭证，并及时将测绘成果副本和目录移交给保管单位。测绘成果汇交的具体办法由国务院规定。

国务院测绘地理信息主管部门和省、自治区、直辖市人民政府测绘地理信息主管部门应当及时编制测绘成果目录，并向社会公布。

第三十四条 县级以上人民政府测绘地理信息主管部门应当积极推进公众版测绘成果的加工和编制工作，通过提供公众版测绘成果、保密技术处理等方式，促进测绘成果的社会化应用。

测绘成果保管单位应当采取措施保障测绘成果的完整和安全，并按照国家有关规定向社会公开和提供利用。

测绘成果属于国家秘密的，适用保密法律、行政法规的规定；需要对外提供的，按照国务院和中央军事委员会规定的审批程序执行。

测绘成果的秘密范围和秘密等级，应当依照保密法律、行政法规的规定，按照保障国家秘密安全、促进地理信息共享和应用的原则确定并及时调整、公布。

第三十五条 使用财政资金的测绘项目和涉及测绘的其他使用财政资金的项目，有关部门在批准立项前应当征求本级人民政府测绘地理信息主管部门的意见；有适宜测绘成果的，应当充分利用已有的测绘成果，避免重复测绘。

第三十六条 基础测绘成果和国家投资完成的其他测绘成果，用于政府决策、国防建设和公共服务的，应当无偿提供。

除前款规定情形外，测绘成果依法实行有偿使用制度。但是，各级人民政府及有关部门和军队因防灾减灾、应对突发事件、维护国家安全等公共利益的需要，可以无偿使用。

测绘成果使用的具体办法由国务院规定。

第三十七条 中华人民共和国领域和中华人民共和国管辖的其他海域的位置、高程、深度、面积、长度等重要地理信息数据,由国务院测绘地理信息主管部门审核,并与国务院其他有关部门、军队测绘部门会商后,报国务院批准,由国务院或者国务院授权的部门公布。

第三十八条　地图的编制、出版、展示、登载及更新应当遵守国家有关地图编制标准、地图内容表示、地图审核的规定。

互联网地图服务提供者应当使用经依法审核批准的地图,建立地图数据安全管理制度,采取安全保障措施,加强对互联网地图新增内容的核校,提高服务质量。

县级以上人民政府和测绘地理信息主管部门、网信部门等有关部门应当加强对地图编制、出版、展示、登载和互联网地图服务的监督管理,保证地图质量,维护国家主权、安全和利益。

地图管理的具体办法由国务院规定。

第三十九条　测绘单位应当对完成的测绘成果质量负责。县级以上人民政府测绘地理信息主管部门应当加强对测绘成果质量的监督管理。

第四十条　国家鼓励发展地理信息产业,推动地理信息产业结构调整和优化升级,支持开发各类地理信息产品,提高产品质量,推广使用安全可信的地理信息技术和设备。

县级以上人民政府应当建立健全政府部门间地理信息资源共建共享机制,引导和支持企业提供地理信息社会化服务,促进地理信息广泛应用。

县级以上人民政府测绘地理信息主管部门应当及时获取、处理、更新基础地理信息数据,通过地理信息公共服务平台向社会提供地理信息公共服务,实现地理信息数据开放共享。

第七章　测量标志保护

第四十一条　任何单位和个人不得损毁或者擅自移动永久性测量标志和正在使用中的临时性测量标志,不得侵占永久性测量标志用地,不得在永久性测量标志安全控制范围内从事危害测量标志安全和使用效能的活动。

本法所称永久性测量标志,是指各等级的三角点、基线点、导线点、军用控制点、重力点、天文点、水准点和卫星定位点的觇标和标石标志,以及用于地形测图、工程测量和形变测量的固定标志和海底大地点设施。

第四十二条　永久性测量标志的建设单位应当对永久性测量标志设立明显标记,并委托当地有关单位指派专人负责保管。

第四十三条　进行工程建设,应当避开永久性测量标志;确实无法避开,需要拆迁永久性测量标志或者使永久性测量标志失去使用效能的,应当经省、自治区、直辖市人民政府测绘地理信息主管部门批准;涉及军用控制点的,应当征得军队测绘部门的同意。所需迁建费用由工程建设单位承担。

第四十四条　测绘人员使用永久性测量标志,应当持有测绘作业证件,并保证测量标志的完好。

保管测量标志的人员应当查验测量标志使用后的完好状况。

第四十五条　县级以上人民政府应当采取有效措施加强测量标志的保护工作。

县级以上人民政府测绘地理信息主管部门应当按照规定检查、维护永久性测量标志。

乡级人民政府应当做好本行政区域内的测量标志保护工作。

第八章　监督管理

第四十六条　县级以上人民政府测绘地理信息主管部门应当会同本级人民政府其他有关部门建立地理信息安全管理制度和技术防控体系,并加强对地理信息安全的监督管理。

第四十七条　地理信息生产、保管、利用单位应当对属于国家秘密的地理信息的获取、持有、提供、利用情况进行登记并长期保存,实行可追溯管理。

从事测绘活动涉及获取、持有、提供、利用属于国家秘密的地理信息,应当遵守保密法律、行政法规和国家有关规定。

地理信息生产、利用单位和互联网地图服务提供者收集、使用用户个人信息的,应当遵守法律、行政法规关于个人信息保护的规定。

第四十八条　县级以上人民政府测绘地理信息主管部门应当对测绘单位实行信用管理,并依法将其信用信息予以公示。

第四十九条　县级以上人民政府测绘地理信息主管部门应当建立健全随机抽查机制,依法履行监督检查职责,发现涉嫌违反本法规定行为的,可以依法采取下列措施:

(一)查阅、复制有关合同、票据、账簿、登记台账以及其他有关文件、资料;

(二)查封、扣押与涉嫌违法测绘行为直接相关的设备、工具、原材料、测绘成果资料等。

被检查的单位和个人应当配合,如实提供有关文件、资料,不得隐瞒、拒绝和阻碍。

任何单位和个人对违反本法规定的行为,有权向县级以上人民政府测绘地理信息主管部门举报。接到举报的测绘地理信息主管部门应当及时依法处理。

第九章 法律责任

第五十条 违反本法规定，县级以上人民政府测绘地理信息主管部门或者其他有关部门工作人员利用职务上的便利收受他人财物、其他好处或者玩忽职守，对不符合法定条件的单位核发测绘资质证书，不依法履行监督管理职责，或者发现违法行为不予查处的，对负有责任的领导人员和直接责任人员，依法给予处分；构成犯罪的，依法追究刑事责任。

第五十一条 违反本法规定，外国的组织或者个人未经批准，或者未与中华人民共和国有关部门、单位合作，擅自从事测绘活动的，责令停止违法行为，没收违法所得、测绘成果和测绘工具，并处十万元以上五十万元以下的罚款；情节严重的，并处五十万元以上一百万元以下的罚款，限期出境或者驱逐出境；构成犯罪的，依法追究刑事责任。

第五十二条 违反本法规定，未经批准擅自建立相对独立的平面坐标系统，或者采用不符合国家标准的基础地理信息数据建立地理信息系统的，给予警告，责令改正，可以并处五十万元以下的罚款；对直接负责的主管人员和其他直接责任人员，依法给予处分。

第五十三条 违反本法规定，卫星导航定位基准站建设单位未报备案的，给予警告，责令限期改正；逾期不改正的，处十万元以上三十万元以下的罚款；对直接负责的主管人员和其他直接责任人员，依法给予处分。

第五十四条 违反本法规定，卫星导航定位基准站的建设和运行维护不符合国家标准、要求的，给予警告，责令限期改正，没收违法所得和测绘成果，并处三十万元以上五十万元以下的罚款；逾期不改正的，没收相关设备；对直接负责的主管人员和其他直接责任人员，依法给予处分；构成犯罪的，依法追究刑事责任。

第五十五条 违反本法规定，未取得测绘资质证书，擅自从事测绘活动的，责令停止违法行为，没收违法所得和测绘成果，并处测绘约定报酬一倍以上二倍以下的罚款；情节严重的，没收测绘工具。

以欺骗手段取得测绘资质证书从事测绘活动的，吊销测绘资质证书，没收违法所得和测绘成果，并处测绘约定报酬一倍以上二倍以下的罚款；情节严重的，没收测绘工具。

第五十六条 违反本法规定，测绘单位有下列行为之一的，责令停止违法行为，没收违法所得和测绘成果，处测绘约定报酬一倍以上二倍以下的罚款，并可以责令停业整顿或者降低测绘资质等级；情节严重的，吊销测绘资质证书：

（一）超越资质等级许可的范围从事测绘活动；

（二）以其他测绘单位的名义从事测绘活动；

（三）允许其他单位以本单位的名义从事测绘活动。

第五十七条 违反本法规定，测绘项目的招标单位让不具有相应资质等级的测绘单位中标，或者让测绘单位低于测绘成本中标的，责令改正，可以处测绘约定报酬二倍以下的罚款。招标单位的工作人员利用职务上的便利，索取他人财物，或者非法收受他人财物为他人谋取利益的，依法给予处分；构成犯罪的，依法追究刑事责任。

第五十八条 违反本法规定，中标的测绘单位向他人转让测绘项目的，责令改正，没收违法所得，处测绘约定报酬一倍以上二倍以下的罚款，并可以责令停业整顿或者降低测绘资质等级；情节严重的，吊销测绘资质证书。

第五十九条 违反本法规定，未取得测绘执业资格，擅自从事测绘活动的，责令停止违法行为，没收违法所得和测绘成果，对其所在单位可以处违法所得二倍以下的罚款；情节严重的，没收测绘工具；造成损失的，依法承担赔偿责任。

第六十条 违反本法规定，不汇交测绘成果资料的，责令限期汇交；测绘项目出资人逾期不汇交的，处重测所需费用一倍以上二倍以下的罚款；承担国家投资的测绘项目的单位逾期不汇交的，处五万元以上二十万元以下的罚款，并处暂扣测绘资质证书，自暂扣测绘资质证书之日起六个月内仍不汇交的，吊销测绘资质证书；对直接负责的主管人员和其他直接责任人员，依法给予处分。

第六十一条 违反本法规定，擅自发布中华人民共和国领域和中华人民共和国管辖的其他海域的重要地理信息数据的，给予警告，责令改正，可以并处五十万元以下的罚款；对直接负责的主管人员和其他直接责任人员，依法给予处分；构成犯罪的，依法追究刑事责任。

第六十二条 违反本法规定，编制、出版、展示、登载、更新的地图或者互联网地图服务不符合国家有关地图管理规定的，依法给予行政处罚、处分；构成犯罪的，依法追究刑事责任。

第六十三条 违反本法规定，测绘成果质量不合格的，责令测绘单位补测或者重测；情节严重的，责令停业整顿，并处降低测绘资质等级或者吊销测绘资质证书；造成损失的，依法承担赔偿责任。

第六十四条 违反本法规定，有下列行为之一的，给予警告，责令改正，可以并处二十万元以下的罚款；对直

接负责的主管人员和其他直接责任人员,依法给予处分;造成损失的,依法承担赔偿责任;构成犯罪的,依法追究刑事责任:

(一)损毁、擅自移动永久性测量标志或者正在使用中的临时性测量标志;

(二)侵占永久性测量标志用地;

(三)在永久性测量标志安全控制范围内从事危害测量标志安全和使用效能的活动;

(四)擅自拆迁永久性测量标志或者使永久性测量标志失去使用效能,或者拒绝支付迁建费用;

(五)违反操作规程使用永久性测量标志,造成永久性测量标志毁损。

第六十五条 违反本法规定,地理信息生产、保管、利用单位未对属于国家秘密的地理信息的获取、持有、提供、利用情况进行登记、长期保存的,给予警告,责令改正,可以并处二十万元以下的罚款;泄露国家秘密的,责令停业整顿,并处降低测绘资质等级或者吊销测绘资质证书;构成犯罪的,依法追究刑事责任。

违反本法规定,获取、持有、提供、利用属于国家秘密的地理信息的,给予警告,责令停止违法行为,没收违法所得,可以并处违法所得二倍以下的罚款;对直接负责的主管人员和其他直接责任人员,依法给予处分;造成损失的,依法承担赔偿责任;构成犯罪的,依法追究刑事责任。

第六十六条 本法规定的降低测绘资质等级、暂扣测绘资质证书、吊销测绘资质证书的行政处罚,由颁发测绘资质证书的部门决定;其他行政处罚,由县级以上人民政府测绘地理信息主管部门决定。

本法第五十一条规定的限期出境和驱逐出境由公安机关依法决定并执行。

第十章 附 则

第六十七条 军事测绘管理办法由中央军事委员会根据本法规定。

第六十八条 本法自2017年7月1日起施行。

基础测绘条例

·2009年5月6日国务院第62次常务会议通过
·2009年5月12日中华人民共和国国务院令第556号公布
·自2009年8月1日起施行

第一章 总 则

第一条 为了加强基础测绘管理,规范基础测绘活动,保障基础测绘事业为国家经济建设、国防建设和社会发展服务,根据《中华人民共和国测绘法》,制定本条例。

第二条 在中华人民共和国领域和中华人民共和国管辖的其他海域从事基础测绘活动,适用本条例。

本条例所称基础测绘,是指建立全国统一的测绘基准和测绘系统,进行基础航空摄影,获取基础地理信息的遥感资料,测制和更新国家基本比例尺地图、影像图和数字化产品,建立、更新基础地理信息系统。

在中华人民共和国领海、中华人民共和国领海基线向陆地一侧至海岸线的海域和中华人民共和国管辖的其他海域从事海洋基础测绘活动,按照国务院、中央军事委员会的有关规定执行。

第三条 基础测绘是公益性事业。

县级以上人民政府应当加强对基础测绘工作的领导,将基础测绘纳入本级国民经济和社会发展规划及年度计划,所需经费列入本级财政预算。

国家对边远地区和少数民族地区的基础测绘给予财政支持。具体办法由财政部门会同同级测绘行政主管部门制定。

第四条 基础测绘工作应当遵循统筹规划、分级管理、定期更新、保障安全的原则。

第五条 国务院测绘行政主管部门负责全国基础测绘工作的统一监督管理。

县级以上地方人民政府负责管理测绘工作的行政部门(以下简称测绘行政主管部门)负责本行政区域基础测绘工作的统一监督管理。

第六条 国家鼓励在基础测绘活动中采用先进科学技术和先进设备,加强基础研究和信息化测绘体系建设,建立统一的基础地理信息公共服务平台,实现基础地理信息资源共享,提高基础测绘保障服务能力。

第二章 基础测绘规划

第七条 国务院测绘行政主管部门会同国务院其他有关部门、军队测绘主管部门,组织编制全国基础测绘规划,报国务院批准后组织实施。

县级以上地方人民政府测绘行政主管部门会同本级人民政府其他有关部门,根据国家和上一级人民政府的基础测绘规划和本行政区域的实际情况,组织编制本行政区域的基础测绘规划,报本级人民政府批准,并报上一级测绘行政主管部门备案后组织实施。

第八条 基础测绘规划报送审批前,组织编制机关应当组织专家进行论证,并征求有关部门和单位的意见。其中,地方的基础测绘规划,涉及军事禁区、军事管理区或者作战工程的,还应当征求军事机关的意见。

基础测绘规划报送审批文件中应当附具意见采纳情况及理由。

第九条 组织编制机关应当依法公布经批准的基础测绘规划。

经批准的基础测绘规划是开展基础测绘工作的依据,未经法定程序不得修改;确需修改的,应当按照本条例规定的原审批程序报送审批。

第十条 国务院发展改革部门会同国务院测绘行政主管部门,编制全国基础测绘年度计划。

县级以上地方人民政府发展改革部门会同同级测绘行政主管部门,编制本行政区域的基础测绘年度计划,并分别报上一级主管部门备案。

第十一条 县级以上人民政府测绘行政主管部门应当根据应对自然灾害等突发事件的需要,制定相应的基础测绘应急保障预案。

基础测绘应急保障预案的内容应当包括:应急保障组织体系,应急装备和器材配备,应急响应,基础地理信息数据的应急测制和更新等应急保障措施。

第三章 基础测绘项目的组织实施

第十二条 下列基础测绘项目,由国务院测绘行政主管部门组织实施:

(一)建立全国统一的测绘基准和测绘系统;

(二)建立和更新国家基础地理信息系统;

(三)组织实施国家基础航空摄影;

(四)获取国家基础地理信息遥感资料;

(五)测制和更新全国1∶100万至1∶2.5万国家基本比例尺地图、影像图和数字化产品;

(六)国家急需的其他基础测绘项目。

第十三条 下列基础测绘项目,由省、自治区、直辖市人民政府测绘行政主管部门组织实施:

(一)建立本行政区域内与国家测绘系统相统一的大地控制网和高程控制网;

(二)建立和更新地方基础地理信息系统;

(三)组织实施地方基础航空摄影;

(四)获取地方基础地理信息遥感资料;

(五)测制和更新本行政区域1∶1万至1∶5000国家基本比例尺地图、影像图和数字化产品。

第十四条 设区的市、县级人民政府依法组织实施1∶2000至1∶500比例尺地图、影像图和数字化产品的测制和更新以及地方性法规、地方政府规章确定由其组织实施的基础测绘项目。

第十五条 组织实施基础测绘项目,应当依据基础测绘规划和基础测绘年度计划,依法确定基础测绘项目承担单位。

第十六条 基础测绘项目承担单位应当具有与所承担的基础测绘项目相应等级的测绘资质,并不得超越其资质等级许可的范围从事基础测绘活动。

基础测绘项目承担单位应当具备健全的保密制度和完善的保密设施,严格执行有关保守国家秘密法律、法规的规定。

第十七条 从事基础测绘活动,应当使用全国统一的大地基准、高程基准、深度基准、重力基准,以及全国统一的大地坐标系统、平面坐标系统、高程系统、地心坐标系统、重力测量系统,执行国家规定的测绘技术规范和标准。

因建设、城市规划和科学研究的需要,确需建立相对独立的平面坐标系统的,应当与国家坐标系统相联系。

第十八条 县级以上人民政府及其有关部门应当遵循科学规划、合理布局、有效利用、兼顾当前与长远需要的原则,加强基础测绘设施建设,避免重复投资。

国家安排基础测绘设施建设资金,应当优先考虑航空摄影测量、卫星遥感、数据传输以及基础测绘应急保障的需要。

第十九条 国家依法保护基础测绘设施。

任何单位和个人不得侵占、损毁、拆除或者擅自移动基础测绘设施。基础测绘设施遭受破坏的,县级以上地方人民政府测绘行政主管部门应当及时采取措施,组织力量修复,确保基础测绘活动正常进行。

第二十条 县级以上人民政府测绘行政主管部门应当加强基础航空摄影和用于测绘的高分辨率卫星影像获取与分发的统筹协调,做好基础测绘应急保障工作,配备相应的装备和器材,组织开展培训和演练,不断提高基础测绘应急保障服务能力。

自然灾害等突发事件发生后,县级以上人民政府测绘行政主管部门应当立即启动基础测绘应急保障预案,采取有效措施,开展基础地理信息数据的应急测制和更新工作。

第四章 基础测绘成果的更新与利用

第二十一条 国家实行基础测绘成果定期更新制度。

基础测绘成果更新周期应当根据不同地区国民经济和社会发展的需要、测绘科学技术水平和测绘生产能力、基础地理信息变化情况等因素确定。其中,1∶100万至1∶5000国家基本比例尺地图、影像图和数字化产品至少

5年更新一次；自然灾害多发地区以及国民经济、国防建设和社会发展急需的基础测绘成果应当及时更新。

基础测绘成果更新周期确定的具体办法，由国务院测绘行政主管部门会同军队测绘主管部门和国务院其他有关部门制定。

第二十二条 县级以上人民政府测绘行政主管部门应当及时收集有关行政区域界线、地名、水系、交通、居民点、植被等地理信息的变化情况，定期更新基础测绘成果。

县级以上人民政府其他有关部门和单位应当对测绘行政主管部门的信息收集工作予以支持和配合。

第二十三条 按照国家规定需要有关部门批准或者核准的测绘项目，有关部门在批准或者核准前应当书面征求同级测绘行政主管部门的意见，有适宜基础测绘成果的，应当充分利用已有的基础测绘成果，避免重复测绘。

第二十四条 县级以上人民政府测绘行政主管部门应当采取措施，加强对基础地理信息测制、加工、处理、提供的监督管理，确保基础测绘成果质量。

第二十五条 基础测绘项目承担单位应当建立健全基础测绘成果质量管理制度，严格执行国家规定的测绘技术规范和标准，对其完成的基础测绘成果质量负责。

第二十六条 基础测绘成果的利用，按照国务院有关规定执行。

第五章 法律责任

第二十七条 违反本条例规定，县级以上人民政府测绘行政主管部门和其他有关主管部门将基础测绘项目确定由不具有测绘资质或者不具有相应等级测绘资质的单位承担的，责令限期改正，对负有直接责任的主管人员和其他直接责任人员，依法给予处分。

第二十八条 违反本条例规定，县级以上人民政府测绘行政主管部门和其他有关主管部门的工作人员利用职务上的便利收受他人财物、其他好处，或者玩忽职守，不依法履行监督管理职责，或者发现违法行为不予查处，造成严重后果，构成犯罪的，依法追究刑事责任；尚不构成犯罪的，依法给予处分。

第二十九条 违反本条例规定，未取得测绘资质证书从事基础测绘活动的，责令停止违法行为，没收违法所得和测绘成果，并处测绘约定报酬1倍以上2倍以下的罚款。

第三十条 违反本条例规定，基础测绘项目承担单位超越资质等级许可的范围从事基础测绘活动的，责令停止违法行为，没收违法所得和测绘成果，处测绘约定报酬1倍以上2倍以下的罚款，并可以责令停业整顿或者降低资质等级；情节严重的，吊销测绘资质证书。

第三十一条 违反本条例规定，实施基础测绘项目，不使用全国统一的测绘基准和测绘系统或者不执行国家规定的测绘技术规范和标准的，责令限期改正，给予警告，可以并处10万元以下罚款；对负有直接责任的主管人员和其他直接责任人员，依法给予处分。

第三十二条 违反本条例规定，侵占、损毁、拆除或者擅自移动基础测绘设施的，责令限期改正，给予警告，可以并处5万元以下罚款；造成损失的，依法承担赔偿责任；构成犯罪的，依法追究刑事责任；尚不构成犯罪的，对负有直接责任的主管人员和其他直接责任人员，依法给予处分。

第三十三条 违反本条例规定，基础测绘成果质量不合格的，责令基础测绘项目承担单位补测或者重测；情节严重的，责令停业整顿，降低资质等级直至吊销测绘资质证书；给用户造成损失的，依法承担赔偿责任。

第三十四条 本条例规定的降低资质等级、吊销测绘资质证书的行政处罚，由颁发资质证书的部门决定；其他行政处罚由县级以上人民政府测绘行政主管部门决定。

第六章 附 则

第三十五条 本条例自2009年8月1日起施行。

中华人民共和国测绘成果管理条例

- 2006年5月17日国务院第136次常务会议通过
- 2006年5月27日中华人民共和国国务院令第469号公布
- 自2006年9月1日起施行

第一章 总 则

第一条 为了加强对测绘成果的管理，维护国家安全，促进测绘成果的利用，满足经济建设、国防建设和社会发展的需要，根据《中华人民共和国测绘法》，制定本条例。

第二条 测绘成果的汇交、保管、利用和重要地理信息数据的审核与公布，适用本条例。

本条例所称测绘成果，是指通过测绘形成的数据、信息、图件以及相关的技术资料。测绘成果分为基础测绘成果和非基础测绘成果。

第三条 国务院测绘行政主管部门负责全国测绘成果工作的统一监督管理。国务院其他有关部门按照职责分工，负责本部门有关的测绘成果工作。

县级以上地方人民政府负责管理测绘工作的部门

(以下称测绘行政主管部门)负责本行政区域测绘成果工作的统一监督管理。县级以上地方人民政府其他有关部门按照职责分工,负责本部门有关的测绘成果工作。

第四条 汇交、保管、公布、利用、销毁测绘成果应当遵守有关保密法律、法规的规定,采取必要的保密措施,保障测绘成果的安全。

第五条 对在测绘成果管理工作中作出突出贡献的单位和个人,由有关人民政府或者部门给予表彰和奖励。

第二章 汇交与保管

第六条 中央财政投资完成的测绘项目,由承担测绘项目的单位向国务院测绘行政主管部门汇交测绘成果资料;地方财政投资完成的测绘项目,由承担测绘项目的单位向测绘项目所在地的省、自治区、直辖市人民政府测绘行政主管部门汇交测绘成果资料;使用其他资金完成的测绘项目,由测绘项目出资人向测绘项目所在地的省、自治区、直辖市人民政府测绘行政主管部门汇交测绘成果资料。

第七条 测绘成果属于基础测绘成果的,应当汇交副本;属于非基础测绘成果的,应当汇交目录。测绘成果的副本和目录实行无偿汇交。

下列测绘成果为基础测绘成果:

(一)为建立全国统一的测绘基准和测绘系统进行的天文测量、三角测量、水准测量、卫星大地测量、重力测量所获取的数据、图件;

(二)基础航空摄影所获取的数据、影像资料;

(三)遥感卫星和其他航天飞行器对地观测所获取的基础地理信息遥感资料;

(四)国家基本比例尺地图、影像图及其数字化产品;

(五)基础地理信息系统的数据、信息等。

第八条 外国的组织或者个人依法与中华人民共和国有关部门或者单位合资、合作,经批准在中华人民共和国领域内从事测绘活动的,测绘成果归中方部门或者单位所有,并由中方部门或者单位向国务院测绘行政主管部门汇交测绘成果副本。

外国的组织或者个人依法在中华人民共和国管辖的其他海域从事测绘活动的,由其按照国务院测绘行政主管部门的规定汇交测绘成果副本或者目录。

第九条 测绘项目出资人或者承担国家投资的测绘项目的单位应当自测绘项目验收完成之日起3个月内,向测绘行政主管部门汇交测绘成果副本或者目录。测绘行政主管部门应当在收到汇交的测绘成果副本或者目录后,出具汇交凭证。

汇交测绘成果资料的范围由国务院测绘行政主管部门商国务院有关部门制定并公布。

第十条 测绘行政主管部门自收到汇交的测绘成果副本或者目录之日起10个工作日内,应当将其移交给测绘成果保管单位。

国务院测绘行政主管部门和省、自治区、直辖市人民政府测绘行政主管部门应当定期编制测绘成果资料目录,向社会公布。

第十一条 测绘成果保管单位应当建立健全测绘成果资料的保管制度,配备必要的设施,确保测绘成果资料的安全,并对基础测绘成果资料实行异地备份存放制度。

测绘成果资料的存放设施与条件,应当符合国家保密、消防及档案管理的有关规定和要求。

第十二条 测绘成果保管单位应当按照规定保管测绘成果资料,不得损毁、散失、转让。

第十三条 测绘项目的出资人或者承担测绘项目的单位,应当采取必要的措施,确保其获取的测绘成果的安全。

第三章 利用

第十四条 县级以上人民政府测绘行政主管部门应当积极推进公众版测绘成果的加工和编制工作,并鼓励公众版测绘成果的开发利用,促进测绘成果的社会化应用。

第十五条 使用财政资金的测绘项目和使用财政资金的建设工程测绘项目,有关部门在批准立项前应当书面征求本级人民政府测绘行政主管部门的意见。测绘行政主管部门应当自收到征求意见材料之日起10日内,向征求意见的部门反馈意见。有适宜测绘成果的,应当充分利用已有的测绘成果,避免重复测绘。

第十六条 国家保密工作部门、国务院测绘行政主管部门应当商军队测绘主管部门,依照有关保密法律、行政法规的规定,确定测绘成果的秘密范围和秘密等级。

利用涉及国家秘密的测绘成果开发生产的产品,未经国务院测绘行政主管部门或者省、自治区、直辖市人民政府测绘行政主管部门进行保密技术处理的,其秘密等级不得低于所用测绘成果的秘密等级。

第十七条 法人或者其他组织需要利用属于国家秘密的基础测绘成果的,应当提出明确的利用目的和范围,报测绘成果所在地的测绘行政主管部门审批。

测绘行政主管部门审查同意的,应当以书面形式告知测绘成果的秘密等级、保密要求以及相关著作权保护要求。

第十八条 对外提供属于国家秘密的测绘成果，应当按照国务院和中央军事委员会规定的审批程序，报国务院测绘行政主管部门或者省、自治区、直辖市人民政府测绘行政主管部门审批；测绘行政主管部门在审批前，应当征求军队有关部门的意见。

第十九条 基础测绘成果和财政投资完成的其他测绘成果，用于国家机关决策和社会公益性事业的，应当无偿提供。

除前款规定外，测绘成果依法实行有偿使用制度。但是，各级人民政府及其有关部门和军队因防灾、减灾、国防建设等公共利益的需要，可以无偿使用测绘成果。

依法有偿使用测绘成果的，使用人与测绘项目出资人应当签订书面协议，明确双方的权利和义务。

第二十条 测绘成果涉及著作权保护和管理的，依照有关法律、行政法规的规定执行。

第二十一条 建立以地理信息数据为基础的信息系统，应当利用符合国家标准的基础地理信息数据。

第四章 重要地理信息数据的审核与公布

第二十二条 国家对重要地理信息数据实行统一审核与公布制度。

任何单位和个人不得擅自公布重要地理信息数据。

第二十三条 重要地理信息数据包括：

（一）国界、国家海岸线长度；

（二）领土、领海、毗连区、专属经济区面积；

（三）国家海岸滩涂面积、岛礁数量和面积；

（四）国家版图的重要特征点，地势、地貌分区位置；

（五）国务院测绘行政主管部门商国务院其他有关部门确定的其他重要自然和人文地理实体的位置、高程、深度、面积、长度等地理信息数据。

第二十四条 提出公布重要地理信息数据建议的单位或者个人，应当向国务院测绘行政主管部门或者省、自治区、直辖市人民政府测绘行政主管部门报送建议材料。

对需要公布的重要地理信息数据，国务院测绘行政主管部门应当提出审核意见，并与国务院其他有关部门、军队测绘主管部门会商后，报国务院批准。具体办法由国务院测绘行政主管部门制定。

第二十五条 国务院批准公布的重要地理信息数据，由国务院或者国务院授权的部门以公告形式公布。

在行政管理、新闻传播、对外交流、教学等对社会公众有影响的活动中，需要使用重要地理信息数据的，应当使用依法公布的重要地理信息数据。

第五章 法律责任

第二十六条 违反本条例规定，县级以上人民政府测绘行政主管部门有下列行为之一的，由本级人民政府或者上级人民政府测绘行政主管部门责令改正，通报批评；对直接负责的主管人员和其他直接责任人员，依法给予处分：

（一）接收汇交的测绘成果副本或者目录，未依法出具汇交凭证的；

（二）未及时向测绘成果保管单位移交测绘成果资料的；

（三）未依法编制和公布测绘成果资料目录的；

（四）发现违法行为或者接到对违法行为的举报后，不及时进行处理的；

（五）不依法履行监督管理职责的其他行为。

第二十七条 违反本条例规定，未汇交测绘成果资料的，依照《中华人民共和国测绘法》第四十七条的规定进行处罚。

第二十八条 违反本条例规定，测绘成果保管单位有下列行为之一的，由测绘行政主管部门给予警告，责令改正；有违法所得的，没收违法所得；造成损失的，依法承担赔偿责任；对直接负责的主管人员和其他直接责任人员，依法给予处分：

（一）未按照测绘成果资料的保管制度管理测绘成果资料，造成测绘成果资料损毁、散失的；

（二）擅自转让汇交的测绘成果资料的；

（三）未依法向测绘成果的使用人提供测绘成果资料的。

第二十九条 违反本条例规定，有下列行为之一的，由测绘行政主管部门或者其他有关部门依据职责责令改正，给予警告，可以处10万元以下的罚款；对直接负责的主管人员和其他直接责任人员，依法给予处分：

（一）建立以地理信息数据为基础的信息系统，利用不符合国家标准的基础地理信息数据的；

（二）擅自公布重要地理信息数据的；

（三）在对社会公众有影响的活动中使用未经依法公布的重要地理信息数据的。

第六章 附 则

第三十条 法律、行政法规对编制出版地图的管理另有规定的，从其规定。

第三十一条 军事测绘成果的管理，按照中央军事委员会的有关规定执行。

第三十二条 本条例自 2006 年 9 月 1 日起施行。1989 年 3 月 21 日国务院发布的《中华人民共和国测绘成果管理规定》同时废止。

外国的组织或者个人来华测绘管理暂行办法

- 2007 年 1 月 19 日国土资源部令第 38 号公布
- 根据 2011 年 4 月 27 日《国土资源部关于修改〈外国的组织或者个人来华测绘管理暂行办法〉的决定》第一次修订
- 根据 2019 年 7 月 16 日《自然资源部关于第一批废止和修改的部门规章的决定》第二次修订

第一条 为加强对外国的组织或者个人在中华人民共和国领域和管辖的其他海域从事测绘活动的管理,维护国家安全和利益,促进中外经济、科技的交流与合作,根据《中华人民共和国测绘法》和其他有关法律、法规,制定本办法。

第二条 外国的组织或者个人在中华人民共和国领域和管辖的其他海域从事测绘活动(以下简称来华测绘),适用本办法。

第三条 来华测绘应当遵循以下原则:

(一)必须遵守中华人民共和国的法律、法规和国家有关规定;

(二)不得涉及中华人民共和国的国家秘密;

(三)不得危害中华人民共和国的国家安全。

第四条 国务院自然资源主管部门会同军队测绘主管部门负责来华测绘的审批。

县级以上各级人民政府自然资源主管部门依照法律、行政法规和规章的规定,对来华测绘履行监督管理职责。

第五条 来华测绘应当符合测绘管理工作国家秘密范围的规定。测绘活动中涉及国防和国家其他部门或者行业的国家秘密事项,从其主管部门的国家秘密范围规定。

第六条 外国的组织或者个人在中华人民共和国领域测绘,必须与中华人民共和国的有关部门或者单位依法采取合资、合作的形式(以下简称合资、合作测绘)。

前款所称合资、合作的形式,是指依照外商投资的法律法规设立的合资、合作企业。

经国务院及其有关部门或者省、自治区、直辖市人民政府批准,外国的组织或者个人来华开展科技、文化、体育等活动时,需要进行一次性测绘活动的(以下简称一次性测绘),可以不设立合资、合作企业,但是必须经国务院自然资源主管部门会同军队测绘主管部门批准,并与中华人民共和国的有关部门和单位的测绘人员共同进行。

第七条 合资、合作测绘不得从事下列活动:

(一)大地测量;

(二)测绘航空摄影;

(三)行政区域界线测绘;

(四)海洋测绘;

(五)地形图、世界政区地图、全国政区地图、省级及以下政区地图、全国性教学地图、地方性教学地图和真三维地图的编制;

(六)导航电子地图编制;

(七)国务院自然资源主管部门规定的其他测绘活动。

第八条 合资、合作测绘应当取得国务院自然资源主管部门颁发的《测绘资质证书》。

合资、合作企业申请测绘资质应当具备下列条件:

(一)符合《中华人民共和国测绘法》以及外商投资的法律法规的有关规定;

(二)符合《测绘资质管理规定》的有关要求;

(三)已经依法进行企业登记,并取得中华人民共和国法人资格。

第九条 合资、合作企业申请测绘资质应当提供下列材料:

(一)《测绘资质管理规定》中要求提供的申请材料;

(二)企业法人营业执照;

(三)国务院自然资源主管部门规定应当提供的其他材料。

第十条 测绘资质许可依照下列程序办理:

(一)提交申请:合资、合作企业应当向国务院自然资源主管部门提交申请材料;

(二)受理:国务院自然资源主管部门在收到申请材料后依法作出是否受理的决定;

(三)审查:国务院自然资源主管部门决定受理后 10 个工作日内送军队测绘主管部门会同审查,并在接到会同审查意见后 10 个工作日内作出审查决定;

(四)发放证书:审查合格的,由国务院自然资源主管部门颁发相应等级的《测绘资质证书》;审查不合格的,由国务院自然资源主管部门作出不予许可的决定。

第十一条 申请一次性测绘的,应当提交下列申请材料:

(一)申请表;

(二)国务院及其有关部门或者省、自治区、直辖市人民政府的批准文件；

（三）按照法律法规规定应当提交的有关部门的批准文件；

（四）外国的组织或者个人的身份证明和有关资信证明；

（五）测绘活动的范围、路线、测绘精度及测绘成果形式的说明；

（六）测绘活动时使用的测绘仪器、软件和设备的清单和情况说明；

（七）中华人民共和国现有测绘成果不能满足项目需要的说明。

第十二条 一次性测绘应当依照下列程序取得国务院自然资源主管部门的批准文件：

（一）提交申请：经国务院及其有关部门或者省、自治区、直辖市人民政府批准，外国的组织或者个人来华开展科技、文化、体育等活动时，需要进行一次性测绘活动的，应当向国务院自然资源主管部门提交申请材料；

（二）受理：国务院自然资源主管部门在收到申请材料后依法作出是否受理的决定；

（三）审查：国务院自然资源主管部门决定受理后10个工作日内送军队测绘主管部门会同审查，并在接到会同审查意见后10个工作日内作出审查决定；

（四）批准：准予一次性测绘的，由国务院自然资源主管部门依法向申请人送达批准文件，并抄送测绘活动所在地的省、自治区、直辖市人民政府自然资源主管部门；不准予一次性测绘的，应当作出书面决定。

第十三条 依法需要听证、检验、检测、鉴定和专家评审的，所需时间不计算在规定的期限内，但是应当将所需时间书面告知申请人。

第十四条 合资、合作企业应当在《测绘资质证书》载明的业务范围内从事测绘活动。一次性测绘应当按照国务院自然资源主管部门批准的内容进行。

合资、合作测绘或者一次性测绘的，应当保证中方测绘人员全程参与具体测绘活动。

第十五条 来华测绘成果的管理依照有关测绘成果管理法律法规的规定执行。

来华测绘成果归中方部门或者单位所有的，未经依法批准，不得以任何形式将测绘成果携带或者传输出境。

第十六条 县级以上地方人民政府自然资源主管部门，应当加强对本行政区域内来华测绘的监督管理，定期对下列内容进行检查：

（一）是否涉及国家安全和秘密；

（二）是否在《测绘资质证书》载明的业务范围内进行；

（三）是否按照国务院自然资源主管部门批准的内容进行；

（四）是否按照《中华人民共和国测绘成果管理条例》的有关规定汇交测绘成果副本或者目录；

（五）是否保证了中方测绘人员全程参与具体测绘活动。

第十七条 违反本办法规定，法律、法规已规定行政处罚的，从其规定。

违反本办法规定，来华测绘涉及中华人民共和国的国家秘密或者危害中华人民共和国的国家安全的行为的，依法追究其法律责任。

第十八条 违反本办法规定，有下列行为之一的，由国务院自然资源主管部门撤销批准文件，责令停止测绘活动，处3万元以下罚款。有关部门对中方负有直接责任的主管人员和其他直接责任人员，依法给予处分；构成犯罪的，依法追究刑事责任。对形成的测绘成果依法予以收缴：

（一）以伪造证明文件、提供虚假材料等手段，骗取一次性测绘批准文件的；

（二）超出一次性测绘批准文件的内容从事测绘活动的。

第十九条 违反本办法规定，未经依法批准将测绘成果携带或者传输出境的，由国务院自然资源主管部门处3万元以下罚款；构成犯罪的，依法追究刑事责任。

第二十条 来华测绘涉及其他法律法规规定的审批事项的，应当依法经相应主管部门批准。

第二十一条 香港特别行政区、澳门特别行政区、台湾地区的组织或者个人来内地从事测绘活动的，参照本办法进行管理。

第二十二条 本办法自2007年3月1日起施行。

涉密基础测绘成果提供使用管理办法

· 2023年3月3日

· 自然资规〔2023〕3号

一、为规范涉密基础测绘成果提供使用的管理，根据《中华人民共和国测绘法》《中华人民共和国行政许可法》《中华人民共和国保守国家秘密法》《中华人民共和国测绘成果管理条例》等有关法律法规，制定本办法。

二、提供使用涉密基础测绘成果，应当遵守本办法。

本办法所称涉密基础测绘成果，是指按照《测绘地理信息管理工作国家秘密范围的规定》属于国家秘密事项的基础测绘成果。

境外机构、组织、个人以及外商投资企业申请使用涉密基础测绘成果，按照对外提供我国涉密测绘成果相关规定执行。

三、自然资源部负责中央财政投资生产的涉密基础测绘成果（以下简称国家级涉密基础测绘成果）的提供使用审批。省级自然资源主管部门负责本行政区域国家级涉密基础测绘成果的提供使用审批。

申请人可按照便利原则选择向自然资源部或者省级自然资源主管部门申请使用国家级涉密基础测绘成果。申请人不得就同一事项同时向自然资源部和省级自然资源主管部门申请。

四、省级自然资源主管部门确定本行政区域地方财政投资生产的涉密基础测绘成果的提供使用审批权限。

五、各级自然资源主管部门之间应当加强基础测绘成果的共享和统筹利用。

六、申请使用涉密基础测绘成果应当符合下列条件：

（一）申请人为法人或者其他组织；

（二）有明确、合法、具体的使用目的；

（三）申请的涉密基础测绘成果范围、种类、数量与使用目的相一致；

（四）保管和使用条件符合国家保密法律法规及政策要求。

七、申请人申请使用涉密基础测绘成果，应当提交下列申请材料：

（一）《涉密基础测绘成果提供使用申请表》（见附件1）；

（二）项目批准文件、任务书、合同书或其他可以说明使用目的的材料；

（三）申请人签署的《涉密基础测绘成果使用安全保密责任书》（见附件2）；

（四）经办人有效身份证件复印件；

（五）加载统一社会信用代码的营业执照、登记证照等复印件；

（六）具备保密管理有关条件的机构人员、管理制度、场所设施等的相关说明材料（见附件3）或测绘资质证书复印件。

第（五）项和第（六）项材料内容未发生变化的，申请人再次申请使用涉密基础测绘成果时无需再次提交。

上述申请材料包含的信息能够通过政府部门共享获得的，审批机关可以不要求申请人提交相关材料。

八、审批机关对申请人提出的涉密基础测绘成果提供使用申请，应当根据下列情形分别作出处理：

（一）申请材料齐全并符合法定形式的，应当决定受理并出具受理通知书。

（二）申请材料不齐全或者不符合法定形式的，应当当场或者在5个工作日内一次性告知申请人需要补正的全部内容，逾期不告知的，自收到申请材料之日起即为受理。

（三）申请事项依法不属于本审批机关职责范围的，应当即时作出不予受理的决定，并告知申请人向有关审批机关申请。

九、审批机关应当自受理申请之日起10个工作日内作出决定。10个工作日内不能作出决定的，经审批机关负责人批准，可以延长10个工作日，并将延长期限的理由告知申请人。必要时，审批机关可以组织专家对申请材料进行评审或者实地核查。

十、审批机关作出审批决定的，应当自决定之日起5个工作日内向申请人送达决定，并抄送申请人所在地的省级自然资源主管部门。

十一、政府部门和军队单位需要利用涉密基础测绘成果用于政府决策、国防建设和公共服务的，可通过建立共享机制提供，提供程序和方式按照共享机制约定执行。

尚未建立共享机制的政府部门和军队单位申请使用涉密基础测绘成果，应提供以下材料：

（一）《涉密基础测绘成果提供使用申请表》（见附件1）。

（二）属于政府部门的，应提供项目批准文件、任务书、合同书等可以说明使用目的的材料，如无上述材料，应提供单位公函，说明使用目的、使用范围和保管条件。

属于军队单位的，向自然资源部申请使用涉密基础测绘成果时，应当提供副战区级以上单位战场环境保障部门或履行相应职责的部门出具的审核介绍函；向省级自然资源部主管部门申请使用涉密基础测绘成果时，应当提供军级以上单位战场环境保障部门或履行相应职责的部门出具的审核介绍函。审核介绍函简要说明使用目的、使用范围和保管条件。

（三）申请人签署的《涉密基础测绘成果使用安全保密责任书》（见附件2）。

（四）经办人有效身份证件复印件。

尚未建立共享机制的政府部门和军队单位申请使用涉密基础测绘成果的受理、审查、决定及送达程序参照本办法第八条、第九条、第十条相关规定执行。

十二、测绘成果保管单位应当按照批准决定的内容，及时向申请人提供涉密基础测绘成果，对提供情况进行登记并长期保存。

十三、被许可使用人应当严格按照下列规定保管和使用涉密基础测绘成果：

（一）必须按照国家有关保密法律法规的要求采取有效的保密措施，严防失泄密。

（二）严格按照批准的使用目的，在批准的使用范围内使用所领取的涉密基础测绘成果，不得擅自转让或者转借涉密基础测绘成果。

（三）使用目的或项目完成后，应当在6个月内将所领取的涉密基础测绘成果送至保密行政管理部门设立的销毁工作机构或指定的单位销毁；确因工作需要自行销毁少量涉密基础测绘成果的，应当严格履行清点、登记和审批手续，并使用符合国家保密标准的销毁设备和方法，确保销毁的涉密信息无法还原；确有困难的，可将所领取的涉密基础测绘成果交回审批机关。销毁的登记、审批记录应当长期保存备查。各地自然资源主管部门对销毁工作已有明确规定的，从其规定。

（四）被许可使用人委托第三方从事批准用途的应用开发，应与第三方签订相应的保密责任书，实施有效管理，负责在项目完成后及时销毁或督促销毁相应涉密基础测绘成果。第三方为境外机构、组织、个人以及外商投资企业的，必须按照对外提供涉密测绘成果有关规定，经有关自然资源主管部门审批。

（五）被许可使用人分立或合并时，应当将涉密基础测绘成果移交给承接其职能的机关、单位，并履行登记、签收手续，同时将有关情况报告审批机关；被许可使用人解散时，应当将涉密基础测绘成果按照国家保密规定销毁或交回审批机关。

（六）被许可使用人应当对申领的涉密基础测绘成果的保管、使用、复制、销毁等情况进行登记并长期保存，实行可追溯管理。

十四、县级以上自然资源主管部门应当建立健全检查抽查制度，创新监管手段，加强对全国和所辖行政区域内单位涉密基础测绘成果使用情况的事中事后监管。

十五、被许可使用人未按规定保管和使用涉密基础测绘成果，自然资源主管部门要求其进行整改的，整改措施未落实到位前，停止向其提供涉密基础测绘成果。存在重大失泄密隐患或发生失泄密的，收回涉密基础测绘成果，并将有关线索报送保密行政管理部门。

十六、申请人隐瞒有关情况或提供虚假信息申请提供使用涉密基础测绘成果的，一年内再次申请使用涉密基础测绘成果，审批机关可不予受理。

十七、申请人属于测绘资质单位，有以下情形的，还应按照有关程序纳入测绘地理信息行业不良信用记录：

（一）隐瞒有关情况或提供虚假信息申请提供使用涉密基础测绘成果；

（二）拒不接受和配合涉密基础测绘成果使用事中事后监管的；

（三）未按规定保管和使用涉密基础测绘成果，存在重大失泄密隐患或发生失泄密的。

十八、首次申领涉密基础测绘成果的单位，应当纳入第二年检查范围。对存在第十五条、第十六条、第十七条规定的情形和有相关不良信用记录的单位，应当加大抽查比例和频次。

十九、审批机关及测绘成果保管单位工作人员在涉密基础测绘成果提供使用工作中滥用职权、玩忽职守、徇私舞弊的，依法给予处分；涉嫌构成犯罪的，移送有关机关依法追究刑事责任。

二十、自然资源主管部门应当积极推进行政许可在线办理，运用信息化手段做好涉密基础测绘成果审批、提供和事中事后监管等信息的登记、保存、统计、运用和共享工作。

二十一、自然资源主管部门应当及时在全国地理信息资源目录服务系统上发布、更新涉密基础测绘成果目录信息，方便社会公众查询。

二十二、本办法自2023年5月1日起施行，有效期五年。《国家测绘局关于印发<基础测绘成果提供使用管理暂行办法>的通知》（国测法字〔2006〕13号）同时废止。

附件：1. 涉密基础测绘成果提供使用申请表（略）

2. 涉密基础测绘成果使用安全保密责任书（略）

3. 保密管理条件提交材料说明（略）

建立相对独立的平面坐标系统管理办法

· 2023年6月11日

· 自然资规〔2023〕5号

一、为规范相对独立的平面坐标系统管理，避免重复投入，促进测绘成果共享与时空数据的互联互通，根据《中华人民共和国测绘法》等法律法规，制定本办法。

二、在中华人民共和国领域和中华人民共和国管辖的其他海域，建立相对独立的平面坐标系统，应当遵守本办法。

本办法所称相对独立的平面坐标系统（以下简称独立坐标系），是指因规划、建设和科学研究的需要，以自定义的坐标原点、中央子午线和高程抵偿面等为系统参数，被广泛共享使用且与国家大地坐标系相联系的平面坐标系统。

独立坐标系分为城市坐标系和工程坐标系。由政府部门组织建立的在一定行政区划范围内通用的独立坐标系属于城市坐标系；因重大工程项目建设需要，由工程建设单位组织建立的独立坐标系属于工程坐标系。

三、根据国务院城市规模划分标准确定的地级以上的大城市、特大城市、超大城市和国家重大工程项目确需建立独立坐标系的，由国务院自然资源主管部门负责审批。

其他确需建立独立坐标系的，由所在省、自治区、直辖市人民政府自然资源主管部门负责审批（陕西、黑龙江、四川、海南测绘地理信息局负责本行政区域独立坐标系的审批，下同）。

负责审批独立坐标系的行政机关在本办法中简称审批机关。

四、城市坐标系的申请人为所在地人民政府自然资源主管部门，工程坐标系的申请人为工程建设单位。

五、独立坐标系坚持“非必要不建立”原则，基于2000国家大地坐标系采用标准分带进行投影或者已依法建有基于2000国家大地坐标系的独立坐标系能满足需要的，不再建立独立坐标系。

原则上一个地级以上城市行政区划范围内只允许建立一个城市坐标系。

工程项目所在地的城市坐标系能够满足工程项目建设需要的，不再另行建立工程坐标系。

六、建立独立坐标系应当基于2000国家大地坐标系，并与2000国家大地坐标系相联系。

独立坐标系技术设计书编制单位、独立坐标系承建单位应当具备国家规定的大地测量专业类别的测绘资质。

七、新建立的独立坐标系名称一般为“2000XX相对独立的平面坐标系统（YYYY年）”，可简称“XX独立坐标系”，其中XX为城市名或工程项目名，YYYY为独立坐标系批准年份（阿拉伯数字）。

八、申请人应当向审批机关提交下列申请材料：

（一）《建立相对独立的平面坐标系统申请书》（样式见附件1），属于建立城市坐标系的申请应当附该市人民政府同意建立的文件；

（二）建立相对独立的平面坐标系统技术设计书（编写样式见附件2）；

（三）独立坐标系测绘成果保管单位测绘成果资料保管制度及与之配套的装备设施等相关材料。

九、申请人可自主选择线上、线下两种方式之一提交申请材料，并对申请材料的真实性负责。

在线提交的申请材料均不得涉密，涉密内容应当按照符合保密管理规定的程序提交。

十、申请人提交的申请材料齐全、符合规定形式要求的，审批机关应当受理申请。

申请材料不齐全或者不符合规定形式的，审批机关应当在五个工作日内一次性告知申请人需要补正的全部内容，逾期不告知的，自收到申请材料之日起即为受理。

申请事项依法不属于本审批机关职权范围的，应当即时作出不予受理的决定，并告知申请人向有关审批机关申请。

十一、审批机关受理申请后，应当依据本办法对申请材料进行审查和组织专家评审。

审查内容主要包括：独立坐标系名称、类别、申请人是否符合规定，技术设计书编制单位是否具备国家规定的大地测量专业类别的测绘资质，拟建独立坐标系是否基于2000国家大地坐标系并与2000国家大地坐标系相联系，技术设计书需阐述的要素是否齐全。

评审内容主要包括：独立坐标系建设必要性是否充分，技术方案是否科学可行，测绘成果资料的保管制度及装备设施是否健全完备，申请材料是否含有虚假内容。

十二、审批机关可自行组织召开专家评审会，也可委托相关单位组织开展。评审专家人数应当不少于五人且为单数，评审组组长经专家集体推选产生。

评审意见由评审专家组独立提出并签字，组织评审的单位不得干预。

评审专家不得参加与自己有利害关系的单位编制的独立坐标系申请材料的评审工作。

十三、审批机关应当自受理建立独立坐标系的申请之日起二十个工作日内作出行政许可决定。二十个工作日内不能作出行政许可决定的，经本审批机关负责人批准，可以延长十个工作日，并将延长期限的理由告知申请人。

十四、审批机关作出行政许可决定后，应当自作出决定之日起十个工作日内向申请人送达决定。

国务院自然资源主管部门作出的行政许可决定，应当同时抄送独立坐标系所在地省级自然资源主管部门。

十五、城市坐标系经审批机关批准后，市人民政府自然资源主管部门应向社会公开发布城市坐标系的启用时间、测绘成果保管单位和与原有城市坐标系转换、衔接的过渡期。

自启用时间开始，在新批准的城市坐标系覆盖范围内从事测绘地理信息及其相关活动，应当使用新批准的城市坐标系。

新旧城市坐标系转换、衔接的过渡期自公开发布的启用时间起算，一般不超过三年。过渡期内，现有各类测绘地理信息成果和地理信息系统应根据实际情况逐步转换到新批准的城市坐标系。过渡期结束后原有城市坐标系全部停止使用。

十六、经批准建立的独立坐标系的系统参数（即坐标原点、中央子午线和高程抵偿面）及相关测绘成果应当按照测绘成果管理有关规定管理和提供使用，促进独立坐标系的社会化应用。

独立坐标系与国家大地坐标系之间的转换参数，应当严格按照保密法律法规的有关规定保管和使用。

十七、县级以上人民政府自然资源主管部门，应当加强对本行政区域内独立坐标系的监督管理，对下列内容进行监管：

（一）是否存在未经批准擅自建立独立坐标系的行为；

（二）是否存在同一个城市违规建立多个城市坐标系的行为；

（三）是否存在未按规定向社会公开发布城市坐标系的行为；

（四）是否存在未按照测绘成果管理有关规定保管和使用独立坐标系参数成果的行为；

（五）是否存在未按照保密法律法规的有关规定保管和使用独立坐标系与国家大地坐标系之间的转换参数的行为；

（六）是否存在其他违法违规行为。

十八、申请人违反本办法规定，隐瞒有关情况或者提供虚假材料申请建立独立坐标系的，审批机关应当依照《中华人民共和国行政许可法》第七十八条的规定作出不予受理的决定或者不予批准的决定，并给予警告。

十九、违反本办法规定，未经批准擅自建立独立坐标系的，依照《中华人民共和国测绘法》第五十二条的规定予以处罚。

二十、省级审批机关可以根据本办法，结合实际制定实施细则或者其他规范性文件。

二十一、本办法自发布之日起实施，有效期5年。《关于印发〈建立相对独立的平面坐标系统管理办法〉的通知》（国测法字〔2006〕5号）同时废止。

附件：1. 建立相对独立的平面坐标系统申请书（略）

2. 建立相对独立的平面坐标系统技术设计书编写样式（略）

公开地图内容表示规范

· 2023年2月6日

· 自然资规〔2023〕2号

一、为加强地图管理，规范公开地图内容表示，维护国家主权、安全和发展利益，促进地理信息产业健康发展，服务社会公众，依据《中华人民共和国测绘法》《地图管理条例》等法律法规，制定本规范。

二、公开地图或者附着地图图形产品的内容表示，应当遵守本规范。海图的内容表示按照国务院、中央军事委员会有关规定执行。

三、中华人民共和国国界，按照国务院批准公布的中国国界线画法标准样图绘制；中国历史疆界，依据有关历史资料，按照实际历史疆界绘制。

四、我国县级以上行政区域界线或者范围，按照国务院批准公布的行政区域界线标准画法图、特别行政区行政区域图和国家其他有关规定绘制。我国县级以上行政区域界线或者范围的变更以有关地方人民政府向社会的公告为准。

五、中国全图应当遵守下列规定：

（一）准确反映中国领土范围。

1. 图幅范围：东边绘出黑龙江与乌苏里江交汇处，西边绘出喷赤河南北流向的河段，北边绘出黑龙江最北江段，南边绘出曾母暗沙以南；

2. 陆地国界线与海岸线符号有区别时，用相应陆地国界线符号绘出南海断续线及东海有关线段；

3. 陆地国界线与海岸线符号无区别或者用色块表示中国领土范围时，南海断续线及东海有关线段可不表示（表示邻国海岸线或者界线的地图除外）。

（二）中国全图除了表示大陆、海南岛、台湾岛外，还应当表示南海诸岛、钓鱼岛及其附属岛屿等重要岛屿；南海诸岛以附图形式表示时，中国地图主图的南边应当绘出海南岛的最南端。

（三）地图上表示的内容不得影响中国领土的完整表达，不得压盖重要岛屿等涉及国家主权的重要内容。

六、南海诸岛地图表示规定：

（一）南海诸岛地图的四至范围是：东面绘出菲律宾的马尼拉，西面绘出越南的河内，北面绘出中国大陆和台湾岛北回归线以南的部分，南面绘出加里曼丹岛上印度尼西亚与马来西亚间的全部界线（对于不表示邻国间界线的地图，南面绘出曾母暗沙和马来西亚的海岸线；对于不表示国外邻区的地图，南面绘出曾母暗沙）。

（二）海南省地图，必须包括南海诸岛。南海诸岛既可以包括在正图内，也可以作附图。完整表示海南岛的区域地图，必须附“南海诸岛”附图。以下情况除外：

1. 图名明确为海南岛的地图；

2. 图名明确为南海北部、西部等涉及南海四至范围的局部地图；

3. 不以中国为主要表现地的区域地图。

（三）作为中国地图或者其他区域地图的附图时，一律称“南海诸岛”；南海诸岛作为海南省地图的附图时，附图名称为“海南省全图”。

（四）南海诸岛作为专题地图的附图时，可简化表示相关专题内容。

（五）南海诸岛地图应当表示东沙、西沙、中沙、南沙群岛以及曾母暗沙、黄岩岛等岛屿岛礁。未表示国界或者领土范围的，可不表示南海诸岛岛屿岛礁。

比例尺大于 1∶400 万的地图，黄岩岛注记应当括注民主礁。

（六）对于标注了国名（含邻国国名）的地图，当南海诸岛与大陆同时表示时，中国国名注在大陆上，南海诸岛范围内不注国名，岛屿名称不括注“中国”字样；当图中未出现中国大陆而含有南海诸岛局部时，各群岛和曾母暗沙、黄岩岛等名称括注“中国”字样。

对于未标注任何中国及邻国国名的地图，南海诸岛范围内不注国名，岛屿名称不括注“中国”字样。

（七）南海诸岛的岛礁名称，按照国务院批准公布的标准名称标注。

七、钓鱼岛及其附属岛屿地图表示规定：

（一）比例尺大于 1∶1 亿，且图幅范围包括钓鱼岛及其附属岛屿的地图，应当表示钓鱼岛及其附属岛屿；

（二）比例尺等于或者小于 1∶1 亿的地图以及未表示国界或者领土范围的地图，可不表示钓鱼岛及其附属岛屿。

八、台湾省地图表示规定：

（一）台湾省在地图上应当按省级行政单位表示。台北市作为省级行政中心表示（图例中注省级行政中心）。台湾省的新北市、桃园市、台中市、台南市、高雄市按照地级行政中心表示；

（二）台湾省地图的图幅范围，应当绘出钓鱼岛和赤尾屿（以“台湾岛”命名的地图除外）。钓鱼岛和赤尾屿既可以包括在台湾省全图中，也可以用台湾本岛与钓鱼岛、赤尾屿的地理关系作附图反映；

（三）表示了邻区内容的台湾省地图，应当正确反映台湾岛与大陆之间的地理关系或者配置相应的插图；

（四）专题地图上，台湾省应当与中国大陆一样表示相应的专题内容，资料不具备时，应当在地图的适当位置注明：“台湾省资料暂缺”的字样；

（五）地图中有文字说明时，应当对台湾岛、澎湖列岛、钓鱼岛、赤尾屿、彭佳屿、兰屿、绿岛等内容作重点说明。

九、特别行政区地图表示规定：

（一）香港特别行政区、澳门特别行政区在地图上应当按省级行政单位表示；

（二）香港特别行政区界线应当按照 1∶10 万《中华人民共和国香港特别行政区行政区域图》表示，比例尺等于或者小于 1∶2000 万的地图可不表示界线；

（三）澳门特别行政区界线应当按照 1∶2 万《中华人民共和国澳门特别行政区行政区域图》表示，比例尺等于或者小于 1∶200 万的地图可不表示界线；

（四）香港特别行政区、澳门特别行政区图面注记应当注全称“香港特别行政区”“澳门特别行政区”；比例尺等于或者小于 1∶600 万的地图上可简注“香港”“澳门”；

（五）专题地图上，香港特别行政区、澳门特别行政区应当与内地一样表示相应的专题内容。资料不具备时，可在地图的适当位置注明：“香港特别行政区、澳门特别行政区资料暂缺”的字样。

十、世界各国（地区）边界，按照国务院批准公布的世界各国国界线画法参考样图绘制；世界各国间历史疆界，依据有关历史资料，按照实际历史疆界绘制。世界其他国家和地区的名称以及有关首都、首府等变更按照外交部有关规定执行。

十一、归属不明的岛屿，不得明确归属，应当作水域设色、留白色或者不予表示。

十二、与中国接壤的克什米尔地区表示规定：

（一）克什米尔为印度和巴基斯坦争议地区，在表示国外界线的地图上，应当绘出克什米尔地区界和停火线，并注明“印巴停火线”字样；

（二）表示印巴停火线的地图上，应当加印巴停火线图例；

（三）在印度河以南跨印巴停火线注出不同于国名字体的地区名“克什米尔”；

（四）印巴停火线两侧分别括注“巴基斯坦实际控制区”和“印度实际控制区”字样；

（五）比例尺等于或者小于1∶2500万的地图，只画地区界、停火线，不注控制区和停火线注记；

（六）比例尺等于或者小于1∶1亿的地图和1∶2500万至1∶1亿的专题地图，只画地区界，可不表示停火线；

（七）“斯利那加”作一般城市表示，不作行政中心处理；

（八）分国设色时，克什米尔不着色，在两控制区内沿停火线两侧和同中国接壤的地段，分别以印度和巴基斯坦的颜色作色带。

十三、地图上地名的表示应当符合地名管理的要求。

十四、以下地名应当加括注表示，汉语拼音版地图和外文版地图除外：

（一）“符拉迪沃斯托克”括注“海参崴”；

（二）“乌苏里斯克”括注“双城子”；

（三）“哈巴罗夫斯克”括注“伯力”；

（四）“布拉戈维申斯克”括注“海兰泡”；

（五）“萨哈林岛”括注“库页岛”；

（六）“涅尔琴斯克”括注“尼布楚”；

（七）“尼古拉耶夫斯克”括注“庙街”；

（八）“斯塔诺夫山脉”括注“外兴安岭”。

十五、长白山天池为中、朝界湖，湖名“长白山天池（白头山天池）”注我国界内，不能简称“天池”。

十六、地图上重要地理信息数据的表示应当以依法公布的数据为准。有关专题信息的表示应当以相关主管部门依法公布或者授权使用的信息为准。

十七、利用涉及国家秘密的测绘成果编制地图的，应当依法使用经有关主管部门认定的保密处理技术进行处理。

十八、我国境内公开悬挂标牌的单位可在地图上表示单位名称。用于公共服务的设施，可在地图上表示其名称等可公开属性信息。

十九、表现地为我国境内的地图平面精度应当不优于10米（不含），高程精度应当不优于15米（不含），等高线的等高距应当不小于20米（不含）。依法公布的高程点可公开表示。

二十、表现地为我国境内的地图不得表示下列内容（对社会公众开放的除外）：

（一）军队指挥机关、指挥工程、作战工程，军用机场、港口、码头，营区、训练场、试验场，军用洞库、仓库，军用信息基础设施，军用侦察、导航、观测台站，军用测量、导航、助航标志，军用公路、铁路专用线，军用输电线路，军用输油、输水、输气管道，边防、海防管控设施等直接用于军事目的的各种军事设施；

（二）武器弹药、爆炸物品、剧毒物品、麻醉药品、精神药品、危险化学品、铀矿床和放射性物品的集中存放地，核材料战略储备库、核武器生产地点及储备品种和数量，高放射性废物的存放地，核电站；

（三）国家安全等要害部门；

（四）石油、天然气等重要管线；

（五）军民合用机场、港口、码头的重要设施；

（六）卫星导航定位基准站；

（七）国家禁止公开的其他内容；

因特殊原因确需表示的，应当按照有关规定执行。

二十一、表现地为我国境内的地图不得表示下列内容的属性：

（一）军事禁区、军事管理区及其内部的建筑物、构筑物和道路；

（二）监狱、看守所、拘留所、强制隔离戒毒所和强制医疗所（名称除外）；

（三）国家战略物资储备库、中央储备库（名称除外）；

（四）重要桥梁的限高、限宽、净空、载重量和坡度，重要隧道的高度和宽度，公路的路面铺设材料；

（五）江河的通航能力、水深、流速、底质和岸质，水库的库容，拦水坝的构筑材料和高度，沼泽的水深和泥深；

（六）电力、电讯、通信等重要设施以及给排水、供热、防洪、人防等重要管廊或者管线；

（七）国家禁止公开的其他信息。

二十二、表现地为我国境内的遥感影像，地面分辨率不得优于0.5米，不得标注涉密、敏感信息，不得伪装处理建筑物、构筑物等固定设施。

二十三、本规范自颁布之日起实施，有效期5年。《关于印发〈公开地图内容表示若干规定〉的通知》（国测法字〔2003〕1号）和《关于印发〈公开地图内容表示补充规定（试行）〉的通知》（国测图字〔2009〕2号）同时废止。本规范实施前已印发的其他文件与本规范规定不一致的，按照本规范执行。

地图审核管理规定

·2006年6月23日国土资源部令第34号公布
·根据2017年11月28日国土资源部令第77号第一次修订
·根据2019年7月16日《自然资源部关于第一批废止和修改的部门规章的决定》第二次修订

第一条 为了加强地图审核管理，维护国家主权、安全和利益，根据《中华人民共和国测绘法》《地图管理条例》等法律、法规，制定本规定。

第二条 地图审核工作应当遵循维护国家主权、保守国家秘密、高效规范实施、提供优质服务的原则。

第三条 国务院自然资源主管部门负责全国地图审核工作的监督管理。

省、自治区、直辖市人民政府自然资源主管部门以及设区的市级人民政府自然资源主管部门负责本行政区域地图审核工作的监督管理。

第四条 实施地图审核所需经费列入相应自然资源主管部门的年度预算。

第五条 有下列情形之一的，申请人应当依照本规定向有审核权的自然资源主管部门提出地图审核申请：

（一）出版、展示、登载、生产、进口、出口地图或者附着地图图形的产品的；

（二）已审核批准的地图或者附着地图图形的产品，再次出版、展示、登载、生产、进口、出口且地图内容发生变化的；

（三）拟在境外出版、展示、登载的地图或者附着地图图形的产品的。

第六条 下列地图不需要审核：

（一）直接使用自然资源主管部门提供的具有审图号的公益性地图；

（二）景区地图、街区地图、公共交通线路图等内容简单的地图；

（三）法律法规明确应予公开且不涉及国界、边界、历史疆界、行政区域界线或者范围的地图。

第七条 国务院自然资源主管部门负责下列地图的审核：

（一）全国地图；

（二）主要表现地为两个以上省、自治区、直辖市行政区域的地图；

（三）香港特别行政区地图、澳门特别行政区地图以及台湾地区地图；

（四）世界地图以及主要表现地为国外的地图；

（五）历史地图。

第八条 省、自治区、直辖市人民政府自然资源主管部门负责审核主要表现地在本行政区域范围内的地图。其中，主要表现地在设区的市行政区域范围内不涉及国界线的地图，由设区的市级人民政府自然资源主管部门负责审核。

第九条 属于出版物的地图产品或者附着地图图形的产品，应当根据产品中地图主要表现地，依照本规定第七条、第八条的规定，由相应自然资源主管部门审核。

第十条 申请地图审核，应当提交下列材料：

（一）地图审核申请表；

（二）需要审核的地图最终样图或者样品。用于互联网服务等方面的地图产品，还应当提供地图内容审核软硬件条件；

（三）地图编制单位的测绘资质证书。

有下列情形之一的，可以不提供前款第三项规定的测绘资质证书：

（一）进口不属于出版物的地图和附着地图图形的产品；

（二）直接引用古地图；

（三）使用示意性世界地图、中国地图和地方地图；

（四）利用自然资源主管部门具有审图号的公益性地图且未对国界、行政区域界线或者范围、重要地理信息数据等进行编辑调整。

第十一条 利用涉及国家秘密的测绘成果编制的地图，应当提供省级以上自然资源主管部门进行保密技术处理的证明文件。

地图上表达的其他专业内容、信息、数据等，国家对其公开另有规定的，从其规定，并提供有关主管部门可以公开的相关文件。

第十二条 申请人应当如实提交有关材料，反映真实情况，并对申请材料的真实性负责。

第十三条 自然资源主管部门应当将地图审核的依据、程序、期限以及需要提交的全部材料的目录和地图审核申请表等示范文本，在办公场所、门户网站上公示。

申请人要求自然资源主管部门对公示内容予以说明、解释的，有关自然资源主管部门应当说明、解释，提供准确、可靠的信息。

第十四条 国务院自然资源主管部门可以在其法定职责范围内,委托省、自治区、直辖市人民政府自然资源主管部门实施部分地图审核职责。

国务院自然资源主管部门对省级自然资源主管部门实施的受委托地图审核负责监督管理和业务指导培训。

第十五条 有审核权的自然资源主管部门受理的地图审核申请,认为需要其他自然资源主管部门协助审核的,应当商有关自然资源主管部门进行协助审核。负责协助审核的自然资源主管部门应当自收到协助审核材料之日起7个工作日内,完成审核工作。协商不一致的,报请共同的上一级自然资源主管部门决定。

第十六条 中小学教学地图的审核,依照《地图管理条例》第二十三条规定执行。

第十七条 自然资源主管部门对申请人提出的地图审核申请,应当根据下列情况分别作出处理:

(一)申请材料齐全并符合法定形式的,应当决定受理并发放受理通知书;

(二)申请材料不齐全或者不符合法定形式的,应当当场或者在5个工作日内一次告知申请人需要补正的全部内容,逾期不告知的,自收到申请材料之日起即为受理;经补正材料后申请材料仍不齐全或者不符合法定形式的,应当作出不予受理的决定;

(三)申请事项依法不需要进行地图审核的,应当即时告知申请人不予受理;申请事项依法不属于本自然资源主管部门职责范围的,应当即时作出不予受理的决定,并告知申请人向有关自然资源主管部门申请。

第十八条 自然资源主管部门受理地图审核申请后,应当对下列内容进行审查:

(一)地图表示内容中是否含有《地图管理条例》第八条规定的不得表示的内容;

(二)中华人民共和国国界、行政区域界线或者范围以及世界各国间边界、历史疆界在地图上的表示是否符合国家有关规定;

(三)重要地理信息数据、地名等在地图上的表示是否符合国家有关规定;

(四)主要表现地包含中华人民共和国疆域的地图,中华人民共和国疆域是否完整表示;

(五)地图内容表示是否符合地图使用目的和国家地图编制有关标准;

(六)法律、法规规定需要审查的其他内容。

第十九条 中华人民共和国国界、中国历史疆界、世界各国间边界、世界各国间历史疆界依照《地图管理条例》第十条有关规定进行审查。

县级以上行政区域界线或者范围,按照由国务院民政部门和国务院自然资源主管部门拟订并经国务院批准公布的行政区域界线标准画法图进行审查。

特别行政区界线或者范围,按照国务院批准公布的特别行政区行政区域图和国家其他有关规定进行审查。

第二十条 重要地理信息数据、地名以及有关专业内容在地图上的表示,按照自然资源主管部门制定的有关规定进行审查。

下级自然资源主管部门制定的具体审查内容和标准,应当报上一级自然资源主管部门备案并依法及时公开。

第二十一条 地图涉及专业内容且没有明确审核依据的,由有审核权的自然资源主管部门征求有关部门的意见。

第二十二条 有审核权的自然资源主管部门应当健全完善地图内容审查工作机构,配备地图内容审查专业人员。地图内容审查专业人员应当经省级以上自然资源主管部门培训并考核合格,方能从事地图内容审查工作。

第二十三条 自然资源主管部门应当依据地图内容审查工作机构提出的审查意见及相关申请材料,作出批准或者不予批准的书面决定并及时送达申请人。

予以批准的,核发地图审核批准文件和审图号。

不予批准的,核发地图审核不予批准文件并书面说明理由,告知申请人享有依法申请行政复议或者提起行政诉讼的权利。

第二十四条 自然资源主管部门应当自受理地图审核申请之日起20个工作日内作出审核决定。

时事宣传地图、发行频率高于一个月的图书和报刊等插附地图的,应当自受理地图审核申请之日起7个工作日内作出审核决定。

应急保障等特殊情况需要使用地图的,应当即送即审。

涉及专业内容且没有明确审核依据的地图,向有关部门征求意见时,征求意见时间不计算在地图审核的期限内。

第二十五条 自然资源主管部门应当在其门户网站等媒体上及时公布获得审核批准的地图名称、审图号等信息。

第二十六条 审图号由审图机构代号、通过审核的年份、序号等组成。

第二十七条 经审核批准的地图,申请人应当在地图或者附着地图图形的产品的适当位置显著标注审图号。属于出版物的，应当在版权页标注审图号；没有版权页的，应当在适当位置标注审图号。属于互联网地图服务的，应当在地图页面左下角标注审图号。

第二十八条 互联网地图服务审图号有效期为两年。审图号到期，应当重新送审。

审核通过的互联网地图服务，申请人应当每六个月将新增标注内容及核查校对情况向作出审核批准的自然资源主管部门备案。

第二十九条 上级自然资源主管部门应当加强对下级自然资源主管部门实施地图审核行为的监督检查，建立健全监督管理制度，及时纠正违反本规定的行为。

第三十条 自然资源主管部门应当建立和完善地图审核管理和监督系统，提升地图审核效率和监管能力，方便公众申请与查询。

第三十一条 互联网地图服务单位应当配备符合相关要求的地图安全审校人员，并强化内部安全审校核查工作。

第三十二条 最终向社会公开的地图与审核通过的地图内容及表现形式不一致，或者互联网地图服务审图号有效期届满未重新送审的，自然资源主管部门应当责令改正、给予警告，可以处 3 万元以下的罚款。

第三十三条 自然资源主管部门及其工作人员在地图审核工作中滥用职权、玩忽职守、徇私舞弊的，依法给予处分；涉嫌构成犯罪的，移送有关机关依法追究刑事责任。

第三十四条 本规定自 2018 年 1 月 1 日起施行。

自然资源部关于促进智能网联汽车发展维护测绘地理信息安全的通知

· 2022 年 8 月 25 日
· 自然资规〔2022〕1 号

各省、自治区、直辖市自然资源主管部门，新疆生产建设兵团自然资源局，陕西、黑龙江、四川、海南测绘地理信息局，有关汽车生产企业、网约车经营企业以及导航电子地图制作测绘资质单位：

当前，智能网联汽车（包括智能汽车、网约车、智能公交以及移动智能配送装置等）新业态迅猛发展，为方便出行、减少污染、改善交通提供了有效的解决方案，具有广阔的市场前景，同时其运行和服务高度依赖实时的高精度坐标、高清影像等数据支持。为统筹发展与安全，在守牢安全底线的前提下，积极扶持智能网联汽车新技术、新业态的发展，扩大内需、促进消费，现就测绘地理信息数据采集和管理等相关法律法规政策的适用与执行问题明确如下。

一、智能网联汽车安装或集成了卫星导航定位接收模块、惯性测量单元、摄像头、激光雷达等传感器后，在运行、服务和道路测试过程中对车辆及周边道路设施空间坐标、影像、点云及其属性信息等测绘地理信息数据进行采集、存储、传输和处理的行为，属于《中华人民共和国测绘法》规定的测绘活动，应当依照测绘法律法规政策进行规范和管理。

各类车载传感器以及智能网联汽车的制造、集成、销售等，不属于法定的测绘活动。

二、对智能网联汽车运行、服务和道路测试过程中产生的空间坐标、影像、点云及其属性信息等测绘地理信息数据进行收集、存储、传输和处理者，是测绘活动的行为主体，应遵守相关规定并依法承担相应责任。

从当前市场运行的情况看，数据的收集、存储、传输和处理者大多为车企、服务商及部分智能驾驶软件提供商，而仅获得辅助驾驶等服务的智能网联汽车驾乘人员，不属于有关测绘活动的行为人。

三、需要从事相关数据收集、存储、传输和处理的车企、服务商及智能驾驶软件提供商等，属于内资企业的，应依法取得相应测绘资质，或委托具有相应测绘资质的单位开展相应测绘活动；属于外商投资企业的，应委托具有相应测绘资质的单位开展相应测绘活动，由被委托的测绘资质单位承担收集、存储、传输和处理相关空间坐标、影像、点云及其属性信息等业务及提供地理信息服务与支持。

四、根据《外商投资准入特别管理措施（负面清单）（2021 年版）》的规定，地面移动测量、导航电子地图编制等属外资禁入领域。取得这些专业类别测绘资质的内资企业，应严格执行国家有关规定。

五、目前已在提供智能网联汽车售后和运营服务的企业，存在向境外传输相关空间坐标、影像、点云及其属性信息等测绘地理信息数据行为或计划的，应严格执行国家有关法律法规，依法履行对外提供审批或地图审核程序等，在此之前应停止数据境外传输行为。同时按照本通知第三条要求，尽快申办导航电子地图制作等测绘资质，或委托具有相应测绘资质的单位开展。

六、各级自然资源主管部门要积极创造条件，提升行政效率，为相关企业申办测绘资质、使用基础测绘成果、导航电子地图送审以及政策咨询等提供便利。按照《中华人民共和国测绘法》《中华人民共和国数据安全法》等法律法规规定，切实加强智能网联汽车新业态发展中涉及测绘活动及测绘地理信息数据的监督管理，强化与有关部门的协同与信息通报，依法查处有关违法违规行为，在维护国家安全的前提下，促进智能网联汽车产业发展。

五、监察与违法案件处理

中华人民共和国行政处罚法

· 1996 年 3 月 17 日第八届全国人民代表大会第四次会议通过
· 根据 2009 年 8 月 27 日第十一届全国人民代表大会常务委员会第十次会议《关于修改部分法律的决定》第一次修正
· 根据 2017 年 9 月 1 日第十二届全国人民代表大会常务委员会第二十九次会议《关于修改〈中华人民共和国法官法〉等八部法律的决定》第二次修正
· 2021 年 1 月 22 日第十三届全国人民代表大会常务委员会第二十五次会议修订

第一章　总　则

第一条　【立法目的】为了规范行政处罚的设定和实施，保障和监督行政机关有效实施行政管理，维护公共利益和社会秩序，保护公民、法人或者其他组织的合法权益，根据宪法，制定本法。

第二条　【行政处罚的定义】行政处罚是指行政机关依法对违反行政管理秩序的公民、法人或者其他组织，以减损权益或者增加义务的方式予以惩戒的行为。

第三条　【适用范围】行政处罚的设定和实施，适用本法。

第四条　【适用对象】公民、法人或者其他组织违反行政管理秩序的行为，应当给予行政处罚的，依照本法由法律、法规、规章规定，并由行政机关依照本法规定的程序实施。

第五条　【适用原则】行政处罚遵循公正、公开的原则。

设定和实施行政处罚必须以事实为依据，与违法行为的事实、性质、情节以及社会危害程度相当。

对违法行为给予行政处罚的规定必须公布；未经公布的，不得作为行政处罚的依据。

第六条　【适用目的】实施行政处罚，纠正违法行为，应当坚持处罚与教育相结合，教育公民、法人或者其他组织自觉守法。

第七条　【被处罚者权利】公民、法人或者其他组织对行政机关所给予的行政处罚，享有陈述权、申辩权；对行政处罚不服的，有权依法申请行政复议或者提起行政诉讼。

公民、法人或者其他组织因行政机关违法给予行政处罚受到损害的，有权依法提出赔偿要求。

第八条　【被处罚者承担的其他法律责任】公民、法人或者其他组织因违法行为受到行政处罚，其违法行为对他人造成损害的，应当依法承担民事责任。

违法行为构成犯罪，应当依法追究刑事责任的，不得以行政处罚代替刑事处罚。

第二章　行政处罚的种类和设定

第九条　【处罚的种类】行政处罚的种类：

（一）警告、通报批评；

（二）罚款、没收违法所得、没收非法财物；

（三）暂扣许可证件、降低资质等级、吊销许可证件；

（四）限制开展生产经营活动、责令停产停业、责令关闭、限制从业；

（五）行政拘留；

（六）法律、行政法规规定的其他行政处罚。

第十条　【法律对处罚的设定】法律可以设定各种行政处罚。

限制人身自由的行政处罚，只能由法律设定。

第十一条　【行政法规对处罚的设定】行政法规可以设定除限制人身自由以外的行政处罚。

法律对违法行为已经作出行政处罚规定，行政法规需要作出具体规定的，必须在法律规定的给予行政处罚的行为、种类和幅度的范围内规定。

法律对违法行为未作出行政处罚规定，行政法规为实施法律，可以补充设定行政处罚。拟补充设定行政处罚的，应当通过听证会、论证会等形式广泛听取意见，并向制定机关作出书面说明。行政法规报送备案时，应当说明补充设定行政处罚的情况。

第十二条　【地方性法规对处罚的设定】地方性法规可以设定除限制人身自由、吊销营业执照以外的行政处罚。

法律、行政法规对违法行为已经作出行政处罚规定，地方性法规需要作出具体规定的，必须在法律、行政法规规定的给予行政处罚的行为、种类和幅度的范围内规定。

法律、行政法规对违法行为未作出行政处罚规定，地方性法规为实施法律、行政法规，可以补充设定行政处罚。拟补充设定行政处罚的，应当通过听证会、论证会等形式广泛听取意见，并向制定机关作出书面说明。地方性法规报送备案时，应当说明补充设定行政处罚的情况。

第十三条 【国务院部门规章对处罚的设定】国务院部门规章可以在法律、行政法规规定的给予行政处罚的行为、种类和幅度的范围内作出具体规定。

尚未制定法律、行政法规的，国务院部门规章对违反行政管理秩序的行为，可以设定警告、通报批评或者一定数额罚款的行政处罚。罚款的限额由国务院规定。

第十四条 【地方政府规章对处罚的设定】地方政府规章可以在法律、法规规定的给予行政处罚的行为、种类和幅度的范围内作出具体规定。

尚未制定法律、法规的，地方政府规章对违反行政管理秩序的行为，可以设定警告、通报批评或者一定数额罚款的行政处罚。罚款的限额由省、自治区、直辖市人民代表大会常务委员会规定。

第十五条 【对行政处罚定期评估】国务院部门和省、自治区、直辖市人民政府及其有关部门应当定期组织评估行政处罚的实施情况和必要性，对不适当的行政处罚事项及种类、罚款数额等，应当提出修改或者废止的建议。

第十六条 【其他规范性文件不得设定处罚】除法律、法规、规章外，其他规范性文件不得设定行政处罚。

第三章 行政处罚的实施机关

第十七条 【处罚的实施】行政处罚由具有行政处罚权的行政机关在法定职权范围内实施。

第十八条 【处罚的权限】国家在城市管理、市场监管、生态环境、文化市场、交通运输、应急管理、农业等领域推行建立综合行政执法制度，相对集中行政处罚权。

国务院或者省、自治区、直辖市人民政府可以决定一个行政机关行使有关行政机关的行政处罚权。

限制人身自由的行政处罚权只能由公安机关和法律规定的其他机关行使。

第十九条 【授权实施处罚】法律、法规授权的具有管理公共事务职能的组织可以在法定授权范围内实施行政处罚。

第二十条 【委托实施处罚】行政机关依照法律、法规、规章的规定，可以在其法定权限内书面委托符合本法第二十一条规定条件的组织实施行政处罚。行政机关不得委托其他组织或者个人实施行政处罚。

委托书应当载明委托的具体事项、权限、期限等内容。委托行政机关和受委托组织应当将委托书向社会公布。

委托行政机关对受委托组织实施行政处罚的行为应当负责监督，并对该行为的后果承担法律责任。

受委托组织在委托范围内，以委托行政机关名义实施行政处罚；不得再委托其他组织或者个人实施行政处罚。

第二十一条 【受托组织的条件】受委托组织必须符合以下条件：

（一）依法成立并具有管理公共事务职能；

（二）有熟悉有关法律、法规、规章和业务并取得行政执法资格的工作人员；

（三）需要进行技术检查或者技术鉴定的，应当有条件组织进行相应的技术检查或者技术鉴定。

第四章 行政处罚的管辖和适用

第二十二条 【地域管辖】行政处罚由违法行为发生地的行政机关管辖。法律、行政法规、部门规章另有规定的，从其规定。

第二十三条 【级别管辖】行政处罚由县级以上地方人民政府具有行政处罚权的行政机关管辖。法律、行政法规另有规定的，从其规定。

第二十四条 【行政处罚权的承接】省、自治区、直辖市根据当地实际情况，可以决定将基层管理迫切需要的县级人民政府部门的行政处罚权交由能够有效承接的乡镇人民政府、街道办事处行使，并定期组织评估。决定应当公布。

承接行政处罚权的乡镇人民政府、街道办事处应当加强执法能力建设，按照规定范围、依照法定程序实施行政处罚。

有关地方人民政府及其部门应当加强组织协调、业务指导、执法监督，建立健全行政处罚协调配合机制，完善评议、考核制度。

第二十五条 【共同管辖及指定管辖】两个以上行政机关都有管辖权的，由最先立案的行政机关管辖。

对管辖发生争议的，应当协商解决，协商不成的，报请共同的上一级行政机关指定管辖；也可以直接由共同的上一级行政机关指定管辖。

第二十六条 【行政协助】行政机关因实施行政处罚的需要，可以向有关机关提出协助请求。协助事项属于被请求机关职权范围内的，应当依法予以协助。

第二十七条 【刑事责任优先】违法行为涉嫌犯罪

的，行政机关应当及时将案件移送司法机关，依法追究刑事责任。对依法不需要追究刑事责任或者免予刑事处罚，但应当给予行政处罚的，司法机关应当及时将案件移送有关行政机关。

行政处罚实施机关与司法机关之间应当加强协调配合，建立健全案件移送制度，加强证据材料移交、接收衔接，完善案件处理信息通报机制。

第二十八条 【责令改正与责令退赔】行政机关实施行政处罚时，应当责令当事人改正或者限期改正违法行为。

当事人有违法所得，除依法应当退赔的外，应当予以没收。违法所得是指实施违法行为所取得的款项。法律、行政法规、部门规章对违法所得的计算另有规定的，从其规定。

第二十九条 【一事不二罚】对当事人的同一个违法行为，不得给予两次以上罚款的行政处罚。同一个违法行为违反多个法律规范应当给予罚款处罚的，按照罚款数额高的规定处罚。

第三十条 【未成年人处罚的限制】不满十四周岁的未成年人有违法行为的，不予行政处罚，责令监护人加以管教；已满十四周岁不满十八周岁的未成年人有违法行为的，应当从轻或者减轻行政处罚。

第三十一条 【精神病人及限制性精神病人处罚的限制】精神病人、智力残疾人在不能辨认或者不能控制自己行为时有违法行为的，不予行政处罚，但应当责令其监护人严加看管和治疗。间歇性精神病人在精神正常时有违法行为的，应当给予行政处罚。尚未完全丧失辨认或者控制自己行为能力的精神病人、智力残疾人有违法行为的，可以从轻或者减轻行政处罚。

第三十二条 【从轻、减轻处罚的情形】当事人有下列情形之一，应当从轻或者减轻行政处罚：

（一）主动消除或者减轻违法行为危害后果的；

（二）受他人胁迫或者诱骗实施违法行为的；

（三）主动供述行政机关尚未掌握的违法行为的；

（四）配合行政机关查处违法行为有立功表现的；

（五）法律、法规、规章规定其他应当从轻或者减轻行政处罚的。

第三十三条 【不予行政处罚的条件】违法行为轻微并及时改正，没有造成危害后果的，不予行政处罚。初次违法且危害后果轻微并及时改正的，可以不予行政处罚。

当事人有证据足以证明没有主观过错的，不予行政处罚。法律、行政法规另有规定的，从其规定。

对当事人的违法行为依法不予行政处罚的，行政机关应当对当事人进行教育。

第三十四条 【行政处罚裁量基准】行政机关可以依法制定行政处罚裁量基准，规范行使行政处罚裁量权。行政处罚裁量基准应当向社会公布。

第三十五条 【刑罚的折抵】违法行为构成犯罪，人民法院判处拘役或者有期徒刑时，行政机关已经给予当事人行政拘留的，应当依法折抵相应刑期。

违法行为构成犯罪，人民法院判处罚金时，行政机关已经给予当事人罚款的，应当折抵相应罚金；行政机关尚未给予当事人罚款的，不再给予罚款。

第三十六条 【处罚的时效】违法行为在二年内未被发现的，不再给予行政处罚；涉及公民生命健康安全、金融安全且有危害后果的，上述期限延长至五年。法律另有规定的除外。

前款规定的期限，从违法行为发生之日起计算；违法行为有连续或者继续状态的，从行为终了之日起计算。

第三十七条 【法不溯及既往】实施行政处罚，适用违法行为发生时的法律、法规、规章的规定。但是，作出行政处罚决定时，法律、法规、规章已被修改或者废止，且新的规定处罚较轻或者不认为是违法的，适用新的规定。

第三十八条 【行政处罚无效】行政处罚没有依据或者实施主体不具有行政主体资格的，行政处罚无效。

违反法定程序构成重大且明显违法的，行政处罚无效。

第五章 行政处罚的决定

第一节 一般规定

第三十九条 【信息公示】行政处罚的实施机关、立案依据、实施程序和救济渠道等信息应当公示。

第四十条 【处罚的前提】公民、法人或者其他组织违反行政管理秩序的行为，依法应当给予行政处罚的，行政机关必须查明事实；违法事实不清、证据不足的，不得给予行政处罚。

第四十一条 【信息化手段的运用】行政机关依照法律、行政法规规定利用电子技术监控设备收集、固定违法事实的，应当经过法制和技术审核，确保电子技术监控设备符合标准、设置合理、标志明显，设置地点应当向社会公布。

电子技术监控设备记录违法事实应当真实、清晰、完整、准确。行政机关应当审核记录内容是否符合要求；未经审核或者经审核不符合要求的，不得作为行政处罚的证据。

行政机关应当及时告知当事人违法事实，并采取信息化手段或者其他措施，为当事人查询、陈述和申辩提供便利。不得限制或者变相限制当事人享有的陈述权、申辩权。

第四十二条　【执法人员要求】行政处罚应当由具有行政执法资格的执法人员实施。执法人员不得少于两人，法律另有规定的除外。

执法人员应当文明执法，尊重和保护当事人合法权益。

第四十三条　【回避】执法人员与案件有直接利害关系或者有其他关系可能影响公正执法的，应当回避。

当事人认为执法人员与案件有直接利害关系或者有其他关系可能影响公正执法的，有权申请回避。

当事人提出回避申请的，行政机关应当依法审查，由行政机关负责人决定。决定作出之前，不停止调查。

第四十四条　【告知义务】行政机关在作出行政处罚决定之前，应当告知当事人拟作出的行政处罚内容及事实、理由、依据，并告知当事人依法享有的陈述、申辩、要求听证等权利。

第四十五条　【当事人的陈述权和申辩权】当事人有权进行陈述和申辩。行政机关必须充分听取当事人的意见，对当事人提出的事实、理由和证据，应当进行复核；当事人提出的事实、理由或者证据成立的，行政机关应当采纳。

行政机关不得因当事人陈述、申辩而给予更重的处罚。

第四十六条　【证据】证据包括：

（一）书证；

（二）物证；

（三）视听资料；

（四）电子数据；

（五）证人证言；

（六）当事人的陈述；

（七）鉴定意见；

（八）勘验笔录、现场笔录。

证据必须经查证属实，方可作为认定案件事实的根据。

以非法手段取得的证据，不得作为认定案件事实的根据。

第四十七条　【执法全过程记录制度】行政机关应当依法以文字、音像等形式，对行政处罚的启动、调查取证、审核、决定、送达、执行等进行全过程记录，归档保存。

第四十八条　【行政处罚决定公示制度】具有一定社会影响的行政处罚决定应当依法公开。

公开的行政处罚决定被依法变更、撤销、确认违法或者确认无效的，行政机关应当在三日内撤回行政处罚决定信息并公开说明理由。

第四十九条　【应急处罚】发生重大传染病疫情等突发事件，为了控制、减轻和消除突发事件引起的社会危害，行政机关对违反突发事件应对措施的行为，依法快速、从重处罚。

第五十条　【保密义务】行政机关及其工作人员对实施行政处罚过程中知悉的国家秘密、商业秘密或者个人隐私，应当依法予以保密。

第二节　简易程序

第五十一条　【当场处罚的情形】违法事实确凿并有法定依据，对公民处以二百元以下、对法人或者其他组织处以三千元以下罚款或者警告的行政处罚的，可以当场作出行政处罚决定。法律另有规定的，从其规定。

第五十二条　【当场处罚的程序】执法人员当场作出行政处罚决定的，应当向当事人出示执法证件，填写预定格式、编有号码的行政处罚决定书，并当场交付当事人。当事人拒绝签收的，应当在行政处罚决定书上注明。

前款规定的行政处罚决定书应当载明当事人的违法行为，行政处罚的种类和依据、罚款数额、时间、地点，申请行政复议、提起行政诉讼的途径和期限以及行政机关名称，并由执法人员签名或者盖章。

执法人员当场作出的行政处罚决定，应当报所属行政机关备案。

第五十三条　【当场处罚的履行】对当场作出的行政处罚决定，当事人应当依照本法第六十七条至第六十九条的规定履行。

第三节　普通程序

第五十四条　【调查取证与立案】除本法第五十一条规定的可以当场作出的行政处罚外，行政机关发现公民、法人或者其他组织有依法应当给予行政处罚的行为的，必须全面、客观、公正地调查，收集有关证据；必要时，依照法律、法规的规定，可以进行检查。

符合立案标准的，行政机关应当及时立案。

第五十五条　【出示证件与协助调查】执法人员在调查或者进行检查时，应当主动向当事人或者有关人员出示执法证件。当事人或者有关人员有权要求执法人员出示执法证件。执法人员不出示执法证件的，当事人或者有关人员有权拒绝接受调查或者检查。

当事人或者有关人员应当如实回答询问，并协助调查或者检查，不得拒绝或者阻挠。询问或者检查应当制作笔录。

第五十六条 【证据的收集原则】行政机关在收集证据时，可以采取抽样取证的方法；在证据可能灭失或者以后难以取得的情况下，经行政机关负责人批准，可以先行登记保存，并应当在七日内及时作出处理决定，在此期间，当事人或者有关人员不得销毁或者转移证据。

第五十七条 【处罚决定】调查终结，行政机关负责人应当对调查结果进行审查，根据不同情况，分别作出如下决定：

（一）确有应受行政处罚的违法行为的，根据情节轻重及具体情况，作出行政处罚决定；

（二）违法行为轻微，依法可以不予行政处罚的，不予行政处罚；

（三）违法事实不能成立的，不予行政处罚；

（四）违法行为涉嫌犯罪的，移送司法机关。

对情节复杂或者重大违法行为给予行政处罚，行政机关负责人应当集体讨论决定。

第五十八条 【法制审核】有下列情形之一，在行政机关负责人作出行政处罚的决定之前，应当由从事行政处罚决定法制审核的人员进行法制审核；未经法制审核或者审核未通过的，不得作出决定：

（一）涉及重大公共利益的；

（二）直接关系当事人或者第三人重大权益，经过听证程序的；

（三）案件情况疑难复杂、涉及多个法律关系的；

（四）法律、法规规定应当进行法制审核的其他情形。

行政机关中初次从事行政处罚决定法制审核的人员，应当通过国家统一法律职业资格考试取得法律职业资格。

第五十九条 【行政处罚决定书的内容】行政机关依照本法第五十七条的规定给予行政处罚，应当制作行政处罚决定书。行政处罚决定书应当载明下列事项：

（一）当事人的姓名或者名称、地址；

（二）违反法律、法规、规章的事实和证据；

（三）行政处罚的种类和依据；

（四）行政处罚的履行方式和期限；

（五）申请行政复议、提起行政诉讼的途径和期限；

（六）作出行政处罚决定的行政机关名称和作出决定的日期。

行政处罚决定书必须盖有作出行政处罚决定的行政机关的印章。

第六十条 【决定期限】行政机关应当自行政处罚案件立案之日起九十日内作出行政处罚决定。法律、法规、规章另有规定的，从其规定。

第六十一条 【送达】行政处罚决定书应当在宣告后当场交付当事人；当事人不在场的，行政机关应当在七日内依照《中华人民共和国民事诉讼法》的有关规定，将行政处罚决定书送达当事人。

当事人同意并签订确认书的，行政机关可以采用传真、电子邮件等方式，将行政处罚决定书等送达当事人。

第六十二条 【处罚的成立条件】行政机关及其执法人员在作出行政处罚决定之前，未依照本法第四十四条、第四十五条的规定向当事人告知拟作出的行政处罚内容及事实、理由、依据，或者拒绝听取当事人的陈述、申辩，不得作出行政处罚决定；当事人明确放弃陈述或者申辩权利的除外。

第四节 听证程序

第六十三条 【听证权】行政机关拟作出下列行政处罚决定，应当告知当事人有要求听证的权利，当事人要求听证的，行政机关应当组织听证：

（一）较大数额罚款；

（二）没收较大数额违法所得、没收较大价值非法财物；

（三）降低资质等级、吊销许可证件；

（四）责令停产停业、责令关闭、限制从业；

（五）其他较重的行政处罚；

（六）法律、法规、规章规定的其他情形。

当事人不承担行政机关组织听证的费用。

第六十四条 【听证程序】听证应当依照以下程序组织：

（一）当事人要求听证的，应当在行政机关告知后五日内提出；

（二）行政机关应当在举行听证的七日前，通知当事人及有关人员听证的时间、地点；

（三）除涉及国家秘密、商业秘密或者个人隐私依法予以保密外，听证公开举行；

（四）听证由行政机关指定的非本案调查人员主持；当事人认为主持人与本案有直接利害关系的，有权申请回避；

（五）当事人可以亲自参加听证，也可以委托一至二人代理；

（六）当事人及其代理人无正当理由拒不出席听证或者未经许可中途退出听证的，视为放弃听证权利，行政机关终止听证；

（七）举行听证时，调查人员提出当事人违法的事实、证据和行政处罚建议，当事人进行申辩和质证；

（八）听证应当制作笔录。笔录应当交当事人或者其代理人核对无误后签字或者盖章。当事人或者其代理人拒绝签字或者盖章的，由听证主持人在笔录中注明。

第六十五条 【听证笔录】听证结束后，行政机关应当根据听证笔录，依照本法第五十七条的规定，作出决定。

第六章 行政处罚的执行

第六十六条 【履行义务及分期履行】行政处罚决定依法作出后，当事人应当在行政处罚决定书载明的期限内，予以履行。

当事人确有经济困难，需要延期或者分期缴纳罚款的，经当事人申请和行政机关批准，可以暂缓或者分期缴纳。

第六十七条 【罚缴分离原则】作出罚款决定的行政机关应当与收缴罚款的机构分离。

除依照本法第六十八条、第六十九条的规定当场收缴的罚款外，作出行政处罚决定的行政机关及其执法人员不得自行收缴罚款。

当事人应当自收到行政处罚决定书之日起十五日内，到指定的银行或者通过电子支付系统缴纳罚款。银行应当收受罚款，并将罚款直接上缴国库。

第六十八条 【当场收缴罚款范围】依照本法第五十一条的规定当场作出行政处罚决定，有下列情形之一，执法人员可以当场收缴罚款：

（一）依法给予一百元以下罚款的；

（二）不当场收缴事后难以执行的。

第六十九条 【边远地区当场收缴罚款】在边远、水上、交通不便地区，行政机关及其执法人员依照本法第五十一条、第五十七条的规定作出罚款决定后，当事人到指定的银行或者通过电子支付系统缴纳罚款确有困难，经当事人提出，行政机关及其执法人员可以当场收缴罚款。

第七十条 【罚款票据】行政机关及其执法人员当场收缴罚款的，必须向当事人出具国务院财政部门或者省、自治区、直辖市人民政府财政部门统一制发的专用票据；不出具财政部门统一制发的专用票据的，当事人有权拒绝缴纳罚款。

第七十一条 【罚款交纳期】执法人员当场收缴的罚款，应当自收缴罚款之日起二日内，交至行政机关；在水上当场收缴的罚款，应当自抵岸之日起二日内交至行政机关；行政机关应当在二日内将罚款缴付指定的银行。

第七十二条 【执行措施】当事人逾期不履行行政处罚决定的，作出行政处罚决定的行政机关可以采取下列措施：

（一）到期不缴纳罚款的，每日按罚款数额的百分之三加处罚款，加处罚款的数额不得超出罚款的数额；

（二）根据法律规定，将查封、扣押的财物拍卖、依法处理或者将冻结的存款、汇款划拨抵缴罚款；

（三）根据法律规定，采取其他行政强制执行方式；

（四）依照《中华人民共和国行政强制法》的规定申请人民法院强制执行。

行政机关批准延期、分期缴纳罚款的，申请人民法院强制执行的期限，自暂缓或者分期缴纳罚款期限结束之日起计算。

第七十三条 【不停止执行及暂缓执行】当事人对行政处罚决定不服，申请行政复议或者提起行政诉讼的，行政处罚不停止执行，法律另有规定的除外。

当事人对限制人身自由的行政处罚决定不服，申请行政复议或者提起行政诉讼的，可以向作出决定的机关提出暂缓执行申请。符合法律规定情形的，应当暂缓执行。

当事人申请行政复议或者提起行政诉讼的，加处罚款的数额在行政复议或者行政诉讼期间不予计算。

第七十四条 【没收的非法财物的处理】除依法应当予以销毁的物品外，依法没收的非法财物必须按照国家规定公开拍卖或者按照国家有关规定处理。

罚款、没收的违法所得或者没收非法财物拍卖的款项，必须全部上缴国库，任何行政机关或者个人不得以任何形式截留、私分或者变相私分。

罚款、没收的违法所得或者没收非法财物拍卖的款项，不得同作出行政处罚决定的行政机关及其工作人员的考核、考评直接或者变相挂钩。除依法应当退还、退赔的外，财政部门不得以任何形式向作出行政处罚决定的行政机关返还罚款、没收的违法所得或者没收非法财物拍卖的款项。

第七十五条 【监督检查】行政机关应当建立健全对行政处罚的监督制度。县级以上人民政府应当定期组织开展行政执法评议、考核，加强对行政处罚的监督检查，规范和保障行政处罚的实施。

行政机关实施行政处罚应当接受社会监督。公民、法人或者其他组织对行政机关实施行政处罚的行为,有权申诉或者检举;行政机关应当认真审查,发现有错误的,应当主动改正。

第七章　法律责任

第七十六条　【上级行政机关的监督】行政机关实施行政处罚,有下列情形之一,由上级行政机关或者有关机关责令改正,对直接负责的主管人员和其他直接责任人员依法给予处分:

(一)没有法定的行政处罚依据的;

(二)擅自改变行政处罚种类、幅度的;

(三)违反法定的行政处罚程序的;

(四)违反本法第二十条关于委托处罚的规定的;

(五)执法人员未取得执法证件的。

行政机关对符合立案标准的案件不及时立案的,依照前款规定予以处理。

第七十七条　【当事人的拒绝处罚权及检举权】行政机关对当事人进行处罚不使用罚款、没收财物单据或者使用非法定部门制发的罚款、没收财物单据的,当事人有权拒绝,并有权予以检举,由上级行政机关或者有关机关对使用的非法单据予以收缴销毁,对直接负责的主管人员和其他直接责任人员依法给予处分。

第七十八条　【自行收缴罚款的处理】行政机关违反本法第六十七条的规定自行收缴罚款的,财政部门违反本法第七十四条的规定向行政机关返还罚款、没收的违法所得或者拍卖款项的,由上级行政机关或者有关机关责令改正,对直接负责的主管人员和其他直接责任人员依法给予处分。

第七十九条　【私分罚没财物的处理】行政机关截留、私分或者变相私分罚款、没收的违法所得或者财物的,由财政部门或者有关机关予以追缴,对直接负责的主管人员和其他直接责任人员依法给予处分;情节严重构成犯罪的,依法追究刑事责任。

执法人员利用职务上的便利,索取或者收受他人财物、将收缴罚款据为己有,构成犯罪的,依法追究刑事责任;情节轻微不构成犯罪的,依法给予处分。

第八十条　【行政机关的赔偿责任及对有关人员的处理】行政机关使用或者损毁查封、扣押的财物,对当事人造成损失的,应当依法予以赔偿,对直接负责的主管人员和其他直接责任人员依法给予处分。

第八十一条　【违法实行检查或执行措施的赔偿责任】行政机关违法实施检查措施或者执行措施,给公民人身或者财产造成损害、给法人或者其他组织造成损失的,应当依法予以赔偿,对直接负责的主管人员和其他直接责任人员依法给予处分;情节严重构成犯罪的,依法追究刑事责任。

第八十二条　【以行代刑的责任】行政机关对应当依法移交司法机关追究刑事责任的案件不移交,以行政处罚代替刑事处罚,由上级行政机关或者有关机关责令改正,对直接负责的主管人员和其他直接责任人员依法给予处分;情节严重构成犯罪的,依法追究刑事责任。

第八十三条　【失职责任】行政机关对应当予以制止和处罚的违法行为不予制止、处罚,致使公民、法人或者其他组织的合法权益、公共利益和社会秩序遭受损害的,对直接负责的主管人员和其他直接责任人员依法给予处分;情节严重构成犯罪的,依法追究刑事责任。

第八章　附　则

第八十四条　【属地原则】外国人、无国籍人、外国组织在中华人民共和国领域内有违法行为,应当给予行政处罚的,适用本法,法律另有规定的除外。

第八十五条　【工作日】本法中“二日”“三日”“五日”“七日”的规定是指工作日,不含法定节假日。

第八十六条　【施行日期】本法自 2021 年 7 月 15 日起施行。

国务院办公厅关于建立国家土地督察制度有关问题的通知

·2006 年 7 月 13 日

·国办发〔2006〕50 号

各省、自治区、直辖市人民政府,国务院各部委、各直属机构:

为全面落实科学发展观,适应构建社会主义和谐社会和全面建设小康社会的要求,切实加强土地管理工作,完善土地执法监察体系,根据《国务院关于深化改革严格土地管理的决定》(国发〔2004〕28 号),经国务院批准,现将建立国家土地督察制度有关问题通知如下:

一、设立国家土地总督察及其办公室

国务院授权国土资源部代表国务院对各省、自治区、直辖市,以及计划单列市人民政府土地利用和管理情况进行监督检查。

设立国家土地总督察 1 名,由国土资源部部长兼任;兼职副总督察 1 名,由国土资源部 1 名副部长兼任;专职副总督察(副部长级)1名。国家土地总督察、副总督察负责组织实施国家土地督察制度。

在国土资源部设立国家土地总督察办公室(正局级)。主要职责是:拟定并组织实施国家土地督察工作的具体办法和管理制度;协调国家土地督察局工作人员的派驻工作;指导和监督检查国家土地督察局的工作;协助国土资源部人事部门考核和管理国家土地督察局工作人员;负责与国家土地督察局的日常联系、情况沟通和信息反馈工作。

二、向地方派驻国家土地督察局

由国土资源部向地方派驻9个国家土地督察局,分别是:国家土地督察北京局,督察范围为:北京市、天津市、河北省、山西省、内蒙古自治区;国家土地督察沈阳局,督察范围为:辽宁省、吉林省、黑龙江省及大连市;国家土地督察上海局,督察范围为:上海市、浙江省、福建省及宁波市、厦门市;国家土地督察南京局,督察范围为:江苏省、安徽省、江西省;国家土地督察济南局,督察范围为:山东省、河南省及青岛市;国家土地督察广州局,督察范围为:广东省、广西壮族自治区、海南省及深圳市;国家土地督察武汉局,督察范围为:湖北省、湖南省、贵州省;国家土地督察成都局,督察范围为:重庆市、四川省、云南省、西藏自治区;国家土地督察西安局,督察范围为:陕西省、甘肃省、青海省、宁夏回族自治区、新疆维吾尔自治区、新疆生产建设兵团。

派驻地方的国家土地督察局为正局级,每个国家土地督察局设局长1名、副局长2名和国家土地督察专员(司局级)若干名。根据工作需要,国家土地督察局可以适时向其督察范围内的有关省、自治区、直辖市及计划单列市派出国家土地督察专员和工作人员进行巡视与督察。

派驻地方的国家土地督察局,代表国家土地总督察履行监督检查职责。主要职责是:监督检查省级以及计划单列市人民政府耕地保护责任目标的落实情况;监督省级以及计划单列市人民政府土地执法情况,核查土地利用和管理中的合法性和真实性,监督检查土地管理审批事项和土地管理法定职责履行情况;监督检查省级以及计划单列市人民政府贯彻中央关于运用土地政策参与宏观调控要求情况;开展土地管理的调查研究,提出加强土地管理的政策建议;承办国土资源部及国家土地总督察交办的其他事项。

依照法律规定由国务院审批的农用地转用和土地征收事项,省级人民政府在报国务院时,应将上报文件同时抄送派驻地区的国家土地督察局。派驻地区的国家土地督察局发现有违法违规问题的,应及时向国家土地总督察报告。依照法律规定由省级和计划单列市人民政府审批的农用地转用和土地征收事项,应及时将批准文件抄送派驻地区的国家土地督察局。派驻地区的国家土地督察局发现有违法违规问题的,应在30个工作日内提出纠正意见。

对监督检查中发现的问题,派驻地区的国家土地督察局应及时向其督察范围内的相关省级和计划单列市人民政府提出整改意见。对整改不力的,由国家土地总督察依照有关规定责令限期整改。整改期间,暂停被责令限期整改地区的农用地转用和土地征收的受理和审批。整改工作由省级和计划单列市人民政府组织实施。结束对该地区整改,由派驻地区的国家土地督察局审核后,报国家土地总督察批准。

三、人员编制

国家土地督察行政编制360名,其中,副部长级(国家土地专职副总督察)领导职数1名,司局级领导职数67名。国家土地督察行政编制在国土资源部机关行政编制总额外单列。国家土地总督察办公室和派驻地区的国家土地督察局的具体编制方案另行下达。

四、其他事项

(一)要严格国家土地督察局及其工作人员的管理,建立健全各项规章制度,防止失职、渎职和其他违纪行为。国家土地督察局的人员实行异地任职,定期交流。国家土地督察局不认真履行职责、监督检查不力的,应承担相应责任。

(二)派驻地区的国家土地督察局负责对其督察范围内地方人民政府土地利用和管理情况进行监督检查,不改变、不取代地方人民政府及其土地主管部门的行政许可、行政处罚等管理职权。

(三)派驻地区的国家土地督察局履行监督检查职责,不直接查处案件。对发现的土地利用和管理中的违法违规问题,由国家土地总督察按照有关规定通报监察部等部门依法处理。

(四)国家土地督察局所需经费列入中央财政预算,按照国家有关规定进行管理。

建立国家土地督察制度有利于加强土地监管,落实最严格的土地管理制度。国土资源部要根据本通知要求,商各地方人民政府提出具体措施和办法尽快组织落实。各地方人民政府和国务院各有关部门要积极支持和配合。中央编办要对国家土地督察制度的建立和运行情况及时跟踪检查并向国务院报告。

自然资源违法行为立案查处工作规程(试行)

·2022 年 9 月 23 日
·自然资发〔2022〕165 号

为规范自然资源违法行为立案查处工作,明确立案查处工作程序,提高执法查处水平,提升执法查处效能,根据《中华人民共和国土地管理法》《中华人民共和国矿产资源法》《中华人民共和国测绘法》《中华人民共和国城乡规划法》《中华人民共和国行政处罚法》《中华人民共和国行政强制法》等法律法规,制定本规程。

1　总则

1.1　适用范围

自然资源主管部门立案查处自然资源违法行为,适用本规程,法律法规另有规定的除外。

综合行政执法部门、乡镇人民政府、街道办事处等依法履行立案查处自然资源违法行为职责的,可以参照本规程。

1.2　自然资源违法行为立案查处的基本内容

自然资源违法行为立案查处,是指自然资源主管部门,依照法定职权和程序,对自然人、法人或者其他组织违反土地、矿产、测绘地理信息、国土空间规划法律法规的行为,进行调查处理,实施行政处罚或者行政处理的执法行为。

1.3　自然资源违法行为立案查处的原则与要求

自然资源违法行为立案查处,应当遵循严格、规范、公正、文明的原则,做到事实清楚、证据确凿、定性准确、依据正确、程序合法、处罚适当、文书规范。

1.4　自然资源违法行为立案查处的实施主体与分工

自然资源主管部门组织实施自然资源违法行为立案查处工作,具体工作依法由其执法工作机构和其他业务职能工作机构(以下统称承办机构)按照部门内部确定的职责分工承担。无明确职责分工的,执法工作机构主要承担未经审批的自然资源违法行为的立案查处,其他业务职能工作机构主要承担与其行政许可等密切相关违法行为的立案查处。

经依法书面委托的自然资源主管部门执法队伍(执法总队、支队、大队、中心等)可以在委托范围内,以委托部门的名义进行立案查处工作。

自然资源主管部门可以根据需要依法明确自然资源所、执法中队等承担相应的自然资源执法工作。

1.5　自然资源执法人员

自然资源执法人员应当熟悉土地、矿产、测绘地理信息、国土空间规划等法律法规,经过培训,考核合格,取得执法证件。

执法人员在自然资源违法行为立案查处过程中,应当主动出示执法证件,向当事人或者相关人员表明身份。

在自然资源违法行为立案查处过程中知悉的国家秘密、商业秘密或者个人隐私,执法人员应当依法予以保密。

1.6　自然资源违法行为立案查处的工作保障

自然资源主管部门应当加强与财政等相关部门的沟通协调,将执法工作经费纳入年度部门预算,提供车辆、记录仪等必要装备保障,并为执法人员提供人身意外伤害保险等职业风险保障。

自然资源主管部门可以根据执法工作需要,统筹多方技术力量,或者采取购买第三方服务等方式,加强执法工作技术保障;可以聘请执法工作辅助人员,加强执法工作人力资源保障;充分利用信息化手段,加强执法工作的信息化建设,提升执法查处效能。

1.7　自然资源违法行为立案查处的基本流程

(1)立案
(2)调查取证
(3)案情分析与调查报告起草
(4)案件审理
(5)重大执法决定法制审核
(6)作出处理决定(行政处罚决定或者行政处理决定)
(7)执行
(8)结案
(9)立卷归档

涉及需要移送公安、纪检监察、任免机关追究刑事责任、党纪政务责任的,应当依照有关规定移送。

1.8　规范行使行政处罚裁量权

自然资源主管部门应当规范行使行政处罚裁量权。省级自然资源主管部门应当依据法律法规规定的违法行为和相应法律责任,结合当地社会经济发展的实际情况,依法制定行政处罚裁量基准,细化量化本地区自然资源行政处罚的裁量范围、种类、幅度等并向社会公布。市(地)级、县级自然资源主管部门可以根据省级行政处罚裁量基准制定实施细则。

省级自然资源主管部门可以根据实际情况,制定并公布轻微违法行为依法不予行政处罚清单。

1.9　全面落实行政执法“三项制度”

自然资源主管部门应当全面落实行政执法公示制度、执法全过程记录制度和重大执法决定法制审核制度(统称行政执法“三项制度”)的相关规定。

1.10 补充说明

地方自然资源主管部门可以依据本规程制定实施细则或者补充规定，报上一级自然资源主管部门备案。

在国土空间规划实施前，继续执行经依法批准的土地利用总体规划和城乡规划。在国土空间规划实施后，按照国土空间规划执行。

行政处理案件的立案查处程序适用本规程。

2 立案

2.1 案件管辖

2.1.1 地域管辖

自然资源违法案件由自然资源违法行为发生地的自然资源主管部门管辖，法律、行政法规、部门规章另有规定的，从其规定。

土地、矿产、国土空间规划违法案件一般由不动产所在地的自然资源主管部门管辖；测绘地理信息违法案件一般由单位注册地、办公场所所在地、个人户籍所在地的自然资源主管部门管辖。

两个以上自然资源主管部门都有管辖权的，由最先立案的自然资源主管部门管辖。

2.1.2 级别管辖

县级自然资源主管部门管辖本行政区域内发生的自然资源违法案件。

市级、省级自然资源主管部门管辖本行政区域内重大、复杂和法律法规规定应当由其管辖的自然资源违法案件。

自然资源部管辖全国范围内重大、复杂和法律法规规定应当由其管辖的自然资源违法案件。

有下列情形之一的，上级自然资源主管部门有权管辖下级自然资源主管部门管辖的案件：

(1)下级自然资源主管部门应当立案调查而不予立案调查的；

(2)案情复杂，情节恶劣，有重大影响的。

必要时，上级自然资源主管部门可以将本级管辖的案件交由下级自然资源主管部门立案调查，但是法律法规规定应当由其管辖的除外。

2.1.3 指定管辖

有管辖权的自然资源主管部门由于特殊原因不能行使管辖权的，可以报请上一级自然资源主管部门指定管辖；自然资源主管部门之间因管辖权发生争议的，报请共同的上一级自然资源主管部门指定管辖。上一级自然资源主管部门应当在接到指定管辖申请之日起七个工作日内，作出管辖决定。

自然资源主管部门与其他部门之间因管辖权发生争议，经协商无法达成一致意见的，应当报请本级人民政府指定管辖。

2.1.4 移送管辖

自然资源主管部门发现违法行为不属于本级或者本部门管辖的，应当填报《案件管辖移送书》，移送有管辖权的自然资源主管部门或者其他部门。受移送的自然资源主管部门对管辖权有异议的，应当报请上一级自然资源主管部门指定管辖，不得再自行移送。

2.2 核查与制止

核查人员应当按照要求及时核查涉嫌自然资源违法行为，核查后根据是否符合立案条件，提出立案或者不予立案的建议。

2.2.1 核查的主要内容

(1)涉嫌违法当事人的基本情况；

(2)涉嫌违法的基本事实；

(3)违反自然资源法律法规的情况；

(4)是否属于本级本部门管辖。

核查过程中，可以采取现场勘验、摄像、拍照、询问、复印资料等方式收集相关材料。

2.2.2 违法行为制止

经核查存在自然资源违法行为，执法人员应当向违法当事人宣传自然资源法律法规和政策，告知其行为违法及可能承担的法律责任，采取措施予以制止。

2.2.2.1 责令停止违法行为

对正在实施的违法行为，自然资源主管部门应当依法及时下达《责令停止违法行为通知书》。

《责令停止违法行为通知书》应当记载下列内容：

(1)违法行为人的姓名或者名称；

(2)简要违法事实和法律依据；

(3)其他应当记载的事项。

2.2.2.2 其他制止措施

对自然资源违法行为书面制止无效、当事人拒不停止违法行为的，自然资源主管部门应当及时将违法事实书面报告本级人民政府和上一级自然资源主管部门；可以根据情况将涉嫌违法的事实及制止违法行为的情况抄告发展改革、城乡建设、农业农村、电力、金融、市场监管等部门，提请相关部门按照共同责任机制等要求履行部门职责，采取联合执法等措施，共同制止违法行为。

2.3 立案条件

符合下列条件的，自然资源主管部门应当予以立案：

(1)有明确的行为人；

(2)有违反自然资源法律法规的事实；

(3)依照自然资源法律法规应当追究法律责任;

(4)属于本级本部门管辖;

(5)违法行为没有超过追诉时效。

2.4　立案呈批

核查后,应当根据立案或者不予立案的建议填写《立案(不予立案)呈批表》,报自然资源主管部门负责人审批。符合立案条件的,自然资源主管部门应当在十个工作日内予以立案。

《立案(不予立案)呈批表》应当载明案件来源、当事人基本情况、涉嫌违法事实、相关建议等内容。必要时,一并提出暂停办理与案件相关的自然资源审批、登记等手续的建议。

2.5　案由

案由应当结合违法行为具体情况确定,一般表述为"违法主体+违法行为类型或者情形+行为结果"。其中,违法主体应当使用全称或者规范简称,违法行为类型或者情形可参照本规程附录,无行为结果可以不表述。

2.6　确定承办人员

批准立案后,承办机构应当确定具有行政执法资格的执法人员作为案件承办人员,承办人员不得少于二人。

承办人员具体组织实施案件调查取证,起草相关法律文书,提出处理建议,撰写案件调查报告等。

2.7　回避

承办人员与案件有直接利害关系或者有其他关系可能影响公正执法的,应当主动申请回避。当事人认为承办人员与案件有直接利害关系或者有其他关系可能影响公正执法的,可以申请承办人员回避。

承办人员主动申请回避的,由承办机构负责人决定;当事人提出回避申请或者涉及承办机构负责人的回避,由自然资源主管部门负责人决定。决定回避的,应当对之前的调查行为是否有效一并决定。决定回避前,被要求回避的承办人员不停止对案件的调查。

其他与案件有直接利害关系或者有其他关系可能影响公正执法的人员,不得参与案件的调查、讨论、审理、重大执法决定法制审核和决定。

3　**调查取证**

承办人员应当对违法事实进行调查,并收集相关证据。调查取证时,不得少于二人,并应当主动向被调查人出示执法证件。

3.1　调查措施

3.1.1　一般调查措施

调查取证时,承办人员依法有权采取下列措施:

(1)下达《接受调查通知书》,要求被调查的单位或者个人提供有关文件和资料,并就与案件有关的问题作出说明;

(2)询问当事人以及相关人员,进入违法现场进行检查、勘验、拍照、录音、摄像,查阅和复印相关材料;

(3)责令当事人停止违法行为,限期改正;

(4)根据需要可以对有关证据先行登记保存;

(5)对涉嫌自然资源违法的单位或者个人,在调查期间暂停办理与该违法案件相关的审批、登记等手续;

(6)责令涉嫌土地违法的单位或者个人在调查期间不得变卖、转移与案件有关的财物,对可能被转移、销毁、隐匿或者篡改的文件、资料予以封存;

(7)查封、扣押与涉嫌测绘违法行为直接相关的设备、工具、原材料、测绘成果、地图产品等;

(8)责令停止城乡规划违法建设,当事人不停止的,申请县级以上地方人民政府责成有关部门查封施工现场;

(9)可以采取的其他措施。

3.1.2　调查遇阻措施

被调查人拒绝、逃避调查取证或者采取暴力、威胁等方式阻碍调查取证时,依法可以采取下列措施:

(1)商请当事人所在单位或者违法行为发生地所在基层组织协助调查;

(2)向本级人民政府或者上一级自然资源主管部门报告;

(3)提请公安、检察、监察等相关部门协助;

(4)其他措施。

3.2　调查实施与证据收集

3.2.1　调查前期准备

(1)研究确定调查的主要内容、方法、步骤及拟收集的证据清单等;

(2)收集内业资料;

(3)准备调查装备、设备;

(4)准备其他材料。

3.2.2　证据种类

(1)书证;

(2)物证;

(3)视听资料;

(4)电子数据;

(5)证人证言;

(6)当事人的陈述;

(7)询问笔录;

(8)现场勘验笔录;

(9)认定意见、鉴定意见；

(10)其他。

3.2.3 证据范围

3.2.3.1 土地违法案件证据范围

(1)当事人身份证明材料；

(2)询问笔录；

(3)地类及权属证明材料；

(4)土地利用现状图、土地利用总体规划图、国家永久基本农田数据库等；

(5)现场勘验材料，包括现场勘验笔录、勘测定界图、勘测报告等；

(6)违法地块现状材料，包括现场照片、视听资料等；

(7)土地来源材料，包括预审、先行用地、临时用地、土地征收、农用地转用、供地等相关审批材料、设施农用地备案材料、土地取得协议或者合同、骗取批准的证明材料等；

(8)项目立项、规划、环评、建设等审批材料；

(9)破坏耕地等农用地涉嫌犯罪的相关认定意见、鉴定意见材料；

(10)违法转让的证明材料，包括转让协议、实际交付价款凭证、土地已实际交付证明材料、违法所得认定材料；

(11)违法批地的证明材料，包括批准用地的文件、协议、会议纪要、记录等；

(12)需要收集的其他证据材料。

3.2.3.2 矿产违法案件证据范围

(1)当事人身份证明材料；

(2)询问笔录；

(3)勘查、开采等审批登记相关材料；

(4)证明矿产品种类、开采量、价格等的材料；

(5)违法所得证据及认定材料，包括生产记录、销售凭据等；

(6)违法勘查、开采等证明材料，包括现场勘验笔录、现场照片、视听资料等；

(7)违法转让(出租、承包)矿产资源、矿业权的证明材料，包括协议、转让价款凭证、往来账目等；

(8)违法采矿、破坏性采矿涉嫌犯罪的相关认定意见、鉴定意见；

(9)需要收集的其他证据材料。

地质灾害、矿山环境等违法案件参照上述证据范围要求收集相关证据材料。

3.2.3.3 测绘地理信息违法案件证据范围

(1)当事人身份证明材料；

(2)询问笔录；

(3)资质证书、资格证书、相关行政许可或者审批等材料；

(4)现场勘验材料，包括现场勘验笔录、照片、相关数据、视听资料等；

(5)相关项目、人员用工等合同或者协议性文件材料；

(6)相关交易凭据、账簿、登记台账及其他有关文件材料；

(7)测绘资料、成果、地图、附着地图图形物品、图件和电子数据等材料；

(8)测绘相关设施、设备、工具、原材料等；

(9)弄虚作假、伪造、欺骗、冒用、以其他人名义执业等材料；

(10)相关审查意见、检验或者检测报告以及专家结论等材料；

(11)需要收集的其他证据材料。

3.2.3.4 国土空间规划违法案件证据范围

(1)当事人身份证明材料；

(2)询问笔录；

(3)土地权属证明材料；

(4)项目立项、土地、规划、环评、建设等审批材料；

(5)现场勘验材料，包括现场勘验笔录、勘测定界图、勘测报告等；

(6)违法项目现状材料，包括现场照片、视听资料、设计文本、施工图纸、竣工测量报告等；

(7)国土空间规划编制单位资质等级许可文件及项目承揽合同、编制成果等；

(8)规划审批部门关于项目规划情况的认定意见材料；

(9)项目施工合同、建设工程造价认定意见材料；

(10)违法收入证明材料；

(11)违法审批的证明材料，包括规划审批的文件、协议、会议纪要、记录等；

(12)需要收集的其他证据材料。

3.2.4 证据要求

3.2.4.1 书证、物证

书证和物证为原件原物的，制作证据交接单，注明证据名称(品名)、编号(型号)、数量等内容。经核对无误后，双方签字，一式二份，各持一份。

书证为复印件的,应当由保管书证原件的单位或者个人在复印件上注明出处和“本复印件与原件一致”等字样,签名、盖章,并签署时间。单项书证较多的,加盖骑缝章。

收集物证原物确有困难的,可以收集与原物核对无误的复制件或者证明该物证的照片、录像等其他证据。

3.2.4.2　视听资料、电子数据

录音、录像、计算机数据等视听资料、电子数据应当符合下列要求:

(1)收集视听资料、电子数据的原始载体。收集原始载体确有困难的,可以收集复制件;

(2)收集视听资料、电子数据,应当制作笔录,记录案由、对象、内容,收集的时间、地点、方法、过程,并附清单,注明类别、文件格式等,由承办人员和视听资料、电子数据持有人(提供人)签名或者盖章;持有人(提供人)无法签名或者拒绝签名的,应当在笔录中注明,由见证人签名或者盖章。有条件的,可以对相关活动进行录像;

(3)声音资料应当附有该声音内容的文字记录。

3.2.4.3　证人证言

证人证言应当符合下列要求:

(1)写明证人的姓名、年龄、性别、职业、住址、联系方式等基本情况;

(2)有与案件相关的事实;

(3)有证人签名,证人不能签名的,应当按手印或者盖章;

(4)注明出具日期;

(5)附有身份证复印件等证明证人身份的文件。

3.2.4.4　当事人的陈述

当事人请求自行提供陈述材料的,应当准许。必要时,承办人员也可以要求当事人自行书写。当事人应当在其提供的陈述材料上签名、按手印或者盖章。

3.2.4.5　询问笔录

对当事人、证人等询问时,应当个别进行,并制作《询问笔录》。《询问笔录》包括基本情况和询问记录等内容。

基本情况包括:询问时间、询问地点、询问人、记录人、被询问人基本信息等。

询问记录包括:询问告知情况、案件相关事实和被询问人补充内容。

(1)询问开始时,承办人员应当表明身份,出示执法证件,核实被询问人身份,并告知被询问人诚实作证和配合调查的法律义务,隐瞒事实、作伪证的法律责任以及申请承办人员回避的权利。

(2)案件相关事实包括:时间、地点、原貌与现状、地类、面积、权属、矿种、采出量、违法所得、实施主体、实施目的、实施过程、后果、相关手续办理情况、其他单位或者部门处理情况、相关资料保存情况以及其他需要询问的内容。

询问结束,应当将《询问笔录》交被询问人核对。被询问人阅读有困难的,应当向其宣读。笔录如有差错、遗漏,应当允许被询问人更正或者补充,涂改部分应当由被询问人按手印。经核对无误后,由被询问人在《询问笔录》上逐页签名、按手印,在尾页空白处写明“以上笔录经本人核对无异议”等被询问人认可性语言,签署姓名和时间,并按手印。《询问笔录》应当注明总页数和页码。

被询问人拒绝签名的,承办人员应当在《询问笔录》中注明。有其他见证人在场的,可以由见证人签名。

询问时,在文字记录的同时,根据需要可以在告知被询问人后录音、录像。

3.2.4.6　现场勘验笔录

现场勘验应当告知当事人参加。当事人拒绝参加的,不影响现场勘验进行,但可以邀请案件发生地村(居)委会等基层组织相关人员作为见证人参加。必要时,可以采取拍照、录像等方式记录现场勘验情况。

现场勘验应当制作《现场勘验笔录》。《现场勘验笔录》应当记载当事人、案由、勘验内容、勘验时间、勘验地点、勘验人、勘验情况等内容,并附勘测图。《现场勘验笔录》应当由勘验人员、承办人员、当事人或者见证人签名。当事人拒绝签名或者不能签名的,应当注明原因。

委托有关机构进行鉴定的,被委托的鉴定机构不得单独进行现场勘验。

3.2.4.7　认定意见、鉴定意见

涉及耕地破坏程度认定或者鉴定的,由市(地)级或省级自然资源主管部门组织实施,根据实际情况出具认定意见;也可委托具有法定资质的机构出具鉴定意见;没有具有法定资质的机构的,可以委托其他具备条件的机构出具鉴定意见。

涉及违法开采的矿产品价值认定的,根据销赃数额认定;无销赃数额,销赃数额难以查证或者根据销赃数额认定明显不合理的,根据矿产品价格和数量认定。矿产品价格和数量难以确定的,依据价格认证机构和省级以上自然资源主管部门出具的报告,并结合其他证据作出认定意见。

涉及测绘地理信息违法行为认定的,由市(地)级以上自然资源主管部门组织实施,根据需要出具认定意见,也可以委托有关机构出具鉴定意见。

3.2.5　证据先行登记保存

调查中发现证据可能灭失或者以后难以取得的情况

下,经自然资源主管部门负责人批准,可以先行登记保存。证据先行登记保存期间,任何人不得销毁或者转移证据。

证据先行登记保存,应当制作《证据先行登记保存通知书》,附具《证据保存清单》,向当事人下达。制作《证据保存清单》,应当有当事人在场,当事人不在场可以邀请其他见证人参加,并由当事人或者见证人核对,确定无误后签字。

先行登记保存的证据,可以交由当事人自己保存,也可以由自然资源主管部门或者其指定单位保存。证据在原地保存可能妨害公共秩序、公共安全或者对证据保存不利的,也可以异地保存。

自然资源主管部门应当自发出《证据先行登记保存通知书》之日起七个工作日内,根据情况分别作出如下处理决定,向当事人下达《先行登记保存证据处理通知书》:

(1)采取记录、复制、复印、拍照、录像等方式收集证据;

(2)送交具有资质的专门机构进行鉴定、认定等;

(3)违法事实不成立的,解除证据先行登记保存;

(4)其他应当作出的决定。

3.3 行政强制措施

经自然资源主管部门负责人批准,自然资源主管部门可以依法查封、扣押与涉嫌违法测绘行为直接相关的设备、工具、原材料、测绘成果资料等;可以依法查封、扣押涉嫌违法的地图、附着地图图形的产品以及用于实施地图违法行为的设备、工具、原材料等。

3.3.1 一般规定

查封、扣押等直接涉及重大财产权益的行政强制措施应当全程音像记录。

承办人员应当主动出示执法证件,通知当事人到场,当场告知当事人采取行政强制措施的理由、依据以及当事人依法享有的权利、救济途径,听取当事人的陈述和申辩,制作现场笔录,并由当事人和承办人员签名或者盖章,当事人拒绝的,在笔录中予以注明。当事人不到场的,邀请见证人到场,由见证人和承办人员在现场笔录上签名或者盖章。

情况紧急,需要当场实施行政强制措施的,承办人员应当在24小时内向自然资源主管部门负责人报告,并补办批准手续。自然资源主管部门负责人认为不应当采取行政强制措施的,应当立即解除。

3.3.2 审查决定

实施查封、扣押,应当填写《行政强制措施事项审批表》,经自然资源主管部门负责人批准,制作《行政强制措施决定书》,附具《物品清单》,向当事人下达。制作《物品清单》应当有当事人在场,当事人不在场可以邀请其他见证人参加,并由当事人或者见证人核对,确定无误后签字。对查封的设施或者财物,可以委托第三人保管,第三人不得损毁或者擅自转移、处置。

3.3.3 强制措施处理

采取查封、扣押措施后,应当及时查清事实,自发出《行政强制措施决定书》之日起三十日内作出处理决定,情况复杂的,经自然资源主管部门负责人批准,可以延长,但是延长期限不得超过三十日。对违法事实清楚,依法应当没收的非法财物予以没收;应当解除查封、扣押的,作出解除查封、扣押的决定。

对物品需要进行检测、检验、检疫或者技术鉴定的,查封、扣押期限不包括检测、检验、检疫或者技术鉴定期限。

3.4 调查中止

因不可抗力、意外事件或者其他情形,致使案件暂时无法调查的,承办人员应当填写《中止调查决定呈批表》,报自然资源主管部门负责人批准后,中止调查。案件中止调查的情形消除后,应当及时恢复调查。

3.5 调查终止

有下列情形之一的,承办人员应当填写《终止调查决定呈批表》并提出处理建议,报自然资源主管部门负责人批准后,终止调查。

(1)调查过程中,发现违法事实不成立的;

(2)违法行为已过行政处罚追诉时效的;

(3)不属本部门管辖,需要向其他部门移送的;

(4)因不可抗力致使案件无法调查处理的;

(5)需要终止调查的其他情形。

4 案情分析与调查报告起草

在调查取证的基础上,承办人员应当对收集的证据、案件事实进行认定,确定违法的性质和法律适用,研究提出处理建议,并起草调查报告。

4.1 证据认定

4.1.1 证据审查

承办人员应当对证据的真实性、关联性和合法性进行审查。

(1)真实性审查主要审查证据是否为原件、原物,复制件、复制品是否符合要求等;

(2)关联性审查主要审查证据与案件的待证事实之间是否具有内在的联系,证据之间能否互相支撑形成证据链等;

(3)合法性审查主要审查证据取得程序及相关手续是否合法等。

4.1.2　证据的证明效力认定

认定各类证据的证明效力应当遵循以下原则：

(1)国家机关以及其他职能部门依职权制作的公文文书优于其他书证；

(2)认定意见、鉴定意见、现场勘验笔录、档案材料以及经过公证或者登记的书证优于其他书证、视听资料和证人证言；

(3)原件、原物优于复制件、复制品；

(4)法定鉴定部门的鉴定意见优于其他鉴定部门的鉴定意见；

(5)原始证据优于传来证据；

(6)其他证人证言优于与当事人有亲属关系或者其他密切关系的证人提供的对该当事人有利的证言；

(7)数个种类不同、内容一致的证据优于一个孤立的证据。

4.1.3　辅助证据

下列证据不能单独作为认定案件事实的依据,但可以作为辅助证据。

(1)未成年人的证言；

(2)与当事人有亲属关系或者其他密切关系的证人所作的对该当事人有利的证言,或者与当事人有不利关系的证人所作的对该当事人不利的证言；

(3)难以识别是否经过修改的视听资料；

(4)无法与原件、原物核对的复制件或者复制品；

(5)其他不能单独作为定案依据的证据材料。

4.2　事实认定

4.2.1　违法责任主体认定

违法责任主体应当是实施违法行为并且能够独立承担法律责任的自然人、法人或者其他组织。

(1)当事人是自然人的,该自然人为违法责任主体。

(2)当事人是法人的(企业法人、机关法人、事业单位法人、社会团体法人、农村经济组织法人、合作经济组织法人、基层群众性自治组织法人等),该法人为违法责任主体;不具有独立法人资格的分公司、内设机构、派出机构、临时机构等实施违法行为的,设立该分公司、内设机构、派出机构、临时机构的法人为违法责任主体。

(3)当事人是其他组织的,能够独立承担法律责任的,该组织为违法责任主体;不能独立承担法律责任的,创办该组织的单位或者个人为违法责任主体。

(4)受委托或者雇佣的自然人、法人或者其他组织在受委托或者雇佣的工作范围内,实施自然资源违法行为,并且能够证明委托或者雇佣关系及委托或者雇佣工作范围的,应当认定委托人或者雇佣人为违法责任主体。

(5)同一违法行为有两个以上当事人的,应当认定为共同违法责任主体。

4.2.2　违法用地占用地类认定

判定违法用地占用地类,应当将违法用地的界址范围或者勘测定界坐标数据套合到违法用地行为发生时最新或者上一年度土地利用现状图或者土地利用现状数据库及国家永久基本农田数据库上,对照标示的现状地类进行判定。违法用地发生时,该用地已经批准转为建设用地的,应当按照建设用地判定。

承办机构可以提请自然资源调查监测管理工作机构进行认定。

4.2.3　是否符合土地利用总体规划的认定

判定违法用地是否符合土地利用总体规划,应当将违法用地的界址范围(或者界址坐标)与违法用地行为发生时乡(镇)土地利用总体规划纸质图件(或者数据库矢量图件)套合比对、对照,将项目名称与土地利用总体规划文本对照。

与乡(镇)土地利用总体规划纸质图件(或者数据库矢量图件)进行套合比对,违法用地位于规划城乡建设允许建设区或属于规划建设用地地类的,应当判定为符合土地利用总体规划;与乡(镇)土地利用总体规划纸质图件(或者数据库矢量图件)进行对照,违法用地位于土地利用总体规划确定的交通廊道内、独立工矿用地区域的,应当判定为符合土地利用总体规划;与土地利用总体规划文本进行对照,用地项目已列入土地利用总体规划重点建设项目清单的,应当判定为符合土地利用总体规划。

在作出处罚决定前,土地利用总体规划依法作出了重大调整,违法用地的规划土地用途发生重大变更的,可以按照从轻原则判定是否符合土地利用总体规划。

承办机构可以提请自然资源规划管理工作机构进行认定。

4.2.4　占用永久基本农田的认定

判定违法用地是否占用永久基本农田或者原基本农田,应当根据违法行为发生的时间,将违法用地的界址范围(或者界址坐标)与国家永久基本农田数据库或者乡(镇)土地利用总体规划纸质图件(或者数据库矢量图件)进行套合比对,对照所标示的永久基本农田保护地块范围进行判定。

违法行为发生在永久基本农田划定(2017 年 6 月)

之前的，违法用地位于土地利用总体规划图上标示的原基本农田保护地块范围的，应当判定为占用原基本农田。但已列入土地利用总体规划确定的交通廊道或者已列入土地利用总体规划重点建设项目清单的民生、环保等特殊项目，在未超出规划多划原基本农田面积额度的前提下，占用规划多划的原基本农田时，按照占用一般耕地进行判定，不视为占用原基本农田。

违法行为发生在永久基本农田划定（2017 年 6 月）之后的，应将违法用地界址范围（或者界址坐标）与国家永久基本农田数据库进行套合比对，经套合显示所涉地块为永久基本农田的，应当认定为占用永久基本农田。

承办机构可以提请自然资源规划管理和耕地保护工作机构进行认定。

4.2.5 违法开采矿产品价值认定

违法开采矿产品的价值认定，根据违法所得（销赃数额）直接确定。无违法所得、违法所得难以查证或者违法所得认定明显不合理的，可以根据矿产品数量和价格确定。

违法开采矿产品的数量认定，可以采取计重或者测算体积等方式得出。对于找不到现场堆放的矿产品的，可以通过测量采空区计算或者通过查阅违法当事人销售矿产品的相关台账计算。案情复杂，难以认定的，可以依照省级以上自然资源主管部门出具的违法采出矿产品数量的认定报告确定。

违法开采矿产品的价格认定，按照价格认证机构出具的关于违法采出的矿产品价格的认定报告确定，也可以参照违法行为发生时当地合法矿山企业同类矿产品的销售价格予以认定。

4.2.6 城乡规划违法建设中尚可采取改正措施情形的认定

《中华人民共和国城乡规划法》规定的违法建设，下列情形构成尚可采取改正措施：

（1）取得建设工程规划许可证，但未按建设工程规划许可证的规定进行建设，在限期内采取局部拆除等整改措施，能够使建设工程符合建设工程规划许可证要求的；

（2）未取得建设工程规划许可证即开工建设，但已取得城乡规划主管部门的建设工程设计方案审核决定，且建设内容符合或采取局部拆除等整改措施后能够符合审核决定要求的；

（3）其他可以采取改正措施的情形。

4.2.7 城乡规划违法建设中涉及工程造价罚款基数的认定

对《中华人民共和国城乡规划法》规定的违法建设行为处以罚款，应当以新建、扩建、改建的存在违反城乡规划事实的建筑物、构筑物违法部分造价作为罚款基数。

已经完成竣工结算的违法建设，应当以竣工结算价作为罚款基数；尚未完成竣工结算的违法建设，可以根据工程已完工部分的施工合同价确定罚款基数；未依法签订施工合同或者当事人提供的施工合同价明显低于市场价格的，应当委托有资质的造价咨询机构评估确定。

4.2.8 违法所得、违法收入的认定

4.2.8.1 违法转让土地使用权的违法所得的认定

依法取得的土地使用权违法转让的，当事人依法取得土地使用权的成本和对土地的合法投入，不作为违法所得认定；违法取得的土地使用权违法转让的，违法所得为当事人转让全部所得。

转让全部所得数额按照转让合同及交易凭据所列价款确定。没有转让合同及交易凭据、当事人拒不提供或者提供的转让合同及交易凭据所列价款明显不符合实际的，可以按照评估价认定。

对土地的合法投入包括土地开发、新建建筑物和构筑物的建设投入等，但是违法新建建筑物和构筑物的建设投入除外。

4.2.8.2 矿产违法所得的认定

无证开采和越界开采的，违法所得数额应当按照销售凭据确定；没有销售凭据的，价值按照已经销售或者已经利用的违法采出矿产品的数量和价格认定。

买卖、出租或者以其他方式转让矿产资源的，违法所得数额应当为买卖、出租或者以其他方式转让的全部所得。

违法转让矿业权的，违法所得为转让矿业权全部所得。

4.2.8.3 测绘地理信息违法所得的认定

违法从事测绘地理信息活动、生产、销售商品或者提供服务的，其合法成本与投入不作为违法所得认定。

4.2.8.4 城乡规划违法收入的认定

按照新建、扩建、改建的存在违反城乡规划事实的建筑物、构筑物违法部分出售所得价款计算；未出售或者出售所得价款明显低于同类房地产市场价格的，应当委托有资质的房地产评估机构评估确定。

4.3 法律适用和处理建议

承办人员应当依据调查掌握的证据和认定的违法事实，确定违法的性质和适用的法律法规，对照行政处罚裁量基准，研究提出处理建议。

自然资源违法行为主要类型、法律依据与法律责任见附录 A、附录 B、附录 C、附录 D。

4.3.1 不予处罚

违法行为轻微并及时改正,没有造成危害后果的,不予行政处罚。初次违法且危害后果轻微并及时改正的,可以不予行政处罚。

当事人有证据足以证明没有主观过错的,不予行政处罚。法律、行政法规另有规定的,从其规定。

对当事人的违法行为依法不予行政处罚的,自然资源主管部门应当对当事人进行教育。

4.3.2 从轻或者减轻处罚

有下列情形之一的,应当从轻或者减轻处罚:

(1)行政处罚决定下达前,主动消除或者减轻违法行为危害后果的;

(2)受他人胁迫或者诱骗实施违法行为的;

(3)主动供述自然资源主管部门尚未掌握的违法行为的;

(4)配合自然资源主管部门查处违法行为有立功表现的;

(5)法律、法规、规章规定其他应当从轻或者减轻的情形。

4.3.3 提出处理建议

承办人员应当在证据认定和事实认定的基础上,严格依照法律法规的规定,综合考虑历史遗留建筑物处置等有关文件要求,提出处理建议:

(1)事实清楚、证据确凿、属于本级本部门管辖的,应当提出明确的处理建议。其中,对于依法应当给予行政处罚的,根据情节轻重及具体情况,按照本地区行政处罚裁量基准,提出给予行政处罚的建议,并明确行政处罚的具体内容;对依法可以不予行政处罚的,提出不予行政处罚的建议,并明确不予行政处罚的理由;对于单位、个人违法批准征收、使用土地或者违法批准勘查、开采矿产资源等行为,应当提出确认相关批准文件、协议、纪要、批示等无效及撤销批准文件、废止违法内容、依法收回土地等建议;

(2)依法需要追究当事人及有关责任人员党纪政务责任的,应当提出将问题线索向纪检监察、任免机关移送建议;

(3)涉嫌犯罪,依法需要追究刑事责任的,应当提出将案件向公安、监察机关移送的建议;

(4)经批准终止调查的,应当提出撤案或者结案的建议。对于违法事实不成立、违法行为已过行政处罚追诉时效的,建议撤案;对不属本部门管辖、因不可抗力致使案件无法调查处理的,建议结案;

(5)其他处理建议。

4.4 调查报告起草

案件调查结束后,承办人员应当起草《违法案件调查报告》。

《违法案件调查报告》包括首部、正文、尾部和证据清单。

4.4.1 首部

首部应当包括案由、承办机构、承办人员、调查时间、当事人基本情况等内容。

4.4.2 正文

正文应当包括调查情况、基本事实、案件定性、责任认定、处理建议等。

4.4.2.1 调查情况

简要介绍案件来源,立案及调查工作开展情况。

4.4.2.2 基本事实

基本事实应当包括违法行为当事人、发生时间、地点、违法事实及造成的后果。叙述一般应当按照事件发生的时间顺序客观、全面、真实地反映案情,要注意重点,详细表述主要情节、证据和关联关系。对可能影响量罚的不予处罚、从轻或者减轻处罚的事实,应当作出具体说明。有中止调查的,应当记录中止调查的原因、中止时间、恢复时间。

(1)土地违法案件基本要素:违法主体、违法行为发生、发现、制止及立案查处的时间、用地及建设情况、占用地类、规划用途、相关审批情况、征地补偿安置标准、程序、支付情况等;

(2)矿产违法案件基本要素:违法主体、勘查开采地点、勘查开采时间、矿区范围、勘查开采方式、矿种、数量、矿产品价值、违法所得、认定意见、鉴定意见、已批准勘查、开采以及登记发证情况等;

(3)测绘地理信息违法案件基本要素:违法主体、违法行为及认定、违法行为发生、发现、制止及立案查处的时间、认定意见、鉴定意见、资质资格证书、地图违法图件数量、违法所得认定、互联网地图、测绘成果资料及电子地图等;

(4)国土空间规划违法案件基本要素:违法主体、违法行为发生、发现、制止及立案查处的时间、规划审批及建设情况、项目规划用途、相关立项审批情况、施工合同及造价情况、违法收入情况等。

4.4.2.3 案件定性

认定调查发现存在的主要问题,对案件的法律适用进行分析,明确认定当事人违法的法律依据以及违反的具体法律法规，提出认定违法行为性质的结论。

4.4.2.4　处理建议

根据法律法规的有关规定，认定相关责任，结合违法事实、性质、情节、社会危害程度以及是否主动消除违法行为后果等因素，对照行政处罚裁量基准，提出处理建议。

4.4.3　尾部

承办人员签名，并注明时间。

4.4.4　证据清单

列明案件调查报告涉及的证据。清单所列证据作为调查报告的附件。

5　案件审理

5.1　审理基本要求

承办人员提交《违法案件调查报告》后，承办机构应当组织审理人员对案件调查报告和证据等相关材料进行审理。审理人员不能为同一案件的承办人员。

5.2　审理内容

审理内容包括：

(1)是否符合立案条件；

(2)违法主体是否认定准确；

(3)事实是否清楚，证据是否合法、确实、充分；

(4)定性是否准确，理由是否充分；

(5)适用法律法规是否正确；

(6)程序是否合法；

(7)拟定的处理建议是否适当，行政处罚是否符合裁量基准；

(8)其他需要审理的内容和事项。

5.3　审理方式

案件审理应当由承办机构负责人或者其指定的审理人员负责组织，采用书面或者会议方式进行审理，提出审理意见。

5.4　审理程序

(1)承办人员提交案件调查报告和证据等相关材料，并作出说明；

(2)审理人员进行审理，就有关问题提问；

(3)承办人员解答问题，进行补充说明；

(4)审理人员形成审理意见，制作《违法案件审理记录》。

5.5　审理意见

根据审理情况，分别提出以下审理意见：

(1)违法主体认定准确、事实清楚、证据合法确实充分、定性准确、适用法律正确、程序合法、处理建议适当的，同意处理建议；

(2)有下列情形之一的，应当提出明确的修改、纠正意见，要求承办人员重新调查或者补充调查：

①不符合立案条件的；

②违法主体认定不准确的；

③案件事实不清楚，证据不确实充分的；

④定性不准确，理由不充分的；

⑤适用法律法规不正确的；

⑥程序不合法的；

⑦处理建议不适当、行政处罚不符合裁量基准的。

承办人员应当按照审理意见进行修改、纠正，并重新提请审理。

承办人员对审理意见有异议的，可以提出理由，连同调查报告、审理意见及证据等相关材料报自然资源主管部门负责人决定。

6　重大执法决定法制审核

在作出重大执法决定前，自然资源主管部门法制机构应当对重大执法决定的法定权限、法律依据、法定程序等的合法性进行审核。审核通过的，出具《重大执法决定法制审核意见书》；审核不通过的，承办机构应当根据法制机构提出的意见办理。涉及需要补充完善的应当补充完善后，视情况经审理后，提交法制机构重新审核。

自然资源重大执法决定法制审核程序和要求，按照《自然资源部关于印发<关于全面推行行政执法公示制度执法全过程记录制度重大执法决定法制审核制度的实施方案>的通知》相关规定执行。

7　处理决定

7.1　作出处理决定

案件经审理、重大执法决定法制审核，通过后，承办人员应当填写《违法案件处理决定呈批表》，附具《违法案件调查报告》《违法案件审理记录》《重大执法决定法制审核意见书》，报自然资源主管部门负责人审查，根据不同情况，分别作出如下处理决定：

(1)确有应当予以行政处罚的违法行为的，根据情节轻重及具体情况，作出行政处罚决定；

(2)对于单位、个人违法批准征收、使用土地或者违法批准勘查、开采矿产资源，应当根据情节轻重及具体情况，作出行政处理决定；

(3)违法行为轻微，依法可以不予行政处罚的，作出不予行政处罚决定，予以结案；

(4)不属于本部门管辖的，移送有管辖权的机关，予以结案；

(5)因不可抗力终止调查的，予以结案；

(6)对于违法事实不成立、违法行为已过行政处罚追诉时效的,予以撤案;

(7)依法需要追究当事人及有关责任人党纪政务责任的,移送纪检监察、任免机关;

(8)涉嫌犯罪,依法需要追究刑事责任的,移送公安、监察机关。

对情节复杂或者重大违法行为给予行政处罚,自然资源主管部门负责人应当集体讨论决定。

7.2 实施处理决定

(1)决定给予行政处罚的,按照本规程8的规定办理;

(2)决定给予行政处理的,参照本规程8的有关规定办理。应当明确违法批准征收、使用土地,违法批准勘查、开采矿产资源等相关文件无效,提出撤销批准文件、废止违法内容、依法收回土地等具体要求和追究党纪政务责任的建议。有关当事人拒不归还土地的,以违法占用土地论处;

(3)决定撤销案件的,填写《撤销立案决定呈批表》,报自然资源主管部门负责人批准后,予以撤案;

(4)决定不予行政处罚的,填写《违法案件处理决定呈批表》,报自然资源主管部门负责人批准后,予以结案;

(5)决定移送案件的,按照本规程11的规定办理;

(6)决定结案的,按照本规程12的规定办理。

8 行政处罚

8.1 自然资源行政处罚的种类

自然资源行政处罚主要包括:

(1)警告、通报批评;

(2)罚款;

(3)没收违法所得、没收非法财物;

(4)吊销勘查许可证、采矿许可证;

(5)暂扣测绘资质证书、降低测绘资质等级、吊销测绘资质证书;

(6)降低城乡规划资质等级、吊销城乡规划资质证书;

(7)停业整顿;

(8)法律、行政法规规定的其他行政处罚。

8.2 告知

作出行政处罚之前,自然资源主管部门应当制作《行政处罚告知书》,按照本规程9规定的方式,送达当事人,当事人有权进行陈述和申辩。

《行政处罚告知书》应当载明作出行政处罚的事实、理由、依据和处罚、处理内容,并告知当事人依法享有的陈述和申辩权利。陈述和申辩应当由当事人在收到《行政处罚告知书》后五个工作日内提出。口头形式提出的,应当制作笔录。

自然资源主管部门对当事人提出的事实、理由和证据应当进行复核。当事人提出的事实、理由或者证据成立的,应当予以采纳。

自然资源主管部门不得因当事人的申辩而加重处罚。

8.3 听证

自然资源主管部门在作出以下行政处罚决定前,应当制作《行政处罚听证告知书》,按照本规程9规定的方式,送达当事人。听证告知和处罚告知可以一并下达或者合并下达。

(1)较大数额罚款;

(2)没收违法用地上的新建建筑物和其他设施;

(3)没收较大数额违法所得、没收较大价值非法财物;

(4)限期拆除违法用地上的新建建筑物和其他设施,恢复原状;

(5)暂扣资质证书、降低资质等级、吊销资质证书、许可证件;

(6)责令停业整顿;

(7)法律法规规定的其他情形。

《行政处罚听证告知书》应当载明作出行政处罚的事实、理由、依据和处罚内容,并告知当事人有要求举行听证的权利。

当事人要求听证的,应当在收到《行政处罚听证告知书》后五个工作日内,提出书面申请,口头形式提出的,应当制作笔录。

听证应当制作《听证笔录》,听证结束后,自然资源主管部门应当根据《听证笔录》,区分不同情况作出处理决定。

自然资源行政处罚听证适用相关法律法规的规定及《自然资源听证规定》。

8.4 行政处罚决定

当事人未在规定时间内陈述、申辩、要求听证的,或者陈述、申辩、听证中提出的事实、理由或者证据不成立的,自然资源主管部门应当进行书面记录并依法制作《行政处罚决定书》;陈述、申辩或者听证中提出的事实、理由或者证据成立,需要修改拟作出的处理决定的,自然资源主管部门应当按照本规程7.1的规定,调整或者重新作出处理决定,依法制作《行政处罚决定书》。《行政处罚决定书》应当按照本规程9规定的方式送达当事人。

法律法规规定的责令改正或者责令限期改正，可以与行政处罚决定一并作出，也可以在作出行政处罚决定之前单独作出。

8.4.1　《行政处罚决定书》的内容

（1）自然资源主管部门名称、文书标题及文号；

（2）当事人的姓名或者名称、地址等基本情况；

（3）违反法律、法规、规章的事实和证据；

（4）告知、听证的情况；

（5）行政处罚的具体依据和内容；

（6）履行方式和期限；

（7）不服行政处罚决定，申请行政复议或者提起行政诉讼的途径和期限；

（8）拒不执行行政处罚决定的法律后果；

（9）作出决定的日期及印章。

8.4.2　制作《行政处罚决定书》的注意事项

（1）《行政处罚决定书》应当由具有行政处罚权的自然资源主管部门制作并加盖其印章，派出机构、内设机构不能以自己的名义制作。

（2）认定的违法事实应当客观真实，明确违法行为的性质。列举的证据应当全面具体，充分支撑所认定的违法事实。有从轻或者减轻情节的，应当一并说明。

（3）行政处罚前的告知、听证情况应当包括告知、听证程序的履行情况和当事人意见采纳情况。

（4）行政处罚的依据应当结合具体违法事实，分别说明定性和处罚适用的具体法律条款；引用法律条款应当根据条、款、项、目的顺序写明。

（5）行政处罚的内容应当明确、具体，有明确的履行方式和期限。例如：

①责令退还、交还违法占用土地的，应当写明退还、交还土地的对象、范围、期限等。

②责令当事人限期履行的，应当写明履行的具体内容和期限。责令限期改正的，应当表述为“责令限××日内改正××行为”；责令限期拆除、恢复土地原状的，应当写明拆除地上建筑物和其他设施的范围、内容，恢复场地平整或者耕地种植条件，并明确履行的具体期限；责令停业整顿的，应当写明停业整顿的具体期限。

③责令缴纳复垦费、处以罚款、没收违法所得的，应当写明违法所得的金额和币种、交款的期限、指定银行或者电子支付系统账户等。

④没收地上建筑物和其他设施的，应当写明没收建筑物的范围、内容等。

⑤吊销勘查许可证、采矿许可证的，应当写明矿业权人、勘查许可证或者采矿许可证的证号等。

⑥暂扣测绘资质证书、降低测绘资质等级、吊销测绘资质证书的，应当写明资质证书的证号、等级，暂扣具体期限等；

⑦降低城乡规划资质等级、吊销城乡规划资质证书的，应当写明资质证书的证号、等级等；

⑧没收矿产品的，应当写明矿产品的种类、数量和堆放地点等。

（6）申请行政复议或者提起行政诉讼的途径和期限，应当具体明确。当事人申请行政复议的时限为自收到《行政处罚决定书》之日起六十日内，复议机关一般为作出行政处罚决定的本级人民政府或者上一级自然资源主管部门。当事人提起行政诉讼的时限为自收到《行政处罚决定书》之日起六个月内。对依据《中华人民共和国土地管理法》作出责令限期拆除处罚决定不服的，提起行政诉讼的时限为自收到《行政处罚决定书》之日起十五日内，诉讼机关为有管辖权的人民法院。

（7）当事人有两个以上自然资源违法行为的，自然资源主管部门可以制作一份《行政处罚决定书》，合并执行。《行政处罚决定书》中应当明确对每个违法行为的处罚内容和合并执行的内容。

（8）自然资源违法行为有两个以上当事人的，可以分别作出行政处罚决定，制作一式多份《行政处罚决定书》，分别送达当事人。

（9）有条件的地方，可以使用说理式《行政处罚决定书》。

8.5　作出行政处罚决定的期限

作出行政处罚决定的期限为立案之日起九十日内。案情复杂不能在规定期限内作出行政处罚决定的，报本级自然资源主管部门负责人批准，可以适当延长，但延长期限原则上不超过三十日，案情特别复杂的除外。

立案查处过程中不计入前款期限的情形，依照相关法律法规的规定执行。

8.6　行政处罚决定公示

具有一定社会影响的自然资源行政处罚决定应当依法公开。行政处罚决定生效后，自然资源主管部门应当在七个工作日内将相关信息在门户网站等平台公开，督促违法当事人自觉履行，接受社会监督。

涉及国家秘密，法律、行政法规禁止公开，以及公开后可能危及国家安全、公共安全、经济安全、社会稳定的，不予公开。

涉及商业秘密、个人隐私等公开会对第三方合法权益造成损害的政府信息,不得公开。但是,第三方同意公开或者自然资源主管部门认为不公开会对公共利益造成重大影响的,予以公开。

涉及国家秘密、商业秘密、个人隐私等不宜公开的信息,依法确需公开的,要作适当处理后公开。

已公开的行政处罚决定被依法撤销、确认违法或者要求重新作出的,应当及时从公示信息平台撤下原决定信息。发现公开的行政执法信息不准确的,要及时予以更正。

9　送达

自然资源法律文书作出后,应当及时送达当事人,并制作《法律文书送达回证》,送达人应当为两人以上。

自然资源法律文书一经送达,即发生法律效力。

自然资源法律文书应当采用直接送达方式。直接送达有困难的,可以采用留置送达、委托送达、传真或者电子信息送达、委托或者邮寄送达、转交送达和公告送达等方式。

9.1　直接送达

直接送达的应当直接送交受送达人。受送达人是自然人的,本人不在交其同住成年家属签收;受送达人是法人或者其他组织的,应当由法人的法定代表人、其他组织的主要负责人或者该法人、组织负责收件的人签收;受送达人有代理人的,可以送交其代理人签收;受送达人已向自然资源主管部门指定代收人的,送交代收人签收。

送达回证上签收的日期为送达日期。

9.2　留置送达

受送达人或者其同住成年家属拒绝接收法律文书的,送达人可以邀请有关基层组织或者所在单位的代表到场,说明情况,在送达回证上记明拒收事由和日期,由送达人、见证人签名或者盖章,把法律文书留在受送达人的住所或者张贴在违法用地现场,并采用拍照、录像等方式记录送达过程,即视为送达。

影像中应当体现送达文书内容、明确的送达日期、当事人住所等现场情况。

送达回证上记明的日期为送达日期。

9.3　传真或者电子信息送达

经受送达人同意并签订《送达地址确认书》的,可以采用传真、电子邮件、手机信息等方式,将《行政处罚决定书》等法律文书送达当事人。传真、电子邮件、手机信息等到达当事人特定系统的日期为送达日期。

9.4　委托或者邮寄送达

直接送达法律文书有困难的,可以委托其他自然资源主管部门或者其他机关代为送达,或者邮寄送达。

委托送达,以受送达人在送达回证上签收的日期为送达日期。邮寄送达,应当附有送达回证,回执上注明的收件日期与送达回证上注明的收件日期不一致的,或者送达回证没有寄回的,以回执上注明的收件日期为送达日期。

通过邮寄送达的,应当取得受送达人签订的《送达地址确认书》,受送达人拒绝签订《送达地址确认书》的除外。

9.5　转交送达

当事人是军人的,通过其所在部队团以上单位的政治机关转交;当事人被监禁的,通过其所在监所转交;当事人被采取强制性教育措施的,通过其所在强制性教育机构转交,以在送达回证上的签收日期,为送达日期。

9.6　公告送达

当事人下落不明或者上述方式无法送达的,公告送达。公告送达,可以在当地主要媒体上予以公告或者在本部门公告栏、当事人所在基层组织公告栏、当事人住所地等地张贴公告并拍照,并在本部门或者本系统门户网站上公告。

自发出公告之日起,经过三十日,即视为送达。公告送达,应当在案卷中记明原因和经过,并应保存公告的有关材料。

10　执行

10.1　当事人履行

当事人收到行政处罚决定后,应当在行政处罚决定规定的期限内自行履行。

10.2　催告履行

自然资源主管部门申请人民法院强制执行前,应当制作《履行行政处罚决定催告书》送达当事人,催告其履行义务。

10.3　申请人民法院强制执行

《履行行政处罚决定催告书》送达十个工作日后,当事人仍未履行行政处罚决定的,自然资源主管部门可以向有管辖权的人民法院申请强制执行。

当事人在法定期限内不申请行政复议或者提起行政诉讼,又不履行行政处罚决定的,自然资源主管部门可以自期限届满之日起三个月内,申请人民法院强制执行。

自然资源主管部门对土地违法行为依法作出责令限期拆除的行政处罚决定后,当事人拒不履行,需要申请人民法院强制执行的,按照《自然资源部办公厅关于印发<申请人民法院强制执行流程图>的通知》执行。

10.3.1　申请人民法院强制执行程序

申请人民法院强制执行,应当填写《强制执行申请

书》,由自然资源主管部门负责人签名,加盖自然资源主管部门印章,注明日期,并附下列材料:

(1)《行政处罚决定书》及作出决定的事实、理由和依据;

(2)当事人意见及催告情况;

(3)申请强制执行标的情况;

(4)法律法规规定的其他材料。

递交《强制执行申请书》时,应当取得人民法院接收人员签字或者盖章的回执;接收人员拒收或者拒绝签字、盖章的,应当记录申请书是否递交、拒收或者拒签情形。

人民法院裁定不予受理强制执行申请或者受理后裁定不予执行,自然资源主管部门对裁定有异议的,可以自收到裁定之日起十五日内向上一级人民法院申请复议;对裁定无异议或者有异议但经复议维持原裁定的,自然资源主管部门应当纠正存在的问题。

10.3.2 财产保全

自然资源主管部门申请人民法院强制执行前,有充分理由认为被执行人可能逃避执行的,可以依法申请人民法院采取财产保全措施。

10.3.3 协作配合

自然资源主管部门应当加强与人民法院的协作配合,申请人民法院强制执行时,严格按照“法院裁定准予执行、政府组织实施、法院到场监督”的拆除违法用地地上建筑物强制执行机制执行。

自然资源主管部门应当积极配合同级检察机关探索自然资源执法领域行政非诉执行监督工作。在行政非诉执行受理、审查、执行等环节,发现人民法院应受理不受理、怠于执行、不规范执行、不送达文书等线索,及时移交同级检察机关开展行政非诉执行监督。

10.4 申请人民政府强制执行

依据《中华人民共和国城乡规划法》作出限期拆除的决定后,当事人逾期不拆除的,自然资源主管部门应当及时书面申请建设工程所在地县级以上地方人民政府责成有关部门强制拆除。

10.5 督促履行

行政处罚决定生效后,当事人逾期不履行的,自然资源主管部门除采取法律法规规定的措施外,还可以采取以下措施督促其履行:

(1)向本级人民政府和上一级自然资源主管部门报告;

(2)向当事人所在单位或者其上级主管部门抄送;

(3)停止办理或者告知相关部门停止办理当事人与本案有关的许可、审批、登记等手续。

10.6 执行要求

(1)给予没收违法所得、罚款处罚的,罚没款足额缴入指定的银行或者电子支付系统账户,并取得缴款凭证。

当事人确有经济困难,需要延期或者分期缴纳罚款的,当事人应当提出申请,报自然资源主管部门主管负责人批准后,可以暂缓或者分期缴纳,且不再计收加处罚款。

(2)给予拆除新建建筑物和其他设施、恢复土地原状处罚的,新建建筑物和其他设施已拆除,建筑垃圾已清理运出违法占地现场,恢复场地平整,涉及耕地的要恢复种植条件。

(3)给予没收新建建筑物和其他设施、矿产品等实物处罚的,作出行政处罚决定的自然资源主管部门填写《非法财物移交书》,连同《行政处罚决定书》移交县级以上人民政府或者其指定的部门处理。涉及没收新建建筑物和其他设施的,应当于九十日内交由本级人民政府或者其指定的部门依法管理和处置,可以根据情况决定拆除或保留。

(4)责令退还、交还土地的,将土地退还、交还至土地权利人或者管理人。

(5)责令限期履行义务,治理、改正、采取补救措施的,当事人在限定期限内履行义务、改正违法行为或者达到治理要求、采取相应的补救措施。

(6)给予吊销勘查许可证、采矿许可证处罚的,由颁发许可证的自然资源主管部门予以吊销,并公告。

(7)给予降低资质等级、吊销资质证书处罚的,由颁发资质的自然资源主管部门予以降级、吊销,并公告。

(8)给予行政处理的,撤销或者废止违法批准征收、使用土地,违法批准勘查、开采矿产资源的相关文件,依法收回土地,将责任人涉嫌违纪、违法、犯罪情况依法进行移送。

当事人对行政处罚决定不服申请行政复议或者提起行政诉讼的,在行政复议或者行政诉讼期间,行政处罚决定不停止执行,法律另有规定的除外。

10.7 终结执行

有下列情形之一的,终结执行:

(1)自然人死亡,无遗产可供执行,又无义务承受人的;

(2)法人或者其他组织终止,无财产可供执行,又无义务承受人的;

(3)执行标的灭失的;

(4)据以执行的行政处罚决定被撤销的;

(5)需要终结执行的其他情形。

10.8 执行记录

自然资源主管部门应当根据执行情况制作《行政处

罚决定执行记录》。

《行政处罚决定执行记录》中应当载明案由、当事人、行政处罚事项、行政处罚内容的执行方式、执行结果等情况。其中,申请人民法院强制执行的,应当记录申请、受理、裁定执行情况等。

11　**移送**

自然资源主管部门在查处违法行为过程中,发现违法行为涉嫌犯罪依法应当追究刑事责任的,或者当事人及有关责任人员违法违纪应当追究党纪政务责任的,应当依照有关规定移送有关机关。

11.1　移送公安机关

11.1.1　移送情形

自然资源主管部门在依法立案查处违法行为过程中,发现单位或者个人违法转让倒卖土地使用权、违法占用农用地、违法采矿、破坏性采矿、损毁测量标志等行为,达到刑事追诉标准、涉嫌非职务犯罪的,在调查终结后,应当依法及时将案件移送公安机关。

11.1.2　移送程序

(1)依法需要移送公安机关追究刑事责任的,承办人员应当制作《违法案件处理决定呈批表》,提出移送公安机关的建议。

(2)自然资源主管部门负责人收到《违法案件处理决定呈批表》后,应当在三个工作日内作出是否批准移送的决定。决定不移送的,应当写明不予批准的理由。

(3)决定移送公安机关的,应当制作《涉嫌犯罪案件移送书》,附具案件调查报告、涉案物品清单、认定意见、鉴定意见及其他有关涉嫌犯罪的材料,在移送决定批准后二十四小时内办理移送手续。自然资源主管部门在移送案件时已经作出行政处罚决定的,应当同时移送《行政处罚决定书》和作出行政处罚决定的证据材料。

(4)公安机关对移送的案件决定不予立案,自然资源主管部门有异议的,可以在收到不予立案通知之日起三个工作日内,提请作出决定的公安机关复议,也可以建议检察机关依法进行立案监督。

(5)移送时,自然资源主管部门未作出行政处罚决定,违法状态仍未消除的,自然资源主管部门应当依法作出行政处罚,其中,人民法院判决已给予罚金处罚的,不再给予罚款的行政处罚。

11.2　移送纪检监察、任免机关

11.2.1　移送情形

自然资源主管部门在依法立案查处违法行为过程中,发现下列问题线索,本部门无权处理,应当及时移送纪检监察机关:

(1)党员涉嫌违犯党纪,依照《中国共产党纪律处分条例》《中国共产党纪律检查机关监督执纪工作规则》等有关规定,应当由纪检机关处置的;

(2)监察对象涉嫌职务违法,有违法批准、占用土地、违法低价出让国有土地使用权、违法批矿等行为,依照《中华人民共和国监察法》和政务处分有关规定,应当由监察机关调查处置的;

(3)监察对象涉嫌职务犯罪,有违法批准、占用土地、违法低价出让国有土地使用权以及其他贪污贿赂、渎职等行为,依照《中华人民共和国监察法》《中华人民共和国刑法》以及监察机关管辖的有关规定,应当由监察机关调查处置的。

自然资源主管部门认定党员和监察对象存在其他违法犯罪问题,依照《中国共产党纪律处分条例》《中华人民共和国监察法》和政务处分有关规定,应当由纪检监察机关给予党纪处分、政务处分的,参照对涉嫌违法犯罪党员作出纪律处分工作的有关规定及时向纪检监察机关通报,并提供相关材料。

11.2.2　移送程序

(1)需要移送纪检监察、任免机关追究责任的,承办人员应当制作《违法案件处理决定呈批表》,提出移送纪检监察、任免机关的建议。

(2)自然资源主管部门负责人收到《违法案件处理决定呈批表》后,应当作出是否批准移送的决定。决定不移送的,应当写明不予批准的理由。

(3)决定移送的,应当在作出行政处罚决定后十五个工作日内,制作《问题线索移送书》,附具案件来源及立案材料、案件调查报告、处罚或者处理决定、有关证据材料及其他需要移送的材料。确有特殊情况不能在规定时间内移送的,应当在特殊情况消除后十个工作日内移送。

11.3　移送送达回证

自然资源主管部门向有关机关移送案件,应当制作《法律文书送达回证》。受送达人接受移送的案件材料,并在送达回证上签字、盖章。受送达人拒收或者拒签的,送达人详细填写送达回证中的拒收、拒签的情况和理由。

12　**结案**

12.1　结案条件

符合下列条件之一的,可以结案:

(1)案件已经移送管辖的;

(2)终止调查的;

(3)决定不予行政处罚的;

（4）行政处罚决定执行完毕的；

（5）行政处罚决定终结执行的；

（6）已经依法申请人民法院或者人民政府强制执行的；

涉及需要移送有关部门追究刑事责任、党纪政务责任的，结案前应当已经依法移送。

12.2　结案呈批

符合结案条件的，承办人员应当填写《结案呈批表》，报自然资源主管部门负责人批准后结案。

《结案呈批表》应当载明案由、立案时间、立案编号、调查时间、当事人、主要违法事实、执行情况、相关建议等内容。

对终止调查或者终结执行但地上违法新建建筑物或者其它设施尚未处置的，结案呈批时，可以建议将有关情况报告或者函告地上违法新建建筑物或者其他设施所在地政府，由其依法妥善处置。

12.3　后续工作

结案后，有关部门开展与本案相关的强制执行、刑事责任、党纪政务责任追究等工作，需要自然资源主管部门配合的，自然资源主管部门应当予以配合。

13　立卷归档

承办人员应当将办案过程中形成的全部材料，及时整理装订成卷，并按照规定归档。

13.1　归档材料

卷宗内的归档材料应当包括：

（1）封面、目录；

（2）案件来源材料；

（3）责令停止违法行为通知书、责令改正违法行为通知书；

（4）立案（不予立案）呈批表；

（5）证据材料；

（6）调查报告；

（7）审理记录；

（8）重大执法决定法制审核意见；

（9）案件处理决定呈批表；

（10）行政处罚告知书；

（11）当事人陈述申辩材料、复核意见书；

（12）行政处罚听证告知书、听证通知书、听证笔录等；

（13）行政处罚决定书或者行政处理决定；

（14）党纪政务处分决定、问题线索移送书、刑事判决书、涉嫌犯罪案件移送书、案件管辖移送书；

（15）履行处罚决定催告书；

（16）强制执行申请书、申请送达情况记录；

（17）行政处罚决定执行记录、罚没收据、缴纳相关费用收据、暂缓或者分期缴纳罚款的审批材料、吊销许可证件公告、非法财物移交书、非法财物清单、撤销批准文件的决定及相关材料；

（18）经行政复议机关复议的应当附具行政复议决定书、经人民法院审理的应当附具人民法院裁判文书副本；

（19）案件结案呈批表；

（20）有关法律文书送达回证；

（21）其他需要归档的材料。

13.2　归档要求

（1）所有归档的材料，应当合法、完整、真实、准确，文字清楚，日期完备。应当保证归档材料之间的有机联系，同一案件形成的档案应当作为一个整体统一归档，不得分散归档，案卷较厚的可分卷归档。案卷应当标注总页码和分页码，加盖档号章。

（2）卷内各类材料的排列，应当按照结论、决定、裁决性文件在前，依据性材料在后的原则，即批复在前、请示在后，正文在前、附件在后，印件在前、草稿在后的顺序组卷。

（3）案卷资料归档应当按照档案管理要求统一归档保存或者交本部门档案室保存。

14　监督与责任追究

14.1　监督

自然资源主管部门应当通过定期或者不定期检查等方式，加强对本级和下级自然资源主管部门实施立案查处工作的监督，及时发现、纠正存在的问题。

自然资源主管部门发现作出的行政处罚有错误的，应当主动改正。

自然资源主管部门应当建立违法案件错案追究制度。行政处罚决定错误并造成严重后果的，作出处罚决定的机关应当承担相应的责任。

自然资源主管部门应当建立重大违法案件挂牌督办制度，明确提出办理要求，公开督促下级自然资源主管部门限期办理并接受社会监督。

自然资源主管部门应当建立重大违法案件公开通报制度，将案情和处理结果向社会公开通报并接受社会监督。

自然资源主管部门应当建立执法查处案卷评查制度，按照相关程序和标准组织开展案卷评查工作，定期内部通报评查工作情况。

自然资源主管部门应当建立违法案件统计制度。下级自然资源主管部门应当定期将本行政区域内的违法形势分析、案件发生情况、查处情况等逐级上报。

14.2　责任追究

自然资源执法人员应当在法定权限范围内依照法定程序行使职权,做到严格规范公正文明执法,不得玩忽职守、超越职权、滥用职权。依法履行法定职责受法律保护,非因法定事由、非经法定程序,不受处分。因故意或者重大过失,不履行或者违法履行行政执法职责,造成危害后果或者不良影响的,应当依法承担责任。

14.2.1　追责情形

有下列情形之一,且造成危害后果或者不良影响的,应当追究责任:

(1)应当依法立案查处,无正当理由未依法立案查处的;

(2)在制止以及查处违法案件中受阻,依照有关规定应当向本级人民政府或者上级自然资源主管部门报告而未报告的;

(3)应当予以制止、处罚的违法行为不予制止、处罚,致使公民、法人或者其他组织的合法权益或者公共利益、社会秩序遭受损害的;

(4)应当依法申请强制执行或者移送有权机关追究党纪政务或者刑事责任,而未依法申请强制执行、移送有权机关的;

(5)使用或损毁查封、扣押的财物对当事人造成损失的;

(6)违法实施行政强制措施,给公民人身或者财产造成损害、给法人或者其他组织造成损失的;

(7)法律法规规定的其他应当追究责任的情形。

14.2.2　不予追究责任情形

具有下列情形之一的,可以不予追究责任:

(1)因行政执法依据不明确,致使行政执法行为出现偏差的,但故意违法的除外;

(2)执法人员已经依法下达责令停止违法行为通知书,制止无效后按规定报告本级人民政府和上级自然资源主管部门,仍未能制止违法行为的;

(3)执法人员已经依法作出、送达行政处罚决定,并按照规定催告执行、申请人民法院强制执行,但因相关部门、当事人的原因导致违法状态持续的;

(4)因行政相对人的隐瞒、造假等行为,致使自然资源主管部门及其执法人员无法作出正确行政执法行为的;

(5)依据认定意见、鉴定意见、勘验报告等作出错误行政执法决定,且已按规定履行审查职责的;

(6)对违法或者不当的行政处罚或者行政强制决定,在案件审理、集体讨论时明确提出了反对意见,或者出具了书面反对意见的;

(7)依法不予追究责任的其他情形。

15　附则

15.1　期间

期间以时、日、月、年计算。期间开始的时和日不计算在期间内。工作日不包括法定节假日。

期间届满的最后一日是节假日的,以节假日后的第一日为期间届满的日期。

期间不包括在途时间。法律文书在期满前交邮的,不算过期。

15.2　数量关系的规范

本规程中的"以上""以下""内""前",均包括本数;"后"不包括本数。

15.3　行政处罚追诉时效

自然资源违法行为在两年内未被发现的,不再给予行政处罚。法律另有规定的除外。

前款规定的期限,从违法行为发生之日起计算;违法行为有连续或者继续状态的,从行为终了之日起计算。

违法占用土地的行为恢复原状前,违法建设行为违反城乡规划的事实存续期间,应视为具有继续状态;破坏耕地的违法行为是否具有连续或继续状态,应根据案件的具体情况区别对待。

15.4　法律竞合处理

同一个违法行为违反两个以上自然资源法律法规,自然资源主管部门均有权进行行政处罚的,可以制作一份《行政处罚决定书》,多个行政处罚合并执行。

15.5　责令类法律责任

法律法规规定的责令退还土地、责令交还土地、责令限期改正或者治理等责令类法律责任,可以与行政处罚决定一并作出,也可以在作出行政处罚决定之前单独作出。

15.6　文书编号

自然资源主管部门应当根据立案查处工作实际,建立并规范本辖区违法案件法律文书的编号规则。

15.7　解释机关

本规程由自然资源部负责解释。

附录A　主要土地违法行为、法律依据与法律责任(略)

附录B　主要矿产违法行为、法律依据与法律责任(略)

附录C　主要测绘地理信息违法行为、法律依据与

法律责任(略)

附录D 主要国土空间规划违法行为、法律依据与法律责任(略)

附录E 自然资源违法行为立案查处法律文书参考格式(略)

附录F 自然资源违法行为立案查处工作流程图(略)

自然资源执法监督规定

· 2017年12月27日国土资源部令第79号公布
· 根据2020年3月20日《自然资源部关于第二批废止和修改的部门规章的决定》修订

第一条 为了规范自然资源执法监督行为,依法履行自然资源执法监督职责,切实保护自然资源,维护公民、法人和其他组织的合法权益,根据《中华人民共和国土地管理法》《中华人民共和国矿产资源法》等法律法规,制定本规定。

第二条 本规定所称自然资源执法监督,是指县级以上自然资源主管部门依照法定职权和程序,对公民、法人和其他组织违反自然资源法律法规的行为进行检查、制止和查处的行政执法活动。

第三条 自然资源执法监督,遵循依法、规范、严格、公正、文明的原则。

第四条 县级以上自然资源主管部门应当强化遥感监测、视频监控等科技和信息化手段的应用,明确执法工作技术支撑机构。可以通过购买社会服务等方式提升执法监督效能。

第五条 对在执法监督工作中认真履行职责,依法执行公务成绩显著的自然资源主管部门及其执法人员,由上级自然资源主管部门给予通报表扬。

第六条 任何单位和个人发现自然资源违法行为,有权向县级以上自然资源主管部门举报。接到举报的自然资源主管部门应当依法依规处理。

第七条 县级以上自然资源主管部门依照法律法规规定,履行下列执法监督职责:

(一)对执行和遵守自然资源法律法规的情况进行检查;

(二)对发现的违反自然资源法律法规的行为进行制止,责令限期改正;

(三)对涉嫌违反自然资源法律法规的行为进行调查;

(四)对违反自然资源法律法规的行为依法实施行政处罚和行政处理;

(五)对违反自然资源法律法规依法应当追究国家工作人员责任的,依照有关规定移送监察机关或者有关机关处理;

(六)对违反自然资源法律法规涉嫌犯罪的,将案件移送有关机关;

(七)法律法规规定的其他职责。

第八条 县级以上地方自然资源主管部门根据工作需要,可以委托自然资源执法监督队伍行使执法监督职权。具体职权范围由委托机关决定。

上级自然资源主管部门应当加强对下级自然资源主管部门行政执法行为的监督和指导。

第九条 县级以上地方自然资源主管部门应当加强与人民法院、人民检察院和公安机关的沟通和协作,依法配合有关机关查处涉嫌自然资源犯罪的行为。

第十条 从事自然资源执法监督的工作人员应当具备下列条件:

(一)具有较高的政治素质,忠于职守、秉公执法、清正廉明;

(二)熟悉自然资源法律法规和相关专业知识;

(三)取得执法证件。

第十一条 自然资源执法人员依法履行执法监督职责时,应当主动出示执法证件,并且不得少于2人。

第十二条 县级以上自然资源主管部门可以组织特邀自然资源监察专员参与自然资源执法监督活动,为自然资源执法监督工作提供意见和建议。

第十三条 市、县自然资源主管部门可以根据工作需要,聘任信息员、协管员,收集自然资源违法行为信息,协助及时发现自然资源违法行为。

第十四条 县级以上自然资源主管部门履行执法监督职责,依法可以采取下列措施:

(一)要求被检查的单位或者个人提供有关文件和资料,进行查阅或者予以复制;

(二)要求被检查的单位或者个人就有关问题作出说明,询问违法案件的当事人、嫌疑人和证人;

(三)进入被检查单位或者个人违法现场进行勘测、拍照、录音和摄像等;

(四)责令当事人停止正在实施的违法行为,限期改正;

(五)对当事人拒不停止违法行为的,应当将违法事实书面报告本级人民政府和上一级自然资源主管部门,也可以提请本级人民政府协调有关部门和单位采取相关

措施;

(六)对涉嫌违反自然资源法律法规的单位和个人,依法暂停办理其与该行为有关的审批或者登记发证手续;

(七)对执法监督中发现有严重违反自然资源法律法规,自然资源管理秩序混乱,未积极采取措施消除违法状态的地区,其上级自然资源主管部门可以建议本级人民政府约谈该地区人民政府主要负责人;

(八)执法监督中发现有地区存在违反自然资源法律法规的苗头性或者倾向性问题,可以向该地区的人民政府或者自然资源主管部门进行反馈,提出执法监督建议;

(九)法律法规规定的其他措施。

第十五条 县级以上地方自然资源主管部门应当按照有关规定保障自然资源执法监督工作的经费、车辆、装备等必要条件,并为执法人员提供人身意外伤害保险等职业风险保障。

第十六条 市、县自然资源主管部门应当建立执法巡查、抽查制度,组织开展巡查、抽查活动,发现、报告和依法制止自然资源违法行为。

第十七条 自然资源部在全国部署开展自然资源卫片执法监督。

省级自然资源主管部门按照自然资源部的统一部署,组织所辖行政区域内的市、县自然资源主管部门开展自然资源卫片执法监督,并向自然资源部报告结果。

第十八条 省级以上自然资源主管部门实行自然资源违法案件挂牌督办和公开通报制度。

第十九条 对上级自然资源主管部门交办的自然资源违法案件,下级自然资源主管部门拖延办理的,上级自然资源主管部门可以发出督办通知,责令限期办理;必要时,可以派员督办或者挂牌督办。

第二十条 县级以上自然资源主管部门实行行政执法全过程记录制度。根据情况可以采取下列记录方式,实现全过程留痕和可回溯管理:

(一)将行政执法文书作为全过程记录的基本形式;

(二)对现场检查、随机抽查、调查取证、听证、行政强制、送达等容易引发争议的行政执法过程,进行音像记录;

(三)对直接涉及重大财产权益的现场执法活动和执法场所,进行音像记录;

(四)对重大、复杂、疑难的行政执法案件,进行音像记录;

(五)其他对当事人权利义务有重大影响的,进行音像记录。

第二十一条 县级以上自然资源主管部门实行重大行政执法决定法制审核制度。在作出重大行政处罚决定前,由该部门的法制工作机构对拟作出决定的合法性、适当性进行审核。未经法制审核或者审核未通过的,不得作出决定。

重大行政处罚决定,包括没收违法采出的矿产品,没收违法所得,没收违法建筑物,限期拆除违法建筑物,吊销勘查许可证或者采矿许可证,地质灾害防治单位资质,测绘资质等。

第二十二条 县级以上自然资源主管部门的执法监督机构提请法制审核的,应当提交以下材料:

(一)拟作出的处罚决定情况说明;

(二)案件调查报告;

(三)法律法规规章依据;

(四)相关的证据材料;

(五)需要提供的其他相关材料。

第二十三条 法制审核原则上采取书面审核的方式,审核以下内容:

(一)执法主体是否合法;

(二)是否超越本机关执法权限;

(三)违法定性是否准确;

(四)法律适用是否正确;

(五)程序是否合法;

(六)行政裁量权行使是否适当;

(七)行政执法文书是否完备规范;

(八)违法行为是否涉嫌犯罪、需要移送司法机关等;

(九)其他需要审核的内容。

第二十四条 县级以上自然资源主管部门的法制工作机构自收到送审材料之日起5个工作日内完成审核。情况复杂需要进一步调查研究的,可以适当延长,但延长期限不超过10个工作日。

经过审核,对拟作出的重大行政处罚决定符合本规定第二十八条的,法制工作机构出具通过法制审核的书面意见;对不符合规定的,不予通过法制审核。

第二十五条 县级以上自然资源主管部门实行行政执法公示制度。县级以上自然资源主管部门建立行政执法公示平台,依法及时向社会公开下列信息,接受社会公众监督:

(一)本部门执法查处的法律依据、管辖范围、工作流程、救济方式等相关规定;

(二)本部门自然资源执法证件持有人姓名、编号等信息;

(三)本部门作出的生效行政处罚决定和行政处理

决定；

（四）本部门公开挂牌督办案件处理结果；

（五）本部门认为需要公开的其他执法监督事项。

第二十六条 有下列情形之一的，县级以上自然资源主管部门及其执法人员，应当采取相应处置措施，履行执法监督职责：

（一）对于下达《责令停止违法行为通知书》后制止无效的，及时报告本级人民政府和上一级自然资源主管部门；

（二）依法没收建筑物或者其他设施，没收后应当及时向有关部门移交；

（三）发现违法线索需要追究刑事责任的，应当依法向有关部门移送违法犯罪线索”

（四）依法申请人民法院强制执行，人民法院不予受理的，应当作出明确记录。

第二十七条 上级自然资源主管部门应当通过检查、抽查等方式，评议考核下级自然资源主管部门执法监督工作。

评议考核结果应当在适当范围内予以通报，并作为年度责任目标考核、评优、奖惩的重要依据，以及干部任用的重要参考。

评议考核不合格的，上级自然资源主管部门可以对其主要负责人进行约谈，责令限期整改。

第二十八条 县级以上自然资源主管部门实行错案责任追究制度。自然资源执法人员在查办自然资源违法案件过程中，因过错造成损害后果的，所在的自然资源主管部门应当予以纠正，并依照有关规定追究相关人员的过错责任。

第二十九条 县级以上自然资源主管部门及其执法人员有下列情形之一，致使公共利益或者公民、法人和其他组织的合法权益遭受重大损害的，应当依法给予处分：

（一）对发现的自然资源违法行为未依法制止的；

（二）应当依法立案查处，无正当理由，未依法立案查处的；

（三）已经立案查处，依法应当申请强制执行、移送有关机关追究责任，无正当理由，未依法申请强制执行、移送有关机关的。

第三十条 县级以上自然资源主管部门及其执法人员有下列情形之一的，应当依法给予处分；构成犯罪的，依法追究刑事责任：

（一）伪造、销毁、藏匿证据，造成严重后果的；

（二）篡改案件材料，造成严重后果的；

（三）不依法履行职责，致使案件调查、审核出现重大失误的；

（四）违反保密规定，向案件当事人泄露案情，造成严重后果的；

（五）越权干预案件调查处理，造成严重后果的；

（六）有其他徇私舞弊、玩忽职守、滥用职权行为的。

第三十一条 阻碍自然资源主管部门依法履行执法监督职责，对自然资源执法人员进行威胁、侮辱、殴打或者故意伤害，构成违反治安管理行为的，依法给予治安管理处罚；构成犯罪的，依法追究刑事责任。

第三十二条 本规定自2018年3月1日起施行。原国家土地管理局1995年6月12日发布的《土地监察暂行规定》同时废止。

自然资源部挂牌督办和公开通报违法违规案件办法

·2020年6月22日

·自然资办发〔2020〕33号

为进一步加大自然资源重大、典型违法违规案件查处力度，加强对地方自然资源主管部门案件查处工作的监督指导，有效遏制违法违规行为，切实维护自然资源保护和合理开发利用秩序，依据自然资源、国土空间规划、测绘等法律、法规和规章，制定本办法。

一、适用

本办法所称挂牌督办，是指自然资源部对自然资源、国土空间规划、测绘等领域重大、典型违法违规案件的办理提出明确要求，公开督促省级自然资源主管部门限期办理，并向社会公开处理结果，接受社会监督的一种工作措施。

本办法所称公开通报，是指自然资源部向社会公开通报自然资源、国土空间规划、测绘等领域重大、典型违法违规案件处理情况，并接受社会监督的一种工作措施。

自然资源部挂牌督办和公开通报违法违规案件适用本办法，具体实施由自然资源部相关司局负责。

二、挂牌督办情形

符合下列情形之一的违法违规案件，可以挂牌督办：

（一）违反国土空间规划和用途管制，违法突破生态保护红线、永久基本农田、城镇开发边界三条控制线，造成严重后果的；

（二）违法违规占用耕地，特别是永久基本农田面积较大、造成种植条件严重毁坏的；

（三）违法违规批准征占土地、建设、勘查开采矿产资源，造成严重后果的；

(四)严重违反国家土地供应政策、土地市场政策,以及严重违规开发利用土地的;

(五)违法违规勘查开采矿产资源,情节严重或造成生态环境严重损害的;

(六)严重违反测绘地理信息管理法律法规的;

(七)隐瞒不报、压案不查、久查不决、屡查屡犯,造成恶劣社会影响的;

(八)需要挂牌督办的其他情形。

三、挂牌督办案件筛选、呈批和公开

(一)通过信访、举报、领导批办、媒体曝光、监督检查、地方上报、部门移送等多种渠道,自然资源部相关司局获取案件线索。

(二)依据查处职责分工,自然资源部相关司局对职责范围内认为应当挂牌督办的违法违规案件线索,需核清违法违规的主体和主要事实。符合挂牌督办情形的,提出挂牌督办建议报自然资源部领导审定,同时附挂牌督办违法违规案件通知(见附件)。

(三)经自然资源部领导同意挂牌督办的,自然资源部相关司局应当在2个工作日内以自然资源部办公厅函的形式,向省级自然资源主管部门下达挂牌督办违法违规案件通知,并抄送相关省级人民政府办公厅和国家自然资源总督察办公室、派驻地方的国家自然资源督察局。

挂牌督办违法违规案件通知应当通过自然资源部门户网站、《中国自然资源报》或新闻发布会,及时向社会公开。

(四)挂牌督办违法违规案件通知包括下列内容:

1. 案件名称;

2. 违法违规主体和主要违法违规事实;

3. 挂牌督办要求;

4. 联系人。

四、挂牌督办案件查处

(一)省级自然资源主管部门收到挂牌督办违法违规案件通知后,应当及时按照挂牌督办要求会同有关部门组织调查处理,并于挂牌督办之日起45日内形成调查处理意见。调查处理中遇到重大或复杂情况难以处理的,应当及时向省级人民政府汇报。调查处理意见应当征求自然资源部意见。

(二)自然资源部相关司局依据法律、法规、规章和规范性文件,对挂牌督办案件的调查处理意见进行研究,必要时征求其他司局意见。研究提出的意见经自然资源部领导同意后,及时反馈省级自然资源主管部门。

(三)省级自然资源主管部门正式作出调查处理意见后,应将调查处理意见报自然资源部,由自然资源部相关司局在门户网站、《中国自然资源报》向社会公开。

五、挂牌督办案件跟踪督导

(一)自然资源部相关司局应当对挂牌督办案件的调查核实、处罚或处理决定的执行、整改落实等情况进行跟踪督导,必要时可以派员现场督办。

国家自然资源督察机构结合督察工作任务,对挂牌督办案件办理情况进行督察。

(二)省级自然资源主管部门对自然资源部挂牌督办案件推诿、办理不力或者弄虚作假的,自然资源部依法依规将问题线索移送纪检监察机关。

六、挂牌督办案件移送

(一)需追究违法违规主体刑事责任的,由承办案件的自然资源主管部门依法依规移送司法机关处理。

(二)违法违规主体涉嫌违纪和职务犯罪的,由承办案件的自然资源主管部门依照有关规定将问题线索移送纪检监察机关处理。

(三)符合中共中央办公厅关于移送问题线索工作办法规定情形,需向中央纪委国家监委移送的,经自然资源部领导同意后,自然资源部相关司局按照规定移送。

七、公开通报

(一)自然资源部相关司局负责对自然资源、国土空间规划、测绘等违法违规案件进行筛选和审核,拟制公开通报案件材料。

(二)公开通报案件应当符合挂牌督办案件情形,在其依法依规处理到位后可以公开通报。必要时,正在查处的案件也可以公开通报。

(三)地方自然资源主管部门查处的违法违规案件拟公开通报的,省级自然资源主管部门负责对违法违规主体、主要事实、处理情况以及行政处罚决定书、执行记录、党纪政务处分决定书等相关文书进行审核,拟制公开通报案件材料报自然资源部。

(四)经自然资源部领导同意后,自然资源部相关司局通过新闻发布会、自然资源部门户网站、《中国自然资源报》等向社会通报案件情况。

(五)地方自然资源主管部门正在查处的公开通报案件,自然资源部相关司局应加强跟踪指导。案件查处到位后,省级自然资源主管部门将情况报自然资源部,由自然资源部相关司局负责在自然资源部门户网站、《中国自然资源报》向社会公开。

八、其他

地方各级自然资源主管部门挂牌督办和公开通报违

法违规案件,可参照本办法执行。

附件:自然资源部办公厅关于挂牌督办 XXXX 案件的通知(略)

国土资源执法监察错案责任追究制度

· 2000 年 12 月 29 日
· 国土资发〔2000〕431 号

第一条　为了规范国土资源执法监察行为,提高国土资源违法案件查处工作水平,维护公民、法人及其他组织的合法权益,制定本制度。

第二条　本制度所称错案,是指国土资源行政主管部门在查处国土资源违法案件过程中,由于其工作人员故意或者重大过失,致使案件处理错误,给案件当事人的合法权益造成损害或者造成不良社会影响的案件。

第三条　国土资源行政主管部门作出的行政处罚决定,因下列情形之一,被依法变更或者撤销的,应当追究直接负责的主管人员和其他直接责任人员的责任:

(一)没有法定的行政处罚依据;

(二)擅自改变行政处罚的种类和幅度;

(三)违反法定的行政处罚程序;

(四)主要事实不清、证据不足;

(五)其他情形。

第四条　在查处国土资源违法案件中,伪造、销毁、藏匿证据,更改案卷材料,或者提供虚假事实,造成错案的,追究直接责任人的责任。

第五条　在查处国土资源法案件中,不认真履行职责,致使案件调查、审核工作出现重大疏漏,造成错案的,追究直接责任人和其他有关责任人的责任。

第六条　在查处国土资源违法案件中,违反保密规定,向案件当事人通风报信,致使案件事实认定错误,造成错案的,追究直接责任人的责任。

第七条　国土资源行政主管部门的各级负责人违法批办与案件有关的事项,或者越权干预案件的调查、处理,造成错案的,应当追究其责任。

第八条　下级国土资源行政主管部门遵照上级国土资源行政主管部门对案件的处理意见作出行政处罚决定,造成错案的,追究上级国土资源行政主管部门直接负责的主管人员和其他直接责任人员的责任。

第九条　对案件定性或者处理表示并保留不同意见的监督检查人员不承担错案责任。

第十条　追究错案责任人的责任应当坚持有错必究、责罚相当、教育与惩戒相结合的原则。

对错案责任人,应根据其过错情节及造成危害的程度,采取通报批评、责令向当事人赔礼道歉、责令依法承担全部或者部分对当事人的赔偿费用、暂停执法监察工作或者收回执法监察证等处理措施。

依照国家法律、法规应当给予错案责任人行政处分的,给予行政处分;涉嫌犯罪的,移送司法机关依法处理。

第十一条　及时发现错误并主动纠正且未造成严重危害后果的,可以从轻或者减轻追究错案责任人的责任。

第十二条　错案责任人有下列情形之一的,应当从重或加重追究责任:

(一)有受贿、索贿等徇私舞弊情节的;

(二)对控告、检举、申请行政复议、提起行政诉讼的公民、法人或者其他组织打击报复的;

(三)干扰或阻碍错案追究工作的;

(四)一年内发生两次以上本制度所列过错行为的;

(五)其他应当从重或者加重追究责任的情形。

第十三条　各级国土资源行政主管部门负责本部门的错案责任追究工作。

第十四条　上级国土资源行政主管部门有权对下级国土资源行政主管部门的错案责任追究情况进行监督检查;有权责令发生错案的下级国土资源行政主管部门追究错案责任人的错案责任;可以直接或者参与对下级国土资源行政主管部门错案的调查,提出建议或者处理意见。必要时,可以对下级国土资源行政主管部门的错案追究情况予以通报批评。

重大土地问题实地核查办法

· 2009 年 6 月 12 日
· 国土督办发〔2009〕16 号

第一章　总　则

第一条　为切实履行国家土地督察职责,规范对重大土地问题的实地核查工作,提高国家土地督察机构快速反应和应急处置能力,根据《国务院办公厅关于建立国家土地督察制度有关问题的通知》的有关规定,结合国家土地督察实践,制定本办法。

第二条　本办法所称重大土地问题,是指领导批示、媒体曝光、群众信访和通过其他途径反映的土地违规违法性质严重、社会影响恶劣的问题。

本办法所称实地核查,是指国家土地督察机构履行土地督察职责,依照规定的权限和程序,对督察区域发生的重大土地问题进行现场检查、核实,提出处理意见并向国家土地总督察、副总督察作出报告的行为。

第三条 国家土地督察机构开展重大土地问题实地核查时,应当遵循以下原则:

(一)依法独立行使土地督察职权,不受其他行政机关、社会团体和个人的干涉;

(二)实事求是,依法依规,客观公正;

(三)不改变、不取代地方人民政府及其国土资源行政主管部门查处土地违规违法行为的职权;

(四)快速反应,亲临现场,查清事实,正确处置,及时报告。

第四条 对重大土地问题开展实地核查,由有关派驻地方的国家土地督察局(以下简称国家土地督察局)独立组织实施;必要时,也可由国家土地总督察办公室协调组织实施。

第五条 国家土地督察局应当根据土地督察工作总体要求和实际工作需要,建立和完善重大土地问题快速反应机制和应急工作预案,科学预防和有效应对相关土地突发事件。

第二章 核查事项、内容和标准

第六条 国家土地督察局应当对督察区域内发生的下列重大土地问题开展实地核查:

(一)中央领导批示的土地问题;

(二)国家土地总督察、副总督察批示的土地问题;

(三)有重要影响的新闻媒体报道反映的生地问题;

(四)群众信访举报的影响较大、性质恶劣的土地问题;

(五)其他应当进行实地核查的土地问题。

第七条 国家土地督察局开展重大土地问题实地核查时,应当核实查明以下内容:

(一)基本事实和用地情况;

(二)是否有违反土地管理法律法规和政策规定的行为;

(三)违反土地管理法律法规和政策的性质和情节;

(四)有关责任主体应负的责任;

(五)其他需要核查的情况。

第八条 重大土地问题实地核查应当达到以下标准:

(一)及时、快速进入现场并采取有效措施,防止事态扩大和恶化;

(二)对问题及相关情况核查内容清楚,证据确凿,定性准确;

(三)处理问题的依据适用正确,意见恰当;

(四)报告反馈迅速。

第三章 核查实施

第九条 国家土地督察局在开展重大土地问题实地核查前,应及时启动应急工作预案,成立工作组,对问题进行登记,收集相关信息和卷宗、图件资料,确定核查时间、路线、内容和标准,做好相关准备工作。

第十条 重大土地问题实地核查形式可分为公开或者不公开两种,具体实施时应当根据实际情况选择采用。

第十一条 国家土地督察局采取公开形式进行实地核查的,可以通知有关地方人民政府或者国土资源等行政主管部门予以配合。

第十二条 执行重大土地问题实地核查任务时,国家土地督察机构工作人员不得少于两人,并且应当出示表明工作身份的证件或者文件。

第十三条 实地核查可以选择采用以下方式进行,同时填制《重大土地问题实地核查工作记录》。

(一)现场踏勘;

(二)拍摄取证;

(三)走访群众,约见当事人,并制作谈话记录;

(四)与地方人民政府及有关部门座谈;

(五)调阅卷宗,查阅、复制有关材料;

(六)其他有效方式。

第十四条 国家土地督察局在开展重大土地问题实地核查时,发现土地违规违法行为属实且仍处于继续状态的,应当协调、督促地方人民政府或者国土资源部门及时采取有效措施,制止土地违规违法行为。

对涉及土地管理的大型群体性或者突发性事件等重大紧急问题,应当现场协调、督促地方人民政府或者国土资源部门立即采取有效措施,防止事态扩大和恶化。

第十五条 国家土地督察局应在获得重大土地问题信息后24小时内迅速启动实地核查,对涉及土地管理的大型群体性或者突发性事件等重大紧急问题,应及时向国家土地总督察、副总督察报告工作进展,并在5个工作日内完成核查工作;对其他重大土地问题,应在10个工作日内完成核查工作。

特殊情况下,经请示国家土地总督察、副总督察同意,可适当延长工作时限。国家土地总督察、副总督察另有要求的,按要求时限完成。

第四章 核查报告

第十六条 重大土地问题实地核查结束后,国家土地督察局应及时向国家土地总督察、副总督察作出书面报告。书面报告应包含下列内容:

（一）问题来源及基本情况；

（二）核查组织开展情况及查明的事实；

（三）现场督察处置的事项及效果；

（四）对问题性质的界定及责任认定；

（五）处理意见和建议；

（六）下一步的工作打算。

第十七条 国家土地督察局应当及时跟踪督察重大土地问题的处理进展和后续工作，并向国家土地总督察、副总督察报告。

第十八条 重大土地问题实地核查结束后，国家土地督察局应当对《重大土地问题实地核查工作记录》、核查报告以及相关材料进行归档或者建立电子档案备查。

第五章 工作纪律和责任

第十九条 负责实地核查的人员应严格遵守保密纪律，妥善保管核查资料，不得随意泄漏、扩散核查工作的内容和进展情况。未经审核同意，不得以个人或者单位名义就被核查重大土地问题的定性及处理发表意见。

第二十条 国家土地督察局开展重大土地问题实地核查工作中，不认真履行职责、监督检查不力，或者给督察工作造成不良影响的，应承担相应责任。

自然资源行政处罚办法

· 2014年4月10日国土资源部令第60号公布

· 根据2020年3月20日《自然资源部关于第二批废止和修改的部门规章的决定》修订

第一章 总 则

第一条 为规范自然资源行政处罚的实施，保障和监督自然资源主管部门依法履行职责，保护自然人、法人或者其他组织的合法权益，根据《中华人民共和国行政处罚法》以及《中华人民共和国土地管理法》、《中华人民共和国矿产资源法》等自然资源管理法律法规，制定本办法。

第二条 县级以上自然资源主管部门依照法定职权和程序，对自然人、法人或者其他组织违反自然资源管理法律法规的行为实施行政处罚，适用本办法。

第三条 自然资源主管部门实施行政处罚，遵循公正、公开的原则，做到事实清楚，证据确凿，定性准确，依据正确，程序合法，处罚适当。

第四条 自然资源行政处罚包括：

（一）警告；

（二）罚款；

（三）没收违法所得、没收非法财物；

（四）限期拆除；

（五）吊销勘查许可证和采矿许可证；

（六）法律法规规定的其他行政处罚。

第二章 管 辖

第五条 自然资源违法案件由土地、矿产资源所在地的县级自然资源主管部门管辖，但法律法规以及本办法另有规定的除外。

第六条 省级、市级自然资源主管部门管辖本行政区域内重大、复杂和法律法规规定应当由其管辖的自然资源违法案件。

第七条 自然资源部管辖全国范围内重大、复杂和法律法规规定应当由其管辖的自然资源违法案件。

全国范围内重大、复杂的自然资源违法案件是指：

（一）国务院要求自然资源部管辖的自然资源违法案件；

（二）跨省级行政区域的自然资源违法案件；

（三）自然资源部认为应当由其管辖的其他自然资源违法案件。

第八条 有下列情形之一的，上级自然资源主管部门有权管辖下级自然资源主管部门管辖的案件：

（一）下级自然资源主管部门应当立案调查而不予立案调查的；

（二）案情复杂，情节恶劣，有重大影响的。

上级自然资源主管部门可以将本级管辖的案件交由下级自然资源主管部门管辖，但是法律法规规定应当由其管辖的除外。

第九条 有管辖权的自然资源主管部门由于特殊原因不能行使管辖权的，可以报请上一级自然资源主管部门指定管辖。

自然资源主管部门之间因管辖权发生争议的，报请共同的上一级自然资源主管部门指定管辖。

上一级自然资源主管部门应当在接到指定管辖申请之日起7个工作日内，作出管辖决定。

第十条 自然资源主管部门发现违法案件不属于本部门管辖的，应当移送有管辖权的自然资源主管部门或者其他部门。受移送的自然资源主管部门对管辖权有异议的，应当报请上一级自然资源主管部门指定管辖，不得再自行移送。

第三章 立案、调查和审理

第十一条 自然资源主管部门发现自然人、法人或者其他组织行为涉嫌违法的，应当及时核查。对正在实施的违法行为，应当依法及时下达《责令停止违法行为通知书》予以制止。

《责令停止违法行为通知书》应当记载下列内容：

（一）违法行为人的姓名或者名称；

（二）违法事实和依据；

（三）其他应当记载的事项。

第十二条 符合下列条件的，自然资源主管部门应当在10个工作日内予以立案：

（一）有明确的行为人；

（二）有违反自然资源管理法律法规的事实；

（三）依照自然资源管理法律法规应当追究法律责任；

（四）属于本部门管辖；

（五）违法行为没有超过追诉时效。

违法行为轻微并及时纠正，没有造成危害后果的，可以不予立案。

第十三条 立案后，自然资源主管部门应当指定案件承办人员，及时组织调查取证。调查取证时，案件调查人员应当不少于2人，并应当向被调查人出示执法证件。

第十四条 调查人员与案件有直接利害关系的，应当回避。

第十五条 自然资源主管部门进行调查取证，有权采取下列措施：

（一）要求被调查的单位或者个人提供有关文件和资料，并就与案件有关的问题作出说明；

（二）询问当事人以及相关人员，进入违法现场进行检查、勘测、拍照、录音、摄像，查阅和复印相关材料；

（三）依法可以采取的其他措施。

第十六条 当事人拒绝调查取证或者采取暴力、威胁的方式阻碍自然资源主管部门调查取证的，自然资源主管部门可以提请公安机关、检察机关、监察机关或者相关部门协助，并向本级人民政府或者上一级自然资源主管部门报告。

第十七条 依法取得并能够证明案件事实情况的书证、物证、视听资料、计算机数据、证人证言、当事人陈述、询问笔录、现场勘测笔录、鉴定结论、认定结论等，作为自然资源行政处罚的证据。

第十八条 调查人员应当收集、调取与案件有关的书证、物证、视听资料、计算机数据的原件、原物、原始载体；收集、调取原件、原物、原始载体确有困难的，可以收集、调取复印件、复制件、节录本、照片、录像等。声音资料应当附有该声音内容的文字记录。

第十九条 证人证言应当符合下列要求：

（一）注明证人的姓名、年龄、性别、职业、住址、联系方式等基本情况；

（二）有证人的签名，不能签名的，应当按手印或者盖章；

（三）注明出具日期；

（四）附有居民身份证复印件等证明证人身份的文件。

第二十条 当事人请求自行提供陈述材料的，应当准许。必要时，调查人员也可以要求当事人自行书写。当事人应当在其提供的陈述材料上签名、按手印或者盖章。

第二十一条 询问应当个别进行，并制作询问笔录。询问笔录应当记载询问的时间、地点和询问情况等。

第二十二条 现场勘测一般由案件调查人实施，也可以委托有资质的单位实施。现场勘测应当制作现场勘测笔录。

第二十三条 为查明事实，需要对案件中的有关问题进行检验鉴定的，自然资源主管部门可以委托具有相应资质的机构进行。

第二十四条 案件调查终结，案件承办人员应当提交调查报告。调查报告应当包括当事人的基本情况、违法事实以及法律依据、相关证据、违法性质、违法情节、违法后果，并提出依法是否应当给予行政处罚以及给予何种行政处罚的处理意见。

涉及需要追究党纪、政纪或者刑事责任的，应当提出移送有权机关的建议。

第二十五条 自然资源主管部门在审理案件调查报告时，应当就下列事项进行审理：

（一）事实是否清楚、证据是否确凿；

（二）定性是否准确；

（三）适用法律是否正确；

（四）程序是否合法；

（五）拟定的处理意见是否适当。

经审理发现调查报告存在问题的，可以要求调查人员重新调查或者补充调查。

第四章 决 定

第二十六条 审理结束后，自然资源主管部门根据不同情况，分别作出下列决定：

（一）违法事实清楚、证据确凿、依据正确、调查审理符合法定程序的，作出行政处罚决定；

（二）违法情节轻微、依法可以不给予行政处罚的，不予行政处罚；

（三）违法事实不成立的，不得给予行政处罚；

（四）违法行为涉及需要追究党纪、政纪或者刑事责任的，移送有权机关。

第二十七条　违法行为依法需要给予行政处罚的，自然资源主管部门应当制作《行政处罚告知书》，按照法律规定的方式，送达当事人。当事人有权进行陈述和申辩。陈述和申辩应当在收到《行政处罚告知书》后3个工作日内提出。口头形式提出的，案件承办人员应当制作笔录。

第二十八条　对拟给予较大数额罚款或者吊销勘查许可证、采矿许可证等行政处罚的，自然资源主管部门应当制作《行政处罚听证告知书》，按照法律规定的方式，送达当事人。当事人要求听证的，应当在收到《行政处罚听证告知书》后3个工作日内提出。

自然资源行政处罚听证适用《自然资源听证规定》。

第二十九条　当事人未在规定时间内陈述、申辩或者要求听证的，以及陈述、申辩或者听证中提出的事实、理由或者证据不成立的，自然资源主管部门应当依法制作《行政处罚决定书》，并按照法律规定的方式，送达当事人。

《行政处罚决定书》中应当包括行政处罚告知、当事人陈述、申辩或者听证的情况。

《行政处罚决定书》一经送达，即发生法律效力。当事人对行政处罚决定不服申请行政复议或者提起行政诉讼的，在行政复议或者行政诉讼期间，行政处罚决定不停止执行；法律另有规定的除外。

《行政处罚决定书》应当加盖作出处罚决定的自然资源主管部门的印章。

第三十条　法律法规规定的责令改正或者责令限期改正，可以与行政处罚决定一并作出，也可以在作出行政处罚决定之前单独作出。

第三十一条　当事人有两个以上自然资源违法行为的，自然资源主管部门可以制作一份《行政处罚决定书》，合并执行。《行政处罚决定书》应当明确对每个违法行为的处罚内容和合并执行的内容。

违法行为有两个以上当事人的，可以分别作出行政处罚决定，制作一式多份《行政处罚决定书》，分别送达当事人。《行政处罚决定书》应当明确给予每个当事人的处罚内容。

第三十二条　自然资源主管部门应当自立案之日起60日内作出行政处罚决定。

案情复杂，不能在规定期限内作出行政处罚决定的，经本级自然资源主管部门负责人批准，可以适当延长，但延长期限不得超过30日，案情特别复杂的除外。

第五章　执　行

第三十三条　行政处罚决定生效后，当事人逾期不履行的，自然资源主管部门除采取法律法规规定的措施外，还可以采取以下措施：

（一）向本级人民政府和上一级自然资源主管部门报告；

（二）向当事人所在单位或者其上级主管部门通报；

（三）向社会公开通报；

（四）停止办理或者告知相关部门停止办理当事人与本案有关的许可、审批、登记等手续。

第三十四条　自然资源主管部门申请人民法院强制执行前，有充分理由认为被执行人可能逃避执行的，可以申请人民法院采取财产保全措施。

第三十五条　自然资源主管部门作出没收矿产品、建筑物或者其他设施的行政处罚决定后，应当在行政处罚决定生效后90日内移交同级财政部门处理，或者拟订处置方案报本级人民政府批准后实施。法律法规另有规定的，从其规定。

第三十六条　自然资源主管部门申请人民法院强制执行前，应当催告当事人履行义务。

当事人在法定期限内不申请行政复议或者提起行政诉讼，又不履行的，自然资源主管部门可以自期限届满之日起3个月内，向土地、矿产资源所在地有管辖权的人民法院申请强制执行。

第三十七条　自然资源主管部门向人民法院申请强制执行，应当提供下列材料：

（一）《强制执行申请书》；

（二）《行政处罚决定书》及作出决定的事实、理由和依据；

（三）当事人的意见以及催告情况；

（四）申请强制执行标的情况；

（五）法律法规规定的其他材料。

《强制执行申请书》应当加盖自然资源主管部门的印章。

第三十八条　符合下列条件之一的，经自然资源主管部门负责人批准，案件结案：

（一）执行完毕的；

（二）终结执行的；

（三）已经依法申请人民法院强制执行的；

（四）其他应当结案的情形。

涉及需要移送有关部门追究党纪、政纪或者刑事责任的，应当在结案前移送。

第六章　监督管理

第三十九条　自然资源主管部门应当通过定期或者不定期检查等方式，加强对下级自然资源主管部门实施行政处罚工作的监督，并将发现和制止违法行为、依法实施行政处罚等情况作为监督检查的重点内容。

第四十条　自然资源主管部门应当建立重大违法案件公开通报制度，将案情和处理结果向社会公开通报并接受社会监督。

第四十一条　自然资源主管部门应当建立重大违法案件挂牌督办制度，明确提出办理要求，公开督促下级自然资源主管部门限期办理并接受社会监督。

第四十二条　自然资源主管部门应当建立违法案件统计制度。下级自然资源主管部门应当定期将本行政区域内的违法形势分析、案件发生情况、查处情况等逐级上报。

第四十三条　自然资源主管部门应当建立自然资源违法案件错案追究制度。行政处罚决定错误并造成严重后果的，作出处罚决定的机关应当承担相应的责任。

第四十四条　自然资源主管部门应当配合有关部门加强对行政处罚实施过程中的社会稳定风险防控。

第七章　法律责任

第四十五条　县级以上自然资源主管部门直接负责的主管人员和其他直接责任人员，违反本办法规定，有下列情形之一，致使自然人、法人或者其他组织的合法权益、公共利益和社会秩序遭受损害的，应当依法给予处分：

（一）对违法行为未依法制止的；

（二）应当依法立案查处，无正当理由未依法立案查处的；

（三）在制止以及查处违法案件中受阻，依照有关规定应当向本级人民政府或者上级自然资源主管部门报告而未报告的；

（四）应当依法给予行政处罚而未依法处罚的；

（五）应当依法申请强制执行、移送有关机关追究责任，而未依法申请强制执行、移送有关机关的；

（六）其他徇私枉法、滥用职权、玩忽职守的情形。

第八章　附　则

第四十六条　自然资源行政处罚法律文书格式，由自然资源部统一制定。

第四十七条　本办法自 2014 年 7 月 1 日起施行。原地质矿产部 1993 年 7 月 19 日发布的《违反矿产资源法规行政处罚办法》和原国家土地管理局 1995 年 12 月 18 日发布的《土地违法案件查处办法》同时废止。

自然资源部立案查处自然资源违法行为工作规范(试行)

·2020 年 12 月 29 日
·自然资办发〔2020〕68 号

为规范自然资源部本级立案查处自然资源违法行为工作，明确部立案查处的范围、职责分工、工作程序和工作内容，规范执法行为，提升执法效能，推进自然资源执法制度建设，依据《土地管理法》《矿产资源法》《测绘法》《自然资源执法监督规定》《自然资源行政处罚办法》等法律法规规章和规范性文件，制定本规范。

一、适用范围和职责分工

自然资源部立案查处土地、矿产、国土空间规划、测绘地理信息领域违法行为，适用本规范。

自然资源部立案查处具体工作由执法局和其他业务司局按照以下执法职责划分实施：

（一）执法局归口管理。

1. 制度建设归口。执法局牵头推进行政执法的制度化、规范化建设，统一立案查处程序、标准、格式文书等内容。

2. 重大案件归口。执法局接收其他业务司局在履职过程中发现并移交的中央领导关注、群众反映强烈、社会影响重大、跨省级区域违法等重大违法线索，会同相关司局立案查处。

3. 对外移送归口。执法局统筹做好立案查处的重大违法案件对外移送等相关衔接工作。

4. 执法信息归口。执法局、其他业务司局在执法过程中发现的重大违法线索和重大案件查处情况，分别抄送对方以及总督察办和相关督察局，执法局对有关信息进行集成。

（二）部本级执法查处职责划分。

1. 执法局承担违法批地、批矿以及未经审批自然资源违法行为的执法查处职责，包括发现并核查重大违法线索、依法组织查处等。

2. 其他业务司局承担与部本级行政许可、行业监管等密切相关违法行为的执法查处职责，包括加强批后监管，发现、核查违法线索，对违反相关许可禁止性规定的违法行为，依法作出警告、责令停产停业、暂扣、降低资质等级或吊销许可证件等处罚。符合立案条件的，相关业务司局可以依法立案查处，也可以根据情况转交省级自然资源主管部门，跟踪督促地方依法处理到位。

二、工作要求和流程

自然资源部立案查处自然资源违法行为，应当遵循严格规范公正文明执法原则，做到事实清楚、证据确凿、定性准确、依据正确、程序合法、处理适当。

自然资源部立案查处自然资源违法行为，应当按照立案、调查取证、案情分析和调查报告、案件审理、征求意见、重大执法决定法制审核、部审议形成处理决定、实施处理决定、执行、结案的工作流程进行。

三、立案

（一）立案管辖范围。

自然资源违法案件管辖以属地管辖为原则。自然资源部管辖全国范围内重大、复杂和法律法规规定应当管辖的案件，具体包括：

1. 党中央、国务院要求自然资源部管辖的自然资源违法案件；

2. 法律法规规定应当由自然资源部管辖的自然资源违法案件；

3. 跨省级行政区域的自然资源违法案件；

4. 自然资源部认为应当由其管辖的自然资源违法案件。

其中，自然资源部认为应当由其管辖的自然资源违法案件，是指省级自然资源主管部门上报、其他部门移送以及执法督察工作中发现严重损害群众权益的重大、典型违法行为，经部批准立案查处的案件。

（二）立案呈批。

对需要由自然资源部立案查处的自然资源违法行为，应当先行组织对违法线索基本事实进行核查。

经核查，发现符合以下条件的自然资源违法行为，应当报部批准后立案：

1. 有明确的行为人；

2. 有违反自然资源管理法律法规的事实；

3. 依照自然资源管理法律法规应当追究法律责任；

4. 未超过行政处罚追诉时效；

5. 符合自然资源部立案管辖范围。

经核查，发现违法事实不存在，违法行为轻微并及时纠正、没有造成危害后果，或者违法状态已消除的，报部批准后，可以不予立案。

立案或者不予立案呈批前，具体案件的承办司局（包括执法局和其他业务司局）可以征求部相关司局意见。

立案或者不予立案呈批时，承办司局应当向部提交相应的请示，附《立案呈批表》或者《不予立案呈批表》、违法线索初步核查报告和征求意见情况。部领导在10个工作日内作出立案或者不予立案的决定。

（三）确定承办人员。

部决定立案查处的，承办司局应当确定至少2名有执法证件的案件承办人员。

根据工作需要，承办司局可以会同其他业务司局，也可以抽调地方自然资源主管部门人员参加部立案查处工作，配发部临时执法证件，保障办案人员执法资格。

四、调查取证

（一）取证要求。

调查取证时，办案人员应当不少于2人，并向被调查人出示执法证件。根据需要，可以请派驻地方的国家自然资源督察机构派员参加调查。

办案人员按照《自然资源行政处罚办法》等规定的证据收集要求，收集与案件相关的书证、物证、视听资料、证人证言、当事人陈述、询问笔录、现场勘测笔录、鉴定意见等证据。其中，需要耕地破坏程度、矿产资源破坏价值等鉴定或认定的，部可以委托省级自然资源主管部门或者有关专业机构进行鉴定或认定，并出具鉴定意见或者认定意见。

（二）调查中止或者调查终止。

出现规定的中止调查或者终止调查情形的，案件承办人员应当填写《中止调查决定呈批表》或者《终止调查决定呈批表》，征求部相关司局意见，按程序报部批准后，中止或者终止案件调查。

五、案情分析和调查报告

在调查取证的基础上，案件承办人员对收集的证据、案件事实进行认定，确定违法性质和法律适用，研究提出处理建议，起草调查报告。

（一）案情分析。

案件承办人员对收集的证据进行真实性、合法性和关联性审查，梳理和认定违法事实，研究确定违法性质和法律适用等。案情分析过程中，可以根据需要征求部相关业务司局或其他单位的意见。

（二）调查报告。

在调查取证和案情分析基础上，案件承办人员起草《违法案件调查报告》。调查报告提出的处理建议应当明确具体。其中，建议给予行政处罚的，应当依据土地、矿产资源所在地或国土空间规划、测绘地理信息违法行为发生地的行政处罚自由裁量权标准和办法，提出具体的行政处罚建议。

六、案件审理

案件承办人员起草的《违法案件调查报告》经审核后,提交承办司局的司(局)会议审理,视情况可以邀请相关司局参加。

司(局)会议由承办司局的主要负责人主持。案件承办人员介绍案件情况,对违法事实、案件定性、处理意见和法律适用等作出说明;参会人员就案件有关问题进行提问和讨论,案件承办人员进行解答或者补充说明;会议主持人总结形成审理意见;案件承办人员如实记录参会人员意见和审理意见,制作《违法案件审理记录》,参会人员签字后,报会议主持人审签。

根据审理意见,案件承办人员对《违法案件调查报告》进行修改、完善。

七、征求意见

案件审理通过后,将《违法案件调查报告》分送部相关业务司局、案件所在地省级自然资源主管部门或者其他单位征求意见。

根据征求意见情况,承办司局对《违法案件调查报告》进行修改、完善。

八、重大执法决定法制审核

征求意见后,承办司局依据《自然资源执法监督规定》的相关规定,对拟作出的重大执法决定提交法规司进行法制审核,法规司审核后出具审核意见。

按照法规司的重大执法决定法制审核意见,承办司局对《违法案件调查报告》进行修改、完善。

九、部审议形成处理决定

承办司局起草《关于提请部专题会审议×××违法案件调查报告的请示》,经相关业务司局会签后报部。请示应附会签意见及采纳情况、征求意见及采纳情况、重大执法决定法制审核意见、《违法案件处理决定呈批表》等。对于拟作出行政处罚决定的,另附《行政处罚告知书》《行政处罚听证告知书》《行政处罚决定书》;对于拟作出行政处理决定的,另附《行政处理告知书》《行政处理决定书》;对于需要追究党纪政务责任或涉嫌职务犯罪的,另附《问题线索移送书》;对于涉嫌非职务犯罪,另附《涉嫌犯罪案件移送书》。

部领导同意召开部专题会并确定会议时间后,承办司局准备会议材料,并于会议前分送各参会单位。

部专题会由分管部领导主持,承办司局汇报,相关司局参加。

部专题会对案件调查报告及相关法律文书进行审议,形成案件处理决定。承办司局起草《部专题会议纪要》,按照规定程序报分管部领导签发。

部专题会认为案件特别复杂、重大的,应当提交部长办公会审议。承办司局按照《自然资源部工作规则》的有关规定,提请部长办公会审议,并准备相关材料。

经部专题会或者部长办公会审议通过后,承办司局将《违法案件处理决定呈批表》报部领导审签。

十、实施处理决定

《违法案件处理决定呈批表》经部领导签批后,承办司局具体履行相应程序,实施处理决定。

(一)行政处罚。

决定给予行政处罚的,按照下列程序进行:

1. 行政处罚告知和行政处罚听证告知。制作《行政处罚告知书》《行政处罚听证告知书》,采取直接送达或者委托送达等方式送达当事人。当事人提出陈述和申辩的,由承办司局进行复核。

当事人申请听证的,由法规司按照《自然资源听证规定》组织听证。

2. 行政处罚决定。当事人未在规定时间内提出陈述、申辩和申请听证的,或者陈述、申辩、听证提出的事实、理由或者证据不成立的,制作《行政处罚决定书》,经部领导签发、加盖部印章后,采取直接送达或者委托送达等方式,送达当事人。经陈述、申辩或者听证,需要修改拟作出的行政处罚决定的,按照程序调整或者重新作出处罚决定。

3. 行政处罚作出时限。部应当自立案之日起60日内作出行政处罚决定。如需延长,应当报部批准。

(二)行政处理。

对违法批地、违法批矿等,决定给予行政处理的(如明确违法批准征收、使用土地或者违法批准勘查、开采矿产资源的相关文件无效,提出撤销批准文件、废止违法内容、依法收回土地等具体要求和建议追究党纪政务责任等),按照下列程序进行:

1. 行政处理告知。制作《行政处理告知书》,采取直接送达或者委托送达等方式送达当事人。当事人提出陈述和申辩的,由承办司局进行复核。

2. 行政处理决定书。当事人未在规定时间内提出陈述、申辩的,或者陈述、申辩提出的事实、理由、证据不成立的,制作《行政处理决定书》,经部领导签发、加盖部印章后,采取直接送达或者委托送达等方式送达当事人。经陈述、申辩,需要修改拟作出的行政处理决定的,按照程序调整或者重新作出处理决定。

(三)移送案件。

对发现党员干部涉嫌违反党纪、国家公职人员涉嫌职务违法或职务犯罪，决定向纪检监察部门移送问题线索的，承办司局起草《问题线索移送书》，报部领导签发后，按照《自然资源行政监督与纪检监察监督贯通协调工作机制清单》的有关要求办理。

对案件责任人涉嫌非职务犯罪，决定向公安机关移送案件的，承办司局起草《涉嫌犯罪案件移送书》，报部领导签发后，按照《行政执法机关移送涉嫌犯罪案件的规定》和行政执法与刑事司法衔接的相关规定办理。

（四）撤销立案决定。

对违法事实不成立或者违法行为已过行政处罚追诉时效，决定撤销立案决定的，承办司局填写《撤销立案决定呈批表》，报部批准。

（五）不予行政处罚或者行政处理。

对违法行为轻微或者违法状态已消除，决定不予行政处罚或者行政处理的，承办司局按照本规范第十二条的规定办理结案手续。

（六）移送有管辖权机关。

案件不属于自然资源部管辖，决定移送有管辖权机关的，承办司局起草移送案件管辖文件，报部批准后，移送有管辖权机关，按照本规范第十二条的规定办理结案手续。

十一、执行

（一）主动公开处理决定。

自然资源部作出的行政处罚决定、行政处理决定生效后，按照政府信息公开、政务公开和行政执法公示制度的有关规定，承办司局在部门户网站上公开，督促违法当事人自觉履行，接受社会监督。根据工作需要，也可以通过其他媒体进行报道。

立案查处过程中，应当按照中共中央办公厅、国务院办公厅《关于全面推进政务公开工作的意见》和自然资源部《关于全面推行行政执法公示制度执法全过程记录制度重大执法决定法制审核制度的实施方案》的要求，做好行政执法信息公开相关工作。

（二）行政处罚决定的执行。

当事人应当按照《行政处罚决定书》的要求自觉履行。其中，决定没收违法所得或者罚款的，应当将违法所得或者罚款足额上缴国库，并提供缴款凭据；决定没收地上建（构）筑物、矿产品或者其他实物的，应当配合将地上建（构）筑物、矿产品或者其他实物移交所在地的人民政府或者其指定的部门。

当事人在法定期限内不申请行政复议或者提起行政诉讼，又不履行行政处罚决定的，自然资源部可以自期限届满之日起三个月内，向土地、矿产资源所在地或国土空间规划、测绘地理信息违法行为发生地的中级人民法院申请强制执行。《强制执行申请书》应当由部领导签名，加盖部印章，注明日期，并附具相关材料。

申请强制执行前，自然资源部制作《履行行政处罚决定催告书》，承办司局采取直接送达或者委托送达等方式，送达当事人。

（三）行政处理决定的执行。

当事人应当按照《行政处理决定书》的要求，自觉履行，撤销、废止违法批准征收、使用土地或者违法批准勘查、开采矿产资源等相关文件，落实依法收回土地等决定。

（四）督促执行。

根据案件情况，自然资源部可以要求省级自然资源主管部门跟踪督办行政处罚、行政处理决定的执行情况。国家自然资源督察机构结合督察职责开展督察工作。

（五）执行记录。

根据行政处罚、行政处理决定的执行情况，承办司局制作《执行记录》。

十二、结案

（一）结案条件。

符合下列条件之一的，可以结案：

（1）案件已经移送管辖的；

（2）终止调查的；

（3）决定不予行政处罚或者行政处理的；

（4）行政处罚决定或者行政处理决定执行完毕的；

（5）行政处罚决定终结执行的；

（6）已经依法申请人民法院强制执行的。

涉及需要移送有关部门追究刑事责任、党纪政务责任的，结案前应当已经依法移送。

（二）结案呈批。

符合结案条件的，承办司局填写《结案呈批表》，报部批准后结案。

（三）立卷归档。

结案后，案件承办人员将办案过程中形成的全部材料，按照相关规定和部档案管理要求，及时整理归档。

案卷分为正卷和副卷，正卷主要为案件查处过程中制作的法律文书和收集的证据材料等；副卷主要为内部呈批材料等。

附件：1. 自然资源部立案查处自然资源违法行为工作流程图

2. 相关法律文书格式（略）

附件 1

自然资源部立案查处自然资源违法行为工作流程图

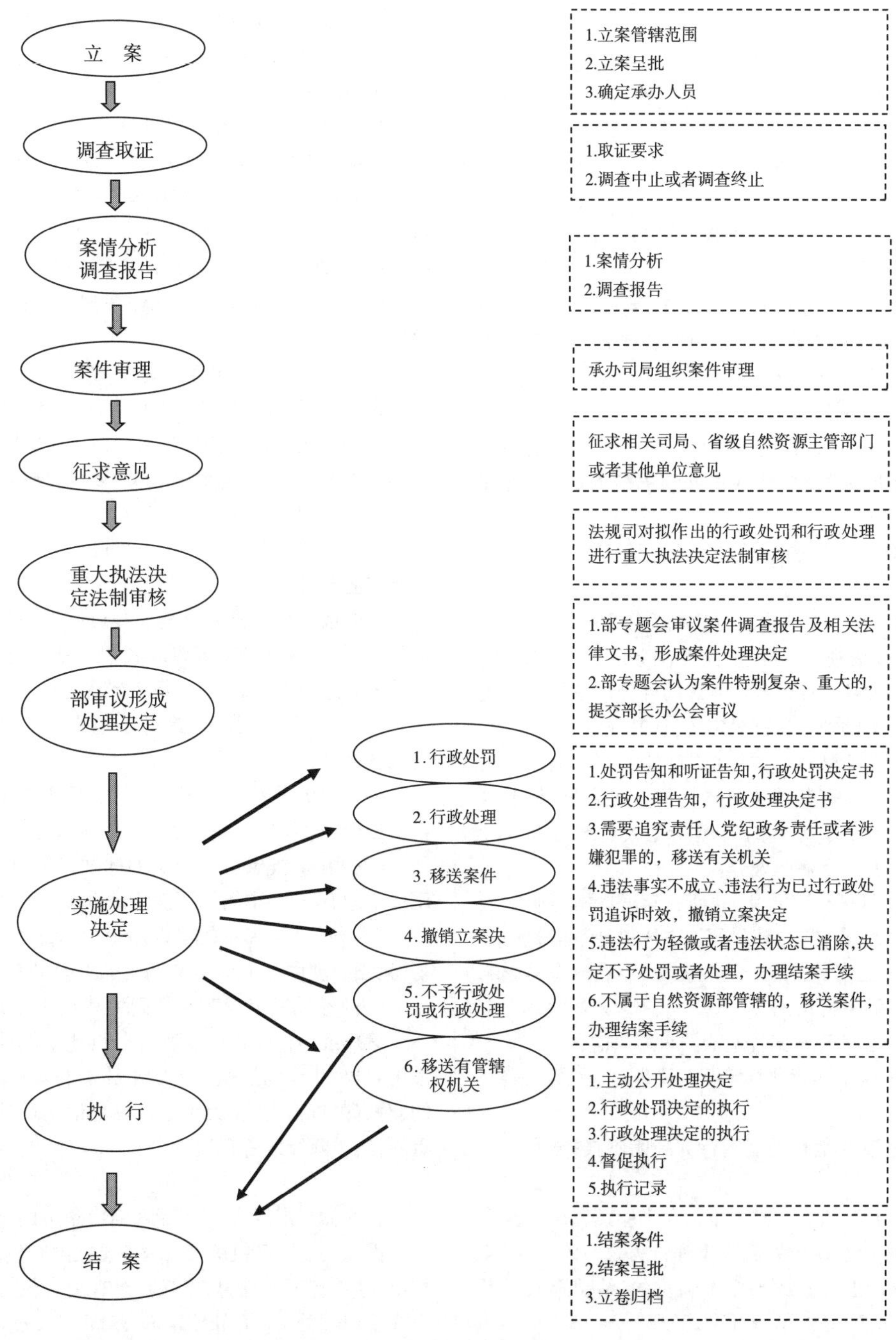

违反土地管理规定行为处分办法

·2008年5月9日监察部、人力资源和社会保障部、国土资源部令第15号发布
·自2008年6月1日起施行

第一条 为了加强土地管理,惩处违反土地管理规定的行为,根据《中华人民共和国土地管理法》、《中华人民共和国行政监察法》、《中华人民共和国公务员法》、《行政机关公务员处分条例》及其他有关法律、行政法规,制定本办法。

第二条 有违反土地管理规定行为的单位,其负有责任的领导人员和直接责任人员,以及有违反土地管理规定行为的个人,应当承担纪律责任,属于下列人员的(以下统称有关责任人员),由任免机关或者监察机关按照管理权限依法给予处分:

(一)行政机关公务员;

(二)法律、法规授权的具有公共事务管理职能的事业单位中经批准参照《中华人民共和国公务员法》管理的工作人员;

(三)行政机关依法委托的组织中除工勤人员以外的工作人员;

(四)企业、事业单位中由行政机关任命的人员。

法律、行政法规、国务院决定和国务院监察机关、国务院人力资源和社会保障部门制定的处分规章对违反土地管理规定行为的处分另有规定的,从其规定。

第三条 有下列行为之一的,对县级以上地方人民政府主要领导人员和其他负有责任的领导人员,给予警告或者记过处分;情节较重的,给予记大过或者降级处分;情节严重的,给予撤职处分:

(一)土地管理秩序混乱,致使一年度内本行政区域违法占用耕地面积占新增建设用地占用耕地总面积的比例达到15%以上或者虽然未达到15%,但造成恶劣影响或者其他严重后果的;

(二)发生土地违法案件造成严重后果的;

(三)对违反土地管理规定行为不制止、不组织查处的;

(四)对违反土地管理规定行为隐瞒不报、压案不查的。

第四条 行政机关在土地审批和供应过程中不执行或者违反国家土地调控政策,有下列行为之一的,对有关责任人员,给予记大过处分;情节较重的,给予降级或者撤职处分;情节严重的,给予开除处分:

(一)对国务院明确要求暂停土地审批仍不停止审批的;

(二)对国务院明确禁止供地的项目提供建设用地的。

第五条 行政机关及其公务员违反土地管理规定,滥用职权,非法批准征收、占用土地的,对有关责任人员,给予记过或者记大过处分;情节较重的,给予降级或者撤职处分;情节严重的,给予开除处分。

有前款规定行为,且有徇私舞弊情节的,从重处分。

第六条 行政机关及其公务员有下列行为之一的,对有关责任人员,给予记过或者记大过处分;情节较重的,给予降级或者撤职处分;情节严重的,给予开除处分:

(一)不按照土地利用总体规划确定的用途批准用地的;

(二)通过调整土地利用总体规划,擅自改变基本农田位置,规避建设占用基本农田由国务院审批规定的;

(三)没有土地利用计划指标擅自批准用地的;

(四)没有新增建设占用农用地计划指标擅自批准农用地转用的;

(五)批准以"以租代征"等方式擅自占用农用地进行非农业建设的。

第七条 行政机关及其公务员有下列行为之一的,对有关责任人员,给予警告或者记过处分;情节较重的,给予记大过或者降级处分;情节严重的,给予撤职处分:

(一)违反法定条件,进行土地登记、颁发或者更换土地证书的;

(二)明知建设项目用地涉嫌违反土地管理规定,尚未依法处理,仍为其办理用地审批、颁发土地证书的;

(三)在未按照国家规定的标准足额收缴新增建设用地土地有偿使用费前,下发用地批准文件的;

(四)对符合规定的建设用地申请或者土地登记申请,无正当理由不予受理或者超过规定期限未予办理的;

(五)违反法定程序批准征收、占用土地的。

第八条 行政机关及其公务员违反土地管理规定,滥用职权,非法低价或者无偿出让国有建设用地使用权的,对有关责任人员,给予记过或者记大过处分;情节较重的,给予降级或者撤职处分;情节严重的,给予开除处分。

有前款规定行为,且有徇私舞弊情节的,从重处分。

第九条 行政机关及其公务员在国有建设用地使用权出让中,有下列行为之一的,对有关责任人员,给予警告或者记过处分;情节较重的,给予记大过或者降级处

分；情节严重的，给予撤职处分：

（一）应当采取出让方式而采用划拨方式或者应当招标拍卖挂牌出让而协议出让国有建设用地使用权的；

（二）在国有建设用地使用权招标拍卖挂牌出让中，采取与投标人、竞买人恶意串通，故意设置不合理的条件限制或者排斥潜在的投标人、竞买人等方式，操纵中标人、竞得人的确定或者出让结果的；

（三）违反规定减免或者变相减免国有建设用地使用权出让金的；

（四）国有建设用地使用权出让合同签订后，擅自批准调整土地用途、容积率等土地使用条件的；

（五）其他违反规定出让国有建设用地使用权的行为。

第十条 未经批准或者采取欺骗手段骗取批准，非法占用土地的，对有关责任人员，给予警告、记过或者记大过处分；情节较重的，给予降级或者撤职处分；情节严重的，给予开除处分。

第十一条 买卖或者以其他形式非法转让土地的，对有关责任人员，给予警告、记过或者记大过处分；情节较重的，给予降级或者撤职处分；情节严重的，给予开除处分。

第十二条 行政机关侵占、截留、挪用被征收土地单位的征地补偿费用和其他有关费用的，对有关责任人员，给予记大过处分；情节较重的，给予降级或者撤职处分；情节严重的，给予开除处分。

第十三条 行政机关在征收土地过程中，有下列行为之一的，对有关责任人员，给予警告或者记过处分；情节较重的，给予记大过或者降级处分；情节严重的，给予撤职处分：

（一）批准低于法定标准的征地补偿方案的；

（二）未按规定落实社会保障费用而批准征地的；

（三）未按期足额支付征地补偿费用的。

第十四条 县级以上地方人民政府未按期缴纳新增建设用地土地有偿使用费的，责令限期缴纳；逾期仍不缴纳的，对有关责任人员，给予记大过处分；情节较重的，给予降级或者撤职处分；情节严重的，给予开除处分。

第十五条 行政机关及其公务员在办理农用地转用或者土地征收申报、报批等过程中，有谎报、瞒报用地位置、地类、面积等弄虚作假行为，造成不良后果的，对有关责任人员，给予记过或者记大过处分；情节较重的，给予降级或者撤职处分；情节严重的，给予开除处分。

第十六条 国土资源行政主管部门及其工作人员有下列行为之一的，对有关责任人员，给予记过或者记大过处分；情节较重的，给予降级或者撤职处分；情节严重的，给予开除处分：

（一）对违反土地管理规定行为按规定应报告而不报告的；

（二）对违反土地管理规定行为不制止、不依法查处的；

（三）在土地供应过程中，因严重不负责任，致使国家利益遭受损失的。

第十七条 有下列情形之一的，应当从重处分：

（一）致使土地遭受严重破坏的；

（二）造成财产严重损失的；

（三）影响群众生产、生活，造成恶劣影响或者其他严重后果的。

第十八条 有下列情形之一的，应当从轻处分：

（一）主动交代违反土地管理规定行为的；

（二）保持或者恢复土地原貌的；

（三）主动纠正违反土地管理规定行为，积极落实有关部门整改意见的；

（四）主动退还违法违纪所得或者侵占、挪用的征地补偿安置费等有关费用的；

（五）检举他人重大违反土地管理规定行为，经查证属实的。

主动交代违反土地管理规定行为，并主动采取措施有效避免或者挽回损失的，应当减轻处分。

第十九条 任免机关、监察机关和国土资源行政主管部门建立案件移送制度。

任免机关、监察机关查处的土地违法违纪案件，依法应当由国土资源行政主管部门给予行政处罚的，应当将有关案件材料移送国土资源行政主管部门。国土资源行政主管部门应当依法及时查处，并将处理结果书面告知任免机关、监察机关。

国土资源行政主管部门查处的土地违法案件，依法应当给予处分，且本部门无权处理的，应当在作出行政处罚决定或者其他处理决定后10日内将有关案件材料移送任免机关或者监察机关。任免机关或者监察机关应当依法及时查处，并将处理结果书面告知国土资源行政主管部门。

第二十条 任免机关、监察机关和国土资源行政主管部门移送案件时要做到事实清楚、证据齐全、程序合法、手续完备。

移送的案件材料应当包括以下内容：

(一)本单位有关领导或者主管单位同意移送的意见;

(二)案件的来源及立案材料;

(三)案件调查报告;

(四)有关证据材料;

(五)其他需要移送的材料。

第二十一条 任免机关、监察机关或者国土资源行政主管部门应当移送而不移送案件的,由其上一级机关责令其移送。

第二十二条 有违反土地管理规定行为,应当给予党纪处分的,移送党的纪律检查机关处理;涉嫌犯罪的,移送司法机关依法追究刑事责任。

第二十三条 本办法由监察部、人力资源和社会保障部、国土资源部负责解释。

第二十四条 本办法自2008年6月1日起施行。

监察部、人力资源和社会保障部、国土资源部关于适用《违反土地管理规定行为处分办法》第三条有关问题的通知

·2009年6月1日

·监发〔2009〕5号

各省、自治区、直辖市监察厅(局),人力资源社会保障(人事)厅(局),国土资源厅(局),新疆生产建设兵团监察局、人事局、国土资源局,各派驻地方的国家土地督察局:

为贯彻落实科学发展观,严格执行国家耕地保护政策,规范执法执纪行为,现就适用《违反土地管理规定行为处分办法》(监察部、人力资源和社会保障部、国土资源部令第15号,以下简称15号令)第三条有关问题通知如下。

一、15号令第三条关于追究地方人民政府领导人员责任,应当给予处分的规定适用于2008年6月1日以后发生的违反土地管理规定行为。但是,对发生在2008年6月1日以前的违反土地管理规定行为在15号令施行后仍不制止、不组织查处,隐瞒不报、压案不查的,应当依照15号令第三条规定给予处分。

二、15号令第三条所称“一年度”是指一个自然年度。

三、15号令第三条所称“占用耕地总面积”是指实际占用的耕地总面积,不包括已办理农用地转用审批但未实际占用的耕地面积。

四、各级国土资源行政主管部门发现有15号令第三条规定情形,应当追究地方人民政府领导人员责任,给予处分的,必须按照15号令第十九条和第二十条的规定,及时移送案件材料。任免机关或者监察机关应当依法及时查处,并将处理结果书面告知国土资源行政主管部门。

查处土地违法行为立案标准

·2005年8月31日

·国土资发〔2005〕176号

违反《中华人民共和国土地管理法》、《中华人民共和国城市房地产管理法》等土地管理法律、法规和规章的规定,有下列各类违法行为之一,依法应当给予行政处罚或行政处分的,应及时予以立案。但是违法行为轻微并及时纠正,没有造成危害后果的,或者法律、法规和规章未规定法律责任的,不予立案。

一、非法转让土地类

(一)未经批准,非法转让、出租、抵押以划拨方式取得的国有土地使用权的;

(二)不符合法律规定的条件,非法转让以出让方式取得的国有土地使用权的;

(三)将农民集体所有的土地的使用权非法出让、转让或者出租用于非农业建设的;

(四)不符合法律规定的条件,擅自转让房地产开发项目的;

(五)以转让房屋(包括其他建筑物、构筑物),或者以土地与他人联建房屋分配实物、利润,或者以土地出资入股、联营与他人共同进行经营活动,或者以置换土地等形式,非法转让土地使用权的;

(六)买卖或者以其他形式非法转让土地的。

二、非法占地类

(一)未经批准或者采取欺骗手段骗取批准,非法占用土地的;

(二)农村村民未经批准或者采取欺骗手段骗取批准,非法占用土地建住宅的;

(三)超过批准的数量占用土地的;

(四)依法收回非法批准、使用的土地,有关当事人拒不归还的;

(五)依法收回国有土地使用权,当事人拒不交出土地的;

(六)临时使用土地期满,拒不归还土地的;

(七)不按照批准的用途使用土地的;

（八）不按照批准的用地位置和范围占用土地的；

（九）在土地利用总体规划确定的禁止开垦区内进行开垦，经责令限期改正，逾期不改正的；

（十）在临时使用的土地上修建永久性建筑物、构筑物的；

（十一）在土地利用总体规划制定前已建的不符合土地利用总体规划确定的用途的建筑物、构筑物，重建、扩建的。

三、破坏耕地类

（一）占用耕地建窑、建坟，破坏种植条件的；

（二）未经批准，擅自在耕地上建房、挖砂、采石、采矿、取土等，破坏种植条件的；

（三）非法占用基本农田建窑、建房、建坟、挖砂、采石、采矿、取土、堆放固体废弃物或者从事其他活动破坏基本农田，毁坏种植条件的；

（四）拒不履行土地复垦义务，经责令限期改正，逾期不改正的；

（五）建设项目施工和地质勘查临时占用耕地的土地使用者，自临时用地期满之日起 1 年以上未恢复种植条件的；

（六）因开发土地造成土地荒漠化、盐渍化的。

四、非法批地类

（一）无权批准征收、使用土地的单位或者个人非法批准占用土地的；

（二）超越批准权限非法批准占用土地的；

（三）没有农用地转用计划指标或者超过农用地转用计划指标，擅自批准农用地转用的；

（四）规避法定审批权限，将单个建设项目用地拆分审批的；

（五）不按照土地利用总体规划确定的用途批准用地的；

（六）违反法律规定的程序批准占用、征收土地的；

（七）核准或者批准建设项目前，未经预审或者预审未通过，擅自批准农用地转用、土地征收或者办理供地手续的；

（八）非法批准不符合条件的临时用地的；

（九）应当以出让方式供地，而采用划拨方式供地的；

（十）应当以招标、拍卖、挂牌方式出让国有土地使用权，而采用协议方式出让的；

（十一）在以招标、拍卖、挂牌方式出让国有土地使用权过程中，弄虚作假的；

（十二）不按照法定的程序，出让国有土地使用权的；

（十三）擅自批准出让或者擅自出让土地使用权用于房地产开发的；

（十四）低于按国家规定所确定的最低价，协议出让国有土地使用权的；

（十五）依法应当给予土地违法行为行政处罚或者行政处分，而未依法给予行政处罚或者行政处分，补办建设用地手续的；

（十六）对涉嫌违法使用的土地或者存在争议的土地，已经接到举报，或者正在调查，或者上级机关已经要求调查处理，仍予办理审批、登记或颁发土地证书等手续的；

（十七）未按国家规定的标准足额缴纳新增建设用地土地有偿使用费，擅自下发农用地转用或土地征收批准文件的。

五、其他类型的土地违法行为

（一）依法应当将耕地划入基本农田保护区而不划入，经责令限期改正而拒不改正的；

（二）破坏或者擅自改变基本农田保护区标志的；

（三）依法应当对土地违法行为给予行政处罚或者行政处分，而不予行政处罚或者行政处分、提出行政处分建议的；

（四）土地行政主管部门的工作人员，没有法律、法规的依据，擅自同意减少、免除、缓交土地使用权出让金等滥用职权的；

（五）土地行政主管部门的工作人员，不依照土地管理的规定，办理土地登记、颁发土地证书，或者在土地调查、建设用地报批中，虚报、瞒报、伪造数据以及擅自更改土地权属、地类和面积等滥用职权的。

六、依法应当予以立案的其他土地违法行为。

农用地土壤污染责任人认定暂行办法

·2021 年 1 月 28 日

·环土壤〔2021〕13 号

第一章　总　则

第一条　为规范农用地土壤污染责任人的认定，依据《中华人民共和国环境保护法》《中华人民共和国土壤污染防治法》《中华人民共和国土地管理法》《中华人民共和国森林法》等相关法律，制定本办法。

第二条　本办法适用于农业农村、林草主管部门会同生态环境、自然资源主管部门依法行使监督管理职责中农用地土壤污染责任人不明确或者存在争议时的土壤污染责任人认定活动。涉及农用地土壤污染责任的单位和个人之间,因农用地土壤污染民事纠纷引发的土壤污染责任人认定活动,不适用本办法。

前款所称农用地,主要包括耕地、林地、草地和其他农用地。

本办法所称土壤污染责任人不明确或者存在争议,包括以下情形:

(一)农用地或者其周边曾存在多个从事生产经营活动的单位和个人的;

(二)农用地土壤污染存在多种来源的;

(三)法律法规规章规定的其他情形。

第三条 本办法所称农用地土壤污染责任人(以下简称土壤污染责任人),是指因排放、倾倒、堆存、填埋、泄漏、遗撒、渗漏、流失、扬散污染物或者其他有毒有害物质等,造成农用地土壤污染,需要依法承担土壤污染风险管控和修复责任的单位和个人。

本办法所称涉及土壤污染责任的单位和个人,是指实施前款所列行为,可能造成农用地土壤污染的单位和个人。

第四条 土壤污染责任人认定由农用地所在地县级以上地方农业农村、林草主管部门会同同级生态环境、自然资源主管部门负责。

跨行政区域的农用地土壤污染责任人认定由其上一级地方农业农村、林草主管部门会同同级生态环境、自然资源主管部门负责。

第五条 耕地由农业农村主管部门会同生态环境、自然资源主管部门认定土壤污染责任人;林地、草地由林草主管部门会同生态环境、自然资源主管部门认定土壤污染责任人;其他农用地由农业农村、林草主管部门按照职责分工会同生态环境、自然资源主管部门认定土壤污染责任人。

第六条 土壤污染责任人负有实施土壤污染风险管控和修复的义务。

土壤污染风险管控和修复,包括土壤污染状况调查和土壤污染风险评估、风险管控、修复、风险管控效果评估、修复效果评估、后期管理等活动。

第七条 农用地及其周边曾存在的涉及土壤污染责任的单位和个人,应当协助开展土壤污染状况调查。

第八条 国家鼓励涉及土壤污染责任的多个单位和个人之间就土壤污染责任承担及责任份额进行协商,达成协议。无法协商一致的,由农用地土壤污染责任人认定委员会综合考虑各自对土壤的污染程度、责任人的陈述申辩情况等因素确定责任份额。

第九条 国家鼓励任何组织和个人提供土壤污染责任人认定的有关线索。

国家鼓励和支持涉及土壤污染责任的单位和个人自愿实施土壤污染风险管控和修复。

第二章 启动与调查

第十条 土壤污染责任人不明确或者存在争议,依法需要采取风险管控措施或者实施修复的农用地,符合下列情形之一的,由县级以上地方农业农村、林草主管部门会同生态环境、自然资源主管部门制定年度工作计划,启动农用地土壤污染责任人认定:

(一)周边曾存在相关污染源或者有明显污染物排放;

(二)倾倒、堆存、填埋、泄漏、遗撒、渗漏、流失、扬散污染物或者其他有毒有害物质。

在制定年度工作计划时,应当综合考虑本行政区域农用地污染状况、相关举报情况等因素。对农民群众反映强烈的突出问题,应当有重点地纳入年度工作计划。

第十一条 农业农村、林草主管部门会同生态环境、自然资源主管部门可以成立调查组启动土壤污染责任人调查,也可以指定或者委托调查机构启动调查工作。

前款规定的调查机构,应当具备土壤污染责任人认定所需要的专业技术能力。调查机构、调查人员不得与所调查的农用地、涉及土壤污染责任的单位和个人存在利益关系。

第十二条 调查组或者调查机构应当按照客观公正、实事求是的原则,做好土壤污染责任人调查工作,并提交调查报告。

调查组或者调查机构应当重点针对涉及土壤污染责任的单位和个人的污染行为,以及该污染行为与农用地土壤污染之间的因果关系等开展调查。

第十三条 调查组或者调查机构开展土壤污染责任人调查时,可以向农业农村主管部门调取受污染农用地区域及其周边有关行政执法情况等材料;向林草主管部门调取林地、草地利用过程中有关行政执法情况等材料;向生态环境主管部门调取农用地及其周边涉及的突发环境事件处理情况、相关单位和个人环境行政执法情况等材料;向自然资源主管部门调取农用地及周边土地、矿产等自然资源开发利用情况及有关行政执法情况、地球化学背景调查信息、水文地质信息等材料。

调查组或者调查机构开展土壤污染责任人调查时，可以向农用地及其周边有关单位和个人调查其生产经营活动中污染物排放、污染防治设施运行、污染事故、相关生产工艺等情况。有关单位和个人应当如实提供相关材料。

调查人员可以向其他有关单位和个人了解与土壤污染有关的情况。

第十四条　调查组开展土壤污染责任人调查，需要进行鉴定评估的，农业农村、林草主管部门可以会同生态环境、自然资源主管部门指定或者委托相关技术机构开展鉴定评估。

调查机构开展土壤污染责任人调查，需要进行鉴定评估的，可以委托相关技术机构开展鉴定评估。

第十五条　同时符合下列条件的，可以认定污染行为与土壤污染之间存在因果关系：

（一）在农用地土壤中检测出特征污染物，且含量超出国家、地方、行业标准中最严限值，或者超出对照区含量；

（二）疑似土壤污染责任人存在向农用地土壤排放或者增加特征污染物的可能；

（三）无其他相似污染源，或者相似污染源对受污染农用地土壤的影响可以排除或者忽略；

（四）受污染农用地土壤可以排除仅受气候变化、自然灾害、高背景值等非人为因素的影响。

不能同时符合上述条件的，应当得出不存在或者无法认定因果关系的结论。

第十六条　有下列情形之一的，属于土壤污染责任人无法认定：

（一）不存在或者无法认定因果关系；

（二）无法确定土壤污染责任人的具体身份信息；

（三）土壤污染责任人灭失的。

第十七条　调查组或者调查机构应当自启动调查之日起六十个工作日内完成调查工作，并提交调查报告；情况复杂，不能在规定期限内完成调查的，经农业农村、林草主管部门会同生态环境、自然资源主管部门批准，可以适当延长。

鉴定评估时间不计入前款规定的调查期限。

第十八条　调查组或者调查机构提交的调查报告应当包括以下内容：

（一）农用地地块及其污染状况概述；

（二）法律法规规章和技术依据；

（三）调查过程；

（四）土壤污染责任人认定理由；

（五）土壤污染责任人认定意见及责任份额；

（六）其他需要说明的事项。

调查报告应当附具有关证据材料。

第三章　审查与认定

第十九条　县级以上地方农业农村、林草主管部门会同生态环境、自然资源主管部门成立土壤污染责任人认定委员会（以下简称认定委员会）。认定委员会成员由县级以上地方农业农村、林草、生态环境、自然资源主管部门专职工作人员和有关专家组成。认定委员会成员不得与要审查的土壤污染责任人调查工作存在利益关系。

调查工作结束后，原则上三个工作日内，调查组或者调查机构应当将调查报告提交认定委员会进行审查。

认定委员会应当自收到调查报告之日起十五个工作日内进行审查，出具审查意见。审查意见应当包括以下内容：

（一）调查报告提出的事实是否清楚、证据是否确实充分、适用法律是否正确；

（二）调查程序是否合法合规；

（三）是否通过审查的结论。

第二十条　调查报告通过审查的，认定委员会应当在三个工作日内将调查报告及审查意见报送农业农村、林草、生态环境、自然资源主管部门。

调查报告未通过审查的，认定委员会应当将调查报告退回调查组或者调查机构补充调查或者重新调查。调查组或者调查机构应当自调查报告退回之日起三十日内重新提交调查报告。

第二十一条　农业农村、林草主管部门会同生态环境、自然资源主管部门应当自收到认定委员会报送的调查报告及审查意见之日起十五个工作日内作出决定，并于十个工作日内连同认定委员会审查意见告知土壤污染责任人。

第四章　其他规定

第二十二条　在土壤污染责任人调查、审查过程中以及作出决定前，应当充分听取农村集体经济组织及其成员、农民专业合作社及其他农业生产经营主体、涉及土壤污染责任的单位和个人的陈述、申辩。农村集体经济组织及其成员、农民专业合作社及其他农业生产经营主体、涉及土壤污染责任的单位和个人提出的事实、理由或者证据成立的，应当予以采纳。

第二十三条　土壤污染责任人对土壤污染责任人认定决定不服的,可以依法申请行政复议或者提起行政诉讼。

第二十四条　土壤污染责任人认定工作结束后,农业农村、林草主管部门会同生态环境、自然资源主管部门应当及时归档。档案材料应当至少保存三十年。

第二十五条　土壤污染责任人认定过程中,发生下列情形之一,可以终止土壤污染责任人认定:

(一)涉及土壤污染责任的单位和个人之间就土壤污染责任承担及责任份额协商达成一致,相关协议书报启动认定调查的农业农村、林草主管部门会同生态环境、自然资源主管部门备案;

(二)经诉讼等确认土壤污染责任。

第二十六条　从事土壤污染责任人认定的调查、审查与决定的有关单位和人员应当恪尽职守、诚信公正。未经有权机关批准,不得擅自发布有关信息。不得利用土壤污染责任人认定工作牟取私利。

第二十七条　开展土壤污染责任人认定所需资金,农业农村、林草、生态环境和自然资源主管部门应当依照《中华人民共和国土壤污染防治法》第七十条规定,向同级人民政府申请。

第五章　附　则

第二十八条　省级农业农村、林草主管部门可以根据本办法,会同同级生态环境、自然资源主管部门,结合当地实际,制定具体实施细则,并报农业农村部、国家林草局、生态环境部、自然资源部备案。

第二十九条　本办法自2021年5月1日起施行。

自然保护地生态环境监管工作暂行办法

· 2020年12月20日
· 环生态〔2020〕72号

第一条　为落实各级生态环境部门的自然保护地生态环境监管职责,规范开展自然保护地生态环境监管工作,根据《中华人民共和国环境保护法》《中华人民共和国海洋环境保护法》《中华人民共和国自然保护区条例》《深化党和国家机构改革方案》《关于建立以国家公园为主体的自然保护地体系的指导意见》《生态环境部职能配置、内设机构和人员编制规定》《关于深化生态环境保护综合行政执法改革的指导意见》《国务院办公厅关于生态环境保护综合行政执法有关事项的通知》等,制定本办法。

第二条　本办法适用于生态环境部门组织的全国各级各类自然保护地生态环境监管工作。

本办法所称的各级自然保护地包括国家级自然保护地和地方级自然保护地。

本办法所称的各类自然保护地包括国家公园、自然保护区和自然公园。

第三条　生态环境部负责指导、组织和协调全国自然保护地生态环境监管工作,并对国家级自然保护地生态环境实施重点监管。

省级生态环境部门负责指导、组织和协调本行政区域各级各类自然保护地生态环境监管工作。

市级及市级以下生态环境部门负责组织和协调开展本行政区域内各级各类自然保护地生态环境日常监管。

对于跨行政区域的自然保护地,相关地方的生态环境部门应当建立协同监管机制。

第四条　生态环境部门依法依规向社会公开自然保护地生态环境监管工作情况,接受社会监督。

鼓励公民、法人和其他组织依据《环境保护公众参与办法》参与自然保护地生态环境保护监督。

第五条　生态环境部对全国自然保护地相关规划中生态环境保护内容的实施情况进行监督。

省级生态环境部门对本行政区域自然保护地相关规划中生态环境保护内容的实施情况进行监督。

第六条　生态环境部对国家级自然保护地的设立、晋(降)级、调整、整合和退出实施监督。

省级生态环境部门对地方级自然保护地的设立、晋(降)级、调整、整合和退出实施监督。

第七条　生态环境部组织建立自然保护地生态环境监测制度,

组织制定相关标准和技术规范,组织建设国家自然保护地"天空地一体化"生态环境监测网络体系,重点开展国家级自然保护地生态环境监测。

省级生态环境部门组织建设本行政区域的自然保护地"天空地一体化"生态环境监测网络体系,开展本行政区域各级各类自然保护地生态环境监测。

国家自然保护地生态环境监测网络和各省(自治区、直辖市)自然保护地生态环境监测网络实行联网和数据共享。

生态环境部和省级生态环境部门定期发布自然保护地生态环境状况报告。

第八条　生态环境部定期组织开展国家级自然保护

地人类活动遥感监测，向省级生态环境部门推送遥感监测发现的问题线索，并将问题线索抄送国务院自然保护地主管部门。省级生态环境部门组织对问题线索进行实地核实，问题属实的应当组织进行处理，并将处理结果上报生态环境部。

生态环境部建立国家级自然保护地人类活动遥感监测问题线索、实地核实和处理整改台账系统。

省级生态环境部门建立本行政区域各级各类自然保护地人类活动遥感监测问题线索、实地核实和处理整改台账系统。

第九条 生态环境部组织开展国家级自然保护地生态环境保护成效评估，统一发布国家级自然保护地生态环境保护成效评估结果。

国家级自然保护地生态环境保护成效评估，原则上每五年开展一次。对存在生态环境变化敏感、人类活动干扰强度大、生态破坏问题突出等情况的国家级自然保护地，可适当增加评估频次。

生态环境部将国家级自然保护地生态环境保护成效评估结果反馈给被评估的自然保护地管理机构，抄送国务院自然保护地主管部门及自然保护地所在地省级人民政府。

自然保护地生态环境保护成效评估的实施规程和相关标准由生态环境部组织制定。

省级生态环境部门参照生态环境部组织制定的自然保护地生态环境保护成效评估实施规程和相关标准，建立本行政区域地方级自然保护地生态环境保护成效评估制度，组织开展地方级自然保护地生态环境保护成效评估工作。

第十条 生态环境部定期组织开展自然保护地生态环境强化监督，包括如下工作：

（一）生态环境部组织对中央领导同志关于自然保护地生态环境保护的指示批示以及党中央、国务院关于自然保护地生态环境保护重大决策部署的落实情况实施监督；

（二）生态环境部建立国家级自然保护地生态环境重点问题台账，将人类活动遥感监测和其他途径发现的重点问题线索推送地方生态环境部门，并抄送国务院自然保护地行政主管部门；

（三）省级生态环境部门结合本行政区域情况，完善本行政区域国家级自然保护地生态环境重点问题台账，组织开展实地核实，并向生态环境部上报实地核实和处理整改结果；

（四）生态环境部组织对国家级自然保护地生态环境重点问题的处理、整改和生态修复等工作情况进行监督，督促整改，并视情予以公开通报。

第十一条 省级及省级以下生态环境部门组织开展本行政区域各级各类自然保护地生态环境日常监督。监督内容包括：

（一）中央领导同志关于自然保护地生态环境保护的指示批示以及党中央、国务院关于自然保护地生态环境保护重大决策部署的落实情况；

（二）自然保护地生态环境法律法规和政策制度的执行情况；

（三）自然保护地相关规划中生态环境保护措施的落实情况；

（四）自然保护地内的生态环境保护状况，涉及自然保护地生态环境违法违规行为的处理整改情况；

（五）法律法规规定应当由省级及省级以下生态环境部门实施监督的其他内容。

第十二条 对媒体曝光、群众举报和日常监督发现的自然保护地突出生态环境问题线索，各级生态环境部门应当及时组织开展核实。问题属实的应当依法依规予以处理，并视情予以公开通报。

第十三条 对于自然保护地存在突出生态环境问题的，由生态环境部门采取函告、通报、约谈等方式，督促问题整改。

第十四条 对自然保护地内非法开矿、修路、筑坝、建设等造成生态破坏和违法排放污染物的执法工作，依照相关法律法规和生态环境保护综合行政执法相关文件和规定开展。

污染或者破坏自然保护地，造成生态环境损害的，生态环境部门依据有关规定及时组织开展或者移送其他有关部门组织开展生态环境损害赔偿工作。

第十五条 自然保护地内存在重大生态环境破坏等突出问题，且列入中央生态环境保护督察的，按照《中央生态环境保护督察工作规定》等规定处理。

第十六条 对自然保护地生态环境监管工作中发现有公职人员涉嫌违纪违法的，有关生态环境部门应当按照干部管理权限，将问题线索等有关材料及时移送任免机关、纪检监察机关或者组织（人事）部门依法依规依纪处理。

涉嫌犯罪的，应当及时移送有关机关依法处理。

第十七条 生态环境部门在履行自然保护地生态环境监管职责时，应当依据法律法规规定，采取监督检查措施,进行现场检查,查阅或者复制有关资料、凭证,向有关单位和人员调查了解相关情况。

生态环境部门工作人员在履行自然保护地生态环境监管职责时,应当严格遵守有关法律法规规定的程序,并为被检查单位保守技术秘密和业务秘密。

在自然保护地生态环境监管工作中,涉及单位及其工作人员如违反相关法律法规的规定,或者故意提供虚假情况,隐瞒、歪曲、捏造事实,干扰阻挠检查工作,或者存在其他妨碍自然保护地生态环境监管工作行为的,视情节轻重,由生态环境部门按照职权依法依规进行处理或者移送相关机关、部门处理。

第十八条 自然保护地生态环境保护成效评估、生态环境强化监督、日常监督和生态环境保护综合行政执法的结果,作为有关单位干部综合评价、责任追究、离任审计和对有关地区开展生态补偿的参考。

第十九条 违反本办法规定的行为,其他法律法规有规定的,从其规定。

第二十条 省级生态环境部门可结合本行政区域具体情况制定本省(自治区、直辖市)自然保护地生态环境监管工作暂行办法。

第二十一条 本办法由生态环境部负责解释。

第二十二条 本办法自印发之日起施行。

中华人民共和国刑法(节录)

· 1979 年 7 月 1 日第五届全国人民代表大会第二次会议通过
· 1997 年 3 月 14 日第八届全国人民代表大会第五次会议修订
· 根据 1998 年 12 月 29 日第九届全国人民代表大会常务委员会第六次会议通过的《全国人民代表大会常务委员会关于惩治骗购外汇、逃汇和非法买卖外汇犯罪的决定》、1999 年 12 月 25 日第九届全国人民代表大会常务委员会第十三次会议通过的《中华人民共和国刑法修正案》、2001 年 8 月 31 日第九届全国人民代表大会常务委员会第二十三次会议通过的《中华人民共和国刑法修正案(二)》、2001 年 12 月 29 日第九届全国人民代表大会常务委员会第二十五次会议通过的《中华人民共和国刑法修正案(三)》、2002 年 12 月 28 日第九届全国人民代表大会常务委员会第三十一次会议通过的《中华人民共和国刑法修正案(四)》、2005 年 2 月 28 日第十届全国人民代表大会常务委员会第十四次会议通过的《中华人民共和国刑法修正案(五)》、2006 年 6 月 29 日第十届全国人民代表大会常务委员会第二十二次会议通过的《中华人民共和国刑法修正案(六)》、2009 年 2 月 28 日第十一届全国人民代表大会常务委员会第七次会议通过的《中华人民共和国刑法修正案(七)》、2009 年 8 月 27 日第十一届全国人民代表大会常务委员会第十次会议通过的《全国人民代表大会常务委员会关于修改部分法律的决定》、2011 年 2 月 25 日第十一届全国人民代表大会常务委员会第十九次会议通过的《中华人民共和国刑法修正案(八)》、2015 年 8 月 29 日第十二届全国人民代表大会常务委员会第十六次会议通过的《中华人民共和国刑法修正案(九)》、2017 年 11 月 4 日第十二届全国人民代表大会常务委员会第三十次会议通过的《中华人民共和国刑法修正案(十)》和 2020 年 12 月 26 日第十三届全国人民代表大会常务委员会第二十四次会议通过的《中华人民共和国刑法修正案(十一)》修正①

……

第二百二十八条 【非法转让、倒卖土地使用权罪】以牟利为目的,违反土地管理法规,非法转让、倒卖土地使用权,情节严重的,处三年以下有期徒刑或者拘役,并处或者单处非法转让、倒卖土地使用权价额百分之五以上百分之二十以下罚金;情节特别严重的,处三年以上七年以下有期徒刑,并处非法转让、倒卖土地使用权价额百分之五以上百分之二十以下罚金。

……

第三百四十二条 【非法占用农用地罪】违反土地管理法规,非法占用耕地、林地等农用地,改变被占用土地用途,数量较大,造成耕地、林地等农用地大量毁坏的,处五年以下有期徒刑或者拘役,并处或者单处罚金。

第三百四十二条之一 【严重破坏自然保护区生态环境资源罪】违反自然保护地管理法规,在国家公园、国家级自然保护区进行开垦、开发活动或者修建建筑物,造成严重后果或者有其他恶劣情节的,处五年以下有期徒刑或者拘役,并处或者单处罚金。

有前款行为,同时构成其他犯罪的,依照处罚较重的规定定罪处罚。

……

第四百一十条 【非法批准征收、征用、占用土地罪】【非法低价出让国有土地使用权罪】国家机关工作人员徇私舞弊,违反土地管理法规,滥用职权,非法批准征收、征用、占用土地,或者非法低价出让国有土地使用权,情节严重的,处三年以下有期徒刑或者拘役;致使国家或

① 刑法、历次刑法修正案、涉及修改刑法的决定的施行日期,分别依据各法律所规定的施行日期确定。

者集体利益遭受特别重大损失的,处三年以上七年以下有期徒刑。

……

全国人民代表大会常务委员会关于《中华人民共和国刑法》第二百二十八条、第三百四十二条、第四百一十条的解释

· 2001 年 8 月 31 日第九届全国人民代表大会常务委员会第二十三次会议通过

· 根据 2009 年 8 月 27 日第十一届全国人民代表大会常务委员会第十次会议《关于修改部分法律的决定》修正

全国人民代表大会常务委员会讨论了刑法第二百二十八条、第三百四十二条、第四百一十条规定的"违反土地管理法规"和第四百一十条规定的"非法批准征收、征用、占用土地"的含义问题,解释如下:

刑法第二百二十八条、第三百四十二条、第四百一十条规定的"违反土地管理法规",是指违反土地管理法、森林法、草原法等法律以及有关行政法规中关于土地管理的规定。

刑法第四百一十条规定的"非法批准征收、征用、占用土地",是指非法批准征收、征用、占用耕地、林地等农用地以及其他土地。

现予公告。

最高人民检察院关于人民检察院直接受理立案侦查案件立案标准的规定(试行)(节录)

· 1999 年 9 月 16 日

· 高检发释字〔1999〕2 号

……

(十九)非法批准征用、占用土地案(第 410 条)

非法批准征用、占用土地罪是指国家机关工作人员徇私舞弊,违反土地管理法规,滥用职权,非法批准征用、占用土地,情节严重的行为。

涉嫌下列情形之一的,应予立案:

1. 一次性非法批准征用、占用基本农田 0.67 公顷(10 亩)以上,或者其他耕地 2 公顷(30 亩)以上,或者其他土地 3.33 公顷(50 亩)以上的;

2. 12 个月内非法批准征用、占用土地累计达到上述标准的;

3. 非法批准征用、占用土地数量虽未达到上述标准,但接近上述标准且导致被非法批准征用、占用的土地或者植被遭到严重破坏,或者造成有关单位、个人直接经济损失 20 万元以上的;

4. 非法批准征用、占用土地,影响群众生产、生活,引起纠纷,造成恶劣影响或者其他严重后果的。

(二十)非法低价出让国有土地使用权案(第 410 条)

非法低价出让国有土地使用权罪是指国家机关工作人员徇私舞弊,违反土地管理法规,滥用职权,非法低价出让国有土地使用权,情节严重的行为。

涉嫌下列情形之一的,应予立案:

1. 非法低价(包括无偿)出让国有土地使用权 2 公顷(30 亩)以上,并且价格低于规定的最低价格的 60%的;

2. 非法低价出让国有土地使用权的数量虽未达到上述标准,但造成国有土地资产流失价值 20 万元以上或者植被遭到严重破坏的;

3. 非法低价出让国有土地使用权,影响群众生产、生活,引起纠纷,造成恶劣影响或者其他严重后果的。

……

最高人民检察院、公安部关于公安机关管辖的刑事案件立案追诉标准的规定(一)(节录)

· 2008 年 6 月 25 日

· 公通字〔2008〕36 号

……

第六十七条　【非法占用农用地案(刑法第三百四十二条)】违反土地管理法规,非法占用耕地、林地等农用地,改变被占用土地用途,造成耕地、林地等农用地大量毁坏,涉嫌下列情形之一的,应予立案追诉:

(一)非法占用基本农田五亩以上或者基本农田以外的耕地十亩以上的;

(二)非法占用防护林地或者特种用途林地数量单种或者合计五亩以上的;

(三)非法占用其他林地数量十亩以上的;

(四)非法占用本款第(二)项、第(三)项规定的林地,其中一项数量达到相应规定的数量标准的百分之五十以上,且两项数量合计达到该项规定的数量标准的;

(五)非法占用其他农用地数量较大的情形。

违反土地管理法规,非法占用耕地建窑、建坟、建房、挖沙、采石、采矿、取土、堆放固体废弃物或者进行其他非

农业建设,造成耕地种植条件严重毁坏或者严重污染,被毁坏耕地数量达到以上规定的,属于本条规定的"造成耕地大量毁坏"。

违反土地管理法规,非法占用林地,改变被占用林地用途,在非法占用的林地上实施建窑、建坟、建房、挖沙、采石、采矿、取土、种植农作物、堆放或者排泄废弃物等行为或者进行其他非林业生产、建设,造成林地的原有植被或者林业种植条件严重毁坏或者严重污染,被毁坏林地数量达到以上规定的,属于本条规定的"造成林地大量毁坏"。

……

最高人民检察院、公安部关于公安机关管辖的刑事案件立案追诉标准的规定(二)(节录)

· 2022年4月6日

· 公通字〔2022〕12号

……

第七十二条　〔**非法转让、倒卖土地使用权案(刑法第二百二十八条)**〕以牟利为目的,违反土地管理法规,非法转让、倒卖土地使用权,涉嫌下列情形之一的,应予立案追诉:

(一)非法转让、倒卖永久基本农田五亩以上的;

(二)非法转让、倒卖永久基本农田以外的耕地十亩以上的;

(三)非法转让、倒卖其他土地二十亩以上的;

(四)违法所得数额在五十万元以上的;

(五)虽未达到上述数额标准,但因非法转让、倒卖土地使用权受过行政处罚,又非法转让、倒卖土地的;

(六)其他情节严重的情形。

……

最高人民法院关于审理破坏土地资源刑事案件具体应用法律若干问题的解释

· 2000年6月19日法释〔2000〕14号公布

· 自2000年6月22日起施行

为依法惩处破坏土地资源犯罪活动,根据刑法的有关规定,现就审理这类案件具体应用法律的若干问题解释如下:

第一条　以牟利为目的,违反土地管理法规,非法转让、倒卖土地使用权,具有下列情形之一的,属于非法转让、倒卖土地使用权"情节严重",依照刑法第二百二十八条的规定,以非法转让、倒卖土地使用权罪定罪处罚:

(一)非法转让、倒卖基本农田5亩以上的;

(二)非法转让、倒卖基本农田以外的耕地10亩以上的;

(三)非法转让、倒卖其他土地20亩以上的;

(四)非法获利50万元以上的;

(五)非法转让、倒卖土地接近上述数量标准并具有其他恶劣情节的,如曾因非法转让、倒卖土地使用权受过行政处罚或者造成严重后果等。

第二条　实施第一条规定的行为,具有下列情形之一的,属于非法转让、倒卖土地使用权"情节特别严重":

(一)非法转让、倒卖基本农田10亩以上的;

(二)非法转让、倒卖基本农田以外的耕地20亩以上的;

(三)非法转让、倒卖其他土地40亩以上的;

(四)非法获利100万元以上的;

(五)非法转让、倒卖土地接近上述数量标准并具有其他恶劣情节,如造成严重后果等。

第三条　违反土地管理法规,非法占用耕地改作他用,数量较大,造成耕地大量毁坏的,依照刑法第三百四十二条的规定,以非法占用耕地罪定罪处罚:

(一)非法占用耕地"数量较大",是指非法占用基本农田5亩以上或者非法占用基本农田以外的耕地10亩以上。

(二)非法占用耕地"造成耕地大量毁坏",是指行为人非法占用耕地建窑、建坟、建房、挖沙、采石、采矿、取土、堆放固体废弃物或者进行其他非农业建设,造成基本农田5亩以上或者基本农田以外的耕地10亩以上种植条件严重毁坏或者严重污染。

第四条　国家机关工作人员徇私舞弊,违反土地管理法规,滥用职权,非法批准征用、占用土地,具有下列情形之一的,属于非法批准征用、占用土地"情节严重",依照刑法第四百一十条的规定,以非法批准征用、占用土地罪定罪处罚:

(一)非法批准征用、占用基本农田10亩以上的;

(二)非法批准征用、占用基本农田以外的耕地30亩以上的;

(三)非法批准征用、占用其他土地50亩以上的;

(四)虽未达到上述数量标准,但非法批准征用、占用土地造成直接经济损失30万元以上;造成耕地大量毁坏等恶劣情节的。

第五条　实施第四条规定的行为，具有下列情形之一的，属于非法批准征用、占用土地“致使国家或者集体利益遭受特别重大损失”：

（一）非法批准征用、占用基本农田20亩以上的；

（二）非法批准征用、占用基本农田以外的耕地60亩以上的；

（三）非法批准征用、占用其他土地100亩以上的；

（四）非法批准征用、占用土地，造成基本农田5亩以上，其他耕地10亩以上严重毁坏的；

（五）非法批准征用、占用土地造成直接经济损失50万元以上等恶劣情节的。

第六条　国家机关工作人员徇私舞弊，违反土地管理法规，非法低价出让国有土地使用权，具有下列情形之一的，属于“情节严重”，依照刑法第四百一十条的规定，以非法低价出让国有土地使用权罪定罪处罚：

（一）出让国有土地使用权面积在30亩以上，并且出让价额低于国家规定的最低价额标准的60%的；

（二）造成国有土地资产流失价额在30万元以上的。

第七条　实施第六条规定的行为，具有下列情形之一的，属于非法低价出让国有土地使用权，“致使国家和集体利益遭受特别重大损失”：

（一）非法低价出让国有土地使用权面积在60亩以上，并且出让价额低于国家规定的最低价额标准的40%的；

（二）造成国有土地资产流失价额在50万元以上的。

第八条　单位犯非法转让、倒卖土地使用权罪、非法占有耕地罪的定罪量刑标准，依照本解释第一条、第二条、第三条的规定执行。

第九条　多次实施本解释规定的行为依法应当追诉的，或者一年内多次实施本解释规定的行为未经处理的，按照累计的数量、数额处罚。

最高人民法院关于审理破坏森林资源刑事案件适用法律若干问题的解释

·2023年6月19日最高人民法院审判委员会第1891次会议通过

·2023年8月13日最高人民法院公告公布

·自2023年8月15日起施行

·法释〔2023〕8号

为依法惩治破坏森林资源犯罪，保护生态环境，根据《中华人民共和国刑法》、《中华人民共和国刑事诉讼法》、《中华人民共和国森林法》等法律的有关规定，现就审理此类刑事案件适用法律的若干问题解释如下：

第一条　违反土地管理法规，非法占用林地，改变被占用林地用途，具有下列情形之一的，应当认定为刑法第三百四十二条规定的造成林地“毁坏”：

（一）在林地上实施建窑、建坟、建房、修路、硬化等工程建设的；

（二）在林地上实施采石、采砂、采土、采矿等活动的；

（三）在林地上排放污染物、堆放废弃物或者进行非林业生产、建设，造成林地被严重污染或者原有植被、林业生产条件被严重破坏的。

实施前款规定的行为，具有下列情形之一的，应当认定为刑法第三百四十二条规定的“数量较大，造成耕地、林地等农用地大量毁坏”：

（一）非法占用并毁坏公益林地五亩以上的；

（二）非法占用并毁坏商品林地十亩以上的；

（三）非法占用并毁坏的公益林地、商品林地数量虽未分别达到第一项、第二项规定标准，但按相应比例折算合计达到有关标准的；

（四）二年内曾因非法占用农用地受过二次以上行政处罚，又非法占用林地，数量达到第一项至第三项规定标准一半以上的。

第二条　违反国家规定，非法采伐、毁坏列入《国家重点保护野生植物名录》的野生植物，或者非法收购、运输、加工、出售明知是非法采伐、毁坏的上述植物及其制品，具有下列情形之一的，应当依照刑法第三百四十四条的规定，以危害国家重点保护植物罪定罪处罚：

（一）危害国家一级保护野生植物一株以上或者立木蓄积一立方米以上的；

（二）危害国家二级保护野生植物二株以上或者立木蓄积二立方米以上的；

（三）危害国家重点保护野生植物，数量虽未分别达到第一项、第二项规定标准，但按相应比例折算合计达到有关标准的；

（四）涉案国家重点保护野生植物及其制品价值二万元以上的。

实施前款规定的行为，具有下列情形之一的，应当认定为刑法第三百四十四条规定的“情节严重”：

（一）危害国家一级保护野生植物五株以上或者立木蓄积五立方米以上的；

（二）危害国家二级保护野生植物十株以上或者立

木蓄积十立方米以上的;

(三)危害国家重点保护野生植物,数量虽未分别达到第一项、第二项规定标准,但按相应比例折算合计达到有关标准的;

(四)涉案国家重点保护野生植物及其制品价值二十万元以上的;

(五)其他情节严重的情形。

违反国家规定,非法采伐、毁坏古树名木,或者非法收购、运输、加工、出售明知是非法采伐、毁坏的古树名木及其制品,涉案树木未列入《国家重点保护野生植物名录》的,根据涉案树木的树种、树龄以及历史、文化价值等因素,综合评估社会危害性,依法定罪处罚。

第三条 以非法占有为目的,具有下列情形之一的,应当认定为刑法第三百四十五条第一款规定的“盗伐森林或者其他林木”:

(一)未取得采伐许可证,擅自采伐国家、集体或者他人所有的林木的;

(二)违反森林法第五十六条第三款的规定,擅自采伐国家、集体或者他人所有的林木的;

(三)在采伐许可证规定的地点以外采伐国家、集体或者他人所有的林木的。

不以非法占有为目的,违反森林法的规定,进行开垦、采石、采砂、采土或者其他活动,造成国家、集体或者他人所有的林木毁坏,符合刑法第二百七十五条规定的,以故意毁坏财物罪定罪处罚。

第四条 盗伐森林或者其他林木,涉案林木具有下列情形之一的,应当认定为刑法第三百四十五条第一款规定的“数量较大”:

(一)立木蓄积五立方米以上的;

(二)幼树二百株以上的;

(三)数量虽未分别达到第一项、第二项规定标准,但按相应比例折算合计达到有关标准的;

(四)价值二万元以上的。

实施前款规定的行为,达到第一项至第四项规定标准十倍、五十倍以上的,应当分别认定为刑法第三百四十五条第一款规定的“数量巨大”、“数量特别巨大”。

实施盗伐林木的行为,所涉林木系风倒、火烧、水毁或者林业有害生物等自然原因死亡或者严重毁损的,在决定应否追究刑事责任和裁量刑罚时,应当从严把握;情节显著轻微危害不大的,不作为犯罪处理。

第五条 具有下列情形之一的,应当认定为刑法第三百四十五条第二款规定的“滥伐森林或者其他林木”:

(一)未取得采伐许可证,或者违反采伐许可证规定的时间、地点、数量、树种、方式,任意采伐本单位或者本人所有的林木的;

(二)违反森林法第五十六条第三款的规定,任意采伐本单位或者本人所有的林木的;

(三)在采伐许可证规定的地点,超过规定的数量采伐国家、集体或者他人所有的林木的。

林木权属存在争议,一方未取得采伐许可证擅自砍伐的,以滥伐林木论处。

第六条 滥伐森林或者其他林木,涉案林木具有下列情形之一的,应当认定为刑法第三百四十五条第二款规定的“数量较大”:

(一)立木蓄积二十立方米以上的;

(二)幼树一千株以上的;

(三)数量虽未分别达到第一项、第二项规定标准,但按相应比例折算合计达到有关标准的;

(四)价值五万元以上的。

实施前款规定的行为,达到第一项至第四项规定标准五倍以上的,应当认定为刑法第三百四十五条第二款规定的“数量巨大”。

实施滥伐林木的行为,所涉林木系风倒、火烧、水毁或者林业有害生物等自然原因死亡或者严重毁损的,一般不以犯罪论处;确有必要追究刑事责任的,应当从宽处理。

第七条 认定刑法第三百四十五条第三款规定的“明知是盗伐、滥伐的林木”,应当根据涉案林木的销售价格、来源以及收购、运输行为违反有关规定等情节,结合行为人的职业要求、经历经验、前科情况等作出综合判断。

具有下列情形之一的,可以认定行为人明知是盗伐、滥伐的林木,但有相反证据或者能够作出合理解释的除外:

(一)收购明显低于市场价格出售的林木的;

(二)木材经营加工企业伪造、涂改产品或者原料出入库台账的;

(三)交易方式明显不符合正常习惯的;

(四)逃避、抗拒执法检查的;

(五)其他足以认定行为人明知的情形。

第八条 非法收购、运输明知是盗伐、滥伐的林木,具有下列情形之一的,应当认定为刑法第三百四十五条第三款规定的“情节严重”:

(一)涉案林木立木蓄积二十立方米以上的;

（二）涉案幼树一千株以上的；

（三）涉案林木数量虽未分别达到第一项、第二项规定标准，但按相应比例折算合计达到有关标准的；

（四）涉案林木价值五万元以上的；

（五）其他情节严重的情形。

实施前款规定的行为，达到第一项至第四项规定标准五倍以上或者具有其他特别严重情节的，应当认定为刑法第三百四十五条第三款规定的"情节特别严重"。

第九条　多次实施本解释规定的行为，未经处理，且依法应当追诉的，数量、数额累计计算。

第十条　伪造、变造、买卖采伐许可证，森林、林地、林木权属证书以及占用或者征用林地审核同意书等国家机关批准的林业证件、文件构成犯罪的，依照刑法第二百八十条第一款的规定，以伪造、变造、买卖国家机关公文、证件罪定罪处罚。

买卖允许进出口证明书等经营许可证明，同时构成刑法第二百二十五条、第二百八十条规定之罪的，依照处罚较重的规定定罪处罚。

第十一条　下列行为，符合刑法第二百六十四条规定的，以盗窃罪定罪处罚：

（一）盗窃国家、集体或者他人所有并已经伐倒的树木的；

（二）偷砍他人在自留地或者房前屋后种植的零星树木的。

非法实施采种、采脂、掘根、剥树皮等行为，符合刑法第二百六十四条规定的，以盗窃罪论处。在决定应否追究刑事责任和裁量刑罚时，应当综合考虑对涉案林木资源的损害程度以及行为人获利数额、行为动机、前科情况等情节；认为情节显著轻微危害不大的，不作为犯罪处理。

第十二条　实施破坏森林资源犯罪，具有下列情形之一的，从重处罚：

（一）造成林地或者其他农用地基本功能丧失或者遭受永久性破坏的；

（二）非法占用自然保护地核心保护区内的林地或者其他农用地的；

（三）非法采伐国家公园、国家级自然保护区内的林木的；

（四）暴力抗拒、阻碍国家机关工作人员依法执行职务，尚不构成妨害公务罪、袭警罪的；

（五）经行政主管部门责令停止违法行为后，继续实施相关行为的。

实施本解释规定的破坏森林资源行为，行为人系初犯，认罪认罚，积极通过补种树木、恢复植被和林业生产条件等方式修复生态环境，综合考虑涉案林地的类型、数量、生态区位或者涉案植物的种类、数量、价值，以及行为人获利数额、行为手段等因素，认为犯罪情节轻微的，可以免予刑事处罚；认为情节显著轻微危害不大的，不作为犯罪处理。

第十三条　单位犯刑法第三百四十二条、第三百四十四条、第三百四十五条规定之罪的，依照本解释规定的相应自然人犯罪的定罪量刑标准，对直接负责的主管人员和其他直接责任人员定罪处罚，并对单位判处罚金。

第十四条　针对国家、集体或者他人所有的国家重点保护植物和其他林木实施犯罪的违法所得及其收益，应当依法追缴或者责令退赔。

第十五条　组织他人实施本解释规定的破坏森林资源犯罪的，应当按照其组织实施的全部罪行处罚。

对于受雇佣为破坏森林资源犯罪提供劳务的人员，除参与利润分成或者领取高额固定工资的以外，一般不以犯罪论处，但曾因破坏森林资源受过处罚的除外。

第十六条　对于实施本解释规定的相关行为未被追究刑事责任的行为人，依法应当给予行政处罚、政务处分或者其他处分的，移送有关主管机关处理。

第十七条　涉案国家重点保护植物或者其他林木的价值，可以根据销赃数额认定；无销赃数额，销赃数额难以查证，或者根据销赃数额认定明显不合理的，根据市场价格认定。

第十八条　对于涉案农用地类型、面积，国家重点保护植物或者其他林木的种类、立木蓄积、株数、价值，以及涉案行为对森林资源的损害程度等问题，可以由林业主管部门、侦查机关依据现场勘验、检查笔录等出具认定意见；难以确定的，依据鉴定机构出具的鉴定意见或者下列机构出具的报告，结合其他证据作出认定：

（一）价格认证机构出具的报告；

（二）国务院林业主管部门指定的机构出具的报告；

（三）地、市级以上人民政府林业主管部门出具的报告。

第十九条　本解释所称"立木蓄积"的计算方法为：原木材积除以该树种的出材率。

本解释所称"幼树"，是指胸径五厘米以下的树木。

滥伐林木的数量，应当在伐区调查设计允许的误差额以上计算。

第二十条　本解释自2023年8月15日起施行。本解释施行后，《最高人民法院关于滥伐自己所有权的林木其林木应如何处理的问题的批复》（法复〔1993〕5号）、《最高人民法院关于审理破坏森林资源刑事案件具体应用法律若干问题的解释》（法释〔2000〕36号）、《最高人民法院关于在林木采伐许可证规定的地点以外采伐本单位或者本人所有的森林或者其他林木的行为如何适用法律问题的批复》（法释〔2004〕3号）、《最高人民法院关于审理破坏林地资源刑事案件具体应用法律若干问题的解释》（法释〔2005〕15号）同时废止；之前发布的司法解释与本解释不一致的，以本解释为准。

最高人民法院关于审理矿业权纠纷案件适用法律若干问题的解释

· 2017年2月20日最高人民法院审判委员会第1710次会议通过
· 根据2020年12月23日最高人民法院审判委员会第1823次会议通过的《最高人民法院关于修改〈最高人民法院关于在民事审判工作中适用《中华人民共和国工会法》若干问题的解释〉等二十七件民事类司法解释的决定》修正
· 2020年12月29日最高人民法院公告公布
· 自2021年1月1日起施行
· 法释〔2020〕17号

为正确审理矿业权纠纷案件，依法保护当事人的合法权益，根据《中华人民共和国民法典》《中华人民共和国矿产资源法》《中华人民共和国环境保护法》等法律法规的规定，结合审判实践，制定本解释。

第一条　人民法院审理探矿权、采矿权等矿业权纠纷案件，应当依法保护矿业权流转，维护市场秩序和交易安全，保障矿产资源合理开发利用，促进资源节约与环境保护。

第二条　县级以上人民政府自然资源主管部门作为出让人与受让人签订的矿业权出让合同，除法律、行政法规另有规定的情形外，当事人请求确认自依法成立之日起生效的，人民法院应予支持。

第三条　受让人请求自矿产资源勘查许可证、采矿许可证载明的有效期起始日确认其探矿权、采矿权的，人民法院应予支持。

矿业权出让合同生效后、矿产资源勘查许可证或者采矿许可证颁发前，第三人越界或者以其他方式非法勘查开采，经出让人同意已实际占有勘查作业区或者矿区的受让人，请求第三人承担停止侵害、排除妨碍、赔偿损失等侵权责任的，人民法院应予支持。

第四条　出让人未按照出让合同的约定移交勘查作业区或者矿区、颁发矿产资源勘查许可证或者采矿许可证，受让人请求解除出让合同的，人民法院应予支持。

受让人勘查开采矿产资源未达到自然资源主管部门批准的矿山地质环境保护与土地复垦方案要求，在自然资源主管部门规定的期限内拒不改正，或者因违反法律法规被吊销矿产资源勘查许可证、采矿许可证，或者未按照出让合同的约定支付矿业权出让价款，出让人解除出让合同的，人民法院应予支持。

第五条　未取得矿产资源勘查许可证、采矿许可证，签订合同将矿产资源交由他人勘查开采的，人民法院应依法认定合同无效。

第六条　矿业权转让合同自依法成立之日起具有法律约束力。矿业权转让申请未经自然资源主管部门批准，受让人请求转让人办理矿业权变更登记手续的，人民法院不予支持。

当事人仅以矿业权转让申请未经自然资源主管部门批准为由请求确认转让合同无效的，人民法院不予支持。

第七条　矿业权转让合同依法成立后，在不具有法定无效情形下，受让人请求转让人履行报批义务或者转让人请求受让人履行协助报批义务的，人民法院应予支持，但法律上或者事实上不具备履行条件的除外。

人民法院可以依据案件事实和受让人的请求，判决受让人代为办理报批手续，转让人应当履行协助义务，并承担由此产生的费用。

第八条　矿业权转让合同依法成立后，转让人无正当理由拒不履行报批义务，受让人请求解除合同、返还已付转让款及利息，并由转让人承担违约责任的，人民法院应予支持。

第九条　矿业权转让合同约定受让人支付全部或者部分转让款后办理报批手续，转让人在办理报批手续前请求受让人先履行付款义务的，人民法院应予支持，但受让人有确切证据证明存在转让人将同一矿业权转让给第三人、矿业权人将被兼并重组等符合民法典第五百二十七条规定情形的除外。

第十条　自然资源主管部门不予批准矿业权转让申请致使矿业权转让合同被解除，受让人请求返还已付转让款及利息，采矿权人请求受让人返还获得的矿产品及收益，或者探矿权人请求受让人返还勘查资料和勘查中回收的矿产品及收益的，人民法院应予支持，但受让人可请求扣除相关的成本费用。

当事人一方对矿业权转让申请未获批准有过错的，

应赔偿对方因此受到的损失；双方均有过错的，应当各自承担相应的责任。

第十一条　矿业权转让合同依法成立后、自然资源主管部门批准前，矿业权人又将矿业权转让给第三人并经自然资源主管部门批准、登记，受让人请求解除转让合同、返还已付转让款及利息，并由矿业权人承担违约责任的，人民法院应予支持。

第十二条　当事人请求确认矿业权租赁、承包合同自依法成立之日起生效的，人民法院应予支持。

矿业权租赁、承包合同约定矿业权人仅收取租金、承包费，放弃矿山管理，不履行安全生产、生态环境修复等法定义务，不承担相应法律责任的，人民法院应依法认定合同无效。

第十三条　矿业权人与他人合作进行矿产资源勘查开采所签订的合同，当事人请求确认自依法成立之日起生效的，人民法院应予支持。

合同中有关矿业权转让的条款适用本解释关于矿业权转让合同的规定。

第十四条　矿业权人为担保自己或者他人债务的履行，将矿业权抵押给债权人的，抵押合同自依法成立之日起生效，但法律、行政法规规定不得抵押的除外。

当事人仅以未经主管部门批准或者登记、备案为由请求确认抵押合同无效的，人民法院不予支持。

第十五条　当事人请求确认矿业权之抵押权自依法登记时设立的，人民法院应予支持。

颁发矿产资源勘查许可证或者采矿许可证的自然资源主管部门根据相关规定办理的矿业权抵押备案手续，视为前款规定的登记。

第十六条　债务人不履行到期债务或者发生当事人约定的实现抵押权的情形，抵押权人依据民事诉讼法第一百九十六条、第一百九十七条规定申请实现抵押权的，人民法院可以拍卖、变卖矿业权或者裁定以矿业权抵债，但矿业权竞买人、受让人应具备相应的资质条件。

第十七条　矿业权抵押期间因抵押人被兼并重组或者矿床被压覆等原因导致矿业权全部或者部分灭失，抵押权人请求就抵押人因此获得的保险金、赔偿金或者补偿金等款项优先受偿或者将该款项予以提存的，人民法院应予支持。

第十八条　当事人约定在自然保护区、风景名胜区、重点生态功能区、生态环境敏感区和脆弱区等区域内勘查开采矿产资源，违反法律、行政法规的强制性规定或者损害环境公共利益的，人民法院应依法认定合同无效。

第十九条　因越界勘查开采矿产资源引发的侵权责任纠纷，涉及自然资源主管部门批准的勘查开采范围重复或者界限不清的，人民法院应告知当事人先向自然资源主管部门申请解决。

第二十条　因他人越界勘查开采矿产资源，矿业权人请求侵权人承担停止侵害、排除妨碍、返还财产、赔偿损失等侵权责任的，人民法院应予支持，但探矿权人请求侵权人返还越界开采的矿产品及收益的除外。

第二十一条　勘查开采矿产资源造成环境污染，或者导致地质灾害、植被毁损等生态破坏，国家规定的机关或者法律规定的组织提起环境公益诉讼的，人民法院应依法予以受理。

国家规定的机关或者法律规定的组织为保护国家利益、环境公共利益提起诉讼的，不影响因同一勘查开采行为受到人身、财产损害的自然人、法人和非法人组织依据民事诉讼法第一百一十九条的规定提起诉讼。

第二十二条　人民法院在审理案件中，发现无证勘查开采，勘查资质、地质资料造假，或者勘查开采未履行生态环境修复义务等违法情形的，可以向有关行政主管部门提出司法建议，由其依法处理；涉嫌犯罪的，依法移送侦查机关处理。

第二十三条　本解释施行后，人民法院尚未审结的一审、二审案件适用本解释规定。本解释施行前已经作出生效裁判的案件，本解释施行后依法再审的，不适用本解释。

最高人民法院、最高人民检察院关于办理非法采矿、破坏性采矿刑事案件适用法律若干问题的解释

· 2016 年 11 月 28 日法释〔2016〕25 号公布

· 自 2016 年 12 月 1 日起施行

为依法惩处非法采矿、破坏性采矿犯罪活动，根据《中华人民共和国刑法》《中华人民共和国刑事诉讼法》的有关规定，现就办理此类刑事案件适用法律的若干问题解释如下：

第一条　违反《中华人民共和国矿产资源法》《中华人民共和国水法》等法律、行政法规有关矿产资源开发、利用、保护和管理的规定的，应当认定为刑法第三百四十三条规定的“违反矿产资源法的规定”。

第二条　具有下列情形之一的，应当认定为刑法第三百四十三条第一款规定的“未取得采矿许可证”：

（一）无许可证的；

（二）许可证被注销、吊销、撤销的；

（三）超越许可证规定的矿区范围或者开采范围的；

（四）超出许可证规定的矿种的（共生、伴生矿种除外）；

（五）其他未取得许可证的情形。

第三条　实施非法采矿行为，具有下列情形之一的，应当认定为刑法第三百四十三条第一款规定的“情节严重”：

（一）开采的矿产品价值或者造成矿产资源破坏的价值在十万元至三十万元以上的；

（二）在国家规划矿区、对国民经济具有重要价值的矿区采矿，开采国家规定实行保护性开采的特定矿种，或者在禁采区、禁采期内采矿，开采的矿产品价值或者造成矿产资源破坏的价值在五万元至十五万元以上的；

（三）二年内曾因非法采矿受过两次以上行政处罚，又实施非法采矿行为的；

（四）造成生态环境严重损害的；

（五）其他情节严重的情形。

实施非法采矿行为，具有下列情形之一的，应当认定为刑法第三百四十三条第一款规定的“情节特别严重”：

（一）数额达到前款第一项、第二项规定标准五倍以上的；

（二）造成生态环境特别严重损害的；

（三）其他情节特别严重的情形。

第四条　在河道管理范围内采砂，具有下列情形之一，符合刑法第三百四十三条第一款和本解释第二条、第三条规定的，以非法采矿罪定罪处罚：

（一）依据相关规定应当办理河道采砂许可证，未取得河道采砂许可证的；

（二）依据相关规定应当办理河道采砂许可证和采矿许可证，既未取得河道采砂许可证，又未取得采矿许可证的。

实施前款规定行为，虽不具有本解释第三条第一款规定的情形，但严重影响河势稳定，危害防洪安全的，应当认定为刑法第三百四十三条第一款规定的“情节严重”。

第五条　未取得海砂开采海域使用权证，且未取得采矿许可证，采挖海砂，符合刑法第三百四十三条第一款和本解释第二条、第三条规定的，以非法采矿罪定罪处罚。

实施前款规定行为，虽不具有本解释第三条第一款规定的情形，但造成海岸线严重破坏的，应当认定为刑法第三百四十三条第一款规定的“情节严重”。

第六条　造成矿产资源破坏的价值在五十万元至一百万元以上，或者造成国家规划矿区、对国民经济具有重要价值的矿区和国家规定实行保护性开采的特定矿种资源破坏的价值在二十五万元至五十万元以上的，应当认定为刑法第三百四十三条第二款规定的“造成矿产资源严重破坏”。

第七条　明知是犯罪所得的矿产品及其产生的收益，而予以窝藏、转移、收购、代为销售或者以其他方法掩饰、隐瞒的，依照刑法第三百一十二条的规定，以掩饰、隐瞒犯罪所得、犯罪所得收益罪定罪处罚。

实施前款规定的犯罪行为，事前通谋的，以共同犯罪论处。

第八条　多次非法采矿、破坏性采矿构成犯罪，依法应当追诉的，或者二年内多次非法采矿、破坏性采矿未经处理的，价值数额累计计算。

第九条　单位犯刑法第三百四十三条规定之罪的，依照本解释规定的相应自然人犯罪的定罪量刑标准，对直接负责的主管人员和其他直接责任人员定罪处罚，并对单位判处罚金。

第十条　实施非法采矿犯罪，不属于“情节特别严重”，或者实施破坏性采矿犯罪，行为人系初犯，全部退赃退赔，积极修复环境，并确有悔改表现的，可以认定为犯罪情节轻微，不起诉或者免予刑事处罚。

第十一条　对受雇佣为非法采矿、破坏性采矿犯罪提供劳务的人员，除参与利润分成或者领取高额固定工资的以外，一般不以犯罪论处，但曾因非法采矿、破坏性采矿受过处罚的除外。

第十二条　对非法采矿、破坏性采矿犯罪的违法所得及其收益，应当依法追缴或者责令退赔。

对用于非法采矿、破坏性采矿犯罪的专门工具和供犯罪所用的本人财物，应当依法没收。

第十三条　非法开采的矿产品价值，根据销赃数额认定；无销赃数额，销赃数额难以查证，或者根据销赃数额认定明显不合理的，根据矿产品价格和数量认定。

矿产品价值难以确定的，依据下列机构出具的报告，结合其他证据作出认定：

（一）价格认证机构出具的报告；

（二）省级以上人民政府国土资源、水行政、海洋等主管部门出具的报告；

（三）国务院水行政主管部门在国家确定的重要江河、湖泊设立的流域管理机构出具的报告。

第十四条 对案件所涉的有关专门性问题难以确定的,依据下列机构出具的鉴定意见或者报告,结合其他证据作出认定:

(一)司法鉴定机构就生态环境损害出具的鉴定意见;

(二)省级以上人民政府国土资源主管部门就造成矿产资源破坏的价值、是否属于破坏性开采方法出具的报告;

(三)省级以上人民政府水行政主管部门或者国务院水行政主管部门在国家确定的重要江河、湖泊设立的流域管理机构就是否危害防洪安全出具的报告;

(四)省级以上人民政府海洋主管部门就是否造成海岸线严重破坏出具的报告。

第十五条 各省、自治区、直辖市高级人民法院、人民检察院,可以根据本地区实际情况,在本解释第三条、第六条规定的数额幅度内,确定本地区执行的具体数额标准,报最高人民法院、最高人民检察院备案。

第十六条 本解释自2016年12月1日起施行。本解释施行后,《最高人民法院关于审理非法采矿、破坏性采矿刑事案件具体应用法律若干问题的解释》(法释〔2003〕9号)同时废止。

最高人民法院关于充分发挥环境资源审判职能作用依法惩处盗采矿产资源犯罪的意见

· 2022年7月1日
· 法发〔2022〕19号

党的十八大以来,以习近平同志为核心的党中央把生态文明建设作为关系中华民族永续发展的根本大计,高度重视和持续推进环境资源保护工作。矿产资源是国家的宝贵财富,是人民群众生产、生活的物质基础,是山水林田湖草沙生命共同体的重要组成部分。盗采矿产资源犯罪不仅破坏国家矿产资源及其管理秩序,妨害矿业健康发展,也极易造成生态环境损害,引发安全事故。为充分发挥人民法院环境资源审判职能作用,依法惩处盗采矿产资源犯罪,切实维护矿产资源和生态环境安全,根据有关法律规定,制定本意见。

一、提高政治站位,准确把握依法惩处盗采矿产资源犯罪的根本要求

1. 坚持以习近平新时代中国特色社会主义思想为指导,深入贯彻习近平生态文明思想和习近平法治思想,紧紧围绕党和国家工作大局,用最严格制度、最严密法治筑牢维护矿产资源和生态环境安全的司法屏障。坚持以人民为中心,完整、准确、全面贯彻新发展理念,正确认识和把握惩罚犯罪、保护生态与发展经济、保障民生之间的辩证关系,充分发挥司法的规则引领与价值导向功能,服务经济社会高质量发展。

2. 深刻认识盗采矿产资源犯罪的严重社会危害性,准确把握依法打击盗采矿产资源犯罪的形势任务,增强工作责任感和使命感。严格依法审理各类盗采矿产资源案件,紧盯盗采、运输、销赃等各环节,坚持"全要素、全环节、全链条"标准,确保裁判政治效果、法律效果、社会效果、生态效果相统一。

3. 坚持刑法和刑事诉讼法的基本原则,落实宽严相济刑事政策,依法追究盗采行为人的刑事责任。落实民法典绿色原则及损害担责、全面赔偿原则,注重探索、运用预防性恢复性司法规则,依法认定盗采行为人的民事责任。支持和保障行政主管机关依法行政、严格执法,切实追究盗采行为人的行政责任。贯彻落实全面追责原则,依法妥善协调盗采行为人的刑事、民事、行政责任。

4. 突出打击重点,保持依法严惩态势。落实常态化开展扫黑除恶斗争部署要求,持续依法严惩"沙霸""矿霸"及其"保护伞",彻底斩断其利益链条、铲除其滋生土壤。结合环境保护法、长江保护法、黑土地保护法等法律实施,依法严惩在划定生态保护红线区域、大江大河流域、黑土地保护区域以及在禁采区、禁采期实施的盗采矿产资源犯罪。立足维护矿产资源安全与科学开发利用,依法严惩针对战略性稀缺性矿产资源实施的盗采犯罪。

二、正确适用法律,充分发挥依法惩处盗采矿产资源犯罪的职能作用

5. 严格依照刑法第三百四十三条及《最高人民法院、最高人民检察院关于办理非法采矿、破坏性采矿刑事案件适用法律若干问题的解释》(以下简称《解释》)的规定,对盗采矿产资源行为定罪量刑。对犯罪分子主观恶性深、人身危险性大,犯罪情节恶劣、后果严重的,坚决依法从严惩处。

6. 正确理解和适用《解释》第二条、第四条第一款、第五条第一款规定,准确把握盗采矿产资源行为入罪的前提条件。对是否构成"未取得采矿许可证"情形,要在综合考量案件具体事实、情节的基础上依法认定。

7. 正确理解和适用《解释》第三条、第四条第二款、第五条第二款规定,对实施盗采矿产资源行为同时构成两种以上"情节严重"或者"情节特别严重"情形的,要综合考虑各情节,精准量刑。对在河道管理范围、海域实施盗采砂石行为的,要充分关注和考虑其危害堤防安全、航道畅通、通航安全或者造成岸线破坏等因素。

8. 充分关注和考虑实施盗采矿产资源行为对生态环境的影响,加强生态环境保护力度。对具有破坏生态环境情节但非依据生态环境损害严重程度确定法定刑幅度的,要酌情从重处罚。盗采行为人积极修复生态环境、赔偿损失的,可以依法从轻或者减轻处罚;符合《解释》第十条规定的,可以免予刑事处罚。

9. 正确理解和适用《解释》第十三条规定,准确把握矿产品价值认定规则。为获取非法利益而对矿产品进行加工、保管、运输的,其成本支出一般不从销赃数额中扣除。销赃数额与评估、鉴定的矿产品价值不一致的,要结合案件的具体事实、情节作出合理认定。

10. 依法用足用好罚金刑,提高盗采矿产资源犯罪成本,要综合考虑矿产品价值或者造成矿产资源破坏的价值、生态环境损害程度、社会影响等情节决定罚金数额。法律、行政法规对同类盗采矿产资源行为行政罚款标准有规定的,决定罚金数额时可以参照行政罚款标准。盗采行为人就同一事实已经支付了生态环境损害赔偿金、修复费用的,决定罚金数额时可予酌情考虑,但不能直接抵扣。

11. 准确理解和把握刑法第七十二条规定,依法正确适用缓刑。对盗采矿产资源犯罪分子具有"涉黑""涉恶"或者属于"沙霸""矿霸",曾因非法采矿或者破坏性采矿受过刑事处罚,与国家工作人员相互勾结实施犯罪或者以行贿等非法手段逃避监管,毁灭、伪造、隐藏证据或者转移财产逃避责任,或者数罪并罚等情形的,要从严把握缓刑适用。依法宣告缓刑的,可以根据犯罪情况,同时禁止犯罪分子在缓刑考验期限内从事与开采矿产资源有关的特定活动。

12. 准确理解和把握法律关于共同犯罪的规定,对明知他人盗采矿产资源,而为其提供重要资金、工具、技术、单据、证明、手续等便利条件或者居间联络,结合全案证据可以认定为形成通谋的,以共同犯罪论处。

13. 正确理解和适用《解释》第十二条规定,加强涉案财物处置力度。对盗采矿产资源犯罪的违法所得及其收益,用于盗采矿产资源犯罪的专门工具和供犯罪所用的本人财物,坚决依法追缴、责令退赔或者没收。对在盗采、运输、销赃等环节使用的机械设备、车辆、船舶等大型工具,要综合考虑案件的具体事实、情节及工具的属性、权属等因素,依法妥善认定是否用于盗采矿产资源犯罪的专门工具。

14. 依法妥善审理国家规定的机关或者法律规定的组织提起的生态环境保护附带民事公益诉讼,综合考虑盗采行为人的刑事责任与民事责任。既要依法全面追责,又要关注盗采行为人的担责能力,保证裁判的有效执行。鼓励根据不同环境要素的修复需求,依法适用劳务代偿、补种复绿、替代修复等多种修复责任承担方式,以及代履行、公益信托等执行方式。支持各方依法达成调解协议,鼓励盗采行为人主动、及时承担民事责任。

三、坚持多措并举,健全完善有效惩治盗采矿产资源犯罪的制度机制

15. 完善环境资源审判刑事、民事、行政审判职能"三合一"体制,综合运用刑事、民事、行政法律手段惩治盗采矿产资源犯罪,形成组合拳。推进以湿地、森林、海洋等生态系统,或者以国家公园、自然保护区等生态功能区为单位的环境资源案件跨行政区划集中管辖,推广人民法院之间协商联动合作模式,努力实现一体化司法保护和法律统一适用。全面加强队伍专业能力建设,努力培养既精通法律法规又熟悉相关领域知识的专家型法官,不断提升环境资源审判能力水平。

16. 加强与纪检监察机关、检察机关、公安机关、行政主管机关的协作配合,推动构建专业咨询和信息互通渠道,建立健全打击盗采矿产资源行政执法与刑事司法衔接长效工作机制,有效解决专业性问题评估、鉴定,涉案物品保管、移送和处理,案件信息共享等问题。依法延伸审判职能,积极参与综合治理工作,对审判中发现的违法犯罪线索、监管疏漏等问题,及时向有关单位移送、通报,必要时发送司法建议,形成有效惩治合力。

17. 因应信息化发展趋势,以人工智能、大数据、区块链为依托,促进信息技术与执法办案、调查研究深度融合,提升环境资源审判的便捷性、高效性和透明度。加速建设全国环境资源审判信息平台,构建上下贯通、横向联通的全国环境资源审判"一张网",为实现及时、精准惩处和预防盗采矿产资源犯罪提供科技支持。

18. 落实人民陪审员参加盗采矿产资源社会影响重大的案件和公益诉讼案件审理的制度要求,积极发挥专业人员在专业事实查明中的作用,充分保障人民群众知情权、参与权和监督权。着力提升巡回审判、典型案例发布等制度机制的普法功能,深入开展法治宣传和以案释法工作,积极营造依法严惩盗采矿产资源犯罪的社会氛围,引导人民群众增强环境资源保护法治意识,共建天蓝、地绿、水清的美丽家园。

· *典型案例*

1. 张风竹诉濮阳市国土资源局行政不作为案[①]

【基本案情】

2013年10月16日，张风竹向河南省濮阳市国土资源局（以下简称市国土局）书面提出申请，请求该局依法查处其所在村的耕地被有关工程项目违法强行占用的行为，并向该局寄送了申请书。市国土局于2013年10月17日收到申请后，没有受理、立案、处理，也未告知张风竹，张风竹遂以市国土局不履行法定职责为由诉至法院，请求确认被告不履行法定职责的具体行政行为违法，并要求被告对土地违法行为进行查处。

【裁判结果】

濮阳市华龙区人民法院一审认为，土地管理部门对上级交办、其他部门移送和群众举报的土地违法案件，应当受理。土地管理部门受理土地违法案件后，应当进行审查，凡符合立案条件的，应当及时立案查处；不符合立案条件的，应当告知交办、移送案件的单位或者举报人。本案原告张风竹向被告市国土局提出查处违法占地申请后，被告应当受理，被告既没有受理，也没有告知原告是否立案，故原告要求确认被告不履行法定职责违法，并限期履行法定职责的请求，有事实根据和法律依据，本院予以支持。遂判决：一、确认被告对原告要求查处违法占地申请未予受理的行为违法。二、限被告于本判决生效之日起按《土地违法案件查处办法》的规定履行法定职责。

市国土局不服，提出上诉，濮阳市中级人民法院二审认为，根据《土地违法案件查处办法》规定，县级以上地方人民政府土地行政主管部门对违反土地管理法律、法规的行为进行监督检查。上诉人市国土局上诉称2013年10月17日收到对土地违法行为监督的申请后，已进行了受理核查，但上诉人未及时将审查结果告知申请人，上诉人的行为未完全履行工作职责，违反了《土地违法案件查处办法》第十六条的规定。二审判决驳回上诉，维持原判。

【典型意义】

本案典型意义在于：通过行政审判职能的发挥，督促土地管理部门及时处理群众举报，切实履行查处违法占地相关法定职责，以回应群众关切、保障土地资源的合法利用。土地资源稀缺、人多地少的现状决定了我国必须实行最严格的土地管理制度，但长期以来土地资源浪费严重，违法违规用地层出不穷，既有土地管理保护不力的原因，也有人民群众难以有效参与保护的因素。公众参与，是及时发现和纠正土地违法行为的重要渠道，也是确保最严格的土地管理制度得以实施的有效手段。依法受理并及时查处人民群众对违法用地行为的举报，是土地管理部门的权力更是义务。《土地违法案件查处办法》第十三条规定了“土地管理部门对上级交办、其他部门移送和群众举报的土地违法案件，应当受理。”第十六条又对受理后的立案查处等程序作出明确规定。经了解，市国土局不仅在本案中对张风竹的申请未依法履行职责，对另外九人的申请也存在同样问题而被法院判决败诉。本案的裁决对确保最严格的土地管理制度的正确实施和公众参与具有积极意义。

2. 郭德胜诉河南省卫辉市国土资源局行政处罚案[②]

【基本案情】

2009年，郭德胜在未办理土地使用手续的情况下建造养殖场一处，实际占用土地面积220.50平方米。2011年12月5日，河南省卫辉市国土资源管理局（以下简称卫辉市国土局）对原告郭德胜作出了卫国土监字（2011）第041号行政处罚决定书，要求原告拆除在非法占用的220.50平方米土地上新建的建筑物220.50平方米，恢复土地原状，并处罚款4410元。原告认为被告作出处罚决定认定事实错误，诉至河南省卫辉市人民法院，要求撤销该处罚决定。

【裁判结果】

河南省卫辉市人民法院认为，原告郭德胜未经批准非法占用土地建养殖场的行为，违反了我国土地管理法的有关规定，卫辉市国土局应当根据郭德胜非法占用土地的行为，是否符合当地土地利用总体规划的事实，对郭德胜作出限期拆除非法占用土地上的建筑物或没收非法占用土地上的建筑物的行政处罚。但被告提供的标示郭德胜违法占用土地的具体位置的图纸未附说明材料，被告在庭审中亦未对该图纸中原告占用土地位置的确定方法作出说明、解释，致法院无法判断郭德胜占用的土地系农用地还

---

① 案例来源：2015年1月15日《最高人民法院发布人民法院关于行政不作为十大案例》。

② 案例来源：2014年6月《最高人民法院发布的五起典型案例》。

是建设用地，即原告建造的养殖场是否符合当地土地利用总体规划，直接导致无法确定被告对原告的违法行为应如何处罚，即是拆除还是没收在非法占用土地上的建筑物。同时，根据行政处罚法等规定，被告对原告作出限期拆除建筑物即较重的行政处罚决定之前，应当经过本单位领导集体讨论决定，但是被告未提供其对原告作出的处罚决定经过了本单位领导集体讨论决定的证据。因此，被告对原告作出的处罚决定主要证据不足，不符合法定程序，依法应予撤销。依据行政诉讼法规定，判决撤销卫辉市国土局2011年12月5日对原告郭德胜作出的卫国土监字(2011)第041号土地违法案件行政处罚决定书，并由被告重新作出处理。

一审宣判后，双方当事人均未上诉，一审判决已发生法律效力。

【典型意义】

行政处罚法第三十八条第二款规定："对情节复杂或者重大违法行为给予较重的行政处罚，行政机关的负责人应当集体讨论决定。"国家土地管理局《土地违法案件查处办法》第二十七条"土地违法案件应当由土地管理部门领导集体审议，但实行行政首长负责制。审议应当制作笔录，由参加审议的成员签名……"以上规定确立了行政处罚程序中的行政机关负责人集体讨论制度，即在对情节复杂或重大违法行为进行较重处罚前，行政机关的负责人通过党组会、联席会议、首长办公会等形式进行集体研究，再作出行政处罚决定。

较重的行政处罚，可能对被处罚人的权利造成巨大影响。如本案中国土资源部门作出的限期拆除建筑物的处罚，该处罚一经执行，将造成房屋灭失等无法逆转的后果，该处罚决定即使经过行政诉讼程序撤销，也不再具有恢复原状的可能性。经过负责人的集体讨论，不仅能够防止个别领导干部滥用权力，还能最大限度地保证行政决策的民主性和科学性，避免决策的随意性。

六、人大代表建议、政协委员提案答复

（一）人大代表建议答复

对十三届全国人大四次会议第8580号建议的答复

——关于整合不动产登记与房屋交易管理职能的建议

·2021年6月29日

·自然资人议复字〔2021〕040

您提出的《关于整合不动产登记与房屋交易管理职能的建议》收悉。该建议由中央编办、自然资源部、住房城乡建设部分办，现就涉及我部事项答复如下：

不动产登记涉及企业群众重大财产权，影响千家万户，关系各行各业，我部高度重视。自建立和实施不动产统一登记制度以来，在完成登记机构、登记簿册、登记依据和信息平台“四统一”改革任务的基础上，按照《优化营商环境条例》及《国务院办公厅关于压缩不动产登记办理时间的通知》（国办发〔2019〕8号）要求，加强部门协作、强化信息共享、优化办理流程、压缩办理时间，协同推进“互联网+不动产登记”，促进不动产登记提质增效，营商环境持续优化。

一是贯彻落实《优化营商环境条例》，实施登记、交易和缴税“一窗受理、并行办理”。按照《优化营商环境条例》和原国土资源部和住房城乡建设部联合印发的《关于房屋交易与不动产登记衔接有关问题的通知》（国土资发〔2017〕108号），明确对于房屋交易与不动产登记机构分设的地方，要按照“进一个门、跑一次路”的原则，实现房屋交易与不动产登记“一窗受理、并行办理”，切实便民利民。目前全国近2700个市县基本实现“一窗受理、并行办理”。

二是优化流程、精简材料，压缩办理时间。贯彻落实国办8号文，2019年印发了个人、企业和机关单位26种不动产登记流程优化图，指导各地优化流程、精简材料，绘制并公开本地流程图；2020年，我部联合税务总局、银保监会印发了《关于协同推进“互联网+不动产登记”方便企业和群众办事的意见》（自然资发〔2020〕83号），多部门协同推进“互联网+不动产登记”。目前，全国99%的市县公布了流程图，2200多个市县实现了“互联网+不动产登记”，全国所有市县基本将一般登记、抵押登记业务办理时间压缩至5个工作日以内，更加方便企业群众办事。

三是加强部门信息共享，支撑房地产市场调控。落实《中央编办关于整合不动产登记职责的通知》（中央编办发〔2013〕年134号）要求，依托全国互联互通的国家、省、市、县四级不动产登记信息管理基础平台，通过数据交换接口、数据抄送等方式，实现审批、交易和登记信息实时互通共享。目前，约2100个市县实现了与住建等部门的信息实时共享，累计共享信息数量超过1亿条。

在下一步工作中，我们将继续做好以下工作：一是加快推进《不动产登记法》立法工作，与《民法典》做好衔接，完善不动产登记法律制度体系。二是进一步加强部门配合，理顺工作关系，优化流程、精简材料，便民利企。三是深入推进“互联网+不动产登记”，全面实施“一窗受理、并行办理”，实现交易和登记信息互通共享，支撑房地产市场调控。

感谢您对不动产登记工作的关心与支持！

对十三届全国人大四次会议第2910号建议的答复

——关于完善生态保护红线立法工作和管理制度的建议

·2021年7月6日

·自然资人议复字〔2021〕109号

您提出的《关于完善生态保护红线立法工作和管理制度的建议》收悉。生态保护红线是保障和维护国家生态安全的底线和生命线，党中央高度重视生态保护红线划定和管理工作，完善生态保护红线立法工作和管理制度，对依法严守生态保护红线极为必要，您提出的有关建议我们将在相关立法和政策制定中积极采纳。现结合生态环境部和国家林草局的协办意见，答复如下：

一、关于“加速制定生态保护红线管理办法”

按照国务院部署要求，我部正在牵头研究制定《生态保护红线管理办法》。2019年以来，依据《中共中央办公厅 国务院办公厅关于国土空间规划中统筹划定落实三条控制线的指导意见》《中共中央办公厅 国务院办公厅关于建立以国家公园为主体的自然保护地体系的指导意见》,我部会同相关部门制定下发了多份文件,初步明确了生态保护红线划定、人为活动管控以及有关矛盾处置规则,为生态保护红线管理工作提供了重要基础。同时,衔接自然保护地等法律法规规定,结合生态保护红线评估调整、自然保护地整合优化等工作,研究起草了《生态保护红线管理办法》(征求意见稿),进一步明确生态保护红线划定、管控、占用、调整、考核等相关规定,并先后多次征求相关部委、地方的意见建议,拟进一步完善后报国务院。

二、关于"严格把关红线划定方案"

我部高度重视生态保护红线划定工作,在广泛听取相关部门、基层政府和专家意见的基础上,对划定过程中的突出矛盾问题进行了认真研究,相继制定 10 余份文件,明确矛盾处理规则,严格审核划定方案。一是明确工作原则。坚持强化统筹,结合国土空间规划划定落实三条控制线,做到不交叉不重叠不冲突;应划尽划,根据自然地理格局和生态功能划定,不预设比例指标;安全优先,牢牢守住耕地保护红线,确保国家粮食安全;问题导向,妥善处理历史遗留问题,尽量减少新的不必要的矛盾冲突。二是建立联合机制。在国家和省两个层面建立自然资源、生态环境、林草 3 部门联合工作机制,做到联合审查、联合报批;组建多领域院士、专家组成的联合技术团队,对重大技术问题会商研判,努力做到生态保护红线划定科学合理。三是严把成果质量。制定下发工作方案、成果提交要求和审核要点等,采用计算机逐图斑比对、实地踏勘、专家论证等多种方式,与地方多轮反复对接,对发现问题及时整改到位,各省(区、市)生态保护红线划定(调整)方案由省级人民政府确认。

三、关于"进一步明确并细化占用红线的审批流程"

《中共中央办公厅 国务院办公厅关于国土空间规划中统筹划定落实三条控制线的指导意见》明确:三条控制线是国土空间用途管制的基本依据,涉及生态保护红线、永久基本农田占用的,报国务院审批;对于生态保护红线内允许的对生态功能不造成破坏的有限人为活动,由省级政府制定具体监管办法。下一步,我部将结合《生态保护红线管理办法》,进一步明确生态保护红线占用审批的范围、流程等规定,健全生态保护红线制度体系。

四、关于"完善红线信息公开,促进公众参与红线保护"

目前,各省(区、市)生态保护红线方案已上报国务院待批复,由省级人民政府发布实施。各级自然资源主管部门将会同相关部门,建立健全公众参与机制,及时向社会公开生态保护红线范围、边界、监测评估等信息,鼓励公众和社会组织参与和监督生态保护红线管理。

感谢您对自然资源管理工作的关心,希望继续支持我部工作!

对十三届全国人大四次会议第 8840 号建议的答复

——关于提升地理信息公共服务的建议

· 2021 年 7 月 11 日

· 自然资人议复字〔2021〕127 号

你们提出的《关于提升地理信息公共服务的建议》收悉。该建议对于推进全国地理信息公共服务平台建设,提升地理信息公共服务能力和水平具有重要的借鉴意义。经商工业和信息化部、国家国防科技工业局,现答复如下:

一、已经开展的工作

近年来,我们认真贯彻落实《中华人民共和国测绘法》《地图条例》相关规定,着力完善政策法规,加强地理信息公共服务平台建设,努力解决数据时效性差、服务功能不够丰富等突出矛盾和问题,促进测绘成果社会化应用,不断提升地理信息公共服务水平。

(一)关于完善政策法规。修订完善测绘资质管理政策,印发了修订后的《测绘资质管理办法》和《测绘资质分类分级标准》,着力深化测绘领域"放管服"改革。针对互联网地图服务,涉及经营信息服务业务等电信服务的,依法依规做好市场准入,推动落实数据安全法律法规及标准体系,强化地理信息安全保障。

(二)关于平台运维管理。出台了《地理信息公共服务平台管理办法》(自然资办发〔2020〕77 号),明确数据更新、运行维护、应用推广等要求,推动平台规范化管理。加快推进全国地理信息公共服务平台(天地图)一体化建设,建立了以数据融合为基础的统一数据资源体系,以统一标准基础服务、统一应用程序接口、统一域名规则、统一用户管理、统一界面样式为基本特征的在线服务功能体系,以融合更新为主要技术手段的国家、省级、市县级节点数据联动更新体系。天地图现有注册用户约 70 万个,支撑各类应用系统约 62 万个,地图服务接口访问日均约 9 亿次,有效支撑了第四次全国经济普查、第二次全国污染源普查、第三次全国国土资源调查、第七次全国人口普查等重大国情国力调查,提高了基础地理信息资源开发利用效率,促进了地理信息数据的应用。

(三)关于地理信息服务功能。定期发布和更新全国测绘地理信息资源目录。组织开展1:5万公众版测绘成果加工和编制技术设计与试验,向社会提供1:100万、1:25万公众版测绘成果免费下载服务。着重厘清政府与市场、公共产品与市场产品的边界,重点建设市场无法提供或提供成本较大的数据资源。支持地理信息企业开发多元化地理信息服务产品,百度、高德、腾讯等企业不断发展壮大,相关产品基本满足市场对导航、定位、位置服务等地理信息需求。组织开展自动驾驶地图保密插件适用安全性测试及论证,规范自动驾驶地图相关研发应用。当前,我国地理信息产品和服务功能丰富程度逐步提升,但在距离满足用户多层次应用需求方面,与谷歌等国外产品相比,还存在一定差距,亟待在今后工作中予以优化和改进。

(四)关于数据时效性。天地图每年至少开展一次全面更新,发布一个新版本,重要信息实时更新。随着我国卫星遥感影像数据的开放及应用,高分辨率卫星数据丰富度和更新效率将逐步提升,具备更高频次数据更新的能力。

二、下一步工作打算

正如你们在建议中所述,我们还存在政策不够完善、地理信息服务功能不够丰富、数据更新不及时等问题。下一步,将加快推进地理信息公共服务政策的制修订,在维护地理信息安全的前提下,提供更高质量的地理信息公共服务。

(一)完善地理信息服务政策。推动修订《测绘成果管理条例》,细化政府投资和企业投资所生产的地理信息提供利用规定。加快修订《基础地理信息公开表示内容的规定(试行)》,形成《地理信息公开负面清单》,为有序推进地理信息数据开放共享奠定政策基础。修订《公开地图内容表示若干规定》及其补充规定,进一步规范公开地图表示内容。

(二)建设新一代地理信息公共服务平台。围绕"数据丰富、覆盖广泛、更新及时、功能全面、高度一体化"的目标,深化一体化建设,推动天地图转型升级。在数据建设方面,加强全国各级节点数据资源整合,不断扩充数据种类、扩大数据覆盖范围,扩展数据时间序列,实现从侧重于基础地理信息服务向自然资源地理信息服务转变、从侧重于我国陆地国土地理信息服务向海陆兼顾地理信息服务转变、从侧重于国内覆盖向全球覆盖服务转变,从侧重单一时相影像服务向多时相服务转变。在服务功能方面,建立数据资源管理、变化信息识别、快速融合更新、在线协同发布的一体化、智能化技术体系,进一步提升更新速度,提供多样化服务功能,实现从单一在线地图服务向综合地理信息服务转变、从侧重于二维数据服务向二三维并重数据服务转变。

(三)加强地理信息服务创新。建立分工维护、统一服务的在线地理信息应用服务机制,实行分类服务,面向社会应用体现普惠公平,面向党政机关应用做好保障服务,面向自然资源管理应用做好支撑服务,不断提升服务能力,满足日益增长的多样化服务需求。扩大地理信息资源共享开放,组织开展多尺度、多类型的公众版测绘成果加工和编制,建立公众版测绘成果共享开放机制,进一步丰富面向社会免费下载的地理信息公共产品。加强政策引导,优化营商环境,激发市场活力和企业积极性,支持企业开发地理信息新技术、新产品、新应用,不断创新服务模式,提高服务质量。积极推进国产地理信息系统软件的应用替代,形成供需两侧协同推进的合力,加速迭代创新和产业化进程。需要特别说明的是,建议中提到开发建立全国性移动端应用程序,由于财政经费限制,目前暂时无法开展,在资金等条件允许时,我们将予以考虑。

感谢对我们工作提出宝贵意见和建议,希望你们一如既往关注并支持地理信息管理相关工作!

对十三届全国人大四次会议第2784号建议的答复

——关于加快国土空间规划编制进程的建议

·2021年6月18日

·自然资人议复字〔2021〕011号

您提出的《关于加快国土空间规划编制进程的建议》收悉。我们十分赞同加快推进永久基本农田调整补划、科学合理规划和加快建设城市配套设施等建议,这些建议事项也是当前国土空间规划编制工作的重中之重。现答复如下:

一、基本完成第三次全国国土调查

目前,第三次全国国土调查(以下简称"三调")工作已基本完成,以2019年12月31日为标准时点,全面查清了我国陆地国土的利用现状,成果已上报党中央、国务院审议通过。

二、加快推进永久基本农田核实整改补足工作

2019年1月,自然资源部印发《关于加强和改进永久基本农田保护工作的通知》(自然资规〔2019〕1号),提出全面开展永久基本农田划定成果核实工作,要求各地充分运用卫星遥感和信息化技术手段,以2017年度土地变更调查、地理国情监测、耕地质量调查监测与评价等成果为基础,结合"三调"、自然资源督察、土地资源全天候遥感监测、永久基本农田划定成果专项检查、粮食生产功能区和重要农产品生产保护区划定等工作中发现的问题,组织对本省(区、市)永久基本农田划定成果进行全面核实,找准划定不实、违法占用等问题,梳理问题清单,提出分类处置意见,以县级行政区划为单元编制整改补划方案。

为进一步在国土空间规划中统筹加快推进永久基本农田核实整改补足及相关工作,2021年6月,我部国土空间规划局联合耕地保护监督司下发《关于加快推进永久基本农田核实整改补足和城镇开发边界划定工作的函》(自然资空间规划函〔2021〕121号),明确了工作任务、整改补足规则及工作组织要求,要求各地根据"三调"成果,将不稳定利用耕地等根据实际情况调出永久基本农田,并依据保护任务,在长期稳定利用耕地中,按照质量优先序,调整补足永久基本农田。

三、加快推进国土空间规划编制

为贯彻落实《中共中央 国务院关于建立国土空间规划体系并监督实施的若干意见》,将主体功能区规划、土地利用规划、城乡规划融合为统一的国土空间规划,实现"多规合一",2019年,我部印发了《关于全面开展国土空间规划工作的通知》(自然资发〔2019〕87号),明确以"三调"数据为规划现状底数和底图基础,全面启动各级国土空间规划编制工作,并将重大基础设施网络布局、城乡公共服务设施配置要求纳入国土空间规划。按照党中央、国务院部署,我部正在抓紧推进《全国国土空间规划纲要(2021-2035年)》(以下简称《全国纲要》)编制,目前已两次送有关部门征求意见。我部将继续加强与有关部门的沟通协调,尽快达成一致,按程序呈报党中央、国务院审定。

同时,为指导和加快推进省级及以下国土空间规划编制,我部先后印发《省级国土空间规划编制指南(试行)》《市级国土空间总体规划编制指南(试行)》,即将正式印发《社区生活圈规划技术指南》(TD/T 1062-2021),指导各地在国土空间规划编制中坚持以人民为中心的发展思想,优先保障各类重要公共服务设施用地,并以15分钟社区生活圈为单元补齐公共服务短板,重点提出医疗、教育等服务设施的配置标准和布局要求。我部还通过视频会、专题会、书面和实地调研等,克服疫情影响,全面掌握各地国土空间规划工作总体进度和面临的困难,与地方共同研究规划重大问题、提出解决思路。待《全国纲要》获批后,将及时启动省级和报国务院审批市级国土空间总体规划审查报批工作。

四、保障过渡期重大基础设施和民生保障项目落地

今年是"十四五"开局之年,为解决过渡期地方发展用地需求与新的国土空间规划尚未审批之间的矛盾,2020年,我部印发了《关于做好近期国土空间规划有关工作的通知》(自然资发〔2020〕183号),提出在新的国土空间规划批准生效前,为落实国家发展战略,保障"十四五"近期重大基础设施和民生保障项目、重大产业项目建设用地需求,各省(区、市)可按照2019年国家下达的新增建设用地计划的50%预支建设用地规模,新增城镇建设用地原则上应布局在报批的城镇开发边界内,并符合在国土空间规划中统筹三条控制线等空间管控要求。

五、下一步打算

下一步,我部将抓紧组织完成永久基本农田核实整改补足及三条控制线的上图入库工作,加快推进《全国纲要》编制报批,科学谋划国土空间格局,督促指导各地做好省级及以下国土空间总体规划编制报批工作,在规划中优化完善教育、医疗等民生领域重要设施的空间布局,塑造高品质城乡人居环境。

感谢您对国土空间规划工作的关心和支持!

对十三届全国人大五次会议第3370号建议的答复

——关于进一步提高矿产资源集约节约综合利用管理工作的建议

· 2022年7月5日

· 自然资人议复字〔2022〕121号

您提出的《关于进一步提高矿产资源集约节约综合利用管理工作的建议》收悉。您的建议对于我们加强和改进工作、进一步提升我国矿产资源节约集约与综合利用具有重要意义和参考价值。经会同生态环境部共同研究,现答复如下:

一、基本情况

(一)关于矿产资源开发利用管理。

2013年5月24日,习近平总书记在十八届中央政治局第六次集体学习时强调:"要加强矿产资源勘查、保护、合理开发,提高矿产资源勘查合理开采和综合利用水平。

要大力发展循环经济，促进生产、流通、消费过程的减量化、再利用、资源化”。习近平总书记重要指示为矿产资源节约集约与综合利用指明了发展方向。

提高矿产资源利用效率是一个系统工程，需要从生产作业、监督管理、技术进步、标准规范、政策措施等方面综合发力。党的十八大以来，自然资源领域深入贯彻落实习近平生态文明思想，坚持节约资源和保护环境的基本国策，通过系列措施，推进我国矿产资源全面节约和高效利用，矿产资源综合利用工作取得积极成效。

（二）关于矿产资源开采方式。

根据矿床埋藏深度的不同和技术经济合理性要求，矿产资源开采分为露天开采和地下开采两种方式，接近地表和埋藏较浅的部分多采用露天开采，深部矿藏多采用地下开采。合理的开采方式对提高矿产资源利用效率至关重要。一般来说，开采方式的优选专业性和系统性强，受到住建、安监、环保、林草、水利、自然资源等多个部门的管理，需要按照设计规范要求，综合考虑地质条件、资源赋存、安全生产、投入产出、环境保护等多个因素，严格设计审查论证。

与井工（地下）开采相比，露天开采一般生产规模大、资源利用率高、安全性好。比如金属矿露天开采可适当降低品位指标，进一步提高资源利用率，但对环境的影响相对较大。露天开采需根据矿体的赋存特征、矿山开采对环境的影响程度和开采的经济效益，通过可行性评价确定。我国煤矿、金属矿和化工矿产开采以井工（地下）开采居多。

二、已经开展的工作

（一）提高矿产资源开发利用效率的措施及成效。

一直以来，自然资源部高度重视矿产资源节约与综合利用，相继推出了系列举措推动矿产资源开发效率的提高，持续开展重要矿种开发利用水平跟踪调查评价和矿产资源节约与综合利用先进适用技术推广工作。自2012年开始，原国土资源部、自然资源部先后7次向全社会公告矿产资源节约与综合利用先进适用技术目录，并积极开展先进适用技术的应用推广工作。特别是针对矿产资源综合利用缺乏系统、完整、统一的评价指标体系问题，连续多年开展了矿产资源综合利用技术指标标准研究，分矿种研究制定了开采回采率、选矿回收率和综合利用率指标要求，实现了在产矿山所涉及矿种全覆盖的目标，构建起我国矿产资源完整的“三率”指标体系，为强化矿产资源综合利用评估和监管奠定了基础。例如，煤炭以采区回采率、原煤入选率和与煤共伴生矿产资源综合利用率三项指标作为煤炭企业开发利用煤炭资源效果的主要指标，并确定井工煤矿、露天煤矿不同煤层的采区回采率70%～95%，原煤入选率75%，煤矸石和矿井水综合利用率均应达到75%以上的指标要求。

（二）支持矿山企业确定科学合理的开采方式。

矿产资源开发的不利影响客观存在，不同开采方式（露天、井工、露井联采）带来不同的生态环境影响，生态环境部表示在符合产业政策、区域政策且环境影响可接受的前提下，因地制宜采取“宜露天则露天、宜井工则井工”的方式开发矿产资源。生态环境部在组织全国各省（区、市）“十四五”矿产资源总体规划环评审查过程中，把露天矿产开发作为重要评价、审查内容之一，立足于生态系统稳定和生态环境质量改善，推动矿产资源绿色发展。

（三）明确低品位矿产资源储量要求。

低品位矿是指以矿床工业指标为评判标准，介于边界品位和最低工业品之间的矿产资源，按现行《固体矿产资源储量分类》（GB/T 17766-2020），因其预期不能经济开采，而应划分为尚难利用矿产资源，不能划分为资源量，不能据其估算储量。

实践中的低品位矿有两种情形：一是整个矿床品位较低，属于低品位矿。二是伴随主矿产和共生矿产工业矿圈出的低品位矿。前者对于企业出资勘查的项目，一般不会继续投资进行深入工作，不提交储量报告进行评审备案；后者要求若低品位矿可以一并采出利用的，应按资源量估算，归为资源量管理，若低品位矿不能采出利用的，只作描述，不做估算和归类。如果预可行性研究、可行性研究或生产实际存在大规模利用低品位矿的，应重新论证工业指标。

三、下一步工作

由于我国矿种多、矿山分布广、矿山数量多，不同地区、不同矿山之间矿产资源开发条件和利用水平差异较大。个别地区、矿种、矿山的开发利用水平还有很大提升空间，节约与综合利用基础工作还需要进一步加强，先进技术研发和推广还需要进一步扩容、提效，目前发布的“三率”指标急需尽快完善并升级为标准，露天开采易造成塌陷、滑坡、泥石流等地质灾害，破坏生态环境等问题。下一步，我们将结合您提出的宝贵建议，重点开展以下工作。

（一）进一步完善矿产资源节约与综合利用相关制度。

自然资源部将在调查、统计、分析基础上，根据矿山企业生产情况、主管部门监管情况，综合考虑指标标准的适用性、可行性、可操作性，按照各种矿产资源开发利用特点，提出便于对矿山进行评估和监管的“三率”指标标准。同时，通过《矿产资源法》的修订、推进资源综合利用立法等途径，将“三率”指标标准纳入到法律中。

（二）继续加强新的矿产资源分类的解读和宣传。

按照新的矿产资源储量分类，资源量是预期可经济开采的矿产资源，应符合技术上可行、环境上允许、经济上合理的开采利用条件，具体应通过可行性评价确定，不能简单地通过一般工业指标进行评价，我们将加强新分类的解读和宣传，让矿山企业、地勘队伍和基层工作人员深入理解资源量、储量等内涵，并及时将已利用但未入库的低品位矿纳入矿产资源储量统计范畴。

（三）支持按照科学合理原则确定开采方式。

统筹做好保障矿产资源安全、生态环保、可持续开发利用之间的关系，着力保护和合理开发矿产资源，提高资源利用率，减少废弃物的排放，以最小的资源消耗和环境代价换取矿产资源，提升集约节约安全利用水平，支持在条件允许的情况下，对资源赋存好、灾害威胁轻、生态修复易，以及埋藏深度符合安全性、经济性的矿产资源进行露天开采。

衷心感谢您对矿产资源保护监督工作的关心和支持。希望您继续关注这项工作，随时向我们提出宝贵的意见建议。

对十三届全国人大五次会议第8432号建议的答复

——关于推进全域国土综合整治更好服务乡村振兴和新型城镇化发展的建议

· 2022年6月27日
· 自然资人议复字〔2022〕46号

您提出的《关于推进全域国土综合整治更好服务乡村振兴和新型城镇化发展的建议》对开展全域土地综合整治工作、助推乡村全面振兴和新型城镇化发展具有重要的参考价值。针对相关建议，经商国家发展改革委、财政部、生态环境部、住房城乡建设部认真研究，现答复如下。

一、有关背景

2018年10月，习近平总书记对浙江“千村示范、万村整治”工程作出重要批示，指出浙江“千村示范、万村整治”起步早、方向准、成效好，对全国有示范作用；要求深入总结经验，指导督促各地朝着既定目标，持续发力，久久为功，不断谱写美丽中国建设的新篇章。2018年6月，中共中央、国务院印发《乡村振兴战略规划（2018－2022年）》，明确提出实施农村土地综合整治重大行动。另外，2018年开始浙江、湖北、河南等省做了有益探索，并取得成效，具有一定的实践基础。

为贯彻落实习近平总书记重要批示精神，我部党组高度重视，部主要领导多次专题研究，2019年部署开展了以乡镇为基本实施单元的全域土地综合整治试点工作。几年来，各地结合区域经济社会发展状况和自然资源禀赋特点，探索推动土地整治与多要素的综合跨界融合，以“多目标定位、多模式实施、多元化投入”为特点的土地综合整治正在探索实践。

二、我部主要考虑

我们感到，全域土地综合整治是贯彻落实习近平总书记重要指示精神和党中央有关部署的重要举措，是机构改革后自然资源部履行“两统一”职责、实施乡村振兴战略和新型城镇化发展的重要平台和抓手。由于全域土地综合整治涉及广大农民群众的切身利益，涉及资源管理的方方面面，面临的情况和问题比较复杂，按照先试点、再推广的总体思路，我部推动开展以乡镇为单元的全域土地综合整治试点，并积极探索在县域、市域等不同区域开展全域土地综合整治试点。通过在全国开展试点，不断总结各地典型经验，逐步形成具备推广到全国的土地综合整治制度体系，助推乡村全面振兴和新型城镇化发展。

三、已经开展的工作情况

（一）关于将全域土地综合整治定位为服务生态文明建设、乡村振兴和新型城镇化的重要平台建议。

我部坚持将全域土地综合整治定位于贯彻落实习近平总书记重要指示精神和党中央有关部署的重要举措，注重发挥“土地整治+”的平台作用，将其作为服务乡村振兴和新型城市化发展的重要手段。国家发展改革委表示，国家高度重视乡村振兴和新型城镇化战略，在《中华人民共和国国民经济和社会发展第十四个五年规划和2035年远景目标纲要》专章提出，优化国土空间开发保护格局、强化村庄规划建设的政策举措，要求规范开展全域土地综合整治，保护传统村落、民族村寨和乡村风貌，严禁随意撤并村庄搞大社区、违背农民意愿大拆大建；优化布局乡村生活空间，严格保护农业生产空间和乡村生态空间等。

我部印发的《自然资源部关于开展全域土地综合整治试点工作的通知》（自然资发〔2019〕194号，以下简称

《通知》)明确,以综合整治为平台,以科学合理规划为前提,以乡镇为基本实施单元,整体推进农用地整理、建设用地整理、乡村生态保护修复和历史文化保护,优化生产、生活、生态空间格局,促进耕地保护和土地集约节约利用,通过"全域规划、全域设计、全域整治"的措施,系统解决空间优化、耕地保护、环境整治、产业落地等一揽子问题,助推乡村全面振兴和新型城镇化。

(二)关于加大财政投入形成"财政+金融+社会"的资金保障机制建议。

关于资金保障机制的问题。一是《通知》要求省级自然资源主管部门要统筹各类项目和资金,整合相关审批事项,建立相关制度和多元化投入机制。二是我部和国家林草局按照中央改革办要求,研究起草并报经国办印发了《关于鼓励和支持社会资本参与生态保护修复的意见》(国办发〔2021〕40 号),提出通过自然资源产权等相关政策激励,引导社会资本参与包括全域土地综合整治在内的生态修复工作。

关于设立全域国土综合整治专项问题。一是财政部表示,依据 2014 年国务院印发《关于改革和完善中央对地方转移支付制度的意见》(国发〔2014〕71 号)规定,严格控制新设专项,不得变相增设专项。目前不宜设立新的全域土地综合整治专项,建议充分发挥现有政策和资金渠道作用。二是 2020 年 6 月印发的《全域土地综合整治实施要点》(自然资生态修复函〔2020〕37 号,以下简称《实施要点》)提出,各地可积极开展制度创新,充分利用开发性金融机构、政策性银行和社会资本等对全域土地综合整治的支持作用,拓展投融资渠道,探索市场化社会化运行机制,优化节余建设用地指标和补充耕地指标等流转使用制度等。

(三)关于发挥全域国土综合整治土地要素保障功能建议。

2021 年新修订的《土地管理法实施条例》明确规定"各级人民政府应当依据国民经济和社会发展规划及年度计划、国土空间规划、国家产业政策以及城乡建设、土地利用的实际状况等,推动城乡存量建设用地开发利用,引导城镇低效用地再开发"。

2021 年底,《国务院办公厅关于印发要素市场化配置综合改革试点总体方案的通知》(国办发〔2021〕51 号)提出,支持开展全域土地综合整治,优化生产、生活、生态空间布局。《中共中央 国务院关于全面推进乡村振兴加快农业农村现代化的意见》明确要求,要完善盘活农村存量建设用地政策,实行负面清单管理,优先保障乡村产业发展、乡村建设用地。2021 年 6 月住房城乡建设部、农业农村部、国家乡村振兴局联合印发《关于加快农房和村庄建设现代化的指导意见》提出了 12 条农房和村庄建设的基本要求。我部曾在 2019 年印发《产业用地政策实施工作指引(2019 年版)》(自然资办发〔2019〕31 号),总结了产业发展利用集体建设用地的情形,包括盘活利用闲置宅基地和农房的支持政策等。2021 年,联合国家发展改革委、农业农村部印发了《关于保障和规范农村一二三产业融合发展用地的通知》(自然资发〔2021〕16 号),提出了大力盘活农村存量建设用地的相关政策措施。2017 年至 2022 年,原国土资源部、自然资源部先后印发了三批节地技术和节地模式推荐目录,推荐了一些闲置村落改造提升、特色田园乡村发展、城镇低效用地再开发模式的创新示范,供各地相互借鉴学习。

我们结合工作实际,在《实施要点》中提出,根据区域特色、资源禀赋等选取有代表性、典型性的具有一定财政资金保障能力、工作基础良好的区域作为全域土地综合整治试点。同时,注重促进新型城镇化与生态保护修复协调发展,在全域土地综合整治试点中,将优化生产、生活、生态空间格局,促进耕地保护和土地集约节约利用作为重要目标。

(四)关于利用全域土地综合整治打通"两山"理论转换路径建议。

2020 年以来,我部积极推进自然资源领域生态产品价值实现工作,共发布了 3 批 32 个生态产品价值实现典型案例,总结了浙江省余姚市梁弄镇全域土地综合整治促进生态产品价值实现案例、湖北省鄂州市生态价值核算和生态补偿案例等成功做法,提炼形成了生态资源指标及产权交易、生态治理及价值提升、生态产业化经营和生态补偿 4 类价值实现模式。其中,生态治理及价值提升模式就是通过生态修复、系统治理和全域土地综合整治等措施,恢复自然生态系统的功能,增加生态产品的供给,再因地制宜发展接续产业,实现生态产品价值提升和价值"外溢"。

四、下一步打算

下一步,我部将坚决贯彻习近平生态文明思想,按照《乡村振兴战略规划(2018-2022 年)》要求,推动落实地方主体责任,守住底线,加强监测监管,稳妥有序推进全域土地综合整治试点工作,逐步形成可推广、可复制的制度体系,将全域土地综合整治作为服务乡村振兴和新型城镇化的重要平台,促进乡村空间复合高效利用,提高产业集聚功能,构建国土空间开发保护新格局,助力乡村振兴和新型城镇化发展。

感谢您对自然资源管理工作的关心支持！

对十三届全国人大五次会议第3959号建议的答复

——关于完善高标准农田建设中林地向耕地转换相关政策措施的建议

· 2022年7月8日

· 自然资人议复字〔2022〕134号

您提出的《关于完善高标准农田建设中林地向耕地转换相关政策措施的建议》收悉。我们会同农业农村部、国家林业和草原局进行了认真研究，您所提建议对高标准农田建设等耕地建设性保护工作具有很强的现实意义。经认真研究，现答复如下：

党中央、国务院始终高度重视耕地保护问题。习近平总书记多次作出重要指示批示，强调耕地是粮食生产的命根子，是中华民族永续发展的根基；要扎实抓好耕地“非农化”“非粮化”问题，保中华民族的“铁饭碗”；要采取“长牙齿”的硬措施，全面压实各级地方党委和政府耕地保护责任，中央要和各地签订耕地保护“军令状”，严格考核、终身追责，确保18亿亩耕地实至名归。自然资源部坚决贯彻落实党中央、国务院决策部署，会同有关部门，严格耕地用途管制，强化执法监督，严格考核问责，坚守18亿亩耕地红线，为保障国家粮食安全提供有力支撑。

近年来，有关部门贯彻落实党中央、国务院决策部署，深入实施藏粮于地、藏粮于技战略，以提升粮食产能为首要目标，以永久基本农田、粮食生产功能区、重要农产品生产保护区为重点区域，大力推进高标准农田建设，指导各地因地制宜，综合配套土地平整、土壤改良、田间道路、灌溉排水、输配电以及农田防护等工程措施，完善田间基础设施。据统计，截至2021年底，全国已累计完成9亿亩高标准农田建设任务，为补齐农田基础设施短板、增强农田防灾抗灾减灾能力、提高粮食综合生产能力、保障国家粮食安全发挥了重要作用。

您在建议中提到的农田防护林是高标准农田建设的重要工程措施之一。一些地方实践表明，因地制宜推进农田防护林建设，在防止水土流失、降低病虫害、减少农业环境污染、增强农田防风能力、改善农田小气候等方面发挥了明显的综合效益。因此，在加强耕地保护和严格耕地用途管控的前提下，合理规划利用好现有相关土地资源建设农田防护林，对增加农田种粮收益和保障国家粮食安全具有重要作用。

下步，我们将统筹做好耕地保护与林地保护工作，依法依规、科学合理确定各类土地的利用空间和位置分布，在《自然资源部 农业农村部 国家林业和草原局关于严格耕地用地管制有关问题的通知》（自然资发〔2021〕166号）文件基础上继续研究出台涉及林地、草地整治为耕地的相关细化政策措施，指导地方加快政策落地，发挥应有作用。同时，继续深入实施藏粮于地战略，持续推进高标准农田建设，对符合立项条件的项目积极予以支持，并将建成的高标准农田及时划为永久基本农田，实行特殊保护，进一步提升粮食生产和重要农产品供给能力，形成更高层次、更有效率、更可持续的国家粮食安全保障基础。

感谢您对自然资源管理工作的关心！

对十四届全国人大一次会议第0212号建议的答复

——关于充分利用已成陆海域资源的建议

· 2023年7月10日

· 自然资人议复字〔2023〕145号

您提出的《关于充分利用已成陆海域资源的建议》收悉。该建议由我部主办，国家发展改革委、生态环境部协办。您所提意见建议对开展自然资源管理工作具有较强的借鉴意义。经认真研究，结合相关部门意见，现答复如下：

一、关于“简化围填海闲置资源处置程序，促进资源充分利用”事宜

2018年7月，国务院印发《关于加强滨海湿地保护严格管控围填海的通知》（国发〔2018〕24号，以下简称“国发24号文”），对提高滨海湿地保护水平，严格管控围填海活动作出明确部署。国发24号文要求，加快处理围填海历史遗留问题，全面开展现状调查并制定处理方案，妥善处置合法合规围填海项目，依法处置违法违规围填海项目。同时要求加强海洋生态保护修复，将江苏如东湿地等亟需保护的重要滨海湿地和重要物种栖息地纳入保护范围。

为贯彻落实国务院决策部署，加快处置围填海历史遗留问题，自然资源部先后出台了《关于进一步明确围填海历史遗留问题处理有关要求的通知》《关于进一步做好用地用海要素保障的通知》，生态环境部出台了《关于加强“未批先建”海洋工程建设项目环境影响评价管理工作的通知》《关于做好重大项目环评工作的通知》。有关文件明确了工作程序要求，简化优化了工作流程，提高了围填海历史遗留问题处置工作效率，后续我们将做好相关文件的落实。

二、关于“出台配套政策，推进已成陆海域使用审批试点试验”事宜

我部印发的《关于进一步做好用地用海要素保障的通知》中，提出加快“未批已填”围填海历史遗留问题处理，优化项目用海用岛审批程序，符合要求的“未批已填”围填海历史遗留问题可先行开展前期工作，简化“未批已填”区域落地项目海域使用论证要求，落地项目用海与填海项目竣工海域使用验收可以一并审查。上述政策的出台，可进一步推进相关区域加快处置工作。

三、关于“完善国土空间规划整体布局，有效增强用海区域的兼容性”事宜

《自然资源部办公厅关于开展省级海岸带综合保护与利用规划编制工作的通知》《省级海岸带综合保护与利用规划编制指南（试行）》等文件要求，各地在编制省级海岸带规划时综合考虑新能源用海需求，优化空间布局，明确了“促进海洋牧场、海上风电等融合发展”，“鼓励空间立体化利用和‘风光渔’、‘风电+海洋能’等综合利用模式”。我部将在后续规划编制与实施等工作中，继续关注农渔业用海区域与新能源用海的兼容性管控要求，并依法依规做好新能源用海要素保障。

感谢您对自然资源管理工作的关心和支持！后续工作中，自然资源部将继续认真听取您的宝贵意见，进一步提高决策的科学性、合理性和可操作性，加强资源要素保障，积极支持地方经济社会发展。

对十四届全国人大一次会议第0187号建议的答复

——关于把“三块地”变成强村富民的“聚宝盆”的建议

·2023年7月7日

·自然资人议复字〔2023〕128号

您提出的《关于把“三块地”变成强村富民的“聚宝盆”的建议》收悉。我部高度重视农村存量集体建设用地盘活利用工作，近年来，会同相关部门稳慎推动农村土地、集体经营性建设用地、宅基地“三块地”改革，统筹规划和用地两方面，印发相关文件，促进土地资源的优化配置和经济效益的提升，努力为乡村振兴和强村富民提供重要支撑。此建议由我部与农业农村部分别办理，结合我部职责答复如下：

一、关于“进一步完善农村土地改革制度，考虑适当放宽企业用地政策”

土地制度是国家的基础性制度，事关经济社会发展和国家长治久安，农村集体经营性建设用地入市是党中央、国务院立足我国基本国情和发展阶段，做出的一项重大制度性安排。2022年9月6日，中央全面深化改革委员会第二十七次会议审议通过了《关于深化农村集体经营性建设用地入市试点工作的指导意见》，提出在符合规划、用途管制和依法取得前提下，推进农村集体经营性建设用地与国有建设用地同等入市、同权同价，在城乡统一的建设用地市场中交易，适用相同规则，接受市场监管。

为贯彻落实党中央、国务院有关入市试点工作的总体部署，我部会同相关部门相继印发了《深化农村集体经营性建设用地入市试点工作方案》（自然资办函〔2023〕364号）、《关于建立深化农村集体经营性建设用地入市试点工作协调机制的通知》（自然资办函〔2023〕446号）、《集体经营性建设用地使用权出让合同》《集体经营性建设用地使用权出让监管协议》示范文本（试点试行）（自然资办发〔2023〕9号）等配套政策文件，进一步规范农村集体经营性建设用地入市，完善农村土地改革制度。通过加大对农村产业用地政策支持，为促进农村产业融合发展、助力乡村振兴提供高效土地要素保障。

二、关于“村级建设用地指标不足”和“对旅游重点村增加必要的用地指标”问题

随着我国工业化、城镇化进程，很多城镇和广大农村地区发展所需用地已逐步从依靠增量为主转向挖掘存量为主，同时，近年来我部通过多种方式多措并举，努力解决农村用地难题，支持农业农村高质量发展。

（一）开展全域土地综合整治试点工作

为贯彻落实习近平总书记关于“千村整治、万村示范”重要批示精神，按照《乡村振兴战略规划（2018-2022年）》等中央决策部署，2019年12月，我部印发《自然资源部关于开展全域土地综合整治试点工作的通知》（自然资发〔2019〕194号），启动全域土地综合整治试点工作，提出“整治验收后腾退的建设用地，在保障试点乡镇农民安置、农村基础设施建设、公益事业等用地的前提下，重点用于农村一二三产业融合发展”。2021年初，在全国28个省（区、市）部署开展了446个以乡镇为单元的试点。日前，自然资源部办公厅印发《关于严守底线规范开展全域土地综合整治试点工作有关要求的通知》（自然资办发〔2023〕15号），明确“确属农民自愿对住宅拆旧建新的，腾退的宅基地指标应优先保障本村农民住宅建设。确有节余的,方可按照增减挂钩相关规定进行流转。”

(二)优先安排农村产业融合发展新增建设用地计划

2021年,为贯彻落实党中央、国务院优先发展农业农村、全面推进乡村振兴的决策部署,我部会同农业农村部、国家发展改革委印发《关于保障和规范农村一二三产业融合发展用地的通知》(自然资发〔2021〕16号),优化用地审批和规划许可流程,明确提出“市县要优先安排农村产业融合发展新增建设用地计划,不足的由省(区、市)统筹解决”。

三、关于“继续扶持民居民宿产业发展”问题

《关于保障和规范农村一二三产业融合发展用地的通知》(自然资发〔2021〕16号)围绕“保障”和“规范”两条主线,兼顾集中与分散布局、存量与增量供应、产业与文化互容,明确农村一二三产业融合发展用地范围,引导农村产业在县域范围内统筹布局,拓展集体建设用地使用途径,大力盘活农村存量建设用地,保障设施农业发展用地,顺应农村产业发展规律,发展县域经济,为农村产业发展壮大留出用地空间,并提出“在符合国土空间规划前提下,鼓励对依法登记的宅基地等农村建设用地进行复合利用,发展乡村民宿、农产品初加工、电子商务等农村产业”。

四、关于“做好农村新型小区建设的政策性扶持和规划工作”问题

我部强化规划统筹,坚持规划先行,在国土空间规划中将乡村一二三产业融合发展、基础设施建设和文化保护传承等内容纳入县域范围统筹布局。一是优化产业空间布局。依据县级乡村产业发展规划,推动乡村产业转型升级,统筹农村一二三产业融合发展空间需求。结合乡村特色优势产业项目空间需求,在县域范围内统筹引导休闲农业和乡村旅游、民宿康养等乡村新产业新业态合理布局,与镇村布局有机融合,延长产业链,整合旅游资源,激发乡村地区内生发展动力和可持续发展能力,为农民创造更多就近就业机会。二是优化文化和生态空间布局。保护好传承好乡村文化和历史文脉,促进乡村地区历史文化、农业景观、自然生态的相互融合,加强县域山林、水系、湿地、公园绿地和历史文化遗存等整体保护,统筹自然要素、生态要素和人文要素,加快形成与绿色低碳生产生活方式相适应的文化和生态空间网络布局,彰显具有自身特色的乡村风貌、乡村文化。三是统筹乡村基础设施和公共服务布局。瞄准农村基本具备现代生活条件目标,统筹乡村基础设施和公共服务合理布局,加强文化、旅游、道路等基础设施和公共服务设施建设,优先保障乡村基础设施空间需求,不断改善农村生活环境,提升农村生活品质,提高乡村发展竞争优势。

下一步,我部将按照职责,积极配合农业农村部等部门做好相关工作,指导地方有序推进乡镇国土空间规划和村庄规划编制,继续做好“三块地”改革工作,确保各项政策及时落地并取得实效,为乡村振兴提供规划支撑和土地要素保障。

感谢您对自然资源工作的关心和支持。

对十四届全国人大一次会议第0938号建议的答复

——关于调整采矿用地办理临时用地的政策的建议

· 2023年7月7日

· 自然资人议复字〔2023〕128号

您提出的《关于调整采矿用地办理临时用地的政策的建议》收悉。您提出的建议对于优化采矿用地管理程序,维护矿产资源开发秩序具有重要现实意义。该建议由我部单独办理,经认真研究,现答复如下:

一、相关法律规定

《中华人民共和国土地管理法》第四条规定“建设用地是指建造建筑物、构筑物的土地,包括城乡住宅和公共设施用地、工矿用地、交通水利设施用地、旅游用地、军事设施用地等”;第四十四条规定“建设占用土地,涉及农用地转为建设用地的,应当办理农用地转用审批手续”;第五十七条规定“建设项目施工和地质勘查需要临时使用国有土地或者农民集体所有的土地的,由县级以上人民政府自然资源主管部门批准”。

二、我部已开展的工作

为支持保障能源资源供应安全,近年来,我部出台一系列政策,保障采矿用地合理需求。一是积极推进“净矿”出让。2019年我部印发《自然资源部关于推进矿产资源管理改革若干事项的意见(试行)》(自然资规〔2019〕7号),提出开展砂石土等直接出让采矿权的“净矿”出让,积极推进其他矿种的“净矿”出让,做好与用地用海用林用草等审批事项的衔接,以便矿业权出让后,矿业权人正常开展勘查开采工作。二是统筹规划用地规模和布局。2022年我部印发《自然资源部关于做好采矿用地保障的通知》(自然资发〔2022〕202号),明确市县乡镇国土空间总体规划要明确能源矿产资源安全底线管控要求,合理安排采矿项目新增用地的布局、规模和时序。在符合“三区三线”管控规则的前提下，将采矿项目用地布局纳入国土空间规划“一张图”，作为审批采矿项目新增用地的规划依据。三是做好计划指标保障。自然资发〔2022〕202号文件明确，对纳入国家重大项目清单及省级人民政府重大项目清单的采矿项目用地，在按照现行规定办理建设用地审批手续时由部直接配置建设用地计划指标；对未纳入国家重大项目清单及省级人民政府重大项目清单的采矿项目用地，在按照现行规定办理建设用地审批手续时，可使用以存量土地处置规模为基础核算的计划指标和城乡建设用地增减挂钩指标。除此之外，地方政府和采矿企业还可以通过将采矿项目新增用地与复垦修复存量采矿用地相挂钩，解决计划指标和耕地占补平衡问题。四是压缩用地审批环节。2023年我部印发《自然资源部关于进一步做好用地用海要素保障的通知》（自然资发〔2023〕89号），明确油气类“探采合一”和“探转采”钻井及其配套设施建设用地，具备直接出让采矿权条件、能够明确具体用地范围的采矿用地，以及露天煤矿接续用地等不需申请办理用地预审，直接申请办理农用地转用和土地征收。

三、所提建议涉及相关规定情况

2021年我部印发《关于规范临时用地管理的通知》（自然资规〔2021〕2号，以下简称2号文），明确临时用地是指建设项目施工、地质勘查等临时使用，不修建永久性建（构）筑物，使用后可恢复的土地（通过复垦可恢复原地类或者达到可供利用状态）。临时用地具有临时性和可恢复性等特点，与建设项目施工、地质勘查等无关的用地，以及使用后无法恢复到原地类或者复垦达不到可供利用状态的用地，不得使用临时用地。您提出的有关采矿用地建议，可依据《中华人民共和国土地管理法》和2号文等相关规定，依法依规办理相应审批手续。矿山建设项目中符合2号文规定的临时用地范围的，如临时办公用房、生活用房、工棚、施工便道、运输便道等可按照规定申请临时用地。对于采矿、采石、采砂（沙）场，砖瓦窑等地面生产用地及排土（石）、尾矿堆放用地，应当按照法律规定申请使用建设用地。

四、下一步工作考虑

我部正在配合有关部门开展《矿产资源法》修订工作，拟增加保障矿山勘查、开采用地相关条款，满足企业采矿用地合理需求。同时，根据地方需求和工作形势变化，不断完善临时用地信息系统，及时开展系统使用培训和指导，做好服务保障工作。

感谢您对自然资源管理工作的关心和支持！

对十四届全国人大一次会议第0792号建议的答复

——关于增设乡村振兴建设用地，促进乡村振兴项目落地的建议

· 2023年7月6日

· 自然资人议复字〔2023〕88号

您提出的《关于增设乡村振兴建设用地，促进乡村振兴项目落地的建议》收悉。您的建议对我部完善相关政策和改进工作具有重要参考价值。此建议由我部单独办理，经认真研究，现答复如下：

实施乡村振兴战略，是以习近平同志为核心的党中央从党和国家事业全局出发作出的重大决策。近年来，我部全面贯彻落实党中央、国务院决策部署，在用地方面出台了一系列促进乡村振兴发展的文件，保障合理用地需求，促进农业农村发展。

一、积极指导开展村庄规划编制工作。近年来，我部相继印发《关于加强村庄规划促进乡村振兴的通知》（自然资办发〔2019〕35号）和《关于进一步做好村庄规划工作的意见》（自然资办发〔2020〕57号）等系列文件，积极指导各地科学编制乡镇国土空间规划和村庄规划，统筹优化乡村产业空间布局，为农村产业发展壮大留出用地空间，推动乡村地区产业转型升级。统筹一二三产业融合发展空间需求，结合乡村地区特色优势产业项目空间需求，在县域范围内统筹农产品生产、加工、流通等空间安排，引导农产品初加工、农村电子商务、产地直销配送等用地适度集中，鼓励休闲农业和乡村旅游、民宿康养等乡村新产业新业态合理布局，与镇村布局有机融合，有效激发乡村地区发展动力和可持续发展能力，为农民创造更多就近就业机会。

二、加大用地指标支持力度。2020年以来，我部持续改进土地利用计划管理方式，坚持“项目跟着规划走、土地要素跟着项目走”，以真实有效的项目落地作为配置计划的依据。对国家重大项目和符合要求的省级人民政府重大项目，我部依据清单直接配置计划指标；对其他项目用地，实行新增建设用地安排与存量盘活相挂钩，以当年存量土地处置规模为基础核算计划控制额度，由省级自然资源主管部门统筹安排。今年国家还下达广东省基础指标5.86万亩，可统筹用于保障乡村振兴等用地需求。此外，各地可依据规划，有序实施城乡建设用地增减挂钩，盘活农村闲置、空闲、低效的建设用地，腾退的建设用地优先用于乡村振兴。

三、稳妥有序推进全域土地综合整治。2019年12月,我部印发《关于开展全域土地综合整治试点工作的通知》(自然资发〔2019〕194号)。2021年初,在28个省份部署开展了446个以乡镇为单元的试点。通过推进农用地整理、建设用地整理和生态保护修复,优化生产、生活、生态空间格局,促进耕地保护和土地集约节约利用,改善农村人居环境,助推乡村全面振兴。其中,在建设用地整理方面,统筹农民住宅建设、产业发展、公共服务、基础设施等各类建设用地,有序开展农村宅基地、工矿废弃地以及其他低效闲置建设用地整理,优化农村建设用地结构布局,提升农村建设用地使用效益和集约化水平,支持农村新产业新业态融合发展用地。

四、保障和规范农村一二三产业融合发展用地。我部会同农业农村部、国家发展改革委印发《关于保障和规范农村一二三产业融合发展用地的通知》(自然资发〔2021〕16号),围绕"保障"和"规范"两条主线,兼顾集中与分散布局、存量与增量供应、产业与文化互容,引导农村产业在县域范围内统筹布局,充分保障农村合理建设用地需求。对于利用农村本地资源开展农产品初加工、发展休闲观光旅游而必须的配套设施建设,可在不占用永久基本农田和生态保护红线、不突破国土空间规划建设用地指标等约束条件、不破坏生态环境和乡村风貌的前提下,在村庄建设边界外安排少量建设用地,实行比例和面积控制,并依法办理农用地转用审批和供地手续。

五、鼓励盘活农村存量建设用地,推动农村产业发展。《国务院办公厅关于支持返乡下乡人员创业创新促进农村一二三产业融合发展的意见》(国办发〔2016〕84号)规定,支持返乡下乡人员依托自有和闲置农房院落发展农家乐。在符合农村宅基地管理规定和相关规划的前提下,允许返乡下乡人员和当地农民合作改建自住房。《关于促进乡村旅游可持续发展的指导意见》(文旅资源发〔2018〕98号)规定,在充分保障农民宅基地用益物权的前提下,探索农村集体经济组织以出租、入股、合作等方式盘活利用闲置宅基地和农房,按照规划要求和用地标准,改造建设乡村旅游接待和活动场所。2019年4月,我部印发《产业用地政策实施工作指引(2019年版)》,明确产业发展允许依法依规使用集体建设用地。

六、积极推动巩固拓展脱贫攻坚成果同乡村振兴有效衔接。2022年10月,自然资源部办公厅印发《关于过渡期内支持巩固拓展脱贫攻坚成果同乡村振兴有效衔接的通知》(自然资办发〔2022〕45号),从村庄规划编制、建设用地保障、耕地保护、建设占用永久基本农田预审、增减挂钩节余指标跨省域调剂、工业项目用地指标控制、城镇低效用地再开发、集体建设用地盘活利用等11个方面,提出了过渡期内支持政策,更好推动巩固拓展脱贫攻坚成果同乡村振兴有效衔接。

总体上看,现行政策基本上可以满足乡村振兴项目落地的需求。下一步,我部根据您的建议,深入开展调查研究,进一步完善乡村振兴用地政策,持续加强政策指导落实,合理保障乡村振兴用地需求,推动巩固拓展脱贫攻坚成果同乡村振兴有效衔接。

感谢您对自然资源工作的关心支持!

(二)政协委员提案答复

关于政协十三届全国委员会第四次会议第2490号(农业水利类433号)提案答复的函

——关于解决农业农村现代化过程中用地问题的提案

·2021年7月6日

·自然资协提复字〔2021〕008

您提出的《关于解决农业农村现代化过程中用地问题的提案》收悉。您的建议对我们改进工作、完善政策具有重要参考价值。经商农业农村部,现答复如下:

一、关于完善村镇规划体系

2018年中共中央、国务院印发的《乡村振兴战略规划(2018-2022年)》提出,强化县域空间规划和各类专项规划引导约束作用,科学安排县域乡村布局、资源利用、设施配置和村庄整治,推动村庄规划管理全覆盖。今年中央一号文件要求,2021年基本完成县级国土空间规划编制,对有条件、有需求的村庄尽快实现村庄规划全覆盖。2019年,中央农办、农业农村部、自然资源部等部门印发《统筹推进村庄规划工作的意见》,对村庄规划工作进行部署。总结全域综合整治、多村联动、简明成果展示等规划编制方法,形成上海郊野单元、福建"留白留绿留旧留文留魂"、甘肃历史文化保护等11个村庄规划工作范例,并在全国村庄规划工作推进会上印发交流。

我部积极落实乡村振兴战略要求,印发《关于全面开展国土空间规划工作的通知》(自然资办发〔2019〕87号)、《关于加强村庄规划促进乡村振兴的通知》(自然资办发〔2019〕35号)、《关于进一步做好村庄规划工作的意见》(自然资办发〔2020〕57号)等文件,指导地方结合县级和乡镇级国土空间总体规划编制,优化村庄分类和布局;指导地方按照先规划后建设的原则,通盘考虑土地利用、产业发展、居民点布局、人居环境整治、生态保护和历史文化传承,编制"多规合一"实用性村庄规划,优化调整村庄各类用地布局。

二、关于加强对农村新产业新业态和产业融合发展用地支持

为贯彻落实党中央、国务院对"十四五"期间优先发展农业农村、全面推进乡村振兴的决策部署,保障农村一二三产业融合发展合理用地需求,我部通过座谈沟通、部门对接和联合调研等方式,细化梳理农村产业融合发展用地的突出问题、经验做法和政策需求,联合国家发展改革委、农业农村部印发了《关于保障和规范农村一二三产业融合发展用地的通知》(自然资发〔2021〕16号),围绕"保障"和"规范"两条主线,提出了六方面政策措施:引导农村产业在县域范围内统筹布局;拓展集体建设用地使用途径;大力盘活农村存量建设用地;保障设施农业发展用地;优化用地审批和规划许可流程;强化用地监管。我部将会同有关部门指导地方抓紧制订实施细则,确保农村一二三产业融合发展用地政策及时落地、取得实效,为乡村振兴提供土地要素保障。

同时,我部改革土地计划管理方式,明确以真实有效的项目落地作为配置计划的依据,按照"土地要素跟着项目走,既算增量账、更算存量账"的原则,统筹安排新增和存量建设用地,切实保障有效投资用地需求。对农业农村建设项目发展用地,由相关省级自然资源主管部门统筹安排,在推进节约集约用地的前提下,充分保障合理用地需求,促进农村新产业新业态和产业融合发展。

三、关于简化设施农用地报备手续

为适应现代农业发展需要,我部积极采取措施,有力促进了设施农业健康发展。一是简化用地取得手续。2019年底,我部会同农业农村部印发的《关于设施农业用地管理有关问题的通知》(自然资规〔2019〕4号,以下简称4号文)规定,"设施农业用地由农村集体经济组织或经营者向乡镇政府备案"。各地积极贯彻落实4号文件精神,陆续制定出台具体实施办法,进一步细化设施农业用地取得程序,简化用地手续,提高用地取得效率。二是强化设施农业用地用地监管。为及时掌握设施农业用地情况,2020年7月,我部专门研究开发"设施农业用地监管系统",印发《关于设施农业用地上图入库有关事项的通知》(自然资办函〔2020〕1328号),要求各地将设施农业用地统一在部"设施农业用地监管系统"上图入库,纳入自然资源"一张图"监管,确保农地农用。三是跟踪政策落实情况防止执行有偏差。4号文出台后,我部持续跟踪地方贯彻落实情况,并对地方出台的具体实施办法进行研究分析。针对个别地方政策制定有漏洞、政策执行有偏差的问题,及时印发《关于设施农业用地管理有关事项的通知》(自然资耕保函〔2020〕56号),要求各地加强政策落地跟踪指导,准确理解和严格执行用地政策,坚决杜绝钻政策空子、打"擦边球"等违规用地问题。

四、关于创新政策,因地制宜拓展土地使用功能

2014年,国务院办公厅印发《关于引导农村产权流转交易市场健康发展的意见》,提出鼓励农户、农民合作组织、农村集体等拥有的农业生产设施设备,采取转让、租赁、拍卖等方式流转交易。2016年,中共中央、国务院印发《关于稳步推进农村集体产权制度改革的意见》,明确要引导农村产权规范流转和交易,鼓励地方特别是县乡依托农村集体资产监督管理、土地经营权流转管理类等平台,开展农村集体经营性资产出租等流转交易。2021年,中央一号文件提出,要加强农村产权流转交易和管理信息网络平台建设,提供综合性交易服务。明确县级以上地方政府要根据农村产权要素性质、流转范围和交易需要,制定产权流转交易管理办法,健全市场交易规则,完善运行机制,加强农村产权流转交易服务和监督管理。

我部积极落实习近平总书记中央农村工作会议讲话精神,积极开展乡村存量集体建设用地节约挖潜政策研究,推动盘活用好乡村存量集体建设用地,保障乡村产业发展和乡村振兴战略实施。为落实党的十九届五中全会关于"积极探索实施农村集体经营性建设用地入市制度"的要求,我部会同农业农村部等部门起草了有关稳妥有序推进农村集体经营性建设用地入市工作的政策性文件,正按程序报批。文件明确提出优先盘活使用空闲、废弃和低效利用的存量集体建设用地,探索在双方自愿的前提下,农民集体妥善处理已使用土地相关权利人的补偿、达成一致收回建设用地使用权后,将符合规划的存量建设用地,按照农村集体经营性建设用地入市。

下一步,我们将围绕实施乡村振兴战略,按照"产业兴旺、生态宜居、乡风文明、治理有效、生活富裕"的总要求,不断完善支持政策,促进政府、企业、农民互利共赢,促进农村产业融合和美丽乡村建设。

感谢您对自然资源管理工作的关心和支持!

关于政协十三届全国委员会第四次会议第1900号（农业水利类309号）提案答复的函

——关于整治耕地利用乱象提升耕地保护水平助力乡村全面振兴的提案

·2021年8月19日

·自然资协提复字〔2021〕067

您提出的《关于整治耕地利用乱象提升耕地保护水平助力乡村全面振兴的提案》收悉。党中央高度重视耕地保护工作，该提案对推动严格耕地保护、压实耕地保护责任具有重要意义。经商农业农村部，现答复如下：

一、关于严格规范耕地流转的建议

随着城镇化、信息化和农业现代化进程不断加快，农村劳动力大量转移，农业物质技术装备水平不断提高，引导农户承包土地经营权有序流转，发展农业适度规模经营已成必然趋势。为了规范农村土地经营权流转，2014年，中共中央办公厅、国务院办公厅印发《关于引导农村土地经营权有序流转发展农业适度规模经营的意见》，对土地经营权流转的原则、形式、合同内容等作出明确规定，并要求县级以上地方人民政府依法建立工商企业等社会资本通过流转土地经营权的资格审查，项目审核和风险防范制度。根据2018年修改的《中华人民共和国农村土地承包法》，农业农村部于2021年出台《农村土地经营权流转管理办法》，明确土地经营权流转应当遵循的基本原则和总体要求，坚决制止耕地"非农化"、严格控制"非粮化"，对建立健全工商企业等社会资本通过流转取得土地经营权的准入监管制度作了详细规定。下一步，农业农村部将指导各地制定《农村土地经营权流转管理办法》实施细则，充分考虑您提出的"建立健全耕地复耕保证金、租金先行支付等风险防范机制"建议，依法建立健全工商企业等社会资本通过流转取得土地经营权的监管制度，引导农村土地经营权有序流转。

二、关于强化耕地保护责任的建议

党中央、国务院高度重视耕地保护工作。2017年，中共中央、国务院印发的《关于加强耕地保护和改进占补平衡的意见》明确提出，各地区要建立党委领导、政府负责、部门协同、公众参与、上下联动的耕地保护共同责任机制，地方各级党委和政府要树立保护耕地的强烈意识，切实担负起主体责任。为压实省级人民政府耕地保护责任，2018年，国务院办公厅修订印发《省级政府耕地保护责任目标考核办法》（国办发〔2018〕2号，以下简称《考核办法》），明确规定各省（区、市）人民政府对规划确定的本行政区域内的耕地保有量、永久基本农田保护面积等负责，省长、自治区主席、直辖市市长为第一责任人；由国土资源部会同农业部、国家统计局组织开展考核检查工作；省级政府耕地保护责任目标考核结果列为省级人民政府主要负责人综合考核评价的重要内容，考核结果抄送中央组织部等部门，作为领导干部综合考核评价、生态文明建设目标评价考核、粮食安全省长责任制考核、领导干部问责和领导干部自然资源资产离任审计的重要依据。

为贯彻落实党中央、国务院关于耕地保护的决策部署，切实压实地方政府耕地保护责任，我部着力开展了以下几方面工作。一是组织开展省级政府耕地保护责任目标履行情况考核检查。按照《考核办法》的规定，2018年对各省（区、市）开展了"十三五"期中耕地保护责任目标履行情况检查，2019、2020年又分别开展了年度自查，指出问题、分析原因、督促整改。目前正研究部署"十三五"期末考核工作，将按照中央关于耕地保护的最新要求，优化考核指标、严格考核、兑现奖惩。二是印发《关于完善早发现早制止严查处工作机制的意见》（自然资办函〔2021〕33号），明确推动各地建立"田长制"，实行以村、组为基础，县、乡、村三级联动全覆盖的耕地保护网格化监管；加强部内审批、监督、执法、督察全过程联动监管，以及同公安、检察、法院、纪委监委协调联动，形成耕地保护监督监管合力，严肃惩处违法占用耕地行为。三是加强耕地保护执法、监督和督察。组织开展2020年度土地卫片执法工作，下发疑似违法图斑由地方核实整改；制定《耕地卫片监督方案》，每半年一次动态监测监管耕地及永久基本农田"非粮化"情况；将耕地保护作为2021年度自然资源督察的首要任务，制定方案、明确任务，督促地方政府履行耕地保护责任。

下一步，我部将继续贯彻落实党中央、国务院关于严格耕地保护决策部署和习近平总书记重要指示批示精神，采取长牙齿的硬措施，落实最严格的耕地保护制度，切实保障国家粮食安全。贯彻落实《土地管理法》及其实施条例规定，研究形成耕地用途管制的具体规则；按规定对"十三五"时期各省（区、市）耕地保护责任目标完成情况进行考核，压实地方政府耕地保护责任；进一步加大部挂牌督办、公开通报违法案件力度，严肃查处、严厉打击违法占用耕地和永久基本农田的行为；认真总结部分省份"田长制"经验做法，指导推动各地加快建立"田长制"，落实党政同责；落实中央要求，组织起草《耕地保护法》，完善法律法规，严守耕地保护红线。

三、关于加强农业设施用地管理的建议

我部始终高度重视农业设施用地管理工作。2019年,我部会同农业农村部印发了《关于设施农业用地管理有关问题的通知》(自然资规〔2019〕4号),明确了设施农业用地的分类、占用耕地和永久基本农田的管制规则,以及取得用地程序性要求。对于设施农业用地选址特别是破坏耕作层的种植设施用地和养殖设施用地,强调应尽量利用荒山、荒沟、荒丘、荒滩和农村集体建设用地,不占或少占耕地。确需占用耕地的,应尽量占用劣质耕地,避免滥占优质耕地,同时通过耕作层土壤剥离利用等工程技术措施,尽量减少对耕作层的破坏。为强化设施农业用地批后监管,2020年自然资源部办公厅印发《关于设施农业用地上图入库有关事项的通知》(自然资办函〔2020〕1328号),要求县级自然资源主管部门及时将设施农业用地上图入库,统一纳入自然资源"一张图"监管,确保农地农用。下一步,我部将贯彻落实中央关于严格耕地保护的最新政策要求,进一步研究完善农业设施用地等相关政策规定,严禁破坏耕作层的种植设施用地和养殖设施用地,引导乡村产业发展用地向工业园区集中,或就近使用闲置的农村集体建设用地发展。

四、关于严肃查处破坏耕地行为的建议

我部坚决贯彻落实党中央、国务院关于严格惩治各类乱占、破坏耕地行为的部署,积极采取措施,打击、查处破坏耕地特别是永久基本农田行为。

一是改进完善土地卫片执法工作。进一步提升时效性、精确性和系统性,完善工作机制、加强工作协同、压实各级责任,第一时间向基层推送最新遥感影像及变化图斑等疑似违法线索,利用现代手段对违法占地及耕地保护等情况进行监测监管。积极协调公安、法院、纪委监委,对发现的违法行为对事对人坚决处理,该拆除的必须拆除,该没收的必须没收,该复耕的必须限期复耕、消除违法状态,对相关责任人严肃追责问责,涉嫌构成犯罪的,依法移送司法机关追究责任。二是积极推动建立"行政执法与刑事司法衔接"机制。检察机关将通过加强诉讼监督,利用查阅行政处罚案卷、联合执法、关注新闻媒体和社会舆论等多种方式,加强对破坏耕地资源犯罪的立案监督和行政执法机关移送案件的监督,强化破坏耕地资源犯罪案件的追捕追诉工作,防止漏罪、漏犯。

下一步,我部将继续强化执法,加强基层自然资源执法队伍建设,加强对执法查处工作的监督检查,加强与相关行政执法机关工作衔接,健全完善自然资源领域行政执法、公益诉讼与刑事司法衔接工作机制,发挥协同共治作用,切实做好耕地保护工作。

五、关于加大耕地保护宣传力度的建议

耕地是我国最为宝贵的资源,是粮食生产的重要基础,事关14亿人口的吃饭问题,做好宣传工作有助于强化社会各界耕地保护意识。我部高度重视,通过多途径宣传,不断提高地方各级人民政府和社会大众对耕地保护重要性的认识。在"4·22世界地球日"、"6·25全国土地日"等主题日活动中,围绕《土地管理法》及其实施条例、《基本农田保护条例》贯彻落实制作宣传片、海报及新媒体产品,运用门户网站、微博、微信、抖音、"学习强国"等新媒体平台,精心制作普法漫画、短视频,大力开设云端课堂,积极开展网上答题等活动,定期发布重大法律法规和政策文件以及典型案例、解读文章,组织有影响力的主流媒体采写耕地保护相关新闻报道,增强基层干部群众学法知法用法守法意识;选派学者专家和业务骨干,宣讲中央最新精神、解读耕地保护政策。

下一步,我部将多角度、全方位加大对耕地保护和粮食安全重要性的宣传教育力度。

感谢您对我部工作的关心,希望继续对自然资源管理工作给予支持。

关于政协十三届全国委员会第四次会议第1822号(农业水利类298号)提案答复的函

——关于建立建设用地与开垦耕地异地占补平衡机制的提案

·2021年8月9日
·自然资协提复字〔2021〕041

您提出的《关于建立建设用地与开垦耕地异地占补平衡机制的提案》收悉。该提案所提建议对我们加强耕地占补平衡管理具有重要参考意义。我部会同农业农村部进行了认真研究,现答复如下:

各类建设用地必须符合国土空间规划、纳入年度土地利用计划,涉及占用耕地的,应依法落实耕地占补平衡。为压实耕地占补平衡责任,2017年印发的《中共中央 国务院关于加强耕地保护和改进占补平衡的意见》明确,耕地占补平衡坚持县域自行平衡为主、省域内调剂为辅、国家适度统筹为补充的原则。为落实法律法规和中央文件规定,严格耕地占补平衡管理,自然资源部不断改进和完善管理,细化要求,逐步形成一套较为完整的制度体系。一是实行先补后占,以县(市、区)为单位建立补充耕地储备库,要求各地提前实施补充耕地,建设占用时使用储备补充耕地落实耕地"占一补一、占优补优、占水田补水田";二是拓宽补充耕地途径,在符合生态保护要求的前提下,允许各类资金、各种途径补充(包括宅基地复垦、未利用地开发等)补充的耕地用于占补平衡;三是强化补充耕地核实认定,明确核定条件,严格核定程序和要求,落实核定责任,确保新增耕地数量真实、质量可靠;四是推进省域内补充耕地指标跨区域调剂,建立跨省域补充耕地国家统筹机制,发挥资源丰富地区和经济发达地区资源资金互补优势。

同时,农业农村部会同有关部门坚持以稳定提升粮食产能为首要目标,大力推进高标准农田建设,指导各地优化项目工程设计,规范项目管理和新增耕地认定,提升耕地面积、质量和产能。从地方实际情况看,高标准农田建设成为落实耕地占补平衡要求的重要途径。随着集中连片耕地后备资源日益减少,高标准农田建设在补充耕地、保障国家粮食安全方面将发挥更大作用。

关于您提出的将补充耕地开垦基地按照高标准农田要求建设,鼓励建设成为现代农业示范基地,推广应用现代农业技术,以城乡合作和"农超对接"方式销售农副产品等建议,我部将会同有关部门从规范补充耕地项目建设、加强补充耕地后期管护、促进增产增收等方面积极考虑;关于将补充耕地开垦基地建设纳入发达与贫困地区对口支援和双向合作项目,以跨区域、大范围、城乡结合方式建设补充耕地开垦基地,实现耕地异地占补平衡的建议,目前相关制度已有规定,我们将重点抓好落实。

下一步,我部将认真贯彻落实党中央、国务院关于严格耕地保护的决策部署,进一步规范耕地占补平衡管理,保障补充耕地数量和质量,确保耕地占补平衡制度落实到位。

感谢您对我们工作的关心和支持!

关于政协第十三届全国委员会第五次会议第03126号(农业水利类260号)提案答复的函

——关于完善休闲农业美丽乡村持续健康发展配套政策的提案

· 2022年8月8日

· 自然资协提复字〔2022〕047号

您提出的《关于完善休闲农业美丽乡村持续健康发展配套政策的提案》收悉。您的提案对促进自然资源管理工作具有重要参考价值。经商农业农村部、国家乡村振兴局,现答复如下:

一、指导地方科学编制村庄规划

2019年,我部印发《自然资源部办公厅关于加强村庄规划促进乡村振兴的通知》(自然资办发〔2019〕35号)文件,明确各地可在乡镇国土空间规划和村庄规划中预留不超过5%的建设用地机动指标,村民居住、农村公共公益设施、零星分散的乡村文旅设施、农村新产业新业态等用地可申请使用。提案建议中的休闲农业配套涉及新增建设用地空间需求,可通过上述的规划预留机动指标予以保障。

二、切实保障农村建设用地计划指标

2020年以来,按照中央有关要求,我部改革土地利用计划管理方式,坚持"项目跟着规划走、土地要素跟着项目走",以真实有效的项目落地作为配置计划的依据,统筹安排新增和存量建设用地。对农业农村发展用地,由省级自然资源主管部门统筹安排,在推进节约集约用地的前提下,保障其合理用地需求,促进农村新产业新业态和产业融合发展。同时,我部每年安排每个脱贫县计划指标600亩,专项用于巩固拓展脱贫攻坚成果和乡村振兴用地需要。

三、完善农村产业用地政策

2021年1月,我部联合国家发展改革委、农业农村部印发了《关于保障和规范农村一二三产业融合发展用地的通知》(自然资发〔2021〕16号),围绕"保障"和"规范"两条主线,提出了引导农村产业在县域范围内统筹布局、拓展集体建设用地使用途径、大力盘活农村存量建设用地、保障设施农业发展用地、优化用地审批和规划许可流程、强化用地监管等六方面政策措施,为促进农村产业融合发展、助力乡村振兴提供高效土地要素保障。文件将农村休闲观光旅游等乡村产业用地纳入产业融合发展用地范围,要求编制国土空间规划时合理安排,保障用地需要。明确发展休闲观光旅游必要的配套设施建设,在不违反相关规定的前提下,在村庄建设边界外安排少量建设用地,实行比例和面积控制。要求各省(区、市)要结合实际制订实施细则,明确具体用地准入条件、退出条件等,并根据休闲观光等产业的业态特点和地方实际探索供地新方式。

按照《土地管理法》第五十七条规定:建设项目施工和地质勘查需要临时使用国有土地或者农民集体所有的土地的,由县级以上人民政府自然资源主管部门批准。临时使用土地的使用者应当按照临时使用土地合同约定的用途使用土地,并不得修建永久性建筑物。临时使用土地期限一般不超过二年。2021年11月,我部印发了《自然资源部关于规范临时用地管理的通知》(自然资规〔2021〕2号),严格界定了临时用地使用范围,明确"与建设项目施工、地质勘查等无关的用地,使用后无法恢复到原地类或者复垦达不到可供利用状态的用地,不得使用临时用地"。提案中"休闲农业配套"不在临时用地使用范围之内。

下一步,我部将加强与农业农村部、国家乡村振兴局等部门的沟通协调,指导地方有序推进乡镇国土空间规划和村庄规划编制,为乡村产业发展和美丽乡村建设提供规划支撑;督促各省(区、市)加快制订并完善农村产业用地实施细则,确保农村一二三产业融合发展用地政策及时落地、取得实效。

感谢您对自然资源管理工作的关心和支持。

关于政协第十三届全国委员会第五次会议第04075号(资源环境类321号)提案答复的函

——关于进一步提高矿产资源集约节约综合利用管理工作的提案

·2022年8月22日

您提出的《关于进一步提高矿产资源集约节约综合利用管理工作的提案》收悉。您的建议对于我们加强和改进工作、进一步提升我国矿产资源节约集约与综合利用具有重要意义和参考价值。经会同生态环境部、矿山安监局共同研究,现答复如下:

一、基本情况

(一)关于矿产资源开发利用管理。

2013年5月24日,习近平总书记在十八届中央政治局第六次集体学习时强调:"要加强矿产资源勘查、保护、合理开发,提高矿产资源勘查合理开采和综合利用水平。要大力发展循环经济,促进生产、流通、消费过程的减量化、再利用、资源化"。习近平总书记重要指示为矿产资源节约集约与综合利用指明了发展方向。

提高矿产资源利用效率是一个系统工程,需要从生产作业、监督管理、技术进步、标准规范、政策措施等方面综合发力。党的十八大以来,自然资源领域深入贯彻落实习近平生态文明思想,坚持节约资源和保护环境的基本国策,通过系列措施,推进我国矿产资源全面节约和高效利用,矿产资源综合利用工作取得积极成效。

(二)关于矿产资源开采方式。

根据矿床埋藏深度的不同和技术经济合理性要求,矿产资源开采分为露天开采和地下开采两种方式,接近地表和埋藏较浅的部分多采用露天开采,深部矿藏多采用地下开采。合理的开采方式对提高矿产资源利用效率至关重要。一般来说,开采方式的优选专业性和系统性强,涉及住建、安监、环保、林草、水利、自然资源等多个领域,需要按照设计规范要求,综合考虑地质条件、资源赋存、安全生产、投入产出、环境保护等多个因素,严格设计审查论证。

与井工(地下)开采相比,露天开采一般生产规模大、资源利用率高、安全性好。比如金属矿露天开采可适当降低品位指标,进一步提高资源利用率,但对地表环境的影响相对较大。露天开采需根据矿体的赋存特征、矿山开采对环境的影响程度和开采的经济效益,通过可行性评价确定。我国煤矿、金属矿和化工矿产开采以井工(地下)开采居多。

二、已经开展的工作

(一)提高矿产资源开发利用效率的措施及成效。

一直以来,自然资源部高度重视矿产资源节约与综合利用,相继推出了系列举措推动矿产资源开发效率的提高,持续开展重要矿种开发利用水平跟踪调查评价和矿产资源节约与综合利用先进适用技术推广工作。自2012年开始,原国土资源部、自然资源部先后7次向全社会公告矿产资源节约与综合利用先进适用技术目录,并积极开展先进适用技术的应用推广工作。特别是针对矿产资源综合利用缺乏系统、完整、统一的评价指标体系问题,连续多年开展了矿产资源综合利用技术指标标准研究,分矿种研究制定了开采回采率、选矿回收率和综合利用率指标要求,实现了在产矿山所涉及矿种全覆盖的目标,构建起我国矿产资源完整的"三率"指标体系,为强化矿产资源综合利用评估和监管奠定了基础。例如,煤炭以采区回采率、原煤入选率和与煤共伴生矿产资源综合利用率三项指标作为煤炭企业开发利用煤炭资源效果的主要指标,并确定井工煤矿、露天煤矿不同煤层的采区回采率70%~95%,原煤入选率75%,煤矸石和矿井水综合利用率均应达到75%以上的指标要求。

(二)支持矿山企业确定科学合理的开采方式。

矿产资源开发的不利影响客观存在,不同开采方式(露天、井工、露井联采)带来不同的生态环境影响,生态环境部、矿山安监局表示在符合产业政策、区域政策且环境影响可接受的前提下,因地制宜采取"宜露天则露天、宜井工则井工”的方式开发矿产资源。生态环境部在组织全国各省(区、市)“十四五”矿产资源总体规划环评审查过程中,把露天矿产开发作为重要评价、审查内容之一,立足于生态系统稳定和生态环境质量改善,推动矿产资源开发绿色发展。

(三)明确低品位矿产资源储量要求。

低品位矿是指以矿床工业指标为评判标准,介于边界品位和最低工业品之间的矿产资源,按现行《固体矿产资源储量分类》(GB/T 17766-2020),因其预期不能经济开采,而应划分为尚难利用矿产资源,不能划分为资源量,不能据其估算储量。

实践中的低品位矿有两种情形:一是整个矿床品位较低,属于低品位矿。二是伴随主矿产和共生矿产工业矿圈出的低品位矿。前者对于企业出资勘查的项目,一般不会继续投资进行深入工作,不提交储量报告进行评审备案;后者要求若低品位矿可以一并采出利用的,应按资源量估算,归为资源量管理,若低品位矿不能采出利用的,只作描述,不做估算和归类。如果预可行性研究、可行性研究或生产实际存在大规模利用低品位矿的,应重新论证工业指标。

三、下一步工作

由于我国矿种多、矿山分布广、矿山数量多,不同地区、不同矿山之间矿产资源开发条件和利用水平差异较大。个别地区、矿种、矿山的开发利用水平还有很大提升空间,节约与综合利用基础工作还需要进一步加强,先进技术研发和推广还需要进一步扩容、提效,目前发布的“三率”指标急需尽快完善并升级为标准,露天开采易造成塌陷、滑坡、泥石流等地质灾害,破坏生态环境等问题。下一步,我们将结合您提出的宝贵建议,重点开展以下工作。

(一)进一步完善矿产资源节约与综合利用相关制度。

自然资源部将在调查、统计、分析基础上,根据矿山企业生产情况、主管部门监管情况,综合考虑指标标准的适用性、可行性、可操作性,按照各种矿产资源开发利用特点,提出便于对矿山进行评估和监管的“三率”指标标准。同时,通过《矿产资源法》的修订、推进资源综合利用立法等途径,将“三率”指标标准纳入到法律中。

(二)继续加强新的矿产资源分类的解读和宣传。

按照新的矿产资源储量分类,资源量是预期可经济开采的矿产资源,应符合技术上可行、环境上允许、经济上合理的开采利用条件,具体应通过可行性评价确定,不能简单地通过一般工业指标进行评价,我们将加强新分类的解读和宣传,让矿山企业、地勘队伍和基层工作人员深入理解资源量、储量等内涵,并及时将已利用但未入库的低品位矿纳入矿产资源储量统计范畴。

(三)支持按照科学合理原则确定开采方式。

统筹做好保障矿产资源安全、生态环保、可持续开发利用之间的关系,着力保护和合理开发矿产资源,提高资源利用率,减少废弃物的排放,以最小的资源消耗和环境代价换取矿产资源,提升集约节约安全利用水平,矿山安监局将支持在条件允许的情况下,对资源赋存好、灾害威胁轻、生态修复易,以及埋藏深度符合安全性、经济性的矿产资源进行露天开采。

衷心感谢您对矿产资源保护监督工作的关心和支持。希望您继续关注这项工作,随时向我们提出宝贵的意见建议。

关于政协第十四届全国委员会第一次会议第02338号(资源环境类160号)提案答复的函

——关于推进绿色矿山建设和绿色矿业发展的提案

· 2023年7月31日

· 自然资协提复字〔2023〕048号

您提出的《关于推进绿色矿山建设和绿色矿业发展的提案》收悉。您提出的探索绿色矿山建设合同管理、完善评价指标体系、释放政策潜力等建议对推进绿色矿山建设具有积极意义。经会同国家发展改革委、财政部认真研究,现答复如下。

一、绿色矿山建设的相关背景情况

2007年,原国土资源部在中国国际矿业大会上发出“落实科学发展,推进绿色矿业”的倡议。2008年,《全国矿产资源规划(2008—2015年)》将绿色矿山建设作为重点任务,部署启动了试点建设。党的十八大以来,发展绿色矿业、建设绿色矿山工作陆续纳入党中央、国务院《关于加快推进生态文明建设的意见》和国家“十三五”“十四五”规划纲要。经过十几年的努力,绿色矿山建设从倡议探索到试点示范、再到上下联动推进,已成为各地推动矿业领域生态文明建设的重要平台和抓手,得到社会各界广泛认可。

二、已经开展的工作

(一)发布了绿色矿山标准和评价指标

2018年,我部发布有色金属、煤炭等9个行业绿色矿山建设标准规范,从矿区环境、资源开发方式、综合利用、科技创新与数字化矿山等6个方面提出基本要求。2020年印发评价指标，进一步规范量化绿色矿山评估工作。组织制定《矿山生态修复技术规范 第1部分:通则》及煤炭矿山生态修复技术规范等5个分则等技术标准。指导各地在9项行业标准基础上，因地制宜研制发布了地方标准，制定具体量化评估指标和评估管理办法，鼓励企业积极研制企业标准并实际应用和考核。行业、地方、团体标准相互配合的绿色矿山标准体系基本形成。

(二)开展了国家级绿色矿山遴选

在前期试点的基础上，我部分两批遴选了1100余家国家级绿色矿山，创建50家绿色矿业发展示范区，完成国家“十三五”规划中的“千家绿色矿山示范，50家示范区”的目标任务，在改善矿业形象、发挥示范引领等方面起到积极作用。目前，各地普遍把绿色矿山建设作为推动矿业领域生态文明建设的重要平台和抓手，部分省份印发了绿色矿山建设实施方案或规划，开展了省级绿色矿山遴选，部分省份制定出台绿色矿山建设管理办法，内蒙古自治区还通过人大立法高位推动绿色矿山建设。

(三)开展了绿色矿山“回头看”和实地抽查核查工作

针对少数绿色矿山把关不严、创建不实的情况，2022年我部认真组织开展“回头看”，重点围绕矿区环境、资源开发方式、资源综合利用、生态修复治理等方面内容，对所有绿色矿山逐一实地核查，对建设水平低、建设不实、存在问题的矿山提出限期整改意见或移出名录，做到提升一批、整改一批、退出一批。2023年我部组织开展绿色矿山实地抽查核查工作，进一步强化绿色矿山监督管理，在“回头看”的基础上做好常态化监管。

(四)推进大宗固废综合利用

国家发展改革委于2021年会同有关部门印发了《关于“十四五”大宗固体废弃物综合利用的指导意见》，提出要创新大宗固废综合利用模式，在矿山行业建立“梯级回收+生态修复+封存保护”体系，推动绿色矿山建设。

(五)出台一系列税收优惠政策

财政部为支持绿色矿山建设，鼓励矿产资源综合开发利用，出台一系列税收优惠政策。增值税方面，对纳税人销售自产符合条件的资源综合利用产品和提供资源综合利用劳务，实行增值税即征即退政策。企业所得税方面，企业以《资源综合利用企业所得税优惠目录》规定的资源作为主要原材料，生产国家非限制和禁止并符合有关标准的产品取得的收入，减按90%计入收入总额。资源税方面，纳税人开采共伴生矿、低品位矿、尾矿，可按规定减征或免征资源税。

总体上看，我国的绿色矿山建设取得了显著成效，绿色矿山“三率”高于行业平均水平，矿井水、选矿废水的循环利用率和矿区绿化覆盖率明显提高，资源综合利用和生态环境保护效果明显。不少矿山企业在矿区环境治理、乡村振兴等方面主动作为，大幅提升矿业正面形象，社会大众对矿区环境脏乱差的“灰头土脸”形象和矿山传统的“傻黑粗”刻板印象有了很大改观。我国企业推动绿色矿山标准“走出去”，降低矿业海外投资带来的环境、社会和治理等方面的风险，如打造了刚果(金)百年矿业史上首个绿色矿山，在塞尔维亚打造了公园式绿色矿山等，成为全球矿业绿色低碳发展的推动者和中国方案的传播者、推广者。

三、下一步打算

(一)全面稳步推进绿色矿山建设。目前自然资源部已起草完成《关于进一步加强绿色矿山建设的通知(征求意见稿)》，拟将绿色矿山建设从示范引领转为全面推进，对各类矿山精准分类施策，新建矿山严格按照绿色矿山标准建设运行，在采矿权出让合同中明确创建要求及违约责任，生产矿山加快升级改造，科学设定建设目标，力争到2030年实现全部持证在产的大、中型矿山达到绿色矿山标准要求。

(二)完善绿色矿山建设标准与评价指标体系。在充分考虑不同地区气候、环境、生态等因素的基础上，解决好不同矿种、不同开采方式的差异化标准要求，特别是探索解决露天矿山创建过程中面临的开采、修复等标准的难题，研制相应标准。设置突出重点、易操作的约束性指标和提升性指标，其中约束性指标为底线要求。

(三)完善激励约束措施。探索绿色矿山企业用地、用矿等支持政策，会同生态环境、财政等部门研究制定绿色矿山建设支持与约束政策、资金保障措施等，有效调动地方政府和矿山企业建设积极性。同时研究将绿色矿山建设纳入到政府绩效考核体系和领导干部自然资源资产离任审计评价指标体系，切实推动开展绿色矿山建设。

(四)实施动态监督管理。建立健全定期抽查核查制度，加强日常监管，跟踪了解矿山建设情况，督促企业持续巩固建设成果，逐项核实督察和执法检查反映的问题，结合矿业权人勘查开采信息公示实地核查等工作，及时将不符合要求的矿山移出绿色矿山名录。

(五)加强第三方评估机构管理。严格规范第三方评估，明确第三方评估机构的资格条件、评估流程、评估纪律，确保其能够长期稳定开展评估工作。加强对第三方评估的监督管理,建立"黑名单"和责任追究机制,对存在弄虚作假、徇私舞弊等违规行为的第三方评估机构或专家,予以通报追责。

感谢您对绿色矿山建设工作的关心!

关于政协第十四届全国委员会第一次会议第00161号(教育事业类012号)提案答复的函

——关于厚植海洋文化自信,加强青少年海洋意识教育的提案

·2023年7月27日

·自然资协提复字〔2023〕038号

您提出的《关于厚植海洋文化自信,加强青少年海洋意识教育的提案》收悉。您的提案对于我们加强海洋宣传教育、提升国民海洋意识具有重要参考价值。针对您提案中所提的意见建议,自然资源部会同教育部、文化和旅游部、共青团中央进行了认真研究,现答复如下:

一、关于加强顶层设计,有序推进青少年海洋意识教育总体规划

党的十八大以来,党中央、国务院高度重视海洋工作,我国海洋事业取得长足进步,海洋文化建设蓬勃发展,海洋宣传教育工作扎实开展,国民海洋意识显著提升。在政策引导层面,有关部门出台文件从多个方面推动海洋文化事业发展。2022年,经国务院批准,国家发展改革委和自然资源部共同编制印发了《"十四五"海洋经济发展规划》,提出将培育提升海洋文化产业作为一项重要内容,对海洋科普宣教、海洋文化遗产保护利用工作作了规划。教育部在《大中小学国家安全教育指导纲要》中,将海洋权益意识作为重要内容,同时,组织修订印发义务教育、普通高中课程标准,在各学科中增加海洋教育内容。

下一步,我们将积极推进相关政策实施,挖掘弘扬海洋文化,促进海洋文化产业发展,进一步提升全民海洋意识,加强对青少年的海洋意识宣传教育工作。

二、关于重视品牌效应,持续提升海洋研究成果产业转化水平

海洋文化产品和海洋主题宣传活动是传播海洋文化的重要载体和平台,有关职能部门注重成果转化、打造品牌,推动海洋文化传播。一是多年来持续开展"海洋日"、中国海洋文化节、中国航海日等一系列海洋主题宣传活动,组织主流媒体、社会新媒体、公益组织等开展内容丰富、影响广泛的宣传活动。二是发挥先进典型的示范引领作用,如中央宣传部、自然资源部在"最美自然守护者"宣传活动中,自然资源部在年度"海洋人物"宣传活动中,共青团中央在"中国青年五四奖章""中国青年五四奖章集体"评选中,评选出若干海洋领域模范人物,激励广大青少年投身海洋事业。三是推出一系列高质量海洋文化产品。近年来,有关职能部门积极支持社会力量制作推出了大批海洋题材的文学戏剧、音乐电影、动漫游戏等文化产品,受到社会广泛好评。

下一步,有关部门将继续支持海洋文化产业发展,注重传统文化与现代传播手段融合,开发更多以青少年为受众的海洋文化精品产品,进一步提升海洋宣传品牌传播力、影响力。

三、关于完善课程体系,充分发挥学校教育塑造海洋意识的作用

教育主管部门注重在国家课程中加强适合青少年的海洋意识教育内容。一是在义务教育、普通高中地理课程中注重强化国家版图意识与海洋意识,义务教育阶段要求学生认识中国全貌,说明南海诸岛是中国领土的组成部分,钓鱼岛及其附属岛屿是中国固有领土。在《中小学综合实践活动课程指导纲要》中将培养学生爱国主义情感和捍卫国家领土主权的意识作为活动主题。二是在地方课程和校本课程中加强海洋意识教育。在普通高中地理课程标准中将"海洋地理"列为选修课程。一些地方结合地域特色,如山东省青岛市开发了海洋教育地方课程,强化学生海洋知识学习。三是在教材编写上丰富海洋管辖和海洋主权等方面有关史实内容。统编义务教育历史教材和普通高中历史教材都十分注重加强国家主权意识和海洋意识教育,以史实为依托,讲述台湾及附属岛屿、钓鱼岛、南海诸岛等作为我国领土不可分割一部分的历史渊源。

下一步,教育主管部门将会同有关部门在课程教材建设过程中进一步强化海洋意识教育,加强对地方和学校课程实施指导、培训解读,促进课程育人要求有效落实。

四、关于推广社会教育,不断增加海洋公共文化服务设施建设投入

博物馆、科技馆、海洋馆等各类海洋公共文化设施是向社会公众普及海洋知识的主要社会教育平台,文化和旅游部等有关职能部门注重加强管理建设投入。一是加强公共文化设施建设。通过中央预算内投资支持,以国家海洋博物馆为代表的一大批海洋主题博物馆、文化馆、

科技馆均建设完成投入使用。二是加大经费保障力度。通过在中央补助地方文化和旅游项目资金中安排“三馆一站”免费开放资金,有力支持海洋公共文化机构开放运行,不断提高服务效能。三是不断创新公共文化服务供给方式。支持指导利用虚拟现实技术、互动娱乐技术,对包括海洋自然、人文在内的文化内容进行数字化升级,增强公众兴趣,有效实现寓教于乐。

同时,有关部门积极搭建活动平台,传播海洋文化、普及海洋知识。如自然资源部组织开展了11届全国大中学生海洋文化创意设计大赛,一批优秀海洋题材创意文化作品在大赛中脱颖而出。自然资源部还联合共青团中央、海军政治工作部共同主办了13届全国海洋知识竞赛,举办以来累计吸引全国上千所高校、数百万大中学生参与。

下一步,有关职能部门将积极推动符合人民群众需求的海洋公共文化设施建设,继续组织面向青少年的社会实践、学习竞赛活动,推进海洋知识“进内陆”,促进全国青少年海洋意识提升。

五、关于深化主体意识,着力构建中华海洋文化清晰内外认同

我国海洋文化历史悠久、特色鲜明,是中华优秀传统文化的重要组成部分,也是海洋强国建设的思想基础和精神源泉。长期以来,有关职能部门注重加强我国海洋历史和海洋文化理论研究。一是弘扬我国传统海洋文化。如文化和旅游部、自然资源部、福建省人民政府等自2016年起举办了7届“世界妈祖文化论坛”活动,旨在以妈祖文化传播交流为平台纽带,推动有关国家和地区文化交流与合作。二是重视海洋文化遗产保护利用工作。近年来,以“南海一号”“长江口二号”为代表的中国水下考古工作取得重大进展,举办的相关主题展览在向公众普及我国海洋历史文化方面发挥了积极作用。三是深入开展海洋文化发展情况综合研究。如自然资源部宣教中心等组织编制的《中国海洋文化发展报告(海洋文化蓝皮书)》,对中国海洋文化建设进行了历史回顾,对当代中国海洋文化、海洋生态文明、海洋文化产业发展进行了梳理研究。

下一步,有关职能部门将进一步深化海洋文化研究工作,总结提炼中华优秀海洋传统文化,探索形成新时代中国特色海洋文化理论体系,并转化为教育内容和产业资源,促进我国海洋文化事业的繁荣发展。

感谢您对自然资源工作特别是海洋工作的关心和关注!

关于政协第十四届全国委员会第一次会议第01770号(资源环境类111号)提案答复的函

——关于鼓励社会资本参与矿产资源勘查开发的提案

·2023年8月24日

·自然资协提复字〔2023〕086号

您提出的《关于鼓励社会资本参与矿产资源勘查开发的提案》收悉。提案中关于建立跨部门协调机制、构建分级矿业权合作和交易服务平台、开展矿业权金融改革试点等建议,对贯彻落实国务院提升战略性矿产资源供应保障能力,确保能源资源、重要产业链供应链安全,实现矿业高质量发展十分重要。经商中国证监会,现答复如下:

一、加强与各部门沟通协调,确保政策统一性、衔接性和协调性

我们注重加强与各部门沟通协调,就涉矿重要文件的起草,多次与国家发展改革委、财政部、应急管理部、司法部、生态环境部、税务总局等沟通交流,充分征求各部门意见。一是配合财政部、税务总局印发《矿业权出让收益征收办法》(财综〔2023〕10号)。对144个矿种(占法定173个矿种的83.2%),主要在矿产品开采销售后按销售收入一定比例(即出让收益率)征收矿业权出让收益。同时,对其余29个仍按出让金额形式征收的矿种,降低首付比例,延长分期缴款年限,细化了市场基准价的相关规定。二是会同财政部印发了《关于矿业权有偿处置有关问题的通知》(自然资办函〔2023〕223号),进一步明确以往按财政出资比例缴纳价款的探矿权、采矿权和以申请在先方式取得探矿权的矿业权出让收益征收问题。

今年,为落实习近平总书记关于加强重要矿产资源勘探开发和增储上产的系列指示要求,我们接连出台了多个重要文件,做好政策衔接。一是修订印发《关于进一步完善矿产资源勘查开采登记管理的通知》(自然资规〔2023〕4号),除4种特殊情形外,取消了综合勘查的矿种限制。鼓励“就矿找矿”,明确采矿权人可直接勘查其采矿权上部和深部资源,无须再办理勘查许可证。二是修订印发《关于深化矿产资源管理改革若干事项的意见》(自然资规〔2023〕6号),对已设采矿权深部或上部、周边、零星分散资源,以及属同一主体相邻矿业权之间距离300米左右的夹缝区域,自然资源主管部门可以直接以协议方式出让探矿权或采矿权。将探矿权延续扣减面积由原来的首设证载面积的25%修改为延续时勘查许可证载明面积的 20%。

二、积极构建分级矿业权合作和交易服务平台

为进一步规范矿业权交易行为，确保矿业权交易公开、公平、公正，维护国家权益和矿业权人合法权益，2023年1月份，自然资源部印发了《自然资源部关于印发矿业权出让交易规则的通知》（自然资规〔2023〕1号），优化了自然资源主管部门与交易平台的职责分工，对矿业权出让登记管理改革、电子化交易、失信惩戒、协同监管等要求进行了细化。同时明确以招标、拍卖、挂牌方式出让矿业权的，应当在统一的公共资源交易平台体系中进行。文件的出台有利于矿业权交易公平公开公正，有利于有效维护矿业权市场良好秩序，为矿业权出让提供了更有效的制度保障。

经过20余年的发展，目前中国矿业权评估师协会（以下简称“矿评协”）已构建了比较系统的矿业权评估准则体系，可以满足市场对于矿业权评估的需求。矿评协已发布实施了《固体矿产资源储量报告规则（试行）》《固体矿产资源储量估算工作指南（试行）》《固体矿产资源储量评估工作指南（试行）》及《中国矿业权评估师协会矿产资源储量专业委员会胜任人登记备案办法（试行）》等，初步建立了与国际接轨的，并适用于资本市场的矿业权评估制度和胜任人制度。

矿业权评估师职业资格制度明确将矿产勘查与实物量估算、矿业权价值及相关权益评估纳入矿业权评估师职业范围，涵盖了固体矿产资源勘查与实物量估算、油气矿产资源勘查与实物量估算、水气矿产资源勘查与实物量估算和矿业权价值评估四个专业。逐步加强矿业权评估师队伍建设，2022年度矿业权评估师职业资格考试已完成，共有6363人通过考试，其中固体矿产资源勘查与实物量估算专业通过人数2299人。

三、充分发挥资本市场对矿业企业发展的支持作用

中国证监会积极支持符合条件的矿业企业上市融资，引导企业实现高质量发展。近年来，中国证监会在坚持质量第一和确保市场稳定的前提下，科学合理保持新股发行常态化，不断提升审核效率、优化审核流程、缩短审核周期，持续深化资本市场改革开放，稳步推进以信息披露为核心的注册制改革，企业股权融资的制度环境不断优化。中国证监会持续健全多层次资本市场体系，主板、科创板、新三板、北交所和区域性股权市场之间形成错位发展、功能互补、有机联系的良好发展格局。目前，全面注册制改革已平稳落地并有序运行，通过一揽子关键制度创新和安排，大幅提升资本市场的包容性和覆盖面，进一步提高审核注册效率，增加企业上市便利性和预期性，资本市场积极服务国民经济高质量发展功能和作用得到进一步发挥。下一步，中国证监会将继续科学合理保持新股发行常态化，拓宽直接融资渠道，继续健全多层次资本市场功能，支持更多符合条件的包括矿业企业在内的企业上市融资，充分发挥资本市场对矿业企业发展的支持作用。

目前，矿评协正与中国证监会就上市公司矿产资源储量信息披露、涉及上市公司矿产资源储量监管、涉矿上市公司相关矿产资源储量信息披露和矿业权价值评估报告等相关管理制度进行沟通，着力推进研究制定适合我国社会主义市场经济特色、证券行业管理以及矿产资源储量管理的技术规范、监管指引等。对于您提出的开展矿业权金融改革试点的建议，我们将在下步工作中重点考虑。

下一步，自然资源部将会同相关部门认真贯彻落实党中央、国务院关于加强重要矿产资源勘探开发和增储上产，确保能源资源、重要产业链供应链安全的决策部署，加强与各部门沟通协调，做好重大项目保障和服务，加大矿业政策供给，助力高质量发展。

感谢你们对自然资源管理工作的关心与支持！

图书在版编目（CIP）数据

中华人民共和国自然资源法律法规全书：含土地、矿产、海洋资源：2024 年版 / 中国法制出版社编．—北京：中国法制出版社，2024.1

（法律法规全书系列）

ISBN 978-7-5216-4062-5

Ⅰ.①中… Ⅱ.①中… Ⅲ.①自然资源保护法-汇编-中国 Ⅳ.①D922.609

中国国家版本馆 CIP 数据核字（2023）第 241977 号

策划编辑：袁笋冰　　责任编辑：卜范杰　　封面设计：李　宁

中华人民共和国自然资源法律法规全书：含土地、矿产、海洋资源：2024 年版

ZHONGHUA RENMIN GONGHEGUO ZIRAN ZIYUAN FALÜ FAGUI QUANSHU：HAN TUDI、KUANGCHAN、HAIYANG ZIYUAN：2024 NIAN BAN

经销/新华书店

印刷/三河市国英印务有限公司

开本/787 毫米×960 毫米　16 开　　印张/ 48.5　字数/ 1350 千

版次/2024 年 1 月第 1 版　　2024 年 1 月第 1 次印刷

中国法制出版社出版

书号 ISBN 978-7-5216-4062-5　　定价：102.00 元

北京市西城区西便门西里甲 16 号西便门办公区

邮政编码：100053　　传真：010-63141600

网址：http：//www.zgfzs.com　　**编辑部电话：010-63141675**

市场营销部电话：010-63141612　　**印务部电话：010-63141606**

（如有印装质量问题，请与本社印务部联系。）